中国铁建年鉴

CHINA RAILWAY CONSTRUCTION CORPORATION LIMITED YEARBOOK

2017

《中国铁建年鉴》编委会 编

中国经济出版社
CHINA ECONOMIC PUBLISHING HOUSE

图书在版编目（CIP）数据

中国铁建年鉴. 2017 / 《中国铁建年鉴》编委会编.
—北京：中国经济出版社，2019.2
ISBN 978-7-5136-5549-1
Ⅰ. ①中… Ⅱ. ①中… Ⅲ. ①铁路工程-中国-2017-年鉴 Ⅳ. ① F532.3-54
中国版本图书馆CIP数据核字（2019）第029770号

中国铁建年鉴（2017）

责任编辑：李祥柱　李玄璇
责任印制：马小宾

出版发行：中国经济出版社
承　　印：北京富泰印刷有限责任公司
经　　销：各地新华书店
开　　本：787mm × 1092 mm　1/16
印　　张：49.75
插页印张：3
字　　数：1800千字
版　　次：2019年2月第1版
印　　次：2019年2月第1次印刷
定　　价：300.00元
广告经营许可证：京西工商广字第8179号

中国经济出版社　**网址** www.economyph.com　**社址** 北京市西城区百万庄北街3号　**邮编** 100037
本版图书如存在印装质量问题，请与本社发行中心联系调换（联系电话：010-68330607）

编辑说明

一、《中国铁建年鉴》是一部概览中国铁建系统各方面情况的综合性、资料性工具书，1993年创刊，本期年鉴为第25卷。全书全面、系统地反映2016年度中国铁建的基本概貌、改革发展、施工生产、经营管理、科技教育、党群工作等方面取得的新成果、新经验以及重要活动信息。

二、本年鉴记载时间跨为2016年1月1日—12月31日，内容采用文章、条目、图片、表格等表现形式。年鉴体例采用分类编辑法，全书由类目、分目、条目3个层次组成，个别类目如"工程施工""党的工作"，为表述清楚设次分目。本期年鉴增设区域经营机构类目，共计17个类目，类目下设分目83个、次分目41个、条目1493条、表格100份、文章13篇。

三、本年鉴注重图片资料收录，以彩页和压题、补白的形式编录，力求全书图文并茂地反映企业的发展历程。

四、本年鉴稿件由中国铁建总部机关各部门及所属各单位提供，并经其主管领导审核把关。年鉴文章、条目、图表中涉及的一些数据，是不同口径、不同渠道提供的，如有矛盾之处，应以经营计划和财务部门提供的数据为准。

五、本年鉴根据行文实际需要，单位名称全称和简称并用。

六、本年鉴卷首有详细的目录，卷末有按汉语拼音顺序排列的主题分析索引，文中所有信息均可由目录、索引、书眉检索。

七、本年鉴坚持"质量第一、读者第一、服务第一"的宗旨，篇幅适当、内容丰满、信息密集、数据详实，且数据信息图表化，注重实用功能和数据对比分析，为读者了解、认识、研究中国铁建提供真实可靠、可鉴、可用的翔实资料。从年鉴内容到格式均按《编辑出版法规手册》等有关规定进行规范。为进一步提高编纂质量，诚盼读者提出宝贵意见。

八、《中国铁建年鉴》的编辑出版，得到中国版协年鉴工作委员会、中国经济出版社和兄弟单位的指导、帮助，得到中国铁建系统各级领导、部门的关心、支持，得到各单位史志工作者的密切配合，我们在此一并致谢。

2016年8月24日，塔吉克斯坦共和国赫达特—亚湾铁路建成通车。塔吉克斯坦共和国副总理阿里巴多夫（右一）与中国铁建总裁庄尚标（左二）出席通车庆典。

（张振宇 摄）

2016年11月28日，中国铁建联合体与卡塔尔交付与遗产最高委员会签署2022年卡塔尔世界杯主体育场——卢赛尔体育场项目主合同。（徐 丽 提供）

2016年9月21日，中国铁建总裁庄尚标（右八）在中国铁建大厦会见肯尼亚铁路公司总经理阿特纳斯·迈纳率领的肯尼亚铁路公司代表团。

（陈 聪 摄）

2016年12月6日，中国铁建与广东省清远市签署旅游快线轨道交通项目合作框架协议。
（洪 伟 摄）

2016年12月12日，中国铁建与中国中车在北京签署战略合作框架协议。（杜振珂 提供）

2016年6月22日，中国铁建与青海省人民政府签署战略合作框架协议。
（徐云华 摄）

2016年12月6日，中国铁建与国家开发银行“开发性金融合作协议”签约仪式在国家开发银行总部举行。（李锦龙 摄）

2016年7月12日，中铁十七局集团有限公司与华东交通大学举行战略合作框架协议签约仪式。（周福荣 摄）

2016年8月22日，中国铁建房地产集团有限公司与亿达发展有限公司在北京签署战略合作框架协议。（王重珍 提供）

中铁建昆仑投资集团有限公司

中铁建昆仑投资集团有限公司是中国铁建为抢抓国家投融资机制改革和新一轮基础设施建设发展机遇、提升全系统投资收益而成立的专业化投资集团。主要经营：大型基础设施项目的投资、建设和运营管理、轨道交通、高速公路、市政工程、城市综合开发、房地产等多个业务领域和BT、BOT、PPP等多种投资模式。是贯彻落实中国铁建“投融资经营+工程经营”双轮驱动战略、打造全产业链一体化经营优势的有机载体。公司成立于2016年5月20日，在四川省成都市高新区完成工商注册，注册资本金30亿元，主要负责四川、云南、贵州、海南、西藏“四省一区”投融资项目的投资、建设和运营管理。下辖四川中铁建地铁投资管理公司、中铁建云南投资公司、中铁建昆仑资产管理公司、中铁建海南国际旅游岛投资管理公司等6个子（项目）公司及贵州筹备组。截至2016年底，昆仑集团投资项目17个，投资总额近1500亿元。

（欧阳泱 提供）

2016年10月28日，中铁建昆仑投资集团有限公司在成都举行揭牌仪式。

中铁建昆仑投资集团有限公司投资建设的成都地铁10号线双流机场T1航站楼站。

中铁建昆仑投资集团有限公司投资建设的成都地铁10号线一期项目。

中铁建昆仑投资集团有限公司投资建设的成都市元华路神仙树立交桥项目。

中铁建昆仑投资集团有限公司投资建设的成都天府新机场及蒲江至都江堰高速公路项目。

中铁建昆仑投资集团有限公司投资建设的成都有轨电车蓉2号线。

中铁磁浮交通投资建设有限公司

中铁磁浮交通投资建设有限公司成立于2016年10月9日，注册资本金20亿元。定位于城市新型轨道交通产业资本运作、核心技术研发合作、专业集成、吸引集聚高端专业人才平台。具备卓越的投资经营能力、关键技术研发能力、规划设计组织能力、资源整合集成利用能力、运营组织管理能力等全产业链能力。专营磁浮交通、单轨交通及其他新型交通项目的投融资、研发、规划、设计、建设、运营组织管理、咨询、培训及技术服务等。以投融资为引领，创新合作模式，创新国内外城市轨道交通建设运营方式，以更加安全、节能、环保、经济、高效的新型交通方式，领军现代新型轨道交通产业发展。

中铁磁浮是承担世界最长、中国首条中低速磁浮商业运营线——长沙磁浮快线设计、施工、综合联调、运营维护的一站式总承包服务商，具备中低速磁浮交通设计、建设、运营维护的全产业链优势，拥有“投融资+设计施工总承包+采购+研发+制造+安装+联调联试+运营维护”的产业优势。

（项何丰 提供）

2016年10月28日，在武汉东湖国际会议中心举办的“磁浮发展高峰论坛”上，中铁磁浮交通投资建设有限公司揭牌成立。

中国铁建股份有限公司领导与院士、专家、兄弟单位领导合影。

长沙机场磁浮快线于2016年5月6日开始载客试运营。该快线是中铁磁浮以“股权投资+EPC+联调联试”的“一站式”服务模式承建的国内首条拥有完全自主知识产权的中低速磁浮快线。

长沙磁浮快线连接长沙火车南站和长沙黄花国际机场。

中铁建金融租赁有限公司

中铁建金融租赁有限公司于2016年5月3日获中国银行业监督管理委员会批准筹建，7月19日在天津市挂牌成立。是经中国银行业监督管理委员会批准设立的全国性金融租赁企业，是中国铁建股份有限公司的控股子公司，公司首期注册资本金24亿元，其中注册地天津市自贸试验区（东疆保税港区）。经营范围：融资租赁、转让和受让融资租赁资产、固定收益类证券投资、接受承租人的租赁保证金、吸收非银行股东3个月（含）以上定期存款、同业拆借、向金融机构借款、境外借款、租赁物变卖及处理和经济咨询业务。

（刘　旭　提供）

天津市副市长阎庆民（右）与中国铁建总裁庄尚标（左）共同为中铁建金融租赁有限公司揭牌。

中国银行业监督管理委员会天津监管局副局长徐琊（右）为中铁建金融租赁有限公司颁发金融许可证。

2016年7月19日，中铁建金融租赁有限公司金融租赁业务推介暨开业揭牌活动现场。

2016年11月2日，中国铁建与赞比亚交通部在卢萨卡签订合同金额22.64亿美元的赞比亚东线铁路项目商务合同。

（颜　鑫　摄）

中铁建设集团有限公司承建的建筑总高度342.5米的马来西亚四季酒店工程。（官翊龙　提供）

中铁二十局集团有限公司以设计—采购—施工总承包方式承建的巴基斯坦卡拉奇—拉合尔高速公路工程。

（庞曙光　摄）

中铁二十二局集团三公司在雅西高速干海子特大桥施工中开发的“钢管混凝土格构墩曲线桁架梁桥综合施工技术研究”获四川省科技进步一等奖。

（孙　帆　提供）

2016年8月22日，中铁十七局集团三公司（北）京沈（阳）客运专线项目，提前70天完成602榀预制箱梁架设任务。在建设过程中，三公司攻克技术难题8项，获国家专利20项，创造运架一体机日架5孔箱梁的纪录。图为架设最后一榀预制箱梁。

（孙　静　摄）

2016年11月8日，中铁二十局集团有限公司承建的山东省菏泽市丹阳路立交桥工程，采用两台 350 吨连续式千斤顶牵引，将重达2.48 万吨的丹阳路立交桥东侧主桥逆时针转动 81.67 度，与引桥精准对接。（庞曙光 摄）

2016年5月10日，中铁十九局集团轨道公司长春地铁1号线“吉林号”盾构机顺利到达自由大路站1号竖井，标志着全国首例采用盾构侧向施工分体始发新工艺的盾构区间顺利贯通。（张振宇 摄）

中铁十八局集团有限公司承建的天津市滨海新区中央大道海河隧道工程获第十三届中国土木工程詹天佑奖。

（杨　旭　提供）

中铁第五勘察设计院集团有限公司参加设计的北京轨道交通亦庄线工程获第十三届中国土木工程詹天佑奖。

（李晓雪　提供）

中铁建设集团有限公司承建的厦门北站工程获第十三届中国土木工程詹天佑奖。

（章　梅　提供）

中铁十四局集团有限公司、中铁十二局集团有限公司、中铁十九局集团有限公司、中铁十一局集团有限公司参建的北京地铁9号线工程获第十三届中国土木工程詹天佑奖。

（徐云华　摄）

中铁二十一局集团有限公司参建的新建宝鸡至兰州铁路客运专线兰州西客站站房工程获 2016 年度中国建设工程鲁班奖（国家优质工程）。

（张明强 摄）

中铁十一局集团有限公司承建，中铁十一局集团二公司、五公司参建的新建铁路大同至西安客运专线马家庄隧道工程获 2016 年度中国建设工程鲁班奖（国家优质工程）。

（徐云华 提供）

中铁二十四局集团有限公司承建，中铁二十四局集团安徽公司参建的合肥市滨湖新区方兴大道（包河大道—福建路）工程获 2016 年度中国建设工程鲁班奖（国家优质工程）。

（宋 洁 提供）

中铁建设集团有限公司承建的宿迁市第一人民医院工程获 2016年度中国建设工程鲁班奖（国家优质工程）。

（袁　鹏　提供）

中铁十八局集团五公司参建的新建天津铁道职业技术学院工程获 2016 年度中国建设工程鲁班奖（国家优质工程）。　　（杨　旭　提供）

中铁十九局集团有限公司参建的河南新中益“上大压小”扩建工程获 2016 年度中国建设工程鲁班奖（国家优质工程）。　　（王林丽　提供）

中铁十六局集团有限公司承建，中铁建设集团有限公司参建的燕翔饭店改扩建工程获 2016 年度中国建设工程鲁班奖（国家优质工程）。

（冯　爽　提供）

中铁十四局集团有限公司、中铁十五局集团有限公司承建，中铁十五局集团四公司、七公司和电气化公司参建的南京市梅子洲过江通道接线工程——青奥轴线地下交通系统及相关工程获 2016 年度中国建设工程鲁班奖（国家优质工程）。

（郑凤华　提供）

中铁第四勘察设计院集团有限公司设计，西安铁一院工程咨询监理公司监理，中铁十一局集团有限公司、中铁十四局集团有限公司、中铁十六局集团有限公司、中铁十九局集团有限公司，中铁十九局集团电务公司、中铁二十一局集团一公司、中铁十六局集团电务公司参建的无锡市轨道交通1号线工程获 2016 年度国家优质工程金质奖。

（徐云华　摄）

中铁十八局集团有限公司施工总承包，中铁第四勘察设计院集团有限公司设计，中铁十八局集团一公司、二公司、三公司、五公司参建的厦深铁路潮汕至惠州南段新建长沙湾特大桥工程获 2016 年度国家优质工程奖。（杨　旭　提供）

中铁建设集团有限公司施工总承包，中铁第四勘察设计院集团有限公司设计，中铁建设集团北京中铁装饰公司参建的黄山北站站房及相关工程获 2016 年度国家优质工程奖。（朱良金　摄）

中铁二十四局集团有限公司施工总承包的南通市江海大道东段快速化改造工程获 2016 年度国家优质工程奖。（宋　洁　提供）

中铁十一局集团有限公司施工总承包，中铁上海设计院集团有限公司设计，中铁十一局集团二公司、三公司参建的新建宿州至淮安铁路京杭运河特大桥工程获 2016 年度国家优质工程奖。　（徐云华　摄）

中铁城建集团有限公司施工总承包，中铁城建集团北京公司参建的希望・加州华府一期 B 区工程获 2016 年度国家优质工程奖。　（秦班超　提供）

中铁第四勘察设计院集团沪昆铁路客运专线杭长段建设指挥部湖南分指挥部设计的长沙西北上行联络线特大桥（斜拉转体工程）获 2016 年度国家优质工程奖。　（邵　澎　提供）

中铁第一勘察设计院集团西安铁一院工程咨询监理公司监理的南京至高淳城际轨道南京南站—禄口机场段工程获 2016 年度国家优质工程奖。　（李　琳　提供）

中铁建设集团有限公司承建的北京工业大学教学科研楼工程获 2016 年度国家优质工程奖。

（宋昀霖 提供）

中铁十一局集团有限公司施工总承包，中铁第四勘察设计院集团有限公司设计，中铁十一局集团一公司、三公司、六公司、桥梁公司及中国铁建电气化局集团有限公司参建的武咸城际铁路跨武广客运专线特大桥工程获 2016 年度国家优质工程奖。

（徐云华 摄）

中国铁建大桥工程局集团有限公司参建的合肥市阜阳北路高架快速路综合建设工程获 2016 年度国家优质工程奖。

（姜 楠 提供）

中铁建设集团有限公司参建的北京财富中心写字楼工程获 2016 年度国家优质工程奖。

（田 菲 提供）

中铁十七局集团有限公司施工总承包，中铁十七局集团五公司参建的灵山高速公路恒山隧道工程获 2016 年度国家优质工程奖。 （赵渊青 提供）

中铁十七局集团有限公司施工总承包，中铁十二局集团有限公司及其二公司、中铁十七局集团一公司参建的新建铁路北同蒲韩家岭—原平线应县—原平新建取直线工程雁门关隧道工程获 2016 年度国家优质工程奖。

（罗平政 摄）

中铁第四勘察设计院集团南宁勘察设计院有限公司设计的文昌会务中心工程获 2016 年度国家优质工程奖。 （邵 澎 提供）

中铁第五勘察设计院集团有限公司设计的新建铁路衡茶吉线HCJ-4 标段站后四电工程获 2016 年度国家优质工程奖。

（李晓雪 提供）

中铁二十三局集团有限公司施工总承包，中铁第一勘察设计院集团南方工程咨询监理公司监理，中铁二十三局集团四公司、六公司及中国铁建电气化局集团有限公司参建的新建兰渝铁路引入重庆枢纽工程兴隆场编组站工程获 2016 年度国家优质工程奖。（孟子龙 摄）

中铁第一勘察设计院集团有限公司设计，北京铁城建设监理公司监理的新建兰新铁路第二双线哈密立交特大桥工程获 2016 年度国家优质工程奖。

（白全安 提供）

中铁十八局集团有限公司施工总承包，中铁十八局集团一公司、五公司参建的新建重庆至利川铁路万寿山隧道工程获 2016 年度国家优质工程奖。　（杨　旭　提供）

中铁第五勘察设计院集团北京铁研监理公司监理的宁天城际轨道交通一期工程获 2016 年度国家优质工程奖。（李晓雪　提供）

中铁二十局集团有限公司施工总承包，中铁二十局集团三公司参建的遂宁观音湖下穿隧道工程获 2016 年度国家优质工程奖。　（庞曙光　摄）

中铁第四勘察设计院集团有限公司设计的新建杭州至长沙铁路客运专线湖南段长沙浏阳河特大桥工程获 2016 年度国家优质工程奖。 （邵 澎 提供）

中铁十一局集团有限公司、中铁十七局集团有限公司施工总承包，中铁第一勘察设计院集团有限公司设计，中铁十一局集团一公司、三公司、四公司、六公司、电务公司及中铁十七局集团二公司参建的新建兰新铁路第二双线甘青瓜州段综合工程获 2016 年度国家优质工程奖。 （徐云华 摄）

中铁城建集团有限公司施工总承包，中铁城建集团一公司参建的山西省电力勘测设计院综合业务楼工程获 2016 年度国家优质工程奖。 （秦班超 提供）

中铁第一勘察设计院集团有限公司设计，西安铁一院工程咨询监理公司、中铁第五勘察设计院集团北京铁研监理公司监理的新建铁路哈尔滨至大连客运专线电力及牵引供电系统集成工程获 2016 年度国家优质工程奖。

（刘 刚 提供）

中铁十九局集团六公司参建的河南省新乡市中益电厂2×660兆瓦超临界机组扩建工程获 2016 年度中国电力优质工程奖。图为中益电厂全景。

（仲 义 摄）

中铁二十局集团六公司承建的西咸空港保税办理服务中心钢结构工程获中国钢结构金奖。 （许 岗 摄）

中铁城建集团有限公司承建的呼和浩特汽车东站工程获中国钢结构金奖。 （秦班超 摄）

中铁十二局集团四公司参建的兰新铁路第二双线（新疆段）达坂城湿地特大桥工程。

（白全安 提供）

中铁十七局集团三公司承建的杭长铁路客运专线传芳特大桥工程。

（刘志平 摄）

中铁十二局集团有限公司承建的郑徐铁路客运专线徐州枢纽上、下行线联络线工程。（武 羽 摄）

2016年1月16日，中铁十八局集团二公司承建的云桂铁路南盘江特大桥工程合龙。
（王忠霞 摄）

中国铁建电气化局集团三公司承建的云桂高速铁路百色段四电工程。
（冯晓涛 摄）

2016年1月18日，中铁二十五局集团四公司承建的云桂铁路营盘山隧道贯通。
（林 林 提供）

中铁十四局集团三公司承建的黄大铁路黄河特大桥工程。（杜振珂 摄）

2016年12月28日，中铁十二局集团有限公司参建的沪昆高速铁路云南段开通运营。（武 羽 摄）

2016年5月31日，中铁十一局集团有限公司承建的兰渝铁路新城子隧道贯通。
（肖秀珠 摄）

中铁二十局集团电气化公司承建的通让铁路大庆境内电气化改造工程。图为张力放线作业。
（白晓波 摄）

2016年10月9日，中铁十八局集团二公司、中国铁建电气化局集团三公司参建的新疆阿勒泰地区首条地方铁路——北屯至阿勒泰铁路铺通。（杨 旭 摄）

2016年11月28日，中铁十一局集团有限公司、中铁十二局集团有限公司和中国铁建电气化局集团有限公司参建的郑渝高速铁路万州至重庆段工程开通运营。（武 羽 摄）

中铁二十五局集团四公司承建的南宁铁路枢纽屯里桥群工程获广西壮族自治区优质工程奖。（唐荣伟 摄）

中国铁建大桥工程局集团四公司承建的中俄铁路国际边检站线路及道岔工程。（朱显波 摄）

2016年1月1日，中铁二十三局集团有限公司参建的牡绥铁路扩能改造工程开通运营。图为绥芬河新站。（杨景霜 摄）

2016年12月26日，中铁十一局集团有限公司、中铁十二局集团有限公司、中国铁建大桥工程局集团有限公司、中铁十八局集团有限公司、中国铁建电气化局集团有限公司参建的兰渝铁路广元至岷县段正式通车运营。（郭　琳 提供）

中铁十一局集团有限公司、中铁二十二局集团有限公司、中铁二十五局集团有限公司参建的长株潭城际铁路工程。（易　婷 提供）

中国铁建大桥工程局集团有限公司承建的京沈铁路客运专线工程。

（姜　楠 提供）

2016年6月7日，中铁建大桥设计研究院设计的长江大桥建成通车。（雷佳民 摄）

中铁十七局集团有限公司承建的吉水赣江特大桥连续梁工程。（曾祥珍 提供）

中国铁建大桥工程局集团有限公司承建的公铁两用跨海大桥——福（州）平（潭）铁路平潭海峡大桥工程。（姜 楠 提供）

2016年9月2日，中铁十六局集团有限公司承建的宁夏永宁黄河公路特大桥顺利合龙。（许鹏健 摄）

中铁十五局集团一公司承建的亳州市涡阳县涡河三桥工程。（孙进修 摄）

中铁十七局集团有限公司承建的大同市北环路御河桥工程。（敖 渝 摄）

中铁二十一局集团三公司等11家单位参建的西咸北环线高速公路是国内首条以建筑垃圾再生材料为主要筑路材料建设的，被交通运输部列为全国“生态环保示范工程”。图为西咸北环线高速公路永乐西互通枢纽。（尹登明 摄）

中铁十七局集团一公司承建的贵阳市观山湖京东路工程。（张 栋 摄）

中铁十二局集团有限公司参建的京福高速公路安徽铜陵长江公铁两用大桥工程。（武 羽 摄）

中铁二十四局集团有限公司承建的杭州萧山机场公路改建工程。图为市心路互通段立交桥。（宋 洁 提供）

中铁二十二局集团一公司承建的银川市黄河兵沟大桥及连接段A1标段工程。（张洪柱 摄）

中铁十六局集团有限公司承建的简蒲高速公路沱江特大桥工程。（冯 爽 提供）

2015年12月26日，中铁十七局集团有限公司参建的河南省三（门峡）浙（川）高速公路全线通车。（吴晓炜 摄）

中铁二十一局集团路桥公司承建的内蒙古自治区304省道翁旗段3标段工程。（王雪莲 摄）

中铁二十四局集团福建公司承建的厦沙高速公路 A6 标段工程。（宋 洁 提供）

中铁十七局集团四公司承建的贡嘎机场至泽当专用公路嘎拉山隧道雅江特大桥扩建项目跨越雅鲁藏布江，被中国建筑业协会授予全国建筑业绿色施工示范工程。（吴晓炜 摄）

2015年12月30日，中铁十一局集团四公司参建的包（头）茂（名）高速公路广东段（信宜—茂名）建成通车。（肖 帆 摄）

中铁十二局集团建筑安装公司开发的中国铁建·逸园（一期）工程。 （杜阳阳 摄）

中国铁建房地产集团成都中铁龙泰房地产开发有限公司开发建设的成都·铁建广场工程。
（王重珍 提供）

中国铁建房地产集团北京丰昊置业有限公司开发建设的北京中国铁建·山语城工程。
（王重珍 提供）

2016年9月25日，中铁十一局集团二公司参建的世界最大单口射电望远镜——中国科学院国家天文台（FAST）观测基地，在贵州省平塘县落成启用。（徐云华 提供）

中铁建设集团有限公司承建的300 米高层建筑——广西九洲国际工程。（刘书君 提供）

中铁建设集团北京公司承建的北京恒大城 A10 地块住宅工程。(章 梅 提供)

中铁二十五局集团有限公司参建的珠海市最大物流中心——广珠铁路珠海西站物流中心一期工程。(林 林 提供)

2016年12月10日，中铁二十二局集团四公司承建的上海松江首条现代有轨电车示范线试跑段——人民路段实训试跑。（武新才 摄）

中铁二十五局集团有限公司承建的国内首条悬挂式单轨试验线梁体架设工程。（张照朋 摄）

中铁二十三局集团有限公司参建的长沙磁浮工程。图为磁浮列车驶过跨长沙黄花国际机场大道特大桥。（蔡崇金 提供）

2016年11月，中铁二十局集团有限公司承建的青岛地铁3号线五四广场车站交付使用。（黎青川 提供）

中铁十一局集团四公司承建的武汉地铁3号线一期工程。图为香港路站。（肖秀珠 摄）

中铁第一勘察设计院集团有限公司设计，中铁十六局集团有限公司参建的青藏铁路西宁—格尔木增建二线新关角隧道工程获 2016 年度菲迪克工程项目奖和国际隧道协会（ITA）2016 年度重大工程奖。（冯　爽　提供）

中铁第四勘察设计院集团有限公司勘察的石武客运专线郑武段工程地质勘察项目获全国优秀工程勘察一等奖。（邵　澎　提供）

中铁第四勘察设计院集团有限公司勘察的向莆铁路越岭隧道群工程地质勘察项目获全国优秀工程勘察一等奖。（邵　澎　提供）

2016年10月11日，中铁第五勘察设计院集团有限公司设计的江苏连盐铁路项目灌河特大桥钢桁梁柔性拱桥成功合龙。 （刘 皓 摄）

中铁第四勘察设计院集团有限公司设计的佛肇城际铁路工程。 （欧 巍 摄）

中铁第一勘察设计院集团有限公司设计的敦格铁路敦煌至肃北段工程。（铁澄宇 摄）

2016年7月29日，中国铁建重工集团新疆公司举行首批隧道工程装备下线仪式。（王　策 摄）

2016年3月19日，中国铁建重工集团有限公司制造的国产首台全电脑三臂凿岩台车下线。（向奇志 摄）

中铁十一局集团汉江重工和石家庄铁道大学研制的中国首台2700吨新型节段拼装造桥机。图为造桥机福平铁路平潭海峡公铁两用大桥作业现场。（付　锐 摄）

2016年4月23日，中铁十六局集团五公司连镇铁路涟水制梁场通过全国工业产品生产许可证审查中心专家审查认证。（许鹏健 摄）

中国铁建重工集团有限公司坚守高端制造商和集成服务商的定位，加强研发、营销与服务，打造有国际影响力的中国制造品牌。（曾诗怡 摄）

2016 年10 月，中国铁建高新装备股份有限公司自主研制的3台米轨大型养路机械新产品（DC-32N 米轨捣固车、SPZ-200N 米轨配砟车、WD-300N 米轨稳定车）在昆明至河口米轨线路王家营至水塘区间试验成功。（富建强 摄）

中铁十一局集团桥梁公司自主研发的预制箱梁全自动喷淋养护系统获国家实用新型专利授权。图为全自动喷淋养护系统正在作业。（徐云华 摄）

中铁建重庆投资集团有限公司投资的BOT项目——重庆秀松高速公路工程。图为重庆秀松高速公路S63秀山收费站。
（陈丽玉　提供）

中国铁建投资集团有限公司投资的济鱼高速公路 BOT 项目——济宁北互通立交桥工程。
（张　媛　提供）

中铁城建集团有限公司承建的中国铁建PPP安置房工程——江苏省张家港市香山花苑工程。　（黄国江　摄）

2016年7月1日，中国西藏文化保护与发展协会和中国铁建联合主办的庆祝中国共产党成立95周年暨青藏铁路通车10周年图片展在中国铁建大厦举办。图为开展仪式现场。（秦班超 摄）

2016年11月8日，中铁十九局集团有限公司“劳动杯”第二届职工技能比武大赛在赤喀客运专线项目部举办。（张振宇 摄）

2016年6月30日，中铁十七局集团有限公司举办“新铁军、新风采、新辉煌”——庆祝建党95周年文艺晚会。图为歌剧《江姐》选段。（周旭东 提供）

2016年7月6日，受长江流域洪水影响，湖北省长荆铁路应城段突然发生大面积滑坡。中铁十一局集团有限公司组成300余人的突击抢险队，携带8台（套）大型设备、9辆运输车辆紧急驰援。（肖秀珠 摄）

中铁十七局集团大瑞铁路项目部在“六一”期间到驻地小学献爱心。（李锁生 摄）

2016年7月16日，云南省昭通市巧家县“8·3”地震灾区的小学生走进中国铁建夏令营参观中铁二十四局集团嘉闵高架立交桥项目工地。（胡慧航 摄）

目录

特载

大事记

概况

董事会工作

2016 年中国铁建董事会工作

工程施工

工程管理

铁路工程

设备物资

海外经营 境外工程

海外经营

境外工程

经营管理

企业管理

经营计划

房地产开发与监管

资本运营与管理

财务管理

经济管理

审计监事

综合管理

机关政务　行政事务

人力资源

科技管理

2016 年中国铁建科技管理

党的工作

综合工作

工会 共青团

工　　会

团委工作

所属单位

中国土木工程集团有限公司

中铁十一局集团有限公司

中铁十二局集团有限公司

中国铁建大桥工程局集团有限公司

中铁十四局集团有限公司

区域经营机构

人物

新闻人物

科技人物

模范人物

先进集体

逝世人物

统计资料

文献辑要

附　录

索　引

2016 年 1 月 26 日，中国铁建党委二届十一次全委（扩大）会暨党的建设和反腐倡廉工作会召开。

（徐云华 摄）

特 载

切实增强“四个意识” 全面加强党的建设 以优异成绩迎接党的十九大胜利召开

——党委书记、董事长孟凤朝在中国铁建党委二届十三次全体委员（扩大）会议上的报告

（摘　要）

（2017年1月17日）

一、2016年党委工作回顾

（一）增强“四个意识”，提升领导班子执企能力

一是强化政治引领，全面落实中央部署。股份公司党委高度重视学习传达十八届六中全会、全国国有企业党建工作会精神。班子成员集体研讨提出党建工作要求写入公司章程、制定党建工作机构设置和人员配备指导意见、深化党组织书记抓基层党建述职评议机制等12条具体措施，限定时间完成任务；各集团公司党委迅速掀起学习热潮。

二是强化理论武装，抓好党委中心组学习。股份公司党委组织18次党委中心组学习，始终坚持把学习贯彻中央和国资委党委精神作为首要政治任务，深入学习习近平总书记系列讲话精神，学习研讨带有前瞻性、方向性、全局性、根本性的重要论述和理论文章。对所属单位的中心组学习情况进行专项督查，推动全系统理论学习走向制度化、规范化、常态化。

三是强化大局意识，发挥班子整体功能。各级领导班子抓好顶层设计和决策把控。2016年召开30次党委常委会议，研究129项议题。

（二）加强基层党建，扎实推进“两学一做”学习教育

一是以规定动作为抓手，抓好“两学一做”学习教育。完善方案，确保学习教育实效。对照标准，严格落实规定动作。自上而下，领导班子率先垂范。加强组织，认真开展督促指导。成立四个学习教育督导组，深入开展督导工作，使学习教育有序推进。

二是以专项工作为抓手，抓好组织基础管理。开展组织关系集中排查。应该换届的26个所属单位党委和235个三级公司党委召开了党代会或党员大会，完成换届工作。开展党费收缴工作专项排查。

三是以创建活动为载体，提升基层组织活力。深入开展“四、五、六”创建活动和民主评议党员工作，涌现出大批先进党组织和模范共产党员。

（三）优化体制机制，加强干部和人才队伍建设

一是坚持多措并举，全面加强领导干部管理监督。把党管干部原则和民主集中制贯穿于选人用人的全过程。2016年召开书记碰头会15次，提交党委常委会讨论干部20批次，对52个次单位领导班子进行调整，对210人次进行任免。加强对领导人员教育培训，从严监督管理干部，坚持纪委全程参与干部考察的做法，对考察进行全过程监督。

二是加强制度建设，完善选人用人机制。印发包括《领导人员管理规定》在内的18个人力资源管理制度办法，使相关工作有规可依，有矩可循。

三是突出战略引领，启动“十三五”人力资源规划。积极推动“十三五”人力资源规划拟定工作，为制定“十三五”人力资源规划奠定坚实基础。

（四）围绕中心工作，抓好宣传思想文化建设

一是凝聚力量，思想教育扎实到位。着力加强意识形态管理及阵地管控工作。组织开展提质增效、营改增、瘦身健体、亏损项目治理等形势任务和主题教育活动，夯实企业发展的思想基础和群众基础。

二是示范引领，文明创建成果丰硕。以庆祝建党95周年、纪念长征胜利80周年为契机，组织系列活动，推动社会主义核心价值观落地。积极参加“北京榜样”“首都道德模范”“最佳志愿服务”等典型选树活动。文明创建活动向纵深发展。

三是文化铸魂，企业文化建设持续推进。编制企业文化建设“十三五”规划，深入开展“弘扬优秀文化，抵制不良言行”系列活动，在品牌文化、文化融合等方面形成了比较成熟的研究成果。铁道兵纪念馆全年接

待团体参观417个，观众总数超过2万人，成功入选“中央企业爱国主义教育基地”，并被推荐至中宣部参评全国爱国主义教育基地。

四是塑造形象，品牌影响力得到提升。讲好铁建故事，精心策划系列重大主题宣传。组织纪念青藏铁路通车10周年系列活动，亚吉铁路进行全媒体的立体化宣传。全系统共在中央主流媒体刊稿2132篇。全系统负面舆情总体可控。《中国铁道建筑报》不断强化针对性、思想性和价值引导性，产生了良好的宣传效果。

五是与时俱进，新媒体矩阵迅速崛起。全系统所属32家单位开通官方微信，15家单位开通官方微博。中国铁建官方微信先后10次跻身央企新媒体指数排行榜前十，获得国资委“2016年度中国企业新媒体品牌创新奖”，实现由跟跑者向领跑者变身的年度目标。

（五）落实“两个责任”，抓好党风廉政建设

一是逐级传导压力，推动“两个责任”落地。召开落实“两个责任”促进会，有序推进制度建设，并探索实行纪委书记考核以上级纪委为主模式，试点推行纪委书记履职专项考核。先后修订、完善33项规章制度。进一步细化、完善《党风廉政建设责任书》，并层层签订。

二是坚持常抓不懈，驰而不息反对“四风”。深入扎实开展“四风”问题整治情况“回头看”。开展重要节假日“四风”问题督导检查。2016年，发现违反中央八项规定精神问题线索21条，组织处理2人，纪律处分37人，在全系统起到了较强的警示和震慑作用。

三是保持高压态势，加大案件查办力度。全系统共受理信访举报1467件，线索处置1183件，立案819件，结案800件，党政纪处分1606人，刑事处理19人。

四是突出问题导向，扎实推进巡视工作。一是积极配合国资委党委巡视“回头看”。二是进一步加大内部巡视工作的力度。2016年累计完成7轮对所属33家单位的巡视，已基本覆盖规模较大的二级单位，巡视工作首次走向海外。三是做好巡视成果运用，推动全面整改。被巡视单位共制订整改措施317项，已整改完成293项。

（六）服务职工群众，抓好群团工作

一是落实依靠方针，积极维护职工权益。规范召开各级职代会，推进职代会星级创建再上新台阶。以蒙华铁路和成都地铁5号线为建家建线示范点，推进基层项目的建家建线水平。组织开展送温暖、送清凉、金秋助学、爱心资助·梦圆大学、职工互助合作保险、为青年职工牵线搭桥等工作。

二是服务生产经营，激发职工群众干劲热情。工会组织开展现场劳动竞赛、编投标劳动竞赛、清收清欠劳动竞赛、减亏增效劳动竞赛等。共青团开展“提质增效·青年担当”主题实践活动，助力企业提质增效工作。全系统6人获全国五一劳动奖章，9个集体获全国工人先锋号；1个先进青年集体和4名先进青年获团中央表彰。

三是开展文体活动，活跃职工文化生活。各级工会、共青团开展职工夜校培训班、项目篮球联赛和青年联谊活动、“我爱铁建”主题教育活动，开展征文和摄影作品、微视频作品、书画作品征集活动。

此外，中国铁建党委勇于担当政治责任，积极履行社会责任，积极投身扶贫开发，做好国安保密、抢险救灾和老干部工作。

二、2017年党委主要任务

2017年，股份公司党委工作的主要思路是：紧密团结在以习近平同志为核心的党中央周围，以全面贯彻党的十八大和十八届三中、四中、五中、六中全会精神为主线，以习近平总书记系列重要讲话精神为统领，以落实全国国有企业党的建设工作会议精神为抓手，着力提升“四个意识”，着力落实“两个责任”，着力做到“四个坚持”，统筹抓好基层党组织建设、领导班子建设、人才干部队伍建设、宣传思想文化工作、党风廉政建设和反腐败工作及群团工作，以时不我待的紧迫感，踏石留印的执行力，夯实党建基础，为把中国铁建建设成为最具价值创造力的综合产业集团提供坚强的思想保证、政治保证和组织保证。

（一）强化政治引领，推进执企能力升级

一是加强理论武装，突出把关定向。首先，要在统一思想上下功夫。在贯彻习近平总书记重要讲话精神上，要做到在思想观念、体制、制度、政治生态、基础工作上“五个对标”。其次，要在驾驭全局上下功夫。第三，要在成果转化上下功夫。将学习成果转化为指导实践的强大思想武器和科学行动指南。

二是加强党的领导，完善公司治理。把加强党的领导和完善公司治理统一起来，落实“四同步”，实现“四对接”，完善“双向进入、交叉任职”，全面推行党委书记、董事长由一人担任，党员总经理兼任党委副书记，适当增加进入董事会的党组织领导班子成员人数。健全党组织议事决策机制，落实党组织研究讨论作为董事会、经理层决策重大问题前置程序的要求。大力推动党建工作要求纳入公司章程。

三是加强责任落实，加大考核力度。所属各级党委要认真履行主体责任。建立企业党委向上级党组织报告年度党建工作、意识形态工作制度。全面推行企业党组织书记抓党建述职评议，对抓党建不力的要严肃问责。

（二）强化组织建设，推进党建水平升级

一是着力破解制约党建的难点问题。要紧密联系企业实际，认真分析党建工作“弱化、淡化、虚化、边缘化”问题在本企业的具体表现，研究制定切实管用的措施，有针对性地加以解决。

二是着力夯实基层党组织建设。要抓好基层党支部建设。建立党务工作人员和经营管理人员双向交流机制，把党务工作岗位作为培养企业复合型人才的重要平台。落实企业党建工作经费，确保党组织有工作条件、有经费办事。

三是着力焕发基层党组织活力。认真落实“三会一课”、领导班子民主生活会、组织生活会、谈心谈话、党员党性分析等基本制度。重视发挥党支部的主体作用。建立支部工作经常性督查指导机制，推动党建工作与生产经营深度融合。

（三）强化“党管干部”，推进队伍素质升级

一是突出忠诚担当，加强领导人员队伍建设。要从严教育企业领导人员。要积极推进选人用人机制创新。把坚持党管干部原则和发挥市场机制作用结合起来。要从严监督管理企业领导人员。要严格干部日常管理，推行领导人员问责制度，注重企业领导人员后备力量建设。

二是优化人才结构，加强人才队伍建设。要做好急缺高端人才的选拔、引进工作。加强项目经理、专家队伍和专业技术人员队伍建设，推进项目经理职业化、畅通专家人才发展通道。要继续加大海外专家队伍选拔力度。

三是整合教育资源，加强人才教育培训。进一步理顺教育培训体制，不断增强内部教育培训的活力和实力。继续组织好新提任局级、处级干部培训工作，争取2015年以来新提干部全部得到培训。构建海外人才培训体系。持续抓好高端人才培训，建立工程技术骨干长效培训机制。

（四）强化宣传引导，推进企业文化升级

一是加强思想政治工作。要做好形势任务教育。继续在全系统深入开展道德讲堂活动，组织评选第二届“永远的铁道兵杯”十大楷模和第五届中国铁建“十佳道德模范”，发挥好典型的示范作用。

二是淬炼企业文化。要与时俱进深化企业文化建设。要组织中国铁建十大品牌评选及推广活动；开展中国铁建广告语征集活动；组织重点项目企业文化督查活动，培育2－3个具有鲜明个性特色的文化示范基地，推进企业文化研究成果的推广应用。继续做好铁道兵纪念馆日常管理和藏品收藏工作，抓好“全国爱国主义教育基地”申报工作。

三是加大媒体宣传力度。要在全媒体平台全面发力，讲好铁建故事。要完善新媒体工作机制，防范和化解舆情风险。《中国铁道建筑报》要强化报纸的传播力和引导力，为企业健康发展提供强大的舆论支持。

（五）强化“两个责任”，推进肌体健康升级

一是突出责任落实，助推全面从严治党。要进一步推动全面从严治党“两个责任”落地生根。一方面，各级党组织要切实担负责任，推动“一岗双责”落地。另一方面各级纪委要履行好监督责任。逐级推行“两个责任”落实情况定期报告机制、约谈提醒机制、监督检查机制、激励约束机制。

二是着力执纪监督，深入推进巡视工作。要继续推进巡视工作，抓好巡视发现问题整改。特别是对国资委巡视“回头看”和国家审计署提出的整改问题，要分解责任，逐条落实，整改到位。要扩大巡视覆盖面，形成更大威慑力。

三是保持高压态势，加大惩治腐败力度。不断强化“不敢腐”的氛围。持续推进企检联动机制，加大预防职务犯罪和案件查办配合力度。深入开展治亏问责，努力营造风清气正的政治生态。

（六）强化和谐聚力，推进幸福指数升级

一是服务生产经营，激发创业活力。要以创誉、创效、育人、建文化为目标，开展劳动竞赛。各级团组织要带领团员青年发挥好生力军和突击队作用。要选树先进典型，开展选树“中国铁建工匠”活动，在广大职工中掀起学技术、比工艺的热潮。

二是抓好基础工作，推进民主管理。要健全以职工代表大会为基本形式的民主管理制度，坚持和完善职工董事制度、职工监事制度，落实企务公开制度。推广使用《中国铁建基层共青团工作指导手册》，促进各级团组织焕发活力。

三是提高服务水平，实施“暖心工程”。主动参与企业改革中涉及职工劳动经济权益的顶层设计，使职工群众更多更公平地共享改革成果。在直接联系、直接服务青年中强化共青团的群众性，从生活和工作上帮助青年成长成才。

各级党组织和广大党员干部要遵守中央八项规定精神，坚决防止“四风”反弹；要安排好困难职工生活，坚决避免拖欠职工、农民工工资；要维护好安全生产和稳定工作，坚决杜绝重大安全事故，确保广大干部职工度过一个欢乐祥和的新春佳节。

不忘初心　砥砺前行
坚定不移把中国铁建建设成为最具价值
创造力的综合建筑产业集团

——董事长、党委书记孟凤朝在中国铁建二届二次职工代表大会暨2017年工作会议上的讲话

（摘　要）

（2017年1月18日）

这次会议的主要任务是：深入贯彻落实党的十八届六中全会、中央经济工作会议、全国国有企业党建工作会议和中央企业负责人会议精神，总结2016年工作，部署2017年任务。

回顾2016，中国铁建在不平凡的年份，走过了不平凡的道路、实现了不平凡的发展。企业发展实现突破。全年实现新签合同12191.065亿元，完成营业收入6293.271亿元，完成利税总额189.696亿元。其中，经营总额和国内新签合同首次突破万亿，在“世界500强企业”中排名第62位；在“中国企业500强”中排名第14位；在“全球最大250家工程承包商”中排名第3位。转型升级扎实推进。成立中铁建金融租赁公司、中铁磁浮交通投资建设有限公司，组建4家投资平台，撤并非主业机构66家。企业正向联动发展、协同发展、融合发展迈进。企业管控平稳有序。始终坚持科学治理、始终坚持依法治企、始终坚持制度创新、始终坚持规范管理。连续被评为国资委业绩考核工作先进单位，被评为任期业绩优秀企业。党的建设明显加强。实行董事长、党委书记“一肩挑”的有27家。3个党组织荣获“中央企业先进基层党组织”称号，6人获评全国和中央企业优秀党员荣誉，6人荣获全国五一劳动奖章，3个集体获全国工人先锋号。从严治党成效显著。坚持“挺纪在前”，抓住“关键少数”，深化“四个着力”，实践“四种形态”，落实“两个责任”。监督责任工作经验在中央企业负责人会议上作典型发言。

展望2017，企业既处于大有可为的重要战略机遇期，又面临诸多矛盾叠加、风险隐患增多的严峻挑战，务必要以超常的举措、超强的力度、超快的节奏，风雨兼程、披荆斩棘，不忘初心、始终向前，撸起袖子加油干，一步一个脚印完成确立的目标，用实际奋斗筑起中国铁建梦想高台。

一、坚持党建引领发展，着力强化政治保障

要将“把方向”摆在企业改革发展工作的首要位置。推进中国铁建的改革发展，必须正确理解，准确把握中央精神，保证改革发展沿着正确的方向推进，决不能在根本性、方向性的问题上出现颠覆性错误。要旗帜鲜明地坚持和加强党的领导，理直气壮地做强做优做大。要坚持和强化“四个意识”，不折不扣贯彻党的路线方针政策和各项决策部署，坚决在思想上、政治上、行动上同以习近平同志为核心的党中央保持高度一致，切实做到政治上坚定自信、思想上同心同向、行动上高度自觉。

要将“管大局”作为企业加强党的领导的关键内容。要贯彻“四个同步”“四个对接”的工作要求，要明确党组织在公司治理结构中的职责权限，要坚持和完善“双向进入、交叉任职”的企业领导体制，要健全党组织参与重大问题决策的规则和程序。

要将“抓根本”作为企业政治优势转化为发展优势的检验标准。要坚持服务生产经营不偏离、把提高

企业竞争实力、实现国有资产保值增值，作为国有企业党组织的出发点和落脚点，以企业改革发展成果检验企业党组织的工作和战斗力。把企业发展好，把企业做强做优做大是党建工作的根本任务。

二、坚持转型优化发展，着力提升产业布局结构

一要坚持生产经营与资本经营双轮驱动，加快发展特许经营。

要明晰定位功能。各投资类公司必须要明晰投资定位功能和发展方向，调整投资结构、明确投资组合、提升投资能力。设计院、工程局、专业局、海外平台公司要根据自身业务定位确定重点投资布局，紧紧抓住国家和各级政府的PPP项目、区域综合开发等投资机会，做强做大特许经营板块。

要突出重点。在大力发展高速公路特许经营业务的基础上，重点关注城市轨道交通、地下综合管廊、停车场、环保水务等细分领域，积极探索园林绿化、公共服务、机场港口等投资运营机会。要对所属工程局的房地产业务进行整合。

要严控投资风险。要在股份公司、集团公司两级设立专家委员会，建全完善投资项目的咨询评估评审制度，重大投资项目必须要组织进行严密的咨询论证，必须经过专家评审。要强化项目公司能力建设，培养项目运营管理团队。

二要坚持国内经营与海外经营齐头并进，大力加快发展海外业务。

要创新海外经营模式。要借鉴“亚吉模式”，创新海外经营。要充分发挥资金、技术、管理等优势，积极开展建营一体化，鼓励有条件的项目采用EPC、BOT、PPP等“工程承包+融资+运营”的合作方式，推动承包工程向项目融资、规划咨询、勘察设计、运营管理等高附加值领域拓展，形成新的综合优势。积极鼓励参与境外工业园区、产业园区、城镇化等区域整体开发，实现以单一项目建设向提供规划、开发、建设、运营等整体解决方案转变。

要积极推进全产业链“走出去”。积极推动勘察设计咨询、房地产、特许经营、物资物流、装备制造等产业板块的国际化拓展，形成中国铁建全产业链整体出海的战略布局。要充分发挥海外平台公司的牵引作用。坚持中土集团和国际集团在海外经营的龙头地位，进一步强化两大集团公司海外业务拓展中的“排头兵”“主力军”作用。要加大“CRCC”和“CCECC”两大品牌的建设力度，加快“CRCC国际”品牌的培育、推广和建设。

三要坚持协同战略，实现各业务板块协同发展。

要强化经营协同。贯彻“先入为主”的原则，推行合作经营、互助经营、联动经营。加强协调力度，加快推动错位经营、差异经营、品牌经营。加快推行责任经营、区域经营，建立和完善内部竞争游戏规则，实现股份公司市场最大化和利益最大化。

要强化以设计为先导的协同。充分发挥设计院在区域规划、路网规划等方面的优势，加强与工程承包、房地产、资本运营等产业板块的协同，发挥集团整体优势。勘察设计和工程承包板块要有机联动，以设计带动市场突破、以设计主导项目、以设计提高工程效益。

要强化以投资为引领的协同。充分发挥股份公司在全产业链经营上的统筹协调作用，充分发挥各投资公司、房地产集团在投资领域的龙头带动作用，充分发挥财务公司、金租公司的融资优势，充分发挥其他单位的产品产业优势和地缘优势，以城市轨道交通、高速公路、城市综合体等大型PPP项目、BOT项目、房地产项目为依托，大力推进“投融资+房地产+设计施工总承包+物流贸易+装备制造+运营维护”全产业链一体化，促进产业联运发展，协同发展，放大产业协同效应。

三、坚持改革推动发展，着力破除制约企业发展的体制机制障碍

公司治理改革要把握两个重点。一是要积极贯彻落实国资委党委的要求，把加强党的领导和完善公司治理统一起来。二是要进一步健全规范集团公司层级的董事会建设。要在部分投资类企业建立和推行外部董事制度。

混合所有制改革要在三个方面展开。一是要选择3~5家三级公司进行混改试点，通过投资入股、联合投资、兼并重组等多种方式，与非国有企业进行股权融合、战略合作、资源整合，引入非国有资本、海外资本实现股权多元化。二是要在项目公司层面特别是重大PPP、BOT项目，积极鼓励推动与其他央企、地方国企、金融机构深度合作，更多地引入、吸纳、联合、联袂其他国有资本、非公有资本、海外资本，实现投资主体多元

化，放大国有资本功能、提高国有资本运营效率。三是积极研究探索具备条件的项目实行资产证券化。推进具备条件的企业、产业分拆上市。

供给侧改革要继续在"五个字"上下功夫。一是"压"，继续压缩管理层级，减少法人数量。二是"退"，积极稳妥处置"僵尸企业"和特困企业，建立有进有退、优胜劣汰的市场退出机制。三是"治"，继续强力整治亏损企业、亏损项目。四是"挖"，深挖降本潜力。五是"剥"，就是彻底解决历史遗留问题，剥离处置低效无效资产。

三项制度改革要强化激励和约束两个方面。管理人员能上能下、员工能进能出、收入能增能减，形成既有激励又有约束的市场化选人用人和薪酬分配机制。

四、坚持创新驱动发展，着力转换企业发展动力

要强化科技创新，引领企业发展。要以数字化、网络化、智能化、绿色化作为提升公司产业竞争力的技术基点，推进各领域的科技创新，构造结构合理、开放兼容、自主可控、竞争力强的现代产业技术体系，以科技突破引领产业发展。要加强统筹管理，打造科技创新体系。明确设计院、集团公司、装备制造企业等各类创新主体在创新链不同环节的功能定位，做实做强研发创新平台，激发主体活力，系统提升各单位创新能力，夯实创新发展的基础。

要重点突破，增强核心竞争力。聚焦核心业务，巩固发展高速铁路、高原铁路、城市轨道的设计施工等优势领域的技术领先地位；加快跨江越海工程、大桥、磁浮、跨座单轨等专业领域的关键技术攻关，提升专业建造技术能力；发展智能绿色制造技术，加快网络化制造技术、云计算、大数据等在工业制造中的深度应用，推动装备制造企业向自动化、智能化、服务化方向转变；发展交通、通信、地下管廊等市政基础设施的标准化、数字化、智能化技术，推动绿色建筑、智慧城市、生态城市等领域关键技术的研发应用；开展建筑工业化、环保水务等领域关键技术的研发、引进和吸收，为新兴业务积累技术储备；大力开展 3D 打印、BIM、绿色施工等行业先进技术的集成研究和应用，推动传统工艺和生产管理模式的革新。

要强化商业模式创新，确立新的竞争优势。要以信息化为突破口，不断优化运营管理模式。积极探索新技术与业务融合的新模式和创新点，以示范项目驱动新技术的逐步验证与推广。要以重大投融资项目为引领，不断优化盈利模式。以企业品牌、诚信为核心，以用户需求为导向，以政治优势、品牌优势、融资优势、设计优势、建设优势、管理优势、人才优势、全产业链优势和核心能力为依托，通过平台建设、战略合作、资本运作、业务协同等方式，优化完善商业逻辑，优化资源配置能力，通过与其他央企、金融机构、地方企业及社会资本联动，形成设计、施工、开发、运营、物资物流、投融资等一体化运作，构建渠道互通、业务互动、资源共用、利益共享、风险共担、共同发展的联动互惠机制，将单项优势聚合为整体优势，从一点创利到多点创利、单个创利到综合创利。推动企业由建营分离向建营维修养护一体化转变，由设计、施工生产型企业向设计、施工生产服务型企业转变，由单一产品供应商向提供系统解决方案集成商转变，最终提升企业价值创造能力。

五、坚持管理推动发展，着力提升质量效益

加强管理，要推进实现管理制度化、制度流程化、流程信息化、信息表单化智能化，加快企业组织扁平化和精干化。要坚决贯彻落实国资委压缩管理层级、法人企业和精简机关的部署要求，压缩管理层级、压减法人层级和法人单位，精简各级机关机构和人员。提升总部资源配置能力、产业孵化能力、专业化服务能力和管控能力，提高决策效率和市场反应速度，探索创新管理机制和管控模式，激发集团公司活力和创造力。

要全面推进管理提升，深入开展全价值链、全生命周期成本费用管理，完善成本管控责任制度和目标考核机制。深化设备、物资集中采购，健全全面风险内控体系，大力推进依法治企。改进监管方式和手段，加强监事会监督、法律监督、审计监督、工会监督、纪检监督和巡视工作，注重事前规划制度、事中加强监管、事后强化问责，形成监督工作的闭环。建立健全违规决策和失职、渎职责任倒查机制，严格责任追究。建立健全重大决策评估、决策事项履职记录、决策过错认定标准制度，明晰相关责任。

六、坚持人才支撑发展，着力构筑人才优势

建立科学有效的人才引进选用机制。坚持以市场需要、公开竞争为导向，健全人才引进和选聘录用的制度。优化引进招聘机制，整合招聘资源，明确人才质量要求，规范引进招聘过程。区分不同地区人才市场的

供给特征，调整人才招聘政策；构建人才招聘引进平台，扩大社会影响力。大力加强能够突破核心和关键技术、推动成果转化、发展战略性新兴产业的高层次科技人才、高水平创新团队和企业发展需要的紧缺人才的引进力度，拓宽引进方式和渠道，建立长效机制。注重用好用活内部专家人才和引进专家人才，确保“留得住、用得好、不流失”。创新科研管理体制，建立科技带头人或首席专家制度，让其有职有权，自主决定团队成员、科研经费使用和技术路线调整。

改进人才培训开发体系。建立多层次、全方位、宽领域的人才培养体系。健全各类人才培训制度，制定人才培训规划，构建员工终身教育体系。

完善激励约束、薪酬管理和权益保障机制。建立以“业绩、职位、能力”三位一体的薪酬体系。要以业绩评价为基础确定薪酬标准，发挥薪酬的正向激励作用。对市场化选聘的人才和职业化管理的人才，薪酬确定要进一步市场化。要实施更加积极的人才激励和吸引政策，探索对做出重要贡献的优秀人才实施股权、期权和分红权激励。推行科技成果处置收益激励制度，强化对优秀人才的精神激励，使优秀人才的价值贡献得到认可和尊重。建立健全职业资格、高技能人才、技术职称等专业技术人员评价体系，实行与职业资格、高技能人才、专业技术等相匹配的薪酬分配办法。

七、加强党的建设，全面从严治党

以思想建党为根本。要坚持用中国特色社会主义理论体系武装头脑，深化对党的创新理论成果的认识，坚定理想信念，凝聚改革发展共识，增强道路自信、理论自信、制度自信、文化自信。要积极拓宽对外宣传渠道，要丰富创新典型培育和宣传形式，要弘扬以铁道兵精神为主体的企业文化，要积极传播、践行社会主义核心价值观，要加大网络监测力度，努力为企业改革发展稳定营造良好的舆论环境。

以组织建设为抓手。要压实党建工作主体责任，要建立党建考核评价办法，要建立报告党建工作情况制度，要加强企业党建工作力量，要加强和改进海外党建工作。

以从严治吏为重点。要按照习近平总书记对国有企业领导人员“二十字”要求，积极探索选人用人新途径、新方法。要保证党对干部人事工作的领导权和对重要干部的管理权，要全方位加强领导干部的监督管理，要加强后备干部队伍建设，要推进企业负责人薪酬制度改革。

以反腐肃纪为突破。要加强党性党风党纪和廉洁从业教育，要建立健全惩治和预防腐败体系，要继续深入推进巡视工作，要保持高压态势不放松，形成高压反腐的运行态势，彰显正风肃纪的坚定决心，切实维护企业的肌体健康。

以和谐共享为宗旨。要着力打造高素质的群团干部队伍，要认真贯彻落实中央党的群团工作会议精神，健全以职工代表大会为基本形式的民主管理制度，坚持和完善职工董事制度、职工监事制度，做党政所需、职工所盼、工会所能的工作。要积极履行企业的社会责任，要做实做细信访维稳工作。

最后，对领导干部提出五点要求：一是领导干部要有大思路；二是领导干部要有大视野；三是领导干部要有大胸怀；四是领导干部要有大担当；五是领导干部要能接地气。

稳中求进　改革创新
为做强做优做大中国铁建努力奋斗
——总裁庄尚标在中国铁建二届二次职工代表大会暨2017年工作会议上的报告
（摘　要）
（2017年1月18日）

这次会议的主要任务是：全面贯彻落实党中央、国务院和国资委系列重要会议精神，总结回顾2016年工作，分析当前形势，部署2017年工作，稳中求进，改革创新，为做强做优做大中国铁建努力奋斗。

一、2016年主要工作回顾

2016年是“十三五”的开局之年，也是企业在压力下谋发展、在困难中求突破的关键一年。一年来，中国铁建紧密团结在以习近平同志为核心的党中央周围，在国资委的正确领导下，在国务院监事会的有力指导下，着力提质增效，加快转型升级，迎难而上、奋力拼搏，圆满完成了全年主要目标任务。

1. 市场开拓和经营能力实现新突破。面对竞争激烈、变革加剧的市场环境和稳增长的巨大压力，企业始终坚持市场经营的龙头地位不动摇，顺应形势变化及时调整全年经营目标，进一步强化股份公司统筹经营、集团公司主体经营、三级公司辅助经营职能，加大高端经营、协同经营力度，开拓进取，攻坚克难，推动经营规模再创历史新高。

2. 施工生产和科技创新取得新成效。面对在建规模大、生产任务重、管控难度高的严峻挑战，企业狠抓施工生产组织，严格落实安全质量责任，进一步强化工程项目管理和重难点监控。主要实物工程量保持了稳定增长。全系统生产安全形势基本稳定，在主要市场和重大项目的信用评价工作中继续保持良好成绩。2016年获鲁班奖10项、国优工程奖34项；新获菲迪克奖4项、詹天佑奖8项、全国优秀设计类成果奖13项；成功当选为中国专利保护协会会长单位；铁建重工研发制造的TBM高端装备作为“十二五”国家科技创新重大成就，接受习近平总书记的检阅。

3. 结构调整和产业升级跨上新台阶。一是进一步加快产业结构调整。勘察设计咨询产业稳健发展；房地产业抓住机遇、加快发展；工业制造产业逆势上扬；物资物流产业发展趋于平稳；金融产业大步迈进。二是进一步强化投资驱动。三是进一步优化工程承包业务结构。

4. 企业改革与管理提升迈出新步伐。以市场为导向，根据企业发展战略需要，构建投融资区域经营平台体系；设立建筑央企第一家金融租赁公司；成立中国首家磁浮投资建设公司。以提质增效、管理提升为目标，强力推进清收清欠、瘦身健体、治亏治僵、“营改增”应对、成本管理、资源集中管控等一系列改革与管理举措。大力加强有关基础工作。

5. 队伍建设和民生改善呈现新气象。一是扎实开展“两学一做”学习教育，从严落实“两个责任”，把纪律和规矩挺在前面，持续落实中央八项规定精神，企业政治生态和队伍作风得到进一步改善。二是切实加强人力资源工作。三是通过内塑文化、外树形象凝聚人心。四是坚持“双维护双服务”，深入开展“健康、富强、书香、和谐铁建”以及“提质增效·青年担当”等主题活动；认真落实职代会、企务公开等民主管理制度；深入开展一线职工慰问和困难职工帮扶；全面推开企业年金工作。

2016年，成绩来之不易，这是国务院国资委正确领导和国务院监事会有力指导的结果，是股份公司党委和董事会正确决策的结果，更是全系统各级领导干部和广大职工锐意进取、奋力拼搏的结果。

二、形势分析与发展思路

准确研判形势，明晰发展思路，是做好2017年工作的前提。面对当前复杂严峻、有喜有忧的形势，企业要透过现象看本质、提纲挈领抓关键，清醒而准确地把握四点：

第一，市场容量依然处于高位；

第二，改革创新正处在窗口期；

第三，保稳求进不容有半点差池；

第四，优胜劣汰的挑战极为严峻。

基于对外部形势和自身情况的分析研判，中国铁建目前正处在重大的战略机遇期，同时也面临着前所未有的严峻挑战，能不能抓住机遇、战胜挑战，关键在于能不能稳住心神、应时而动、顺势而为、趋利避害、扎扎实实地把自己的事干好。

根据“十三五”发展需要和当前面临的形势，2017年和今后一个时期，企业必须做到“两个贯穿，五个坚持”。

两个贯穿：一是把稳中求进的工作总基调贯穿到企业全面工作中；二是把改革创新的精神贯穿到经营管理各环节。

五个坚持：一是坚持党的领导；二是坚持战略引领；三是坚持底线思维；四是坚持两个导向；五是坚持以人为本。

2017年工作的总体思路是：深入学习贯彻习近平总书记系列重要讲话精神，全面贯彻党的十八大和十八届三中、四中、五中、六中全会，国有企业党建工作会议、中央经济工作会议和中央企业负责人会议精神，认真落实党中央、国务院和国资委系列决策部署，做到“两个贯穿、五个坚持”，着力开源增收、提质增效、转型升级、强基固本、凝心聚力，全力推动中国铁建在“十三五”发展进程中迈上新台阶！

三、2017年重点工作安排

2017年，要着力抓好以下七个方面的重点工作：

（一）全力加大市场经营力度，打造稳增长的强劲引擎

要强化指标分解与责任落实。形成一级抓一级、一级保一级、层层抓落实的完善体系。

要加强和优化区域经营。各层级经营力量要恪守定位、各尽其责、加强联动、凝聚合力。

要强化经营统筹协同。以解决产业协同薄弱、内部恶性竞争问题为导向，一方面，强化内部产业经营协同。另一方面，贯彻经营“一盘棋”思想，坚决杜绝恶性竞争现象的发生。

要强化投融资经营。继续坚持“积极、审慎、灵活、有效”的方针，突出投融资经营在“保规模、补短板、促升级”方面的拉动作用。

要强化二次经营。进一步提高重视程度、加大工作力度，确保实现预期目标。

要强化经营要素体系建设。根据市场经营需要，进一步健全完善涵盖经营资质、从业资格、专业人才、经营业绩等内容的经营要素体系。

（二）切实加强施工生产管理，提升项目创誉创效能力

按照制度化、标准化、流程化的要求，坚持底线思维，强化精益管理，实现创誉创效目标。

要守住安全、质量、工期、效益“四条”底线。安全方面，要牢固树立安全生产“红线意识”和危机意识，要深入贯彻《中共中央国务院关于推进安全生产领域改革发展的意见》，严格落实安全生产主体责任和全员安全生产责任制；着力构建风险分级管控和隐患排查治理双重预防工作机制，严格实行重大隐患挂牌督

办制度；强化一线作业人员的岗前培训和工前教育；强力推行一线作业人员收入与安全行为挂钩；大力推进安全生产标准化建设、应急救援能力建设和职业健康管理工作；切实强化区域指挥部的安全监管责任，持续保持高压态势，确保施工生产安全平稳。质量方面，要牢固树立质量第一的意识，落实质量终身负责制，确保质量合格，努力打造精品。工期方面，要确保进度可控，在均衡安全有序生产的前提下，好中求快、以快取胜，坚决不允许随意抢工期、赶进度。效益方面，要确保项目实现基本的预期收益指标，确保现金流为正，不允许出现亏损。

要进一步落实八项管控措施。一是认真落实"法人管项目"。二是切实选好用好项目管理团队。三是优化项目组织实施模式。四是狠抓项目"双预控"。五是严格劳务队伍管理。六是严格项目绩效考核。七是加强重难点项目监控。八是强化工程项目信用评价管理。

（三）加强和改进财务与经济管控，着力推进提质增效

要切实加强全面预算管理。确保企业运行始终在全面预控之中。

要进一步加强资金集中管控。加大资金集中上存力度；进一步加强有息负债规模和资产负债率双重管控；严控向在建项目垫付性注资；加大对融资业务的集中管控力度；强化资金计划和资金头寸管理；加大内部资金调剂力度。

要严控成本费用。继续严格落实中央八项规定精神，强力压减管理费用和销售费用。进一步降低企业税负。多渠道降低资金成本和财务费用。

要狠抓清收清欠工作。强化责任落实；全面加大对清收清欠工作目标完成的考核权重，设置专项奖惩。要狠抓应收客户合同工程款的确权清收，投融资项目回购款及缺口性补贴款的清收，逾期应收账款的回收，房地产"顽固库存"的变现回收，保证金的清理回收和保函替换等五项重点工作，确保取得预期效果。

要加大亏损治理力度。一是必须在责任追究上动真格。二是必须在基础环节上下功夫。三是必须在除亏扭亏上出实招。

要持续加强设备集中管理。加强设备集中招标采购；建立大型设备市场化集中调剂租赁使用平台；加快在有条件的海外支柱市场建立设备集中维管租赁调剂使用基地；强化大型设备购置的投资可行性论证与审批；加大内部产品特别是盾构和铁路大型养路机械内部采购使用力度。

要加强和改进物资集中采购管理。强力推进火工品、外加剂、油料、铁路线上料"四类专项物资"的集采供应，积极稳妥推进钢材、水泥等大宗物资集采供应；重点实施投融资项目、房地产项目、总承包项目和海外项目物资集采供应；积极推进通过"铁建商城"电商平台和铁建自营模式开展小件物资集采供应；加大地材自主开发工作力度。

要有效加强内部购买服务集中管理。持续提升内部购买保险、机票等服务的集中度，加大内部购买第三方咨询服务、信息化运营服务、通信服务以及通信器材、办公设备与用品、电脑与耗材等产品服务的统筹和集采管理力度。

（四）加快发展非工程承包产业，进一步优化产业结构

勘察设计咨询产业，要围绕交通体系综合立体化、新型城镇化、国际化的要求，大力提升"轨"外市场开拓能力、工程总承包能力和牵头运作投融资项目、产业协同项目的能力。

房地产业，要深度适应 2017 年行业宏观调控从严、市场降温趋稳的形势，继续贯彻"去库存、强销售、控成本、拿好地"十二字方针。

装备制造产业，要强化科技研发，强力打造新的核心产品、开拓新的核心市场。

投资产业，要创新产业投资模式；优化产业投资结构；加大经营性资产投资力度；严控非主业投资比例，严控高负债企业推高资产负债率的新增投资，提升投资产业发展的安全性和可持续性。

物资物流产业，严禁开展融资性贸易和"空转"贸易，在严控风险、化解风险的前提下，继续坚守"保供应、保质量、降成本”的方针，强化商业模式创新，依托品牌和核心产品资源优势，打造“互联网 + 物资物流服务”平台，深度融入中国铁建供应链，提升服务能力。

金融产业，要依托既有金融平台，以产融结合、服务主业、创造效益为目标，创新发展模式，扩大业务规模；加快发展资产证券化、应收账款保理、“铁建银信”等金融业务。

新兴产业，要坚持“相关多元、稳妥高效”的原则，积极发展建筑信息化、地下空间开发、智慧停车、军民融合、养老与大健康、环保治理、竹缠绕产业等新兴产业，力争实现突破性进展。

（五）稳步实施“大海外”战略，加快国际化发展进程

要扎实推进海外经营布局。围绕“一带一路”战略，以既有海外市场为依托，加大经营布局力度。中土集团和国际集团要敢于担当，承担起海外经营布局主体责任。海外经营布局要贯彻“有常设机构、有常驻人员、有实质业务”的“三有”方针。

要狠抓海外经营开发重点。一是加大重点市场的经营开发力度。二是全力开拓海外铁路市场；全力加大路外市场经营力度。三是全面加大“两优”和援外项目承揽力度。四是积极推进勘察设计咨询产业“走出去”。五是加快产业协同“走出去”。

要强力落实既有海外项目资金来源。全面强化资金落实责任。

要切实加强海外业务管控。开展以“强管控、防风险”为主题的海外业务管理督导工作。在此基础上：一是落实海外风险防范举措。二是落实海外考核要求。三是落实海外监管责任。

（六）扎实推进改革深化与管理提升，激发活力与动力

要贯彻国企国资改革要求。坚决落实党中央、国务院和国资委关于国企国资改革一系列决策部署，认真落实“1 + N”国企国资改革文件精神。

要强力推进瘦身健体工作。加大“法人单位”与管理层级压减工作力度。要强化各级机关的瘦身健体。

要切实加强工程公司建设。进一步加快工程公司专业化、属地化、规模化、效益化“四化”发展步伐。

要切实推进绩效考核管理改革。进一步加强和优化对所属集团公司的年度绩效考核。进一步加强和改进对总部机关各部门及员工的绩效考核。

要大力加强科技创新。一是加大重大专项创新力度。二是切实加强科技创新平台建设。三是加快完善创新体制机制。四是持续加强专利工作。五是广泛开展“大众创新”。

要扎实推进“法治铁建”建设。持续推进法治工作与企业中心工作深度融合、法律管理与企业经营管理深度融合。

要切实加强审计监督管理。一方面，全力做好国家审计署审计配合工作。另一方面，进一步加大内部审计力度，建立健全审计成果转化和问责治庸长效机制，提升审计监督作用。

要扎实推进信息化建设。围绕打造“数字铁建”的远景目标，遵循“统一规划、统一标准、分层实施、分步实施、互联共享、迭代更新”的规律要求，扎实推进“MAS139 工程”。

（七）全面贯彻以人为本，进一步稳固持续发展的根基

要加强人才队伍建设。一是进一步加大人才培养引进力度。二是进一步畅通人才职业化成长通道。三是进一步规范“蓝领”人才队伍管理。四是进一步加强和改进工资总额和员工总量调控。五是进一步留住人才。六是进一步加强教育培训。

要加强队伍作风建设。一是认真开展“两学一做”学习教育，进一步转变广大党员、特别是领导干部作风。二是大力开展企业管理者“不忘初心、不忘根本”作风建设，推动各级企业管理者牢记“六个根本”：以责任担当为立身之本、以求真务实为治企之本、以勤勉敬业为履职之本、以精诚团结为成事之本、以崇德尚学为修身之本、以遵纪守法为律己之本。三是大力开展以“除积弊、知荣辱”为主题的各级机关作风建设。

要加强企业文化建设。大力弘扬令行禁止、顽强拼搏的铁道兵精神,爱岗敬业、认真负责的主人翁精神和踏实严谨、精益求精的工匠精神,深入推进诚信、创新、精品、人品的理念落地生根;讲好铁建故事、传播铁建声音、传递铁建能量。

要加强民生福祉建设。持续推动职工工资合理增长,提升一线特殊关键岗位的薪酬水平,深入推进企业年金制度实施,不断改善职工生活条件和健康待遇,认真做好女职工和离退休职工工作,积极开展“创新发展·青年担当”和导师带徒等活动。进一步健全以职工代表大会为基本形式的民主管理制度;全面开展模范劳动关系和谐企业与幸福家庭评比活动,持续推进建家建线工作,扎实开展基层慰问和帮扶救助活动;重视和解决好职工普遍关注的实际问题,扎扎实实把关系职工切身利益的事情办好,提升职工群众的获得感和归属感。

董事长孟凤朝在中国铁建海外工作会议上的讲话

（摘　要）

（2016 年 8 月 9 日）

大力推动“走出去”，是中国铁建长远发展的战略需要，是必须坚定不移实施的战略举措，责任重大，意义重大。近几年，面对复杂多变的国际经济形势和海外安全环境，面对日趋白热化的市场竞争环境，特别是在石油价格急剧下跌、政治局势风云变幻对企业海外支柱市场影响较大的情况下，全系统广大外经干部职工，牢记自身使命与责任担当，顶着压力，冒着风险，锐意进取，攻坚克难，推动中国铁建海外新签合同额持续保持高位，海外营业收入与净利润实现了恢复性增长，取得了难能可贵的成绩。

要推动海外事业又好又快发展，必须着力把关系理顺、把“经络”打通，从而提升管理水平，激发外经活力。

一、要正确处理国内与国外的关系

一是国外业务不能生搬硬套国内思维。必须根据其不同的特点、不同的实际采取不同的举措。

二是管理上不能割裂国内外的统一性。国内国外都是中国铁建必须奋力开拓的市场、是中国铁建的一体两翼，是有机统一的整体，要统筹两个市场，做强做大两个市场，决不能从管理上人为地割裂国内国外，切实履行海外的管理职能。

三是经营上必须切实强化国内外互动。必须强化国内外互动，特别是在高端对接层面，所属各单位要下功夫抓好落实。

四是人才队伍建设与基础保障方面要强化国内外融合。海外事业发展，关键在人才，基础要保障。在人才队伍建设上，要强化国内外两种素质的融合、强化全球思维的树立；要坚持搞海外必须具备海外一线经验的原则；要坚持属地化原则和全球思维；要按照国内外经营互动的要求，强化国内外两种思维的融合。

二、要正确处理企业利益与国家大局的关系

企业利益与国家大局的关系，是实施“大海外”战略必须面对的重大关系，处理得当，企业“走出去”就能抓住机遇、乘势而上；处理不好，不仅会丧失良机，甚至有可能遭受重大挫折。处理好这一重大关系，必须坚持“服从、服务、紧跟、借力”的方针。

首先，企业利益要服从服务于国家大局。作为中央企业，服从服务于国家大局毋庸置疑。“走出去”必须以大局为重，不讲二话，不该进的市场不进，不该揽的项目不揽，不惹麻烦，不添乱子；要管好队伍，干好项目，积极履行社会责任，树立良好企业形象，为国家战略和外交大局贡献力量。在维护国家大局的前提下，最大限度地维护好企业自身的利益。

其次，企业利益要紧跟国家大局。要跟战略，对于“一带一路”、国际基础设施互联互通、中非十大合作计划、国际产能与装备制造合作等战略，要认真研究，采取有针对性的措施；要跟领导，要按照职责分工，畅通信息渠道，积极有效运作，跟上节奏、“打成一片”；要跟资金，要认真分析研究，弄清楚具体的资金流向和其中的运作规则，跟上资金的步伐。

再次，企业利益要借力国家大局。在维护国家大局中实现企业自身利益，在服从、服务、紧跟国家大局的基础上，做到“找准切入点、抓住关键点、聚力突破点”。

三、要正确处理布局广度与经营深度的关系

一方面，市场布局不等于简单地设立网点，必须依托项目、确定目标、强化考核奖惩。一是要依托在建项目或跟踪项目设点；二是一旦设点必须确定经营目标；三是必须健全对经营网点的考核奖惩机制，激发经营活力。

另一方面，深度经营不等于只局限于一地一域，必须强力开拓其他支柱市场，打造“四梁八柱”。要强力打造海外支柱市场，并配套实施“计划单列国别（区

域)市场机制”以及其他相应的体制机制与组织举措。

四、要正确处理市场订单与在建项目的关系

一方面,市场订单质量要高,确保能够转化为在建项目。必须实实在在、一步一个脚印地开展海外经营。必须把培育提升“融资”落地能力作为加强海外经营的核心,集中精力破解“融资”这个难题。

另一方面,在建项目要全方位“干好”,促进市场信誉的提升。

全方位“干好”:一是要确保在建项目全方位受控,确保施工组织有序推进,确保现场管理规范、高效有序。二是要牢固树立建一个工程、创一方信誉、赢一片市场的理念,高标准、高质量,打造精品工程、满意工程,展示出中国企业和中国铁建的能力水平。三是要注意履行企业社会责任,着力强化属地化水平,提升美誉度和核心竞争力,实现由“走出去”向“走进去”“融进去”转变。

五、要正确处理工程承包与其他产业的关系

首先,要通过工程承包持续带动其他产业“走出去”。一方面,要坚定不移地拓展工程承包业务,依托在工程承包领域的先进技术、品牌影响力以及资源配置能力,持续带动和延伸公司其他产业的扩张,实现行业领域多元发展。另一方面,要坚定不移地推进多元业务发展,依托在手大项目,通过合作开发建材厂、设备构件厂、建立物流贸易平台等,最大程度整合各产业资源,形成工程承包产业上下左右贯通、其他产业跟进的“米”字形产业结构和发展模式。要通过进一步优化业务结构、扩大发展规模、提升企业效益、壮大综合实力,规避工程承包单一业务模式的周期性风险。

其次,要发挥其他产业的专业优势,加大协同“走出去”的力度。一是要加快构建全产业链业务运作模式。以提升协同“走出去”能力为导向,充分利用各产业板块的专业资源优势,根据不同市场和项目的需求,鼓励内部各产业单位组建施工、装备、物流、运营及金融等一体化联合体,形成全产业链业务运作模式共同“走出去”的格局。二是要加快实现全产业链业务市场布局。所属各专业集团公司要积极主动开拓海外市场,加快“走出去”步伐,通过与系统内外企业合作、股权投资、兼并重组等方式,力争2－3年内在核心支柱市场初步实现全产业链业务布局。三是要坚持发挥投资驱动作用。所属外经单位和有关专业集团公司,要在主业相关、风险可控的前提下,积极审慎推进交通基建项目、房地产项目、工业制造项目的投资运作,积极审慎推进海外勘察设计咨询企业等方面的投资并购,积极审慎推进与属地化公司的投资参股合作,力争短期内取得突破。

再次,要落实各级责任,提升资源集成能力。一是股份公司要履行好统筹管理责任。在遵循市场化的基础上,鼓励、指导、协调和推动内部各产业单位加强合作。要重点解决各单位出海“动能”不足的问题,尽快完善海外业务奖惩考核体系。二是外经单位要履行好牵头带动责任。充分发挥外经商务、信息资源等优势,加大与内部其他产业单位的战略合作与资源共享力度,提升自身对商务、设计、施工、装备、金融等产业链上下游资源的集成能力。三是所属专业集团公司要履行好专业资源支持责任。加大与外经单位的合作力度,通过结成项目运作联合体、市场开发联合体等方式,不断为海外业务发展提供专业支持。四是所属其他单位要履行好配合协助职责。根据合作分工需要,抓好投标报价管理、施工生产要素调配、经营资源协调等方面的支持配合,共同推动市场经营开发和全产业链“走出去”。

六、要正确处理外经单位与非外经单位的关系

首先,是合同关系。外经单位与非外经单位之间,第一位的就是合同关系,最基本的,就是要按照合同办事,有约在先,言而有信。

其次,是兄弟关系。在当前海外市场竞争惨烈、风险加大的环境下,抱团出海、舰队出海既可壮大实力,又能降低风险。再次,是互补关系。各取所长、以长补短,通过合作互补把优势发挥出来。

大力推进“走出去”、提升国际化水平,是企业长远发展、打造“百年铁建”的必由之路。这条路虽然遍布荆棘、艰难曲折,只要坚定信心、团结一致、锲而不舍、真抓实干,就一定能够战胜前进道路上的各种艰难险阻,开创企业海外事业快速健康安全发展的新局面,开辟中国铁建“大海外”战略的美好明天!

瞄准战略目标 坚持问题导向 狠抓工作落实 努力开创海外事业快速健康安全发展新局面

——总裁庄尚标在中国铁建海外工作会议上的讲话

（摘 要）

（2016年8月9日）

这次会议，是在海外业务发展形势逼人、不进则退，海外业务管理亟待加强、能力与活力亟待提升的关键时期，召开的一次重要会议。主要任务是：总结近两年来海外业务的发展情况，查找差距，剖析问题，厘清思路，对症下药，扎实推进中国铁建海外事业快速健康安全发展。

"走出去"到"大海外"开展国际业务、开拓发展空间，提升国际化能力和水平是企业的一项重大战略。多年来，特别是2003年以来，中国铁建的海外事业快速发展，多次刷新中国企业对外承包工程单体合同额最高纪录，承建了一大批具有重大影响力的标志性工程，取得了骄人的业绩。

下一步，必须坚持目标导向和问题导向，围绕"到十三五末海外业务营业收入和利润占比分别达到10%、20%"的战略目标，针对海外业务存在的突出问题，以"拓市场、强管理、控风险、增活力、重保障"为着力方向，以"钉钉子"的精神和不达目的誓不罢休的韧劲，采取扎实有效的措施，一件一件抓好落实，一步一个脚印地把海外业务做强做优做大。

一、坚定实施"大海外"战略的信心和决心

首先，坚定信心和决心，必须深刻认识到"走出去"对企业的重大意义。一方面，"走出去"不是可走可不走，而是必须走、必须加快走。另一方面，作为中国企业"走出去"的先驱和央企的骨干成员，中国铁建义不容辞。

其次，坚定信心和决心，必须敢于正视问题。认清问题、聚焦问题，是知耻后勇、解决问题、迎头赶上的基本前提。

再次，坚定信心和决心，还要明晰自身优势和有利条件。唯有坚定信心和决心，励精图治，攻坚克难，才能在大有可为的海外市场大有作为。

二、进一步提升海外经营能力和水平

下一步，加强海外市场经营的总要求是：补短板、稳布局、拓空间。

1. 要弥补高端经营短板。一是要明确分工，落实责任。二是要上下联动，协同发力。三是要积极主动，加大力度。

2. 要巩固优化经营布局。一方面，既要巩固既有支柱市场，又要主动出击、尽快打造新的战略市场支撑。另一方面，既要广泛开展经营布局，又要千方百计强化经营深度。

3. 要强力拓展市场空间。一是全力巩固铁路市场优势。二是大力开拓多元市场领域。三是千方百计承揽"两优"项目和援建项目。四是有效发挥投资拉动作用。要贯彻"立足实际、量力而行""以小投资撬动大市场"的方针，一方面，加大海外市场PPP、BOT、BT等投融资项目的运作力度，在风险可控的前提下，以小搏大，拓展市场空间；另一方面，按照用得着、买得起、管得住、养得活的原则，积极审慎开展海外并购重组，力争尽快取得实质性突破，为海外业务发展积能蓄势。

三、扎实推动全产业链协同"走出去"

扎实推进全产业链协同"走出去"，必须进一步激发系统内各产业、各单位协同合作的活力与动力，为此，必须贯彻市场化原则，坚持规范化运作，增强一体化能力，推动多元化发展，实现由单一承包商向涵盖投资、开发、承包、运营的集成服务商转变。

贯彻市场化原则，就是通过市场而非行政的手段，实现外经单位与非外经单位的合作。

坚持规范化运作，就是内部单位之间的合作，要坚持“责权利”统一的原则。

增强一体化能力，主要就是通过内部外经单位与非外经单位、通过不同产业单位之间的规范化合作，逐步增强企业在海外市场的投融资、规划、设计、施工、采购、运营维护以及装备制造销售、房地产开发、特许经营的一体化、全产业链运作能力。当前的主要抓手有两个：一是鼓励以外经单位为主导，成立外经单位与设计院、工程局和相关产业单位的战略合作共同体。二是积极推进外经单位重点国别（区域）市场公司化、属地化。

推动多元化发展，主要是坚持“一主多元”，以工程承包为主，促进各产业协同“走出去”，推动各产业单位大力开拓海外多元化业务。做好“四篇文章”：一是顺应中国铁路“走出去”的趋势，在有关国家的铁路、城市轨道等交通网络的前期规划和后期项目的运营维护上做好文章；二是顺应国际产能合作的新形势，在有关产能紧缺的国别市场对接中国钢材、水泥、玻璃、工程机械等过剩产能的输出和国际物流贸易上做好文章；三是顺应中国对外经贸合作的新形势，在境外经贸合作区开发、房地产开发、酒店等物业开发、农业种植园开发、旅游开发等方面做好文章；四是顺应中国经济发展的战略需要和能源资源价格处于低位的形势，在海外优质能源资源的获取上做好文章。要通过做好“四篇文章”，推动海外业务多元化发展，为实现“十三五”的“大海外”战略目标提供有力支撑.

四、强力推进海外管控措施落到实处

1. 关于考核管控。加强和改进海外业务绩效考核，是激发活力，加快海外业务发展的重大举措。一是要落实对所属集团公司的考核。所属各单位要认真学习研究即将下发执行的《境外业务考核管理办法》，按照考核指引的方向加快海外业务的发展，力争取得更大的成绩。二是要落实对海外经营机构的考核。所属各单位要根据股份公司的有关规定，研究制定加强海外经营机构考核管理的制度性文件。三是要落实对海外工程项目的考核。所属各有关单位要贯彻落实《中国铁建关于加强工程项目绩效考核的几点意见》，根据各自海外项目的实际情况，科学合理地设置海外工程项目考核指标体系、收益分配原则和奖惩制度，要兼顾科学性、针对性和实效性，努力提升海外工程项目的创效创誉能力。

2. 关于经营管控。一是要落实市场准入。确保市场准入规定的落实。二是要落实项目评审。工程承包类项目，外经单位合同额10亿美元及以上、非外经单位5亿美元及以上和具有重大意义的项目必须经过股份公司海外经营管理专家委评审。投资类项目，要严格按照有关规定和程序进行评审。所属各单位要根据自身情况建立健全本单位各层级的项目评审制度。三是落实授权经营。要严格执行授权规定，在许可的范围内开展海外经营活动，不干违规越界的事。

3. 关于在建管控。一是落实项目设计管理要求。加大“深化设计”工作力度，深度适应项目所在国的设计理念、管理流程、技术标准和规范，强化与设计单位的沟通协作，确保掌握设计主动权。二是落实商务与合同管理要求。要把商务与合同管理作为海外项目管理的命脉，摆在更为突出的位置。要强化海外合同归口管理、动态跟踪和风险应对。三是落实安全质量管理要求。进一步加强海外在建项目安全质量管理、充实管理力量。四是落实设备物资集中采购要求。要立足实际，坚持效益和效率最大化的原则，由外经单位牵头，逐步建立涵盖区域市场内各单位的设备物资集中采购供应平台和设备与周转具料租赁中心。五是落实劳务管理要求。要坚持依法合规，严格选择、严格管理，加强监督考核、保障合法权益、维护和谐稳定。六是落实工程月报制度。对合同额在5000万美元以上、使用中国政府融资或股份公司确定的重大境外项目，所属各单位要按照要求每月末向股份公司国际部上报《工程月报》，确保月报的真实性和月报制度的管控效果。

4. 关于财经管控。一是落实财务负责人委派制。二是落实海外资金集中和银行账户管理要求。三是落实海外财务会计核算要求。四是落实财税筹划要求。五是落实海外资产管理要求。六是落实海外审计制度。

5. 关于风险管控。一是落实风险前期预控。要针对国别市场和项目所在区域存在的政治、经济、宗教、文化、法律、治安、健康以及汇兑、成本、支付等方面的风险进行全方位的调查评估，制定全面风险防控预案及切实可行的项目技术和经济预控方案，建立全面风险预警机制。二是落实风险责任追究。对于因风险预控措施不到位、处置不当，甚至违反法律法规和财经、外事、保密等方面纪律引发风险，造成不良影响和损失的，要严肃追究有关责任人的责任，决不姑息含糊。

五、大力加强海外人才队伍建设

人才问题，是海外业务发展的基础性、战略性、根本性问题，必须牢固树立"得人才者得海外"的理念，逐步打造一支有思路、有能力、有担当、有韧劲、有激情、有梦想的海外人才队伍，

1. 大力开展海外经营管理教育培训。要坚持长短期相结合，定期不定期相结合，委外与内部培训相结合，基础知识、专业技能和高端能力相结合。要加大教育培训的投入力度。要广泛开展依托海外项目的以干代训和"导师带徒"活动，要建立经常性交流学习机制。

2. 大力打造精英人才、属地化人才和蓝领人才队伍。一是要千方百计、不失时机地培养和引进海外高端经营、商务、项目管理等方面的精英人才，打造海外人才体系的高端梯队。二是要充分利用属地化高层关系人才、中国外籍留学生人才以及经验丰富的国际化人才等资源。三是要加快建立可靠稳定的国际化劳务基地，降低成本、提高效能。

3. 大力营造人尽其才、才尽其用的良好环境。一方面，要通过政策倾斜和关心关怀使驻外人员安下心、呆得住。要提升驻外人员的薪酬待遇。要保障驻外人员的休假待遇。要保障驻外人员的生活条件、健康待遇与人身安全，任何情况下都要把人的生命安全放在第一位。另一方面，要通过灵活务实的选人用人机制使外经人才流得动、用得好。要建立科学合理的轮岗机制，增强人才在海外不同区域之间、不同类别项目之间、不同岗位之间、国内国外之间的交流，以流动性激发队伍活力。要建立青年骨干人才培养使用机制，丰富其实战经验，增强其复合能力，为今后海外事业大发展提供精英人才支撑。

六、全面强化"走出去"基本保障

1. 强化海外党建工作。一是要坚持因地制宜、灵活多样、务实高效的原则，加强海外党组织建设与思想政治工作；要认真开展好海外党组织的"两学一做"学习教育，增强海外党员的凝聚力和战斗力，充分发挥党组织的战斗堡垒作用和党员的先锋模范作用。二是要强化工会和共青团组织的桥梁纽带作用，加强境外"职工之家"建设；要组织丰富多彩的活动，增强向心力和归属感。三是要强化海外反腐倡廉工作，建立立体化的监督和反腐工作机制，为"走出去"营造风清气正的环境。

2. 强化社会责任履行。要坚持诚信经营、遵守当地法律法规、尊重当地文化习俗、重视当地环境保护；要善于和当地企业进行合作，在规避竞争风险的同时实现互惠互利；要积极为当地民众创造就业和培训教育机会，维护属地化员工的合法权益，营造和谐的劳动关系；要开展必要的公益与慈善活动，实现"走出去"成果与当地社会共享；要建立企业海外社会责任报告发布制度，培育和提升企业"走出去、融进去、扎下去"的软实力，树立企业负责任的良好国际形象。

3. 强化海外文化建设。要将铁道兵"逢山凿路、遇水架桥"的优良传统与"创誉中外""带路先锋"等文化理念进行融合，凝聚以开拓精神和奉献精神为核心内涵的中国铁建海外文化，内化于心、外化于行，成为推动海外事业快速健康安全发展的强大动力。

4. 强化海外舆情管理。一方面，要强化正面引导与宣传，加强与中国以及所在国主流媒体的沟通，宣传企业"走出去"的成绩、做出的贡献和先进人物的感人事迹，营造良好的舆论氛围。另一方面，要强化负面舆情处置和敏感信息管理，严格按照要求强化对海外业务有关舆情的引导，强化对海外业务重大信息和内幕信息的管理。

中国铁建"大海外"的战略目标令人鼓舞，"走出去"的使命催人奋进。只要团结一心，众志成城，求真务实，埋头苦干，就一定能够攻坚克难，夺取胜利，开创中国铁建海外事业快速健康安全发展新局面！

2016年2月1日，国家知识产权局在中国铁建大厦召开课题验收会。中国铁建承担的“铁道建筑行业技术标准中的专利运营研究”课题通过验收。国家知识产权局党组成员、副局长贺化率专家组出席会议并讲话。

（李锦龙 摄）

大 事 记

2016 年中国铁建大事记

1 月

▲1 日　中国铁建所属二十三局集团有限公司等 5 家单位参建的牡绥铁路扩能改造工程开通运营。该铁路为国家一级、双线客货共用电气化铁路，全长 138.8 千米，设计时速 200 千米。

▲6 日　中国铁建党委理论学习中心组举行 2016 年第一次集中学习，传达贯彻中组部常务副部长陈希在新任中管企业党组专职副书记集体谈话会上的讲话精神和国资委党委书记、主任张毅在中央企业党建工作专题推进会上的讲话精神；进一步学习《中共中央关于加强和改进党的群团工作的意见》，学习中组部《关于组织系统学习贯彻〈干部教育培训工作条例〉的通知》和《中共中央关于加强和改进新形势下党校工作的意见》精神。中国铁建党委书记、理论学习中心组组长齐晓飞主持学习会。股份公司领导和总部机关部门正职以上领导人员，以及党群部门副职参加集中学习。

▲同日　以色列丹崖公司高层访问团一行 5 人到中铁十二局集团有限公司北京地铁 16 号线 17 标段参观学习。访问团对十二局在城市轨道交通建设方面取得的成绩给予高度评价，希望进一步加强在以色列市场的合作。

▲8 日　中铁第四勘察设计院集团有限公司勘察设计，中铁十二局集团有限公司、中铁十七局集团有限公司等单位参建的京沪高速铁路工程获 2015 年度国家科技进步特等奖；中铁第一勘察设计院集团有限公司、中铁十二局集团有限公司等单位参与设计、施工的郑西高速铁路 28 座长 53 千米的黄土隧道课题——“高速铁路大断面黄土隧道建设成套技术及应用”获 2015 年度国家科技进步二等奖。中铁十四局集团隧道公司在南京地铁 10 号线过江隧道施工中参与发明的“砂卵石地层盾构隧道施工安全控制与高效掘进技术”获国家技术发明二等奖。这是中国铁建首次获得国家技术发明奖。

▲同日　中国土木工程集团有限公司索马里博萨索机场项目正式竣工。索马里联邦总统马哈茂德出席博萨索机场项目竣工仪式，中国驻索马里大使韦宏添致辞。

▲10 日　吉林省最大规模的引水工程——“引松入长”首段引水隧洞贯通。该隧洞采用中国铁建重工集团有限公司自主研制的中国首台硬岩掘进机（TBM）施工。该设备最高月掘进 1209.8 米，创国内 TBM 掘进之最。

▲11 日　中铁十七局集团有限公司参建的安哥拉 K. K. 5000RED 项目整体移交。十七局承建 R1 地块 350 套房建及小市政工程、R2 地块 400 套房建工程，建筑面积 8.8 万平方米，于 2008 年开工建设。

▲13 日　中国铁建与云南省政府在云南省昆明市签署战略合作协议。云南省委书记李纪恒、省长陈豪和中国铁建董事长孟凤朝、总裁庄尚标共同出席签约仪式。

▲同日　中国铁建召开企业年金实施动员会，中国铁建党委书记齐晓飞出席会议并讲话。会议由中国铁建总裁助理兼人力资源部（党委干部部）部长鲁斌主持，中国铁建工会主席史道泉宣读国资委《关于中国铁道建筑总公司试行企业年金制度的批复》，中国铁建企业年金受托机构中国人寿高级主管张金刚对企业年金的政策知识进行详细的宣导和培训。

▲15 日　中国铁建召开部分单位扶贫工作座谈会。党委常委、副总裁刘汝臣出席会议并讲话。会上，中国铁建安全总监辛实、副总工程师陈勇鹏分别传达《习近平、李克强、汪洋同志在扶贫开发工作会议上的讲话》和《中共中央国务院关于打赢脱贫攻坚战的决定》。挂职担任村第一书记的王邦常、孔昊、陈锋分别

汇报了工作情况和下一步扶贫工作重点。中铁二十局集团有限公司、中铁第五勘察设计院集团有限公司、中铁建商务管理有限公司等单位负责人参加座谈会。副总经济师、直属机关党委书记兼党委办公室主任赵登善主持会议。

▲同日　中国铁建“心系企业、无私奉献的优秀共产党员”——中铁十四局集团有限公司原副总经济师刘新来,在“中国网事·感动山东”2015 年度网络人物颁奖典礼上获提名奖。

▲16 日　中国驻安哥拉大使崔爱民到中铁十七局集团电气化公司安哥拉项目部检查指导工作。

▲同日　住房和城乡建设部发布公告,中铁十四局集团有限公司获市政公用工程施工总承包特级和市政行业甲级设计资质,加上 2012 年、2015 年分别取得铁路和房建两个特级资质,成为中国铁建、山东省唯一一家拥有 3 个特级资质的企业,也是全国第三家拥有 3 个特级资质的企业。

▲同日　中铁十八局集团二公司承建的云桂铁路南盘江特大桥合龙。该桥全长 852.43 米,主桥单跨 416 米,桥面凌空高出江面 270 米,是世界上跨度、高度排名第一的客货共用上承式钢筋混凝土铁路桥。

▲18 日　中国铁建党委领导班子召开“三严三实”专题民主生活会。

▲同日　中国铁建历时 5 个月的“丝路项目”——5 年期 5 亿美元 H 股零息可转股债券发行结束。主要交易定价条款为:零票息、零收益率、37.5% 的转股溢价(基于当日港股收盘价 7.49 港元),最终转股价格为 10.3 港元。

▲20 日　中国铁建总裁庄尚标在浙江省舟山市常务副市长周伟江等陪同下参观考察舟山市城市规划展览馆、长峙岛浙江海洋学院、小干岛等地。随后,双方就岛屿开发、高速公路、铁路、跨海大桥、港口、土地一级开发等多领域开展合作进行交流和探讨。舟山市发改委、交通局、住建委,中国铁建港航局、中铁大桥局等单位负责人参加座谈会。

▲同日　中国铁建总裁庄尚标与浙江省宁波市副市长王仁洲、李关定等座谈。双方就轨道交通、高速公路、铁路、港口、土地一级开发、棚户区改造、水利等领域开展合作进行交流和探讨。宁波市发改委、住建委、交通局、经合局、财政局、铁路建设指挥部、轨道交通指挥部、水利局等单位负责人出席座谈会,并详细介绍各自分管领域在“十三五”期间重点项目规划情况。

▲同日　中国铁建党委书记齐晓飞在中国铁建大厦会见华东交通大学校长雷晓燕一行。双方就深化企校合作,促进产学融合进行深入沟通交流,达成战略合作共识,并签署战略合作协议。中国铁建副总裁夏国斌主持签约仪式。

▲21 日　中国铁建与辽宁省大连市签署战略合作协议。大连市市长肖盛峰、副市长张亚东和中国铁建总裁庄尚标、总经济师孙公新共同出席签约仪式。

▲同日　中国铁建与阿克苏富恒实业公司在北京举行新(和)拜(城)铁路项目建设和运营签约仪式。在国务院参事室参事王秉忱、新疆阿克苏地区行署秘书长朱培桓、中国铁建总经济师赵晋华等见证下,中国铁建国际集团有限公司与阿克苏富恒实业公司有关负责人签署建设和运营合同。

▲25 日　中国土木工程集团有限公司总经理曹保刚等 10 名中央企业员工获国资委“最美央企人”称号。

▲26 日　中国铁建党委二届十一次全委(扩大)会暨党的建设和反腐倡廉工作会在中国铁建大厦三层报告厅召开。国有重点大型企业监事会第八办事处处长蔡小明参加会议。会上,总裁庄尚标传达习近平总书记在十八届中央纪委六次全会上的重要讲话精神和中央纪委书记王岐山所作工作报告的有关内容;党委书记齐晓飞作题为《凝心聚力抓党建,从严从实转作风,为企业的改革发展营造良好政治生态》的工作报告;纪委书记李春德作题为《落实全面从严治党责任,把纪律和规矩挺在前面,深入推进全系统党风建设和反腐败工作》的纪委工作报告。副总裁夏国斌通报 2015 年第二轮巡视工作情况,刘汝臣通报 2015 年查办案件情况。中国铁建所属二级单位党委书记向齐晓飞递交党风廉政建设责任书,部分单位进行党建工作典型经验交流。中国铁建所属各二级单位党委书记、纪委书记、机关部门副职及以上党员干部等 249 人在主会场参加会议。各单位有关党员干部在 551 个分会场参加会议。

▲27 日　中国铁建二届一次职工代表大会暨 2016 年工作会议在中国铁建大厦召开,国有重点大型企业监事会主席李克明出席会议并讲话,监事会第八

办事处主任陶永山、副主任孙庆红等出席会议。中国铁建董事长孟凤朝作重要讲话，总裁庄尚标作行政工作报告，副总裁夏国斌作提案工作报告，总会计师王秀明向大会作关于财务收支及经济运行情况的报告；夏国斌、刘汝臣、王秀明、李春德分别宣读有关表彰决定、奖励通报等文件。中国铁建党委书记齐晓飞主持会议。

▲同日　中国铁建总裁庄尚标在中国铁建大厦会见尼日利亚财政部长凯米·阿德奥森和交通部长罗蒂米·阿马埃奇率领的尼日利亚政府代表团一行，双方就友好合作事宜进行商洽，达成共识。

▲同日　阳松、沈显才、骆文学、刘明才、耿永旺、刘岩中、胡恒千、李锐中、汪新立、王海松获"中国铁建第七届十大杰出青年"称号；温家礼、曹国强、徐斌、雷秀英、马胜利、邹符良、郭志浩、姚洪锡、杨治能、魏东获"中国铁建第七届十佳青年技术能手"称号。

▲1 月　中铁十八局集团有限公司工会获"全国模范职工之家红旗单位"称号；中铁十一局集团五公司工会等 9 个单位获"全国模范职工之家"称号；中铁十一局集团六公司汉江重工工委等 11 个单位获"全国模范职工小家"称号；田艳君等 7 人获"全国优秀工会工作者"称号。中铁二十三局集团有限公司工会等 7 个单位获"全路模范职工之家"称号；中国土木工程集团有限公司埃塞俄比亚铁路项目经理部支会等 11 个单位获"全路模范职工小家"称号；侯仰红等 6 人获"全路优秀工会工作者"称号。

2 月

▲1 日　国家知识产权局在中国铁建大厦召开课题验收会。中国铁建承担的"铁道建筑行业技术标准中的专利运营研究"课题通过验收。

▲2 日　中国铁建董事长孟凤朝、党委书记齐晓飞、总裁庄尚标、副总裁刘汝臣等在春节前夕，看望慰问坚守岗位的中铁十四局集团有限公司北京地铁 8 号线三期项目前门站干部职工以及农民工，并向中国铁建全系统员工及家属致以新春的问候。

▲4 日　中国铁建党委召开第 104 次常委会议，传达贯彻中央领导、国家机关有关安全生产的新精神、新要求，专题研究部署全系统安全生产工作。会议由党委书记齐晓飞主持。

▲5 日　中国铁建 2016 年春节团拜会在中国铁建大厦一楼大厅举行。

▲12 日　中国土木工程集团南太平洋公司承建的汤加房建项目——汤加社保办公大楼项目举行竣工仪式。汤加国王图普六世及皇后，首相波希瓦、副首相索瓦莱尼出席竣工仪式。

▲15 日　中国铁建国际集团有限公司与阿尔及利亚国有铁路工程公司 INFRAFER 在阿尔及利亚首都阿尔及尔签约组建合资公司。

▲17 日　中国铁建与贵州省铜仁市战略合作签约仪式在贵阳举行，铜仁市委书记夏庆丰、市长陈晏，中国铁建党委书记齐晓飞出席签约仪式。中国铁建总经济师孙公新、副总经济师琚建明等随同出席仪式。陈晏、孙公新代表双方在合作协议上签字。

▲18 日　中国铁建党委书记齐晓飞、总裁庄尚标在深圳会见深圳市地铁集团有限公司董事长林茂德等深圳地铁集团领导，双方就进一步加强交流合作、实现互利共赢达成共识。

▲同日　尼日利亚交通部长罗蒂米·阿马埃奇率领交通部部分官员、项目咨询公司负责人和尼日利亚主流媒体视察中国土木工程集团有限公司承建的阿卡铁路项目。

▲19 日　中国铁建董事长孟凤朝、总裁庄尚标一行在昆明会见昆明市市长王喜良、副市长吴涛。双方围绕如何有效整合政企优势，推动昆明市政府与中国铁建在高速公路、轨道交通等领域的全面合作进行务实深入的沟通，并达成共识。

▲21—22 日　中国铁建总裁庄尚标分别会见徐州市委书记张国华、市长周铁根等领导，就加强合作、实现互利共赢进行广泛交流。

▲23 日　中国铁建总裁庄尚标在南京会见南京市政府有关领导，双方就深化基础设施投资合作事宜进行交流，并达成一系列重要共识。

▲同日　中铁十七局集团电气化公司承建的巴基斯坦国会大厦太阳能光伏发电项目启用仪式在伊斯兰堡举行。巴基斯坦总理谢里夫、参议院主席拉巴尼、国民议会议长萨迪克出席启用仪式，中国驻巴基斯坦大使孙卫东应邀出席仪式并讲话。该项目是中国商务部首个经援国外的光伏项目，受到两国领导人特别关注。

2015年4月21日，国家主席习近平与谢里夫共同为该项目揭牌。

▲24日　中国铁建董事长孟凤朝在巴西驻华大使馆与巴西财政部部长尼尔森·巴博萨一行举行会谈。双方希望在巴西基础设施建设领域开展更多合作。

▲25日　中国铁建与成都市政府深化战略合作框架协议签约仪式在成都举行。中国铁建董事长孟凤朝、总裁庄尚标，四川省委常委、成都市委书记黄新初，市委副书记、市长唐良智等出席仪式。仪式由成都市副市长刘守成主持。中国铁建总经济师孙公新与成都市政府资政黄平代表双方签署协议。签约仪式结束后，孟凤朝、庄尚标一行前往由中铁物资集团有限公司代表中国铁建运作的成都地铁5号线9标段现场检查。

▲同日　中国铁建与光大证券签署战略合作协议。中国铁建党委书记齐晓飞，光大证券副董事长、党委书记、总裁薛峰出席签约仪式。中国铁建副总裁夏国斌与光大证券副总裁王忠代表双方签署战略合作协议。

▲26日　中国铁建在北京召开巡视工作暨“四风”问题整治情况“回头看”工作部署视频会。中国铁建党委副书记、董事长孟凤朝主持会议，党委书记齐晓飞作动员讲话，党委常委、副总裁夏国斌、刘汝臣，党委常委、纪委书记李春德参加会议。

▲同日　中国铁建董事长孟凤朝在中国铁建大厦会见中国公路学会理事长翁孟勇一行。双方就开展合作进行交流座谈，并达成共识。中国铁建副总裁夏国斌主持座谈会。

▲同日　中国铁建总裁庄尚标在中国铁建大厦会见云南省副省长丁绍祥一行。双方就深化战略合作协议、加快推进项目落地进行深入会谈，并取得积极的成果。

▲27日　广东省——中央企业“十三五”战略合作对接会在广州举行。中共中央政治局委员、广东省委书记胡春华，国务院国有资产监督管理委员会党委书记张毅，国务院国有资产监督管理委员会主任、党委副书记肖亚庆，副主任黄丹华等出席。中国铁建总裁庄尚标和广东省委副书记、省长朱小丹分别代表双方签署“十三五”战略合作协议。

▲同日　中国铁建总裁庄尚标在广州会见广州市委副书记、市长温国辉，双方围绕加快广州基础设施建设、加强投资合作等事宜进行友好会谈。

▲29日　中国铁建与新华社新媒体中心在中国铁建大厦签署战略合作协议。新华社新媒体中心将利用新闻客户端的旗舰资源，为中国铁建打造对外舆论宣传主阵地新华社·中国铁建频道。新华社秘书长刘正荣，中国铁建董事长孟凤朝等出席签约仪式。签约仪式由中国铁建副总裁夏国斌主持，中国铁建党委宣传部（企业文化部）部长兼中国铁道建筑报社社长刘树山与新华社新媒体中心总编辑陈凯星代表双方签署战略合作协议。

▲同日　中国铁建与长影集团联合摄制电影《老阿姨》签字仪式在中国铁建大厦举行。中国铁建董事长孟凤朝、长影集团董事长赵彪代表双方签署协议。

▲同日　中国铁建党委常委、副总裁刘汝臣在总部机关会见来访的河北省尚义县委书记冀晓东一行。双方就对口扶贫项目的对接和合作，选准工作突破点，做好精准扶贫，实现扶贫项目的可持续发展进行深入交流。

3月

▲1日　云南省昆明市、滇中新区开放合作推介会在北京举行。会上，在云南省委书记李纪恒，省长陈豪，昆明市委书记程连元等领导的共同见证下，包括中国铁建在内的10余家中央企业分别与昆明市政府签署战略合作协议，中国铁建董事长孟凤朝代表中国铁建与昆明市市长王喜良签署协议。

▲同日　中国铁建党委中心组举行2016年第二次集中学习。中国铁建党委书记、理论学习中心组组长齐晓飞强调，各级领导干部要强化政治意识、大局意识、核心意识、看齐意识，深刻领会党中央和国资委近期有关文件和会议精神，认真抓好学习贯彻，为“十三五”开局提供坚强保障。

▲2日　中国铁建董事长孟凤朝和总裁庄尚标会见来访的重庆市交通委员会主任滕宏伟一行。双方就加强重庆市基础设施建设、创新合作模式进行深入交流并达成共识。

▲2—5 日　中国铁建巡视组分别进驻中国土木工程集团有限公司、中铁十一局集团有限公司、中铁十二局集团有限公司、中铁十四局集团有限公司、中铁十五局集团有限公司和中国铁建港航局集团有限公司开展巡视。

▲7 日　国务院国资委党委委员、副主任刘强率中共中央组织部、国务院国资委党委国有企业党建工作专题调研第三组到中国铁建总部开展国有企业党建工作专题调研。

▲同日　中铁第四勘察设计院集团线站处轨道所副所长、教授级高级工程师杨艳丽，中铁十七局集团铺架分公司邯黄项目部探伤女工关改玉获“全国三八红旗手”称号。

▲同日　中铁十九局集团有限公司承建的塔吉克斯坦瓦赫达特—亚湾铁路项目 1 号隧道贯通。

▲8 日　中国铁建召开提质增效动员部署视频会议，贯彻落实国资委中央企业提质增效动员部署会议精神，全面部署提质增效工作。中国铁建董事长孟凤朝，党委书记齐晓飞，总裁庄尚标，副总裁夏国斌、刘汝臣，总会计师王秀明，纪委书记李春德参加会议。齐晓飞主持会议。会上，庄尚标就提质增效工作讲话。王秀明对《中国铁建股份有限公司 2016 年提质增效工作方案》作出部署。总经济师赵晋华传达国资委动员部署会议精神和肖亚庆主任的重要讲话精神，总经济师孙公新宣读《关于成立中国铁建股份有限公司提质增效工作领导小组和办公室的通知》。

▲10 日　中国铁建工会一届八次全委（扩大）会议召开。中国铁建党委书记齐晓飞，党委常委、总会计师王秀明出席会议并讲话。中国铁建工会主席史道泉作工作报告，工会副主席、女工委主任白晶作经审会工作书面报告。大会增替补 3 人为中国铁建工会第一届委员会委员，补选顾传智为中国铁建工会第一届委员会常委。

▲11 日　中国铁建总裁庄尚标在总部机关会见来访的贵州铁路投资公司董事长吴勇一行。双方就铁路项目的投融资合作深入交换意见。

▲14 日　全国政协委员、全国工商联副主席、长隆集团董事长苏志刚到中国铁建考察调研。中国铁建董事长孟凤朝、党委书记齐晓飞在中国铁建大厦会见苏志刚一行。双方进行友好交流，并就中国铁建与长隆集团在多领域合作达成共识。

▲同日　中国铁建总裁庄尚标会见来访的南宁市市长周红波。双方就加强南宁市基础设施建设、创新合作模式进行深入交流并取得积极成果。

▲同日　中国铁建入选恒生神州 50 指数。中国铁建已先后入选沪深 300、中证 100、中证全指、上证 50、上证市值百强指数、上证 A 股指数、上证综合指数、恒生综合指数、恒生 AH 指数系列、恒生 A 股 100 强指数、恒生环球综合指数等 60 余个境内外市场指数成分股。

▲15 日　中国铁建总裁庄尚标会见来访的全国政协常委、全国工商联副主席、亿达集团董事局主席孙荫环。双方就产业园区建设及合作模式深入洽谈并达成共识，表示今后将积极寻找和拓展合作空间，推动共同发展。

▲同日　中国铁建总裁庄尚标会见来访的湖南省交通运输厅厅长刘明欣一行，双方就在更高层次、更广领域开展合作进行会谈并达成共识。

▲16 日　中国铁建召开安全生产工作视频会议，全面总结分析近年来安全生产工作总体情况，充分肯定 2015 年安全生产工作，宣读有关安全的表彰决定，部署 2016 年工作。中国铁建董事长孟凤朝、党委书记齐晓飞、总裁庄尚标讲话；副总裁刘汝臣作报告；副总裁夏国斌宣读 2015 年安全生产达标单位奖励通报；总会计师王秀明宣读 2015 年隐患排查排名通报；纪委书记李春德宣读 2015 年安全包保责任书兑现通报。齐晓飞主持会议。

▲17 日　中国铁建党委书记齐晓飞在中国铁建大厦会见来访的吉尔吉斯斯坦社会民主党干部考察团一行，双方就中国铁建参与吉尔吉斯斯坦基础设施建设项目的合作事宜交换意见，并达成合作共识。吉尔吉斯斯坦驻华大使巴克特古洛娃参加会见。

▲同日　中国铁建召开扶贫工作推进会。中国铁建党委书记齐晓飞参加会议并讲话，中国铁建党委常委、副总裁刘汝臣主持会议。

▲17—18 日　中国铁建总裁庄尚标先后在济南、青岛会见山东省副省长王书坚、青岛市市长张新起，双方围绕加快山东省及青岛市基础设施建设，拓展投资合作领域等事宜进行磋商。

▲18 日　中国铁建董事长孟凤朝在深圳会见华为公司总裁任正非。中国铁建与华为公司在深圳签署

战略合作协议，共同推进“十三五”期间全方位紧密合作事宜。中国铁建总经济师赵晋华与华为轨道交通系统部总裁袁希林分别代表双方签署战略合作协议。

▲19 日　以“新五年规划时期的中国”为主题的“中国发展高层论坛 2016”在北京开幕。中共中央政治局常委、国务院副总理张高丽出席开幕式并致辞。在论坛的“一带一路：可持续的基础设施开发”分论坛上，中国铁建党委书记、副董事长齐晓飞作主题发言。

▲同日　首台国产全电脑三臂凿岩台车在中国铁建重工集团有限公司下线，实现数字化凿岩台车的国产化，达到国际领先水平，填补国内工程机械行业在隧道工程施工装备领域的空白。

▲同日　由北京轨道建筑学会主办、中国铁建重工集团有限公司承办的地下工程（钻爆法）安全智能化施工装备及工法学术交流会在长沙召开，中国铁建副总工程师兼科技设计部部长、北京轨道建筑学会秘书长王清明主持会议。中国铁建、中国中铁、中国电建、中国建筑、蒙华公司等企业以及相关行业协会、设备制造单位的专家和代表约 150 人出席会议。

▲21 日　中国铁建总裁庄尚标会见广州市花都区委书记黄伟林一行，双方就加快广州花都区基础设施建设及相关项目落地，深入扩展合作领域达成共识。

▲21—24 日　中国铁建总经济师赵晋华在香港分别拜会中联办经济部和香港地铁公司负责人，就跨境工程项目和广深港高速铁路 826 项目相关事宜进行交流。

▲22 日　中国铁建总裁庄尚标在广州会见广州市人大常委会主任陈建华，双方就进一步加强合作事宜进行友好会谈。

▲23 日　广州国际投资年会在广州举行。中国铁建总裁庄尚标应邀出席，并参加开幕前的重要嘉宾见面会。见面会上，庄尚标与广东省委常委、广州市委书记任学锋围绕产业、经济和区域发展趋势等内容进行交流。中国铁建分别与花都区、南沙区签署有关协议，具体落实中国铁建与广东省签署的“十三五”战略合作协议。

▲24 日　中国铁建总裁庄尚标会见到访的天津市有关领导，双方围绕北辰区有关项目合作进行深入探讨并达成共识。

▲同日　中铁十二局集团有限公司、中国铁建大桥工程局集团有限公司、中铁城建集团有限公司等 23 家单位获全国优秀施工企业称号；罗海滨、范从友、郭富君等 9 人获中国工程建设优秀职业经理人称号；安德柱、陈广伯、丁永全等 53 人被评为全国工程建设优秀项目经理。

▲25 日　中国铁建召开 2016 年国内经营工作专题会议，总结 2015 年国内经营工作，部署 2016 年国内经营工作。会上，中国铁建总裁庄尚标作重要讲话，总经济师孙公新作专题报告。中铁十一局集团有限公司等 5 家单位介绍国内经营和资本运营工作的主要做法和经验。中国铁建副总经济师房光辉宣读表彰“2015 年度经营工作先进单位和先进个人”的通报；副总经济师琚建明宣读表彰“2015 年度国内工程板块集团公司区域经营 20 强和其他板块十佳经营机构”的通知；副总经济师孙国富宣读表彰“2015 年度资本运营工作先进单位和先进个人”的通报；会上为受表彰的先进单位颁发奖牌。会议由孙国富主持。

▲28 日　原铁道兵司令部参谋长龙桂林在解放军总医院逝世，享年 97 岁。

▲29 日　中国铁建党委书记齐晓飞会见来访的国家宗教事务局副局长陈宗荣、贵州省三都水族自治县委书记梁嘉庚一行。三都水族自治县隶属于贵州省黔南布依族苗族自治州，是国家新阶段扶贫开发重点县之一。2015 年，国家宗教事务局被新增为参加定点扶贫工作的中央国家机关，定点帮扶贵州省三都水族自治县。国家宗教事务局此次就扶贫开发工作专程走访中国铁建，双方就精准扶贫的有关工作进行交流。

▲同日　第十三届中国土木工程詹天佑奖颁奖大会在北京举行。中国铁建南京长江隧道等 7 项科技创新工程获得表彰。其中，主持项目 3 项，参建项目 4 项。获奖工程分别是中国铁建承建，中铁十四局集团有限公司施工，中铁第四勘察设计院集团有限公司设计的南京长江隧道工程；中铁十八局集团有限公司承建的天津市滨海新区中央大道海河隧道工程；中铁建设集团有限公司承建的厦门北站工程；中铁十二局集团有限公司参建的武汉天兴洲公铁两用长江大桥正桥工程；中国铁建所属十一局、十二局、十四局、十九局集团有限公司参建的北京地铁 9 号线工程；中铁十四局集团有限公司参建，中铁第四勘察设计院集团有限公司设计的南京地铁 10 号线穿越长江盾构隧道工程；中

铁第五勘察设计院集团有限公司参加设计的北京轨道交通亦庄线工程。

▲同日　企业知识产权教育基地成立暨远程教育平台开通仪式在中国铁建大厦举行，北京市知识产权局副局长周砚，中国知识产权培训中心副主任孙玮，中国铁建副总裁夏国斌等出席仪式并分别致辞。

▲同日　第二届中国质量奖颁奖大会在北京人民大会堂隆重召开，国务委员王勇等领导出席会议并为获奖的单位和个人颁奖。中铁二十四局集团有限公司获中国质量奖提名奖。

▲30 日　中国铁建党委中心组举行 2016 年第三次集体学习，特邀中央党校政法部宪法行政法教研室副主任、法学博士刘素华就大数据时代的信息安全问题研究作专题讲座。

▲31 日　中国铁建召开 2015 年年报业绩发布电话会议，中国铁建董事长孟凤朝公布 2015 年主要经济技术指标完成情况。发布会由中国铁建总会计师王秀明主持。王秀明与董事会秘书余兴喜，经营计划部、资本运营部、财务部、国际部负责人分别回答投资者和分析师提出的问题。中国铁建董事会秘书局、房地产开发部、经济管理部、党委宣传部（企业文化部）负责人参加发布会。

4 月

▲1 日　中国铁建召开"营改增"实施动员部署会。中国铁建总裁庄尚标作重要讲话，总会计师王秀明对"营改增"工作作出部署。副总裁夏国斌主持会议。会上，财政部税政司专家对建筑业"营改增"政策进行解读，安永大中华区税务咨询专家对"营改增"实施落地的主要内容进行讲解。会议以视频会形式召开，中国铁建机关各部门副职以上领导、相关业务部门全体人员在主会场参加会议。全系统各级单位领导、各业务部门负责人及相关业务部门超过 2 万人收听收看会议。

▲2 日　驻安哥拉中资企业商会在罗安达举行 10 周年庆典。中铁二十局集团有限公司获商会 10 年发展"突出贡献企业"称号。该集团副总经理刘峰及安哥拉国际公司党委副书记张峰获"突出贡献奖"。中国驻安哥拉大使崔爱民出席活动并颁奖。

▲5—8 日　中国铁建学习贯彻国家档案管理新标准培训研讨班在中国铁建股份有限公司北京培训中心举行，所属单位 260 名档案部门负责人参加培训研讨。培训研讨班结合中国铁建档案管理发展的新要求和新实践，认真学习贯彻国家档案局第 10 号令《企业文件材料归档范围和档案保管期限规定》和国家财政部、国家档案局第 79 号令《会计档案管理办法》及《归档文件整理规则》（DA/T22—2015）等新标准、新规定和新办法，聘请国家档案局企业经济科技档案司起草国家档案局 10 号令的领导作深层次解读和实务指导，邀请中国铁建档案工作有关专家结合企业档案实际，分别对《中国铁建股份公司文件材料归档范围和档案保管期限规定》《会计档案管理办法》《归档文件整理规则》《中国铁建公文处理办法》《档案编研工作》作专题辅导和研讨。

▲6 日　埃及、埃塞俄比亚、尼日利亚等非洲 22 个国家媒体记者团到中国铁建参观访问。

▲7 日　中国铁建董事长孟凤朝在中国公路学会"首届公路交通基础设施建设投融资创新论坛"上，就中国铁建近年来运作高速公路 PPP 项目投融资的实践与思考作题为《借力资本引擎，推动合作共赢》的主题演讲。

▲8 日　中国铁建总裁庄尚标在福州会见福建省委常委、福州市委书记杨岳，双方围绕加强福州基础设施建设、推进与福州市项目建设进一步合作等事宜进行友好会谈，并达成一系列重要共识。

▲同日　中国铁建总经济师赵晋华在中国大饭店拜会访华的斯里兰卡总理拉尼尔・维克勒马辛哈一行。双方表达合作意向，并就正在跟踪的重点项目情况进行交流。

▲同日　中国铁建总裁庄尚标到中铁十七局集团六公司调研生产经营情况。

▲9 日　中国铁建总裁庄尚标到福平铁路平潭海峡公铁两用大桥施工现场调研，听取中国铁建大桥工程局集团有限公司等参建单位的建设情况，针对项目建设中的工作重点及存在的难题提出具体要求。

▲11—13 日　中国铁建在济南召开宣传工作推进会，会议由中铁十四局集团有限公司承办。中国铁建所属单位宣传部门负责人，各单位在山东省境内项目的项目书记和十四局所属单位党委工作部部长、重

难点工程项目书记160余人参加会议。

▲12日　中国铁建工会女工委一届四次(扩大)会议在中国铁建大厦召开。中国铁建工会主席史道泉在会上讲话,中国铁建工会副主席、女工委主任白晶代表中国铁建第一届女职工委员会作工作报告。会上,中国铁建所属十四局、十八局、二十四局集团有限公司进行工作经验交流。中国铁建工会第一届女职工委员会委员,以及新增替补委员47人出席会议。

▲同日　中国铁建工会女工委在中国铁建大厦举行"培育好家风——中国铁建女职工在行动"系列活动启动仪式,并特别邀请中华女子学院原院长张李玺教授作题为《发扬传统美德,培育优良家风》的专题讲座。中国铁建机关及在京单位女职工共190人参加启动仪式。

▲12—13日　中国铁建在中国铁建股份有限公司北京培训中心举办中国铁建软件资产管理培训班,邀请中国软件联盟理事长邹忭介绍中国软件正版化工作所面临的内外形势,邀请中国知识产权法学研究会理事、全国律师协会知识产权专业委员会委员孙彦律师就软件侵权案例讲解和分析;解读学习中国铁建发布的《中国铁建软件资产管理暂行办法》和《推进使用正版软件工作方案》。所属二级单位信息化管理部门负责人和主要业务骨干共计65名学员参加培训研讨。

▲15日　中国铁建党委召开"两学一做"学习教育动员部署会。会上,中国铁建党委书记齐晓飞对全系统开展"两学一做"学习教育作出安排部署。党委副书记、董事长孟凤朝主持会议。党委副书记、总裁庄尚标传达学习习近平总书记关于"两学一做"重要指示精神。中国铁建党委常委、副总裁刘汝臣,党委常委、总会计师王秀明,党委常委、纪委书记李春德出席会议。国务院国资委党建局干部李鑫到会指导。总部机关全体党员、驻京二级单位党政主管及负责党建工作的主要负责人在主会场参加会议,中国铁建所属单位领导班子成员及机关全体党员在分会场通过视频参加会议,3100余人参加会议。

▲同日　中国铁道建筑总公司被评为2015中国企业信用500强,排名第75位;中国铁建股份公司被评为2015中国上市公司信用100强,排名第25位。中铁建设集团有限公司被评为中国AAA级信用企业;中铁第四勘察设计院集团有限公司董事长蒋再秋获"全国优秀诚信企业家"称号。

▲同日　中国铁建在天马奖·第七届中国上市公司投资者关系评选中,获中国上市公司投资者关系最佳董事会奖,董事会秘书余兴喜获中国上市公司投资者关系优秀董秘奖。

▲同日　中铁十七局集团有限公司承建的中国西部地区首个城市地下综合管廊试验段——贵安新区中心大道综合管廊在贵阳市建成。

▲16日　中国铁建总裁庄尚标在沙特吉达拜会麦加市市长欧萨玛·阿尔巴尔,双方就中国铁建扩大在麦加业务领域进行深入和卓有成效的探讨。

▲19日　中国铁建董事长孟凤朝在石家庄会见河北省委常委、石家庄市委书记孙瑞彬,双方就轨道交通等基础设施建设领域合作进行广泛交流,并达成共识。

▲同日　中国铁建党委书记齐晓飞在兰州市会见甘肃省委副书记、代省长林铎,双方就拓展和深化战略合作事宜进行友好会谈,达成广泛共识。

▲同日　中国铁建党委书记齐晓飞先后到中铁二十一局集团有限公司安宁综合基地、中国铁建重工集团有限公司兰州隧道装备公司现场调研。

▲同日　中国铁建总裁庄尚标在沙特利雅得拜会中国驻沙特大使李成文、参赞赵刘庆。

▲同日　格鲁吉亚副总理兼经济部长库姆西什维利出席中铁二十三局集团有限公司承建的格鲁吉亚现代化铁路改造项目T8隧道贯通仪式。

▲20日　中国铁建党委书记齐晓飞出席中铁城建集团有限公司机关全体干部员工大会。

▲同日　中国铁建党委书记齐晓飞到中铁第四勘察设计院集团有限公司长沙磁浮总承包项目部检查调研。

▲21日　中国铁建参加广州市政府组织的中国(广东)自贸区南沙新区片区成立一周年系列活动。活动期间,中国铁建董事长孟凤朝会见广东省委常委、广州市委书记任学锋,双方就深化政企合作、实施"走出去"战略进行深入探讨和友好会谈。中国铁建总经济师孙公新作为见证嘉宾,出席广州南沙新区片区创新亮点发布暨21世纪海上丝绸之路重要枢纽建设重大项目签约仪式。中国铁建广东指挥部指挥长蒋汉祥代表中国铁建与南沙管委会签署《"走出去综合平台"

战略合作框架协议》。

▲同日　中国铁建党委书记齐晓飞在西安会见陕西省副省长庄长兴，双方就推动合作项目落地等问题展开深入交流。

▲同日　中国铁建党委书记齐晓飞到中铁二十局集团有限公司、中铁第一勘察设计院集团有限公司等单位开展党建工作专题调研，并对各单位“两学一做”学习教育提出指导要求。

▲同日　中国铁建总裁庄尚标在埃塞俄比亚首都亚的斯亚贝巴拜会埃塞俄比亚总理顾问阿尔卡贝。双方围绕铁路等基础设施投资建设进行深入会谈。期间，庄尚标拜会了埃塞俄比亚铁路公司总裁格塔丘，就在建的埃塞俄比亚—吉布提铁路及后期运营管理等问题交换了意见。

▲22 日　中国铁建在总部机关召开纪念中国共产党诞生 95 周年暨青藏铁路通车 10 周年座谈采访会。中国铁建党委书记齐晓飞出席会议并致辞。会上，14 名青藏铁路建设者代表讲述青藏铁路建设故事，弘扬青藏铁路精神；8 家中央主流媒体的 10 名记者进行集中采访。与会人员观看了中国铁建新版企业宣传片、青藏铁路通车 10 周年纪念宣传短片和青藏铁路图片展 3D 演示。

▲23 日　中国铁建总裁庄尚标在吉布提首都吉布提市拜会中国驻吉布提大使符华强、商务参赞葛华。

▲同日　中国铁建总裁庄尚标在吉布提首都吉布提市拜会吉布提总统盖莱，双方就铁路等基础设施项目合作进行友好交流和会谈。

▲26 日　中国铁建党委书记齐晓飞在昆明会见昆明铁路局局长刘柏盛，双方就中国铁建与昆明铁路局的合作进行深入交流。同期，齐晓飞到中国铁建西南指挥部及云南投资工作组进行调研。

▲27 日　中国铁建党委书记齐晓飞到中铁十七局集团有限公司大瑞铁路项目调研基层党建工作，详细了解项目部加强日常教育、深化企检企校企地企警共建、实施精准扶贫的特色做法。

▲同日　中国铁建直属机关党委在中国铁建大厦召开总部机关“两学一做”学习教育党小组长专题会议。会议传达中国铁建党委关于开展“两学一做”学习教育的通知精神，提出贯彻落实具体措施，同时部署总部机关党费核查督缴工作。

▲28 日　中国铁建党委书记齐晓飞拜会昆明市市长王喜良，双方就中国铁建与昆明市战略合作协议的落地进行磋商。

▲同日　中国铁建总会计师王秀明当选“2015 中国 CFO 年度人物”。

▲同日　财政部税政司司长王建凡一行到中国铁建进行“营改增”工作调研。

▲28—29 日　中国铁建党委书记齐晓飞一行到中国铁建电气化局集团有限公司昆明枢纽项目、沪昆铁路客运专线贵州西段项目现场调研。

5 月

▲3 日　由中国铁建主导发起的中铁建金融租赁有限公司获中国银监会批准筹建。

▲4 日　中国铁建总裁庄尚标在中国铁建大厦会见来访的天津市副市长赵海山一行。双方就如何抓住当前天津自贸试验区与“一带一路”战略叠加的发展机遇开展深度合作进行探讨和交流，并取得积极成果。

▲同日　中国铁建召开 2016 年一季度经济运行情况通报会议，分析一季度经济运行情况，部署安排下一阶段经济运行和提质增效重点工作。中国铁建总裁庄尚标作重要讲话，总会计师王秀明对中国铁建 2016 年一季度经济运行情况进行通报，副总裁刘汝臣对相关情况进行通报。副总裁夏国斌主持会议。

▲5 日　湖南省委书记、省人大常委会主任徐守盛，省委副书记、省长杜家毫，中国铁建董事长孟凤朝等看望慰问中国铁建长沙中低速磁浮快线工程建设者，并试乘磁浮列车。

▲同日　中国铁建董事长孟凤朝出席中国铁建重工集团有限公司国产首台“大埋深、可变径”的大直径全断面硬岩隧道掘进机（敞开式 TBM）下线仪式。

▲同日　中国铁建召开 2015 年度利润分配方案网络投资者说明会。中国铁建总会计师王秀明对“中国铁建拟按 2015 年 12 月 31 日总股本为基数，每 1 股派发现金股利 0.15 元（含税），共分配现金股利 2036931225 元”的利润分配方案进行说明。中国铁建董事会秘书余兴喜，以及董事会秘书局、财务部有关负责人回答了投资者提问。

▲6 日　中国铁建董事长孟凤朝到中铁城建集团

有限公司及总部基地项目调研指导。

▲同日　中国铁建总裁庄尚标到中铁十九局集团三公司，就工程公司建设及在建工程情况进行调研。

▲同日　中国铁建建设的中国首条中低速磁浮快线在长沙载客试运营。

▲7日　中国铁建国际集团玻利维亚公司举行鲁雷纳瓦克公路项目开工仪式，玻利维亚总统莫拉莱斯率政府要员出席。

▲10日　在国务院国资委文明办召开的中央企业志愿服务品牌暨“中央企业志愿者之歌”宣传推广会上，中国铁建报送的作品《身边有我》获中央企业志愿者之歌一等奖，并被确定为中央企业志愿者之歌。

▲11日　中国铁建总裁庄尚标分别拜会湖北省副省长许克振，武汉市市长万勇。双方围绕加强湖北省，武汉市基础设施建设，推进铁路、轨道交通、市政、城市管廊等重点项目深化合作进行友好会谈，并达成一系列重要共识。

▲12日　中国铁建总裁庄尚标在中国铁建大厦会见湖南省政府副秘书长、长沙市委副书记、湖南湘江新区管委会主任虢正贵率领的湖南省政府代表团一行。双方就“十三五”期间深化合作及参与湘江新区的投资建设等事宜进行交流，并达成共识。

▲同日　中国铁建总裁庄尚标在长春会见吉林省委常委、长春市委书记王君正，市长姜治莹。双方就进一步加强交流和深化战略合作等事宜进行友好会谈，并达成广泛共识。

▲同日　中国铁建与厦门市签约建设厦门翔安新机场片区地下综合管廊 PPP 项目。

▲12—13日　中国铁建施工技术方案管理经验交流会在福建省平潭县召开。

▲15日　中国铁建董事长孟凤朝出席西南交通大学建校 120 周年纪念大会并致辞。

▲18日　中国铁建总裁庄尚标会见南宁市长周红波。双方就进一步拓宽“十三五”时期合作领域、提升合作层次、加快推进南宁城市基础设施建设、促进经济社会持续健康发展深入交谈，达成广泛共识。

▲同日　中铁第四勘察设计院集团线站处轨道所副所长杨艳丽获第七届全国优秀科技工作者称号。

▲19日　中国铁建总裁庄尚标会见珠海市委书记郭元强，市长郑人豪。双方就进一步拓宽“十三五”时期合作领域、提升合作层次、加快推进合作项目开发建设、促进经济社会持续健康发展进行深入交谈，达成广泛共识。

▲同日　中国铁建党委书记齐晓飞在银川会见宁夏回族自治区党委书记、自治区人大常委会主任李建华，自治区党委常委、银川市委书记徐广国，自治区政府副主席刘可为等领导。双方就有关合作事宜达成共识。

▲19—22日　第十九届中国(重庆)国际投资暨全球采购会在重庆国际博览中心举行。国务院三峡办主任聂卫国，重庆市委副书记、市长黄奇帆及国家有关部委、部分国家驻华使节、部分省市领导出席开幕式暨签约仪式。黄奇帆会见包括中国铁建董事长孟凤朝在内的 27 家中央企业和国有企业负责人，在孟凤朝陪同下，黄奇帆等参观中国铁建展区。

▲20日　中国铁建党委书记齐晓飞到中铁十六局集团五公司宁夏片区闽宁房建、永宁黄河大桥项目调研。

▲22日　湖南省委书记徐守盛到中国铁建大桥工程局集团有限公司怀邵衡铁路项目施工现场调研，称赞大桥局：“你们不愧是能打硬仗、会打硬仗、善打硬仗的一流大型施工企业，是一支特别能战斗、特别能奉献的出色队伍！”

▲同日　中国铁建总裁庄尚标到中国铁建国际集团马来西亚公司吉隆坡四季酒店项目检查指导，对干好在建项目、拓展马来西亚市场提出明确要求。

▲25日　国务院国资委巡视领导小组成员、巡视办主任阮国平率领第五督查组，对中国铁建贯彻落实《关于加强和改进企业国有资产监督防止国有资产流失的意见》(以下简称《监督意见》)情况进行督查指导。中国铁建董事长孟凤朝主持督查汇报会议，总会计师王秀明汇报中国铁建贯彻落实《监督意见》情况；中国铁建纪委书记李春德，以及国资委第五督查组成员、巡视办副巡视员刘华昕等参加会议。

▲同日　“2016 宁波 · 上海投资洽谈会”在上海举行。会上，中国铁建与浙江省宁波市政府签署战略合作框架协议，以谋求在“十三五”期间开展更紧密的全方位合作。

▲26日　中国铁建房地产集团有限公司与平安不动产有限公司在上海举行战略合作备忘录签约

仪式。

▲27 日　中国铁建总裁庄尚标在随中国铁路代表团出访马来西亚、新加坡之际,到中铁十一局集团有限公司新加坡轨道交通工程项目检查指导工作。

▲28 日　由湖南省委、省政府主办的"加强产融学合作,推进湖南'十三五'发展座谈会"在长沙举行。湖南省委书记、省人大常委会主任徐守盛,省长杜家毫,国务院国资委主任肖亚庆、副主任黄丹华等出席座谈会。中国铁建董事长孟凤朝出席座谈会并代表中国铁建与湖南省签署战略合作协议。

▲29 日　中国铁建与长春市政府战略合作框架协议签约仪式在北京举行。中国铁建总裁庄尚标,吉林省委常委、长春市委书记王君正,市委副书记杨子明等出席仪式。中国铁建总经济师孙公新与长春市委常委、副市长王路代表双方签署协议。

▲30 日　中国铁建总裁庄尚标受邀出席在昆明举行的云南省加快全省高速公路建设会议。

▲31 日　昆明市政府实施的第一批 PPP 项目——昆明轨道交通 5 号线工程 PPP 项目开工仪式在中铁十一局集团有限公司承建的 5 号线福保站举行。中国铁建总裁庄尚标,昆明市委副书记、市长王喜良等出席开工仪式。

6 月

▲1 日　中国铁建召开领导班子成员"两学一做"学党章专题研讨交流会。

▲同日　阿曼协商会议主席马阿瓦利访问中国铁建。中国铁建总裁庄尚标与马阿瓦利一行举行友好会谈,双方就开展务实合作深入交换意见并达成共识。

▲3 日　中国铁建党委书记齐晓飞与达州市委书记包惠共同考察中国铁建港航局集团有限公司承建的达州金南大桥项目,随后举行会谈,就双方进一步加强合作事宜达成共识。

▲3—4 日　中国铁建工会成都片区系列活动在成都地铁 5 号线工地举行。中国铁建党委书记齐晓飞出席系列活动,四川省和成都市总工会,成都市地铁公司,中国铁建工会、团委及相关单位领导出席,中国铁建地铁 5 号线、10 号线所属 18 个参建单位参加活动。

▲5 日　中国铁建党委书记齐晓飞到中铁建昆仑投资集团有限公司成都 IT 大道有轨电车、元华路神仙树节点改造工程投资项目工地以及中国铁建房地产集团有限公司成都西派澜岸项目调研。

▲8 日　中国铁建总裁庄尚标与北京市昌平区区长张燕友等进行座谈,双方就兴延高速公路项目进展情况进行交流,并就进一步加强昌平区基础设施建设深度合作进行深入交流,并达成共识。

▲12 日　第四届中国—南亚博览会暨第二十四届中国昆明进出口商品交易会在滇池国际会展中心开幕。中国铁建高新装备股份有限公司作为中央驻滇高端装备制造企业代表,在制造业馆全面展示中国铁路大型养路机械设备领军企业的实力。

▲13 日　中国铁建总裁庄尚标在西宁会见青海省省长郝鹏,双方就进一步加强基础设施建设领域合作等达成广泛共识。

▲同日　中国铁建召开第二轮巡视动员部署会,中国铁建党委常委、纪委书记李春德出席会议并讲话。经中国铁建党委批准,2016 年中国铁建第二轮巡视工作于 6 月 14 日正式启动。

▲14 日　中国铁建总裁庄尚标在西宁会见青海省委常委、西宁市委书记王晓和西宁市委副书记、市长张晓容,双方就西宁市轨道交通投资建设、相关 PPP 项目合作和西宁市棚户区改造等达成重要共识。

▲15 日　中国铁建党委在总部机关召开"两学一做"学习教育理论学习会。中国铁建党委书记齐晓飞强调:要深入学习贯彻习近平总书记重要讲话精神,把思想统一到中央的部署要求上来,做好企业改革发展各项工作;落实国资委党委加强国有企业党的建设的重要精神,发挥企业党组织的政治核心作用,确保企业改革发展的正确方向。

▲15—17 日　中国铁建党委常委、副总裁刘汝臣一行到中国铁建定点扶贫对口区县河北省张家口市万全区、尚义县实地调研扶贫工作,并将第五批扶贫挂职干部安排就位,要求定点扶贫工作要坚持"四个原则",积极促进当地的劳务和农副产品输出,助推贫困户创收和产业发展,为两区县实现全面脱贫目标作出新贡献。

▲16 日　中国铁建 2015 年年度股东大会在中国铁建大厦召开。此次股东大会以现场和网络投票的方式进行表决,37 名股东和股东代理人出席会议。出席

会议的股东所持有表决权的股份总数 8234282226 股，占公司有表决权股份总数的 60.637410%。会议审议通过董事会 2015 年度工作报告，监事会 2015 年度工作报告，2015 年度财务决算、利润分配方案、年报及其摘要等 15 项议案。

▲17 日　在中国铁建董事长孟凤朝和中国电子信息产业集团总经理刘烈宏的共同见证下，中国铁建总经济师孙公新与中国电子信息产业集团副总经理陈旭代表双方签署战略合作协议。

▲17—18 日　中国铁建总会计师王秀明带领中国铁建提质增效第二督导组到广州对中铁二十五局集团有限公司及其所属一公司的提质增效活动进行专题督导，对该集团提质增效取得的成效给予充分肯定，并对下一步工作提出要求和建议。

▲17—25 日　中国铁建党委书记、副董事长齐晓飞陪同中国铁建外部董事葛付兴、辛定华、承文、路小蔷等组成的调研组赴中国铁建以色列、黑山共和国、白俄罗斯项目现场调研，并检查指导工作。

▲19 日　由中国公路建设行业协会主办，中铁十九局集团有限公司和山东金鲁班集团协办的诚信百佳企业、公路交通优质工程(李春)奖表彰大会暨“诚信致远、信则共赢”“弘扬工匠精神、打造品质工程”论坛在北京举行，中国铁建 3 项参建工程获“李春奖”：中铁十九局集团有限公司及其一公司、中铁十一局集团一公司、中铁十七局集团二公司参建的重庆至长沙公路武隆至水江段高速公路获一等奖；中铁十九局集团三公司参建的泗县至宿州高速公路项目获一等奖；中铁十五局集团二公司参建的山东省德州至河南省商丘干线公路菏泽至曹县(鲁豫界)高速公路获二等奖。

▲20 日　在京央企审查员实践活动启动会在中国铁建大厦召开，国家专利审查员北京实践基地落户中国铁建。启动会上，中国铁建总裁庄尚标和国家专利局人事教育部部长卜方共同为国家专利审查员北京实践基地揭牌。中国铁建副总裁夏国斌主持会议。

▲21 日　中国铁建总裁庄尚标在铁建大厦会见来访的湖北省交通投资集团董事长张嗣义一行，双方就“十三五”期间深化合作深入交换意见并达成共识。

▲22 日　中国铁建董事长孟凤朝在西宁与青海省省长郝鹏举行会谈，并共同见证中国铁建与青海省签署战略合作协议。中国铁建总经济师孙公新与青海省委常委、副省长张建民代表双方在战略合作框架协议上签字。

▲24 日　中国铁建总裁庄尚标在中国铁建大厦会见来访的首都公路发展集团董事长张闽、总经理张恒利一行。双方就抓住首都交通建设“十三五”规划的发展机遇，开展深度合作进行了探讨和交流，并取得积极成果。

▲27 日　中铁建金融租赁有限公司获得天津银监局颁发的金融许可证并完成工商注册登记。

▲29 日　中国铁建党委和中国铁建直属机关党委在中国铁建大厦召开“两优一先”表彰大会。大会由中国铁建党委书记齐晓飞主持。中国铁建董事长孟凤朝宣读中国铁建党委和中国铁建直属机关党委的表彰决定。中铁十一局集团有限公司党委等 36 个先进基层党委，中国土木工程集团埃塞俄比亚公司总部党支部等 30 个“五好党支部”标兵，朱庆连等 110 名“六好共产党员”标兵及陈思昌等 82 名优秀党务工作者，中国铁建直属机关党委 10 个“五好党支部”、38 名“六好共产党员”、2 名优秀党务工作者和 22 名优秀党小组长受到表彰。

▲同日　国务院国资委党委在北京召开庆祝中国共产党成立 95 周年暨中央企业“两优一先”表彰大会。中国铁建战丽娜、邱日胜、包珍被授予中央企业优秀共产党员称号，李传营被授予中央企业优秀党务工作者标兵称号，孟广顺被授予中央企业优秀党务工作者称号，中铁十八局集团有限公司党委、中铁建设集团有限公司党委和中铁上海设计院集团有限公司徐州设计院第一党支部被授予中央企业先进基层党组织称号。

▲同日　中国铁建面向合格投资者公开发行的 2016 年第一期可续期公司债券在上海证券交易所成功发行，发行规模 80 亿元，票面利率 3.53%。这是交易所债券市场发行的第三单可续期公司债券，中央企业首单可续期公司债券，创造发行规模最大、发行利率最低两项纪录。

▲同日　“庆祝中国共产党成立 95 周年电影《老阿姨》北京首映式”在中铁十八局集团有限公司燕郊工程项目部举行。该片由长影集团、华夏电影发行公司、中国铁建联合出品，著名表演艺术家李雪健、著名演员陶慧敏领衔主演，著名导演雷献禾执导。

7 月

▲1 日　由中国西藏文化保护与发展协会与中国铁建联合主办的庆祝中国共产党成立 95 周年暨青藏铁路通车 10 周年图片展在中国铁建大厦开展。中央统战部副部长斯塔、国务院国资委新闻中心主任毛一翔、中国铁建董事长孟凤朝出席开展仪式并发表致辞。开展仪式由中国铁建副总裁夏国斌主持。中国铁建副总裁刘汝臣、纪委书记李春德出席开展仪式。

▲同日　庆祝中国共产党成立 95 周年大会在人民大会堂举行。会议表彰“两优一先”。中铁十四局集团有限公司北京地铁 8 号线三期项目党支部书记李传营被授予“全国优秀党务工作者”称号,出席颁奖大会并上台领奖。中共中央政治局常委、国务院总理李克强为其颁奖。

▲同日　中国铁建党委书记齐晓飞出席中铁建设集团有限公司纪念建党 95 周年暨“七一”表彰大会并发表讲话。

▲2 日　中共中央政治局委员、中央统战部部长孙春兰到中国铁建大厦,参观“庆祝中国共产党成立 95 周年暨青藏铁路通车 10 周年图片展”,对中国铁建建设者作出的巨大贡献给予高度评价。

▲3 日　中国铁建兰州轨道交通工程指挥部组织召开兰州轨道交通工程专家咨询会,中国铁建副总裁夏国斌、兰州市副市长张国一出席会议。会议邀请中国工程院院士、中国防护工程及地下工程知名专家钱七虎,以及国内盾构隧道建设管理、工程施工等方面的 6 位专家出席。

▲同日　中铁十一局集团有限公司参建的世界最大单口径射电望远镜——500 米口径球面射电望远镜(英文简称 FAST)完成最后一块反射面单元的吊装,标志着“观天巨眼”FAST 的主体工程顺利完工。

▲4 日　中国铁建党委中心组(扩大)举行 2016 年第 5 次集体学习会,特邀中纪委法规室主任马森述作“两学一做”学党规专题辅导讲座。

▲5 日　中铁十七局集团有限公司与泸州市人民政府战略合作签约仪式在北京中国铁建大厦举行。中国铁建党委书记齐晓飞,泸州市委书记蒋辅义出席签约仪式并分别讲话。双方就加强轨道交通、高速公路、城市地下管廊等项目合作事宜进行深入交流,达成广泛共识。十七局董事长、党委书记卢朋与泸州市委常委、常务副市长曹俊杰代表双方签署战略合作协议。

▲同日　中国工程院院士、原铁道部常务副部长孙永福到中国铁建大厦参观“庆祝中国共产党成立 95 周年暨青藏铁路通车 10 周年图片展”,高度评价中国铁建建设者对青藏铁路作出的巨大贡献。

▲同日　马来西亚高速铁路公司一行考察京沈铁路客运专线辽宁段工程,参观了中铁二十二局集团有限公司参建的兴隆店特大桥、于洪制梁场、无砟轨道施工现场、苏家屯轨道板场,了解中国高铁无砟道床的组成结构及施工工序、工艺流程。马来西亚方表示,此次考察看到中国高速铁路先进的建设技术和标准化管理,希望在马来西亚铁路建设中加强合作。

▲7 日　中国铁建董事长孟凤朝在中国铁建大厦会见到访的中国驻阿尔及利亚大使杨广玉。

▲同日　中国铁建总裁庄尚标在西安会见西成铁路客运专线陕西有限公司董事长、总经理晋志毅,就西成铁路客运专线建设、秦岭天华山隧道贯通、西成铁路客运专线公司管辖的后续工程建设情况进行交流。

▲同日　中国铁建党委召开中心组学习(扩大)会议,传达学习习近平总书记在庆祝中国共产党成立 95 周年大会上的重要讲话精神,并对全系统学习贯彻习总书记“七一”重要讲话精神作出安排部署。

▲8—9 日　中国铁建总裁庄尚标先后到中国铁建所属十七局、十九局、二十局集团有限公司西成铁路客运专线项目部,看望慰问参建员工,并就项目管理、成本管控、经济运行、劳务用工和党建工作等进行调研。

▲8 日　中国铁建总会计师、总法律顾问王秀明带领中国铁建提质增效第二督导组到中国铁建房地产集团有限公司及所属北京嘉业公司调研督导提质增效工作。

▲同日　由中国铁建、神华集团,中铁十一局集团有限公司、中铁第四勘察设计院集团有限公司、中国铁建大桥工程局集团有限公司、中国铁建重工集团有限公司等 13 家单位参加研究的国家科技支撑计划“盾构施工煤矿长距离斜井关键技术研究与示范”项目示范工程通过验收。

▲9 日　生态文明贵阳国际论坛 2016 年年会在

贵阳隆重开幕。中共中央政治局常委、第十二届全国政协主席俞正声出席年会并发表重要讲话。中国铁建党委书记齐晓飞应邀出席开幕式，并在当天下午的“智库建设与绿色发展”分论坛做《相约绿色丝路，共建和谐世界》演讲。

▲11 日　中央纪委驻国务院国资委纪检组组长江金权一行到中国铁建调研。

▲11—14 日　中国铁建参加第三届中国—俄罗斯博览会。国务院副总理汪洋和俄罗斯副总理罗戈津于 13 日参观中国铁建展位。

▲12 日　国有重点大型企业监事会主席李克明率监事会第八办事处人员一行到中国铁建，举行 2015 年度监事会监督检查情况通报会。通报会由监事会第八办事处副主任孙庆红主持，监事会第八办事处主任陶永山宣读监督检查情况通报，李克明作重要讲话。监事会第八办事处副主任朱文山、中国铁建领导班子成员参加会议。

▲13 日　交通运输部部长杨传堂率国家铁路局副局长苏全利及办公厅、政策研究室、综合规划司等有关部门负责人到中国铁建调研。杨传堂高度评价中国铁建为中国交通事业发展作出的突出贡献，并希望中国铁建在行业改革发展中继续“做表率、当先行”。

▲同日　中国铁建党委召开 2016 年党委换届选举工作视频会议，传达中组部、国资委党委相关精神，对全系统党委换届选举工作进行动员部署。

▲同日　中国土木工程集团埃塞俄比亚公司承建的阿瓦萨工业园项目竣工。在竣工仪式上，中土集团埃塞俄比亚公司与埃塞俄比亚工业园发展总公司签署阿瓦萨工业园运营管理合同。

▲14 日　在中国铁建董事长孟凤朝的陪同下，国有重点大型企业监事会原主席石大华，中国工程院院士、中央军委联合参谋部 55 研究所所长樊邦奎，东部战区陆军副政委孟中康，军委办公厅副主任蔡虹硕，解放军艺术学院电视艺术中心主任、著名作家、电视纪录片制作人李荃，中央军委联合参谋部老干部服务管理局政委刘纯等铁道兵老战友参观铁道兵纪念馆（中国铁建展览馆）和庆祝中国共产党成立 95 周年暨青藏铁路通车 10 周年图片展。

▲同日　中国铁建总裁庄尚标在成都市会见成都铁路局局长宋修德、党委书记王晓州一行，双方就合作的部分项目进展情况进行深入沟通和交流。

▲15 日　中国铁建副总裁夏国斌、总会计师王秀明一行，到中铁十六局集团有限公司调研财务共享服务中心建设和运行情况，以及财务共享服务中心 2.0 建设及试点情况。

▲同日　11 时 20 分，两列中国自主研制的标准动车组在中铁第四勘察设计院集团有限公司总体设计，中铁二十局集团有限公司承担施工任务的郑徐高速铁路民权特大桥上，分别以 420 千米的时速交会。在这次世界最高速动车组交会试验中，被称作“2.0 版高铁”的郑徐高速铁路经受住考核试验。

▲18 日　中国共产党中国铁道建筑总公司第二届委员会（中国铁建股份有限公司委员会）第十二次全体会议在北京举行。会议审议通过《中国共产党中国铁道建筑总公司第二届委员会（中国铁建股份有限公司委员会）第十二次全体会议关于召开中国共产党中国铁道建筑总公司第三次（中国铁建股份有限公司第一次）代表大会决议》，决定于 2016 年 11 月下旬召开总公司第三次（股份公司第一次）党代会。

▲同日　全国建筑业绿色施工经验交流会召开。会上，中国铁建承建的新建蒙西至华中铁路煤运通道工程万荣隧道、宁波市轨道交通 3 号线一期工程 TJ3110 标段、蒙华铁路项目等 19 项工程被中国建筑业协会授予第五批全国建筑业绿色施工示范工程称号。

▲19 日　中国铁建董事长孟凤朝在中国铁建大厦会见邯郸市委书记高宏志一行，双方就进一步深化战略合作进行深入交流，并达成共识。

▲同日　中铁建金融租赁有限公司（以下简称金租公司）成立。天津市副市长、天津自贸试验区管委会主任阎庆民，中国铁建总裁庄尚标共同为金租公司在天津开业揭牌。

▲20 日　中国铁建召开领导班子成员“两学一做”学党规党纪专题研讨交流会。

▲同日　中国铁建位列 2016 年《财富》世界 500 强排行榜第 62 位，比 2015 年攀升 17 个席位。

▲同日　中国铁建住宅产业现代化技术交流会在北京召开。

▲21 日　几内亚经社理事会主席迪亚洛携理事会执行局秘书卡马拉一行访问中国铁建。中国铁建总

裁庄尚标与迪亚洛举行友好会谈，双方就开展务实合作深入交换意见并达成共识。

▲同日　中国铁建总裁庄尚标在中国铁建大厦会见到访的阿尔及利亚驻华大使布哈利法。

▲同日　中国铁建党委召开常委（扩大）会议，传达学习国务院国资委中央企业负责人培训班会议精神，国务院安全生产会议精神以及中央巡视组对国资委专项巡视情况反馈意见和姜信治、张毅的讲话精神，通报中央企业经营业绩考核情况。

▲同日　中国铁建财务有限公司获中国银行间市场交易商协会会员资格，可在银行间债券市场进行债券类投资、发行与承销企业债券等业务。

▲22日　中国铁建总裁庄尚标在银川会见宁夏回族自治区副主席刘可为，双方就进一步加强合作事宜进行友好会谈，达成广泛共识。

▲同日　国务院国资委正式对外发布2015年度中央企业负责人经营业绩考核结果和2013—2015年任期经营业绩考核结果，中国铁建获双A，同时获得2013—2015年任期“业绩优秀企业奖”和“节能减排优秀企业奖”。

▲24日　中国土木工程集团尼日利亚公司承建的扎姆法拉州75.9千米公路项目举行竣工典礼，尼日利亚总统布哈里出席典礼并发表讲话。

▲26日　中国专利保护协会第四次会员代表大会在北京召开。大会选举中国铁建董事长孟凤朝为新一届理事会会长。

▲同日　中国铁建总裁庄尚标在济南市会见山东省委常委、济南市委书记王文涛，双方就进一步加强基础设施投资建设和开发等合作事宜进行友好会谈，并达成广泛共识。

▲同日　中国土木工程集团有限公司设计、施工，中国进出口银行提供融资的尼日利亚阿卡铁路（首都阿布贾—卡杜纳）开通运营。

▲26日、28日、29日　中国铁建党委书记齐晓飞分别到所属十九局、二十局、二十四局、铁五院集团有限公司出席干部大会并作讲话，中国铁建总裁助理、人力资源部（党委干部部）部长鲁斌一同参加并宣布中国铁建党委关于上述单位有关领导人员的任免决定。

▲27日　中国铁建党委中心组举行学习扩大会，特邀华为公司企业管理和信息技术规划咨询部总裁傅依林作信息化建设专题讲座。

▲28日　中国铁建董事长孟凤朝在中国铁建大厦会见到访的巴基斯坦铁道部国务秘书阿格哈女士一行。双方就铁路建设方面的合作事宜进行深入交流。

▲同日　中国铁建总裁庄尚标在新疆维吾尔自治区乌鲁木齐市会见自治区交通运输厅党委书记高江淮。双方就进一步加强合作事宜进行友好会谈，达成广泛共识。

▲同日　中非经贸合作交流会暨签约仪式在北京举行，中国土木工程集团有限公司与中国中铁组成联营体签约埃塞—吉布提铁路6年运营权。

▲29日　中国铁建董事长孟凤朝在中国铁建大厦会见到访的巴西联邦参议院副参议长乔治·维亚纳一行。双方就进一步深化在基础设施建设领域的合作进行深入交流，并达成共识。

▲同日　中国铁建重工集团新疆公司首批盾构机、凿岩台车、湿喷机等隧道工程装备下线。新疆维吾尔自治区党委常委、乌昌党委书记、乌鲁木齐市委书记李学军，乌鲁木齐市委副书记、常务副市长薛斌，乌鲁木齐市委常委李光辉，乌鲁木齐市副市长樊新和，乌鲁木齐市政协副主席、市建委主任马伊磊，中国铁建总裁庄尚标等参加下线活动并共同按动启动球。中国铁建副总裁夏国斌主持首批隧道工程装备下线仪式。

▲同日　中国铁建、北京基础设施投资有限公司、北京轨道交通建设管理有限公司组建的联合体与乌鲁木齐市建委正式签约乌鲁木齐市轨道交通2号线一期PPP项目，签约投资金额162亿元。

8月

▲1日　中国铁建董事长孟凤朝，中国电子信息产业集团公司总经理刘烈宏在南京会见南京市政府有关领导，双方就基础设施建设和电子信息产业投资领域合作进行友好交流，并达成共识。

▲1—3日　中国铁建总裁庄尚标在广州、深圳和佛山三地先后会见广州地铁集团、深圳地铁集团、广铁集团、珠三角城际轨道交通有限公司和佛山铁路投资有限公司5家业主单位领导。庄尚标与业主单位就重大项目的合作方式进行商讨，并达成共识；同时对如何推进在粤的重点工程建设、确保兑现开通目标交换

意见。

▲2日 中国铁建在深圳成立中铁建南方建设投资有限公司。

▲4日 中国铁建总裁庄尚标在洛阳会见洛阳市委副书记、市长鲍常勇，双方就基础设施建设和地铁投资领域合作进行友好交流，并达成共识。

▲同日 中国铁建总裁庄尚标到中铁十五局集团有限公司洛阳片区调研，现场解决问题，并提出具体要求。

▲5日 中国铁建总裁庄尚标分别会见重庆市政府党组成员陈和平，副市长陈绿平和市交通委员会负责人，对进一步加强基础设施建设领域合作等事宜进行深入交流，并达成系列重要共识。

▲8日 中国铁建2016年年中工作会在北京召开。会议总结中国铁建上半年阶段性工作，提出必须坚持深化改革、推进创新驱动，以提质增效、转型升级、瘦身健体为着力方向，确保完成全年各项改革发展任务。会上，通报企业上半年经济运行情况、所属各单位2015年绩效考核及2013—2015年任期绩效考核情况；中铁建设集团有限公司、中国铁建重工集团有限公司作经验交流发言，中铁十一局集团有限公司、中铁第四勘察设计院集团有限公司、中国铁建投资集团有限公司进行书面经验交流。

▲同日 中国铁建2016年落实“两个责任”促进会在北京召开。会议总结中国铁建3年来贯彻落实“两个责任”、推动全面从严治党的经验，表彰2015年度“四好领导班子”，通报2016年上半年舆情工作、2016年第一轮巡视工作情况、2016年上半年纪律审查情况。

▲9日 中国铁建召开2016年海外工作会议。中国铁建董事长孟凤朝，党委书记齐晓飞，总裁庄尚标，副总裁夏国斌、刘汝臣，纪委书记李春德出席会议。会议由齐晓飞主持。孟凤朝、庄尚标作重要讲话，中国铁建总经济师赵晋华作海外工作报告。会上，表彰2014—2015年所属海外经营承揽十强单位、海外经济效益十强单位和38名海外经营先进个人。

▲11日 中国铁建与贵州省政府在贵阳签署战略合作框架协议。贵州省委副书记、省长孙志刚，省委常委、副省长慕德贵与中国铁建董事长孟凤朝、总裁庄尚标等出席签约仪式，双方就加强基础设施建设领域合作等达成重要共识。

▲同日 以“技术先行、整合资源、兑现承诺、拓展市场”为主题的中国铁建新疆在建水利重点工程现场管理与施工技术研讨会在新疆乌鲁木齐召开。

▲11—12日 中国铁建党委书记齐晓飞先后到中铁二十二局集团有限公司、中国铁建国际集团有限公司、中国土木工程集团有限公司出席干部大会并作重要讲话。中国铁建总裁助理、人力资源部（党委干部部）部长鲁斌一同参加并宣读中国铁建党委关于3家单位主要领导的调整决定。

▲12日 中国铁建总裁庄尚标在成都会见四川省交通运输厅厅长汪洋，双方就成都经济区环线高速公路等项目投资合作、项目建设等有关情况进行深入探讨，并就相关事项达成共识。

▲13日 巴基斯坦总理谢里夫视察中铁二十局集团有限公司承建的卡拉奇—拉合尔高速公路3标段，对工程进展表示满意，并向建设者表示感谢。

▲15日 中国铁建总裁庄尚标在包头会见内蒙古自治区党委常委、包头市委书记王中和及包头市委副书记、市长杜学军，双方就基础设施建设和地铁投资领域合作进行友好交流，并达成共识。

▲16日 中铁十四局集团有限公司承建的淮南—南京—上海1000千伏交流特高压输变电工程在常熟开工建设。

▲18日 国务院派驻中国铁道建筑总公司监事会进驻大会在中国铁建大厦召开。即日起新一届监事会正式进驻中国铁道建筑总公司，第六任期监督工作正式开始。国务院国有重点大型企业监事会主席潘良出席会议并讲话，第五办事处主任刘珊宣读监事会派驻通知。中国铁建董事长孟凤朝就全力支持配合监事会工作作表态发言，党委书记齐晓飞主持会议。中国铁建总裁庄尚标，副总裁夏国斌、刘汝臣，总会计师王秀明，纪委书记李春德，国务院派驻中国铁道建筑总公司新一届监事会相关领导出席会议。

▲19日 中国铁建召开清收清欠暨二次经营工作视频会议。会上，中国铁建总裁庄尚标讲话，总会计师王秀明通报工程承包企业2015年清收清欠考核情况及2016年1—7月清收清欠指标完成情况，总经济师孙公新通报2016年上半年二次经营工作情况。

▲22日 中国铁建房地产集团有限公司与亿达

中国(3639. HK)旗下全资子公司亿达发展在北京签署战略合作框架协议。按照协议约定,双方将在产业园区投资运营、土地整理与基础设施建设、产城融合开发项目以及产业招商运营服务合作等方面开展深度合作。

▲24 日　中国铁建承建的塔吉克斯坦共和国瓦赫达特—亚湾铁路通车。塔吉克斯坦共和国总统拉赫蒙、副总理阿里巴多夫、交通部长甘扎尔佐达、国家铁路局局长米尔佐阿里耶夫,中国铁建总裁庄尚标等出席通车典礼。

▲同日　中铁第五勘察设计院集团有限公司并购邯郸市华威公路设计咨询有限公司(邯郸市交通运输局公路勘察设计院)签约仪式在北京举行。

▲27 日　中国铁建第一期局级领导干部培训班在国家行政学院结束。

▲29 日　国家住房和城乡建设部发布《关于核准2016 年度第十批建设工程企业资质资格名单的公告》,中国铁建所属大桥局、十七局集团有限公司获市政公用工程施工总承包特级和市政行业甲级设计资质,进入“三特三甲”资质企业行列。

▲30 日　中国铁建党委书记齐晓飞一行会见四川省成都市委书记唐良智,并出席成都天府国际机场高速公路开工仪式。

▲同日　中国铁建党委书记齐晓飞在重庆市会见重庆市副市长陈绿平。双方就加强中国铁建与重庆市的战略合作深入交换意见并达成共识。

▲同日　中国铁建与内蒙古自治区包头市市政府在包头签署基础设施建设合作框架协议。内蒙古自治区党委常委、包头市委书记王中和,包头市委副书记、市长杜学军与中国铁建总裁庄尚标等出席签约仪式。包头市副市长张建中与中国铁建总经济师孙公新分别代表包头市政府和中国铁建在协议书上签字。

▲31 日　中国铁建召开 2016 年中期业绩发布电话会议,中国铁建总裁庄尚标介绍上半年中国铁建主要经营业绩情况。

9 月

▲1 日　中国铁建党委书记齐晓飞在贵阳市会见贵州省国资委党委副书记、副主任汤向前,贵州产业投资(集团)有限责任公司(以下简称产投集团)党委书记、董事长翟彦,总经理王成杰等一行,并共同见证中铁十八局集团有限公司与产投集团签署战略合作框架协议。随着协议的签订,双方合作的第一个近 20 亿元的 PPP 项目开始运作。

▲1—2 日　中国铁建总裁庄尚标到蒙华铁路中国铁建所属二十二局、二十四局集团有限公司项目调研,了解工程整体推进情况,看望慰问广大参建员工。

▲2 日　在中国铁建牵头下,云校(北京)科技有限公司与张家口市万全区和尚义县在中国铁建大厦签署信息化帮扶合作协议。根据协议,云校(北京)科技将 21 套价值 700 余万元的教育信息化软件——云校智慧教育云平台及其配套服务捐赠给万全区和尚义县。该软件由其自主研发,以手机端加 PC 端的全程跨平台操作模式,帮助幼儿园和中小学实现教学模式的改革和数字化管理协作,帮助学子共享优质教育。中国铁建党委常委、副总裁刘汝臣,云校(北京)科技董事长陈正拜、总裁郭强,张家口市万全区委书记赵满柱、尚义县委书记冀晓东出席签约仪式。

▲同日　中国铁建召开定点扶贫工作推进会。会议对前一阶段定点扶贫工作作总结,对下一步工作作部署,要求认真贯彻落实中央有关扶贫工作政策,确保真扶贫,精准扶贫,坚持共同扶贫,重点抓好创新扶贫,坚决打赢定点扶贫攻坚战。中国铁建党委常委、副总裁刘汝臣,张家口市万全区委书记赵满柱,尚义县委书记冀晓东出席会议。

▲6 日　中国进出口银行副行长孙平、袁兴永一行到中国铁建调研,中国铁建董事长孟凤朝出席调研座谈会。双方就进一步加强海外业务合作进行深入交流,并达成共识。

▲同日　中国铁建总裁庄尚标在辽宁省大连市会见大连市市委副书记、市长肖盛峰,双方就推进落实2016 年 1 月签订的战略合作框架协议进行友好交流,并达成广泛共识。

▲同日　中国铁建党委召开中心组学习(扩大)会,特邀中央党校党建部党建原理教研室主任、教授、博士生导师陈凯龙就“国有企业党建科学化研究”作专题讲座。

▲9 日　中国煤炭地质总局党委书记赵平一行到中国铁建交流党建工作的经验做法。中国铁建党委书

记齐晓飞会见赵平一行，双方就加强党的领导、将党建工作融入法人治理结构等问题进行了深入交流。中国铁建党委常委、副总裁夏国斌介绍有关情况，中国煤炭地质总局副局长王海宁参加座谈交流。中国铁建工会主席史道泉以及双方党群部门负责人参加交流座谈会。

▲同日　中国铁建总裁庄尚标在广东省广州市南沙区会见广州市委常委，南沙开发区党工委书记、管委会主任，南沙区委书记丁红都，双方就落实已签署的战略合作框架协议，推动全面深化合作等事宜进行深入交流，并达成广泛共识。

▲同日　中国铁建专利战略评审会在中国铁建大厦召开。中国铁建董事长、中国专利保护协会会长孟凤朝，中国专利保护协会副会长兼秘书长马维野和来自国家知识产权局、北京市知识产权局、中国铁路总公司、中国铁建的有关专家出席会议，会议由中国铁建总工程师雷升祥主持。

▲10 日　中国铁建所属铁四院总设计，十二局、十四局、十七局、二十局集团有限公司参建的郑徐高速铁路正式通车。

▲12 日　中国铁建纪委书记李春德先后到中国铁建重工集团有限公司、中铁城建集团有限公司调研，了解企业经营发展、党风建设和反腐败工作情况，并与其领导班子成员开展集体谈话。

▲12—13 日　中国铁建董事长孟凤朝先后到所属十五局、二十四局、上海院集团有限公司等中国铁建上海片区部分单位调研，并出席中铁十五局集团有限公司干部大会。孟凤朝就进一步推进企业改革发展和党建工作，分别对 3 家单位提出要求和希望。

▲13 日　中国铁建总裁庄尚标到中铁建金融租赁有限公司调研，实地考察公司整体运营情况，并对公司的工作提出具体要求。

▲18 日　中国铁建与四川省政府在成都签署战略合作框架协议。在四川省省长尹力，中国铁建董事长孟凤朝等共同见证下，四川省副省长朱鹤新与中国铁建总经济师孙公新分别代表双方签约，这是双方自 2011 年建立战略合作关系后的再一次深化。四川省副省长杨洪波出席签约仪式。

▲19 日　第七届中国专利信息年会（PIAC）在国家会议中心召开，国家知识产权局局长申长雨出席并致辞，中国铁建董事长、中国专利保护协会会长孟凤朝发表题为《加强引领服务创新，推动知识产权强国建设步伐》的主旨演讲。中国铁建总工程师雷升祥参加会议。

▲同日　四川省政府在中国铁建承建的成都经济区环线高速公路都江堰大桥工地举行高速公路项目集中开工动员大会，四川省副省长杨洪波、中国铁建总裁庄尚标出席动员大会。

▲同日　国内首批成功运作实施的城市轨道交通 PPP 项目——呼和浩特地铁 2 号线开工建设。中国铁建副总裁夏国斌，呼和浩特市委常委、副市长孙建华等出席开工仪式。

▲20 日　中国铁建党委书记齐晓飞应邀出席在德国柏林国际展览中心举行的第十一届德国柏林国际轨道交通技术展览会，并在中国铁建展区开展仪式上致辞，会晤欧洲供应商和合作伙伴，推介中国铁建品牌。中国铁建总经济师赵晋华，设备物资部、海外部负责人陪同参加活动。

▲同日　中国铁建总裁庄尚标一行到北京市昌平区与区委书记侯君舒举行会谈。双方就进一步加强昌平区城市综合开发合作事宜进行充分交流，并达成一系列重要共识。

▲21 日　中国铁建党委书记齐晓飞一行在德国参加国际轨道交通技术展期间，赴德国包岑对中国铁建收购的第一家海外设计公司 CIDEON 公司调研，这是中国铁建主管领导首次到海外并购公司调研。中国铁建总经济师赵晋华，设备物资部、海外部、铁建装备有关负责人参加调研。CIDEON 公司是轨道车辆领域领先的设计及工程服务提供商，长期为庞巴迪、西门子、中国中车等著名企业提供设计服务，积累了丰富的轨道交通领域设计开发经验，拥有良好的口碑和品牌价值。该公司于 2016 年 2 月加入中国铁建，成为中国铁建全资设计子公司。中国铁建收购该公司后，可大大提升铁路装备的研发设计能力，加快创新驱动发展步伐，同时也为铁路装备走向国际市场提供了有利条件。

▲同日　中国铁建总裁庄尚标在中国铁建大厦会见肯尼亚铁路公司总经理阿特纳斯·迈纳率领的肯尼亚铁路公司代表团。双方就开展务实合作深入交换意见并达成共识。

▲同日　中国铁建总裁庄尚标，总会计师、总法律顾问王秀明到中国铁建财务有限公司调研，了解公司运行管理情况，现场解决存在的问题，并提出具体要求。

▲同日　最高人民检察院铁路运输检察厅“送法进企业”预防职务犯罪专题宣讲会在中国铁建总部机关举行。最高人民检察院铁路运输检察厅副厅长李峰作“新形势下涉铁领域预防职务犯罪”专题讲座，中国铁建董事长孟凤朝致辞。中国铁建总裁庄尚标，副总裁夏国斌、刘汝臣，总会计师、总法律顾问王秀明参加宣讲会。纪委书记李春德主持宣讲会。宣讲会以视频形式在全系统召开。

▲21—22 日　中国铁建董事长孟凤朝在陕西省西安市分别会见西咸新区管委会主任岳华峰和西安地铁公司党委书记张忠堂等领导。中国铁建与西安市政府签署战略合作框架协议，西安市有关领导，中国铁建总经济师孙公新，中国铁建机关有关部门、西北指挥部，所属铁一院、二十局、二十一局、投资集团公司等单位负责人参加会谈和签约仪式。

▲22 日　中铁十三局技师学院被命名为“国家级高技能人才培训基地”。

▲23 日　中国铁建党委书记齐晓飞率代表团访问奥地利普拉塞．陶依尔公司。齐晓飞一行参观了该公司位于林茨市的工厂，并与公司行政总裁麦克斯·陶依尔和伯尔特劳尔、监事会主席波克斯勒、副总裁科里内克等公司高层领导进行友好会谈。

▲25 日　中国铁建参建的世界最大单口径射电望远镜（FAST）在贵州省平塘县落成启用。中共中央总书记、国家主席、中央军委主席习近平致贺信，向参加研制和建设的广大科技工作者、工程技术人员、建设者表示热烈的祝贺和诚挚的问候。中共中央政治局委员、国务院副总理刘延东在启用仪式上宣读习近平的贺信并致辞。

▲26 日　中铁第一勘察设计院集团有限总体设计的青藏铁路新关角隧道，中铁建大桥院设计的宁波铁路枢纽甬江特大桥获菲迪克工程项目奖。

▲27—29 日　中国铁建在四川省成都市召开房地产成本管理培训及经验交流会，内容包括专题培训、经验交流和现场观摩三个部分。会议邀请百锐研究院院长卢卫东就“低毛利时代下的成本战略转型”进行现场授课；中国铁建房地产集团有限公司财务部部长阮宏毅、生产管理中心副总经理赵美珍、华东区域公司副总经理包海利、设计咨询公司李文平主任分别就“营改增对房地产业务的影响及应对”“地产集团成本内控指标解读”“北京青秀城项目后评价情况分析”“设计优化及降本增效”等方面作专题讲座和研讨；中国铁建房地产集团西南区域公司、长沙国际城项目、南昌青秀城项目、信阳领秀城项目进行成本管理经验交流；培训期间，学员现场观摩了中国铁建房地产集团有限公司开发的成都西派澜岸项目。全系统 25 个二级单位有关集团公司领导、业务部门领导、各项目公司领导及成本管理专业人员 160 余人参加会议。中国铁建房地产开发部、财务部、经济管理部等有关领导参加培训和交流。

▲28 日　中国铁建向国务院派驻监事会专题汇报会在中国铁建大厦召开。国务院国有重点大型企业监事会主席潘良发表讲话，第五办事处主任刘珊、副主任苏慧娟出席。中国铁建董事长孟凤朝作企业总体情况汇报，会议由中国铁建党委书记齐晓飞主持。中国铁建副总裁夏国斌、刘汝臣，总会计师、总法律顾问王秀明，纪委书记李春德出席会议。中国铁建设备物资部、资本运营部分别作了企业盾构产业和资本运营项目专题汇报。公司机关部门以上领导和部门负责人参加会议。

▲同日　中国铁建党委召开领导班子“两学一做”学系列讲话专题研讨交流会。

▲同日　浙江省政府在杭州举办浙江省综合交通投融资建设签约大会，中国铁建分别与浙江省人民政府、浙江省交通投资集团签署战略合作框架协议。浙江省委书记夏宝龙，省委副书记、代省长车俊，中国铁建总裁庄尚标等出席签约大会并共同见证签约。中国铁建总工程师雷升祥代表中国铁建，分别与浙江省委常委、常务副省长袁家军，浙江省交通投资集团副总经理詹小张在战略合作框架协议书上签字。

▲29 日　国产首台铁路双线大直径泥水平衡盾构机、国产首台高铁大直径泥水平衡盾构机在湖南长沙中国铁建重工集团有限公司成功下线。

▲30 日　在国家知识产权青年联合会主席、国家知识产权局办公室主任胡文辉的带领下，国家知识产权青年联合会一行 12 人到中国铁建调研。中国铁建

总会计师、总法律顾问王秀明参加调研座谈会。

10 月

▲5 日　中国铁建等中国企业承建的“新时期的坦赞铁路”亚吉铁路开通。亚吉铁路开通典礼在拉布车站隆重举行。中国国家主席习近平特使、国家发展和改革委员会主任徐绍史，埃塞俄比亚总理海尔马里亚姆，吉布提总统盖莱出席通车仪式并致辞，多哥总统福雷出席仪式。中国铁建董事长孟凤朝代表建设方出席并致辞。近千名各界来宾莅临现场。习近平主席特使徐绍史在致辞中说：“亚吉铁路是三国合作的重要成果，是友谊之路。此次通车，既是中国与埃塞俄比亚、吉布提合作的里程碑，又是新起点。”

▲同日　中国铁建董事长孟凤朝在埃塞俄比亚总理府会见埃塞俄比亚总理顾问阿尔卡贝博士。

▲6 日　中国土木工程集团有限公司埃塞国别公司成立大会在德雷达瓦中土酒店举行。中国铁建董事长孟凤朝等为埃塞国别公司揭牌。

▲7 日　中国铁建董事长孟凤朝在埃塞俄比亚首都亚的斯亚贝巴会见中国驻埃塞俄比亚大使腊翊凡。双方就中国铁建在埃塞俄比亚市场发展有关情况进行广泛交流。

▲8 日　中国铁建总裁庄尚标在中国农业银行总行会见中国农业银行行长赵欢，双方就深化战略合作、重大项目对接、创新金融产品等事项进行深入交流与沟通。

▲同日　经交通运输部审查、住房和城乡建设部核准，中铁二十局集团有限公司获公路工程施工总承包特级资质及公路行业甲级设计资质，成为全国第八家、中国铁建系统第五家获得“三特三甲”资质的建筑企业。

▲9 日　中国铁建召开 2016 年经营工作专题推进视频会议。会上，中国铁建总裁庄尚标通报全系统各二级单位前三季度经营指标完成情况，分析各业务板块经营问题，并对下一步经营工作提出明确要求。中国铁建副总裁夏国斌主持会议，副总裁刘汝臣出席。中国铁建总经济师孙公新就城市轨道、水利水电和综合管廊的市场经营工作作专题报告。

▲同日　中国铁建召开 2016 年亏损治理和瘦身健体工作视频会议。

▲同日　在坦桑尼亚考察的中国铁建董事长孟凤朝一行专程到援坦中国专家公墓，缅怀为中坦、中非友好事业因公殉职的建设者。

▲10 日　中国铁建董事长孟凤朝一行在坦桑尼亚总理府拜会坦桑尼亚总理卡西姆·马贾利瓦，双方就中国铁建在坦经营发展有关情况进行亲切友好交流。

▲14 日　由国务院新闻办、国务院国资委指导，中国外文局主办的 2016·中国企业海外形象高峰论坛在北京召开。期间，发布《2016·中国企业海外形象调查报告》(中东欧地区)，中国铁建获得建筑及房地产行业“最佳海外形象”企业第一名，同时作为唯一一家企业代表发表主旨演讲。

▲同日　中国铁建召开第 126 次党委常委会议，认真学习传达习近平总书记在全国国有企业党的建设工作会议上的重要讲话。

▲同日　中国铁建直属机关党委召开机关各党支部书记会议，安排部署中国铁道建筑总公司第三次(中国铁建第一次)党代会和直属机关第二次党代会党代表选举和党费收缴工作。中国铁建党委常委、纪委书记李春德到会讲话。

▲14—16 日　中国铁建高新装备股份有限公司自主研制的 3 台米轨大型养路机械新产品在昆明至河口米轨线路王家营至水塘区间试验成功。DC－32N 米轨捣固车可进行双枕捣固作业，同时完成线路的起道、拨道、抄平、捣固等综合作业；SPZ－200N 米轨配砟车可对线路道砟进行再分配、边坡整形和清扫枕面，将道砟整理出所需形状；WD－300N 米轨稳定车通过强迫轨排振动，使道砟密实，提高道床稳定性。这 3 台米轨大型养路机械将服务于阿根廷贝尔格拉诺货运铁路修复项目。

▲17 日　中国铁建总裁庄尚标在安徽省合肥市会见安徽省委书记李锦斌，双方就进一步加强中国铁建与安徽省的战略合作进行交流，并达成重要共识。

▲18 日　中国铁建工会在中铁十八局集团有限公司机关举行天津区域联动“缘定铁建·相伴一生”集体婚礼和圆梦“微心愿”活动，中国铁建董事长孟凤朝、天津市总工会副主席程树梅分别为参加集体婚礼的 15 对新人主婚、证婚。

▲同日　中国铁建总裁庄尚标在东莞市政府会见东莞市市长梁维东，双方就加强东莞市基础设施建设、创新合作模式、在更广泛领域开展合作进行交流并达成共识。

▲20日　中国铁建总裁庄尚标在广州会见广东省委常委、广州市委书记任学锋，双方就进一步深化全面战略合作和推动项目落地达成重要共识。

▲同日　中国铁建与重庆市南岸区政府、经济技术开发区管委会战略合作框架协议签约仪式在重庆举行。中国铁建总裁庄尚标，重庆市政府党组成员陈和平等出席仪式，南岸区委书记郑向东主持仪式。中国铁建总经济师孙公新与南岸区区长王俊代表双方签署协议。

▲同日　中铁二十一局集团三公司承建的首个海外工程——肯尼亚A109公路项目举行奠基仪式，肯尼亚总统肯雅塔出席仪式并为项目揭牌奠基。

▲21日　中华全国总工会兼职副主席巨晓林在中华全国铁路总工会主席余卓民等陪同下到中国铁建调研。中国铁建董事长孟凤朝出席调研座谈会并致辞。

▲同日　菲律宾总统杜特尔特与中国铁建董事长孟凤朝在北京东方君悦饭店贵宾厅举行会谈。双方就铁路等基础设施建设领域的合作进行深入交流并达成共识。

▲同日　中国铁建与重庆市政府签订合川至安岳、合川至璧山至江津两条高速公路项目投资建设协议。重庆市市长黄奇帆，中国铁建总裁庄尚标等出席签约仪式。重庆市政府党组成员陈和平主持仪式。中国铁建总经济师孙公新，重庆市交通委员会主任乔墩、重庆高速公路集团董事长许仁安代表三方签署协议。

▲同日　中国铁建党委召开常委(扩大)会议，传达学习习近平总书记在纪念红军长征胜利80周年大会上的重要讲话精神以及国务院国资委贯彻全国国有企业党的建设工作会议精神、中央企业构建“不能腐”体制机制工作推进座谈会精神，并研究贯彻落实国企党建工作具体措施。

▲27日　中国铁建与中国最大的综合类民营企业集团——上海复星高科技集团在北京签署战略合作协议。双方将积极拓展海外业务，深化“一带一路”合作，并围绕国内工程投资设计施工运营、房地产开发、物流贸易、健康养老、社会事业等公共服务PPP项目展开全方位合作，实现共同发展。中国铁建董事长孟凤朝、总裁庄尚标，复星集团董事长郭广昌出席签约仪式。中国铁建总经济师孙公新与复星集团星景资本CEO温晓东代表双方签约。

▲同日　中国铁建召开第128次党委常委会议，传达学习《国资委党委关于进一步改进工作作风密切联系群众的具体措施》。

▲同日　中国铁建召开2016年前三季度业绩发布电话会议。

▲28日　中铁磁浮交通投资建设有限公司(以下简称中铁磁浮)在武汉成立。中国铁建党委书记齐晓飞等为中铁磁浮揭牌。该公司注册资本20亿元，主要从事磁浮、单轨等新型轨道交通的投资建设。

▲同日　中铁建昆仑投资集团有限公司在成都举行揭牌仪式。

▲同日　中国铁建总裁庄尚标在北京会见融创中国控股有限公司董事会主席孙宏斌一行，并共同见证中国铁建投资集团有限公司与融创中国战略合作协议的签署。

▲同日　中铁第五勘察设计院集团有限公司—北京铁城联合体承担项目管理任务的中国援苏里南索菲亚社区中心项目开工建设。

▲29日　中国铁建总裁庄尚标在钓鱼台国宾馆拜会几内亚总统阿尔法·孔戴，双方就进一步加强和深化中国铁建与几内亚政府之间在基础设施工程建设领域的合作进行会谈并交换意见。

▲31日　中国铁建党委以“增强‘四个意识’，严守政治纪律、政治规矩”为主题，召开领导班子专题民主生活会。

11月

▲1日　中国铁建董事长孟凤朝在西安会见陕西省委书记娄勤俭、省长胡和平，并共同见证中国铁建与陕西省政府战略合作协议的签订。中国铁建总经济师孙公新和陕西省副省长庄长兴代表双方签约。

▲同日　中国铁建总裁庄尚标在赞比亚国宾馆拜会赞比亚总统伦古阁下。

▲同日　中国铁建党委召开中心组学习(扩大)

会议，传达学习中央办公厅下发的关于认真学习宣传党的十八届六中全会精神的通知要求。

▲2 日 中国铁建董事长孟凤朝会见陪同马来西亚总理纳吉布来华访问的马来西亚交通部长廖中莱，双方就推进马来西亚南部铁路项目建设等有关事宜进行深入交流，并达成共识。会谈在北京中国大饭店举行。

▲同日 中国铁建与赞比亚交通部在卢萨卡共同举办合同金额22.64亿美元的赞比亚东线铁路项目商务合同签约仪式。在中国铁建总裁庄尚标的见证下，中国铁建所属中土集团董事长袁立代表中国铁建与赞比亚交通部常秘共同在赞比亚东线铁路项目商务合同上签字。

▲3 日 中国铁建总裁庄尚标在肯尼亚首都内罗毕会见中国驻肯尼亚大使刘显法。

▲3—4 日 中国铁建纪委在京召开2016年度纪委书记座谈会，传达学习贯彻党的十八届六中全会和全国国有企业党的建设工作会议精神，总结交流工作、分析研判形势、安排部署任务。

▲4 日 交通运输部部长李小鹏在北京市副市长张建东，中国铁建董事长孟凤朝陪同下，调研兴延高速公路项目建设进展情况。

▲同日 中国铁建董事长孟凤朝在中国铁建大厦会见到访的包头市副市长张建中一行。双方就加强合作，加快包头市轨道交通项目建设等有关问题进行深入交流，并达成共识。

▲5 日 中铁二十局集团有限公司承建的集通铁路扩能改造工程正镶白旗至古尔班区间双线开通运营。

▲7 日 中国铁建党委书记、副董事长齐晓飞，非执行董事葛付兴，独立非执行董事王化成、承文、路小蔷先后到中铁物资集团有限公司和中国铁建电气化局集团有限公司考察调研。

▲7—8 日 中国—安哥拉投资论坛在安哥拉首都罗安达国家会议中心举行。中国驻安哥拉大使崔爱民、中国对外承包商会会长房秋晨、安哥拉经济部长阿布莱昂·古尔热尔，安哥拉交通、能源、农业、商务等政府机构代表出席。中国铁建总裁庄尚标代表中资企业发言。

▲8—9 日 中国铁建非执行董事葛付兴，独立非执行董事王化成、承文、路小蔷到铁发渝遂公司调研。

▲9 日 中国铁建董事长孟凤朝在商务部会见商务部副部长钱克明。双方就中国铁建海外项目的有关情况进行深入交流，并达成共识。

▲9—10 日 国务院国有重点大型企业监事会主席潘良、监事会第五办事处主任刘珊一行，在中国铁建总会计师王秀明陪同下，到中铁建设集团有限公司、中铁二十二局集团有限公司和中国铁建投资集团有限公司部分在京项目调研。

▲10—11 日 中国铁建非执行董事葛付兴，独立非执行董事王化成、承文、路小蔷到中铁二十三局集团有限公司、中铁建昆仑投资集团有限公司调研，并对相关工作提出要求。

▲11 日 国务院国资委党委第六巡视组进驻中国铁建，并召开巡视"回头看"工作动员会。国务院国资委党委第六巡视组组长倪小庭作动员讲话，国务院国资委巡视工作领导小组成员、国资委巡视工作办公室主任阮国平就相关工作提出要求，中国铁建董事长孟凤朝代表中国铁建党委和领导班子作表态发言，第六巡视组副组长谢琳、巡视组全体成员、国资委巡视办有关人员参加会议。中国铁建党委书记齐晓飞主持会议。

▲12—14 日 国务院国资委党委第六巡视组组长倪小庭一行在中国铁建党委书记、董事长孟凤朝等陪同下，先后到中铁二十四局集团有限公司、中铁二十三局集团有限公司巡视调研。

▲14—15 日 中国铁建党委书记齐晓飞赴厄瓜多尔米拉多铜矿、洋洒洒市医院建设项目、昆卡市公路项目考察调研。

▲15 日 中共中央政治局委员、国家副主席李源潮到亚吉铁路吉布提纳噶德(NAGAD)车站，视察项目建设情况，看望中国土木工程集团有限公司参建职工。

▲同日 中国铁建分别与黑龙江省政府，哈尔滨市政府签订战略合作框架协议。中国铁建总裁庄尚标与黑龙江省委常委、常务副省长郝会龙，哈尔滨市委副书记、市长宋希斌共同见证签约。

▲16 日 中国铁建所属十四局、十七局、二十局、电气化局集团有限公司等单位参建的青荣城际高速铁路正式通车。青荣城际高速铁路全长302.757千米，设计时速250千米。线路起于青岛，沿线设烟台、威

海、荣成等13座车站，止于威海荣成市。

▲17日　由凤凰传媒旗下《董事会》杂志主办的第十二届中国上市公司董事会“金圆桌”论坛暨金圆桌奖颁奖典礼在北京举行。此届论坛主题为“探寻变革期的上市公司治理新动能”。中国铁建董事长孟凤朝出席论坛，并发表题为《董事会战略能力的路径选择》的主题演讲。在颁奖典礼上，孟凤朝被授予最具战略眼光董事长奖，中国铁建董事会秘书余兴喜获功勋董秘奖，中国铁建董事会获最佳董事会奖。

▲同日　中国铁建党委书记齐晓飞到厄瓜多尔矿业部拜会矿业部长哈维尔·科尔多瓦。

▲同日　中国铁建总裁庄尚标在中国铁建大厦会见商务部国际商务官员研修学院副院长刘明哲，清华大学国际处副处长孟波、清华大学公共管理学院副院长朱旭峰和以清华大学援外班为主的国际学生一行并出席座谈会，庄尚标表示，希望双方在人员培训、校企共建、对外合作交往等方面，共享合作资源，扩大合作领域，提升合作层次，建立起更加紧密的合作关系。此次来访的72名学员来自31个国家的政府、学校和企业。

▲18日　昆明市6条高速公路集中开工暨项目启动仪式在中国铁建投资建设的高速公路项目现场举行。云南省委常委、昆明市委书记、滇中新区党工委书记程连元宣布项目正式启动。昆明市委副书记、市长王喜良，中国铁建总裁庄尚标出席仪式并讲话。昆明市副市长吴涛主持仪式。

▲19日　中国铁建总裁庄尚标会晤舟山市市长，舟山群岛新区党工委副书记、管委会常务副主任温暖。双方共同见证中国铁建与舟山市政府签署战略合作框架协议，并就拓宽加深全面合作关系、推进项目落地进行深入会谈。中国铁建房地产集团有限公司董事长、党委书记吴仕岩与舟山群岛新区党工委副书记、管委会副主任、市委常委马国华分别代表中国铁建、舟山市人民政府签署战略合作框架协议。

▲同日　中铁十九局集团有限公司报送的《跃龙门》和中铁二十三局集团有限公司报送的《勇者圆梦》分别获第三届“中国梦·劳动美”全国职工微影视大赛纪实类金奖和宣传类金奖。《跃龙门》讲述中铁十九局参建成兰铁路所发生的故事。成兰铁路穿越龙门山断裂带，施工难度巨大。故事围绕成兰铁路项目指挥部总工程师王俊涛工作和情感两条线，展示了中铁十九局建设跃龙门隧道的艰辛，展现了建设者的贡献和无私大爱。《勇者圆梦》对中铁二十三局在大凉山修建的干海子大桥进行了形象宣传，通过全国五一劳动奖章获得者、项目总工程师杨毅的故事，全面展现了这项交通运输部山区示范工程、四川省扶贫富民工程建设过程。

▲同日　在济南市副市长王新文，中国铁建总裁庄尚标共同见证下，济南历城区人民政府、济南轨道交通集团、中国铁建房地产集团有限公司在中铁十四局集团有限公司铁建大厦签署《济南市历城区华山北片区项目土地熟化和开发框架协议》《济南市华山北片区安置房工程建设战略合作意向书》。

▲19—20日　中国铁建党委书记齐晓飞到特立尼达和多巴哥项目调研，实地考察特立尼达纳撒路商场项目、阿利玛医院项目和斯卡博罗总医院项目。考察期间，齐晓飞一行前往中国驻特多使馆，会见中国驻特多大使宋昱旻。

▲24日　中国铁建总裁庄尚标在郑州先后会见河南省委副书记、省长陈润儿，河南省委常委、常务副省长翁杰明，双方围绕轨道交通、城际铁路等基础设施建设领域的合作进行深入交流，并取得积极成效。

▲25日　中国铁建在北京召开干部大会，国务院国资委企业领导人员管理二局局长姜维亮代表国务院国资委党委宣布关于中国铁建主要领导职务调整的决定并讲话，中国铁建原党委书记齐晓飞作情真意切的表态发言，中国铁建董事长、新任党委书记孟凤朝作热情诚挚的表态发言。中国铁建总裁庄尚标主持会议。

▲同日　中国铁建总裁庄尚标在中国铁建大厦会见到访的阿根廷财政部国际金融关系副国务秘书马丁·索托一行，双方就相关项目的务实合作深入交换意见并达成共识。

▲同日　中国铁建召开全系统保险资源集中管理工作会议。

▲28日　为期3天的“2016中国国际轨道交通博览会暨高铁经济论坛”在长沙国际会展中心开幕。中国铁建董事长、党委书记孟凤朝出席并在“高铁经济论坛”上发表题为《高铁建设助推中国铁建发展升级》的演讲。

▲同日　中国铁建所属十一局、十二局及电气化

局集团有限公司等单位参建的郑渝高速铁路万州至重庆段(即渝万高铁)正式开通运营。渝万高铁全长247.2千米,设计时速250千米,运营时速200千米。

▲同日　卡塔尔HBK—中国铁建联合体与卡塔尔世界杯主办委员会——卡塔尔交付与遗产最高委员会签署2022年卡塔尔世界杯主体育场卢赛尔体育场项目。

▲29日　中国共产党中国铁建股份有限公司直属机关第二次代表大会在京召开。

▲同日　中国铁建召开2016年第二次安全生产委员会会议。会议传达习近平总书记和李克强总理对江西丰城发电厂"11·24"事故作出的重要指示以及相关国家部委的安全生产工作电视电话会议精神,分析当前安全生产面临的形势和企业安全管理存在的问题,提出下一步安全生产工作的措施与要求。

▲30日　中国铁建信息化总体架构设计宣贯及2017年度信息化预算编报工作会在中国铁建电气化局集团有限公司召开。会议通报中国铁建2016年信息化预算完成情况,并部署2017年度信息化预算编报工作。

▲11月　中国铁建所属8家单位承建,11家单位参建的10项工程获2016—2017年度第一批中国建设工程鲁班奖(国家优质工程):新建铁路大同—西安铁路客运专线马家庄隧道、南京市梅子洲过江通道接线工程——青奥轴线地下交通系统及相关工程、燕翔饭店改扩建项目、宿迁市第一人民医院、新建贵阳—广州铁路贵阳北站站房工程、合肥滨湖新区方兴大道(包河大道—福建路)工程、新建天津铁道职业技术学院工程、河南新中益"上大压小"扩建工程、新建宝鸡—兰州铁路客运专线兰州西客站站房工程、安巴V.C.伯德国际机场新航站楼综合工程。自1990年以来,中国铁建累计获鲁班奖113项。

12月

▲2日　中国铁建党委中心组在"12·4"全国法治宣传日前夕,为深入推动"法治铁建"建设,按照国务院国资委法治央企建设和"七五"普法规划要求,召开法治学习(扩大)视频会,特邀国务院国资委政策法规局局长郭祥玉进行法治建设专题授课。

▲3日　第十六届中国上市公司百强高峰论坛暨第二届中国百强城市全面发展论坛(以下简称"双百论坛")在北京举行。中国铁建获中国百强企业奖,董事长、党委书记孟凤朝获中国百强杰出企业家称号,董事会秘书余兴喜获中国百强优秀董秘奖。

▲6日　中国铁建与国家开发银行《开发性金融合作协议》签约仪式在国家开发银行总部举行。中国铁建董事长、党委书记孟凤朝,国家开发银行董事长、党委书记胡怀邦出席签约仪式。签约仪式前,孟凤朝与胡怀邦就全方位深化双方合作进行深入交流,并达成广泛共识。

▲同日　在中国铁建总裁庄尚标和清远市委副书记、市长郭锋的共同见证下,中国铁建与广东省清远市签署旅游快线轨道交通项目合作框架协议,将正式建设广东省首条中低速磁悬浮轨道项目。这是继长沙磁浮快线、北京磁浮S1线之后,中国第三条中低速磁浮轨道项目。

▲7日　中国铁建总裁庄尚标到中铁十一局集团有限公司贵州遵义高速铁路新城项目检查安全工作,现场听取项目负责人对工程建设情况及安全管理方面的汇报,对该项目前期工作给予肯定。

▲同日　中国铁建在香港资本市场发行5年期34.5亿元以人民币计价的H股可转债。这是中国铁建继2016年第一期H股可转债、2016年第一期A股可续期公司债之后发行的第三单融资产品。

▲8日　国务院国资委副主任徐福顺一行在中国铁建董事长、党委书记孟凤朝,副总裁刘汝臣等陪同下,到中铁十四局集团有限公司北京地铁8号线3期3标段前门站项目进行安全生产督察。

▲同日　中国铁建总裁庄尚标在贵州省凯里市会晤黔东南苗族侗族自治州州委书记李飞跃、州长冯仕文,并共同见证中国铁建与黔东南州政府签署战略合作框架协议。中国铁建西南指挥部指挥长金跃良与黔东南州州长冯仕文分别代表双方签约。

▲12日　中国铁建与中国中车在北京签署战略合作框架协议。作为建筑和装备领域的领军企业,双方将充分发挥各自资源、技术和管理优势,在中国高铁"走出去"、国内轨道交通投资建设、装备制造、房地产开发和资本运营等领域共谋新发展。中国铁建总裁庄尚标和中国中车总裁奚国华共同见证签约,并就进一

步加强双方战略合作进行深入交流。中国铁建总经济师孙公新、中国中车集团副总经理徐宗祥代表双方在协议书上签字。

▲12—14日　国务院国资委第六巡视组副巡视员魏驰昊一行在中国铁建纪委书记李春德等陪同下，先后来到中国铁建所属十七局、十八局集团有限公司巡视调研。

▲15日　由中国上市公司协会联合上海证券交易所、深圳证券交易所共同主办的“上市公司监事会最佳实践评选”活动颁奖典礼暨上市公司监事会论坛在北京举行。中国铁建监事会获“上市公司监事会积极进取50强”奖项，并入选《上市公司监事会最佳实践优秀案例》，中国铁建监事会主席黄少军受邀出席颁奖活动。

▲16日　2016年宁波（北京）投资合作洽谈会暨重大项目签约仪式在北京举行。中国铁建总裁庄尚标作为两名企业代表之一在会上作发言。浙江省委常委，宁波市委书记、代市长唐一军出席会议并致辞。

▲同日　江苏省与中央企业合作恳谈会在北京举行。国务院国资委主任肖亚庆，江苏省委书记李强、省长石泰峰出席并讲话。国家有关部委领导，中国铁建董事长、党委书记孟凤朝等百余家央企和数十家金融机构主要负责人出席会议。

▲20日　2016年中央企业河南行活动战略合作签约仪式在郑州举行。中国铁建总裁庄尚标出席仪式，并与河南省副省长张维宁等会晤，双方就进一步加强合作进行交流。

▲21日　国务院国资委党委第六巡视组组长倪小庭一行在中国铁建党委书记、董事长孟凤朝陪同下到中国铁建重工集团有限公司巡视调研。

▲同日　中国铁建总裁庄尚标在长沙会见湖南省委副书记、省长许达哲，双方就全面深化战略合作达成广泛共识。

▲23日　交通运输部副部长、国家铁路局局长杨宇栋一行到中国铁建调研。中国铁建董事长、党委书记孟凤朝主持调研座谈会。

▲22日　赣深铁路客运专线广东段在中铁十六局集团有限公司承建的先期开工段1标段开工建设。中共中央政治局委员、广东省委书记胡春华，广东省省长朱小丹到开工现场看望慰问一线参建人员，并见证项目开工。

▲26日　中国铁建所属十一局、二十二局、二十五局集团有限公司参建的长株潭城际铁路建成通车。该铁路全长104.5千米，设计时速200千米，设车站24座。

▲同日　中国铁建勘察设计、建设的兰渝铁路广元至岷县段正式通车运营。兰渝铁路北起兰州枢纽，向南经甘肃陇南、陕西边界进入四川省，由广元、南充接入重庆枢纽，正线全长855千米，设计时速200千米。其中，中铁第一勘察设计院集团有限公司承担兰州至广元段493千米的勘察设计任务，中国铁建所属十一局、十二局、大桥局、十八局、电气化局、铁五院集团有限公司等单位参与工程施工和监理任务。

▲同日　北京首个集投资、建设、运营于一体的轨道交通社会化引资（PPP）项目——北京新机场轨道线施工进场开工动员大会在中铁十四局集团有限公司施工现场举行。

▲28日　中国铁建参建的沪昆高速铁路云南段开通运营。沪昆高速铁路，东起上海，西至昆明，途经上海、浙江、江西、湖南、贵州、云南等省市，线路全长2252千米，列车运行时速300千米。全长463千米的贵阳—昆明段的开通运营，使历时8年分段建设、分段开通运营的沪昆高铁全线开通。中国铁建所属十二局、十四局、二十局及中铁建设、电气化局集团有限公司等单位参与沪昆高速铁路贵州北—昆明南建设；十一局、十八局及电气化局、城建集团、中铁建设集团有限公司等单位参加云桂铁路昆明南至百色段建设。

▲12月　中国铁建34项工程获2016—2017年度第一批国家优质工程奖。其中，中铁第四勘察设计院集团有限公司设计，中铁二十局集团一公司、中铁十六局集团电务公司等单位参建的无锡市轨道交通1号线工程、中国铁建港航局集团有限公司承建的中国海油珠海LNG项目一期工程获得国家优质工程金质奖。截至2016年底，中国铁建有271项工程获得该奖项，其中18项工程获金质奖。　（杨启燕）

2016 年 2 月 26 日，中国铁建在北京召开巡视工作暨“四风”问题整治情况“回头看”工作部署视频会。

（秦班超 摄）

概　况

2016 年中国铁建发展概况

【中国铁建简况】 中国铁建股份有限公司（中文简称"中国铁建"，英文简称 CRCC）的前身是组建于 1948 年 7 月的中国人民解放军铁道兵，1984 年集体转业，改称铁道部工程指挥部；1989 年，中国铁道建筑总公司成立，2000 年 9 月先后划归中央企业工作委员会和国务院国有资产管理委员会管理；2007 年 11 月 5 日，由中国铁道建筑总公司独家发起成立中国铁建股份有限公司，于 2008 年 3 月 10 日、13 日分别在上海证券交易所（A 股，代码 601186）和香港联合证券交易所（H 股，代码 1186）上市。

截至 2016 年底，中国铁建下辖 41 家二级子公司和单位；三级法人企业 541 家（含项目公司），其中工程公司 183 家。在职员工 259460 人。其中，管理人才 54577 人，占 21.03%；专业技术人员 116624 人，占 44.95%；技能人才 88259 人，占 34.02%。拥有 1 名中国工程院院士、10 名国家勘察设计大师、11 名"百千万人才工程"国家级人选、249 名享受国务院特殊津贴的专家。

资产总额 7593.45 亿元。机械动力设备 118774 台（套），总功率 1033.41 万千瓦，技术装备率 8.98 万元/人，动力装备率 38.87 千瓦/人。公司业务涵盖工程承包、勘察设计咨询、工业制造、房地产开发、物流与物资贸易等，具有科研、规划、勘察、设计、施工、监理、维护、运营和投融资等完善的行业产业链。在高原铁路、高速铁路、高速公路、桥梁、隧道和城市轨道交通工程设计及建设领域，确立行业领导地位。自 20 世纪 80 年代以来，中国铁建在工程承包、勘察设计咨询等领域获得国家级奖项 659 项。其中，国家科技进步奖 69 项；国家勘察设计"四优"奖 125 项；中国土木工程詹天佑奖 80 项；中国建设工程鲁班奖 114 项；国家优质工程奖 271 项。累计拥有专利 6627 项、获国家级工法 292 项。

中国铁建经营范围遍及除台湾地区以外的全国 31 个省、自治区、直辖市和香港、澳门特别行政区，以及世界 105 个国家和地区，是中国乃至全球最具实力、最具规模的特大型综合建设集团之一。连续 12 年入选《财富》杂志世界企业 500 强，2016 年排名第 62 位；连续 21 年入选美国《工程新闻记录》（ENR）杂志全球 250 家最大承包商，2016 年排名第 3 位；连续 15 年入选中国企业 500 强，2016 年排名第 14 位。（杨启燕）

【主要财务指标完成情况】 2016 年，中国铁建实现营业收入 6293.27 亿元，比 2015 年增长 4.79%。其中，工程承包业务完成营业收入 5347.34 亿元，增长 4.02%；勘察设计咨询业务完成营业收入 122.48 亿元，增长 21.69%；工业制造完成营业收入 120.83 亿元，下降 12.33%；房地产开发业务完成营业收入 383.2 亿元，增长 33.66%；物流与物资贸易及其他业务完成营业收入 329.63 亿元，下降 4.95%；全年完成海外营业收入 332.27 亿元，增长 19.88%。实现利润总额 190.81 亿元，净利润 149.41 亿元。资产总额 7642.22 亿元，负债总额 635.65 亿元，所有者权益 1056.57 亿元。截至 2016 年底，货币资金余额 1292.24 亿元，增长 2.96%。

2015—2016 年中国铁建主要财务指标完成情况

项　　目	2016 年	2015 年	同比增长或下降（%）
资产总额（亿元）	7642.22	7056.63	8.3
所有者权益（亿元）	1506.57	1308.19	15.16
营业收入（亿元）	6302.97	6011.14	4.85
利润总额（亿元）	190.81	167.42	13.97
净利润（亿元）	149.41	129.12	15.71
归属于母公司所有者的净利润（亿元）	79.21	69.49	13.99
技术开发投入（亿元）	94.43	87.59	7.81

续表

项　　目	2016 年	2015 年	同比增长或下降(%)
利税总额(亿元)	502.36	444.95	12.90
应缴税金总额(亿元)	276.83	275.92	0.33
加权平均净资产收益率(%)	10.62	10.98	减少 0.36 个百分点
总资产报酬率(%)	3.28	3.44	减少 0.16 个百分点
总公司国有资本保值增值率(%)	110.50	107.70	增加 2.80 个百分点

(制表:丁亚杰)

【生产经营】 2016 年,中国铁建面对竞争激烈、变革加剧的市场环境和稳增长的巨大压力,顺应形势变化及时调整年度经营目标,进一步强化股份公司统筹经营、集团公司主体经营、三级公司辅助经营职能,加大高端经营、协同经营力度,推动经营规模不断拓展。全年新签合同额 12191.07 亿元,同比增长 28.49%。其中,国内业务新签合同额 11112.58 亿元,占新签合同额的 91.15%,同比增长 28.85%;海外业务新签合同额 1078.49 亿元,占新签合同总额的 8.85%,同比增长 24.99%。

2015—2016 年中国铁建主营业务新签合同额情况

主营业务分类	2016 年		2015 年新签合同额(亿元)	同比增长或下降(%)
	新签合同额(亿元)	占新签合同总额的比率(%)		
工程承包	10592.51	86.88	8074.38	31.19
勘察设计咨询	125.12	1.03	113.46	10.28
工业制造	199.62	1.64	164.27	21.52
物流与物资贸易	649.48	5.33	745.15	-12.84
房地产开发	494.80	4.06	366.14	35.14
其他业务	129.53	1.06	24.19	435.50
合　计	12191.06	100.00	9487.59	28.49

2015—2016 年中国铁建工程承包新签合同额情况

工程承包类别	2016 年		2015 年新签合同额(亿元)	同比增长或下降(%)
	新签合同额(亿元)	占工程承包业务新签合同额的比率(%)		
铁路工程	2651.05	25.03	2996.86	-11.54
公路工程	2618.52	24.72	1834.72	42.72
城市轨道工程	1713.01	16.17	963.50	77.79
房屋建筑工程	1525.87	14.41	1331.22	14.62
市政工程	1394.98	13.17	402.84	246.29
水利电力工程	186.44	1.76	270.55	-31.09
机场码头工程	103.94	0.98	103.86	0.01
合　计	10193.81	96.24	7903.55	28.98

2016 年,中国铁建着力围绕提升经营能力,进一步改进和优化国内区域经营管理与布局,推动股份公司和集团公司两级区域经营取得显著成效;进一步理顺海外经营管理体制机制,制定出台“考核办法”和“决定”等多项管理制度,加强总部海外管理力量;进一步加强投融资经营管理,及时修订对外投资管理制度,强化经营风险体系建设,明确“谁主张、谁论证,谁决策、谁负责”的原则;进一步加强经营资质体系建设,全年新增施工特级资质 9 项。其中,市政公用工程施工总承包特级资质 5 项,公路工程施工总承包特级

资质3项,建筑工程施工总承包特级资质1项。截至2016年底,拥有特级资质39项;"三特"企业7家,"双特"企业5家。

2016年,中国铁建面对在建规模大、生产任务重、管控难度高的严峻挑战,强化安全包保责任,推进安全质量隐患排查治理,强化工程项目管理和重难点监控,提高现场安全风险管控能力。主要实物工程量保持稳定增长,全年完成隧道1275折合千米、桥梁1700折合千米、正线铺轨4394千米、站线铺轨1010千米、公路2265千米、城市轨道351千米、房屋竣工面积1987万平方米、土石方12.6亿立方米;生产隧道掘进机57台(套),特种装备产品395台(套)、大型养路机械设备195台(套)。公路特许经营项目济乐高速公路建成通车;郑徐铁路客运专线、沪昆高速铁路贵州云南段,长沙磁浮、长株潭城际铁路、青荣城际引入青岛枢纽,敦格铁路、娄邵铁路,佛肇、莞惠城际铁路等开通运营;铜玉铁路2标段隧道群、武汉东湖隧道、云南香德公路白茫雪山3号隧道、西成铁路客运专线大秦岭隧道、青海花久高速公路雪山1号隧道、成昆铁路扩能改造工程永广铁路骄子山隧道等难险隧道相继贯通。所属9家单位被水利部评为水利安全生产标准化一级企业,13个项目被评为全国AAA级安全文明标准化工地。全系统生产安全形势基本稳定,在主要市场和重大项目的信用评价中继续保持良好成绩。 (杨启燕)

【公司治理】 (1)持续加强公司治理规范运作。中国铁建股份有限公司股东大会(以下简称股东大会)严格按照《中国铁建股份有限公司章程》(以下简称《公司章程》)《股东大会议事规则》的规定召开,依法行使股东权利,以维护股东利益。董事会及专门委员会严格按照《公司章程》《董事会议事规则》、专门委员会工作细则等制度的规定合规运作,审慎决策。监督严格按照《公司章程》《监事会议事规则》的规定认真履行职责,对公司财务、内控体系建设、董事及高级管理人员履职行为进行监督。总裁等高级管理人员严格按照《公司章程》《总裁工作细则》等制度的规定开展生产经营和管理工作,组织实施董事会决议,接受监事会的监督。(2)持续完善法人治理制度建设。2016年,中国铁建按照监督机构的有关规定,结合企业实际,修订《公司章程》《董事会议事规则》《董事会审计与风险管理委员会工作细则》《总裁工作细则》《对外投资管理制度》《董事、监事和高级管理人员持股变动管理制度》,制定《信息披露暂缓与豁免业务管理制度》。(3)不断加强信息披露管理。中国铁建严格按照股票上市地上市规则的规定和要求,真实、准确、完整、及时、公平地进行信息披露,不断提升信息披露水平。继续坚持法定信息披露与主动信息披露相结合,不断增强定期报告内容的针对性和有用性,全年披露中英文文件350项,其中在上海证券交易所披露132项,在香港联合交易所披露128项中文文件及90份英文文件。 (杨启燕)

【结构调整与转型升级】 一是加快产业结构调整,非工程承包产业实现营业收入1122.2亿元,占比17.2%,同比提高1个百分点。其中,勘察设计咨询产业稳健发展,在技术创新、产业协同、支撑服务、总承包和投融资经营等方面取得进展,营业收入同比增长21.6%;工业制造产业逆势上扬,高端装备制造核心竞争力与品牌影响力明显增强,实现利润总额17.52亿元,同比增长77.87%;房地产业抓住机遇、加快发展,销售额、营业收入和利润总额分别达到494.8亿元、383.2亿元、48.85亿元,同比增长35.14%、33.66%、13.24%,特别是在合作开发与协同获取土地方面打开了局面;物资物流产业,积极妥善化解大宗物资贸易风险,发展趋于平稳,物流与物资贸易及其他业务营业收入同比增长0.79%,利润总额增加21.72亿元。二是进一步强化投资驱动,2016年投融资经营新签项目合同额2998.5亿元,占新签合同总额的24.6%,新持有收费高速公路运营里程310千米,总里程增至1552千米。三是进一步优化工程承包业务结构,传统"两路"(铁路、公路)业务中,公路新签合同额2618.52亿元,同比增长42.72%;非"两路"新签合同额占比50.25%,首次占据"半壁江山",同比提高10.09个百分点,其中城市轨道、市政均首次突破千亿元大关,分别为1713.01亿元、1394.98亿元,分别同比增长77.79%、246.29%,工程承包千亿级行业市场由3个增至5个。 (杨启燕)

【企业改革与管理】 中国铁建以市场为导向,根据企业发展战略需要,年内组建中铁建南方建设投资有限公司、中铁建昆仑投资集团有限公司,重组设立中铁建华北投资发展有限公司、中铁建重庆投资集团有限公司，构建投融资区域经营平台体系；成立国内首家磁浮投资建设公司——中铁磁浮交通投资建设有限公司，磁浮产业布局初见成效，积极抢占了市场先机。以提质增效、管理提升为目标，强力推进清收清欠、“瘦身健体”、治亏治僵、“营改增”应对、成本管理、资源集中管控等一系列改革与管理举措；存货与应收款在资产总额中的占比同比降低 1.1 个百分点，有息负债规模较快增长的势头得到遏制，总体税负保持平稳；撤并法人企业 66 家。2016 年，中国铁建在香港联合交易所成功发行 5 亿美元零票息零收益率的 H 股可转换债券和 34.5 亿元票息为 1.5% 的美元结算 H 股可转换债券；在上海证券交易所成功发行 80 亿元可续期公司债券。大力加强有关基础工作，“法治铁建”建设取得阶段性成果；设立网络安全和信息化领导小组办公室，加强总部信息化管理力量，完成信息化顶层设计；完善审计工作机制，以配合外部审计为契机，扎实推进自审自查工作，进一步发挥审计监督作用。　（杨启燕）

【管辖单位】　截至 2016 年底，中国铁建股份有限公司下辖中国土木工程集团有限公司，中铁十一、十二局集团有限公司，中国铁建大桥工程局集团有限公司、中铁十四至二十五局集团有限公司，中铁建设集团有限公司、中国铁建电气化局集团有限公司、中国铁建港航局集团有限公司、中国铁建房地产集团有限公司，中铁第一、第四、第五勘察设计院集团有限公司，中铁上海设计院集团有限公司、中铁物资集团有限公司、中国铁建高新装备股份有限公司、中国铁建重工集团有限公司、中国铁建国际集团有限公司、中铁城建集团有限公司、中国铁建投资集团有限公司、中国铁建财务有限公司、诚合保险经纪有限公司、中铁建商务管理有限公司、中铁建南方建设投资有限公司、中铁建昆仑投资集团有限公司、中铁建华北投资发展有限公司、中铁建金融租赁有限公司、中铁磁浮交通投资建设有限公司、中铁建重庆投资集团有限公司、中铁建资产管理有限公司、北京培训中心（党校）等 41 家二级子公司和单位；三级法人企业 541 家（含项目公司），其中工程公司 183 家。　（李学红　陈向阳）

【对外并购重组】　2016 年 3 月，中铁十六局集团有限公司为加快“走出去”步伐，搭建海外业务平台，提升海外经营能力，出资 14166 万元对中国友发国际工程设计咨询有限公司进行增资扩股。增资后，友发国际注册资本 16000 万元，十六局对友发国际出资所占股比 90.2%。

同年 11 月，中铁第五勘察设计院集团有限公司为补充加强公路设计专业技术力量，提升在公路设计方面的竞争能力，以 832.25 万元的价格，并购邯郸市华威公路设计咨询有限公司 100% 股权。

（李学红　陈向阳）

【结构调整与内部重组】　2016 年 1 月 6 日，为深耕深圳及广东省市场，适应地方经济发展形势需要，加强在建项目的协调管理，在深圳市前海新区成立中铁建南方建设投资有限公司，与广东指挥部共为“一套人马、两块牌子”，纳入中国铁建股份有限公司二级单位序列。

2016 年 3 月 11 日，为进一步拓展京津冀市场需要，将中铁建华北投资发展有限公司由中铁十七局集团有限公司管理变更为由中国铁建股份有限公司管理，与京津冀指挥部共为“一个机构、两块牌子”，纳入中国铁建股份有限公司二级单位序列。

同日，为适应国家投融资体制改革需要，抓住基础设施建设的新一轮机遇，深耕西南区域市场，在成都市注册成立中铁建昆仑投资集团有限公司，与西南指挥部共为“一个机构、两块牌子”，纳入中国铁建股份有限公司二级单位序列。

2016 年 5 月 17 日，为进一步优化资源配置，更好发挥资源规模效应及产业链联动优势，提升企业综合竞争能力，以中国铁建重工集团有限公司、北京中铁天瑞机械设备有限公司和相关外部股东发起成立中铁建金融租赁有限公司。公司注册资本 24 亿元。其中，铁建重工出资 11.9 亿元，持股 49.583%；天瑞机械出资 0.1 亿元，持股 0.417%；中国财产再保险有限责任公司出资 7 亿元，持股 29.166%；天津东疆投资控股有限公司出资 3 亿元，持股 12.5%；青岛特锐德电气股份有限公司出资 1 亿元，持股 4.167%；卧龙电气银川变压器有限公司出资 1 亿元，持股 4.167%。按中国铁建股份有限公司二级单位管理。

2016 年 9 月 13 日，为适应重庆经济发展形势，把握重庆市场机遇，做大做强重庆市场，以重庆铁发遂渝高速公路有限公司为主体，整合铁发遂渝公司和重庆指挥部，重组设立中铁建重庆投资集团有限公司，与重庆指挥部共为“一个机构、一套人马、两块牌子”，纳入中国铁建股份有限公司二级单位序列。

同年9月14日，为将磁浮技术优势转化为产业优势，做强做大磁浮产业，打造中国铁建磁浮品牌，在武汉市成立中铁磁浮交通投资建设有限公司。公司注册资本20亿元，中国铁建股份有限公司占70%股权，中铁建资产管理有限公司占30%股权。纳入中国铁建股份有限公司二级单位序列。（李学红　陈向阳）

【机构设立审批】 2016年1月6日，中铁建设集团马来西亚有限公司更名为中铁海外工程（马来西亚）有限公司。

1月11日，中铁二十局集团有限公司成立中铁二十局集团西藏工程有限公司（仅限于经营承揽）。

1月20日，中铁二十一局集团有限公司成立西部铁建工程材料科技有限公司。

1月29日，中国铁建大桥工程局集团有限公司成立中国铁建大桥工程局集团南方工程有限公司和海外公司。

同日，中国铁建大桥工程局集团天津工程科技有限公司更名为中国铁建大桥工程局集团建筑工程有限公司。

同日，中铁十九局集团有限公司成立厄瓜多尔分公司。

同日，中铁建设集团有限公司成立中铁建设集团蚌埠工程有限公司（仅限于经营承揽）。

2月1日，中铁上海设计院集团有限公司与建华建材（江苏）有限公司合资成立中铁预制构件研发咨询有限公司。公司注册资本200万元。其中，上海院占51%的股权；建华公司占49%的股权。

2月2日，中铁十一局集团有限公司成立中铁十一局集团西藏工程有限公司（仅限于经营承揽）。

同日，中国铁建房地产集团有限公司成立成都欣然置业有限公司（为项目公司）和成都中铁业兴房地产开发有限公司（为项目公司）。

同日，中铁物资集团有限公司为实现以工业公司为平台整合加工制造板块的发展战略，推动加工制造板块的快速发展，将物资集团持有中铁物资集团混凝土管理有限公司60%的股权，协议转让给北京中铁工业有限公司。

2月3日，中国铁建房地产集团有限公司成立上海中铁京贤房地产有限公司（为项目公司）。

同日，中国铁建港航局集团有限公司成立武汉分公司（仅限于经营承揽）。

2月22日，中国铁建房地产集团有限公司成立中国铁建房地产集团（贵安）有限公司（为项目公司）。

同日，中铁十一局集团有限公司成立中铁十一局集团马里有限公司和中铁十一局集团喀麦隆有限公司。

2月29日，中国铁建房地产集团北京正达置业有限公司更名为中国铁建房地产集团北方有限公司；上海置业公司更名为华东公司；广州公司更名为华南公司；四川公司更名为西南公司。

3月15日，中铁二十局集团有限公司成立巴基斯坦分公司。

同日，中国铁建房地产集团有限公司成立西安中铁京泰房地产开发有限公司和西安铁兴房地产开发有限公司，两家项目公司注册资本均为2500万元。其中，中铁地产西南公司均占70%的股权；中铁第一勘察设计院集团逸博置业公司均占30%的股权。

3月16日，中铁十四局集团有限公司与杭州市地下管道开发有限公司合资成立临安长西投资建设管理有限公司。公司注册资本7500万元。其中，十四局占30%的股权；杭州管道公司占70%的股权。

3月17日，中国铁建股份有限公司与重庆高速公路集团有限公司合资成立重庆铁发建新高速公路有限公司。公司注册资本8.0922亿元。其中，中国铁建股份有限公司占80%的股权；重庆高速公路集团占20%的股权。

3月21日，中铁十七局集团有限公司成立青岛中铁天翊达钢筋精工有限公司。

同日，中国铁建国际集团有限公司与外单位合资成立中国铁建—中国中铁—中国交建联合体有限公司，注册资本100万令吉。其中，中国铁建马来西亚有限公司占40%的股权；中国铁路工程（马来西亚）有限公司和中国交通建设（马来西亚）有限公司各占30%的股权。

同日，中国铁建房地产集团（天津）置业有限公司更名为中国铁建房地产集团商业地产开发管理有限公司；中国铁建房地产集团北京顺捷金海置业有限公司更名为中国铁建房地产集团创新产业投资有限公司。

3月22日，中国铁建大桥工程局集团有限公司成立中国铁建大桥工程局集团西藏工程有限公司（仅限于经营承揽）。

同日，中铁二十局集团有限公司成立市政勘察设计院。

3月25日，中国铁建房地产集团北京第六大洲房地产开发有限公司更名为中国铁建房地产集团海外地产发展有限公司。

3月28日，中铁二十三局集团有限公司成立中铁二十三局集团西藏工程有限公司（仅限于经营承揽）。

4月8日，中铁二十局集团有限公司成立中铁二十局集团蒙古国有限公司。

同日，中国土木工程集团有限公司成立孟加拉办事处。

4月11日，中国铁建股份有限公司成立中国铁建股份有限公司伊朗代表处。

4月26日，中国铁建房地产集团有限公司与广州南沙产业投资有限公司合资成立广州南沙坤方置业有限公司（为项目公司）。公司注册资本2000万元。其中，中铁建南沙投资发展有限公司占49%的股权；广州南沙产业投资有限公司占51%的股权。

5月4日，中国铁建国际集团有限公司在香港成立中国铁建阿尔及利亚有限公司。

5月6日，中国铁建高新装备股份有限公司成立昆明中铁鑫维通物资设备有限公司。

同日，中铁上海设计院集团有限公司成立长沙分院。

同日，中国铁建房地产集团有限公司成立设计咨询有限公司。

同日，中铁十二局集团有限公司成立昌平分公司。

5月10日，中铁十七局集团有限公司与外单位合资成立玉溪基础设施投资发展有限公司。公司注册资本1亿元。其中，玉溪国有资本运营集团有限公司出资10%；十七局出资34%；深圳华翰管廊物业服务有限公司出资5%；中铁银河基金出资51%。

同日，中国铁建大桥工程局集团有限公司成立靖江大桥港务有限公司。

同日，中铁二十局集团有限公司成立中铁二十局集团西藏第一工程有限公司（仅限于经营承揽）。

5月11日，中国土木工程集团有限公司成立中国土木工程集团（利比里亚）有限公司。

5月20日，中铁建资产管理有限公司与农行下属农银国际全资子公司农银国际企业管理有限公司合资成立铁建广德成长投资管理有限公司。公司注册资本1000万元，双方各占50%的股权。

同日，中国铁建股份有限公司与厦门市政管廊投资管理有限公司合资成立中铁市政（厦门）投资管理有限公司。公司注册资本3亿元。其中，中国铁建股份有限公司占90%的股权；厦门市政管廊公司占10%的股权。

同日，中铁十九局集团有限公司成立中铁十九局集团西藏工程有限公司（仅限于经营承揽）。

5月24日，中铁十二局集团有限公司成立乌斯季卡缅诺戈尔斯科市分公司和塔尔迪库尔干市分公司。

同日，中国土木工程集团有限公司成立马达加斯加办事处。

5月26日，中铁二十四局集团有限公司与外单位合资成立福州火车北站南广场建设发展有限公司。公司注册资本5000万元。其中，福州城乡建设总公司占30%的股权；二十四局占20%的股权；广德铁建蓝海丰铁投资中心（有限合伙）占50%的股权。

6月2日，中国铁建房地产集团有限公司与中铁二十二局集团有限公司合资成立中铁建广州花都投资发展有限公司。公司注册资本2亿元。其中，中铁地产（房地产集团）占51%的股权；二十二局占49%的股权。

6月6日，中国土木工程集团有限公司成立中国土木工程集团南太平洋（瓦努阿图）有限公司、中国土木工程集团南太平洋（斐济）有限公司和中国土木工程集团（黑山）有限公司。

6月23日，中国铁建房地产集团有限公司与深圳联新投资管理有限公司合资成立中铁房地产集团宁波京平置业有限公司（为项目公司）。公司注册资本2000万元。其中，中铁地产（房地产集团）华东公司占51%的股权；深圳联新占49%的股权。

6月27日，中国土木工程集团有限公司成立中国土木工程集团（马拉维）有限公司。

同日，中国铁建国际集团有限公司成立中国铁建中美洲有限公司和中国铁建俄罗斯有限公司。

同日，中铁建设集团有限公司成立中铁建设集团成都工程有限公司（仅限于经营承揽）。

6月28日，中铁二十三局集团有限公司成立哈萨克斯坦分公司。

6月29日，中铁十四局集团有限公司成立哈萨克斯坦分公司和多米尼克分公司。

7月5日，中铁建昆仑投资集团有限公司成立中铁建云南投资有限公司。

同日，中铁城建集团有限公司成立中铁城建集团物业管理有限公司和天津分公司。

7月6日，中铁二十一局集团有限公司成立中铁二十一局集团市政工程公司。

7月13日，中国铁建港航局集团有限公司成立韶关分公司(仅限于经营承揽)。

同日，中铁建设集团有限公司成立中铁建设集团南方工程有限公司，与华南分公司共为“一个机构、两块牌子”。

7月18日，中国铁建房地产集团有限公司成立中国铁建房地产集团华南有限公司。

8月2日，中铁十六局集团第三工程有限公司成立苏州分公司(仅限于经营承揽)。

同日，中铁十一局集团第四工程有限公司成立武汉弘泽混凝土制品有限公司。

8月4日，中国铁建大桥工程局集团园林环境工程有限公司更名为中国铁建大桥工程局集团西北工程有限公司，公司注册地由安徽省合肥市迁至宁夏回族自治区银川市。

8月15日，中国铁建房地产集团有限公司成立中国铁建房地产集团北京投资管理有限公司。

8月17日，中铁第一勘察设计院集团有限公司成立斯里兰卡分公司。

同日，中铁二十五局集团有限公司成立中铁二十五局集团孟加拉分公司。

8月29日，中国铁建国际集团有限公司成立中国铁建(国际)尼日利亚有限公司。公司注册资本50万美元。其中，国际集团占90%的股权；国际集团所属中铁建(北京)国际贸易有限公司占10%的股权。

同日，中铁十四局集团房地产开发有限公司所属的青岛铁诚物业服务有限公司与十四局物业管理中心合并更名为山东铁昕物业管理有限公司。

9月1日，中铁建昆仑投资集团有限公司与中国中铁所属中铁城市发展投资集团合资成立四川天府机场高速公路有限公司。公司注册资本15亿元，双方各占50%的股权。

同日，中国铁建房地产集团有限公司成立长春玖华房地产开发有限公司(为项目公司)。

同日，中铁十七局集团有限公司成立哈萨克斯坦分公司。

同日，中铁二十二局集团有限公司成立金昌分公司(为项目公司)。

同日，中铁二十三局集团有限公司与黑龙江哈铁工业总公司合资成立哈尔滨瑞达水泥制品有限公司。公司注册资本2780万元。其中，二十三局二公司占51%的股权；哈铁工业总公司占49%的股权。

9月6日，中铁十四局集团有限公司成立中铁十四局集团大盾构工程有限公司。

同日，中国铁建股份有限公司成立刚果(布)代表处和莫桑比克代表处。

同日，中铁二十二局集团有限公司与天津冠城投资发展有限公司合资成立天津中铁冠城置业有限公司。公司注册资本3000万元。其中，二十二局占49%的股权；天津冠城占51%的股权。

同日，中铁二十三局集团有限公司与外单位合资成立成都城建城投科技有限公司。公司注册资本2亿元。其中，二十三局占15%的股权；成都城建投资管理集团有限责任公司占45%的股权；中交第二航务工程局有限公司占30%的股权；成都市市政工程设计研究院占5%的股权；中国市政工程西南设计研究总院有限公司占5%的股权。

同日，诚合保险经纪有限公司为提升市场化运作和品牌建设能力，重组山西中铁十二局集团保险代理有限责任公司。重组后代理公司注册资本200万元。其中，诚合保险占51%的股权；十二局占49%的股权。

9月9日，中铁城建集团有限公司与天津市汇拓城市建设有限公司合资成立天津中铁汇拓置业有限公司。公司注册资本3000万元。其中，城建集团占49%的股权；天津汇拓占51%的股权。

9月13日，中国铁建投资集团有限公司成立北京分公司。

9月21日，中铁十六局集团有限公司成立柬埔寨分公司。

9月27日，中国土木工程集团有限公司成立驻白俄罗斯代表处。

同日，中铁十二局集团有限公司成立中铁十二局集团山西建筑构件有限公司。

同日，中国铁建大桥工程局集团有限公司成立中国铁建大桥工程局集团云南工程有限公司(仅限于经营承揽)。

同日,中铁第五勘察设计院集团有限公司成立常州分院和绍兴分院。

同日,中铁十二局集团有限公司与外单位合资成立太原市晋原东区综合管廊建设管理有限公司。公司注册资本5179.17万元。其中,十二局占18%的股权;山西诚信市政建设有限公司占40%的股权;广德铁建蓝海丰投资中心(有限合伙)占42%的股权。

同日,中铁建设集团有限公司成立内蒙古景晟房地产有限公司(为项目公司)。

10月11日,中国铁建房地产集团有限公司成立中国铁建房地产集团重庆有限公司(为项目公司)。

10月18日,中国铁建房地产集团浙江京城投资有限公司与浙江保利房地产开发有限公司合资成立杭州建申房地产开发有限公司。公司注册资本2000万元,双方各占50%的股权。

10月28日,中铁十四局集团有限公司与中国铁物所属中铁物资太原轨枕有限公司合资成立中铁十四局集团太原管片预制有限公司。公司注册资本1000万元。其中,十四局占60%的股权;太原轨枕占40%的股权。

同日,中铁十四局集团有限公司与常德市城投龙马建设项目管理有限公司合资成立常德沅江过江隧道有限公司。公司注册资本76323万元。其中,十四局占90%的股权;常德城投占10%的股权。

11月9日,中铁二十局集团有限公司与黄山市城投集团有限公司合资成立阿达驻车(黄山)投资管理有限公司。公司注册资本9000万元。其中,二十局阿达驻车投资管理有限公司占80%的股权;黄山城投占20%的股权。

11月18日,中国铁建房地产集团有限公司成立广西领筑置业有限公司(为项目公司)。

11月21日,中国铁建投资集团有限公司成立山东分公司。

同日,中国铁建房地产集团有限公司成立嘉兴京禾房地产开发有限公司(为项目公司)。

11月23日,中铁二十局集团有限公司与贵州铁源环保科技开发股份有限公司合资成立贵州铁科新材料有限公司。公司注册资本1000万元。其中,二十局占40%的股权;贵州铁源占60%的股权。

11月29日,中铁十一局集团有限公司成立昌吉分公司(为项目公司)。

同日,中铁十一局集团武汉物业管理有限公司成立重庆分公司。

同日,为理顺资产及组织管理关系,避免重复新设项目管理公司,中铁建昆仑投资集团有限公司出资27036.78万元人民币收购中铁二十四局集团有限公司持有的成都中铁建项目建设管理有限公司49%的股权,将该公司调整为昆仑投资在四川区域的项目管理公司。

12月2日,中铁二十三局集团有限公司与中国人保资产管理有限公司合资成立中铁润业(成都)投资开发合伙企业(有限合伙)。公司注册资本18.95亿元。其中,二十三局占21%的股权;人保资产占79%的股权。

12月6日,中铁建设集团有限公司成立中铁建设集团赣州建设有限公司。

同日,中国铁建重工集团有限公司与中铁二十局集团有限公司合资成立西安铁建重工隧道装备有限责任公司。公司注册资本2亿元。其中,铁建重工占80%的股权;二十局占20%的股权。

同日,中国铁建股份有限公司,中铁十七局集团有限公司与南京市江北新区公共工程建设中心合资成立南京市江北新区广联管廊建设有限公司。公司注册资本1亿元。其中,中国铁建股份有限公司和十七局各占40%的股权;江北新区公共工程建设中心占20%的股权。

12月9日,中铁二十局集团有限公司成立淮东经济技术开发区分公司(为项目公司)。

同日,中铁二十四局集团有限公司与外单位合资成立宿州市中铁建项目建设管理有限公司。公司注册资本41133万元。其中,宿州市交通投资集团占30%的股权;广德铁建蓝海丰铁投资中心占60%的股权;二十四局占10%的股权。

12月10日,中国铁建投资集团有限公司成立中铁建新疆房地产开发有限公司(为项目公司)。

12月15日,中铁第五勘察设计院集团有限公司成立合肥分院。

同日,中国铁建国际集团有限公司成立摩洛哥代表处。

12月16日,中国铁建房地产集团海外地产发展有限公司收购北京铁建蓝海兴产投资中心所持有的北京金郡兴盛置业有限公司57%的股权,收购完成后,海外公司持有北京金郡100%股权。

同日,重庆铁发建新股权投资基金合伙企业(有限合伙)对重庆铁发建新高速公路有限公司进行投资,投资后股份公司持股比例由80%变为24%,铁发建新基金占56%的股权路;重庆高速集团占20%的股权。

12月19日,中铁二十一局集团有限公司与郑州交通建设投资有限公司合资成立铁建中原工程有限公司。公司注册资本10亿元。其中,二十一局占70%的股权;郑州交建占30%的股权。

同日,中铁建设集团有限公司与张家口城投路桥工程有限公司合资成立中铁京张建发工程管理有限公司。公司注册资本5000万元。其中,张家口城投路桥公司占51%的股权;中铁建设集团天津工程公司占49%的股权。

12月20日,中国铁建房地产集团有限公司成立上海蜀翔房地产有限公司(为项目公司)。

12月22日,中铁二十一局集团有限公司成立中铁二十一局集团肯尼亚有限公司和中铁二十一局集团蒙古有限公司。

12月26日,中铁二十五局集团有限公司与盈创投资管理有限公司合资成立中铁二十五局集团民铁(嘉兴)股权投资基金管理有限公司。公司注册资本100万元。其中,二十五局占70%的股权;盈创投资占30%的股权。由该基金管理公司发起设立中铁二十五局集团民腾(嘉兴)股权投资基金合伙企业(有限合伙)。合伙企业注册资本12.51亿元。其中,中信建投证券股份有限公司占79.94%的股权;二十五局占19.98%的股权;基金公司占0.08%的股权。

12月27日,为理顺管理关系,中国铁建股份有限公司将持有的重庆铁发遂渝高速公路有限公司股权以2016年9月30日为基准按账面价值重组到中铁建重庆投资集团有限公司。重组后,重庆投资持有铁发遂渝80%的股权。 (李学红 陈向阳)

【注销机构】 2016年3月9日,中铁二十四局集团有限公司注销鹰潭铁路川驰实业有限公司。

6月27日,中铁二十三局集团有限公司注销中铁二十三局集团电务工程有限公司电务大厦、信号设备分公司和达州市致力建设工程咨询服务部。

8月12日,中铁十四局集团有限公司注销大连铁迅达安装工程有限公司。

8月29日,中铁二十三局集团有限公司注销四川铁建川东工程有限公司、齐齐哈尔铁路天工建筑安装有限责任公司,中铁二十三局集团哈尔滨分公司、沈阳分公司、山西分公司、上海浦东分公司、河北建骅项目投资管理分公司,中铁二十三局集团二公司天津分公司、深圳分公司,中铁二十三局集团三公司合肥分公司。

9月5日,中铁二十三局集团有限公司注销中铁二十三局集团临沂分公司、铜仁项目管理公司,二十三局集团一公司淄博分公司、连云港分公司,二十三局集团四公司水城分公司、装饰装修分公司、安徽分公司、重庆分公司、驻乌鲁木齐办事处。

9月12日,中铁十八局集团有限公司注销中铁十八局集团长春工程有限公司。

9月30日,中铁十四局集团有限公司注销青岛铁诚物业服务有限公司。

10月14日,中铁十八局集团有限公司注销中铁十八局集团第三工程公司涿州综合厂。

10月25日,中铁二十局集团有限公司注销苏州市铭源创业园管理有限公司。

10月31日,中国土木工程集团有限公司注销中国土木工程集团(津巴布韦)有限公司。

11月7日,中铁二十三局集团有限公司注销中铁二十三局集团第七工程发展有限公司。

同日,中国铁建房地产集团有限公司注销广州市万凯市场发展有限公司和广州市万通大厦有限公司。

11月8日,中铁二十三局集团有限公司注销中铁二十三局集团齐齐哈尔鹏大劳务有限公司。

11月10日,中铁二十二局集团有限公司注销黄石天方科技置业有限公司。

11月14日,中铁十八局集团有限公司注销中铁十八局集团沈阳工程有限公司。

11月18日,中铁十一局集团有限公司注销十堰市弘铁建筑劳务有限公司。

11月22日,中铁十八局集团有限公司注销中铁十八局集团建筑安装工程(沈阳)有限公司。

11月24日,中铁十四局集团有限公司注销中铁十四局集团加纳有限公司。

11月22日,中国铁建投资集团有限公司撤销中国铁建昆明市二环改扩建工程指挥部。

12月6日，中铁二十一局集团有限公司注销中铁二十一局集团（辽宁）工程有限公司。

12月8日，中铁十八局集团有限公司注销中铁十八局集团安徽建筑工程有限公司。

12月9日，中国土木工程集团有限公司注销中铁建中非建设莫桑比克有限公司。

同日，中铁十七局集团有限公司注销西藏通和建设工程有限公司。

12月12日，中铁建设集团有限公司注销中铁建设集团（辽宁）建筑工程有限公司。

12月13日，中铁建设集团有限公司注销中铁建设集团蚌埠工程有限公司。

12月14日，中铁建设集团有限公司注销中铁建设集团（海南）有限公司。

同日，中铁第五勘察设计院注销哈尔滨铁五院工程设计咨询有限公司。

12月16日，中国铁建电气化局集团有限公司注销高碑店优锁防腐材料有限公司。

12月19日，中铁二十局集团有限公司注销中铁二十局集团（辽宁）工程有限公司。

同日，中铁二十三局集团有限公司注销沈阳中铁京沈工程有限公司。

12月22日，中铁十六局集团有限公司注销东莞市虎强混凝土预制构件有限公司。

同日，中铁建设集团有限公司注销中铁建设集团湖南工程有限公司。

12月23日，中铁十六局集团有限公司注销中铁十六局集团吉林省工程有限公司。

同日，中铁建设集团有限公司注销中铁建设集团（大连）工程有限公司。

同日，中铁物资集团有限公司注销中铁物资集团新津物流有限公司和上海佳拓贸易有限公司。

12月26日，中铁十七局集团有限公司注销厦门市南方饭店有限公司。

同日，中国铁建电气化局集团有限公司注销北京京燕希望旅行社有限公司。

同日，中铁城建集团有限公司注销大连港湾铁建建筑工程有限公司。

12月28日，中国铁建大桥工程局集团有限公司注销中国铁建大桥工程局集团管网工程有限公司。

同日，中铁二十三局集团有限公司注销中铁二十三局集团轨道交通太原工程有限公司。

12月29日，中铁十七局集团有限公司注销贵安新区华强工程有限公司。

同日，中铁二十五局集团有限公司注销中铁二十五局集团吉林工程有限公司。

12月30日，中铁十二局集团有限公司注销吉林省晟兴电气化工程有限公司和大连工程有限公司。

同日，中国铁建电气化局集团有限公司注销太原市中铁建电气化建筑劳务有限公司。

12月31日，中铁十二局集团有限公司注销中铁十二局集团吉林省建筑工程有限公司。

（李学红　陈向阳）

【区域经营机构、直管、托管项目设立、变更】 2016年1月6日，中国铁建股份有限公司广州区域指挥部更名为中国铁建股份有限公司广东指挥部，与中铁建南方建设投资有限公司为“一套人马、两块牌子”。定员6人（含在南方投资30名定员之内），负责广东省区域内的沟通联络、市场开发、经营承揽协调、工程管理。

同日，成立中国铁建股份有限公司蒙西至华中地区铁路煤运通道建设指挥部，定员3人，负责施工现场的统筹调度、资源配置、安全管理、质量管理。

1月26日，成立中国铁建股份有限公司深圳地铁8号线8133标项目经理部，定员15人，委托中铁建南方建设投资有限公司管理。

同日，成立中国铁建股份有限公司珠三角城际新白广XBZH－1标项目经理部，定员35人，委托中铁建南方建设投资有限公司管理。

3月10日，成立中国铁建股份有限公司徐州市城市轨道交通2号线一期工程施工总承包部，定员控制在65人以内，委托中铁十二局集团有限公司管理。

6月3日，成立中国铁建股份有限公司成都元华路神仙树节点工程项目经理部，定员20人，委托中铁建昆仑投资集团有限公司管理。

6月13日，成立中国铁建股份有限公司吴忠至中卫城际铁路工程建设指挥部，定员控制在45人以内，委托中铁十六局集团有限公司管理。

7月1日，成立中国铁建股份有限公司乌鲁木齐轨道交通2号线一期工程指挥部，定员8人，委托中国铁建投资集团有限公司管理。

8月29日，成立中国铁建股份有限公司呼和浩特市轨道交通2号线一期工程建设指挥部，定员控制在50人以内，委托中铁十六局集团有限公司管理。

9月23日，成立中国铁建股份有限公司厦门3号线土建3标项目部，定员16人，负责厦门市轨道交通3号线工程土建施工总承包3标段项目的投资建设和协调管理。

10月12日，成立中国铁建股份有限公司蒲都高速公路建设指挥部，定员20人，委托中铁建昆仑投资集团有限公司管理。

12月21日，成立中国铁建股份有限公司青岛市地铁四号线工程总承包部，定员32人，委托中国铁建投资集团有限公司管理。 （李学红　陈向阳）

【企业资质管理】 截至2016年底，中国铁建系统施工资质1362项，其中总承包资质665项、专业承包资质696项。总承包资质中，特级资质39项，一级资质341项；专业资质中一级资质507项。2016年，特级资质申报工作得到进一步加强，全年新取得特级资质9项。同时，积极开展资质重组工作。充分利用相关政策，根据各单位发展需要，启动股份公司公路壹级资质重组平移工作，先后组织十二局、十九局、二十三局、中铁建设、投资集团有限公司等多家单位进行资质重组平移工作。 （董　凌）

【技术创新】 2016年，中国铁建持续狠抓科技创新平台建设，努力夯实科技管理基础工作，加强专利导航和科技成果转化，为企业做强做优做大发挥服务、支撑和引领作用。全年科技投入超过111亿元。新增国家级企业技术中心2家，累计拥有国家级创新平台19家；被授予中央企业国家专利审查员实践基地，成为首家由企业担任的中国专利保护协会会长单位。

企业以施工生产为依托，全面加强科技创新，BIM（建筑信息模型）、装配式建筑技术水平稳步提升，国家科技支撑计划“预切槽隧道施工成套设备关键技术研究”完成验收；中国铁建勘察设计的贵阳至广州客运专线总体设计、钱江通道及接线工程钱江隧道获菲迪克工程项目杰出奖，宁波铁路枢纽北环线甬江特大桥工程、青藏铁路西宁至格尔木二线新关角隧道获菲迪克工程项目优秀奖；参建的郑州东站、新建铁路哈尔滨至大连铁路客运专线、武汉至广州客运专线新建武汉动车段、广深港高铁狮子洋隧道、上瑞国道主干线湖南省邵阳至怀化高速公路、福建省泉州至三明高速公路、上海市轨道交通16号线、北京地铁15号线、深圳地铁2号线8项工程获中国土木工程詹天佑奖。全年获全国优秀设计类成果奖13项；新增全国工程勘察设计大师2名；新获中国优秀专利奖6项、国家科技进步二等奖1项、省部级科技进步奖113项；新取得授权专利1502件，其中发明专利371件；所属中国铁建重工集团有限公司研发制造的隧道掘进机（TBM）高端装备，在6月3日科学技术部举办的“十二五”国家科技创新重大成就展览中，接受习近平总书记的检阅。

（杨启燕）

【工程创优】 2016年，中国铁建获中国建设工程鲁班奖10项，国家优质工程奖35项。其中，参建的合肥滨湖新区方兴大道（包河大道—福建路）工程、河南新中益“上大压小”扩建工程、新建贵阳至广州铁路贵阳北站站房工程、新建宝鸡至兰州铁路客运专线兰州西客站站房工程、新建铁路大同至西安客运专线马家庄隧道、南京市梅子洲过江通道接线工程——青奥轴线地下交通系统及相关工程、燕翔饭店改扩建项目、宿迁市第一人民医院、新建天津铁道职业技术学院工程、安巴V.C.伯德国际机场新航站楼综合工程获2016年度中国建设工程鲁班奖；参建的无锡市轨道交通1号线工程、中国海油珠海LNG项目一期工程获国家优质工程金质奖；新建津秦铁路客运专线塘沽西跨京津塘高速公路特大桥、武咸城际铁路跨武广客运专线特大桥、新建杭州至长沙铁路客运专线湖南段长沙浏阳河特大桥、新建铁路北同蒲韩家岭至原平线应县至原平新建取直线工程雁门关隧道、新建铁路哈尔滨至大连客运专线电力及牵引供电系统集成工程、新建铁路石家庄至武汉客运专线（河南段）客运专线“四电”集成系统SDJC－1标段工程、南京至高淳城际轨道南京南站至禄口机场段工程、黄山北站站房及相关工程、新建铁路衡茶吉线HCJ－4标段站后四电工程、广西沿海铁路钦州北至北海段扩能改造工程钦江双线特大桥、厦深铁路潮汕至惠州南段新建长沙湾特大桥工程、新建宿州至淮安铁路京杭运河特大桥工程、新建兰渝铁路引入重庆枢纽工程兴隆场编组站、新建重庆至利川铁路万寿山隧道工程、新建兰新铁路第二双线甘青瓜州段综合工程、新建兰新铁路第二双线哈密立交特大桥、乌鲁木齐动车所检查库及边跨工程、兰新铁路第二双线(新疆段)达坂城湿地特大桥、长沙西北上行联络线特大桥(斜拉转体工程)、太行屋脊隧道工程、灵山高速公路恒山隧道、南通市江海大道东段快速化改造工程、合肥市阜阳北路高架快速路综合建设工程、深圳市机场南路新建工程市政工程、莞深高速公路附城至石碣共线段第二合同段、遂宁观音湖下穿隧道工程、陕西西铜高速公路渭河特大桥、北京财富中心写字楼工程、北京工业大学艺术设计学院、山西省电力勘测设计院综合业务楼工程、希望·加州华府一期B区工程、文昌会务中心工程、宁天城际轨道交通1期工程获国家优质工程奖。 (杨启燕)

【国内工程】 2016年,中国铁建系统完成施工产值5496.5亿元,合同金额大于5000万元的在建工程3316项。其中,铁路工程780项、公路工程618项、市政工程352项、城市轨道交通工程577项、房建工程756项、水利工程117项、电力工程(含水电工程)25项、机场工程10项、港口与航道工程32项、矿山工程32项、地质灾害治理工程2项,其他类别工程31项。国内在建工程重点工程35项。其中,铁路工程19项:蒙华铁路、京沈客专、郑徐铁路客专、商合杭高铁、宝兰客专、石济客专、成兰铁路、汉十客专、济青高铁、昌赣客专、西成客专、沪昆高速铁路贵昆段、兰渝铁路、重庆铁路枢纽BT项目、敦格铁路、成贵铁路、杭黄铁路、九景衢铁路、格库铁路;公路工程2项:简阳至蒲江高速公路、兴延高速公路;市政工程2项:镇江新区基础设施BT项目、芜湖城南过江隧道项目;城市轨道交通工程6项:北京地铁(6号线二期、8号线)、青岛地铁(1号线、2号线)、厦门地铁1号线、兰州地铁1号线、成都地铁5号线、深圳地铁6号线;水利工程3项:山西中部引黄工程、广西邕宁水利枢纽工程、吉林中部引松供水工程;房屋建筑工程3项:广西九洲国际、银川绿地中心项目、福建福清清利嘉中心。

2016年,铜玉铁路2标段隧道群、武汉东湖隧道、云南香德公路白茫雪山3号隧道、西成客运专线大秦岭隧道、青海花久高速公路雪山1号隧道、成昆铁路扩能改造工程永广铁路第一长隧骄子山隧道相继贯通;京沈高铁辽宁段率先在中国铁建管段开始铺轨;黄大铁路黄河特大桥成功跨越470米宽黄河主河槽;成功浇筑国内第一榀40米高速铁路双线整孔预制箱梁;日照港岚山港区6号大宗散货泊位工程首座6600吨级超大型沉箱完成出运安装;公路特许经营项目济乐高速公路正式通车;郑徐客专、沪昆高铁贵州云南段、长沙磁浮、长株潭城际铁路、青荣城际引入青岛枢纽、敦格铁路、娄邵铁路、佛肇、莞惠城际铁路开通运营。所属9个集团公司被水利部评为水利安全生产标准化一级企业,13个项目被评为全国AAA级安全文明标准化工地;在主要市场和重大项目的信用评价中继续保持良好成绩。 (刘 辉)

【境外工程】 2016年,中国铁建积极实施"一带一路"战略,海外市场不断扩大,在非洲、亚洲、南美洲和欧洲等海外国家及地区参与基础设施建设。重大境外工程:沙特内政部安全总部发展项目、安哥拉本格拉铁路大修工程、尼日利亚铁路现代化项目卡杜纳—卡诺段、尼日利亚铁路现代化项目拉各斯至伊巴丹段、赞比亚奇帕塔经佩塔乌凯至塞伦杰铁路设计施工合同、卡诺市轻轨详细勘察、设计和施工项目、泰国生态农业工厂项目设计施工总承包(EPC)合同、卡拉奇至拉合尔高速公路(KLM)第三段:拉合尔至阿卜杜哈基姆(约230千米)的设计、采购及施工(EPC)项目、埃塞俄比亚—吉布提铁路项目、阿尔及利亚贝佳亚港口到东西高速公路100千米连接线、尼日利亚铁路现代化项目阿布贾至卡杜纳段、尼日利亚阿布贾城市铁路工程、阿尔及利亚55千米铁路项目、鲁雷纳瓦克—里韦拉尔塔公路项目、沙特麦麦高铁工程、格鲁吉亚现代化铁路项目、马来西亚四季酒店项目。 (杨启燕)

【房地产开发】 中国铁建房地产业务,一是采取"以住宅开发为主,以配套商业为辅"的经营模式,按照"立足北京、面向全国、走向海外"的战略方向,聚焦长三角、珠三角、环渤海三大核心城市群,加大山东半岛、辽东半岛、海峡西岸、长株潭、武汉、成渝等新兴城市群和国家级新区的项目拓展力度。区域布局坚持以一、二线城市为重点,部分具有良好发展潜力的三、四线城市为补充的发展思路。房地产板块逐步形成以北京、上海、广州为核心,以环渤海、长三角、珠三角和西南区域为支柱的房地产业绩支撑体系。二是积极应对市场挑战,围绕"去库存、强销售、控成本、拿好地"的总体经营思路,采取各种有效措施,全力推进房地产业务持续、健康发展。2016年,中国铁建房地产板块实现销售金额494.8亿元,同比增长35.14%;实现销售面积438万平方米,同比增长19.36%。其中,在北京、成都、杭州、南京分别实现销售额89亿元、53亿元、45亿元、38亿元,在武汉、合肥、天津、上海等城市的销售额均超过20亿元。三是积极完善房地产项目区域布局,加大在北京、上海、广州、杭州、成都等房地产市场发展前景较好的一、二线城市业务拓展力度,同时与万科、保利等行业优秀企业广泛开展合作,发挥各方优势,降低经营风险。全年在北京、上海、广州、杭州、南京等18个城市,获取土地27宗183.6万平方米(折合2754亩),规划总建筑规模693万平方米。截至2016年底,中国铁建进入52个国内城市及其他区域,开发建设163个项目,建设用地总面积1553万平方米,规划总建筑面积4959万平方米,形成以一、二线城市为重点,部分发展潜力较好的三、四线城市为补充的梯次布局,房地产板块的区域布局更趋合理和完善。 (杨启燕)

【工业制造】 截至2016年底,中国铁建工业制造业务主要产品包括铁路大型养路机械、隧道掘进机等施工设备,高速铁路道岔等配件、电气化接触网导线和零部件等。产品主要面向铁路和城市轨道交通新建和既有线改造工程,是集研发、制造、销售、服务为一体的国内领先、国际先进的制造服务提供商,形成产业特色突出、产品覆盖面广、生产设施先进、研发实力雄厚的现代化工业体系。所属中国铁建高新装备股份有限公司是目前亚洲最大、世界第二的大型养路机械制造商,产品国内市场占有率80%以上;中国铁建重工集团有限公司是中国生产能力最大、设备最全、工艺最先进的隧道掘进机制造商,先后完成土压平衡系列、泥水平衡系列、硬岩(TBM)系列隧道掘进机的研发与制造,多项技术打破国外厂家在掘进机领域的长期垄断。管理工业企业的经营模式采取柔性化生产、平面网状管理、精益生产、敏捷制造等方式,由单一化向多元化发展。

(郭春雷)

【物流与物资贸易】 中国铁建拥有遍布全国各大重要城市和物流节点城市的70余个区域性经营网点、133万平方米的物流场地、4万余延长米铁路专用线、3.26万立方米成品油储存能力,通过完善高效的物流信息化、区域化、市场化服务体系,提供一体化的流通服务。所属中铁物资集团有限公司以集采代理服务板块为核心,物贸物流板块为基础,国际业务板块、加工制造板块为重点培育的业务板块组合。其中,将原有电子商务业务作为新的业务拓展手段纳入物流与物资贸易板块,发展"互联网+物贸"的新型业务发展模式。集采代理服务板块包括集采供应服务业务、招标代理服务、部管物资招标代理服务、外资接运服务等;物贸物流板块包括现有的工程物流业务、电子商务业务;国际业务板块包括依托中国铁建海外工程项目进行的基建物资的海外供应、进出口自营业务;加工制造板块主要包括扣件、道岔制造与销售,商业混凝土搅拌、运输、浇灌一站式服务,管片制造加工,钢材、钢筋粗加工业务等。 (杨启燕)

【绿色施工】 中国铁建严格遵守与空气污染相关的国际规约、国内法规,努力构建"资源节约型、环境友好型"。严格执行限制高能耗、高污染政策,持续推进节能减排工作,融入施工、生产全过程,加大节能减排技改投入,淘汰落后产能,推广使用新产品、新材料、新工艺,减少排放物对环境的影响,做到环境保护与施工生产同时设计、同时施工、同时投产使用,做好保护野生动植物和生态植被、水土保护及绿化、耕地恢复等工作,建立节能减排"四大体系",即建立节能减排组织体系,各级均成立以主要领导为组长的节能减排领导小组,明确管理部门,配备管理人员;建立制度体系,制定《中国铁建节能减排管理暂行办法》,指导各级开展节能减排工作;建立节能减排监测体系,定期监测并报送监管部门;建立考核体系,制定《节能减排工作目标指标考核评价实施细则》,通过考核评价推进节能减排工作。2016年能耗总量568.04万吨标煤,非工业万元营业收入综合能耗(可比价)0.0906吨标煤,比2015年下降2.99%。年内未发生环境污染事故。

(杨启燕)

【党建工作】 2016年,中国铁建党委坚决贯彻党中央和国资委党委的决策部署,带领各级党组织坚持党要管党,从严治党,认真落实"两个责任",深入开展"两学一做"学习教育,推动党建工作与企业发展深度融合,践行改革创新,坚持依法治企,深化企业管理,为"十三五"规划的顺利开局提供坚强的政治保障。(1)增强"四个意识",提升领导班子执企能力。一是强化政治引领,全面落实中央部署。二是强化理论武装，抓好党委中心组学习。三是强化大局意识，发挥班子整体功能。(2)加强基层党建，扎实推进“两学一做”学习教育。一是以规定动作为抓手，抓好“两学一做”学习教育。二是以专项工作为抓手，抓好组织基础管理。三是以创建活动为载体，提升基层组织活力。(3)优化体制机制，加强干部和人才队伍建设。一是坚持多措并举，全面加强领导干部管理监督。二是加强制度建设，完善选人用人机制。三是突出战略引领，启动“十三五”人力资源规划。(4)围绕中心工作，抓好宣传思想文化建设。一是凝聚力量，思想教育扎实到位。二是示范引领，文明创建成果丰硕。以庆祝建党95周年、纪念长征胜利80周年为契机，组织系列活动，推动社会主义核心价值观落地。三是文化铸魂，企业文化建设持续推进。四是塑造形象，品牌影响力得到提升。五是与时俱进，新媒体矩阵迅速崛起。2016年，中国铁建系统32家单位开通官方微信，15家开通官方微博。中国铁建官方微信先后10次跻身中央企业新媒体指数排行榜前十名，获国资委“2016年度中国企业新媒体品牌创新奖”，实现由跟跑者向领跑者变身的年度目标。(5)落实“两个责任”，抓好党风廉政建设。一是逐级传导压力，推动“两个责任”落地。二是坚持常抓不懈，驰而不息反对“四风”。三是保持高压态势，加大案件查办力度。四是突出问题导向，扎实推进巡视工作。(6)服务职工群众，抓好群团工作。一是落实依靠方针，积极维护职工权益。二是服务生产经营，激发职工群众干劲热情。三是开展文体活动，活跃职工文化生活。各级工会、共青团开展职工夜校培训班、项目篮球联赛和青年联谊活动、“我爱铁建”主题教育活动，开展征文和摄影作品、微视频作品、书画作品征集活动。（耿仁胜）

【社会责任】 中国铁建在快速发展的同时，规范治理、勇于担当，主动履行社会责任。一是携手伙伴，共享价值回报。不断优化治理结构，建立健全各项规章制度，坚持依法合规经营，维护投资者权益，努力实现企业可持续发展。2016年，公司获“2015中国上市公司信用100强”第25位、“中国上市公司投资者关系最佳董事会奖”“2016中国上市公司最具核心竞争力100强”“2016中国上市公司最具行业品牌影响力企业”“中国百强企业奖”等称号。二是优化治理，推动持续发展。公司积极维护与利益相关方的关系，坚持诚信经营，强化风险防控，企业规模、效益、质量等主要指标均实现稳中有进、进中向好发展，以良好的业绩回报全体股东。三是精益管理，打造信赖精品。公司将服务客户为己任，强化质量管理，严控安全生产，深化科技创新，建造优质产品回馈社会大众。四是以人为本，共建幸福家园。公司秉持“以人为本”理念，重视员工发展，全年培训员工378854人次。提升民主管理，保障员工权益，不断加大困难员工帮扶力度，年内筹集送温暖资金7037万元，慰问困难员工家庭16550户，慰问劳模先进、一线员工、离退休员工和农民工69834人次。五是履行责任，助力社会和谐。公司致力于有担当的企业公民，发扬“一方有难、八方支援”的精神，积极参与抢险救灾；本着立足当地、服务当地的宗旨，通过精准扶贫、志愿服务、社区建设等，造福社区居民，促进社区和谐发展。2016年，公司对外捐赠1334万元。（何燕军）

中国铁道建筑总公司领导人员名单

董事长、党委书记	孟凤朝		王秀明
总经理、党委副书记、董事		党委常委、纪委书记	李春德
	庄尚标	党委常委	鲁　斌(6月任)
党委常委	夏国斌		李　宁(6月任)
	刘汝臣		汪文忠(6月任)

中国铁建股份有限公司领导

董事长、党委书记	孟凤朝	党委常委、副总裁/执行董事	刘汝臣(12月任执行董事)
总裁、执行董事、党委副书记	庄尚标		
党委副书记、副总裁/执行董事	夏国斌(3月任党委副书记，12月任执行董事)	党委常委、总会计师 、总法律顾问	王秀明
		党委常委、纪委书记	李春德
		党委常委、副总裁	鲁　斌(6月任)
			李　宁(6月任)
			汪文忠(6月任)

中国铁建股份有限公司部门以上领导

总经济师	赵晋华	安全总监	辛　实
	孙公新	副总工程师	王清明
工会主席	史道泉		陈勇鹏
监事会主席	黄少军(12月换届不再担任，退休)	副总经济师	房光辉(7月退休)
			赵登善
			郝趁义
	曹锡锐(12月任)		扆守义(11月退休)
总工程师	雷升祥		李学福
董事会秘书	余兴喜	纪委副书记	由　建
监　事	李学福(12月换届不再担任)		钱桂林
		工会副主席兼女工委主任	白　晶
职工监事	张良才	副总法律顾问	王甲国
总裁助理	林兰生(8月退休)	海外部总经理	武宪功(三总师副职待遇)
	鲁　斌(6月免)		

中国铁建股份有限公司部门领导

董事会秘书局		副主任	王　强
主　任	靖　菁	证券事务代表	谢华刚

副巡视员　卢富平

办公室

主　任　戴开扬

副主任　樊祐修

马总路

李　冰

副巡视员　曹　军

发展规划部

部　长　扆守义（兼，11月退休）

副部长　李吉锋

杜经红

企协副秘书长　董跃君（部门副职待遇）

人力资源部

部　长　鲁　斌（兼，8月免）

副部长　赵玉林（8月主持工作）

副巡视员　刘爱波

科技设计部（技术中心办公室）

部长兼技术中心办公室主任　王清明（兼）

技术中心办公室副主任　贾志武

副部长　许和平

经营计划部

部　长　乔志东

副部长　吴文钊

工程管理部

部长兼总公司战备局局长　高晓东

副部长　刘　晖

总公司战备局副局长　贾国林

安全质量监督部

部长兼安全生产应急救援（指挥）中心主任　秦正刚

安全副总监　李春霞

副部长　彭　锋

魏向阳

安全生产应急救援指挥中心副主任　杨生荣

房地产开发部

部　长　楼　翱

设备物资部

部　长　覃为刚

总机械师　沙明元（享受部门正职待遇）

副部长　白云飞

资本运营部

部　长　张沛然

副部长　吴万良

陈梦月

总经济师　荀照杰

副巡视员　汪起帆（6月退休）

财务部

部　长　曹锡锐

副部长　王　磊

乔国英

高继红

审计监事局

局　长　刘正昶

副局长　李忠心

法律合规部

部　长　王甲国（兼）

副部长　刘　兵

海外部

执行总经理　曹保刚

执行总经理、外事办主任　廖　军

副总经理、外事办副主任　王永强

朱　勇

信息化管理部

部　长　曾宗根

巡视员　肖新华

副部长　孙永利

经济管理部（整治亏损项目办公室）

治亏办主任　王秀明（兼）

治亏办副主任　赵晋华（兼）

曹锡锐（兼）

治亏办常委副主任　王旭永

治亏办副主任　郭双来

经济管理部部长　王旭永

经济管理部副部长　郭双来

党委办公室

主　任　赵登善(兼)

副主任(保密办公室主任)　梁树峰

党委组织部(党委干部部)

部　长　张良才(兼)

副部长　康福祥

杨　赳

组织员/副巡视员　王子利(8月任副巡视员)

党委宣传部(企业文化部)

部长、新闻发言人　刘树山

巡视员　李昌明(8月退休)

副部长　钱东锋

政研会副秘书长　王　洋

铁道兵纪念馆馆长(部门副职级)　赵其红

纪委办公室

主　任　陈建宏

纪委党风政风监督室

主　任　张晓明

党委巡视组

组　长　董海军(4月任)

副组长　毕天尧(4月任)

纪委纪检监察室

主　任　杜庆吉

副主任　杜　军(4月任)

纪检监察专员　王共明

工会生产综合部

部长兼火车头体协秘书长　李　睿

副巡视员　李青颖(11月退休)

组织权益和女工部

部　长　顾传智

副部长　李智伟

副巡视员　何庆安

团委机关工会

副主席　吕向东

中国铁道建筑总公司机关部门领导

机关房地产管理中心

主　任　周步科

副主任　童联合

机关离退休职工管理部

部长、党总支书记　马吉财

副部长　高尚升

卜锦华

副巡视员　曾初雄

中国铁道建筑报社

社　长　刘树山(兼)

副社长、副总编辑　王　利

副总编辑　汪元章

副巡视员兼广告部主任　梅梓祥

(王　谐)

中国铁道建筑总公司所属单位组织序列

（2016年）

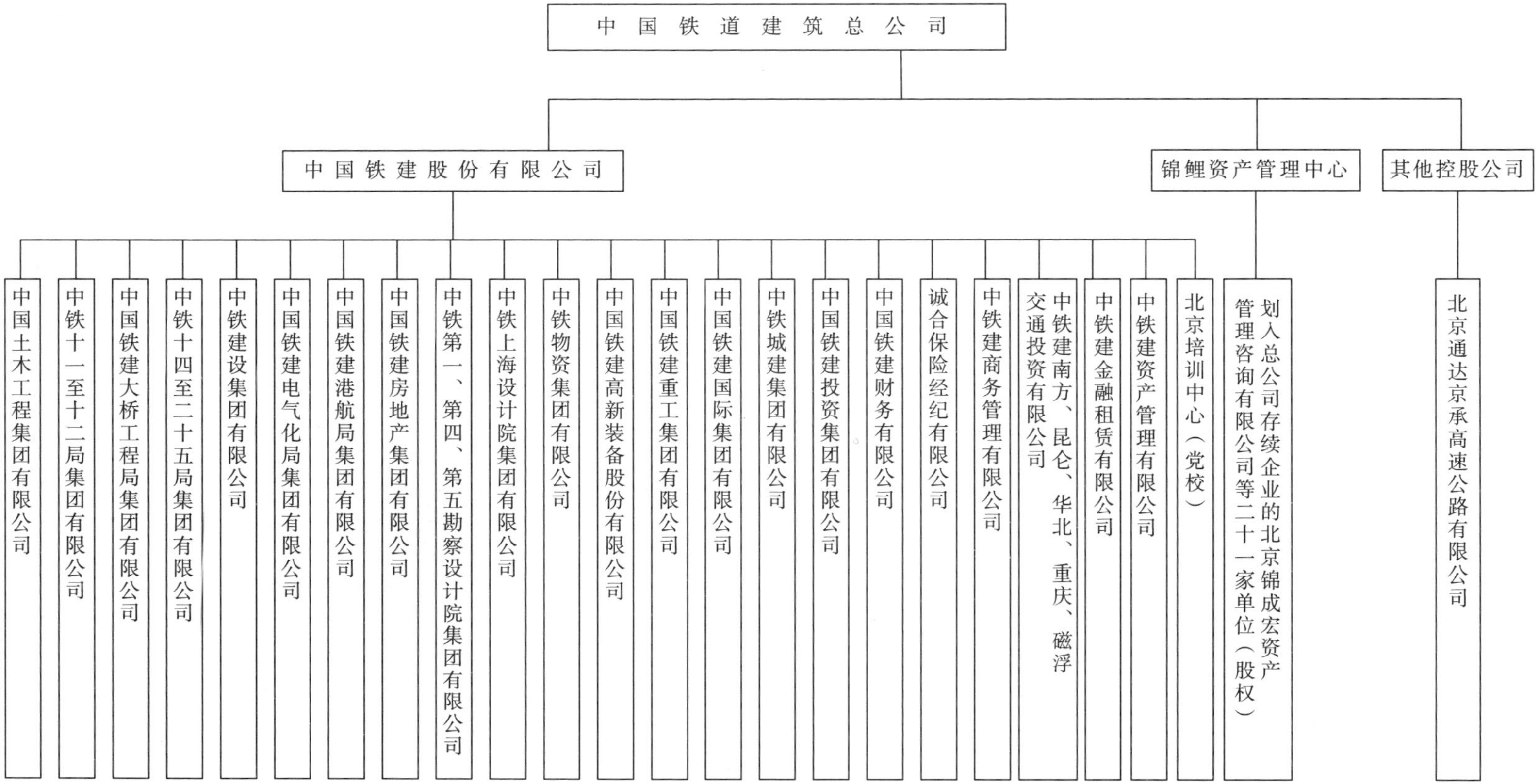

（制表：陈向阳）

中国铁建股份有限公司机关组织序列

（2016年）

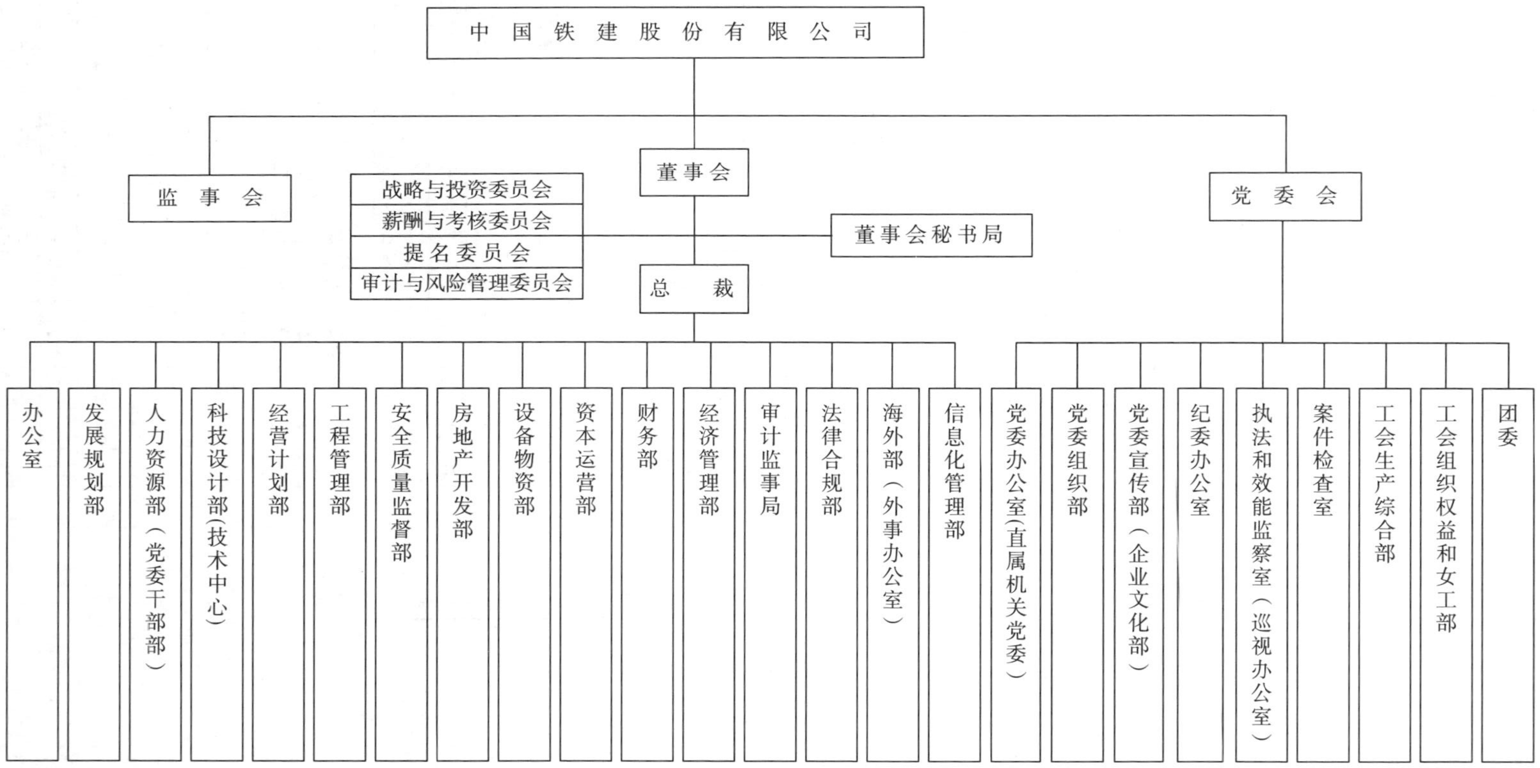

（制表：陈向阳）

中国铁建股份有限公司所属二级单位组织序列

（2016年）

中国铁建股份有限公司

- 中国土木工程集团有限公司
- 中铁十一局集团有限公司
- 中铁十二局集团有限公司
- 中国铁建大桥工程局集团有限公司
- 中铁十四局集团有限公司
- 中铁十五局集团有限公司
- 中铁十六局集团有限公司
- 中铁十七局集团有限公司
- 中铁十八局集团有限公司
- 中铁十九局集团有限公司
- 中铁二十局集团有限公司
- 中铁二十一局集团有限公司
- 中铁二十二局集团有限公司
- 中铁二十三局集团有限公司
- 中铁二十四局集团有限公司
- 中铁二十五局集团有限公司
- 中铁建设集团有限公司
- 中国铁建电气化局集团有限公司
- 中国铁建港航局集团有限公司
- 中国铁建房地产集团有限公司
- 中铁第一勘察设计院集团有限公司
- 中铁第四勘察设计院集团有限公司
- 中铁第五勘察设计院集团有限公司
- 中铁上海设计院集团有限公司
- 中铁物资集团有限公司
- 中国铁建高新装备股份有限公司
- 中国铁建重工集团有限公司
- 中国铁建国际集团有限公司
- 中铁城建集团有限公司
- 中国铁建投资集团有限公司
- 中国铁建财务有限公司
- 诚合保险经纪有限公司
- 中铁建商务管理有限公司
- 中铁建南方投资建设有限公司
- 中铁建昆仑投资建设有限公司
- 中铁建华北投资发展有限公司
- 中铁建金融租赁有限公司
- 中铁磁浮交通投资建设有限公司
- 中铁建重庆投资有限公司
- 中铁建资产管理有限公司
- 北京培训中心（党校）

（制表：陈向阳）

中国铁道建筑总公司党组织序列

（2016年）

- 中国铁道建筑总公司党委
  - 北京通达京承高速公路有限公司党委
  - 中国铁建股份有限公司党委
    - 中国土木工程集团有限公司党委
    - 中铁十一局集团有限公司党委
    - 中铁十二局集团有限公司党委
    - 中国铁建大桥工程局集团有限公司党委
    - 中铁十四局集团有限公司党委
    - 中铁十五局集团有限公司党委
    - 中铁十六局集团有限公司党委
    - 中铁十七局集团有限公司党委
    - 中铁十八局集团有限公司党委
    - 中铁十九局集团有限公司党委
    - 中铁二十局集团有限公司党委
    - 中铁二十一局集团有限公司党委
    - 中铁二十二局集团有限公司党委
    - 中铁二十三局集团有限公司党委
    - 中铁二十四局集团有限公司党委
    - 中铁二十五局集团有限公司党委
    - 中铁建设集团有限公司党委
    - 中国铁建电气化局集团有限公司党委
    - 中国铁建港航局集团有限公司党委
    - 中国铁建房地产集团有限公司党委
    - 中铁第一勘察设计院集团有限公司党委
    - 中铁第四勘察设计院集团有限公司党委
    - 中铁第五勘察设计院集团有限公司党委
    - 中铁上海设计院集团有限公司党委
    - 中铁物资集团有限公司党委
    - 中国铁建高新装备股份有限公司党委
    - 中国铁建重工集团有限公司党委
    - 中国铁建国际集团有限公司党委
    - 中铁城建集团有限公司党委
    - 中国铁建投资集团有限公司党委
    - 中国铁建财务有限公司党委
    - 诚合保险经纪有限责任公司党委
    - 中铁建商务管理有限公司党委
    - 中铁建南方建设投资有限公司党委
    - 中铁建昆仑投资集团有限公司党委
    - 中铁建华北投资发展有限公司党委
    - 中铁建金融租赁有限公司党委
    - 重庆铁发遂渝高速公路有限公司党委
    - 股份公司党校（北京培训中心）党委
    - 总公司（股份公司）直属机关党委

（制表：刘 留）

中国铁道建筑总公司工会组织序列

（2016年）

- 中国铁道建筑总公司工会
  - 中国铁建股份有限公司工会
    - 中国土木工程集团有限公司工会
    - 中铁十一局集团有限公司工会
    - 中铁十二局集团有限公司工会
    - 中国铁建大桥工程局集团有限公司工会
    - 中铁十四局集团有限公司工会
    - 中铁十五局集团有限公司工会
    - 中铁十六局集团有限公司工会
    - 中铁十七局集团有限公司工会
    - 中铁十八局集团有限公司工会
    - 中铁十九局集团有限公司工会
    - 中铁二十局集团有限公司工会
    - 中铁二十一局集团有限公司工会
    - 中铁二十二局集团有限公司工会
    - 中铁二十三局集团有限公司工会
    - 中铁二十四局集团有限公司工会
    - 中铁二十五局集团有限公司工会
    - 中铁建设集团有限公司工会
    - 中国铁建电气化局集团有限公司工会
    - 中国铁建港航局集团有限公司工会
    - 中国铁建房地产集团有限公司工会
    - 中铁第一勘察设计院集团有限公司工会
    - 中铁第四勘察设计院集团有限公司工会
    - 中铁第五勘察设计院集团有限公司工会
    - 中铁上海设计院集团有限公司工会
    - 中铁物资集团有限公司工会
    - 中国铁建重工集团有限公司工会
    - 中国铁建高新装备股份有限公司工会
    - 中国铁建国际集团有限公司工会
    - 中铁城建集团有限公司工会
    - 中国铁建投资集团有限公司工会
    - 中国铁建财务有限公司工会
    - 诚合保险经纪有限责任公司工会（筹）
    - 中铁建商务管理有限公司工会
    - 中铁建昆仑投资集团有限公司工会
    - 中铁建金融租赁有限公司工会（筹）
    - 重庆铁发遂渝高速公路有限公司工会(筹）
    - 股份公司党校（北京培训中心）工会
    - 总公司（股份公司）直属机关工会
  - 北京通达京承高速公路有限公司工会（筹）

（制表：刘　留）

中国铁道建筑总公司共青团组织序列

（2016年）

- 中国铁道建筑总公司团委
  - 中国铁建股份有限公司团委
    - 中国土木工程集团有限公司团委
    - 中铁十一局集团有限公司团委
    - 中铁十二局集团有限公司团委
    - 中国铁建大桥工程局集团有限公司团委
    - 中铁十四局集团有限公司团委
    - 中铁十五局集团有限公司团委
    - 中铁十六局集团有限公司团委
    - 中铁十七局集团有限公司团委
    - 中铁十八局集团有限公司团委
    - 中铁十九局集团有限公司团委
    - 中铁二十局集团有限公司团委
    - 中铁二十一局集团有限公司团委
    - 中铁二十二局集团有限公司团委
    - 中铁二十三局集团有限公司团委
    - 中铁二十四局集团有限公司团委
    - 中铁二十五局集团有限公司团委
    - 中铁建设集团有限公司团委
    - 中国铁建电气化局集团有限公司团委
    - 中国铁建港航局集团有限公司团委
    - 中国铁建房地产集团有限公司团委
    - 中铁第一勘察设计院集团有限公司团委
    - 中铁第四勘察设计院集团有限公司团委
    - 中铁第五勘察设计院集团有限公司团委
    - 中铁上海设计院集团有限公司团委
    - 中铁物资集团有限公司团委
    - 中国铁建高新装备股份有限公司团委
    - 中国铁建重工集团有限公司团工委
    - 中国铁建国际集团有限公司团委
    - 中铁城建集团有限公司团委
    - 中国铁建投资集团有限公司团委
    - 中国铁建财务有限公司团委
    - 中铁建金融租赁有限公司团委
    - 诚合保险经纪有限责任公司团委
    - 中铁建商务管理有限公司团委
    - 重庆铁发遂渝高速公路有限公司团委
  - 北京通达京承高速公路有限公司团委

（制表：刘　留）

2016 年 6 月 16 日，中国铁建 2015 年度股东大会在中国铁建大厦召开。（秦班超 摄）

董事会工作

2016 年中国铁建董事会工作

【中国铁道建筑总公司董事会】 2016 年 11 月 7 日前，中国铁道建筑总公司（以下简称总公司）董事会由孟凤朝、齐晓飞、庄尚标 3 名董事组成。2016 年 11 月 7 日，国务院国资委下发《关于庄尚标、齐晓飞职务任免的通知》（国资任字〔2016〕164 号），免去齐晓飞总公司副董事长、董事职务，总公司董事会由孟凤朝、庄尚标 2 名董事组成。2016 年，在国务院国资委指导下，董事会按照《中华人民共和国公司法》《中国铁建股份有限公司章程》（以下简称《公司章程》）的规定行使职权，建立健全公司法人治理相关制度，完善董事会决策机制，法人治理不断完善。 （余兴喜）

【总公司总经理聘任】 2016 年 11 月 7 日，国务院国资委下发《关于庄尚标、齐晓飞职务任免的通知》（国资任字〔2016〕164 号），齐晓飞不再担任总公司总经理职务，提名庄尚标为总公司总经理人选。12 月 1 日，总公司董事会召开第 27 次临时会议，同意聘任庄尚标为总公司总经理。 （余兴喜）

【规范董事会工作】 总公司董事会按照国资委关于建设规范董事会相关规定，不断完善公司法人治理，提高董事会决策的合规性、科学性。总公司董事会积极组织董事参加国资委培训，不断提高履职能力。2016 年 5 月 9 日，总公司向国务院国资委上报《中国铁道建筑总公司关于中国铁建董事会 2015 年度工作情况的报告》（中铁建董〔2016〕45 号）。 （余兴喜）

【总公司董事会第 26 次临时会议】 2016 年 6 月 5 日，总公司董事会召开第 26 次临时会议。会议审议通过《关于〈总公司 2015 年度工资总额预算执行情况报告〉的议案》和《关于〈总公司 2016 年度工资总额预算方案报告〉的议案》。 （靖 菁）

【总公司董事会第 27 次临时会议】 2016 年 12 月 1 日，总公司董事会召开第 27 次临时会议。会议审议通过《关于聘任庄尚标为公司总经理的议案》和《关于修订〈中国铁道建筑总公司章程〉的议案》。 （孙 瞻）

【中国铁建股份有限公司股东大会】 股东大会是股份公司的权力机构，依法行使下列职权：决定公司的经营方针和投资计划；选举和更换非由职工代表担任的董事、监事，决定有关董事、监事的报酬事项；审议批准董事会报告；审议批准监事会报告；审议批准公司的年度财务预算方案和决算方案；审议批准公司的利润分配方案和弥补亏损方案；对公司增加或者减少注册资本作出决议；对发行公司债券作出决议；对公司合并、分立、解散、清算或者变更公司形式作出决议；制定和修改公司章程，并批准《股东大会议事规则》《董事会议事规则》和《监事会议事规则》；对公司聘用、解聘或者不再续聘会计师事务所作出决议；审议单独或者合计持有公司 3% 以上有表决权股份的股东提出的议案；审议批准公司在一年内购买、出售重大资产超过公司最近一期经审计总资产 30% 的事项；审议批准变更募集资金用途事项；审议批准股权激励计划；审议批准公司章程规定的对外担保事项；审议法律和公司股票上市地的证券监督规则规定的应当由股东大会审议批准的关联交易；审议法律、公司股票上市地的证券监督管理机构的相关规定及公司章程规定应当由股东大会决定的其他事项。 （余兴喜）

【2015 年度股东大会】 2016 年 6 月 16 日，中国铁建股份有限公司（以下简称公司）2015 年度股东大会以现场与网络相结合的方式召开。会议审议并通过《关于董事会 2015 年度工作报告的议案》《关于监事会 2015 年度工作报告的议案》《关于公司 2015 年度财务

决算报告的议案》《关于公司2015年度利润分配方案的议案》《关于公司2015年年报及其摘要的议案》《关于核定公司2016年全资子公司担保额度的议案》《关于支付2015年度年报审计等相关费用的议案》《关于聘请2016年度外部审计机构的议案》《关于支付2015年度内部控制审计费用的议案》《关于聘请2016年度内部控制审计机构的议案》《关于2015年度董事、监事薪酬的议案》《关于将相关子公司公路工程施工总承包一级资质转移至股份公司的议案》《关于授予董事会发行公司H股股份一般性授权的议案》《关于增加公司注册资本的议案》《关于修订〈中国铁建股份有限公司章程〉的议案》,听取公司独立董事2015年度履职情况报告。 （靖 菁）

【中国铁建股份有限公司董事会】 公司第三届董事会由8名董事组成:执行董事、董事长孟凤朝,执行董事、副董事长齐晓飞,执行董事、总裁庄尚标,非执行董事葛付兴,独立非执行董事王化成、辛定华、承文、路小蔷。2016年11月25日,齐晓飞因工作变动辞去公司执行董事、副董事长及在董事会的其他相关职务,公司第三届董事会由7名董事组成:执行董事、董事长孟凤朝,执行董事、总裁庄尚标,非执行董事葛付兴,独立非执行董事王化成、辛定华、承文、路小蔷。

董事会对股东大会负责,按照《中国铁建股份有限公司章程》依法行使职权。董事会下设提名、战略与投资、薪酬与考核、审计与风险管理4个专门委员会。董事会制定《董事会议事规则》、各专门委员会工作细则及《独立董事工作制度》等法人治理相关工作制度。 （余兴喜）

【董事会提名委员会】 董事会提名委员会负责规范公司董事、总裁及其他高级管理人员的选择标准和程序,执行及检讨董事会成员多元化政策等。公司董事会提名委员会由孟凤朝、齐晓飞、王化成、辛定华和承文5名董事组成,孟凤朝任提名委员会主席。2016年11月25日,齐晓飞因工作变动辞去公司执行董事、副董事长及在董事会的其他相关职务,提名委员会由孟凤朝、王化成、辛定华和承文4名董事组成,孟凤朝任主席。

2016年,董事会提名委员会未召开会议。

（余兴喜）

【董事会战略与投资委员会】 战略与投资委员会负责对公司发展战略规划和重大投资决策进行研究并提出建议。公司董事会战略与投资委员会由庄尚标、葛付兴、王化成、辛定华4名董事组成,庄尚标任战略与投资委员会主席。2016年,战略与投资委员会分别于1月25日、3月8日、3月29日、4月11日、4月28日、6月13日、6月16日、7月12日、7月27日、8月29日、9月30日、10月27日、12月1日和12月23日召开会议,审议62项议题。 （余兴喜）

【董事会薪酬与考核委员会】 薪酬与考核委员会负责制定、审查公司董事及高级管理人员的薪酬政策与方案;负责研究公司董事及高级管理人员的考核标准、进行考核并提出建议。公司薪酬与考核委员会由承文、葛付兴、路小蔷3名董事组成,承文任薪酬与考核委员会主席。2016年,薪酬与考核委员会分别于3月29日、4月28日、10月26日召开会议,审议4项议题。

（余兴喜）

【董事会审计与风险管理委员会】 审计与风险管理委员会主要负责提议公司外部审计机构的聘请、更换;公司内部审计制度的监督;公司内外部审计的沟通、监督和核查;财务信息及其披露的审阅;内控制度的审查;公司风险管理策略和解决方案的制定,重大决策、重大事件和重要业务流程的风险控制、管理、监督和评估等工作。公司审计与风险管理委员会由王化成、葛付兴、辛定华、承文、路小蔷5名董事组成,王化成任审计与风险管理委员会主席。2016年,审计与风险管理委员会分别于1月25日、3月8日、3月29日、4月29日、8月29日、10月26日、12月1日和12月30日召开会议,审议26项议题。 （余兴喜）

【董事会秘书】 公司设董事会秘书1名,由董事会聘任和解聘。董事会秘书为公司的高级管理人员,对董事会负责。其主要职责:(1)组织筹备并列席董事会会议及其专门委员会会议、监事会会议和股东大会会议。(2)确保公司董事会决策的重大事项严格按规定的程序进行。根据董事会的要求,参加组织董事会决策事项的咨询、分析,提出相应的意见和建议。受委托承办董事会及其有关委员会的日常工作。(3)作为公司与证券监管部门的联络人,负责组织准备和及时递交监管部门所要求的文件,负责接受监管部门下达的有关任务并组织完成。(4)负责协调和组织公司信息披露事宜,建立健全有关信息披露的制度,参加公司所有涉及信息披露的有关会议,及时知晓公司重大经营决策及有关信息资料。(5)负责公司股价敏感资料的保密工作,并制定行之有效的保密制度和措施。对于各种原因引起公司股价敏感资料外泄,要采取必要的补救措施,及时加以解释和澄清,并通告公司股票上市地监管机构。(6)负责公司投资者关系管理事务,完善公司投资者的沟通、接待和服务工作机制。(7)负责协调来访接待,保持与新闻媒体的联系,负责协调解答社会公众的提问,并组织向中国证监会报告有关事宜。(8)协助公司董事会制定公司资本市场发展战略,协助筹划或者实施公司资本市场再融资或者并购重组事务。(9)保证公司的股东名册妥善设立,保证有权得到公司有关记录和文件的人及时得到有关记录和文件;负责公司股权管理事务,包括:保管公司股东持股资料,办理公司限售股相关事项,督促公司董事、监事、高级管理人员及其他相关人员遵守公司股份买卖相关规定及其他公司股权管理事项。(10)协助董事及总裁在行使职权时切实履行境内外法律、公司章程及其他有关规定。在知悉公司作出或可能作出违反有关规定的决议时,有义务及时提醒,并有权如实向中国证监会及其他监管机构反映情况。(11)协调向公司监事会及其他审核机构履行监督职能提供必要的信息资料,协助做好对有关公司财务负责人、公司董事和总裁履行诚信责任的调查。(12)履行董事会授予的其他职权以及公司股票上市地要求具有的其他职权。

(余兴喜)

【第三届董事会第22次会议】 2016年1月25日在中国铁建大厦14层第二会议室召开。会议审议通过《关于公司会计估计变更的议案》《关于中国铁建财务有限公司与中国铁道建筑总公司续签〈金融服务协议〉的议案》《关于公司本部银行综合授信的议案》《关于修订〈中国铁建股份有限公司董事会审计与风险管理委员会工作细则〉的议案》《关于中国铁建投资集团有限公司投资参股黄河财产保险股份有限公司的议案》等8项议案。

(靖　菁)

【第三届董事会第23次会议】 2014年3月8日在中国铁建大厦14层第二会议室召开。会议审议通过《关于公司与中国中铁股份有限公司联合体参与成都经济区环线蒲江—都江堰段、成都新机场高速公路BOT项目投标的议案》《关于公司参与呼和浩特市轨道交通2号线一期工程PPP项目投标的议案》《关于公司与新加坡SMRT Corporation Limited、SMRT International Private Limited联合体参与福州市轨道交通2号线机电设备PPP项目投标的议案》《关于设立中铁建西南投资有限公司和中铁建华北投资发展有限公司管理关系变更的议案》等5项议案。

(王　强)

【第三届董事会第24次会议】 2016年3月29—30日在中国铁建大厦14层第二会议室召开。会议审议通过《关于公司2015年度财务决算报告的议案》《关于公司2015年度利润分配方案的议案》《关于核定公司2016年全资子公司担保额度的议案》《关于公司募集资金存放与实际使用情况专项报告的议案》《关于公司2015年年报及其摘要的议案》《关于董事会向股东大会报告2015年度工作报告的议案》《总裁2015年度工作报告》《关于公司2015年度社会责任报告的议案》《关于公司2015年度内部控制评价报告的议案》《关于支付2015年度年报审计等相关费用的议案》《关于支付2015年度内部控制审计费用的议案》《关于2015年度董事、监事薪酬的议案》《关于〈中国铁建董事会2016年工作要点〉的议案》《关于授予董事会发行公司H股股份一般性授权的议案》《关于召开公司2015年度股东大会审议相关事宜的议案》《关于公司参与成都市IT大道现代有轨电车BT项目投标的议案》《关于中铁十四局集团有限公司参与陕西省西咸新区沣东新城斗门集中安置小区(地块一)BT项目投标的议案》等18项议案。

(靖　菁)

【第三届董事会第25次会议】 2016年4月11日以通讯表决方式召开。会议审议通过《关于增加公司注册资本的议案》《关于向部分工程局集团公司增加注册资本金的议案》《关于公司参与厦门翔安新机场片区地下综合管廊PPP项目投标的议案》《关于中铁十七局集团有限公司参与玉溪市基础设施建设工程PPP项目投资的议案》和《关于中铁十九局集团有限公司参与郑州航空港经济综合实验区2016—2018年片区城市基础设施一级开发建设"投资+施工总承包"项目投标的议案》5项议案。 （孙　瞻）

【第三届董事会第26次会议】 2016年4月29日在中国铁建大厦14层第二会议室召开。会议审议通过《关于公司2016年第一季度报告的议案》《关于董事会对总裁2015年度及2013—2015年任期绩效考核结果的议案》《关于董事会对总裁2016年度及2016—2018年任期绩效考核方案的议案》《关于发行可续期公司债券的议案》《关于聘请2016年度外部审计机构的议案》《关于聘请2016年度内部控制审计机构的议案》《关于将相关子公司公路工程施工总承包一级资质转移至股份公司的议案》《关于〈公司2016年度全面风险管理报告〉的议案》《关于董事会向国资委报告2015年度工作的议案》等11项议案。 （王　强）

【第三届董事会第27次会议】 2016年6月13日以通讯表决方式召开。会议审议通过《关于公司参与徐州市城市轨道交通3号线一期工程PPP项目投标的议案》。 （孙　瞻）

【第三届董事会第28次会议】 2016年6月16日在中国铁建大厦14层第二会议室召开。会议审议通过《关于向中铁物资集团有限公司增加注册资本金的议案》《关于设立中国铁建俄罗斯有限公司的议案》《关于中国铁建重工集团有限公司新建高端地下装备制造基地的议案》《关于中国土木工程集团有限公司投资参股中国海外基础设施开发投资有限公司的议案》等7项议案。 （孙　瞻）

【第三届董事会第29次会议】 2016年7月12日以通讯表决方式召开。会议审议通过《关于公司参加吉林通化市地下综合管廊及道路改造PPP项目投标的议案》。 （孙　瞻）

【第三届董事会第30次会议】 2016年7月27日在中国铁建大厦14层第二会议室召开。会议审议通过《关于公司成立莫桑比克代表处、刚果（布）代表处的议案》《关于公司使用部分闲置募集资金暂时补充流动资金的议案》《关于公司与中铁十七局集团有限公司组成联合体参加长沙梅溪湖国际新城（二期）地下综合管廊PPP项目投标的议案》《关于公司参加青岛地铁4号线PPP项目投标的议案》《关于中铁城建集团有限公司参加长沙岳麓科技产业园玉赤河流域环境整治及景观工程PPP项目投标的议案》《关于公司与重庆高速公路集团有限公司组成联合体以BOT+EPC模式参加安岳至合川高速公路、合川至璧山至江津高速公路项目投标的议案》《关于公司参加重庆轨道交通9号线一期工程PPP项目投标的议案》等9项议案。 （孙　瞻）

【第三届董事会第31次会议】 2016年8月30日在中国铁建大厦14层第二会议室召开。会议审议通过《关于公司2016年半年报及其摘要的议案》《关于募集资金存放与实际使用情况专项报告的议案》《关于重组设立中铁建重庆投资发展有限公司的议案》《关于成立中铁建磁浮交通投资建设有限公司的议案》《关于公司参与南京市江北新区综合管廊二期工程PPP项目投标的议案》《关于公司参与成都地铁6号线一、二期工程投标的议案》《关于公司参与巫家坝土桥片区土地一级开发整理项目投标的议案》《关于中国铁建房地产集团有限公司参与贵阳兰草坝项目剩余批次土地一级整理项目投标的议案》《关于公司参与大连地铁5号线PPP项目投标的议案》《关于公司参与大连湾海底隧道和光明路延伸工程PPP项目投标的议案》《关于中国铁建投资集团有限公司投资青岛市北区滨海新区总部大道土地一级开发项目的议案》《关于公司参与北京新机场轨道线PPP项目投标的议案》《关于修订〈中国铁建股份有限公司董事会议事规则〉的议案》《关于修订〈中国铁建股份有限公司董事、

监事和高级管理人员持股变动管理制度〉的议案》等18项议案。（孙　瞻）

【第三届董事会第32次会议】 2016年9月30日以通讯表决方式召开。会议审议通过《关于公司参与首都环线高速公路（通州至大兴段）PPP项目投标的议案》和《关于中铁十一局、中铁十九局集团有限公司联合云南省公路局道桥技术工程公司参与宜宾至毕节高速公路威信至镇雄段、东川格勒至巧家葫芦口高速公路融资代建项目投标的议案》。（孙　瞻）

【第三届董事会第33次会议】 2016年10月27日在中国铁建大厦14层第二会议室召开。会议审议通过《关于公司2016年第三季度报告的议案》《关于增加公司2016年度对外捐赠额度的议案》《关于2015年度高管人员薪酬方案的议案》《关于公司2016年度内部控制评价及考核工作实施方案的议案》《关于给中铁建资产管理有限公司增加注册资本金的议案》《关于公司参与昆明（福德立交）至宜良高速公路（昆石复线）PPP项目投标的议案》《关于公司参与曲靖三宝至昆明清水高速公路（昆明段）PPP项目投标的议案》和《关于制订〈中国铁建股份有限公司信息披露暂缓与豁免业务管理制度〉的议案》8项议案。（孙　瞻）

【第三届董事会第34次会议】 2016年11月11日以通讯表决方式召开。会议审议通过《关于发行H股可转换公司债券的议案》。（孙　瞻）

【第三届董事会第35次会议】 2016年12月1日在中国铁建大厦14层第二会议室召开。会议审议通过《关于公司参与长沙6号线文昌阁至东屯渡地下配套工程土建施工"投资＋总承包"项目投标的议案》《关于公司参与芜湖市轨道交通1号线、2号线一期PPP项目投标的议案》《关于公司参与西安地铁临潼线（9号线）一期工程PPP项目投标的议案》《关于公司参与成都轨道交通10号线二期工程项目投标的议案》等5项议案。（孙　瞻）

【第三届董事会第36次会议】 2016年12月23日以通讯表决方式召开。会议审议通过《关于成立中铁建华南建设有限公司的议案》《关于设立中国铁建股份有限公司卡塔尔分公司的议案》《关于中铁二十局集团有限公司、中铁第一勘察设计院集团有限公司联合参与贵州省遵义至余庆高速公路PPP项目投标的议案》《关于中国铁建投资集团有限公司等单位参与湖南省安乡至慈利高速公路BOT项目投标的议案》和《关于公司参与石家庄市城市轨道交通1、3号线二期土建及相关工程BT项目投标的议案》5项议案。（孙　瞻）

【第三届董事会第37次会议】 2016年12月30日以通讯表决方式召开。会议审议通过《关于公司和中铁建金融租赁有限公司签订〈服务互供框架协议〉的议案》。（孙　瞻）

【完善公司法人治理制度】 董事会继续加强制度建设，按照国资委、中国证监会、证券交易所等监管机构的有关规定，结合企业实际情况，进一步完善法人治理制度。2016年，修订《公司章程》《总裁工作细则》《董事会审计与风险管理委员会工作细则》《对外投资管理制度》和《董事、监事和高级管理人员持股变动管理制度》等制度，制定《信息披露暂缓与豁免业务管理制度》。（王　强）

【外部董事专题调研】 2016年，董事会组织2次外部董事调研活动，先后对所属10个二级单位和17个重点项目进行实地调研，了解企业发展现状和"十三五"规划编制情况，为科学决策创造条件。

6月17—26日，股份公司党委书记、副董事长齐晓飞带队，非执行董事葛付兴、独立非执行董事辛定华、承文、路小蔷，与董事会秘书余兴喜，董事会秘书局、海外部等有关人员一道，到以色列、黑山和白俄罗斯，对所在国海外工程项目、欧洲和欧亚地区海外经营及新兴市场开拓情况进行考察调研。

11月7—11日，股份公司党委书记、副董事长齐晓飞带队，非执行董事葛付兴，独立非执行董事王化成、承文、路小蔷，与董事会秘书余兴喜，董事会秘书局、设备物资部等有关人员一道，对所属物资集团、电气化局、铁发遂渝、二十三局、昆仑投资5家二级单位及部分在渝、在蓉项目进行实地调研。

（靖　菁　孙　瞻　王海强）

【组织公司董事、董秘参加培训】　按照国资委、上海证券交易所等有关监管机构要求，组织公司董事、董秘参加董事会规范运作专题研讨及上市公司合规运作专题培训活动。2016年，组织公司董事、董秘参加相关培训20人次。

（王海强）

【董事会秘书局】　董事会秘书局为公司董事会的常设工作机构，负责公司董事会日常工作事务，负责筹备、组织股东大会、董事会及其各专门委员会会议，负责董事会决议执行情况的监督和信息反馈；负责起草董事会重要文件，建立健全董事会各项工作制度；负责董事会印章管理，处理法人代表授权委托事项；负责为董事履职提供工作服务；负责公司投资者关系管理，管理股东名册，接待投资者来访，与投资者保持良好的日常沟通与交流；组织编制年报、半年报、季度报告等定期报告；负责安排、组织业绩路演、推介活动；负责董事会与公司内外部的联络与沟通，协调与境内外监管机构的关系；负责公司内部重大信息的收集、整理与汇总，对外进行信息披露；负责对所属上市公司信息披露业务进行指导；负责公司委派到子公司的外部董事的日常管理、工作服务；负责参加子公司股东大会的股东代表和公司委派到子公司的外部董事参加董事会行使决策意见的沟通与协调；负责公司董事会与全资、控股子公司董事会的业务联系与沟通，持续完善全资、控股子公司法人治理制度建设，规范董事会运作；参与公司股票、债券及其衍生品的发行工作，参与所属子公司分拆上市等资本市场融资工作；参与公司全面风险管理、内部控制、履行社会责任等工作；承办总公司董事会相关工作；完成领导交办的其他工作。董事会秘书局下设秘书处、投资者关系处和股权代表管理处，定员14人，设主任1人，副主任1人，证券事务代表1人，现员11人。

依法合规办事，注重工作实效。2016年，董事会秘书局在公司董事会、公司领导、董事会秘书领导下，按照《董事会2016年工作要点》的总体部署，主要围绕公司董事会规范运作开展工作，进一步完善公司治理结构与制度建设，筹备召开各类决策会议，做好信息披露与投资者关系管理，对二级公司董事会建设进行业务指导，开展股权再融资工作，为企业改革与发展服务。

（靖　菁）

【公司章程修订】　公司注册资本和股本结构因2015年7月非公开发行A股股票而相应发生变动，根据股票实际发行情况及相关工商登记机关的要求，公司对《公司章程》第二十二条中有关内容进行修订，并经2016年6月16日召开的2015年度股东大会审议通过。6月20日，正式印发《中国铁建股份有限公司章程》（中国铁建董〔2016〕112号）。

（李　静）

【公司总裁工作细则修订】　根据企业管理需要，公司对《总裁工作细则》进行修订，并经8月30日召开的第三届董事会第31次会议审议通过。9月7日，正式印发《中国铁建股份有限公司总裁工作细则》（中国铁建董〔2016〕159号）。

（李　静）

【公司董事会审计与风险管理委员会工作细则修订】根据《上海证券交易所上市公司董事会审计委员会运作指引》和香港联合交易所有限公司对《香港联合交易所有限公司证券上市规则》中《企业管治守则》及《企业管治报告》章节有关风险管理和内部控制的修订，结合实际，公司对《董事会审计与风险管理委员会工作细则》进行修订，并经2016年1月25日召开的第三届董事会第22次会议审议通过。2月4日，正式印发《中国铁建股份有限公司董事会审计与风险管理委员会工作细则》（中国铁建董〔2016〕26号）。

（李　静）

【公司对外投资管理制度修订】　为适应市场变化，结合实际，公司对《对外投资管理制度》进行修订，并经2016年8月30日召开的第三届董事会第31次会议审议通过。9月6日，正式印发《中国铁建股份有限公司对外投资管理制度》（中国铁建董〔2016〕158号）。

（李　静）

【公司董事、监事和高级管理人员持股变动管理制度修订】 根据境内外证券监管机构有关上市公司董事、监事和高级管理人员持股管理的规定，结合实际，公司对《董事、监事和高级管理人员持股变动管理制度》进行修订，并经2016年8月30日召开的第三届董事会第31次会议审议通过。9月6日，正式印发《中国铁建股份有限公司董事、监事和高级管理人员持股变动管理制度》（中国铁建董〔2016〕155号）。

（李 静）

【公司信息披露暂缓与豁免业务管理制度制定】 根据上海证券交易所《关于发布〈上市公司信息披露暂缓与豁免业务指引〉的通知》（上证发〔2016〕20号），结合实际，公司制定《信息披露暂缓与豁免业务管理制度》，并经2016年10月27日召开的第三届董事会第33次会议审议通过。11月9日，正式印发《中国铁建股份有限公司信息披露暂缓与豁免业务管理制度》（中国铁建董〔2016〕186号）。 （赫东娜）

【加强二级公司董事会规范运作】 2016年，持续加强二级公司法人治理制度建设，落实公司《关于健全完善法人治理制度的通知》要求，督促二级公司对法人治理制度进行梳理、完善、印发，并建立定期自查机制；督促二级公司严格执行法人治理制度，重大事项必须按照制度规定履行相关决策程序，切实提高制度的执行力。及时了解二级公司董事会运作情况，备案二级公司董事会工作总结、计划及董事会决议等资料。加强与二级公司董事会工作机构的业务联系与交流，通过QQ工作群、电话和邮箱等多种形式，交流业务资料，解答各类问题。 （徐 红）

【重大信息内部报告】 2016年，为进一步确保公司内部重大信息迅速、顺畅的流动、归集和有效管理，全年收集全系统重大信息40条，整理披露临时公告18份。

（徐 红）

【公司派往二级单位外部董事代表出资人行使决策意见的沟通与协调】 2016年，继续做好公司派往二级单位外部董事的日常沟通与服务，会同机关相关部门对高新装备1次股东大会、7次董事会共39项议案进行审阅，形成初步意见，报公司领导审阅后由派往二级单位外部董事代表出资人参与表决。 （徐 红）

【资本市场获奖情况】 2016年，中国铁建在第七届中国上市公司与城市发展投资交流会上获“2016中国上市公司最具核心竞争力100强”和“2016中国上市公司最具行业品牌影响力企业100强”；在第七届中国上市公司投资者关系评选中获中国上市公司投资者关系最佳董事会奖；在2016中国企业科学发展大会暨诚信盛典上荣登“2015中国上市公司信用100强”第25位；在第十六届中国上市公司百强高峰论坛上获中国百强企业奖；在第十二届中国上市公司董事会“金圆桌”论坛上获最佳董事会奖。

孟凤朝董事长被评为“2016中国上市公司创新功勋企业家”；获“中国百强杰出企业家”称号；获“最具战略眼光董事长”称号。王秀明总会计师在2016中国融资上市公司评选中获“最佳财务总监”称号。余兴喜董事会秘书获中国上市公司投资者关系优秀董秘奖；获中国百强优秀董秘奖；获“最佳董秘或公司秘书”称号；获“功勋董秘”称号；在《大公报》主办的2016中国证券金紫荆评选中获“最佳上市公司董事会秘书”称号；获新财富第12届金牌董秘奖、新财富金牌董秘十佳资本运作奖、21世纪经济报道和21世纪传媒“中国上市公司最佳董事会秘书”、第十三届中国财经风云榜金牌董秘奖。 （徐 衍）

【合规披露公司信息】 2016年，公司在上海证券交易所披露文件资料132份，在香港联交所披露中文文件128份、英文文件90份。信息披露文件除在交易所网站披露外，分别在《中国证券报》《上海证券报》《证券日报》《证券时报》4家指定报纸和《中国铁道建筑报》及公司网站进行披露。公司于香港联交所网站发布的海外监管公告，在公司网站上同时披露中英文版，方便海外投资者了解公司信息。 （赫东娜）

【公司定期报告编制】 2016年，完成公司2015年年报、2016年一季报、2016年中期报告和2016年三季报的编制与披露工作，定期报告未出现重大差错或遗漏。

同时,按期完成定期报告的翻译等相关工作。

(谢华刚　李　静　何　珊　卢富平)

【投资者关系管理】 公司贯彻落实《国务院办公厅关于进一步加强资本市场中小投资者合法权益保护工作的意见》、上海证券交易所《关于进一步加强上市公司投资者关系管理工作的通知》和北京证监局《关于集中开展投资者保护宣传工作的通知》精神,按照《中国铁建股份有限公司投资者关系工作制度》的有关规定,扎实有效地开展投资者关系管理工作。公司设立投资者关系热线电话,接听投资者和分析师咨询,及时回答相关问题。设立投资者关系专用邮箱,为投资者及分析师提供便利的沟通条件。2016 年接听热线电话 2000 余次,回复邮件 500 余封。对投资者普遍关注的热点问题,及时汇总并上报。全年接待投资者会议 62 场 245 人次;参加投资机构举行的投资者论坛 9 次 54 场,接待投资者 222 人次。

(卢富平　何　珊　徐　衍)

【上证 e 互动平台管理】 公司利用上海证券交易所"上证 e 互动"网络平台,重视和加强与投资者的互动和交流,对投资者提出的问题给予及时回复,并上传机构投资者来访调研记录等资料。利用上证 e 互动平台召开现金分红网络说明会,回答投资者提出的问题。

(何　珊　卢富平　徐　衍)

【投资者关系管理网站内容更新】 为加强投资者关系管理工作的主动性和互动性,畅通与投资者沟通的渠道和方式,进一步完善信息披露工作,及时更新公司网站中有关投资者关系管理的内容。完善投资者关系栏目内容,及时更新数据,增强投资者关系栏目的针对性、及时性和准确性,同时搭建与投资者互动平台,进一步拓宽投资者的信息反馈渠道。

(卢富平　何　珊　徐　衍)

【业绩发布和路演】 公司配合定期报告的披露,及时召开业绩发布会。2016 年召开 1 次业绩发布现场会议、4 次电话会议,发布公司经营业绩,回答投资者和分析师普遍关注的问题。配合年报的发布,公司领导带队在香港和新加坡进行业绩路演,召开投资者会议 47 场,会见投资者和分析师 118 人次。公司业绩获得资本市场的普遍认可。(靖　菁　卢富平　徐　衍)

【内幕信息管理】 公司按照中国证监会等监管机构的相关要求和《中国铁建股份有限公司内幕信息知情人管理制度》的规定,进一步加强内幕信息管理,完善内幕信息知情人登记备案制度,对重点事项进行重点管控,严格规范内幕信息知情人的行为,有效保护股东、公司及其他利益相关方的合法权益。2016 年公司登记内幕信息知情人 391 人次。(谢华刚　徐　衍)

【年度分红派息】 认真做好 2015 年度分红派息工作,制订工作计划,明确工作流程、时间节点及分工建议,对分红派息工作进行整体筹划,与财务部等部门密切配合,2016 年 8 月,公司完成 2015 年度分红派息工作。

(卢富平　赫东娜)

【证券事务中介机构】 2016 年,组织完成对公司所聘 4 家上市合规类中介机构的年度考核工作,对各中介机构年度工作情况进行评议,并提出改进建议。经协商,决定继续聘任北京德恒律师事务所(境内律师)、贝克·麦坚时律师事务所(境外律师)、香港中央证券登记有限公司(境外股东登记服务机构)、香港皓天财经集团有限公司(境外财经公关公司和印刷商)为公司新一年度的上市合规类服务机构,签署年度服务协议和保密协议,并支付上一年度服务费用。

(靖　菁　卢富平)

【公司股东名册管理】 公司 A 股、H 股股东情况和相关数据分别由中国证券登记结算公司上海分公司和香港中央证券进行管理。做好 A 股股东名册管理工作,定期下载公司前百名大股东名册数据和股息红利差异化计税补缴明细数据,在召开股东大会、分红派息、业绩发布等期间进行股东名册的申请、下载、汇总、对比和查询。做好 H 股股东名册管理工作,定期从香港中央证券网站下载公司全部股东名册及地域分布、大股东名单等统计表格,及时掌握公司股份分布情况和大股东权益变动情况。截至 2016 年 12 月 31 日,公司股

东总数 352530 户，其中 A 股股东 334599 户、H 股股东 17931 户。（赫东娜　徐　衍）

【公司发行第一期 H 股可转股债券】 2016 年 1 月，公司在香港联交所成功发行 5 亿美元 H 股可转股债券，创造多项第一。本次发行是 2015 年 9 月国务院简政放权由审批制改为备案制后的第一单境外可转债，是 8 年来 A + H 上市公司成功发行的第一单可转债，其零票息、零收益率、37.5% 转股溢价的发行条款也是 2004 年以来亚太地区可转债发行的最好条款。

（孙　瞻）

【公司发行第一期可续期公司债】 中国证监会批复同意公司发行 150 亿元可续期公司债。2016 年 6 月，公司在上海证券交易所以 3.53% 的利率成功发行第一期 80 亿元可续期公司债。作为交易所债券市场第三单、央企第一单可续期公司债，此次发行创造发行规模最大、发行利率最低两项纪录。（孙　瞻）

【公司发行第二期 H 股可转股债券】 2016 年 12 月，公司在香港联交所成功发行 34.5 亿元人民币计价美元结算的 H 股可转股债券，票息 1.5%，转股溢价 25%。本次发行是 A + H 股上市公司以人民币计价的海外可转债第一单（以人民币计价，可规避人民币贬值造成的汇兑损失），是中国证监会审批的储架式发行（一个批文，多次发行）可转债的第一单。（孙　瞻）

2016 年 7 月 8 日，中铁十七局集团有限公司承建的西成铁路客运专线重点控制性工程——秦岭天华山隧道贯通。

（浦志前 摄）

工程施工

特载 | 大事记 | 概况 | 董事会工作 | 工程施工 | 海外经营 境外工程 | 经营管理 | 综合管理 | 科技管理 | 党的工作 | 工会 共青团 | 所属单位 | 区域经营机构 | 人物 | 统计资料 | 文献辑要 | 附录

工程管理

【工程管理部】 是中国铁建股份有限公司工程管理、工程调度、抗洪抢险、抗震救灾、环境保护及铁路战备综合管理职能部门。主要职责:管理、指导全系统工程管理工作,负责组织制订建设项目施工管理、竣工验收管理等各项规章制度,负责交流推广先进项目管理经验;负责组织有关部门处理和解决公司承建的重点工程中的施工组织、施工难点问题和竣工验收交接工作,负责工程调度和重难点工程的信息工作,负责公司总承包项目和本级工程项目的施工组织管理指导工作,负责工程项目环境保护、节能减排、防洪、抗震减灾等工作;参与公司总体发展战略及中长期规划的研究制订工作、社会责任报告的编撰并提供相关资料,参与全面风险管理和内控相关工作,参与绩效考核、经济对标、信息化建设、责任成本管理、全面预算管理及概预算梳理、设计变更、经济索赔工作;承办总公司管理的国家铁路战备及总公司经营项目的工程管理工作。下设综合处、工程管理处、调度处、节能环保处。

(刘　辉)

【施工生产综述】 2016 年,中国铁建系统完成施工产值 5496.5 亿元,占年度计划的 103.1%,同比增加 348 亿元。全系统超过 5000 万元的在建项目 3316 项。其中,铁路工程 780 项;公路工程 618 项;市政工程 352 项;城市轨道交通工程 577 项;房屋建筑工程 756 项;水利工程 117 项;电力工程(含水电工程)25 项;机场工程 10 项;港口与航道工程 32 项;矿山工程 32 项;地质灾害治理工程 2 项;其他类别 31 项。

中国铁建国内在建重点工程 35 项。其中,铁路工程 19 项,即蒙华铁路、京沈铁路客运专线、郑徐铁路客运专线、商合杭高速铁路、宝兰铁路客运专线、石济铁路客运专线、成兰铁路、汉十铁路客运专线、济青高速铁路、昌赣铁路客运专线、西成铁路客运专线、沪昆高速铁路贵昆段、兰渝铁路、重庆铁路枢纽 BT 项目、敦格铁路、成贵铁路、杭黄铁路、九景衢铁路、格库铁路;公路工程 2 项,即简阳至蒲江高速公路、兴延高速公路;市政工程 2 项,即镇江新区基础设施 BT 项目、芜湖城南过江隧道项目;城市轨道交通工程 6 项,即北京地铁(6 号线二期、8 号线)、青岛地铁(1 号线、2 号线)、厦门地铁 1 号线、兰州地铁 1 号线、成都地铁 5 号线、深圳地铁 6 号线;水利工程 3 项,即山西中部引黄工程、广西邕宁水利枢纽工程、吉林中部引松供水工程;房屋建筑工程 3 项,即广西九洲国际、银川绿地中心项目、福建福清清利嘉中心。

2016 年,中国铁建参建的铜(仁)玉(屏)铁路 2 标段隧道群、武汉东湖隧道、云南香(格里拉)德(钦)公路白茫雪山 3 号隧道、西成铁路客运专线大秦岭隧道、青海花久高速公路雪山 1 号隧道、成昆铁路扩能改造工程永(仁)广(通)铁路第一长隧骄子山隧道等难险隧道工程相继贯通。参建的京沈高速铁路辽宁段率先在中国铁建管段开始铺轨,黄大铁路黄河特大桥成功跨越 470 米宽黄河主河槽,日照港岚山港区 6 号大宗散货泊位工程首座 6600 吨级超大型沉箱完成出运安装,公路特许经营项目济(南)乐(陵)高速公路正式通车。参建的郑徐铁路客运专线,沪昆高速铁路贵州云南段,长沙磁浮,长株潭城际铁路,青荣城际引入青岛枢纽,敦格铁路,娄邵铁路,佛肇、莞惠城际铁路等顺利开通。

(刘　辉)

【项目管理先进单位】 2016 年,15 家单位被评为年度中国铁建项目管理先进单位。

中铁十七局集团有限公司
中国土木工程集团埃塞俄比亚工程有限公司
中铁十一局集团一公司
中铁十二局集团三公司
中国铁建大桥工程局集团一公司
中铁十四局集团五公司
中铁十六局集团五公司
中铁十八局集团五公司
中铁十九局集团轨道交通工程有限公司
中铁二十局集团电气化公司
中铁二十二局集团一公司
中铁二十四局集团浙江公司
中铁建设集团有限公司机电总承包事业部
中国铁建电气化局集团南方公司
中铁城建集团北京工程有限公司

(刘　辉)

【优秀项目经理部】 2016 年,30 个项目经理部被评为中国铁建优秀项目经理部。

中国土木工程集团有限公司安提瓜和巴布达机场航站楼项目经理部

中铁十一局集团电务公司宁安铁路工程项目经理部

中铁十一局集团有限公司武汉市轨道交通机场线土建施工部分 BT 项目项目经理部

中铁十一局集团有限公司渝万铁路客运专线站前 6 标段项目工程项目经理部

中铁十二局集团有限公司郑徐铁路客运专线工程

指挥部

中铁十二局集团有限公司西安市地铁3号线一期工程鱼化寨至保税区(不含试验段)土建施工项目D3TJSG－22标段项目经理部

中国铁建大桥工程局集团有限公司合福铁路安徽段站前2标段项目经理部六分部

中铁十四局集团有限公司潮惠高速公路TJ17合同段项目经理部

中铁十四局集团有限公司新建郑州至徐州铁路客运专线ZXZQ05标段项目经理部

中铁十五局集团有限公司西藏省道206线措国项目施工B合同段项目经理部

中铁十六局集团有限公司苏州市轨道交通4号线及支线工程土建施工项目Ⅳ－TS－02标段项目经理部

中铁十六局集团有限公司京昆高速河北省石家庄至冀晋界公路LJ10合同段项目经理部

中铁十七局集团有限公司京沈铁路客运专线辽宁段TJ－8标段项目经理部

中铁十七局集团有限公司张呼铁路ZHZQ－2标段项目经理部

中铁十七局集团有限公司郑徐铁路客运专线ZXSD标段项目经理部

中铁十八局集团有限公司长春地铁1号线07标段项目经理部

中铁十八局集团有限公司天津市滨海新区中央大道海河隧道工程项目经理部

中铁十九局集团有限公司新建西安至成都铁路西安至江油段XCZQ－7标段项目经理部

中铁二十局集团有限公司本格拉铁路工程项目经理部

中铁二十局集团有限公司简蒲高速公路JPTJ－3标段项目经理部

中铁二十一局集团有限公司宝兰铁路客运专线兰州枢纽项目部

中铁二十二局集团有限公司北京地铁6号线西延5标段项目经理部

中铁二十三局集团有限公司长沙磁浮工程TJVI标段项目经理部

中铁二十四局集团福建铁路建设公司沪昆铁路客运专线贵州段工程指挥部

中铁二十五局集团电务公司沪昆线扩能改造工程项目经理部

中铁建设集团有限公司燕郊天洋城4代一期工程项目经理部

中铁建设集团有限公司风景御园四期写字楼工程项目经理部

中国铁建电气化局集团有限公司云桂铁路昆明枢纽站后工程项目经理部

中铁城建集团有限公司云桂铁路昆明枢纽项目经理部

中铁城建集团有限公司北京通州第二项目经理部

（刘　辉）

【优秀项目经理】 2016年,中国铁建表彰优秀项目经理48人。

廖剑锋	陈　强	李承连	刘守成	王引仓
谢卫林	林吉兴	王保良	饶胜斌	赵一林
刘明才	丁前进	郭建周	张英智	王继东
郑剑锋	耿永旺	王丽军	刘建军	吴思国
李　伟	牛耀文	曹正杰	王海平	王树成
岑天飞	余跃进	张维刚	刘本党	王孝平
唐培文	张运庭	王永岗	李鸿云	马　杰
王　奎	万成福	杜风余	闵宪龙	刘科明
陈树登	申家海	徐　斌	杨　彦	刘兴晨
金智庆	马　洪	孙国著		

（刘　辉）

铁路工程

·蒙华铁路·

【工程概况】 蒙西至华中铁路煤运通道工程连接蒙陕甘宁能源金三角地区与湘鄂赣等华中地区,是中国“北煤南运”新的国家战略运输通道,是衔接多条煤炭集疏线路、点网结合、铁水联运的大能力、高效煤炭运输系统和国家综合交通运输系统的重要组成部分,起自内蒙古鄂尔多斯市浩勒报吉,途经内蒙古、陕西、山西、河南、湖北、湖南、江西七省(自治区),终至江西吉安。线路全长1837千米,设计为国铁Ⅰ级、电力牵引、客货混跑铁路;浩勒报吉至岳阳段为双线,岳阳至吉安段为单线并预留双线条件,设计行车速度120千米。正线为有砟轨道,长度6千米以上隧道内铺设弹性支承块式无砟轨道,路基总长1039千米,桥梁702座297千米,隧道228座457千米,新建及改建车站74座。工程投资1700亿元。2015年7月开工建设,计划2020年竣工。中国铁建所属十一局、十二局、大桥局、十四局、十六局、十七局、十八局、十九局、二十局、十二

一局、二十二局、二十四局、电气化局集团有限公司参加工程建设。 （刘 辉）

【参建标段】 中铁十一局集团有限公司蒙华铁路MHTJ-20标段工程 项目部驻湖北省襄阳市，项目负责人李文俊。合同投资290417万元，线路长69.4千米。主要工程量：正线桥梁23座21887延长米，隧道1座123延长米，车站2座（邓湖站、樊城西站）。

中铁十二局集团有限公司蒙华铁路MHSS-2标段工程 项目部驻山西省万荣县，项目负责人鲍海荣。合同投资80104万元，线路长8.6千米。主要工程量：路基土石方14.86万立方米，路基0.9千米，隧道1座7683延长米。

中铁十二局集团有限公司蒙华铁路MHTJ-11标段工程 项目部驻山西省运城市，项目负责人胡建国。合同投资305322万元，线路长46.4千米。主要工程量：路基28.5千米，特大桥3座11371延长米，大桥5座1296延长米，中桥2座156延长米，框构桥8座，禹门口隧道5089延长米，涵洞69座。

中国铁建大桥工程局集团有限公司蒙华铁路MHTJ-13标段工程 项目部驻河南省三门峡市，项目负责人李庆丰。合同投资341977万元，线路长12.8千米。主要工程量：路基土石方589万立方米，隧道7座4371延长米，铁路桥梁12座10165延长米，改线桥梁2座187延长米，涵洞12座475横延米，站场1处。

中铁十四局集团有限公司蒙华铁路MHTJ-23标段工程 项目部驻湖北省荆州市，项目负责人刘志波。合同投资273187万元，线路长70.7千米。主要工程量：路基土石方970万立方米，路基49.305千米，桥梁27座21350延长米，框架小桥105座988延长米，框架涵洞182座，站场3处。

中铁十六局集团有限公司蒙华铁路MHSS-4标段工程 项目部驻河南省灵宝市，项目负责人郳志炯。合同投资158667万元，线路长25.5千米。主要工程量：框架涵1座，路基两段，城烟隧道左线2667延长米，右线以燕尾段463延长米；崤山隧道左线22751延长米，右线22771延长米。

中铁十六局集团有限公司蒙华铁路MHTJ-26标段工程 项目部驻湖南省岳阳市，项目负责人刘彬。合同投资181173万元，线路长36.6千米。主要工程量：路基土石方483万立方米，路基8.53千米，桥梁11座28222延长米，涵洞31座1691横延米，框架小桥4座96延长米，站场2处。

中铁十七局集团有限公司蒙华铁路MHTJ-4标段工程 项目部驻陕西省靖边县，项目负责人陈自明。合同投资228403万元，线路长30.9千米。主要工程量：路基土石方120万立方米，隧道10座23938延长米，桥梁16座2886延长米，涵洞16座575横延米，无砟道床52千米，有砟道床9.6千米。

中铁十八局集团有限公司蒙华铁路MHTJ-5标段工程 项目部驻陕西省安塞区，项目负责人高双涛。合同投资263474万元，线路长35.9千米。主要工程量：区间路基土石方182.8万立方米，站场土石方175.4万立方米，桥梁24座3369延长米，隧道14座27358延长米，无砟道床55069米，车站1座。

中铁十九局集团有限公司蒙华铁路MHSS-7标段工程 项目部驻江西省铜鼓县，项目负责人孙茂明。合同投资78844万元，线路长15.6千米。主要工程量：九岭山隧道为单洞双线隧道，全长15390米，路基257米，框架涵1座。

中铁二十局集团有限公司蒙华铁路MHSS-1标段工程 项目部驻陕西省延安市，项目负责人钟选良。合同投资70220万元，线路长11.9千米。主要工程量：土石方4.1137万立方米，阳山隧道11延长米，桥梁1座60延长米，路基161米，无砟道床23398米。

中铁二十局集团有限公司蒙华铁路MHTJ-7标段工程 项目部驻陕西省延安市，项目负责人康玮。合同投资261960万元，线路长35.7千米。主要工程量：土石方42.99万立方米，隧道13座31862延长米，其中8座为纯黄土隧道；桥梁11座3099延长米，无砟道床66496米。

中铁二十一局集团有限公司蒙华铁路MHTJ-8标段工程 项目部驻陕西省宜川县，项目负责人冯建军。合同投资171908万元，线路长39.2千米。主要工程量：路基土石方423万立方米，桥梁16座6342延长米，隧道3座1770延长米，车站1座，房屋建筑面积0.47万平方米。

中铁二十二局集团有限公司蒙华铁路MHTJ-33标段工程 项目部驻江西省吉安市，项目负责人陈延军。合同投资162577万元，线路长64.5千米。主要工程量：特大桥8座10632延长米、大桥16座4434延长米、中桥2座129延长米、小桥13座148延长米；隧道3座6245延长米。

中铁二十四局集团有限公司蒙华铁路MHTJ-32标段工程 项目部驻江西省新余市，项目负责人王平。合同投资184862万元，线路长54.2千米。主要工程量：路基土石方740万立方米，桥梁26座10133延长米，涵洞126座，隧道14座15717延长米，车站4座。

中国铁建电气化局集团有限公司蒙华铁路MHQG-1标段工程 项目部驻陕西省延安市，项目负责人李瑞青。合同投资31755万元，线路长482千米。主要工程量：电力线路迁改623处，通信线路迁改

1090 处。

中国铁建电气化局集团有限公司蒙华铁路 SYMHQG-1 标段工程　项目部驻山西省运城市，项目负责人李瑞青。合同投资 13641 万元，线路长 632 千米。主要工程量：电力交叉迁改 362 处，电力平行迁改 26.15 千米，通信交叉迁改 901 处，通信平行迁改 147.26 千米。（刘　辉）

·京沈铁路客运专线·

【工程概况】　北京至沈阳铁路客运专线是国家中长期铁路网规划（2008 年调整）当中“四纵四横”高速铁路重要组成部分，由铁道部、北京市、河北省、辽宁省合资建设，线路全长 699.8 千米。其中，新建铁路 693 千米。自北京站引出，经北京市，河北省承德市，辽宁省朝阳市、阜新市，利用既有秦沈线引入沈阳北站，设计时速 350 千米，工程投资 1042.2 亿元。2014 年开工建设，计划 2018 年竣工。中国铁建所属十一局、十二局、大桥局、十四局、十六局、十七局、十九局、二十二局、二十三局集团有限公司参加工程建设。（刘　辉）

【参建标段】　中铁十一局集团有限公司京沈铁路客运专线河北段 7 标段工程　项目部驻河北省承德市，项目负责人朱嘉斌。合同投资 184789 万元，线路长 29.5 千米。主要工程量：路基土石方 54 万立方米，桥梁 12 座 4532 延长米，隧道 11 座 23467 延长米，其中李家店隧道 6023 延长米；CRTS Ⅲ 型无砟道床 59 千米。

中铁十二局集团有限公司京沈铁路客运专线河北段 2 标段工程　项目部驻河北省平泉市，项目负责人朱锴。合同投资 70467 万元，线路长 10.7 千米。主要工程量：路基土石方 4.4 万立方米，隧道 2 座 10019 延长米，桥梁 2 座 297 延长米，涵洞 2 座 52 横延米，正线铺轨 21.428（单侧）千米。

中铁十二局集团有限公司京沈铁路客运专线辽宁段 2 标段工程　项目部驻辽宁省凌源市，项目负责人谢卫林。合同投资 91938 万元，线路长 13.2 千米。主要工程量：隧道 1 座 13205 延长米，无砟道床 26.41 千米。

中国铁建大桥工程局集团有限公司京沈铁路客运专线辽宁段 10 标段工程　项目部驻辽宁省黑山县，项目负责人张德伟。合同投资 169845 万元，线路长 30.9 千米。主要工程量：路基土石方 333 万立方米，路基 14 千米，隧道 1 座 440 延长米，桥梁 10 座 16208 延长米，涵洞 26 座 668 横延米，站场 1 处，无砟道床 61 千米。

中铁十四局集团有限公司京沈铁路客运专线北京段 12 标段工程　项目部驻北京市朝阳区，项目负责人周庆合。合同投资 179403 万元，线路长 5.3 千米。主要工程量：路基土石方 88.1 万立方米，路基 1.48 千米，隧道 1 座双单线 3840 延长米，无砟道床 9.63 千米。

中铁十六局集团有限公司京沈铁路客运专线辽宁段 7 标段工程　项目部驻辽宁省北票市，项目负责人王洪友。合同投资 243142 万元，线路长 36.4 千米。主要工程量：路基土石方 420 万立方米，路基 14.2 千米，隧道 4 座 3297 延长米，桥梁 20 座 18878 延长米，涵洞 21 座 655 横延米，正线铺轨 72.8 千米。

中铁十七局集团有限公司京沈铁路客运专线辽宁段 8 标段工程　项目部驻辽宁省阜新市，项目负责人眭爱宏。合同投资 220760 万元，线路长 35.6 千米。主要工程量：路基土石方 331 万立方米，路基 13 千米，隧道 2 座 1624 延长米，桥梁 12 座 20864 延长米，涵洞 30 座 956 横延米，站场 2 处，铺轨 71 千米。

中铁十九局集团有限公司京沈铁路客运专线河北段 8 标段工程　项目部驻河北省承德市，项目负责人高峰。合同投资 172017 万元，线路长 25.8 千米。主要工程量：路基土石方 177 万立方米，隧道 8.5 座 22534 延长米，桥梁 9 座 20874 延长米，涵洞 21 座 1135 横延米，站场 1 处，无砟道床 50 千米。

中铁十九局集团有限公司京沈铁路客运专线辽宁段 3 标段工程　项目部驻辽宁省凌源市，项目负责人李智。合同投资 211850 万元，线路长 22.8 千米。主要工程量：路基土石方 170 万立方米，隧道 3 座 13962 延长米，桥梁 4 座 5263 延长米，涵洞 6 座 498 横延米，站场 1 处，铺轨 426 千米。

中铁二十二局集团有限公司京沈铁路客运专线北京段 9 标段工程　项目部驻北京市密云区，项目负责人张国华。合同投资 300051 万元，线路长 34.3 千米。主要工程量：路基土石方 146.2 万立方米，路基 7 千米，隧道 5 座 12436 延长米，桥梁 13 座 13906 延长米，涵洞 26 座 716 横延米，制架梁 457 孔。

中铁二十二局集团有限公司京沈铁路客运专线辽宁段 13 标段工程　项目部驻辽宁省沈阳市，项目负责人施德旭。合同投资 211618 万元，线路长 25.7 千米。主要工程量：路基土石方 96.52 万立方米，桥梁 3 座 23846 延长米，涵洞 3 座 175 横延米，站场 1 处，制架梁 704 孔/片，正线铺轨 50.12 千米。

中铁二十三局集团有限公司京沈铁路客运专线龙城制板场　项目部驻辽宁省朝阳市，项目负责人王玉策。合同投资 37000 万元。主要工程量：南起奈林皋站、北到阜新站，轨道板 36544 块，其规格主要为 P5600、P4925、P4856、P3710 型轨道板。（刘　辉）

·郑徐铁路客运专线·

【工程概况】 郑徐铁路客运专线西起郑州市，在郑州枢纽与郑西高速铁路、京广高速铁路衔接，东至徐州市，在徐州枢纽与京沪高速铁路衔接。正线全长 361.9 千米，其中河南省境内 252.8 千米；安徽省境内 73.4 千米；江苏省境内 35.6 千米。全线无隧道，桥梁长度占正线的 93.5%，设计为双线电气化客运专线，设计时速目标值 350 千米，工程投资 479.8 亿元。2012 年 12 月 26 日开工建设，计划工期 4 年。中国铁建所属十二局、十四局、十五局、十六局、十七局、十八局、二十局、二十一局集团有限公司参加工程建设。

（刘　辉）

【参建标段】 中铁十二局集团有限公司郑徐铁路客运专线 ZXZQ－9 标段工程　项目部驻江苏省徐州市，项目负责人洪成林。合同投资 217389 万元，线路长 27 千米。主要工程量：桥梁 3 座 26956 延长米，制梁 718 孔片（箱梁），架梁 718 孔片（箱梁），钻孔桩 7148 根，墩台 725 个。

中铁十四局集团有限公司郑徐铁路客运专线 ZXZQ－5 标段工程　项目部驻河南省商丘市，项目负责人刘美良。合同投资 164221 万元，线路长 27.1 千米。主要工程量：桥梁 1 座 27.1 千米，箱梁预制及架设 833 孔，其中 32 米预制 802 孔、24 米预制 31 孔；无砟道床 54.2 千米。

中铁十五局集团有限公司郑徐铁路客运专线 ZXZQ－2 标段工程　项目部驻河南省开封市，项目负责人郭军。合同投资 25415 万元，线路长 2.3 千米。主要工程量：路基土石方 71.27 万立方米，路基 2.25 千米，桥梁 2 座 27 延长米，涵洞 7 座 201 横延米，无砟道床 2.37 千米，站线铺轨 0.7 千米。

中铁十五局集团有限公司郑徐铁路客运专线 ZXSD 标段工程　项目部驻河南省商丘市，项目负责人李向锋。合同投资 25415 万元，线路长 2.3 千米。主要工程量：正线特大桥 3995 延长米、联络线特大桥 1730 延长米；现浇连续梁 10 联、连续箱梁 6 联。

中铁十六局集团有限公司郑徐铁路客运专线 ZXZQ－6 标段工程　项目部驻安徽省砀山县，项目负责人刘彬。合同投资 70000 万元，线路长 12.8 千米。主要工程量：路基 1.9 千米，虞城特大桥 1 座 10.9 千米，框架桥 3 座 687.3 顶平方米，涵洞 4 座 143 横延米，站场 1 处。

中铁十七局集团有限公司郑徐铁路客运专线 ZXZQ－3 标段工程　项目部驻河南省开封市，项目负责人罗玉华。合同投资 356288 万元，线路长 52.7 千米。主要工程量：站场路基土石方 48.9 万立方米，开兰特大桥 51 千米，涵洞 3 座 266 横延米，无砟道床 53 千米，站线铺轨 3 千米。

中铁十七局集团有限公司郑徐铁路客运专线 ZXSD 标段工程　项目部驻河南省商丘市，项目负责人贾培亮。合同投资 245080 万元，线路长 21.6 千米。主要工程量：路基土石方 87 万立方米，路基 4.39 千米，特大桥 6 座 18604 延长米，涵洞 7 座 406 横延米，站场 1 处，铁路房屋建筑 12078 平方米，电力线路 21.6 千米。

中铁十七局集团有限公司郑徐铁路客运专线 ZXZF 标段工程　项目部驻河南省商丘市，项目负责人丰科勇。合同投资 13587 万元，线路长 21.6 千米。主要工程量：站房总建筑面积 15995 平方米，辅助生产设备用房 3034 平方米，郑徐场雨棚结构投影面积 18219 平方米。

中铁十八局集团有限公司郑徐铁路客运专线 ZXZQ－3 标段工程　项目部驻河南省兰考县，项目负责人宋庚银。合同投资 106900 万元，线路长 21.6 千米。主要工程量：路基土石方 49 万立方米，桥梁 4 座 52 延长米，开兰特大桥 20 千米，涵洞 2 座 60 横延米，无砟道床 21.57 千米，站线铺轨 0.98 千米。

中铁二十局集团有限公司郑徐铁路客运专线 ZXZQ－4 标段工程　项目部驻河南省民权县，项目负责人张林。合同投资 203338 万元，线路长 28.6 千米。主要工程量：民权特大桥 28.6 千米，桩基 7239 根，承台 879 个，墩台身 879 个；预制和架设箱梁 1089 孔（民权特大桥 1010 孔、商丘特大桥 79 孔），悬灌连续梁 3 联，无砟道床 72.4 千米。

中铁二十一局集团有限公司郑徐铁路客运专线 ZXZQ－4 标段工程　项目部驻河南省民权县，项目负责人罗青玉。合同投资 41387 万元，线路长 9.1 千米。主要工程量：路基土石方 32.3 万立方米，路基 1.472 千米，桥梁 6 座 7617 延长米，涵洞 3 座 115 横延米，无砟道床 9.1 千米。（刘　辉）

·商合杭铁路客运专线·

【工程概况】 商丘经合肥至杭州的铁路客运专线（简称商合杭高铁），起自河南商丘，经安徽亳州、阜阳、淮南、合肥、芜湖宣城，之后，进入浙江湖州，终点杭州。正线长770千米。其中,新建线路587千米,利用既有或规划扩能铁路173千米。工程投资842.5亿元,设计时速350千米,初期运营时速300千米。2014年12月28日开工建设,计划2019年建成通车。中国铁建所属十一局、大桥局、十七局、十八局、十九局、二十一局、二十四局集团有限公司参加工程建设。

（刘　辉）

【参建标段】　中铁十一局集团有限公司商合杭铁路客运专线SHZQ－12标段工程　项目部驻安徽省长丰县,项目负责人王采成。合同投资263904万元,线路长43.7千米。主要工程量:土石方50万立方米,桥梁3座41351延长米,涵洞19座335横延米,正线铺轨283千米,站线铺轨12千米。

中国铁建大桥工程局集团有限公司商合杭铁路客运专线SHZQ－14标段工程　项目部驻安徽省巢湖市,项目负责人吴焕通。合同投资291649万元,线路长27.5千米。主要工程量:土石方97万立方米,正线特大桥6座12858延长米,中桥2座196延长米,联络线特大桥4座14253延长米,隧道3座8404延长米,车站1座。

中铁十七局集团有限公司商合杭铁路客运专线SHZQ－18标段工程　项目部驻浙江省湖州市,项目负责人姚波。合同投资264990万元,线路长40.3千米。主要工程量:路基土石方27万立方米,路基3.8千米,桥梁5座40587延长米,涵洞1座17横延米,站场1处,预制架梁1164孔,无砟轨道75千米。

中铁十八局集团有限公司商合杭铁路客运专线SHZQ－4标段工程　项目部驻安徽省太和县,项目负责人彭亚飞。合同投资288993万元,线路长35.4千米。主要工程量:路基土石方36万立方米,赵桥特大桥,框架涵5座287米,正线无砟铺轨466.5千米,站线有砟铺轨37.3千米。

中铁十九局集团有限公司商合杭铁路客运专线SHZQ－7标段工程　项目部驻安徽省阜阳市,项目负责人鲁德利。合同投资225562万元,线路长26千米。主要工程量:桩基6816根,墩身780个,连续梁10联,制架箱梁742榀,预制Ⅲ型板50174块,铺设Ⅲ型板无砟道床52千米。

中铁二十一局集团有限公司商合杭铁路客运专线SHZQ－2标段工程　项目部驻安徽省亳州市,项目负责人郑志民。合同投资171196万元,线路长22.1千米。主要工程量:路基土石方39万立方米,特大桥2座20303延长米,小桥1座14延长米,涵洞5座173横延米,正线无砟道床44千米,电力线路10.4千米。

中铁二十四局集团有限公司商合杭铁路客运专线SHZQ－17标段工程　项目部驻安徽省广德县,项目负责人张百芹。合同投资246408万元,线路长44.6千米。主要工程量:路基土石方406万立方米,桥梁32座261090延长米,涵洞61座527横延米,站场2处,制架梁544孔/片(箱梁),无砟道床89千米。

（刘　辉）

·宝兰铁路客运专线·

【工程概况】　宝鸡至兰州铁路客运专线是国家中长期铁路网规划中徐州至兰州铁路客运专线的西段,宝兰铁路客运专线自西宝客专陕西省宝鸡南站引出,途经甘肃省天水、定西和兰州市,正线全长403千米。全线按国铁Ⅰ级双线电气化设计,时速目标值250千米,工程投资估算总额535亿元。2012年10月开工建设,计划2017年建成通车。中国铁建所属十一局、十二局、大桥局、十四局、十七局、十九局、二十局、二十一局、二十三局、二十五局集团有限公司参加工程建设。

（刘　辉）

【参建标段】　中铁十一局集团有限公司宝兰铁路客运专线BLTJ－3标段工程　项目部驻甘肃省天水市,项目负责人卢芝海。合同投资78428万元,线路长7.9千米。主要工程量:桥梁2座2780延长米,隧道3座5154延长米。

中铁十二局集团有限公司宝兰铁路客运专线BLTJ－4标段工程　项目部驻甘肃省天水市,项目负责人宋振军。合同投资165997万元,线路长14.7千米。主要工程量:路基土石方3.6万立方米,南河川渭河特大桥2263延长米,大桥1座343延长米,隧道3座11703延长米,渭河隧道10016延长米,涵洞2座42横延米。

中国铁建大桥工程局集团有限公司宝兰铁路客运专线BLTJ－2标段工程　项目部驻甘肃省天水市,项目负责人王保国。合同投资168247万元,线路长32.4千米。主要工程量:路基土石方31.8万立方米,路基1.7千米,隧道3座30.5千米,桥梁2座140延长米,涵洞6座153横延米,无砟道床64.8千米。

中铁十四局集团有限公司宝兰铁路客运专线BLTJ－2标段工程　项目部驻甘肃省天水市,项目负责人王勇。合同投资70319万元,线路长14.6千米。主要工程量:路基32米,隧道2座,笔架山隧道8406延长米、小墁坪隧道6090延长米;秦岭沟中桥70延长米。

中铁十四局集团有限公司宝兰铁路客运专线

BLTJ－13 标段工程　项目部驻甘肃省榆中县，项目负责人管振祥。合同投资 213884 万元，线路长 25.1 千米。主要工程量：路基土石方 149 万立方米，路基 2.2 千米，隧道 4 座 5709 延长米，桥梁 6 座 6585 延长米，涵洞 16 座 568 横延米，正线铺轨 25 千米，房屋建筑面积 16441 平方米。

中铁十七局集团有限公司宝兰铁路客运专线 BLTJ－6 标段工程　项目部驻甘肃省秦安县，项目负责人冯广利。合同投资 268049 万元，线路长 32.6 千米。主要工程量：路基土石方 128 万立方米，路基 4 千米，隧道 2 座 12.9 千米，桥梁 13 座 15.7 千米，涵洞 4 座 114 横延米，无砟轨道 64.7 千米。

中铁十九局集团有限公司宝兰铁路客运专线 BLTJ－7 标段工程　项目部驻甘肃省秦安县，项目负责人丁礼建。合同投资 194562 万元，线路长 24.3 千米。主要工程量：路基两段 133 米，桥梁 3 座 448 延长米，隧道 3 座 23.6 千米，无砟道床铺设 48.5 千米。

中铁二十局集团有限公司宝兰铁路客运专线 BLTJ－8 标段工程　项目部驻甘肃省通渭县，项目负责人刘文武。合同投资 197480 万元，线路长 23.7 千米。主要工程量：路基土石方 70.4 万立方米，桥梁 9 座 11.5 千米，隧道 5 座 9176 延长米，涵洞 11 座 351 横延米。

中铁二十一局集团有限公司宝兰铁路客运专线 BLTJ－3 标段工程　项目部驻甘肃省天水市，项目负责人张天舒。合同投资 296008 万元，线路长 26.8 千米。主要工程量：路基土石方 166.70 万立方米，桥梁 8 座 16.5 千米，框架涵 157 米，隧道 3 座 8595 延长米，无砟道床 54.511 千米，房屋建筑面积 10482 平方米，箱梁预制场 1 座，制架梁 330 孔。

中铁二十一局集团有限公司宝兰铁路客运专线兰州枢纽 BL－LZSN－1 标段工程　项目部驻甘肃省兰州市，项目负责人赵彦旭。合同投资 196073 万元，线路长 28.1 千米。主要工程量：路基土石方 967.5 万立方米，桥梁 20 座 5248 延长米，涵洞 33 座 2345 横延米，正线铺轨 27.2 千米，站线铺轨 52.5 千米，无砟道床 4.1 千米，T 梁预制场 1 座，制架梁 313 片。

中铁二十一局集团有限公司宝兰铁路客运专线三电及管线迁改和临电工程 BLQG－2 标段工程　项目部驻甘肃省定西市，项目负责人石双宏。合同投资 16519 万，线路长 301.4 千米。主要工程量：电力线路迁改，通信线路迁改，热力管网、给排水管道迁改及临电工程。

中铁二十一局集团有限公司宝兰铁路客运专线兰州枢纽工程 BL－LZSN－5 标段工程　项目部驻甘肃省兰州市，项目负责人吴刚。合同投资 25292 万，线路长 8.8 千米。主要工程量：接触网 34 条千米，电源电缆线路 8.2 千米，高压干线电缆线路 49.3 千米，低压电缆线路 89.3 千米，信号联锁道岔 109 组。

中铁二十三局集团有限公司宝兰铁路客运专线 BLTJ－13 标段工程　项目部驻甘肃省榆中县，项目负责人申瑞灿。合同投资 49536 万元，线路长 9.4 千米。主要工程量：路基土石方 26 万立方米，桥梁 6 座 6271 延长米，隧道 3 座 2026 延长米，涵洞 4 座 158 横延米。

中铁二十五局集团有限公司宝兰铁路客运专线 BLTJ－6 标段工程　项目部驻甘肃省天水市，项目负责人靳建朝。合同投资 47247 万元，线路长 7.6 千米。主要工程量：路基土石方 28 万立方米，路基 301 米，桥梁 2 座 5023 延长米，隧道 1 座 2262 延长米。

（刘　辉）

·石济铁路客运专线·

【工程概况】　石济铁路客运专线是太（原）青（岛）客运专线的一部分，东接已建成通车的胶济铁路客运专线，西连已通车的石太铁路客运专线，是国家规划“四横四纵”快速铁路网的“一横”。石济铁路客运专线西起石家庄北站和石家庄东站（部分列车石家庄东站发出），中间经过衡水北站、德州东站，东止济南新东站。石济铁路客运专线建成通车后，太青铁路客运专线将全线贯通，沟通山西、河北和山东三省。2013 年 8 月开工建设，计划工期 4 年。中国铁建所属十一局、十二局、十四局、十六局、十七局、十八局、十九局、二十局、二十五局集团有限公司参加工程建设。　（刘　辉）

【参建标段】　中铁十一局集团有限公司石济铁路客运专线 SJZ－1 标段工程　项目部驻河北省石家庄市，项目负责人王金柱。合同投资 169395 万元，线路长 31.3 千米。主要工程量：路基土石方 60 万立方米，路基 6.5 千米，桥梁 2 座 22.8 千米，涵洞 6 座 117 横延米，框构 8 座，站场 1 处，正线铺轨 354.6 千米，站线铺轨 13 千米，预制架设箱梁 702 孔，铺道岔 61 组，铺砟 9380 立方米。

中铁十二局集团有限公司石济铁路客运专线 SJZ－2 标段工程　项目部驻山东省济南市，项目负责人王学申。合同投资 32700 万元，线路长 6.6 千米。主要工程量：路基土石方 17 万立方米，桥梁 3 座 5108 延长米，涵洞 6 座 94 横延米，有砟道床 9.3 千米，正线铺轨 9.3 千米。

中铁十四局集团有限公司石济铁路客运专线 SJZ－4 标段工程　项目部驻河北省武邑县，项目负责人王焕。

合同投资 261472 万元，线路长 45.4 千米。主要工程量：路基土石方 103.4 万立方米，桥梁 4 座 39.5 千米，涵洞 14 座 384 横延米，站场 1 处，制架梁 1106 片，有砟道床 45.4 千米。

中铁十六局集团有限公司石济铁路客运专线 SJZ－3 标段工程 项目部驻河北省衡水市，项目负责人王振浩。合同投资 64000 万元，线路长 12.3 千米。主要工程量：路基土石方 98.7 万立方米，路基 2.6 千米，桥梁 2 座 9574 延长米，框构桥 3 座，涵洞 2 座 55 横延米，站场 1 处。

中铁十七局集团有限公司石济铁路客运专线 SJZ－6 标段工程 项目部驻山东省陵城区，项目负责人刘朝林。合同投资 117956 万元，线路长 28.6 千米。主要工程量：路基土石方 1.8 万立方米，德平特大桥 19750 延长米，德州南下联特大桥 3891 延长米，德州南上联特大桥 2990 延长米，涵洞 1 座 180 横延米。

中铁十八局集团有限公司石济铁路客运专线 SJZ－6 标段工程 项目部驻山东省平原县，项目负责人王志杰。合同投资 246143 万元，线路长 41.9 千米。主要工程量：区间路基 1.3 千米，站场路基 1.2 千米，预制箱梁 937 孔，架设箱梁 516 孔，架设 T 梁 4 孔，桥梁 9 座，涵洞 3 座。

中铁十九局集团有限公司石济铁路客运专线 SJZ－3 标段工程 项目部驻河北省衡水市，项目负责人李庆林。合同投资 235982 万元，线路长 38.5 千米。主要工程量：路基土石方 230.8 万立方米，区间路基 9.4 千米，特大桥 4 座 26.7 千米，框架桥 10 座，涵洞 29 座，梁场 1 个，中间站 1 个。

中铁二十局集团有限公司石济铁路客运专线 SJZ－4 标段工程 项目部驻河北省景县，项目负责人李志勇。合同投资 65903 万元，线路长 7.5 千米。主要工程量：桥梁 3 座，涵洞 13 座，路基 4.03 千米，跨景龙公路特大桥 99 孔 3250 延长米。

中铁二十五局集团有限公司石济铁路客运专线 SJZ－1 标段工程 项目部驻河北省石家庄市，项目负责人王发明。合同投资 36740 万元，线路长 13.8 千米。主要工程量：跨京港澳特大桥 8037 延长米，桩基 2226 根 96892 米，墩台 252 个，既有线 4.39 千米。（刘 辉）

·成兰铁路·

【工程概况】 成兰铁路起于成都市青白江区，经广汉市、什邡市、绵竹市、安县、茂县、九寨沟县、松潘县，在甘肃省内接正在建设的兰渝铁路哈达铺站。哈达铺至兰州段与兰渝铁路共线，线路长 780 千米，设计为国铁Ⅰ级电气化铁路，设计时速 200 千米，工程投资 619 万元。2011 年 2 月 26 日开工建设，计划工期 6 年。中国铁建所属十二局、十四局、十六局、十七局、十九局、二十五局集团有限公司参加工程建设。（刘 辉）

【参建标段】 中铁十二局集团有限公司成兰铁路 CLZQ－8 标段工程 项目部驻四川省茂县，项目负责人王毅东。合同投资 158755 万元，线路长 18.2 千米。主要工程量：茂县隧道出口 3803 延长米，核桃沟大桥 171 延长米，榴桐寨隧道进口段 14.2 千米。

中铁十四局集团有限公司成兰铁路 CLZQ－11 标段工程 项目部驻四川省松潘县，项目负责人张立丰。合同投资 147335 万元，线路长 24.2 千米。主要工程量：隧道 21.1 千米，解放村隧道兰州端 1772 延长米、金瓶岩隧道 12.7 千米、王登隧道 6601 延长米；桥梁 2473 延长米。

中铁十六局集团有限公司成兰铁路 CLZQ－4 标段工程 项目部驻四川省安县，项目负责人刘生龙。合同投资 125717 万元，线路长 19.2 千米。主要工程量：路基土石方 320.2 万立方米，路基 6.8 千米，隧道 2 座 11.8 千米，桥梁 2 座 480 延长米，框架桥 5 座 88 延长米，涵洞 34 座 1281 横延米，正线铺轨 101.9 千米。

中铁十七局集团有限公司成兰铁路 CLZQ－7 标段工程 项目部驻四川省茂县，项目负责人唐波涛。合同投资 108314 万元，线路长 7.3 千米。主要工程量：路基土石方 105 万立方米，桥梁 3 座 1213 延长米，隧道 1 座 6 千米，涵洞 1 座 21 横延米，无砟轨道 129.8 千米。

中铁十九局集团有限公司成兰铁路 CLZQ－5 标段工程 项目部驻四川省安县，项目负责人周宝春。合同投资 133078 万元，线路长 18.1 千米。主要工程量：站场土石方 26476 立方米，桥梁 1 座 235 延长米，隧道 2 座 17.6 千米，站场 1 处，预制站台梁 28 孔，支架现浇铁路梁 14 孔。

中铁二十五局集团有限公司成兰铁路 CLZQ－13 标段工程 项目部驻四川省松潘县，项目负责人庞尔林。合同投资 157087 万元，线路长 22.9 千米。主要工程量：路基土石方 293 万立方米，路基 5.3 千米，桥梁 14 座 6388 延长米，隧道 2 座 11.2 千米，涵洞 11 座 751 横延米，正线铺轨 102 千米，车站 2 座。（刘 辉）

·汉十铁路客运专线·

【工程概况】 汉十铁路客运专线由湖北省和中国铁路总公司共同筹资建设，将从在建的汉孝城际铁路孝感东站引出，经云梦北、安陆西、随州南、随县、枣阳、襄阳东津、马集、老河口南、谷城北、丹江口南、武当山西，终到十堰北。线路长395.1千米，全程设车站14座，设计时速350千米，工程投资527.5亿元。2015年6月开工建设，计划工期4年。中国铁建所属十一局、十二局、大桥局、十五局集团有限公司参加工程建设。

（刘　辉）

【参建标段】 中铁十一局集团有限公司汉十铁路客运专线HSSG－4标段工程　项目部驻湖北省十堰市，项目负责人李小红。合同投资516855万元，线路长75.8千米。主要工程量：路基22千米，桥梁54座31千米，框架桥9座188延长米，隧道14座20千米，涵洞79座2079横延米，预制架设箱梁879孔，梁场2个，轨枕场1个，铺轨基地1处。

中铁十一局集团有限公司汉十铁路客运专线HSSG－5标段工程　项目部驻湖北省枣阳市，项目负责人云天才。合同投资190183万元，线路长33.1千米。主要工程量：路基土石方297.5万立方米，桥梁26座15917延长米，涵洞51座1048横延米，站场1处，无砟道床67.7千米，站线铺轨1.4千米。

中铁十二局集团有限公司汉十铁路客运专线HSSG－10标段工程　项目部驻湖北省谷城县，项目负责人洪成林。合同投资232439万元，线路长39.4千米。主要工程量：路基土石方120万立方米，桥梁29座25101延长米，隧道5座3460延长米，涵洞20座438横延米，站场1处，无砟道床79千米。

中国铁建大桥工程局集团有限公司汉十铁路客运专线HSSG－1标段工程　项目部驻湖北省随州市，项目负责人崔晨光。合同投资71700万元，线路长25.0千米。主要工程量：路基土石方285万立方米，特大桥7座7675延长米，大桥8座2463延长米，中桥6座572延长米，涵洞32座672横延米，铺轨50千米。

中国铁建大桥工程局集团有限公司汉十铁路客运专线HSSG－4标段工程　项目部驻湖北省随州市，项目负责人于文山。合同投资58000万元，线路长16.2千米。主要工程量：桥梁18座7376延长米，涵洞39座928横延米，隧道2座393延长米，无砟轨道16千米。

中铁十五局集团有限公司汉十铁路客运专线HSSG－6标段工程　项目部驻湖北省襄阳市，项目负责人张海亮。合同投资204941万元，线路长36.4千米。主要工程量：路基土石方166.7万立方米，桥梁22座24892延长米，涵洞29座581横延米，制架箱梁990孔，无砟道床72.86千米。（刘　辉）

·济青高速铁路·

【工程概况】 济青高速铁路是国家“四纵四横”铁路网太青铁路客运专线的重要组成部分，自济南东客站引出，经邹平、淄博、潍坊、高密、胶州，引入青岛枢纽红岛站。线路长307千米，设计为双线电力牵引高速铁路，设计时速350千米，工程投资520亿元。2014年开工建设，计划2019年建成通车。中国铁建所属十一局、十二局、二十一局集团有限公司参加工程建设。

（刘　辉）

【参建标段】 中铁十一局集团有限公司济青高速铁路JQGTSG－4标段工程　项目部驻山东省桓台县，项目负责人董瑞武。合同投资239493万元，线路长32.4千米。主要工程量：路基土石方130万立方米，特大桥1座27683延长米，框架式桥4座，涵洞2座47横延米，无砟轨道63.7千米，站场2个。

中铁十二局集团有限公司济青高速铁路JQGTSG－10标段工程　项目部驻山东省胶州市，项目负责人李卫民。合同投资228602万元，线路长27.7千米。主要工程量：路基土石方95.29万立方米，隧道0.5座2150延长米，桥梁2座23132延长米，涵洞1座102横延米，站场1处，制架梁691孔/片，无砟道床58.9千米，正线铺轨59.7千米。

中铁二十一局集团有限公司济青高速铁路JQGTSG－8标段工程　项目部驻山东省潍坊市，项目负责人董金堂。合同投资206118万元，线路长23.7千米。主要工程量：路基土石方249万立方米，桥梁1座16234延长米，涵洞11座543横延米，框架桥8座，站场1处，正线铺轨44千米，站线铺轨2.5千米。

（刘　辉）

·昌赣铁路客运专线·

【工程概况】 南昌至赣州铁路客运专线（简称昌赣客专），北起南昌，南至赣州。线路长415.743千米，设计时速350千米，全线设南昌、横岗、丰城、樟树东、新干东、峡江、吉水西、吉安西、泰和、万安、兴国西、赣县北、赣州西站，为江西省“十二五”期间江西铁路建设头号工程。其北接合肥至南昌段规划高速铁路，向南延伸至深圳，与沪昆铁路客运专线相交，在南昌构成江西省“十”字形高速铁路主骨架。工程投资估算总额507.5亿元。2014年12月20日开工建设，计划2020年建成通车。中国铁建所属十一局、十六局、十七局、二十一局、二十四局集团有限公司参加工程建设。
（刘 辉）

【参建标段】 中铁十一局集团有限公司昌赣铁路客运专线CGZQ－3标段工程 项目部驻江西省宜春市，项目负责人刘守成。合同投资262826万元，线路长37.6千米。主要工程量：路基土石方225万立方米，桥梁14座25045延长米，涵洞43座1139横延米，站场2处，正线铺轨339千米，站线铺轨25千米。

中铁十六局集团有限公司昌赣铁路客运专线CG-ZQ－8标段工程 项目部驻江西省泰和县，项目负责人赵永。合同投资211980万元，线路长32.8千米。主要工程量：路基土石方369.5万立方米，路基14.35千米，桥梁14座18481延长米，涵洞45座1028横延米，制架梁587孔/片（箱梁），无砟道床65.671千米。

中铁十七局集团有限公司昌赣铁路客运专线CG-ZQ－6标段工程 项目部驻江西省吉安市，项目负责人雎爱宏。合同投资264863万元，线路长41.6千米。主要工程量：路基土石方428.933万立方米，桥梁21座23661延长米，涵洞46座1324横延米，站场2处，正线铺轨81.8千米，站线铺轨0.12千米。

中铁二十一局集团有限公司昌赣铁路客运专线CG-ZQ－12标段工程 项目部驻江西省赣州市，项目负责人庄纪栋。合同投资392742万元，线路长43.1千米。主要工程量：路基土石方693万立方米，路基16千米，隧道16座6148延长米，桥梁58座37842延长米，涵洞39座1745横延米，站场2处，正线无砟道床88.76千米。

中铁二十四局集团有限公司昌赣铁路客运专线CG-ZQ－1标段工程 项目部驻江西省南昌市，项目负责人李长元。合同投资166870万元，线路长37.4千米。主要工程量：路基土石方984万立方米，路基16.932千米，桥梁12座17.492千米，涵洞39座1663横延米，有砟轨道57.7千米。
（刘 辉）

·西成铁路客运专线·

【工程概况】 西安至成都高速铁路由新建西安至江油铁路客运专线与成绵乐城际铁路两段组成，线路自西安北站引出，向西南方向途经汉中、广元、绵阳、德阳接入成都东站。线路长660千米，陕西省境内343千米；四川省境内317千米。双线电气化铁路客运专线，设计时速250千米，工程投资400亿元。2012年10月27日开工建设，计划2017年11月31日建成运营。中国铁建所属十一局、十二局、十六局、十七局、十九局、二十局、电气化局集团有限公司参加工程建设。
（刘 辉）

【参建标段】 中铁十一局集团有限公司西成铁路客运专线XCZQ－12标段工程 项目部驻陕西省西安市，项目负责人荆山。合同投资179606万元，线路长15.5千米。主要工程量：路基土石方162万立方米，正线桥梁12514延长米，联络线8219延长米，涵洞374横延米，车站1座，联络线铺设有砟轨道12.52千米，站线铺设无砟道床31.16千米。

中铁十二局集团有限公司西成铁路客运专线XC-ZQ－4标段工程 项目部驻陕西省佛坪县，项目负责人雷军。合同投资220000万元，线路长15.1千米。主要工程量：秦岭天华山隧道15988延长米（承担出口3552延长米）、老安山隧道15.1千米、得利隧道14.1千米（承担进口7837延长米）；木河中桥79延长米，椒溪河特大桥884延长米。

中铁十六局集团有限公司西成铁路客运专线三电迁改1标段工程 项目部驻陕西省户县，项目负责人李克庆。合同投资11568万元，线路长117千米。主要工程量：5千伏临时开关站2座，35千伏永临结合电源线48千米，35千伏临时电力线路171千米，电力迁改和通信迁改线路117千米。

中铁十七局集团有限公司西成铁路客运专线XC-ZQ－2标段工程 项目部驻四川省广元市，项目负责人罗海鹏。合同投资194487万元，线路长15.7千米。主要工程量：路基土石方100.3万立方米，双线隧道6座6012延长米，单线隧道3座1011延长米；双线桥梁8座3783延长米，单线桥梁6座1406延长米；涵洞9座352横延米，无砟道床169.9千米。

中铁十七局集团有限公司西成铁路客运专线XC-ZQ－3标段工程 项目部驻陕西省宁陕县，项目负责人陈自明。合同投资231161万元，线路长30.3千米。主要工程量：路基土石方1.9万立方米，隧道5座28.8千米，桥梁4座1453延长米，站场1处，正线铺轨60.5千米，站线铺轨2.3千米。

中铁十九局集团有限公司西成铁路客运专线XC-ZQ－1标段工程 项目部驻四川省广元市，项目负责人张玉。合同投资293945万元，线路长38.9千米。主要工程量：路基土石方86万立方米，隧道3座26.5千米，特大桥3座5400延长米，大桥5座1519延长米，中桥2座186延长米，涵洞5座72横延米。

中铁十九局集团有限公司西成铁路客运专线XC-ZQ－7标段工程 项目部驻陕西省汉中市，项目负责人李华伟。合同投资260994万元，线路长34.7千米。主要工程量：路基土石方139.9万立方米，路基6千米，桥梁4座29.8千米，涵洞24座452横延米，站场1处，正线铺轨749.2千米，站线铺轨12.7千米。

中铁二十局集团有限公司西成铁路客运专线XC-ZQ－8标段工程　项目部驻陕西省汉中市，项目负责人雷卫东。合同投资255041万元，线路长33.5千米。主要工程量：路基土石方4.2万立方米，隧道2.5座17千米，桥梁2座32.7千米，站场1处，正线铺轨66.5千米，站线铺轨1.6千米。

中国铁建电气化局集团有限公司西成铁路客运专线四电系统集成工程　项目部驻陕西省西安市，项目负责人王志国。合同投资329579万元，正线长342.9千米。主要工程量：通信光电缆敷设1863.6千米，信号电缆敷设2329千米，10千伏电缆线路敷设866.4千米，接触网架设982条千米，附加导线架设686.4条千米。

中国铁建电气化局集团有限公司西成铁路客运专线四电系统集成XCSDJC－1－2标段工程　项目部驻四川省广元市，项目负责人罗世昌。合同投资142477.6万元，正线长165.8千米。主要工程量：通信光电缆敷设874.6千米，区间电缆敷设874.8条千米，正线高压电缆敷设380.1千米，接触网架设444.6条千米，附加导线架设663.5条千米，房屋建筑面积28954平方米。（刘　辉）

·沪昆高速铁路·

【工程概况】　沪昆高速铁路是中国东西向线路里程最长、经过省份最多的高速铁路，途径上海、杭州、南昌、长沙、贵阳、昆明6座省会城市（直辖市）。线路长2252千米，复线电气化铁路，铁路等级客运专线；正线数目双线。设计时速350千米，工程总投资超过3000亿元。2016年12月28日，沪昆高速铁路贵阳至昆明段开通运营，标志着沪昆高速铁路全线通车。中国铁建所属十二局、十六局、二十局集团有限公司参加云南段工程建设；大桥局、十四局、十七局、二十局、二十二局、二十三局、二十四局集团有限公司参加贵州段工程建设。（刘　辉）

【参建标段】　中铁十二局集团有限公司沪昆铁路客运专线云南段TJ3标段工程　项目部驻云南省马龙县，项目负责人刘建佳。合同投资330699万元，线路长35.5千米。主要工程量：路基39段10986米，隧道10座14千米，桥梁28座10千米，制梁431片，制轨枕64.65万根。

中铁十六局集团有限公司沪昆铁路客运专线云南段TJ3标段工程　项目部驻云南省嵩明县，项目负责人饶延泉。合同投资124115万元，线路长16.0千米。主要工程量：路基土石方274.4万立方米，桥梁18座8.9千米，隧道1座454延长米。

中铁二十局集团有限公司沪昆铁路客运专线云南段TJ3标段工程　项目部驻云南省曲靖市，项目负责人石鸿江。合同投资363115万元，线路长54.6千米。主要工程量：桥梁41座22.7千米，公路跨线桥5座276延长米，人行天桥2座106延长米，隧道8座15.4千米，涵洞44座1151横延米。

中国铁建大桥工程局集团有限公司沪昆铁路客运专线贵州段CKGZTJ－11标段工程　项目部驻贵州省晴隆县，项目负责人臧守杰。合同投资307000万元，线路长41.8千米。主要工程量：桥梁5座961延长米，涵洞1座23横延米，隧道6座40.7千米，CRTSⅡ型板式无砟轨道铺设85.7千米。

中铁十四局集团有限公司沪昆铁路客运专线贵州段CKGZTJ－7标段工程　项目部驻贵州省贵阳市，项目负责人乔培贞。合同投资295896万元，线路长50.9千米。主要工程量：路基土石方390万立方米，桥梁36座18千米，涵洞88座2351横延米，隧道19座8357延长米，正线无砟轨道101.3千米。

中铁十七局集团有限公司沪昆铁路客运专线贵州段CKGZTJ－5标段工程　项目部驻贵州省麻江县，项目负责人李予文。合同投资245000万元，线路长30.5千米。主要工程量：路基土石方149万立方米，桥梁23座7593延长米，涵洞8座218横延米，隧道12.5座20.6千米。

中铁二十局集团有限公司沪昆铁路客运专线贵州段CKGZTJ－9标段工程　项目部驻贵州省安顺市，项目负责人冯军武。合同投资497298万元，线路长63.2千米。主要工程量：隧道19座43.6千米，桥梁22座11.8千米，车站1座，轨道板预制场1处，CRTSⅡ型无砟轨道预制106.5铺轨千米。

中铁二十二局集团有限公司沪昆铁路客运专线贵州段CKGZTJ－12标段工程　项目部驻贵州省盘县，项目负责人司尚荣。合同投资390000万元，线路长48.3千米。主要工程量：路基土石方448万立方米，桥梁10.2千米，隧道32.2千米，双块式无碴道床96.6千米。

中铁二十三局集团有限公司沪昆铁路客运专线贵州段CKGZTJ－6标段工程　项目部驻贵州省贵定县，项目负责人赵永明。合同投资435800万元，线路长56.5千米。主要工程量：隧道23座34.2千米，桥梁33座16.7千米，涵洞17座421横延米，CRTSI型双块式无砟轨道114.0千米。

中铁二十四局集团有限公司沪昆铁路客运专线贵州段 CKGZTJ－5 标段工程　项目部驻贵州省福泉市，项目负责人郑军锋。合同投资 97900 万元，线路长 12.6 千米。主要工程量：桥梁 7 座 1.5 千米，隧道 4.5 座 10.5 千米，桥隧占比 95.1%。（刘　辉）

·兰渝铁路·

【工程概况】　兰渝铁路北起甘肃省兰州市枢纽兰州东站，在南充分线，一条经武胜县到重庆市，另一条经广安市、三汇坝到重庆市。线路长 873 千米，国铁Ⅰ级双线电气化客货共线快速铁路，设计时速 160—250 千米，工程投资 829.16 亿元。2008 年 9 月开工建设，计划工期 6 年，后因甘肃段地质构造复杂，建设工期定为 8 年，计划 2017 年 9 月建成通车。中国铁建所属十一局、大桥局、十六局、十八局、十九局、二十一局、二十三局、电气化局集团有限公司参加工程建设。（刘　辉）

【参建标段】　中铁十一局集团有限公司兰渝铁路客运专线 LYS－4 标段工程　项目部驻甘肃省宕昌县，项目负责人汪伟。合同投资 127865 万元，线路长 26 千米。主要工程量：路基土石方 4 万立方米，隧道 3 座 25.6 千米，桥梁 3 座 627 延长米，涵洞 1 座 27 横延米，无砟道床 53.7 千米，有砟道床 0.7 千米，车站 1 座。

中国铁建大桥工程局集团有限公司兰渝铁路客运专线 LYS－4 标段工程　项目部驻甘肃省宕昌县，项目负责人李素清。合同投资 310000 万元，线路长 66 千米。主要工程量：路基 6 千米，隧道 12 座 39 千米，桥梁 15 座 22 千米，涵洞 22 座 436 横延米。

中国铁建大桥工程局集团有限公司兰渝铁路客运专线兰州枢纽工程　项目部驻甘肃省兰州市，项目负责人李维瑞。合同投资 89978 万。主要工程量：路基土石方 710 万立方米，隧道 2 座 853 延长米，李麻沙沟大桥 1 座 276 延长米，箱型桥 5 座，站场铺轨 51 千米，房屋建筑面积 77177 平方米。

中铁十六局集团有限公司兰渝铁路客运专线 LYS－2标段工程　项目部驻甘肃省渭源县，项目负责人薛瑞林。合同投资 278243 万元，线路长 54 千米。主要工程量：路基土石方 435 万立方米，桥梁 15 座 10.3 千米，隧道 13 座 49.2 千米，涵洞 28 座 1360 千米，车站 2 座。

中铁十八局集团有限公司兰渝铁路客运专线 XQLS1 标段工程　项目部驻甘肃省武都区，项目负责人苏睿。合同投资 163996 万元，线路长 31 千米。主要工程量：2 隧 1 桥，西秦岭特长隧道右线 28 千米、范家坪隧道 3198 延长米；潘家沟中桥（两座单线）88 延长米。

中铁十八局集团有限公司兰渝铁路客运专线 LYS－9 标段工程　项目部驻四川省元坝区，项目负责人王中会。合同投资 53653 万元，线路长 9 千米。主要工程量：路基土石方 7.9 万立方米，桥梁 3 座 397 延长米，涵洞 1 座 23 横延米，隧道 1 座（梅岭关隧道）8.2 千米。

中铁十九局集团有限公司兰渝铁路客运专线 LYS－1 标段工程　项目部驻甘肃省定西市，项目负责人曲桂有。合同投资 212818 万元，线路长 39 千米。主要工程量：路基土石方 97.4 万立方米，路基 2.5 千米，隧道 4.5 座 35 千米，桥梁 4 座 640 延长米，涵洞 7 座 500 横延米，正线铺轨 5.8 千米，房屋建筑面积 7770 平方米，车站 1 座。

中铁二十一局集团有限公司兰渝铁路客运专线 LYS－7 标段工程　项目部驻甘肃省榆中县，项目负责人张柳春。合同投资 181572 万元，线路长 30 千米。主要工程量：路基土石方 405 万立方米，桥梁 20 座 14718 延长米，涵洞 96 座 1779 横延米，隧道 3 座 6968 延长米，轨道正线铺轨 75 千米，通信电光缆敷设 30 千米。

中铁二十三局集团有限公司兰渝铁路客运专线重庆枢纽 1 标段工程　项目部驻重庆市北碚区，项目负责人李建军。合同投资 217369 万元，线路长 48 千米。主要工程量：路基土石方 2527 万立方米，隧道 7 座 8697 延长米，桥梁 12 座 4601 延长米，涵洞 98 座 4531 横延米，有砟道床 47 千米，正线铺轨 450 千米，站线铺轨 175 千米。

中国铁建电气化局集团有限公司兰渝铁路渭沱合川站后代建工程　项目部驻重庆市合川区，项目负责人罗世昌。合同投资 10695 万元，线路长 4.3 千米。主要工程量：渭沱合川两站通信、信号、电力，承导线 32.3 条千米，回流线 14.1 条千米，供电线 8.4 条千米。（刘　辉）

·敦格铁路·

【工程概况】　敦格铁路是连接敦煌市与格尔木市的一条铁路，线路起点为敦煌铁路敦煌站，终点为饮马峡站，并有连接线前往格尔木站。线路长 616.7 千米，设计为Ⅰ级单线电气化铁路并预留复线条件，正线长 509 千米。其中，甘肃省境内 263.7 千米；青海省境内 245.3 千米。设计时速 120 千米，工程投资 129.5 亿元。2012 年 10 月 18 日开工建设，计划工期 6 年。中国铁建所属十一局、十七局、二十一局、二十二局集团有限公司参加工程建设。（刘　辉）

【参建标段】 中铁十一局集团有限公司敦格铁路站前 DGGSZQ－1 标段工程　项目部驻甘肃省阿克塞哈萨克族自治县，项目负责人陈林生。合同投资 104108 万元，线路长 133.9 千米。主要工程量：路基土石方 1313 万立方米，大中桥 37 座 14.4 千米，小桥 22 座 324 延长米，涵洞 361 座 7768 横延米，正线铺轨 133.8 千米，站线铺轨 16.8 千米，制架梁 458 孔，新建车站 5 座。

中铁十七局集团有限公司敦格铁路站前 DGGSZQ－3 标段工程　项目部驻甘肃省阿克塞哈萨克族自治县，项目负责人张秋生。合同投资 126478 万元，线路长 23.2 千米。主要工程量：路基土石方 41 万立方米，涵洞 7 座 118 横延米，隧道 1 座（当金山隧道）20.1 千米，无砟道床 19.6 千米。

中铁二十一局集团有限公司敦格铁路站前 DGGSZQ－2 标段工程　项目部驻青海省德令哈市，项目负责人朱建军。合同投资 163066 万元，线路长 133.5 千米。主要工程量：路基土石方 3623 万立方米，路基 133 千米，桥梁 47 座 10.7 千米，涵洞 387 座 6398 横延米，正线铺轨 133.4 千米，站线铺轨 33.6 千米。

中铁二十二局集团有限公司敦格铁路站后 1 标段工程　项目部驻青海省海西蒙古族藏族自治州，项目负责人程治平。合同投资 50829 万元，线路长 133.5 千米。主要工程量：四电、房屋及站后配合相关工程，包括通信、信号、信息、电力、牵引变电及相关房屋、站房、站场工程。

（刘　辉）

·成贵铁路·

【工程概况】 成贵铁路西起四川省乐山市，向东经四川省犍为县、宜宾市、长宁县、兴文县，云南省威信县、镇雄县，贵州省毕节市、大方县、黔西县，东至贵阳市，跨越西南三省，线路长 519 千米。设计时速 250 千米，工程投资 780 亿元。2013 年开工建设，计划 2019 年建成通车。中国铁建所属十一局、十五局、十六局、十八局、十九局、二十局集团有限公司参加工程建设。

（刘　辉）

【参建标段】 中铁十一局集团有限公司成贵铁路 16 标段工程　项目部驻贵州省贵阳市，项目负责人荆山。合同投资 255727 万元，线路长 31.7 千米。主要工程量：路基土石方 253.6 万立方米，隧道 16 座 15336 延长米，桥梁 25 座 14791 延长米，涵洞 13 座 382 横延米，站场 1 处，铺轨 568 千米。

中铁十五局集团有限公司成贵铁路 13 标段工程　项目部驻贵州省大方县，项目负责人田兴柏。合同投资 188864 万元，线路长 33.1 千米。主要工程量：路基土石方 324.2 万立方米，路基 8.179 千米，隧道 8 座 16992 延长米，桥梁 26 座 7896 延长米，涵洞 16 座 378 横延米，站场 1 处，无砟道床 67.02 千米，高速无砟道岔 8 组。

中铁十六局集团有限公司成贵铁路 8 标段工程　项目部驻四川省兴文县，项目负责人卢永堂。合同投资 238059 万元，线路长 34.4 千米。主要工程量：路基土石方 165 万立方米，路基 3.29 千米，隧道 11.5 座 19889 延长米，桥梁 19 座 10966 延长米，涵洞 11 座 405 横延米，站场 1 处，制架梁 245 孔，无砟道床 69.6 千米，正线铺轨 67.86 千米，站线铺轨 1.7 千米。

中铁十六局集团有限公司成贵铁路 1 标段三电管线迁改工程　项目部驻四川省宜宾市，项目负责人赵奇峰。合同投资 19084 万元，线路长 258.6 千米。主要工程量：10 千伏电力线路迁改过轨 201 处，低压线路过轨 696 处，变电站 21 座，通信迁改 1407 处，给排水管线迁改 38020 米，油气管线迁改 54 处。

中铁十八局集团有限公司成贵铁路 14 标段工程　项目部驻贵州省大方县，项目负责人程跃胜。合同投资 240454 万元，线路长 33.9 千米。主要工程量：路基土石方 183 万立方米，隧道 16 座 14094 延长米，桥梁 28 座 12544 延长米，涵洞 20 座 378 横延米，无砟道床 53.8 千米。

中铁十九局集团有限公司成贵铁路 12 标段工程　项目部驻贵州省毕节市，项目负责人郝万福。合同投资 254488 万元，线路长 29.8 千米。主要工程量：路基土石方 325 万立方米，路基 4 千米，隧道 14 座 16583 延长米，桥梁 20 座 9189 延长米，涵洞 9 座 406 横延米，站场 1 处，无砟道床 30 千米。

中铁二十局集团有限公司成贵铁路 7 标段工程　项目部驻四川省长宁县，项目负责人赵崇科。合同投资 166830 万元，线路长 41.4 千米。主要工程量：路基土石方 366 万立方米，路基 11 千米，隧道 11 座 18522 延长米，桥梁 43 座 11981 延长米，涵洞 42 座 987 横延米，站场 1 处，铺轨 83 千米。

（刘　辉）

·杭黄铁路·

【工程概况】 杭州至黄山高速铁路，又名杭黄铁路客运专线，线路长 286.8 千米。杭黄高铁穿越浙江、安徽两省，是长三角城际铁路网延伸，沿途把名城（杭州）、名江（富春江）、名湖（千岛湖）、名山（黄山）串连起来，形成一条世界级黄金旅游通道，极大地有利于整合旅游资源，加强长三角经济辐射。全线设杭州东、萧山、富阳、桐庐、建德东、淳安、三阳、绩溪北、歙县北、黄山北10座车站，正线桥梁181座，隧道122座，桥隧占比86.3%。设计时速250千米，工程投资356.85亿元。2014年6月开工建设，计划2018年建成通车。中国铁建所属十一局、十五局、二十四局、电气化局集团有限公司参加工程建设。（刘　辉）

【参建标段】 中铁十一局集团有限公司杭黄铁路HHXQZQ－2标段工程　项目部驻安徽省歙县，项目负责人朱德开。合同投资101332万元，线路长25.4千米。主要工程量：路基土石方65万立方米，路基85千米，隧道3座4476延长米，桥梁19座12875延长米，涵洞23座492横延米，站场1处。

中铁十五局集团有限公司杭黄铁路HHXQZQ－8标段工程　项目部驻安徽省绩溪县，项目负责人张汉民。合同投资313839万元，线路长46.6千米。主要工程量：路基7千米，桥梁44座18千米，隧道15座24千米，正线无砟道床51346米，站线无砟道床1448米，联络线6千米。

中铁二十四局集团有限公司杭黄铁路HHXQZQ－3标段工程　项目部驻浙江省杭州市，项目负责人陈爱民。合同投资203850万元，线路长30.6千米。主要工程量：路基土石方6万立方米，隧道5座18109延长米，桥梁8座13166延长米，涵洞1座20横延米，无砟道床50千米。

中国铁建电气化局集团有限公司杭黄铁路HHXQZQ－5标段三电迁改工程　项目部驻浙江省杭州市，项目负责人单锡海。合同投资5308万元，线路长33.4千米。主要工程量：电力迁改线路150处，通信电缆迁改441处，给排水迁改4处，临时变压器安装34台，天然气改造1处。（刘　辉）

·九景衢铁路·

【工程概况】 九景衢铁路西起九江市，东至浙江省衢州市，自京九线九江枢纽引出，经景德镇、婺源、常山至衢州，跨江西、浙江两省，线路长333千米。其中，新建线路276.6千米，利用既有铜九铁路（安徽铜陵至江西九江）、衢常铁路（衢州至常山），沿原线增加一条72千米的轨道，按国铁Ⅰ级、双线设计，设车站15座。其中，新建车站7座，利用既有车站8座。设计时速200千米，工程投资265.56亿元。2013年10月开工建设，计划2017年10月建成通车。中国铁建所属大桥局、十七局、二十四局、二十五局、中铁建设、电气化局集团有限公司参加工程建设。（刘　辉）

【参建标段】 中国铁建大桥工程局集团有限公司九景衢铁路江西段JQJXZQ－6标段工程　项目部驻江西省婺源县，项目负责人张锦辉。合同投资201844万元，线路长42.8千米。主要工程量：路基土石方546万立方米，大桥24座6059延长米，中小桥5座365延长米，隧道29座21218延长米，车站2座。

中铁十七局集团有限公司九景衢铁路江西段JQJXZQ－3标段工程　项目部驻江西省潘阳县，项目负责人李惠。合同投资171497万元，线路长52.1千米。主要工程量：路基土石方900万立方米，桥梁35座22802延长米，隧道12座3368延长米，涵洞124座4528横延米。

中铁二十四局集团有限公司九景衢铁路江西段JQJXZQ－1标段工程　项目部驻江西省湖口县，项目负责人江政杰。合同投资164060万元，线路长45.5千米。主要工程量：路基土石方292万立方米，路基29千米，桥梁23座8832延长米，隧道1座284延长米，涵洞97座1563横延米，站场1处，铺轨168千米。

中铁二十四局集团有限公司九景衢铁路浙江段JQZJZQ－1标段工程　项目部驻浙江省衢州市，项目负责人阙宏明。合同投资195888万元，线路长38.4千米。主要工程量：路基土石方297万立方米，路基3千米，桥梁21座6080延长米，隧道23座26922延长米，涵洞36座1441横延米，站场2处。

中铁二十五局集团有限公司九景衢铁路江西段JQJXZQ－2标段工程　项目部驻江西省都昌县，项目负责人贺胜槐。合同投资130009万元，线路长50.4千米。主要工程量：路基27.3千米，桥梁31座19207延长米，隧道6座4078延长米，涵洞131座3188横延米，站场2处，铺道床27万立方米。

中铁建设集团有限公司九景衢铁路开化、常山站站房及相关工程　项目部驻浙江省衢州市，项目负责人王硕。合同投资15851万元。主要工程量：铁路房屋建筑面积35927平方米，车站2座3.5万平方米，变配电所2处。其中，开化站为小型铁路客运站，车场设计规模为2站6线，常山站为小型铁路客运站，车场设计规模为2站4线。

中国铁建电气化局集团有限公司九景衢铁路江西段四电系统集成及配套工程JQJXSD标段工程　项目部驻江西省景德镇市，项目负责人廖军华。合同投资154295万元，线路长245千米。主要工程量：干线光缆敷设523.1条千米，短段光缆敷设264.9条千米，铁

塔(杆)基础制作及组立 131 座,视频杆基础制作及组立 305 处。 (刘 辉)

·格库铁路·

【工程概况】 格库铁路线路自青海省格尔木市,向西经乌图美仁、甘森、花土沟,翻越阿尔金山后,再经新疆自治区米兰、若羌、尉犁至库尔勒。正线长 1214.6 千米,青海省境内 540 千米。建设线路采用国铁Ⅰ级,单线、电气化铁路标准。设计时速 160 千米,工程投资 367 亿。2014 年开工建设,计划 2019 年建成通车。中国铁建所属十二局、十五局、十六局、二十一局、二十二局集团有限公司参加工程建设。 (刘 辉)

【参建标段】 中铁十二局集团有限公司格库铁路 GKQHZHQ7 标段工程　项目部驻青海省海西蒙古族藏族自治州,项目负责人陈伟明。合同投资 23708 万元,线路长 26.5 千米。主要工程量:路基土石方 333 万立方米,桥梁 8 座 537 延长米,涵洞 70 座 1402 横延米,站场 1 处。

中铁十五局集团有限公司格库铁路 GKQHZHQ6 标段工程　项目部驻青海省德令哈市,项目负责人陈占波。合同投资 106236 万元,线路长 110 千米。主要工程量:路基土石方 1058 万立方米,大桥 6 座 1365 延长米,中桥 13 座 929 延长米,小桥 2 座 33 延长米,涵洞 260 座 4477 横延米,站场 3 处。

中铁十六局集团有限公司格库铁路 S1 标段工程　项目部驻新疆维吾尔自治区尉犁县,项目负责人张胜利。合同投资 116101 万元,线路长 140.6 千米。主要工程量:路基土石方 1181 万立方米,特大桥 1 座 773 延长米,大桥 5 座 1086 延长米,中桥 28 座 1827 延长米,小桥 35 座 492 延长米,涵洞 587 座 16 千米。

中铁二十一局集团有限公司格库铁路 GKQHZHQ2 标段工程　项目部驻青海省格尔木市,项目负责人芦巍。合同投资 68573 万元,线路长 70.2 千米。主要工程量:路基土石方 470 万立方米,大桥 3 座 627 延长米,中桥 11 座 675 延长米,小桥 3 座 44 延长米,涵洞 154 座 2002 横延米,车站 1 座。

中铁二十二局集团有限公司格库铁路 GKQHZHQ5 标段工程　项目部驻青海省格尔木市,项目负责人耿爱民。合同投资 113077 万元,线路长 530.8 千米。主要工程量:正线路基 11.1 千米,大桥 2 座,中桥 1 座,涵洞 20 座,正线铺轨 530.84 千米,站线铺轨 103.26 千米,T 梁架设 949 孔。 (刘 辉)

公路工程

·简阳至蒲江高速公路·

【工程概况】 简阳至蒲江高速公路起点在四川省简阳市禾丰镇,途经仁寿、彭山、东坡、蒲江,止于四川省蒲江县天华镇,线路长 127 千米,双向 6 车道,桥梁 97 座,隧道 5 座,枢纽互通 6 座,一般互通 11 座。设计时速 100 千米,工程投资 157.75 亿元。2014 年 7 月开工建设,计划 2016 年建成通车。中国铁建所属十一局、大桥局、十四局、十六局、十七局、十八局、二十局、二十一局、二十二局、二十三局、二十四局、二十五局、港航局集团有限公司参加工程建设。 (刘 辉)

【参建标段】 中铁十一局集团有限公司简阳至蒲江高速公路 14 标段工程　项目部驻四川省成都市,项目负责人陈瑞杰。合同投资 38063 万元,线路长 2.6 千米。主要工程量:路基土石方 48 万立方米,桥梁 11 座 1572 延长米,隧道 1 座,左线 1154 延长米、右线 1187 延长米,涵洞 13 座 209 横延米。

中国铁建大桥工程局集团有限公司简阳至蒲江高速公路 4 标段工程　项目部驻四川省邛崃市,项目负责人姚汪明,合同投资 53696 万元,线路长 9.6 千米。主要工程量:路基土石方 39 万立方米,桥梁 21 座 4254 延长米,涵洞 40 座 1482 横延米,收费站 1 处,建筑面积 1147 平方米。

中铁十四局集团有限公司简阳至蒲江高速公路 8 标段工程　项目部驻四川省眉山市,项目负责人王京营。合同投资 48537 万元,线路长 5.5 千米。主要工程量:路基土石方 308 万立方米,主线大桥 2 座,隧道 0.5 座 1124 延长米,涵洞 14 座,互通区 1 座,制架梁 96 片(T 梁)。

中铁十六局集团有限公司简阳至蒲江高速公路 2 标段工程　项目部驻四川省资阳市,项目负责人董艳斌。合同投资 41749 万元,线路长 6.4 千米。主要工程量:路基土石方 341 万立方米,沱江特大桥 1239 延长米,大桥 3 座 509 延长米,匝道桥 3 座 144 延长米,天桥 1 座,渡槽 3 处,涵洞 24 座。

中铁十七局集团有限公司简阳至蒲江高速公路 11 标段工程　项目部驻四川省眉山市,项目负责人秦美前。合同投资 47068 万元,线路长 7 千米。主要工程量:路基土石方 230 万立方米,主线桥 5 座 1193 延长米,天桥 3 座 156 延长米,涵洞 54 座 1999 横延米,互通枢纽 1 处,匝道 9 条 5141 米。

中铁十八局集团有限公司简阳至蒲江高速公路4标段工程　项目部驻四川省资阳市，项目负责人曹美俊。合同投资40607万元，线路长13.6千米。主要工程量：路基土石方624万立方米，桥梁11座3046延长米，互通1座，渡槽3座187延长米，天桥4座234延长米，涵洞63座2820横延米。

中铁二十局集团有限公司简阳至蒲江高速公路12标段工程　项目部驻四川省眉山市，项目负责人盖峰。合同投资43060万元，线路长12.7千米。主要工程量：路基土石方402万立方米，桥梁18座1500延长米，互通立交2座，天桥2座，涵洞57座，收费站2处。

中铁二十局集团有限公司简阳至蒲江高速公路3标段工程　项目部驻四川省资阳市，项目负责人任东平。合同投资41139万元，线路长12.8千米。主要工程量：路基土石方579万立方米，涵洞13座457横延米，房屋建筑面积9200平方米。

中铁二十一局集团有限公司简阳至蒲江高速公路10标段工程　项目部驻四川省眉山市，项目负责人吴宝京。合同投资45276万元，线路长4.8千米。主要工程量：路基土石方224万立方米，桥梁10座3082延长米，其中主线大桥2座2426延长米，涵洞13座532横延米，制架梁906片（T梁）。

中铁二十二局集团有限公司简阳至蒲江高速公路9标段工程　项目部驻四川省眉山市，项目负责人王东君。合同投资43667万元，线路长12.9千米。主要工程量：路基土石方333万立方米，桥梁13座1693延长米，分离式立交5座，分离式立交兼渡槽2座，渡槽兼人行天桥1座。

中铁二十三局集团有限公司简阳至蒲江高速公路13标段工程　项目部驻四川省成都市，项目负责人肖毅。合同投资45389万元，线路长7.5千米。主要工程量：路基土石方385万立方米，桥梁6座1506延长米，隧道1座，涵洞13座741横延米。

中铁二十四局集团有限公司简阳至蒲江高速公路7标段工程　项目部驻四川省眉山市，项目负责人刘辉信。合同投资49937万元，线路长6.5千米。主要工程量：路基土石方110万立方米，路基2.3千米，桥梁2座2410延长米，隧道0.5座1143延长米，涵洞12座632横延米，制架梁833片。

中铁二十五局集团有限公司简阳至蒲江高速公路5标段工程　项目部驻四川省眉山市，项目负责人陈德。合同投资41309万元，线路长12.3千米。主要工程量：路基土石方524万立方米，桥梁13座1838延长米，互通式立交2座，渡槽3座，天桥2座，涵洞50座2184横延米，预制梁840片（T梁）。

中国铁建港航局集团有限公司简阳至蒲江高速公路1标段工程　项目部驻四川省资阳市，项目负责人唐大文。合同投资36600万元，线路长12.8千米。主要工程量：路基土石方612万立方米，大桥2座314延长米，中桥5座210延长米，匝道桥1座，互通式立交2座，分离式立交1座，涵洞56座。　（刘　辉）

·兴延高速公路·

【工程概况】　兴延高速公路位于京藏高速（京张、八达岭高速）公路以西，呈南北走向，南起北京西北六环路兴隆口，北至京藏高速营城子立交收费站以北。线路长42.4千米，设收费站4处。全线有特大桥3座，特长隧道3座，桥隧占比超过60%，山区段设计时速80千米，平原段设计时速100千米。工程投资131亿元。2015年开工建设，计划2018年建成通车。中国铁建所属十二局、大桥局、十四局、十六局、十八局、十九局、二十局、二十二局集团有限公司参加工程建设。

（刘　辉）

【参建标段】　中铁十二局集团有限公司兴延高速公路5标段工程　项目部驻北京市昌平区，项目负责人王晋生。合同投资71258万元，线路长5.2千米。主要工程量：路基土石方63万立方米，路基0.49千米，桥梁2座550延长米，隧道4座8283延长米（单幅），涵洞6座244横延米。

中国铁建大桥工程局集团有限公司兴延高速公路1标段工程　项目部驻北京市昌平区，项目负责人张春荣。合同投资58275万元，线路长3.5千米。主要工程量：路基土石方58万立方米，路基3599米，特大桥1座，顺沙路高架桥1915延长米，互通式立体交叉1座8140延长米，匝道桥6座4509延长米，加宽桥3座280延长米。

中铁十四局集团有限公司兴延高速公路7标段工程　项目部驻北京市延庆区，项目负责人刘啸。合同投资80609万元，线路长6.1千米。主要工程量：路基土石方175万立方米，路基3638米，桥梁2座405延长米，隧道2座4677延长米。

中铁十六局集团有限公司兴延高速公路2标段工程　项目部驻北京市昌平区，项目负责人卜凡龙。合同投资44343万元，线路长9.3千米。主要工程量：路基土石方192万立方米，大桥6座2221延长米，小桥11座233延长米，CFG桩96925米。

中铁十八局集团有限公司兴延高速公路3标段工程　项目部驻北京市昌平区，项目负责人丁元利。合同投资53684万元，线路长7.3千米。主要工程量：路基土石方84万立方米，路基2.6千米，桥梁3座1025延长米，隧道1座3510延长米，制架梁22孔/176片（箱梁）。

中铁十九局集团有限公司兴延高速公路8标段工

程　项目部驻北京市延庆区，项目负责人程显春。合同投资58986万元，线路长4.9千米。主要工程量：特大桥2座，大桥5座，中桥及小桥7座，营城子隧道出口1座，左洞897延长米、右洞932延长米，制架梁461片。

中铁二十局集团有限公司兴延高速公路6标段工程　项目部驻北京市昌平区，项目负责人崔双杰。合同投资23700万元，线路长3.9千米。主要工程量：石峡隧道3967延长米，其中左线1955延长米、右线2012延长米。

中铁二十二局集团有限公司兴延高速公路4标段工程　项目部驻北京市昌平区，项目负责人邢立军。合同投资49862万元，线路长3.8千米。主要工程量：路基土石方3万立方米，桥梁1座5068延长米，隧道1座2955延长米，制架梁691片。（刘　辉）

市政工程

·镇江新区基础设施BT项目·

【工程概况】　镇江新区基础设施BT项目包括市政路网工程及水利工程。市政路网工程包含道路，桥涵，排水，供电管沟，交通设施，路灯，绿化等；水利工程包含堤防整治，部分通江涵闸的改造，堤顶道路，护坡，绿化等，分两期实施，工程总投资10.75亿元。一期机场快线：金港大道至兴港东路，含与兴港东路，金港大道的2个立交互通，工程投资18000万元；金港大道东延：扬中三桥接线道路，工程投资6000万元；长江堤防达标工程：北何家港至太平河，18千米堤防整治及部分通江涵闸的改造，工程投资38000万元；兴港东路改造：圌山路—机场道路，工程投资4000万元；S241改造：S338—平昌路，工程投资4000万元。二期大港片区路网改造工程，工程投资3亿元。2013年5月开工建设，计划2017年完工。中国铁建所属十六局集团有限公司承担施工任务。（刘　辉）

·芜湖城南过江隧道工程·

【工程概况】　芜湖城南过江隧道工程为PPP模式，投资方三家单位：芜湖长江隧道有限责任公司、芜湖市建设投资有限公司、中国铁建投资集团有限公司；隧道5千米，盾构隧道、江南江北明挖隧道，江南江北工作井。中国铁建所属十四局集团有限公司承担施工任务。（刘　辉）

城市轨道交通工程

·北京地铁6号线二、三期工程·

【工程概况】　北京地铁6号线是一条贯穿北京中心城区的东西向轨道交通骨干线，线路长41.74千米，工程分三期建设。其中，一期工程2012年12月30日开通运营；二期工程2014年12月28日开通运营；三期工程线路自苹果园至海淀区五路居，计划2018年建成通车。中国铁建所属十二局、十四局、二十二局集团有限公司参加工程建设。（刘　辉）

【参建标段】　中铁十二局集团有限公司北京地铁6号线二期21标段工程　项目负责人李光耀。合同投资33617万元。主要工程量：新华大街站，明挖四层岛式车站。

中铁十四局集团有限公司北京地铁6号线西延工程6标段工程　项目负责人刘少雨。合同投资34999万元。主要工程量：苹果园站，金安桥站至苹果园站区间。

中铁二十二局集团有限公司北京地铁6号线西延工程5标段工程　项目负责人汤贵海。合同投资33000万元。主要工程量：苹果园南路站，苹果园站至苹果园南路站、苹果园南路站至西黄村站区间。

（刘　辉）

·北京地铁8号线·

【工程概况】　北京地铁8号线为一条南北中轴线路，线路长45.6千米，设车站35座、车厂2座、停车场1座。一二期工程已经完工，三期工程计划2018年开通。中国铁建所属十一局、十四局、十六局、十八局、十九局集团有限公司参加工程建设。（刘　辉）

【参建标段】　中铁十一局集团有限公司北京地铁8号线三期9标段工程　项目负责人曾恕辉。合同投资33627万元。主要工程量：大红门站，大红门站至大红门桥站区间。

中铁十四局集团有限公司北京地铁8号线三期3标段工程　项目负责人赵光泉。合同投资56026万元。主要工程量：前门站，王府井站至前门站区间。

中铁十六局集团有限公司北京地铁8号线三期1标段工程　项目负责人王海明。合同投资48203万元。主要工程量:王府井北站,起点至王府井北站、王府井北站至王府井站区间。

中铁十八局集团有限公司北京地铁8号线三期14标段工程　项目负责人邱青春。合同投资29939万元。主要工程量:六营门站,西洼地站至六营门站、六营门站至五福堂站区间。

中铁十九局集团有限公司北京地铁8号线三期8标段工程　项目负责人贾常志。合同投资31521万元。主要工程量:木樨园桥南站,木樨园桥南站至大红门站区间(含联络线)。　(刘　辉)

·青岛地铁1号线·

【工程概况】 青岛地铁1号线位于青岛市黄岛区、市南区、市北区、李沧区、城阳区,线路起自黄岛峨眉山路站,终至城阳镇东郭庄,形成贯通青岛市南北的快速轨道交通走廊。线路长59.95千米,设车站40座,均为地下站,平均站间距1524米。2016年开工建设,计划2020年建成通车。中国铁建所属十二局、十四局、十六局、十七局、十八局、十九局、二十局、二十二局、二十五局集团有限公司参加工程建设。　(刘　辉)

【参建标段】 中铁十二局集团有限公司青岛地铁1号线08工区　项目负责人郝文广。线路长3.9千米,合同投资50464万元。主要工程量:庙头站,流亭机场站至庙头站区间,庙头站至文阳路站区间,文阳路站至正阳路站区间。

中铁十四局集团有限公司青岛地铁1号线04工区　项目负责人王春国。线路长3.4千米,合同投资57385万元。主要工程量:小村庄站,海泊桥站至小村庄站区间,小村庄站至北岭站区间,北岭站至水清沟站区间,区间为TBM掘进施工。

中铁十六局集团有限公司青岛地铁1号线03工区　项目负责人郭保飞。线路长3.4千米,合同投资36279万元。主要工程量:中山路站,江苏路站,广饶路站。

中铁十七局集团有限公司青岛地铁1号线06工区　项目负责人李彬。线路长2.4千米,合同投资45248万元。主要工程量:安顺路站,安顺路站至青岛北站区间,胜利桥站至安顺路站区间。

中铁十八局集团有限公司青岛地铁1号线02工区　项目负责人施红忠。线路长5.9千米,合同投资66298万元。主要工程量:海泊桥站,青岛火车站至中山路站区间,中山路站至江苏路站区间,江苏路站至广饶路站区间,广饶路站至台东站、台东站至海泊桥站区间,区间为TBM掘进施工。

中铁十八局集团有限公司青岛地铁1号线过海段　项目负责人张斌。线路长2.1千米,合同投资23390万元。主要工程量:海域段单洞双线1.9千米,陆域段0.2千米,为矿山法施工。

中铁十九局集团有限公司青岛地铁1号线05工区　项目负责人李长城。线路长4.1千米,合同投资70580万元。主要工程量:北岭站,水清沟站,开封路站,水清沟站至开封路站、开封路站至胜利桥站区间,区间为矿山法施工。

中铁二十局集团有限公司青岛地铁1号线07工区　项目负责人周玉斌。线路长4.1千米,合同投资50868万元。主要工程量:汽车北站,瑞金路站至汽车北站、汽车北站至流亭机场站区间。

中铁二十二局集团有限公司青岛地铁1号线01工区　项目负责人周清福。线路长2.8千米,合同投资58220万元。主要工程量:贵州路站,西镇站,青岛火车站,瓦屋庄站至贵州路站区间,贵州路站至西镇站区间,西镇站至青岛火车站区间,TBM掘进施工与矿山法施工相结合。

中铁二十五局集团有限公司青岛地铁1号线09工区　项目负责人姜智斌。线路长5.8千米,合同投资86001万元。主要工程量:胜利桥站,流亭机场站,文阳路站,正阳路站,春阳路站。　(刘　辉)

·青岛地铁2号线·

【工程概况】 青岛地铁2号线自南京路与香港中路交叉口起沿香港中路、香港东路向东,经新闻中心、青岛大学、啤酒城后北拐,沿深圳路北上经长途汽车东站、东韩到李村,后沿夏庄路至李村公园。沿线设14座地下车站,包括7座明挖站、6座暗挖站、1座明暗挖结合站;设15个区间,包括1个盾构区间、4个TBM掘进区间。合同投资33亿元。2011年11月开工建设,计划2017年建成通车。中国铁建所属十二局、十四局、十六局、十七局、十八局、十九局、二十局、二十二局、二十五局集团有限公司参加工程建设。(刘　辉)

【参建标段】 中铁十二局集团有限公司青岛地铁2号线7工区　项目负责人鲍海荣。合同投资31825万元,线路长2千米。主要工程量:环城南路站,东韩站至环城南路站区间。

中铁十四局集团有限公司青岛地铁2号线1工区　项目负责人王春国。合同投资54691万元,线路长2.1千米。主要工程量:南京路站,燕儿岛路站,高雄路站,南京路站至燕儿岛路站区间,燕儿岛路站至高雄路站区间。

中铁十六局集团有限公司青岛地铁2号线6工区　项目负责人娄兵。合同投资27356万元,线路长1.4

千米。主要工程量:东韩站,汽车东站至东韩站区间。

中铁十七局集团有限公司青岛地铁 2 号线 8 工区　项目负责人鲜胜军。合同投资 33203 万元,线路长 1.8 千米。主要工程量:枣庄路站,环城南路站至枣庄路站区间,枣庄路站至李村站区间。

中铁十八局集团有限公司青岛地铁 2 号线 2 工区　项目负责人施红忠。合同投资 51040 万元,线路长 4.5 千米。主要工程量:麦岛站,徐家麦岛站,海川路站,海安路站,海安路站至海川路站区间,海川路站至徐家麦岛站区间,徐家麦岛站至麦岛站区间,麦岛站至高雄路站区间。

中铁十九局集团有限公司青岛地铁 2 号线 4 工区　项目负责人董宝云。合同投资 19811 万元,线路长 1.5 千米。主要工程量:苗岭路站,啤酒城站至苗岭路站区间。

中铁二十局集团有限公司青岛地铁 2 号线 9 工区　项目负责人周玉兵。合同投资 34130 万元,线路长 1.3 千米。主要工程量:李村公园站,李村站至李村公园站区间,李村公园站站后折返线区间。

中铁二十二局集团有限公司青岛地铁 2 号线 3 工区　项目负责人周清福。合同投资 30649 万元,线路长 1.8 千米。主要工程量:啤酒城站,海安路站至啤酒城站区间。

中铁二十五局集团有限公司青岛地铁 2 号线 5 工区　项目负责人张旭海。合同投资 45726 万元,线路长 2.1 千米。主要工程量:同安路站,苗岭路站至同安路站、同安路站至汽车东站区间,车辆段出入段线暗挖区间。

(刘　辉)

·厦门地铁 1 号线·

【工程概况】 厦门地铁 1 号线长 31.7 千米。其中,地下线 27.1 千米、地面线 2.3 千米、高架线 2.3 千米。全线设车站 24 座,高崎停车场 1 处,置岩内综合维修基地 1 处。中国铁建所属十一局、十二局、十七局、十八局、二十四局、电气化局集团有限公司参加工程建设。合同投资 41.6 亿元,线路长 19.74 千米,设车站 18 座,区间 17 个,车辆段 1 座,合同工期 2013 年 10 月—2017 年 12 月。

(刘　辉)

【参建标段】 中铁十一局集团有限公司厦门地铁 1 号线轨道工程施工 2 标段工程　项目负责人罗旭光。合同投资 21454 万元。主要工程量:正线铺轨总长 33.782 千米。

中铁十二局集团有限公司厦门地铁 1 号线土建工程 1 标段 2 工区　项目负责人安刘生。合同投资 59165 万元。主要工程量:将军祠站,文灶站,湖滨东路站,将军祠站至文灶站、文灶站至湖滨东路站区间。

中铁十二局集团有限公司厦门地铁 1 号线土建工程 2 标段 2 工区　项目负责人陈俊。合同投资 34531 万元。主要工程量:集美软件园站,集美大道站,诚毅广场站至集美软件园站、集美软件园站至集美大道站区间。

中铁十七局集团有限公司厦门地铁 1 号线土建工程 1 标段 1 工区　项目负责人樊志忠。合同投资 58989 万元。主要工程量:镇海路站,中山公园站,镇海路站至中山公园站、中山公园站至将军祠站区间。

中铁十七局集团有限公司厦门地铁 1 号线土建工程 2 标段 1 工区　项目负责人王双龙。合同投资 48700 万元。主要工程量:董任站,集美中心站,诚毅广场站,董任站至集美中心站、集美中心站至诚毅广场站区间。

中铁十八局集团有限公司厦门地铁 1 号线土建工程 1 标段 3 工区　项目负责人吴颖宁。合同投资 40606 万元。主要工程量:莲坂站,莲花路口站。

中铁十八局集团有限公司厦门地铁 1 号线土建工程 2 标段 3 工区　项目负责人沈启炜。合同投资 79583 万元。主要工程量:天水路站。

中铁二十四局集团有限公司厦门地铁 1 号线土建工程 1 标段 4 工区　项目负责人张兴元。合同投资 10010 万元。主要工程量:塘边站。

中铁二十四局集团有限公司厦门地铁 1 号线土建工程 2 标段 4 工区　项目负责人陈桂林。合同投资 36202 万元。主要工程量:岩内北广场站,厦门北站至岩内北广场站区间,厦门北站至厦门北车辆基地区间,岩内北广场站至厦门北车辆基地区间,厦门北车辆基地。

中国铁建电气化局集团有限公司厦门地铁 1 号线 35 千伏变电所安装工程 2 标段工程　项目负责人陆子清。合同投资 5603 万元。主要工程量:7 座牵引降压混合变电所、6 座降压变电所、3 座跟随式降压变电所的安装调试工程。

(刘　辉)

·兰州地铁 1 号线·

【工程概况】 兰州地铁 1 号线是从西向东通过城市蜂腰地段的一条主干轨道交通线路,东西横贯中心城区。一期工程东起城关区东岗镇,西至西固区陈官营,正线长 26.78 千米,均为地下线,设车站 20 座。合同投资 199.9 亿元,计划建设时间 2012—2016 年,工期 5 年半。中国铁建所属十一局、大桥局、十四局、十六局、十七局、二十局、二十一局集团有限公司参加工程建设。

(刘　辉)

【参建标段】 中铁十一局集团有限公司兰州地铁1号线TJ1－1、TJ1－6工区 项目负责人姚胜兰。合同投资14210万元。主要工程量：西十字站301米，起点站至陈官营站明挖区间142米。

中国铁建大桥工程局集团有限公司兰州地铁1号线TJ2－8工区 项目负责人李铁成。合同投资27473万元。主要工程量：西站什字站至七里河站区间盾构688米，七里河站至小西湖站区间盾构1219米，小西湖站至文化宫站区间盾构599米，存车线段明挖区间。

中铁十四局集团有限公司兰州地铁1号线TJ1－2工区 项目负责人吴遁。合同投资60660万元。主要工程量：奥体中心站，陈官营站至奥体中心站区间明挖696米和双线盾构693米，奥体中心站至世纪大道站区间双线盾构2134米。

中铁十六局集团有限公司兰州地铁1号线TJ1－5工区 项目负责人全雪勇。合同投资14210万元，线路长3.553千米。主要工程量：马滩站，迎门滩站至马滩站、马滩站至土门墩站区间。

中铁十七局集团有限公司兰州地铁1号线TJ1－6A工区 项目负责人李建良。合同投资42791万元。主要工程量：土门墩站，土门墩站至西客站区间盾构1541米，西客站站至西站什字站区间盾构2891米。

中铁二十局集团有限公司兰州地铁1号线TJ2－11工区 项目负责人杨勇强。合同投资61312万元。主要工程量：东方红广场站683米，省政府站至东方红广场站区间473米。

中铁二十一局集团有限公司兰州地铁1号线TJ2－7工区 项目负责人文洋。合同投资24851万元。主要工程量：西客站1号线车站181.6米、2号线车站140米。

中铁二十一局集团有限公司兰州地铁1号线TJ2－10工区 项目负责人薄志军。合同投资56043万元。主要工程量：西关什字站263米，省政府站170米，西关什字站至省政府站区间803米，省政府站至东方红广场区间右线1050米。

中铁二十一局集团有限公司兰州地铁1号线一期工程试验段 项目负责人黄庆华。合同投资34434万元。主要工程量：世纪大道站305米，迎门滩站242米，世纪大道站至迎门滩站区间652米。 （刘 辉）

·成都地铁5号线·

【工程概况】 成都地铁5号线一二期工程由北至南，自成都国际商贸城，经大丰镇、五块石，后沿一环路横穿成都市中心，经高新区至天府新区。线路长49千米，设车站41座（地下站36座、高架站5座），车辆段1座，停车场2座，培训基地1处。合同投资172亿元，2015年9月30日开工建设。中国铁建所属十一局、十二局、大桥局、十四局、十五局、十六局、十七局、十八局、十九局、二十局、二十一局、二十二局、二十三局、中铁建设、电气化局、城建集团有限公司参加工程建设。

（刘 辉）

【参建标段】 中铁十一局集团有限公司成都地铁5号线轨道1标段工程 项目负责人刘建东。合同投资58000万元。主要工程量：大丰车辆站。

中铁十一局集团有限公司成都地铁5号线土建9标段工程 项目负责人刘育鸿。合同投资72000万元。主要工程量：石羊立交站，市一医院站，交子大道站，神仙树站至石羊立交站区间，石羊立交站至市一医院站区间，市一医院站至交子大道站区间，交子大道站至锦城大道站盾构区间。

中铁十二局集团有限公司成都地铁5号线轨道2标段工程 项目负责人余浩。合同投资38000万元。主要工程量：九兴大道站至线路终点。

中铁十二局集团有限公司成都地铁5号线土建3标段工程 项目负责人净少敏。合同投资60000万元。主要工程量：九道堰站，杜家碾站，大丰站，幸福桥站至九道堰站明挖区间，九道堰站至杜家碾站明挖区间，九道堰站至杜家碾站盾构区间，杜家碾站至大丰站盾构区间，大丰站至石犀公园站盾构区间。

中铁十二局集团有限公司成都地铁5号线机电安装及装饰工程2标段工程 项目负责人马勇军。合同投资51000万元。主要工程量：九道堰北站，大丰站，大丰三元站，大丰镇站，皇花村站，古柏树站，沙湾源站，洞子口站，九里堤北路站，五块石站，九道堰北站至五块石站区间范围内的风、水、电、气灭及装修（含钢结构雨棚装饰）、导向及车站附属设施。

中国铁建大桥工程局集团有限公司成都地铁5号线土建6A标段工程 项目负责人王义全。合同投资82000万元。主要工程量：五块石站，赛云台站，西北桥站，五块石站至赛云台站区间，赛云台站至北站西二路站区间，北站西二路站至西北桥站盾构区间。

中国铁建大桥工程局集团有限公司成都地铁5号线土建6B标段工程 项目负责人赵何明。合同投资68000万元。主要工程量：花牌坊站，抚琴站，中医大省医院站，西北桥站至花牌坊站区间、花牌坊站至抚琴站区间，抚琴站至中医大省医院站区间。

中国铁建大桥工程局集团有限公司成都地铁5号线机电安装及装饰工程4标段工程 项目负责人薛腾。合同投资50500万元。主要工程量：永丰站，神仙树站，石羊立交站，繁雄大道站，锦程大道站，元华站，大源站，三江站，元华停车场及出入线，肖家河站至三江站区间范围内的风、水、电、气灭及装修（含钢结构雨棚装饰)、导向及车站附属设施。

中铁十四局集团有限公司成都地铁5号线土建7标段工程　项目负责人刘守文。合同投资82000万元。主要工程量:青羊宫站,省骨科医院站,科园站,中医药大学省人民医院站至青羊宫站盾构区间,青羊宫站至省骨科医院站区间,省骨科医院站至高升桥站区间,高升桥站至科园站区间。

中铁十五局集团有限公司成都地铁5号线土建5标段工程　项目负责人辛松鹤。合同投资89000万元。主要工程量:古柏站,泉水路站,洞子口站,福宁路站,古柏站至泉水路站区间,泉水路站至洞子口站区间,洞子口站至福宁路站区间,福宁路站至五块石站盾构区间。

中铁十六局集团有限公司成都地铁5号线土建10标段工程　项目负责人何双良。合同投资98000万元。主要工程量:锦城大道站,锦城湖站,锦城大道站至锦城湖站区间,锦城湖站至大源站区间,元华出入段线区间,元华车辆段。

中铁十七局集团有限公司成都地铁5号线机电安装及装饰工程5标段工程　项目负责人丁艳林。合同投资44800万元。主要工程量:大成二街站,迎宾路站,双华站,二江寺站,牧华路站,鹤高路站,蒋家店站,回龙路站,回龙停车场及出入线,三江站至线路终点区间范围内的风、水、电、气灭及装修(含钢结构雨棚装饰)、导向及车站附属设施。

中铁十八局集团有限公司成都地铁5号线土建4标段工程　项目负责人房金财。合同投资47000万元。主要工程量:石犀公园站,皇花园站,石犀公园站至皇花园站区间,皇花园站至古柏站盾构区间。

中铁十九局集团有限公司成都地铁5号线土建11标段工程　项目负责人王冰。合同投资55000万元。主要工程量:大源站,民乐站,大源站至民乐站盾构区间,民乐站至骑龙站盾构区间。

中铁二十局集团有限公司成都地铁5号线土建13标段工程　项目负责人任高峰。合同投资50000万元。主要工程量:南湖立交站,高峰站,二江寺站至南湖立交站区间,南湖立交站至高峰站区间。

中铁二十一局集团有限公司成都地铁5号线土建8标段工程　项目负责人幸小兵。合同投资50000万元。主要工程量:九兴大道站,科园站至九兴大道站、九兴大道站至神仙树站区间。

中铁二十二局集团有限公司成都地铁5号线土建12标段工程　项目负责人马杰。合同投资66000万元。主要工程量:骑龙站,警官学院站,二江寺站,骑龙站至警官学院站区间,警官学院站至二江寺站区间。

中铁二十三局集团有限公司成都地铁5号线土建14标段工程　项目负责人李全社。合同投资57000万元。主要工程量:回龙路站,龙马路站,高峰站至龙马路站区间,龙马路站至回龙站区间。

中铁建设集团有限公司成都地铁5号线土建1标段工程　项目负责人黎家国。合同投资67000万元。主要工程量:华桂路站,柏水场站,廖家湾站,北部商贸城站,幸福桥站,起点至华桂路站区间,华桂路站至柏水场站区间,柏水场站至廖家湾站区间,廖家湾站至北部商贸城站区间,北部商贸城站至幸福桥站区间,幸福桥站至九道堰站区间,大丰出入线。

中铁建设集团有限公司成都地铁5号线弱电综合工程标段工程　项目负责人杨金国。合同投资37000万元。主要工程量:标段内全部弱电综合工程,包括综合监控系统、火灾自动报警系统、环境与设备监控系统、门禁系统等设备安装及服务。

中铁建设集团有限公司成都地铁5号线机电安装及装饰工程3标段工程　项目负责人周益金。合同投资61100万元。主要工程量:北广场西站,城北客运中心站,沙湾站,西门站,二道河站,中医大省医院站,青羊宫站,大石西路站,高升桥站,肖家河站,培训中心及五块石至肖家河站区间范围内的风、水、电、气灭及装修(含钢结构雨棚装饰)、导向及车站附属工程。

中国铁建电气化局集团有限公司成都地铁5号线通信系统集成工程标段工程　项目负责人卢云。合同投资57600万元。主要工程量:标段内通信专业内容,包括专用通信系统、公安通信系统与乘客信息系统和部分民用通信系统等集成安装及服务。

中国铁建电气化局集团有限公司成都地铁5号线供电系统工程标段工程　项目负责人罗李。合同投资109800万元。主要工程量:标段内的中压供电环网、牵引变电所、降压变电所、接触网系统、电力监控系统、杂散电流腐蚀防护系统等设备的安装及服务。

中铁城建集团有限公司成都地铁5号线土建2A标段工程　项目负责人王羽生。合同投资48000万元。主要工程量:大丰停车场。

中铁城建集团有限公司成都地铁5号线土建2B标段工程　项目负责人田玉江。合同投资10000万元。主要工程量:培训基地。

中铁城建集团有限公司成都地铁5号线土建2C标段工程　项目负责人吕红星。合同投资17000万元。主要工程量:回龙停车场,回龙停车场出入段线。

中铁城建集团有限公司成都地铁5号线机电安装及装饰工程1标段工程　项目负责人商成剑。合同投资45200万元。主要工程量:商贸城站,斑竹园站,毗河站,金新路站,商贸城北站,大丰车辆段及出入线,线路起点至高架桥台尾及地面区间范围内的风、水、电、气灭及装修(含钢结构雨棚装饰)、导向及

车站附属设施。（刘　辉）

·深圳地铁6号线·

【工程概况】　深圳地铁6号线是一条中线路，线路由深圳北站至松岗站。线路长37.7千米，设车站20座。其中，换乘站6座。合同投资1.97万亿元，2014年开工建设。中国铁建所属中土集团、十一局、大桥局、二十三局集团有限公司参加工程建设。（刘　辉）

【参建标段】　中铁十一局集团有限公司深圳地铁6号线6101标段3工区　项目负责人沈显才。合同投资80428万元。主要工程量：石岩站，观光站，上屋北站，光明中心站，大石区间（大里程隧道出口段），石上区间，上长区间，观光区间。

中国铁建大桥工程局集团有限公司深圳地铁6号线6101标段1工区　项目负责人姜立国。合同投资87746万元。主要工程量：深圳北站，红山站，上塘北站，元芬站，大浪站，深圳北站至红山站区间，红山站至上塘北站区间，上塘北站至元芬站区间，元芬站至大浪站区间，大浪站至羊台山隧道进口桥台高架区间。

中国铁建大桥工程局集团有限公司深圳地铁6号线6101标段2工区　项目负责人陈博。合同投资82356万元。主要工程量：深圳北站，红山站，上塘北站，元芬站，深红区间，红上区间，上元区间，元大区间，大石区间。

中铁二十三局集团有限公司深圳地铁6号线6101标段4工区　项目负责人范丰波。合同投资23849万元。主要工程量：长圳站，长圳站至观光站区间，车辆段出入线。

中铁二十三局集团有限公司深圳地铁6号线6101标段梁场　项目负责人黄静。合同投资36930万元。主要工程量：承担本标段内318跨636片U型梁的制运架施工。（刘　辉）

水利工程

·山西中部引黄工程·

【工程概况】　中部引黄工程是山西省“十二五”规划大水网建设中一项重要工程。工程自忻州市保德县黄河天桥水电站库区取水，供水范围包括忻州、吕梁、临汾3市14个县（市、区），年供水3亿立方米。中国铁建所属十一局、十二局、十七局、十八局、二十局、二十五局集团有限公司承担23亿元的施工任务。2012年6月开工建设。（刘　辉）

·广西邕宁水利枢纽工程·

【工程概况】　广西邕宁水利枢纽工程位于郁江干流南宁邕江河段下游青秀区仙葫开发区牛湾半岛处，上距老口航运枢纽74千米，下距西津水电站124千米。工程建设规模：拦河坝、船闸、13孔闸坝、发电厂房及进场交通公路，正常蓄水位67米，总库容7.1亿立方米，电站装机容量57.6兆瓦（6×9.6兆瓦），多年平均发电量2.2亿千瓦时，通航标准为2000吨级。工程由主体工程与配套工程组成，作为配套工程的两岸进厂道路包括左岸和右岸两条道路，左岸道路起于五合大道末端，终于拦河坝左坝肩，全长3.4千米；右岸道路起于蒲津路，终于发电厂房侧接头坝，全长1.78千米。两岸进厂道路一期工程2013年1月15日开工建设。中国铁建所属二十局、港航局承担22亿元的施工任务。（刘　辉）

·吉林中部引松供水工程·

【工程概况】　吉林省中部城市引松供水工程位于吉林省中部，供水范围为长春市、四平市、辽源市及所属的九台市、德惠市、农安县、公主岭市、梨树市、伊通县、东辽县、长春双阳区11个市（县、区）的城区，以及供水线路附近25个镇。引松花江水入长春工程线路长634.96千米，从丰满水库调水至吉林省中部地区，由输水总干线、输水干线和输水支线组成，设计水平年平均引水量7.31×10米；远景水平年平均引水量8.66×10米，丰满水库进水口设计引水流量38立方米。（刘　辉）

房建工程

·银川绿地中心项目·

【工程概况】　银川绿地中心项目位于宁夏回族自治区银川市阅海湾中央商务区，业态包括超五星级奢华酒店、国际顶级写字楼、总裁行政公馆、摩天会所沙龙、会议中心、高端精品百货、高端商业都会等。是一个集高端购物、休闲餐饮、娱乐沙龙、商务办公、酒店接待为一体的摩天城市综合体。项目Ⅰ标段为地上59层办公楼及酒店，地下3层车库(以M轴为界)、机电用房及后勤物业用房，裙房1—3层为设备与会议用房，地下建筑面积39064平方米，北塔楼建筑面积113507平方米。其中，裙房建筑面积8758平方米，总建筑面积161329平方米，总建筑高度301米。工程投资6亿元，合同工期2015年6月—2019年5月。中国铁建所属城建集团有限公司承担施工任务。（刘　辉）

安全质量监督

【中国铁建股份有限公司安全生产委员会】 2007年成立。2016年1月，中国铁建股份有限公司安全生产委员会成员调整。总裁庄尚标任主任委员；副总裁刘汝臣等任副主任委员；部门以上领导及机关有关部门负责人为委员。下辖的安全生产委员会办公室设在安全质量监督部，安全质量监督部部长兼任办公室主任，日常工作由业务部门具体承办。主要职责：规划、监督、指导全系统安全生产工作；审议安全生产规章制度；评估安全生产状况，提出强化监管举措；对安全生产重大问题提出决策性意见；实施安全生产奖惩；对安全生产事故提出处理意见。（郭　宏）

【安全质量监督部】 是监督、管理中国铁建系统劳动安全、人身安全、锅炉压力容器安全、运输安全和工程质量、计量、试验工作，在安全、质量管理和“三标”体系运行工作中发挥规划、监督、管理和服务作用的职能部门。主要职责：贯彻国家有关部委和国资委安全质量工作的法律法规，制订公司安全生产和质量工作的制度规章并组织实施；负责公司系统安全生产监督、检查、指导工作和质量监督、检查指导工作；负责公司总承包项目和本级经营项目的安全生产监督和质量监督工作；协助较大安全伤亡事故、质量事故的调查；组织签订安全生产责任书；负责安全风险与内控管理工作；负责公司生产安全事故应急响应预案的编制控制，对重大安全质量风险源控制情况进行监督检查；负责股份公司(总公司)机关及所属单位交通安全管理工作；参与中国建设工程鲁班奖、铁路优质工程、国家优质工程的初审、推荐、申报工作以及组织股份公司优质工程和安全标准工地复查工作；与国家安监总局、国资委及相关部委、地方政府安监质量部门沟通联系，防范和化解安全、质量风险；负责总公司经营项目的安全生产监督和质量监督工作；负责公司总部贯标认证工作。参与公司总体发展战略及中长期规划的研究制订工作；参与公司社会责任报告的编撰并提供相关资料；参与全面风险管理和内控相关工作；参与绩效考核工作；参与经济对标工作；参与信息化建设工作；参与全面预算管理工作；参与施工重难点问题的解决。下设安全监督处、质量监督处和贯标办，定员11人，设部长1人、副部长1人、安全生产应急救援(指挥)中心副主任(部门副职)1人。现员12人，其中，教授级高级工程师3人，高级工程师6人，高级经济师1人，高级编辑1人，经济师1人。各集团公司设安全、质量监督管理机构。（郭　宏）

【安全质量工作综述】 2016年，中国铁建高度重视安全质量工作，认真贯彻落实党中央、国务院和有关部委要求和部署，始终坚持“安全第一、预防为主、综合治理”和“百年大计、质量第一”方针，牢固树立“红线意识”，按照“一岗双责、党政同责、齐抓共管、失职追责”要求，深入开展风险管控和隐患排查治理，做到“提前想到、提前发现、提前消除隐患”；狠抓安全包保责任落实，加大事故处理力度，加强应急管理，推动一线工人收入与安全行为挂钩，调动全员抓安全、促安全积极性，提高现场管控安全隐患能力；落实国家质量发展纲要，推行项目终端质量责任制，开展铁路工程建设质量源头整治，大力实施“以质量促发展、以质量占市场”的发展战略，以精品工程创建带动工程质量全面发展；开展贯标工作，推进质量、环境和职业健康安全管理体系建设，保持公司管理体系的符合性和有效性，按时取得认证证书，满足企业生产经营需要。

2016年，中国铁建系统未发生重大以上生产安全事故，没有发生隧道关门塌方等重大险情，安全生产形势基本稳定。全年获国家级优秀QC成果43项。工程创优项目获国家优质工程奖34项，中国建设工程鲁班奖10项，实现三个突破：一是年度获中国建设工程鲁班奖数量首次突破个位数，达到10项；二是首次作为主承建单位获境外中国建设工程鲁班奖；三是年度获国家优质工程奖首次突破30项。

（郭　宏　孙胜考　袁邦民）

【安全质量工作视频会议】 2016年9月22日，股份公司召开铁路工程质量安全专题视频会议，部署加强铁路质量安全工作，进一步提升各单位、各部门、各级领导干部和全体员工的质量安全意识，强化安全质量责任落实，确保企业安全稳定发展。（袁邦民）

【安全工作包保责任状】 2016年初，股份公司与下属35家单位签订《2016年安全工作包保责任状》。根据安全包保责任书条款内容，依据各单位安全目标完成情况和安全生产工作开展情况，年终综合考核排名，按

内插法给予奖励。 （袁邦民）

【全国“安全生产月”活动】 根据《国务院安委会办公室关于开展2016年全国“安全生产月”和“安全生产万里行”活动的通知》（安委办〔2016〕1号）精神，全系统于6月组织开展第15个全国“安全生产月”活动。活动期间，各单位紧紧围绕“强化安全发展观念，提升全民安全素质”活动主题，结合企业实际，认真组织，周密部署，深入开展系列活动；各单位在工地、驻地等处悬挂标语、挂图、展板、旗类等宣传品，同时利用网站、报纸、板报、工地广播、微信等平台开展宣传，组织开展广场咨询日、知识竞赛及事故警示教育等活动，营造浓厚的安全生产氛围，提高全员安全意识；活动期间，各单位以工程施工、雨季、汛期安全生产为重点，发动全员进行隐患排查治理和应急演练活动。

（袁邦民）

【安全生产应急管理】 为强化全系统安全生产应急救援能力，提升应急管理和处置水平，经股份公司2014年第8次总裁办公会议研究决定，在股份公司成立安全生产应急救援（指挥）中心（简称救援指挥中心）。救援指挥中心设主任1人，由安全质量监督部部长兼任；设专职副主任1人（部门副职）。救援指挥中心具体工作由安全质量监督部负责。主要职责：负责与各应急部门、有关单位的联络和综合协调；负责各种灾害事故的处置工作；根据实际情况，调派相应部门及专家组人员参与事故处置；负责启动应急预案，第一时间及时通知应急抢险救援队伍到场指挥；按照各级领导和指挥员的指示要求调集有关物资、装备和应急救援力量；负责向国家申领安全生产保障能力建设专项资金；负责要情上报和信息反馈工作；负责组织开展应急演练工作；负责救援时隐患排查防止次生灾害工作；负责救援队的业务指导；负责应急事件预防工作。

2016年，制定印发《生产安全事故抢险救援奖励补偿暂行办法》和《抢险救援队考核暂行办法》。指导十七局救援队有针对性地开展2次隧道应急演练，督促十七局隧道救援队、二十局应急培训基地加快完成国家财政下拨的装备投资，并向国家财政为十七局救援队争取装备维护专项资金140余万元。督办十一局宜巴高速公路楚阳隧道弃渣事件，11月底完成弃渣整治并通过竣工验收；参与十六局成贵铁路山体滑坡、十一局京昆高速石家庄至冀晋界段5标段洪灾事故现场处置，最终均定性为自然灾害，善后工作处置比较到位。 （杨生荣）

【“全国质量月”活动】 根据国家质量监督检验检疫总局联合国家相关部门、相关联合会、行业协会等下发的《关于开展2016年全国“质量月”活动的通知》（国质检质联〔2016〕437号）精神，全系统开展2016年“质量月”活动。各单位结合本单位实际，围绕“提升供给质量，建设质量强国”主题，开展广泛深入的宣传教育活动，建设质量文化，提高质量意识。深入宣传贯彻《质量发展纲要（2011—2020年）》，充分发挥企业的主体作用，提高质量竞争力，提升质量总体水平，着力在质量提升上下功夫，深入开展群众性质量活动，促进质量提升。全面开展质量整治、确保安全、强化过程质量控制活动，在企业中形成质量兴企、人人有责的良好氛围。通过开展质量专项检查、QC小组活动、举办质量管理干部培训班、召开质量事故分析会、举行消除质量通病评比竞赛等活动，进一步提高企业员工的质量意识和产品与服务质量水平。开展“质量管理思路创新”活动，组织员工进行广泛深入讨论，促使质量管理工作深入持续改进。工程承包企业组织开展工程质量通病治理专项行动，消除质量通病，提高工程质量。其他业务板块企业有针对性地开展产品质量、服务质量提升活动，创建产品和服务品牌。 （孙胜考）

【水利安全生产标准化】 按照水利部规定，水利安全生产标准化等级是体现水利生产经营单位安全生产管理水平的重要标志，可作为业绩考核、行业表彰、信用评级以及评价水利生产经营单位参与水利市场竞争能力的重要参考依据。2016年，十八局、十九局、二十局取得水利部颁发的“水利安全生产标准化一级”证书。截至2016年底，全系统有8家单位获得此证书。

（杨生荣）

【贯标工作】 依据质量管理体系GB/T19001—2008/ISO9001：2008、环境管理体系GB/T24001—2004/ISO14001：2004、职业健康安全管理体GB/T28001—2011/OHSAS18001：2007标准和GB/T50430—2007规范，以及股份公司管理手册（2012版）、国家、行业及地方有关的法令、法规，华夏认证中心2016年5—6月对股份公司机关及南宁轨道交通3号线01标段、中国铁建投资集团有限公司四川简蒲高速公路项目、二十二局集团有限公司资产保值增值及其京沈客专京冀段9标段的体系运行情况进行年度监督审核，认为股份公司保持了质量、环境和职业健康安全管理体系符合性、有效性，并签发保持认证资格证书，满足公司经营活动需求。 （郭　宏）

【安全先进工作者】 2016年，中国铁建表彰安全先进工作者127人。

梁志玉　刘耀民　王龙虎　杨之骏　任　超
左坐喜　娄良彪　刘俊海　唐征武　段子龙
王红军　王　松　戴葆华　姚懿德　廖延军
全先虎　邹佳光　李　延　徐嘉合　杨　蒙

韩　伟　李　军　王金梅　张树鹏　王显勇
黄金初　李国谱　安普振　叶瑞莲　李卫国
石立新　何嵘庭　黄旭升　王国栋　李仕栋
谭伟姿　梁爱国　庞俊海　王　飞　徐素媛
侯振华　张晓利　赵朝阳　贾腾龙　程振宏
何惠庆　王润怀　张汉夫　李　珺　王建强
王新坡　张　勇　李弘智　郭　涵　张兴威
郑金山　章胜华　徐　银　徐标仁　余　涛
魏　勇　施杨芝　瞿长春　武国春　李晓娜
刘清洲　王　雷　孙长立　史新瑜　梁　根
文军钢　廖详国　巫远泉　梁杰兴　葛雅正
李　洋　钱永贵　张　斌　王榅志　王军伟
胡先茂　李长义　刘双颖　刘泰成　朱雪斌
黄绪东　安　东　魏　涛　李　昆　朱学东
成柏云　郑北南　樊清峰　李　超　范永在
崔继忠　宋德庆　王宁铂　蔡亦胥　王　刚
岳永文　石志波　刘英杰　张　河　黄永明
王继平　刘广泉　董　宏　臧继成　蒲柏伍
帅怀刚　陈铁骑　陈勇鹏　戴开扬　陈洪波
魏向阳　刘宝庆　曹锡锐　刘志强　李　睿
察伟亚　王凤宝　张立青　董伯让　冯士杰
袁英奇　杨　坚

（袁邦民）

【质量管理先进个人】　2016 年，中国铁建表彰质量管理先进个人 109 人。

黄鹏飞　沈金甲　周　兵　朱小禹　梁水斌
郭长征　王国章　曹飞扬　刘文俊　刘　科
王红军　刘兆慧　邓旭辉　吕永锋　王天蓉
杨宏伟　杨战勇　杨鲁波　孙卫国　徐兴居
阎永凤　谢旺山　孙峰伟　张文涛　毛建林
邵金超　陈久龙　刘金海　税周定　张铁议
李振国　雷平荣　段志国　王志杰　刘玉兴
张湘涛　李华伟　邹德玉　邵蜀燕　王永文
赵永永　曹应东　郭振兴　雷　霆　常正儒
王　俊　李建民　李文江　王爱国　谢红山
付启海　卢胜坤　刘　杨　张伟科　何　江
余浩江　谈东亚　冯江宇　武金龙　韩　涛
魏晓江　古国贞　杨　磊　李智勇　张朝军
杜喜军　张国平　李座林　李文彬　雍松坪
雷佳锡　高少辉　刘　瑞　杨洪革　尚中雨
李胜利　葛晓红　赵舒艳　黄　登　张玲洁
马绍辰　刘　柯　杨彦生　杨熊斌　顾晓辰
王进孝　陈玉武　闫增友　温馨隆　王　嵘
吴　浩　王宇波　刘正福　于　潇　刘生秀
高明昆　宋登武　杜　向　贾凤河　袁英奇
张崇良　樊晓斌　邹俊辉　李雷明　辛　实
刘　晖　许和平　郭春雷　仇　发

（孙胜考）

【安全质量标准工地】　2016 年，中国铁建系统 94 个项目被评为中国铁建安全质量标准工地（车间）。

中国土木工程集团公司广州增城中铁建国际花园

中铁十一局集团一公司西成客专 12 标段

中铁十一局集团三公司庐江至铜陵铁路站前 4 标段

中铁十一局集团四公司新建呼准铁路黄河特大桥段站前工程

中铁十一局集团城市轨道公司上海市轨道交通工程 5 号线南延伸工程 3 标段

中铁十二局集团一公司新建成都至蒲江铁路站前工程 3 标段

中铁十二局集团二公司永广铁路站前 6 标段妥安隧道工程

中铁十二局集团三公司雅安至康定高速公路 C2 标段

中铁十二局集团电气化公司新建成都至蒲江铁路四电系统集成工程 CPSD 标段

中铁十二局集团七公司新建铁路广州枢纽佛山西站及相关工程 SG1 标段

中国铁建大桥工程局集团二公司兰州轨道 1 号线一期 TJII－8A 项目

中国铁建大桥工程局集团三公司怀邵衡铁路沅江特大桥工程

中国铁建大桥工程局集团五公司昆明轨道交通 6 号线二期拓东体育馆站

中国铁建大桥工程局集团新建北京至沈阳铁路客运专线辽宁段站前工程 JSLNTJ－10 标段

中铁十四局集团公司新建龙口至烟台铁路站前 I 标段

中铁十四局集团公司黄大铁路黄河特大桥Ⅱ标段

中铁十四局集团公司广东省潮州至惠州高速公路 TJ17 合同段

中铁十四局集团五公司重庆市快速路一横线歇马至蔡家段中梁山歇马隧道工程

中铁十五局集团二公司虹梅南路—金海路通道（虹梅南路段）新建工程 HM－7 标段

中铁十五局集团五公司樟树市赣江二桥工程

中铁十五局集团公司乌鲁木齐轨道交通 1 号线工程 17 标段

中铁十五局集团城轨公司成都地铁 10 号线一期工程土建 3 标段

中铁十六局集团二公司成兰铁路站前工程

CLZQ－4标段

中铁十六局集团五公司永宁黄河公路大桥

中铁十六局集团地铁公司厦门市轨道2号线1标段

中铁十六局集团路桥公司厦沙公路安溪段A2合同段

中铁十六局集团城市建设发展公司银川德丰大厦项目

中铁十七局集团公司郑徐客专ZXSD标段

中铁十七局集团公司新建成都至兰州铁路成都至川主寺段站前工程CLZQ－7标段

中铁十七局集团公司张呼铁路客专2标段

中铁十七局集团公司广通至大理铁路扩能改造工程站前工程7标段

中铁十七局集团六公司厦沙高速公路泉州德化段A1合同段

中铁十八局集团二公司成贵铁路14标段西溪河大桥

中铁十八局集团四公司南平联络线A6标段

中铁十八局集团五公司津汉高速公路（西外环高速—汉蔡路）工程8标段

中铁十八局集团公司青岛地铁2号线一期工程土建2标段02工区（TBM）

中铁十九局集团公司新建铁路西安至成都客运专线（四川段）XCZQ－1标段

中铁十九局集团公司新建北京至沈阳铁路客运专线辽宁段站前工程JSLNTJ－3标段

中铁十九局集团公司新建张家口至呼和浩特铁路站前工程ZHZQ－4标段

中铁十九局集团公司乌鲁木齐市轨道交通1号线06标段

中铁十九局集团公司新建北京至沈阳铁路客运专线河北段站前工程JSJJSG－8标段

中铁二十局集团一公司澄呈高速公路大渔互通式立交

中铁二十局集团二公司雅康高速公路C14合同段大柏牛隧道工程

中铁二十局集团五公司昆明轨道交通6号线二期高架区间工程

中铁二十局集团公司怀邵衡铁路第二项目分部洞口制梁场

中铁二十一局集团公司蒙华铁路MHTJ－8标段2号钢构件加工厂

中铁二十一局集团轨道交通公司沈阳地铁10号线工程土建施工第18合同段

中铁二十一局集团公司昌赣客专将军塘特大桥工程

中铁二十一局集团公司黔张常铁路彭家寨隧道工程

中铁二十二局集团公司京沈客专辽宁段TJ－13标段

中铁二十二局集团一公司广州地铁21号线土建17标段

中铁二十二局集团三公司厦门海沧货运通道（疏港通道—海翔大道段）II标段

中铁二十二局集团四公司上海松江区现代有轨电车示范线工程T2线1标段

中铁二十三局集团一公司简蒲高速公路JPLM－2标段沥青拌合站

中铁二十三局集团二公司资兴高速公路XZTJ－2标段大石山隧道工程

中铁二十三局集团三公司平文高速公路打磨冲特大桥工程

中铁二十三局集团轨道交通公司上海预制构件分公司

中铁二十四局集团江苏公司连镇铁路站前Ⅷ标段

中铁二十四局集团浙江公司九景衢铁路浙江段站前I标段

中铁二十四局集团福建铁路建设公司厦门轨道交通1号线一期土建2标段

中铁二十四局集团路桥分公司芜湖市弋江路快速化改造赤铸山路立交工程

中铁二十五局集团一公司九景衢铁路江西段JQJXZQ－2标段

中铁二十五局集团四公司广西资源至兴安高速公路ZXTJ－05标段

中铁二十五局集团西北分公司简蒲高速公路JPTJ－5标段

中铁二十五局集团六公司湘西自治州溶江小区房建工程

中铁建设集团有限公司东航技术应用研发中心项目

中铁建设集团有限公司洛阳正大国际城市广场暨商业街西地块（II标段）5号楼、7号楼及牡丹广场1号楼、牡丹广场2号楼、牡丹广场3号楼、牡丹广场地下车库工程

中铁建设集团有限公司总政玉泉路干休所住房改造一期工程

中铁建设集团有限公司江西南昌商联中心B1楼、C3楼、C5楼、商业地下室工程

中国铁建电气化局集团公司新建沪昆铁路客运专线清镇东（不含）至滇黔省界段四电系统集成及相关配套工程

中国铁建电气化局集团一公司乌鲁木齐新客站四电集成工程

中国铁建电气化局集团南方公司兰渝铁路LYSD－2标段

中国铁建电气化局集团北方公司渝万铁路四电集成工程

中国铁建港航局集团路桥公司福州至平潭铁路站前工程FPZQ－4标段

中国铁建房地产集团公司广州增城中铁建国际花园

中铁第一勘察设计院集团公司黔张常铁路指挥部

中铁第四勘察设计院集团公司佛山西站相关工程总承包项目

中铁第五勘察设计院集团公司徐宿淮盐铁路工程

中铁上海设计院集团公司新建科研设计生产用房工程

中铁物资集团东北有限公司物流事业部

中国铁建高新装备股份有限公司制造总厂机加工分厂

中国铁建重工集团道岔分公司辙叉车间

中国铁建国际集团东南亚公司曼谷阳光花园公寓项目

中铁城建集团公司四川理工大学片区地块二项目(成都中国铁建广场)

中铁城建集团二公司广州增城中铁建国际花园南区

中铁城建集团公司步步高泸州新天地项目

中铁城建集团公司云桂铁路云南段站房工程 YG-YNZF－1 标段

中国铁建投资集团公司济徐高速公路济宁至鱼台(鲁苏界)段建设项目

中铁建商务管理公司北京铁建物业管理公司通号物业服务项目

中铁建重庆投资集团公司重庆秀山至贵州松桃(重庆段)高速公路

中国铁建厦门市轨道1号线一期土建2标段项目部3工区十八局项目集美大道站(不含)至厦门北站工程

中国铁建厦门市轨道2号线1标段项目部海沧大道站至东渡路站区间

中国铁建兰州轨道1号线一期项目部二十一局西关什字站

中国铁建昆明绕城高速公路东南段A标段项目部甸头枢纽立交

（郭　宏）

【AAA 级安全文明标准化工地】 2016年,中国铁建系统13项在建工程项目获评AAA级安全文明标准化工地。

中铁十五局集团七公司郑州富田·九鼎世家2标段

中铁十六局集团公司阜阳经济技术开发区九鼎华苑一期工程

中铁十八局集团公司北京地铁16号线工程土建施工16合同段

中铁十九局集团公司青岛—海阳城际(蓝色硅谷段)轨道交通工程土建01标段

中铁二十局集团公司西咸空港综合保税区事务服务办理中心工程

中铁建设集团公司广西九洲国际工程

中铁城建集团公司A栋实验楼等4项(中铁第五勘察设计院集团公司研发实验中心及附属用房)项目

中铁城建集团公司金港镇香山花苑1号楼地块安置房工程及金港镇香山花苑4号楼地块安置房工程

中铁十二局集团建安公司山西太原恒大滨河左岸楼盘后北屯城中村改造项目10号楼、11号楼和综合楼项目

中铁十八局集团公司津汉高速公路(西外环高速—汉蔡路)工程8标段

中铁建设集团公司北京房山新城良乡组团14－03－05地块C2商业金融用地项目

中铁建设集团公司江西南昌新力·钰珑湾17号楼、18号楼、22号楼、23号楼、25—28号楼、幼儿园、汽车博览中心A区、南区22号楼、23号楼地下室项目

中铁十九局集团公司上海轨道交通9号线三期(东延伸)6A标段顾唐路站土建工程项目

（郭　宏）

2016 年中国铁建优秀质量管理小组

序号	获奖小组	获奖成果
1	中国土木工程集团福州勘察设计研究院有限公司德化县城东保障性住房项目地路所 QC 小组	德化县城东保障性住房项目勘察优化管理
2	中国土木工程集团公司埃铁项目经理部 QC 小组	铁路填砂性土路基的设计与施工应用
3	中国土木工程集团公司广州增城国际花园项目经理部 QC 小组	铝模施工相关问题的解决
4	中铁十一局集团五公司昆明枢纽项目部 QC 活动小组	确保隧道(初期支护)钢支撑安装合格率
5	中铁十一局集团三公司长沙磁浮 QC 小组	磁浮轨道轨排支承体系研制
6	中铁十一局集团四公司南龙项目 QC 小组	提高隧道光面爆破平整度
7	中铁十一局集团六公司西乡塘项目部张立兴 QC 小组	提高大跨度管桁架安装一次合格率
8	中铁十一局集团汉江重工公司三分厂 QC 小组	提高钢材利用率

续表

序号	获 奖 小 组	获 奖 成 果
9	中铁十二局集团一公司洛渍梁场 QC 小组	提高有砟轨道高聚物改性沥青防水层施工一次合格率
10	中铁十二局集团建筑安装公司第三项目部西电新园小区项目 QC 小组	楼面地辐热填充层混凝土施工质量的控制
11	中铁十二局集团三公司石太铁路改造工程指挥部 QC 小组	缩短既有线更换钢梁施工时间
12	中铁十二局集团四公司“实干”QC 小组	研制大直径钢管除锈喷漆装置
13	中铁十二局集团国际工程公司甘塔斯隧道 QC 小组	应用 TQC 方法控制高地应力膨胀性软岩隧道初期支护砼开裂变形
14	中铁十二局集团二公司永广铁路工程 QC 小组	研究隧道水沟电缆槽施工的新方法
15	中国铁建大桥工程局集团公司沅江特大桥 QC 小组	提高大体积混凝土施工质量合格率
16	中国铁建大桥工程局集团公司福平铁路 FPZQ－4 标段二分部东海扬帆 QC 小组	深水裸岩平台基础水下不分散混凝土浇筑质量控制
17	中国铁建大桥工程局集团公司宝汉高速公路 PH－2 合同段预制箱梁 QC 小组	提高高速公路预制箱梁外观质量
18	中国铁建大桥工程局集团公司南京地铁 4 号线 TA10 标段	地铁车站砌体结构质量控制
19	中国铁建大桥工程局集团四公司天津地铁 5 号线提高框架柱施工质量合格率 QC 小组	提高框架柱施工质量合格率
20	中铁十四局集团一公司韩学峰 QC 小组	提高风机基础环法兰面平整度
21	中铁十四局集团北京中铁房山桥梁公司南通制梁场 QC 小组	提高 T 梁挡砟墙外观质量
22	中铁十四局集团二公司莲花山 2 号隧道 QC 小组	提高公路长大隧道施工期通风效率
23	中铁十四局集团四公司穗莞深城际 SZH－8 标段 QC 小组	提高深厚淤泥地带钢板桩围堰支护质量
24	中铁十四局集团电气化公司广州地铁机电安装 QC 小组	提高冷轧钢板风管制作合格率
25	中铁十四局集团隧道公司源动力 QC 小组	提高深孔注浆效率
26	中铁十五局集团二公司广中江高速公路 TJ10 合同段预制梁场 QC 小组	提高预制梁锚下应力检测合格率
27	中铁十五局集团四公司南京青奥轴线明挖隧道工程 QC 小组	提高 SMW 工法桩型钢回收利用率
28	中铁十五局集团五公司北京地铁 16 号线 19 标段项目赵二华 QC 小组	提高盖挖逆作法钢管柱一次安装精度合格率
29	中铁十五局集团六公司朔黄铁路运输处 QC 小组	减少神华号交流机车途停
30	中铁十五局集团七公司湖州长东花园 QC 小组	提高厨卫防水施工质量
31	中铁十六局集团北京轨道交通工程建设公司天津地铁神舞 QC 小组	减小盾构掘进方向的偏移率
32	中铁十六局集团北京轨道交通工程建设公司黄君 QC 小组	降低大直径盾构小半径曲线成型管片错台率
33	中铁十六局集团铁运公司神朔指机车 QC 小组	神朔指机车 QC 小组
34	中铁十六局集团二公司熊出没 QC 小组	提高档案馆档案评审等级
35	中铁十六局集团公司挺进大别山 QC 小组	提高抗浮锚杆一次性合格率
36	中铁十七局集团二公司张呼铁路项目安质部 QC 小组	提高隧道防水施工质量合格率
37	中铁十七局集团四公司贵港西南大桥 QC 小组	提高索塔高强钢丝镦头质量
38	中铁十七局集团一公司宝麟项目 QC 小组	提高 DJK5－1 扣件预埋尼龙套管安装合格率
39	中铁十七局集团建筑公司山西宝佳胜景工程项目部 QC 小组	提高 PP 静音管安装一次验收合格率
40	中铁十七局集团三公司开封制梁场第一 QC 小组	降低 CRTSⅢ型板式无砟轨道底座表面裂缝出现率

续表

序号	获 奖 小 组	获 奖 成 果
41	中铁十八局集团四公司石济客专 QC 小组	提高 PHC 群桩施工质量一次合格率
42	中铁十八局集团隧道公司青岛地铁 QC 小组	提高 DSUC 型双护盾 TBM 管片拼装一次合格率
43	中铁十八局集团轨道交通公司北京地铁 16 号线 16 标段 QC 小组	提高二衬扣拱施工缝细部防水施工质量
44	中铁十八局集团二公司云桂铁路南盘江特大桥外包混凝土施工 QC 小组	拱桥拱圈分环分段施工质量控制
45	中铁十八局集团三公司极速蜗牛 QC 小组	LY 整体道床施工方案研究
46	中铁十九局集团五公司桥梁施工工艺研究 QC 小组	降低双块式轨枕质量验收不合格率
47	中铁十九局集团五公司蓝硅精英 QC 小组	提高城市明挖基坑爆破施工周边居民环保评价满意率
48	中铁十九局集团七公司隧道工程技术质量攻关 QC 小组	隧道变形缝钢板止水带冲压弯曲机的研发
49	中铁十九局集团轨道交通公司先锋号 QC 小组	降低地铁车站叠合墙结构侧墙混凝土裂缝比率
50	中铁十九局集团矿业投资公司智能矿工 QC 小组	露天采矿 GPS 卡车智能调度系统研发
51	中铁二十局集团一公司苏南运河吴江段三级航道整治工程 WJ－QL2 标段桥梁 QC 小组	降低桥梁预应力张拉施工返工率
52	中铁二十局集团三公司安紫 4 标段 QC 小组	提高高填方路基施工质量
53	中铁二十局集团电气化公司黄韩侯通信 QC 小组	光缆在线自动监测装置的研制
54	中铁二十局集团四公司青岛地铁 2 号线项目 QC 小组	提高大直径钢筋直螺纹套筒一次连接合格率
55	中铁二十局集团六公司提高城际轨道交通车站综合接地放热焊施工质量 QC 小组	提高轨道综合接地放热焊一次焊接合格率 90% 以上
56	中铁二十一局集团四公司“碧海春风”QC 小组	保证转体桥施工滑道与撑脚安装精准度
57	中铁二十一局集团三公司小钻 QC 小组	降低缓粘结预应力空心板预应力筋施工不合格率
58	中铁二十一局集团电务电化公司柳墩项目部接触网队 QC 小组	提高接触网下锚施工效率
59	中铁二十一局集团五公司榆中引洮供水配套工程 3 标段项目部 QC 小组	降低隧洞围岩光面爆破超挖率
60	中铁二十一局集团二公司幸福港住宅小区工程项目部 QC 小组	提高高层建筑外墙面岩棉板粘贴一次成型合格率
61	中铁二十二局集团三公司书香小镇商务酒店 QC 小组	提高大跨度高支模支撑体系搭设质量
62	中铁二十二局集团三公司洋唐居住区 B13 地块保障性安居工程 QC 小组	提高混凝土与砌体交接处施工优良率
63	中铁二十二局集团哈建公司滨江站货场改造工程项目部 QC 小组	大面积场区硬化路面质量控制
64	中铁二十二局集团公司金华至温州铁路扩能改造工程祯埠特大桥 QC 小组	减小祯埠特大桥连续梁悬臂浇筑线形控制中的高程偏差
65	中铁二十二局集团一公司北京地铁 6 号线西延线 5 标段项目部 QC 小组	深孔注浆控制砂卵石地层(PBA 暗挖车站)地表变形速率
66	中铁二十三局集团二公司白阿铁路工程轨道 QC 小组	既有线长轨拨移新方法
67	中铁二十三局集团二公司哈佳铁龙 QC 小组	提高混凝土枕现场硫磺锚固合格率
68	中铁二十三局集团三公司路面工程 QC 小组	提高沥青豆砾石平整度合格率
69	中铁二十三局集团四公司广中江高速公路工程 TJ06 标段 QC 小组	提高钻孔灌注桩质量合格率
70	中铁二十三局集团轨道交通公司长沙磁浮 QC 小组	中低速磁浮曲线轨道梁模板研究
71	中铁二十四局集团公司南通长江路西延Ⅲ标段顶升工程 QC 小组	减少混凝土连续梁调坡顶升就位线形偏差
72	中铁二十四局集团福建铁路建设公司厦门轨道 1 号线管片厂盾构管片 QC 小组	降低盾构管片成品色差率

续表

序号	获奖小组	获奖成果
73	中铁二十四局集团安徽公司济祁高速路基 02 标段 QC 小组	提高桥面板边板安装顶面横坡度一次性合格率
74	中铁二十四局集团南昌公司福平铁路项目部施工 QC 小组	提高隧道二次衬砌施工的合格率
75	中铁二十四局集团鹰潭设备安装公司皖赣铁路扩能改造 WGZQ－I 标段六分部 QC 小组	提高箱梁支座灌浆质量
76	中铁二十五局集团三公司孟平铁路项目部市内立交改造工程 QC 小组	提高营业线既有桥拆除施工效率
77	中铁二十五局集团四公司宣威市向阳街框架桥 QC 小组	提高大跨径框架桥顶进合格率
78	中铁二十五局集团电务公司长沙分公司株洲车辆段通信信息 QC 小组	网络综合布线及视频监控系统集成质量管理
79	中铁二十五局集团二公司成兰铁路项目部 QC 小组	降低软质岩大变形隧道的开挖质量不合格率
80	中铁二十五局集团一公司成兰铁路项目部 QC 小组	提高隧道二次衬砌拱墙环向施工缝处中埋式止水带施工质量的一次合格率
81	中铁建设集团公司启明星 QC 小组	双曲面隐框玻璃幕墙施工工艺创新
82	中铁建设集团公司海洋 QC 小组	倒锥台式结构倾斜圆形外墙施工技术创新
83	中铁建设集团四川分公司第五项目部 QC 小组	降低外墙纸皮砖脱落隐患发生率
84	中铁建设集团公司龙光志成 QC 小组	提高超大超高顶板混凝土平整度合格率
85	中铁建设集团公司“牡丹”QC 小组	提高复杂工况下栓钉焊接一次合格率
86	中国铁建电气化局集团北京中铁建电气化设计研究院公司辛泰通信 QC 小组	降低口头站 450 兆赫无线列调过渡成本
87	中国铁建电气化局集团北方公司基础环安装 QC 小组	提高风力发电机组基础环安装水平度一次验收合格率
88	中国铁建电气化局集团五公司成都地铁供电 QC 小组	提高刚性接触网接触线架设过程导电膏涂抹质量
89	中国铁建电气化局集团四公司株洲北项目信号 QC 小组	驼峰减速器改造施工方法研究创新
90	中国铁建电气化局集团四公司长沙磁浮变电专业 QC 小组	提高直流设备绝缘安装一次合格率
91	中国铁建电气化局集团二公司神朔项目 QC 小组	提高万吨带电自动过分相变电改造施工效率
92	中国铁建港航局集团四分公司船闸基坑岩溶地层爆破 QC 小组	提高船闸基坑岩溶地层爆破出渣率
93	中国铁建港航局集团路桥公司福平铁路项目部 QC 小组	提高跨海大桥钢吊箱定位安装精度
94	中国铁建港航局集团路桥公司福平铁路项目部 QC 小组	提高海上公铁两用桥门形墩混凝土外观质量
95	中国铁建港航局集团路桥公司达州金南大桥 QC 小组	改善液压爬模施工的索塔外观质量
96	中国铁建港航局集团三分公司潍坊项目部 QC 小组	提高大型绞吸船开挖基槽尺寸控制精度
97	中铁第一勘察设计院集团公司西安后卫寨立交宽体桥梁顶推项目设计 QC 小组	大型复杂宽体预应力混凝土连续箱梁顶推设计研究
98	中铁第一勘察设计院集团公司广佛环铁路桥梁设计 QC 小组	铁路跨佛山一环主桥方案设计研究
99	中铁第一勘察设计院集团公司西安站改电力设计 QC 小组	提高西安站改电力室外管线设计效率
100	中铁第一勘察设计院集团公司西宁站改 GSM－R 系统设计 QC 小组	解决西宁站枢纽地区 GSM－R 系统频率干扰难题
101	中铁第一勘察设计院集团公司劲性骨架钢筋混凝土拱桥设计 QC 小组	铁路大跨劲性骨架钢筋混凝土拱桥设计研究
102	中铁第一勘察设计院集团公司兰州地铁 1 号线区间设计 QC 小组	提高地铁穿越黄河段盾构隧道结构安全性

续表

序号	获 奖 小 组	获 奖 成 果
103	中铁第四勘察设计院集团公司工勘院工程所长沙磁浮 QC 小组	研发磁浮轨道控制网测设新方法
104	中铁第四勘察设计院集团公司城地院铁路隧道施工新方法研发 QC 小组	研发超大断面隧道施工新方法
105	中铁第四勘察设计院集团公司桥梁处高速铁路桥梁设计 QC 小组	提高高速铁路常规桥梁设计效率
106	中铁第四勘察设计院集团公司线站处站场室高铁安全 QC 小组	研制高速铁路桥梁段新型挡车系统
107	中铁第四勘察设计院集团公司工勘院航测所激光雷达 QC 小组	提高铁路车载激光雷达三维测量精度
108	中铁第五勘察设计院集团公司精细化设计 QC 小组	大兴区城市道路交叉口及景观精细化研究
109	中铁第五勘察设计院集团公司穿山甲 QC 小组	合理选择隧道下穿建(构)筑物结构方案与施工方案
110	中铁第五勘察设计院集团公司巴准线四电设计施工配合管理 QC 小组	关于加强巴准线四电设计配合施工服务质量管理的研究
111	中铁第五勘察设计院集团公司金台线将军岭特长隧道勘察 QC 小组	提高将军岭特长隧道深埋复杂地层岩芯采取率
112	中铁第五勘察设计院集团公司连盐线软基处理 QC 小组	提高软基剖面沉降监测数据采集分析效率
113	中铁上海设计院集团公司线站 QC 小组	缩短湖口货场新增货物线工程可行性研究工期
114	中铁上海设计院集团公司降低平山电厂铁路专用线工程造价 QC 小组	降低平山电厂铁路专用线工程造价
115	中铁上海设计院集团公司运输 QC 小组	减少铁科版牵引计算软件操作出错次数
116	中铁上海设计院集团公司地铁暗挖设计 QC 小组	提高地铁暗挖法隧道设计有限元模型模拟精度
117	中铁上海设计院集团公司静水流深 QC 小组	研究综合勘探中高密度电法的质量控制新方法
118	中铁物资集团公司南昌指挥部 QC 小组	提高城运大道沥青砼路面平整度的合格率
119	中铁物资集团华东公司集采 QC 小组	提高集采供应项目合同签约率
120	中铁物资集团港澳公司长钢轨供应 QC 小组	钢轨供应的风险管控
121	中国铁建高新装备股份公司制造总厂工艺 QC 小组	提高 WY100Ⅲ型物料运输车三轴转向架构架生产效率
122	中国铁建高新装备股份公司研究院综合管理 QC 小组	提高标准件数据管理规范化水平
123	中国铁建重工集团公司胶接绝缘钢轨质量提升 QC 小组	降低钢轨胶接接头拉开率
124	中国铁建重工集团公司盾构工艺技术攻关 QC 小组	盾体超前注浆管工艺技术攻关
125	中铁城建集团公司可调式轨道 QC 小组	提高工业厂房可调式轨道施工精度一次合格率
126	中铁城建集团公司呼和浩特汽车东站 QC 小组	提高拱柱 GRC 模板清水混凝土施工质量
127	中铁城建集团公司云桂铁路昆明枢纽项目经理部 QC 小组	提高甩浆“毛刺率”及“毛尖长度”
128	中铁城建集团北京公司三聚裕进项目 QC 小组	提高屋面发泡水泥现场质量检查合格率
129	中铁城建集团三公司天津北辰双街示范镇项目部 QC 小组	确保 70 度坡屋面混凝土浇筑施工质量

(制表:孙胜考)

1984—2016 年中国铁建获奖优质工程统计

项目 数量 年度	中国建设工程鲁班奖(国家优质工程)	国家优质工程	省(直辖市)优质工程	铁道部(铁路)优质工程	火车头优质工程	总公司(股份公司)优质工程	铁建杯优质工程奖
1984 年		1				1	
1985 年		1		1		7	
1986 年		1		4			
1987 年		1		3			
1988 年			8(8)	3			
1989 年		2	5(5)	7			
1990 年	2	2	7(7)	2			
1991 年	1	2	10(10)			10	
1992 年			3(3)	1		12	
1993 年			8(8)	5		14	
1994 年			2(2)			9	
1995 年			7(7)	24		19	
1996 年	3		10(10)	12		20	
1997 年	4		7(7)	20		29	
1998 年	2		10(10)	27		27	
1999 年	2	4	13(13)	24		54	
2000 年	3	5	22(14)	13		41	
2001 年	5	1	19(14)	21		61	
2002 年	6	5	44(29)	9	12	64	
2003 年	9	5	43(25)	18	28	55	
2004 年	6	10	69(42)		14	48	
2005 年	4	13	69(59)		29	78	
2006 年	5	11	66(14)		56	90	
2007 年	5	23	73(11)		61	110	
2008 年	8	18	67		71	99	
2009 年	6	20			63	91	
2010 年	3	17		31	47	143	
2011 年	7	15			54	124	
2012 年	5	24		52			144
2013 年	4	16					98
2014 年	4	16					126
2015 年	9	24					133
2016 年	10	35					137
合　计	113	272	562(298)	277	435	1206	638
总　计	385		1274(298)			1844	

注:省(直辖市)优质工程括号中的数量不含建设过程中所获“优质结构奖”数量。　　（制表:孙胜考）

2016 年中国铁建获中国建设工程鲁班奖情况

序号	获奖工程	施工单位
1	合肥滨湖新区方兴大道(包河大道—福建路)工程	中铁二十四局集团有限公司及其安徽工程有限公司
2	河南新中益“上大压小”扩建工程	中铁十九局集团有限公司
3	新建贵阳至广州铁路贵阳北站站房工程	中铁二十二局集团有限公司,中铁建设集团有限公司及其北京中铁装饰工程有限公司
4	新建宝鸡至兰州铁路客运专线兰州西客站站房工程	中铁二十一局集团有限公司
5	新建铁路大同至西安客运专线马家庄隧道工程	中铁十一局集团有限公司及其二、五公司
6	南京市梅子洲过江通道接线工程——青奥轴线地下交通系统及相关工程	中铁十四局集团有限公司及其电气化公司,中铁十五局集团有限公司及其四、七公司
7	燕翔饭店改扩建项目	中铁十六局集团有限公司,中铁建设集团有限公司
8	宿迁市第一人民医院工程	中铁建设集团有限公司
9	新建天津铁道职业技术学院工程	中铁十八局集团五公司
10	安巴 V. C. 伯德国际机场新航站楼综合工程	中国土木工程集团有限公司

(制表:孙胜考)

2016 年中国铁建获国家优质工程奖情况

序号	获奖工程	施工单位
金质奖		
1	无锡市轨道交通 1 号线工程	中铁第四勘察设计院集团有限公司,西安铁一院工程咨询监理有限责任公司,中铁十一局集团有限公司,中铁十四局集团有限公司,中铁十六局集团有限公司及其电务公司,中铁十九局集团有限公司及其电务公司,中铁二十局集团一公司
2	中国海油珠海 LNG 项目一期工程	中国铁建港航局集团有限公司
国优奖		
3	新建津秦铁路客运专线塘沽西跨京津塘高速公路特大桥工程	中铁十八局集团有限公司及其一、三、四、五公司,中铁二十二局集团有限公司
4	武咸城际铁路跨武广客运专线特大桥工程	中铁十一局集团有限公司及其一、三、六公司和桥梁公司,中铁第四勘察设计院集团有限公司,中国铁建电气化局集团有限公司
5	新建杭州至长沙铁路客运专线湖南段长沙浏阳河特大桥工程	中铁第四勘察设计院集团有限公司
6	新建铁路北同蒲韩家岭至原平线应县至原平新建取直线工程雁门关隧道工程	中铁十二局集团有限公司及其二公司,中铁十七局集团有限公司及其一公司
7	新建铁路哈尔滨至大连客运专线电力及牵引供电系统集成工程	中铁第一勘察设计院集团有限公司,西安铁一院工程咨询监理有限责任公司,北京铁研建设监理有限责任公司
8	新建铁路石家庄至武汉客运专线(河南段)客运专线四电集成系统 SDJC－1 标段工程	中国铁建电气化局集团有限公司及其一、二、五公司,中铁第四勘察设计院集团有限公司
9	南京至高淳城际轨道南京南站至禄口机场段工程	西安铁一院工程咨询监理有限责任公司
10	黄山北站站房及相关工程	中铁建设集团有限公司及其北京中铁装饰工程有限公司,中铁第四勘察设计院集团有限公司
11	新建铁路衡茶吉线 HCJ－4 标段站后四电工程	中铁第五勘察设计院集团有限公司
12	广西沿海铁路钦州北至北海段扩能改造工程钦江双线特大桥工程	北京铁城建设监理有限责任公司

续表

序号	获 奖 工 程	施 工 单 位
13	厦深铁路潮汕至惠州南段新建长沙湾特大桥工程	中铁十八局集团有限公司及其一、二、三、五公司，中铁第四勘察设计院集团有限公司
14	新建宿州至淮安铁路京杭运河特大桥工程	中铁十一局集团有限公司及其二、三公司，中铁上海设计院集团有限公司
15	新建兰渝铁路引入重庆枢纽工程兴隆场编组站工程	中铁二十三局集团有限公司及其四、六公司，中国铁建电气化局集团有限公司，中铁第一勘察设计院集团南方工程咨询监理有限公司
16	新建重庆至利川铁路万寿山隧道工程	中铁十八局集团有限公司及其一、五公司
17	新建兰新铁路第二双线甘青瓜州段综合工程	中铁十一局集团有限公司及其一、三、四、六公司和电务公司，中铁十七局集团有限公司及其二公司，中铁第一勘察设计院集团有限公司
18	新建兰新铁路第二双线哈密立交特大桥工程	中铁第一勘察设计院集团有限公司，北京铁城建设监理有限责任公司
19	乌鲁木齐动车所检查库及边跨工程	中国铁建电气化局集团一公司，中铁第一勘察设计院集团公司
20	兰新铁路第二双线（新疆段）达坂城湿地特大桥工程	中铁十二局集团有限公司及其四公司，中铁第一勘察设计院集团有限公司，北京铁研建设监理有限责任公司
21	长沙西北上行联络线特大桥（斜拉转体工程）	中铁第四勘察设计院集团有限公司沪昆客专杭长段建设指挥部湖南分指挥部
22	太行屋脊隧道工程	中铁十五局集团七公司
23	灵山高速公路恒山隧道工程	中铁十七局集团有限公司及其五公司
24	南通市江海大道东段快速化改造工程	中铁二十四局集团有限公司
25	合肥市阜阳北路高架快速路综合建设工程	中国铁建大桥工程局集团有限公司
26	深圳市机场南路新建工程市政工程	中铁二十五局集团有限公司，北京铁城建设监理有限责任公司
27	莞深高速公路附城至石碣共线段第二合同段工程	中铁十四局集团五公司
28	遂宁观音湖下穿隧道工程	中铁二十局集团有限公司及其三公司
29	陕西西铜高速公路渭河特大桥工程	中铁十二局集团有限公司，中铁十五局集团五公司，中铁十八局集团五公司
30	北京财富中心写字楼工程	中铁建设集团有限公司
31	北京工业大学艺术设计学院工程	中铁建设集团有限公司
32	山西省电力勘测设计院综合业务楼工程	中铁城建集团有限公司及其一公司
33	希望·加州华府一期 B 区工程	中铁城建集团有限公司及其北京工程有限公司
34	文昌会务中心工程	中铁第四勘察设计院集团南宁勘察设计院有限公司
35	宁天城际轨道交通一期工程	北京铁研建设监理有限责任公司

（制表：孙胜考）

2016 年中国铁建杯优质工程奖获奖情况

序号	获 奖 工 程	施 工 单 位
1	山西中南部铁路通道汾河特大桥工程	中铁十一局集团有限公司及其一、三公司
2	佛山市中海锦城国际花园一期、三期工程	中铁十一局集团有限公司及其建筑安装公司
3	南京地铁 3 号线土建工程 D3－TA02 标段工程	中铁十一局集团有限公司及其城市轨道公司
4	无锡地铁 1 号线土建工程 14 标段工程	中铁十一局集团有限公司及其城市轨道公司
5	京福客运专线闽赣 1 标段综合工程	中铁十一局集团有限公司及其一、二、四、五、六公司和桥梁公司

续表

序号	获 奖 工 程	施 工 单 位
6	长沙磁浮工程	中铁十一局集团有限公司,中铁十二局集团有限公司,中铁十六局集团有限公司,中铁二十一局集团有限公司,中铁二十三局集团有限公司,中铁二十四局集团有限公司,中铁城建集团有限公司,中国铁建重工集团有限公司,中国铁建电气化局集团有限公司
7	杭州至长沙客运专线义乌东特大桥工程	中铁十一局集团有限公司及其三、五公司和桥梁公司
8	杭州至长沙客运专线麻山隧道工程	中铁十一局集团有限公司及其五公司
9	铜黄高速公路孙家河大桥工程	中铁十一局集团一公司
10	黄兴车辆段与综合基地检修主厂房及附属工程	中铁十一局集团六公司
11	南京地铁10号线工程供电系统接触网施工安装总承包工程	中铁十一局集团电务公司
12	京台高速公路JTA8合同段天龙山隧道工程	中铁十二局集团一公司
13	霍州至永和关高速公路汾河特大桥工程	中铁十二局集团一公司
14	山西中南部铁路通道ZNTJ－1标段石岭则蔚汾河特大桥工程	中铁十二局集团二公司
15	新建大准至朔黄铁路联络线工程朔州隧道工程	中铁十二局集团二公司
16	新建铁路重庆至利川线土建第1标段火凤山隧道工程	中铁十二局集团二公司
17	长治至安阳高速公路虹梯关隧道工程	中铁十二局集团二公司
18	长沙市轨道交通2号线一期工程土建SG－6、SG－7标段工程	中铁十二局集团二公司
19	贵广高速铁路五通义江双线特大桥工程	中铁十二局集团三公司
20	和榆高速公路康家楼隧道工程	中铁十二局集团三公司
21	新建铁路吕梁至临县(孟门)支线ZNTJ－2标段暖泉会隧道工程	中铁十二局集团三公司
22	山西中南部铁路通道临县隧道工程	中铁十二局集团三公司
23	宁安铁路秋浦河特大桥工程	中铁十二局集团四公司
24	新建吉林至珲春铁路日光山隧道工程	中铁十二局集团四公司
25	新建南京至安庆铁路四电集成工程(铜陵至安庆段)	中铁十二局集团电气化公司
26	西咸新区空港新城临空物流商务中心A区(I)期工程	中铁十二局集团建筑安装公司
27	新建南京至安庆铁路NASZ－9标段马鞍山东站站房及雨棚工程	中铁十二局集团建筑安装公司
28	青岛至兰州公路(宁夏境)东山坡至毛家沟段高速公路六盘山隧道工程	中铁十二局集团有限公司,中铁十四局集团有限公司
29	厦深铁路闽粤省界至惠州南段榕江特大桥工程	中国铁建大桥工程局集团有限公司
30	犀浦双铁站前和犀安路口下穿隧道工程	中国铁建大桥工程局集团有限公司
31	南京地铁3号线土建工程D3－TA11标段(武定门站—大明路站)工程	中国铁建大桥工程局集团有限公司
32	改建锡林浩特至多伦铁路扩能改造工程	中国铁建大桥工程局集团有限公司
33	哈齐铁路客运专线跨扎龙自然保护区特大桥工程	中国铁建大桥工程局集团有限公司
34	宁波市轨道交通1号线一期工程TJ－Ⅲ标段工程	中国铁建大桥工程局集团有限公司
35	新建天津至保定铁路工程2标段金钟河特大桥工程	中铁十四局集团有限公司
36	新建天津至保定铁路工程2标段永定新河特大桥工程	中铁十四局集团有限公司
37	广东省连平至从化公路S1标段及大庆至广州高速公路江西龙杨段九连山隧道工程	中铁十四局集团有限公司
38	利川至万州高速公路齐岳山隧道工程	中铁十四局集团有限公司

续表

序号	获奖工程	施工单位
39	济宁道南铁路职工住宅小区工程	中铁十四局集团有限公司
40	大连地铁一期工程207标段工程	中铁十四局集团有限公司
41	郑州至新郑机场城际铁路跨南水北调特大桥工程	中铁十五局集团有限公司
42	四川省雅砻江两河口水电站交通工程Ⅱ标段索依隧道工程	中铁十五局集团有限公司
43	广深港客运专线深圳福田站及相关工程	中铁十五局集团有限公司，中国铁建电气化局集团有限公司
44	哈尔滨至齐齐哈尔客运专线跨化工厂专用线特大桥工程	中铁十五局集团有限公司及其四公司
45	厦蓉高速公路织金至纳雍段第8合同段纳雍特大桥工程	中铁十五局集团一公司
46	厦蓉高速公路织金至纳雍段第8合同段纳雍隧道工程	中铁十五局集团一公司
47	华阳路南延道路工程第4标段华阳特大桥工程	中铁十五局集团二公司
48	周口市中国铁建东来尚城一期工程	中铁十五局集团二公司
49	徐州三环西路高架快速路XS－LQ3标段苏山立交工程	中铁十五局集团五公司
50	十天高速ST03合同段青泥岭隧道工程	中铁十五局集团五公司
51	张承高速公路承德段TJ18合同段套鹿沟2号隧道工程	中铁十五局集团七公司
52	大同市御东新区雁同东街保障性住房肖家寨B区工程	中铁十五局集团七公司
53	临沂市中国铁建东来尚城工程	中铁十五局集团七公司
54	郑州市富田·九鼎世家2标段工程	中铁十五局集团七公司
55	大准至朔黄铁路联络线风洼梁隧道工程	中铁十六局集团有限公司
56	青岛市地铁一期工程（3号线）土建施工11标段工程	中铁十六局集团有限公司
57	曹妃甸工业区甸头立交桥工程	中铁十六局集团有限公司及其五公司
58	苏州市轨道交通4号线及支线工程土建施工项目Ⅳ－TS－02标段工程	中铁十六局集团有限公司及其轨道交通建设公司
59	杭州至长沙铁路客运专线浙江段萧山浦阳江特大桥工程	中铁十七局集团有限公司及其六公司
60	新建青岛至荣成城际铁路QRZH－Ⅵ标段韩家隧道工程	中铁十七局集团有限公司及其六公司
61	新建南京至安庆铁路江宁特大桥工程	中铁十七局集团有限公司及其三公司
62	杭州至长沙铁路客运专线浙江段诸暨东特大桥工程	中铁十七局集团有限公司及其三公司
63	山西中南部铁路通道瓦塘至汤阴（东）段ZNTJ－5标段石楼隧道工程	中铁十七局集团有限公司及其四、五公司
64	成渝铁路客运专线CYSG－6标段新中梁山隧道工程	中铁十七局集团有限公司及其一公司
65	京福铁路客运专线闽赣段站房Ⅲ标段工程	中铁十七局集团有限公司及其建筑公司
66	太原理工大学新校区行政楼及理工综合楼3－1工程、理工院系楼3－2工程	中铁十七局集团有限公司及其建筑公司
67	新建吉林至珲春铁路珲春站工程	中铁十七局集团有限公司及其建筑公司
68	吉林市人民大剧院工程	中铁十七局集团有限公司及其建筑公司
69	太原市长风街高架桥工程	中铁十七局集团五公司
70	向莆铁路金溪特大桥工程	中铁十八局集团有限公司
71	铜黄高速公路焦坪隧道工程	中铁十八局集团有限公司

续表

序号	获 奖 工 程	施 工 单 位
72	沈阳市全民健身中心工程	中铁十八局集团有限公司
73	西铜高速公路赵氏河特大桥工程	中铁十八局集团有限公司
74	高淳至芜湖高速公路永丰圩高架桥工程	中铁十八局集团四公司
75	厦深铁路闽粤省界至惠州南段站前工程 4 标段韩江双线特大桥工程	中铁十九局集团有限公司
76	新建兰新铁路第二双线甘青段 15 标段疏勒河双线特大桥工程	中铁十九局集团有限公司
77	盛宁线宁海力洋至城区段改道工程	中铁十九局集团二公司
78	厦深铁路厦门西至潮汕段莲花山隧道工程	中铁十九局集团三公司
79	东北东部铁路通道前阳至庄河段三家子跨丹大高速特大桥工程	中铁十九局集团五公司
80	新建云桂铁路(广西段)YGZQ－Ⅳ标段田阳双线特大桥工程	中铁十九局集团五、七公司
81	沪昆客运专线江西段 HKJX－8 标段宣风袁河特大桥工程	中铁十九局集团六公司
82	南钦铁路三岸邕江双线特大桥工程	中铁十九局集团七公司
83	南京地铁 3 号线 TA06 标段工程	中铁十九局集团轨道交通公司
84	宁波市轨道交通 1 号线一期地下工程 VI 标段工程	中铁十九局集团轨道交通公司
85	宁波市轨道交通 2 号线一期地下工程 TJ2105 标段工程	中铁十九局集团轨道交通公司
86	新建杭州至长沙铁路客运专线浙江段站前工程 HCZJ－7 标段江山特大桥工程	中铁十九局集团矿业投资公司
87	包西铁路通道包头至省界段鄂尔多斯站站房工程	中铁十九局集团国际建设分公司
88	邵阳至坪上高速公路寸石隧道工程	中铁二十局集团公司及其五公司
89	新建大塔至四眼井铁路高头窑至关碾房支线工程第Ⅳ标段工程	中铁二十局集团公司及其五公司
90	苏州市南环快速路西延二期工程(吴中区段)	中铁二十局集团一公司
91	苏州市中环快速路高新区段(312 国道—玉山路南)工程	中铁二十局集团一公司,中铁一局集团有限公司,中铁十局集团有限公司,苏州交通工程集团公司
92	西咸空港综合保税区事务服务办理中心工程	中铁二十局集团六公司
93	重庆市同景国际城 D、E、F 组团工程	中铁二十局集团六公司
94	新建贵阳枢纽白云至龙里北铁路站前 I 标段龙洞堡机场隧道工程	中铁二十一局集团有限公司及其三公司
95	海南西环铁路富力互通立交双线特大桥工程	中铁二十一局集团有限公司及其四公司
96	拉日铁路雅鲁藏布江 3 号特大桥工程	中铁二十一局集团有限公司及其四公司
97	拉日铁路 TJ5 标段切洼隧道工程	中铁二十一局集团有限公司及其四公司
98	海南西环铁路跨大丰立交双线特大桥工程	中铁二十一局集团有限公司及其四公司
99	海东市乐都区碧水园(安置区)项目 6 标段工程	中铁二十一局集团有限公司及其四公司
100	津秦客运专线滦河特大桥工程	中铁二十一局集团有限公司及其五公司
101	长春地铁 1 号线一期工程卫星广场站—中央商务区站(含南三环站)区间主体工程	中铁二十二局集团一公司和哈建公司
102	吉图珲铁路客专铺架工程	中铁二十二局集团二公司
103	金温铁路扩能改造工程大溪大桥工程	中铁二十二局集团三公司
104	厦门市洋唐居住区保障性安居工程 B13 地块工程	中铁二十二局集团三公司
105	福州市福湾路提升改造工程	中铁二十二局集团三公司
106	无锡市西环路北延新建工程 2 标段张镇河大桥工程	中铁二十二局集团四公司
107	太兴铁路静游至兴县段 2 标段二青山隧道工程	中铁二十二局集团四公司

续表

序号	获 奖 工 程	施 工 单 位
108	哈齐客运专线松花江特大桥工程	中铁二十二局集团哈建公司
109	绥芬河站站房综合楼工程	中铁二十三局集团二公司
110	滨绥线牡丹江至绥芬河段扩能改造工程绥西隧道工程	中铁二十三局集团二公司
111	延延高速公路 LJ－15 标段后塬坪隧道工程	中铁二十三局集团三公司
112	成都市中铁新城三期 1 标段工程	中铁二十三局集团四公司
113	滨洲线红旗营至昂昂溪段增建二线电务工程	中铁二十三局集团电务公司
114	京台线建瓯至闽侯高速公路福州段 JTA3 合同段东桥互通工程	中铁二十四局集团有限公司
115	宁波北站及货场搬迁工程	中铁二十四局集团有限公司
116	萧甬铁路绍兴东站及货场迁建工程	中铁二十四局集有限公司
117	新建合肥至福州客运专线信江特大桥工程	中铁二十四局集团新余公司
118	贵广南广铁路广州枢纽工程 GTGG－1 标段工程	中铁二十五局集团有限公司
119	北京市朝阳区来广营一期 E、F、G 座办公楼工程	中铁二十五局集团五公司
120	合肥铁路枢纽南环线合肥南站工程	中铁建设集团有限公司
121	郑州市亚新广场工程	中铁建设集团有限公司
122	烟台市中青文化信息创意产业园住宅配套项目一期工程	中铁建设集团有限公司
123	MUHAS 医疗中心项目综合工程	中国土木工程集团有限公司
124	亚的斯亚贝巴至吉布提铁路工程	中国土木工程集团有限公司
125	新建兰新铁路第二双线乌鲁木齐枢纽引入站后工程	中国铁建电气化局集团有限公司
126	大同至西安客运专线原平西至西安北段四电系统集成及相关工程（北段）	中国铁建电气化局集团二公司
127	新建吉林至珲春客运专线四电及相关工程 SJHⅧ标段工程	中国铁建电气化局集团四公司
128	新建贵阳枢纽白云至龙里北联络线站后四电系统集成及相关配套工程	中国铁建电气化局集团五公司
129	上海轨道交通 12 号线接触网、干线电缆及杂散电流防护系统工程	中国铁建电气化局集团南方公司
130	新建青岛至荣成城际铁路四电系统集成及相关工程	中国铁建电气化局集团南方公司
131	温岭市中心渔港工程	中国铁建港航局集团有限公司
132	浙江省嵊泗中心渔港（新港区）扩建工程 I 标段（北防波堤）工程	中国铁建港航局集团有限公司
133	哈尔滨铁路集装箱中心站工程	中铁城建集团有限公司，中铁二十二局集团哈建公司
134	北京市朝阳区来广营乡清河营村 1 号地住宅及配套商业金融项目	中铁城建集团一公司
135	济南西客站片区高铁西侧公共租赁住房项目 1—6 号楼及地下车库工程	中铁城建集团一公司
136	沪昆客运专线长昆湖南段 CKTJ－1 标段二单元工程	中铁城建集团二公司
137	呼和浩特市阳光美居公租房小区工程 3 标段工程	中铁城建集团北京工程有限公司

（制表：孙胜考）

中国铁建兵改工以来职工因工死亡人数逐月统计

项目 / 数量 / 年度	一月	二月	三月	四月	五月	六月	七月	八月	九月	十月	十一月	十二月	全年合计		
													职工人数（人）	死亡人数（人）	千人死亡率（‰）
1984 年	1	4	1	1	3	1	3	2	3	1	4	3	150549	27	0. 179
1985 年		1	3	1	2	10	4	2	4	6	2	1	153134	36	0. 235
1986 年	4	1	1	5	3	3	7	5	6	5	3	1	151620	44	0. 29
1987 年			4	12	2		9	8	3	4	2	1	151428	45	0. 297
1988 年			4	1	5	1	2		3		2	3	146855	21	0. 143
1989 年	3		4	2	3		3	1	1	3			150962	20	0. 132
1990 年	1				1		3		1		2		153288	8	0. 053
1991 年			1	1	1		3		5	9	4		158588	24	0. 151
1992 年	1					1	1	2	1	1	2	6	160379	15	0. 094
1993 年	1	2	1		1	3	1	2	1	6	1		145876	19	0. 13
1994 年		3		2			5		1	1		2	145368	14	0. 096
1995 年		3		5		1		1		1	1	2	145608	14	0. 096
1996 年	1	1			1	1				1	1		146871	6	0. 041
1997 年	1	9		3	4	1	1	3	4		2		141327	28	0. 198
1998 年			2								2		139731	4	0. 029
1999 年			1	7	2	2	1	5	3	1		10	171445	32	0. 187
2000 年	6		4				1	5	1	1	1	1	200850	20	0. 1
2001 年	2				2		2	2	6		7	3	186680	24	0. 129
2002 年											1		186000	1	0. 005
2003 年			2			1	1						176000	4	0. 023
2004 年	1				1		2	1	1		1	4	227650	11	0. 048
2005 年		7	4		1			2	7			12	230533	33	0. 143
2006 年	1	8		1						4		6	237232	20	0. 084
2007 年	4		6	4	1	4			3				242168	22	0. 091
2008 年			5		3			2					184868	10	0. 054
2009 年			5					3		6		6	209103	20	0. 096
2010 年		2	12	4	3		10	1	2	1	7		228004	42	0. 184
2011 年	3		6		7			5	1	25		2	240660	49	0. 2036
2012 年					3	3	1			13	4		287568	24	0. 0835
2013 年	3			3	3		3					3	287341	15	0. 0522
2014 年	3								5	3	7	5	296983	23	0. 0774
2015 年													298424		
2016 年	1		1	2		6	1	2	2	2		6	350964	23	0. 0655
合　计	37	41	67	54	52	38	64	54	64	94	56	77		698	0. 1149

（制表：郭　宏）

原铁道兵部队和中国铁建逐年事故死亡人数统计

项目 数量 年度	死亡人数	千人死亡率(‰)	项目 数量 年度	死亡人数	千人死亡率(‰)
1948年	21		1984年	27	0.179
1949年	96		1985年	36	0.235
1950年	36		1986年	44	0.29
1951年	365		1987年	45	0.297
1952年	521		1988年	21	0.143
1953年	448		1989年	20	0.132
1954年	33		1990年	8	0.053
1955年	157	1.55	1991年	24	0.151
1956年	144	1.26	1992年	15	0.094
1957年	60	0.58	1993年	19	0.13
1958年	125	1.24	1994年	14	0.096
1959年	235	1.53	1995年	14	0.096
1960年	249	1.77	1996年	6	0.041
1961年	151	1.17	1997年	28	0.198
1962年	63	0.64	1998年	4	0.029
1963年	137	0.68	1999年	32	0.187
1964年	106	0.51	2000年	20	0.1
1965年	336	1.63	2001年	24	0.129
1966年	436	1	2002年	1	0.005
1967年	351	1	2003年	4	0.023
1968年	263	0.6	2004年	11	0.048
1969年	373	0.58	2005年	33	0.143
1970年	404	0.7	2006年	20	0.084
1971年	536	1.3	2007年	22	0.091
1972年	371	0.71	2008年	10	0.054
1973年	254	0.61	2009年	20	0.096
1974年	291	0.67	2010年	42	0.184
1975年	263	0.56	2011年	49	0.2036
1976年	257	0.74	2012年	24	0.0835
1977年	216	0.64	2013年	15	0.0522
1978年	193	0.58	2014年	23	0.0774
1979年	192	0.51	2015年		
1980年	177	0.58	2016年	23	0.0655
1981年	116	0.52			
1982年	121	0.62			
1983年	76	0.47			
铁道兵合计	8173	0.88	中国铁建合计	698	0.1149

（制表：郭　宏）

中国铁建兵改工以来伤亡事故统计

项目 / 数量 / 年度	合计				职工因工伤亡事故				职工在国有公路上发生交通事故				职工非因工事故				中国铁建主要责任造成群众伤亡事故				外部劳务伤亡事故			
	起数	轻伤	重伤	死亡	起数	轻伤	重伤	死亡	起数	轻伤	重伤	死亡	起数	轻伤	重伤	死亡	起数	轻伤	重伤	死亡	起数	轻伤	重伤	死亡
1984年	312	187	107	79	219	162	69	27					36	7	9	24	57	18	29	28				
1985年	241	168	58	52	215	157	51	36					17	3	4	10	9	8	3	6				
1986年	259	160	61	77	217	156	47	44					26	3	6	19	16	1	8	14				
1987年	166	99	38	63	145	92	36	45					13	5	2	11	8	2		7				
1988年	117	64	23	45	92	60	21	21	4		1	3	15		1	15	6	4		6				
1989年	111	76	26	33	87	56	19	20	14	20	5	5	10		2	8								
1990年	113	89	18	31	86	69	15	8	12	17	3	8	12	3		12	3			3				
1991年	128	99	24	38	107	84	21	24	7	9	4		11			11	3	6		3				
1992年	144	113	15	28	130	112	13	15	6	1	2	4	6			7	2			2				
1993年	144	131	28	32	129	119	21	19	10	9	6	11	3	1		2	2	2	1		11			20
1994年	107	97	8	21	99	94	6	14	3	3	2	2	5			5	1	2		4	9	10	6	33
1995年	92	85	15	14	92	85	15	14													4	3		6
1996年	72	62	9	8	70	62	9	6					2			2					3			9
1997年	87	72	11	36	85	72	11	28					2			8					4	5		7
1998年	66	59	7	6	64	59	7	4					2			2					4	2	1	9
1999年	103	86	9	37	98	86	9	32					5			5					2			4
2000年	66	74	13	21	65	74	13	20					1			1					3	1	1	5
2001年	66	80	14	30	62	80	14	24					4			6					1			1
2002年	79	70	7	2	78	70	7	1					1			1					2	1	2	4
2003年	72	67	10	4	72	67	10	4													2	1		4
2004年	76	79	7	12	75	79	7	11					1			1								
2005年	57	63	10	33	57	63	10	33													3			3
2006年	60	60	11	20	60	60	11	20													1	3		3
2007年	67	70	14	22	67	70	14	22													3			4
2008年	4	2	2	10	1			4													3	2	2	6
2009年	8			20	6			15													2			5
2010年	10	3		42	1	3		7													9			35
2011年	11			49																	11			49
2012年	6	22	7	24																	6	22	7	24
2013年	5			15																	5			15
2014年	5			23																	5			23
2015年																								
2016年																								23
合　计	2854	2237	552	927	2479	2091	456	518	56	59	23	33	172	22	24	150	107	43	41	73	93	50	19	292

（制表：郭　宏）

中国铁建兵改工以来各单位逐年职工因工死亡人数统计

年度 数量 单位	职工因工死亡人数																																	
	一九八四年	一九八五年	一九八六年	一九八七年	一九八八年	一九八九年	一九九〇年	一九九一年	一九九二年	一九九三年	一九九四年	一九九五年	一九九六年	一九九七年	一九九八年	一九九九年	二〇〇〇年	二〇〇一年	二〇〇二年	二〇〇三年	二〇〇四年	二〇〇五年	二〇〇六年	二〇〇七年	二〇〇八年	二〇〇九年	二〇一〇年	二〇一一年	二〇一二年	二〇一三年	二〇一四年	二〇一五年	二〇一六年	合计
中国土木工程集团有限公司																																		
中铁十一局集团有限公司	2	7	6	4	2	2	1	1	7	1	5						2	2		2		1	4				2			3			1	55
中铁十二局集团有限公司	2	1	1	2	4										2	2		14					2	9		2	10				3		1	55
中国铁建大桥工程局集团有限公司	1	2		2	4	3		1	1	1			1			4				1			1	1			7			3	7			40
中铁十四局集团有限公司	1	3	1	6	1	1	1	4	2				1	1		1	1					6				6		3		3			5	47
中铁十五局集团有限公司	3	2		2	2	4		6	2	3	4			1		8	6	1					1	3	1			5					1	55
中铁十六局集团有限公司	6	8	11	4	1	2	1	2	2	3	1	2	1	20				1			1	8		3		5	2							84
中铁十七局集团有限公司	1		2	3		1	1	1			3												9	4	4	1	2	2		3				37
中铁十八局集团有限公司	5	4	9	16	3		2	1		3		6	1			2	2	1						1	5	3	10	1	13		3		1	92
中铁十九局集团有限公司	1		4	1	1	3		3		5		1		1	1	10	8				1	12		1				24			5		1	83
中铁二十局集团有限公司	1	6	7	5	3	4	1	1	1							4		2			2		3					11						51
中铁二十一局集团有限公司																													7	3				10
中铁二十二局集团有限公司																						3					1		1					8
中铁二十三局集团有限公司																												1	3		5		1	13
中铁二十四局集团有限公司																					4					2	7						1	14
中铁二十五局集团有限公司																										1	1							2
中铁建设集团有限公司		1	1																									2					2	6
中国铁建电气化局集团有限公司																																		
中国铁建港航局集团有限公司																																		
中国铁建房地产集团有限公司																																		
中铁第一勘察设计院集团有限公司																																		
中铁第四勘察设计院集团有限公司																					1												3	4
中铁第五勘察设计院集团有限公司																			1															1
中铁上海设计院集团有限公司																																		
中铁物资集团有限公司			1										1																					2
中国铁建高新装备股份有限公司																					1													1
中国铁建重工集团有限公司																																		
中铁建商务管理有限公司																					1	3												4
中国铁建直属单位	4	2	1				1	4		3	1	5	1	5	1	1	1	3		1														34
合　计	27	36	44	45	21	20	8	24	15	19	14	14	6	28	4	32	20	24	1	4	11	33	20	22	10	20	42	49	24	15	23		17	698

注：中国铁建直属单位包括原工厂局、国内工程公司、铁路运输处、铁道战备舟桥处。

（制表：郭　宏）

设备物资

【设备物资部】 主要职责：贯彻执行国家有关设备、运输、物资、工业、节能减排工作的方针、政策和法规；组织制定股份公司系统设备、运输、物资、工业、节能减排管理的各项规章制度；负责股份公司主要物资和大型专用设备的集中招标采购和大型专用施工设备的内部调配；组织设备重大技术的推广与交流；负责利用外资贷款购置设备，协调总承包工程项目和本级经营项目主要物资的供应；负责股份公司系统铁路路料运输、工程路用车、铁路机车车辆调拨、铁路自轮运转特种设备管理；负责铁路集采专供物资、油料、民爆器材计划及协调工作；负责工业企业建设和工业产品技术研发、引进、消化、吸收，以及工业企业资源优化配置、产品调整的研究论证；负责股份公司节能减排管理，组织全系统设备、运输、物资、节能减排检查及年度统计报表汇总上报工作。定员 9 人，现员 8 人，设部长 1 人、总机械师 1 人、副部长 1 人；下设设备处、物资处、工业处。

（张宏成）

【主要技术设备】 截至 2016 年底，股份公司拥有机械动力设备 118774 台(套)，设备固定资产原值 640.3 亿元、净值 238.63 亿元。机械设备总功率 1033.41 万千瓦，技术装备率 8.98 万元/人，动力装备率 38.87 千瓦/人，成新率 37.27%。主要设备：盾构设备 266 台，铁路客运专线用 900 吨运架一体机 11 台、架桥机 223 台、运梁车 86 台、提移梁机 146 台(套)，移动模架 17 套，节段拼装造桥机 2 台；常规铁路架桥机 51 台，铺轨机 54 台；电气化施工设备 309 台(套)；大型机械化整道设备 118 台。施工设备实力继续提高，大型设备保有量稳步提升，提高中国铁建的市场竞争力，在企业投标和完成施工任务中发挥重要作用。 （张宏成）

【设备管理专业人员】 2016 年，中国铁建系统有设备管理专业技术人员 13278 人，其中，高级工程师 741 人、工程师 2218 人。设备技术工人 25480 人，机械司机 11465 人，汽车驾驶员 10555 人，修理工 3127 人。所属单位全年完成专业技术培训 934 期，培训人员 17366 人。

（张宏成）

【物资管理专业人员】 2016 年，中国铁建系统有物资管理人员 16772 人，其中高级职称 449 人、中级职称 1945 人、初级职称 5131 人、其他管理人员 9247 人。全年所属单位完成业务培训 466 期，培训人员 7877 人。

（刘宝庆）

【设备物资检查】 为进一步加强中国铁建设备物资管理工作，增强企业机械化施工能力和综合实力，降低设备物资采购成本，提高管理水平及企业整体经济效益，印发《关于做好 2016 年终有关工作的通知》，要求所属单位从机构设置、制度落实、人员配备、资料管理等方面入手，对设备管理方面的购置、租赁、使用、维护保养、安全操作、持证上岗；加强铁路运输方面工程路用车、大吨位预制梁运输专用车组的申请、扣车、使用、交费和建档管理，桥梁、轨枕、钢轨运输专列的使用管理；加强物资管理方面主要原材料和大宗物资招标采购，材料质量、价格、库存，周转材料、危爆物品的使用管理。各单位根据股份公司的安排，统一部署，狠抓落实，总结经验、找出问题并制定整改措施，取得较好的效果。

（刘宝庆 张宏成）

【推广应用“四新”技术】 2016 年，组织中国铁建系统设备管理人员与国内外主要设备制造商开展施工设备和施工工艺的交流，促进新设备、新技术、新工艺的及时推广和应用；组织参观 2016 年上海宝马展，了解和掌握国际先进施工装备技术和产品的发展情况，更好的为施工生产服务。股份公司设备物资部组织各施工单位相关领导及设备管理人员召开展前介绍会并顺利观展，中国铁建重工集团有限公司作为系统内唯一一家参展的工业企业受到业界广泛关注。 （张宏成）

【中国铁建设备集采谈判会议】 2016 年初，为设备框架采购工作持续推进，中国铁建启动框架协议谈判工作，所属单位代表62人分为7个小组，与管理小组会议推荐入围的126家供应商逐一进行谈判。谈判中39家供应商首次入围框架供应商名单；12家供应商的框架协议价格维持2015年价格不变；24家供应商的部分框架协议价格较2015年有1%～10%的降幅，个别设备降幅在15%～20%；51家供应商的框架协议价格整体较2015年均下降1%～10%不等，个别供应商设备整体降幅在15%上下，集采效果显著。（张宏成）

【设备集中采购】 2016年，所属各集团公司上报设备采购计划16310台（套），预算金额94.45亿元，实际采购签约设备6079台（套），预算金额60.53亿元，合同金额56.34亿元，节约资金4.19亿元，节资率6.92%。（张宏成）

【通用设备框架采购】 2016年，中国铁建系统通过框架协议采购设备1826台（套），预算金额8.29亿元，合同金额7.42亿元，节约资金0.87亿元，节资率10.5%。（张宏成）

【内部设备产品采购】 2016年7月，中国铁建印发《关于加强工程投标过程中设备选型管理的通知》，加强对建设单位指定设备及投标承诺使用设备的管控，同时强化股份公司内部产品采购管理。全年各施工单位采购内部工业企业生产的设备680台（套），合同金额22.14亿元。（张宏成）

【铁路运输保障任务】 2016年，中国铁建为所属单位办理机车驾驶员466人次，完成自轮运转设备驾驶员292人次的证照申请和更换，缓解现场机车车辆驾驶员不足的状况。全年申请路用车3255辆，保证施工现场的设备及时到位和物资顺利转运。（张宏成）

【物资供应】 2016年，中国铁建系统组织采购供应物资2161.20亿元，消耗物资2161.55亿元。其中，供应钢材2064万吨，水泥6755万吨，钢轨6万吨，柴油126万吨，炸药17万吨，满足施工生产物资需求，确保施工生产顺利进行。（刘宝庆）

【物资集中采购】 2016年，中国铁建系统工程施工物资采购总额2161.20亿元，物资集中采购总金额1912.64亿元，集采率88.50%，节约资金71.19亿元，节资率3.59%。（刘宝庆）

【物资管理】 （1）规范工程项目物资管理。2016年，为规范项目物资管理，提高项目物资管理水平，股份公司组织四级物资管理人员，针对目前系统内项目物资管理普遍存在的问题，总结研究所属单位有效的管理方法，梳理出17个方面的管理内容，编写印发《中国铁建股份有限公司工程项目物资管理指导意见》，为项目物资管理人员提供系统、便捷的项目物资管理和作业依据。（2）强化现场物资验收与质量控制。一是物资验收推行采收分离制度；二是坚持按照合同规定的验收方式进行物资验收；三是落实原材料进场检验和标识制度。按规定程序对所有进场物资进行质量检验，确保物资质量合格、满足设计要求。（3）加强周转材料管理。要求所属单位完善周转材料管理办法，对退场或闲置资源进行维护、保养和再加工，本着先内部调剂、后租赁或购置的管理原则，对项目部周转材料统一管理、统一调配，提高周转材料使用效率和创效水平，降低使用成本。（4）提高物资人员素质。所属单位结合物资人员现状，采用导师带徒、以老带新、办班培训等方式加速现有物资人员素质的提高；注重职业道德教育，防微杜渐，要求物资人员树立良好职业道德，爱岗敬业；发掘德才兼备人员，重点培养，逐步淘汰业务能力不强、缺乏工作责任心的设备物资管理人员，提高队伍的整体素质。（5）积极推广项目地材自加工、自主建厂、联营建厂等模式，有效降低地材采购成本。（6）加强外加剂采购管控，严格质量管理，降低采购成本。通过自行建厂生产外加剂，控制外加剂质量和采购价格。（刘宝庆）

【工业制造】 2016年，中国铁建通过优化配置、政策扶持、增加投入等手段加大结构调整力度，促进工业制造产业快速发展。截至2016年底，中国铁建所属工业板块企业12家：中国铁建重工集团有限公司，中国铁建高新装备股份有限公司，中铁十一局集团汉江重工有限公司，中铁十六局集团建工机械有限公司，中铁十八局集团三公司机械厂、水泵厂，中铁二十局集团西安工程机械有限公司，中国铁建电气化局集团康远新材料有限公司、轨道交通器材有限公司、科技有限公司、西安电气化制品有限公司，中铁第五勘察设计院集团北京铁五院工程机械有限公司。培育大型养路机械、掘进机械、轨道设备、特种施工装备、桥梁施工装备、铁路电气施工设备及材料、起重设备、钢结构八大类核心技术和500多种产品。全年大型养路机械主力产品国内市场占有率80%以上；签订盾构采购、租赁合同110台(套)占据国内第一位；接触网零部件产品一次性合格率99%以上。形成产业特色突出、产品覆盖面广、生产设施先进、研发实力雄厚的现代化工业体系。年内，所属工业企业加大市场开拓力度，提升工业制造品牌。中国铁建重工集团公司相继实现中国国产双护盾TBM首次出口海外，大陆盾构机首次出口台湾的突破；完成首条全线使用中国标准的肯尼亚蒙内铁路项目道岔供应；混凝土湿喷台车成功销往海外，打入格鲁吉亚和肯尼亚市场，并与中国火箭军部队签订《军民融合发展合作协议》。中国铁建高新装备股份有限公司先后参加第三届阿尔及利亚国际交通展、2016中国发展高层论坛暨创新前沿展、第十三届中国国际现代化铁路技术装备展览会、第三届中国—俄罗斯博览会、中国—东盟轨道交通教育培训高峰论坛暨成果展，为开拓国内外市场奠定坚实基础。全年中国铁建工业板块整体平稳，新签合同额146.91亿元，占年度计划142.56亿元的103.05%；累计完成企业总产值122.32亿元，占年度计划114.90亿元的106.46%。内部协同发展成效显著，为内部施工单位提供内部设备产品采购680台(套)，合同金额22.14亿元。（郭春雷）

2016 年 9 月 21 日，中国铁建代表团一行在德国参加国际轨道交通技术展期间，赴德国包岑对中国铁建收购的第一家海外设计公司 CIDEON 公司调研，这是中国铁建主管领导首次到海外并购公司调研。（魏　敏　摄）

海外经营 境外工程

海 外 经 营

【海外部】 主要职责:负责中国铁建股份有限公司海外发展战略及海外中长期规划的研究制订并就贯彻执行提出具体意见;制定和完善公司外经、外事管理制度和办法;负责与国家外交、外经主管部门和驻外使领馆、驻华使领馆、商会、协会的沟通联络;负责因公出国(境)审批及相关证照的办理、换发及管理;负责邀请外国人来华的审核报批;负责在出入境机关备案人员因私护照管理和因私出国(境)审批;负责ENR(全球最大250家国际承包商)评选参选资料准备及报送工作;负责公司境外突发事件应急预案的制定及突发事件应急联络、组织工作;牵头负责以股份公司名义承揽项目的审批、投(议)标核准证办理、相关证照提供;负责海外工程承包类经营事项的协调;负责海外工程的监督与指导;负责海外专委员会的日常工作;负责对外承包工程经营资格证书年检工作;负责海外工程承包经营情况统计分析工作;负责海外工程项目中标信息、重大信息的汇总、报送;参与海外舆情监控工作;参与海外风险管理和内控相关工作;参与商务部、国家外汇管理局组织的境外投资联合年检和综合绩效评价工作;参与海外并购重组工作。定员28人,设总经理1人、执行总经理2人、副总经理2人;下设综合处、对外联络处、非洲处、亚大处、欧美处、外事处、合同报价处。

(张　静)

【全球最大250家国际承包商排名】 2016年5月,按照中国对外承包工程商会《关于组织参加ENR2016年度全球最大250家国际承包商评选活动的通知》(承商工函〔2016〕083号)要求,完成美国《国际工程新闻纪录》(ENR)组织的2016年度全球最大250家国际承包商评选活动的资料报送工作。中国铁建在ENR最大250家全球承包商排名第3位,ENR最大250家国际承包商排名第55位(因中国土木工程集团有限公司单独参评,中国铁建参评数据不含中土集团部分)。

(张　静)

2016年中国铁建新签对外承包工程新签合同额情况

单位:万美元

序号	单　位	新签合同额	占海外合同总额比例(%)
1	中国土木工程集团有限公司	693233	49.45
2	中铁十一局集团有限公司	5617	0.40
3	中铁十二局集团有限公司	368	0.03
4	中国铁建大桥工程局集团有限公司	65050	4.64
5	中铁十四局集团有限公司	24664	1.76
6	中铁十六局集团有限公司	10058	0.72
7	中铁十七局集团有限公司	93862	6.70
8	中铁十八局集团有限公司	22401	1.60
9	中铁十九局集团有限公司	12892	0.92
10	中铁二十局集团有限公司	110935	7.91
11	中铁二十一局集团有限公司	13135	0.94
12	中铁二十四局集团有限公司	6309	0.45
13	中铁二十五局集团有限公司	2933	0.21
14	中铁建设集团有限公司	5551	0.40
15	中国铁建电气化局集团有限公司	50	
16	中铁第一勘察设计院集团有限公司	1120	0.08
17	中铁第四勘察设计院集团有限公司	904	0.06
18	中铁第五勘察设计院集团有限公司	847	0.06
19	中铁上海设计院集团有限公司	115	0.01
20	中铁物资集团有限公司	2469	0.18
21	中国铁建高新装备股份有限公司	514	0.04
22	中国铁建重工集团有限公司	2948	0.21
23	中国铁建国际集团有限公司	321764	22.95
	总　计	1401895	100.00

(制表:张　静)

2016 年中国铁建对外承包工程项目完成营业额情况

单位:万美元

序号	单　位	完成营业额	占海外营业总额比例(%)
1	中国土木工程集团有限公司	173236	35.03
2	中铁十一局集团有限公司	11558	2.34
3	中铁十二局集团有限公司	17527	3.54
4	中国铁建大桥工程局集团有限公司	24017	4.86
5	中铁十四局集团有限公司	24400	4.93
6	中铁十五局集团有限公司	3131	0.63
7	中铁十六局集团有限公司	1535	0.31
8	中铁十七局集团有限公司	42815	8.66
9	中铁十八局集团有限公司	41574	8.41
10	中铁十九局集团有限公司	9578	1.94
11	中铁二十局集团有限公司	42236	8.54
12	中铁二十一局集团有限公司	3854	0.78
13	中铁二十三局集团有限公司	6232	1.26
14	中铁二十四局集团有限公司	5542	1.12
15	中铁二十五局集团有限公司	3731	0.75
16	中铁建设集团有限公司	14172	2.87
17	中国铁建电气化局集团有限公司	355	0.07
18	中国铁建港航局集团有限公司	1645	0.33
19	中铁第一勘察设计院集团有限公司	1892	0.38
20	中铁第四勘察设计院集团有限公司	1104	0.22
21	中铁第五勘察设计院集团有限公司	329	0.07
22	中铁上海设计院集团有限公司	9	
23	中铁物资集团有限公司	3576	0.72
24	中国铁建高新装备股份有限公司	557	0.11
25	中国铁建重工集团有限公司	136	0.03
26	中国铁建国际集团有限公司	35625	7.20
27	中铁城建集团有限公司	53	0.01
28	中国铁建投资集团有限公司	24001	4.85
29	诚合保险经纪有限公司	52	0.01
	总　计	494472	100.00

(制表:张　静)

【来宾访问】 2016 年 1 月 27 日,中国铁建总裁庄尚标在铁建大厦会见尼日利亚财政部长凯米·阿德奥森和交通部长罗蒂米·阿马埃奇率领的尼日利亚政府代表团一行,双方就友好合作事宜进行商洽,达成共识。

2 月 24 日,中国铁建董事长孟凤朝在巴西驻华大使馆与巴西财政部部长尼尔森·巴博萨一行举行会谈。双方希望在巴西基础设施建设领域开展更多合作。

3 月 17 日,中国铁建党委书记齐晓飞在铁建大厦会见来访的吉尔吉斯斯坦社会民主党干部考察团一行,双方就中国铁建参与吉尔吉斯斯坦基础设施建设项目合作事宜交换意见,并达成合作共识。吉尔吉斯斯坦驻华大使巴克特古洛娃参加会见。

6 月 1 日,阿曼协商会议主席马阿瓦利访问中国铁建。中国铁建总裁庄尚标与马阿瓦利一行举行友好会谈,双方就开展务实合作深入交换意见并达成共识。

7 月 7 日,中国铁建董事长孟凤朝在铁建大厦会见到访的中国驻阿尔及利亚大使杨广玉。

7 月 21 日,几内亚经社理事会主席迪亚洛携理事会执行局秘书卡马拉一行访问中国铁建。中国铁建总裁庄尚标与迪亚洛举行友好会谈，双方就开展务实合作深入交换意见并达成共识。

7月21日，中国铁建总裁庄尚标在铁建大厦会见到访的阿尔及利亚驻华大使布哈利法。

7月28日，中国铁建董事长孟凤朝在铁建大厦会见到访的巴基斯坦铁道部国务秘书阿格哈女士一行。双方就铁路建设方面的合作事宜进行深入交流。

7月29日，中国铁建董事长孟凤朝在铁建大厦会见到访的巴西联邦参议院副参议长乔治·维亚纳一行。双方就进一步深化在基础设施建设领域的合作进行深入交流，并达成共识。

9月21日，中国铁建总裁庄尚标在铁建大厦会见肯尼亚铁路公司总经理阿特纳斯·迈纳率领的肯尼亚铁路公司代表团。双方就开展务实合作深入交换意见并达成共识。

10月21日，菲律宾总统杜特尔特与中国铁建董事长孟凤朝在北京东方君悦饭店贵宾厅举行会谈。双方就铁路等基础设施建设领域的合作进行深入交流，并达成共识。

10月29日，中国铁建总裁庄尚标在钓鱼台国宾馆拜会几内亚总统阿尔法·孔戴，双方就进一步加强和深化中国铁建与几内亚政府之间在基础设施工程建设领域的合作进行会谈并交换意见。

11月2日，中国铁建董事长孟凤朝在北京中国大饭店拜会陪同马来西亚总理纳吉布来华访问的马来西亚交通部长廖中莱，双方就推进马来西亚南部铁路项目建设等有关事宜进行深入交流，并达成共识。

11月17日，中国铁建总裁庄尚标在铁建大厦会见商务部国际商务官员研修学院副院长刘明哲，清华大学国际处副处长孟波、清华大学公共管理学院副院长朱旭峰和以清华大学援外班为主的国际学生一行并出席座谈会。庄尚标表示，希望双方在人员培训、校企共建、对外合作交往等方面，共享合作资源，扩大合作领域，提升合作层次，建立起更加紧密的合作关系。中国铁建总裁助理、人力资源部(党委干部部)部长鲁斌主持座谈会。

11月25日，中国铁建总裁庄尚标在铁建大厦会见到访的阿根廷财政部国际金融关系副国务秘书马丁·索托一行，双方就相关项目的务实合作深入交换意见并达成共识。

（张　静）

【公司领导出访】 4月16日，中国铁建总裁庄尚标在沙特吉达拜会麦加市市长欧萨玛·阿尔巴尔。庄尚标对欧萨玛·阿尔巴尔市长长期以来给予中国铁建的关心和支持表示感谢，就中国铁建扩大在麦加业务领域进行深入和卓有成效的探讨，并请市长对麦加轻轨项目后续工作给予帮助和支持。欧萨玛·阿尔巴尔表示，欢迎庄尚标一行来到沙特，感谢中国铁建对麦加市基础设施建设作出的贡献，欢迎中国铁建继续参与麦加城市建设，进一步加强双方合作。

4月19日，中国铁建总裁庄尚标在利雅得拜会中国驻沙特大使李成文，参赞赵刘庆。庄尚标向李成文介绍中国铁建的基本情况及在沙特的发展现状，并就沙特市场发展进行探讨，希望在大使馆的指导和帮助下，积极拓展新的业务领域，推动中国铁建在沙特业务的转型升级。李成文表示，将全力支持中国企业“走出去”。

4月21日，中国铁建总裁庄尚标在埃塞俄比亚首都亚的斯亚贝巴拜会埃塞俄比亚总理顾问阿尔卡贝。双方围绕铁路等基础设施投资建设进行深入会谈。随后，庄尚标拜会埃塞俄比亚铁路公司总裁格塔丘，就正在施工的埃塞俄比亚—吉布提铁路建设和后期运营管理等问题交换意见。格塔丘高度赞扬中国铁建的专业优势与综合实力，表示将进一步加强合作，推动埃塞俄比亚铁路现代化进程及经济社会发展。

4月23日，中国铁建总裁庄尚标在吉布提首都吉布提市拜会中国驻吉布提大使符华强，商务参赞葛华。庄尚标介绍中国铁建的企业概况以及在吉布提的发展情况，对符华强大使和葛华参赞长期以来给予中国铁建的支持和帮助表示感谢。庄尚标征求符华强大使和葛华参赞对中国铁建在建项目以及后续发展的意见和建议，表示将在大使、参赞的支持下，以干好亚吉铁路为基础，跟踪实施好后续项目，积极拓展新的业务领域，实现中国铁建在吉布提的持续发展。

4月23日，中国铁建总裁庄尚标在吉布提首都吉布提市拜会吉布提总统盖莱，双方就铁路等基础设施项目合作进行交流和会谈。盖莱欢迎庄尚标一行到访吉布提，感谢中国铁建对吉布提基础设施建设和经济发展作出的贡献；并对亚吉铁路进展表示满意，希望中国铁建能够在前期合作的基础上，加强双方的沟通与合作，共同克服当前面临困难，推动项目按期完工。盖莱希望中国铁建发挥自身优势，以多种形式参与吉布提基础设施建设，为吉布提的发展作出更大贡献。随后，为落实与盖莱总统的会谈精神，庄尚标与吉布提交通部部长穆萨门德·哈森就亚吉铁路建设运营及其他基础设施项目合作进行深入探讨。穆萨门德·哈森表示，吉布提交通部将密切配合中国铁建，尽可能为项目建设提供有利条件，希望中国铁建能够按期优质高效完成亚吉铁路工程建设，与吉布提人民共同迎接吉布提国庆节的到来。中国铁建总经济师赵晋华，中国铁建机关有关部门负责人，中国土木工程集团、中国铁建国际集团有限公司相关负责人等参加会见。

5 月 22 日，中国铁建总裁庄尚标到中国铁建国际集团马来西亚公司吉隆坡四季酒店项目检查指导，对干好在建项目、拓展马来西亚市场提出明确要求。庄尚标一行先后来到吉隆坡四季酒店项目和马来西亚公司，详细了解四季酒店项目工程概况、组织架构、施工部署、难点及管理措施、安全文明施工管理、商务管理及团队建设等方面情况，听取中国铁建国际集团、中铁建设集团、中铁十一局集团、中国铁建大桥工程局集团、中铁第一勘察设计院集团有限公司等单位负责人关于在马来西亚发展情况的汇报。中国铁建总经济师赵晋华等参加上述活动。

5 月 27 日，中国铁建总裁庄尚标在随中国铁路代表团出访马来西亚、新加坡之际，到中铁十一局集团有限公司新加坡轨道交通工程项目检查指导工作。庄尚标对项目部的施工速度和技术质量给予充分肯定，并对进一步提升项目管理提出要求。中国铁建总经济师赵晋华，中铁十一局集团、中国铁建国际集团和中铁第一勘察设计院集团有限公司负责人参加上述活动。

5 月 26—31 日，中国铁建工会主席史道泉一行赴阿尔及利亚进行工会工作调研。中国铁建国际集团有限公司相关领导陪同调研。

6 月 17—25 日，中国铁建党委书记、副董事长齐晓飞陪同中国铁建外部董事葛付兴、辛定华、承文和路小蔷等人组成的调研组赴中国铁建以色列、黑山共和国、白俄罗斯项目现场调研，并检查指导工作。中国铁建董事会秘书余兴喜及董事会秘书局、国际部负责人参加调研，中国土木工程集团、中铁十二局、中铁二十五局和中国铁建港航局集团有限公司主管领导分别参加项目所在国的调研活动。

9 月 21 日，中国铁建党委书记、副董事长齐晓飞一行在德国参加国际轨道交通技术展期间，赴德国包岑对中国铁建收购的第一家海外设计公司 CIDEON 公司调研，是中国铁建主管领导首次到海外并购公司调研。中国铁建总经济师赵晋华，中国铁建设备物资部、海外部，中国铁建高新装备股份有限公司有关负责人参加调研。

10 月 5 日，中国铁建董事长孟凤朝在埃塞俄比亚总理府会见埃塞俄比亚总理顾问阿尔卡贝博士。中国铁建总经济师赵晋华，中国土木工程集团有限公司有关负责人参加会见。

10 月 6 日，中国土木工程集团埃塞国别公司成立大会在德雷达瓦中土酒店举行，中国铁建董事长孟凤朝等领导为埃塞国别公司揭牌。中国铁建总经济师赵晋华，机关有关部门负责人，中国土木工程集团、中铁十六局集团有限公司有关负责人及中国铁建在埃塞俄比亚和吉布提各单位代表参加会议。

10 月 7 日，中国铁建董事长孟凤朝在埃塞俄比亚首都亚的斯亚贝巴拜会中国驻埃塞俄比亚大使腊翊凡。双方就中国铁建在埃塞俄比亚市场发展有关情况进行广泛交流。中国铁建总经济师赵晋华，机关有关部门负责人，中国土木工程集团、中铁十六局集团有限公司有关负责人等参加会见。

10 月 9 日，正值中国传统节日重阳节，在坦桑尼亚考察的中国铁建董事长孟凤朝一行专程到援坦中国专家公墓，缅怀为中坦、中非友好事业因公殉职的建设者们。凭吊仪式结束后，孟凤朝一行驱车前往坦赞铁路达累斯萨拉姆市车站参观。中国铁建总经济师赵晋华，机关有关部门负责人，中国土木工程集团、中铁十五局集团、中国铁建房地产集团有限公司有关领导等参加上述活动。

10月10日，中国铁建董事长孟凤朝一行在坦桑尼亚总理府拜会坦桑尼亚总理卡西姆·马贾利瓦，双方就中国铁建在坦经营发展有关情况进行友好交流。

11月4日，中国铁建总裁庄尚标在安哥拉首都罗安达会见中国驻安哥拉大使崔爱民，双方就企业在安健康发展、投资等问题深入交流并达成共识。中国铁建总经济师赵晋华，机关有关部门负责人，在安企业主要负责人参加会见。

11月3日，中国铁建总裁庄尚标在肯尼亚首都内罗毕拜会中国驻肯尼亚大使刘显法。中国铁建海外部，中国土木工程集团有限公司相关负责人参加会见。

11月16日，中国铁建党委书记、副董事长齐晓飞在厄瓜多尔首都基多会见国家开发银行董事长胡怀邦。中国铁建海外部总经理武宪功，中国铁建投资集团、中国土木工程集团、中铁十四局集团、中铁十九局集团有限公司主要负责人陪同会见。

11月17日，中国铁建党委书记、副董事长齐晓飞到厄瓜多尔矿业部拜会矿业部长哈维尔·科尔多瓦。此前，齐晓飞一行分别会见中国驻厄瓜多尔大使王玉林，商务参赞吉晓枫和国开行董事长胡怀邦一行。

11月19—20日，中国铁建党委书记、副董事长齐晓飞到特立尼达和多巴哥项目调研，实地考察特立尼达纳撒路商场项目、阿利玛医院项目和斯卡博罗总医院项目。考察期间，齐晓飞一行前往中国驻特多使馆，拜会中国驻特多大使宋昱旻。现场考察结束后，齐晓飞听取中国铁建（加勒比）公司和中国铁建国际集团有限公司美洲市场经营情况汇报。中国铁建海外部总经理武宪功，中国铁建国际集团有限公司负责人参加调研。

（张　静）

【领导关怀】 7月11—14日，中国铁建亮相第三届中国—俄罗斯博览会。国务院副总理汪洋和俄罗斯副总理罗戈津13日莅临中国铁建展位。汪洋和罗戈津接见包括中国土木工程集团俄罗斯有限公司总经理彭明宽在内的中资企业代表。参展期间，俄罗斯工业与贸易部部长杰尼斯·瓦连京诺维奇·曼图罗夫参观中国铁建展区；俄罗斯国家电视台“今日俄罗斯”频道、国家原子能电视台、斯维尔德洛夫斯克州电视台、《轨道机械专家》杂志社等8家俄罗斯媒体，新华社、黑龙江省电视台、《国际工程与劳务》杂志社、《黑龙江日报》、东北网等7家中国媒体对中国铁建进行采访报道。多名俄罗斯联邦政府高级官员、重要机车制造厂企业管理者莅临展台，详细了解中国铁建设备性能、品种、适用范围，对进一步洽谈合作事宜表现出浓厚兴趣。

10月5日，由中国铁建等中国企业承建的“新时期的坦赞铁路”亚吉铁路首趟列车，从埃塞俄比亚首都拉布车站始发，奔向终点吉布提首都吉布提市。上午8时30分，亚吉铁路开通典礼在拉布车站隆重举行。中国国家主席习近平特使、国家发展和改革委员会主任徐绍史，埃塞俄比亚总理海尔马里亚姆，吉布提总统盖莱出席通车仪式并致辞，多哥总统福雷出席仪式。中国铁建董事长孟凤朝代表建设方出席并致辞。

11月15日，中共中央政治局委员、国家副主席李源潮到亚吉铁路吉布提纳噶德（NAGAD）车站，视察项目建设情况，看望中国土木工程集团有限公司参建职工。在展板前，中国铁建海外部执行总经理曹保刚介绍中国铁建、亚吉铁路项目以及通过铁路建设带动沿线经济带的“亚吉模式”情况。“亚吉铁路是中非合作的一大亮点，是友谊工程、优质工程、安全工程。”李源潮对曹保刚和中国土木工程集团埃塞公司总经理李吾良说，这条铁路代表中吉、中埃友谊，凝聚着设计人员、管理人员和施工人员的心血，所有铁路建设者都是有功之臣，并向所有亚吉铁路建设者表示感谢。李源潮说，参观过坦赞铁路，深深地钦佩老一辈铁路建设者，希望新时期中国铁建的铁路人继续发扬老一辈的敬业和奉献精神，做好6年的铁路运营，使亚吉铁路真正成为中国在非洲的名片。

（张　静）

境 外 工 程

【沙特内政部安全总部发展项目第五期合同第1、3、5号承包工程】 第1号承包工程，利雅得地块，合同额4094098682.66沙特里亚尔（约合10.92亿美元）；第3

号承包工程,麦加地块,合同额1262498195.18沙特里亚尔(约合3.37亿美元);第5号承包工程,东部地块,合同额2066711099.95沙特里亚尔(约合5.51亿美元)。工程为设计施工总承包模式,合同工期1440天,不同建筑群工期720—1080天不等。合同总额26亿美元。截至2016年底,累计完成营业额0.78亿美元。

(张　静)

【安哥拉本格拉铁路大修工程】 位于安哥拉中部,西起大西洋沿岸的洛比托港,东至安哥拉与刚果的边境,是安哥拉3条铁路主干线之一。线路长1343千米,合同投资18亿美元,合同工期2007年8月—2011年1月。由于业主资金问题,项目延期。中铁二十局集团有限公司负责设计施工总承包,2015年2月全线开通。截至2016年底,累计完成营业额18亿美元。

(张　静)

【尼日利亚铁路现代化项目卡杜纳—卡诺段工程】 合同额16.85亿美元,计划工期36个月,为EPC总承包合同。线路长204千米,双线标准轨距,设计最大行车时速150千米。(张　静)

【尼日利亚铁路现代化项目拉各斯—伊巴丹段工程】 尼日利亚铁路现代化项目拉各斯—卡诺双线准轨铁路,正线长1315千米,铺轨2730千米,车站25座,桥梁200千米,机车车辆维修工厂2座,全线全立交、全封闭、全自动闭塞微机联锁、全线电力贯通,采用中国技术标准进行设计、施工。其中,拉各斯—伊巴丹段为双线铁路项目,线路长156.654千米,设8座车站,合同额14.88亿美元。(张　静)

【赞比亚奇帕塔经佩塔乌凯至塞伦杰铁路设计施工合同工程】 合同金额约22.6352亿美元,约折合人民币150.9766亿元,计划工期4年,为EPC总承包合同。线路长388.8千米,单线铁路,设计客车时速120千米、货车时速80千米。(张　静)

【卡诺市轻轨详细勘察、设计和施工工程】 合同额18.51亿美元,约折合人民币120.3亿元。线路长74.3千米,设计时速100千米,计划第一期工期2年,第二期工期2年。(张　静)

【泰国生态农业工厂项目设计施工总承包(EPC)合同工程】 合同额为193.563亿泰铢,约折合人民币37.3048亿元。主要工程量:装配式钢结构种植养殖工厂300栋,标准厂房每栋9000平方米,建筑总面积270万平方米,计划工期2年。(张　静)

【卡拉奇至拉合尔高速公路工程】 巴基斯坦政府通过修建卡拉奇至拉合尔高速公路(双向6车道,全长1152千米),以减轻N—5公路的交通压力(N—5公路承担巴全国65%的运输量)。此公路先期修建拉合尔至阿卜杜哈基姆段,线路长230千米,设计时速120千米。此段位于巴基斯坦旁遮普省,巴基斯坦政府出资修建,项目造价14.6亿美元,合同工期30个月。截至2016年底,累计完成营业额6.29亿美元。(张　静)

【埃塞俄比亚—吉布提铁路项目】 为埃塞俄比亚首都亚的斯亚贝巴至吉布提共和国首都吉布提市的电气化铁路,线路长740千米,工程总投资40亿美元。全线采用中国二级电气化铁路标准,设计时速120千米。该项目是继上个世纪坦赞铁路之后,中国在海外修建的又一条跨国铁路。中国铁建所属中土集团承担吉布提境内100千米及埃塞米埃索至吉布提边境340千米的工程建设,合同投资20亿美元。2016年10月全线正式开通。(张　静)

【阿尔及利亚贝佳亚港口至东西高速公路100千米连接线工程】 位于阿尔及利亚贝佳亚省和布维拉省境内,起点位于贝佳亚港口的现有道路上,向西南方向沿苏曼河河谷布线,终点位于东西高速公路中标段M2标段的哈尼夫互通。线路长100千米,合同投资13亿美元,中国铁建承担11.8亿美元的施工任务,计划工期36个月。截至2016年底,累计完成营业额7.6亿美元。

(张　静)

【尼日利亚铁路现代化项目——阿布贾至卡杜纳段工程】 尼日利亚铁路现代化项目拉各斯—卡诺双线准轨铁路,正线长1315千米,铺轨2730千米,车站25座,桥梁200千米,机车车辆维修工厂2座,全线全立交、全封闭、全自动闭塞微机联锁、全线电力贯通,采用中国技术标准进行设计、施工。其中,阿布贾至卡杜纳段为单线铁路,正线长186.5千米,站线长41.291千米,工程总投资8.5亿美元。截至2016年底,累计完成营业额9.5亿美元。(张　静)

【尼日利亚阿布贾城市铁路工程】 2007年5月签约,线路长60.7千米,工程总投资8.4亿美元。主要工程量:铁路桥梁10座1226延长米,公路跨线桥7座340延长米,框架桥1600平方米,涵洞168座,铺轨165千米,铺道岔131组。中国铁建所属中土集团负责设计施工总承包。截至2016年底,累计完成营业额7亿美

元。（张 静）

【阿尔及利亚55千米铁路工程】 位于阿尔及利亚北部沿海地区。2007年7月，中国土木工程集团公司与土耳其OZGUN公司组成联合体中标，2009年6月20日签约，2009年7月18日开工。工程为设计、施工总承包，设计时速160千米，线路长55千米，合同投资5.7亿美元。根据工程量变更，中国铁建与业主签订补充协议，总投资变更为8.16亿美元。截至2016年底，累计完成营业额7亿美元。（张 静）

【鲁雷纳瓦克—里韦拉尔塔公路工程】 位于玻利维亚西北部的贝尼省，由政府所在地拉巴斯，延伸到位于巴西边境的瓜亚拉梅林，线路长508.07千米，双向2车道，为超过国家地理区域三分之一的地区提供交通服务，合同额5.79亿美元。工程将为玻利维亚农林、农牧和旅游等产业发展提供有力支持；作为一条非常重要的国际贸易线路，尤其是对巴西商品经由智利、秘鲁的太平洋港口发往亚洲具有重要意义。截至2016年底，累计完成营业额0.6亿美元。（张 静）

【沙特麦麦高铁工程】 线路长449千米，采用法国有砟高速铁路技术，设计时速350千米。中国铁建所属十八局承建的第1标段2009年3月签约，合同投资3.84亿美元，后签署补充合同，工程投资总额5.73亿美元。主要工程量：路基土石方12200万立方米，桥梁93座，设有车站7座。截至2016年底，累计完成营业额4.24亿美元。（张 静）

【格鲁吉亚现代化铁路工程】 位于格鲁吉亚国家中部的哈舒里—泽斯塔佛尼之间。工程总投资3.39亿美元，客运时速120千米，货运时速80千米。主要工程量：既有线改造16.78千米，新线建设38.3千米，路基土石方495.555万立方米，挡墙工程2550米，桥梁2679延长米，渡槽44米，涵洞1779.52横延米，隧道15.03千米，车站6座。截至2016年底，累计完成营业额1.79亿美元。（张 静）

【马来西亚四季酒店工程】 毗邻马来西亚标志性建筑——双子塔，地理位置优越，是集商业、公寓和酒店于一体的高端城市综合体，建筑总面积23.1万平方米，地下4层，地上主塔76层，建筑总高度342.5米。四季酒店项目是中国铁建在建的最高建筑，中国铁建所属国际集团承揽，中铁建设施工总承包。项目总投资3亿美元，建筑总面积148.5万平方米，地下4层，地上65层。其中首层至7层为裙楼（底商及附属设施），8层至21层为酒店（190个客房），22层至65层为住宅公寓（242个单元）。截至2016年底，累计完成营业额1.43亿美元。（张 静）

2016年3月8日，中国铁建召开提质增效动员部署视频会议，贯彻落实国务院国资委召开的中央企业提质增效动员部署会议精神，全面部署提质增效工作。（秦班超 摄）

经营管理

企业管理

【发展规划部】 主要职责：组织制定中国铁建股份有限公司（以下简称“公司”）总体发展战略、中长期发展规划；组织开展公司发展方针、政策、策略和各创效板块战略、分战略、子战略等战略体系的构建；组织全面风险管理和内控工作；负责企业重大课题组织研究及企业改革、资源配置、整合、并购、重组、合并、分离、分立、关闭、注销、撤销、破产等方案的制定和组织实施；负责企业组织架构、机构编制设立、审批、撤销、管理等工作；组织工程公司建设及企业管理建设；负责企业施工、勘察设计、工程监理、对外承包等资质的审核、申报、统计、管理工作；负责注册资本金调整和企业工商注册、商标、标识、域名等注册登记工作；负责企业管理协会和公司参加的相关协会的日常工作；负责《中国铁道建筑管理》杂志的编辑、出版，组织公司社会责任报告的编纂并提供相关资料；参与责任成本管理、投资收购论证、信息化建设工作；承办总公司企业管理相关工作。定编16人，设部长兼企业管理协会秘书长1人、副部长2人，企业管理协会副秘书长1人；下设战略规划处、政策研究处、企业管理处、风险内控处、编制处。 （扆守义）

【工作综述】 （1）企业战略规划。研究编制完成“十三五”发展战略与规划报告及规划编制说明、产业发展战略、实施路径、内外部环境分析等子报告的编制。启动中国铁建“十三五”发展战略与规划宣贯工作，并在中国铁建经营管理人员培训班上进行宣讲。（2）内部重组。2016年，成立中铁建南方建设投资有限公司、中铁建昆仑投资集团有限公司、中铁磁浮交通投资建设有限公司；将中铁建华北投资发展有限公司由中铁十七局集团有限公司管理变更为由中国铁建股份有限公司管理，纳入股份公司二级单位序列；设立中铁建金融租赁有限公司、中铁建重庆投资集团有限公司。（3）并购重组。2016年，由中国铁建资产管理（香港）有限公司在香港设立的铁建宇昆有限公司出资收购德国CIDEON设计公司100%股权；中铁十六局集团有限公司出资对中国友发国际工程设计咨询有限公司增资扩股并实现控股，实际持股92%；中铁第五勘察设计院集团有限公司并购邯郸市华威公路设计咨询有限公司100%股权。（4）加强机构编制管理工作。（5）组织开展“压缩”管理层级减少法人户数工作。（6）加强工程公司建设，启动第三届管理创新成果评选工作。（7）强化资质管理工作。2016年全系统新取得特级资质9项，其中，市政公用工程特级资质5项：中铁十一局集团第五工程有限公司，中国铁建大桥工程局集团有限公司、中铁十五局集团有限公司、中铁十七局集团有限公司、中铁二十一局集团有限公司；建筑特级资质1项：中铁十九局集团有限公司；公路特级资质3项：中铁十六局集团有限公司、中铁十九局集团有限公司、中铁二十局集团有限公司。截至2016年底，全系统“三特”企业达到7家，“双特”企业达到5家。（8）做好所属单位增资及章程变更、驻地搬迁的批复工作。（9）全力做好企业管理及品牌建设工作。（10）深入推进企业改革工作。（11）协会工作。参加《财富》杂志“世界500强”以及中国企业联合会“中国企业500强”评审工作。2016年中国铁建位列“世界500强”第62位，“中国500强”第14位。（12）风险内控。组织开展2016年度风险评估工作，持续开展重大、重要风险管控，编制印发《2016年重大、重要风险管控方案》。完成2015年度内部控制评价系列工作，印发《关于2015年度内部控制评价情况的通报》，向国资委报送全面风险管理和内部控制评价报告。加强工作协同，加大风险内控工作考核力度，突出评价工作的专业性和权威性。（13）社会责任报告编制。编制完成2015年社会责任报告，与年报同期对外披露，同时报送国资委和联合国全球契约组织。 （董　凌）

【企业战略规划】 中国铁建总体发展战略：建筑为本、相关多元、协同一体、转型升级，发展成为技术创新国际领先、竞争能力国际领先、经济实力国际领先，最具价值创造力的综合建筑产业集团。

“十三五”期间（2016—2020年）总体发展目标：产业结构调整明显进步，创新发展能力明显增强，发展质量和效益明显提高，国际化经营水平大幅提升，公司治理更加优化，党的建设全面加强。 （李　江）

【风险管理和内部控制】 2016年，面对新的国际与国内市场环境，风险内控工作紧紧围绕企业“十三五”发展战略规划，认真研判和确定企业风险管理目标、风险偏好和风险承受度，积极应对新的挑战，持续加大企业内部控制体系和全面风险管理机制建设，以防控重大、重要风险的发生。组织实施重大、重要风险的评估工作。确定2016年10项重大、重要风险，并在全系统制定印发《重大、重要风险的管控方案》，明确管控责任和措施；狠抓内控审计成果转化。将内审中发现的问题进行认真梳理，对认定的管理缺陷，明确责任部门和人员，限期进行整改；开展风险内控评价和考核。依照股份公司绩效考核要求，制定印发《内部控制考核管理办法》，并在广泛研讨的基础上，针对企业实际，修订内控评价底稿，2016 年底对全系统所属单位进行内部控制工作评价和考核；启动投资项目风险专项研究和风险管理信息化建设，并安排多期内控人员业务培训班；按时披露和上报公司内控报告和全面风险管理报告，按计划完成全年的工作任务。2016 年中国铁建再次入选内部控制百强企业。（张世杰　刘志鹏）

【管理提升】 2016 年，出台印发《中国铁建子公司注册资本金管理办法》，股份公司注册资本管理工作得到提升，从而进一步规范各子公司增加注册资本的程序，加强注册资本的统筹安排。按相关程序，启动第三届管理创新成果评选工作，印发《关于组织审定第三届中国铁建企业管理现代化创新成果的通知》，部署有关工作，评审工作有条不紊推进。强化品牌建设工作，启动商标注册工作，印发《关于成立中国铁建股份有限公司知识产权中介服务机构选聘领导小组的通知》，对其他建筑央企相关工作进行系统调研，选择全国排名前几位的代理机构，积极筹备招标等相关工作。

（董　凌）

【工程公司建设】 依据 2016 年度所属各单位财政决算数据，分别以营业收入、利润总额为依据，评选出中国铁建工程公司营业收入 20 强和中国铁建工程公司经济效益 20 强。

2016 年中国铁建工程公司营业收入 20 强排名

单位：万元

序号	单　位　名　称	营业总收入	利润总额
1	中铁十二局集团第三工程有限公司	1008820	9507
2	中铁十二局集团第四工程有限公司	909354	11380
3	中铁十一局集团第二工程有限公司	840080	6654
4	中铁十一局集团第五工程有限公司	809737	5966
5	中铁十一局集团第一工程有限公司	728401	5726
6	中铁十一局集团第三工程有限公司	710518	6730
7	中铁十一局集团第四工程有限公司	706363	6027
8	中铁十二局集团第二工程有限公司	697945	4921
9	中铁十七局集团第二工程有限公司	673232	10631
10	中铁十八局集团第五工程有限公司	668904	15851
11	中铁十二局集团第一工程有限公司	654125	35979
12	中铁十八局集团第四工程有限公司	646810	6427
13	中铁十二局集团建筑安装工程有限公司	560873	22150
14	中铁十六局集团第四工程有限公司	551154	3591
15	中铁十四局集团第二工程有限公司	511036	3075
16	中国铁建大桥工程局集团第四工程有限公司	507915	9746
17	中铁十四局集团隧道工程有限公司	498242	9417
18	中国铁建电气化局集团北方工程有限公司	480654	13517
19	中铁二十局集团第六工程有限公司	476217	5304
20	中铁十一局集团城市轨道工程有限公司	470577	5935

（制表：董　凌）

2016 年中国铁建工程公司经济效益 20 强排名

单位：万元

序号	单　位　名　称	利润总额	营业总收入
1	中铁十二局集团第一工程有限公司	35979	654125
2	中铁十二局集团电气化工程有限公司	30073	313678
3	中铁十二局集团建筑安装工程有限公司	22150	560873
4	中铁城建集团第一工程有限公司	16050	297733

续表

序号	单 位 名 称	利润总额	营业总收入
5	中铁十八局集团第五工程有限公司	15851	668904
6	中铁二十局集团市政工程有限公司	15098	216289
7	中国铁建电气化局集团第三工程有限公司	13983	306023
8	中国铁建电气化局集团北方工程有限公司	13517	480654
9	中铁二十三局集团轨道交通工程公司	12400	149422
10	中国铁建电气化局集团南方工程有限公司	11425	214117
11	中铁十二局集团第四工程有限公司	11380	909354
12	中铁十九局集团矿业投资有限公司	10669	200049
13	中铁十七局集团第二工程有限公司	10631	673232
14	中铁十九局集团轨道交通工程有限公司	10162	300623
15	中国铁建大桥工程局集团第四工程有限公司	9746	507915
16	中铁十二局集团第三工程有限公司	9507	1008820
17	中铁十四局集团隧道工程有限公司	9417	498242
18	中铁十二局集团铁路养护工程有限公司	9231	28951
19	中铁二十局集团第五工程有限公司	9158	272470
20	中铁二十局集团第二工程有限公司	7795	383355

（制表：董 凌）

【企业管理协会“两优”评选】 2016 年，中国铁建系统 31 家企业获评 2016 年度全国优秀施工企业，52 人被评为 2016 年度全国工程建设优秀项目经理。

全国优秀施工企业

中国铁建大桥工程局集团有限公司
中铁十五局集团有限公司
中铁十八局集团有限公司
中铁二十一局集团有限公司
中铁二十四局集团有限公司
中国铁建电气化局集团有限公司
中国铁建港航局集团有限公司
中铁建设集团有限公司
中国土木工程集团（澳门）有限公司
中铁十一局集团第一工程有限公司
中铁十一局集团第二工程有限公司
中铁十一局集团第五工程有限公司
中铁十二局集团第三工程有限公司
中铁十二局集团建筑安装有限公司
中国铁建大桥工程局集团第六工程有限公司
中铁十四局集团第二工程有限公司
中铁十七局集团建筑工程有限公司
中铁十八局集团第二工程有限公司
中铁十八局集团第四工程有限公司
中铁十八局集团第五工程有限公司
中铁十九局集团第一工程有限公司
中铁十九局集团第三工程有限公司
中铁二十局集团第二工程有限公司
中铁二十局集团第四工程有限公司
中铁二十二局集团第三工程有限公司
中铁二十三局集团轨道交通工程有限公司
中铁二十四局集团南昌铁路工程有限公司
中铁二十四局集团上海铁建工程有限公司
中铁二十四局集团浙江有限公司
中国铁建电气化局集团第三工程有限公司
中铁城建集团第一工程有限公司

全国工程建设优秀项目经理

张育坪 中铁十二局集团有限公司
刘京增 中铁十四局集团有限公司
张 旭 中铁十四局集团有限公司
赵海涛 中铁十四局集团有限公司
汤映志 中铁十五局集团有限公司
周叶飞 中铁十五局集团有限公司
邵成猛 中铁十六局集团有限公司
杨 帆 中铁十七局集团有限公司
侯守江 中铁十八局集团有限公司
王志杰 中铁十八局集团有限公司
刘召臣 中铁二十局集团有限公司
吴红兵 中铁二十局集团有限公司
朱清利 中铁二十局集团有限公司
冯建军 中铁二十一局集团有限公司
杨树民 中铁二十二局集团有限公司
张国华 中铁二十二局集团有限公司

胡小忠　中铁二十四局集团有限公司
刘　杨　中铁二十四局集团有限公司
邓凌青　中铁建设集团有限公司
孙连波　中铁建设集团有限公司
张荣伟　中铁建设集团有限公司
寇　震　中国铁建电气化局集团有限公司
毛启波　中国铁建港航局集团有限公司
安道尧　中铁城建集团有限公司
罗建军　中铁十一局集团第二工程有限公司
刘昌盛　中铁十一局集团第四工程有限公司
余　斌　中铁十一局集团第五工程有限公司
兰明清　中铁十一局集团建筑安装有限公司
彭　刚　中铁十一局集团城市轨道工程有限公司
高兴良　中铁十二局集团建筑安装工程有限公司
朱宝权　中国铁建大桥工程局集团第三工程有限公司
尹德智　中国铁建大桥工程局集团第四工程有限公司
徐少平　中国铁建大桥工程局集团第五工程有限公司
陈久恒　中国铁建大桥工程局集团第六工程有限公司
郭红军　中国铁建大桥工程局集团第六工程有限公司
冯加勇　中铁十四局集团第二工程有限公司
任和祥　中铁十四局集团第五工程有限公司
王　炜　中铁十六局集团地铁工程有限公司
李　伟　中铁十七局集团第一工程有限公司
马　真　中铁十七局集团第二工程有限公司
孙军世　中铁十七局集团建筑工程有限公司
马　骏　中铁十八局集团第四工程有限公司
岑天飞　中铁十八局集团第四工程有限公司
李金锁　中铁十八局集团第四工程有限公司
潘素明　中铁十八局集团第五工程有限公司
赵　岩　中铁十八局集团第五工程有限公司
孔宪斌　中铁十九局集团第三工程有限公司
张晓峰　中铁十九局集团第五工程有限公司
李　珍　中铁二十局集团第四工程有限公司
路兆印　中铁二十三局集团第一工程有限公司
张清山　中铁二十三局集团第二工程有限公司
谭　鹰　中铁二十四局集团南昌铁路工程有限公司

（董　凌）

【《铁道建筑管理》编辑发行】　2016年，编辑发行《铁道建筑管理》4期，审阅稿件490余篇，修改刊登文章115篇52万字，刊登照片110余幅。为宣传企业精神，促进企业管理、创新、探索、交流发挥积极作用。（杜经红）

【履行社会责任】　2016年，中国铁建在快速发展的同时，规范治理、勇于担当，主动履行社会责任，充分展现良好的企业形象和社会形象。一是携手伙伴，共享价值回报。公司不断优化治理结构，建立健全各项规章制度，坚持依法合规经营，维护投资者权益，努力实现企业可持续发展。年内，公司获“2015中国上市公司信用100强”第25位、“中国上市公司投资者关系最佳董事会奖”“2016中国上市公司最具核心竞争力100强”“2016中国上市公司最具行业品牌影响力企业”“中国百强企业奖”等奖项、称号。二是优化治理，推动持续发展。公司积极维护与利益相关方的关系，坚持诚信经营，强化风险防控，企业规模、效益、质量等主要指标均实现稳中有进、进中向好发展，以良好的业绩回报全体股东。三是低碳环保，建设绿色生态。公司将绿色经营融入企业战略，不断提高能源资源综合利用效率，努力构建“资源节约型、环境友好型”企业，为建设生态文明做出贡献。全年公司能耗总量568.04万吨标煤。非工业万元营业收入综合能耗（可比价）为0.0906吨标煤，比2015年下降2.99%。四是精益管理，打造信赖精品。公司将服务客户为己任，强化质量管理，严控安全生产，深化科技创新，建造优质产品回馈社会大众。年内，获中国建设工程鲁班奖10项、国家优质工程奖34项；获国家科技进步奖1项、国家优秀专利奖6项、FIDIC工程项目奖4项、中国土木工程詹天佑奖8项。五是以人为本，共建幸福家园。公司秉持“以人为本”理念，重视员工发展，全年培训员工378854人次。提升民主管理，保障员工权益，不断加大困难员工帮扶力度。全年筹集送温暖资金7037万元，慰问困难员工家庭16550户，慰问劳模先进、一线员工、离退休员工和农民工69834人次。六是履行责任，助力社会和谐。公司致力于有担当的企业公民，发扬“一方有难、八方支援”的精神，积极参与抢险救灾；本着立足当地、服务当地的宗旨，通过精准扶贫、志愿服务、社区建设等，造福社区居民，促进社区和谐发展。全年公司对外捐赠1334万元。（何燕军）

经营计划

【经营计划部】　主要职责：负责中国铁建股份有限公司（以下简称“公司”）经营计划管理体制和制度建设

工作;负责经营工作协调、指导和管理,组织编制经营发展战略规划;负责与国家部委、省市、央企各核心客户、设计单位、建设管理部门等的沟通联络;负责收集、了解路内外建设项目和招标信息,搭建企业内部统一信息平台,定期发布国内工程信息;负责重大工程项目投标的组织协调,负责国内较大工程(施工)总承包以及本级工程承包项目的前期调研和承揽组织工作;负责概预算、定额政策管理工作;负责内部招投标政策管理工作;负责全系统经营计划统计工作;负责企业内部固定资产投资建设项目立项审批,负责公司生产经营、固定资产建设项目投资计划、统计;负责经营风险管理与内控工作;负责生产经营考核指标下达与考核;负责全系统经营人才队伍建设及业务培训工作;参与公司总体发展战略及中长期规划的研究制订工作。下设市场开发处、造价合同处、计划统计处、综合处。

(马信卿)

【工作综述】 (1)新签合同额、完成产值双丰收。2016年,在国家经济增速明显放缓、市场竞争异常激烈情况下,中国铁建实现新签合同总额12191.1亿元(不含二次经营),同比增长28.5%,完成产值6783.1亿元,同比增长8.4%,实现新签合同额和完成产值双丰收。(2)高端经营发挥关键作用。公司积极组织本级区域经营机构、所属单位负责人加强与国家部委,铁路总公司,地方省市政府,大型中央企业、行业协会等上级管理部门和业主单位高层的沟通联络,通过宣传企业综合优势,表达合作意愿、签署战略合作协议的方式,围绕重点市场和重点项目开展高端运作,为全系统高质量承揽经营任务发挥重要作用。全年公司本级区域经营承揽投融资项目16个,工程总承包项目19个,新签合同总额1481亿元,取得好成绩。(3)战略引领发挥指导作用。公司及时召开全系统经营工作专题推进会议,就城市轨道交通、水利水电、综合管廊"三个市场"近年来取得的成绩、存在的不足,进行总结分析,要求把"三个市场"定位为公司战略性支柱市场,明确"三个市场"经营开发总体目标和市场布局,提出依靠工程经营与资本运营双轮驱动参与市场竞争、依靠全产业链资源协同经营参与市场竞争,依靠干好在建、打造品牌、创造信誉、滚动经营参与市场竞争,依靠强化经营基础,提供高端经营和协调服务参与市场竞争等一系列详细具体的经营工作举措。(4)两级区域经营体系进一步完善。2016年,中国铁建通过实行"股份公司重在产业经营、集团公司重在市场经营、工程公司重在辅助经营"的基本经营管理体制,打造以股份公司为高端经营平台,集团公司为市场经营主体平台,区域指挥部为基本作战平台的经营战略模式,形成以区域经营为主干、多种经营方式作补充的集约化市场经营机制,并配套制定"六给两要""六管六放"等相关制度和考核体系。较好克服以往职责重复、职能重叠、资源浪费的弊端,区域指挥部承揽全系统85%以上的经营任务,成为中国铁建参与市场竞争、赢得市场份额的主要力量。(5)构建依法合规诚信经营氛围。2016年,中国铁建印发《关于依法合规开展生产经营工作的通知》,要求各单位严禁虚报经营业绩,严禁以违法、违规方式开展市场经营,强化内外部资质管理,千方百计提高经营质量,防控经营风险。同时,建立新签合同核查机制,对2014年以来,各单位所有上报中标项目的合同、中标通知书进行核查,削减新签水分,确保上报的新签合同有章可循、有据可依。 (马信卿)

【经营承揽指标完成情况】 2016年,中国铁建系统累计承揽任务合同总额12191.1亿元(不含二次经营),完成年度计划9474.5亿元的128.7%。其中,国内市场承揽任务总额11112.6亿元,海外市场总额1078.5亿元。承揽任务合同总额各业务板块情况:工程承包10592.5亿元,占承揽任务合同总额的86.9%;勘察设计咨询125.1亿元,占承揽任务合同总额的1%;工业制造199.6亿元,占承揽任务合同总额的1.6%;物资贸易649.5亿元,占承揽任务合同总额的5.3%;房地产开发494.8亿元,占承揽任务合同总额的4.1%;其他129.5亿元,占承揽任务合同总额的1.1%。工程承包板块承揽任务合同额10592.5亿元。其中铁路工程2651.1亿元,占承揽任务合同额的25%;公路工程2618.5亿元,占承揽任务合同额的24.7%;房屋建筑工程1525.9亿元,占承揽任务合同额的14.4%;轻轨、地铁工程1713亿元,占承揽任务合同额的16.2%;市政工程1394.8亿元,占承揽任务合同额的13.2%;水利电力工程186.4亿元,占承揽任务合同额的1.8%;机场码头工程103.9亿元,占承揽任务合同额的1%;其他工程398.9亿元,占承揽任务合同额的3.7%。

2016年,中国铁建系统累计完成企业总产值6783.1亿元,完成年度计划6501亿元的104.3%,同比增长8.4%。其中,国内完成产值6452.1亿元,占总产值的95.1%,同比增长8.9%;海外完成产值331亿元,占总产值的4.9%,同比下降0.5%。工程承包板块完成施工产值5496.5亿元,占总产值的81%,同比增长6.8%,完成年度计划5365.8亿元的102.4%。其中,铁路工程2199.6亿元,占施工产值的40%,同比增长10%;铁路四电工程193.9亿元,占施工产值的3.5%,同比增长16.8%;公路工程1004.1亿元,占施工产值的18.3%,同比下降3.8%;房屋建筑工程783.1亿元,占施工产值的14.2%,同比增长5%;市政工程

408.3 亿元，占施工产值的7.4%，同比增长 7%；轻轨、地铁工程648.3 亿元，占施工产值的 11.8%，同比增长 17%；水利工程 88.6 亿元，占施工产值的 1.6%，同比增长 24.4%；电力工程 26.5 亿元，占施工产值的 0.5%，同比增长 17.5%；机场工程 30 亿元，占施工产值的 0.6%，同比增长 43%；港口与航道工程 29 亿元，占施工产值的0.5%，同比下降 27.9%；矿山工程 31.6 亿元，占施工产值的 0.6%，同比下降 27.4%；其他工程 53.5 亿元，占施工产值的 1%，同比下降 7.7%。非工程承包板块完成产值 1286.6 亿元，占总产值的 19%，同比增长 15.8%。其中，勘察设计咨询 172.9 亿元，同比增长 39.2%，完成年度计划 80.2 亿元的 215.4%；工业制造 149.7 亿元，同比增长 2.9%，完成年度计划 141 亿元的 106.2%；物流贸易 320.6 亿元，同比下降17.3%，完成年度计划 442.7 亿元的 72.4%；房地产 385.3 亿元，同比增长 36%，完成年度计划 342.5 亿元的 112.5%；其他营业收入 258.1 亿元，同比增长 50.9%，完成年度计划 128.7 亿元的 200.5%。

2016 年，中国铁建所属 35 家单位，除中土集团、十四局、二十五局、中铁建设、港航局、铁建装备、物资集团未完成年度计划外，其余 28 家单位全部完成 2016 年下达的年度产值计划目标。完成企业总产值排名前五名的单位分别是：中铁十一局集团有限公司 570.8 亿元；中铁十二局集团有限公司 551 亿元；中铁十八局集团有限公司 419.1 亿元；中铁十七局集团有限公司 418.7 亿元；中铁十六局集团有限公司 394.7 亿元。

2016 年，全系统完成土石方 126211 万立方米，隧道 1277.5 千米，桥梁 1699.6 千米，正线铺轨 4396 千米，站线铺轨 1011 千米，公路 2270 千米，通信线路 14480 条千米，供电线路 10837 千米，轻轨 44 千米，地铁 307 千米，房屋施工面积 16396 万平方米、竣工面积 2157 万平方米。（马信卿）

【生产经营计划】 编制完成中国铁建 2016 年生产经营计划，确定 2016 年新签合同额计划目标 8527 亿元、企业总产值计划目标 6501 亿元，以中国铁建经计〔2016〕18 号文正式下达所属各单位执行。8 月初，为确保实现全年稳增长目标，对各单位 2016 年国内新签合同额确保计划目标进行调整，并以中国铁建经计函〔2016〕353 号文正式下达所属各单位执行。调整后的新签合同额计划目标 9474.5 亿元。（马信卿）

【政府机构统计】 2016 年，完成向国家统计局、北京市统计局及海淀区统计局的建筑业统计月报、季报和年度综合报表工作；完成住房和城乡建设部建筑业企业主要指标月度快速调查的定报任务，确保各项统计数据的准确性、完整性及报送的时效性。（马信卿）

【中国铁建第四届统计分析和统计论文评选工作】 按照《中国铁建股份有限公司计划统计优秀论文评选办法》有关规定，组织开展 2015—2016 年计划统计优秀论文征集评选活动，最终评选出一等奖 1 名、二等奖 2 名、三等奖 3 名、优秀奖 4 名，并以《关于公布 2015—2016 年计划统计获奖论文名单的通报》（中国铁建经计〔2016〕149 号文）下发各单位，对获奖论文及作者予以通报表彰。（马信卿）

【企业生产经营统计快报及咨询服务】 编辑完成中国铁建全系统生产经营情况统计快报并编制完成企业《统计信息》月刊，及时对当期、当年及开工累计完成的生产经营数据进行统计分析，定期报送股份公司领导和机关相关部门，为企业管理和领导决策提供重要依据，并且按照机关各职能部门及所属各单位的需要及时提供相关资料及咨询服务工作；根据中国证监会、国资委监事会的要求和股份公司董事会及办公室的安排，为上市公司年度报告、半年度报告、季度报告、企业社会责任报告、企业年度工作会提供相关资料。（马信卿）

【企业生产经营情况统计年报编制】 2016 年 4 月，编制完成中国铁建 2015 年度统计年报系列资料，并装订成册下发各单位，同时作为档案资料提供给股份公司档案馆保存使用。（马信卿）

【企业生产经营计划统计管理系统建设】 2016 年 3 月，组织召开中国铁建生产经营计划统计网报系统培训暨研讨会，分批对所属各工程集团公司、工程公司、局级指挥部及项目部四级的计划统计业务人员进行系统培训，420 人参加。11 月，组织召开中国铁建生产经营计划统计网报系统使用培训暨研讨会，对所属 12 个直属指挥部、5 大投资公司及 2 个外经单位（中土集团、国际集团）的 40 余人进行系统培训。（马信卿）

【企业投资统计】 2016 年全系统完成投资 10923496 万元，完成年度投资计划 11652202 万元的 93.75%。其中，固定资产建设项目实际完成投资 170603 万元，完成年度计划 265954 万元的 64.15%，占年度实际完成总投资的 1.56%；房地产项目实际完成投资 6183360 万元，完成年度计划 6257875 万元的98.81%，占年度实际完成总投资的 56.61%；设备购置项目实际完成投资 495158 万元，完成年度计划 909323 万元的 54.45%，占年度实际完成总投资的 4.53%；资本运营项目实际完成投资 4053759 万元，完成年度计划

4180699 万元的 96.96%，占年度实际完成总投资的 37.11%；信息化建设项目实际完成投资 20616 万元，完成年度计划 38351 万元的 53.76%，占年度实际完成总投资的 0.19%。 （马信卿）

【上报国资委 2016 年企业投资完成情况和 2017 年投资计划】 2016 年，中国铁道建筑总公司完成投资 1685554 万元，完成年度计划 1500848 万元的112.3%。其中，固定资产完成 686377 万元，完成计划 886086 万元的 77.5%，包括企业自建自用固定资产建设项目 170603 万元、信息化建设项目 20216 万元和施工机械购置 495158 万元；股权（产权）完成 999177 万元，完成年度计划 614762 万元的 162.5%。2017 年计划投资 1926842 万元，与 2016 年完成投资 1685554 万元相比增长 14.3%。其中，固定资产计划投资 1136855 万元，占年度计划投资的 59%，包括企业固定资产建设项目 446255 万元、信息化建设项目 38119 万元和设备购置 652481 万元；股权计划投资 789987 万元，占年度计划投资的 41%。 （马信卿）

【申请棚户区改造配套设施建设补助资金】 2016 年，总公司向国家申请棚户区改造配套设施建设补助资金 1426 万元。其中，中铁十五局集团一公司生活区 776 万元；中铁十六局集团铁运公司资兴棚户区改造 120 万元；中铁第一勘察设计院集团公司兰州和政新家园棚改项目 530 万元。 （马信卿）

【加强固建项目报批和完善流程】 2016 年，批复固定资产建设项目和职工住宅项目 20 项。对新批复的项目加强机关评审和完善批复流程，对投资超过 1000 万元（含）需要中国铁建审批的项目采取以下流程加强管理：(1)经营计划部初步审核；(2)机关相关部门评审或现场考察；(3)将评审结果呈报公司领导；(4)报总裁办公会审议；(5)投资超过 5 亿元的项目报战略投资委员会和董事会审议；(6)审议通过批复。 （马信卿）

【定额测定工作】 2016 年 3 月 29 日、6 月 21 日召开定额测定工作布置会、定额测定工作交流分析会，制定并印发《铁路工程路桥隧定额测定工作计划》，与参与定额测定单位签订合同，组织定额所专家对定额测定人员进行业务培训，并建立月报制定及季度总结制度。 （马信卿）

【深化新签合同额统计制度】 2016 年 3 月，印发《关于新签合同额及完成产值上报有关要求的通知》，对各单位上报生产经营数据进行进一步规范。同年 6 月印发《关于依法合规开展生产经营的通知》，对有关依法合规开展生产经营工作的纪律和要求再次进行强调。首次与中国铁建所属二级单位正式签订《依法合规诚信经营保证书》，彻底整改有关经营方面存在的违规、违纪等问题，确保企业各项经营活动健康、持续发展。 （马信卿）

【起草修订经营管理办法】 一是进一步规范以中国铁建名义承揽国内项目任务分配行为，依法合规选择建设队伍，确保企业整体履约和利益最大化，起草并印发《以中国铁建股份有限公司名义承揽国内项目任务分配管理办法》；二是进一步规范公司经营工作考核管理制度，推动全系统各单位扩大经营规模，提升经营质量，2016 年先后两次对原有经营考核办法进行修改；三是进一步规范公司本级区域经营机构经营工作考核管理制度，提升中国铁建本级区域经营能力，扩大经营规模，结合企业本级区域经营机构的实际情况，起草并印发《中国铁建股份有限公司本级区域经营考核暂行办法》。 （马信卿）

【人才队伍建设】 制定中国铁建经营骨干人才千人培训计划。通过邀请社会知名专家和全系统经营实战经验丰富的领导亲自授课，对国家宏观经济形势、经营文化建设以及各业务板块经营操作技能和方法进行全面讲解。2016 年举办 5 期培训班，培训 1089 人次。利用中国铁建举办局处级干部培训班的机会，培训 1000 余人次领导干部，基本实现全系统经营骨干人才的全面覆盖。 （马信卿）

房地产开发与监管

【房地产开发部】 主要职责：贯彻国家房地产经营法律法规和政策，全面负责中国铁建系统房地产开发管理工作；制定房地产发展战略和规划；负责公司总部房地产开发类投资管理；参与公司社会责任报告的编纂并提供相关资料；参与全面风险管理与内控工作；参与绩效考核工作；参与经济对标工作；参与责任成本管理工作；参与投资收购论证工作；参与投资后评价工作；参与全面预算管理工作；参与信息化建设工作；负责制订海外房地产开发相关管理制度和办法；负责海外房地产开发项目的审批、监管和业务指导；负责协调和解决海外房地产开发遇到的有关问题。 （楼 翱）

【中国铁建股份有限公司房地产开发与经营领导小组】 由股份公司领导和董事会秘书局、发展规划部、经营计划部、房地产开发部、资本运营部、财务部、审计监事局、法律合规部、经济管理部等相关部门领导组成。房地产开发与经营领导小组(以下简称“房地产领导小组”)负责全系统房地产业务的整体协调与管理;负责涉及房地产业务的重大事项和新项目审批;负责研究和处理有关房地产业务发展过程中的重大问题。房地产开发部负责领导小组会议的具体事宜和日常工作。2016 年召开会议 22 次,形成会议纪要 22 份,下达批复 22 份。

1 月 5 日,房地产领导小组召开 2016 年第 1 次会议,听取中铁地产关于江苏省无锡市梁溪区江海东路西侧地块、无锡市滨湖区贡湖大道东侧地块、无锡市滨湖区金城西路北侧地块项目情况的汇报。会后形成房地产领导小组会议纪要。

1 月 14 日,房地产领导小组召开 2016 年第 2 次会议,听取中铁地产关于江苏省南京市江宁区麒麟街道地铁小镇青龙片区国一地块和欧一地块两宗住宅用地情况的汇报,并对中铁二十一局拟引进万科战略合作开发陕西省西安市国际城项目事宜进行讨论。会后形成房地产领导小组会议纪要。

1 月 23 日,房地产领导小组召开 2016 年第 3 次会议,听取中铁十八局关于天津市津南区中铁十八局集团有限公司机关大院东区项目,中铁地产关于上海市青浦区赵巷镇 12A - 01A 地块、杭州市下沙大学城杭政储出〔2015〕49 号、50 号地块以及杭州市余杭良渚新城余政储出〔2015〕64 号、65 号地块有关情况的汇报。会后形成房地产领导小组会议纪要。

2 月 1 日,房地产领导小组召开 2016 年第 4 次会议,听取中铁地产关于北京市大兴区黄村镇四街、五街、六街村商住教育用地和北京市门头沟区城子大街地块情况的汇报。会后形成房地产领导小组会议纪要。

3 月 26 日,房地产领导小组召开 2016 年第 5 次会议,听取中铁十一局关于武汉市青山区 39 街坊项目,中铁二十一局关于陕西省西安市国际城二、三期与万科合作开发相关事宜,中铁地产关于河南省郑州市郑东新区龙翔八街北侧居住用地、江苏省苏州市相城区地铁陆慕站以西地块、苏州市吴中区地铁金枫路西侧地块以及苏州市高新区浒墅关苏州新区站地块情况的汇报。会后形成房地产领导小组会议纪要。

4 月 11 日,房地产领导小组召开 2016 年第 6 次会议,听取中铁地产关于上海市奉贤区金水新苑西侧居住用地、宁波市江北区湾头 JB05 - 02 - 21 地块和 JB05 - 04 - 10地块、天津市西青区张家窝地块有关情况的汇报。会后形成房地产领导小组会议纪要。

4 月 27 日,房地产领导小组召开 2016 年第 7 次会议,听取中铁地产关于上海市松江区泗泾镇 10 - 05 号和 12 - 01 号地块、杭州市国际城北侧地块和杭州市西湖三墩北 06 号地块、合肥市瑶海区 E1601 号和 1603 号地块、北京市昌平区南邵镇南丰路东侧 57 号和 70 号地块情况的汇报。会后形成房地产领导小组会议纪要。

5 月 16 日,房地产领导小组召开 2016 年第 8 次会议,听取中铁地产关于天津市河北区建昌道天磁居住用地、大连市甘井子区础明食材厂地块、太原理工大学旧校区储备地块、南宁市青秀区凤岭北商住用地、上海市宝山区宝山新城顾村 A 单元 10 - 03 和 10 - 05 地块和宁波市东部新城核心区以东片区商住地块情况的汇报。会后形成房地产领导小组会议纪要。

5 月 20 日,房地产领导小组召开 2016 年第 9 次会议,听取中铁地产关于武汉市汉阳区 P(2016)030 号地块、苏州市吴江区江陵东路 016、017 和 018 地块有关情况的汇报。会后形成房地产领导小组会议纪要。

6 月 1 日,房地产领导小组召开 2016 年第 10 次会议,听取中铁地产关于北京市延庆新城 05 街区 05 - 043 地块、南宁市江南区江南大道南侧商住用地、南宁市经开区白沙大道南侧 031 和 032 地块、杭州市上城区近江单元杭政储出〔2016〕14 号地块情况的汇报。会后形成房地产领导小组会议纪要。

6 月 24 日,房地产领导小组召开 2016 年第 11 次会议,听取铁四院关于武汉市 P(2016)060 号地块,中铁地产关于广州市南沙区焦门河东西两侧商服用地、佛山市顺德区北滘镇新城区 06 和 09 地块、济南市历城区唐冶新区两宗地块、天津市西青区枣林大道居住用地、成都市武侯区西南食品城 3.47 万平方米地块、宁波市海曙鄞奉片区 HS17 - 03 - 06 地块和重庆市北碚区佳程广场项目情况的汇报。会后形成房地产领导小组会议纪要。

7 月 6 日,房地产领导小组召开 2016 年第 12 次会议,听取中铁二十二局福建漳州高新区圆山新城安置房项目,中铁地产长春市经开区洋浦大街居住用地、重庆市江北区寸滩地块、南京江宁区双龙大道两侧 G25G26 地块情况的汇报。会后形成房地产领导小组会议纪要。

8 月 7 日,房地产领导小组召开 2016 年第 13 次会议,听取中铁十九局关于辽阳市站前文化宫老城区改造项目,重庆投资关于重庆市璧山香漫溪岸项目,铁四院关于武汉市洪山区 P(2016)074 号地块项目,中铁地产关于武汉市东西湖区金山大道居住用地、重庆市江北区董家溪地块、广州市荔湾区华大物流公司居住用地和广州市白云区华盛居住用地情况的汇报。会后形成房地产领导小组会议纪要。

8 月 16 日,房地产领导小组召开 2016 年第 14 次会议,听取中铁地产关于武汉市江夏区普安村居住用地、广州市黄埔区长岭居苗圃居住用地、无锡市锡山区锡沪路北侧地块和无锡市梁溪区金城路北侧地块，中铁建设关于包头市公务员小区居住项目，投资集团关于珠海市横琴新区54号地项目情况的汇报。会后形成房地产领导小组会议纪要。

9月5日，房地产领导小组召开2016年第15次会议，听取中铁地产关于无锡市梁溪区江海东路西侧地块、无锡市滨湖区贡湖大道东侧地块、无锡市滨湖区金城西路北侧地块情况的汇报。会后形成房地产领导小组会议纪要。

9月14日，房地产领导小组召开2016年第16次会议，听取中铁地产关于南宁市西乡塘区安吉北居住用地、苏州市吴中区花苑东路两侧WG-54住宅用地、杭州市萧山新街街道D-01和D-03地块、嘉兴市南湖区新新街道博海路地块、南京市雨花台区铁心桥街道A9-2地块、南京市浦口区奶牛场地块和泰冯路地块、南京市江宁区双龙大道G54/G55/G56三个地块、合肥市庐阳区N1605地块、合肥市高新区NP3-1地块的汇报。会后形成房地产领导小组会议纪要。

9月23日，房地产领导小组召开2016年第17次会议，听取中铁地产关于昆明巫家坝总部基地项目、北京亦庄梓府东自住房地块、天津西青杨伍庄南侧居住用地和天津津南区咸水沽地块情况的汇报。会后形成房地产领导小组会议纪要。

10月25日，房地产领导小组召开2016年第18次会议，听取中铁地产关于南京市溧水区石湫镇商住用地、合肥市长丰CF201612地块、无锡市梁溪区凤翔路南地块、广州市增城区朱村街山田村居住用地、成都市成华区北湖5.2万平方米地块、北京市海淀区永丰基地17号自住房地块、长春市高新区新高厂居住用地、大连市甘井子区由家村ABC三地块情况的汇报。会后形成房地产领导小组会议纪要。

11月14日，房地产领导小组召开2016年第19次会议，听取投资集团关于乌鲁木齐市会展中心片区8.93万平方米地块、珠海市横琴54号地块，铁四院关于武汉市杨泗港项目，中铁地产关于广州市南沙区南沙街坦头地块、广州市南沙区焦门岛北侧两地块、广州市南沙区黄阁大道东地块、广州市荔湾区广钢新城三期0219和0224地块、广州市白云区萧岗地铁站居住用地、长沙市岳麓区梅溪湖B39居住用地、杭州市西湖区三墩北单元A-R21-16地块、武汉市黄陂区川龙大道以东108号居住用地、北京市大兴黄村兴华大街居住教育用地情况的汇报。会后形成房地产领导小组会议纪要。

11月28日，房地产领导小组召开2016年第20次会议，听取中铁地产和中铁建设关于合肥市蜀山区W1607地块，中铁地产关于西安市陕建机居住商服地块，华北投资关于中车集团青岛四方职工生活园合作开发项目的汇报。会后形成房地产领导小组会议纪要。

12月13日，房地产领导小组召开2016年第21次会议，听取中铁地产上报的深圳市龙岗区民冶街道限价房项目、广州市南沙坦尾招商地块、北京市房山韩村河自住房地块、天津市河北区杨桥大街弹棉厂地块、苏州市高新区真北路地块、苏州市工业园区东兴路地块、苏州市工业园区万寿街地块、合肥市庐阳区N1610地块和N1611地块（中铁建设参与N1611地块竞买）、杭州市江干区景芳三堡单元JG1201-17地块、成都市双流区华府大道4宗地块、重庆市渝北区中央公园南侧地块、济南市华山北3800亩项目用地、北京市大兴黄村兴华大街居住教育用地补充情况的汇报。会后形成房地产领导小组会议纪要。

12月27日，房地产领导小组召开2016年第22次会议，听取中铁地产上报的成都市青羊区烹专2.33万平方米商住用地、石家庄市正定新区园博园大街07、08地块和太行大街10-13地块、福州市马尾区琅岐岛A08商住用地项目情况的汇报。会后形成房地产领导小组会议纪要。（赵文晴）

【房地产项目销售收益】 2016年，中国铁建房地产板块实现销售金额495亿元，同比增长35%，实现销售面积438万平方米，同比增长19%。在全年的销售中，中国铁建房地产集团有限公司销售金额占中国铁建房地产板块的79%，其中，销售面积288万平方米，占房地产板块的66%。

2016年中国铁建房地产项目销售金额超过5亿元的项目排名

序号	单位名称	项目名称	销售金额（万元）	销售面积（万平方米）
1	中国铁建房地产集团有限公司	中国铁建·上海青秀城	223289	6.86
2	中国铁建房地产集团有限公司	中国铁建·杭州江南国际城	206152	11.16
3	中国铁建房地产集团有限公司	中国铁建·南京青秀城	196393	8.83
4	中国铁建房地产集团有限公司	中国铁建·天津国际城	193913	10.66
5	中国铁建房地产集团有限公司	中国铁建·佛山国际公馆	179721	9.56
6	中国铁建房地产集团有限公司	中国铁建·杭州德信君宸	170000	9.12

续表

序号	单位名称	项目名称	销售金额（万元）	销售面积（万平方米）
7	中国铁建房地产集团有限公司	中国铁建·北京原香漫谷	146964	9.02
8	中国铁建房地产集团有限公司	中国铁建·太原万科紫郡	119006	9.25
9	中国铁建房地产集团有限公司	中国铁建·北京兴盛嘉苑	118211	2.25
10	中国铁建房地产集团有限公司	中国铁建·南京新城保利天地	118000	7.34
11	中国铁建房地产集团有限公司	中国铁建·成都北湖国际城Ⅱ	108450	12.95
12	中国铁建房地产集团有限公司	中国铁建·北京顺新嘉苑	107858	3.96
13	中国铁建房地产集团有限公司	中国铁建·成都西派城	102926	6.92
14	中国铁建房地产集团有限公司	中国铁建·成都皇冠湖壹号	100000	15.30
15	中国铁建房地产集团有限公司	中国铁建·北京翡翠长安	97215	2.21
16	中国铁建房地产集团有限公司	中国铁建·贵阳国际城	94963	11.84
17	中国铁建房地产集团有限公司	中国铁建·合肥青秀城	92338	9.03
18	中国铁建房地产集团有限公司	中国铁建·武汉国际花园	83334	8.89
19	中国铁建房地产集团有限公司	中国铁建·北京梧桐苑	82960	3.46
20	中国铁建房地产集团有限公司	中国铁建·合肥国际城	82539	9.04
21	中国铁建房地产集团有限公司	中国铁建·长沙梅溪青秀	82295	11.85
22	中国铁建房地产集团有限公司	中国铁建·广州增城国际花园	81047	6.82
23	中国铁建房地产集团有限公司	中国铁建·合肥国际公馆	80800	6.23
24	中国铁建房地产集团有限公司	中国铁建·武汉杨春湖畔	78515	8.84
25	中国铁建房地产集团有限公司	中国铁建·南宁江湾山语城	74875	9.81
26	中国铁建房地产集团有限公司	中国铁建·北京山语城	73498	3.29
27	中铁十六局集团有限公司	中国铁建·南昌青秀城	71785	10.13
28	中铁二十一局集团有限公司	中国铁建·西安国际城三期	71126	7.41
29	中铁二十一局集团有限公司	中国铁建·西安国际城一期	67923	9.54
30	中国铁建房地产集团有限公司	中国铁建·成都西派国际	67731	4.22
31	中国铁建房地产集团有限公司	中国铁建·南京原香颂	63800	6.33
32	中国铁建房地产集团有限公司	中国铁建·北京青秀尚城	61276	2.36
33	中铁十四局集团有限公司	中国铁建·泰安山语观邸	60337	4.42
34	中国铁建房地产集团有限公司	中国铁建·北京国际城	58967	2.32
35	中国铁建房地产集团有限公司	中国铁建·成都西派澜岸	57130	3.71
36	中铁建设集团有限公司	中国铁建·信阳领秀城	55000	11.50
37	中国铁建房地产集团有限公司	中国铁建·北京原香嘉苑	50700	3.65
38	中铁十八局集团有限公司	中国铁建·武汉 1818 中心	50631	2.36

（制表：夏　冀）

【中国铁建系统各单位销售金额分析】 2016 年，中铁地产以 388 亿元的销售金额占中国铁建销售业绩的 79%；在开展房地产业务的其他单位中，中铁建设、二十一局、二十局、铁四院、十八局等单位的销售成绩在系统内处于前列，销售业绩均超过 10 亿元。

2016 年中国铁建系统各单位销售业绩排名

序号	单位名称	销售金额（万元）
1	中国铁建房地产集团有限公司	3880566
2	中铁建设集团有限公司	171134
3	中铁二十一局集团有限公司	146107
4	中铁二十局集团有限公司	113200
5	中铁第四勘察设计院集团有限公司	108215
6	中铁十八局集团有限公司	104694

（制表：夏　冀）

【土地储备情况】 2016年,中国铁建在杭州、西安、南宁、成都、苏州、北京等16个城市获取土地23宗154.6万平方米,规划总建筑规模579.3万平方米,总土地价款318亿元(权益土地总价265.7亿元)。权益地价款265.74亿元,平均楼面地价5492元/平方米。其中,中国铁建房地产集团有限公司获取土地20宗,规划建筑面积565万平方米,土地成交总价315.3亿元(权益土地总价263.1亿元),土地储备建筑面积和投入金额分别占整个房地产板块的97.5%和98.9%。

2016年中国铁建系统新获土地项目情况

时间	单　　位	项　目　名　称	地理位置	建设用地面积(万平方米)	地价款(亿元)	权益(%)
4月15日	中国铁建房地产集团有限公司、中国平安保险集团股份有限公司	宁波江北区湾头JB05－02－21地块	浙江省宁波市	8.13	22.22	51
5月4日	中国铁建房地产集团有限公司、中铁第一勘察设计院集团有限公司	西安大明宫遗址区太华路地块	陕西省西安市	11.00	9.40	100
5月18日	中国铁建房地产集团有限公司、融创中国控股有限公司	太原理工大学旧校区地块	山西省太原市	9.84	18.71	50
5月18日	中国铁建房地产集团有限公司	南宁市青秀区凤岭北GC2016－022地块	广西壮族自治区南宁市	2.66	6.66	100
6月8日	中国铁建房地产集团有限公司	南宁市江南大道南侧宏德路东45亩用地	广西壮族自治区南宁市	3.00	5.18	100
6月15日	中铁二十二局集团有限公司	兰州六四一三厂地块	甘肃省兰州市	1.50	1.13	100
7月4日	中国铁建房地产集团有限公司、广州南沙产业投资有限公司	广州市南沙自贸区蕉门河西侧商服用地	广东省广州市	2.36	2.59	49
7月4日	中国铁建房地产集团有限公司、广州南沙产业投资有限公司	广州市南沙自贸区蕉门河东侧商服用地	广东省广州市	0.99	1.98	49
7月15日	中国铁建房地产集团有限公司	长春市经开区洋浦大街居住用地	吉林省长春市	6.6	8.11	100
7月20日	中国铁建房地产集团有限公司	贵州省贵安新区百马大道交天河潭大道西北侧两宗土地	贵州省贵安新区	21.37	3.24	100
8月30日	中国铁建房地产集团有限公司	重庆江北寸滩地块二	重庆市	17.51	40.8	100
8月30日	中铁十一局集团有限公司	九龙坡区大杨石组团二郎新城中心区分C3－4－3/03号宗地	重庆市	0.65	0.78	100
9月18日	中国铁建房地产集团有限公司	嘉兴市南湖区新新街道博海路地块	浙江省嘉兴市	5.60	11.25	100
9月23日	中国铁建房地产集团有限公司	南宁市西乡塘区安吉北居住用地	广西壮族自治区南宁市	5.63	8.53	100
11月15日	中国铁建房地产集团有限公司	重庆巴南区先锋村38亩地块	重庆市	2.52	0.7563	100
11月18日	中国铁建房地产集团有限公司	大连甘井子区由家村B地块	辽宁省大连市	6.22	3.06	100

续表

时间	单　　位	项　目　名　称	地理位置	建设用地面积（万平方米）	地价款（亿元）	权益（%）
12月1日	中国铁建房地产集团有限公司	北京大兴黄村兴华大街居住教育用地	北京市	4.68	36.75	100
12月20日	中国铁建房地产集团有限公司	苏州市工业园区万寿街地块	江苏省苏州市	17.26	76.67	100
12月29日	中国铁建房地产集团有限公司、深圳安创投资管理有限公司	成都市双流区华府大道449亩住宅用地地块1	四川省成都市	5.25	14.03	50
12月29日	中国铁建房地产集团有限公司、深圳安创投资管理有限公司	成都市双流区华府大道449亩住宅用地地块2	四川省成都市	6.75	18.14	50
12月29日	中国铁建房地产集团有限公司、深圳安创投资管理有限公司	成都市双流区华府大道449亩住宅用地地块4	四川省成都市	7.84	21.05	50
2016年	中国土木工程集团有限公司	坦桑尼亚达累斯萨拉姆市Mikocheni 5英亩地	坦桑尼亚达累斯萨拉姆	2.02	0.83	100
总　计				154.63	318.01	

（制表：刘建光）

【强化库存管理】　2016年，中国铁建开展专项调研，先后对中铁地产北京原香嘉苑、北京原乡漫谷、北京金茂府等14个项目进行现场督导和检查，召开去库存专题会，并印发督导纪要，提出有针对性的意见和建议。面对房地产板块去库存化面临的问题，中国铁建印发《关于进一步加强房地产项目商业办公及车库产品去化工作的通知》，进一步优化公司房地产项目库存结构，有序压降存货规模。10月，编制完成《三季度房地产项目库存分析报告》。截至2016年12月底，中国铁建房地产板块总体库存规模保持稳定，库存结构持续改善，去库存工作取得明显成效。（楼　翱　傅志跃）

【土地经营】　中国铁建房地产板块坚持“广研究，多参与”和“审慎稳妥，宁可错过、不可拿错”的土地储备策略，理性对待土地市场。2016年，中国铁建房地产领导小组召开22次会议，研究和审议国内30多个城市的126个项目。全年在国内15个城市获取房地产项目22个，有效补充企业土地储备，增强板块发展后劲，同时，项目开发风险相对可控，预期收益可观。

（楼　翱　刘建光）

【系统内外合作】　2016年，中国铁建积极推动中铁地产与系统内企业展开合作，同时开展与万科、融创、平安等企业高层间的沟通、交流和对接工作。截至2016年12月底，中铁地产与保利、融创、万科等外部企业，分别合作获取杭州下沙、宁波湾头、太原理工大学、大连甘井子等7个项目。（楼　翱　刘建光）

【板块协同】　2016年，中国铁建积极推进济南华山项目、南沙项目、南沙蕉门河项目、广州北站项目、舟山朱家尖海洋旅游综合体项目等重点投融资协同项目，跟踪和研究多个目标地块。（楼　翱　刘建光）

【房地产板块海外业务】　2016年3月，中国铁建房地产开发部考察和调研坦桑尼亚达累斯萨拉姆市房地产市场及中土集团跟踪的目标地块。6月，中国土木工程集团坦桑尼亚Mikocheni 5英亩项目获中国铁建审批备案；10月，中国铁建及中国铁建房地产集团、中国土木工程集团有限公司共同考察和调研非洲埃塞投资局、吉布提和坦桑尼亚等项目。（楼　翱　刘建光）

【商业地产招商运营】　中国铁建房地产集团有限公司成立专业的商业地产公司，积极推进贵阳、天津、杭州、北京国际城等商业项目的开发、建设和运营。2016年5月，中国铁建房地产开发部印发《关于收集商业资源相关信息的通知》，并将收集整理的商家信息资源，向全系统内有关单位和项目进行发布。6月，专题调研天津国际城项目商业开发，推动中铁地产提高商业地产开发和运营能力，加快商业资源的整合步伐，推进商业产品线和品牌研究，实现商业地产领域产品复制，加快建立中国铁建商业地产品牌。

（楼　翱　傅志跃）

【项目评估】 2016年12月,中国铁建印发《关于开展房地产项目后评估工作的通知》,具备后评估条件的18个项目上报《房地产项目后评估报告》,开展后评估工作总结项目开发过程中的经验教训,对比可研的实现状况提供依据。 (楼 翔 傅志跃)

【房地产板块评选】 2016年3月,中国铁建房地产开发部印发《关于评选2015年度中国铁建房地产"明星楼盘"和"优秀操盘手"的通知》,经评选授予10个房地产项目"十大明星楼盘"称号;授予10人"十大优秀操盘手"称号。 (楼 翔 傅志跃 夏 冀)

【房地产业务培训】 2016年9月,为提升中国铁建所属各单位房地产业务成本管理水平,有效搭建房地产板块沟通交流平台,中国铁建房地产成本管理培训及经验交流会在成都举办。所属25个单位160余人参加培训和交流,并现场观摩成都西派澜岸项目。培训班邀请房地产专家进行成本管理、营改增应对等方面的讲解和授课。 (傅志跃 夏 冀)

【经营动态】 中国铁建每月编制《中国铁建房地产板块经营动态》,通报和分析房地产板块当月销售业绩、土地经营动态、可售货值变化情况、开发建设及收益情况及政策聚焦情况。2016年发布11期《中国铁建房地产板块经营动态》。 (楼 翔 傅志跃 夏 冀)

资本运营与管理

【资本运营部】 主要职责:贯彻执行国家资本管理的法律法规,落实国有资产管理委员会有关资产管理的规定,制定中国铁建股份有限公司(以下简称"公司")资本发展战略和运作制度;负责组织研究国内外宏观、微观经济形势和相关产业运行状况,定期向公司领导提出分析报告;负责公司总部境内外经营性固定资产投资(含矿业投资)、权益性资本投资管理工作;负责国内外投资考核指标的下达,组织公司对外经营性投资项目的选择、咨询、论证、评估;负责投资项目股权管理和项目实施过程的监管;负责实物资产管理工作。承办总公司及总公司锦鲤资产管理中心相关工作职能。部门定员13人,设部长1人、副部长1人、总经济师1人;下设咨询评估处、投资管理处、矿产资源处、资产管理处。 (张红彦)

【资本运营项目概况】 2016年,中国铁建系统有资本运营项目178项。股份公司178项资本运营项目中,BOT项目19项、PPP项目20项、BT项目103项、土地一级开发项目7项、股权类投资项目(包括矿产资源、开发区项目、其他)29项,计划总投资4082.25亿元,股份公司应投入资本1459.47亿元,股份公司累计投入资本735.14亿元。BOT、PPP项目总投资2225.52亿元,股份公司应投入资本617.30亿元,股份公司投入资本177.78亿元。BT项目总投资1293.11亿元,其中,本企业应投入资本626.52亿元,投入资本447.13亿元。2016年,BT项目实际回购款188.97亿元。土地一级开发类项目总投资417.91亿元,股份公司应投入资本99.93亿元,已投入资本25.23亿元。股权类投资项目(包括矿产资源、开发区项目、其他)总投资145.70亿元,其中,本企业应投入资本115.71亿元,投入资本84.99亿元。 (张红彦)

2016年中国铁建股份有限公司资本运营投资情况

项 目 名 称	项 数	项目总投资(万元)	企业应投资本金(万元)	企业已投入资本金(万元)
BOT项目	19	16285217	3472614	1285490
BT项目	103	12931132	6265232	4471340
PPP项目	20	5969971	2700432	492338
股权项目	23	805708	736712	609077
开发区项目	1	316075	85141	87602
矿产资源开发项目	3	303905	303905	153217
其他项目	2	31327	31327	
土地一级开发项目	7	4179119	999294	252316
合 计	178	40822454	14594658	7351380

(制表:张红彦)

2016 年中国铁建系统资本运营投资情况

序号	单位名称	项目数量	2016 年投入资金(万元)			
			合计	其中		
				企业投入	项目公司投入	其他投入
1	中国铁建投资集团有限公司	32	2127526	714644	1312212	100670
2	中国土木工程集团有限公司	4	29208		29208	
3	中铁十一局集团有限公司	15	390916	350570	40346	
4	中铁十二局集团有限公司	4	19079	19079		
5	中国铁建大桥工程局集团有限公司	9	38253	38253		
6	中铁十四局集团有限公司	9	103441	101373		2068
7	中铁十五局集团有限公司	7	10269		10269	
8	中铁十六局集团有限公司	23	254205	180805	68000	5400
9	中铁十七局集团有限公司	10	38500	17400		21100
10	中铁十八局集团有限公司	6	10445	10445		
11	中铁十九局集团有限公司	3	6610		6610	
12	中铁二十局集团有限公司	8	23748	14468	9280	
13	中铁二十一局集团有限公司	1	1188	1188		
14	中铁二十二局集团有限公司	5	40000	37000		3000
15	中铁二十四局集团有限公司	3	10778	10778		
16	中铁二十五局集团有限公司	1	15000	15000		
17	中铁建设集团有限公司	4	14131	14131		
18	中国铁建房地产集团有限公司	1	6626	6626		
19	中铁第一勘察设计院集团有限公司	2	20684		20684	
20	中铁第四勘察设计院集团有限公司	3	4906	4906		
21	中铁建昆仑投资集团有限公司	9	569778	446438	112887	10453
22	中国铁建港航局集团有限公司	6	63967	53699	10269	
23	中国铁建云贵指挥部	2				
24	中铁城建集团有限公司	2	17000	17000		
25	中铁建重庆投资集团有限公司	7	237500	24000	153062	60438
26	中铁建华北投资发展有限公司	2				
	合　计	178	4053759	2077803	1772827	203129

注:部分项目由系统内两家单位共同投资建设,故项目数量计数存在重复情况。　　(制表:张红彦)

2016 年中国铁建股份有限公司新开工的资本运营项目投资情况

序号	投资主体	项目名称	投资模式	项目计划总投资		2016 年投入资金		
				合计(万元)	本企业应投入资本金(万元)	2016 年合计(万元)	本企业和项目公司	
							本企业投入(万元)	项目公司投入(万元)
1	中国铁建投资集团有限公司	泰升集团控股有限公司部分股权项目	股权项目	20023	20023	20023	20023	
2	中国铁建投资集团有限公司	乌鲁木齐市轨道交通 2 号线一期 PPP 项目	PPP	281900	281900			
3	中国铁建投资集团有限公司	投资黄河财产保险股份有限公司	股权项目	35000	35000			

续表

序号	投资主体	项目名称	投资模式	项目计划总投资		2016年投入资金		
							本企业和项目公司	
				合计（万元）	本企业应投入资本金（万元）	2016年合计（万元）	本企业投入（万元）	项目公司投入（万元）
4	中国铁建投资集团有限公司	投资信达财产保险股份有限公司股权	股权项目	18660	18660	18660	18660	
5	中国铁建投资集团有限公司	资兴高速公路配套项目	股权项目	70000	21000	49865	9865	40000
6	中国铁建投资集团有限公司	投资新疆银行股份有限公司	股权项目	50000	50000	50000	50000	
7	中国铁建投资集团有限公司	铜陵有色金属集团股份有限公司非公开发行项目	股权项目	50000	50000	50000	50000	
8	中铁十一局集团有限公司	云南昭通至四川乐山高速公路串丝至佛耳岩段公路	BT	100000	100000			
9	中铁十一局集团有限公司	宜宾至毕节高速公路威信至镇雄段、东川格勒至巧家葫芦口高速公路	BT	200000	200000	180000	180000	
10	中铁十一局集团有限公司	昭通新机场联络线一级公路项目	BT	47946	47946	11994	11994	
11	中铁十二局集团有限公司	太原市晋源东区地下综合管廊PPP项目	PPP	7600	7600	7579	7579	
12	中铁十二局集图有限公司	徐州市城市轨道交通2号线一期工程PPP项目	PPP	520000	520000	11500	11500	
13	中国铁建大桥工程局集团有限公司	保康至神农架高速公路项目	BT	16407	16407	1000	1000	
14	中国铁建大桥工程局集团有限公司	成都市绕城高速公路蜀源立交工程（3标段）BLT项目	其他	4238	4238			
15	中国铁建大桥工程局集团有限公司	成都市绕城高速公路蜀源立交工程（1标段）BLT项目	其他	27089	27089			
16	中铁十四局集团有限公司	常德市沅江过江隧道PPP项目	PPP	254410	68691	19081	17173	
17	中铁十六局集团有限公司	石嘴山至固原城际铁路（吴忠至中卫段）PPP项目	PPP	223650	223650	96000	96000	
18	中铁十七局集团有限公司	南京市江北新区综合管廊二期工程PPP项目	PPP	431906	103657			
19	中铁十七局集团有限公司	玉溪市基础设施建设工程PPP项目	PPP	208000	23220	26000	4900	
20	中铁十七局集团有限公司	天津宝坻新城城中村改造项目	股权项目	5500	5500	5500	5500	
21	中铁十八局集团有限公司	海口市新琼片区棚户区改造基础设施PPP项目	PPP	400	400			

续表

序号	投资主体	项目名称	投资模式	项目计划总投资		2016年投入资金		
				合计（万元）	本企业应投入资本金（万元）	2016年合计（万元）	本企业和项目公司	
							本企业投入（万元）	项目公司投入（万元）
22	中铁十八局集团有限公司	曹妃甸区基础设施工程二期PPP项目第4标段	PPP	192	192	38	38	
23	中铁二十二局集团有限公司	天津市宝坻新城1号地还迁住宅建设项目	股权项目	10000	10000	10000	10000	
24	中铁二十二局集团有限公司	厦门新建翔安机场片区地下综合管廊项目	PPP	104137	27000	30000	27000	
25	中铁二十四局集团有限公司	福州火车北站南广场综合改造PPP项目	PPP	8650	8650	1250	1250	
26	中铁二十五局集团有限公司	宝坻新城城中村及平房宿舍第二片区的还迁房建设项目	股权项目	15000	15000	15000	15000	
27	中铁第一勘察设计院集团有限公司	兰州银行增资扩股	股权项目	19996		19996		19996
28	中铁第四勘察设计院集团有限公司	昆明市轨道交通5号线PPP项目	PPP	1801400	608248	4906	4906	
29	中铁建昆仑投资集团有限公司	成都经济区环线蒲江—都江堰段、成都新机场高速公路BOT项目	BOT	1564150	355592	100000	100000	
30	中铁建昆仑投资集团有限公司	元华路神仙树节点工程	BT	45000	45000	47500	47500	
31	中国铁建港航局集团有限公司	博罗县交通基础设施工程	PPP	21316	21316	4914	4784	130
32	中铁城建集团有限公司	宝坻新城城中村和平房宿舍还迁房建设项目	股权项目	15000	15000	15000	15000	
33	中铁城建集团有限公司	岳麓科技产业园创业创新园（检验检测专业园）地块—建设项目	BT	45000	45000	2000	2000	
34	中铁建重庆投资集团有限公司	重庆合川至璧山至江津高速公路	BOT	1208914	193426			
35	中铁建重庆投资集团有限公司	重庆合川至四川安岳高速公路	BOT	927827	148452			
	合计			8359311	3317857	797806	711672	60126

（制表：张红彦）

【资本运营效益情况】 2016年，资本运营项目完成营业收入385.55亿元，实现收益62.07亿元。其中，投资收益8.72亿元；工程承包等收益53.29亿元；其他收益0.06亿元。

（张红彦）

【资本运营投资拉动公司主业情况】 2016年，中国铁建既有资本运营项目对公司主业拉动522.57亿元。其中,工程承包440.20亿元;物资采购77.48亿元;设计咨询3.32亿元;设备制造及其他0.87亿元;其他0.7亿元。 (张红彦)

【资本运营结构调整】 2016年,中国铁建资本运营结构由主要依靠BT项目和公路特许经营向“公路特许经营+城市运营”均衡发展的方向转变。年内中标百亿元项目8项,合计项目总投资1374.53亿元,占本年中标投资的65%。年内PPP项目(不含BOT、BT项目)中标27项,占全部中标项目的42.19%。中国铁建加快推进产业结构调整的工作目标正在逐步实现。 (张红彦)

【高层对接与签订战略合作协议】 2016年,中国铁建与各省市、企业签署《战略合作框架协议》30份,并与昆明、贵阳、广州、成都、深圳、南京、兰州、西宁、长春、新疆、北京、重庆等63个省市领导交流100多次;与相关部委领导、各大银行行长、央企有关负责人及全国20多个省建设厅厅长和100多个地市级市长推介中国铁建;与超过20个城市负责人专题研讨城市地下综合管廊建设,签署《意向协议书》10余份。 (张红彦)

【项目评审会议】 2016年,中国铁建召开项目评审会议23次,评审拟投资项目100项,投资规模6019.5455亿元。其中,提交董事会审议项目47项,投资规模4249.44亿元;中标公示阶段项目4项,投资规模226.02亿元。 (张红彦)

【总结汇编项目案例和指导性文件】 2016年,中国铁建编辑完成《中国铁建资本运营项目进展情况汇编》,制定印发《关于进一步加强资本运营投资管理的通知》;编写《城市地下综合管廊投资建设资料汇编》和《资本运营项目案例汇编》,印发《全国城市地下综合管廊推介项目汇编》和《政府和社会资本合作项目投资管理指引》。公司针对投资项目与税制改革匹配的问题,召开资本运营产业营改增政策研讨会,编制印发《资本运营投资项目“营改增”实施有关意见(试行)》。 (张红彦)

【资本运营业务培训班】 2016年,中国铁建组织资本运营业务培训班,各集团公司资本运营业务骨干参加培训。 (张红彦)

财务管理

【财务部】 负责中国铁建股份有限公司(以下简称“公司”)财务管理、会计核算、资金管理、全面预算管理、产权管理、财务信息化管理和会计监督的综合职能部门。主要职责:制定和实施财务内控,推动国家财经法律法规贯彻执行;组织制订和实施公司财务发展战略;负责公司全面预算管理工作;按照会计准则规定,制定和实施公司财务会计规章制度;负责董事会对总裁及总裁对子公司负责人的绩效考核工作;负责公司资金管理及融资信贷管理工作;负责公司产权管理工作;负责公司财务监察工作;负责公司财务信息化工作;负责公司财会队伍建设及会计人员培训工作;负责组织开展财务分析及对标分析;依法编制和及时提供财务会计报告;协助做好公司信息披露相关工作;建立和完善财务、税务、汇率、利率、资金风险防范预警与控制机制;负责上市公司股权管理、金融资产投资与管理相关工作;制定和完善公司产融结合管理制度,负责全系统产业融资业务审批及工作指导;负责产业基金的设立、管理工作;负责公司总部各项纳税申报及税收筹划工作;负责总公司财务学会日常工作;负责总公司及锦鲤资产管理中心、战备资产、基建财务管理与核算工作;参与公司总体发展战略及中长期规划的研究制订工作;参与公司社会责任报告的编撰并提供相关资料;参与全面风险管理和内控相关工作;参与投资收购、并购重组论证工作;参与投资后评价工作;参与经营计划指标测算下达工作。下设财务处、会计处、机关财务处、产权处、预算考核处、资金管理中心、产融管理处、外派机构财务管理处。定员39人,现员30人,设部长1人、副部长3人。 (曹锡锐)

【年度工作综述】 2016年,中国铁建系统财务工作坚持稳中求进的工作总基调,以“稳增长、控风险、提质量、促发展”为根本目标,以资金管理为主线,提升资金使用效率;以压减两金为重点,强化清收清欠效果;以税制改革为契机,提高税务管理水平;以全面预算为引领,发挥刚性控制作用;以绩效考核为导向,促进企业战略落地;以规范管理为目标,深化共享中心建设;以产权管理为手段,推动国有资产保值增值;以队伍建设为基础,夯实会计基础工作,努力克服政策性减利压力,实现收益水平明显提升、财务状况持续改善的预期目标,为经济运行稳中有升、稳中向好,实现“十三五”良好开局奠定基础。 (高继红)

【会计信息披露和配合审计工作】 2016年，中国铁建在上海证券交易所和香港联合证券交易所及时、准确、完整地披露季度报告、半年度报告、年度报告等各项会计信息，完成国资委、财政部财务决算报告的编制和报送。在完成4个季度的财务报告编制的同时，配合股份公司董事会完成财务信息披露、资料整理、路演数据本的制作。工作包括主要会计数据的计算摘录，每股收益的计算，非经常性损益的分析认定，业务板块的划分及毛利率的分析计算，主要经济指标大幅增减原因的分析、解释，担保、收购、兼并等重要事项的确认，整理、更新路演数据资料。中国铁建系统财务决算审计机构有4家，年内审计793家法人单位。2016年内退人员精算报告在韬睿事务所、股份公司人力资源部的协助下顺利完成。 （丁亚杰）

【财务制度建设】 2016年，修订《中国铁建股份有限公司差旅费管理办法》，进一步贯彻落实中央八项规定精神，规范差旅费报销管理。下发《关于规范股份公司总部机关经费报销审批程序的通知》，加强总部机关经费内控管理，规范报销审批程序。下发《股份公司差旅费管理办法有关问题解答》，加强与财政部及国资委监管制度链接，强化政策指引，确保制度有效执行。制定《中国铁建股份有限公司信贷风险评价办法》，提升信贷风险控制能力，完善财务风险预警管理体系，树立信贷业务管理依据，规范信贷风险评价方法及评价使用结果。制定《中国铁建股份有限公司信贷规模管理办法》，加强风险管控，规范融资信贷规模预算与审批、融资信贷规模预算执行与报告、融资信贷规模预算调整及非融资信贷规模预算管理。制定《中国铁建股份有限公司产业基金业务管理暂行办法》，加强产业基金业务管理，防范业务风险，规范产业基金工作要求、管理机构与职责、业务论证及审批。制定《资产评估项目公示管理办法》，规范资产评估管理工作，建立有效监督机制，做到资产评估管理工作规则公开、过程公开、结果公开，防止国有资产流失。制定《子公司负责人绩效考核管理办法》，坚持差异化考核，坚持激励与约束相结合，坚持短期目标与长远目标相统一的原则，突出价值创造、协同发展、转型升级等导向，实施分类考核，推进股份公司战略落地，激发子公司负责人的积极性和创造性，引导子公司提质增效升级。制定《子公司负责人2016—2018年任期绩效考核实施方案》，设定子公司任期目标，激励子公司负责人关注企业中长期发展目标，关注国有资本保值增值，确保企业可持续性发展。修订《中国铁建股份有限公司对外捐赠管理办法》，进一步理顺审批权限，规范企业对外捐赠行为，确保企业更好履行社会责任。下发《增值税会计处理规定》，进一步规范增值税会计处理，促进营改增政策贯彻落实，提高会计信息质量，降低财务管理风险。 （王 磊）

【中国铁建2016年度财务工作会议】 11月23—24日在北京召开。股份公司总会计师王秀明、监事会主席黄少军出席会议。

总会计师王秀明作题为《适应新常态，开拓新局面，充分发挥财务管理的保障支持作用》的财务工作报告。报告指出：2016年是“十三五”开局之年，一年来，各级财务部门围绕年度目标，不断夯实基础工作，持续强化财务管控，经济运行总体平稳，主要指标符合增长预期，为企业经济健康平稳运行作出积极贡献。报告要求2017年重点抓好以下工作：一是切实贯彻落实“十三五”财务战略规划；二是积极推进“以管理会计促进财务管理模式转型、以财务共享促进价值创造转型、以金融创新促进商业模式转型、以规范产权促进资产管理转型”；三是有效提升“决策支持、资金管控、清收清欠、预算约束、考核导向和税务管理”管控能力；四是努力夯实会计基础工作；五是全面做好迎审迎检应对；六是深化推进财会队伍建设。

会议确定2017年财务工作总体思路：紧紧围绕股份公司“十三五”发展战略规划和财务战略规划，以落实稳增长为目标，恪守准则要求，完善制度体系，加强队伍建设，积极推进四大财务转型，提升六大管控能力，切实改善财务状况，推动企业提质增效，有效防控财务风险，确保经济运行安全。会议表彰2016年度财务工作先进单位和先进个人，部署资金管理、财务决算等有关工作，解读绩效考核办法，介绍产业基金运作情况。各单位总会计师、财务部长、决算负责人以及机关有关人员150人参加会议，会上4家单位进行经验交流。 （林雅敏）

【中国铁建财务工作先进单位和先进个人】

2016年度中国铁建财务工作先进单位

中国土木工程集团有限公司
中铁十一局集团有限公司
中铁十二局集团有限公司
中铁十四局集团有限公司
中国铁建电气化局集团有限公司
中铁第一勘察设计院集团有限公司
中土集团埃塞俄比亚公司
中土集团南方建设公司
中铁十一局集团第一工程有限公司
中铁十一局集团第四工程有限公司
中铁十二局集团第四工程有限公司

中铁十二局集团电气化工程有限公司
中国铁建大桥工程局集团第五工程有限公司
中国铁建大桥工程局集团西北公司
中铁十四局集团第五工程有限公司
中铁十四局集团桥梁工程有限公司
中铁十五局集团第五工程有限公司
中铁十五局集团第七工程有限公司
中铁十六局集团第一工程有限公司
中铁十六局集团轨道交通建设有限公司
中铁十七局集团第一工程有限公司
中铁十七局集团电气化工程有限公司
中铁十八局集团第二工程有限公司
中铁十八局集团第五工程有限公司
中铁十九局集团第一工程有限公司
中铁十九局集团轨道交通工程有限公司
中铁二十局集团第六工程有限公司
中铁二十局集团电气化工程有限公司
中铁二十一局集团第四工程有限公司
中铁二十一局集团济青高铁项目部
中铁二十二局集团第二工程有限公司
中铁二十二局集团哈建公司
中铁二十三局集团轨道交通公司
中铁二十三局集团第六工程有限公司
中铁二十四局集团福建铁路公司机关财务部
中铁二十四局集团路桥分公司财务部
中铁二十五局集团第四工程有限公司
中铁二十五局集团西北分公司
中铁建设集团华南分公司
中国铁建电气化局集团南方公司
中国铁建电气化局集团北方公司
中国铁建港航局集团第二工程有限公司
中国铁建房地产集团华南公司
中铁第一勘察设计院集团财务处工程及海外项目部
中铁第四勘察设计院集团环境工程设计研究处
中铁第五勘察设计院集团郑州分院
中铁上海设计院集团南京设计院
中铁物资集团云南公司
中国铁建高新装备北京昆维通公司
中国铁建重工集团新疆公司
中国铁建国际集团玻利维亚分公司财务管理部
中铁城建集团第一工程有限公司
中国铁建青岛蓝色硅谷城际轨道交通公司
中国铁道建筑总公司北京铁建医院

2016 年度中国铁建决算工作先进单位

中国土木工程集团有限公司
中铁十一局集团有限公司
中铁二十二局集团有限公司
中铁第一勘察设计院集团有限公司

2016 年度中国铁建预算工作先进单位

中铁十一局集团有限公司
中铁十四局集团有限公司
中铁第四勘察设计院集团有限公司
中国铁建重工集团有限公司

2016 年度中国铁建资金管理先进单位

中铁二十四局集团有限公司
中铁建设集团有限公司
中国铁建电气化局集团有限公司
中国铁建重工集团有限公司

2016 年度中国铁建财务信息化先进单位

中国铁建大桥工程局集团有限公司
中铁十七局集团有限公司
中铁十八局集团有限公司
中铁二十局集团有限公司

2016 年度中国铁建财务工作先进个人

蔡海英	孙忠森	李　甜	李慧霞	孙大伟
田　锷	廖国清	祝光德	潘隆盛	周修阳
范海英	赵紫谦	王志武	肖江明	范志军
郑斌鑫	宋立伟	王凯柱	姜宏伟	宗孝章
孙利军	张兴安	程晓钊	暴海龙	齐占新
陈俊华	许芳翼	张晓坤	卢国柱	韩兴田
张继玉	万　利	籍文海	孟凡亚	李东岳
李耀庭	李　震	张华清	张桂玲	王小瑜
宋吉义	刘志华	郑紫云	邢云芹	周叶彬
王福海	王　敏	唐正文	王建新	吴昀徽
陈丽丽	刘志刚	孙小坤	秦　燕	胡　舜
任长辉	周永峰	崔永成	宋津廷	田　震
吴凯民	邓付云	王先金	刘　珍	张莉莉
赵异丹	刘永庆	孙军委	杨齐伟	强　蕊
傅　春	张春玲	罗晟男	刘泽慧	黄国昌
徐晓勇	崔　军	张　新	暨旭光	郑飞龙
蔡玉标	黄　鑫	李晓东	朱文梅	王　燕
王　伟	王　科	李　莉	王玉萍	杨学峰
金　博	代　良	王东良	高　正	蔡俊峰
成宝红	于喜洋	刘　丹	杨选忠	钮永跃
付小红	吴红燕	卢君勇	孟祥琨	余好斌
蒋道斌	曾晓光	杨　毅	陈志强	赫列维
廖丽华	谢秋玲	王冬林	李　军	刘　淋
王堤岗	李艳玲	陈　辉	王小羊	徐冰瑶
郭运华	白凤革	冯文钊	孙　晨	栗喜明
董振东	程　飞	渠祥军	李　莉	沈　勇

董 菲	刘 杰	吴恢雄	邓国强	余 爽
张洪波	李加亮	谢铁军	闫 围	白 艳
强 勇	张雅丽	余 冲	周娟芝	陈 丽
张 勇	钟 恺	刘 洋	岳明玲	赵雅丽
罗 卿	夏俊杰	沈 劲	李铭华	任 贺
陈 强	张 玉	文 煜	徐莎莎	孙 蓉
杨雄杰	刘丹凤	程 英	周乃祥	刘晓卓
刘 斌	季晓慧	许玉军	张红超	薛志辉
宋荣信	褚士伟	王传亮	唐轩仕	徐国兵
宋丽芳	郭亿方	郭晓明	聂 勇	童 勇
娄 红	韩 斌	陈 匀	焦英伟	林雅敏

（林雅敏）

【税务管理】 2016年，针对营业税改征增值税全面推开，中国铁建深研政策，大力宣贯，有序推进各项工作。一是积极沟通反馈。全年向国资委汇报5次，参加财政部、住建部、国家税务总局、铁路总公司等组织的座谈会近20次，及时反映“营改增”过程中存在的困难和问题，提出企业的诉求与建议。二是加大宣贯培训。年内组织全系统召开“营改增”实施动员部署视频会。所属各单位通过开展线上线下培训、知识竞赛、业务研讨、技能考核等形式，参训人数超过40000人次，做到财务人员和主要相关业务部门骨干人员培训全覆盖。三是着力整章建制。股份公司制定《建筑业营改增工作指导意见》等相关配套制度13个，为全系统“营改增”的顺利实施奠定基础。各单位根据股份公司要求，结合单位实际，拟定相应的实施细则和管理措施。四是加强部门联动。年内会同经济管理、经营计划、设备物资、法律合规等相关业务部门做好“营改增”后的经营投标、物资采购比价、劳务分包管理、合同范本修订等工作。同时，经济管理部牵头组织课题组4个，深入研究蒙华铁路项目人工费补差、联采物资管理、优化设计、工程预留金和质保金等问题，提出相对有利的解决方案。五是强化税负监控。建立《增值税税负监控月报表》制度，及时掌握“营改增”关键数据。同时，全系统高度重视纳税信用评级，总公司和股份公司本级连续获评纳税信用A级企业；十四局、十七局集团本级及其所属子公司全部获评A级纳税人，充分享受国家对纳税信用A级企业在税收服务、融资授信、项目管理、进出口等18个领域41项守信联合激励政策。2016年，各单位在依法合规的基础上，充分利用高新技术企业、西部大开发、研发费用加计扣除、出口退税、区域税收返还、投资收益抵免等政策，积极开展税收筹划，税务创效成果明显。（韩 斌）

【融资信贷管理】 截至2016年底，中国铁建系统获得银行综合授信10075亿元。股份公司及所属各单位充分利用中国进出口银行、国家开发银行、西藏地区金融优惠政策，积极协调投资项目所在地各发改委及国家发改委，以境内外项目为依托，以不同方式开展低成本融资业务。一是在拓展融资渠道、多元化融资品种方面取得丰硕成果。股份公司成功发行80亿元可续期公司债、5亿美元零息H股可转债、34.5亿元H股可转债。二是取得中国进出口银行优惠贷款50亿元，期限2年，现执行利率2.65%，3年累计可节约利息支出2.25亿元。三是中国铁建总部，中铁十一局、十二局集团有限公司，中国铁建大桥工程局集团有限公司，中铁十七局、十八局、十九局、二十局、二十一局集团有限公司办理优惠贷款112亿元，贷款利率较同期基准下浮30%。（东润宁）

【资金集中管理】 2016年，中国铁建以预算为管理导向，结合工作实际，下达文件核定各单位资金集中度和资金上存度指标，下发文件督导资金集中和账户清理工作，推进境外资金集中，取得显著成效。截至2016年底，中国铁建系统资金中心和财务公司集中资金1612.6亿元，较2016年初增加100.4亿元。总体资金集中度85.6%，较2016年初提高0.2个百分点；截至2016年底，中国铁建财务公司全口径资金集中度57.1%，较2016年初提高4.5个百分点。全年中国铁建获得发改委首批试点企业使用外债额度20亿美元的批复；外管局批复股份公司外汇资金集中运营管理业务20亿美元的可集中调配外债额度。

（东润宁）

【银行授信合作】 2016年，中国铁建与国家开发银行股份有限公司签署《开发性金融合作协议》，国家开发银行向股份公司提供各类金融产品的意向合作融资量2000亿元。截至2016年底，中国铁建在17家国内银行和5家外资银行办理综合授信额度业务1354.52亿元。其中，贷款额度913.52亿元，已使用100.6亿元；其他授信额度441亿元，已使用179.12亿元。

（陈 英）

【产业基金投资管理】 2016年，中国铁建通过全资子公司——中铁建资产管理有限公司，与中国农业银行——农银国际企业管理有限公司各出资500万元，共同发起成立铁建广德成长投资管理有限公司（以下简称铁建成长），负责发起设立产业基金，主要用于BOT、PPP项目等基础设施投资。通过铁建成长发起成立产业基金，投资中铁建重庆投资集团公司铁发建新三条高速公路BOT项目，标志着首单BOT项目结构化融资成功落地。通过铁建蓝海发起成立产业基金，投资中铁二十四局集团公司福州北站南广场PPP项目、中铁十二局集团公司太原晋源东区地下综合管廊PPP项目；完成中国铁建港航局集团公司、中铁二十局集团公司南宁邕宁水利枢纽项目及中国铁建房地产集团公司北京大兴旧宫房地产开发项目产业基金提前退出工作。（陈 英）

【全面预算管理】 2016年1月，中国铁建组织所属单位会审2016年度全面预算，完成全面预算报告，提交董事会审议并获得通过，并向国资委上报中国铁道建筑总公司2016年度预算报告。3月，根据国资委关于总公司预算批复的要求，结合股份公司管理重点，逐个批复所属子公司2016年度全面预算、批复年度主要财务指标预算和业务预算，并指出各单位2016年全面预算管理工作中需要重点关注和改进的问题，要求各单位进一步强化"两项"费用、有息负债和资产负债率的管控，加强经营性净现金和"两金"的管理，充分发挥全面预算管理在资源配置和防范风险等方面的作用。10月，中国铁建召开全系统预算管理工作视频会议，传达国资委2017年全面预算编报的基本要求，安排2017年全面预算管理工作，要求各单位继续坚持"稳中求进、稳中向好"的主基调，以提高发展质量和效益为中心，紧密围绕"创新驱动、结构调整、深化改革、瘦身健体、提质增效"等重点任务，不断强化预算的战略引领、价值导向、资源配置和经营管控功能，持续增强资产运营和资源配置效率，助推中国铁建在新的征程中实现新突破。11月，根据所属各单位上报的2016年度主要经济指标预计完成情况，结合关于2017年度建筑行业形势的预判及中国铁建"十三五"战略规划，向国资委上报总公司2017年度主要经济指标预报表。12月，下达子公司2017年度预算指导数，为编制2017年度全面预算奠定基础。（张鸿斌）

【业绩考核】 2016年1月，中国铁建制定子公司负责人2016年度绩效考核主要指标方案，在中国铁建2016年度工作会上，由总裁代表中国铁建与各子公司董事长签订2016年度绩效合约书。2月，总公司2016年度及2016—2018年任期经营业绩考核指标建议值上报国资委，经审核获得批复。4月，股份公司董事会评定总裁2015年度业绩考核结果为A级，2013—2015任期业绩考核结果为A级；同时董事会对总裁2016年度绩效考核实施方案与2016—2018年任期绩效考核实施方案审议通过。6月，股份公司完成所属子公司负责人2015年度与2013—2015年任期绩效考核结果的认定。修订并印发《子公司负责人绩效考核管理办法》，制定印发《子公司负责人2016年度绩效考核实施方案》与《子公司负责人2016—2018年任期绩效考核实施方案》。7月，国资委评定总公司2015年度经营业绩考核结果为A级，评定2013—2015年任期结果为A级，并获得2013—2015年任期"业绩优秀企业""节能减排优秀企业"称号；同时向国资委上报股份公司《关于2016年上半年考核指标执行情况的报告》。8月，编写完成《2015年度行业对标分析报告》。11月，向国资委上报股份公司《2016年业绩考核完成预评估报告及工作总结》。（冯文钊）

【中国铁建总部财务管理】 2016年，完成中国铁道建筑总公司、中国铁建股份有限公司及外派机构（审计分局、区域指挥部、纪检组）、总公司锦鲤资产管理中心、中铁建资产管理公司、基建办、战备资产、财会学会等独立核算单位的日常报销审核、出纳、固定资产账务管理工作；完成股份公司机关、股份公司外派机构、锦鲤资产管理中心等账套的记账、预决算报表（月报、季报、年报）的编制与分析工作；完成股份公司机关经费预算编制及分析工作，分析总结股份公司机关本级2015年度经费预算执行情况，上会通过2016年股份公司机关经费预算报告，并将指标控制项目批复到各部门，安排和布置2017年经费预算编制。完成国家审计署对股份公司负责人的经济责任审计配合工作；配合完成国家税务总局税务稽查工作；完成关于用友NC系统的营改增更新改造工作；配合中介机构完成年报审计、税务审计、内控审计和评价工作；完成股份公司机关固定资产的清查盘点和处理工作。修订印发《股份公司差旅费管理办法》《股份公司差旅费管理办法有关问题解答》和《关于规范股份公司总部机关经费报销审批程序的通知》，配合股份公司办公室起草印发《股份公司总部机关接待用餐管理办法》。（李 鲲）

【财务共享中心建设】 2016年，中国铁建启动中铁十四局、十九局、二十三局、二十四局集团有限公司的财务共享中心建设工作，集中处理9500个核算单位、10000个银行账户的核算业务，上线人员最高达20万人，日处理单据35000单，涵盖建筑板块四分之三业务。财务共享2.0初步完成税控管理、成本预算、物资管理、资金计划、费用预算等模块开发。其中，税控管理模块在各单位全面上线，实现增值税远程认证、发票管理、汇总申报等功能；费用预算模块在中铁十五局、十七局集团有限公司推广完毕，为控制企业期间费用支出奠定基础；资金周计划模块在中铁十七局、十八局集团有限公司推广完毕；成本预算模块在中国铁建大桥工程局集团有限公司，中铁十五局、十六局、十七局、

十八局、二十局、二十五局集团有限公司进行试点。（牛永辉）

【产权管理】 2016 年，中国铁建根据《国家出资企业产权登记管理暂行办法》（国资委 29 号令）要求，严格落实产权登记 9 项工作流程，逐步完善产权登记常态化工作体系。全年办理 290 户法人占有、变动及注销产权登记，在国资委产权登记核查中，各项指标在中央企业名列前茅。根据《中华人民共和国资产评估法》和《企业国有资产评估管理暂行办法》（国资委 12 号令）等相关规定，严肃经济行为审批，强化资产评估管理；建立合规性机构备选库，公开透明选聘评估机构；科学使用评估方法，力求评估结果公平、公正；建立评审专家库，严把评估备案关；颁布资产评估公示制度，严防国有资产流失风险；利用资产评估备案管理系统，实现对资产评估工作的信息化管理和全过程监控，严把国有资产定价“门槛”，效果明显。全年经总公司审核备案的资产评估项目，国有资产评估增值率 112.68%。严格执行《企业国有资产交易监督管理办法》（国资委 32 号令）等文件规定，建立国有资产交易阳光透明机制，切实做到规则公开、决策公开、过程公开、结果公开。全年总公司直接组织在国资委规定的产权交易市场公开挂牌转让国有资产 15.10 亿元，国有资产转让综合溢价率 108.02%，两项指标均有所突破，实现国有资产依法合规交易并大幅增值，获得国资监管机构和市场的充分肯定，获北京产权交易所颁发的最佳产权交易组织奖。（邓　凯）

【财会队伍】 截至 2016 年底，中国铁建系统有持证在岗会计人员 19388 人，比 2015 年增长 7.28%。男性 8769 人，占 45.23%；女性 10619 人，占 54.77%。25 岁以下 3376 人，占 17.41%；26～35 岁 10144 人，占 52.32%；36～50 岁 4755 人，占 24.52%；51 岁以上 1113 人，占 5.74%。高中及以下 419 人，占 2.16%；中专 623 人，占 3.21%；大专 5076 人，占 26.18%；本科 12722 人，占 65.62%；硕士 542 人，占 2.80%；博士 6 人，占 0.03%。高级会计师 1286 人，会计师 2402 人，助理会计师 9211 人，会计员 3299 人，其他专业技术职务人员 619 人，无专业技术职务人员 2571 人。（牛永辉）

【会计人员继续教育】 2016 年 7 月 12 日—8 月 4 日，驻京单位会计人员继续教育培训班在中国铁建北京培训中心举办 5 期，1630 名中、初级会计人员参加培训。培训班按照国务院机关事务管理局提出的培训要求，设置“政府与社会资本合作模式讲解、企业投融资方式分析、财会人员职业尊严与职业敏感探讨、企业产权管理”等课程，圆满完成 2016 年驻京单位中、初级会计人员继续教育培训任务。（刘新龙）

【财会学会工作】 2016 年，中国铁建组织参加《铁道财会》学会课题研讨活动，获得一等奖 3 项、二等奖 27 项、三等奖 23 项。参加《铁道财会》优秀论文评比活动，参赛的两篇论文分别获得二、三等奖。（刘新龙）

【基建财务管理】 2016 年，中国铁道建筑总公司机关基建办严格按照会计准则核算要求，在日常账务处理基础上，完成日常核算和季度、年度报表的填报工作，确保信息的完整性及可追溯。（陈　晓）

经 济 管 理

【经济管理部】 主要职责：贯彻落实国家经济政策法规；负责建立健全系统内经济管控与运行体系，制订相关经济管理制度，理顺内部经济关系，确立科学合理的经济管理模式；负责全系统成本管理及降本增效相关工作；负责全系统二次经营工作；牵头负责亏损企业、亏损项目的整治工作；负责工程项目清收中债权确权管理，指导、督促所属单位加强工程项目合同管理工作；负责工程项目专业分包、劳务分包的选择及管理工作；负责本级工程项目中标签订合同以后的合同管理；负责经济运行分析工作；参与信息化建设工作。经济管理部定员 12 人，设部长 1 人、副部长 1 人；下设经济管理与考评处、成本管理处、经济合同管理处。

（王旭永）

【工作综述】 （1）牵头组织提质增效工作。2016 年，中国铁建开展 9 家集团公司提质增效督导工作，召开经济分析视频会议，参加国资委稳增长督导调研座谈会。（2）加强责任成本管理。年内组织召开蒙华铁路、西城铁路项目现场督导调研座谈会及 2016 年度责任成本管理考评。（3）强化二次经营工作。年内督导帮扶哈齐、赣龙、莞惠、大瑞等难点项目，并组织召开二次经营推进会议。（4）开展劳务分包专项治理。年内完成全系统劳务分包专项治理及自查自纠整改，重点抽查劳务分包，加强境外劳务管理。（5）确权清收工作。督办所属各单位逐级签订确权清收责任书，及时对下通报确权清收进展情况，组织开展确权清收推进会、分片区督导座谈会。（6）亏损专项治理。全年开展亏损项目追责工作，召开阶段性治亏工作会议，持续强化亏损企业治理，认真开展治僵治特工作。（7）经济活动分析。及时整理、汇总公司经济活动分析报告，按时参加国资委、财政部相关会议，做好各类专项分析，并进行通报。（8）经济管理基础工作。年内举办责任成本管理高级培训班两期和二次经营管理培训班1期，培训人员700余人次。（郭双来）

【提质增效】 2016年3月8日，中国铁建召开提质增效动员部署会议，制定《2016年提质增效工作方案》，成立提质增效组织机构。5月4日召开一季度经济运行分析会，分析通报公司一季度经济运行情况，部署重点工作及每季度分析提质增效工作开展情况。5月13日下发《中国铁建股份有限公司2016年提质增效工作督导方案》。6月，督导帮扶中土集团、大桥局、十五局、十九局、二十局、二十三局、二十五局、物资集团、国际集团提质增效工作。（城 云）

【处僵治困】 2016年，中国铁建认真落实国资委开展处置僵尸企业和特困企业专项治理工作。一是全面开展全面清理，准确界定工作范围。二是分别制定《特困企业专项治理工作方案》和《处置“僵尸企业”工作方案》，并上报国资委审核通过后实施。三是按照国资委“一企一策”要求，对2户“僵尸企业”和17户特困企业逐一制定治理方案，明确治理目标，有序推进治理工作。（张超群）

【责任成本管理现场调研会】 2016年9月1日，中国铁建组织开展对蒙华铁路项目江西片区所属参建单位责任成本管理现场督导调研会。调研会观摩所属集团项目及工区的经济运行分析资料，听取参建单位项目交流发言。

总裁庄尚标就责任成本管理工作提出3项意见。一是正视问题，主动适应蒙华铁路项目管理要求。二是健全机制，进一步提升项目责任成本管理水平。落实“法人管项目”管控模式；牢固树立“创誉、创效”目标；落实项目及成本管理“制度化、标准化、流程化”要求；强化“专业化、工厂化、机械化和信息化”支撑；狠抓“合理选择项目组织实施模式、项目经理选用、双预控、劳务选用和绩效考核”工作，即工程项目实行“一个模式、两个目标、三化要求、四个支撑、五项重点工作”的“12345”项目管理机制。三是突出重点，进一步推动降本增效工作取得扎实成效。重点抓好强化资源统筹与科学配置、强化施工现场安全质量管理、强化清收清欠与二次经营工作。（城 云）

【劳务分包治理】 2016年6月12日，中国铁建发布《中国铁建2016年合格与不合格专业分包商和劳务分包商名录》，汇总系统内工程承包板块19家单位的数据，发布合格分包商10792家、不合格分包商509家。5月20日，下发《2016年劳务分包专项治理工作方案》，组织所属各单位开展劳务分包自查自纠及整改工作，并进行“回头看”。2016年11—12月，专项督导检查京沈客专和南宁地铁3号线所属参建项目劳务分包。6月5日，下发《关于加强对外承包工程项下外派劳务管理工作的紧急通知》，全面排查所属境外项目外派劳务情况，规范境外项目劳务管理。（城 云）

【确权清收】 2016年初，中国铁建逐级制定确权清收目标，并与所属各单位签订《清收清欠目标责任书》和《清收清欠督导责任书》。8月19日，中国铁建召开清收清欠视频会议，总结2016年上半年清收清欠工作，分析存在问题，部署重点工作。10月，督导11家单位清收清欠及保证金清理工作；11月，约谈6家应确权余额较大单位。（城 云）

【二次经营】 2016年，中国铁建引领各单位以推动解决重大问题为重点，以落实一把手工程、推进专家综合治理为抓手，不断夯实制度建设、工作研究、业务培训3项基础工作，积极推进前期策划、督导帮扶、概算清理等重点工作，变更索赔额和变更索赔率取得显著成绩。全年全系统实现变更索赔额905.51亿元，变更索赔率16.47%。其中，中国铁建系统内14家单位实现变更索赔额和变更索赔率的双增长，19家单位变更索赔率达到15%以上，二次经营工作成为企业增效的重要途径。（刘延华 周本敏）

【中国铁建责任成本管理高级培训班】 分别于2016年5月30日、12月26日在北京培训中心举办。所属集团公司和工程公司分管成本领导、项目部经理及业务骨干等592人参加培训。培训班聘请系统内外专家，讲授政府审计存在的问题、“营改增”分包管理指引和节税工程落地、上场成本预控（策划）和成本核算分析、降本增效与企业提质升级、重点单位责任成本管理主要做法等内容。（城 云）

【中国铁建合同管理与索赔专家培训班】 2016年6月1—10日举办。中国铁建系统内213名合同管理与索赔专家及二次经营业务骨干参加培训。通过培训学习和结业考试，达到专业知识更新和业务交流提高的目的，并为下一步更新中国铁建合同管理与索赔专家库奠定基础，取得良好效果。（刘延华 周本敏）

【研究铁路项目重大课题】 2016年,中国铁建组织完成《铁路施工图招标项目二次经营工作要点》编审印发;参与《北京市城市综合管廊工程计价依据研究》验收评审和《铁路机务、车辆、机械工程预算定额》审定,课题研究成果为新兴市场工程计价和铁路工程定额的进一步完善提供基础资料。（刘延华）

【中国铁建二次经营工作会议】 分别于2016年1月19日、8月19日召开。中国铁建总经济师孙公新全面总结二次经营工作开展情况,分析研判当前形势,提出二次经营工作以"一把手"工程和专家综合治理为主要抓手的解决方案。总裁庄尚标强调:"充分认识二次经营对于企业提质增效的极端重要性,提出推动完成2016年二次经营工作目标明确要求"。

（刘延华 周本敏）

【中国铁建亏损治理工作会议】 2016年10月9日在中国铁建大厦以视频会议方式召开。中国铁建机关部门副职以上领导、相关部门人员在主会场参加会议;各二级单位领导班子成员及机关业务部门负责人在分会场参加会议。

股份公司总会计师王秀明作治理亏损工作报告,副总裁刘汝臣通报2014—2016年亏损治理工作开展情况。总裁庄尚标就亏损治理工作提出要求:一是要进一步转变治亏观念,牢固树立"以实为本的意识、责任为根的意识、注重预防的意识、合力攻坚的意识和长效治理的意识",把治亏工作真正打开局面,落到实处。二是要继续贯彻"清、诊、治、惩、防"五字方针,加强和改进各项具体工作,提高每个环节的针对性和有效性。"清"核心的是亏损数据和亏损责任要清;"诊"的关键是找准、找实亏损原因;"治"是坚持标本兼治和领导带头,采取得力措施,对症下药,确保药到病除;"惩"是持续加大亏损责任追究力度:"防"是筑牢预控、预警、监督、责任意识"四道防线"。要坚持"清""诊"相依、"防""治"结合、"惩""防"并举,扎实推进亏损治理工作不断取得新进展、新成效。（张超群）

【规范内部单位境外工程项目经济关系】 2016年,为加强中国铁建境外项目管理,理顺系统内各单位之间经济管理,规范内部合作行为,减少内部经济纠纷,规范境外工程项目经济管理。一是确定内部合作基本原则,即合作共赢原则、市场化原则、优选合作单位原则。二是明确四种合作模式及其经济关系,即总分包合作模式、联营体合作模式、托管合作模式和其他模式。三是建立四种管理机制,即履约保障机制、变更机制、索赔机制和争议协调解决机制。（张超群）

审 计 监 事

【审计监事局】 负责中国铁建股份有限公司(以下简称"公司")内部审计及监事会、董事会审计与风险管理委员会的工作。主要职责:负责对全系统内部审计工作的监督、指导、服务和对审计分局的直接管理、监督、把关,贯彻国家内审、监事会工作法律法规,制订内审制度和监事会工作制度及有关规定;负责对公司及所属企业(单位)财务收支、财务预算、财务决算、资产质量、经营绩效以及建设项目等有关经济活动的真实性、合法性和效益性进行审计监督和评价;负责对公司高级管理人员、所属企业负责人收入进行审计监督评价;负责管理和组织实施公司内部经济责任审计、绩效复核审计及日常审计工作;负责审计信息化应用。承办公司直管项目公司、项目部(指挥部、协调组)和锦鲤资产管理中心的内部审计工作;负责对审计分局审计项目实施的督导工作;负责董事会审计与风险管理委员会会议相关议案的准备工作,会议决议的起草、执行和执行情况反馈工作;全面负责监事会日常工作;负责监事会会议的筹备、组织工作,会议决议的起草、执行和执行情况反馈工作;负责组织会计师事务所对公司年度财务决算的审计工作,并监督检查会计师事务所的审计质量情况;负责内部审计学会工作及组织审计人员后续教育、业务培训和审计理论研究;总结审计工作,交流、推广审计经验,评选和表彰审计先进单位和先进个人;参与公司总体发展战略及中长期规划的研究制订工作;参与公司社会责任报告的编撰并提供相关资料;参与全面风险管理和内控相关工作;参与绩效考核工作;参与全面预算管理工作;牵头组织配合协调外部审计工作。定员15人,现员10人。下设北京、西安、长沙审计分局,定员52人,现员22人。

（刘正昶）

·审计工作·

【综述】 2016年,中国铁建系统完成审计项目2819项,完成计划的104%。其中,经济责任审计490项;工程项目审计1382项;财务收支审计227项;经济效益审计181项;年度绩效审计72项;内控审计32项;企业基建审计44项;各类专项基金专项审计及其他专项审计调查124项。全系统提交审计报告2572份,为企业挽回经济损失和促进被审计单位增收节支6.99亿元,给予党纪、政纪处分88人,移送纪检监察11人。

较好地发挥审计工作在推进依法经营、依法治企、强化内部管控、规避各类风险、促进廉政建设等方面的积极作用。开展中国铁建大桥工程局集团有限公司,中铁十四局、十七局、十九局、二十三局、二十四局、二十五局集团有限公司,中国铁建电气化局集团有限公司,中铁第五勘察设计院集团有限公司,中铁物资集团有限公司,中国铁建高新装备股份有限公司,诚合保险经纪有限公司,重庆铁发遂渝高速公路有限公司,中国铁建股份有限公司北京培训中心(党校),中国铁道建筑报社的经济责任审计,并进行绩效考核复核审计;开展中铁建资产管理(香港)有限公司、中铁国际投资有限公司年报审计;开展中国土木工程集团有限公司,中铁十一局集团有限公司,中国铁建大桥工程局集团电气化公司、四公司埃塞俄比亚项目(公司),中铁十二局、十四局、十七局、十九局集团有限公司,中国铁建国际集团阿尔及利亚项目(公司)财务收支审计,中国铁建大厦A座增设办公室、总公司机关大院18号楼室内自来水立管工程等8项基建项目审计及西南公司划转移交审计。 (沈晓霞)

【审计机构和审计人员】 截至2016年底,中国铁建系统设立内部审计机构211家,专职审计人员773人。其中,高级职称261人、中级职称281人、初级职称231人。 (沈晓霞)

【制度建设】 2016年,中国铁建制定《中国铁建股份有限公司进一步加强内部审计工作指导意见》《中国铁道建筑总公司支持配合外派监事会工作规定》,贯彻落实《国务院办公厅关于建立国有企业违规经营投资责任追究制度的意见》,促进企业依法合规经营。首次编写《经济责任审计操作指南》(征求意见稿)和《绩效利润指标审计认定指南》(征求意见稿),为实现审计工作规范化、程序化奠定基础。 (沈晓霞)

【审计理论研究及培训】 2016年5月23—24日,中国铁建召开审计分局工作座谈会及审计机构负责人座谈会,规范审计行为,统一工作标准,促进审计全覆盖,共享大数据目标实现。年内举办审计人员培训班39期,培训专、兼职审计人员405人;全系统有10篇论文在省部级以上刊物发表。中铁十六局集团有限公司撰写的《创新工程项目盈亏测定方法梳理再造审计业务流程》、中铁二十一局集团二公司撰写的《"新常态"下国有大型建筑施工企业隐蔽性工程审计方法探究》在中国内部审计协会2016年组织开展的主题理论研讨活动中获三等奖。 (沈晓霞)

【审计信息化建设】 2016年8月,中国铁建召开审计信息化阶段性成果总结暨全面应用推进会。10月,印发《审计信息系统应用实施方案》,统一制定信息化工作推进计划,切实将信息化工作融入日常审计,为过程实时审计奠定基础。 (沈晓霞)

【中国铁建审计工作先进单位和先进个人】 2016年,中国铁建表彰审计工作先进单位45个、先进工作者74名。

中国铁建审计工作先进单位

中铁十一局集团有限公司审计部
中铁十二局集团有限公司审计处
中国铁建大桥工程局集团有限公司审计部
中铁十四局集团有限公司审计部
中铁十六局集团有限公司审计部
中国铁建房地产集团有限公司审计监事部
中国铁建投资集团有限公司监察审计部
中铁十一局集团一公司审计部
中铁十一局集团五公司审计部
中铁十二局集团建筑安装公司审计科
中铁十二局集团一公司审计科
中国铁建大桥工程局集团一公司审计部
中国铁建大桥工程局集团四公司审计部
中铁十四局集团二公司审计部
中铁十四局集团隧道工程公司审计部
中铁十五局集团二公司审计科
中铁十五局集团六公司审计科
中铁十六局集团一公司审计部
中铁十六局集团五公司审计部
中铁十七局集团物资公司审计科
中铁十七局集团建筑工程公司审计科
中铁十八局集团国际工程公司审计监察部
中铁十八局集团二公司审计部
中铁十九局集团六公司审计部
中铁十九局集团七公司审计部
中铁二十局集团一公司审计部
中铁二十局集团六公司审计部
中铁二十一局集团四公司审计部
中铁二十一局集团五公司审计部
中铁二十二局集团一公司审计部
中铁二十二局集团三公司审计部
中铁二十三局集团一公司审计部
中铁二十三局集团三公司审计部
中铁二十四局集团福建铁路建设公司审计部
中铁二十四局集团新余工程公司审计部
中铁二十五局集团三公司审计部

中铁二十五局集团六公司审计部
中铁建设集团北京分公司审计部
中铁建设集团华东分公司审计部
中国铁建电气化局集团北方公司审计部
中国铁建电气化局集团南方公司审计部
中铁物资集团华南公司审计部
中铁城建集团一公司审计部
中铁城建集团三公司审计部
中铁建商务管理公司北京铁建物业公司审计监察部

中国铁建审计工作先进工作者

白海洋　王志刚　李茂清　李　贤　李晓光
薛相涛　赵晓军　高云进　李东明　郑开军
陈忠军　盛小虎　马玉柏　范　浩　赵　军
李　颖　朱长安　姚从莉　胡志国　王正伟
李志宏　蒋沐村　梅俊贤　刘乐勇　熊　文
王　枫　张海燕　陆晓军　郭建鹏　潘学凤
邹远远　芦　静　宋　堃　张　晨　袁　航
张慧莉　王　刚　王爱敏　王立衡　赵贺雷
沈　斌　常旭玲　桂庆萍　凌　舟　潘念舟
余　慧　夏　青　王利国　邢淑芳　税明军
范红帅　黄筱睿　唐文婷　谢　涛　陈孝勇
杨　奕　张　娜　舒　芳　马书才　赵会芳
周　锐　胡蓓蓓　付业弘　粟　丹　朱晓玲
高慧蔷　王　旭　靖志艳　冯丽颖　江佳遥
邹　兵　谢文辉　马　卫　苗学波

（沈晓霞）

·监事会工作·

【中国铁建股份有限公司监事会】　由3名监事组成，其中，股东代表监事2名、职工代表监事1名。股东代表担任的监事由股东大会选举和罢免，职工代表担任的监事由公司职工民主选举和罢免。第三届监事会股东代表监事：黄少军、李学甫；职工代表监事：张良才；黄少军担任监事会主席。2016年召开会议6次，全部为现场会议，先后审议表决通过13项议案。　（邹　兵）

【中国铁建股份有限公司第三届监事会第9次会议】
1月25日在中国铁建大厦14层第2会议室以现场会议方式召开。会议审议通过《关于公司会计估计变更》议案。　（邹　兵）

【中国铁建股份有限公司第三届监事会第10次会议】
3月30日在中国铁建大厦14层第2会议室以现场会议方式召开。会议审议通过《关于公司2015年度财务决算报告》《关于公司2015年度利润分配方案》《关于公司募集资金存放与实际使用情况专项报告》《关于公司2015年年报及其摘要》《关于公司2015年度内部控制评价报告》《中国铁建股份有限公司2015年度监事会工作报告》《中国铁建股份有限公司监事会2016年工作要点》议案。　（邹　兵）

【中国铁建股份有限公司第三届监事会第11次会议】
4月29日在中国铁建大厦14层第2会议室以现场会议方式召开。会议审议通过《中国铁建股份有限公司2016年第一季度报告》议案。　（邹　兵）

【中国铁建股份有限公司第三届监事会第12次会议】
7月27日在中国铁建大厦14层第2会议室以现场会议方式召开。会议审议通过《关于公司使用部分闲置募集资金暂时补充流动资金》议案。　（邹　兵）

【中国铁建股份有限公司第三届监事会第13次会议】
8月30日在中国铁建大厦14层第2会议室以现场会议方式召开。会议审议通过《关于公司2016年半年报及其摘要》《关于募集资金存放与实际使用情况专项报告》议案。　（邹　兵）

【中国铁建股份有限公司第三届监事会第14次会议】
10月27日在中国铁建大厦14层第2会议室以现场会议方式召开。会议审议通过《公司2016年第三季度报告》议案。　（邹　兵）

【监事会检查监督】　2016年，中国铁建股份有限公司监事会利用参加经济责任审计和境外项目审计、子企业上市、巡视及“两学一做”学习教育督导、民主生活会，把工作任务与监事会职责相结合，综合调研检查公司重要境外项目、重大投资项目和重要骨干子企业及涉及股东、职工利益事项，提出意见和建议。

（邹　兵）

【监事会程序监督】　2016年，监事会成员出席历次股东会议、监事会会议，列席历次董事会、总裁办公会和各类公司重要会议，全面了解公司重大经营管理事项，积极参与相关议案的审议和讨论，提出意见、建议，并有效监督董事会、高级管理层的决策、执行程序及董事、高级管理人员的履职行为。　（邹　兵）

【监事培训】　2016年，监事张良才、李学甫参加北京上市公司协会组织的第七期董事监事专题培训班；监

事会主席黄少军、监事会办公室主任邹兵参加全国监事会实践培训,并探讨和交流监事会制度体系建设等内容。 (邹　兵)

·审计与风险管理·

【中国铁建股份有限公司审计与风险管理委员会】 由5名独立董事组成,主要负责提议公司外部审计机构的聘请、更换;公司内部审计制度的监督;公司内外部审计的沟通、监督和核查;财务信息及其披露的审阅;内控制度的审查;公司风险管理策略和解决方案的制定,重大决策、重大事件、重要业务流程的风险控制、管理、监督和评估等工作。 (陈永龙)

【中国铁建股份有限公司第三届董事会第11次审计与风险管理委员会会议】 2016年1月25日召开。会议审议通过关于公司会计估计变更议案、关于中国铁建财务有限公司与中国铁道建筑总公司续签《金融服务协议》议案、关于修订《中国铁建股份有限公司董事会审计与风险管理委员会工作细则》议案。(陈永龙)

【中国铁建股份有限公司第三届董事会第12次审计与风险管理委员会会议】 2016年3月8日召开。会议听取安永华明会计师事务所关于公司2015年度年报审计进展情况的汇报(第二次沟通);听取审计监事局关于公司2016年度审计思路和审计计划的汇报;审议通过公司2015年度审计费用的议案。 (陈永龙)

【中国铁建股份有限公司第三届董事会第13次审计与风险管理委员会会议】 2016年3月29日召开。会议听取安永华明会计师事务所关于公司2015年度年报审计情况的汇报(第三次沟通),听取公司2015年度内部控制评价工作开展情况的汇报;审议通过关于公司2015年年报的议案,同意公司2015年度财务报告,同意公司2015年度内部控制评价报告,通过公司关于支付2015年度内部控制审计费用的报告。 (陈永龙)

【中国铁建股份有限公司第三届董事会第14次审计与风险管理委员会会议】 2016年4月29日召开。会议听取关于公司一季度财务报告的汇报;审议通过公司2016年第一季度报告;审议通过公司2016年度全面风险管理报告;审议通过关于聘请2016年度内部控制审计机构议案和关于聘请2016年度外部审计机构议案。 (陈永龙)

【中国铁建股份有限公司第三届董事会第15次审计与风险管理委员会会议】 2016年8月29日召开。会议听取关于公司2016年上半年财务决算的汇报;审议通过关于公司2016年半年年报及其摘要议案,并与安永事务所沟通公司2016年上半年财务报告审阅情况。 (陈永龙)

【中国铁建股份有限公司第三届董事会第16次审计与风险管理委员会会议】 2016年10月26日召开。会议听取关于公司2016年三季度财务决算情况的汇报;审议通过关于公司2016年第三季度报告及其摘要议案;审议通过关于公司2016年度内部控制评价及考核工作实施方案议案。 (陈永龙)

【中国铁建股份有限公司第三届董事会第17次审计与风险管理委员会会议】 2016年12月1日召开。会议听取法律合规部关于做好法治央企建设进展情况的汇报;听取安永华明会计师事务所关于公司2016年度年报审计及内控审计计划情况的汇报。 (陈永龙)

【中国铁建股份有限公司第三届董事会第18次审计与风险管理委员会会议】 2016年12月30日以通讯表决方式召开。会议审议通过关于公司和中铁建金融租赁有限公司签订《服务提供框架协议》议案。 (陈永龙)

2016 年 1 月 27 日，中国铁建二届一次职工代表大会暨 2016 年工作会议召开。（徐云华 摄）

综合管理

机关政务　行政事务

【办公室】　主要职责:负责中国铁建股份有限公司(以下简称“公司”)领导日常工作的统筹服务工作;负责综合协调机关职能部门之间的有关工作,并为机关和下属单位提供有关服务工作;负责传达、督办经理层领导有关决定和指示,编制、督办行政部门月度重点工作计划;负责起草综合性文件、报告,以及总裁办公会议记录、整理纪要等文秘工作;负责公文处理、印信管理,以及文件和会议材料的排版印刷工作;负责公司政务信息的收集、整理、编辑和上传下达,以及公司网站的信息管理工作;负责机关行政管理、办公类固定资产管理、安全保卫和有关接待工作;负责总裁办公会和年度工作会等综合性会议的组织协调安排等会务工作;负责公司档案馆里系统的业务指导与评价、年鉴和各类史志编写工作,以及机关档案、图书馆管理;负责公司信访管理系统的业务指导以及机关来信来访接待、沟通、协调等工作;负责本部门业务的建章立制、风险内控和内审贯标工作;负责部门市场、国内外经济形势以及系统内有关工作的调研、信息收集和分析研判工作;负责部分有关国家部委、地方政府、机构和企业的联系对接工作;参与公司总体发展战略和规划的研究制定工作;参与公司全面风险管理和内控相关工作;参与公司社会责任报告的材料提供和编撰工作;参与公司突发事件的处置工作;履行总公司办公厅职能。定员30人,设主任1人,副主任2人;下设秘书处、文书处、信息调研处、行政保卫处、信访处、档案馆。

(冯　伟)

【中国铁建二届二次职工代表大会暨2017年工作会议】　2017年1月18—19日在北京中国铁建大厦召开。国务院国有重点大型企业监事会主席潘良出席会议并讲话,监事会第五办事处主任刘珊、副主任苏慧娟出席会议。中国铁建董事长、党委书记孟凤朝作题为《不忘初心,砥砺前行,坚定不移把中国铁建建设成为最具价值创造力的综合建筑产业集团》的讲话。总裁庄尚标作题为《稳中求进,改革创新,为做强做优做大中国铁建努力奋斗》的行政工作报告。总会计师、总法律顾问王秀明作《关于财务收支及经济运行情况的报告》,副总裁夏国斌作提案工作报告。1月19日上午,按照法定程序,与会代表表决通过《行政工作报告》《关于财务收支及经济运行情况的报告》《关于业务招待费用使用情况的报告》及《提案工作报告》等有关决议。中国铁建所属二级单位主管领导签订《2017年度绩效合约》《2016—2018年任期绩效合约》和《安全包保责任书》。会上,中土集团、十一局、十二局、铁四院、铁建重工、华北投资分别关于海外市场“1+N”战略、提质增效、市场经营、劳模创新工作室、“三项制度”改革、项目管理等主题作经验交流。副总裁刘汝臣,纪委书记李春德参加会议。

(冯　伟)

【秘书工作】　2016年起草总裁年度工作报告、专题会议讲话、重要文件等文字材料50余篇,近40万字。围绕企业市场经营中心任务和生产管理等核心议题开展一系列调研活动,形成调研报告,为领导决策和工作部署提供参考依据。每月收集、梳理和汇总机关行政部门月度工作计划,改进和完善总部机关督查督办工作机制。2016年印发月度工作计划12期、督查督办通报4期、督办落实事项196项,有效推进重大决策和重点工作的落实。认真做好议题收集、会议组织服务、记录及会议纪要的撰写、印发工作,年内承办总裁办公会23次。加强秘书管理,开展各类培训学习和交流会议6次;领导秘书积极做好服务领导工作,较好地完成陪同领导出差或现场办公及有关日程安排、商务接待、文件流转、文稿撰写等有关工作。做好会议室、贵宾室日常管理与协调、服务工作,保障各类会议、接待活动有序进行。

(冯　伟)

【公文管理】　2016年,接收上级单位和外部单位来文1647份;接收下级单位来文2909份。分发文件2632份;清退文件6000余份。本级行政发文1121份。排版文件1440份,排版会议材料960份,印刷制版5218张,印刷材料近万份;扫描文件1036份;交换文件百余次,交换文件万余份。张海清被中央国家机关交换站评为2016年度优秀交换员。

(郝慧晶)

【印章管理】　2016年,接待盖章人员2131人次,加盖印章30多万次,到投标现场盖章34次。按照有关规定为股份公司直管项目部刻制印章16枚。整理铁道兵时期以来因机构撤销、更名、项目竣工等原因交还印章370枚。

(郝慧晶)

【涉密传输网建设】　2016年,按照国务院国资委要求,建设密码传输网,设立保密文件室,配备“三铁一器”等设备设施。

(郝慧晶)

【政务信息】　2016年,中国铁建向国务院国资委报送政务信息129条(篇),采用58条(篇)。其中34条(篇)政务信息被选报到中办、国办;出刊《铁建信息》

41 期，刊发信息 206 条(篇)。 (杜 鹃)

【网站管理】 2016 年，中国铁建上报国务院国资委网站新闻 126 篇，采用 114 篇，采用率 90%，较 2015 年增加 6 篇。在国资委中央企业政务信息报送排名中，位列第 14 名；位列建筑业第 3 名。全年中国铁建门户网站发布新闻 8857 篇，文字 628 万余字，选用图片 5021 张，较 2015 年同期增长 1272 篇。开辟"两学一做"学习教育、"清风铁建"——中国铁建党风建设与反腐败宣传专题等栏目。 (杜 鹃)

【行政管理】 (1)会议接待服务。2016 年，股份公司机关组织会议服务 2460 次，接待参会人员 43674 人。其中，组织重要接待 141 次 2336 人。全年安排贵宾接待用车 312 次。(2)办公保障。加强机关办公用房管理，及时清理、调整办公用房 31 间。全年集中采购办公设备 130 台(套)，办公家具 141 件(套)，办理电话业务 179 次。(3)推进公务用车制度改革。2016 年 11 月 17 日，正式启动公务用车改革工作，制定印发《中国铁道建筑总公司暨中国铁建股份有限公司公务用车制度改革总体方案》，并修订《中国铁建股份有限公司公务用车配额管理办法》。截至 2016 年底，中国铁建总部机关公务用车改革工作基本完成，所属各单位报送的公务用车制度改革方案全部批复。(4)配合内控审计工作。根据内控审计工作发现的内部控制缺陷提出整改措施，盘查股份公司机关固定资产，清理报废办公设备，残值清缴财务部。(5)机关服务单位的监督管理。根据股份公司安排，开展对中铁建商务管理公司 2015 年下半年有关服务单位创新创效和安全工作满意度测评，印发测评通报，促进服务质量及服务水平的提升。(6)安全保卫管理。认真部署并落实全国"两会"、中央全会等重大活动期间的安保要求。配合信访、公安部门处置上访事件 280 起 2610 人次。(7)消防、防汛工作。组织中国铁建大厦安全大检查 20 次，年检灭火器 1495 具；组织消防演练、防汛演练各 1 次。股份公司机关全年无刑事治安案件、无火警事故、无治安灾害事故。 (戴 红)

【受理来信来访】 2016 年，中国铁建系统受理来信来访 7066 件次。其中，各类申诉 258 件次；集体经济 124 件次；揭发检举 87 件次；工资福利 446 件次；离退休待遇 732 件次；劳动就业 499 件次；医政医疗 186 件次；伤病残亡待遇 199 件次；工程款拖欠 2512 件次；征地拆迁 63 件次；职工生活 370 件次；工程质量 15 件次；精简下发 289 件次；遗留问题 607 件次；各类建议 116 件次；环境保护 63 件次；其他 500 件次。 (邵长亮)

【信访立案】 2016 年，中国铁建系统信访立案 592 件次。其中，上级交办 96 件次；本级立案 496 件次。结案 561 件次，结案率 95%。 (邵长亮)

【领导重视信访工作情况】 2016 年，中国铁建系统各级领导阅批职工群众来信 408 件次，接待职工群众来访 1742 人次，占来信来访总数的 30%。各级领导接待集体来访 205 批 1789 人次，分别占来访批次的 68%、来访人数的 53%。 (邵长亮)

【做好"两会"期间的信访工作】 中华人民共和国第十二届全国人民代表大会第四次会议和中国人民政治协商会议第十二届全国委员会第四次会议(以下简称"两会")分别于 3 月 5 日和 3 月 3 日在北京开幕。为做好"两会"期间的信访工作，中国铁建下发通知要求所属单位：一要提高认识，加强工作，充分认识到做好"两会"期间信访工作的极端重要性；二要密切关注重点不稳定群体，防止发生群体性上访事件以及缠访、闹访老户借机进京上访；三要高度重视对农民工的管理和稳定工作，力争在源头上解决问题；四要对发生的群体性上访事件，在向上级报告的同时，及时向当地政府有关部门汇报沟通；五要切实做好来访接待工作。 (邵长亮)

【做好信访积案化解工作】 2016 年，中国铁建遵照国资委统一部署和要求，认真开展信访积案化解等有关工作。一是牢固树立大局意识，增强做好化解信访积案工作的责任感和使命感；二是结合自身实际，认真做好摸底排查工作；三是切实解决信访突出问题；四是抓好对复杂疑难信访问题的处置工作；五是积极推进信访积案化解工作的持续开展，认真贯彻落实好"三到位一处理"。 (邵长亮)

【通报接待职工群众来访情况】 2016 年，根据中国铁建系统的来访状况和公司领导要求，为强化各级领导机关在处理信访问题方面的责任担当，更好地化解矛盾，解决信访突出问题，切实减少进京上访量，通报 2016 年到股份公司上访情况两次。并针对上访特点及推进信访工作提出要求：一是各级领导和有关部门在化解矛盾过程中，要有政治意识、大局意识，不忘初心、敢于担当；二是要一如既往，积极主动从源头上做好矛盾化解工作；三是对重大不稳定因素的化解，所属单位要切实担负起责任，认真做好群体性上访事件的处置工作，抓实对农民工信访问题的处理。 (邵长亮)

【健全档案管理体系】 2016 年，根据国家档案管理有关规定，结合中国铁建改革发展情况，以及部分单位隶属关系和档案工作业务指导关系发生改变，7月21日，修订印发《关于调整中国铁建股份有限公司系统档案全宗编号及档案单位名称代号的通知》，内容包括：增设中铁建南方建设投资有限公司、中铁建昆仑投资集团有限公司、中铁建华北投资发展有限公司、中铁建金融租赁有限公司的全宗编号，撤销中铁建中非建设有限公司、北京铁城建设监理有限责任公司全宗编号，中国铁建高新装备股份有限公司档案单位名称代号更改；根据上级有关规定，7月21日，制定印发《中国铁建股份有限公司实物档案管理办法》，在全系统实施；根据财政部、国家档案局第79号令，并结合中国铁建会计档案管理实际，11月23日，制定印发《中国铁建会计档案管理办法》。（杨启燕）

【档案工作评价】 2016年，中国铁建在贯彻中共中央办公厅、国务院办公厅《关于加强和改进新形势下档案工作的意见》的实施工作中，按照《中央企业档案工作评价办法》，以档案工作评价为手段，促进企业档案工作走上规范化、标准化、科学化的轨道。各参评单位按照档案工作评价考核标准，完善规范档案工作组织管理、设施设备、档案基础业务建设、档案信息化建设、档案信息资源开发利用。年内完成11家集团公司43个立档单位的档案工作评价的考核认定工作。（杨启燕）

【档案安全】 6月27日，根据国家档案局印发的《关于加强汛期档案安全保管的紧急通知》要求，中国铁建及时下发《关于加强汛期档案安全保管的通知》，提出“思想、责任、应急”三个到位要求，组织各单位对档案库房进行全面细致的大检查，要求查看档案库房防雨、防渗、防雷等情况；一楼档案库房要严防库房进水；顶层档案库房要严防漏雨渗水。发现问题立即采取措施，及时整改，坚决消除档案安全隐患。11月1日，转发国家档案局《关于哈尔滨市公安局档案被盗案件的通报》，要求所属各单位认真组织学习，自查本单位档案库房管理，全面检查异地档案库房管理情况，确保档案保管绝对安全。（杨启燕）

【依法治档】 2016年，根据国家档案局关于做好“国际档案日”宣传活动的总体安排，结合中国铁建系统档案工作实际，在全系统组织开展“档案与民生”主题宣传活动。一是购买“民生档案，服务民生”宣传挂图和《中国的世界记忆遗产》宣传折页，并制作成展板，在铁建社区宣传橱窗中展出；二是参加由国家档案局举办的“钱学森档案工作言与行”专题讲座；三是指导所属单位开展档案知识有奖问卷、档案工作征文及档案宣传活动；四是根据《中国铁建文件材料归档范围和档案保管期限规定》要求，年内，先后审核批准十一局、十五局、二十局、二十五局、中铁地产、北京培训中心6家单位的企业文件材料归档范围和档案保管期限表。（杨启燕）

【档案专项业务培训】 中国铁建档案管理新标准培训研讨班于2016年4月5—8日在北京培训中心举办，所属单位档案部门负责人近260人参加培训研讨。培训研讨班结合中国铁建系统档案管理发展的新要求和新实践，学习国家档案局《企业文件材料归档范围和档案保管期限规定》（第10号令），国家财政部、国家档案局《会计档案管理办法》及《归档文件整理规则》（第79号令）等新标准、新规定和新办法；聘请国家档案局领导作“国家档案局10号令”的深层次解读和实务指导；邀请股份公司档案工作专家作档案管理相关文件制度的专题辅导和研讨。同时，组织系统内档案工作人员参加国家档案局组织的业务培训。（杨启燕）

【档案接收整理】 2016年，接收整理总部机关文件资料进馆档案1243卷，整理实物印章档案19件，归档资料260册。其中，科技档案125卷440件；文书档案201卷2356件；会计档案611卷611件；专门档案306卷585件。截至2016年底，馆存档案案卷34147卷。其中，文书档案7893卷；科技档案7664卷；会计档案13501卷；专门档案5089卷；实物档案297件；录音录像影片档案268盘；光盘147张；照片档案19412张；资料3896册。编制案卷目录209本，全引目录27本，分类目录270本。（杨启燕）

【档案利用】 2016年，中国铁建系统档案利用280卷次、4716件次、139人次，复印4953张，拍照1248张。其中，科技档案45卷次7人次；文书档案4560件次92人次；会计档案235卷次27人次；声像档案156件次5人次、890张。（杨启燕）

【档案统计】 截至2016年底，中国铁建系统立档单位308个，专职档案人员454人，兼职档案人员6933人。全系统档案馆（室）馆存档案3089736卷。其中，文书档案289595卷；科技档案1411378卷；会计档案1190707卷；专门档案162949卷；底图5403300张；声像档案247507张（盘）。2016年，中国铁建档案馆等24家中央企业被国家档案局评为2015年度全国档案事业统计先进单位。（杨启燕）

【图书馆搬迁】 2016年10月21日，根据股份公司决定，图书馆实施搬迁工作，截至11月29日，图书馆完成搬迁工作。 （杨启燕）

【图书管理】 2016年，图书馆借阅图书、杂志101人次，借书203本，还书200本，报刊阅读208人次。 （杨启燕）

·志鉴工作·

【向国家有关部委提供年鉴资料】 2016年，向《中国国有资产监督管理年鉴》（以下简称《国资年鉴》）、《中国建筑业年鉴》《中国建设年鉴》提供中国铁建2015年度企业发展概况资料11000余字，内容包括：企业基本情况、主要财务指标完成情况、经营情况、企业管理、改革发展、技术创新、工程创优、国内工程、海外经营、房地产开发、工业制造、信息化建设、物流与物资贸易、党建工作、履行社会责任等15个条目的内容。年内，中国铁建股份公司办公室杨启燕被评为2015年度《中国建筑业年鉴》优秀撰稿人。 （杨启燕）

【《国资年鉴》征订】 按照国务院国资委办公厅有关《中国国有资产监督管理年鉴》征订通知的要求，2016年在中国铁建系统征订《国资年鉴》140册。中国铁建被国资年鉴社授予“优秀工作站”称号。 （杨启燕）

【编修补充和完善《中国铁路志》】 2016年，根据中国铁路总公司有关决定和要求，《中国铁路志》编修截至期限由2010年延长至2015年底。中国铁建系统涉及《中国铁路志·建设志》“工程施工”部分、《中国铁路志·工业辅业志》的续修工作。年内组织中土集团、十一至十二局，大桥局，十四至二十五局、中铁建设、电气化局18家单位及新成立的国际集团、城建集团20家单位参加《铁路建设志》“工程施工”部分续编工作。8月，上报中国铁路总公司建设管理部。年内组织中国铁建所属12家工业企业补充内容2.5万字，增加图片25幅，入志单位新增6家。10月，报送中国铁路总公司档案史志中心。 （杨启燕）

人力资源

【人力资源部】 主要职责：在中国铁建股份有限公司（以下简称“公司”）党委领导下，贯彻党管干部、党管人才原则，负责制定并组织实施公司人才发展战略、人力资源规划及各项管理制度、办法；协助国资委对中国铁道建筑总公司（股份公司）领导班子和领导人员管理；负责所属单位领导班子成员、总部机关及派出机构工作人员的任免、调配、考核、晋升、劳动合同签订与解除等工作；负责管理权限内人员档案管理、出国（境）政审及在公安机关出入境管理部门因私出国（境）登记备案工作；负责公司人才队伍建设，建立健全人才发现、引进、培养、使用、评价、考核、晋升制度体系；负责公司专家的选拔、推荐、申报等工作；负责制定公司职称评审工作管理办法，组织开展职称评审工作，对所属单位开展职称评审工作进行指导、监督和检查；负责贯彻落实国家有关政策，制定公司高校毕业生接收办法，对所属单位高校毕业生接收工作进行指导、监督和检查；负责公司员工总量控制工作；负责总部机关及所属在京单位从京外选调人员、毕业生接收、解决两地分居人员备案工作；负责贯彻落实中央关于从严管理干部、加强干部监督政策；负责领导干部报告个人有关事项核查、兼职报备和审批、跨集团调动审核（批）等工作；负责贯彻国家劳动法律、法规和政策规定；负责制定公司劳动合同管理、劳动用工、薪酬分配等制度；负责公司工资总额预算管理及对工资收入分配进行指导、监督和检查；负责公司高级管理人员、所属单位领导班子成员、总部机关及派出机构员工薪酬管理；负责公司履职待遇、业务支出管理、指导和监督工作；负责公司劳动关系管理、指导工作；负责公司员工教育培训管理的整体规划、制度建设、宏观指导、督促检查；负责公司人才开发、员工培训、职业技能鉴定和考核工作；负责组织开展高端、紧缺、应急、创新人才的培养以及执业资格等业务培训；负责贯彻国家有关社会保险法律、法规和政策规定，指导、协调、监督全系统（含外部劳务）养老、失业、医疗、生育、工伤保险的建立及开展工作；负责公司企业年金管理工作；负责公司总部机关员工健康体检工作；负责公司人才资源、劳动工资、离退休干部、退役士兵接收安置信息统计、军转干部信息采集数据库汇总等工作。参与公司总体发展战略及中长期规划的研究制定工作；参与公司全面风险管理和内控相关工作；参与公司社会责任报告的编撰并提供相关资料；参与绩效考核工作；参与经济对标工作；参与责任成本管理工作；参与整合并购重组的论证与实施工作；参与信息化建设工作。负责承办总公司人事、劳动工资相关工作。定员23人，设部长1人、副部长2人；下设领导干部处、人事处（人才中心）、劳资处、社会保险管理处、培训与技能鉴定处（职业技能鉴定中心）、干部监督处，现员19人。 （鲁 斌）

【总公司暨股份公司领导班子建设】 2016年11月7日，国务院国资委党委决定，孟凤朝任中国铁道建筑总公司党委书记；庄尚标任中国铁道建筑总公司党委副书记，为中国铁道建筑总公司总经理人选，免去中国铁道建筑总公司党委书记职务；免去齐晓飞中国铁道建筑总公司党委副书记、党委常委、副董事长、董事职务，不再担任中国铁道建筑总公司总经理、工会主席职务。12月5日，国务院国资委党委决定，孟凤朝为中国铁建股份有限公司党委书记人选，齐晓飞不再担任中国铁建股份有限公司党委书记、党委常委、副董事长、董事职务。 （邹光剑）

【"十三五"人力资源规划建设】 2016年，根据《中央企业"十三五"人才强企实施纲要》精神和股份公司"十三五"战略规划要求，积极推动股份公司"十三五"人力资源规划拟定工作。在广泛开展调研的基础上，多次邀请知名人力资源管理专家授课指导，理清人才队伍建设思路；根据股份公司有关规定，拟定《"十三五"人才战略规划中介机构选聘工作方案》，成立选聘工作小组，组织项目评审会，邀请4家机构参与比选，确定股份公司"十三五"人力资源规划中介机构初步候选人；组织开展人力资源基础信息收集和相关数据分析，理清股份公司人才状况，找准存在问题，制定有针对性的解决方案开展前期工作。 （邹光剑）

【人力资源制度建设】 2016年，按照"总体规划、重点先行、逐步推进"策略，充分利用人力资源从业人员培训、人力资源会议等机会，组织参训、参会人员对人力资源相关制度进行研讨，广泛听取所属单位、机关部门意见。印发《领导人员管理规定》等人力资源管理制度办法18个，涉及干部管理、总部机关工作人员管理、员工招聘录用、挂职锻炼、区域经营指挥部人员管理和员工教育培训等内容。一是在选人用人方面形成以《中国铁建股份有限公司领导人员管理规定》为纲，《领导人员选拔任用事项动议酝酿办法》《领导人员人选民主推荐和民主测评办法》等8个配套办法为辅的"1+8"体系。二是在股份公司机关人力资源管理方面出台《总部机关员工绩效综合考核办法》《中国铁建股份有限公司总部机关部门副职以下工作人员管理办法》，进一步规范股份公司总部机关工作人员选配、培养、管理规定和机关全员绩效管理。三是针对中国铁建系统员工招聘录用、挂职锻炼、教育培训出台《员工招聘录用办法》《员工挂职锻炼工作办法》《员工教育培训管理办法》。四是规范系统内企业年金管理、领导人员履职待遇等内容，印发《中国铁建股份有限公司企业年金管理办法》《股份公司机关企业年金实施细则》《公司负责人履职待遇、业务支出管理办法》等。 （邹光剑）

【干部管理任免及考评】 2016年，股份公司党委召开书记碰头会15次，提交党委常委会讨论干部任免20批次，调整、任免公司总部和所属二级单位领导班子52个次、领导干部210人次。提拔领导干部85人，其中，正职19人，副职66人；提拔非领导职务人员9人，其中，巡视员3人，副巡视员6人。交流领导干部41人次，其中，正职13人次，副职28人次。年内组织所属34家二级单位领导班子和领导人员进行2015年度综合考核评价工作；结合年度综合考核评价工作，在27家二级单位进行后备干部初步人选推荐，进一步完善二级单位领导人员后备人才库。 （邹光剑）

【所属单位领导人员调整】 中国土木工程集团有限公司：3月10日，王劲松任党委委员，为副总经理人选；王伟为总会计师人选；丁维利为工会主席人选；免去薛立智董事、党委委员职务，不再担任副总经理、总会计师职务。8月10日，袁立任党委书记；赵佃龙任董事、党委副书记，为总经理人选；免去孙勇党委书记、党委委员、副董事长、董事职务。10月14日，免去曹保刚副董事长、董事、党委副书记、党委委员职务，不再担任总经理职务。12月1日，古春生任党委委员、纪委书记；初厚才任党委副书记，不再担任副总经理职务。

中铁十一局集团有限公司：3月10日，方永利任党委委员，为副总经理、总会计师人选。4月15日，李洪安任党委常委、纪委书记、监事会主席。7月22日，免去宫建岗党委常委、党委委员职务，不再担任副总经理职务。12月1日，余霖、吴刚、陈志明、王卓华任党委委员，为副总经理人选。

中铁十二局集团有限公司：1月29日，免去孙圣杰党委委员、副总经理职务。3月10日，宋志宏任党委委员，为副总经理、总会计师人选；免去方永利董事、党委委员职务，不再担任副总经理、总会计师职务。12

月 1 日，李天胜、何国民、梁彬彬任党委委员，为副总经理人选；高治双不再担任总工程师职务；辛聪生、郑胜允、许超英任副巡视员。

中国铁建大桥工程局集团有限公司：12 月 9 日，苏宝伶任副巡视员。

中铁十四局集团有限公司：7 月 22 日，马军、王维民任党委委员，为副总经理人选。

中铁十五局集团有限公司：9 月 8 日，张喜胜任董事长、党委书记，不再担任总经理职务；丁力任董事、党委副书记，为副总经理人选，主持经理层工作，免去纪委书记、监事会主席职务；免去武宪功董事长、董事、党委书记、党委常委、党委委员职务。10 月 14 日，林征球任党委常委、纪委书记。12 月 1 日，陈文秀任巡视员；董向阳任党委委员，为副总经理人选；马晓辉任党委委员，为副总经理、总会计师人选。

中铁十六局集团有限公司：1 月 10 日，免去卢永堂党委委员职务，不再担任副总经理职务。4 月 15 日，熊永军任党委委员，为副总经理、总会计师人选（任职后试用期一年）。6 月 2 日，党海军任党委委员，为副总经理人选。

中铁十七局集团有限公司：3 月 10 日，阮祥杰任党委委员，为副总经理、总会计师人选（任职后试用期一年）；免去宋志宏党委委员职务，不再担任副总经理、总会计师职务。5 月 9 日，免去杜水波董事、党委委员职务，不再担任副总经理职务。9 月 8 日，免去周建富党委委员职务，不再担任副总经理职务，调出。

中铁十八局集团有限公司：3 月 10 日，熊晖任党委委员，为副总经理、总会计师人选（任职后试用期一年）；免去马秀之董事、党委委员职务，不再担任副总经理、总会计师职务。4 月 15 日，王兴周主持党委工作；刘明杰任董事、党委副书记，为副总经理人选，主持经理层工作；彭仕国不再担任总经理职务；免去宋占波党委书记、党委常委、党委委员，副董事长、董事职务。10 月 14 日，鲁小龙任党委常委、纪委书记。12 月 1 日，王兴周任党委书记；刘明杰为总经理人选；彭道富任巡视员，免去党委常委、党委委员职务，不再担任副总经理职务。

中铁十九局集团有限公司：3 月 10 日，马秀之任党委委员，为副总经理、总会计师人选；任保义任党委常委、纪委书记、监事会主席；张夕和不再担任总会计师职务；免去亓超党委副书记、党委常委、党委委员、纪委书记、监事会主席职务。4 月 15 日，免去刘明杰党委委员职务，不再担任副总经理职务。7 月 22 日，宫建岗任董事、党委副书记，为总经理人选；王学忠不再担任总经理职务。

中铁二十局集团有限公司：3 月 10 日，蒋盛煌任党委委员，为副总经理、总会计师人选（任职后试用期一年）；免去黄锦波党委副书记、党委常委、党委委员、纪委书记、监事会主席职务。4 月 15 日，卢志成任党委常委、纪委书记、监事会主席。7 月 22 日，邓勇任董事长、党委书记，不再担任总经理职务；免去雷升祥董事长、董事，党委书记、党委常委、党委委员职务；陈宏伟任董事、党委副书记，为总经理人选；王作举、李景超任党委委员，为副总经理人选。8 月 10 日，免去王广建党委委员职务，不再担任副总经理职务。

中铁二十一局集团有限公司：4 月 15 日，庄纪栋任党委副书记，为工会主席人选，不再担任副总经理职务。6 月 16 日，庄纪栋为职工董事人选。

中铁二十二局集团有限公司：8 月 10 日，王广建任董事、党委副书记，为副总经理人选，主持经理层工作，侯希承不再担任总经理职务。7 月 22 日，免去陈宏伟党委委员职务，不再担任副总经理职务。10 月 14 日，安志军任党委常委、纪委书记。12 月 1 日，侯希承任党委书记；免去司家海党委书记、党委常委、党委委员，副董事长、董事职务，退休。

中铁二十三局集团有限公司：1 月 20 日，孙圣杰任副董事长、党委副书记，主持董事会、党委工作；免去徐明新董事长、董事职务，不再担任总经理职务；免去陈涛党委书记、党委常委、党委委员，副董事长、董事职务。4 月 15 日，李强任党委常委、纪委书记、监事会主席；免去李洪安党委副书记、党委常委、党委委员、纪委书记、监事会主席职务。5 月 9 日，孙圣杰任董事长、党委书记。8 月 5 日，杨鑫、师文有任副巡视员，免去党委委员职务，不再担任副总经理职务。12 月 1 日，柴振泽任党委委员，为副总经理、总会计师人选；孙秀安不再担任总会计师职务。

中铁二十四局集团有限公司：7 月 22 日，王立新任董事长、党委副书记，为总经理人选；免去郭衍敬董事长、董事，党委副书记、党委常委、党委委员职务，不再担任总经理职务。

中铁二十五局集团有限公司：4 月 15 日，李志锋任党委委员，为副总经理人选。5 月 9 日，苏建斌任董事、党委副书记,为总经理人选。7月22日,李少先任党委委员,为副总经理人选。12月1日,王胜祖任党委委员,为副总经理人选;王国堂任董事、党委委员,为副总经理、总会计师人选。12月19日,免去李飞前董事、党委常委、党委委员职务,不再担任工会主席职务。

中铁建设集团有限公司:3月10日,王闯为总会计师人选。4月1日,免去贾洪党委常委、党委委员职务,不再担任副总经理、总工程师职务。4月15日,王宏斌任党委副书记;贾学斌、赵向东、孙洪军、李擘任党委委员,为副总经理人选。

中国铁建电气化局集团有限公司:4月15日,杨现庆任党委委员,为副总经理、总会计师人选(任职后试用期一年);免去张国俊董事、党委常委、党委委员职务,不再担任副总经理、总会计师职务。

中国铁建港航局集团有限公司:3月10日,免去任保义党委副书记、党委常委、党委委员、纪委书记、工会主席、监事会主席职务。6月2日,李世春任党委副书记,为工会主席人选。

中国铁建房地产集团有限公司:3月9日,倪真任董事、党委副书记,为总经理人选;免去赵红鹰董事、党委副书记、党委委员职务,不再担任总经理职务。4月15日,叶政谙、马建军任党委委员,为副总经理人选。12月19日,石献友任党委委员、纪委书记、监事会主席;免去陈建军纪委书记、监事会主席职务。

中铁第一勘察设计院集团有限公司:3月10日,刘宇栋任党委委员,为副总经理、总会计师人选(任职后试用期一年);黄锦波任党委常委、纪委书记、监事会主席;免去周仲华董事、党委常委、党委委员职务,不再担任副院长、总会计师职务。

中铁第四勘察设计院集团有限公司:3月10日,周仲华任党委委员,为副院长、总会计师人选。

中铁第五勘察设计院集团有限公司:3月10日,李克贤任党委委员,为副院长人选。7月22日,汤友富任董事长、党委书记,不再担任院长职务;仇湘任董事、党委副书记,主持经理层工作;免去王立新董事长、董事,党委书记、党委常委、党委委员职务。12月19日,免去刘长勇党委委员职务,不再担任副院长职务,调出。

中铁上海设计院集团有限公司:6月2日,王勋任党委副书记,为职工董事、工会主席人选;辛建成不再担任工会主席职务。10月14日,李芳桃任党委常委、纪委书记。

中铁建大桥设计研究院:6月2日,刘斌为院长人选。

中铁物资集团有限公司:3月9日,赵红鹰任董事长、党委书记;吴福存任党委委员,为副总经理人选;免去李志群、吴利红(女)党委委员职务,不再担任副总经理职务,调出。免去金跃良党委书记、党委常委、党委委员,董事长、董事职务。3月10日,免去王涛副董事长、董事,党委副书记、党委委员职务,不再担任总经理职务。4月15日,王辉任董事、党委副书记,主持经理层工作。6月2日,免去周庆国党委委员职务,不再担任副总经理职务。7月7日,王辉为总经理人选。11月1日,魏广铭任党委委员,为副总经理人选。

中国铁建高新装备股份有限公司:5月13日,任延军任党委书记,不再担任总经理职务;江河任党委副书记,为总经理人选;杨朝凯任巡视员,免去党委副书记、党委委员职务,不再担任副总经理、工会主席职务。

中国铁建重工集团有限公司:5月13日,程永亮任党委副书记,为总经理人选,不再担任总工程师职务。周海祥任巡视员,免去董事、党委副书记、党委员职务,不再担任总经理职务。

中国铁建国际集团有限公司:3月1日,免去边元双党委委员职务,不再担任副总经理、总会计师职务,调出。3月10日,薛立智任党委委员,为副总经理、总会计师人选。4月1日,冯来刚任纪委书记;免去赵佃龙纪委书记职务。8月10日,卓磊任党委书记;孙勇任董事、党委副书记,为总经理人选;免去赵佃龙党委书记、党委委员,副董事长、董事职务。

中铁城建集团有限公司:3月10日,余跃任党委委员,为副总经理、总会计师人选(任职后试用期一年)。4月1日,贾洪任董事、党委副书记,为总经理人选;免去倪真董事、党委副书记、党委常委、党委委员职务,不再担任总经理职务。4月15日,王彪任党委委员、纪委书记、监事会主席;周晓兵为副总经理人选,免去党委副书记、纪委书记、监事会主席职务。

中国铁建投资集团有限公司:3月10日,亓超任党委副书记,为工会主席人选;戴保民、唐刚任党委委员,为副总经理人选。8月10日,安康任副董事长、党委委员(正职待遇)。12月1日,免去范永芳党委委员职务,不再担任副总经理职务,调出。

中国铁建财务有限公司:4月15日,彭长林任纪委书记。

诚合保险经纪有限公司:1月20日,卢永堂任董事、党委副书记、副总经理,主持党委、经理层工作;免去汤建国党委书记、党委委员、董事职务,不再担任总经理职务,退休。3月10日,卢永堂任副董事长,主持董事会工作,不再主持党委工作;王涛任董事、党委书记;免去曹锡锐董事长(兼)、董事职务。4月15日,蔡梅群任党委委员,为副总经理、总会计师人选。10月14日,卢永堂任董事长,为总经理人选。

重庆铁发遂渝高速公路有限公司:1月20日,孙公新任董事长(兼);陈涛任党委书记、副董事长;王中岐主持经理层工作;免去冯中海董事长、董事职务;免去许顺生党委书记、党委委员,副董事长、董事职务,不再担任总经理职务。3月30日,秦学合任党委委员,为副总经理、财务总监人选(任职后试用期一年);免去曹锡锐财务总监(兼)职务。4月15日,张泽为工会主席人选。5月9日,彭兴国任党委委员,为副总经理人选。

北京通达京承高速公路有限公司:3月10日,赵世友任党委委员,为副总经理、总会计师人选(任职后试用期一年)。4月15日,娄德兰任董事长、党委副书记,免去党委书记职务;宋占波任党委书记、董事;免去琚建明董事长、董事职务。

中铁建华北投资发展有限公司:4月15日,娄德兰任董事长、党委书记;鞠小华任党委委员,为副总经理人选。5月9日,杜水波任董事、党委副书记,为总经理人选。

中铁建金融租赁有限公司:7月7日,张国俊任副董事长、党委书记;李彤任董事,为总会计师人选(试用期一年)。10月14日,张介鹏任党委副书记、纪委书记,为工会主席人选。

中铁磁浮交通投资建设有限公司:9月14日,雷佳民任董事长、法人代表;谢海林任董事,为总经理人选。

中铁建重庆投资集团有限公司:11月1日,王中岐任董事、党委副书记,为总经理人选;孙公新任董事长(兼);陈涛任党委书记、副董事长;王中岐任总经理、法定代表人、董事、党委副书记;张泽任党委副书记、纪委书记、工会主席、监事会主席;秦学合任董事、党委委员、副总经理、总会计师(原试用期不变,至2017年3月);彭兴国任党委委员、副总经理。

中铁建资产管理有限公司:1月29日,免去冯中海执行董事职务,不再担任总经理职务。3月10日,曹锡锐任董事长(兼)。5月9日,张国俊任董事、党委副书记,为总经理人选。

中国铁建股份有限公司北京培训中心(党校):1月20日,江耀明任副校长(副主任)(正职待遇)。7月22日,免去吴建顺校长(主任)、党委副书记、党委委员职务。 (邹光剑)

【领导人员培训】 2016年,选送19名所属二级单位正职和机关部门负责人参加中央党校、国家行政学院等"一校五院"的培训;举办局级干部培训班2期,培训局级干部114人。 (邹光剑)

【总部机关及直属机构人员管理】 人员结构。截至2016年底,总部机关(含报社)有职能部门30个,正式人员297人,其中报社13人。学历分布:博士研究生4人,硕士研究生41人,研究生16人,大学本科226人,大学专科8人,专科以下2人。职称分布:正高级职称43人,高级职称199人,中级职称38人,初级职称8人,未聘专业职务5人,技师2人。年龄结构:40岁及以下78人,41~45岁57人,46~50岁60人,51~54岁59人,55岁以上43人,平均年龄45.8岁。

调配情况。完成总部机关部门副职及以上17人的职务调整和任免调配事项,其中提升职务11人;任免二级机构负责人23人;专业技术职务聘任19人;按照《总公司 总公司党委关于公布机关职员岗位任职条件和调整部分岗位设置等问题的通知》规定,调整18名工作人员的职员职级,完成财务部2名工作人员转正定级;办理2名人员的调离和辞职手续;根据有关部门的申请,为17个部门选拔助勤工作人员28人;解决办公室2名聘用人员的合同变更问题;考察纪委派驻纪检组工作人员3人;完成深圳地铁8号线、10号线及吴忠至中卫城际铁路工程建设指挥部、徐州市城市轨道交通2号线一期工程施工总承包部等股份公司直属指挥部37人次任职调配工作;组织国际部部分岗位工作人员的公开招聘,选聘工作人员3名。 (王 谐)

【总部机关工作人员年度绩效综合考核评价】 根据《总部机关员工绩效综合考核办法》,完成总部机关部门及员工、区域指挥部负责人、审计分局员工的综合考核评价投票工作。被考核评价部门30个,其中,股份公司部门27个、总公司部门3个。总部机关被考核评价员工277人,其中,部门以上人员11人、部门正职29人、部门副职44人、部门副职以下人员193人。区域指挥部负责人8人和北京、西安、长沙3个审计分局22人同时参加考核。 (王 谐)

【所属单位员工总量调控】 组织所属单位开展2016年度职工总量调控计划申报工作,根据各单位生产经营和人才队伍建设情况,对2016年度职工总量计划进行批复,按照批复的接收计划,2016年末的员工总量与2015年末同比增长0.56%。 (王 谐)

【在京单位从京外调配人员和高校毕业生接收】 积

极利用人社部下达的年度计划和高层次人才引进计划，以及高校毕业生接收计划，解决夫妻两地分居等渠道，为总部机关和所属在京单位的人才队伍结构调整、优化和稳定提供坚强支持。人社部市场司补充批复下达2015年的从京外调配人员进京备案年度计划。根据人社部正常的工作安排，申请2016年度计划和高层次人才引进计划。利用2015、2016年的年度计划和高层次人才引进计划、绿色通道、两地分居等渠道，为总部机关和所属在京单位的84名专业技术人才和管理人才申报进京备案材料。同时，主动向人社部市场司汇报工作进展情况，为2012、2013年和2015年已报送材料而尚未批复的人员争取人社部的理解和同情，加快材料审核批复的进度。在人社部市场司批复的计划内，为所属在京单位接收的411名应届高校毕业生（其中研究生123人、本科生288人）办理进京备案手续。为保证各单位接收毕业生劳动关系的真实有效，逐一核查每名毕业生的劳动合同、社保缴费记录、住房公积金缴存记录、工资发放证明等材料，并对学历证书和学籍情况进行网上查询，做到了应查尽查。经参加人社部和北京市公安局的联合现场办公，为各在京单位接收的415名毕业生办理了进京落户手续。（王　谐）

【专业技术职务任职资格评审】 按照职称评审工作的总体安排，组织完成2016年度职称评审工作，并对2015年的专业技术职务任职资格评审情况进行总结。继续执行评审纪实制度和学历、成果等网络查证制度，保证评审材料的真实性，申报人员的工作业绩、论文水平、材料质量明显提高。进一步严肃职称申报和评审纪律，为提高评审质量和效果奠定基础。经过评审，2016年有203人通过教授级高级工程师任职资格，71人取得高级工程师任职资格，121人通过高级经济师任职资格，5人取得二级法律顾问任职资格，105人取得高级会计师105人任职资格，134人取得高级政工师任职资格。（王　谐）

【专家和人才队伍建设】 按照国资委要求，委托国际集团代表股份公司参加国家外专局在深圳举办的国际人才交流大会，展示股份公司国际人才的培养和利用情况。根据国务院国资委、人社部等上级机关的统一部署，积极组织青年拔尖人才支持计划申报人选、2016年中央企业创新人才推进计划暨国家“万人计划”科技创新领军人才、创新团队、国务院政府特贴、詹天佑科学技术奖、詹天佑铁道建筑专项奖、茅以升铁道工程师等专家的选拔推荐工作，选拔推荐中央企业青年拔尖人才2人、中央企业科技创新领军人才2人、重点领域创新团队1个；向人社部推荐国务院政府特贴人选22人；向中国铁道学会推荐茅以升铁道工程师奖人选12人；向詹天佑基金会推荐大奖人选2人、成就奖人选6人、贡献奖人选8人、青年奖人选15人、铁道建筑专项奖人选23人。

国务院政府特贴获得者（专业技术人才）

雷　军	中铁十二局集团有限公司副总经理
周明星	中国铁建大桥工程局集团有限公司副总经理
武宪功	中铁十五局集团有限公司董事长、党委书记
张传安	中铁十六局集团有限公司副总工程师兼二公司副总经理、总工程师
卢　朋	中铁十七局集团有限公司董事长、党委书记
代敬辉	中铁十八局集团有限公司副总工程师
赵彦旭	中铁二十一局集团有限公司副总经理、总工程师
陈宏伟	中铁二十二局集团有限公司副总经理
刘齐辉	中国铁建港航局集团有限公司副总经理、总工程师
张学伏	中铁第一勘察设计院集团有限公司副院长、总工程师
刘　赪	中铁第一勘察设计院集团有限公司副总工程师
陈泽建	中铁第四勘察设计院集团有限公司副总工程师
戚广枫	中铁第四勘察设计院集团有限公司副总工程师
汤友富	中铁第五勘察设计院集团有限公司院长、党委副书记
边晓春	中铁上海设计院集团有限公司副总工程师
刘飞香	中国铁建重工集团有限公司董事长、党委书记
方健康	中国铁建高新装备股份有限公司研究院副院长
林兰生	中国铁建股份有限公司总裁助理

国务院政府特贴获得者（技能人才）

刘天一	中铁十二局集团三公司高级技师
徐　斌	中国铁建大桥工程局集团有限公司高级技师

詹天佑铁道科学技术奖——成就奖

肖明清	中铁第四勘察设计院集团有限公司副总工程师
陈宏伟	中铁二十二局集团有限公司副总经理

詹天佑铁道科学技术奖——青年奖

王朝辉	中铁十八局集团五公司副总工程师
化希瑞	中铁第四勘察设计院集团有限公司物探所副所长
郭　辉	中铁第四勘察设计院集团有限公司暖通所副所长

杨金歌　中铁十六局集团一公司项目经理

詹天佑铁道建筑专项奖——成就奖

李建军　中铁十二局集团有限公司科技部部长

文望青　中铁第四勘察设计院集团有限公司副总工程师兼大桥院总工程师

王爱国　中铁二十二局集团有限公司副总经理、总工程师

李　伟　中铁第一勘察设计院集团有限公司副总工程师

李向海　中国铁建大桥工程局集团有限公司科技管理部副部长

詹天佑铁道建筑专项奖——青年奖

黄　欣　中铁十八局集团有限公司科技管理部部长

李东升　中铁十四局集团芜湖长江隧道有限责任公司副指挥长兼总机械师

史　娣　中铁第四勘察设计院集团有限公司桥梁院科研开发处处长

李光耀　中铁十二局集团二公司副总工程师

刘　浩　中铁第四勘察设计院集团有限公司地下工程所所长

曲建生　中国铁建大桥工程局集团二公司工程管理部部长

齐永力　中铁十六局集团二公司技术副总经理

屈振学　中铁十九局集团七公司副总工程师

詹天佑铁道建筑专项奖——人才(管理)奖

张喜胜　中铁十五局集团有限公司总经理

倪　真　中国铁建房地产集团有限公司总经理

马　军　中铁十四局集团隧道公司执行董事

张　琨　中铁第四勘察设计院集团有限公司处副总工程师

朱小刚　中国土木工程集团有限公司总经理助理兼南方公司执行董事、总经理

王必军　中铁十九局集团有限公司副总经理

李天胜　中铁十二局集团四公司董事长、总经理

孙　立　中铁第四勘察设计院集团有限公司处副总工程师

黄广锴　中铁十八局集团轨道公司副总经理

郭建东　中铁二十二局集团有限公司总经理助理

（王　谐）

【定点扶贫挂职和援藏干部交流干部选派】　根据中国铁建承担定点扶贫工作的总体安排,李义、成贵宾扶贫挂职期满回原单位工作,选派中铁十一局集团有限公司发展规划部副部长罗登桥任万全区委副书记,中铁十四局集团北京中铁房山桥梁有限公司副总经理孙洁任尚义县委副书记;肖振扶贫挂职期满,选派中铁十二局集团铁路养护工程有限公司副总经理魏炳友任甘德县县委常委、副县长,继续承担定点扶贫工作。

选派中铁十六局集团第四工程有限公司技术副总工程师兼巴达铁路项目部副指挥长、高级工程师赵欣到西藏自治区住建厅住房保障和公积金监管处工作,中铁十九局集团第二工程有限公司高级工程师肖子恩到西藏自治区建筑工程安全生产与监督总站工作。

（王　谐）

【干部档案专项审核】　2016年,根据中央组织部和国资委党委关于开展干部档案专项审核工作的要求,如期完成股份公司本级管理干部档案审核工作。按照中央组织部、国资委党委和股份公司党委部署,完成股份公司本级管理的739名干部人事档案专项审核工作的各项任务,并于6月向国资委企干二级上报《中国铁道建筑总公司干部档案专项审核工作总结报告》。

加强对二级单位干部档案专项审核工作的督导。在完成股份公司本级管理干部档案审核工作的同时,加强督导各二级单位自管干部档案审核工作,2016年7月下发《关于继续做好干部档案专项审核工作的通知》,要求所属单位管理干部的档案专项审核工作必须在2016年年底前全部完成,并将各单位档案审核工作进度每月在全系统公布。对于进度落后的单位,部门分管领导亲自给各二级单位分管领导打电话督促。通过上述措施,有力地推进了各二级单位干部档案审核工作进程。（王　谐）

【人力资源管理信息化建设】　根据股份公司信息化建设整体安排,人力资源部于5月启动人力资源管理信息化建设相关工作。5月12日,召开全系统人力资源信息化建设座谈会,对股份公司人力资源信息化现状进行深入调研,听取各单位对股份公司人力资源信息化建设的需求建议。10月完成《中国铁建人力资源管理信息系统可行性研究报告》起草及专家论证工作,11月完成人力资源管理信息系统一期建设模块业务标准及功能需求说明书初稿的编制工作。

（王　谐）

【因私出国(境)审批】　根据干部任免情况,及时对股份公司管理干部的因私出国(境)备案信息进行增加、撤备和更新工作。2016年新增备案57人,更新信息36人,撤销备案20人。同时严格按照《总公司因私出国(境)管理办法实施细则》规定,对备案人员的因私

出国(境)申请报送相关领导审批,全年审批45人次。

(王　谐)

【人力资源信息统计】 人才资源统计工作。根据国资委关于中央企业人才资源统计工作的总体要求,按时完成统计工作。截至2016年底,总公司在岗人员259893人,不在岗人员25229人;离退休人员102485人。在岗人员中,管理人才54606人,占总人数的21.01%;专业技术人才(不含在管理岗位的)116624人,占44.87%;技能人才88663人,占34.12%。在岗人员中,女性54468人,占20.96%;少数民族8056人,占3.10%;中共党员83960人,占32.31%。

2016年中国铁建系统人员按年龄分布

年龄	35岁及以下	36~40岁	41~45岁	46~50岁	51~54岁	55岁及以上
人数(人)	14113	31613	31716	19712	20235	15504
比例(%)	54.30	12.16	12.20	7.58	7.79	5.97

2016年中国铁建系统专业技术职务分布

技术职务级别	高级专业技术职务	中级专业技术职务	初级专业技术职务	未聘任专业技术职务
人数(人)	24870	45226	75083	16390
比例(%)	15.39	27.99	46.47	10.14

2016年中国铁建系统人员学历分布情况

学历	研究生	大学本科	大学专科	中专	高中及以下
人数(人)	8275	117848	58962	24033	50775
比例(%)	3.18	45.34	22.69	9.25	19.54

2016年中国铁建系统专业技术人员分类

专业类别	人数(人)	比例(%)
工程技术人员	122144	75.60
经济人员	12147	7.52
会计人员	16101	9.97
政工人员	8113	5.02
卫生技术人员	1663	1.03
科学研究人员	517	0.32
翻译人员	303	0.19
其他类别人员	581	0.36
总　计	161569	100.00

(王　谐)

【工资总额预算管理】 根据国资委《关于中国铁道建筑总公司试行工资总额预算备案制管理的批复》和股份公司《中国铁建股份有限公司工资总额预算管理暂行办法》,按照国资委对备案制试点工作的总体要求,中国铁建积极推进企业内部分类管理,全面贯彻国资委对工资总额预算管理的各项要求,严格按照效益导向原则,在实现利润预算目标的前提下工资总额与经济效益联动,力求做到工资增长与企业经营状况和发展战略相适应。

2016年完成总公司向国资委上报2015年度工资总额预算执行情况报告和2016年度工资总额预算报告及预算调整报告;完成所属二级单位2015年度工资总额清算和2016年工资总额预算批复。总公司向国资委备案2015年度职工工资总额清算额2682071万元。

(邹　磊)

【股份公司领导薪酬管理】 根据国资委分配局《关于做好2015年度董事会企业高级管理人员薪酬核定有关事项的通知》,2016年10月27日,股份公司董事会审议通过《关于2015年度高管人员薪酬方案的议案》,股份公司领导正职2015年度薪酬总额64.12万元,其中,基本年薪17.3万元、绩效年薪46.82万元;年度考核为A级的副职领导年薪56.843万元,其中,基本年薪14.705万元,绩效年薪42.138万元。兑现2013年、2014年度延期绩效薪金。

(岳向文)

【履职待遇、业务支出管理】 2016年1月11日,根据财政部《关于调整中央和国家机关差旅住宿费标准等有关问题的通知》(财行〔2015〕497号文件)精神,修订《中国铁建股份有限公司负责人履职待遇、业务支出管理办法》第二十五条和第二十六条公司负责人差旅费标准等有关规定,自2016年1月1日起施行。1月21日,根据股份公司、股份公司党委《关于修订〈中国铁建股份有限公司差旅费管理办法〉的通知》规定,修订《中国铁建股份有限公司子公司负责人履职待遇、业务支出管理办法》第二十六条子公司负责人差旅住宿费标准,自2016年1月1日起施行。同日,根据财政部《关于调整中央和国家机关差旅住宿费标准等有关问题的通知》(财行〔2015〕497号)精神,总公司、总公司党委修订《中国铁道建筑总公司暨中国铁建股份有限公司总部员工履职待遇、业务支出管理办法》第二十七条总部员工差旅住宿费标准,自2016年1月1日起施行。

(岳向文)

【子公司负责人薪酬管理】 2016年8月26日,股份公司印发《关于做好子公司负责人2015年度及

2013—2015年任期薪酬结算工作的通知》，并根据所属单位2015年度绩效考核结果，结算各子公司主要负责人2015年度及2013—2015年任期薪酬。实行年薪制的33家二级子公司主要负责人（正职领导）2015年度年薪平均值104.84万元，年薪最高174.0896万元、最低26.2304万元，其中，基薪24万元、平均绩效薪酬80.84万元，子公司领导年度绩效薪酬的30%延期兑现。根据绩效复核结果，重新核定大桥局、十四局、十七局、十八局、十九局、二十局和二十四局7家单位2013年度绩效薪酬；重新核定十四局、十七局、十八局、十九局和二十四局5家单位2014年度绩效薪酬。

根据《中国铁建股份有限公司2015年稳增长提效益特别奖惩办法》有关规定，特别奖励业绩突出、利润贡献大的30家单位，其中，一等奖7家、二等奖2家、三等奖14家、鼓励奖7家，奖励金额86.4万元。9月30日，股份公司印发《关于进一步加大所属子公司副职领导创效创誉奖罚力度的通知》，要求在实现利润、新签合同额、营业收入、经济增加值等关键绩效指标方面直接影响本单位发展战略实现、核心业务指标完成的人员，给予其年薪0.7～1.6倍的业绩奖励。

（岳向文）

【农民工工资清欠】 2016年，按照国资委要求，中国铁建组织开展治理拖欠职工和农民工工资专项检查，建立工资治理拖欠职工和农民工月报制度，指导监督所属单位解决工资拖欠，积极维护职工队伍稳定。

（岳向文）

【劳动用工和收入分配改革】 2016年12月，为深入贯彻党的十八大和十八届三中、四中、五中、六中全会精神，落实《中共中央国务院关于深化国有企业改革的指导意见》（中发〔2015〕22号）精神和《关于进一步深化中央企业劳动用工和收入分配制度改革的指导意见》（国资发分配〔2016〕102号）要求，股份公司制定《深化劳动用工和收入分配制度改革工作方案》（以下简称《方案》）。《方案》提出改革总体目标任务：通过积极稳妥、科学有序推进企业劳动用工和收入分配制度改革，进一步激发企业活力和竞争力，逐步建立与企业功能定位相配套的市场化劳动用工和收入分配管理体系，确保企业劳动效率显著提高，用工结构更加优化，约束激励机制逐渐完善，员工收入稳步增长，用工量稳中有降。《方案》从"劳动用工制度、人事制度和收入制度"方面制定9项改革措施，明确调研、设计、试点和实施阶段的工作安排。所属各子公司根据《方案》制定本单位的实施方案，三项制度改革在中国铁建系统全面展开。

（岳向文）

【"五险一金"及统筹外费用缴纳】 2016年，中国铁建系统五项社会保险上缴地方社保75.78亿元，住房公积金上缴37.22亿元，企业年金缴费7.98亿元，补充医疗保险计提资金3.99亿元。其中，基本养老保险299448人参保，参保率100%；失业保险252805人参保，参保率84.42%；基本医疗保险319283人参保，参保率100%；工伤保险292425人参保，参保率97.65%；生育保险275872人参保，参保率88.45%；住房公积金253390人参保，参保率92.13%；补充养老保险182331人参保，参保率60.86%。企业支付各项费用6.86亿元，支付15.97万人次。其中，统筹外费用2.87亿元，补充医疗保险1.63亿元，补充养老保险2.36亿元。全系统工伤人员5132人。其中，一级伤残49人、二级伤残99人、三级伤残109、四级伤残305人、五级伤残251人、六级伤残406人、七级伤残427人、八级伤残568人、九级伤残948人、十级伤残935人、十级以下伤残1036人。

（李　倩）

【保险缴费基数核定及最低工资】 北京市2016年1—6月社会保险缴费基数上限19389元、下限2585.2元；2016年7—12月社会保险缴费基数上限21258元、下限2834元；农民工社会保缴费基数按照本人上一年月平均工作确定。上限按照所在市上年职工月平均工资300%确定，下限按照所在市上年职工月平均工资40%确定。

（李　倩）

【健康体检】 员工健康体检是预防疾病、提高员工身体素质的重要工作。2016年，总部机关与北京铁建医院联系协调，组织在职员工和离退休人员823人进行健康体检。其中，在职员工256人（男性202人、女性54人）；离退休及内退人员562人（男性384人、女性178人）。

（张雪琴）

【企业年金实施】 2016年1月13日上午，中国铁建召开企业年金实施动员会，中国铁建党委书记齐晓飞出席会议并做动员讲话。会议由中国铁建总裁助理兼人力资源部（党委干部部）部长鲁斌主持，中国铁建工会主席史道泉宣读国务院国资委《关于中国铁道建筑总公司试行企业年金制度的批复》，中国铁建企业年金受托机构中国人寿高级主管张金刚对企业年金政策知识进行宣导和培训。会议以视频会议形式召开，中国铁建系统近1500名分管企业年金工作的各级领导、工作人员和企业年金受托机构中国人寿有关人员，分别在总部机关主会场和各所属单位分会场参加会议。5月、7月分别召开驻京单位企业年金工作推进会和全系统企业年金工作推进会，邀请受托人国寿养老公司关于年金工作中遇到的问题进行研讨和解答;6月中旬,召开企业年金各管理人见面会,安排和部署各管理人的工作,保障股份公司年金工作顺利推进。11月,针对所属单位在选择本单位年金投资管理人过程中出现的问题,召开京外单位企业年金投资管理座谈会,指导所属单位合理有序的选择年金投资管理人。并同受托人组织举办企业年金运营培训班2期,在京120多名企业年金工作业务人员参加培训。（程相辉）

【教育培训】 2016年,员工教育培训工作按照股份公司提质增效、转型升级发展的需要,坚持"以需求为导向、以能力建设为核心、以岗位技能培训和员工更新知识培训为重点",按照"统筹规划、突出重点、分层管理、分级负责"的原则,组织开展员工培训,培训员工378701人次。其中,企业领导人员培训16312人次;经营管理人员培训61427人次;专业技术人员培训213331人次;党群管理人员培训20925人次;技能人员培训66706人次。（周东旺）

【领导干部培训】 2016年在股份公司北京培训中心举办新提任处级领导干部培训班3期,481人参加培训;在国家行政学院、中央党校举办新提任局级领导干部培训班2期,114人参加培训。专门调训新提任局级、处级领导干部,有助于新提任的各级领导干部在党性锻炼、领导能力和思想作风等方面得到进一步提高,能更好地适应新形势和新任务。（周东旺）

【专项培训班】 2016年在股份公司北京培训中心举办市场经营、海外经营、项目经理、变更索赔与成本管理、投融资管理、财务管理、法律合规、企业文化建设与宣传报道培训班,8个培训班1325人参加。（周东旺）

【注册师培训】 2016年,股份公司举办一级注册建筑师、结构师和建造师等各种注册资质专业人员的考前培训班和继续教育,2863人参加培训,满足企业特级资质就位和投标需要。（周东旺）

【施工现场管理人员培训】 2016年股份公司分别在所属单位培训中心举办水利水电工程五大员（施工员、质检员、安全员、材料员和资料员）和公路工程及建筑业施工现场管理人员岗位培训12个班次,共882人参加培训并取得岗位培训合格证书。其中,水利水电工程268人;公路工程201人;建筑业413人。10月11—24日在铁建重工举办盾构机操作人员培训班,117人参加培训。（周东旺）

【海外培训】 根据中国铁建"大海外"发展战略需要,推进培养百千万海外人才工程计划实施,股份公司组织开展企业所需海外外语类人才培训。2016年在北京外国语大学举办法语（3个月）和俄语（6个月）培训班,48人参加培训;在西安外国语大学举办商务英语培训班,59人参加培训;在清华大学举办国际项目管理英语培训班,60人参加培训。（周东旺）

【技能人才评价与高级技师评审】 2016年,中国铁建系统实际完成技能鉴定9167人。其中,初级工422人、中级工3220人、高级工4254人、技师1034人、高级技师237人。8539人取得职业资格证书。其中,初级工401人、中级工3058人、高级工3981人、技师930人、高级技师169人。（周东旺）

【职业技能鉴定考评员资格认证】 2016年股份公司在二十局培训中心组织考评员和管理人员资格认证培训,197人参加培训并取得资格证书。其中,高级考评员80人、考评员114人、管理人员3人。（周东旺）

【中华技能大奖候选人推荐】 根据国资委《关于认真做好第十三届中华技能大奖和全国技术能手候选人推荐工作的通知》（群工函〔2016〕12号）要求,股份公司推荐中铁十一局集团有限公司材料物理性能检验工一级工陈永胜、中铁十二局集团有限公司建筑材料试验工三级工曹国强为中华技能大奖候选人;推荐中铁十二局集团有限公司工程测量工助理工程师孟令叶、中铁二十局集团有限公司工程测量工三级工殷炳玺、中国铁建高新装备股份有限公司焊工二级工张贵波为全国技术能手候选人。（周东旺）

【干部监督】 2016年,中国铁建系统7891人上报个人有关事项。其中,股份公司管理干部542人,所属单位管理干部7349人。年内全系统随机抽查820人,重点抽查24批次1785人。批评教育处理漏报或填报不规范642人;诫勉或取消考察资格处理不如实报告或隐瞒不报309人。股份公司本级函询52人,诫勉14人。按照国务院国资委部署,清理排查2013年1月以来被追究刑事责任的各级管理人员受党纪政纪处分和组织处理情况,全系统清理排查127人。其中,107人给予相应的党、政纪处分和组织处理,20人进行整改;完成国资委布置房产超过10套、福利房超过3套、注册企业2000万元以上人员的核查验证工作。审查批复32批次61人次所属二级单位副处以上干部和项目经理跨集团调动手续,审核37批次127人次所属二级单位内部正处以上干部任后备案,进一步规范所属单

位跨集团调动无序和提拔处级干部过多过滥作用明显。（张瑞全）

信息化建设

【中国铁建信息化领导小组】 2016年7月，经股份公司第114次党委常委会研究决定，将原信息化领导小组和信息安全领导小组职能整合，成立股份公司网络安全和信息化领导小组。股份公司董事长孟凤朝任组长，总裁庄尚标任副组长，公司其他班子成员和高级管理人员任组员；领导小组下设网信办，副总裁夏国斌任主任，公司机关各部门负责人为组员，具体业务职能设在信息化管理部。（张一鸣）

【信息化管理部】 主要职责：组织制定股份公司整体信息化规划和年度计划；组织股份公司机关各业务部门和所属单位完成相关信息系统的建设、运行、技术支持和维修、维护任务；指导、监督所属单位的信息化工作；整体推进中国铁建信息化的运用与管理，并保持持续改进与完善，实现信息化对主营业务的支持；承担国家有关部委、股份公司下达的信息系统科技攻关任务；承担股份公司系统信息化专业人员的技术培训。2016年9月，信息中心更名为信息化管理部，并调整处室设置。定员12人；下设设计规划处、项目管理处、基础平台处、安全运维处。（张一鸣）

【信息化体系建设】 2016年7月，股份公司邀请华为公司企业管理信息化专家，在股份公司党委中心组学习（扩大）视频会议上，针对建立和完善信息化建设管控体系，夯实以“组织、流程、IT”融合为核心的信息化建设和IT治理基础授课讲解；8月，股份公司党委常委会召开专题会议，听取股份公司信息化工作汇报，深入研究《中国铁建“十三五”信息化发展规划建议》，并原则通过“十三五”信息化发展规划建议，确定股份公司“十三五”信息化规划采用1个总体规划、3个基于“人、财、物”为核心业务主线的子规划编制体系，即“1+3”框架模式。会议特邀请国家电网公司信息化专家到会授课指导。（张一鸣）

【“十三五”信息化规划编制与宣贯】 2016年，大力推进2015年底启动的“信息化顶层设计”项目实施及成果利用，定位“十三五”信息化建设以“人、财、物”为核心业务主线的子规划编制体系，精确梳理并明确“业务、数据、应用、技术”四个架构，形成统一的信息化建设模式和规则，实行架构管控，为实现“数字铁建”奠定基础。11月，股份公司召开所属二级单位参加的宣贯培训会，全面系统宣贯信息化总体架构设计，统一明确中国铁建系统信息化建设发展方向和根本遵从。年内，在遵循“业务驱动、统一规划、统一标准、分层分步实施、互联共享、迭代更新”的信息化建设指导思想和根本原则下，股份公司“十三五”信息化规划编制工作启动。“1+3”框架模式中的3个子规划包含人力资源管理子规划、财务管理子规划、经济管理子规划，分别由股份公司归口部门负责组织编写制定。（张一鸣）

【信息系统建设和运维】 （1）2016年，在业务需求的引领下，按照股份公司《信息化项目建设管理实施细则》等有关规定，启动人力资源管理系统和网站群系统建设，完成可研报告的编制、评审及需求说明书的编制；继续全面推开财务共享系统，实现工程施工板块的全覆盖，取得较好的建设应用效果；展开经济管理系统需求调研。（2）完成中国铁建门户网站系统改版、财务营改增系统改造、新OA系统建设和网站群系统项目可研的编制及审批工作；开始建设外事（三期）系统与对外承包工程系统、推广应用审计管理信息系统；遗留问题得到解决，消除了信息系统开发建设的管理隐患。（3）所属单位积极推动信息化技术应用，取得较好效果。十一局实现人力资源、办公管理、合同管理、项目管理等系统功能的互联互通，十七局实现协同工作系统和即时通讯工具移动门户的整合；二十局通过即时通讯工具与PM系统、OA系统、知识管理系统的集成，实现移动办公，中铁地产以计划运营系统建设为核心，实现对关键业务管控系统中业务数据的整合呈现；二十局在部分项目实现物料过磅、混凝土运输车辆跟踪、路基连续压实等方面的应用，中铁建设集团建设快速人力识别系统，在部分项目推广自行研发的物料过磅称重系统；铁建重工打造基于“企业资源计划（ERP）+互联网”的新型组织形态，全面梳理关键业务，实施流程再造，推动ERP系统在企业的全面实施，高新装备深化推进 ERP 系统应用，为精益生产打下基础，《数字化集团管控项目》通过国家科技部的验收；铁一院、铁四院、铁五院、上海院在现场项目中全面应用 BIM 技术，实践成果在中勘协创新杯 BIM 大赛中获多个奖项。(4)强化服务，总部信息系统运维工作开展顺利。2016 年，股份公司总部机关资本运营、施工调度、外事管理、战略规划、科技设计、固定资产管理、计划统计等软件系统及机房、视频会议等硬件系统，在日常运维工作中均正常运转，未出现影响使用的重大故障。（张一鸣）

【信息安全管理】 2016 年，股份公司采取多种措施，加强网络信息系统安全管理，顺利迎接公安机关多次检查。8 月，采用公开招标形式，选择股份公司信息安全服务商和等级保护工作测评机构，开展对总部机关 3 个 3 级系统、6 个其他系统的信息安全检查和等级保护测评，发现漏洞、找到问题，并启动整改工作。（张一鸣）

【正版软件管理】 2016 年，为落实国家有关部署要求，依法治企，以软件资产管理为抓手，全面启动中国铁建系统推进使用正版化软件工作。年初，股份公司与微软、欧特克、奥多比等大型软件企业完成价格谈判，较大节约了采购成本。并选择所属铁五院汇信志勤公司为代理单位，分两次组织全系统集中采购正版软件，基本解决了全系统存在的存量非正版软件问题。同时，按照《软件资产管理暂行办法》《总部机关软件资产管理实施细则》要求，组织所属单位及员工签订使用正版软件承诺书，真正把使用正版软件意识和责任落实到人。

【软件资产动态管理】 2016 年 3 月，股份公司印发《软件资产管理暂行办法》，明确了软件资产的定义、管理分工、配置、使用、处置和监督管理；《总部机关软件资产管理实施细则》明确了股份公司总部软件资产管理职责分工、程序与内容。信息化管理部通过开发并试运行软件资产管理系统，将软件资产分配到人，建立健全资产台账，从配置、采购、调配、灭失等环节，全生命周期管理股份公司软件资产。（张一鸣）

法律事务

【法律合规部】 主要职责：负责中国铁建股份有限公司（以下简称“公司”）法律合规工作；贯彻执行国家法律、法规，参与公司重大经济活动的规划，提出减少、避免法律风险的措施和法律意见；审核、修改经济合同、协议和重要规章制度；代表公司处理诉讼、仲裁、行政复议案件；参与处理公司债权债务的清理和追收工作；参与企业的重组、分立、并购、兼并、注销、撤销、合并、破产、解散、投融资、担保、租赁、产权转让、投招标等重大经济活动，处理有关法律事务；负责选聘律师，并对其工作进行监督和评价；开展法律咨询；指导公司本级境外公司、项目部的法律工作；负责公司合规风险管理，组织拟订、制定公司合规政策，主动识别、评估、检测和报告公司合规风险，并提出有效的风险处置方案；负责组织提供上市公司规范运作的法律服务。参与公司总体发展战略及中长期规划的研究制定工作；参与公司社会责任报告的编撰并提供相关资料；参与全面风险管理和内控相关工作；参与绩效考核工作；参与投资收购、并购重组、投资后评价相关工作；参与概预算梳理、设计变更、经济索赔工作；参与信息化建设工作。承办总公司相关法律事务。定员 8 人，设部长、副部长各 1 人；下设法律处、合规处。现员 7 人，转岗 1 人。（王裕溪）

【“法治铁建”实施方案】 中国铁建按照国资委部署要求，研究制定《“法治铁建”建设实施方案》，并纳入企业“十三五”规划，积极谋划法治建设顶层设计，系统总结提出“十三五”时期中国铁建法治工作的总体要求和主要措施，对法治工作再定位、再提升，将依法治企覆盖公司治理、经营、管理各领域，贯穿决策、执行、监督各环节，从以“完善体制、健全机制、构建体系”为主，转变为采取多种措施，促进运用法治思维和法治方式实施公司治理和经营管理，将法治的要求体现到企业决策者、管理者和全体员工的行动中，更多关注法治的效果和作用。（王裕溪）

【法律风险防范机制】 (1)四项法律合规审核制度严

格执行。公司本级法律合规审核率基本实现100%。2016年审核规章制度95部、重要决策220项、经济合同483份、授权委托书300件;审核所属单位规章制度3992部、重要决策1203项、经济合同166313份、授权委托书19771件,四项法律合规审核率基本实现100%。(2)重大经营活动依法保障更加有力。中国铁建系统高度重视对重大项目的法律论证,普遍建立重大项目法律顾问提前介入工作机制,确保法律部门全程参与,严控法律风险,防止国有资产流失。(3)工程项目法律风险防范进一步完善。持续推广项目部法律联络员制度,截至2016年底,全系统在建项目设立法律联络员5223人,开展上传下达、提示督促、参与决策等基础性涉法工作。所属单位强化项目法律风险检查,采取风险告知、情况通报、现场会议、法治教育等防控措施,有效遏制诉讼、纠纷上升趋势。(4)涉外法律风险防控稳步开展。股份公司明确要求境外业务单位在境外机构配备专兼职法律人员并聘用当地常年法律顾问,全面设置兼职总法律顾问、法律联络员,推行国内法律人员派驻境外工作机制,强化垂直管理。坚持海外项目法律论证与技术论证、经济论证同重视、同部署、同安排,重点规范授权范围及程序,明确授权内容、期限及失效条件,明确要求涉外法律审核事项适用外国法律时,应当先由项目所在国专业律师、派驻境外的法律人员出具法律意见。2016年,中国铁建按照国资委要求组织编写的《一带一路沿线国家法律风险防范指引》泰国和埃及分册,如期出版,受到好评。

(王裕溪)

【法律纠纷案件管理】 (1)重大法律纠纷案件强化管控。2016年,中国铁建连续下发案件处理专项通知,开展重大案件督导工作,组织所属单位制定1000万元以上未决重大案件处置方案,妥善解决重大案件。5000万元以上重大案件,公司法律合规部分工督促、责任到人。(2)公司本级法律纠纷案件有效处置。2016年上半年办理以公司为当事人的外部诉讼案件18起,积极维护企业权益最大化。(3)内部法律纠纷妥善处理。公司自建立内部纠纷裁决制度以来,法律合规部组织有关部门,共同成立裁决小组,妥善处理系统内部单位之间纠纷事件,节省大量诉讼和代理费用,避免内部单位被法院列为黑名单影响招投标等经营管理秩序,维护了公司整体形象和利益。(4)合作方警示名录定期维护。年内更新发布《中国铁建选择合作方警示名录》,按"灰、黄、黑"三个等级公布不诚信合同相对人名单,持续发挥风险警示和惩戒威慑作用。

(王裕溪)

【法律合规管理】 (1)决策议案法律合规审核前置机制落实到位。全面落实总裁办公会议案法律合规审核前置程序,并严格要求所属单位报请审批属于资本运营、地产开发、海外项目等重大项目以及兼并重组、开办企业等重大事项,必须附报法律意见书,充分发挥法律部门对重大决策的审核把关作用,确保各项重大决策于法有据。(2)审批事项清理更新。紧密关注审批事项的执行效果和所属单位的反馈意见,组织相关部门、所属单位清理股份公司审批事项,实现深化改革、简化流程和强化管控。(3)规章制度"立改废"专项清理取得实效。2016年,中国铁建按照"谁主管,谁制定,谁清理"的原则,确定现行有效规章制度487个、废止规章制度108个,分别制成《中国铁建股份有限公司规章制度清单(2016年版)》《中国铁建股份有限公司废止规章制度清单(2016年版)》予以印发。(4)国资监管迎审工作顺利完成。5月,根据股份公司领导指示,法律合规部牵头负责迎审方案分工、材料起草、会议组织和所属二级单位抽检等,顺利完成迎接国资委巡视办国资监管督查工作。

(王裕溪)

【合同管理】 2016年,配合营改增政策实施,中国铁建连续印发《关于印发营改增涉税法律及合规风险提示的通知》《关于配合"营改增"做好合同管理相关工作的通知》《关于印发合同管理办法有关营改增问题补充规定的通知》,明确股份公司本级合同和所属二级单位挂以总公司、股份公司名义签订的合同,以及总公司、股份公司直管单位合同签订流程图,指导所属二级单位、直管单位合同管理相关工作。

(王裕溪)

【完善公司总法律顾问体制】 2016年,中国铁建进一步推动公司总法律顾问制度专职化、法律机构专门化、法律人员专业化。截至11月底,所属28家二级单位设立总法律顾问、副总法律顾问(其中专职14家)。截至2016年底,全系统法律人员1040人,其中专职法律人员661人。年内分别按南方、西北(天津)、北京三个片区组织中国铁建所属38家二级单位总法律顾问脱稿述职会议，推动总法律顾问认真履职尽责，努力实现“精力投放到位、能力素质到位、作用发挥到位”。全年组织中国铁建系统法律人员业务培训班2期、中层管理人员法律培训班1期，并督导所属单位落实年初制定的《项目法律联络员培训计划》。（王裕溪）

【法律管理工作体系】 2016年，中国铁建积极推进工作标准化，增强管控能力，制定和实施“七五”普法规划，开展“12·4”全国法制宣传日活动，举办党委中心组法制学习（扩大）视频会议；组织年度工作会议，开展评先评优，通报所属单位法制建设进展情况。

（王裕溪）

【法制工作先进单位和个人】 2016年，中国铁建表彰法制工作先进单位10家、法制工作先进个人57人及优秀项目法律联络员70人。

2016年度中国铁建法制工作先进单位

中铁十二局集团电气化工程有限公司
中铁十六局集团有限公司
中铁十七局集团有限公司
中铁十八局集团有限公司
中铁十九局集团有限公司
中铁二十四局集团有限公司
中铁建设集团有限公司
中国铁建电气化局集团有限公司
中铁第四勘察设计院集团有限公司
中铁城建集团北京工程有限公司

2016年度中国铁建法制工作先进个人

王　菲　解　悦　唐　佳　常登峰　温　暖
彭　强　杨　帆　王佳峰　孙雅静　姜　伟
李洪远　姜晓蕾　王建凯　周亚军　郭喜军
李　伟　王　莉　纪　龙　戴鸿潇　黄士杰
崔　念　王　凯　付文光　张普峰　严宏伟
宋　楠　赵　宇　邹长林　熊东君　张　波
李佳轩　赵　巧　王海波　高　静　周怡婷
王　莉　谷明科　傅　斌　李　奇　张　强
王笑岩　葛杰瑞　王　月　王海华　刘永莉
吴　超　王　鑫　柳文尧　张龙飞　薛海龙
王永强　常　郁　赵晓旭　倪训付　江佳遥
李海光　朱光耀　马　勇

2016年度中国铁建优秀项目法律联络员

贾　林　刘昊朋　程　杰　陈　亮　李海涛
刘　华　江郑轶　代　懿　付　奇　高　明
黄小辛　陈贞波　郭　毅　杨茂明　冯　亮
刘晓清　刘洁琼　孙鹏飞　朱永刚　曹　路
胡　侠　张　飞　朱　佳　常　刚　林继高
马文静　吴　鹏　陈泽英　方延刚　姜海斌
刘双丽　朱宏亮　高　山　李以章　梁　园
王园园　赵兵科　陈松涛　高　岩　刘　帅
危海源　唐伟东　夏亮坤　段　伟　肖丽莉
姚丙乾　张建伟　李明哲　谭公平　王志伟
张　威　刘怡静　唐建忠　牛红涛　胡　静
王永红　苗京胜　马盛宝　钟　伟　刘荣华
魏豫晋　周明强　俞　添　孙启东　崔　建
李成品　黄东明　杨占武　李　伦　槐　忠

（王裕溪）

机关房地产管理

【总公司机关房地产管理中心】 代表总公司行使业主权利的职能部门和办事机构。主要职责：负责总公司机关基本建设和房地产管理工作；负责总公司机关更新改造和新增项目的建设管理工作；负责处理股份公司机关房地产有关业务；负责管理总公司机关纳入锦鲤资产中心的资产；负责分管总公司及所属驻京单位的人民防空工作；负责在京单位职工住房档案信息管理；负责总公司机关与地方政府部门及周边单位相关社会事务的协调处理；负责委托商务公司管理总公司部分公共用房、租赁用房、地下车库、社会事务工作。定员8人，现员9人，设主任1人（兼任总公司人防委员会副主任）、副主任1人；下设基建处（总公司人防办公室）、房地产管理处。（白立国）

【设备更新改造】 2016年，完成中国铁建院区28号楼、29号楼电梯更新改造。4台电梯选用上海三菱电梯，总价150.4万元（包括设备、安装、调试、运输、土建等费用），投资86.2万元。中铁电梯工程有限公司担负施工任务。（童联合）

【大修项目实施】（1）完成中国铁建大厦7层增设办公室工程。11间办公室及会议室施工面积449平方米，计划投资120万元，结算金额87.2万元。北京中铁装饰工程有限公司施工担负施工任务。（2）2015年投资计划260.15万元，22项工程全部完成；2016年完成投资205.12万元。（童联合）

【总公司机关大院住宅建设】2016年，机关住宅建设工作启动，并召开10余次机关住宅建设例会，结合北京市城市功能定位政策，加快落实机关住宅建设步伐。年内，北京市规划委的各项审批、西院与干管局的合作规划建设事宜、国管局的申请立项、西院土地变性等各项工作均有实质性进展。（童联合）

【总公司人民防空委员会及办公室工作】2016年3月，按照中央国家机关人防办要求，11家驻京单位签订2016年《安全责任书》。为保证安全度过春节，全面检查10家在京单位地下空间及人防使用。6月，布置安排地下空间防汛工作，并现场检查11家驻京单位普通地下室65处，总面积11.7万平方米；检查人防工程38处，总面积8.2万平方米。办理总公司办公楼、科研楼、二十二局良乡基地、铁五院地下空间备案登记证及人防使用许可证；协助办理铁五院综合楼地下室人防前期审批手续。年内重点对总部大院地下空间的安全隐患进行排查，清理腾退地下室70间、风机房7个、仓库6个，并及时健全地下空间人员居住日常管理制度、应急预案、检查记录。6月20日—7月8日，总公司人防办公室采取看现场、查资料、听汇报等方式，摸底排查10个在京单位防洪设施和地下空间工程，并逐一落实防汛责任者、防汛预案、防汛值班制度、防汛物资储备、抢险队伍建设，按照一事一表填写登记卡和打分，对检查中发现的突出问题和安全隐患提出整改意见和要求。（李忠林）

【不动产登记证办理】2016年，申请办理不动产登记证231户散户。（1）231户腾退旧房住户公共维修基金13410000元上交北京市丰台区资金管理中心。（2）按要求分别填制上报购房人名单：海淀区房管局200户、石景山区房管局28户、丰台区房管局3户。（3）网上备案、转移登记。完成200户在海淀区房管局的网上申报工作。（4）重新修改印制和签署购房合同。其中，合同600份、授权委托书400份，整理原腾退住房协议400份。（5）代理缴纳200户海淀区制证费。（6）制证。10月，协助海淀区国土分局现场制证184户，11月，下发至住户。（白立国）

【职工住宅上市交易办理】2016年，31户职工住宅办理上市交易。其中，复兴路40号院18户、五棵松路91号院1户、玉海园2户、玉泉路65号院3户、小屯路东里2号院3户、新源里东5号楼2户、铁道部住房2户。全年办理抵押贷款8户，开具住房证明信170封。（白立国）

【摸底地下室住房情况】截至2016年3月底，专门工作小组结束18号楼和78号楼地下室住房摸底工作，并登记造册。18号楼地下室多数为物业公司员工居住，商务公司出租8间，物业公司出租6间；78号楼地下室主要是物业公司保安和员工居住，物业公司出租11间。（白立国）

【公有出租住房及附属设施管理】（1）与商务公司签订授权委托书。把商务公司及所属物业公司、铁建医院、铁建宾馆、商贸中心、机关汽车队等所使用的办公用房、设备用房、员工宿舍及其管理的铁建大厦A、B座地下车库授权代管，授权委托期限1年。（2）严格监管商务公司出租公共用房。一是认真核对铁建大厦A、B座租赁单位实际上交租金与合同金额是否相符；二是严格审查24号楼租赁合同。（3）收回物业公司关于1号、2号楼空房出租管理权。全部收回原租房合同，2016年3月，并与承租方重新签订合同33份。（4）清理收回机关住宅楼负二层住房。根据中央国家机关人防办公室关于地下空间管理的有关规定和机关人防办要求，6月6日，书面通知要求商务公司清理腾退出租的18号楼负一、负二层和28、29、78号楼负二层房屋共119间，并全部交总公司机关房地产管理中心。截至7月31日，腾退交回房屋70间。（白立国）

【摸底登记住房情况】2016年4月中旬至6月中旬，工作小组调查摸底鼓楼西大街146号院、前圆恩寺12号院、石雀胡同33号院、新源里东5号楼共71户的住户情况，并登记相关信息。全年发出通知103份，入户7次，登记69户。因新源里东5号楼1户人在国外、1

户离异纠纷未完成登记。收回石雀胡同33号院住房1间。（白立国）

【签订社会事务授权委托书】 2016年，根据总公司对机关公共社会事务工作管理的职责定位和相关规定，总公司直属机关复兴路40号院的部分公共社会事务管理工作委托商务公司代管，包括与地方政府部门及周边单位相关事务的协调处理等，委托期限1年。

（白立国）

【车位租赁管理】 68号楼（一期）地下车库A060、A061、A062号车位，自2009年8月以来一直作为洗车场使用，带来安全、卫生和车辆进出秩序管理等问题。经请示总公司领导同意，2016年3月15日，书面通知要求物业公司立即收回并恢复车位设施并交回；8月下旬，同另外2个收回车位一起销售。（白立国）

【拨款专项检查】 2016年，按照总公司工作安排和领导要求，配合办公室、财务部等相关业务部门，专项检查商务公司代管总公司出租房10%提成款、物业费、取暖费等专款专用情况。（白立国）

【物业管理】 （1）2016年11月，与铁建物业管理公司签订2016—2017年采暖季供暖合同。审核并报销2015—2016年采暖季取暖费，包括总公司（股份公司）办公区、机关职工住宅等，总计支付2964420.33元。（2）4月，与铁建物业管理公司签订2016年度物业服务合同。包括总公司（股份公司）办公区、机关职工住宅等，合同金额4902663.44元。其中，总公司支出4480355.01元，股份公司支出422308.43元。10月，总计支付2000000元。（3）审核并报销2015年四季度和2016年一至三季度水电费。包括总公司（股份公司）机关办公区及公共场所、档案馆和铁道兵纪念馆等，总计支付3535541.05元。（白立国）

离退休职工管理

【总公司机关离退休职工管理部】 主要职责：负责总公司机关离退休人员、内部退养职工的日常管理和服务工作。定员15人，现员15人。设部长、党总支书记1人，副部长2人，副巡视员1人；下设事务管理处、生活服务处、健康服务处和组织宣传处。

截至2016年12月31日，总公司机关有离退休、内部退养职工615人。其中，离休干部13人、退休人员567人、内部退养人员35人。党员508人。2016年，975人参加活动（含直属单位360人）。（赵兰芳）

【离退休职工管理与服务】 落实离退休职工政治待遇。2016年，认真贯彻落实党的十八届三中、四中、五中、六中全会精神，在离退休党员干部中开展“两学一做”学习教育和“退休后如何做一名合格的共产党员”教育征文活动，认真组织学习《党章》《党规》和习近平总书记系列讲话精神。全年发放学习资料369册，评选出优秀征文85篇；抓好“两室一板”宣传工作，阅览室为离退休、内部退养人员提供报刊杂志220余份，赠送《中国老年报》1份；阅文室更换文件300余份；全年出黑板报18期。开展创先争优活动，表彰先进党支部3个、先进党小组33个、优秀共产党员54人；组织离退休党员补缴2008—2016年党费156573元，组织离退休职工参加海淀区人大换届选举以及参加直属机关党代会代表选举。

落实离退休职工生活待遇。年内走访慰问原铁道兵老首长、工程指挥部、总公司老领导及遗属36人，困难及重病职工家庭127户，慰问年满70、80整岁离退休人员55人，慰问住院病人59人；组织150人到北京市退休职工之家疗养；组织离退休人员体检，并针对体检结果指导就医，电话随访病情72人次，建立离退休职工健康基本信息电子档案，帮助急重病老同志联系住院、转院及专家会诊28次，开展健康讲座2次，制作健康板报4期；协助变更定点合同医院61人次、协助办理特殊病种年度申请9人次；编写完成《家庭急救和就医指南》；为8人次离休干部借住院支票并报销医疗费用656639.72元；完成677人次15392张医疗单据的初审、粘贴等工作；协助8名逝世离退休人员家属办理丧事，并向直系亲属发放病故丧葬补助金。组织离退休职工开展文体活动，全年参加桥牌、歌舞、游园、钓鱼等室内外文体活动人数约62000人次，组织、举行比赛16次。（赵兰芳）

公安移交善后工作

【铁道建筑公安局移交善后工作组】 2016年，在中国铁道建筑总公司、铁路公安局、北京市公安局的正确领导下，始终以党的十八大精神和习近平总书记系列讲话精神为指引，以为社会、为企业、为广大人民警察高度负责的工作态度，不断提高工作的主动性、积极性、创造性，较好地完成了各项任务，为维护社会稳定，维护队伍稳定，维护企业合法权益作出积极贡献。

（常金光）

【分离移交】 2016年，铁道建筑公安机构的分离移交工作进入决战期。7月7日，中铁十八局集团有限公司代表总公司与保定市人民政府签署《中铁十八局集团有限公司与保定市人民政府关于公安机构移交协议备忘录》，商定自2016年6月30日零时起，正式分离移交驻保定地区50名民警（其中，十六局2名、十八局39名、电气化局3名、中铁建设6名），中国铁建不再承担移交公安机构的各项管理职能。至此，中国铁道建筑总公司公安机构的分离移交工作基本全面完成。

（常金光）

【强化善后工作】 2016年，在铁路公安局和总公司领导的指导支持下，善后工作组不断了解掌握各时期的具体情况和历史变革，了解掌握各阶段的重点问题、重点人员。面对历史遗留问题多、涉及内容广、时间跨度大、工作人手少、手头资料有限等困难，高度认真负责、依靠经验优势、依靠平时积累，不断提高处置问题的能力，达到了企业满意，队伍稳定，领导放心。（常金光）

【案件办理】 2016年，按照公安部统一部署的全国网上追逃专项“清网行动”，善后工作组在铁路公安局具体指导下，精心组织，加强领导，将中国铁建公安系统上网的14名在逃犯作为追逃目标，制定具体抓捕方案，落实追逃责任。年内成功将故意杀人犯崔朝龙、王琰等网上在逃犯全部抓捕归案，受到铁路公安局大会表扬。7、8月，在移交处理抓获上网逃犯孙根的过程中，针对原铁道建筑公安局机关已不复存在、办案人员和相关案卷不成体系、难以查找协调的特殊情况，善后工作组设法联系办案人员，并建议协调有关省份公安机关事宜。善后工作组同时协调相关地方公安机关，处置2001年十九局公安处四分处侦办的在逃犯冯宝山案件、2007年十一局公安处侦办的3名在逃犯案件。（常金光）

【推进移交协议签署】 2016年，善后工作组积极主动与相关企业、公安机关、地方政府沟通协商，了解问题，分析原因，协调解决办法，根据不同情况有针对性采取不同措施，全力推进所属5个局级单位、400余名民警的移交协议签署工作。（常金光）

【配合人事档案核查整治】 按照全国公安机关开展人事档案核查整治工作部署，及有关公安机关与地方政府等部门需协助事宜。铁路公安局指示，查找整理、汇总上报铁道建筑公安局机关撤销，移交后的相关文件及后续情况。结合不同实际情况，善后工作组实事求是、积极工作，基本达到相关单位的要求，维护了广大民警合法权益，为人事档案核查整治工作作出贡献。

（常金光）

【清查梳理档案】 根据公安保卫工作特点和近年来处置来信来访工作需要，做到资料齐备，渠道畅通，应用便捷，服务规范。2016年，全面彻底清查梳理中国铁建系统兵改工以来所有人事档案992卷10206件。其中，兵改工前751卷8450件（1937—1987年），包括铁道兵保卫部、铁道兵军事检察院、铁道兵军事法院时期侦查处理的案件卷宗；兵改工后241卷1756件，包括成立公安机构以来的文书档案和自身侦查处理的案件卷宗157卷1400件；2010年成立移交善后工作组以来产生的各类文件、命令文书档案及各类案件卷宗84卷356件。（常金光）

【来信来访】 2016年，接待处理来访信件71件，来访人员89人次，来访电话百余次，调解各类纠纷30起，处置群体性上访事件6起。来信来信与往年同期相比均有较大幅度上升，其中老问题、老访户占比较大，新问题、疑难问题增幅较快。通过参加北京市公安局安保执勤，协调帮助中国铁建系统在京及周边单位安保工作，切实加强信访稳定工作，维护中国铁建内部在“两会”、春节、“五一”、国庆节等重要节假日期间的平

安稳定。（常金光）

【队伍管理和警衔申报】 2016年6月，铁路公安局召开全路公安机关组织人事管理暨警衔申报会审工作会议，传达贯彻关于进一步加强公安组织人事管理工作要求，并根据铁道建筑公安机构移交情况和公安干部、警衔等管理权限及管理模式，经协商决定，7月1日起，已完成移交的铁道建筑公安机关的警衔申报及干部管理均由当地政府管理；会议会审通过7名警察申报晋升人民警察警衔审批材料，本次申报是中国铁建系统最后一次通过铁路公安局申报警衔。全年上报下发和补发警衔命令和相关审批手续20人次，并完善中国铁建2010年以来所有民警的警衔材料，主要是转发警衔命令，完善警衔变动审批表，发放办理交接手续等。（常金光）

【落实关于调整人民警察警衔津贴的通知精神】 1月27日，经国务院批准，人力资源社会保障部、财政部下发《关于调整人民警察警衔津贴标准的通知》，2015年1月1日起执行。考虑到中国铁建公安机构正在分离移交，存在不确定因素，情况特殊。经多次与铁路公安局、财政部、地方政府、相关公安机关以及所在企业调研协商，决定分两步落实。第一步是以善后工作组名义向各级公安机关转发人力资源社会保障部、财政部文件和铁路公安局相关文件，并提出贯彻落实要求；第二步是中国铁路总公司向相关企业转发人力资源社会保障部、财政部文件和铁路公安局相关文件，并提出贯彻落实要求。最终通过多管齐下，多方协调努力及国家财政渠道落实政策。（常金光）

【北京市公安局轨道建设安全保卫分局撤销重组】 2010年1月1日，移交到北京市公安局的铁道建筑公安局和铁路工程公安局，分别成立北京市公安局铁道建筑公安局和北京市公安局铁路工程公安局（副局级）。2013年9月13日，两局合并重组为1个分局，成立中共北京市公安局轨道建设安全保卫分局筹备组委员会。2014年4月29日，成立北京市公安局轨道建设安全保卫分局（副局级）。2016年11月21日，撤销北京市公安局轨道建设安全保卫分局，将其职责及现有人员划入北京市公交总队，增设为北京市公交总队轨道建设保卫支队，编制32人（正处级）。主要承担北京市轨道建设、在建铁路施工现场及相关列管单位的治安保卫任务。根据北京公安局指示，配合北京市公安局轨道建设安全保卫分局顺利撤销改编：一是移交善后工作组向铁路公安局、北京市公安局汇报情况，负责撤销改编工作的轨道分局领导与善后工作组领导向总公司领导当面汇报，研究解决轨道分局撤销后移交善后工作组机构及现有人员去留问题，一致认为根据文件要求和工作需要，保留移交善后工作组，保持现状，继续做好移交善后工作。二是清查整理移交之前存留在北京市公安局轨道建设安全保卫分局的全部档案。三是清查上交属于北京市公安局原轨道分局的办公器材设备，并登记造册履行交接手续。（常金光）

中铁十七局集团有限公司承建的中国西部地区首个城市地下综合管廊试验段——贵安新区中心大道综合管廊在贵阳市建成。图为贵安新区综合管廊智能化管理系统平台。（刘晋文 摄）

科技管理

特载
大事记
概况
董事会工作
工程施工
海外经营 境外工程
经营管理
综合管理
科技管理
党的工作
工会 共青团
所属单位
区域经营机构
人物
统计资料
文献辑要
附录

2016 年中国铁建科技管理

【科技设计部(技术中心办公室)】 主要职责:贯彻国家科学技术、勘察、设计发展的方针、政策、法规;执行国家规范和标准;组织制定和修订中国铁建科技、设计发展战略规划,以及技术中心、科研、技术、勘察设计、学术组织和科技激励的有关规章制度和办法;负责科技创新体系的建设;参与企业科技人才队伍的建设;负责技术中心办公室日常工作;负责年度科技发展项目计划、科研项目资助经费计划并组织实施;负责科技成果鉴定、技术方案审查;负责成果、工法、专利、标准、勘察设计“四优”成果、优秀工程咨询成果、中国土木工程詹天佑奖、中国建设工程施工技术创新成果奖、优秀科技论文等科技奖项的归口管理工作;组织科技攻关、新技术的推广应用和成果转化及国内外技术合作、交流、研讨工作;负责系统内全国建筑业创新技术应用示范工程和全国建筑业绿色施工示范工程的归口管理;归口铁路产品生产技术条件管理;负责勘察设计单位咨询资质的申报、认定、升级和管理工作;负责北京轨道建筑学会日常管理各类科技社团的相关工作;负责科技管理信息化建设的协调和技术中心网站的管理;组织企业内各种科技成果汇编、出版和发行;负责科技设计宣传管理;编写年度科技设计工作总结;指导集团公司科技工作建设。下设创新建设处、科研处、技术处、设计咨询管理处、学会处。定员 20 人,现职人员 15 人,其中部长(兼技术中心办公室主任) 1 人、副部长 1 人、技术中心办公室副主任 1 人、处长 5 人、副处长(主持工作)1 人、职员 4 人、助勤 2 人。教授级高级工程师 11 人,高级工程师 3 人。 (王清明)

【科技工作综述】 2016 年,紧紧围绕“十二五”科技发展规划目标,明确年度科技工作重点,持续狠抓科技创新平台建设,努力夯实科技管理基础工作,加强专利导航和科技成果转化,取得显著的成绩,在技术领域为中国铁建做大做强做优做实起到服务、支撑和引领作用。中国铁建系统全年科技投入超过 111 亿元。2 家企业通过国家级企业技术中心的认定,股份公司国家级创新平台增至 19 家。313 项科技成果通过省部级鉴定、验收和股份公司评审;主持项目获国家科技进步二等奖 1 项,获得省部级科技进步奖 113 项。其中,特等奖 1 项、一等奖 10 项、二等奖 44 项、三等奖 58 项;获得省部级以上勘察设计咨询奖 89 项,其中国际奖 7 项、全国奖 13 项、省部级 69 项;新增省部级工法 226 项;获得中国土木工程詹天佑奖 9 项;联合主导 5 项国际标准、主持 11 项国家标准制定工作。获得第二届中国建设工程 BIM 大赛一等奖 2 项,获得第五批全国建筑业绿色施工示范工程 19 项;新增全国建筑业创新技术应用示范工程 10 项,新增第十八届中国专利奖 6 项,PCT 专利申请 10 件,新增授权专利 1502 件,其中发明专利 371 件;被授予中央企业国家专利审查员实践基地,成为首家由企业担任的中国专利保护协会会长单位。 (王清明)

【科技创新平台建设】 2016 年,中铁二十二局、二十四局集团有限公司通过国家企业技术中心认定。截至 2016 年底,中国铁建拥有国家级创新平台 19 家,是中央企业建筑企业中国家级创新平台最多的单位。

(张育红)

【高新技术企业认定】 截至 2016 年底,中国铁建拥有集团公司高新技术企业 17 家、工程公司 58 家。其中,中国铁建电气化局集团公司实现本级及所属工程公司全覆盖。2016 年,高新技术企业享受减免税 77591 万元。其中,电气化局 14044 万元、城建集团 11237 万元、高新装备 11539 万元、十六局 6569 万元、十四局 6264 万元、十九局 5093 万元。 (张育红)

【科技投入】 2016 年,中国铁建科技投入 111 亿元。其中,中铁十二局集团公司研发投入 27 亿元,中铁十七局集团公司研发投入 9.5 亿元,中铁十九局集团公司研发投入 9.3 亿元,为开展科技研发提供有力支持。

(张育红)

【中国铁建专利管理】 截至 2016 年底,中国铁建累计有效专利 6627 件,其中发明专利 1108 件。全年获授权专利 1502 件,其中,发明专利 371 件。中国铁建高新装备股份公司通过中知(北京)认证有限公司知识产权管理体系认证,成为系统内首家通过认证单位。

围绕“加强知识产权保护运用、加快知识产权强国建设”主题在中国铁建系统开展“4·26”知识产权宣传，提高知识产权保护意识。（孙嘉良）

【中国铁建专利导航】 2016年，中国铁建专利导航培训班（第三期）举办，培养全系统学员945人，为中国铁建“十三五”专利战略的实施奠定人才基础。培训半数以上课程由内部专利专家授课，在培养专利基础人才的同时培养内部师资6人。年内完成“开展铁路工程建设行业海外专利布局研究工作”和“开展高价值专利培育工作”的国家知识产权局课题，以及“高铁安全控制领域市场拓展与专利竞争策略制定”的北京市知识产权局课题。中国铁建重工集团公司针对土压平衡盾构机进入俄罗斯市场开展专利预警分析，保障产品的顺利出口；中国铁建高新装备股份公司针对新型大型养路机械开展国内外专利检索分析和主要竞争对手专利布局分析，有效保护自主知识产权，规避侵权风险；中铁第四勘察设计院集团公司针对跨座式单轨技术领域开展专利导航分析，明晰产业发展路径、技术发展路径、技术热点、空白点等，为下一步订单式专利研发奠定基础。（孙嘉良）

【中国铁建专利战略】 2016年，中国铁建在现场调研、数据分析、专家评审的基础上，出台《中国铁建股份有限公司“十三五”专利战略》，提出四大战略目标、五个主要任务和四项专项工程，围绕战略实施将着力打造具有国际竞争力的知识产权强企。（孙嘉良）

【6项专利获中国优秀专利奖】 中国铁建重工集团公司开发的“一种长距离大坡度斜井全断面岩石掘进机”、中国铁建高新装备股份公司开发的“拉轨对正装置”和“一种正线道岔稳定车及其作业方法”、中铁第四勘察设计院集团公司开发的“铁路简支梁桥用球型支座”和“珍珠岩尖劈吸声砖”、中国铁建港航局集团公司开发的“双阀双布袋袖阀管注浆方法”发明专利获得第18届中国专利优秀奖。（孙嘉良）

【中国铁建优秀专利奖评选】 2016年，股份公司评选出中国铁建优秀发明专利奖10项、实用新型专利奖10项。（孙嘉良）

【专利运营】 中铁第四勘察设计院集团公司“铁路简支梁桥用球型支座”“屏蔽门绝缘区域绝缘处理的方法”和“铁路混凝土桥梁弹性体伸缩缝技术”等专利实现运营许可，创造效益2000多万元。围绕“移动式隧道救生仓”专利，开展相关标准制定工作，推动专利标准化运营。（孙嘉良）

【专利活动】 2016年，在中国专利保护协会第4次会员代表大会中，中国铁建董事长孟凤朝以全票当选新一届理事会会长，成为首位企业家会长。中央企业审查员实践基地、企业知识产权教育基地分别落户中国铁建，并开通远程知识产权教育培训平台。年内首次中央企业审查员实践基地工作活动在中国铁建重工集团公司开展，机械审查部6名审查员赴长沙为专利管理、研发人员现场授课，指导相关产品开展布局。孟凤朝会长出席第七届中国专利信息年会，并发表“加强引领，服务创新，推动知识产权强国建设步伐”主题演讲。股份公司副总裁夏国斌出席2016年中国企业知识产权战略论坛，担任演讲环节主持人；股份公司科技设计部张育红在2016年中国知识产权保护高层论坛发表“宜未雨而绸缪，毋临渴而掘井”主题演讲。（孙嘉良）

【中国铁建技术中心网站】 2016年，发布科技动态、科技咨询、重点工程宣传和最新成果640篇。新增铁路、建筑等专业新发布的标准规范115册；更新并发布股份公司成果展示1048条、2015年优秀科技论文143条、总公司工法第17册上下两册130余篇。全年中国铁建技术中心网站下载5461人次，比2015年2911人次增长87%。继续与万方数据库合作，系统由3.2版本升级到4.0版本，解决了无法访问《中外标准》问题；新增人工智能、互联网等方面期刊150种。截至2016年底，网站拥有学术期刊1046种，文章448万余篇；学位论文663267条，会议论文767332条，科技成果826366篇，政策法规700341条，均提供用户全文下载。（彭京渝）

【《科技信息》编辑发行】 2016年，编辑《科技信息》杂志6期，发行3000余册，旨在中国铁建内部交流科技信息与资讯。（彭京渝）

【科技设计管理系统】 由中国铁建股份公司统一规划、统一组织，在统一标准的基础上，建立覆盖中国铁建股份公司和二、（设科技机构的）三级单位，集创新建设平台管理、科研管理、技术管理、勘察设计咨询管理、学会（网站）管理等一体的科技设计管理系统，并在此基础上实现相关信息的查询、统计、分析及应用。截至2016年底，科技设计管理系统建设完成并上线模块包括：奖励管理、科技专家管理、绩效考核管理、科研项目管理、技术方案审查、标准管理、学会管理、科技通讯录管理、报表统计、系统应用分析等。经过2015—

2016 年的应用和完善,已通过初验。（彭京渝）

【国家、省部级科研项目】 2016 年,中国铁建系统新立省部级课题 15 项,获得资助 1310 万元。其中,北京市课题 2 项,获得资助 520 万元;重庆市课题 2 项,获得资助 100 万元;湖南省课题 1 项,获得资助 300 万元。承担中国铁路总公司课题 9 项,获得资助 390 万元。新增主持国家课题 2 项,分别为“车站及机场等大型综合客运交通枢纽的健康监测、全生命期安全评价和预警平台”(2016YFC0802205),国家资助经费 160 万元;“低密度铁路运营与安全综合保障系统集成与应用示范验证”(2016YFB1200104),国家资助经费 1537.5 万元。5 月,股份公司承担、铁建重工具体组织研究的国家科技支撑计划“预切槽隧道施工成套设备关键技术研究”课题通过国家验收。国家科技支撑计划“盾构施工煤矿长距离斜井关键技术研究与示范”科研项目,分别由股份公司、十一局、大桥局各主持 1 个课题,年内在项目牵头单位的组织下完成示范工程验收、课题财务审计。（丁正全）

【科研项目】 2016 年,股份公司新立项课题 80 项,资助经费 2550 万元。其中,重大专项课题 1 项,资助经费 500 万元;B 类课题 3 项,资助经费 150 万元;C 类课题 76 项,资助经费 1900 万元。首次列股份公司重大专项课题。（丁正全）

【科技战略合作】 2016 年初,中国铁建股份公司与华东交通大学签订科技战略合作协议。（丁正全）

【科技成果鉴定与评审】 2016 年,中国铁建系统有 313 项科技成果通过省部级鉴定、验收和中国铁建评审。其中,中国铁建组织评审 170 项。有 43 项成果达到国际领先水平,121 项成果达到国际先进水平,102 项成果达到国内领先水平,21 项成果达到国内先进水平。（程博华）

【1 项技术获国家科学技术进步奖】 2016 年,中铁第四勘察设计院集团有限公司、中国铁建电气化局集团有限公司参与的“基于耦合动力学的高速铁路接触网/受电弓系统技术创新及应用”获得国家科学技术进步二等奖。（程博华）

【113 项技术获省部级科学技术进步奖】 2016 年,中国铁建系统获得省部级科技进步奖 113 项。其中特等奖 1 项、一等奖 10 项、二等奖 44 项、三等奖 58 项;获得各省(自治区、直辖市)科技进步奖 52 项,其中一等奖 4 项、二等奖 19 项、三等奖 29 项;获得中国铁道学会科学技术奖 53 项,其中特等奖 1 项、一等奖 6 项、二等奖 19 项、三等奖 27 项;获得中国公路学会科学技术奖 6 项,其中二等奖 4 项、三等奖 2 项;获得教育部科学技术奖二等奖 2 项;获得中国施工企业管理协会科学技术奖 97 项,其中特等奖 1 项、一等奖 18 项、二等奖 78 项。（程博华）

【159 项技术获总公司科学技术奖】 2016 年,159 项技术获得中国铁道建筑总公司科学技术奖,其中特等奖 1 项、一等奖 33 项、二等奖 56 项、三等奖 69 项。（程博华）

【高速铁路建造成套技术】 中国铁建承建的贵昆高速铁路顺利开通运营,在施工中攻克“七成以上的桥隧比”“穿越密集的地震带”和“喀斯特地貌”三大世界级难题,标志着中国铁建全面掌握艰险山区修建高速铁路建设成套技术。中铁第四勘察设计院集团有限公司设计,中铁十二局等单位参建的郑徐高速铁路(被誉为“中国制造”)是中国高铁升级版,创造动车组列车在实际运营环境和条件下的双向世界最高运行时速 420 千米,动车组交会相对时速达到 840 千米,是目前中国标准动车组单组交会运行和双组重联运行的最高时速,构成高速铁路新标准,为中国高铁“走出去”提供核心技术支撑。（李庆民）

【桥梁建造技术】 中铁十八局集团公司承建的云桂铁路南盘江特大桥主跨 416 米,是世界铁路最大跨度的钢筋混凝土拱桥,位居世界混凝土拱桥第二跨度;承担的怒江铁路特大桥主跨 490 米上承式钢桁拱,位居世界拱桥第六跨度,是世界最大跨度的铁路拱桥。中国铁建大桥工程局集团公司承建的湖北石首长江公路大桥主跨 820 米,位居世界斜拉桥第七跨度、国内第四跨度。中铁十一局集团公司承建的广州南沙港铁路西江钢箱混合双主梁斜拉桥主跨 600 米,位居铁路斜拉桥世界第三。中铁建大桥设计研究院设计的甬江特大桥主跨 468 米双塔斜拉桥,是中国铁路桥梁首次采用混合梁斜拉桥,是世界最大跨度铁路混合梁斜拉桥,跨度位居中国双线铁路斜拉桥首位,是中国铁路桥梁里程碑式工程,获得 2016 年度菲迪克工程项目奖;承担设计施工的丹阳路跨铁路立交斜拉桥,转体重量 2.48 万吨,创造了世界记录。重庆市鹅公岩长江轨道专用桥主跨 600 米,是世界上跨度最大的自锚式悬索桥;金沙江金东大桥主桥跨度 730 米,是中国国内首座在亚热带季风区和高烈度地震带建设的悬索桥。中铁十一局集团公司承担的新加坡大士西地铁延伸线项目中的桥梁采用盖梁预制拼装、桥梁整跨节段拼装和悬臂节段拼装技术，是中国国内企业首次在海外进行全预制拼装建造桥梁的项目；承担的海坛海峡北东口水道特大桥水下工程部分全部完成，中国首座双孔连做节段拼装造桥机投入使用；设计施工的黄大铁路黄河特大桥，顶推跨度最大、距离最长，顶推梁部长960米、重13420吨，顺利完成；预制的高速铁路跨度40米简支试验箱梁通过2倍荷载结构强度破坏性能试验。这些桥梁的建设，标志中国铁建桥梁建设迈入全国乃至世界桥梁建设的领先行列。（贾志武）

【隧道及地下工程建设技术】 （1）长大山岭隧道实现新突破。中国铁建承建的全国铁路最长的新关角隧道，攻克高海拔隧道长距离施工通风、特长隧道运营安全保障难等技术难题，获得2016年度国际隧道及地下空间协会（ITA）重大工程奖。（2）攻克复杂地质隧道难关。承建的兰渝铁路胡麻岭隧道、毛羽山隧道等高地应力大断面隧道顺利贯通；青海共玉公路鄂拉山隧道等高原冻土高风险等级隧道顺利攻克；拉林铁路巴玉隧道、岗木拉山隧道、达嘎啦隧道、米林隧道等高地应力、高地温隧道进展顺利；世界上最长的超大断面曲线管幕隧道——港珠澳大桥拱北隧道顺利贯通。（3）水下隧道保持领先。中国国内地铁首次穿越黄河的兰州地铁隧道顺利贯通，克服卵石粒径大比例高等不良地质难题；承建的堪称地质博物馆的厦门市轨道交通2号线——海沧大道站至东渡路站跨海区间顺利贯通。中铁第四勘察设计院集团公司设计的第30座大型水底隧道——常德沅江隧道顺利贯通。（4）引水隧道再创纪录。承建的吉林中部引松供水工程，首创TBM最高日进尺86.5米、最高月掘进1209.8米的中国国内记录。（许和平）

【四电集成技术】 2016年，中国铁建重载铁路四电集成技术取得新进展，研制的重载铁路接触网零部件实现批量生产并应用到工程施工中，有效提高接触网的运行可靠性和系统安全性；第四代无线移动通信技术首次成功应用于重载铁路，搭建基于LTE－R技术的重载铁路通信全业务接入平台，形成系统完整、安全可靠的无线网络通信系统技术；中国国内首次研究繁忙干线重载铁路牵引供电AT改造施工技术，实现直接供电方式改造为AT供电方式，提升重载铁路运输能力。自主研发的中低速磁悬浮牵引供电系统成套工程技术，中低速磁悬浮靴轨动力学受流技术研究填补国际空白，为中低速磁悬浮工程的提速和产业化提供技术支撑。（贾志武）

【工业制造技术】 中国铁建研制出中国国内首台单护盾TBM、双护盾TBM及“大埋深、可变径”大直径敞开式TBM，连续突破护盾式TBM总体设计技术、电液混合驱动技术、超长距离连续出渣和物料高效输送等多项核心技术，打破国外垄断，经受住“大埋深、大变形、强岩爆、穿越大断层破碎带、高地温、岩体蚀变破碎带”等世界级工程地质难题的挑战。研制出13米级中国国产首台铁路双线超大直径泥水平衡盾构机，突破开挖舱高精度压力控制、高压密封、机器人辅助作业和大尺寸结构件制造工艺等多项关键技术，奠定在硬岩掘进机（TBM）和大直径盾构机领域的国内领先地位。首台应用于排污隧道的小直径盾构机出口海外；全球首台永磁同步驱动盾构机成功应用；20台国产全电脑三臂凿岩台车在蒙华铁路使用。（许和平）

【城市轨道交通建设技术】 2016年，中国铁建承担的中国国内首条中低速磁浮轨道交通正式运营；首次在地铁轨道工程中应用长轨厂焊及铺设一体化技术；承建全国第1座地下车辆基地工程——青岛地铁、亚洲最长地铁车站——深圳轨道交通10号线平湖中心站；北京地铁8号线工程中用盾构法下穿既有地铁车站是中国国内首次；承建的重庆轨道交通6号线礼嘉站最大开挖断面846.27平方米，位居全国第一。中国铁建“跨座式单轨预应力钢筋砼轨道梁”制造技术保持国际领先，各项突破性工程标志着中国铁建城市轨道交通技术创新能力不断增强。（李庆民）

【中国铁建BIM及装配式建筑技术】 2016年，中国铁建在BIM技术3D应用的基础上，承建的成都地铁10号线等多个项目中5D应用取得显著效果，实现住宅产业化落地，花语金郡工程装配率48%，装配式混凝土结构设计优化、构建加工及现场安装技术初步形成规模，达到国内领先水平。中国铁建超高层技术不断突破，马来西亚四季酒店（高342.5米）完成复杂环境下大型基础敞开盆式开挖半逆作法施工，首创环带墙层20天一层、标准层4天一层的马来西来国施工速度。（张立青）

【技术重难点工程项目管理】 加强技术重难点项目的管控力度，根据工程项目所采用的技术、材料、设备、工艺情况及安全风险等情况，确定“成昆铁路扩能工程营盘山隧道”等34项工程为中国铁建2016年技术重难点工程。其中，新立项目10项、延续项目24项。现场督导厦门市轨道交通2号线海沧大道站至东渡路站、昌赣铁路客运专线赣州赣江特大桥、京沈铁路客运专线CRTSⅢ型板预制工程等技术重难项目的技术方

案，加强技术重难点项目的信息掌握，做好技术重难点项目季度定期申报组织和信息汇总工作。（李庆民）

【中国铁建技术方案审查】 2016年，中国铁建组织达州金南大桥、南宁邕宁水利枢纽、日照港岚山港区北作业区6号大宗散货泊位工程等项目施工技术方案审查会，为技术重点难项目搭建技术攻关平台，提供技术支撑。所属集团公司分别对股份公司技术重难点项目和本集团公司技术重难点项目进行施工技术方案审查会，为确保项目质量、安全和效益提供技术支撑。

（李庆民）

【中国铁建工法评审】 2016年，组织召开年度中国铁建股份公司工法关键技术评审会，评审工法关键技术项目171项，为股份公司优秀工法和其他高等级工法的申报打好基础。12月，召开股份公司优秀工法评审会，全系统申报工法297项。年内完成2015年度优秀工法汇编和归档及出版，并邮寄所属各处级单位，实现工法技术快速有效共享。（李庆民）

【省部级工法认定】 2016年，中国铁建所属单位积极申报省部级工法，全系统申报2015—2016年度铁路建设工程部级工法147项，2016年度公路工程建设工法37项。（李庆民）

【中国铁建建设标准体系】 积极推动“中国铁建企业技术标准体系构建与实施建议研究”，打造包括相关国家、行业、团体（协会）、企业技术标准在内的中国铁建企业技术标准体系，课题形成中期研究报告，并经过住房和城乡建设部、国家铁路局、中国铁路总公司和中国交通建设股份有限公司等单位专家组成的专项技术审查。（张立青）

【标准申报和编制】 2016年，中国铁建组织系统内单位对国家标准委（ISO/TC269）、国家铁路局、中国铁路总公司、中国公路建协、中国公路学会、中国土木学会等单位的本年度技术标准申报。申报2017年国家铁路局行业标准14项，中国公路建设行业协会团体标准11项；中国铁路总公司标准新立项目17项，股份公司系统承担主编10项。参加国际标准制定5项，主持11项、参与14项国家标准制定工作，实现国际标准编制工作的重大突破。2016年，中国铁建开始在团体标准领域承担《市域铁路设计规范》《中低速磁浮工程设计规范》等标准编制任务。（张立青）

【技术标准管理】 2016年，中国铁建保持技术标准的发布、应用力度，保持与技术标准管理部门的沟通力度，发布《关于进一步加强技术标准管理工作的通知》，转发标准发布公告22次。年内，开展《铁路旅客车站设计规范》等30余项（次）行业标准意见征求工作，并汇总反馈给相关单位。根据《中国铁建股份有限公司技术标准管理办法》，对2015年度所属单位主持制定和修订行业标准给予资金奖励，并对《高速铁路设计规范》《城际铁路设计规范》等8项行业技术标准进行奖励，鼓励中国铁建系统内各单位积极申报各级技术标准制（修）订。（张立青）

【中国铁建优秀科技论文评选】 2016年，中国铁建所属各单位申报中国铁建股份有限公司2016年度优秀科技论文288篇；12月，召开2016年度股份公司优秀论文评审会议。年内，完成2015年度中国铁建股份有限公司优秀科技论文归档及汇编，9月，出版汇编材料并直接邮寄所属各处级单位，实现技术资料的快速有效共享。（张立青）

【全国建筑业优秀科技论文和其他高层次论文】 2016年，中国铁建推荐100篇论文参加首届全国建筑业优秀科技论文评选，并参与初评工作，全系统获得一等奖6篇、二等奖12篇、三等奖14篇、优秀奖17篇。同时组织系统内单位参加高速铁路工务技术交流会论文投稿。（张立青）

【9项工程获中国土木工程詹天佑奖】 2016年，中国土木工程詹天佑奖推荐工作实行限额推荐，每个推荐单位限推荐3项。中国铁建系统推荐申报第14届中国土木工程詹天佑奖7项，通过中国铁路总公司及中国铁道工程建设协会推荐3项，通过地方推荐1项。全年获得第14届中国土木工程詹天佑奖工程9项（共29项），占比近三分之一，在全国企业中获奖数量排名第一位。（李庆民）

【19项工程被评为全国建筑业绿色施工示范工程】 2016年，中国铁建加大全国建筑业绿色施工示范工程申报力度，全系统有19项工程被评为第5批全国建筑业绿色施工示范工程；全国建筑业绿色施工示范工程第6批保持限额申报，经预报2次确定，通过中国铁建股份有限公司渠道向中国建筑业协会申报工程19项，通过铁建协渠道申报4项。年内，完成东航技术应用研发中心工程等9个项目的验收，推荐绿色施工示范工程专家10人，协同办理中铁十四局集团有限公司绿色施工培训1次。（张立青）

【中国铁建施工技术交流会】 2016年，中国铁建依托相关技术重难点工程，先后主办住宅产业现代化技术交流会、超大型沉箱技术交流会；系统内各单位主办大型技术交流、培训会97次，承办或参加国家、地方政府、学会、协会等组织的技术交流活动，全年有8000多人次参加。 （李庆民）

【中国铁建施工技术方案管理经验交流会】 2016年，召开中国铁建施工技术方案管理经验交流会，中铁十一局、十二局、十六局、十七局集团公司，中铁十一局集团五公司、十六局集团轨道公司，中国铁建大桥工程局集团公司平潭海峡公铁两用大桥项目部，中铁十八局集团公司云桂铁路南盘江大桥项目部，从集团公司、工程公司、项目经理部3个层面交流施工技术方案管理经验，并就如何进一步做好施工技术方案管理工作进行座谈研讨。 （李庆民）

【中国建设工程BIM大赛】 2016年，中国铁建组织系统内单位参加中国建筑业协会组织的第二届中国建设工程BIM大赛，推荐参赛项目15个，获得BIM卓越工程二等奖1项、三等奖4项；单项奖一等奖2项、二等奖2项、三等奖4项。 （李庆民）

【10项工程被评为全国建筑业创新技术应用示范工程】 2016年，中国铁建组织系统内单位申报中国建筑业协会组织的全国建筑业创新技术应用示范工程，全系统有10项工程获选。其中，股份公司推荐7项，系统内各单位从地方申报3项。 （张立青）

【工程咨询单位资格认定】 2016年，中国铁建系统有7家单位完成工程咨询单位资格认定及变更。截至2016年底，全系统拥有工程咨询资格单位19家，其中，甲级工程咨询单位13家。 （徐惠纯）

【获省部级以上勘察设计奖89项】 2016年，中国铁建系统获得各类省部级以上勘察设计咨询奖89项。其中，国际咨询奖7项；全国优秀设计奖13项；省部级69项。 （徐惠纯）

【中国铁建勘察设计咨询奖评选】 根据中国铁道建筑总公司《优秀工程勘察设计奖评选奖励办法》《优秀工程勘察设计软件评选奖励办法》和《优秀工程咨询成果奖评选奖励办法（试行）》有关规定和要求，评出2016年度中国铁建优秀工程勘察成果18项、优秀工程设计成果102项、优秀工程勘察设计软件12项、优秀工程咨询成果37项。 （徐惠纯）

【地理信息共享合作】 2016年，办理23批次71个项目的地理信息共享合作业务，为中国铁建所属设计院开展勘察设计咨询工作创造有利条件，提升勘察设计业务竞争力。 （黄　宁）

【北京轨道建筑学会运行】 2016年，北京轨道建筑学会召开一届五次理事会，通过了年度检查，接受规范性建设评估，进行财务审计并取得新版“三证合一”法人登记证书；并继续编发会刊《轨道建筑》，丰富学会活动内容。会员单位开展活动范围有所扩大，继续与其他科技社团联合组织活动，全年有7次学术活动。其中，4个专委会策划组织活动4次；理事单位策划并组织活动2次；与其他科技社团联合组织活动1次。

（李小和　王淑萍）

【社团窗口展示】 国家鼓励社团组织逐步承接部分政府职能的政策出台后，相关科技社团积极贯彻落实国家方针，相关科技社团2016年开始逐步承接部分政府职能，与中国铁建的联系及业务开展逐渐增多。2016年，办理或协助办理中国铁建领导出席中国铁道学会、中国公路学会、北京茅以升科技教育基金会等重要学会活动7次，既从社团窗口展示中国铁建的品牌和企业实力，有利于扩宽宣传渠道和途径，也开始体现学会工作的重要性和系统性。 （李小和）

【中国铁道学会轨道交通工程分会组建】 2016年，为开好头起好步，借鉴优秀学会成功经验，组建好中国铁道学会轨道交通工程分会，中国铁建成立筹备轨道交通工程分会工作小组，先后调研中国公路学会及其高速公路运营管理分会、中国土木工程学会隧道与地下工程分会、中国铁道学会工程分会、中国岩石力学与工程学会锚固与注浆分会、中国土木工程学会桥梁工程分会等学会（分会）。 （李小和）

中国铁建获第 14 届中国土木工程詹天佑奖情况

序号	获奖工程名称	获　奖　单　位
1	郑州东站	中铁十七局集团建筑工程有限公司
2	新建铁路哈尔滨至大连铁路客运专线	中铁第一勘察设计院集团有限公司、中铁十一局集团三公司、中铁十九局集团二公司、中国铁建大桥工程局集团有限公司、中铁建设集团有限公司、北京铁城建设监理有限公司、西安铁一院工程咨询监理有限公司
3	武汉至广州客运专线新建武汉动车段	中铁十一局集团有限公司、中铁第四勘察设计院集团有限公司
4	广深港高速铁路狮子洋隧道	中铁第四勘察设计院集团有限公司、中铁十二局集团有限公司
5	上瑞国道主干线湖南省邵阳至怀化高速公路	中铁二十局集团二公司、中国铁建大桥工程局集团三公司
6	福建省泉州至三明高速公路	中铁十六局集团有限公司
7	上海市轨道交通 16 号线工程	中铁二十三局集团有限公司、中铁十一局集团有限公司、中铁二十四局集团有限公司
8	北京地铁 15 号线工程	中铁十八局集团有限公司、中铁第五勘察设计院集团有限公司
9	深圳地铁 2 号线工程	中铁十二局集团有限公司、中铁十五局集团有限公司

（制表：李庆民）

2016 年中国铁建获第 5 批全国建筑业绿色施工示范工程情况

序号	工　程　名　称	承　建　单　位
1	A 栋实验楼等 4 项工程（中铁第五勘察设计院集团公司研发实验中心及附属用房项目）	中铁城建集团有限公司
2	郡都大厦施工总承包工程	中铁建设集团有限公司
3	洛阳正大国际城市广场暨市民中心西地块 5 号、7 号楼及商业街	中铁建设集团有限公司
4	重庆至贵阳铁路扩能改造工程重庆西站站房及相关工程	中铁十二局集团有限公司
5	黔张常铁路 QZCCZQ－6 标段长湾澧水大桥	中铁十一局集团五公司
6	黔张常铁路 QZCCZQ－6 标段黄家台隧道	中铁十一局集团五公司
7	新建蒙西至华中铁路煤运通道工程万荣隧道	中铁十二局集团有限公司
8	宁波市轨道交通 3 号线一期工程 TJ3110 标段	中铁十六局集团有限公司
9	天津市地铁 4 号线南段工程土建施工第 10 合同段	中铁十八局集团有限公司
10	蒙西至华中地区铁路煤运通道工程 MHTJ－5 标段（三工区）	中铁十八局集团有限公司
11	南昆铁路南百段增建二线工程 NBSG－5 标段	中铁十九局集团有限公司
12	郑州综合交通枢纽地下交通工程（东广场）项目	中铁二十一局集团有限公司
13	河北出版传媒创意中心——办公 A 座	中铁建设集团有限公司
14	商联中心	中铁建设集团有限公司
15	南宁市五象新区环球金融中心项目	中铁建设集团有限公司
16	厦门市轨道交通 2 号线一期工程土建施工总承包 1 标段	中国铁建股份有限公司
17	蓬莱至栖霞高速公路第二项目部	中铁十四局集团有限公司
18	新建铁路宁启线——南通至启东段站前工程	中铁十五局集团有限公司
19	铁四院总部设计大楼	中铁城建集团有限公司

（制表：张立青）

2016年中国铁建获全国建筑业创新技术应用示范工程情况

序号	工　程　名　称	专业	承　建　单　位
1	新建蒙西至华中铁路煤运通道工程MHTJ－11标段汾河特大桥和万荣隧道工程	铁路	中铁十二局集团有限公司
2	重庆轨道环线鹅公岩轨道专用桥	桥梁	中国铁建大桥工程局集团有限公司
3	武汉市轨道交通8号线一期土建3标段(越江隧道)	隧道	中铁十四局集团有限公司
4	新建铁路广深港客运专线福田站	铁路	中铁十五局集团有限公司
5	昌赣铁路客运专线赣州赣江特大桥	桥梁	中铁十六局集团有限公司
6	厦门第二西通道(海沧海底隧道)工程	隧道	中铁十八局集团有限公司
7	兰州新区鹏博商业风情广场工程	房屋建筑	中铁二十一局集团有限公司
8	东乡至昌傅高速公路C6标段赣江特大桥	桥梁	中铁二十三局集团有限公司
9	内蒙古冰上运动训练中心建设项目——大道速滑馆	房屋建筑	中铁城建集团有限公司
10	厦门市轨道交通2号线一期工程土建施工总承包1标段	轨道交通	中国铁建股份有限公司

（制表：张立青）

2016年中国铁建获第18届中国专利优秀奖情况

序号	专　利　名　称	专利号	权　属　单　位
1	一种长距离大坡度斜井全断面岩石掘进机	ZL201210220628.3	中国铁建重工集团有限公司
2	拉轨对正装置	ZL201110413741.9	中国铁建高新装备股份有限公司
3	一种正线道岔稳定车及其作业方法	ZL201210538737.X	中国铁建高新装备股份有限公司
4	铁路简支梁桥用球型支座	ZL200920091619.2	中铁第四勘察设计院集团有限公司
5	珍珠岩尖劈吸声砖	ZL201110210894.3	中铁第四勘察设计院集团有限公司
6	双阀双布袋袖阀管注浆方法	ZL200910039945.3	中国铁建港航局集团有限公司

（制表：孙嘉良）

2016年中国铁建获省部级及以上科学技术进步奖情况

序号	获奖项目名称	奖励等级	授奖机关	获奖单位
1	基于耦合动力学的高速铁路接触网/受电弓系统技术创新及应用	二等奖	国务院	铁四院、电气化局
2	高速铁路隧道围岩稳定性控制技术	特等奖	中国铁道学会	十二局、铁四院
3	高海拔寒冷地区软岩长大隧道安全环保施工关键技术	一等奖	宁夏回族自治区	十四局
4	高海拔高水压特长关角隧道修建技术	一等奖	青海省	十六局
5	盾构刀具载荷计算与磨损状态实时监测技术及应用	一等奖	天津市	铁建重工
6	钢管混凝土格构墩曲线桁架梁桥综合施工技术研究	一等奖	四川省	二十三局
7	城市区铁路工程岩石路堑与浅埋隧道安全控爆技术	一等奖	中国铁道学会	十七局、十二局
8	关角隧道修建关键技术	一等奖	中国铁道学会	铁一院、十六局
9	干旱风沙地区无砟轨道建造成套技术	一等奖	中国铁道学会	铁一院、十一局 十二局、十七局
10	高速铁路供变电系统服役性能研究	一等奖	中国铁道学会	铁四院
11	铁路物流基础设施规划布局研究	一等奖	中国铁道学会	铁四院

续表

序号	获奖项目名称	奖励等级	授奖机关	获奖单位
12	高水压条件下隧道工程结构模拟系统的关键技术研究及应用	一等奖	中国铁道学会	铁五院
13	地铁盾构下穿建(构)筑物的控制措施研究	二等奖	河南省	十一局
14	多排桩非连续屏障的被动隔震性能研究	二等奖	河南省	十一局
15	高原高地热隧道热害防治安全施工技术研究	二等奖	山西省	十二局
16	污染地层泥水平衡盾构施工关键技术	二等奖	山西省	十二局
17	超大型中庭式地铁车站建造关键技术研究	二等奖	山西省	十二局
18	复杂环境下空间交叉与平面分岔隧道施工控制技术	二等奖	天津市	大桥局
19	复杂地质条件下小断面特长隧道综合施工技术	二等奖	天津市	大桥局
20	高铁64米跨双线预应力混凝土简支箱梁节段预制拼装施工技术	二等奖	吉林省	十九局
21	隧道施工多元信息反馈优化及超前预警技术研究	二等奖	吉林省	大桥局
22	地铁盾构隧道预制管片施工及验收标准	二等奖	陕西省	十五局
23	小角度近距离立体交叉地铁盾构下穿昆明火车站的关键技术	二等奖	云南省	十六局
24	正线运营铁路下国铁、地铁交通枢纽软土深基坑明挖施工综合技术研究	二等奖	山西省	十七局
25	隧道工程有压地下水控制与防治成套关键技术及应用	二等奖	湖南省	十七局
26	隧道断层破碎带突水突泥机理及治理技术研究与应用	二等奖	河南省	十五局
27	高速铁路大跨度混凝土连续梁——钢桁组合结构桥综合施工技术	二等奖	青海省	二十一局
28	大断面隧道综合评价关键技术及应用研究	二等奖	甘肃省	二十一局
29	复杂与极端环境中隧道工程多类型水害机理与防治技术	二等奖	湖南省	二十二局
30	合蚌高铁关键技术	二等奖	上海市	上海院
31	ZES6250泥水平衡盾构设备研制及应用	二等奖	湖南省	铁建重工
32	山区高烈度地震区高耸危岩体崩塌机理与滚石冲击危害风险控制	二等奖	教育部	十四局
33	山区高烈度地震区高耸危研体崩塌机理与滚石冲击危害风险控制	二等奖	教育部	十九局
34	轨检车数据分析及预测综合应用系统	二等奖	中国铁道学会	十二局
35	铁路大跨度连续梁拱组合桥施工技术	二等奖	中国铁道学会	十一局、上海院
36	复杂环境下既有线近接施工安全风险管控关键技术研究及应用	二等奖	中国铁道学会	十四局
37	复杂环境下大直径泥水盾构穿越软土地层施工综合技术研究	二等奖	中国铁道学会	十六局
38	干旱风沙大温差戈壁地区高速铁路综合施工技术	二等奖	中国铁道学会	十六局
39	兰新高铁碎屑流及薄层板岩隧道施工变形控制技术	二等奖	中国铁道学会	二十局、铁一院
40	抛物线型空心超高铁路桥墩关键技术研究	二等奖	中国铁道学会	二十局、二十五局
41	四线客专深水大跨连续梁拱组合桥梁施工技术研究	二等奖	中国铁道学会	二十二局

续表

序号	获奖项目名称	奖励等级	授奖机关	获奖单位
42	长大箱涵整体顶进施工及其性态监测关键技术	二等奖	中国铁道学会	二十四局
43	干旱风沙地区高速铁路混凝土质量控制技术	二等奖	中国铁道学会	铁一院
44	列控系统过渡方案研究	二等奖	中国铁道学会	铁四院
45	高速铁路电力谐波治理设计标准研究	二等奖	中国铁道学会	铁四院
46	高速铁路站台门关键技术研究及工程应用	二等奖	中国铁道学会	铁四院
47	基于建筑能耗的铁路站房高大空间公共区天然采光优化技术	二等奖	中国铁道学会	铁四院
48	杭长高铁大跨度复杂结构桥梁铺设无砟轨道关键技术研究与应用	二等奖	中国铁道学会	铁四院
49	四线铁路独塔钢箱混合梁弯斜拉桥关键技术研究	二等奖	中国铁道学会	铁四院
50	贵广铁路主跨 230 米四线客货共线铁路钢桁斜拉桥方案技术研究	二等奖	中国铁道学会	铁四院
51	高频大地电磁法判释深埋隧道围岩级别方法研究	二等奖	中国铁道学会	铁四院
52	基于激光雷达技术的工程地质勘察及灾害监测关键技术研究	二等奖	中国铁道学会	铁四院
53	高海拔寒冷地区软岩长大隧道安全环保施工关键技术	二等奖	中国公路学会	十四局
54	小半径螺旋型曲线隧道施工通风技术研究	二等奖	中国公路学会	十二局、二十三局
55	中央大道海河沉管隧道关键技术问题研究	二等奖	中国公路学会	十八局
56	全硬塑膨胀性粘土层超大直径泥水盾构单管双层隧道施工关键技术	二等奖	中国公路学会	十四局
57	地震波作用下隧道衬砌的动力响应研究	三等奖	河南省	十一局
58	跨越既有铁路线钢箱梁桥步履式顶推建造关键技术	三等奖	河南省	十五局
59	新建巴准线桥梁适应中——活载新标准体系研究与应用	三等奖	内蒙古自治区	十一局
60	大跨度铁路曲线连续梁桥转体施工控制技术及应用研究	三等奖	内蒙古自治区	十二局
61	高速铁路大型客站密排菱形钢管桁架空中累积滑移多次合拢成套技术研究	三等奖	山西省	十二局
62	地铁供电系统再生制动能量吸收装置(逆变+电阻型)系统技术研究	三等奖	山西省	十二局
63	重载铁路连续钢构施工控制关键技术	三等奖	山西省	十二局
64	软弱围岩隧道快速施工及变形控制技术	三等奖	山西省	十二局
65	复杂周边环境条件下客运专线高墩多跨连续钢构桥施工技术	三等奖	河北省	十二局
66	寒区浅埋软塑粘土地层地铁隧道综合施工技术	三等奖	黑龙江省	大桥局
67	兴源隧道软岩大变形控制技术及施工方法研究	三等奖	黑龙江省	二十二局
68	30 吨轴重重载混凝土岔枕生产工艺技术研究	三等奖	天津市	大桥局
69	大跨度针形独塔钢斜拉桥施工关键技术研究	三等奖	天津市	十八局
70	基于广义协调元理论的新型组合桥梁结构抗震性能研究	三等奖	天津市	十八局
71	复杂环境重载铁路高墩大跨桥梁施工关键技术研究	三等奖	吉林省	大桥局

续表

序号	获奖项目名称	奖励等级	授奖机关	获奖单位
72	沿海富水区不良地质地铁隧道综合施工技术	三等奖	吉林省	大桥局
73	高承压水软流塑地层既有大型地下工程拆除重建技术及应用	三等奖	吉林省	大桥局
74	轨道交通双U箱型复合变截面节段拼装梁的设计、施工关键技术的综合应用	三等奖	上海市	大桥局
75	大吨位高速铁路运架一体机架设技术改进	三等奖	河北省	十七局
76	沪昆客专沅江大跨度刚构连续梁桥综合施工技术研究	三等奖	山西省	十七局
77	客运专线站场湿陷性黄土地基变形特性及沉降控制深化研究	三等奖	山西省	十七局
78	三趾马红土特性变异及其隧道设计施工关键技术	三等奖	山西省	十七局
79	富水软弱地层浅埋暗挖大断面城市隧道安全施工关键技术	三等奖	福建省	二十四局
80	扁铲侧胀试验及旁压测试技术在黄土地区的应用研究	三等奖	陕西省	铁一院
81	法截面子午线椭球工程应用研究	三等奖	陕西省	铁一院
82	武广客运专线噪声治理综合技术研究	三等奖	湖北省	铁四院
83	高频大地电磁法判释深埋隧道围岩级别方法研究	三等奖	湖北省	铁四院
84	激光靶式盾构导向系统研发	三等奖	湖南省	铁建重工
85	LSJ60链刀式地下连续墙设备研制及应用	三等奖	湖南省	铁建重工
86	复杂条件下单孔156米简支钢桁梁拖拉架设综合施工技术	三等奖	中国铁道学会	二十局
87	高速铁路复杂地质条件下特长岩溶富水隧道综合施工技术研究	三等奖	中国铁道学会	二十局
88	垂直零换乘下穿龙洞堡机场隧道综合施工关键技术研究	三等奖	中国铁道学会	二十一局
89	铁路高次超静定钢管混凝土系杆拱桥的建造关键技术研究与应用	三等奖	中国铁道学会	十六局
90	岩溶隧道地下水防护利用与安全施工技术研究	三等奖	中国铁道学会	十七局
91	隧道顶管救援成套技术和工艺研究	三等奖	中国铁道学会	十七局、中国铁建
92	新中梁山隧道大断面渐变段及近接既有隧道综合施工技术	三等奖	中国铁道学会	十七局
93	复杂环境下空间交叉与平面分岔隧道施工控制技术	三等奖	中国铁道学会	大桥局
94	高原高地热隧道热害防治安全施工技术研究	三等奖	中国铁道学会	十二局
95	高速铁路无砟轨道服役性能提升关键技术	三等奖	中国铁道学会	二十三局、高新装备
96	跨大型电气化铁路站场整体纵移1米—168米系杆拱桥施工技术研究	三等奖	中国铁道学会	二十五局
97	山区高速铁路高填方、斜坡及岩溶强发育区路基不均匀沉降控制技术研究	三等奖	中国铁道学会	二十五局
98	超大跨度悬挑异型钢结构及双层双曲面玻璃幕墙施工成套技术研究	三等奖	中国铁道学会	中铁建设
99	高铁客站跨线设施运营安全关键技术研究	三等奖	中国铁道学会	中铁建设
100	中天山隧道接触网刚性悬挂综合施工技术研究	三等奖	中国铁道学会	电气化局
101	牵引变电所防雷、防过电压技术研究	三等奖	中国铁道学会	铁一院

续表

序号	获奖项目名称	奖励等级	授奖机关	获奖单位
102	兰州至乌鲁木齐客运专线嘉峪关穿越长城段无砟轨道减振技术研究	三等奖	中国铁道学会	铁一院
103	27.5 千伏单芯电力铜电缆综合技术研究	三等奖	中国铁道学会	铁四院
104	高铁车站交通枢纽地区 TOD 规划研究	三等奖	中国铁道学会	铁四院
105	人行天桥在高速铁路列车通过时的振动影响研究	三等奖	中国铁道学会	铁四院
106	支挡结构墙背新型渗排水反滤层研究	三等奖	中国铁道学会	铁四院
107	铁路客站技术深化研究——无站台柱雨棚设计深化研究	三等奖	中国铁道学会	铁四院
108	《铁路数字移动通信系统(GSM－R)工程检测规程》的制定及应用	三等奖	中国铁道学会	铁四院
109	通信网传输与组网技术研究	三等奖	中国铁道学会	铁四院
110	高速铁路无砟轨道板精密定位测量关键技术研究	三等奖	中国铁道学会	铁五院
111	非对称断面钢轨跟端锻压段加长工艺研究	三等奖	中国铁道学会	铁建重工
112	高精度机载激光雷达技术在埃塞俄比亚铁路勘测中的应用研究	三等奖	中国铁道学会	中土集团
113	隧道断层破碎带突水突泥机理及治理技术研究	三等奖	中国公路学会	十五局
114	超长度混凝土连续梁等比例调坡整体顶升技术研究	三等奖	中国公路学会	二十四局

（制表:程博华）

2016 年中国铁建获省部级以上勘察设计“四优”奖情况

序号	项目名称	完成单位	评选单位	奖励类别	获奖等级
1	贵阳至广州客运专线总体设计	铁四院	国际咨询工程师联合会	菲迪克工程项目奖	杰出奖
2	钱江通道及接线工程钱江隧道	铁四院	国际咨询工程师联合会	菲迪克工程项目奖	杰出奖
3	宁波铁路枢纽北环线甬江特大桥工程	铁四院	国际咨询工程师联合会	菲迪克工程项目奖	优秀奖
4	青藏铁路西宁至格尔木二线新关角隧道	铁一院	国际咨询工程师联合会	菲迪克工程项目奖	优秀奖
5	新关角隧道	铁一院	国际隧道协会	年度重大工程奖	重大工程奖
6	南京地铁 3 号线新庄站至鸡鸣寺站区间隧道	铁四院	国际隧道协会	年度杰出工程奖	提名奖
7	深圳北站	铁四院	芝加哥雅典娜建筑及艺术博物馆 欧洲建筑、艺术设计及城市研究中心	芝加哥雅典娜国际建筑奖	国际建筑奖
8	杭甬客运专线精密测量控制工程	铁四院	中国测绘地理信息学会	全国优秀测绘工程奖	白金奖
9	汉宜铁路精密控制测量工程	铁四院	中国测绘地理信息学会	全国优秀测绘工程奖	铜奖
10	深圳市福田站综合交通枢纽室内照明工程	铁四院	中国照明学会	第 11 届中国照明工程设计奖	优秀奖
11	兰新铁路第二双线哈密立交特大桥	铁一院	中国施工企业管理协会	年度工程建设项目优秀设计成果奖	一等奖
12	无锡地铁 1 号线	铁四院	中国施工企业管理协会	年度工程建设项目优秀设计成果奖	一等奖
13	新建铁路杭州至长沙铁路客运专线长沙浏阳河特大桥	铁四院	中国施工企业管理协会	年度工程建设项目优秀设计成果奖	一等奖

续表

序号	项目名称	完成单位	评选单位	奖励类别	获奖等级
14	乌鲁木齐动车所检查库及边跨	铁一院	中国施工企业管理协会	年度工程建设项目优秀设计成果奖	二等奖
15	大西铁路客运专线马家庄隧道	铁一院	中国施工企业管理协会	年度工程建设项目优秀设计成果奖	二等奖
16	黄山北站站房及相关工程	铁四院	中国施工企业管理协会	年度工程建设项目优秀设计成果奖	二等奖
17	厦深铁路潮汕至惠州南段新建工程长沙湾特大桥	铁四院	中国施工企业管理协会	年度工程建设项目优秀设计成果奖	二等奖
18	武咸城际铁路跨武广客运专线特大桥	铁四院	中国施工企业管理协会	年度工程建设项目优秀设计成果奖	二等奖
19	新建宿淮铁路京杭运河特大桥工程施工设计	上海院	中国施工企业管理协会	年度工程建设项目优秀设计成果奖	二等奖
20	文昌会务中心	铁四院	中国施工企业管理协会	年度工程建设项目优秀设计成果奖	三等奖
21	兰新高铁精密工程控制测量	铁一院	中国勘察设计协会	全国优秀工程勘察设计行业奖(优秀工程勘察)	一等奖
22	郑西客运专线(陕西段)工程地质勘察及现场试验研究	铁一院	中国勘察设计协会	全国优秀工程勘察设计行业奖(优秀工程勘察)	一等奖
23	西安地铁 2 号线总体设计	铁一院	中国勘察设计协会	全国优秀工程勘察设计行业奖(优秀工程勘察)	二等奖
24	重庆轨道交通 6 号线一期工程设计	铁一院	中国勘察设计协会	全国优秀工程勘察设计行业奖(优秀工程勘察)	二等奖
25	西安市地铁 2 号线渭河车辆段与综合基地电气工程	铁一院	中国勘察设计协会	全国优秀工程勘察设计行业奖(优秀工程勘察)	三等奖
26	高速接触网悬挂安装智能模拟工艺设计系统	铁四院	中国勘察设计协会	全国优秀工程勘察设计行业奖(优秀计算机软件)	一等奖
27	CRTSⅢ型板式无砟轨道布板、制造和铺设一体化软件	铁四院	中国勘察设计协会	全国优秀工程勘察设计行业奖(优秀计算机软件)	三等奖
28	武广高铁广州南站给水排水系统设计	铁四院	中国建筑学会建筑给水排水研究分会	优秀给水排水设计奖	一等奖
29	扬州瘦西湖隧道通风排烟设计	铁四院	中国建筑学会暖通空调分会	优秀暖通空调工程设计奖	一等奖
30	北京地铁 6 号线通风空调系统设计	铁四院	中国建筑学会暖通空调分会	优秀暖通空调工程设计奖	二等奖
31	南京地铁 10 号线一期工程通风空调系统设计	铁四院	中国建筑学会暖通空调分会	优秀暖通空调工程设计奖	二等奖
32	长沙轨道交通 2 号线一期工程集中供冷设计	铁四院	中国建筑学会暖通空调分会	优秀暖通空调工程设计奖	二等奖
33	那扶河及镇海湾出海航道工程可行性研究报告	港航局	中国水运建设行业协会	水运工程优秀咨询成果奖	三等奖
34	合福铁路武夷山越岭隧道群工程地质勘察	铁四院	湖北省勘察设计协会	湖北省优秀工程勘察奖	一等奖
35	济乐高速公路工程地质勘察	铁四院	湖北省勘察设计协会	湖北省优秀工程勘察奖	一等奖
36	合福铁路精密控制测量	铁四院	湖北省勘察设计协会	湖北省优秀工程勘察奖	二等奖
37	杭长客专综合工程地质勘察	铁四院	湖北省勘察设计协会	湖北省优秀工程勘察奖	二等奖
38	贵广客专贺州至广州段重点桥隧工程地质勘察	铁四院	湖北省勘察设计协会	湖北省优秀工程勘察奖	二等奖

续表

序号	项目名称	完成单位	评选单位	奖励类别	获奖等级
39	新建厦门至深圳铁路潮汕至深圳段工程地质勘察	铁四院	湖北省勘察设计协会	湖北省优秀工程勘察奖	二等奖
40	大庆至广州高速公路湖北省黄石至通山段第二合同段工程地质勘察	铁四院	湖北省勘察设计协会	湖北省优秀工程勘察奖	二等奖
41	武汉至黄石、黄冈城际铁路精密控制测量	铁四院	湖北省勘察设计协会	湖北省优秀工程勘察奖	三等奖
42	武咸城际铁路精密控制测量	铁四院	湖北省勘察设计协会	湖北省优秀工程勘察奖	三等奖
43	合肥市望江西路下穿合肥西站及专用线组合式深基坑支护工程	铁四院	湖北省勘察设计协会	湖北省优秀工程勘察奖	三等奖
44	武汉市轨道交通 4 号线二期工程	铁四院	湖北省勘察设计协会	湖北省优秀工程设计奖	一等奖
45	武汉市轨道交通 4 号线工程通信、信号系统	铁四院	湖北省勘察设计协会	湖北省优秀工程设计奖	二等奖
46	武汉至黄石城际铁路	铁四院	湖北省勘察设计协会	湖北省优秀工程设计奖	二等奖
47	贵广铁路东平水道特大桥	铁四院	湖北省勘察设计协会	湖北省优秀工程设计奖	二等奖
48	贵广铁路思贤窖特大桥	铁四院	湖北省勘察设计协会	湖北省优秀工程设计奖	二等奖
49	武汉至咸宁城际铁路总体设计	铁四院	湖北省勘察设计协会	湖北省优秀工程设计奖	二等奖
50	合福铁路南淝河特大桥	铁四院	湖北省勘察设计协会	湖北省优秀工程设计奖	二等奖
51	厦深铁路榕江特大桥	铁四院	湖北省勘察设计协会	湖北省优秀工程设计奖	二等奖
52	宁波铁路枢纽北环线甬江特大桥	铁四院	湖北省勘察设计协会	湖北省优秀工程设计奖	二等奖
53	怀化至通道高速公路工程	铁四院	湖北省勘察设计协会	湖北省优秀工程设计奖	二等奖
54	武汉轨道交通 2 号线一期工程中山北路停车场	铁四院	湖北省勘察设计协会	湖北省优秀工程设计奖	三等奖
55	宁德至武夷山高速公路分水关隧道工程	铁四院	湖北省勘察设计协会	湖北省优秀工程设计奖	三等奖
56	新建合肥至福州铁路绩溪北站	铁四院	湖北省勘察设计协会	湖北省优秀工程设计奖	三等奖
57	新建合肥至福州铁路黄山北站	铁四院	湖北省勘察设计协会	湖北省优秀工程设计奖	三等奖
58	杭长客专长沙南枢纽南西联络线特大桥	铁四院	湖北省勘察设计协会	湖北省优秀工程设计奖	三等奖
59	济南至乐陵高速公路工程	铁四院	湖北省勘察设计协会	湖北省优秀工程设计奖	三等奖
60	昆明轨道交通首期工程	铁四院	云南省住房和城乡建设厅	云南省优秀工程设计奖	一等奖
61	昆明轨道交通首期工程——建筑及高架区间	铁四院	云南省住房和城乡建设厅	云南省优秀工程设计奖	表扬奖
62	昆明轨道交通首期工程——文化宫站	铁四院	云南省住房和城乡建设厅	云南省优秀工程设计奖	表扬奖
63	沪昆客专上跨京广高铁转体斜拉桥	铁四院	湖南省勘察设计协会	湖南省优秀工程勘察设计奖	一等奖
64	怀化至通道高速公路工程	铁四院	湖南省勘察设计协会	湖南省优秀工程勘察设计奖	三等奖
65	武汉市轨道交通 8 号线二期工程可行性研究报告	铁四院	湖北省工程咨询协会	湖北省优秀工程咨询成果奖	一等奖
66	新建武汉至十堰铁路孝感至十堰段可行性研究报告	铁四院	湖北省工程咨询协会	湖北省优秀工程咨询成果奖	一等奖
67	皖江地区城际铁路建设规划（2015—2020 年）	铁四院	湖北省工程咨询协会	湖北省优秀工程咨询成果奖	二等奖

续表

序号	项目名称	完成单位	评选单位	奖励类别	获奖等级
68	杭州至海宁城际铁路工程可行性研究报告	铁四院	湖北省工程咨询协会	湖北省优秀工程咨询成果奖	二等奖
69	湖北省鄂州市泽林镇岩溶地面塌陷地质灾害勘查评估报告	铁四院	湖北省工程咨询协会	湖北省优秀工程咨询成果奖	三等奖
70	武汉市城市轨道交通近期建设规划(2014—2020年)环境影响报告书	铁四院	湖北省工程咨询协会	湖北省优秀工程咨询成果奖	三等奖
71	新建铁路哈尔滨至齐齐哈尔客运专线站房工程设计咨询	铁四院	湖北省工程咨询协会	湖北省优秀工程咨询成果奖	三等奖
72	新建成都至重庆铁路客运专线工程技术咨询及施工图审核	铁四院	湖北省工程咨询协会	湖北省优秀工程咨询成果奖	优秀奖
73	新建铁路金华至台州线预可行性研究报告	铁五院	北京市工程咨询协会	北京市优秀工程咨询成果奖	一等奖
74	北京市大兴区采育镇01—0005及01—0033地块二类居住、商业金融用地项目项目申请报告	铁五院	北京市工程咨询协会	北京市优秀工程咨询成果奖	一等奖
75	锦州港至白音华铁路扩能工程项目申请报告	铁五院	北京市工程咨询协会	北京市优秀工程咨询成果奖	一等奖
76	新建徐州至淮安至盐城铁路项目建议书	铁五院	北京市工程咨询协会	北京市优秀工程咨询成果奖	一等奖
77	北京市医疗器械检验所综合性医疗器械检验基地二期工程项目建议书(代可研)评估报告	铁五院	北京市工程咨询协会	北京市优秀工程咨询成果奖	二等奖
78	华润医药北京产业园建设项目水土保持方案报告书	铁五院	北京市工程咨询协会	北京市优秀工程咨询成果奖	二等奖
79	大兴新凤河(新城段)景观提升工程实施方案	铁五院	北京市工程咨询协会	北京市优秀工程咨询成果奖	二等奖
80	北京市大兴区采育镇A－07－02地块商业金融项目建设工程节能专篇	铁五院	北京市工程咨询协会	北京市优秀工程咨询成果奖	二等奖
81	贵州省铜仁市碧江新区道路工程(五福大道)可行性研究报告	铁五院	北京市工程咨询协会	北京市优秀工程咨询成果奖	二等奖
82	安康城区环城干道江北段与铁路交叉工程可行性研究报告	铁五院	北京市工程咨询协会	北京市优秀工程咨询成果奖	二等奖
83	国道209线省道340线中阳县过境(唐石板沟隧道)公路改线工程财政承受能力论证报告	铁五院	北京市工程咨询协会	北京市优秀工程咨询成果奖	三等奖
84	新建长春(开安)至西巴彦花铁路项目申请报告	铁五院	北京市工程咨询协会	北京市优秀工程咨询成果奖	三等奖
85	新建铁路中卫至兰州客运专线综合开发方案研究报告	铁五院	北京市工程咨询协会	北京市优秀工程咨询成果奖	三等奖
86	北江(韶关至乌石)航道扩能升级工程工程可行性研究报告	港航局	广东省工程咨询协会	广东省优秀工程咨询成果奖	一等奖
87	贵阳市南明河(花溪平桥至拐九村段)航运开发总体规划	港航局	广东省工程咨询协会	广东省优秀工程咨询成果奖	二等奖
88	那扶河及镇海湾出海航道工程可行性研究报告	港航局	广东省工程咨询协会	广东省优秀工程咨询成果奖	三等奖
89	倒运海水道航道整治工程可行性研究报告	港航局	广东省工程咨询协会	广东省优秀工程咨询成果奖	三等奖

（制表：徐惠纯）

2016年中国铁建系统获得省部级工法目录

序号	工　法　名　称	开发单位	认　定　机　构
1	高地应力软弱围岩喇叭式渐变收缩型小净距隧道施工工法	十一局	湖北省住房和城乡建设厅
2	巨型薄壁壳模架设施工工法	十一局	湖北省住房和城乡建设厅
3	橡胶隔震支座施工工法	十一局	湖北省住房和城乡建设厅
4	复杂环境下盾构钢套筒接收施工工法	十一局	湖北省住房和城乡建设厅
5	复杂地层盾构空推段隧道施工工法	十一局	湖北省住房和城乡建设厅
6	地铁车站侧墙自行式整体液压模板台车施工工法	十一局	湖北省住房和城乡建设厅
7	高速铁路电力、电气化 PSCADA 系统调试施工工法	十一局	湖北省住房和城乡建设厅
8	基于模块化临时支撑的空间拱形屋面钢结构安装施工工法	十一局	湖北省住房和城乡建设厅
9	提梁机配合流动式架桥机提梁施工工法	十一局	湖北省住房和城乡建设厅
10	CRTSⅢ型无砟轨道板自密实混凝土侧面单边灌注施工工法	十一局	湖北省住房和城乡建设厅
11	中低速磁浮轨道铺设施工工法	十一局	湖北省住房和城乡建设厅
12	132 米钢桁梁三线立交横移架设施工工法	十一局	湖北省住房和城乡建设厅
13	巨型薄壁壳模结构预制施工工法	十一局	湖北省住房和城乡建设厅
14	矿山法隧道由双洞单线过渡为单洞双线施工工法	十一局	中国公路协会
15	巨型薄壁壳模结构架设施工工法	十一局	中国公路协会
16	隧道宽幅防水板、二衬钢筋综合台车法施工工法	十一局	重庆市城乡建设委员会
17	城市地铁车站异形大断面衬砌整体浇筑施工工法	十二局	山西省住房和城乡建设厅
18	高原公路隧道平行导洞进横通道开口施工工法	十二局	山西省住房和城乡建设厅
19	特长隧道洞内 K 字形双交叉导线控制网施工工法	十二局	山西省住房和城乡建设厅
20	地铁明挖车站 Y 型钢结构柱定位测量施工工法	十二局	山西省住房和城乡建设厅
21	地铁车站富水砂层可拆卸锚索施工工法	十二局	山西省住房和城乡建设厅
22	积分法定位线路纵横偏量测量工法	十二局	山西省住房和城乡建设厅
23	定向钻孔回拖 HDPE 管下穿既有铁路施工工法	十二局	山西省住房和城乡建设厅
24	客运专线帽檐斜切式隧道洞门施工工法	十二局	山西省住房和城乡建设厅
25	轨道交通区间暗挖隧道悬臂掘进机施工工法	十二局	山西省住房和城乡建设厅
26	CRTSⅢ型板式无砟轨道填充层自密实混凝土施工工法	十二局	山西省住房和城乡建设厅
27	CRTSⅢ型板式道岔铺设施工工法	十二局	山西省住房和城乡建设厅
28	陀螺仪、铅垂仪、全站仪、GPS 联合定向深竖井及洞内控制测量施工工法	十二局	山西省住房和城乡建设厅
29	铅垂仪、智能全站仪深竖井逆向坐标传递投点施工工法	十二局	山西省住房和城乡建设厅
30	平面转体结构不平衡力矩法称重、配重施工工法	十二局	山西省住房和城乡建设厅
31	WE－SC900H 穿隧道运架一体机架设小半径曲线整孔铁路箱梁施工工法	十二局	山西省住房和城乡建设厅

续表

序号	工　法　名　称	开发单位	认　定　机　构
32	SX24－48－1500 吨上行式移动支架造桥机隧道口零距离架设箱梁施工工法	十二局	山西省住房和城乡建设厅
33	软弱围岩隧道斜井进正洞双曲拱式支护结构施工工法	十二局	山西省住房和城乡建设厅
34	短竖井盾构分体始发施工工法	十二局	山西省住房和城乡建设厅
35	承压水砂层盾构钢套筒接收施工工法	十二局	山西省住房和城乡建设厅
36	DJ180 单导梁公铁两用架桥机架设小半径曲线铁路 T 梁施工工法	十二局	山西省住房和城乡建设厅
37	固定式高低腿龙门吊提升站施工工法	十二局	山西省住房和城乡建设厅
38	无存梁区上桥运输坡道桥面阶梯式平行流水作业施工工法	十二局	山西省住房和城乡建设厅
39	上跨营业线有限场地大吨位钢桁梁移动吊装施工工法	十二局	山西省住房和城乡建设厅
40	连续运行参考站(CORS 站)施工工法	十二局	山西省住房和城乡建设厅
41	高速公路单幅柱式棚洞施工工法	十二局	山西省住房和城乡建设厅
42	铁路 T 梁连续设声屏障地段整体移动模架现浇桥面板施工工法	十二局	山西省住房和城乡建设厅
43	线外支架现浇箱梁横移架设施工工法	十二局	山西省住房和城乡建设厅
44	沥青混合料冷再生施工工法	十二局	山西省住房和城乡建设厅
45	铁路营业线悬臂式挡墙顶推施工工法	十二局	山西省住房和城乡建设厅
46	火山灰地层隧道基底微管桩施工工法	十二局	山西省住房和城乡建设厅
47	附加导线与吊柱合架施工工法	十二局	山西省住房和城乡建设厅
48	接触网吊弦工厂化预配施工工法	十二局	山西省住房和城乡建设厅
49	恒张力架线施工工法	十二局	山西省住房和城乡建设厅
50	高压脉冲轨道电路施工工法	十二局	山西省住房和城乡建设厅
51	剪力墙端部圆柱施工工法	十二局	山西省住房和城乡建设厅
52	长大隧道陡坡斜井有轨运输施工工法	十二局	中国公路建设行业协会
53	轻型单壁大刚度底板钢吊箱施工工法	十二局	中国公路建设行业协会
54	地下连续墙与三轴搅拌桩复合式围护结构施工工法	大桥局	安徽省住房和城乡建设厅
55	逆作法施工垂直插入钢管柱施工工法	大桥局	安徽省住房和城乡建设厅
56	寒冷地区单塔双跨自锚式悬索桥吊杆安装施工工法	大桥局	黑龙江省住房和城乡建设厅
57	小净距隧道穿越不稳定斜坡体施工工法	大桥局	黑龙江省住房和城乡建设厅
58	高寒湿地地区吹填砂路基施工工法	大桥局	黑龙江省住房和城乡建设厅
59	W 型柔性接口铸铁排水管施工工法	大桥局	黑龙江省住房和城乡建设厅
60	寒冷地区粘性土隧道留核心土微二台阶五步开挖施工工法	大桥局	黑龙江省住房和城乡建设厅
61	复杂环境条件下 PCCP 管施工工法	大桥局	黑龙江省住房和城乡建设厅
62	岩石地质采用水钻法结合静态胀药桩基施工工法	大桥局	辽宁省住房和城乡建设厅
63	水中桥梁可完全拆除循环使用钢吊箱施工工法	大桥局	辽宁省住房和城乡建设厅

续表

序号	工　法　名　称	开发单位	认　定　机　构
64	隧道地表深孔袖阀管注浆施工工法	大桥局	辽宁省住房和城乡建设厅
65	万吨级T型刚构桥梁双幅同步水平转体施工工法	大桥局	辽宁省住房和城乡建设厅
66	双层护壁人工挖孔桩施工工法	大桥局	辽宁省住房和城乡建设厅
67	骨架密实级配低剂量水泥稳定碎石(底)基层施工工法	大桥局	辽宁省住房和城乡建设厅
68	斜拉桥超宽幅主梁复合型前支点挂篮施工工法	大桥局	辽宁省住房和城乡建设厅
69	上注下支法修建上软下硬地层暗挖地铁车站工法	大桥局	辽宁省住房和城乡建设厅
70	穿越海边礁石回填区域的地铁隧道施工工法	大桥局	辽宁省住房和城乡建设厅
71	客专大断面高瓦斯隧道无轨运输综合施工工法	大桥局	天津市城乡建设委员会
72	短距离线路长钢轨直铺施工工法	十五局	河南省建筑业协会
73	“建－桥合一”站端承重体系转换施工工法	十五局	陕西省住房和城乡建设厅
74	超高现浇桥梁支架梁底吊轨拆除工法	十五局	陕西省住房和城乡建设厅
75	复杂地质条件下深水超长桩基施工工法	十六局	中国公路建设行业协会
76	“倒八字”斜拉桥悬臂现浇主梁施工工法	十六局	中国公路协会
77	水泥稳定砂砾基层双层连铺施工工法	十七局	河北省土木建筑学会
78	客运专线隧道内42号板式高速道岔施工工法	十七局	河北省土木建筑学会
79	旧桥板式橡胶支座更换施工工法	十七局	河北省土木建筑学会
80	高速公路隧道顶部新增射流风机安装施工工法	十七局	山西省住房和城乡建设厅
81	电气化铁路接触网支柱结构一次性到位施工工法	十七局	山西省住房和城乡建设厅
82	330千伏架空输电线路在永久性沼泽地施工工法	十七局	山西省住房和城乡建设厅
83	无水地层盾构接收洞门密封装置改进工法	十七局	山西省住房和城乡建设厅
84	盾构隧道锚索拔除施工工法	十七局	山西省住房和城乡建设厅
85	富水砂卵石地层土压平衡盾构掘进地层控制施工工法	十七局	山西省住房和城乡建设厅
86	CRTSⅢ型先张法预应力混凝土轨道板预制施工工法	十七局	山西省住房和城乡建设厅
87	T梁高位预制横移架设施工工法	十七局	山西省住房和城乡建设厅
88	湿陷性黄土隧道初支模筑混凝土施工工法	十七局	山西省住房和城乡建设厅
89	小半径盾构隧道无反力架半环始发施工工法	十七局	山西省住房和城乡建设厅
90	小断面深竖井钢护筒壁后注浆支护施工工法	十七局	山西省住房和城乡建设厅
91	瓦斯地层小断面通风竖井反井钻法快速掘进施工工法	十七局	山西省住房和城乡建设厅
92	斜拉桥主塔上横梁60米高落地钢管支架施工工法	十七局	山西省住房和城乡建设厅
93	全漂浮体系斜拉桥主梁施工工法	十七局	山西省住房和城乡建设厅
94	浅埋碎裂岩层地铁车站拱盖—桩锚组合施工工法	十七局	山西省住房和城乡建设厅
95	数字化控制液压垂直插管机插入钢管柱施工工法	十七局	山西省住房和城乡建设厅

续表

序号	工　法　名　称	开发单位	认　定　机　构
96	超厚 GRG 墙板施工工法	十七局	山西省住房和城乡建设厅
97	滑移支座式大跨度阳光板幕墙施工工法	十七局	山西省住房和城乡建设厅
98	不规则曲面网壳结构分块施工工法	十七局	山西省住房和城乡建设厅
99	盾构管片自动化流水线施工工法	十八局	天津市城乡建设委员会
100	大直径供水钢管道施工工法	十八局	天津市城乡建设委员会
101	EPS 模块保温与建筑结构一体化施工工法	十八局	天津市城乡建设委员会
102	大型多管分槽输水管道穿越铁路施工工法	十八局	天津市城乡建设委员会
103	斜靠钢箱系杆拱一次合拢施工工法	十八局	天津市城乡建设委员会
104	复杂空间钢结构航站楼运营条件下扩容改造施工工法	十八局	天津市城乡建设委员会
105	大坡度筒仓漏斗施工工法	十八局	天津市城乡建设委员会
106	隧道衬砌混凝土覆膜自动控制蒸汽养生施工工法	十八局	天津市城乡建设委员会
107	大跨度拱桥钢筋混凝土拱圈斜拉扣挂加分环分段组合施工工法	十八局	天津市城乡建设委员会
108	狭小全封闭空间内盾构机转体及平移施工工法	十八局	天津市城乡建设委员会
109	彩针形独塔斜拉桥卧拼逆向竖转施工工法	十八局	天津市城乡建设委员会
110	复合地层长距离曲线泥水平衡顶管法施工工法	十八局	天津市城乡建设委员会
111	盾构穿越区间风井结构连续掘进施工工法	十八局	天津市城乡建设委员会
112	彩针形独塔斜拉桥卧拼逆向竖转施工工法	十八局	中国公路建设行业协会
113	大跨度桥梁竖曲线顶推施工工法	十八局	中国公路建设行业协会
114	复杂条件下长距离大直径曲线管幕施工工法	十八局	中国公路建设行业协会
115	大跨度拱桥钢筋混凝土拱圈斜拉扣挂加分环分段组合施工工法	十八局	中国公路建设行业协会
116	大型输水框构涵穿越高路基铁路组合便桥施工工法	十八局	中国公路建设行业协会
117	隧道断层破碎带铣挖法开挖施工工法	十九局	辽宁省住房和城乡建设厅
118	高速公路既有线微表处罩面施工工法	十九局	辽宁省住房和城乡建设厅
119	全自动液压台车快速施工隧道侧沟和电缆槽工法	十九局	辽宁省住房和城乡建设厅
120	配电室“环状桥架”布置施工工法	十九局	辽宁省住房和城乡建设厅
121	热水空调管道组合式固定、滑动支架施工工法	十九局	辽宁省住房和城乡建设厅
122	海上系梁式整体承台采用联体钢吊箱施工工法	十九局	辽宁省住房和城乡建设厅
123	桥面人行道板整体浇筑施工工法	十九局	辽宁省住房和城乡建设厅
124	预应力混凝土梁双孔同步穿棒施工工法	十九局	辽宁省住房和城乡建设厅
125	车站轨排井围护结构预应力锚索施工工法	十九局	辽宁省住房和城乡建设厅
126	地铁暗挖车站单层四导洞 WBA 工法	十九局	辽宁省住房和城乡建设厅
127	盾构法施工填仓开仓作业工法	十九局	辽宁省住房和城乡建设厅

续表

序号	工　法　名　称	开发单位	认　定　机　构
128	可溶岩中隧道初支局部堵水注浆施工工法	十九局	辽宁省住房和城乡建设厅
129	隧道软岩变形段塌方“反吹沙法”综合处理施工工法	十九局	辽宁省住房和城乡建设厅
130	现浇连续梁承插型盘扣式钢管支架搭设施工工法	十九局	辽宁省住房和城乡建设厅
131	铁路混凝土桥梁新型弹性体伸缩缝施工工法	十九局	辽宁省住房和城乡建设厅
132	桥面人行道板整体浇筑施工工法	十九局	中国公路建设行业协会
133	海上系梁式整体承台采用联体钢吊箱施工工法	十九局	中国公路建设行业协会
134	高原冻土地区柔性加筋土路基护坡施工工法	十九局	中国公路建设行业协会
135	预应力混凝土梁双孔同步穿棒施工工法	十九局	中国公路建设行业协会
136	长距离隧道集中送风式通风系统自适应控制系统施工工法	二十局	陕西省住房和城乡建设厅
137	空间曲面肋梁钢结构施工工法	二十局	陕西省住房和城乡建设厅
138	T76S 高强度自钻式管棚超前支护工法	二十局	陕西省住房和城乡建设厅
139	复杂的异形深基坑施工工法	二十局	陕西省住房和城乡建设厅
140	边跨高墩无支架现浇段挂篮结合桁架式导梁施工工法	二十局	陕西省住房和城乡建设厅
141	地铁暗挖隧道下穿建筑物施工工法	二十局	陕西省住房和城乡建设厅
142	高速铁路大断面隧道穿越碎屑流地层施工工法	二十局	陕西省住房和城乡建设厅
143	复杂环境大断面隧道快速支护施工工法	二十局	陕西省住房和城乡建设厅
144	古河床粉砂土地层顶管施工工法	二十局	陕西省住房和城乡建设厅
145	复合地层泥膜保压施工工法	二十局	陕西省住房和城乡建设厅
146	隧道新型仰拱弧形钢模板施工工法	二十局	陕西省住房和城乡建设厅
147	四联拱 PBA 地铁车站扣拱施工工法	二十局	陕西省住房和城乡建设厅
148	边跨高墩无支架现浇段挂篮结合桁架式导梁施工工法	二十局	中国公路建设行业协会
149	复杂环境下城轨隧道下穿建筑物和构筑物基础施工工法	二十一局	甘肃省住房和城乡建设厅
150	平原架桥机架设桥隧相连地段 900 吨双线整孔箱梁施工工法	二十一局	甘肃省住房和城乡建设厅
151	薄层破碎硬质岩石地层中大倾角反向暗挖施工工法	二十一局	甘肃省住房和城乡建设厅
152	大跨度钢箱梁可升降自行式连续顶推施工工法	二十一局	甘肃省住房和城乡建设厅
153	浅埋薄层破碎硬质岩石地层中道岔区“两小扩一大”隧道暗挖施工工法	二十一局	甘肃省住房和城乡建设厅
154	混凝土 – 钢桁组合结构中钢桁梁安装工法	二十一局	甘肃省住房和城乡建设厅
155	超大跨度平板结构钢网架屋架整体提升施工工法	二十一局	青海省住房和城乡建设厅
156	大风干旱大温差戈壁环境下无砟轨道高性能混凝土施工工法	二十一局	青海省住房和城乡建设厅
157	预制共同沟安装施工工法	二十二局	福建省住房和城乡建设厅
158	长枕埋入式无碴轨道现场组装轨排支撑架施工工法	二十二局	福建省住房和城乡建设厅
159	组合式 H 型钢现浇箱梁支架施工工法	二十二局	福建省住房和城乡建设厅

续表

序号	工　法　名　称	开发单位	认　定　机　构
160	单侧高大模板型钢支架施工工法	二十二局	福建省住房和城乡建设厅
161	铁路 D 型钢便梁整体顶升纵移施工工法	二十二局	福建省住房和城乡建设厅
162	箱涵可移动模板支架施工工法	二十二局	福建省住房和城乡建设厅
163	曲线变截面钢箱梁的整体胎架拟桥位组装施工工法	二十二局	黑龙江省住房和城乡建设厅
164	四线客专三拱肋系杆拱连续梁空间曲面拱脚施工工法	二十二局	黑龙江省住房和城乡建设厅
165	中低速磁浮轨道梁安装施工工法	二十三局	四川省住房和城乡建设厅
166	特长铁路隧道长距离独头通风施工工法	二十三局	四川省住房和城乡建设厅
167	全方位高压喷射注浆(MJS)施工工法	二十三局	四川省住房和城乡建设厅
168	改建铁路接触网支柱组立施工工法	二十三局	四川省住房和城乡建设厅
169	城市复杂环境暗挖浅覆土大断面隧道开挖施工工法	二十三局	四川省住房和城乡建设厅
170	跨哈大高速铁路普速场预应力混凝土连续箱梁防护棚洞施工工法	二十三局	四川省住房和城乡建设厅
171	临近营业线富水地质条件大型旅客地下通道施工工法	二十三局	四川省住房和城乡建设厅
172	市政管道工程泥水平衡盾构顶管施工工法	二十三局	四川省住房和城乡建设厅
173	膨胀土地区浅埋暗挖隧道环形开挖预留核心土施工工法	二十四局	安徽省住房与城乡建设厅
174	建筑垃圾再生料填筑路基施工工法	二十四局	安徽省住房与城乡建设厅
175	高速公路大横坡现浇梁施工工法	二十四局	福建省住房和城乡建设厅
176	提高花瓣式悬挑钢结构雨棚安装精度施工工法	二十四局	贵州省住房和城乡建设厅
177	大跨度双向斜坡屋面区段隔层逆作施工工法	二十四局	贵州省住房和城乡建设厅
178	城市既有高架桥拆除施工及监测工法	二十四局	浙江省建筑业管理局
179	高压水射流法凿毛混凝土施工工法	二十四局	浙江省建筑业管理局
180	软土地区高速铁路特大桥桥墩纠偏施工工法	二十四局	浙江省建筑业管理局
181	应用新意法处理隧道塌方施工工法	二十四局	浙江省建筑业管理局
182	预应力横抬梁架空线路施工工法	二十五局	广西壮族自治区住房和城乡建设厅
183	大跨度斜交框构网格多支点连续转移法顶进过轨施工工法	二十五局	中国公路建设行业协会
184	城镇闹市区进行控制爆破施工工法	二十五局	中国公路建设行业协会
185	超大尺寸(柔性)单向单索式玻璃幕墙施工工法	中铁建设	北京市住房和城乡建设委员会
186	大跨度弧形悬挑钢结构施工工法	中铁建设	北京市住房和城乡建设委员会
187	双曲面钢龙骨隐框玻璃幕墙施工工法	中铁建设	北京市住房和城乡建设委员会
188	仿和玺彩画施工工法	中铁建设	北京市住房和城乡建设委员会
189	大型铁路站房叠级整体提升施工工法	中铁建设	贵州省住房和城乡建设厅
190	高速铁路车站高大空间雨棚重型灯具施工工法	中铁建设	贵州省住房和城乡建设厅
191	高大空间超长密拼铝单板双开交替式施工工法	中铁建设	贵州省住房和城乡建设厅

续表

序号	工　法　名　称	开发单位	认　定　机　构
192	暗装消防箱工具式预制板的施工工法	中铁建设	河南省建筑业协会
193	QFP 轻质隔墙安装施工工法	中铁建设	湖南省住房和城乡建设厅
194	大型可开启式玻璃窗屋盖施工工法	中铁建设	湖南省住房和城乡建设厅
195	外立面悬挂装饰清水砖幕墙施工工法	中铁建设	湖南省住房和城乡建设厅
196	采用定位框加工异型钢构件施工工法	中铁建设	江西省住房和城乡建设厅
197	狭窄变形缝内侧模板安装施工工法	中铁建设	江西省住房和城乡建设厅
198	可调式大截面柱模型钢组合加固施工工法	中铁建设	江西省住房和城乡建设厅
199	旋挖钻孔灌注桩化学造浆应用施工工法	中铁建设	江西省住房和城乡建设厅
200	现浇双层钢筋楼板可重复使用马凳施工工法	中铁建设	江西省住房和城乡建设厅
201	济南恒大翡翠华庭会所大坡度斜屋面混凝土施工工法	中铁建设	山东省建筑工程管理局
202	剪力墙根部角钢封堵施工工法	中铁建设	山东省建筑工程管理局
203	真金防火保温板外墙保温系统施工工法	中铁建设	山东省建筑工程管理局
204	电梯井道可提升式操作平台施工工法	中铁建设	山西省住房和城乡建设厅
205	深基坑五轴水泥搅拌桩止水帷幕施工工法	中铁建设	山西省住房和城乡建设厅
206	后浇楼板吊模施工工法	中铁建设	山西省住房和城乡建设厅
207	高强度螺栓连接单元板块式玻璃幕墙施工工法	中铁建设	陕西省住房和城乡建设厅
208	地铁供电直流设备绝缘安装工法	电气化局	山西省住房和城乡建设厅
209	跨越带电高压输电线路施工工法	电气化局	山西省住房和城乡建设厅
210	电气化铁路隧道内接触网加强线改正馈线施工工法	电气化局	山西省住房和城乡建设厅
211	牵引变电所接地网利用长效复合高导接地体降阻施工工法	电气化局	山西省住房和城乡建设厅
212	万吨列车带电自动过分相装置施工工法	电气化局	山西省住房和城乡建设厅
213	桥梁深水大直径变截面钻孔灌注桩施工工法	港航局	广东省住房和城乡建设厅
214	宽幅式斜腹板预应力连续箱梁整体现浇施工工法	港航局	中国公路建设行业协会
215	混凝土叠合箱网梁楼盖施工工法	城建集团	湖南省住房和城乡建设厅
216	钢、混组合结构大截面混凝土梁与钢柱施工工法	城建集团	湖南省住房和城乡建设厅
217	既有线车站给水管泥水平衡顶进施工工法	城建集团	湖南省住房和城乡建设厅
218	高速枢纽既有线跨线建筑钢结构吊装安全施工工法	城建集团	湖南省住房和城乡建设厅
219	高层钢结构自承式可拆卸楼承施工工法	城建集团	湖南省住房和城乡建设厅
220	地下结构外墙单侧支模施工工法	城建集团	山西省住房和城乡建设厅
221	型钢混凝土结构转换层施工工法	城建集团	山西省住房和城乡建设厅
222	劲型钢柱牛腿板梁筋链接施工工法	城建集团	山西省住房和城乡建设厅
223	卡扣式楼梯施工用组合模板工法	城建集团	山西省住房和城乡建设厅
224	密肋楼盖橡胶内衬钢板式膜壳施工工法	城建集团	山西省住房和城乡建设厅
225	工业厂房高精度可调轨道施工工法	城建集团	山西省住房和城乡建设厅
226	混凝土叠合箱网梁楼盖施工工法	城建集团	天津市城乡建设委员会

（制表：李庆民）

2016年中国铁建科技成果通过省部级鉴定(评审)情况

序号	项目名称	完成单位	鉴定(评审)机构	成果评价	类别
1	中低速磁浮轨道工程施工关键技术	十一局	湖北省科技厅	国际领先	鉴定
2	预制巨型预应力盖梁U型壳模技术研发与应用	十一局	鹰潭市科学技术局	国际领先	鉴定
3	预制巨型预应力盖梁U型壳模	十一局	江西省科技厅	国际领先	鉴定
4	超宽变截面连续梁桥不平衡配重转体技术	十一局	湖北省科学技术厅	国际先进	鉴定
5	高大跨六连拱渡槽施工关键技术	十一局	湖北省科学技术厅	国际先进	鉴定
6	预制公路节段梁技术研发与应用	十一局	鹰潭市科学技术局	国际先进	鉴定
7	预制公路节段梁	十一局	江西省科技厅	国际先进	鉴定
8	重载铁路黄河特大桥施工关键技术	十一局	湖北省科学技术厅	国际先进	鉴定
9	巨型薄壁壳体架设施工技术	十一局	中国公路建设行业协会	国际先进	鉴定
10	适用小曲线运架一体机改造和大坡度架梁应用等关键技术	十二局	山西省科学技术厅	国际领先	鉴定
11	建筑密集区富水砂卵地层地铁车站施工关键技术	十二局	湖南省技术交易产权所	国际领先	鉴定
12	复杂工程环境特长城市高速铁路隧道关键施工技术	十二局	山西省科学技术厅	国际领先	鉴定
13	季节性冻土区粉砂土工程性质与路基关键技术研究	十二局	山西省科学技术厅	国际领先	鉴定
14	大跨度连续刚构上下双室渡槽施工技术	十二局	山西省科学技术厅	国际先进	鉴定
15	沿海地区淤泥质土层地基处理技术研究	十二局	山西省科学技术厅	国际先进	鉴定
16	软弱围岩隧道支护技术与配套装备研究	十二局	山西省科学技术厅	国际先进	鉴定
17	复杂地层水下隧道泥水盾构关键施工技术	十二局	山西省科学技术厅	国际先进	鉴定
18	高海拔寒区软弱围岩隧道快速施工技术	十二局	山西省科学技术厅	国际先进	鉴定
19	寒区不同围岩条件下隧道水压控制爆破关键技术研究	十二局	山西省科学技术厅	国际先进	鉴定
20	郑徐铁路客运专线CRTSⅢ型板式无砟轨道施工关键技术研究	十二局	山西省科学技术厅	国际先进	鉴定
21	高海拔浅埋松软地层隧道施工关键技术研究	十二局	山西省科学技术厅	国内领先	鉴定
22	客运专线上承式钢筋混凝土实腹式拱桥施工关键技术	十二局	山西省科学技术厅	国内领先	鉴定
23	非煤层高瓦斯高风险隧道施工关键技术	十二局	山西省科学技术厅	国内领先	鉴定
24	竖井始发及复合地层盾构施工关键技术	十二局	山西省科学技术厅	国内领先	鉴定
25	繁忙铁路枢纽改造综合安全施工技术研究	十二局	山西省科学技术厅	国内领先	鉴定
26	跨南水北调明渠不等跨连续箱梁整体顶推关键技术	十二局	山西省科学技术厅	国内先进	鉴定
27	高纬度严寒地区浅埋膨胀岩隧道综合建造技术	十二局	中国铁路总公司科技管理部	国际先进	评审
28	西南山区复杂地质、环境条件下地铁浅埋隧道综合施工技术研究	大桥局	吉林省科学技术厅	国际领先	鉴定
29	复杂地质条件下小断面特长隧道综合配套施工技术	大桥局	天津市高新技术成果转化中心	国际先进	鉴定
30	富水砂卵石地层顶进大直径混凝土预制管施工技术及风险控制研究	大桥局	吉林省科学技术厅	国际先进	鉴定

续表

序号	项　目　名　称	完成单位	鉴定（评审）机构	成果评价	类　别
31	复杂环境下空间交叉与平面分岔隧道施工控制技术	大桥局	天津市高新技术成果转化中心	国际先进	鉴定
32	30 吨轴重重载混凝土岔枕生产工艺技术研究	大桥局	天津市高新技术成果转化中心	国内领先	鉴定
33	小净距公路隧道穿越不稳定性斜坡体地层综合施工技术研究	大桥局	天津市高新技术成果转化中心	国内领先	鉴定
34	上海轨道交通 17 号线双 U 箱型变截面连续梁节段拼装设计、施工关键技术的综合应用	大桥局	上海申通地铁集团有限公司	国际先进	验收
35	(120 + 4 × 180 + 120)米大跨度平行弦连续钢桁梁全悬臂多点同步顶推施工关键技术	十四局	山东科技咨询协会	国际领先	鉴定
36	运营高速铁路路基沉降及稳定性整治施工技术	十四局	中国岩石力学与工程学会	国际领先	鉴定
37	膨胀性软岩偏压隧道穿越青峰断裂带大变形机理及控制关键技术研究	十四局	中国岩石力学与工程学会	国际先进	鉴定
38	多雨地区复杂地质条件下高边坡站场综合防护体系关键施工技术	十四局	中国岩石力学与工程学会	国际先进	鉴定
39	长江漫滩大型地下交通枢纽施工关键技术	十四局	中国岩石力学与工程学会	国际先进	鉴定
40	跨高速铁路宽幅刚构一次转体成桥施工技术	十四局	山东科技咨询协会	国内领先	鉴定
41	特长岩溶隧道地质灾害预控分析与安全快速施工关键技术	十四局	中国岩石力学与工程学会	国际先进	鉴定
42	西南复杂岩溶地区高速铁路隧道施工关键技术	十四局	中国岩石力学与工程学会	国际先进	鉴定
43	水滴形钢结构主塔斜拉桥施工关键技术研究	十五局	西安市科学技术局	国际先进	鉴定
44	复杂环境下浅埋暗挖粉细砂地层地铁渡线段施工技术	十七局	山西省科学技术厅	国际先进	鉴定
45	昌江特大桥深水基础综合施工技术研究	十七局	山西省科学技术厅	国际先进	鉴定
46	空间双索面不对称三角异形钢拱桥施工技术	十七局	山西省科学技术厅	国际先进	鉴定
47	宝兰铁路客运专线秦安隧道穿越古滑坡体稳定控制施工技术研究	十七局	山西省科学技术厅	国际先进	鉴定
48	富水断裂带地铁暗挖区间零间距下穿在建隧道施工技术	十七局	山西省科学技术厅	国际先进	鉴定
49	秦岭天华山特长隧道精密控制测量技术研究	十七局	山西省科学技术厅	国内领先	鉴定
50	浐灞生态区河道中大跨刚构连续梁施工与环境保护技术研究	十七局	山西省科学技术厅	国内领先	鉴定
51	吉林市人民大剧院综合施工技术研究	十七局	山西省科学技术厅	国内领先	鉴定
52	客运专线湿陷性黄土地区地基处理及路堤填筑技术研究	十七局	山西省科学技术厅	国内先进	鉴定
53	高寒半干旱地区全漂浮体系斜拉桥快速施工技术	十七局	山西省科学技术厅	国内先进	鉴定
54	高压富水碎裂状岩层小半径曲线盾构施工关键技术	十七局	福建省住房和城乡建设厅	国际先进	评审
55	大跨上承式劲性骨架混凝土铁路拱桥施工关键技术研究	十八局	天津市高新技术成果转化中心	国际领先	鉴定
56	基于长春地铁解放大路换乘站的复杂大型地下结构建造关键技术研究	十八局	吉林省科学技术厅	国际领先	鉴定
57	第三系粉质粘土地层隧道施工安全及大变行控制技术	十八局	天津市高新技术成果转化中心	国际先进	鉴定
58	大长细比空间斜跨钢拱桥施工关键技术	十八局	天津市高新技术成果转化中心	国际先进	鉴定

续表

序号	项　目　名　称	完成单位	鉴定（评审）机构	成果评价	类　别
59	特大断面瓦斯隧道水力压裂快速揭煤技术研究与应用	十八局	天津市高新技术成果转化中心	国际先进	鉴定
60	大型多管分槽输水管道穿越铁路关键技术研究	十八局	天津市高新技术成果转化中心	国际先进	鉴定
61	浅埋大断面隧道下穿公路变形控制技术研究	十九局	河北省科技成果转化服务中心	国内领先	鉴定
62	膨胀性泥岩隧道施工技术研究	十九局	河北省科技成果转化服务中心	国内领先	鉴定
63	城市轨道交通山型 U 梁受力性能及施工风险成本研究	十九局	河南省住房和城乡建设厅	国内领先	鉴定
64	高原高寒复杂地质高速铁路隧道施工关键技术	二十局	青海省科技厅	国际领先	鉴定
65	西宁地区预防碱骨料反应和抗腐蚀高性能混凝土研究与应用	二十一局	青海省科技厅	国内领先	鉴定
66	周家庄立交特大桥连续梁转体结构施工技术研究	二十一局	甘肃省科技厅	其他	鉴定
67	压实黄土路基湿化变形及工程对策研究	二十一局	甘肃省科技厅	其他	鉴定
68	宝兰铁路客运专线复杂环境下 80 米系杆拱桥施工技术研究	二十一局	甘肃省科技厅	其他	鉴定
69	两联连续梁间节段拼装梁施工技术研究	二十一局	甘肃省科技厅	其他	鉴定
70	隧道初级支护稳定性三维数字信息化预警系统研究	二十一局	甘肃省科技厅	其他	鉴定
71	西北高速铁路桥梁减震榫关键技术开发研究	二十一局	甘肃省科技厅	其他	鉴定
72	新型 T 梁声屏障后浇翼缘板模板支架体系技术研究	二十一局	甘肃省科技厅	其他	鉴定
73	沿海富水区浅埋大断面隧道暗挖施工关键技术研究	二十一局	甘肃省科技厅	其他	鉴定
74	四线客专深水大跨连续梁拱组合桥梁施工关键技术研究	二十二局	黑龙江省交通运输厅	国际先进	鉴定
75	大断面岩溶隧道施工关键技术研究	二十三局	四川省科技厅	国内领先	鉴定
76	地铁板式无砟轨道设计施工一体化研究	二十三局	四川省科技厅	国内领先	鉴定
77	牵引变电所接地网利用长效复合高导接地体降阻施工关键技术	电气化局	山西省住房和城乡建设厅	国内领先	鉴定
78	电气化铁路隧道内接触网加强线改正馈线施工关键技术	电气化局	山西省住房和城乡建设厅	国内领先	鉴定
79	营业线利用简易作业平台快速更换隧道内重型锚臂施工关键技术	电气化局	山西省住房和城乡建设厅	国内领先	鉴定
80	地铁供电直流设备绝缘安装关键技术	电气化局	山西省住房和城乡建设厅	国内领先	鉴定
81	电气化铁道接触网钢支柱——H 形支柱	电气化局	江苏省经济和信息化委员会	国内领先	鉴定
82	重载铁路隧道口接触网正馈线施工关键技术	电气化局	山西省住房和城乡建设厅	国内先进	鉴定
83	万吨列车带电自动过分相装置施工技术	电气化局	山西省住房和城乡建设厅	国内先进	鉴定
84	铁路无线通信新型检查井施工关键技术	电气化局	山西省住房和城乡建设厅	国内先进	鉴定
85	跨越带电高压输电线路施工关键技术	电气化局	山西省住房和城乡建设厅	国内先进	鉴定
86	桥梁深水大直径变截面钻孔桩设计施工技术指南	港航局	广东省交通运输厅	国际先进	鉴定
87	大跨度异形截面混凝土－钢管组合拱施工技术	城建集团	湖南省思龙科技公司	国际先进	评审
88	长沙磁悬浮工程车站站房饰面清水混凝土化学功能材料工程应用研究	城建集团	湖南省思龙科技公司	国际先进	评审

续表

序号	项目名称	完成单位	鉴定(评审)机构	成果评价	类别
89	城区复杂扰动环境下大型深基坑支护优化研究	城建集团	湖南省思龙科技公司	国内先进	评审
90	接触网跨专业接口预留设计软件	铁一院	陕西省住房和城乡建设厅	国内领先	验收
91	牵引变电辅助设计计算软件	铁一院	陕西省住房和城乡建设厅	国内领先	验收
92	高速铁路大跨度预应力混凝土连续梁桥抗震性能试验及风险评估研究	铁一院	中国铁路总公司	其他	验收
93	接触网钢结构及基础计算软件	铁一院	中铁一院	行业领先	结题
94	轨道交通低压主接线智能设计软件	铁一院	中铁一院	行业领先	结题
95	接触网工程数量生成概预算定额软件	铁一院	中铁一院	行业领先	结题
96	铁路电力变压器基于负载率的寿命损失及能耗评估计算软件	铁一院	中铁一院	行业领先	结题
97	地铁牵引变电所继电保护整定计算软件	铁一院	陕西省住房和城乡建设厅	国内领先	验收
98	超高速弓网受流系统动力学仿真软件(SIFVOP)	铁四院	湖北省科学技术厅	国际领先	鉴定
99	铁路站场设计系统	铁四院	湖北省科学技术厅	国际领先	鉴定
100	站台门智能辅助设计系统	铁四院	湖北省科学技术厅	国际领先	鉴定
101	高速动车组安全运行保障成套技术及工程应用	铁四院	湖北省科学技术厅	国际领先	鉴定
102	岩溶隧道突水机理及防治对策技术	铁四院	湖北省科学技术厅	国际领先	鉴定
103	智能牵引变电所总体技术研究	铁四院	湖北省科学技术厅	国际领先	鉴定
104	超长城市湖底隧道复合通风排烟及空气净化技术	铁四院	湖北省科学技术厅	国际领先	鉴定
105	中低速磁悬浮接触轨－受流器动力学性能技术研究	铁四院	湖北省科学技术厅	国际领先	鉴定
106	城市轨道交通上盖物业车辆基地建设与运营关键技术及应用	铁四院	湖北省科学技术厅	国际领先	鉴定
107	轨道交通自动扶梯全过程智能辅助设计系统	铁四院	湖北省科学技术厅	国际领先	鉴定
108	城市轨道交通工程造价信息平台	铁四院	湖北省科学技术厅	国际领先	鉴定
109	铁路隧道涌水量计算软件	铁四院	湖北省科学技术厅	国际先进	鉴定
110	昆明南站综合节能技术	铁四院	湖北省科学技术厅	国际先进	鉴定
111	基于建筑能耗的铁路站房高大空间公共区天然采光优化技术	铁四院	湖北省科学技术厅	国际先进	鉴定
112	轨道交通桥梁协同设计系统	铁四院	湖北省科学技术厅	国际先进	鉴定
113	城市交通枢纽地下空间车行通道通风排烟关键技术	铁四院	湖北省科学技术厅	国际先进	鉴定
114	路基复式滑动稳定性分析软件	铁四院	湖北省科学技术厅	国际先进	鉴定
115	中国新型公共交通系统发展条件及规划技术研究	铁四院	湖北省科学技术厅	国内领先	鉴定
116	全国铁路既有旅客列车查询系统	铁四院	湖北省科学技术厅	国内领先	鉴定
117	地下水水源热泵回灌井群平衡回水关键技术研究	铁四院	湖北省科学技术厅	国内领先	鉴定
118	铁路大跨度转体T构桥关键技术研究与实践	铁四院	湖北省科学技术厅	国内领先	鉴定
119	牵引变电所辅助监控系统	铁四院	湖北省科学技术厅	国内领先	鉴定

续表

序号	项　目　名　称	完成单位	鉴定(评审)机构	成果评价	类　别
120	铁路客货运输径路查询与选择系统	铁四院	湖北省科学技术厅	国内领先	鉴定
121	站场项目设计管理系统	铁四院	湖北省科学技术厅	国内领先	鉴定
122	城轨牵引供电系统负荷特性及短路测试研究	铁四院	湖北省科学技术厅	国内领先	鉴定
123	GSM－R 系统小区广播承载高速铁路灾害监测预警等信息技术研究	铁四院	中国铁路总公司	其他	验收
124	27.5 千伏单芯电力铜电缆综合技术研究	铁四院	中国铁路总公司	其他	验收
125	铁路枢纽小半径曲线桥梁振动性能研究	上海院	上海铁路局	国际先进	评审
126	城市轨道交通预制板式轨道关键技术研究	上海院	上海市土木工程学会	国内领先	评审
127	宁启铁路既有线提速 200 千米桥梁加固关键技术研究	上海院	上海市土木工程学会	国内领先	评审
128	既有线增建二线并提速至 200 千米路基加固处理方案设计研究	上海院	上海市土木工程学会	国内领先	评审
129	弹性垫层桩基托换法设计研究应用	上海院	上海市土木工程学会	国内领先	评审
130	机车动态跟踪及安全预警系统	上海院	上海市土木工程学会	国内领先	评审
131	欧标体系下的铁路路基设计规范	上海院	上海市土木工程学会	国内先进	评审
132	上海轨道交通 16 号线通信信号方案研究	上海院	上海市土木工程学会	国内先进	评审
133	XM－1800 钢轨铣磨车	高新装备	中国铁路总公司科技管理部	国际先进	评审
134	CDW－32 道岔捣固稳定车	高新装备	中国铁路总公司科技管理部、中国铁路总公司运输局	国际先进	评审
135	GCX－1000 轨道除雪车	高新装备	中国铁路总公司科技管理部、中国铁路总公司运输局	国际先进	评审
136	铁路道床除沙车研制	高新装备	云南省科技厅		验收
137	正线及道岔连续捣固稳定车研制	高新装备	中国铁路总公司科技管理部		结题
138	大型养路机械作业测量技术研究	高新装备	中国铁路总公司科技管理部		结题
139	既有线隧道内机械化作业关键技术研究	高新装备	中国铁路总公司科技管理部		结题
140	铁路除沙车关键技术研究	高新装备	中国铁路总公司科技管理部		结题
141	YQC6000－DG5350 拱架式预切槽机	铁建重工	湖南省机械工业协会	国际先进	鉴定
142	永磁同步驱动技术在全断面掘进机上的研究及应用	铁建重工	湖南省机械工业协会	国际先进	鉴定
143	护盾式岩石隧道掘进机(TBM)关键技术研究及应用	铁建重工	湖南省机械工业协会	国际先进	鉴定

(制表:程博华)

2016 年中国铁建获得发明专利授权目录

序号	专　利　名　称	专利号	权属单位
1	一种无砟轨道伸缩缝嵌缝胶的灌注方法	ZL201310164934.4	十一局
2	预制节段梁停车带加劲撑波纹管浆锚钢筋锚固方法	ZL201510433090.8	十一局
3	物料分料缓冲装置	ZL201410032010.3	十一局
4	一种防粘黏高强度工程设备容器处理方法	ZL201410032052.7	十一局
5	可调泡沫质量的泡沫产生试验设备	ZL201510329829.0	十一局
6	一种轨排扣件安装工具	ZL201510495650.2	十一局
7	一种预制箱梁养护机	ZL201410292472.9	十一局
8	高速铁路接触网整体吊弦预制平台	ZL201410558496.4	十一局
9	一种轻型小曲线节段拼装架桥机	ZL201410565106.6	十一局
10	城市超浅埋条件下超大断面隧道开挖综合施工方法	ZL201410809183.1	十一局
11	一种地源热泵竖埋管原浆自然回流补填法	ZL201510568829.6	十一局
12	一种铁路薄壁空心墩循环滴管养护系统	ZL201510441567.7	十一局
13	大反坡小断面隧道双台车衬砌施工方法	ZL201511011575.4	十二局
14	一种地铁车站 Y 型铸钢结合钢管柱加施工方法	ZL201410355041.2	十二局
15	用于火箭垂直转运轨道超宽轨距精调与平顺性检测方法	ZL201310532340.4	十二局
16	一种软岩隧道斜井进入正洞的双曲拱的施工方法	ZL201410684083.0	十二局
17	大型高铁车站与地铁上下交汇逆作法施工方法	ZL201410033040.6	十二局
18	PC 梁预应力管道三维定位仪	ZL201210327809.6	十二局
19	一种使用短气囊封堵大管径雨水管道方法	ZL201410775745.5	大桥局
20	一种海中强风浪高强度裸岩钢管桩基方法	ZL201410379415.4	大桥局
21	送风装置及应用送风装置清理桥梁钻孔桩桩头的方法	ZL201510572540.1	大桥局
22	一种大直径钢护筒精确纠偏装置及方法	ZL201510320692.2	大桥局
23	一种桥梁底板部位梁式支架整体横向移出的方法及装置	ZL201410437576.4	大桥局
24	一种斜井明挖衬砌段 TBM 步进方法	ZL201210207193.9	大桥局
25	一种自锚式悬索桥安装方法	ZL201510187858.8	大桥局
26	一种工具护筒	ZL201410379167.3	大桥局
27	强波流力倾斜裸岩大直径护筒精确植入方法	ZL201410378819.1	大桥局
28	一种超浅埋隧道上方还建建筑物的构筑方法	ZL201510173784.2	大桥局
29	隧道开挖施工断面大拱脚 CRD 分层进尺动态分析方法及装置	ZL201310591157.1	大桥局
30	预制 T 梁钢绞线下料和钢绞线穿束一体化装置	ZL201410208665.1	大桥局
31	一种在 T 梁预制施工中使用的钢筋绑扎模架组件	ZL201510243340.1	大桥局

续表

序号	专　利　名　称	专利号	权属单位
32	强岩爆隧洞微震监测与应力解除施工方法	ZL201310188794.4	大桥局
33	一种应用于桥梁工程的连续钢构箱梁施工工艺	ZL201410551457.1	大桥局
34	一种应用于桥梁工程的现浇箱梁施工工艺	ZL201410551334.8	大桥局
35	一种挂篮整体走行试验方法	ZL201410561786.4	大桥局
36	用于瓦斯隧道气密防水处理的方法	ZL201410587044.9	大桥局
37	悬浇箱梁0号块底板支架	ZL201410648376.3	十四局
38	泥水盾构自造浆调制技术	ZL201410176592.2	十四局
39	地铁施工的斜井提升运输系统设置方法	ZL201310520041.9	十四局
40	重载轨枕和岔枕预埋铁座的固定装置	ZL201110452506.2	十四局
41	一种桥梁泄水管施工安装工艺	ZL201410683366.3	十四局
42	大直径泥水盾构废弃泥浆再利用同步注浆	ZL201410173446.4	十四局
43	大跨度钢桁梁顶推用钢导梁	ZL201510685452.2	十四局
44	明挖段侧墙防水施工支架及其使用方法	ZL201410480903.4	十四局
45	一种铺架设备在铺架基地进行调头的方法	ZL201410609109.5	十五局
46	一种转移铁路上方现浇箱梁地泵泵管废水的施工方法	ZL201410609356.5	十五局
47	一种盾构同步注浆施工方法及施工材料	ZL201410269820.0	十五局
48	一种站线分离的高架桥结构	ZL201510007461.6	十五局
49	一种有砟轨道长轨直铺前的整道方法	ZL201510257034.3	十五局
50	一种大型桥梁支座灌浆模架	ZL201410623347.1	十五局
51	一种拉森钢板桩围堰合拢施工方法	ZL201410623346.7	十五局
52	一种辐条式盾构刀盘	ZL201410187008.3	十五局
53	一种悬臂施工拆装式三角挂篮承重主桁架	ZL201310348240.6	十六局
54	一种防止盾构侧面穿过桩基时引发桩基沉降的施工方法	ZL201410515896.7	十六局
55	一种钻头打捞装置	ZL201310443644.3	十六局
56	一种控制多层含水层越流补给保护周围环境的施工方法	ZL201510044095.1	十六局
57	一种用于复杂地质条件下群桩深孔施工的方法	ZL201310544283.1	十六局
58	一种可拆卸循环利用无底钢套箱及其施工方法	ZL201510225841.7	十六局
59	一种盾构掘进时地下管线的保护装置的施工方法	ZL201310240853.8	十六局
60	快速检测隧道衬砌台车模板弧度及调试台车就位的方法	ZL201110161295.7	十六局
61	一种模拟隧道施工的相似模型试验装置	ZL201510117135.0	十六局
62	一种无水砂卵石地层盾构开舱换刀的方法	ZL201410114219.4	十六局
63	集成架提升过程中的角度调整装置和角度调整方法	ZL201410447141.8	十六局

续表

序号	专　利　名　称	专利号	权属单位
64	一种液压抓斗卡斗后地下连续墙修复方法	ZL201510044090.9	十六局
65	明挖法和盖挖法地下连续墙交接面处防渗水施工方法	ZL201410515710.8	十六局
66	富水泥质弱胶结粉细砂岩隧道施工方法	ZL201410437365.0	十六局
67	利用横撑和体外索控制塔柱位移的方法	ZL201310392859.7	十六局
68	水工隧洞底板与边墙混凝土一次成型方法	ZL201410189161.X	十七局
69	一种隧道通风施工用充气式隔离装置	ZL201310266221.9	十七局
70	桥梁现浇混凝土模板八字支撑架施工方法	ZL201310538941.6	十七局
71	板式无碴轨道铺设精度保持方法	ZL201410357660.5	十七局
72	铁路隧道贯通地线水泥包封作业车	ZL201410416980.3	十七局
73	斜插式角钢的固定装置及固定方法	ZL201410622341.2	十七局
74	铁路有砟轨道100米长轨快速直铺方法	ZL201510691937.2	十七局
75	运架一体式架桥机架设首孔箱梁前导梁机就位方法	ZL201310121934.6	十七局
76	预制无碴轨道板空中翻转装置	ZL201410831983.3	十七局
77	先张法轨道板预张千斤顶以及利用其对轨道板预应力钢筋进行张拉的方法	ZL201410537753.6	十七局
78	高水压条件下顶管机始发洞口止水密封装置及方法	ZL201410524503.9	十八局
79	富水砂层浅埋暗挖地铁车站洞桩机械施工方法	ZL201110403221.X	十八局
80	一种用于稳定施工栈桥的锚碇系统	ZL201510025263.2	十八局
81	开敞式TBM转场用吊运装置及转场方法	ZL201510476407.6	十八局
82	在砟轨道路基改造为无砟轨道的整体道床施工工艺	ZL201510627126.6	十八局
83	高水压条件下顶管机接收装置及接收方法	ZL201410520452.2	十八局
84	遭遇孤石时地下连续墙一种施工处治方法	ZL201410661234.0	十八局
85	一种城市高架桥钢箱梁的拆卸与存放方法	ZL201510056958.7	十八局
86	竖向钢筋切割机	ZL201410081378.9	十八局
87	保留CRD中隔壁加焊止水法兰施工工艺	ZL201310598667.1	十八局
88	地铁车站现浇结构门式支架施工工艺	ZL201310598592.7	十八局
89	隧道工程列车式快速升降折叠平台	ZL201310249387.X	十八局
90	架空双管式隧道施工逃生装置	ZL201410327328.4	十九局
91	斜井路面结构及铺设方法	ZL201510121207.9	十九局
92	一种软基处悬臂梁直线段施工支架系统及其搭设方法	ZL201410292547.3	十九局
93	抗土体扰动分体式盾构隧道管片支撑架	ZL201510045964.2	十九局
94	城市轻轨高架桥山型U梁施工支撑体系及施工方法	ZL201510045959.1	十九局
95	自行式移动模架预拱度调整方法	ZL201310716980.0	十九局

续表

序号	专　利　名　称	专利号	权属单位
96	十字交叉开挖支撑后拆式隧道施工方法	ZL201310716954.8	十九局
97	高速公路混泥土结构变形缝嵌填封堵施工方法	ZL201310716926.6	十九局
98	上跨运营铁路的公路桥拆梁方法	ZL201410761372.6	十九局
99	一种混凝土浇筑隧道边顶拱和底拱的施工方法	ZL201210498600.6	十九局
100	压板器	ZL201210356028.X	十九局
101	小直径开敞式 TBM 无轨后配套台车跨越拱架的方法	ZL201310329446.4	十九局
102	超浅埋地段隧道施工方法	ZL201410770708.5	十九局
103	超前辐射状降水通道系统及超前辐射状降水方法	ZL201410760738.8	十九局
104	临近既有线岩溶区钻孔桩斜岩处理方法	ZL201210374826.5	十九局
105	装配式台架及使用方法	ZL201410764340.1	十九局
106	一种旋挖钻钻孔灌注桩施工方法	ZL201410800440.5	十九局
107	富水地层中盾构机水压气压平衡控制系统及其控制方法	ZL201410227110.1	十九局
108	便携组合式盾构机轨枕	ZL201510045972.7	十九局
109	预制箱梁的组合式遮阳防雨棚	ZL201310716942.5	十九局
110	临近高速公路边山体开挖中控制爆破施工方法	ZL201410761371.1	十九局
111	临近既有线施工时利用布鲁克防护网进行防护的方法	ZL201210249561.6	十九局
112	高架桥车站道岔区无砟轨道施工方法	ZL201410207925.3	十九局
113	一种隧道通风系统	ZL201410769111.9	十九局
114	盐碱性淤泥质软基水泥搅拌桩施工方法	ZL201410771976.9	十九局
115	隧道仰拱施工模架及隧道仰拱施工工艺	ZL201410751945.7	二十局
116	一种大跨度钢管拱桥无支架施工工艺	ZL201410713338.1	二十局
117	一种预制波形钢腹板 PC 工字梁转组合箱梁桥施工工艺	ZL201410503559.6	二十局
118	一种长距离隧道施工用通风监控系统及监控方法	ZL201410328774.7	二十局
119	钢桁梁拼装架设施工用纵向拖拉及横向顶推滑移系统	ZL201310666027.X	二十局
120	环氧胶泥修复桥吊轨道施工结构及方法	ZL201310610747.4	二十局
121	一种长大隧道快速施工工艺	ZL201310451652.2	二十局
122	一种半刚性混凝土及其制备工艺	ZL201310700833.4	二十局
123	一种空间曲形肋梁钢结构施工方法	ZL201510250883.6	二十局
124	一种软岩隧道洞口防坍塌处理方法	ZL201410775557.2	二十局
125	一种波形钢腹板预应力混凝土工字梁预制施工工艺	ZL201410498774.1	二十局
126	一种浅埋暗挖隧道穿越平房区施工方法	ZL201410757393.0	二十局
127	串珠式岩溶地区深水桥梁水中墩大口径钻孔桩施工工艺	ZL201310468976.7	二十局

续表

序号	专　利　名　称	专利号	权属单位
128	一种地铁车站深基坑开挖施工方法	ZL201410775788.3	二十局
129	一种隧道内接触网下锚施工测量方法	ZL201410242324.6	二十局
130	一种大跨度钢管拱桥无支架吊装工艺	ZL201410713339.6	二十局
131	一种软岩隧道开挖施工工艺	ZL201410775556.8	二十局
132	一种浅埋暗挖隧道施工用变形监测方法	ZL201410756935.2	二十局
133	一种与桥台独立的桩柱桁架组合式桥路过渡段结构	ZL201510192854.9	二十一局
134	与桥台连接成一体的框架式桥路过渡段结构	ZL201510192991.2	二十一局
135	路基表面沉降远程智能三维数字预警方法与系统	ZL201210316042.7	二十一局
136	风沙收集仪	ZL201110394914.7	二十一局
137	从两个小断面洞室合并到一个大断面洞室的扩挖方法	ZL201410380966.2	二十一局
138	承载大型设备或动荷载地面的直埋排水管及施工方法	ZL201310544684.7	二十一局
139	钢桁梁纵横向就位调整装置	ZL201310543686.4	二十一局
140	一种超浅埋隧道盖挖施工方法	ZL201410648713.9	二十一局
141	大孔径灌注桩旋挖钻机二次成孔方法	ZL201410649186.3	二十一局
142	大断面竖井预注浆加固快速开挖方法	ZL201410648635.2	二十一局
143	隧道内施工车辆自行调头装置	ZL201410452324.9	二十一局
144	路桥施工可自动清理的沉淀池	ZL201510550259.8	二十一局
145	路桥排水沟施工混凝土浇注整体模板	ZL201510312317.3	二十一局
146	自调式可拆型多层线缆放线支架	ZL201310031554.3	二十一局
147	低压通电专用升流互感器	ZL201310558532.2	二十一局
148	一种隧道衬砌台车定位系统	ZL201210232498.5	二十二局
149	整体钢筋绑扎台座	ZL201310408091.8	二十二局
150	深水粉砂层地质大跨度多线路加固系统及顶进涵施工方法	ZL201410099445.X	二十二局
151	圆形引水隧洞三分之二圆砼衬砌施工方法	ZL201310684734.1	二十三局
152	板式无砟轨道混凝土轨道板、制造方法及其张拉装置	ZL201410067809.6	二十三局
153	一种无砟轨道先张预应力结构道岔板	ZL201210535966.6	二十三局
154	液压破碎锤开挖软弱围岩隧道施工方法	ZL201310683759.X	二十三局
155	铁路站场内线间保温涵管系统及埋设施工方法	ZL201410714821.1	二十三局
156	钻孔机自动控制系统及方法	ZL201210311747.X	二十三局
157	钻机自动化控制器及应用其进行桩基施工的方法	ZL201310675150.8	二十三局
158	H 型桩板墙施工方法	ZL201410714233.8	二十三局
159	用于隧道内架设并置箱梁的方法	ZL201410714451.1	二十三局

续表

序号	专　利　名　称	专利号	权属单位
160	悬臂浇筑连续梁线性控制方法	ZL201410735153.0	二十三局
161	隧道仰拱定型端模快速施工方法	ZL201310652966.9	二十三局
162	一种双向先张预应力混凝土轨道板及其生产方法	ZL201410387371.X	二十三局
163	预应力混凝土管桩施工方法	ZL201410710703.3	二十三局
164	隧道光面爆破方法	ZL201410710171.3	二十三局
165	一种利用三维可调千斤顶装置架设磁浮轨道梁的方法	ZL201510296185.X	二十三局
166	一种混凝土预制产品自动化生产工艺	ZL201310746317.5	二十三局
167	一种耐腐蚀地铁钢筋混凝土管片	ZL201310724442.6	二十三局
168	循环用水的干式宽幅隧道降尘车	ZL201310742556.3	二十四局
169	横向拓宽器	ZL201310742557.8	二十四局
170	一种浅埋偏压残坡积土隧道的施工方法	ZL201510139740.8	二十四局
171	一种高铁 CRTSⅡ型板式无砟轨道轨道板离缝整治方法	ZL201410201783.X	二十四局
172	面向大吨位顶推工程的高性能滑移装置	ZL201410525062.4	二十四局
173	一种高灵敏度基坑侧壁压力测试装置	ZL201410579038.9	二十四局
174	干式宽幅降尘车	ZL201310742564.8	二十四局
175	一种可在坡道上走行和作业的门式起重机	ZL201210579890.7	二十四局
176	一种成锐角交叉下穿高铁低净空架梁施工方法	ZL201410609406.X	二十四局
177	一种自动穿胶管机及其在箱梁钢筋笼内的应用方法	ZL201210579717.7	二十四局
178	高铁 CRTSⅡ板式无砟轨道轨道板离缝整治方法	ZL201410201618.4	二十四局
179	利用 U 字型排桩基础提高桩群承载力方法	ZL201310742529.6	二十四局
180	重物支撑移运装置	ZL201510095844.3	二十四局
181	一种钢管拱桥拱架的架设方法	ZL201410002752.1	二十五局
182	一种盾构穿越铁路站场的施工方法	ZL201410137593.6	二十五局
183	盾构连续下穿铁路与立交桥的施工方法	ZL201410137478.9	二十五局
184	具有热平衡主动恢复功能的土壤源燃气热泵系统	ZL201410008535.3	中铁建设
185	一种多功能移动式无线传远控制器	ZL201310325674.4	中铁建设
186	一种超高层建筑新风机组的进排风装置	ZL201310325833.0	中铁建设
187	一种复合材料桩及其制作方法	ZL201210535938.4	中铁建设
188	一种建筑安装用的二次连接件及建筑安装结构	ZL201310332939.3	中铁建设
189	一种抗震防松脱背铆栓及幕墙板连接结构	ZL201310332888.4	中铁建设
190	房屋建筑施工进度自动实时跟踪方法和跟踪系统	ZL201310122559.7	中铁建设
191	一种 PHC 管桩相变蓄能系统及其施工方法	ZL201310658686.9	中铁建设

续表

序号	专　利　名　称	专利号	权属单位
192	一种化学铆栓及采用化学铆栓固定建筑附属物的连接结构和安装方法	ZL201310332749.1	中铁建设
193	周转型钢结构护坡桩构件及其安装、拆卸方法	ZL201410513124.X	中铁建设
194	一种可自动纠偏的顶推施工导向滑动装置	ZL201310444919.5	中铁建设
195	建筑安装用的铆板及建筑安装结构	ZL201310332946.3	中铁建设
196	一种分体式保温套管	ZL201410303022.5	中铁建设
197	一种隧道多孔式打孔与植栓精度控制装置	ZL201510256065.7	电气化局
198	一种防风型整体钢腕臂安装方法	ZL201410517214.6	电气化局
199	接触轨检测轨道手推车	ZL201410226931.3	电气化局
200	接触网整体吊弦恒张力预制平台	ZL201410491865.2	电气化局
201	一种无公共线的电缆校线方法	ZL201410038469.4	电气化局
202	一种刚性接触网接触线安装涂抹油脂的装置	ZL201510075366.X	电气化局
203	高速电气化铁路接触网定位线夹	ZL201410378170.3	电气化局
204	腕臂支撑装置用管帽	ZL201410378485.8	电气化局
205	高速铁路轨道测量仪直尺悬挂结构	ZL201510075894.5	铁一院
206	高速铁路轨道测量仪横纵梁连接锁紧结构	ZL201510075527.5	铁一院
207	用于铁路轨道中心位置测量的 X 型快速定位装置	ZL201510075399.4	铁一院
208	复杂地质小净距并行隧道对拉锚杆加固体系及施工方法	ZL201410399172.0	铁一院
209	高速铁路分片式槽形梁挡风结构	ZL201410701193.3	铁一院
210	用于高速铁路精密测量的全站仪测量小车	ZL201510075370.6	铁一院
211	直尺悬挂结构的高速铁路轨道空间位置测量仪	ZL201510075397.5	铁一院
212	高速铁路 CRTSⅢ型轨道板的定位测量装置	ZL201510075503.X	铁一院
213	内置格构立柱的竖井主体结构及其逆作式构建方法	ZL201510506295.4	铁一院
214	铁路连续梁桥铅芯阻尼器	ZL201410308221.5	铁一院
215	CRTSⅢ型无砟轨道布板与施工一体化的数据处理方法	ZL201410050713.9	铁一院
216	设置钢套管弹性剪力榫的节段预制拼装梁体结构	ZL201410308223.4	铁一院
217	基于检测光纤监测技术的隧道施工安全预警方法	ZL201310336205.2	铁一院
218	大跨结构铁路桥梁桥面系配套工程的梁端接缝结构	ZL201310602611.9	铁一院
219	虚拟三维模型与立体正射模型的融合方法	ZL201310612652.6	铁一院
220	一种铁道工程真实场景模型协同设计平台的构建方法	ZL201310702129.2	铁一院
221	高强度陶粒轻骨料混凝土	ZL201410014996.1	铁一院
222	侧向式隧道风机架设装置	ZL201410124640.3	铁一院
223	两隧道间防爆隔断结构	ZL201410147386.9	铁一院

续表

序号	专　利　名　称	专利号	权属单位
224	预制拼装组合型门型墩及其施工方法	ZL201410235814.3	铁一院
225	轨道测量仪测量轮与位移传感器的串行连接结构	ZL201510075903.0	铁一院
226	包覆RPC防冻融板的桥梁水中墩结构及其施工方法	ZL201410296471.1	铁一院
227	现场观测季节性冻土区高速铁路土层冻胀的方法及装置	ZL201510174071.8	铁一院
228	铁路轨道测量小车全站仪调平固定装置	ZL201510075905.X	铁一院
229	轨距及轨向矢距测量的轨道测量仪横梁结构	ZL201510075629.7	铁一院
230	轨道测量仪轨向矢距计量检测装置	ZL201510075709.2	铁一院
231	用于检定高速铁路轨道测量仪的测量装置	ZL201510075502.5	铁一院
232	高速铁路桥梁挡风结构	ZL201410700906.4	铁一院
233	铁路沿河路堤抗冲刷防护结构及方法	ZL201410426471.9	铁一院
234	桩基础侧摩阻力室内试验装置及方法	ZL201410335788.1	铁一院
235	岩质地层大断面深竖井的支护结构体系及其施工方法	ZL201410241602.6	铁一院
236	单拱大跨浅埋暗挖隧道加固体系及方法	ZL201410173358.4	铁一院
237	用于隧道掘进机后配套及洞内运输轨排架	ZL201410079997.4	铁一院
238	融合廊道、观景平台的组合桥梁结构	ZL201310747360.3	铁一院
239	简支钢桁梁平转施工结构及其施工方法	ZL201310668732.3	铁一院
240	铁路与城市轨道交通站后工程信息模型的创建方法	ZL201310339899.5	铁一院
241	深孔内土体压缩变形模量及强度的测试装置及其测试方法	ZL201410365884.0	铁一院
242	独立式光伏发电铁路供电控制系统及其控制方法	ZL201410457004.2	铁一院
243	转体V型T构桥墩及其施工方法	ZL201410496569.1	铁一院
244	高速铁路分片式槽形梁半封闭挡风结构	ZL201410701484.2	铁一院
245	用于检定高速铁路轨道测量仪轨向及高低的调节装置	ZL201510075831.X	铁一院
246	用于高速铁路轨道基准点测量的全站仪强制对中装置	ZL201510075398.X	铁一院
247	高速铁路轨道测量仪行走轮刹车结构	ZL201510075554.2	铁一院
248	轨道测量仪轨距位移量计量检测装置	ZL201510075793.8	铁一院
249	轨道测量仪测量轮与位移传感器的并行连接结构	ZL201510075911.5	铁一院
250	轨道测量仪钢轨空间姿态自适应定位结构	ZL201510075895.X	铁一院
251	一种变刚度地下连续墙围护结构	ZL201310112003.X	铁四院
252	支挡工程反滤层现场渗排水性能试验方法	ZL201410185941.7	铁四院
253	一种公铁合建盾构隧道疏散通道布置结构	ZL201310752760.3	铁四院
254	一种小角度上跨高铁小跨桥梁的转体装置及其施工方法	ZL201410613113.9	铁四院
255	夹芯板式钢－混凝土组合截面斜拉桥主梁	ZL201510076456.0	铁四院

续表

序号	专利名称	专利号	权属单位
256	大跨倾斜拱形桥塔斜拉桥	ZL201410784799.8	铁四院
257	中低速磁悬浮低置线路连续框架式承轨梁结构及其施工方法	ZL201410764588.8	铁四院
258	斜拉桥组合拱式锚固体系	ZL201410784347.X	铁四院
259	大跨斜拉桥倾斜曲线桥塔	ZL201410784885.9	铁四院
260	模块化多向变位伸缩装置以及桥梁	ZL201510710382.1	铁四院
261	扩底钻头及使用该扩底钻头进行混凝土结构后锚固方法	ZL201510113622.X	铁四院
262	一种基于只读存储器的员工身份识别认证方法	ZL201310161296.0	铁四院
263	基于 GSM-R 实现的列车自动驾驶车地通信系统及方法	ZL201210593333.0	铁四院
264	公铁分层钢箱梁	ZL201310603802.7	铁四院
265	一种荷载分散型锚索的张拉方法	ZL201410190603.2	铁四院
266	大跨度钢桁拱桥自平衡悬拼施工方法及主墩限位支座	ZL201410138766.6	铁四院
267	一种铁路用综合接地系统	ZL201210554217.8	铁四院
268	有轨电车桥梁及增大有轨电车桥梁的基础刚度的方法	ZL201410714646.6	铁四院
269	一种框架桥整体快速顶推横移方法	ZL201410752184.7	铁四院
270	有轨电车板梁的施工方法	ZL201410712456.0	铁四院
271	整治无砟轨道端刺水平变形病害施工方法	ZL201410776755.0	铁四院
272	微型桩与挡墙组合式受限路堤防护结构	ZL201310287720.6	铁四院
273	中低速磁浮系统 F 型钢双缝连接接头	ZL201410777475.1	铁四院
274	路堑式明洞结构的排水系统	ZL201410680178.5	铁四院
275	全球层次地形模型开孔建模方法	ZL201310065302.2	铁四院
276	悬索桥双主缆整体索夹	ZL201310611547.0	铁四院
277	岩石柱法碱活性全自动测试装置	ZL201410071394.X	铁四院
278	一种平交口交通配置结构	ZL201310590310.9	铁四院
279	单侧分离走行过墩式箱梁检查车	ZL201510196809.0	铁四院
280	铁路隧道出口隔板式缓冲结构	ZL201410776586.0	铁四院
281	钢结构自钻式中空锚杆加固既有线支挡防护结构	ZL201310288566.4	铁四院
282	一种挤土成孔砂井施工方法	ZL201410722419.8	铁四院
283	一种拉力型锚索的设计方法	ZL201410152945.5	铁四院
284	基于 GoogleEarth 的三维仿真模拟驾驶装置的构建方法	ZL201210594783.1	铁四院
285	中低速磁浮系统 F 型钢连接结构	ZL201410775500.2	铁四院
286	用于中低速磁悬浮交通工程填方地段的低置线路结构	ZL201510092813.2	铁四院
287	冲击弹性波检测高速铁路无砟轨道底座脱空状态的结构及方法	ZL201510019699.0	铁四院

续表

序号	专　利　名　称	专利号	权属单位
288	从电子地图中提取交通道路数据的工程应用方法	ZL201210594665.0	铁四院
289	分部、拼装式桩基承台基础施工方法	ZL201410689860.0	铁四院
290	一种利用运营铁路路基旁侧钻孔桩基检测结构进行桩基检测的方法	ZL201510020559.5	铁四院
291	中低速磁悬浮交通工程低置线路曲线承轨梁结构	ZL201410750861.1	铁四院
292	一种混凝土管桩与承台的连接结构	ZL201310583167.0	铁四院
293	具备差异防水能力的隧道管片结构	ZL201310756874.5	铁四院
294	轨道交通车辆应急逃生窗户及车辆	ZL201510444727.3	铁四院
295	一种可旋转翼缘板式混凝土箱梁及方法	ZL201510080645.5	铁四院
296	用于 CAD 系统的吸附式智能信息标注方法和装置	ZL201310624199.0	铁四院
297	触壁下沉通道式隧道中隔墙及其建造方法	ZL201410285266.5	铁四院
298	临时型钢格构柱灌芯装置及其方法	ZL201510018725.8	铁四院
299	预应力钢筋网加筋土柱板式挡墙	ZL201310363756.8	铁四院
300	超浅埋下穿高速公路大跨度盖挖法的隧道施工方法	ZL201410627471.5	铁四院
301	铁路轻质土帮宽路基结构	ZL201510354991.8	铁四院
302	盾构隧道纵向预警连接结构	ZL201410712967.2	铁四院
303	一种设置有多功能大悬臂箱梁的斜拉桥	ZL201510056991.X	铁四院
304	一种支挡工程的施工模板及施工方法	ZL201410249227.X	铁四院
305	一种用于堤上路基的槽型桩板组合结构	ZL201410451984.5	铁四院
306	一种盾构洞内接收施工工法	ZL201310286741.6	铁四院
307	一种漏缆故障定位方法以及系统	ZL201410189297.0	铁四院
308	独柱墩桥梁的抗倾覆加固装置	ZL201310363760.4	铁四院
309	一种连接民建地下室与地铁通道施工方法	ZL201510019648.8	铁四院
310	水平向可调支座	ZL201410781082.8	铁四院
311	一种长行程倒顶支垫顶升方法	ZL201410205784.1	铁四院
312	预制空心打入桩基补救加固方法	ZL201410055893.X	铁四院
313	一种自平衡弧形梁现浇支架及施工方法	ZL201510162014.8	铁五院
314	一种桥梁转体施工用转体球铰加工方法	ZL201410539662.6	铁五院
315	用于盾构机的监测盾尾油脂腔压力盾尾密封刷和盾构机	ZL201410534828.5	铁五院
316	小半径曲线无砟轨道的施工方法	ZL201410461657.8	铁五院
317	CRTSⅢ型板式无砟轨道自密实混凝土灌注厚度自动量测装置	ZL201410083412.6	铁五院
318	轨枕纵、横向阻力动态检测仪及检测方法	ZL201310643481.3	铁五院
319	混凝土拌合物含气量检测装置	ZL201510148824.8	铁五院

续表

序号	专 利 名 称	专利号	权属单位
320	级配碎石掺水泥填层施工方法	ZL201510275140.4	铁五院
321	地铁圆弧形断面加固施工设备	ZL201410496027.4	铁五院
322	用于地基系数测试仪的自动校验装置	ZL201510073780.7	铁五院
323	一种开孔模板堵漏的施工装置及施工方法	ZL201510355465.3	铁五院
324	一种原位水平基床系数测试的修正方法	ZL201510192184.0	上海院
325	黏性土可塑性现场判别仪及其现场判别方法	ZL201510189810.0	上海院
326	一种连续梁拱组合桥的施工方法	ZL201310203198.9	上海院
327	一种用于标准贯入试验的钻杆固定与测距装置的应用方法	ZL201410249384.0	上海院
328	用于岩土工程勘探的岩芯面切割仪及其应用方法	ZL201410248969.0	上海院
329	一种双向弹性和变液压阻尼的司机室减振装置	ZL201410105490.1	高新装备
330	一种侧翻式单枕抽换换枕方法	ZL201310129174.3	高新装备
331	一种移动式钢轨铣削车的精铣装置	ZL201510283194.5	高新装备
332	一种无砟轨道道床污物吸收装置及其相应的吸污车	ZL201510305490.0	高新装备
333	一种道床边坡整形方法及装置	ZL201410298311.0	高新装备
334	铁路机械转向架轴箱悬挂装置、相应的轴箱、转向架和铁路机械	ZL201210087330.X	高新装备
335	一种移动式钢轨铣削车的粗铣装置	ZL201510283235.0	高新装备
336	移动式钢轨铣削车	ZL201510283168.2	高新装备
337	米轨多功能动力稳定车	ZL201410010165.7	高新装备
338	一种高速无砟轨道铣削方法	ZL201210539544.6	高新装备
339	层进式铁屑过滤装置	ZL201310352978.X	高新装备
340	一种铁路道床作业装置用双向牵引小车	ZL201410070875.9	高新装备
341	一种侧切式道岔清筛机	ZL201310070248.0	高新装备
342	铁路道床除沙车	ZL201410850710.3	高新装备
343	一种闭式液压系统驱动走行控制用负荷阀	ZL201410071125.3	高新装备
344	一种隧道道床换砟机	ZL201310675679.X	高新装备
345	一种侧翻式单枕抽换装置	ZL201310129070.2	高新装备
346	一种小型高速无砟轨道的绳锯切割设备	ZL201210534754.6	高新装备
347	换向阀门装置	ZL201310626139.2	铁建重工
348	淬火油池链条运动状态监测装置及方法	ZL201510033912.3	铁建重工
349	用于生产现场工序间的自动回转料盘	ZL201510016785.6	铁建重工
350	翼轨连续式拼装辙叉结构	ZL201410764486.6	铁建重工
351	螺栓切断机连续送料及输出装置	ZL201410282970.5	铁建重工

续表

序号	专　利　名　称	专利号	权属单位
352	一种链式炉主传动轴的焊接工艺	ZL201410101512.7	铁建重工
353	一种用于安装配套部件的辅助设备	ZL201410690176.4	铁建重工
354	一种用于三滚碾丝机主传动轴角度无级调整装置及方法	ZL201310739914.5	铁建重工
355	一种用于加工大型机床受损床身孔的镗床	ZL201410026030.X	铁建重工
356	泥水盾构碎石装置和具有其的泥水盾构机	ZL201410314167.5	铁建重工
357	一种节段式道岔的主动梁	ZL201410784460.8	铁建重工
358	敞开式 TBM 的最小水平转弯半径确定方法	ZL201410260353.5	铁建重工
359	重载铁路扣件加热工序自动拨选装置及拨选方法	ZL201410116602.3	铁建重工
360	一种中低速磁浮道岔梁间的连接装置	ZL201410840561.2	铁建重工
361	用于隧道工程机械的刀盘驱动装置	ZL201310086013.0	铁建重工
362	闸瓦车间固化炉废气处理系统及方法	ZL201410758100.0	铁建重工
363	高速铁路既有线施工的安全防护方法及其形成的防护围栏	ZL201210166499.4	城建集团
364	一种快速制造双线圆端实体墩的方法	ZL201510657010.7	城建集团
365	超长顶管减阻浆分仓填充机构	ZL201210256580.1	城建集团
366	一种高速铁路既有线水沟盖板快速预制装置	ZL201510399183.3	城建集团
367	一种异形钢筋混凝土构件的加固装置及施工方法	ZL201410692836.2	城建集团
368	一种分离式预制桁架楼承板及其施工方法	ZL201410728464.4	城建集团
369	一种吊装架洞内吊装安装钢管柱的装置	ZL201310447276.X	城建集团
370	一种便于逃生的隧道施工塌方的安全通道	ZL201510399362.7	城建集团
371	一种跨既有线钢结构房屋吊装施工安全防护的方法	ZL201410269368.8	城建集团

（制表：孙嘉良）

2016年中国铁建优秀专利奖项目目录

序号	专利名称	专利号	权属单位	专利类型
1	一种大型钢吊箱内支撑结构及其施工工艺	ZL201410379168.8	大桥局	发明专利
2	混凝土轨枕养护降温系统及养护降温方法	ZL201310705340.X	十四局	发明专利
3	基于软基下大型沉管隧道基础水下注浆浆液及其注浆工艺	ZL201210311054.0	十八局	发明专利
4	桩孔环切系统及桩孔环切方法	ZL201210454188.8	十九局	发明专利
5	一种钢桁梁拼装架设施工工艺	ZL201310664474.1	二十局	发明专利
6	一种隧道中心水沟和侧沟的成型设备及其成型工艺	ZL201210372470.1	二十五局	发明专利
7	腕臂工厂化预制平台及其预制方法	ZL201210293721.7	电气化局	发明专利
8	PFF整体式复合反滤层	ZL201310286742.0	铁四院	发明专利
9	一种可调压力和流量的缓冲液压缸、控制方法及液压系统	ZL201210445480.3	高新装备	发明专利
10	用于泥水式盾构机的泥浆门及其填充系统	ZL201310162898.8	铁建重工	发明专利
11	一种外置推进式盾构机过站装置	ZL201520657172.6	十一局	实用新型
12	防隧道二衬背后积水串流的排水系统	ZL201420783142.5	十一局	实用新型
13	一种后张法箱梁预应力压浆锚头密封装置	ZL201420714251.1	十二局	实用新型
14	一种自锚式悬索桥安装辅助用钢塔	ZL201520592175.6	大桥局	实用新型
15	T型工具轨回收用轨道吊	ZL201420546175.8	十四局	实用新型
16	一种自密实混凝土灌注门式扣压装置	ZL201420703615.6	十六局	实用新型
17	隧道通风竖井钢护筒移动式液压内支撑装置	ZL201520397454.7	十七局	实用新型
18	干旱地质接地网	ZL201520174248.X	二十一局	实用新型
19	城市地铁π型双竖井与双横通道平面布置系统	ZL201520278932.2	二十二局	实用新型
20	一种既有线轨道变形观测装置	ZL201520012399.5	二十四局	实用新型
21	一种钢花管分段注浆系统	ZL201520241650.5	中铁建设	实用新型
22	一种高速铁路桥梁挡风结构立柱	ZL201420728201.9	铁一院	实用新型
23	一种磁浮交通曲线轨道梁	ZL201520442852.6	铁四院	实用新型
24	一种适应所有列车车型的站台安全门	ZL201420529973.X	铁四院	实用新型
25	重载铁路弹性支承块式无砟轨道施工装置	ZL201420566069.6	铁五院	实用新型
26	一种铁路站区计算机联锁系统	ZL201420592314.0	上海院	实用新型
27	一种用于岩土工程勘察的土层曲线现场绘图仪	ZL201520242572.0	上海院	实用新型
28	盾构机刀盘的驱动系统及含有此驱动系统的盾构机	ZL201520390857.9	铁建重工	实用新型
29	卡口式楼梯施工用组合模板	ZL201420863332.8	城建集团	实用新型
30	一种大型厂房的重型窗户的液压式开关装置	ZL201520482083.2	城建集团	实用新型

（制表：孙嘉良）

2016年中国铁建科技成果评审项目目录

序号	项　目　名　称	主持单位	成果评价
1	山区高墩大跨连续刚构桥综合施工技术	十六局	国际领先
2	隧道掘进聚能水压光面爆破新技术	十八局	国际领先
3	第三系富水砂岩、泥岩互层隧道涌水涌泥段变形控制和施工方法研究	十九局	国际领先
4	大跨度、大重量偏心斜靠式钢箱系杆拱桥浮拖架设综合施工技术研究	二十局	国际领先
5	复杂环境超深基础工程施工组织与技术研究	中铁建设	国际领先
6	箱型钢结构轨道式焊接机器人系统	中铁建设	国际领先
7	管道自动焊接技术研究	中铁建设	国际领先
8	大西试验段用高强高导承力索研制	电气化局	国际领先
9	大西试验段用高强高导接触线研制	电气化局	国际领先
10	复杂高地应力隧道软弱围岩大变形机理与控制对策研究	铁一院	国际领先
11	高速铁路路基防风综合技术研究	铁一院	国际领先
12	杭州东软土路基轻质土置换加固技术应用研究	铁四院	国际领先
13	铁路加筋土结构极限状态法设计研究	铁四院	国际领先
14	运营高速铁路陡坡路基变形病害整治技术研究	铁四院	国际领先
15	郑徐铁路客运专线盐渍土工程特性及处理技术研究	铁四院	国际领先
16	强涌潮河段超大直径高速公路水下隧道关键技术研究	铁四院	国际领先
17	中低速磁浮交通工程电磁环境影响研究	铁四院	国际领先
18	市域铁路交流供电制式120~160千米/小时信号制式及到发线有效长标准研究	铁四院	国际领先
19	高速铁路训练段信号系统需求分析及功能架构方案研究	铁四院	国际领先
20	临近古塔客运专线隧道综合施工技术研究	二十二局	国际先进，单项技术国际领先
21	全风化花岗岩浅埋富水地层超大断面隧道修建技术研究	铁四院	总体国际先进，部分国际领先
22	132米钢桁梁横移架设施工技术	十一局	国际先进
23	高速铁路营业线新加站施工关键技术	十一局	国际先进
24	高寒缺氧地区矿山工程特长巷道施工（通风）技术研究	十五局	国际先进
25	城市建筑和文物保护区隧道施工技术及环境控制研究	十五局	国际先进
26	超高层建筑施工提质与信息化技术的研发与应用	十六局	国际先进
27	小线间距既有接触网带电增二线架梁	十六局	国际先进
28	砂土层与岩溶交界面盾构掘进关键技术研究	十六局	国际先进
29	复杂环境下盾构近接施工关键技术研究	十六局	国际先进

续表

序号	项目名称	主持单位	成果评价
30	富水强渗透性圆砾地层隧道下穿密集建(构)筑物盾构法键技术研究	十六局	国际先进
31	盾构隧道下穿天津西站站场近接施工影响及既有设施变形控制研究	十六局	国际先进
32	悬臂钢排架结构 BRT 车站长距离整体迁移技术	十九局	国际先进
33	狭长横通道空间内盾构侧向平移及始发等施工关键技术研究	十九局	国际先进
34	大连南部滨海大道工程跨海大桥桥梁综合施工技术研究	十九局	国际先进
35	土岩复合地层深基坑明挖深基坑施工变形预测分析与施工综合技术研究	十九局	国际先进
36	含碳泥质板岩隧道围岩特性及施工风险识别控制研究	十九局	国际先进
37	重庆火车北站综合交通枢纽工程设计施工综合技术研究	十九局	国际先进
38	水泥混凝土加芯桩施工技术研究	二十局	国际先进
39	高烈度震区双洞隧道穿越碎裂岩体施工关键技术研究	二十局	国际先进
40	特殊不良地层隧道安全保障技术研究	二十局	国际先进
41	上跨既有线桥梁整组拆除与安装综合施工技术研究	二十局	国际先进
42	复杂环境大断面隧道快速支护施工技术	二十局	国际先进
43	高原深谷大跨度高墩连续刚构桥综合施工技术	二十局	国际先进
44	富水上卵石下红砂岩地质围护结构止水关键施工技术研究	二十局	国际先进
45	客运专线无轨运输大断面高瓦斯隧道施工技术研究	二十局	国际先进
46	高速铁路隧道近距下穿高速公路施工关键技术研究	二十二局	国际先进
47	高寒地区高速铁路膨胀土工程特性及深路堑边坡稳定综合防治技术	二十二局	国际先进
48	余凯高速黄平互通大规模地质灾害综合治理技术	二十二局	国际先进
49	中低速磁浮轨道梁预制安装施工技术研究	二十三局	国际先进
50	异形截面变高悬拼节段梁短线匹配法预制施工技术研究	二十三局	国际先进
51	复杂条件下大断面长距离地下顶管通道近接穿越施工技术	二十三局	国际先进
52	兴隆场编组站施工技术研究	二十三局	国际先进
53	合肥膨胀土地层小净距渐变暗挖隧道施工关键技术研究	二十四局	国际先进
54	长大型箱涵顶进施工及其性态监测的关键技术研究	二十四局	国际先进
55	跨繁忙干线铁路长距离钢箱梁拖拉技术研究	二十四局	国际先进
56	变坡滑道上顶进框架桥涵施工技术研究及应用	二十五局	国际先进
57	狭短桥隧过渡段上移动模架快速拼装及拆解技术研究	二十五局	国际先进
58	强震带厚砂层岩溶地区桩基础施工技术研究	中铁建设	国际先进

续表

序号	项　目　名　称	主持单位	成果评价
59	高速铁路客站跨线设施运营安全关键技术研究	中铁建设	国际先进
60	铁路站房钢结构网架滑移技术研究	中铁建设	国际先进
61	新型水泥基路面修补材料研究	中铁建设	国际先进
62	绿色建筑抑尘剂技术开发研究	中铁建设	国际先进
63	高效速凝型混凝土养护剂施工技术研究	中铁建设	国际先进
64	混凝土梁柱不等强节点性能及新型节点处理技术研究	中铁建设	国际先进
65	建筑结构工程颗粒阻尼减震技术研究与应用	中铁建设	国际先进
66	临近交通枢纽公共建筑设计技术研究	中铁建设	国际先进
67	新一代大型节能环保(绿色)5000 立方米/小时绞吸挖泥船关键技术研究	港航局	国际先进
68	兰州地铁车站基坑围护选型及基坑降水措施研究报告	铁一院	国际先进
69	湿陷性黄土地区盾构隧道下穿重要建筑群综合技术研究	铁一院	国际先进
70	铁路路基本体极限状态设计方法深化研究	铁一院	国际先进
71	富水弱胶结砂岩地层安全快速施工技术研究	铁一院	国际先进
72	两水隧道炭质千枚岩支护结构和施工技术研究	铁一院	国际先进
73	陕北至川渝地区铁路煤运通道方案专题研究	铁一院	国际先进
74	风沙地区铁路有砟轨道设计及维护技术研究	铁一院	国际先进
75	隧道下穿黄河强透水砂卵石地层关键技术研究	铁一院	国际先进
76	动车融冰除雪技术研究	铁一院	国际先进
77	铁路冷链物流网络布局研究	铁四院	国际先进
78	杭长高速铁路大跨度复杂结构桥梁铺设无砟轨道关键技术研究	铁四院	国际先进
79	长沙中低速磁浮轨道工程设计技术研究与应用	铁四院	国际先进
80	城际铁路主跨 168 米预应力混凝土曲线部分斜拉桥设计研究	铁四院	国际先进
81	城际铁路有碴轨道(143 + 264 + 143)米上加劲连续钢桁梁设计研究	铁四院	国际先进
82	激光雷达技术在工程地质灾害调查及监测中的应用研究	铁四院	国际先进
83	复杂工况下地下铁路引起的环境振动预测技术研究	铁四院	国际先进
84	机车脉冲式气力输送固定上砂技术	铁四院	国际先进
85	中低速磁浮列车检修关键技术研究	铁四院	国际先进
86	新型有轨电车限界设计研究	铁四院	国际先进
87	中低速磁浮道岔及车站设备关键技术研究	铁四院	国际先进

续表

序号	项　目　名　称	主持单位	成果评价
88	城际铁路地下区间机电设备监控方案的系统研究	铁四院	国际先进
89	桥梁墩台混凝土对模板侧向压力研究	铁五院	国际先进
90	独塔斜拉桥转体设计与施工成套技术	铁五院	国际先进
91	工程施工现场管理一体化平台研发与应用	十一局	国内领先
92	施工现场从业人员多媒体安全培训工具箱	十一局	国内领先
93	跨越干线高速铁路连续梁不平衡转体施工技术	十六局	国内领先
94	SS4 改机车在神朔线开行万吨列车关键技术研究与应用	十六局	国内领先
95	客运专线地下车站无砟道岔施工技术研究	十六局	国内领先
96	重载铁路线路 LTE－R 工程技术	十六局	国内领先
97	复杂环境下明挖地铁车站深基坑施工技术研究	十九局	国内领先
98	云桂高速铁路膨胀土高边坡稳定性分析及支挡结构优化	十九局	国内领先
99	铁路采空巷道上方路桥地基变形及其控制关键技术研究	十九局	国内领先
100	铁路枢纽综合物流园 BIM 技术应用研究	二十局	国内领先
101	建筑垃圾填筑路基施工技术研究	二十局	国内领先
102	西咸空港综合保税区事务服务办理中心工程关键技术	二十局	国内领先
103	长距离大管径钢制波纹管综合施工技术研究	二十局	国内领先
104	多维建模技术在城市轨道交通建设中的研究与应用	二十二局	国内领先
105	京沈铁路客运专线钢箱拱桥临跨预拼后锚顶推架设技术研究	二十二局	国内领先
106	3×64 米铁路钢桁梁无临时支墩多点顶推架设施工技术	二十二局	国内领先
107	特大跨度曲面网架的液压同步提升施工技术	二十二局	国内领先
108	滨海滩涂地区侧向堆载对桩基影响的研究	二十二局	国内领先
109	复杂条件下大跨度暗挖隧道及顶进涵共同下穿既有线施工技术研究	二十五局	国内领先
110	全断面富水砂卵石地层盾构超浅覆土掘进施工技术	二十五局	国内领先
111	铁路隧道穿越巨型深溶洞施工技术研究	二十五局	国内领先
112	基于 RFID 技术的工程车自动管理系统开发及应用	二十五局	国内领先
113	复杂环境下深基坑工程半逆作法施工技术研究	中铁建设	国内领先
114	小区域工程测量定位系统研究	中铁建设	国内领先
115	小型构件混凝土振捣技术研究	中铁建设	国内领先
116	建筑节能技术研究	中铁建设	国内领先

续表

序号	项　目　名　称	主持单位	成果评价
117	VAV 空调系统应用研究	中铁建设	国内领先
118	装饰空间电气防火施工技术研究	中铁建设	国内领先
119	兰新高速铁路大风区接触网施工关键技术研究	电气化局	国内领先
120	中低速磁浮 C 型成套钢铝复合导电轨研制	电气化局	国内领先
121	高速铁路 10 千伏电力全电缆贯通线补偿投切技术仿真研究及应用	电气化局	国内领先
122	朔黄铁路牵引供电系统直供改 AT 施工技术研究	电气化局	国内领先
123	地铁接触网刚性悬挂优化设置方案及施工技术研究	电气化局	国内领先
124	接触网软横跨计算与安装技术	电气化局	国内领先
125	编组站运输作业自动化系统标准研究	铁一院	国内领先
126	普通无砟轨道特长隧道信号自动闭塞方案研究	铁一院	国内领先
127	现代有轨电车交通方式的技术特征体系及发展	铁一院	国内领先
128	西安地铁通风空调系统运行控制节能措施研究	铁一院	国内领先
129	地铁车辆段结合上盖物业开发综合技术研究	铁一院	国内领先
130	城市轨道交通板式减振垫减振轨道结构研究	铁一院	国内领先
131	《铁路线路设计规范》线路设计参数的动力仿真分析研究	铁一院	国内领先
132	既有线勘测设计内外业一体化技术研究	铁一院	国内领先
133	接触网智能箱式开关站的研究	铁一院	国内领先
134	电气化铁路与油、气管道的相互影响及防护工程研究	铁一院	国内领先
135	电气化铁路站场接触网设计关键技术研究	铁一院	国内领先
136	高土壤电阻率地区电气化铁路钢轨电位研究	铁一院	国内领先
137	预切槽隧道施工成套设备关键技术研究	铁一院	国内领先
138	宝兰铁路客运专线隧道软弱基础处理技术研究	铁一院	国内领先
139	渭河隧道下穿滑坡及藉河段修建技术研究	铁一院	国内领先
140	周界入侵报警系统技术研究	铁一院	国内领先
141	天平铁路高风险单线小断面特长隧道工效降低研究	铁一院	国内领先
142	构筑物沉降变形测量与评估管理系统	铁一院	国内领先
143	客运专线运营后相关运输方式客流影响研究	铁四院	国内领先
144	高速铁路通过能力计算方法与参数研究	铁四院	国内领先
145	城市地下快速路盾构法隧道综合修建技术研究	铁四院	国内领先

续表

序号	项　目　名　称	主持单位	成果评价
146	树杈、索膜、薄板结构应用研究	铁四院	国内领先
147	双筒式高层框剪结构弹塑性分析研究	铁四院	国内领先
148	铁路下一代专用无线通信技术及配套承载技术研究	铁四院	国内领先
149	铁路口岸站信息系统研究	铁四院	国内领先
150	客运专线腕臂挠度技术标准研究	铁五院	国内领先
151	恒温恒湿技术在建筑设计中的应用	铁五院	国内领先
152	内河散货码头装卸工艺系统技术及仿真研究	铁五院	国内领先
153	普速铁路重点大临工程设计方法研究	铁五院	国内领先
154	系统观下的健康住宅适宜技术研究	中铁地产	国内领先
155	双向螺旋挤土灌注桩在湿陷性黄土地区应用的试验研究	二十局	国内先进
156	复杂地形下超高支架现浇箱梁施工技术研究	二十五局	国内先进
157	高速铁路变截面浅埋偏压软弱围岩隧道施工技术研究	二十五局	国内先进
158	娄邵铁路岩溶发育地区隧道溶洞处理施工技术	二十五局	国内先进
159	超高层建筑深基坑施工关键技术研究	中铁建设	国内先进
160	哈大铁路客运专线新建沈阳南站接触网施工及转线施工技术	电气化局	国内先进
161	秦岭隧洞 TBM 施工段软弱围岩工程特性研究	铁一院	国内先进
162	城市轨道交通 120 千米/小时架空刚性接触网技术研究	铁一院	国内先进
163	小半径曲线大跨连续桥梁关键技术研究	铁一院	国内先进
164	物流园区物流量预测方法及参数研究	铁四院	国内先进
165	国铁与轨道交通共线运行车站相关问题研究	铁四院	国内先进
166	接触网系统结构有限元分析研究	铁一院	行业领先
167	牵引变电所二次系统雷电过电压防护研究	铁一院	行业先进
168	基于直流输电的牵引供电系统控制策略研究	铁一院	行业先进
169	铁路货运物流化研究	铁四院	通过
170	多式联运网络枢纽交通衔接及综合性场站规划方式的研究	铁四院	通过

（制表：程博华）

2016年中国铁道建筑总公司科学技术奖项目目录

序号	项目名称	完成单位	获奖等级
1	大跨上承式劲性骨架混凝土铁路拱桥施工关键技术研究	中铁十八局集团有限公司、中铁十八局集团第二工程有限公司	特等奖
2	中低速磁浮轨道工程施工关键技术	中铁十一局集团有限公司、中铁十一局集团第三工程有限公司	一等奖
3	建筑密集区富水砂卵地层地铁车站施工关键技术	中铁十二局集团第七工程有限公司、中铁十二局集团有限公司、中南大学	一等奖
4	大跨度连续刚构上下双室槽身施工技术	中铁十二局集团有限公司、中铁十二局集团第二工程有限公司、郑州大学	一等奖
5	高海拔寒冷地区软岩长大隧道安全环保施工关键技术	中铁十四局集团有限公司、中铁十四局集团第五工程有限公司、宁夏公路建设管理局、山东大学、北京建筑大学	一等奖
6	膨胀性软岩偏压隧道穿越青峰断裂带大变形机理及控制关键技术研究	中铁十四局集团有限公司、中铁十四局集团第二工程有限公司	一等奖
7	长江漫滩大型地下交通枢纽施工关键技术	中铁十四局集团有限公司、中铁十四局集团隧道工程有限公司	一等奖
8	多雨地区复杂地质条件下高边坡站场综合防护体系关键施工技术	中铁十四局集团有限公司、中铁十四局集团第三工程有限公司、石家庄铁道大学	一等奖
9	(120+4×180+120)米大跨度平行弦连续钢桁梁全悬臂多点同步顶推施工关键技术	中铁十四局集团有限公司、中铁十四局集团第三工程有限公司	一等奖
10	大连南部滨海大道工程跨海大桥桥梁综合施工技术研究	中铁十九局集团有限公司、中铁十九局集团第五工程有限公司	一等奖
11	第三系富水砂岩、泥岩互层隧道涌水涌泥段变形控制和施工方法研究	中铁十九局集团有限公司、中铁十九局集团第二工程有限公司	一等奖
12	中低速磁浮轨道梁预制安装施工技术研究	中铁二十三局集团有限公司、中铁二十三局集团轨道交通工程有限公司	一等奖
13	箱型钢结构轨道式焊接机器人系统	中铁建设集团有限公司、清华大学	一等奖
14	建筑结构工程颗粒阻尼减震技术研究与应用	中铁建设集团有限公司	一等奖
15	复杂环境超深基础工程施工组织与技术研究	中铁建设集团有限公司、武汉理工大学	一等奖
16	新一代大型节能环保(绿色)5000立方米/小时绞吸挖泥船关键技术研究	中国铁建港航局集团有限公司、上海交通大学	一等奖
17	大跨度异形截面混凝土—钢管组合拱施工技术	中铁城建集团有限公司、中铁城建集团北京工程有限公司	一等奖
18	大风区隧道及挡风结构过渡段高速铁路接触网防风技术研究	中铁第一勘察设计院集团有限公司	一等奖
19	高速铁路路基防风综合技术	中铁第一勘察设计院集团有限公司、中南大学、乌鲁木齐铁路局	一等奖
20	干旱风沙地区铁路修建关键技术研究——大跨度连续梁桁组合结构设计技术研究	中铁第一勘察设计院集团有限公司	一等奖
21	兰新高速铁路防风关键技术研究	中铁第一勘察设计院集团有限公司、西南交通大学、中南大学	一等奖
22	郑徐铁路客运专线盐渍土工程特性及处理技术研究	中铁第四勘察设计院集团有限公司	一等奖
23	岩溶隧道突水机理及防治对策技术	中铁第四勘察设计院集团有限公司、中国地质大学(武汉)	一等奖
24	中低速磁浮道岔及车站设备关键技术研究	中铁第四勘察设计院集团有限公司、中国铁建重工集团有限公司	一等奖
25	中低速磁悬浮接触轨—受流器动力学性能技术研究	中铁第四勘察设计院集团有限公司	一等奖
26	中低速磁浮交通工程电磁环境影响研究	中铁第四勘察设计院集团有限公司、中国铁道科学研究院通信信号研究所	一等奖
27	长沙中低速磁浮轨道工程设计技术研究与应用	中铁第四勘察设计院集团有限公司	一等奖
28	全风化花岗岩浅埋富水地层超大断面隧道修建技术	中铁第四勘察设计院集团有限公司、中国铁路经济规划研究院、赣龙复线铁路责任有限公司、西南交通大学、北京交通大学、中铁五局赣龙铁路GL-5标段工程指挥部	一等奖

续表

序号	项　目　名　称	完成单位	获奖等级
29	城际铁路有碴轨道(143+264+143)米上加劲连续钢桁梁设计研究	中铁第四勘察设计院集团有限公司、西南交通大学	一等奖
30	独塔斜拉桥转体设计与施工成套技术研究	中铁第五勘察设计院集团有限公司	一等奖
31	XM-1800 钢轨铣磨车	中国铁建高新装备股份有限公司	一等奖
32	护盾式岩石隧道掘进机(TBM)关键技术研究及应用	中国铁建重工集团有限公司	一等奖
33	永磁同步驱动技术在全断面掘进机上的应用及研究	中国铁建重工集团有限公司	一等奖
34	拱架式预切槽机	中国铁建重工集团有限公司	一等奖
35	重载铁路黄河特大桥施工关键技术	中铁十一局集团有限公司、中铁十一局集团第四工程有限公司	二等奖
36	高地应力软弱围岩喇叭式渐变收缩型小净距隧道施工技术	中铁十一局集团有限公司、中铁十一局集团第四工程有限公司	二等奖
37	高纬度严寒地区浅埋膨胀岩隧道综合建造技术	中铁十二局集团有限公司、中铁十二局集团第二工程有限公司、中铁十二局集团第一工程有限公司、山东大学	二等奖
38	复杂地层水下隧道泥水盾构关键施工技术	中铁十二局集团有限公司、中铁十二局集团第二工程有限公司	二等奖
39	沿海富水区不良地质地铁隧道综合施工技术	中国铁建大桥工程局集团第一工程有限公司、中国铁建大桥工程局集团有限公司、大连海事大学、中铁津桥工程检测有限公司	二等奖
40	复杂环境重载铁路高墩大跨桥梁施工关键技术研究	中国铁建大桥工程局集团第五工程有限公司、中国铁建大桥工程局集团有限公司、中国铁建大桥工程局集团第六工程有限公司、天津城建大学	二等奖
41	隧道断层破碎带突水突泥机理及治理技术	中铁十五局集团第二工程有限公司、中铁十五局集团有限公司、山东大学	二等奖
42	水滴形钢结构主塔斜拉桥施工关键技术研究	中铁十五局集团第一工程有限公司、中铁十五局集团有限公司、河南科技大学	二等奖
43	盾构隧道下穿天津西站站场近接施工影响及既有设施变形控制研究	中铁十六局集团有限公司、中铁十六局集团北京轨道交通工程建设有限公司、天津大学	二等奖
44	复杂环境下盾构近接施工关键技术研究	中铁十六局集团有限公司、中铁十六局集团北京轨道交通工程建设有限公司、合肥工业大学	二等奖
45	砂土层与岩溶交界面盾构掘进关键技术研究	中铁十六局集团有限公司、中铁十六局集团北京轨道交通工程建设有限公司、上海交通大学	二等奖
46	超高层建筑施工提质与信息数字化技术的研发与应用	中铁十六局集团有限公司、中铁十六局集团城市建设发展有限公司	二等奖
47	山区高墩大跨连续刚构桥综合施工技术	中铁十六局集团有限公司、中铁十六局集团第五工程有限公司	二等奖
48	富水强渗性圆砾地层隧道下穿密集建(构)筑物盾构法施工关键技术	中铁十六局集团有限公司、中铁十六局集团北京轨道交通工程建设有限公司	二等奖
49	空间双索面不对称三角异形钢拱桥施工技术	中铁十七局集团有限公司、中铁十七局集团第四工程有限公司	二等奖
50	大长细比空间斜跨钢拱桥施工关键技术研究	中铁十八局集团有限公司、中铁十八局集团建筑安装工程有限公司	二等奖
51	隧道掘进聚能水压光面爆破新技术	中铁十八局集团有限公司、中铁十六局集团有限公司、中铁二十一局集团有限公司、中铁十四局集团有限公司	二等奖
52	悬臂钢排架结构 BRT 车站长距离整体迁移技术	中铁十九局集团有限公司、中铁十九局集团轨道交通工程有限公司、西南交通大学、乌鲁木齐城市轨道集团有限公司	二等奖
53	大跨度、大重量偏心斜靠式钢箱系杆拱桥浮拖法施工技术	中铁二十局集团第一工程有限公司、中铁二十局集团有限公司	二等奖

续表

序号	项　目　名　称	完成单位	获奖等级
54	客运专线无轨运输大断面高瓦斯隧道施工技术	中铁二十局集团有限公司、西南交通大学	二等奖
55	压实黄土路基湿化变形及工程对策研究	中铁二十一局集团有限公司、兰州大学	二等奖
56	隧道初级支护稳定性三维数字信息化预警系统研究	中铁二十一局集团有限公司、大连海事大学、兰州交通大学	二等奖
57	3—64 米铁路钢桁梁无临时支墩多点顶推架设施工技术	中铁二十二局集团第二工程有限公司、中铁二十二局集团有限公司	二等奖
58	地铁板式无砟轨道设计施工一体化研究	中铁二十三局集团有限公司、中铁二十三局集团轨道交通工程有限公司	二等奖
59	复杂条件下大断面长距离地下顶管通道近接穿越施工技术	中铁二十三局集团有限公司、中铁二十三局集团第一工程有限公司、东南大学	二等奖
60	跨繁忙干线铁路长距离钢箱梁拖拉技术研究	中铁二十四局集团有限公司、中铁二十四局集团上海铁建工程有限公司	二等奖
61	自动焊接技术研究	中铁建设集团有限公司	二等奖
62	强震带厚砂层岩溶地区桩基础综合技术研究	中铁建设集团有限公司	二等奖
63	混凝土梁柱不等强节点性能及新型节点处理技术研究	中铁建设集团有限公司	二等奖
64	兰新高速铁路大风区接触网施工关键技术研究	中国铁建电气化局集团有限公司、中国铁建电气化局集团第一工程有限公司、中国铁建电气化局集团南方工程有限公司	二等奖
65	大西试验段用高强高导接触线研制	中国铁建电气化局集团有限公司、中国铁建电气化局集团康远新材料有限公司	二等奖
66	高速铁路 10 千伏电力全电缆贯通线补偿投切技术仿真研究及应用	中国铁建电气化局集团有限公司、西南交通大学、中国铁建电气集团南方工程有限公司、中国铁建电气化局集团北方工程有限公司	二等奖
67	中低速磁浮 C 型成套钢铝复合导电轨研制	中国铁建电气化局集团有限公司、中国铁建电气化局集团科技有限公司	二等奖
68	桥梁深水大直径变截面钻孔桩设计施工技术指南研究	中国铁建港航局集团有限公司	二等奖
69	广东省山区高速公路软土工程性质与处治关键技术研究	中国铁建港航局集团有限公司	二等奖
70	长沙磁浮工程车站站房饰面清水混凝土化学功能材料工程应用研究	中铁城建集团有限公司、中铁城建集团第一工程有限公司、清华大学	二等奖
71	基于 BIM 的弱电设计技术研究	中铁第一勘察设计院集团有限公司	二等奖
72	城市群城际铁路网规划方法研究	中铁第一勘察设计院集团有限公司、西南交通大学	二等奖
73	新型柱板式空心高墩关键技术研究	中铁第一勘察设计院集团有限公司	二等奖
74	大坡道、长隧道群客运专线再生制动对牵引供电系统影响研究	中铁第一勘察设计院集团有限公司	二等奖
75	牵引变电所辅助监控系统	中铁第四勘察设计院集团有限公司、天津凯发电气股份有限公司	二等奖
76	基于激光雷达技术的工程地质勘察及灾害监测关键技术研究	中铁第四勘察设计院集团有限公司	二等奖
77	城际铁路主跨 168 米预应力混凝土曲线部分斜拉桥设计研究	中铁第四勘察设计院集团有限公司、西南交通大学	二等奖
78	智能牵引变电所总体技术研究	中铁第四勘察设计院集团有限公司、国电南京自动化股份有限公司、广州铁路(集团)公司	二等奖
79	铁路加筋土结构极限状态法设计研究	中铁第四勘察设计院集团有限公司、石家庄铁道大学	二等奖
80	运营高速铁路陡坡路基变形病害整治技术研究	中铁第四勘察设计院集团有限公司、中铁第十四工程局	二等奖
81	杭州东软土路基轻质土置换加固技术应用研究	中铁第四勘察设计院集团有限公司、广东盛瑞科技股份有限公司	二等奖

续表

序号	项　目　名　称	完成单位	获奖等级
82	城市交通枢纽地下空间车行通道通风排烟关键技术	中铁第四勘察设计院集团有限公司	二等奖
83	杭长高速铁路大跨度复杂结构桥梁铺设无砟轨道关键技术研究与应用	中铁第四勘察设计院集团有限公司	二等奖
84	铁路冷链网络布局研究	中铁第四勘察设计院集团有限公司、中国铁路总公司、中国物流与采购联合会冷链物流专业委员会物流规划研究所、中铁特货运输责任有限公司	二等奖
85	超长城市湖底隧道复合通风排烟及空气净化技术	中铁第四勘察设计院集团有限公司	二等奖
86	中低速磁浮列车检修关键技术研究	中铁第四勘察设计院集团有限公司、北京新联铁科技股份有限公司	二等奖
87	恒温恒湿技术在建筑设计中的应用	中铁第五勘察设计院集团有限公司	二等奖
88	客运专线腕臂挠度技术标准研究	中铁第五勘察设计院集团有限公司	二等奖
89	城市轨道交通预制板式轨道关键技术研究	中铁上海设计院集团有限公司、中铁一局集团有限公司	二等奖
90	宁启铁路既有线提速200千米/小时桥梁加固关键技术研究	中铁上海设计院集团有限公司	二等奖
91	预制公路节段梁技术研发与应用	中铁十一局集团有限公司、中铁十一局集团桥梁有限公司	三等奖
92	预制巨型预应力盖梁U型壳模技术研发与应用	中铁十一局集团有限公司、中铁十一局集团桥梁有限公司	三等奖
93	盾构下穿建(构)筑物的控制措施研究	中铁十一局集团有限公司、中铁十一局集团城市轨道工程有限公司	三等奖
94	132米钢桁梁横移架设施工技术	中铁十一局集团第一工程有限公司	三等奖
95	高速铁路营业线新加站施工关键技术	中铁十一局集团有限公司、中铁十一局集团建筑安装工程有限公司	三等奖
96	适用小曲线运架一体机改造和大坡度架梁应用等关键技术研究	中铁十二局集团有限公司、中铁十二局集团第四工程有限公司、渝万铁路有限责任公司	三等奖
97	软弱围岩隧道支护技术与配套装备研究	中铁十二局集团有限公司、中铁十二局集团第二工程有限公司、石家庄铁道大学	三等奖
98	高海拔寒区软弱围岩隧道快速施工技术	中铁十二局集团有限公司、中铁十二局集团第二工程有限公司、中南大学	三等奖
99	季节性冻土区粉砂土工程性质与路基关键技术研究	中铁十二局集团有限公司、中铁十二局集团第一工程有限公司、石家庄铁道大学	三等奖
100	寒区不同围岩条件下隧道水压控制爆破关键技术研究	中铁十二局集团有限公司、中铁十二局集团第一工程有限公司	三等奖
101	郑徐铁路客运专线CRTSⅢ型板式无砟轨道施工关键技术研究	中铁十二局集团有限公司、中铁十二局集团第三工程有限公司	三等奖
102	复杂环境特长高速铁路隧道关键施工技术	中铁十二局集团有限公司、中铁十二局集团第三工程有限公司、西南交通大学	三等奖
103	高承压水软流塑地层既有大型地下工程拆除重建技术及应用	中国铁建大桥工程局集团有限公司、中国铁建大桥工程局集团第三工程有限公司、同济大学	三等奖
104	裸露基岩中矩形大断面无内支撑双壁钢围堰施工技术	中铁十五局集团第二工程有限公司、中铁十五局集团有限公司	三等奖
105	城市建筑和文物保护区隧道施工技术及环境控制研究	中铁十五局集团有限公司、洛阳理工学院	三等奖
106	重载铁路线路LTE－R工程技术	中铁十六局集团电务工程有限公司、中铁十六局集团有限公司	三等奖
107	小线间距既有接触网带电增二线架梁	中铁十六局集团有限公司、中铁十六局集团第二工程有限公司	三等奖
108	铁路客运专线大跨度连续梁—拱组合桥非对称施工关键技术研究	中铁十六局集团有限公司、中铁十六局集团第二工程有限公司	三等奖
109	SS4机车在神朔线开行万吨列车关键技术研究与应用	中铁十六局集团有限公司、中铁十六局集团铁运工程有限公司	三等奖

续表

序号	项　目　名　称	完成单位	获奖等级
110	高压富水碎裂状岩层小半径曲线盾构施工关键技术	中铁十七局集团第六工程有限公司、北京工业大学	三等奖
111	吉林市人民大剧院综合施工技术研究	中铁十七局集团建筑工程有限公司、中铁十七局集团有限公司	三等奖
112	高寒半干旱地区全漂浮体系斜拉桥快速施工技术	中铁十七局集团第五工程有限公司	三等奖
113	单拱大跨地铁车站浅埋暗挖半逆作施工技术	中铁十七局集团第一工程有限公司	三等奖
114	变质片岩隧道大变形防治技术研究	中铁十七局集团第三工程有限公司	三等奖
115	第三系粉质粘土地层隧道施工安全及大变形控制技术	中铁十八局集团有限公司、中铁十八局集团第五工程有限公司	三等奖
116	城市轨道交通山型 U 梁受力性能及施工风险成本研究	中铁十九局集团有限公司、中铁十九局集团轨道交通工程有限公司	三等奖
117	狭长横通道空间内盾构侧向平移及始发等施工关键技术研究	中铁十九局集团有限公司、中铁十九局集团轨道交通工程有限公司	三等奖
118	重庆火车北站综合交通枢纽工程设计施工综合技术研究	中铁十九局集团有限公司、中铁二院工程集团有限责任公司	三等奖
119	全断面长距离硬岩掘进技术和大直径盾构在全断面硬岩掘进中的注浆技术研究	中铁二十局集团第五工程有限公司、中铁二十局集团有限公司	三等奖
120	上跨既有线桥梁整组拆除与安装综合施工技术研究	中铁二十局集团第三工程有限公司、中铁二十局集团有限公司	三等奖
121	西咸空港综合保税区事务服务办理中心工程施工关键技术控制研究	中铁二十局集团第六工程有限公司、中铁二十局集团有限公司	三等奖
122	特殊不良地层隧道安全保障技术研究	中铁二十局集团第二工程有限公司、西南交通大学、中铁二十局集团有限公司	三等奖
123	高速铁路隧道近距离下穿高速公路施工关键技术研究	中铁二十二局集团第五工程有限公司、重庆大学、中铁二十二局集团有限公司、	三等奖
124	多维建模技术在城市轨道交通建设中的研究与应用	中铁二十二局集团电气化工程有限公司、中铁二十二局集团有限公司	三等奖
125	临近古塔客运专线隧道综合施工技术研究	中铁二十二局集团第三工程有限公司、中铁二十二局集团有限公司、杭州圣基建筑特种工程有限公司	三等奖
126	大断面岩溶隧道施工关键技术研究	中铁二十三局集团有限公司	三等奖
127	长大型箱涵整体顶进施工及性态监测施工关键技术研究	中铁二十四局集团有限公司、中铁二十四局集团路桥分公司、东南大学	三等奖
128	盾构在砂卵石地层中连续下穿铁路与市政立交桥综合施工技术	中铁二十五局集团第五工程有限公司、中铁二十五局集团有限公司	三等奖
129	变坡滑道上顶进框架桥涵施工技术及研究	中铁二十五局集团第三工程有限公司、中铁二十五局集团有限公司	三等奖
130	铁路站房钢网架滑移施工技术研究	中铁建设集团有限公司	三等奖
131	复杂环境下深基坑工程半逆作法施工技术研究	中铁建设集团有限公司、长沙学院	三等奖
132	装饰空间电气防火施工技术研究	中铁建设集团有限公司	三等奖
133	新型水泥基路面修补材料的研究	中铁建设集团有限公司、北京科技大学	三等奖
134	临近交通枢纽公共建筑设计技术研究	中铁建设集团有限公司	三等奖
135	地铁接触网刚性悬挂优化设置方案及施工技术研究	中国铁建电气化局集团有限公司、中国铁建电气化局集团南方工程有限公司、北京中铁建电气化设计研究院有限公司	三等奖
136	哈大铁路客运专线新建沈阳南站接触网施工及转线技术	中国铁建电气化局集团有限公司、中国铁建电气化局集团第三工程有限公司	三等奖
137	朔黄铁路牵引供电系统直供改 AT 施工技术研究	中国铁建电气化局集团有限公司、中国铁建电气化局集团第二工程有限公司	三等奖
138	销孔牵引大型沉箱滚运上船施工技术	中国铁建港航局集团有限公司	三等奖

续表

序号	项　目　名　称	完成单位	获奖等级
139	BIM 技术在站场与轨道设计中的应用研究	中铁第一勘察设计院集团有限公司	三等奖
140	既有线勘测设计内外业一体化技术研究	中铁第一勘察设计院集团有限公司、陕西铁道工程勘察有限公司	三等奖
141	高速铁路无砟轨道区间通过信号机安装方案研究	中铁第一勘察设计院集团有限公司	三等奖
142	城市轨道交通板式减振垫减振轨道结构研究	中铁第一勘察设计院集团有限公司	三等奖
143	接触网系统结构有限元分析研究	中铁第一勘察设计院集团有限公司	三等奖
144	《铁路线路设计规范》线路设计参数的动力仿真分析研究	中铁第一勘察设计院集团有限公司	三等奖
145	高土壤电阻率地区电气化铁路钢轨电位研究	中铁第一勘察设计院集团有限公司	三等奖
146	岩溶特殊地质区综合选线辅助决策技术研究	中铁第一勘察设计院集团有限公司	三等奖
147	南疆二线铁路隧道内弹性支承块整体轨道关键技术深化研究	中铁第一勘察设计院集团有限公司、西南交通大学、洛阳双瑞橡塑科技有限公司	三等奖
148	防错型道岔表示电路方案研究	中铁第一勘察设计院集团有限公司	三等奖
149	普速铁路无砟轨道特长隧道信号自动闭塞方案研究	中铁第一勘察设计院集团有限公司	三等奖
150	树杈、索膜、薄板结构应用研究	中铁第四勘察设计院集团有限公司	三等奖
151	机车脉冲式气力输送固定上砂技术	中铁第四勘察设计院集团有限公司、湖北远程铁道科技有限公司	三等奖
152	新型有轨电车限界设计研究	中铁第四勘察设计院集团有限公司	三等奖
153	双筒式高层框剪结构弹塑性分析研究	中铁第四勘察设计院集团有限公司	三等奖
154	市域铁路交流供电制式 120 ~ 160 千米/小时信号制式及到发线有效长标准研究	中铁第四勘察设计院集团有限公司	三等奖
155	内河散货码头装卸工艺系统技术及仿真研究	中铁第五勘察设计院集团有限公司	三等奖
156	桥梁墩台混凝土对模板侧向压力研究	中铁第五勘察设计院集团有限公司	三等奖
157	普速铁路重点大临工程设计方法研究	中铁第五勘察设计院集团有限公司	三等奖
158	城市轨道交通轨道基础控制网（CPⅢ）研究	中铁上海设计院集团有限公司	三等奖
159	上海轨道交通 16 号线通信信号方案研究	中铁上海设计院集团有限公司	三等奖

（制表：程博华）

2016年中国铁道建筑总公司勘察设计“四优”、优秀工程咨询成果项目目录

序号	项目名称	完成单位	获奖等级
一、优秀工程勘察			
1	兰新铁路客运专线祁连山越岭段综合地质选线及勘察	铁一院	一等奖
2	合福铁路武夷山越岭隧道群工程地质勘察	铁四院	一等奖
3	巴准线工程地质选线	铁五院	一等奖
4	京福铁路客运专线闽赣Ⅲ标段CPⅢ建网测量及复测项目	上海院	一等奖
5	黄韩侯铁路不良地质区综合选线	铁一院	二等奖
6	大西铁路客运专线运城至西安段工程地质勘察	铁一院	二等奖
7	南疆二线中天山隧道SZ－3深孔(858.8米)勘探项目	铁一院陕勘院	二等奖
8	合福铁路闽赣段工程地质勘察	铁四院	二等奖
9	合福铁路工程勘测	铁四院	二等奖
10	杭甬客运专线精密测量控制工程	铁四院	二等奖
11	乌鲁木齐新客站站房及雨棚地质勘察	铁一院	三等奖
12	宁西二线新桃花铺1号隧道工程地质勘察	铁一院	三等奖
13	兰新铁路客运专线新疆段哈密二堡村坎儿井水流减少勘察	铁一院	三等奖
14	合福铁路三清山隧道工程地质勘察	铁四院	三等奖
15	合福铁路上饶官山底小煤窑采空区工程地质选线	铁四院	三等奖
16	商合杭铁路并行合福铁路提前实施工程对合福铁路影响的实施监控	上海院	三等奖
17	埃塞俄比亚铁路工程DireDawa至Dawanle段初定测	中土福州院	三等奖
18	北江(韶关至三水河口)航道测量工程	港航局设计院	三等奖
二、优秀工程设计			
19	兰新铁路客运专线新疆段综合工程设计	铁一院	一等奖
20	兰新铁路客运专线大风区高速铁路路基防风工程设计	铁一院	一等奖
21	拉日铁路路基工程综合设计	铁一院	一等奖
22	大西铁路客运专线晋陕黄河特大桥设计	铁一院	一等奖
23	西格二线关角隧道设计	铁一院	一等奖
24	兰新铁路客运专线通信、信号系统工程设计	铁一院	一等奖
25	西安地铁1号线一期工程总体设计	铁一院	一等奖
26	西宁站改西宁站站房及站台雨棚设计	铁一院	一等奖
27	合福铁路总体设计	铁四院	一等奖
28	合福铁路闽赣段复杂山区路基工程设计	铁四院	一等奖
29	合福铁路上饶信江特大桥	铁四院	一等奖

续表

序号	项　目　名　称	完成单位	获奖等级
30	合福铁路客运专线电力电气化设计	铁四院	一等奖
31	合福铁路通信信号信息防灾施工图(含公网)	铁四院	一等奖
32	杭州地铁 4 号线火车东站	铁四院	一等奖
33	无锡地铁 2 号线工程	铁四院	一等奖
34	合福铁路黄山北站	铁四院	一等奖
35	衡茶吉线衡阳至井冈山段总体设计	铁五院	一等奖
36	福平铁路平潭海峡公铁两用大桥围堰工程	铁五院	一等奖
37	土耳其安伊高速铁路Ⅱ期电气化工程	铁五院	一等奖
38	长昆铁路客运专线贵阳东站	铁五院	一等奖
39	北京宏鑫花园二期 B 地块(北京 ONE)	铁五院	一等奖
40	宁启复线跨沪通铁路特大桥	上海院	一等奖
41	南疆线吐鲁番至库尔勒段增建第二线工程综合设计	铁一院	二等奖
42	宝兰铁路客运专线兰州西客站工程设计	铁一院	二等奖
43	大西铁路客运专线运城至西安段路基综合设计	铁一院	二等奖
44	黄韩侯铁路新黄河特大桥设计	铁一院	二等奖
45	兰新铁路客运专线大风区桥梁防风设计	铁一院	二等奖
46	拉日铁路三跨雅鲁藏布江特大桥设计	铁一院	二等奖
47	兰新铁路客运专线西宁跨兰西高速公路特大桥设计	铁一院	二等奖
48	拉日铁路盆因拉隧道设计	铁一院	二等奖
49	大西铁路客运专线运城北至西安北段电力电气化工程设计	铁一院	二等奖
50	西康二线通信、信号系统工程设计	铁一院	二等奖
51	北京地铁 7 号线双井站及广渠门外站至双井站区间工程设计	铁一院	二等奖
52	重庆地铁 6 号线二期北碚段复合式 TBM 区间设计	铁一院	二等奖
53	西宝铁路客运专线宝鸡南站站房及站台雨棚设计	铁一院	二等奖
54	新建哈尔滨至齐齐哈尔铁路客运专线齐齐哈尔南站站房及站台雨棚工程设计	铁一院	二等奖
55	新建西安和谐型大功率机车检修段工程设计	铁一院	二等奖
56	湖南省怀化至通道(湘桂界)高速公路	铁四院	二等奖
57	合福铁路采用树根桩 + 纵梁(面板) + 基材植生加固路基洞穴边坡工程设计	铁四院	二等奖
58	运营高速铁路无砟轨道软土路基沉降超限整治设计	铁四院	二等奖
59	合福铁路南淝河特大桥	铁四院	二等奖
60	合福铁路主跨 52 米带悬臂 T 构—连续站台梁	铁四院	二等奖
61	合福铁路北武夷山隧道	铁四院	二等奖

续表

序号	项　目　名　称	完成单位	获奖等级
62	无锡市轨道交通2号线工程通信信号设计	铁四院	二等奖
63	无锡地铁2号线金桥路站—查桥站区间四业主线立体交叉重叠明挖隧道	铁四院	二等奖
64	南京地铁3号线南京站站设计	铁四院	二等奖
65	合福铁路环保设计	铁四院	二等奖
66	扬州瘦西湖隧道通风排烟设计	铁四院	二等奖
67	合福铁路绩溪北站	铁四院	二等奖
68	新建铁路巴准线王连圪堵工程滑坡整治工程勘察设计	铁五院	二等奖
69	邹城市上跨京沪铁路立交桥(邹鲁大桥)	铁五院	二等奖
70	准池铁路朔州隧道工程	铁五院	二等奖
71	新建铁路巴准线巴图塔至点岱沟段通信系统工程设计	铁五院	二等奖
72	新建铁路赣韶线信号系统工程设计	铁五院	二等奖
73	新建铁路阜阳至六安线总体设计	上海院	二等奖
74	上海市轨道交通13号线一期工程通信系统设计	上海院	二等奖
75	上海轨道交通12号线中春路停车场	上海院	二等奖
76	上海铁路局3号楼加固(纠偏)工程——桩基托换法设计研究应用	上海院	二等奖
77	新建哈尔滨铁路集装箱中心站工程设计	铁一院	三等奖
78	兰新铁路客运专线新疆段戈壁风沙路基防治工程设计	铁一院	三等奖
79	黄韩侯铁路K72+700—K73+745.74段横向支撑型路堑桩板墙工程设计	铁一院	三等奖
80	兰新铁路客运专线甘青段戈壁地区路基工程设计	铁一院	三等奖
81	兰新铁路客运专线甘青段绿色通道设计	铁一院	三等奖
82	兰新铁路客运专线乌鲁木齐河特大桥设计	铁一院	三等奖
83	黄韩侯铁路大浴河特大桥设计	铁一院	三等奖
84	南疆吐库二线风区桥梁整体式挡风结构设计	铁一院	三等奖
85	陕西省渭河整治工程灞河特大桥设计	铁一院	三等奖
86	兰州至中川机场线西固黄河特大桥设计	铁一院	三等奖
87	西宁站改造工程褚家营隧道设计	铁一院	三等奖
88	兰新铁路客运专线达坂城隧道设计	铁一院	三等奖
89	南疆二线吐库段电气化工程设计	铁一院	三等奖
90	重庆轨道交通6号线二期工程通信、信息工程设计	铁一院	三等奖
91	兰州西高速铁路站房通信、信息系统设计	铁一院	三等奖
92	南京宁天城际轨道交通工程大厂东—六合区政府区间及车站设计	铁一院	三等奖
93	西安地铁西咸车辆段与综合基地工程设计	铁一院	三等奖

续表

序号	项　目　名　称	完成单位	获奖等级
94	重庆地铁6号线二期铜锣山隧道设计	铁一院	三等奖
95	拉日铁路给排水设计	铁一院	三等奖
96	乌鲁木齐新客站客车整备所工程设计	铁一院	三等奖
97	兰新铁路客运专线哈密站旅客站房设计	铁一院新疆院	三等奖
98	兰新线吐鲁番车站改扩建工程	铁一院新疆院	三等奖
99	新建厦门至深圳铁路站场设计	铁四院	三等奖
100	厦门至成都国家高速公路湖南省郴州至宁远公路水龙互通工程	铁四院	三等奖
101	合肥市望江西路下穿粮库专用线及合肥西站组合式深基坑设计	铁四院	三等奖
102	合肥市望江西路下穿合肥西站立交工程	铁四院	三等奖
103	合福铁路南平建溪特大桥	铁四院	三等奖
104	郑开城际铁路郑州特大桥	铁四院	三等奖
105	杭州地铁2号线一期东南段FAS/BAS/ACS设计	铁四院	三等奖
106	贵广铁路贺州至广州段电力、电气化工程设计	铁四院	三等奖
107	武汉地铁4号线二期工程供电系统	铁四院	三等奖
108	京沪穗东南环骨干光传输网改造工程施工图	铁四院	三等奖
109	南京地铁3号线新庄站至鸡鸣寺站区间	铁四院	三等奖
110	南京地铁3号线秣周车辆段	铁四院	三等奖
111	苏州轨道交通2号线区间综合管线三维设计	铁四院	三等奖
112	向莆铁路施工组织设计及概算	铁四院	三等奖
113	南京梅子洲过江通道连接线隧道通风系统设计	铁四院	三等奖
114	准池铁路大沙沟特大桥工程	铁五院	三等奖
115	巴准铁路敖包沟隧道工程	铁五院	三等奖
116	新建铁路巴准线电气化工程设计	铁五院	三等奖
117	“蓝鲸”军民融合创新平台项目	铁五院	三等奖
118	改建铁路包兰线惠农至银川段增建第二线石嘴山站(原名青草圈站)	铁五院	三等奖
119	南昌市轨道交通1号线一期工程双港站	上海院	三等奖
120	新建铁路江阴港铁路支线大型铁路货场设计	中土福州院	三等奖
三、优秀工程勘察设计软件			
121	城市轨道交通数字选线系统	铁一院	一等奖
122	轨道桥梁工程量处理及协同管理系统	铁四院	一等奖
123	客运专线大型客运站作业仿真系统	铁四院	一等奖
124	欧标体系下的铁路路基设计系统	上海院	一等奖

续表

序号	项　目　名　称	完成单位	获奖等级
125	铁路工程地质信息管理与应用系统	铁一院	二等奖
126	基于静力学有限元分析的接触网腕臂安装图参数化设计系统	铁一院	二等奖
127	铁路建设项目地理信息系统	铁一院	二等奖
128	隧道 BIM 模型自动拼装软件	铁一院	二等奖
129	CTCS－2 列控区段电码化设计系统	铁四院	二等奖
130	CRTSⅢ型板式无砟轨道布板、制作和铺设一体化软件	铁四院	二等奖
131	地铁屏蔽门车站空调负荷计算系统	铁四院	二等奖
132	轨道控制网 CPⅢ数据处理系统	上海院	二等奖
四、优秀工程咨询成果			
133	新建铁路银川至西安线调整可行性研究	铁一院	一等奖
134	青藏铁路格尔木至拉萨段扩能改造工程环境影响报告书	铁一院	一等奖
135	成都地铁 5 号线一、二期工程可行性研究报告	铁一院	一等奖
136	江苏省铁路“十三五”及中长期发展规划研究	铁四院	一等奖
137	湖南湘江新区中运量系统线网规划	铁四院	一等奖
138	新建铁路张家界至怀化铁路预可行性研究	铁四院	一等奖
139	云南省杨柳（滇黔界）至宣威高速公路工程可行性研究报告	铁四院	一等奖
140	新建徐州至淮安至盐城铁路可行性研究报告	铁五院	一等奖
141	京开高速公路（魏永路—西黄垡桥段）主辅路改扩建工程可行性研究报告评估报告	铁五院	一等奖
142	义乌西铁路货场扩建工程（现代物流）可行性研究	上海院	一等奖
143	南京至高淳城际轨道禄口机场至溧水段工程可行性研究报告	上海院	一等奖
144	新建银川至西安铁路变更环境影响报告书	铁一院	二等奖
145	新建将军庙至额济纳铁路——将军庙至柳沟段环境影响报告书	铁一院	二等奖
146	新建吴忠至中卫铁路可行性研究	铁一院	二等奖
147	呼和浩特市城市轨道交通 1 号线一期工程（金海工业园区—白塔）可行性研究报告	铁一院	二等奖
148	青岛市红岛—胶南城际（井冈山路—大珠山段）轨道交通工程可行性研究报告	铁一院	二等奖
149	西宁市五四西路（府汉路—四号路）新建道路工程可行性研究报告	铁一院	二等奖
150	新建铁路阿勒泰至富蕴至准东线可行性研究	铁一院新疆院	二等奖
151	北屯至阿勒泰铁路可行性研究	铁一院新疆院	二等奖
152	北京市城市轨道交通建设规划（2014—2020 年）环境影响报告书	铁四院	二等奖
153	温州南车轨道车辆有限公司灵昆车辆维修基地可行性研究	铁四院	二等奖
154	新建铁路青岛至荣成城际铁路站房工程设计咨询	铁四院	二等奖

续表

序号	项　目　名　称	完成单位	获奖等级
155	宁波至奉化城际铁路工程可行性研究	铁四院	二等奖
156	郑州至万州铁路河南段压覆矿产安全距离评估报告	铁四院	二等奖
157	新建铁路武汉经襄阳至十堰城际铁路环境影响报告书	铁四院	二等奖
158	皖江地区城际铁路建设规划(2015—2020 年)	铁四院	二等奖
159	赣州至深圳客运专线预可行性研究	铁四院	二等奖
160	恩施腾龙洞至大峡谷旅游观光铁路可行性研究	铁四院	二等奖
161	新建铁路福州至厦门客运专线预可行性研究	铁四院	二等奖
162	霞凝货场扩建工程可行性研究	铁四院	二等奖
163	襄阳物流基地预可行性研究	铁四院	二等奖
164	新建铁路金华至台州线可行性研究	铁五院	二等奖
165	新建铁路徐宿淮盐线土地综合开发机会研究报告	铁五院	二等奖
166	固废集中处置与综合利用中心项目可行性研究报告	铁五院	二等奖
167	首都医科大学附属北京朝阳医院东院建设工程项目建议书评估报告	铁五院	二等奖
168	三墩铁路土地开发项目——杭州西部铁路文化风情街可行性研究报告	上海院	二等奖
169	倒运海水道航道整治工程工程可行性研究	港航局设计院	二等奖

（制表:徐惠纯）

2016年中国铁建优秀工法目录

序号	工　法　名　称	完成单位	获奖等级
1	CRTSⅢ型板式道岔铺设施工工法	十二局	一等奖
2	运营高速铁路路基沉降及稳定性整治施工工法	十四局	一等奖
3	有砟轨道小半径曲线地段CPG500铺轨机组铺轨施工工法	十四局	一等奖
4	时速350千米高速铁路CRTSⅢ型板式无砟轨道自密实混凝土灌注施工工法	十四局	一等奖
5	客运专线地下线无砟轨道交叉渡线施工工法	十六局	一等奖
6	大跨度、大重量偏心斜靠式系杆拱桥浮拖施工工法	二十局	一等奖
7	铁路水泥混凝土加芯桩施工工法	二十局	一等奖
8	建筑垃圾分类及其路基填筑施工工法	二十局	一等奖
9	中低速磁浮轨道梁预制施工工法	二十三局	一等奖
10	超浅埋长距离中管棚下穿铁路微扰动施工工法	二十四局	一等奖
11	高墩多孔大跨长联连续刚构不平衡段悬浇施工工法	十一局	一等奖
12	高墩多孔大跨长联连续刚构7次合拢结构体系转换施工工法	十一局	一等奖
13	轨道交通双U箱型复合变截面节段拼装连续梁桥悬臂拼装施工工法	大桥局	一等奖
14	高速铁路大跨度节段拼装预应力混凝土简支箱梁施工工法	大桥局	一等奖
15	高压气冲法湿桩桩头快速清理施工工法	大桥局	一等奖
16	斜拉桥异形索塔液压自爬模施工工法	十四局	一等奖
17	大跨度栓焊结合桁架式钢管拱制造工法	十五局	一等奖
18	小线间距既有线接触网带电增二线架梁施工工法	十六局	一等奖
19	大跨斜拉桥大斜度高塔施工工法	十六局	一等奖
20	库区大卵石覆盖层桥梁深水基础施工工法	十七局	一等奖
21	深水急流裸露基岩钢栈桥施工工法	十八局	一等奖
22	边跨高墩无支架现浇段挂篮结合桁架式导梁施工工法	二十局	一等奖
23	新疆高温差地区连续箱梁转体施工工法	二十一局	一等奖
24	跨高速铁路长距离钢箱梁拖拉施工工法	二十四局	一等奖
25	狭短桥隧过渡段上移动模架快速拼装及拆解施工工法	二十五局	一等奖
26	恶劣水文气象条件下深水区海床覆盖层再造施工工法	港航局	一等奖
27	恶劣海况条件下大型钢吊箱制作及整体吊装施工工法	港航局	一等奖
28	波型钢腹板混凝土叠合箱梁预制施工工法	港航局	一等奖
29	6600吨超大型沉箱异步顶升、移运施工工法	港航局	一等奖
30	隧道衬砌拱顶带模注浆施工工法	十一局	一等奖
31	盾构施工煤矿长距离斜井施工工法	十一局	一等奖
32	隧道宽幅防水板、二衬钢筋综合台车法施工工法	十一局	一等奖

续表

序号	工　法　名　称	完成单位	获奖等级
33	盾构端头井洞门 SMW 工法桩围护结构防渗漏水施工工法	十一局	一等奖
34	高地应力软岩隧道大跨至连拱过渡段施工工法	十一局	一等奖
35	软弱围岩隧道斜井进正洞双曲拱式支护结构施工工法	十二局	一等奖
36	特长隧道洞内 K 字形双交叉导线控制网施工工法	十二局	一等奖
37	地铁车站富水砂层可拆卸锚索施工工法	十二局	一等奖
38	地铁明挖车站 Y 型钢结构柱定位测量施工工法	十二局	一等奖
39	轨道交通区间暗挖隧道悬臂掘进机施工工法	十二局	一等奖
40	煤矿斜井大坡度 TBM 主机步进及下落施工工法	大桥局	一等奖
41	盾构隧道混凝土管片智能化控制机组流水生产工法	十四局	一等奖
42	特大断面隧道钻爆法原位扩建施工工法	十五局	一等奖
43	盾构空推不拼管片过矿山法成型隧道施工工法	十六局	一等奖
44	浅埋粉细砂层双侧壁临时支撑跳割拆除分段回顶施工工法	十七局	一等奖
45	富水卵石地层衡盾泥压气盾构开仓作业施工工法	十七局	一等奖
46	隧道掘进聚能水压光面爆破新技术施工工法	十八局	一等奖
47	开敞式 TBM 快速转场施工工法	十八局	一等奖
48	锁扣管幕顶进施工工法	十九局	一等奖
49	狭窄横通道内盾构施工工法	十九局	一等奖
50	软岩大断面隧道快速施工工法	二十局	一等奖
51	特殊不良地层破碎岩体双线隧道横洞进正洞挑顶施工工法	二十局	一等奖
52	膨胀土地区浅埋暗挖隧道环形开挖预留核心土施工工法	二十四局	一等奖
53	城市地铁 π 型双竖井与双横通道施工工法	二十二局	一等奖
54	整体式钢筋笼后浇带支撑施工工法	十六局	一等奖
55	双向外倾斜钢柱吊装及 9 级抗震支座连接施工工法	中铁建设	一等奖
56	外曲面收缩工程可伸缩调节式爬架施工工法	中铁建设	一等奖
57	大坡度斜轨面变轨液压同步累积滑移施工工法	中铁建设	一等奖
58	大面积单向悬挂桁架式玻璃幕墙施工工法	中铁建设	一等奖
59	装配式剪力墙结构施工工法	中铁建设	一等奖
60	聚苯模块混凝土墙夹芯保温现浇系统施工工法	中铁建设	一等奖
61	沉井结构倒挂井壁快速逆做施工工法	城建集团	一等奖
62	SCADA 系统数据化线号制作施工工法	十一局	一等奖
63	变电所三维建模测量施工工法	十一局	一等奖
64	磁浮快线直流供电线路短路试验工法	电气化局	一等奖

续表

序号	工　法　名　称	完成单位	获奖等级
65	万吨列车带电自动过分相装置施工工法	电气化局	一等奖
66	牵引变电所设备支柱精确定位及组立工法	电气化局	一等奖
67	营业线改造接触网支柱 RTK 测量仪精确定位工法	电气化局	一等奖
68	基于坐标法的防风型整体钢腕臂预配工法	电气化局	一等奖
69	高速公路双幅棚洞施工工法	十二局	二等奖
70	时速 350 千米高速铁路 CRTSⅢ型板式无砟轨道底座板施工工法	十四局	二等奖
71	城市轨道钢弹簧浮置板道床散铺施工工法	十七局	二等奖
72	CFG 桩帽无扰动施工工法	十九局	二等奖
73	客运专线 CRTSⅢ型无砟轨道先张法轨道板预制施工工法	二十二局	二等奖
74	交叉渡线整体插铺施工工法	二十三局	二等奖
75	大面积吹填浮泥区软基处理土工织物自动铺设施工工法	港航局	二等奖
76	132 米钢桁梁横移架设施工工法	十一局	二等奖
77	超宽变截面连续梁桥不平衡配重转体施工工法	十一局	二等奖
78	WE－SC900H 穿隧道运架一体机架设小半径曲线整孔铁路箱梁施工工法	十二局	二等奖
79	SX24－48－1500 吨上行式移动支架造桥机隧道口零距离架设箱梁施工工法	十二局	二等奖
80	积分法定位线路纵横偏量测量工法	十二局	二等奖
81	线外支架现浇箱梁横移架设施工工法	十二局	二等奖
82	深海钢吊箱围堰整体吊装就位施工工法	大桥局	二等奖
83	复杂海域深水裸岩区大跨度栈桥快速施工工法	大桥局	二等奖
84	上跨立交桥整体同步顶升改造施工工法	十四局	二等奖
85	客运专线桥梁偏压位移后加固复位施工工法	十七局	二等奖
86	大跨度预应力混凝土连续箱梁墩顶转体施工工法	十七局	二等奖
87	强透水砂卵石层深水桥梁施工工法	十七局	二等奖
88	特大跨度极不对称大吨位钢管拱桥转体测控施工工法	十八局	二等奖
89	转体拱桥拱座上下盘间大面积狭小空间封固施工工法	十八局	二等奖
90	大吨位转体拱桥拱座上盘砂箱组合全砂底模施工工法	十八局	二等奖
91	空间吊杆张拉自动成型索力施工工法	十八局	二等奖
92	运营线上大跨度异型钢结构整体牵引滑移施工工法	十八局	二等奖
93	双肢柔性 Y 型桥墩施工工法	十九局	二等奖
94	上跨既有线桥梁整组拆除与安装综合施工工法	二十局	二等奖
95	西北高速铁路桥梁减震榫施工工法	二十一局	二等奖

续表

序号	工　法　名　称	完成单位	获奖等级
96	客运专线钢箱拱桥临跨预拼后锚顶推架设施工工法	二十二局	二等奖
97	钢桁梁顶推施工工法	二十二局	二等奖
98	“一串二”先张 U 梁大吨位张拉施工工法	二十三局	二等奖
99	盾构机近距离侧穿初支状态下暗挖隧道施工工法	十一局	二等奖
100	大跨软弱围岩隧道双支洞挑顶施工工法	十一局	二等奖
101	长大隧道超深竖井反井法施工工法	十一局	二等奖
102	高地应力软岩隧道增强仰拱稳定性施工工法	十一局	二等奖
103	强挤压围岩隧道多重锁固支护施工工法	十一局	二等奖
104	富水软土地层盾构二次接收施工工法	十二局	二等奖
105	火山灰地层隧道基底微管桩施工工法	十二局	二等奖
106	内部开口增加作业面的特大断面隧道原位扩建施工工法	十五局	二等奖
107	盖挖逆作法 HPE 插入钢管柱施工工法	十五局	二等奖
108	长江漫滩地区高承压水地质条件下三层叠交隧道群施工工法	十五局	二等奖
109	湖底隧道聚脲防水涂层施工工法	十六局	二等奖
110	城市地下隧道交叉口小净距及大断面施工工法	十六局	二等奖
111	双跨简支仰拱栈桥快速施工工法	十六局	二等奖
112	变质片岩隧道大变形防治施工工法	十七局	二等奖
113	隧道土工膜袋注浆施工工法	十七局	二等奖
114	浅埋粉细砂层隧道变断面过渡转换施工工法	十七局	二等奖
115	大断面瓦斯隧道快速揭煤施工工法	十八局	二等奖
116	盾构穿越区间风井结构连续掘进施工工法	十八局	二等奖
117	变断面隧道衬砌台车改装施工工法	十八局	二等奖
118	上下近距离重叠地铁隧道台车支撑及注浆加固施工工法	十八局	二等奖
119	富水岩溶隧道基底深埋中心管沟施工工法	十八局	二等奖
120	大断面软弱地层隧道三台阶四步交错法施工工法	十九局	二等奖
121	城市地铁暗挖区间悬臂掘进机工法	十九局	二等奖
122	凿岩台车施作隧道交叉口快速施工工法	十九局	二等奖
123	长大瓦斯隧道无轨运输施工工法	二十局	二等奖
124	古河床粉砂土地层顶管施工工法	二十局	二等奖
125	浅埋暗挖隧道过地裂缝破碎带施工工法	二十局	二等奖
126	全风化富水泥炭质板岩隧道斜井转正洞施工工法	二十五局	二等奖
127	水泥膨润土改良搅拌桩加固地下连续墙及止水施工工法	十一局	二等奖

续表

序号	工　法　名　称	完成单位	获奖等级
128	BRB 防屈曲约束支撑施工工法	十六局	二等奖
129	超长全玻玻璃幕墙安装施工工法	十七局	二等奖
130	EPS 模块保温与建筑结构一体化施工工法	十八局	二等奖
131	空间曲面肋梁混合结构复合式金属幕墙安装施工工法	二十局	二等奖
132	复杂环境下深基坑工程半逆作法施工工法	中铁建设	二等奖
133	工程测量中利用小区域空间定位系统测量放样工法	中铁建设	二等奖
134	曲面结构 NALC 墙板安装施工工法	中铁建设	二等奖
135	大直径薄壳钢管柱外包高流态混凝土施工工法	中铁建设	二等奖
136	装配式建筑 PC 叠合板电气管路敷设施工工法	中铁建设	二等奖
137	卡口式楼梯施工用组合模板施工工法	城建集团	二等奖
138	现浇空心楼盖 GFM 内膜施工工法	城建集团	二等奖
139	铁路施工困难地段接触网现浇混凝土基础施工工法	十一局	二等奖
140	电气化铁路隧道内接触网加强线改正馈线施工工法	电气化局	二等奖
141	跨越带电高压输电线路施工工法	电气化局	二等奖
142	地铁 BTTZ 型矿物绝缘电缆中间接头安装工法	电气化局	二等奖
143	高架桥外侧单芯电力电缆入槽敷设工法	电气化局	二等奖
144	运营高速铁路转线接触网弹性悬挂施工工法	电气化局	二等奖
145	佛山西跨越多线路电缆桥架安装及电缆敷设工法	电气化局	二等奖
146	轨道设备逻辑检查及地线双 C 压接施工工法	二十三局	二等奖
147	变坡滑道上顶进框架桥涵施工工法	二十五局	二等奖
148	三峡库区斜坡道码头施工工法	港航局	二等奖

（制表:李庆民）

2016年7月1日，中铁十九局集团有限公司各级党组织热烈庆祝中国共产党成立95周年，开展形式多样、主题鲜明的纪念活动。图为中铁十九局集团轨道公司机关全体党员重温入党誓词。（郭建东 摄）

党的工作

特载
大事记
概况
董事会工作
工程施工
海外经营 境外工程
经营管理
综合管理
科技管理
党的工作
工会 共青团
所属单位
区域经营机构
人物
统计资料
文献辑要
附录

综合工作

【总公司党委】 中国共产党中国铁道建筑总公司委员会(以下简称"总公司党委")是在国务院国有资产监督管理委员会党委领导下的对下属单位党组织实行统一领导的党组织。总公司党委在企业中处于政治核心地位,发挥领导核心和政治核心作用。主要负责统一领导并组织实施总公司党的建设和思想政治工作,担负党风廉政建设主体责任。总公司党委常委由庄尚标、孟凤朝、齐晓飞(2016年11月免)、夏国斌、刘汝臣、王秀明、李春德7人组成。孟凤朝(2016年11月任)任党委书记,庄尚标(2016年11月免党委书记、任党委副书记)、齐晓飞(2016年11月免)任党委副书记。总公司党委职能机构设党委办公室、党委组织部、党委宣传部、党委干部部(人力资源部)。总公司纪委是总公司党委和国务院国有资产监督管理委员会纪委领导下的纪检监察机关,履行党的纪律检查和行政监察职能,担负党风廉政建设监督责任,党委常委李春德任纪委书记。总公司工会接受总公司党委和中华全国铁路总工会的领导,史道泉任工会主席。 (赵登善)

【股份公司党委】 中国共产党中国铁建股份有限公司委员会(以下简称"股份公司党委")是在中国铁道建筑总公司党委领导下的对下属单位党组织实行统一领导的党组织。股份公司党委在企业中处于政治核心地位,发挥领导核心和政治核心作用。主要负责统一领导并组织实施股份公司党的建设和思想政治工作,担负党风廉政建设主体责任。股份公司党委常委由齐晓飞(2016年12月免)、孟凤朝、庄尚标、夏国斌、刘汝臣、王秀明、李春德7人组成,孟凤朝(2016年12月任)、齐晓飞(2016年12月免)任党委书记,庄尚标任党委副书记。股份公司党委职能机构设党委办公室(直属机关党委)、党委组织部、党委宣传部(企业文化部)、党委干部部(人力资源部)。党委常委李春德任纪委书记,史道泉任工会主席。根据《总公司、总公司党委关于中国铁建股份有限公司成立后需明确的有关问题的通知》(中铁建劳〔2007〕207号)和总公司党委《关于成立中国铁建股份有限公司党委、纪委和工会、共青团组织的通知》(中铁建党组〔2007〕75号)文件精神,总公司党委委员、纪委委员、工会委员、团委委员同为股份公司党委委员、纪委委员、工会委员、团委委员。

根据中央组织部和原中央企业工委及国资委党委批复和指示精神,基于总公司主营业务整体上市和局集团公司均为股份公司全资控股子公司,股份公司分布在全国各地的下属单位,党的领导关系由股份公司党委和所在省、自治区、直辖市党委双重领导,以股份公司党委垂直领导为主。按照中共中央有关文件规定,在40家下属单位中,20家单位的领导班子成员实行以股份公司党委管理为主,地方党委协助管理,其余单位由股份公司党委实行全面管理。 (赵登善)

【工作综述】 2016年,股份公司党委坚决贯彻党中央和国资委党委的决策部署,带领各级党组织坚持党要管党、从严治党,认真落实"两个责任",深入开展"两学一做"学习教育,推动党建工作与企业发展深度融合,践行改革创新,坚持依法治企,深化企业管理,为"十三五"规划的顺利开局提供了坚强的政治保障。

(1)增强"四个意识",提升领导班子执企能力。一是强化政治引领,全面落实中央部署。股份公司党委高度重视学习传达"两个会议"精神,要求各级党组织结合企业实际逐级传达,学习领会,抓好落实。股份公司党委通过常委会、常委(扩大)会、中心组学习(扩大)会等形式,逐字逐句学习,邀请党建专家专题辅导。班子成员集体研讨,提出党建工作要求写入公司章程、制定党建工作机构设置和人员配备指导意见、深化党组织书记抓基层党建述职评议机制等12条具体措施,限定时间完成任务;所属集团公司党委迅速掀起学习热潮,先后有16家二、三级单位邀请相关专家进行专题解读,形成了思想共识,提升了学习效果。二是强化理论武装,抓好党委中心组学习。股份公司党委身体力行、率先垂范,全年组织党委中心组学习18次,始终坚持把学习贯彻中央和国资委党委精神作为首要政治任务,深入学习习近平总书记系列讲话精神,学习研讨带有前瞻性、方向性、全局性、根本性的重要论述和理论文章。以现场查阅记录、收集书面材料等方式,专项督查所属党组织中心组学习情况,推动中国铁建系统理论学习走向制度化、规范化、常态化,促使广大党员干部在思想上、行动上同以习近平总书记为核心的党中央保持高度一致。通过学习,各级领导班子理清了企业发展思路,提升了政治理论素养,提高了战略思维能力。三是强化大局意识,发挥班子整体功能。股份公司党委全年召开党委常委会议30次,研究议题129项。内容上既研究贯彻党的路线、方针、政策和习近平总书记系列重要讲话精神、落实管党治党要求、压实"两个责任",又讨论重要干部人事任免、强化执纪问责,研究企业发展规划、改革兼并重组、内外风险管控等重大问题,成为董事会、总裁办公会的前置程序。所属各级党组织注重发挥班子整体功能,正确研判形势，扎实做好工作，团结带领广大干部职工，深化企业管理，促进提质增效，确保企业正确的发展方向。

(2)加强基层党建，扎实推进“两学一做”学习教育。一是以规定动作为抓手，抓好“两学一做”学习教育。股份公司党委成立学习教育领导小组和办公室，印发《“两学一做”学习教育实施方案》。所属各级党组织高度重视，迅速行动，全面铺开“两学一做”学习教育。各级党组织坚持“三个基本”，举办党务骨干培训班，培训基本方法和主要措施，认真落实各项规定动作，扎实开展专题学习讨论和讲党课活动，切实增强党性观念和党员意识。股份公司党委常委带头学习、带头到联系点和所在支部讲党课、带头撰写研讨提纲，自觉做到先学先知、先悟先行，充分发挥“关键少数”的示范引领作用，为各级党组织和广大党员干部作出表率。全年中国铁建系统各级领导班子和党支部开展专题学习研讨7325次，各级党员干部和党支部书记讲党课7530次。股份公司党委成立4个学习教育督导组，重点从审阅工作方案、参加相关活动、抓住重点环节、查阅学习台账、组织座谈交流、调研学习效果、做好小结汇总7个方面开展督导工作，总结经验做法，查找问题不足，提出工作要求，学习教育有序推进。二是以专项工作为抓手，抓好组织基础管理。首先是开展组织关系集中排查。股份公司组织所属各级党组织，逐一核实摸底在册党员情况，确保在册党员信息资料完备、组织关系隶属清晰。经统计，中国铁建系统党员137766人，经查找未取得联系党员123人。根据中国共产党党章规定，停止党籍2人，取消预备党员资格12人，开除党籍1人；243名党员受到限期改正、自行脱党等组织处置。其次是安排所属党组织按期换届。中国铁建系统严格按照党中央要求，坚决落实股份公司选举工作视频会议精神，认真做好本级及所属单位党委的换届工作。年内，所属26个单位党委和235个三级公司党委召开党代会或党员大会，完成换届选举工作，夯实了基层党组织建设基础。第三是开展党费收缴工作专项排查。股份公司各级党组织把党费管理工作作为遵守党的纪律、履行党员义务的重要工作，一级抓一级、层层抓落实，确保整改到位。截至2016年底，全系统各级党组织全部完成党费补缴工作，提升了广大党员的觉悟意识。三是以创建活动为载体，提升基层组织活力。各级党组织立足岗位作贡献，深入开展“四、五、六”创建活动和民主评议党员工作，推动基层党建工作落实。2016年，各级党组织和共产党员积极投身股份公司改革发展实践，涌现出大批先进党组织和模范共产党员。其中，中央企业优秀共产党员3名、中央企业优秀党务工作者标兵1名、中央企业优秀党务工作者1名，中央企业先进基层党组织3个。

(3)优化体制机制，加强干部和人才队伍建设。一是坚持多措并举，全面加强领导干部管理监督。严格规范动议提名、民主推荐、民主测评、考察公示、讨论决定、任职等干部选任环节，把党管干部原则和民主集中制贯穿于选人用人的全过程。加大领导人员调整交流力度，择优选拔能力强、素质好、业绩突出的领导干部充实到所属二级单位领导班子。2016年召开党委书记碰头会15次，提交党委常委会讨论干部20批次，调整52个所属单位领导班子，任免210人。其中，交流干部41人次，提拔班子正职13人、副职28人。加强对领导人员教育培训，选送19名二级单位正职和机关部门负责人参加中央党校、国家行政学院等“一校五院”的培训。年内举办局级干部培训班2期，培训局级干部114人。从严监督管理干部，坚持纪委全程参与干部考察做法，对考察进行全过程监督；强化任前审核，发现存在问题，根据情节轻重，按照相关规定给予处理。2016年，暂缓提拔3名因个人事项报告不实、有问题反映且核查属实的局级拟提拔对象。领导干部管理监督上进一步突出政治合格、作风过硬和廉洁自律。二是加强制度建设，完善选人用人机制。印发包括《领导人员管理规定》在内的18个人力资源管理制度办法，内容涉及领导人员管理、总部机关工作人员管理、员工招聘录用、挂职锻炼、区域经营指挥部人员管理和员工教育培训等，保证相关工作有规可依，有矩可循。改革完善领导班子、领导人员管理制度，拓展干部成长空间，优化中国铁建系统领导人员资源配置。狠抓规章制度执行落实，切实维护规章制度的严肃性。完善人才聘任晋升考核评价机制，营造百花齐放、千帆竞发的人才成长和发展环境。三是突出战略引领，启动“十三五”人力资源规划。根据《中央企业“十三五”人才强企实施纲要》精神和股份公司“十三五”战略规划要求，积极推动股份公司“十三五”人力资源规划拟定工作。年内邀请知名人力资源管理专家授课指导，吸收国内外知名企业人才管理的先进理念；成立领导小组，组织开展人力资源基础信息收集和相关数据分析，理清人才现状，找准存在问题，制定有针对性解决方案，为制定“十三五”人力资源规划奠定坚实基础。

(4)围绕中心工作，抓好宣传思想文化建设。一是凝聚力量，思想教育扎实到位。2016年，印发《中国铁建党委落实意识形态工作责任制实施办法》，着力加强意识形态管理及阵地管控工作。注重思想舆论引导，广泛宣传企业发展的新思路、新进展、新成效；紧密结合企业改革发展重点工作，组织开展提质增效、营改增、瘦身健体、亏损项目治理等形势任务和主题教育活动，夯实企业发展的思想基础和群众基础。注重理论研究，政研课题获中央企业2015—2016年度党建思想政治工作研究成果一等奖。二是示范引领，文明创建成果丰硕。各级党组织把文明创建作为加强和创新宣传思想工作的抓手，以庆祝建党95周年、纪念长征胜利80周年为契机，组织系列活动，推动社会主义核心价值观落地；与长影集团联合摄制的主旋律影片《老阿姨》在北京成功举行首映式，并在全国院线上映。积极参加“北京榜样”“首都道德模范”“最佳志愿服务”等典型选树活动。把“道德讲堂”作为重要载体，指导所属单位开展精神文明创建活动，文明创建活动向纵深发展。三是文化铸魂，企业文化建设持续推进。编制企业文化建设“十三五”规划，推动中国铁建系统文化建设落地；深入开展“弘扬优秀文化，抵制不良言行”系列活动，弘扬好文化基因，营造良好的文化氛围和企业风气。企业文化建设专题研究深入推进，在品牌文化、文化融合等方面形成比较成熟的成果，并运用于指导实践。铁道兵纪念馆全年接待团体参观417个，观众总数超过2万人，并成功入选“中央企业爱国主义教育基地”，被推荐至中宣部参评全国爱国主义教育基地。四是塑造形象，品牌影响力得到提升。以讲好铁建故事为核心，中国铁建主动同新华社、人民日报、中央电视台等中央主流媒体广泛合作，精心策划重大主题宣传，不断巩固壮大主流舆论；组织纪念青藏铁路通车10周年系列活动，进一步提升企业的品牌影响力和美誉度；亚吉铁路进行全媒体的立体化宣传，创造出体现“一带一路”理念的“亚吉模式”概念，在国资委宣传工作会议上作大会发言。2016年，全系统在中央主流媒体刊稿2132篇。其中，中央电视台《新闻联播》43条、人民日报29篇、新华社41篇，向社会大众全面展示中国铁建骄人的发展业绩和员工的精神风貌。年内全系统负面舆情总体可控，在重要事件、关键节点和热点问题上能够主动发声，及时回应社会关切，有效维护了企业形象。《中国铁道建筑报》不断强化引导力和传播力，强化针对性、思想性和价值引导性，强化新闻信息和品牌传播的发散效应，产生良好的宣传效果。五是与时俱进，新媒体矩阵迅速崛起。中国铁建系统新媒体矩阵基本形成，并进入常态化运作。所属32家单位开通官方微信，15家开通官方微博。新媒体围绕企业重要会议、重大事件、项目进展，创新多种形式，借势社会热点，发布最新、最快、最广、最接地气的内容，有效助力生产经营，使企业的“好声音”传遍九州。策划的中国铁建史记、铁道兵大院的前世今生等历史系列，引发铁道兵和年轻员工的强烈共鸣。中国铁建官方微信先后10次跻身“企新媒体指数排行榜”前十名，并获得国资委“2016年度中国企业新媒体品牌创新奖”，实现由跟跑者向领跑者的变身。

（5）落实“两个责任”，抓好党风廉政建设。一是逐级传导压力，推动“两个责任”落地。2016年，股份公司召开落实“两个责任”促进会，有序推进下级党委向上级党委报告主体责任落实情况、班子成员向党委报告履行“一岗双责”情况、纪委书记述职述责等制度建设，并探索实行纪委书记考核以上级纪委为主模式，试点推行纪委书记履职专项考核。完善长效管控机制，先后修订、完善规章制度33项，制度的笼子不断扎紧。《党风廉政建设责任书》进一步细化、完善，并层层签订，形成一级抓一级、逐级抓落实的良性互动局面。二是坚持常抓不懈，驰而不息反对“四风”。深入扎实开展“四风”问题整治情况“回头看”，组织超标准使用办公用房、超标准购置配备公务用车、出差超标准乘坐交通工具和超标准住宿、违规发放津补贴等问题专项治理，起到“再发现、再整改、再处理”的目的。开展重要节假日“四风”问题督导检查，在节前及时下发通知、编发短信微信进行提醒告诫；在国庆、元旦节假日前，工作组进行突击检查、明查暗访，发现问题“快手叫停”，把违反中央八项规定精神和“四风”问题作为巡视监督和执纪审查的重点，发现一起查处一起。2016年，发现违反中央八项规定精神问题线索21条，组织处理2人，纪律处分37人，在全系统起到警示和震慑作用。修订《关于进一步改进作风密切联系群众的具体措施》《履职待遇和业务支出管理规定》《公务用车配额管理办法》等规章制度，不断扎紧制度的笼子。通过抓具体问题、抓重要节点、抓监督执纪，坚持管在经常、严在平时，促进企业风气向好向善。三是保持高压态势，加大案件查办力度。坚持拢指为拳、主动出击，重点针对“三类人”，着力对亏损项目背后隐藏的腐败问题，加大纪律审查和惩治力度。全年中国铁建系统受理信访举报1467件、线索处置1183件、立案819件、结案800件，党政纪处分1606人，刑事处理19人。四是突出问题导向，扎实推进巡视工作。首先是做好迎接国资委党委巡视“回头看”工作。精心筹备动员部署会、党委工作汇报会和巡视整改汇报会，收集报送材料40多万字，组织安排总部机关和所属部分二级单位班子成员谈话57人次，陪同“下沉”巡视调研5家二级单位，较好完成国资委党委第六巡视组巡视“回头看”工作。其次是进一步加大内部巡视工作力度。截至2016年底，完成7轮对所属33家单位的巡视，基本覆盖规模较大的二级单位，巡视工作首次走向海外。所属14家二级单位党委启动巡视工作，完成对180家基层党组织的巡视，发现问题线索1049条，整改880项，有力推动全面从严治党。再次是做好巡视成果运用，推动全面整改。股份公司纪委针对巡视中发现的普遍性、倾向性问题向总部机关相关业务部门提出意见建议47条，督促职能部门从顶层设计入手，不断完善规章制度，推动工作规范化。

(6)服务职工群众，抓好群团工作。一是落实依靠方针，积极维护职工权益。股份公司规范召开各级职代会，民主评议领导干部，公开直选项目工会主席，建立职代会互检巡检制度，开展职工代表巡视活动，推进职代会星级创建再上新台阶。保障职工安全健康权益，全面推广“一法三卡”“一网四格”等安全工作法；持续抓好安康杯竞赛，切实发挥工会安全监督检查员的作用。2016 年，以蒙华铁路和成都地铁 5 号线为建家建线示范点，提升基层项目的建家建线水平。高度重视女职工工作，积极开展帮扶救助活动，认真组织开展送温暖、送清凉、金秋助学、爱心资助·梦圆大学、职工互助合作保险、为青年职工牵线搭桥等工作。注重农民工权益维护，构建和谐的用工关系。二是服务生产经营，激发职工群众干劲热情。中国铁建各级工会以“创誉、创效、育人”为目标，组织开展现场生产、清收清欠、减亏增效等劳动竞赛，丰富劳动竞赛的内容和形式。截至 2016 年底，中国铁建系统创建劳模创新工作室 152 个，在职工中掀起技术攻关、发明创造以及合理化建议热潮，形成一大批合理化建议、工法、专利等创新成果，推动企业科技进步。大力弘扬工匠精神，全面开展选树表彰“中国铁建工匠”活动，营造浓郁的“学技术、比工艺、重品质”的氛围。共青团组织开展“提质增效·青年担当”主题实践活动 2392 场，39102 名团员参加，助力企业提质增效工作。组建青年突击队、创建青年文明号，服务企业重难点工程。开展“导师带徒”活动，签订导师带徒合同 9488 份，加快青年成才步伐，新入职员工导师带徒签约率 100%。年内，中国铁建系统获全国五一劳动奖章 6 人，获全国工人先锋号集体 3 个；1 个先进青年集体和 4 名先进青年获团中央表彰。在铁路总工会的铁路建设专项表彰和年度表彰中，20 家单位获火车头奖杯、139 人获火车头奖章。三是开展文体活动，活跃职工文化生活。所属各级工会探索实施区域工会工作联动，开展职工夜校培训班、项目篮球联赛和青年联谊活动、班组安全建设管理成果展示暨安全知识讲座，举行集体婚礼和圆梦“微心愿”成果展示活动等，有效增进片区单位之间的交流。所属各级共青团在全系统广泛开展以“爱企、敬业、实干、奉献”为内容的“我爱铁建”主题教育活动；开展征文和摄影作品、微视频作品、书画作品征集活动，充分展现中国铁建人火热紧张的工作场景、乐观向上的精神世界和丰富多彩的生活场面。 （耿仁胜）

【党委办公室】 总公司和股份公司党委的综合职能部门，协助党委领导处理日常工作的机构。主要职责：负责党委会和党委召开的全局性会议的筹备工作和会务工作，协助领导组织会议决定事项的实施；协助党委领导组织制订和起草工作计划、总结、报告和有关会议文件、材料等；审核以党委或党委办公室名义发布的公文；督促检查党委各部门和下属单位党委对中央和上级重要指示、决议和重要会议精神以及党委领导有关指示的执行落实情况，并跟踪调研，及时反馈信息；协调党群各部门之间的工作关系；协助党委领导组织处理需由党委直接处理的突发事件和重大政治事故；组织政治工作专题调查研究；了解掌握下属单位党委的工作情况和政治工作动态，做好政工信息的收集、整理、上报、通报，编发《政工情况》。负责股份公司维护稳定工作领导小组、党委保密委员会、国家安全工作领导小组和扶贫开发工作领导小组的日常工作；负责党委和党委领导的文电收发运转、党委印鉴和信件管理等工作；办理党委领导交办的其他事项。定员 8 人，设主任 1 人，副主任 1 人（为保密办公室专职主任，同时担负党委办公室有关工作）；下设秘书处、调研处和保密办公室。现有人员 5 人。

(1)围绕一个中心。紧紧围绕企业经济发展中心，积极发挥综合协调和参谋助手作用，全力推进文稿起草、公文处理、督查督办、定点扶贫、安全维稳、保密管理等重点工作，牢固树立服务理念，全面提升服务水平，狠抓工作落实，促进各项工作再上新台阶。

(2)扭住两个重点。一是参与督导和统筹推进“两学一做”学习教育。参加第二督导组 12 家被督导单位的动员部署会，列席被督导单位的讲党课和领导班子学习研讨会；在兰州组织召开第二督导组“两学一做”学习教育片区交流会，并对今后学习教育工作进行安排部署。统筹推进总部机关“两学一做”学习教育，印发《直属机关党委关于推进“两学一做”学习教育的通知》，并作出总部机关和直属项目学习教育推进计划表；在中国铁建内网开辟专栏，各支部交流“两学一做”学习教育的做法和经验。二是积极配合国资委党委第六巡视组巡视“回头看”工作。围绕国资委第六巡视组进驻工作有关要求，细心组织、精心准备，全力做好起草汇报材料、收集汇编报送材料、筹备动员会和汇报会、组织安排谈话、陪同“下沉”巡视调研等工作，得到国资委党委第六巡视组的认可。

(3)参与三级换届。一是参与股份公司党委换届选举。抽调人手分别参加党代会秘书组和保障组，组织党代会的工作报告起草，参加机关后勤保障工作。按照党委委员、纪委委员的条件标准，在各支部民主推荐的基础上，经机关党委研究，按时推荐 42 名党委委员候选人和 14 名纪委委员候选人。二是召开直属机关党代会。认真贯彻民主集中制原则，在机关各支部、各区域指、项目部选出 107 名代表参加直属机关党代会。按照自下而上、上下结合、反复酝酿、逐级遴选的办法和差额比例不少于20%的要求，坚持民主与集中相结合、代表性与广泛性相结合的原则，推选21名代表候选人出席股份公司党代会。三是组织机关党支部换届。按照国资委党委和股份公司党委的统一部署，召开机关党支部书记会议，安排届满到期的党支部进行换届选举。截至2016年底，总部机关25个支部完成换届工作。

（4）抓好重点工作。一是努力提升综合服务能力。深入学习党的十八届六中全会精神、《中国共产党廉洁自律准则》《中国共产党纪律处分条例》《习近平总书记系列重要讲话读本（2016年版）》和股份公司党委全会精神，积极参加股份公司党委中心组组织的各种报告会和学习会，把握实质，融会贯通，努力提高自身素质。2016年，起草和审核文件材料、领导讲话、公函、电报30多份10余万字；审核股份公司党委发文公文、公函166件，审核总公司党委发文公文、公函33件，盖印股份公司、总公司印章8103枚；转递文件933件，其中，上级文件171件、党委领导传阅文件422件、党办传阅文件340件。二是努力提升调查研究能力。9月底、10月初，分别在北京和武汉召开所属20多家二级单位党委副书记和党办主任参加的党委工作调研会议。三是努力提升构建和谐能力。通过关心离退休、内退人员和职员工生活、"七一"表彰和春节前走访慰问生活困难党员和困难职工，努力构建和谐企业；参与北京市国家安全局六局"在京中央企业、金融单位及协会国家安全人民防线专题培训班"，并作为53家以外中央企业唯一一家单位作现场交流发言。四是努力提升保密工作水平。深入贯彻《中共中央关于加强新形势下保密工作的决定》和上级保密工作会议精神，围绕企业中心任务，积极应对新形势下保密工作面临的新情况、新问题，注重加强领导，健全机构；注重加强教育，提高意识；注重健全制度，明确责任；注重完善措施，加强执行，确保全年无失泄密事件发生。五是抓好精准扶贫工作。认真贯彻落实党中央领导关于定点扶贫的重要指示和国务院扶贫办的工作部署，遵循"真心扶贫、精准扶贫、共赢扶贫，创新扶贫"的工作方针，坚持政府主导与企业辅助相结合，坚持互惠共赢与扶贫攻坚相结合，坚持整体推进与重点突破相结合的原则，开展富有实效的帮扶和援助工作。全年派出6名定点扶贫与援疆援藏援青干部，直接投入825.2万元，帮助引进719.6万元，实施帮扶项目23个，精准扶贫工作措施稳步推进。（耿仁胜）

【保密工作】 中国铁建全面贯彻《中共中央关于加强和改进保密工作的意见》，深入落实国资委党委关于加强中央企业保密工作的会议精神，努力研究解决保密工作面临的新情况、新问题，保密工作得到有效加强和改进。2016年，中国铁建被国资委保密委评为中央企业保密工作标杆单位。

（1）在思想上强化保密工作观念。经常、持续、广泛、深入地宣传保密工作的重要性，加强保密知识学习，开展保密意识教育。一是公司领导高度重视保密工作，把保密工作提高到关系发展和稳定的高度，带头搞好保密工作，加强对保密工作的指导；二是及时传达贯彻落实党中央、国务院和国资委保密委的指示精神；三是加强保密教育培训，组织总部机关涉密文书人员参加国资委保密教育专项轮训，全员参加测试取得合格证书，并按照国资委保密委要求，要求所属单位征订保密培训教材；四是加强保密工作协同，结合《中央企业商业秘密建设指引》，重视信息化条件下的保密工作，积极推进商业秘密安全技术保护体系建设，真正做到保密工作处处讲，时时抓，树立"有密可保、有密必保"和"保密无小事"的保密意识。

（2）在制度上筑牢保密工作防线。一是坚持抓基础。及时补充和调整保密工作领导机构。2016年，根据股份公司班子成员以及部门人员调整情况，调整保密工作领导小组和办公室人员，进一步明确职责和工作任务，严格落实领导干部保密工作责任制，自觉执行和遵守保密工作方针政策和法规、规章，形成强有力的组织领导和管理工作体系。二是坚持抓保证。根据国资委保密委的部署和安排，制定和完善《中国铁建加强和改进保密工作的实施意见》《中国铁建保密工作应急预案处置办法》等规定。同时要求所属单位按照股份公司保密委要求，结合实际完善和细化措施办法，使企业保密工作朝着制度化、规范化、专业化方向发展。三是开展专项活动。切实做到保密工作与业务工作相结合，使干部职工在思想上时刻紧绷保密之弦，充分认识到保密就是保核心、保重点、保安全、促发展。在股份公司经营管理人员实战培训班，专门增加保密攻防演示课程；在涉密和涉军项目的经营活动中，出具保密鉴定意见。

（3）在业务上把住保密工作关口。一是加强"三密"文件资料管理，"三密"文件实行专人管理、专人负责，责任到人，无有丢失文件现象。二是建立健全信息上报审核制度，严格遵守"谁公开、谁审查""谁审查、谁负责"和"先审查、后公开"的原则，明确信息的收集、整理、编辑、审核、发布、更新过程中每个人员的具体责任。中国铁建门户网站和微博、微信信息在公开前，须经分管领导保密审查批准后公开。公司信息设有专人报送，严格网上保密报送制度，采取有效防范措施，确保公司信息发布工作万无一失。三是提高计算机保密维护。股份公司总部做到涉密计算机不上网，上网计算机不涉密，操作人员保密意识强，严格区分优盘、移动硬盘等介质，坚决做到不在网上误传或错传涉密信息。（梁树枫）

【扶贫工作】 2016年，中国铁建派出6名定点扶贫与援疆援藏援青干部，支付资金385.5万元，物资折款335.46万元，帮助建档立卡贫困人口脱贫数887人；产业扶贫项目25个，产业扶贫投入573万元，精准扶贫工作稳步推进。

（1）高度重视，及时部署定点扶贫任务。中央单位定点扶贫开发工作会议后，股份公司召开党委常委会议，专题传达学习习近平总书记重要指示精神，研讨部署推进扶贫工作。扶贫工作组通过组织张家口市万全教育局工作队前往云校考察学习，促成云校科技免费向万全区21所中小学提供700余万元的教育软件，缩小万全区与先进地区的教学差距。中铁二十一局集团有限公司成立“双联领导小组”，主管领导同时担任双联领导小组组长，分管社会事业的班子成员具体分管双联工作，分别深入联系村，了解群众心声，有针对性地制定帮扶措施。2016年，其定点扶贫工作做法，在新华网、每日甘肃、甘肃农办、甘肃团省委网站广泛宣传，受到甘肃省委、省人民政府的表彰奖励。

（2）因地制宜，充分发挥企业自身优势。一是拟定精准扶贫措施。根据对口贫困地区实际情况，结合中国铁建的企业特点，拟定采用组建劳务公司、家政公司和帮扶既有建筑公司，按照严管善待、优先选用、建档立卡、精准到人的原则，与工程项目签订劳务分包合同，提升扶贫对象就业增收能力，实现“就业一人，脱贫一户”的工作目标。二是拟定创新扶贫措施。按照中国铁建的创新扶贫指导意见，中铁十一、十四局集团有限公司通过农业资源输出、劳务输出、优选项目实现扶贫，切实提高脱贫实效。中铁第五勘察设计院集团公司在2016年初及时落实50万元扶贫资金到位的基础上，直接或间接投入扶贫资金170万元，直接帮扶150人、脱贫106户，并发挥在绿色建筑、生态园林、市政道路等方面规划设计的资源和技术优势，为南朝碾村建设“美丽乡村”提供前期规划咨询；扶贫干部参与编纂《南朝碾村志》，承担“智慧·尚义”手机APP研发工作；帮助成立南朝碾村家政公司，实现一家一人劳务输出，全家脱贫的目标。三是拟定共赢扶贫措施。中国铁建坚持“共享、共赢”理念，与当地政府共同研究谋划，结合当地经济社会发展规划，明确扶贫工作重点，完善扶贫工作机制，制定扶贫工作方案。中铁十一局集团有限公司通过帮助贫困地区劳务和资源输出，创造就业机会，增加当地税收，实现扶贫目标；补充企业施工能力，培养骨干施工队伍，通过企地合力攻坚，形成互惠共赢局面。张家口市万全区在中国铁建承建的汉十铁路客运专线、银西铁路客运专线等项目，全年输出3支劳务队计70人。中铁十四局集团有限公司出资100万元注册成立“尚农劳务公司”，加强劳务人员的动员和组织，做好劳务输出培训，提高输出劳务的就业技能。2016年，中铁建商务管理公司投资30万元硬化张家口市郭磊庄镇孙家小庄村村巷道4500平方米、整改残垣断壁500米；补足张家口市旧堡乡三里庄村新打2眼机井资金缺口5万元；发放贫困户节日慰问金5万元；成立张家口市万铁商贸有限公司，打通张家口市万全区至北京之间的农副产品销售绿色通道，助力脱贫。

（3）突出重点，确保定点扶贫任务落地。一是抓责任落实。中国铁建实施对口帮扶的中铁十一、十四、二十局集团有限公司，中铁第五勘察设计院集团有限公司、中铁建商务管理有限公司党委履行定点扶贫“主体责任”，党政主要领导带头安排部署、带头驻点联系、带头调查研究、带头检查督办。二是抓挂职干部。根据受援地区的脱贫攻坚需要，中国铁建在每县派出一名驻村书记的基础上，所属综合实力前三强的集团公司，各派出一名扶贫挂职县委副书记、确定一名扶贫联络员，采用集团公司联系县、工程公司联系乡、工程项目联系村的方式，切实加强定点扶贫工作力量。三是抓考核评价。中国铁建对照脱贫摘帽标准，健全完善考核体系，印发《精准扶贫工作考核办法》，配强配齐考核力量，发挥考核监督作用。四是抓氛围营造。中国铁建通过抓好宣传阐释，讲清面临形势、讲明基本方略、讲透政策机遇，表彰奖励及提拔使用取得突出成绩的挂职干部，鼓舞士气、推动斗志，形成脱贫攻坚的强大合力。（胡　勇）

【政工信息】 中国铁建所属党委认真贯彻落实国资委党委工作部署，紧紧围绕股份公司党委工作重点，落实“两个责任”，深入开展“两学一做”学习教育，促进企业深化改革和稳健发展，突出信息的思想性、内参性、指导性。2016年刊出《政工情况》57期，刊发信息303条，在服务领导决策、交流工作经验、反映工作动态、推动工作开展中发挥了重要的作用。（韩秀珍）

【文印管理】 2016年，中国铁建收发上级文件171件，党委领导传阅文件422件，党办传阅文件340件。全年归档文件11盒113件。其中，永久卷8盒78件，30年卷1盒9件，10年卷2盒26件。全年加盖股份公司、总公司党委印章8103枚次。（韩秀珍）

·机关党务·

【直属机关党委】 是股份公司党委领导下的对直属机关和直属项目部实行统一领导的党组织，由赵登善、余兴喜、白晶、张良才、鲁斌、戴开扬、马吉财7名委员组成，赵登善任党委书记。主要职责：组织机关和直属项目部党员认真学习马列主义、毛泽东思想、邓小平理论和“三个代表”重要思想，学习贯彻科学发展观，学习习近平总书记系列讲话精神，深入开展创先争优活动；学习和宣传党的路线、方针、政策，按照国资委党委、股份公司党委的部署及指示精神，结合股份公司机关和直属项目部实际情况，及时提出贯彻落实意见；对党员进行教育、培训、考评、管理和监督；负责表彰党内先进工作；培养入党积极分子和发展新党员；指导所属党总支、党支部的换届选举；负责党费的收缴、管理和使用；负责党内统计和党员组织关系的接转；负责直属机关计划生育、社会救助和募捐；做好股份公司党委民主生活会的服务工作；指导监督直属机关各支部和项目党工委开好民主生活会；做好思想政治工作，努力转变工作作风，充分发挥机关党组织的战斗堡垒作用和党员的先锋模范作用，努力建设学习型、服务型、责任型、效能型、廉洁型机关。（赵登善）

【中国铁建直属机关党委第二次党代会】 2016年11月29日在北京召开。会议全面总结中国铁建直属机关党委近4年工作及部署下一步工作，并选举产生17名代表当选人出席中国共产党中国铁道建筑总公司第三次（中国铁建股份有限公司第一次）党员代表大会。中国铁建党委常委、纪委书记李春德出席会议并讲话。中国铁建直属机关党委书记、副总经济师、党委办公室主任赵登善作筹备工作情况报告；中国铁建纪委副书记钱桂林宣读代表资格审查报告及大会选举办法。会议由赵登善主持。来自中国铁建机关各党支部、区域指挥部党工委和直属项目党支部的104名党员代表参加会议。（耿仁胜）

【“两学一做”学习教育】 2016年，中国铁建直属机关党委按照股份公司党委的统一安排部署，精心谋划，统筹考虑，坚持“四个抓住”，促进“两学一做”学习教育取得实效。

（1）抓住思想发动这个前提，营造良好氛围。2016年4月27日，召开总部机关“两学一做”学习教育党小组长专题会议，广泛深入地做好党员思想发动工作，及时向机关全体党员传达“两学一做”学习教育的各项要求，并提出贯彻落实的具体措施。同日，印发《关于推进“两学一做”学习教育的通知》，制定“两学一做”学习教育推进计划表，要求各支部严格按照时间节点稳步推进。在股份公司OA系统办公内网上，开辟“两学一做”学习教育专栏，宣传开展学习教育的重要意义、总体要求、基本内容和主要措施，教育引导广大党员干部把思想和行动统一到党中央和国资委党委、股份公司党委重大决策部署上来，营造良好的舆论氛围，激发广大党员投入学习教育的积极性和能动性，为开展学习教育筑牢坚实的思想基础。

（2）抓住表率作用这个关键，落实主体责任。党员领导干部在学习教育中先学一步、多学一些、学深一层，发挥“关键少数”作用，带头坚定理想信念、带头严守政治纪律和政治规矩、带头攻坚克难敢于担当、带头落实全面从严治党责任，真正干在实处、作出表率。党支部书记通过座谈交流、走访慰问等方式，深入本支部党员和职工群众当中，找准推动学习教育的切入点、结合点，示范带动广大党员积极投身学习教育，凝聚起干事创业的强大力量。股份公司党委常委带头落实双重组织生活制度，分别深入所在支部参加学习研讨和讲党课，以一名普通党员身份参加所在支部的组织生活。每名党委常委自觉落实领导班子“两学一做”学习教育联系点制度，参加所联系单位的领导班子民主生活会和项目部党支部“两学一做”专题组织生活会，就如何破解基层党员队伍思想、组织、作风、纪律等方面的突出问题，推动各项重点工作有效落实开展调查研究，帮助解决疑难问题，给机关作出表率，推动全系统“两学一做”学习教育深入开展。

（3）抓住学习覆盖这个重点，提升党员素质。借助股份公司党委中心组（扩大）学习平台，围绕学习党章党规、系列讲话，认真听取有关专家、教授集中辅导学习党章、党规党纪和习近平总书记系列重要讲话，促使广大党员干部进一步强化“两学一做”学习教育基本内容的理解。针对部门特点和党员年龄结构、文化程度，采取集中学习、个人自学、领导讲学、典型引学等方式，分类施策，因人施教，做到党员参与无死角，学习教育全覆盖。在学习教育过程中扎实开展党员党组织关系集中排查和民主评议党员工作，摸清“口袋”党员和长期与党组织失去联系党员底数，掌握真实情况，确保所有党员都纳入学习教育，同时对长期失联和不合格党员进行合理处置，净化党员队伍，提升党员素质。

（4）抓住解决问题这个根本，确保职工满意。各党支部以组织生活会为基本形式，以落实党员日常教育管理制度为基本依托，切实发扬理论联系实际的学风，积极组织党员学起来、用起来，坚持把解决问题贯穿学习教育始终，以解决问题为动力来推进学习教育，以解决问题为标准来检验学习教育效果。密切联系自身实际业务，围绕生产经营中心，突出问题导向，将开展“两学一做”学习教育与巩固拓展“三严三实”专题教育成果相结合，与推进企业全面深化改革、提质增效相结合，与推动企业“健身瘦体”、审计整改相结合，与巡视整改、建章立制相结合，引导全体党员和职工群众在推进企业改革发展稳定、产业结构升级、强化基础管理、促进提质增效中立足岗位、奋发有为、敢于担当、建功立业，切实做到两手抓、两不误、两促进。积极回应职工群众关注的热点、难点问题，进一步增强基层党组织的凝聚力、战斗力，进一步提升职工群众的满意度、认可度，确保学习教育抓出特色、学出成效。

（耿仁胜）

【机关党支部换届选举】 2016年，指导总部机关有关支部和新成立的直属项目建立健全组织机构和按期换届，先后批复董事会秘书局、办公室、发展规划部、安全质量监督部、财务部、工程管理部、工会、海外部、纪委、科技设计部、人力资源部（党委干部部）、设备物资部、法律合规部、审计监事局、房地产开发部、信息化管理部、资本运营部、党委办公室、党委宣传部、党委组织部、机关房地产管理中心、中国铁道建筑报社21个党支部换届选举结果；批复成立厦门市轨道2号线2标段项目部支部委员会、南宁轨道交通3号线1标段工程指挥部支部员会2个党支部，为加强总部机关和直属项目党建工作奠定坚实的组织基础。（耿仁胜）

【党员组织关系排查】 2016年，按照中共中央组织部、国资委党委和《中国铁建股份有限公司党委关于开展党员组织关系集中排查的通知》有关要求及理顺党组织关系，健全完善党员档案，直属机关党委在总部机关党支部和直属项目党工委（支部）范围内，开展党员组织关系集中排查工作，对2名超过6个月未与党组织联系、且经多方努力确实无法取得联系的党员，依照相关规定程序按自行脱党予以除名。通过梳理排查，细化党员台账，夯实组织基础，较好发挥党支部战斗堡垒作用和共产党员先锋模范作用。（耿仁胜）

【“七一”表彰】 为认真贯彻落实党的十八大和十八届历次全会精神，进一步加强和推进机关党的建设，充分发挥基层党组织的政治核心作用和战斗堡垒作用，调动广大共产党员的积极性和主动性，为实现中国铁建“十三五”发展战略目标提供强有力的政治和组织保障。根据《直属机关先进基层党组织、优秀共产党员和优秀党务工作者评选表彰暂行办法》，经机关各支部和直属项目党工委（支部）民主推荐，直属机关党委研究决定，在中国共产党成立95周年之际，董事会秘书局、发展规划部、党委干部部（人力资源部）、安全质量监督部、资本运营部、财务部、法律合规部、党委办公室、党委组织部、党委宣传部（企业文化部）10个党支部被评为“五好”党支部；赫东娜、穆恒昌、戴红、晋爱萍、李学红、汪显东、徐惠纯、吴文钊、王庆、娄德兰、张纯清、程明薪、傅志跃、沙明元、罗芳、王磊、杨现庆、陈匀、郭双来、陈永龙、谢文辉、刘兵、刘鹏、李栋、韩秀珍、高学存、钱东锋、公相鹏、申继辉、于斌、杜学文、赵发、吕航、邹静、王莹、张爱军、张崇良、蒋于刚38人被评为“六好”共产党员；赵登善、张良才被评为优秀党务工作者；徐红、冯伟、郝慧晶、杨启燕、邹磊、杨永睿、刘宝庆、鞠小华、闫宇、王青志、文荣周、胡勇、王子利、杨赳、刘志强、王共鸣、李青颖、翟国堂、郝丽茹、薛春梅、魏东绪、姜子良22名优秀党小组长受到表彰。

（耿仁胜）

【慰问机关困难党员】 2016年，按照股份公司党委关于做好春节前慰问生活困难党员的通知精神，充分体现党组织对生活困难党员的关心爱护，直属机关党委从党费中筹集资金27000元，走访慰问总部机关各支部和直属项目党工委（支部）27名生活困难党员，将党组织的关怀和温暖送到基层困难党员。（耿仁胜）

【机关党组织和党员队伍状况】 截至2016年底，直属机关党委下设1个党总支、45个党支部。其中，机关支部25个、项目部支部3个、离退休支部17个。党员822名。其中，在岗职工党员313人、离退休人员（含内退）508人、其他人员1名；管理、专业技术人员312人，工人1人；党员中，35岁以下44人，36～45岁94人，46～55岁134人，56～60岁79人，61岁以上471人；研究生学历82人，大学本科366人，大学专科134人，中专101人，高中41人，初中及以下98人。

（刘立新）

组　织

【党委组织部】 股份公司党委主管党的组织工作的职能部门。主要职责：贯彻执行党中央、中共中央组织部、国务院国有资产监督管理委员会党委和股份公司党委关于加强党的建设的一系列方针政策；研究制定中国铁建系统党建工作规划、制度、规定和措施；负责领导班子思想政治建设、民主集中制建设，指导所属单位召开领导班子民主生活会和“四好领导班子”创建活动；负责党的委员会建设，指导所属单位抓好工程项目部党组织建设、党支部建设、党员教育管理和发展党员工作，开展创建“五好党支部”“六好共产党员”等党内创先争优活动；负责全系统党内表彰奖励和先进典型选树工作；负责党内统计、党员组织关系转接，党费的收缴、使用和管理、党内教育培训、党组织设置和党群系统组织编制、机构定员等工作。定员 7 人，现员 6 人；设部长 1 人、副部长 1 人、巡视员 1 人、组织员 1 人；下设组织部、党员教育管理处。（张良才）

【党组织和党员队伍状况】 截至 2016 年 12 月 31 日，中国铁建系统有党委 714 个、党总支 203 个、党支部 8093 个。党员 139304 人。其中，在岗职工党员 104709 名，占在岗职工总数的 39%；离退休党员 34580 人；预备党员 2817 名；女党员 20283 人。党员队伍专业结构：在岗职工党员中，企业管理人员和专业技术人员党员 87620 人，工人党员 17089 人。队伍年龄结构：35 岁以下 45367 人，占党员总数的 32.6%；36～45 岁 28862 人，占党员总数的 20.7%；46～55 岁 20906 人，占党员总数的 15%；56～60 岁 20414 人，占党员总数的 14.6%；61 岁以上 23755 人，占党员总数的 17.1%。文化程度结构：研究生学历 5600 人，大学本科学历 52981 人，大学专科学历 30138 人，中专学历 9367 人，高中学历 20362 人，初中及以下 20856 人。大专以上学历党员占党员总数的 64%。（刘立新）

【成立党组织】 2016 年，股份公司党委研究决定，成立中铁建昆仑投资集团有限公司、中铁建华北投资发展有限公司、中铁建金融租赁有限公司、中铁建南方建设投资有限公司党委以及西北指挥部、京津冀指挥部、上海代表处和广西指挥部党工委。（刘　留）

【“两学一做”学习教育】 按照党中央和国资委党委要求，股份公司党委认真贯彻习近平总书记关于学习教育的重要指示精神，按照中央和国资委党委的部署，把“学党章党规、学系列讲话，做合格党员”学习教育当作一项重大政治任务，摆在重要日程，列入企业工作重点，采取切实措施，扎实有序推进，做到规定动作不走样、自选动作有创新，推动学习教育取得阶段性成果，顺利完成各个环节的工作任务。一是及时成立工作机构。为加强对学习教育的领导和指导，股份公司党委成立“两学一做”学习教育协调领导小组，负责组织协调和督查指导工作。二是逐级培训骨干力量。股份公司党委组织“两学一做”学习教育党务骨干培训示范班，中央党校等专家教授和公司党建工作部门负责人专题讲授“两学一做”有关精神和工作要求。中国铁建所属二级单位分管党建工作的班子成员、党委组织部部长，部分三级单位党委书记，直属区域指挥部、项目部党（工）委负责人 190 人参加培训并进行考试。所属各单位逐级组织培训，为学习教育有效开展提供骨干力量。三是切实强化督促指导。股份公司党委成立 4 个学习教育督导组，重点从审阅工作方案、参加相关活动、抓住重点环节、查阅学习台账、组织座谈交流、调研学习效果、做好小结汇总 7 个方面开展督导工作。四是突出“关键少数”，强化以上率下。中国铁建党委常委建立“两学一做”学习教育联系点，其中 6 名党委常委充分发挥“关键少数”的示范引领作用，带头学习、带头到联系点和所在支部讲党课、带头撰写研讨提纲，带头参加所在党支部组织生活会和民主评议党员，积极参加并指导联系点单位党员领导干部民主生活会和联系点基层党支部“两学一做”专题组织生活会及民主评议党员，为各级党组织和广大党员干部作出表率。全年全系统各级领导班子和党支部开展专题学习研讨 7325 次，各级党员干部和党支部书记讲党课 7530 次。所属单位同时建立“两学一做”学习教育联系点，为学习教育的深入开展发挥示范引领作用。五是充分发挥“互联网”平台作用。所属各单位充分利用公司网站、微信、QQ 群等媒介，为党员干部搭建学习交流的平台。部分单位建立党课样本库，向基层单位推荐优秀党课样本、优秀专题片；部分基层单位项目党组织以“互联网 + 党课”形式，引入微电影的学习模式，使党课内容更加形象生动，内容更加丰富立体，增强学习教育的效果。（王予利）

【部署学习贯彻全国国有企业党建工作会和党的十八届六中全会精神】 股份公司党委先后下发两个通知，分别对认真学习和宣传贯彻“两个会议”精神作出部署，对所属党组织迅速组织广大党员认真学习贯彻“两个会议”精神、采用多种方式宣传“两个会议”精神、结合企业党建工作实际制定落实措施等提出明确而具体的要求。同时，股份公司党委到所属 26 个单位指导换届选举工作发表讲话时，重点提出新一届党委必须迅速行动起来，把学习贯彻“两个会议”精神作为企业党建工作的一项首要任务来抓，教育引导广大党员干部切实增强加强企业党建工作的自觉性，牢固确立以习近平总书记为核心、向习近平总书记看齐的核心意识和看齐意识。（刘　留）

【召开党员领导干部民主生活会】 股份公司党委和所属单位党委根据中央和国资委党委精神，分别召开 2016 年党员领导干部民主生活会。股份公司党委领导班子“三严三实”专题民主生活于 2016 年 1 月 18 日在京召开。齐晓飞、孟凤朝、庄尚标、夏国斌、刘汝臣、王秀明、李春德7位班子成员全部到会。国务院国资委企干二局五处处长孟晓彤、纪委二室处长徐丽颖,国有重点大型企业监事会第八办事处主任孙庆红、处长傅丽平到会指导。领导班子成员紧扣“三严三实”主题,通过自我查摆、意见征集、交心谈心等方式,全面开展批评与自我批评,既加强班子成员的党性锻炼和党性修养,又增进彼此间的理解和信任,促进班子团结。

所属单位党委认真召开处级以上党员领导干部民主生活会。2016年民主生活会主题:认真贯彻党章要求和《中国共产党廉洁自律准则》等党内规章,深入贯彻习近平总书记系列重要讲话精神,特别是关于“三严三实”专题教育的重要指示,紧紧围绕“严以修身、严以用权、严以律己,谋事要实、创业要实、做人要实”要求,联系班子和个人实际深入查摆问题,严肃认真开展批评和自我批评,坚持真理、修正错误,立规执纪、抓好整改,努力推动形成积极向上、干事创业、风清气正的政治生态,扎实推进企业改革发展稳定各项工作。

(刘　留)

【部分单位换届选举工作】　按期换届选举是加强党的建设、落实管党治党责任的重要基础性工作,是维护党内法规严肃性、保障党员民主权利、坚持全面从严治党的必然要求。2016年7月13日,股份公司党委召开2016年党委换届选举工作视频会议,传达中组部、国资委党委相关精神,动员部署全系统党委换届选举工作。年内,所属中铁十一、十二局集团公司等26家单位党委召开党代会或党员大会,完成换届选举工作,夯实基层党组织建设基础。(刘　留)

【表彰“四好领导班子”】　2016年8月1日,股份公司党委常委会研究决定,批准中铁十一局集团有限公司、中铁十四局集团有限公司、中铁二十一局集团有限公司、中铁建设集团有限公司、中国铁建电气化局集团有限公司、中国铁建房地产集团有限公司、中铁第一勘察设计院集团有限公司、中铁第四勘察设计院集团有限公司、中国铁建重工集团有限公司、重庆铁发遂渝高速公路有限公司10家单位领导班子为股份公司2015年度“四好领导班子”。(刘　留)

【制定发展党员工作计划】　2016年,根据《国资委党委办公室关于印发2016年在京中央企业发展党员计划的通知》精神,所属单位党委根据“控制总量、优化结构、提高质量、发挥作用”总要求,从严掌握发展党员标准,按照发展党员比例,认真制定发展党员工作规划和年度工作计划。股份公司党委组织部根据国资委党委组织部下发的2016年发展党员指标,认真审批所属单位发展党员工作计划,全年批复发展党员2550人。(王子利)

【发展党员工作】　2016年,中国铁建系统各级党组织坚持把发展党员工作重点放在优秀专业技术人才、管理人才和高技能人才,突出发展生产、工作一线艰苦环境、关键岗位上的优秀员工。按照“严格标准、严格培养、严格程序、严格调控”的目标,全系统实际发展党员2550人,完成下发发展党员计划的100%。其中女性党员357人,占发展总数的14%;少数民族党员68人,占发展总数的2.6%;35岁及以下党员1931人,占发展总数的75.7%;大专学历及以上党员2196人,占发展总数的86.1%;工人党员140人,占发展总数的5.5%。发展生产、工作一线党员2379人,占发展总数的93.3%;专业技术人员和管理人员2436人,占发展总数的95.5%。(王子利)

【组工干部业务培训班】　2016年7月27日—8月7日,在股份公司北京培训中心(党校)举办三期组工干部业务培训班。培训班旨在深入学习贯彻党的十八大和十八届历次全会精神及习近平总书记系列重要讲话精神,扎实推进“两学一做”学习教育,把广大党员、干部和职工的思想统一到党中央、国资委党委和股份公司党委2016年党建工作各项目标任务上来,进一步夯实广大组工干部党建工作和组织工作的理论基础,全面提升组工干部的业务素质和能力。(刘　留)

【“两学一做”学习教育党务骨干培训示范班】　为学习贯彻习近平总书记关于“两学一做”学习教育重要指示精神、中央和股份公司党委关于“两学一做”学习教育的有关文件和会议精神,帮助股份公司所属二、三级单位党务骨干掌握开展“两学一做”学习教育的基本方法和措施要求,确保学习教育各项任务的落实。同时,示范带动中国铁建系统各级党组织切实抓好基层党务骨干培训工作。股份公司党委于5月30—31日,在股份公司北京培训中心(党校)举办1期“两学一做”学习教育党务骨干培训示范班。(刘　留)

【项目书记培训班】　为深入学习贯彻党的十八届五中全会精神和习近平总书记系列重要讲话精神,落实股份公司党委、股份公司《关于加强和改进工程项目部党的建设的决定》和股份公司2016年工作会议精神,着力推进基层党组织建设,着力提高项目创誉创效能力,培养一支政治坚定、作风过硬、业务精通,具有凝聚力的党的基层党建工作队伍。股份公司党委于

2016 年 2 月 25 日—3 月 3 日，在股份公司党校举办第十四期工程项目书记培训班，收到良好效果。

（刘　留）

【李传营被评为全国优秀党务工作者】　在中国共产党成立 95 周年前夕，中铁十四局集团有限公司北京地铁 8 号线三期项目部党支部书记李传营被评为全国优秀党务工作者，并应邀参加中共中央组织部庆祝中国共产党成立 95 周年表彰大会。（王子利）

【国资委党委表彰】　在中国共产党成立 95 周年前夕，中国铁建系统有 3 个基层党组织、3 名优秀共产党员和 2 名优秀党务工作者获国务院国资委党委表彰。3 个先进基层党组织：中铁十八局集团有限公司党委、中铁建设集团有限公司党委、中铁上海设计院集团徐州设计院第一党支部。3 名优秀共产党员：中国铁建大桥工程局集团一公司北良项目部党工委书记兼项目经理战丽娜、中国铁建电气化局集团一公司项目总工程师邱日胜、中国铁建港航局集团一分公司项目部党工委书记兼副总工包珍。2 名优秀党务工作者：中铁十四局集团有限公司北京地铁 8 号线三期项目部党支部书记李传营、中铁二十一局集团有限公司党委书记、董事长孟广顺。（王子利）

【先进组织和先进个人】　2016 年，为进一步加强和推进股份公司党的建设，激励各级基层党组织和广大共产党员爱岗敬业，无私奉献，股份公司党委决定表彰先进基层党委 36 个、“五好”党支部标兵 30 个、“六好”共产党员标兵 111 人和优秀党务工作者 82 人。

中国铁建先进基层党委

中铁十一局集团有限公司党委
中铁十一局集团一公司党委
中铁十二局集团一公司党委
中铁十二局集团建安公司党委
中国铁建大桥工程局集团四公司党委
中国铁建大桥工程局集团园林环境工程公司党委
中铁十四局集团二公司党委
中铁十四局集团武汉轨道交通 8 号线一期土建 3 标段指挥部党委
中铁十五局集团物资公司党委
中铁十五局集团郑机城际铁路工程指挥部党委
中铁十六局集团三公司党委
中铁十六局集团北京轨道交通工程建设公司党委
中铁十七局集团一公司党委
中铁十七局集团五公司党委
中铁十八局集团有限公司党委
中铁十八局集团五公司党委
中铁十九局集团六公司党委
中铁十九局集团七公司第十二项目部党委
中铁二十局集团二公司党委
中铁二十局集团电气化公司党委
中铁二十一局集团有限公司党委
中铁二十一局集团轨道交通工程公司党委
中铁二十二局集团一公司党委
中铁二十二局集团二公司党委
中铁二十三局集团轨道交通工程公司党委
中铁二十三局集团深茂铁路指挥部党委
中铁二十四局集团浙江公司党委
中铁二十四局集团新建九景衢铁路浙江段站前 I 标段工程项目部党委
中铁二十五局集团四公司党委
中铁二十五局集团西北分公司党委
中铁建设集团有限公司党委
中国铁建电气化局集团五公司党委
中铁第一勘察设计院集团陕西铁道工程勘察公司党委
中铁第四勘察设计院集团广州设计院公司党委
中铁物资集团中南公司党委
中铁城建集团一公司党委

中国铁建“五好”党支部标兵

中国土木工程集团埃塞俄比亚公司总部党支部
中铁十一局集团四公司隧道工程三队党支部
中铁十二局集团七公司佛山西站工程第二项目部党支部
中国铁建大桥工程局集团安哥拉分公司卡赞卡项目部党支部
中铁十四局集团常州市轨道交通 1 号线土建施工 11 标段项目部党支部
中铁十五局集团五公司郑徐铁路客运专线项目部党支部
中铁十六局集团一公司西宁广场项目部党支部
中铁十七局集团二公司张呼铁路客运专线项目部党支部
中铁十八局集团二公司南宁市政项目部党支部
中铁十九局集团五公司第七项目管理部登庄铁路项目部党支部
中铁二十局集团三公司水利第一工程队党支部
中铁二十一局集团一公司房建工程队党支部
中铁二十二局集团四公司兴保铁路项目部党支部
中铁二十三局集团二公司哈佳铁路项目部第三党支部
中铁二十四局集团南昌铁路工程公司贵阳轨道交

通1号线第5工作段项目部党支部

中铁二十五局集团三公司贵阳北站路网工程项目部党支部

中铁建设集团北京分公司第二十六项目部总政干休所党支部

中国铁建电气化局集团南方公司兰渝铁路LYSD-2标段项目部党支部

中国铁建港航局集团路桥公司达州项目部党支部

中国铁建房地产集团北京顺捷金海置业公司党支部

中铁第一勘察设计院集团地质路基设计处党支部

中铁第四勘察设计院集团建筑院结构所党支部

中铁第五勘察设计院集团市政设计院党总支第一党支部

中铁上海设计院集团徐州设计院第一党支部

中铁物资集团北京中铁工业公司第三党支部

中国铁建高新装备股份公司北京瑞维通公司总部生产区党支部

中国铁建重工集团隆昌铁路器材公司工务器材车间党支部

中国铁建国际集团加勒比公司阿利玛医院项目部党支部

中铁城建集团南昌建设公司张家港项目部党支部

中国铁建投资集团山东济徐高速公路济鱼公司第一党支部

中国铁建"六好"共产党员标兵

朱庆连　张志臣　徐青旺　易俊新　李　建
张太国　李孝林　赵福明　屈海滨　南新辉
李　林　李吉根　战丽娜　姚　慧　未丙岩
杨　峰　胡良文　胥永清　王献伟　孙士生
段国亮　苏庆亮　丁岩松　付雷锋　赵艳萍
袁青顺　胡永建　陈永祥　彭邦兴　俞　剑
赵奇峰　王海明　丁跃国　张　轶　陶文斌
周永明　李　媛　武宝君　李兰勤　要文堂
宋庚银　张世华　胡恒千　高　峰　曹树强
李绍杰　王茂盛　丁永铭　张　林　吕鹏涛
张云平　任东平　田培忠　梁红权　杨少林
聂昌男　王友成　李让平　卢　晶　郭训强
杨凯刚　熊　乾　肖学森　王　伟　徐大军
王　峰　郝后安　吕念保　陈学恩　魏春龙
陈树登　杜书桥　宿春亮　陈　德　亢　永
李全生　李士坦　李宏伟　邱日胜　任　超
李　莉　包　珍　夏洪刚　李宪杰　王　颢
王耀辉　魏建国　黎曙文　储柱全　唐　健
李立军　贺业永　施新宇　王建春　刘林华
刘家云　李光远　吴志昆　蔡　杰　郭新军
侯祥光　黄炳文　孙国著　高慧蔷　王　丽
苏凤祥　杨　瑾　范忠岭　王春云　鲁　斌
扆守义

中国铁建优秀党务工作者

陈思昌　吴　剑　肖　伟　李春潮　赵昌树
管琼铸　胡　建　朱志国　王延福　冯文礼
陈明荣　莫春义　赵国华　李　铁　张小峰
王光祥　姬长彦　陈迎霞　刘德顺　李传营
许鹏翔　丁　瑞　王艳玲　董向阳　古春生
桂建乐　钱伟强　谢　挺　张军民　月仁荣
刘印涛　温　梅　谢少平　马培卿　李慧川
喻安谋　刘富华　翟　岩　郑卫红　王立昆
刘茗郁　姜海威　高　芳　史天侠　胡荣金
谢妍琳　李　琳　甘海波　张绍荣　程永和
孟广顺　刘　滨　孙于力　太贞爱　林礼明
邓俊仪　李　民　刘建东　吴强国　唐剑波
李章泽　郭小林　李文强　方红旗　吕金华
李　慧　何明海　李世春　王球璐　陈　虎
徐文静　胡名喜　齐永国　王宇重　韩其胜
季利平　汪菲娜　屈知识　孙利民　王金海
叶发卿　赵登善

（王子利）

宣　传

【党委宣传部(企业文化部)】　股份公司党委宣传部,又称企业文化部,既属公司党委工作部门,又属行政工作部门。主要职责:负责股份公司意识形态工作;负责股份公司党委和所属各级党委的思想理论建设和职工的政治理论教育;负责股份公司本级党委中心组学习,指导检查所属单位党委中心组学习;负责全系统施工生产中的思想政治工作和对职工经常性思想教育的宏观指导;负责企业改革的宣传教育和时事政策教育;组织指导股份公司系统精神文明建设;负责党建思想政治工作研究;负责反邪教工作;负责企业文化建设、品牌文化建设工作;负责本级重大活动的宣传报道和对全国性报刊、电台、电视台及网络媒体的新闻报道;负责突发事件中的新闻处置;负责企业电视宣传片、专题片的摄制;负责中国铁建书法家协会日常管理工作;协同有关部门进行普法教育和综合治理方面的宣传教育;负责铁道兵纪念馆暨中国铁建展览馆工作;负责中国铁建官方微博、微信平台的内容采编、运营维护和日常管理工作,指导全系统新媒体日常管理工作。定员

17人，设部长兼党建政研会秘书长1人、巡视员1人、副部长1人、副秘书长1人，现员10人；下设宣传教育处、企业文化处、新闻舆情处、铁道兵纪念馆暨中国铁建展览馆。

2016年，党委宣传部(企业文化部)认真贯彻落实党的十八届五中、六中全会精神和全国国有企业党的建设工作会议精神，认真学习贯彻习近平总书记系列重要讲话精神，按照国资委党委和股份公司党委的要求，把握国家发展大势，紧密围绕企业中心工作，在鼓舞士气、凝聚人心、打造品牌、传播企业正能量等方面取得显著成效，亮点纷呈、特色鲜明，极大地振奋广大干部职工的精气神，夯实团结奋斗的思想基础，唱响企业和谐发展的主旋律。（刘树山）

【党委理论学习中心组学习】 中国铁建党委坚持在第一时间学习中央和上级精神，学习习近平总书记系列重要讲话、党的十八届六中全会、全国国有企业党的建设座谈会精神，结合“两学一做”学习教育，认真抓好领导层和干部职工的理论学习，形成常态化。在加强政治理论学习的基础上，结合企业实际外加国资国企改革、国家“十三五”规划中基础设施投资方面以及供给侧、营改增、信息安全等内容组织集中学习。2016年中国铁建总部机关组织集体学习18次。4月，股份公司党委以现场查阅记录、收集书面材料等方式，专项督查所属二级单位和部分三级单位的中心组学习情况。通过常态化、制度化、规范化的学习，发挥中心组学习思想引领作用。（刘志强）

【印发《中国铁建党委落实意识形态工作责任制实施办法》】 2016年3月4日，中国铁建党委召开常委会研讨部署贯彻落实意识形态工作责任制。8月5日，中国铁建党委召开常委会研究《中国铁建党委落实意识形态工作责任制实施办法(讨论稿)》。12月27日，正式印发《中国铁建党委落实意识形态工作责任制实施办法》(以下简称《办法》)。《办法》含括意识形态工作责任、检查考核、责任追究等内容，并成立领导小组和工作小组、制定《意识形态阵地管理要求和工作措施》。（刘志强）

【专题主题教育】 2016年，中国铁建强化对全系统员工的思想政治教育，下发《关于深入学习贯彻习近平总书记在庆祝中国共产党成立95周年大会上的重要讲话精神的通知》《关于认真学习宣传贯彻党的十八届六中全会精神的通知》《关于学习贯彻全国国有企业党的建设工作会议精神的通知》等，开展专题学习；同时，结合企业改革发展重点工作，组织开展提质增效、营改增、“瘦身健体”等专题教育活动，围绕企业“十三五”规划、“纪律建设年”、“法治铁建”建设等开展形势任务和主题教育活动；所属各级党委结合“两学一做”学习教育，积极举办党章党规知识竞赛等教育活动。（刘志强）

【文明创建】 围绕培育和践行社会主义核心价值观，以“宣传教育落地、创建活动载体、企业文化建设”为抓手，采取多种形式，持续推进社会主义核心价值观在企业的落地。2016年，组织开展“爱在央企，身边有我”学雷锋志愿服务活动，广泛学习宣传庆祝建党95周年献礼电影作品——《老阿姨》，大力开展学习青藏铁路精神活动。中国铁建总结的工作经验入编国务院国资委中央企业核心价值观建设推进会会议交流材料；在国务院国资委组织的“铸大国重器，展央企风采”书法大赛中，选送5幅职工书法作品参赛并全部获奖。（刘志强）

【典型选树】 中国铁建坚持把典型宣传作为企业凝心聚力、推动两个文明建设的抓手，大力选树宣传弘扬正能量。2016年9月，结合“新时期的坦赞铁路”亚吉铁路通车宣传，评选表彰亚吉铁路“十大建设功臣”“十佳外籍雇员”。全年积极参加“北京榜样”“首都道德模范”等外部选树活动，整理报送“最佳志愿服务四个100”“2016北京榜样”等推介材料。（刘志强）

【道德讲堂】 中国铁建“道德讲堂”活动不再局限于获评为全国(省部级)文明单位的系统内单位开展，而是面向基层单位全面铺开。所属多家单位必选动作做到位、自选动作有特色，着力打造企业独有的精气神，成为所在省市的示范观摩点。2016年，中国铁建总结报送的《小讲堂唱响大道德——中国铁建大力推进“道德讲堂”打造文明高地》在《企业文明》杂志刊发。并在中国铁建官方网站开设专题栏目，持续刊载活动动态、上传精品课堂供各单位学习借鉴。（刘志强）

【《身边有我》被确定为央企志愿者之歌】 2016年5月10日，国务院国资委文明办在京召开中央企业志愿服务品牌暨“中央企业志愿者之歌”宣传推广会。中国铁建报送的作品——《身边有我》，在各中央企业报送的上百首入选作品中脱颖而出，获中央企业志愿者之歌一等奖，并被确定为中央企业志愿者之歌。《身边有我》由党委宣传部(企业文化部)巡视员李昌明作词，著名作曲家王立东作曲，由全国政协委员、2006中央电视台《星光大道》年度总冠军茸芭莘那和北京歌舞团一级演员金山演唱。（刘志强）

【企业文化建设“十三五”规划】 为适应新形势的发展要求，为企业“十三五”发展战略与规划目标的实现提供文化支撑，制定企业文化建设“十三五”规划，广泛征求所属单位和机关各部门的意见建议，并在北京、广州召开专题座谈会2次，征求意见，修改、完善企业文化建设分规划，制定企业文化建设推进表。

（毕中喜）

【开展“弘扬优秀文化、抵制不良言行”系列活动】 2016年4月18日，股份公司党委下发《关于开展“弘扬优秀文化、抵制不良言行”系列活动的通知》，要求全系统广大员工通过查找并纠正影响企业发展的不良言行，肃清劣质文化影响，进一步打造优秀的企业文化，营造更加健康、昂扬向上、充满正能量的干事创业氛围。所属单位利用报纸、网站、微博、微信等载体，采取设置专刊专栏，发放问卷，走访调研，现场采访，召开座谈会、研讨会，邀请专家讲课，组织员工讨论等形式，一方面发动广大员工查找并纠正影响企业发展的不良言行；另一方面挖掘优秀文化案例，弘扬企业优秀文化，汇集企业正能量。全年梳理出不良言论96条，不良行为568条，并以相声、小品、快板、微电影、微视频等形式广泛传播，进一步促进全体员工对中国铁建优秀文化的认同和践行，进一步促进中国铁建的科学发展。 （毕中喜）

【企业文化建设专题研究形成初步成果】 2016年，中国铁建围绕品牌文化、文化融合、跨文化管理、主亚文化建设、人本文化、考核评价专题组建的7个专题10个工作小组，深入研究各专题企业文化建设的特点和规律，积极探索新形势下深化企业文化建设的新途径、新方法和新举措，采取多种形式深化专题研究，不断把研究引向深入，形成较为成熟的成果，为更有力指导中国铁建系统企业文化建设工作奠定坚实基础。

（毕中喜）

【编辑出版《筑梦海外——“走出去”的中国铁建人一线故事汇》】 2016年，为讲好中国铁建“走出去”的精彩故事，党委宣传部（企业文化部）在全系统范围内开展“走出去”的中国铁建人一线故事汇征集活动，得到广大海外员工的热烈响应。党委宣传部（企业文化部）从所属单位报送的稿件中选取99篇佳作，编印成集。广大海外员工用真实的情感、自然的笔触讲述自己或身边人的故事，记录关于工作、生活、亲情、友情、爱情的酸甜苦辣，展现中国铁建广大海外员工对企业的热爱、对生活的憧憬和对梦想的坚守。 （毕中喜）

【庆祝中国共产党诞生95周年暨青藏铁路通车10周年系列活动】 2016年是中国共产党成立95周年，也是中国铁建参建的青藏铁路通车10周年。2月29日，股份公司党委下发《关于纪念中国共产党诞生95周年暨青藏铁路通车10周年宣传活动的通知》。所属单位迅速反应，广泛收集整理历史视频、文字和图片资料。一方面在企业内部大力宣传广大党员干部在青藏铁路建设过程中“挑战极限、勇创一流”的感人事迹和卓越成就；另一方面积极与主流媒体沟通，推送相关素材，扩大对外宣传。部分单位在各类媒体推送相关信息，组织重走青藏线，举行汉藏同胞联谊活动等，掀起活动热潮。4月中下旬，股份公司分别在天津、太原、西安、北京组织召开纪念青藏铁路通车10周年座谈会4次，邀请曾经奋战在青藏铁路建设一线的部分代表和中央主流媒体记者参加，既追忆当年自己的亲身经历，也讲述当年身边可歌可泣的感人故事，畅谈参建青藏线带给自己心灵的震撼和影响，激励广大员工爱党、爱国、爱企的热情和激情。5月，组织人民日报、新华社等主流媒体记者赶赴青藏铁路和拉日、拉林铁路现场采访拍摄，从不同角度、不同侧面反映青藏铁路通车后为青藏两省区带来的深远影响，并扩大中国铁建的社会影响。7月1—31日，参与国务院国资委新闻中心与新华社在深圳宝安机场T3航站楼联合举办的“视觉新国企——青藏铁路通车十周年”摄影图片展。党委宣传部（企业文化部）制作纪念青藏铁路通车10周年宣传短片，在官方微信和新华网客户端发布，分别获得3.3万次、21万次点击量。 （关 翔 毕中喜）

【联合出版《中国西藏》增刊】 2016年5—6月，中国铁建党委联合中央统战部《中国西藏》杂志社，以增刊形式，全景式展示中国铁建参与青藏铁路建设及通车运维的精彩画卷，并在“七一”前出版发行。本期增刊介绍党和国家领导人对青藏铁路的关心，展示漫长的建设和克难攻坚过程，展示挑战极限、勇创一流的青藏铁路精神，并通过青藏两省区社会各界人士对青藏铁路的评价，展示青藏铁路建成通车对沿线地区产生的积极影响。 （毕中喜）

【中国共产党成立95周年暨青藏铁路通车10周年图片展】 2016年7月1—16日，中国铁建与中国西藏文化保护与发展协会联合举办“庆祝中国共产党成立95周年暨青藏铁路通车10周年图片展”。展出摄影作品365幅，美术作品76幅，集中反映10年来有关青藏铁路及沿线社会经济文化发展等方面的成就，展示青藏铁路建设者的风采、青藏铁路沿线美丽的风景、青藏铁路为青藏两省区带来的变化。中央统战部副部长斯塔、国务院国资委新闻中心主任毛一翔参加7月1日的开展仪式并发表讲话，股份公司董事长孟凤朝作题为《大力弘扬青藏铁路精神，推动中国铁建全面发展》的讲话。7月2日，中共中央政治局委员、中央统战部部长孙春兰专程参观图片展，对铁道兵和中国铁建建设者给予高度评价："你们在青藏铁路建设中付出巨大艰辛，令人深受感动，你们的确是一支敢想敢干的队伍""你们要继续加大宣传力度，让更多的社会公众关注青藏铁路建设，产生更大更广泛的影响"。

（毕中喜）

【《老阿姨》在京首映式】 2016年6月29日晚，中国铁建与长影集团联合摄制的主旋律电影《老阿姨》，在中铁十八局集团有限公司北京工程项目部举行首映式。《老阿姨》是根据第四届全国道德模范、开国将军甘祖昌夫人龚全珍的事迹改编，是长影集团有限责任公司、华夏电影发行有限责任公司和中国铁建股份有限公司联合出品的纪念建党95周年献礼影片，由雷献禾导演，著名艺术表演家李雪健、陶慧敏分别扮演男女主角。

（毕中喜）

【立体式宣传亚吉铁路】 2016年10月5日，中国铁建承建的"新时期的坦赞铁路"——亚吉铁路通车。党委宣传部（企业文化部）高度重视通车的宣传报道，提前谋划，周密部署，报纸、广播、电视、网络、微博、微信、动漫、户外广告等全面发力，全方位、多形式、立体式的宣传取得较好的效果。中国铁建董事长孟凤朝的讲话，站在非洲政府和人民的角度上，融通中外话语体系，首次提出"亚吉模式"概念，向非洲人民传达中国铁建的善意和责任，受到中国驻埃塞大使、参赞和中央主流媒体记者等各界人士的广泛好评。并邀请9家媒体16位记者到现场进行采访，以中国铁建为主要报道对象，占据主流媒体的重要版面。网络媒体第一时间在网站首页、客户端首页等显著位置进行原发报道和系列报道，并被大量转载。中国铁建的官方微博、微信，策划推送亚吉铁路"九宗最""全产业链""吉布提总统题词"等内容，共青团中央、紫光阁、观察者网、国资小新等诸多知名微博、微信平台进行转载。设计、制作3分44秒的动漫《新时期的坦赞铁路》，用网言网语，生动形象地介绍亚吉铁路的情况。同时在中国铁建大厦A座、B座和中土大厦悬挂醒目的户外广告，清晰向社会公众传达出中国铁建是海外建设主力军的形象。中国铁建提出的"亚吉模式"引起媒体和专家的高度关注，围绕这一概念进行深度解读。10月11日，《人民日报》刊发评论员文章《亚吉模式为"一带一路"建设提供新样本》；11月1日，《国资报告》刊发深度报告《亚吉风云》；11月21日，《瞭望》新闻周刊刊发深度报道《中国铁路技术标准突围海外》；11月13日，凤凰卫视《龙行天下》节目播出《标准的权杖——产业转移VS产能合作》；12月2日、9日，《问答神州》节目分上下两集播出吴小莉对董事长孟凤朝的专访。亚吉铁路的成功宣传，得到国务院国资委的高度认可，11月29日，中国铁建受邀在中央企业宣传工作培训班上作题为《大格局定位，立体化宣传，唱响"一带一路"中国好声音》的大会发言。

（关　翔）

【宣传深圳地铁 助力经营模式】 2016年7月27—29日，党委宣传部（企业文化部）组织8家中央主流媒体，全方位集中宣传报道中国铁建在建的深圳地铁6、8、10号线项目，把镜头更多投向业主，广泛宣传深圳市委市政府建设地铁的雄伟战略，广泛宣传深圳地铁集团的理念，同时巧妙地反映中国铁建在设计、施工一体化总承包中的优势及建设者所作出的贡献等。此做法得到业主的高度认可，立体的宣传报道既扩大了深圳地铁集团的影响，也展示了中国铁建的企业形象，成为宣传助力经营的典范。

（关　翔）

【宣传"全国优秀党务工作者"李传营先进事迹】 2016年，中铁十四局集团有限公司北京地铁8号线三期项目党支部书记李传营，被中共中央组织部评为全国优秀党务工作者。6月29日，李传营受到国务院国资委党委的表彰，7月1日，中央进行表彰，并受邀参加6月29日的晚会。党委宣传部（企业文化部）以此为契机，在中国铁建系统掀起学习李传营先进事迹的高潮，大力营造比学赶帮超的氛围。先后在中央电视台《新闻联播》《朝闻天下》《共同关注》等栏目播发新闻报道，新华社等媒体配发先进事迹，在全社会产生广泛影响。

（关　翔）

【新媒体专题策划】 2016年，中国铁建系统新媒体矩阵基本形成，并进入常态化运作，打造网络发声平台，尝试制作图解、动漫、沙画、航拍等多种形式，精心策划多个专题，接地气、聚人气，引起广泛共鸣，被网络大V、知名微博微信平台转载，实现最广泛的传播。3月14日，中国铁建新媒体发布《讲真，中国铁建也有座"疯狂动物城"》专题，巧妙地将企业业务与热播影视片嫁接，被国资小新、共青团中央等网络大V争相转发，同行企业相继模仿，实现全网传播，相关策划制作经验受邀在国务院国资委进行专题交流。11月29日，中国铁建发布《抱歉了国足，我们先走一步》专题，在推广中标卡塔尔世界杯主体育馆事件时，喊话中国国家男子足球队，引发全社会极大关注，媒体、网民自

发制作段子传播该事件，被国务院国资委、国家铁路局列为企业纯熟运用新媒体的经典案例。（关　翔）

【获得最具影响力央企新媒奖】 2016年10月11日，中国铁建新媒体获清博大数据颁发的2016年度最具影响力中央企业新媒奖，是中国铁建连续第二年获得该奖项。（关　翔）

【获得中国企业新媒体品牌创新奖】 2016年12月15日，中国铁建新媒体在第四届中国企业新媒体年会上，获得由国资委新闻中心、清博大数据、清华大学新闻研究中心联合授予的“中国企业新媒体品牌创新奖”。（关　翔）

【开展党建思想政治工作研究】 贯彻落实中央企业党建思想政治工作研究会通知精神，深入开展思想政治工作研究。在中央企业党建思想政治工作研究会表彰的2015—2016年度优秀成果中，中国铁建获一等奖1项、三等奖3项。其中，中国铁建党建政研会所作课题《强化项目思想政治工作，为企业提质增效提供有力保证》获一等奖，同时被评为中央企业党建思想政治工作研究优秀组织单位。

全年组织完成股份公司党建政研课题126项。其中7项课题获股份公司党建政研会一等奖、17项课题获二等奖、35项课题获三等奖；中铁二十、二十一、二十三、二十四局集团有限公司，中国铁建电气化局集团有限公司、中铁城建集团有限公司6家单位获优秀组织单位奖。（王　洋）

【反邪教维稳工作】 及时传达上级有关会议精神，组织召开中国铁建系统驻京企业相关负责人会议，落实工作部署，同时密切与有关单位沟通联系，掌握实情，把握动态，着重抓好敏感时期的防范工作。2016年未发生邪教组织在驻京企业活动的情况。（王　洋）

【编辑出版《铁建政工》】 2016年出版《铁建政工》4期。刊物及时反映中国铁建党委重大活动和全系统政工动态，推进党建思想政治工作研究，交流先进经验，推广典型做法。（王　洋）

【铁道兵纪念馆参观接待】 2016年，铁道兵纪念馆接待参观22000多人次。其中，商务性参观159次；内部员工团体参观123次；社会团体参观92次；老铁道兵团体参观44次以及大量散客参观。团体参观数量较2015年提高20%。成为中国铁建品牌宣传的重要阵地，助推经营承揽工作的重要力量。（毕中喜）

【承接各类主题活动】 2016年，铁道兵纪念馆先后承接中组部全国组织干部学院党员干部党性学习活动、中科院学生党支部“两学一做”活动、中国人民大学团委组织的党团员传统教育活动、北京银行玉泉路支行党员活动、石家庄铁道大学寻根教育活动和詹天佑班校外考察活动、北京装饰装修协会精品工程参观交流活动、《21世纪报》“走进董事会”活动、清华大学17国留学生学习交流活动、对外经贸大学外国留学生学习交流活动以及各单位组织的员工革命传统教育活动、党日活动、重温入党誓词活动、夏令营活动等21次主题活动。（毕中喜）

【铁道兵纪念馆教育基地建设】 2016年，铁道兵纪念馆继成为总政玉泉路老干部管理局军史教育基地、北京十一学校校外社会实践基地之后，又成为中关村学院校外教育基地、石家庄铁道大学寻根教育基地、中央军委后勤保障部运输投送局优秀传统教育基地。（毕中喜）

【参与高端展览】 2016年，中国铁建先后参与在钓鱼台国宾馆举行的“中国发展高层论坛第十七届年会企业展览会”；在重庆举办的“首届交通运输基础设施建设投融资创新论坛”展览、“第十九届渝洽会”展览；在俄罗斯叶卡捷琳堡举办的“第三届中国—俄罗斯博览会”展览4次大型外部展览，展示企业实力，传播企业品牌形象。（毕中喜）

【撰写历史研究文章】 2016年，通过发掘、研究史料，中国铁建先后完成《铁道兵那些事儿：开发北大荒》《新中国海外第一报》《铁道兵院校史略》《试论铁道纵队在辽沈战役中发挥的作用》等研究文章的撰写。（毕中喜）

【场馆管理和队伍建设】 2016年，铁道兵纪念馆完成场馆设备登记备案工作，开展大规模故障检修4次。加强藏品管理体系建设，配合国家文物局“第一次全国可移动文物普查”，完成基础数据的复核校正及逐级上报工作，通过北京文物局的审核；并轮训培养备用讲解员4名。（毕中喜）

【中国铁建宣传工作推进会】 2016年4月11—13日在山东济南召开。所属单位宣传部门负责人、山东省内各项目书记160多人与会，其中项目书记77人。推进会将舆情演练及培训、邀请地方网信办领导讲课、全系统舆情分析、舆情处置区域牵头单位对接、宣传干部政治学习、保稳定部署、对外宣传报道统计软件学习、党委中心组学习资料检查、"弘扬优秀文化、抵制不良言行"系列活动启动、项目文化建设现场观摩10项内容融为一体,系统部署中央精神、国资委要求和股份公司的有关要求。与会的山东片区的项目书记参加舆情演练和培训,提升了舆情应对的能力和水平;中铁十四局集团有限公司济南地铁项目部的安全文化、品质文化、绿色文化、智慧文化带给参会人员极大的震撼和启发。 (毕中喜)

【宣传思想文化工作会议】 12月5—9日,中国铁建在京召开2016年宣传思想文化工作会议并举办宣传干部培训班。股份公司副总裁夏国斌出席开班仪式并作动员讲话,所属单位宣传部门人员180多人参加。邀请的专家学者分别就新闻报道、摄影摄像、舆情管控、新媒体运营、企业文化建设、政研课题研究等进行授课。会议和培训间隙,设置体育比赛和学员风采展示环节,达到提高业务水平、加强沟通交流、发现优秀人才等目的。 (毕中喜)

【新媒体业务暨网络宣传员培训班】 2016年4月25—27日在京举办。培训班邀请国务院国资委、共青团中央委员会、北京市网信办、腾讯等单位的专家到场授课,中国铁建系统的新媒体人员参加培训。

(关 翔)

纪检监察

【中国铁建股份有限公司纪律检查委员会与监察局】 为合署办公机构,是中国铁建股份有限公司执纪、监督、问责组织,履行党的纪律检查和行政监察两项职能,对股份公司党委和行政全面负责。股份公司纪委在党委和上级纪委的双重领导下开展工作,纪检业务以上级纪委领导为主。主要职责和任务:维护党的章程和党内其他法规,检查党的路线、方针、政策、决议和国家法律法规以及企业规章制度的执行情况,协助党委和行政领导加强党风建设和组织协调反腐败工作;监督党员领导人员行使权力,检查和处理管理权限内的领导人员违纪案件;受理党员的控告申诉,保障党员的权利;组织开展效能监察和专项执法检查,为企业的改革发展和稳定提供纪律保证。

2016年,股份公司纪委、监察局领导任职及组织机构设置情况:纪委书记由李春德担任,纪委副书记王兆刚、钱桂林、由建。内设机构三室六处:纪委办公室下设综合处、审理处;执法和效能监察室(巡视办)下设监察一处、监察二处;案件检查室下设案检一处、案检二处。编制18人,设立中国铁建纪委派驻第一纪检组、中国铁建纪委派驻第二纪检组,每组编制各9人。

(公相鹏)

【强化理论武装 增强"四个意识"】 股份公司党委将习近平总书记系列重要讲话精神作为思想武器和行动指南,深入开展"两学一做"学习教育,不断加大党委中心组学习频次和深度。2016年,组织党委中心组学习18次,其中涉及党风廉政建设和反腐败工作内容13次,及时传达贯彻中央和上级重要会议及有关文件精神,组织学习党章党规党纪。股份公司党委常委自觉参加中心组学习,带头到联系点和所在支部讲党课,做到先学先知、先悟先行。通过以上率下、示范引领,带动中国铁建系统各级党委中心组学习深入开展,引导各级领导人员切实增强政治意识、大局意识、核心意识、看齐意识,自觉同以习近平同志为核心的党中央保持高度一致。

股份公司纪委积极配合党委做好党风廉洁教育,通过邀请中央纪委有关部门领导、专家学者作反腐倡廉专题报告,会同检察机关开展"送法进企"活动,对典型案例通报曝光等,不断加大宣传教育力度;在股份公司新任干部、项目经理等培训班上开展廉洁从业和典型案例宣讲;在《中国铁道建筑报》开辟专栏发表文章122篇,宣传推广所属二级单位落实"两个责任"、学习党章党规党纪、强化警示教育的先进经验、有效做法;在中国铁建门户网站开设"清风铁建"专栏,发表文章185篇,利用微博、微信、短信等,宣传反腐形势、解读党纪企规。全年全系统不断丰富宣传教育形式和内容,形成强大舆论氛围。 (公相鹏)

【坚持挺纪在前 践行"四种形态"】 中国铁建各级纪委准确把握运用监督执纪"四种形态",正确处理"树木"和"森林"的关系,以严明纪律管党治党。2016年,股份公司党委、纪委先后约谈所属29家二级单位党委书记和纪委书记,促其遵规崇纪、明规树纪;党委常委按照《党委班子成员履行"一岗双责"的意见》,积极抓好分管部门和领域的反腐倡廉工作,主动做好提醒告诫,并向党委报告履行"一岗双责"情况;针对巡视发现的问题,先后深入所属12家二级单位,与领导班子进行集体谈话,面对面点问题、提要求、促整改。所属单位党委、纪委对思想、作风、纪律等方面出现的苗头性、倾向性问题及时提醒谈话,做到早发现、早提醒、早纠正,防止小问题酿成大错误。全年中国铁建系统开展谈话提醒1401人次。各级纪委转变执纪理念和方式，对反映的一般性违纪问题，及时找本人核实，综合运用批评教育、组织处理、纪律处分等手段进行分类处置，惩前毖后、治病救人。全年约谈函询 112 人次、诫勉谈话 29 人，给予纪律轻处分 1466 人、重处分 146 人。

（公相鹏）

【保持高压态势 严肃执纪问责】 中国铁建各级纪委紧紧围绕遏制腐败蔓延势头目标，持续加大惩治力度，进一步强化“不敢腐”的氛围。2016 年，着力查处全系统职工群众反映强烈的突出问题、巡视移交的问题线索和亏损项目背后隐藏的腐败问题，受理信访举报 1467 件，按照 5 类标准处置问题线索 1183 件，立案 822 件、结案 803 件、党政纪处分 1612 人。股份公司纪委受理信访举报 519 件（其中转所属二级单位办理 424 件），处置问题线索 95 件，初核 28 件、约谈函询 30 人次、立案 15 件、结案 15 件、党政纪处分 28 人。抽调精干力量，认真调查核实驻国资委纪检组交办、督办、转办的问题线索 11 件，圆满完成工作任务。坚决查处人为因素导致的项目亏损和亏损背后的腐败问题。股份公司纪委根据审计报告，组成 2 个工作组进行调查核实。股份公司纪委协调各级纪委加强与所在区域检察机关的沟通联系，所属 18 家二级单位、182 家三级单位与驻地检察机关建立联系配合工作机制，并邀请检察机关深入一线开展普法宣讲，做好预防职务犯罪工作，积极配合 8 家检察机关做好有关案件侦办工作，同时加强与检察机关的沟通，主动化解企业风险。

（公相鹏）

【突出监督重点 强化正风肃纪】 中国铁建各级纪委坚持把“四风”问题和选人用人作为监督重点，扭住关键，精准发力，净化风气；深入扎实开展“四风”问题整治情况“回头看”，组织开展超标办公用房、违规购置和超标配备公务用车、违规发放奖金和津补贴、超标准乘坐交通工具和超标准住宿等问题专项治理。在重要节假日及时下发通知、编发短信、微信提醒告诫；在“国庆、元旦”节期间，组织开展“四风”问题突击检查、明察暗访，发现问题“快手叫停”。2016 年，中国铁建系统查处并点名道姓通报曝光违反中央八项规定精神问题 21 起、39 人。通过抓具体问题、抓重要节点、抓监督执纪，驰而不息、久久为功，推动企业风气向好向善。按照上级要求，股份公司纪委从酝酿环节开始介入，全程监督干部选任。年内股份公司纪委参与重要人事初始酝酿 15 次，监督拟提拔人选 99 名，对 14 名问题线索核查属实或个人有关事项报告有问题的暂缓提拔，关于选人用人方面的问题约谈所属 12 家二级单位的党委书记和纪委书记。截至 2016 年底，国资委党委巡视“回头看”民主测评结果显示，中国铁建选人用人满意度明显提升，不满意度较 2014 年巡视反馈时的 42% 下降 10%。

（公相鹏）

【提升政治站位 高悬巡视利剑】 中国铁建各级纪委围绕坚持党的领导、加强党的建设、全面从严治党，不断深化政治巡视，巡视监督的利剑作用充分彰显。2016 年，按照“突出重点、批次推进、板块轮动、注重质量、全部覆盖”的工作思路，股份公司党委派出巡视组 20 个，完成 3 轮对所属 22 家二级单位的巡视，实现从工程施工板块到勘察设计、工业制造、资本运营、房地产开发板块的延伸，从境内到境外的延伸。截至 2016 年底，完成 7 轮对所属 33 家二级单位的巡视，实现巡视全覆盖。巡视工作突出政治定位，坚持问题导向。经巡视发现，全系统在管党治党、执行“三重一大”决策制度特别是选人用人、落实中央八项规定精神和基层项目管理等方面的问题仍比较突出，发现问题线索 1299 条。全年被巡视单位党委落实巡视整改主体责任，制订整改措施 317 项，已整改 293 项；初核问题线索 355 件，通报 46 人，诫勉谈话 28 人，组织调整或处理 10 人，党政纪处分 128 人。针对巡视中发现的普遍性、倾向性问题，股份公司纪委向总部机关相关部门提出意见建议 47 条，各职能部门从顶层设计入手，制定整改措施 68 项，建立完善选人用人、财务管理、劳务用工管理、物资设备管理等方面的制度 34 项。

（公相鹏）

【加强自身建设 提升履职能力】 中国铁建建立所属二级单位纪委书记备用人选制度。2016 年，提名考察所属二级单位纪委书记 13 人、纪委副书记 14 人。所属二级单位提名考察纪委书记 109 人、纪委副书记 37 人。推行二级单位纪委书记履职专项考核、报告工作和年度述职制度。通过举办班培训、委外培训、以会代训、以干代训等多种形式，提升纪检干部综合素质。股份公司纪委组织业务培训班 3 期，培训 503 人，委外培训 100 人。年内出台执纪审查“一个手册五个办法”，进一步提高纪检工作制度化、规范化水平；加强自身教育、管理和监督，努力打造忠诚干净担当的干部队伍。

（公相鹏）

【中国铁建党委二届十一次全委（扩大）会暨党风建设和反腐倡廉工作会议】 2016 年 1 月 26 日下午在中国铁建大厦三层报告厅召开。所属二级单位党委书记、纪委书记、机关部门副职及以上党员干部 249 人在主会场参加会议。会议由中国铁建党委副书记、董事长孟凤朝主持。党委书记、副董事长齐晓飞作题为

《凝心聚力抓党建，从严从实转作风，为企业的改革发展营造良好政治生态》的工作报告；党委副书记、总裁、执行董事庄尚标传达习近平总书记在十八届中央纪委六次全会上的重要讲话精神和中央纪委书记王岐山所作工作报告的有关内容；党委常委、纪委书记李春德作题为《落实全面从严治党责任，把纪律和规矩挺在前面，深入推进全系统党风建设和反腐败工作》的纪委工作报告。党委常委、副总裁夏国斌、刘汝臣，党委常委、总会计师王秀明在主会场出席会议。国资委监事会8办处长蔡小明参加会议。（公相鹏）

新闻工作

【中国铁道建筑报社】《中国铁道建筑报》于1948年10月15日创刊，是中国铁道建筑总公司主管，中国铁道建筑报社主办的行业性报纸。报社定员23人，现有人员13人；下设办公室、新闻部、政文部、记者评论部、美术摄影部、广告部。

2016年，中国铁道建筑报社认真贯彻习近平总书记"2·19"讲话精神，把政治方向摆在第一位，牢牢坚持党性原则、坚持马克思主义新闻观、坚持正确舆论导向、坚持正面宣传为主、把握舆论引导的主动权和主导权，立足中国铁建发展大局，大力弘扬主旋律，积极传播正能量，为企业发展提供有力的舆论支持。全年以中国铁建"四会"精神为指引，紧扣"提质增效"主题，主动适应"新常态"，扎实推进"两学一做"学习教育，围绕中心、服务大局，不断强化报纸的引导力和传播力，开创报社新闻宣传、经营管理工作的新局面。

（何大成）

【先进典型宣传】 2016年，《中国铁道建筑报》以典型引路，将心系企业、无私奉献的优秀共产党员李传营作为巩固和拓展党的群众路线教育实践活动成果、全面开展"两学一做"专题教育期间推出的重大先进典型，刊发长篇通讯《基层党建工作的忠诚实践者》，配发评论《让信仰的力量成为改革发展原动力》，在中国铁建系统内外引发强烈的反响，不少同志深受震撼和触动，纷纷来稿。10位创效英雄、40多位创效模范的事迹和经验的推出，让中国铁建基层的项目经理走进读者视野，引起广泛共鸣，产生强烈反响，为打好"提质增效"攻坚战营造良好的舆论环境。同时，图文并茂地宣传一大批全国优秀党务工作者、全国劳动模范、金牌项目经理以及在平凡岗位上敬业勤勉的先进个人，报道宣传在企业管理、生产经营、"走出去"暨"一带一路"建设、党建工作等方面取得公认成就的先进个人和集体；在三版"我身边的老党员"栏目刊登优秀老党员的人物事迹，传递企业正能量。（何大成）

【重要工作宣传】 2016年，积极开展对党的十八届六中全会精神的宣传报道。在一版转发全国政协十二届四次会议、十二届全国人大四次会议消息，并全文转发政府工作报告，组织策划和编发中国铁建系统内各单位学习贯彻会议精神的稿件，发挥积极的舆论引导作用。

2016年，刊发"四会"专刊34版，全方位、多角度地报道企业的发展成果；及时报道中国铁建"四会""两学一做"学习教育启动会、"两个责任"促进会、海外经营座谈会、国内经营工作专题会等重要会议，增强时效性，并在二版、三版用专题形式对会议的重点内容进行全面解读和报道，收到较好的宣传效果；在一版开辟贯彻落实"四会"基层专栏，刊发各集团公司贯彻落实"四会"精神的举措，为各集团公司搭建交流平台，取得较好的宣传效果；报道"两学一做"专题教育，刊发系列评论，开辟专栏，编辑刊发系统内各单位推动"两学一做"专题教育稿件，营造浓厚的氛围，收到良好的宣传效果；在一版《今日视点》栏目刊发评论《在提高党性修养中补足精神之钙》《坚持四个服从，强化组织原则》和"两学一做"学习评论；在三版"两学一做"学习教育笔谈刊登各单位主管论文、"两学一做进行时"刊登各单位经验、《群言堂》刊登践行"两学一做"言论和学习体会，形成强势引导，有力促进活动的深入推进；刊发《切实落实"两个责任，全力推进改革发展》等评论，并在一版开设学习贯彻中国铁建党委落实"两个责任"促进会精神专栏，引导各集团讲述经验做法，为打造"阳光央企"，营造风清气正发展环境提供舆论支撑。在日常报道亮点不断的同时，各版专题策划精彩纷呈：《花样年华正当时》《提质增效，"加减乘除"如何做?》《安全生产》《项目经理的一天》《世界读书日》《蓄势进军地下综合管廊新兴市场》《飞向世界之巅》《根植中国铁建，大路美术百花争艳》等专题策划深受读者好评，报纸质量明显提升。《行业瞭望》专版聚焦BIM技术，策划推出中国铁建两支专业房屋建筑队伍——中铁建设、城建集团在BIM技术应用方面的成就及铁四院在隧道设计中的BIM技术创新应用；策划中国铁建进军综合管廊新兴市场、参与城市地铁施工等专题。在一版刊发中国铁建参建的塔吉克斯坦瓦亚铁路、郑徐高速铁路、亚吉铁路、沪昆高速铁路、云桂铁路相继开通运营消息，助力区域经济社会协调发展；刊发中国海外首条全产业链"中国化"铁路、"一带一路"建设标志性成果亚吉铁路正式通车运营消息，并依托评论和通讯，全景展示海外员工攻坚克难、不畏艰险，用责任播洒现代文明，构筑精品工程的决心；配合企业"提质增效"活动，以"提质增效进行时"栏目为载体，加强企业管理提升的专题报道。

（何大成）

【专刊策划】 2016年1月23日，在中国铁建"四会"召开前夕，策划"'带路'先锋，稳健前行"专题，展现铁建人让"一带一路""高铁外交""中国制造"等国家重大战略有更丰富的内涵和更扎实的基础。6月28日，为庆祝中国共产党成立95周年暨青藏铁路通车10周年，本报策划特刊《飞向世界之巅》，以关怀篇、圆梦篇、腾飞路、奉献篇等10篇章展示中国铁建人以"挑战极限，永创一流"的精神，成功攻克世界性难题，创造施工奇迹，用一幅幅珍贵的照片、一段段动人的文字展示铁建人的奉献精神。10月8日，中国铁建承建的亚吉铁路正式开通，刊发专题报道8版，以消息、通讯、评论、图片、美术作品等形式图文并茂地展示中国铁建筑路大军奉献非洲，为非洲插上腾飞翅膀的风采，热情讴歌中国铁建与非洲人民共建、共享、共赢的新时代之美，打造中国铁建"走出去"的最美名片。 （何大成）

【打造大路品牌】 第十七届大路画展启动以来，中国铁道建筑报社和大路美术家协会按照"人品与艺品并重，创作与服务并重，大路与名家同行"要求，狠抓美术创作队伍政治素质和艺术素质建设，推动大路美术创作迈上新台阶。进一步提高大路美术创作质量，更好地为中国铁建文化建设服务，大路美协先后组织召开"学习习近平文艺工作座谈会讲话，繁荣大路美术创作"会议和以铁道兵版画、高原山水画、山野意象绘画等为内容的"大路美术主题创作研讨会"，并组织大路画家到青藏铁路沿线进行写生等活动，进一步理清创作思路，坚定大路美术"深入生活，扎根人民"，服务企业发展的创作方向。2016年7月28日，大路美术研究院组织大路画展创作交流会，讨论第十八届大路画展的主题及重点作品创作方向。随后，大路画家深入建设工地写生创作，把握"一带一路"建设主题，展示中国铁建"走出去"风采，积累大量创作素材，为第十八届大路画展创作，增强作品的中国铁建生活气息做充分准备。在第二届中国工业版画新秀展暨全国各工业版画研究院作品展上，中国铁建多幅版画参展，促进中国铁建大路美术百花争艳。 （何大成）

【党和国家领导人以及省部级领导视察中国铁建宣传】 2016年7月2日，刊发文章《中共中央政治局常委、国务院总理李克强为李传营颁奖》；7月5日，报道中共中央政治局委员、中央统战部部长孙春兰参观庆祝中国共产党成立95周年暨青藏铁路通车10周年图片展，高度评价："中国铁建创造了许多人间奇迹"。7月11—13日，中国铁建亮相第三届中国—俄罗斯博览会，国务院副总理汪洋和俄罗斯副总理罗戈津莅临中国铁建展位。9月25日，由中国铁建参建的世界最大单口径射电望远镜（英文简称FAST）在贵州省平塘县落成启用，习近平致信祝贺。11月4日，交通运输部部长李小鹏在北京市副市长张建东、中国铁建董事长孟凤朝陪同下，调研兴延高速公路项目建设进展情况。11月17日，报道中共中央政治局委员、国家副主席李源潮视察亚吉铁路表示："亚吉铁路是中非合作亮点，是友谊工程、优质工程、安全工程"。 （何大成）

【外国领导人、代表访问中国铁建宣传】 2016年，刊发消息《中国铁建承建塔吉克斯坦瓦亚铁路通车——塔国总统拉赫蒙和中国铁建总裁庄尚标共同为通车剪彩》《巴基斯坦总理谢里夫视察中铁二十局卡拉高速公路项目》《以色列访问团考察十二局集团地铁施工技术》《索马里总统马哈茂德出席博萨索机场项目竣工仪式》《玻利维亚总统出席鲁雷纳瓦克公路项目开工仪式》。先后刊发中国铁建与吉布提总统盖莱、阿曼协商会议主席马阿瓦利、几内亚经社理事会迪亚洛主席、巴西联邦参议院副参议长乔治·维亚纳、埃塞俄比亚总理顾问、坦桑尼亚总理马贾利瓦、菲律宾总统杜特尔特、马来西亚交通部长廖中莱、赞比亚总统伦古、厄瓜多尔矿业部长、非洲22个国家主流媒体记者等活动方面的报道，加强与友国的沟通交往，坚定"走出去"的步伐，有力地提升中国铁建的社会形象。

（何大成）

【企业安全生产宣传】 中国铁道建筑报社紧抓安全质量管理报道，通过消息、新闻故事、漫画、杂文、论文等多种形式，对安全生产工作进行报道。2016年，报道中国铁建安全生产工作视频会议，报道清华大学附属中学体育馆及宿舍楼工程重大生产安全事故等，促使读者通过"前车之鉴"得到警示。年内策划两期安全生产专题，二版"安全全天候"作为安全长期报道专题栏目，刊发近302篇文章，从不同角度、不同侧面强调安全重要性，宣传安全管理的创新手段和经验举措，有效促进企业的安全生产工作。 （何大成）

【企业社会责任宣传】 中国铁建作为共和国长子，在谋求企业发展的同时，勇担中央企业"经济、政治、社会"三大责任，不断深化资源节约型和环境友好型企业建设，积极履行社会责任，热心参与公益事业，投身灾后重建，实现企业与社会、企业与环境的协调发展。2016 年 7 月 6 日凌晨，受长江流域洪水影响，湖北省长荆铁路应城段突然发生大面积滑坡，铁轨悬空，高压电线杆倾倒，造成长荆铁路全线中断运营。中国铁建组织突击抢险队，紧急驰援；9 月 27 日下午，福建台风“鲇鱼”登陆，中国铁建第一时间参加抢险救灾，驰援温福铁路。抢险救灾消息的报道，展现出中国铁建在大灾大难面前英勇无畏，切实有效地履行中央企业的社会责任，进一步增强企业社会影响力。年内配合工会开展以“弘扬文明家风、争做幸福家庭”为主题的“中国铁建家规家训征集和家书征文”活动，评选出优秀家规家训、优秀家书。通过整理家规家训、晒家书、讲好家风故事、晒好家风照片、秀好家风梦想，广大职工在分享中感悟，在感悟中提升，营造崇尚好家风、培育好家风的浓厚氛围，提升职工幸福指数，促进家庭和美，推动企业和谐发展。（何大成）

【强化制度管理及作风建设】 为认真落实股份公司领导关于加强报社管理工作，完善制度建设的要求，结合股份公司审计监事局提出的离任审计相关整改意见，中国铁道建筑报社梳理、起草、制定相关制度。2016 年，先后制定和完善工作职责管理、支部建设、行政管理、财务管理、采编管理、广告管理 6 大制度体系，29 项制度，29 个工作职责，加强制度管理，增强规矩意识。同时高度重视员工思想作风建设和工作作风建设，强调抓作风、带文风、振社风，以编辑的作风影响记者队伍的作风，带动记者的文风和社风的转变，更好地服务企业发展。通过导师带徒、现场培训等形式，全年培训记者、通讯员近 1000 人次，并落实新闻出版总署规定，严格记者证颁发及记者队伍考核管理。

（何大成）

【报纸出版和广告经营】 2016 年，出版报纸 151 期，增刊 140 个版（35 期报纸），报纸发行 77100 多份，收入 700 多万元，成绩显著；广告经营收入 926 万元，同比增长 17%。报纸内容丰富、指导性强、版面新颖、立意明确，受到领导和读者的好评，在第十二届中国传媒大会获得 2016 年中国十大专业报“金长城”传媒奖。

（何大成）

【2016 年中国铁建新闻报道十佳、十优记者】 2016 年，中国铁建表彰十佳记者 10 人、十优记者 10 人。

2016 年中国铁建十佳记者

徐云华　邓昆仑　杨广臣　伍　振　刘新红
孔祥文　王秉良　孙进修　边均安　庞曙光

2016 年中国铁建十优记者

刘月诗　文　雄　周　鹏　李美华　陈桂芳
张振宇　陈树青　陈　聪　赵渊青　叶玲玲

（何大成）

【2016 年中国铁建新闻报道先进单位和优秀通讯员】 2016 年度《中国铁道建筑报》评出中国铁建新闻报道先进单位 65 家、优秀通讯员 100 人。（何大成）

中铁建设集团有限公司举办以“学习”为主题的新员工专场道德讲堂。图为员工表演舞蹈《走出去·舞动青春》。

工会 共青团

工 会

【股份公司工会】 同时履行公司总部机关工会职能，在股份公司党委领导下，依据《工会法》《中国工会章程》《中国铁建股份有限公司章程》独立自主地开展工作。动员和组织职工参加企业的改革和生产经营管理活动，代表和组织职工参与企业民主管理；民主监督企业领导人员和经营管理人员履行职责情况；教育职工不断提高道德修养和科学文化素质，建设“四有”职工队伍；维护职工合法权益；负责全国和省（部、市）劳动模范和各类先进的评选、推荐、审核和公司劳动模范的评比、表彰工作；负责公司总部机关工会日常工作。下辖中国土木工程集团有限公司，中铁十一至十二局集团有限公司，中国铁建大桥工程局集团有限公司，中铁十四至二十五局集团有限公司，中铁建设集团有限公司，中国铁建电气化局集团有限公司，中国铁建房地产集团有限公司，中铁第一、第四、第五勘察设计院集团有限公司，中铁上海设计院集团有限公司，中铁物资集团有限公司，中国铁建高新装备股份有限公司，中国铁建重工集团有限公司，中国铁建国际集团有限公司，中铁城建集团有限公司，中国铁建投资集团有限公司，中国铁建财务有限公司，中铁建商务管理有限公司，中铁建昆仑投资集团有限公司，北京培训中心及直属机关工会。史道泉任工会主席，白晶任工会副主席；下设生产综合部、组织权益和女工部。股份公司工会另设体协理事会、工会经费审查委员会、女职工委员会。（于　斌）

·生产综合·

【生产综合部】 负责股份公司工会的综合协调和文秘工作；负责工会系统的宣传教育、劳动竞赛、“创争”活动、合理化建议和技术改进评审、评先树模、工地文化建设工作，负责统战和侨联工作。定员5人，下设综合处、生产宣教处。（于　斌）

【我爱铁建系列活动】 为贯彻落实中国铁建党委二届十一次全委（扩大）会议、二届一次职代会和2016年工作会议精神，激发和调动广大职工热爱企业、拼搏奉献的热情和干劲，股份公司工会在全系统职工中深入开展以爱企、敬业、实干、奉献为内涵、以“我爱铁建”为主题的系列征文和摄影作品、微视频作品、书画作品征集活动。通过对职工人生经历的记录、工作生活影像的捕捉、真情实感的分享以及先进典型事迹的宣扬，深入宣传劳动最光荣、劳动最崇高、劳动最伟大、劳动最美丽的观念，深刻诠释企业的核心价值观，集中反映广大职工对企业、对工作、对生活的热爱，全面展示“可爱的铁建人”的风采，寻找感动、传递温暖、凝聚力量、鼓舞士气，为推动企业持续发展提供动力源泉。2016年收到散文和小说180篇、摄影作品454幅、微视频63个、书法188幅、绘画作品158幅。（李智伟）

【蒙华铁路工会工作调研】 2016年4—6月，为促进蒙华铁路项目建家建线、劳动竞赛、民主管理等工会各项工作的开展，股份公司工会组织检查调研所属十一局、十二局、大桥局、十四局、十六局、十七局、十八局、十九局、二十局、二十一局、二十二局、二十四局蒙华铁路项目工会，检查项目职工及农民工食堂、宿舍、浴室、文体活动场地等建家建线情况，慰问基层先进职工及困难职工代表，召开职工座谈会12场，充分听取一线职工的意见和建议，查看基层工会工作基础资料，受到参建项目党政领导及职工群众的热烈欢迎。（李智伟）

【阿尔及利亚慰问调研】 2016年5月26—31日，受股份公司主要领导委托，工会主席史道泉带领工会生产综合部人员赴阿尔及利亚参加国务委员王勇访阿期间召开的中资企业座谈会，并看望慰问中国铁建在阿全体职工，先后到中国铁建国际集团阿尔及利亚公司，中国土木工程集团阿尔及利亚公司，中铁十二、十四、十七局集团项目营区检查职工工作生活环境，发放慰问品，组织召开职工座谈会，参加国际集团阿尔及利亚公司组织的贝加亚高速公路项目劳动竞赛动员大会，并拜会中国驻阿大使杨广玉及阿尔及利亚东西高速公路中铁建、中信联合体董事长李正全。（李智伟）

【工会工作区域联动】 2016年，根据中国铁建系统基层单位点多面广、人员高度分散等实际情况，股份公司工会先后在成都、天津、西安、上海组织开展区域联动系列活动。6月，在成都片区组织成都地铁5号线项目劳动竞赛和职工夜校培训班；中铁二十三局集团有限公司工会牵头组织开展成都片区项目篮球联赛和青年联谊活动，股份公司党委书记齐晓飞参加启动仪式。10月，在天津片区举办班组安全建设管理成果展示暨安全知识讲座，举行集体婚礼，举办圆梦“微心愿”成果展示活动等，股份公司董事长孟凤朝出席并为参加集体婚礼的15对新人主婚送上祝福。区域联动工作受到有关单位和职工的广泛好评。（李智伟）

【文印管理】 遵循印章管理规定，严格审核、登记、使用工会印章。认真及时准确做好审核发文、上级、本级、下级来文登记、审核、传阅、清退等工作。2016年，整理归档科技档案文件2卷；文书档案6盒。其中，永久卷30年2盒、10年2盒。 （程　玉）

【体协工作】 （1）积极组织所属单位参加全路第十三届运动会。2016年4月—10月，中国铁建参与老年门球、乒乓球、五人足球、羽毛球、篮子篮球、桥牌、男子气排球、大众体育、棋类和老年气排球等项目比赛。中国铁建篮球代表队在全路23支参赛队伍中以8战8捷的成绩夺冠，系中国铁建职工体育发展史上首次获得冠军。（2）统筹开展职工群众体育活动。中国铁建所属中土集团先后组织第二届职工乒乓球团体赛和第一届职工台球比赛，各国别公司参与中国企业篮球友谊赛，分别在塔桑尼亚和尼日利亚获得冠亚军；中铁十一局举办每年一次的第二十二届钓鱼比赛和第十八届门球赛；中铁十二局举办集团公司门球邀请赛，并承办总公司老年门球赛；中国铁建大桥局“游泳爱好者协会”带动职工游泳运动发展，提升职工群众身体素质；中铁十四局举办第二十届职工门球比赛和第五届职工篮球比赛。全年开展文体活动500多场次，参与群众3000多人次。中铁十七局引进健身操、柔力球，103式太极拳、扇子舞、健身秧歌等多项健身活动新项目；中铁二十四局“东方铁建杯”体育赛事品牌效应凸显，单位内部及与业主单位的“东方铁建杯”的足球、兵乓球、羽毛球及龙舟大赛收获成效。中铁二十一、二十二、二十三、二十五局等单位组织大型球类赛事；铁一院组织开展工间操、健步走和踢毽子等健身运动，全年举办体育活动和比赛50余项，参与人数2200余人次；铁四院举办以“全民健身杯”冠名的职工乒乓球、桥牌、网球、毽球、羽毛球等系列比赛活动，推广举办颈椎健身操培训班；中国铁建投资集团开展“铁建投资杯”职工运动会。中铁城建集团每年组织“先锋杯”体育赛事；中国铁建重工组队参加湖南省总工会气排球赛获得第5名。（3）紧密结合工会区域联动提高文体活动实效。股份公司工会在成都、天津、上海、西安等地开展大型区域联动系列活动，一地域、一座城、一条线的单位集体互动；组织长沙、天津、北京“健步走”活动，群众性的乒乓球、篮球、广播体操、职工趣味活动，富有特色的女工游园活动等，丰富中国铁建广大职工枯燥环境下的文体生活。 （于　斌）

【工会特色工作评选】 2014—2016年，中国铁建系统各级工会组织在建家建线、劳动竞赛、构建和谐劳动关系、推动职工技术创新等方面工作中，取得一批具有时代特征和中国铁建特点的工会工作特色成果，有力推动中国铁建工会工作的全面进步。2016年评选所属单位申报的工会特色工作成果获奖30项。其中，一等奖7项、二等奖10项、三等奖13项。

中国铁建工会特色工作成果一等奖

《试行向劳务队派遣工会指导员》
中铁十二局集团有限公司工会
《深化建家建线，倾情打造劳务工之家》
中国铁建大桥工程局集团有限公司工会
《传递榜样力量，践行榜样精神》
中铁十六局集团有限公司工会
《“微心愿”精准帮扶，“送关爱”贴心定制》
中铁十八局集团有限公司工会
《创新区域联动工作，彰显工会活动特色》
中铁二十三局集团有限公司工会
《主办省级职工技能大赛，打造服务企业发展的技术队伍》
中铁二十五局集团有限公司工会
《发挥劳模创新工作室作用，助推企业科技发展》
中铁第四勘察设计院集团有限公司工会

中国铁建工会特色工作成果二等奖

《赵西民创新工作室》
中铁十二局集团有限公司工会
《打造玫瑰之约品牌，助力企业和谐发展》
中铁十四局集团有限公司工会
《以劳模创新工作室引领企业发展新常态》
中铁十五局集团有限公司工会
《全面实施“两书”制度，切实维护职工权益》
中铁十七局集团有限公司工会
《公开直选项目工会主席（工委主任），推进基层工会组织建设》
中铁十八局集团有限公司工会
《落实集体合同现场推进会》
中铁十九局集团有限公司工会
《工地小喇叭，温馨送大家》
中铁二十局集团有限公司工会
《多措并举，持续发力，不断提高职工素质》
中铁二十四局集团有限公司工会
《工会财务集中管理》
中铁建设集团有限公司工会
《海外七彩生日会》
中国铁建国际集团有限公司工会

中国铁建工会特色工作成果三等奖

《创新服务思路，激发工会活力》
中国土木工程集团有限公司工会
《“安全在我心中，督导我在现场”主题教育活动》
中铁十一局集团有限公司工会

《创新竞赛手段,激发竞赛活力》
中铁十五局集团有限公司工会
《民族团结花盛开,凝聚人心促生产》
中铁二十一局集团有限公司工会
《横纵联合多元竞赛,扎根一线助力生产》
中铁二十二局集团有限公司工会
《利用现代信息手段,做好企业员工满意度调查》
中铁建设集团有限公司工会
《让民主管理工作在基层生根发芽》
中国铁建电气化局集团有限公司工会
《暑期关爱暖人心,情系工地一家亲》
中国铁建港航局集团有限公司工会
《互检巡检制度,推进职代会星级创建再上新台阶》
中铁第一勘察设计院集团有限公司工会
《丰富参与企业管理载体,建立民主对话机制》
中铁物资集团有限公司工会
《“感恩”文化建设》
中国铁建高新装备股份有限公司工会
《互联网 + 工会有新意》
中国铁建重工集团有限公司工会
《铁腕治理工会经费拖欠》
中铁城建集团有限公司工会

(李智伟　刘永胜)

【劳动竞赛】 中国铁建所属单位认真贯彻落实国资委指示要求,主动适应经济发展新常态,围绕“铁建·富强”主题,坚持融入中心,服务大局,推动开展多种形式的劳动竞赛,激发广大职工的生产热情和创新精神,为全面完成企业生产经营任务,实现企业“十二五”圆满收官,作出积极贡献。

2016 年 2 日,股份公司决定对 2015 年在劳动竞赛中取得突出成绩的单位和个人予以表彰,授予中铁十一局集团公司张呼铁路 ZHZQ－6 标段项目部等 12 家单位“重点工程劳动竞赛综合优胜单位”和“工人先锋号”称号,各奖励 30000 元;授予中铁第四勘察设计院集团公司长沙磁浮设计施工总承包项目部等 7 家单位“重点工程劳动竞赛单项优胜单位”称号,各奖励 10000 元;授予中国土木工程集团南方公司广州增城项目部等 41 家单位“重点工程劳动竞赛先进单位”称号;授予中国铁建大桥工程局集团公司工会、中铁十八局集团公司工会“重点工程劳动竞赛优秀组织单位”称号,各奖励 30000 元。授予刘瀚等 24 人中国铁建“工人先锋号标兵”称号,各奖励 2000 元;授予李剑峰等 68 人“劳动竞赛优秀组织者”称号,各奖励 1000 元。

重点工程劳动竞赛综合优胜单位、工人先锋号获得单位

中铁十一局集团有限公司张呼铁路 ZHZQ－6 标段项目部
中铁十一局集团有限公司武汉轨道交通机场线土建 BT 项目部
中铁十四局集团有限公司额哈铁路项目部
中铁十五局集团五公司郑徐铁路客运专线项目部
中铁十六局集团有限公司南龙铁路 NLZQ－4 标段项目部
中铁十七局集团有限公司石家庄地铁工程指挥部
中铁十八局集团有限公司南宁市良庆大桥项目部
中铁十八局集团有限公司北京地铁指挥部
中铁二十局集团有限公司四川简阳至蒲江高速公路施工总承包指挥部
中铁二十四局集团有限公司杭黄铁路站前 3 标段项目部

重点工程劳动竞赛单项优胜单位

工程质量单项优胜单位

中铁第四勘察设计院集团有限公司长沙磁浮设计施工总承包项目部

安全生产单项优胜单位

中国铁建大桥工程局集团有限公司青银高速改扩建第 3 合同段项目部

工程进度单项优胜单位

中铁十二局集团有限公司京沈铁路客运专线(辽宁段)TJ－2 标段项目部

科技创新单项优胜单位

中铁十九局集团有限公司京沈铁路客运专线(辽宁段)TJ－3 标段项目部

文明施工和节支降耗单项优胜单位

中国铁建国际集团有限公司阿尔及利亚贝佳亚连接线项目部

竞赛管理单项优胜单位

中铁二十一局集团有限公司黔张常铁路项目部

共建共享单项优胜单位

中铁二十五局集团有限公司湘西溶江小区项目部

重点工程劳动竞赛先进单位

中国土木工程集团南方公司广州增城项目部
中国土木工程集团有限公司尼日利亚航站楼项目部
中铁十二局集团有限公司宝兰铁路客运专线(甘肃段)项目部
中铁十二局集团有限公司重庆西站项目部
中国铁建大桥工程局集团有限公司南昌市绕城高速公路南外环 A1 合同段项目部
中国铁建大桥工程局集团有限公司上海轨道交通 17 号线 10 标段项目部
中铁十四局集团有限公司武汉轨道项目部

中铁十四局集团有限公司蒙华铁路项目部

中铁十五局集团一公司西藏省道301线改革公路项目部

中铁十五局集团有限公司郑机城际铁路工程指挥部

中铁十七局集团有限公司大同市政工程指挥部

中铁十七局集团有限公司张呼铁路2标段工程项目部

中铁十八局集团有限公司田桓铁路项目部

中铁十九局集团有限公司哈佳铁路站前工程VI标段

中铁十九局集团有限公司长春地铁1号线04标段

中铁二十局集团有限公司西成铁路客运专线XC-QZ－8标段项目部

中铁二十局集团有限公司成贵铁路项目部

中铁二十一局集团有限公司昌赣铁路客运专线项目部

中铁二十一局集团有限公司陶鄂铁路工程指挥部

中铁二十三局集团三公司米攀铁路项目部

中铁二十三局集团二公司牡绥铁路项目部

中铁二十三局集团有限公司深茂铁路JMZQ－7标段工程指挥部

中铁二十四局集团有限公司九景衢铁路(浙江段)站前1标段工程项目部

中铁二十四局集团有限公司皖赣铁路扩能改造工程1标段项目部

中铁二十五局集团有限公司九景衢铁路(江西段)JQJXZQ－2标段项目部

中铁二十五局集团有限公司孟平铁路二线工程项目部

中国铁建港航局集团有限公司达州基础设施投资建设工程项目部

中国铁建港航局集团有限公司潍坊森达美港工程项目部

中国铁建港航局集团有限公司潮漳高速公路3标段项目部

中国铁建国际集团有限公司沙特第五期军营项目部

中国铁建国际集团有限公司特立尼达和多巴哥阿利玛医院项目部

中铁城建集团有限公司北京西城区旧城保护定向安置房项目部

中铁城建集团有限公司张家港项目部

中铁城建集团有限公司青岛蓝色硅谷项目部

勘察设计劳动竞赛综合优胜单位、工人先锋号获得单位

中铁第一勘察设计院集团有限公司乌鲁木齐轨道交通项目部

中铁第四勘察设计院集团有限公司郑万铁路桥梁设计组

勘察设计劳动竞赛先进单位

中国土木工程集团福州设计院埃塞俄比亚MIE-SO－DAWANLE铁路项目部

中铁第一勘察设计院集团线路运输处线二所

中铁第一勘察设计院集团新疆院额哈铁路设计项目部

中铁第一勘察设计院集团陕勘公司吴中中卫铁路勘察项目部

中铁第一勘察设计院集团有限公司兰州地铁项目部

中铁第四勘察设计院集团有限公司武汉轨道交通项目部

中铁第四勘察设计院集团有限公司郑州轨道交通项目部

重点工程、勘察设计劳动竞赛工人先锋号标兵

刘　瀚　崔桂林　阳玉良　张　雷　张林清
张　刚　郭　军　赵宏耀　任恩前　王长坤
段宪锋　尹成虎　郭宏峰　韩志强　匡亚洲
田金星　张会民　白恩郦　茅欢明　吴露平
张伟喜　赵家慧　严定国　黄中平

重点工程、勘察设计劳动竞赛优秀组织者

李剑峰　王正东　张其林　蔡小华　刘时光
杜少成　蒋　华　吴敬昊　杨立财　桂建乐
杜水波　贾建平　王维新　罗建国　李双贵
姜华龙　刘军权　张　敏　陈爱民　张　坚
刘兰英　杨建学　李光伟　史　娣

2016年度劳动竞赛优秀组织单位

中国铁建大桥工程局集团有限公司工会

中铁十八局集团有限公司工会

2016年度劳动竞赛优秀组织者

秦承明　于　菲　吴　刚　刘守成　崔跃华
白国峰　蔡维栋　史智龙　王永辉　牛忠霞
张新宽　甄宝山　李丰国　张伟森　文　珂
刘庆华　侯守江　付彦生　宫　勇　秦志军
黎爱清　雷卫东　杨红亮　郑志明　王　伟
祁云生　官国强　董　煊　马俊岭　阚宏明
张建平　李先健　贾永杰　索再飞　王小斌
冯宇辉　毛金锐　费洪伟　罗宏洲　胡名喜
龚中奇　杨昂宇　颜　猛　张海林

（于　斌）

【劳动保护工作】　中国铁建工会认真落实中华全国总工会、中华全国铁路总工会关于做好劳动保护工作的指示要求,认真做好各类事故预防工作,大力推行以“一法三卡”和“岗位安全检查表”为主要内容的各种安全防范措施,积极与行政联手进行安全大检查。所属单位认真贯彻落实新《安全生产法》,严格执行《隧道施工安全九条规定》及中国铁建“六项措施”,继续抓好全国安康杯竞赛,建立工会安全监督检查员队伍,加强对基层工会劳动保护工作的指导与服务,推动群众性隐患排查常态化、长效化。2016年,中国铁建有

39 家单位获得省部级安康杯竞赛先进单位称号，37 家单位被评为全国安康杯竞赛优胜单位，35 家单位被评为省安康杯优胜单位。中铁十五局集团有限公司连续 14 年蝉联全国安康杯竞赛优胜单位；中铁十八局集团三公司西安地铁盾构队获得全国班组安全建设与管理成果展示比赛特等奖；中铁二十局集团有限公司在重难点项目配备工地“小喇叭”，播放安全卫生知识、安全法律法规、工程施工操作规程、施工注意事项等内容，取得良好效果。（于　斌）

【劳动竞赛深层拓展】 2016 年，股份公司工会重点组织蒙华铁路和成都地铁 5 号线项目的劳动竞赛，所属参建单位工会主席亲临现场指导，统筹策划和把关定向劳动竞赛方案，保证劳动竞赛的高起点、高标准、高效率推进。中铁二十三局集团有限公司组织开展“我为经营做贡献”劳动竞赛，中铁建设集团有限公司广泛开展“清收清欠”劳动竞赛；中铁第一、第四、第五勘察设计院集团有限公司和中铁上海设计院集团有限公司组织的勘察设计劳动竞赛，中国铁建房地产集团有限公司组织的销售劳动竞赛，诚合保险经纪有限公司组织的业务绩效竞赛等，丰富劳动竞赛的内容和形式。年内，在中华全国铁路总工会生产宣传工作会议上，中国铁建工会作劳动竞赛主题经验交流；在 2016 年铁路建设先进集体和先进个人的专项表彰中，中国铁建有 15 个先进集体获得火车头奖杯、113 人获得火车头奖章。（于　斌）

【6 人获得全国五一劳动奖章】

陈志明　中铁十一局集团三公司总经理

李幼松　中铁十八局集团二公司工班长

王作举　中铁二十局集团有限公司副总工程师

柳明佳　中铁二十四局集团有限公司南通市长江路西延Ⅲ标段项目部指挥长

孟祥连　中铁第一勘察设计院集团有限公司副总工程师

许克亮　中铁第四勘察设计院集团有限公司副总工程师

（于　斌）

【3 个集体获得全国工人先锋号称号】

中铁十二局集团建安公司安哥拉项目部

中铁二十一局集团有限公司干武二线工程指挥部

中国铁建港航局集团船舶分公司“铁建砼 01”船

（于　斌）

【5 个集体获得 2016 年度综合表彰火车头奖杯】

中铁十四局集团有限公司青荣城际铁路工程施工指挥部

中铁十五局集团有限公司广深港铁路客运专线 ZH－4 标段六工区

中铁十六局集团有限公司蒙华铁路 MHTJ－26 标段项目经理部

中铁十七局集团三公司京沈铁路客运专线 8 标段项目经理部

中国铁建国际集团有限公司

（于　斌）

【26 人获得 2016 年度综合表彰火车头奖章】

陈武林　中国土木工程集团有限公司博萨索（索马里）机场项目部经理

刘中辉　中铁十一局集团六公司新加坡项目部副经理

闫志刚　中铁十二局集团二公司成兰铁路工程指挥部总工程师

刘永宏　中国铁建大桥工程局集团有限公司财务部高级会计师

褚晓宏　中铁十四局集团隧道公司深圳地铁 8 号线 8133 标段项目部经理

武宪功　中铁十五局集团有限公司董事长、党委书记

邓跃华　中铁十六局集团有限公司昌赣铁路客运专线 CGZQ－8 标段项目经理部二分部经理

王建辉　中铁十七局集团二公司委内瑞拉蒂乌娜项目瓦工工班长

韦有波　中铁十八局集团二公司成贵铁路项目部经理

全厚发　中铁十九局集团三公司项管部经理

赵　卫　中铁二十局集团市政公司工程队队长

孟广顺　中铁二十一局集团有限公司董事长、党委书记

郄红梅　中铁二十二局集团四公司项目部经理

张德才　中铁二十三局集团二公司大庆高新区铁路专用线Ⅴ标段项目部经理

杨小明　中铁二十四局集团南昌公司甘泉项目部总工程师

张建国　中铁二十五局集团有限公司董事长、党委书记

江张宿　中铁建设集团有限公司宁波铁路枢纽工程项目部技术负责人

卫明博　中国铁建电气化局集团五公司教授级高级工程师

梅志文　中国铁建港航局集团船舶分公司船长

包海利　中国铁建房地产集团华东公司杭州事业部部长

田士军　中铁第一勘察设计院集团地质路基设计处路基一所所长

彭志鹏　中铁第四勘察设计院集团岩土工程公司副总工程师

马庆明　中铁物资集团云南公司贵阳分公司经理

叶永钦　中国铁建高新装备公司研究院项目组长

秦念稳　中国铁建重工集团有限公司技术中心主任工程师

张　蒙　中铁城建集团一公司成都项目部经理

（于　斌）

【15 个集体获得铁路建设专项表彰火车头奖杯】

中铁十一局集团有限公司津保铁路项目部

中铁十一、十二局集团有限公司联合体宁安铁路工程指挥部

中国铁建大桥工程局集团有限公司沈丹铁路客运专线 TJ－2 标段项目部

中铁十四局集团有限公司额哈铁路项目部

中铁十四局集团有限公司云桂铁路项目部

中铁十七局集团有限公司敦格铁路（甘肃段）项目部

中铁十七局集团有限公司西成铁路客运专线（四川段）项目部

中铁十八局集团有限公司福州南动车所扩能改造工程项目部

中铁十九局集团有限公司东通道登庄项目部

中铁二十二局集团有限公司哈齐铁路客运专线项目部

中铁二十二局集团有限公司吉图珲项目部

中铁二十三局集团有限公司哈佳铁路 8 标段项目部

中铁二十四局集团有限公司合福铁路（安徽段）站前 4 标段项目部

中铁建设集团有限公司昆明南站站房项目部

中国铁建电气化局集团有限公司白云至龙里北铁路站后工程指挥部

（于　斌）

【113 人获得铁路建设专项表彰火车头奖章】

吴晓玲　中国土木工程集团福州研究院公司湄洲湾港口铁路支线项目工程师

王　强　中铁十一局集团有限公司南龙铁路 NLZQ－5 标段项目部经理、党工委书记

余　斌　中铁十一局集团有限公司成昆铁路米攀项目部经理、党工委书记

肖启山　中铁十一局集团有限公司成昆铁路永广段指挥部副经理兼总工程师

李伟良　中铁十一局集团有限公司渝黔铁路土建 11 标段项目部总工程师

吴　剑　中铁十一局集团有限公司武九铁路客运专线（湖北段）1 标段项目部党工委书记

李承连　中铁十一、十二局集团有限公司联合体宁安铁路工程指挥部指挥长

孔德明　中铁十二局集团三公司通四项目部经理

李卫民　中铁十二局集团三公司石太线扩能改造工程Ⅱ标段项目部经理

张世俊　中铁十二局集团四公司天津南港铁路项目部经理

段正国　中铁十二局集团三公司曹妃甸扩能改造工程项目部经理

白东晖　中铁十二局集团有限公司宁西二线（陕西段）站后工程指挥部指挥长

张晓宏　中铁十二局集团三公司石济铁路客运专线济南枢纽项目部负责人

赖立新　中铁十二局集团七公司石长铁路指挥部指挥长

颜杜民　中铁十二局集团三公司三南铁路项目部经理

景振伟　中铁十二局集团有限公司成蒲项目部三项目部架子二队路基二队工班长

张华中　中铁十二局集团有限公司蒙华铁路 MHSS－2 标段一分部经理

刘运泽　中铁十二局集团一公司京沈铁路客运专线（辽宁段）2 标段项目部经理

闫东旭　中铁十二局集团二公司成兰铁路第一项目部工程部部长

乔志斌　中铁十二局集团二公司拉林铁路工程指挥部副指挥

连亚坤　中铁十二局集团建安公司副总工程师兼第二十五项目部经理

刘彦涛　中国铁建大桥工程局集团四公司项目部经理

刘时光　中铁十四局集团有限公司额哈铁路项目部经理

郑修利　中铁十四局集团有限公司青荣城际铁路施工指挥部分部经理

李　稳　中铁十四局集团有限公司海南西环铁路站前 5 标段项目部高级工程师

岳耀群　中铁十四局集团有限公司津保铁路项目部经理

孙金泽　中铁十四局集团有限公司沪昆铁路客运专线（贵州段）工程指挥部总工程师

刘瑞兴　中铁十四局集团有限公司云桂铁路项目部劳务工

郭　宾　中铁十五局集团六公司石长铁路复线铺架项目部经理

山河滨　中铁十六局集团有限公司哈齐铁路客运

专线项目部电工

谢明所　中铁十六局集团电务公司集通铁路扩能改造项目部经理

刘学文　中铁十六局集团有限公司项目部马家坡隧道斜井工区劳务工

王景斌　中铁十六局集团有限公司成贵铁路项目部常务副经理

饶延泉　中铁十六局集团有限公司高级工程师

李志荣　中铁十六局集团有限公司黔张常铁路8标段项目部常务副经理

李晓春　中铁十七局集团有限公司吉图珲项目部工班长

邓泽民　中铁十七局集团有限公司宁安铁路项目部会计师

李海斌　中铁十七局集团有限公司广大铁路项目部常务副经理

郝文学　中铁十七局集团有限公司京福闽赣铁路客运专线Ⅶ标段项目部车队长

芮世鹏　中铁十七局集团有限公司呼张铁路工程项目部政工师

钱生泽　中铁十八局集团四公司工程部部长

钟兴兵　中铁十八局集团有限公司京津城际延伸线项目部高级工程师

赵建宇　中铁十八局集团有限公司武九铁路客运专线（湖北段）2标段项目部经理

付彦生　中铁十八局集团有限公司成贵铁路项目部经理

张志超　中铁十九局集团有限公司东通道登庄项目部高级会计师

宋　宝　中铁十九局集团有限公司吉图珲项目部副经理

王于华　中铁十九局集团有限公司哈佳铁路6标段项目部班长

王立忠　中铁十九局集团有限公司西成铁路客运专线项目部副经理

杨绍楠　中铁十九局集团有限公司劳务工

徐国祥　中铁十九局集团一公司云桂项目部安全总监

吴　晨　中铁十九局集团有限公司项目部三工区高级工程师

巴福隆　中铁十九局集团有限公司蒙华铁路MHSS－7标段项目部教授级高级工程师

王利章　中铁二十局集团有限公司集通铁路项目JTZQ－1标段项目部工程师

吕鹏涛　中铁二十局集团有限公司宝兰铁路客运专线东川货运中心项目部工程师

刘建新　中铁二十局集团有限公司郑徐铁路客运专线工程指挥部总工程师

谢其峰　中铁二十局集团有限公司黄韩侯铁路四电工程指挥部、电气化公司高级工程师

杨少林　中铁二十一局集团五公司集通扩能改造工程项目部线路工区长

李　震　中铁二十一局集团有限公司海南西环铁路站前2标段项目部三分部经理

沈　蓉　中铁二十一局集团有限公司干武二线工程指挥部计财部部长

符朝印　中铁二十一局集团有限公司昌赣铁路客运专线CGZQ－12标段项目部四分部经理

孙俭峰　中铁二十二局集团三公司高级工程师

章　东　中铁二十二局集团四公司长株潭城际铁路综合Ⅱ标段项目部经理

朱继宝　中铁二十二局集团哈建公司项目部副经理

张前军　中铁二十二局集团哈建公司项目部经理

杨金辉　中铁二十二局集团有限公司哈尔滨铁路集装箱中心站工程项目部高级工程师

熊书华　中铁二十二局集团有限公司哈齐铁路客运专线项目部工程师

胡文涛　中铁二十二局集团有限公司赣龙铁路GL－3标段工程指挥部分部经理

谢　军　中铁二十二局集团有限公司昆玉铁路工程指挥部铺架项目部经理

张庆学　中铁二十二局集团有限公司敦格铁路指挥部总工程师

卢胜坤　中铁二十二局集团有限公司哈佳铁路2标段项目部教授级高级工程师

陈艳德　中铁二十二局集团有限公司铜玉铁路工程指挥部高级工程师

田宝贵　中铁二十三局集团有限公司白阿铁路项目部常务副经理

肖学森　中铁二十三局集团有限公司锡二铁路项目部经理

赵喜科　中铁二十四局集团有限公司金温铁路指挥部指挥长

阚宏明　中铁二十四局集团有限公司九景衢铁路（浙江段）站前Ⅰ标段项目部经理

罗跃林　中铁二十四局集团有限公司京福铁路客运专线闽赣Ⅳ标段项目部高级工程师

谢　良　中铁二十四局集团有限公司九景衢铁路JQJXZQ－1标段项目部安质部长

蔡履沐　中铁二十四局集团有限公司福平铁路FPZQ－2标段项目部总工程师

罗俊炜　中铁二十五局集团三公司孟平铁路项目

部经理

卿德文　中铁二十五局集团二公司娄邵铁路项目部经理

王小青　中铁二十五局集团有限公司云桂铁路工程指挥部指挥长

李喜程　中铁二十五局集团三公司长株潭城际铁路项目株洲站改工区经理

于占福　中铁建设集团有限公司海南西环铁路站后3标段项目部高级工程师

向　艺　中国铁建电气化局集团有限公司南昌站改造工程项目部经理

杨桂林　中国铁建电气化局集团有限公司南宁南枢纽工程指挥部工程师

赵贵能　中国铁建电气化局集团五公司白龙线高级工程师

陈　亮　中国铁建电气化局集团有限公司天平铁路项目部经理

王永工　中国铁建电气化局集团有限公司牡绥铁路电化项目部高级工程师

廖衡湘　中国铁建电气化局集团有限公司西成铁路客运专线四电工程项目部经理

徐光红　中国铁建电气化局集团有限公司成渝铁路客运专线项目部高级工程师

李道新　中国铁建电气化局集团有限公司渝万铁路四电1标段项目部经理

黄国胜　中国铁建电气化局集团有限公司云桂铁路项目部经理

王洪强　中国铁建电气化局集团有限公司德大铁路四电项目部队长

江华铁　中铁第一勘察设计院集团新疆铁道勘察设计院配合施工指挥长

李明炜　中铁第一勘察设计院集团有限公司线运处站二所高级工程师

刘为民　中铁第一勘察设计院集团有限公司教授级高级工程师

黄　凯　中铁第一勘察设计院集团陕勘院教授级高级工程师

杨俊辉　中铁第一勘察设计院集团有限公司西宁站改工程指挥部副指挥长

陈良锋　中铁第一勘察设计院集团工程咨询监理公司赣龙铁路JL－4标段监理部总监理工程师

黄国禄　中铁第四勘察设计院集团铁四院（湖北）工程监理咨询公司福平铁路FPJL－3标段监理项目部总监理工程师

耿　明　中铁第四勘察设计院集团有限公司设备处高级工程师

张必武　中铁第四勘察设计院集团有限公司线站处高级工程师

谢　华　中铁第四勘察设计院集团有限公司湖南城际铁路建设指挥部指挥长

钟绍林　中铁第四勘察设计院集团有限公司线站处副总工程师

刘　佳　中铁第四勘察设计院集团有限公司环工处副处长、教授级高级工程师

邓学燊　中铁第五勘察设计院集团有限公司计划经营处教授级高级工程师

王合希　中铁第五勘察设计院集团有限公司桥梁设计院教授级高级工程师

王双梅　北京铁研监理公司沪昆铁路客运专线（贵州段）监理项目部试验室主任

侯　胜　北京铁城建设监理公司成贵铁路项目部高级工程师

余建伟　北京铁城建设监理公司渝黔铁路2标段监理项目部副总监理工程师

徐洪敏　中铁上海设计院集团有限公司宁启铁路项目部高级工程师

杨彦生　中铁上海设计院集团有限公司副总工程师

张君琳　中铁城建集团北京公司工程师

（于　斌）

【职工文化活动】　组织参加中华全国铁路总工会“中国梦·铁路情·劳动美”第三届职工才艺比赛，中国铁建1人获得“才艺之星”称号；组织参加全国第三届职工微影视赛大赛，中铁十九局集团有限公司报送的《跃龙门》、中铁二十三局集团有限公司报送的《勇者圆梦》分别获得纪实类金奖和宣传类金奖；参加全路职工运动会、才艺比赛，手机微视频、摄影比赛以及青藏铁路开通运营10周年书画征集活动，取得优异成绩。（于　斌）

【弘扬劳模精神和工匠精神】　截至2016年底，中国铁建创建劳模创新工作室152个。其中，股份公司命名表彰20个、中华全国铁路总工会命名表彰2个。中铁第四勘察设计院集团有限公司《发挥劳模创新工作室作用助推企业科技发展》的经验在股份公司2017年职代会、工作会上作交流。2016年，在全路职工技术创新和合理化建议成果评选中，中铁十八局集团有限公司1项成果获得一等奖，中铁十二、十六局集团有限公司各有1项成果获得二等奖；中铁二十四局集团有限公司1人被评为“上海工匠”。所属单位广泛组织技术比武、技能竞赛活动，促进职工技能素质的提升。年内，中铁十九局集团有限公司工会组织

安全、物资专业的技能大赛；中铁上海设计院集团有限公司工会组织 BIM 技术应用成果展示竞赛；中铁城建集团有限公司工会举办测量、试验技术比武；中铁二十五局集团有限公司工会组织技术比武 35 场次。（于 斌）

【合理化建议和技术改进评奖】 2016 年，中国铁建合理化建议和技术改进评审委员会对 192 项合理化建议和技术改进项目进行评审，68 个项目分别被评为中国铁建合理化建议和技术改进一、二、三等奖。

2016 年中国铁建股份有限公司合理化建议和技术改进获奖项目

序号	项目名称	单位	主要作者	获奖等级
1	深圳地铁 6 号线大吨位先张 U 型梁张拉台座改进方案	中铁二十三局集团轨道交通公司	张长春　徐　闯　黄　静	一等奖
2	一种回旋钻清障桶	中铁十一局集团四公司	王泽东	二等奖
3	铁路单线隧道Ⅱ级围岩段矮边墙整体浇筑方案	中铁十二局集团一公司衢宁铁路（福建段）Ⅲ标段第三项目部	郭　瑞	二等奖
4	长大仰拱栈桥设计及优化改进	中铁十二局集团二公司蒙华铁路 MHSS－2 标段项目部	赵西民	二等奖
5	峭山隧道仰拱及填充大区段施工技术	中铁十六局集团五公司蒙华铁路 4 标段二分部	罗　中	二等奖
6	地铁施工信息管理系统	中铁十八局集团轨道公司	陈庆章　张永强　张英杰	二等奖
7	运梁车液压升降系统的安全防护改进	中铁十九局集团六公司沪通铺架项目部	杨明军　杨　波	二等奖
8	双线隧道新型仰拱台车施工技术	中铁二十五局集团四公司	李先健　王利军	二等奖
9	高锰钢辙叉砂回收除尘系统改造	中国铁建重工集团道岔分公司	何文超	二等奖
10	废旧设备更新改造	中铁十一局集团四公司	张西砖	三等奖
11	支架横移施工新方法	中铁十一局集团建安公司	黄喜胜	三等奖
12	自制新型惰性浆液在泥质砂岩盾构施工中的应用	中铁十一局集团城轨公司	杨卫鹏	三等奖
13	夹轨式液压推进系统在盾构过站中的应用	中铁十一局集团城轨公司	刘光磊	三等奖
14	电瓶吊架	中铁十一局集团城轨公司	蒋五林	三等奖
15	预埋锚栓快速定位器	中铁十二局集团三公司测量大队	刘军华	三等奖
16	梯形水沟滑模施工工艺	中铁十二局集团三公司青连铁路项目部	马伟平	三等奖
17	路基过渡段打夯压实设备	中国铁建大桥工程局集团六公司	亓长君　李继龙	三等奖
18	路基异型排水构筑物成型设备及成型方法	中国铁建大桥工程局集团六公司	张　玮	三等奖
19	城市桥梁快速化施工方法	中铁十五局集团二公司	王事成　李圣荣	三等奖
20	城市钢桁梁下穿既有桥梁快速化架设施工方法	中铁十五局集团二公司	丁向兵　王　磊　李圣荣	三等奖
21	螺旋滚筒上砂机	中铁十六局集团五公司南龙铁路项目部	刘春辉　何旭东	三等奖
22	盾构空推不拼管片过矿山法成型隧道施工方法	中铁十六局集团北京轨道交通公司莞惠城际 GZH－6B 标段项目部	王锦涛　雷　鹏	三等奖
23	富水圆砾地层泥水盾构短套筒密闭接收施工工法	中铁十六局集团北京轨道交通公司南宁轨道交通 1 号线土建 10 标段项目部	于兴国	三等奖

续表

序号	项　目　名　称	单　位	主要作者	获奖等级
24	一种骑跨现有市政管线的地下连续墙槽段施工装置	中铁十六局集团北京轨道交通公司天津地铁5号线土建12合同段项目部	李　辉　邢本康	三等奖
25	SS4改机车利用空转故障辅助检测装置处理空转故障	中铁十六局集团铁运公司神朔工程指挥部	彭显银　钟永飞	三等奖
26	BRB防屈曲约束支撑施工技术	中铁十六局集团城市建设发展公司德丰大厦项目部	苏德志	三等奖
27	集成式可倾斜升降操作平台施工技术	中铁十六局集团有限公司工程部	刘　强	三等奖
28	隧道T型交汇段交通信号灯控制系统	中铁十七局集团二公司	陈进明　雷玉龙	三等奖
29	物资管理中二维码技术的应用	中铁十七局集团六公司	俞平兴	三等奖
30	机械化配套施工在高风险隧道中的应用	中铁十八局集团有限公司黔张常铁路项目部	侯守江	三等奖
31	BIM技术在大体量房建施工中的应用	中铁十八局集团有限公司郑州航空港房建项目部	彭　磊　郭北硕	三等奖
32	“先站后隧”采用型钢架支撑在地铁车站与TBM交叉施工中的应用	中铁十八局集团一公司青岛地铁2号线项目部	张　斌　李生海　吉小伟	三等奖
33	一种开敞式TBM转场用吊运装置及转场方法	中铁十八局集团隧道公司吉林引松项目部	曾绍毅　单　军　张　浩	三等奖
34	钢板桩围堰替代双壁钢围堰施工优化方案	中铁十九局集团二公司哈佳铁路项目部	张秀田	三等奖
35	一种隧道综合泄水、降水、减压系统（实用新型专利）	中铁十九局集团二公司牡绥铁路项目部	李红阳	三等奖
36	高架站现浇简支箱梁组合支架整体平移施工工法	中铁十九局集团二公司沪通铁路项目部	张　伟	三等奖
37	提高中小桥涵沉降缝感观质量	中铁十九局集团二公司沪通铁路项目部	张　伟	三等奖
38	主线沥青路面路肩侧铣刨加铺方案的建议	中铁十九局集团三公司路面三项管部	裴玉军	三等奖
39	楼板厚度控制技术	中铁十九局集团五公司第十二项管部	李向坡	三等奖
40	预制混凝土岗亭的创新	中铁十九局集团六公司常州管片厂	郑奋光　郝连武	三等奖
41	隧道专用防护型免棱镜监控量测标	中铁十九局集团七公司第十项管部	刘国强	三等奖
42	仰拱中脉止水带张拉式施工方法	中铁十九局集团第十项管部	刘国强	三等奖
43	吊带式防水板挂设	中铁十九局集团七公司第十项管部	赵崇阳	三等奖
44	重复式降水井在大型车站基井点降水中的应用	中铁十九局集团七公司第三项管部	刘春雨	三等奖
45	优化楼梯处高空作业施工方案，提高脚手架利用率	中铁十九局集团有限公司北京地铁项目部	何云涛	三等奖
46	动力照明桥架优化	中铁十九局集团有限公司乌鲁木齐项目部	陈礼欢	三等奖
47	导管组合钻床	中铁二十一局集团三公司滁淮高速公路项目部	刁晓利　雒晓亮	三等奖
48	海东市乐都区碧水园（安置区）项目A6地块工程	中铁二十一局集团四公司海东市乐都碧水园项目部	党振峰　李文英　王建东　俞　栋	三等奖

续表

序号	项　目　名　称	单　位	主要作者	获奖等级
49	桥梁墩台托盘吊篮预埋筋安装工艺改进	中铁二十一局集团五公司	蔡成曦	三等奖
50	桥梁支座砂浆蒸汽养护施工技术改进	中铁二十二局集团四公司	袁梦召　曹光雄	三等奖
51	管片注浆管改造	中铁二十三局集团轨道交通苏州公司	余军锋　陈　威	三等奖
52	预制后张法铁路简支T型梁用12米(通桥(2012)2101)钢模板改造	中铁二十三局集团二公司富铁轨枕公司齐齐哈尔制梁场	刘东升	三等奖
53	提高地下隧道防水施工技术改进	中铁二十五局集团一公司深圳分公司	古国贞　曹志雄	三等奖
54	大跨度异形截面混凝土—钢管组合拱施工技术	中铁城建集团北京公司	任兆兵　刘志强　梁志伟　鲍　健	三等奖
55	塑料模板合理化建议	中铁城建集团南昌公司	王文华	三等奖
56	剪力墙模板定型镀锌钢+方通加固体系施工技术	中铁城建集团二公司	张宇翔	三等奖
57	一种新型树杈型铸钢节点的承载性能测试装置	中铁城建集团北京公司	高明德　羿生钻　姜宇韬　付　梅	三等奖
58	混凝土灌注桩桩头混凝土整体破除施工技术	中铁城建集团南昌公司	达兴高	三等奖
59	顶板钢筋保护层三点控制法	中铁城建集团一公司	王春雷	三等奖
60	模板施工创新总结	中铁城建集团一公司	王春雷	三等奖
61	采用新型"甩浆拍"提高甩浆质量,降低抹灰空鼓、开裂率	中铁城建集团一公司	林联远	三等奖
62	一种大震与小震刚度切换减震球型支座	中铁城建集团北京公司	羿生钻　姜宇韬　薛丽波	三等奖
63	关于使用压重式装配塔吊基础的合理化建议	中铁城建集团南昌公司	徐勋越　张训虎　刘正龙	三等奖
64	高速铁路扣件金属件表面防腐处理专题研究和建议	中国铁建重工集团隆昌公司	张小兵　吴伦先	三等奖
65	斜拉桥主梁模板、钢筋模块化施工提高施工效率	中国铁建港航局集团路桥公司四川达州金南大桥工程项目部	雷明深　唐　诚　罗宗兵　李　磊	三等奖
66	一种提高钢吊箱周转使用次数方式	中国铁建港航局集团路桥公司福平铁路项目部	陈　震	三等奖
67	桥梁雨水格栅井与钢制排水槽设施	中铁第四勘察设计院集团公司道路院	蔡佳骏	三等奖
68	墙、柱上测量标志单横轴强制对中支架	中铁第四勘察设计院集团有限公司技术中心	冯光东	三等奖

(制表:于　斌)

·组织权益·

【组织权益和女工部】　主要职责:(1)负责股份公司各级工会组织建设工作,制定基层工会组织建设规划和制度,指导和推进基层工会组建工作;负责监督检查《中华人民共和国工会法》《中国工会章程》的贯彻执行;负责工会代表大会、全委会、常委会有关人事问题的组织工作及换届选举;负责工会干部教育培训,承办协助党委管理工会干部的具体工作。(2)负责指导基层工会开展建设"职工之家"活动和评选表彰活动;负责本级和指导各级工会开展以职工代表大会为基本制度的民主参与、民主管理、民主监督工作,推动企务公开;负责组织民主推荐职工董事、职工监事。(3)负责职工保障机制的建立和完善,实施职工帮扶救助工作的开展,参与涉及职工利益的各项企业规章制度的制定，指导和组织实施送温暖工程，维护特困职工和困难职工群体的合法权益。(4)负责推动各级工会组织建立平等协商、集体合同制度和监督保证机制，指导各级工会参与工资集体协商工作，指导和推动企业构建和谐劳动关系；负责工会劳动争议和劳动法律监督工作，指导和承担工会法律援助与法律服务工作，配合有关部门开展普法宣传教育工作。(5)负责工会经费的预、决算管理和资产管理。(6)负责全系统女职工工作，参与有关女职工合法权益，特别是特殊权益的企业规章制度的制定；指导维护女职工合法权益和各级女职工组织建设；参与侵害女职工合法权益重大事件的调查处理。定员5人，下设组织处、保障财务处。

（李　红　翟国堂）

【工会组织建设】　截至2016年底，中国铁建系统职工会员340456人，其中女职工会员62585人。全系统建立工会组织5335个。其中，股份公司工会1个；集团公司(公司)工会36个；工会筹委会3个；子公司、分公司、分院(处级)工会503个；项目部、工程队、车间工会4792个。工会小组8440个。（李　红　翟国堂）

【工会干部队伍状况与培训】　截至2016年底，中国铁建系统专职工会干部1175人，其中女干部508人；兼职工会主席4359人。2016年各级培训工会干部5550人次。其中，组织1人参加2016年第二期中央企业工会工作培训班；组织5人参加中华全国铁路总工会女职工干部培训班。（李　红　翟国堂）

【指导基层工会组织建设】　2016年，指导中铁十八局、二十一局、二十五局集团有限公司按规定完成工会换届工作；指导中国铁建投资集团有限公司、中铁建昆仑投资集团有限公司召开工会第一次代表大会，成立工会组织。（李　红　翟国堂）

【职代会制度建设】　2016年，489家集团公司和子公司建立职工(代表)大会制度，468家单位召开职代会，468家单位评议领导干部，468家单位实行投票表决制。全年评议集团公司领导干部331人。其中，优良率100%的43人，占评议总数的12.99%；优良率在90%～100%(不含100%)之间的259人，占评议总数的78.25%；优良率在80%～90%(不含90%)之间的24人，占评议总数的7.25%；优良率在70%～80%(不含80%)之间的5人，占评议总数的1.51%。中国铁建二届一次职工代表大会征集并立案职工提案196件，表彰一届六次职代会优秀提案10条、优秀处理提案单位10家。（李　红　翟国堂）

【中国铁建二届一次职工代表大会】　2016年1月26—28日在中国铁建大厦召开，并选举出职工代表263人。其中，企业领导人员75人，占代表总数的28.52%；技术管理人员139人，占代表总数的52.85%；生产一线人员49人，占代表总数的18.63%；青年职工28人，占代表总数的10.6%；先进模范人物15人，占代表总数的5.7%；男性职工224人，占代表总数的85.17%；女性职工39人，占代表总数的14.83%；少数民族10人，占代表总数的3.80%。职工代表组成20个代表团。会议主要听取和审议中国铁建股份有限公司年度《行政工作报告》《关于财务收支及经济运行情况的报告》《关于业务招待费使用情况的报告》，审议通过《提案工作报告》，调整职代会专门委员会委员。（李　红　翟国堂）

【中国铁建工会一届八次全委(扩大)会议】　2016年3月10日在北京召开。55人参加会议。其中，全委会委员34人，经审委员4人，列席人员17人。中国铁建工会主席史道泉作题为《与时俱进，创新工作，团结带领广大职工为实现企业“十三五”良好开局建功立业》的工会工作报告。会议同意吴江、赵佃龙、朱仰存3人不再担任中国铁建工会第一届委员会委员；同意顾传智、张学安、冯来刚3人增替补为中国铁建工会第一届委员会委员，选举顾传智为常务委员。中国铁建党委书记齐晓飞，党委常委、总会计师王秀明(分管工会工作)出席并讲话。（李　红　翟国堂）

【铁路工会三有创新成果】　2016年，中铁十八局集团有限公司工会直选项目工会主席的工会工作做法获得全国铁路基层组织民管工作“三有”创新成果。

（李　红　翟国堂）

【农民工工作调研】　2016年9月7日，全国总工会兼职副主席巨晓林到中铁十八局集团有限公司调研农民工工作；10月21日，巨晓林在铁路总工会主席余卓民等陪同下到中国铁建调研产业工人队伍建设和农民工工作，高度评价中国铁建系统的农民工工作。

（李　红　翟国堂）

【职工之家建设】　中国铁建全面深入贯彻习近平总书记关于加强基层工会建设的重要批示，提高全系统建家建线质量和水平，提升工会干部队伍政治素质和业务能力。2016年，在全系统开展“建好职工之家、当好娘家人”活动，选树表彰“金牌模范职工之家”11个、“金牌模范职工小家”16个、“最亲娘家人”22人。

金牌模范职工之家

中铁十一局集团一公司工会
中铁十六局集团五公司工会
中铁十七局集团二公司工会
中铁十八局集团一公司工会
中铁二十局集团一公司工会
中铁二十四局集团安徽公司工会
中铁二十五局集团三公司工会
中铁建设集团有限公司工会
中国铁建电气化局集团一公司工会
中铁第四勘察设计院集团有限公司工会
中国铁建国际集团阿尔及利亚公司工会

金牌模范职工小家

中铁十一局集团有限公司蒙华铁路 MHTJ－20 标段项目经理部四工区工委

中铁十二局集团四公司蒙华铁路 MHTJ－11 标段项目经理部三工区工会

中铁十二局集团二公司广大铁路工程项目部工会

中国铁建大桥工程局集团有限公司蒙华铁路 MHTJ－13 标段项目经理部三工区工委

中国铁建大桥工程局集团四公司天津地铁 5 号线项目部工会

中铁十四局集团有限公司蒙华铁路 MHTJ－23 标段项目经理部二工区工委

中铁十四局集团隧道公司北京地铁 6 号线西延项目部工会

中铁十五局集团六公司朔黄铁路运输处工会

中铁十八局集团有限公司蒙华铁路 MHTJ－5 标段项目经理部三工区工会

中铁十九局集团矿业公司乌山铜钼矿项目部工会

中铁二十一局集团二公司兰州金城铁路混凝土公司工委

中铁二十二局集团有限公司北京地铁 6 号线西延 5 标段项目经理部工会

中铁二十三局集团三公司格鲁吉亚项目部工会

中铁第一勘察设计院集团新疆设计院工会

中国铁建重工集团有限公司掘进机制造总厂装配车间工会

中铁城建集团三公司天津北辰项目部工会

最亲娘家人

宋文尚　侯冬生　孙晓春　牛忠霞　王艳玲
汤雪英　马辰英　韦元良　李　均　马新民
张长成　戴杏丽　周雪梅　赵　毅　王冬梅
常　民　李卫东　向　荣　郇咏梅　王福志
胡晓兵　黄国江

（李　红　翟国堂）

【中国铁建工会女工委一届四次（扩大）会议】 2016 年 4 月 12 日在北京召开。46 人参加会议。其中，女工委委员 41 人，列席人员 5 人。中国铁建工会副主席、女工委主任白晶作题为《凝聚巾帼力量，展示别样风采，为做强做优做大中国铁建再立新功》的工作报告。会议同意赵杰、寻红霞、康冬梅、杨庆芳、侯红、田春珍、韩晶 7 人不再担任中国铁建工会第一届女职工委员会委员；同意李红、王慧敏、鲁彩琴、李滢、周雪梅、林慧清、孙蔚芝、朱霖、任小利、刘婉、郭冬梅、解丽、王永红、王磊、张红、侯艳玲 16 人增替补为中国铁建工会第一届女职工委员会委员。中铁十四局、十八局、二十四局集团有限公司作介绍女职工工作经验的发言。中国铁建工会主席史道泉出席并讲话。

（李　红　翟国堂）

【全国三八红旗手】 2016 年，中国铁建所属铁四院线站处轨道所副所长、教授级高级工程师杨艳丽、十七局铺架分公司邯黄项目部探伤女工关改玉，获得全国三八红旗手称号。杨艳丽作为国务院国资委系统 5 名受表彰个人之一，参加全国表彰大会；关改玉在山西省召开的纪念“三八”国际妇女节大会上，作为先进个人的唯一代表作大会发言。（李　红　翟国堂）

【“培育良好家风——中国铁建女职工在行动”系列活动】 2016 年 4 月 12 日在中国铁建大厦举行启动仪式。中国铁建工会女工委向全系统女职工发出倡议及实施计划，并邀请中华女子学院原院长张李玺教授作《发扬传统美德，培育优良家风》的专题讲座。5 月，分别在长沙、天津片区组织“培育好家风——中国铁建女职工在行动”专题讲座活动。（李　红　翟国堂）

【“缘定铁建 · 相伴一生”集体婚礼和圆梦“微心愿”活动】 2016 年 10 月 18 日，中国铁建在所属十八局举行天津区域联动“缘定铁建 · 相伴一生”集体婚礼和圆梦“微心愿”活动。中国铁建董事长孟凤朝、天津市总工会副主席程树梅分别为参加集体婚礼的 15 对新人主婚、证婚；中铁十八局集团有限公司展示开展圆梦“微心愿”活动所取得的成果。（李　红　翟国堂）

【“书香三八”和“书香铁路”女职工读书活动】 2016 年，中国铁建在组织女职工积极参加中国铁建工会“我爱铁建”“培育好家风”系列活动的基础上，选送优秀作品参加全国第四届“书香三八”读书活动和全路第二届书香铁路女职工读书活动。其中，13 篇作品在全国获奖，10 篇作品在全路获奖，两个家庭分别入选铁路书香家庭和铁路最美家庭。（李　红　翟国堂）

【职代会提案工作】 提案工作委员会是负责征集和处理职代会提案的工作机构，在股份公司职工代表大会的领导下进行工作，向职工代表大会负责。委员会办公室设在股份公司工会组织权益和女工部。2016年1月21日，提案工作委员会根据《中国铁建一届职工代表大会提案工作委员会工作制度》有关规定，组织评选并表彰中国铁建一届六次职代会优秀提案10件、优秀处理提案单位10家各奖励2000元。1月27日，中国铁建二届一次职工代表大会在北京召开，立案提案199件。截至12月5日，立案提案全部处理答复完毕，并由所属单位工会反馈至提案人，提案答复率100%。

（刘永胜）

中国铁建一届六次职工代表大会优秀提案

序号	提　案　名　称	提案单位	提案人
1	强化管理，提升效益	中铁十一局集团有限公司	张树海
2	建立工程项目的评价论证机制，实现工程项目的链条式监管	中铁十二局集团有限公司	方永利
3	重提加强工程队（管理型架子队）建设	中国铁建大桥工程局集团有限公司	李鹏年
4	建立新闻媒体危机应对体系	中铁十五局集团有限公司	周禹驰
5	在全系统内推广统一规范的业务管理软件	中铁十七局集团有限公司	毕永清
6	成立经济专家小组，研究制定铁路定额取费措施和对策	中铁十八局集团有限公司	赵心昭
7	加强项目前期策划，全面推行“全面预算管理”，强化过程监控，强化考核奖惩机制	中铁二十三局集团有限公司	周雪梅
8	进一步健全和完善项目经理评价使用管理机制	中国铁建电气化局集团有限公司	张国俊
9	关于强化对设计工作的管理和控制，提升工程总承包项目精细化管理的提案	中铁第一勘察设计院集团有限公司	周仲华
10	新常态下探索企业深化改革，实现企业转型升级	中铁第四勘察设计院集团有限公司	蒋再秋

（制表：刘永胜）

中国铁建一届六次职工代表大会优秀处理提案单位

序号	提　案　名　称	提案单位	处理落实单位（股份公司）
1	建议股份公司对海外企业并购和资本运营予以指导和支持	中国土木工程集团有限公司	发展规划部
2	要做好海外项目管理的准备工作	中铁十一局集团有限公司	国际部 人力资源部
3	加强企业精神文明建设	中国铁建大桥工程局集团有限公司	党委宣传部
4	加强工程公司专业化建设，打造中国铁建持续健康发展升级版	中铁十五局集团有限公司	发展规划部
5	强化施工项目依法行为的能力	中铁十八局集团有限公司	法律合规部
6	关于对劳务分包队伍加强管理的提案	中铁二十一局集团有限公司	经济管理部
7	进一步健全和完善项目经理评价使用管理机制	中国铁建电气化局集团有限公司	人力资源部
8	加大投资拉动力度，做大做强股份公司水工板块	中国铁建港航局集团有限公司	资本运营部
9	关于股份公司继续加强海外市场统筹经营、协调力度，实现集团利益最大化的同时，充分重视设计院前期工作对海外项目承揽重要性的提案	中铁第一勘察设计院集团有限公司	国际部
10	关于进一步加强工程项目“三重一大”管理的提案	中国铁建股份有限公司青岛分公司	纪委办公室

（制表：刘永胜）

【模范劳动关系和谐企业评选】 2016年，中国铁建所属10家单位获得“模范劳动关系和谐企业”称号，并在中国铁建二届一次职工代表大会上现场颁奖。

中国铁建第二届模范劳动关系和谐企业

中国土木工程集团有限公司
中铁十一局集团有限公司
中铁十二局集团有限公司
中铁十四局集团有限公司
中铁建设集团有限公司
中国铁建房地产集团有限公司
中铁第一勘察设计院集团有限公司
中铁第四勘察设计院集团有限公司
中国铁建高新装备股份有限公司
中国铁建重工集团有限公司

（张晓川　刘永胜）

【“三不让”帮扶】 2016年，中国铁建各级工会继续开展“三不让”帮扶工作，持续完善和修订有关困难职工帮扶救助管理办法和细则，重点帮扶因病、因残、因灾、因学等致贫致困的员工。全年救助困难职工家庭11129户次，资助困难职工子女入学2933人次，救助患病职工3709人次。（张晓川　刘永胜）

【送温暖活动】 2016年元旦、春节期间，中国铁建系统筹资金6979万元，慰问困难职工家庭17619户，慰问劳模、离退人员、一线职工和农民工59134人，慰问生产一线班组2216个，工程公司级以上领导1436人参加慰问活动。（张晓川　刘永胜）

【集体合同工资集体协商】 2016年，中国铁建所属集团公司、工程公司均建立工资集体协商制度，集体合同签订率100%，兑现率和职工满意度在97%以上。

（张晓川　刘永胜）

【中国铁建工会财务工作考核评比】 2016年，中国铁建工会对所属单位2015年度工会财务工作考核评比，通报表彰特等奖单位2家、一等奖单位17家、二等奖单位4家、三等奖单位6家。

特等奖获得单位

中国铁建大桥工程局集团有限公司工会
中铁第四勘察设计院集团有限公司工会

一等奖获得单位

中铁十二局集团有限公司工会
中铁十四局集团有限公司工会
中铁十六局集团有限公司工会
中铁十八局集团有限公司工会
中铁十九局集团有限公司工会
中铁二十局集团有限公司工会
中铁二十一局集团有限公司工会
中铁二十四局集团有限公司工会
中铁建设集团有限公司工会
中国铁建房地产集团有限公司工会
中铁第一勘察设计院集团有限公司工会
中铁第五勘察设计院集团有限公司工会
中铁上海设计院集团有限公司工会
中国铁建高新装备股份有限公司工会
中国铁建重工集团有限公司工会
中国铁建国际集团有限公司工会
中铁建商务管理有限公司工会

二等奖获得单位

中国土木工程集团有限公司工会
中铁十一局集团有限公司工会
中铁二十三局集团有限公司工会
中国铁建电气化局集团有限公司工会

三等奖获得单位

中铁十五局集团有限公司工会
中铁十七局集团有限公司工会
中铁二十二局集团有限公司工会
中铁二十五局集团有限公司工会
中国铁建港航局集团有限公司工会
中铁物资集团有限公司工会

（张晓川　刘永胜）

【工会经费预算执行和任期经济责任审计】 2016年，中国铁建工会经审会办公室组成审计组16个，开展对中铁十一局、十四局、十八局、二十一局、二十五局集团有限公司，中国铁建大桥工程局集团有限公司、中铁建设集团有限公司、中国铁建房地产集团有限公司，中铁第四、第五勘察设计院集团有限公司，中铁物资集团有限公司、中国铁建重工集团有限公司、中铁城建集团有限公司工会的工会经费预算执行情况审计；开展对中国土木工程集团有限公司、中国铁建港航局集团有限公司、中国铁建国际集团有限公司原工会主席的任期经济责任审计。审计组向中国铁建工会经审会提交审计报告16份，下发审计意见书16份，被审计单位工会按要求整改并在规定时间上报整改报告。

（张晓川　刘永胜）

【工会经审工作规范化考核和优秀审计项目评选】 2016年，中国铁建工会经审会对所属集团公司级进行2015年度工会经审工作规范化建设考核和工会优秀审计项目评选，通报表彰A级标准单位3家、B级标准单位9家、C级标准单位6家、优秀审计项目5个。

中国铁建工会经审工作规范化建设A级标准单位

中铁十九局集团有限公司工会

中铁二十四局集团有限公司工会

中铁建设集团有限公司工会

中国铁建工会经审工作规范化建设B级标准单位

中铁十一局集团有限公司工会

中铁十二局集团有限公司工会

中国铁建大桥工程局集团有限公司工会

中铁十四局集团有限公司工会

中铁二十局集团有限公司工会

中铁二十一局集团有限公司工会

中铁二十三局集团有限公司工会

中国铁建电气化局集团有限公司工会

中国铁建房地产集团有限公司工会

中国铁建工会经审工作规范化建设C级标准单位

中铁十七局集团有限公司工会

中铁二十二局集团有限公司工会

中铁二十五局集团有限公司工会

中铁第四勘察设计院集团有限公司工会

中铁第五勘察设计院集团有限公司工会

中国铁建重工集团有限公司工会

2015年度优秀工会审计项目

中国铁建大桥工程局集团三公司原工会主席李辉任期经济责任审计

中铁十四局集团四公司原工会主席孙登臣任期经济责任审计

中铁十七局集团六公司工会2013—2014年度经费收支审计

中铁二十三局集团三公司工会2013—2014年度经费收支审计

中铁二十四局集团鹰潭设备安装工程公司原工会主席孙怡龙任期经济责任审计

（张晓川　刘永胜）

【中国铁建工会财务、经审工作获得表彰】 2016年，中铁十二局集团有限公司工会、中铁第四勘察设计院集团有限公司工会获得中华全国总工会“工会财务工作先进单位”表彰。中国铁建股份有限公司工会在全国铁路总工会财务工作竞赛评比和经审工作规范化建设考核中分别获得特等奖和一等奖；中铁十一局、十四局、二十三局集团有限公司和中铁第五勘察设计院集团有限公司、中国铁建重工集团有限公司工会被中华全国铁路总工会授予工会财务工作先进单位。

（张晓川　刘永胜）

【机关职工新春游艺活动】 2016年2月5日在中国铁建大厦三层报告厅举办，设置猜谜语、夹玻璃球、飞镖打靶、蒙面敲锣、摸彩球等8个活动项目，近200名机关职工参加活动。（吕向东　刘永胜）

【工间广播体操】 股份公司机关工会为保障机关干部职工身体健康，2016年3月7日开始在正常工作日上午10点和下午15点30分，在机关大厦办公楼实行工间广播体操制度，引导职工重视健康，参加工间操活动。（吕向东　刘永胜）

【机关职工健步行走】 2016年4月22日、9月27日，股份公司机关工会在北京永定河休闲森林公园组织职工健步走、定向越野、多人自行车和观光小火车等项目。380余名机关干部参加健步行走活动。

（吕向东　刘永胜）

【中国铁建机关第一届乒乓球比赛】 2016年4月下旬至6月下旬组织举办。比赛设男子单打和女子单打项目，采取单循环赛制。中国铁建董事长孟凤朝在比赛现场讲话并开球。60余名机关职工参加比赛。

（吕向东　刘永胜）

【中国铁建机关第一届羽毛球比赛】 2016年10月下旬组织举办。比赛项目为双打，以部门为单位组合。60余名机关职工参加比赛。（吕向东　刘永胜）

【2016年机关职工代表会议】 3月17日，第一次会议审议通过《中国铁建股份有限公司企业年金方案实施细则》（细则适用于股份公司机关，总公司机关参照执行）；8月10日，第三次会议审议通过《关于新建职工住宅调剂事项的决议》；9月13日，第三次会议审议《中国铁建总公司机关大院拆迁补偿办法》。

（吕向东　刘永胜）

【有线电视管理】 2016年，股份公司机关工会配合歌华公司在大院进行技术推广服务6次。（刘永胜）

团委工作

【股份公司团委】 中国铁建股份有限公司2007年11月成立后，成立共青团中国铁建股份有限公司委员会（以下简称股份公司团委），同时行使中国铁道建筑总公司团委职能。2014年9月召开共青团中国铁建股份有限公司第二次代表大会，选举产生共青团中国铁建股份有限公司第二届委员会。股份公司团委在股份公司党委和中央企业团工委的领导下开展共青团和青年工作，对下实施垂直管理，主要负责中国铁建系统团组织建设、干部队伍建设、团的生产活动及团员青年的思想政治工作。股份公司团委下辖36个集团公司、公司团委(团工委)。全系统有1349个基层团委，87个团总支，4123个团支部；专职团干部217人，兼职团干部6548人，团员59841人，35岁以下青年职工147785人。

2016年，在股份公司党委和中央企业团工委的领导下，中国铁建各级团组织深入学习党的十八届六中全会、全国国有企业党的建设工作会议和习近平总书记系列重要讲话精神，认真贯彻落实中央党的群团工作会议和共青团中央改革精神，坚持思想引导，通过开展学习活动、组织举办青藏铁路通车10周年图片展等活动，凝聚青年工作取得新成效；坚持以青年为本，通过开展导师带徒、青年联谊、团组织关爱行动等活动，服务青年工作取得新进展；坚持改革创新，通过编制《基层共青团工作指导手册》、建立团干部直接联系青年制度等工作，团的自身建设得到新突破；坚持围绕企业中心工作，通过开展“提质增效·青年担当”主题实践活动，深入推进青年突击队竞赛、创建青年文明号、创建青年安全生产示范岗等工作，团结带领广大团员青年为中国铁建的提质增效、转型升级作出贡献。全系统有1名先进青年和11个先进青年集体获得团中央表彰。 (闫国良)

【基层团组织组建与调整】 2016年，股份公司团委批准中铁建金融租赁公司和北京通达京承高速公路公司成立团委，指导中铁十四局、十六局集团有限公司召开团代会，调整中国铁建大桥工程局集团有限公司，中铁二十二局、二十四局集团有限公司，中国铁建电气化局集团有限公司，中铁第四、第五勘察设计院集团有限公司的团组织负责人。 (闫国良)

【中国铁建团委常委(扩大)会】 2016年8月24日在北京召开。会议讨论通过中国铁建“爱心资助，梦圆大学”资助金发放方案，研讨确定《中国铁建基层共青团工作指导手册》相关内容，安排部署2016年下半年工作。中国铁建团委常委和在京单位团委负责人16人参加会议。 (闫国良)

【推优入党】 2016年，中国铁建系统有752名团员在团组织推荐下加入中国共产党。 (闫国良)

【编发《中国铁建基层共青团工作指导手册》】 2016年，股份公司团委编制下发《中国铁建基层共青团工作指导手册》，包括团的规章制度、组织建设、队伍建设、服务中心工作、服务团员青年工作、团的活动开展、共青团信息化、台账资料等方面的内容，提升团建工作的制度化、规范化、标准化、完整化水平。 (闫国良)

【学习党的十八届六中全会精神】 党的十八届六中全会召开后，股份公司团委带领各级团组织通过学习领会、全面宣传全会精神，引导所属单位广大团员青年把思想和行动统一到中央精神上来；通过广泛开展形式多样的学习教育活动，在中国铁建系统广大团员青年中迅速掀起学习宣传贯彻全会精神的热潮；通过推动全会精神与各项工作有机结合，切实把全会精神落实到团的工作和建设全过程。各级团组织带领广大团员青年通过举办专题讲座和座谈会、撰写学习心得等形式，认真学习宣传贯彻落实党的十八届六中全会精神，提高团员青年的思想政治觉悟。 (闫国良)

【举办青藏铁路通车10周年图片展】 2016年7月1日，由中国西藏文化保护发展协会和中国铁建联合主办，股份公司团委参与承办的庆祝中国共产党成立95周年暨青藏铁路通车10周年图片展在中国铁建大厦开展。中央统战部副部长斯塔、国务院国资委新闻中心主任毛一翔、中国铁建董事长孟凤朝出席开展仪式并致辞；中央政治局委员、中央统战部部长孙春兰现场观展并给予高度评价。股份公司团委组织来实习的香港大学生和在京单位团员青年参观图片展。 (闫国良)

【纪念长征胜利80周年征文活动】 2016年是长征胜利80周年，为弘扬长征精神、铁道兵精神、青藏铁路精神，大力宣传铁道兵、中国铁建为国家建设和革命老区人民所作的贡献和带来的福祉，激励广大团员青年以更加饱满的工作热情推进企业改革发展、转型升级，股份公司团委与宣传部、报社举办“纪念长征胜利80周年”征文活动。活动收到征文作品280篇，评出一等奖3名、二等奖6名、三等奖10名。各级团组织在积极组织团员青年参加征文比赛的基础上，通过观看图片展、参观革命圣地、举办座谈会和知识竞赛的方式，开展丰富多彩的纪念活动。 (闫国良)

【“提质增效·青年担当”活动】 为深入贯彻落实中国铁建股份公司“四会”、提质增效动员部署视频会议和安全生产工作视频会议精神，股份公司团委在全系统开展“提质增效·青年担当”主题实践活动。2016

年，各级团组织开展主题实践活动2392场，39102名团员青年参加。为推进活动的深入开展，股份公司团委参加中铁十八局集团有限公司主题实践活动的动员会。 （闫国良）

【青年突击队活动】 股份公司团委为积极引导团员青年岗位建功，发挥在“急难险重”任务中的生力军和突击队作用。2016年6月3日，在成都地铁举行青年突击队授旗仪式，中国铁建领导出席并为青年突击队授旗。全年全系统组织25637名青年组建青年突击队1392支。 （闫国良）

【青年创新创效活动】 2016年，中国铁建各级团组织围绕国家重点工程、重大专项和企业科研攻关等中心任务，动员团员青年5万余名参加近3千场创新创效活动，激发青年的创新热情和创造活力，为提升企业创新力、提高企业经济效益作出贡献。 （闫国良）

【“导师带徒”活动】 为更好地服务企业发展和人力资源开发，股份公司团委在中国铁建系统深入开展“导师带徒”活动。2016年，签订导师带徒合同9488份，覆盖全体新入职员工；为总结推广所属单位的好做法和好经验，促进“导师带徒”活动在全系统内的广泛开展，股份公司团委和报社专项报道“导师带徒”活动。 （闫国良）

【青年联谊活动】 2016年6月，股份公司团委联合工会在成都开展“缘来你在这里”大型未婚青年联谊会，吸引了来自中国铁建成都地铁所属参建单位和四川省交通运输、财贸、林业系统的150余名未婚青年参加。全年各级团组织举办青年联谊会306场，提供7645名单身青年相亲交友机会。 （闫国良）

【中国铁建团干部直接联系青年制度】 2016年，为贯彻落实中央党的群团工作会议精神和共青团中央改革精神，深入推进中国铁建共青团改革，促使团组织深深植根于团员青年，成为广大团员青年遇到困难时想得起、找得到、靠得住的力量，股份公司团委在中国铁建系统建立团干部直接联系青年制度。全年全系统有3000名团干部按照要求执行制度，直接开展联系、服务、引导4万余名团员青年，有效提升中国铁建青年的获得感。 （闫国良）

【建立中国铁建青年之声平台】 2016年，股份公司团委为更好地引导、服务团员青年，在工作中融入“互联网+共青团”思路，完成中国铁建“青年之声”平台与中国铁建青年网接口建设工作，并在“青年之声”平台上建立团组织1096个、建立用户9070个。 （闫国良）

【宣传力度有效加大】 2016年，股份公司团委加大宣传力度，有效提升共青团工作的影响力，在《中国铁道建筑报》刊发专版4个，在中国铁建官方微信刊发专刊1期，审核、发布“中国铁建青年网”基层信息2483条，在中央企业青年网、中国铁建股份公司网站和《中国铁道建筑报》等媒体发布信息100余条。 （闫国良）

【“团组织就在我身边”活动】 2016年春节前，股份公司团委从“中国铁建青年爱心金”中划拨30万元关爱500名平时工作表现突出且生活相对困难的团员青年。根据各困难青年的实际状况，有区别的给予一定数额的现金资助，帮助他们解决实际生活困难，让他们度过一个欢乐祥和的新春佳节。 （闫国良）

【“爱心资助 梦圆大学”活动】 股份公司团委开展“爱心资助，梦圆大学”活动，2016年有86名爱心资助对象。经中国铁建团委常委（扩大）会研究决定从“中国铁建青年爱心金“中划拨45万余元，按照5000元/人或6000元/人的标准帮助家庭困难职工子女顺利入学。 （闫国良）

【组织捐款】 2016年，中铁十八局集团隧道公司朱芳再、中铁二十三局集团三公司王桂坤先后突患重病，需要巨额医疗费用。为帮助2名青年度过难关，股份公司团委在从“中国铁建青年爱心金”拨付救助金的基础上，组织各级团干部和团员青年捐款并转发轻松筹的筹款信息，帮助患重病青年度过难关。 （闫国良）

【支援新疆共青团】 2016年，根据共青团对口支援新疆工作会议部署和中央企业共青团援疆项目安排及中央企业团工委要求，股份公司团委从“中国铁建青年爱心金”中划拨12万余元资助新疆兵团第五、六、七师各建设1个基层团组织“青年之家”，并选拔1名青年干部赴新疆共青团系统挂职，支援新疆地区共青团工作取得良好成效。 （闫国良）

【安排香港大学生暑期实习】 根据中央企业团工委安排，2016年6月有5名香港大学生到中国铁建实习。实习期间，中铁建设集团有限公司团委为香港大学生安排了丰富的实习活动，得到中央企业团工委、香港青联的高度认可与赞扬。 （闫国良）

【参加首届亚非青年联欢节并接待代表团参观】 2016年，应共青团中央、全国青联的邀请，根据中央企业团工委的安排，股份公司团委组织 1 名青年参加首届亚非青年联欢节。7 月 29 日，80 多名亚非各国青年代表到访中国铁建并参观铁道兵纪念馆。中国铁建遍布全球的重大工程项目、悠久历史、英雄人物和卓越的企业文化，给参观的各国青年留下深刻印象。

（闫国良）

【安排人民大学经管学院团员青年参观】 2016 年 4 月 18 日，股份公司团委安排中国人民大学经管学院 50 名团员青年和入党积极分子参访铁道兵纪念馆。馆中大量的历史图片和实物及现代电子技术，全面展示铁道兵 35 年的辉煌历程以及中国铁建 30 多年的发展历程和辉煌业绩。铁道兵战士攻坚克难、勇于拼搏的精神鼓舞前来参观的青年大学生。（闫国良）

【中央企业团工委表彰 2016 年度“两红两优”】

中央企业“五四”红旗团委

中铁十二局集团二公司团委

中铁十四局集团有限公司团委

中铁十七局集团一公司团委

中铁十九局集团二公司团委

中央企业“五四”红旗团支部

中铁二十三局集团轨道交通苏州工程有限公司团支部

中铁二十四局集团江苏公司连镇一分部团支部

中国铁建港航局集团路桥公司福平铁路 FPZQ－4 标段项目团支部

中国铁建高新装备股份公司制造总厂结构分厂团支部

中铁建商务管理有限公司大厦服务中心团支部

中央企业优秀共青团干部

曹新辉　中铁十八局集团有限公司团委书记

王树峰　中铁二十五局集团有限公司代理团委书记

李雅丹　中铁建设集团有限公司团委书记

赵　飞　中铁第一勘察设计院集团有限公司团委书记

常　祥　中铁第四勘察设计院集团有限公司团委书记

中央企业优秀共青团员

刘览月　中国土木工程集团吉布提公司经营部翻译

尹祖平　中国铁建电气化局集团二公司青岛地铁 11 号线机电 1 标段二分部项目总工程师

茅幸莉　中铁上海设计院集团有限公司财务处出纳

贾　亮　中铁物资集团西北有限公司法律合规部职员

张保华　中国铁建国际集团俄罗斯公司商务经理

彭　鹏　中铁城建集团北京工程有限公司通瑞嘉苑项目部财务部主任

（闫国良）

【中国铁建团委表彰“两优两红”】 2016 年“五四”期间，股份公司团委表彰优秀共青团员 69 人、优秀团干部 79 人、“五四”红旗团委 43 个、“五四”红旗团支部 47 个。

中国铁建优秀共青团员（2015—2016 年度）

刘览月　金先麒　邓泽明　胡　聪　杨树建
李月全　万文义　张　翔　李智慧　冯禹程
李国栋　王　颖　杨生林　何正宁　刘明阳
祁　迪　安鹏辉　王赣吉　帅国强　史文霈
张孝儒　王海霞　雒云晨　王凌宇　曾文涛
赵　鑫　孙　一　吕　涛　冉荣获　邹　磊
臧　龙　田　宇　张　鹏　韩　丹　杨　璐
熊永川　于　龙　房　超　唐绍辉　爨飞朝
张传林　安晶晴　韦　薇　郑鹤宁　乔彩玲
黄创奇　刘孟学　车　爽　闫　腾　刘晓妍
王　昆　孟　洁　叶　欢　马鸿娇　李清鹏
刘仲妍　茅幸莉　贾　亮　丁　周　刘国兰
田如本　刘全辉　陈　伟　彭　鹏　张　祎
李翔宇　穆茜茜　刘俐俐　王　肖

中国铁建优秀共青团干部（2015—2016 年度）

修　岩　陈　群　蔡　栩　杨亚丽　陆　蒂
尚　帅　周　彪　苗胜国　于永峰　杨程宇
刘　凯　马圣凯　史　鹏　张　丹　刘　坦
王晓栋　郑雪松　周永博　许鹏健　赵　琴
高　磊　焦凤君　廖　媛　袁继忠　张建国
李　波　解　巍　蒋小军　高　芳　张　帆
邹　亮　杨广涛　魏周龙　孟　虎　任晓亮
刘　静　苗鲁宝　赵　丰　刘　玥　唐　郁
赵　雨　徐　冬　王　翔　杨蛟龙　朱政同
白　雪　陈紫洪　刘英杰　蔡　璨　周　晨
王　波　王士斌　毛爱芳　闫　肃　魏　洁
石　巍　马　璐　唐　凯　刘小强　娄承滨
刘海龙　宋国经　余　毅　樊媛媛　王　乐
李锦博　陈　超　赵　俊　王　健　易　杰
王小禾　吕　煌　易世明　王忠旭　蒲振兴
郭融晖　姜妮娜　刘慧慧　陈小莲

中国铁建“五四”红旗团委（2015—2016 年度）

中国土木工程集团阿尔及利亚有限公司团委

中铁十一局集团二公司杭黄铁路项目部团工委

中铁十一局集团三公司团委
中铁十二局集团一公司团委
中铁十二局集团国际公司团委
中国铁建大桥工程局集团二公司团委
中国铁建大桥工程局集团四公司团委
中铁十四局集团二公司团委
中铁十四局集团建筑公司团委
中铁十五局集团二公司团委
中铁十五局集团四公司团委
中铁十六局集团三公司团委
中铁十六局集团五公司团委
中铁十七局集团二公司团委
中铁十七局集团电气化公司团委
中铁十八局集团国际公司沙特公司团委
中铁十八局集团一公司团委
中铁十九局集团二公司沪通铁路项目部团工委
中铁十九局集团五公司第十五项目管理部团委
中铁二十局集团二公司团委
中铁二十局集团五公司团委
中铁二十一局集团六公司团委
中铁二十一局集团路桥公司团委
中铁二十二局集团哈建公司团委
中铁二十二局集团房地产开发有限公司团委
中铁二十三局集团一公司团委
中铁二十三局集团三公司团委
中铁二十四局集团江苏公司团委
中铁二十四局集团福建公司团委
中铁二十五局集团四公司团委
中铁二十五局集团六公司团委
中铁建设集团西安分公司团委
中国铁建电气化局集团南方公司团委
中国铁建港航局集团三公司团委
中国铁建房地产集团物业公司团委
中铁第一勘察设计院集团兰州院团工委
中铁第四勘察设计院集团桥梁院团委
中铁物资集团港澳公司团委
中国铁建高新装备股份公司制造总厂团委
中国铁建重工集团隆昌公司团委
中国铁建国际集团阿尔及利亚公司团委
中铁城建集团三公司团委
诚合保险经纪有限公司团委

中国铁建“五四”红旗团支部(2015—2016年度)

中国土木工程集团尼日利亚有限公司工业公司团支部
中铁十一局集团一公司广清城际项目部团支部
中铁十一局集团五公司马来西亚项目部团支部
中铁十二局集团有限公司连盐铁路工程指挥部第一项目部团支部
中铁十二局集团四公司广州地铁项目部团支部
中国铁建大桥工程局集团一公司江西工程指挥部团总支
中国铁建大桥工程局集团六公司京沈铁路客运专线(辽宁段)TJ-10标段一工区团支部
中铁十四局集团隧道公司北京地铁16号线项目部团支部
中铁十四局集团有限公司长株潭城际铁路项目部六工区团支部
中铁十五局集团置业公司都匀项目公司团支部
中铁十五局集团济阳黄河大桥公司监控室团支部
中铁十六局集团四公司格库铁路新疆S1标段项目团支部
中铁十六局集团铁运公司沙蔚运营指挥部机辆段团支部
中铁十七局集团六公司宁德双福高速公路A3标段项目部团支部
中铁十七局集团铺架分公司唐曹铁路项目团支部
中铁十八局集团三公司花久高速公路5标段项目部团支部
中铁十八局集团建安公司电务工程公司团支部
中铁十九局集团三公司公路路桥第九项目管理部团支部
中铁十九局集团六公司依兰羊角沟制梁场团支部
中铁二十局集团陕西物资公司西北分公司团支部
中铁二十局集团检测公司团支部
中铁二十一局集团一公司克拉玛依维管段团支部
中铁二十一局集团二公司柳敦铁路电气化改造工程项目部站前分部团支部
中铁二十二局集团电气化公司敦格铁路项目团支部
中铁二十二局集团四公司第六指挥部硚孝铁路项目部团支部
中铁二十三局集团二公司天工分公司团支部
中铁二十三局集团四公司养马河分公司团支部
中铁二十四局集团有限公司贵州房建市政总承包部本部团支部
中铁二十四局集团有限公司符夹铁路FJZQ-Ⅱ标段项目部团支部
中铁二十五局集团电务公司沪昆铁路扩能改造工程项目团支部
中铁二十五局集团有限公司财务共享服务中心团支部
中铁建设集团北京分公司房山超级蜂巢工程项目

团支部

中国铁建电气化局集团一公司电气化分公司第六团支部

中国铁建港航局集团路桥公司福平铁路项目团支部

中国铁建房地产集团（天津）置业有限公司团支部

中铁第一勘察设计院集团电化处团总支

中铁第四勘察设计院集团线站处站场室团支部

中铁第五勘察设计院集团东北勘察设计院团总支

中铁上海设计院集团有限公司线站处团总支

中铁物资集团北京中铁国际招标公司团总支

中国铁建高新装备股份公司北京瑞维通昆明分公司团支部

中国铁建重工集团兰州公司机关团支部

中国铁建国际集团沙特公司第五期军营项目经理部团支部

中铁城建集团一公司第七项目部团支部

中铁建（山东）德商高速公路有限公司团支部

中铁建商务管理有限公司大厦服务中心团支部

重庆铁发遂渝高速公路有限公司潼南收费站团支部

（闫国良）

【争创“青年文明号”、争当“青年岗位能手”活动】 2016年，股份公司团委在中国铁建系统广泛开展争创“青年文明号”、争当“青年岗位能手”活动，8个青年集体被评为全国“青年文明号”、8个青年集体被评为中央企业“青年文明号”、6名青年被评为中央企业“青年岗位能手”；股份公司团委评选“青年文明号”100个、“青年岗位能手”122人。

全国“青年文明号”（2016年度）

中铁十二局集团建安公司第二十一项目部

中铁十四局集团房地产开发有限公司

中铁十七局集团有限公司安哥拉项目经理部

中铁十九局集团有限公司哈牡铁路客运专线工程7标段项目经理部

中铁十九局集团有限公司乌努格吐山铜钼矿项目部

中铁二十局集团有限公司巴基斯坦卡·拉公路Ⅲ标段项目

中铁二十局集团有限公司安哥拉罗安达、本格拉铁路大修工程

重庆铁发遂渝高速公路有限公司G93沙坪坝收费站

中央企业“青年文明号”（2015—2016年度）

中铁十一局集团三公司北京地铁项目部

中国铁建大桥工程局集团四公司蒙华铁路项目部

中铁十五局集团一公司扎倒高速公路项目部

中铁二十一局集团六公司中川铁路工程项目部机场隧道队

中国铁建房地产集团北方有限公司北京正达项目部

中国铁建投资集团有限公司东铁营棚户区改造和环境整治项目部

中国铁建财务有限公司结算部

中铁第四勘察设计院集团有限公司尼日利亚项目部

中央企业“青年岗位能手”（2015—2016年度）

徐伯震　中铁十六局集团电务公司集通铁路扩能改造项目部总工程师

云一鸿　中铁二十局集团二公司工程经济管理部部长

陶传谦　中铁二十二局集团有限公司团委负责人

刘大伟　中铁第五勘察设计院集团有限公司地质路基勘察设计处处长助理

王夏平　中国铁建重工集团有限公司特种装备制造总厂生产部生产调度

罗杨洋　重庆铁发遂渝高速公路有限公司党群工作部部员

中国铁建“青年文明号”（2016—2017年度）

中国土木集团有限公司阿尔及利亚55千米铁路复线项目部

中铁十一局集团二公司汉十铁路五分部

中铁十一局集团五公司中心试验室

中铁十一局集团六公司青岛辽阳东路车辆基地项目BIM工作室

中铁十一局集团电务公司张呼铁路工程分部

中铁十一局集团城轨公司盾构管理中心

中铁十二局集团一公司华丽高速公路3标段项目部

中铁十二局集团二公司玉磨铁路项目经理部

中铁十二局集团建安公司上海项目部

中铁十二局集团七公司徐盐铁路第二项目部

中铁十二局集团养护公司桥隧车间

中国铁建大桥工程局集团一公司重庆鹅公岩轨道专用桥项目部

中国铁建大桥工程局集团二公司盾构事业二部

中国铁建大桥工程局集团五公司昆明绕城高速公路项目部

中国铁建大桥工程局集团电气化公司黔恩高速公路机电项目部

中国铁建大桥工程局集团有限公司商合杭铁路项

目部

中铁十四局集团一公司仁新高速公路7标段项目经理部

中铁十四局集团北京中铁房山桥梁公司京沈铁路客运专线项目部

中铁十四局集团房地产开发公司中国铁建·龙沐湾一号项目部

中铁十四局集团大盾构公司武汉地铁8号线二项目部

中铁十四局集团有限公司蒙华铁路 MHTJ－23 标段项目经理部

中铁十五局集团二公司新疆 G314 项目部

中铁十五局集团三公司格库铁路（青海段）项目部

中铁十五局集团六公司徐盐铁路项目部睢宁制梁场

中铁十五局集团城建公司南京扬子江隧道项目部

中铁十五局集团城轨公司郑州地铁5号线01标段项目部盾构架子队

中铁十六局集团二公司计量测试中心

中铁十六局集团三公司宁波余慈高速公路工程项目部

中铁十六局集团四公司贵阳工程指挥部

中铁十六局集团五公司成都神仙树项目部

中铁十六局集团有限公司南宁轨道交通3号线01标段项目部

中铁十七局集团三公司连镇铁路项目经理部

中铁十七局集团五公司太焦铁路 TJZQ－7 标段项目经理部

中铁十七局集团国际建设分公司阿尔及利亚国家区

中铁十七局集团有限公司中心医院口腔科

中铁十七局集团有限公司物业管理中心接待服务部公务班

中铁十八局集团一公司蒙华铁路项目部

中铁十八局集团三公司津冀工程项目管理部

中铁十八局集团房地产公司武汉·1818中心项目部

中铁十八局集团物业公司综合服务部经适房管理组

中铁十八局集团有限公司商合杭高速铁路项目部

中铁十九局集团一公司宝兰铁路客运专线（甘肃段）项目部

中铁十九局集团三公司路面第三项管部

中铁十九局集团五公司第九项目管理部扎阿高速公路三分项目部

中铁十九局集团六公司制梁公司

中铁十九局集团轨道公司北京地铁3号线02标段项目部

中铁二十局集团有限公司宝兰铁路客运专线兰州枢纽项目部

中铁二十局集团有限公司石黔高速公路施工总承包指挥部

中铁二十局集团市政工程有限公司

中铁二十局集团有限公司郑万铁路（河南段）项目部

中铁二十局集团有限公司通让铁路电气化改造工程项目部

中铁二十一局集团二公司酒泉人防综合训练基地工程项目部

中铁二十一局集团四公司格库铁路（青海段）工程项目部

中铁二十一局集团路桥公司亳州制梁场

中铁二十一局集团电务电化公司准池铁路电力电气化维管段

中国铁建万科翡翠国际项目管理中心

中铁二十二局集团一公司成都地铁5号线土建12标段项目部

中铁二十二局集团二公司格库铁路指挥部

中铁二十二局集团五公司轨道环线项目部

中铁二十二局集团有限公司哈尔滨站改造工程项目部

中铁二十二局集团房地产开发有限公司荆门公司

中铁二十三局集团一公司深圳地铁6号线项目部

中铁二十三局集团二公司齐富铁路增建二线工程项目部

中铁二十三局集团三公司平文高速公路项目部

中铁二十三局集团四公司仁新高速公路项目部

中铁二十三局集团轨道公司无锡工程有限公司

中铁二十四局集团安徽公司企业发展部

中铁二十四局集团新余公司贵阳东方科幻谷项目部

中铁二十四局集团有限公司贵阳轨道交通项目部

中铁二十四局集团电务公司动车组 TEDS 系统工程项目部

中铁二十四局集团桥梁厂公司广德制梁场项目部

中铁二十五局集团二公司茂名制梁场项目部

中铁二十五局集团四公司资兴项目部

中铁二十五局集团五公司潍坊港疏港铁路项目部

中铁二十五局集团六公司南宁地铁3号线项目部

中铁二十五局集团房地产公司衡阳项目营销部

中铁建设集团北京分公司八一电影制片厂第四期

经济适用房项目部

中铁建设集团西北分公司乌鲁木齐宝能城项目部

中国铁建电气化局集团三公司秦沈项目部

中国铁建电气化局集团北方公司渝万铁路四电集成项目部

中国铁建房地产集团西南公司西派城项目部

中铁第一勘察设计院集团有限公司线运处站一所

中铁第一勘察设计院集团有限公司电化处 BIM 技术研究小组

中铁第四勘察设计院集团有限公司郑州地铁项目部

中铁第四勘察设计院集团有限公司建筑院交通物业开发研究中心

中铁第五勘察设计院集团有限公司安庆至九江铁路勘察设计项目部

中铁上海设计院集团有限公司 BIM 技术综合应用试点推进项目总体组

中铁物资集团华东公司钢铁事业部

中国铁建高新装备股份公司北京瑞维通公司组装工段

中国铁建高新装备股份公司制造总厂结构分厂焊接工段转向架工位

中国铁建重工集团有限公司掘进机事业部技术服务公司监造业务组

中国铁建重工集团有限公司中央研究总院液压院液压应用研究所

中国铁建国际集团阿尔及利亚公司贝佳亚项目部

中铁城建集团一公司昆明项目部

中国铁建投资集团有限公司安紫高速公路项目部

中国铁建财务有限公司客户服务部

诚合保险经纪有限公司再保险事业部

中铁建商务管理有限公司物业公司通号服务中心客服部会服班

重庆铁发遂渝高速公路有限公司大路服务区

中铁建金融租赁有限公司党群工作部

中国铁建"青年岗位能手"(2016—2017 年度)

周丽艳　许云翔　冯　超　游　敏　牛勇超
孙世举　祁建光　陆　蒂　董金川　蔡福海
沈希军　朱永强　薛兴伟　任广聆　赵何明
丛　赫　魏祥宝　李志辉　李洪禹　付款峰
孔凡辉　张　鹏　常慧敏　樊元彬　李明兴
魏佳贵　刘新民　谭　佩　姜　威　王丽军
刘华明　郭小龙　宋　峰　孙海华　汪智庆
雷　江　狄　勇　黄国根　李成伟　王灿林
白安生　邢志飞　崔　凯　刘　伟　孙东坡
孟宪超　訾蒙蒙　来勇峰　宋宏儒　王高飞
李　涛　陈琳琳　孙　静　李宝建　徐　伟
吕英楠　张　森　康新亮　崔泽涛　田　风
汪亚东　闫海瑞　赵欣桐　刘海涛　胡　斌
曾赛堂　李作军　艾其开　周伟明　巫　勇
顾东芝　张　猛　郑洁琼　彭鸿耀　黄　攀
赵福求　商　升　柴国贞　龚　贤　高　志
贾志强　黄　硕　王　林　刘永宏　洪赛伟
李廷就　王　正　张　强　江　涛　王国栋
李　成　刘兆生　曾甲华　李树鹏　闫立鹏
陈　超　郭也清　张　宁　罗亚兵　康启全
孙忠瑞　孔令彬　阮小兵　冯煊时　彭曙徽
易振枝　邹　庚　陆海元　杨前成　鲍　成
张　蒙　查骁烜　李丽品　杨佰玲　田　帅
陈　浩　李　虎　董文静　赵艳明　梁　军
赵倩倩　罗　平

(闫国良)

【开展"青年安全生产示范岗"创建活动】 2016 年，股份公司团委带领各级团组织围绕施工生产，以"安全生产，青年当先"为主题开展"青年安全生产示范岗"创建活动，3 个青年集体获得"全国青年安全生产示范岗"称号。

2016 年度"全国青年安全生产示范岗"

中铁十六局集团有限公司北京地铁 8 号线三期 01 标段项目部

中铁二十一局集团有限公司西钢盛华城 H 区项目部

中国铁建高新装备股份有限公司制造总厂结构分厂制作工段

(闫国良)

【耿永旺获 2016 年"全国向上向善好青年"称号】 "五四"前夕，经网友投票和专家评审，中国铁建 1 名青年获得团中央主办的 2016 年"全国向上向善好青年"称号。

全国向上向善好青年(2016 年度)

耿永旺　中铁十六局集团五公司副总经理兼区域指挥长、项目经理

(闫国良)

2016 年 10 月 5 日，中国铁建等中国企业承建的亚吉铁路开通。国家发展和改革委员会主任徐绍史和埃塞俄比亚、吉布提等国家领导人共同为亚吉铁路通车剪彩。 （徐云华 摄）

所属单位

中国土木工程集团有限公司

【简况】 中国土木工程集团有限公司(以下简称“中土集团”)是铁路工程施工总承包特级、铁道行业工程设计甲(Ⅱ)级、建筑工程施工总承包一级、市政公用工程施工总承包一级和建筑装修装饰工程专业承包一级资质企业;拥有香港地区房建、道路及渠道、地盘平整、海港和桩基础工程最高级别资质,坦桑尼亚电力、土木工程、机电安装、房建工程总承包最高级别资质,津巴布韦房建和土木工程总承包最高级别资质,阿拉伯联合酋长国桥梁、隧道工程施工特级及房建、钢结构一级资质。中土集团所属尼日利亚公司具有公路与道路工程最高级别资质;埃塞俄比亚公司具有建筑总承包一级资质;赞比亚公司具有建筑与房建、土木工程和道路与土方工程总承包最高级别资质;博茨瓦纳公司具有建筑、土木工程、水利工程最高级资质;新加坡公司具有建筑 C1 级资质,桩基、钢结构、预制件、支护等专业资质;塞拉利昂公司取得塞拉利昂工程部和公路署工程承包商注册资格。总部驻北京市海淀区北蜂窝 4 号。前身为铁道部援外办公室;1979 年 6 月,经国务院批准,在铁道部援外办公室的基础上成立中国土木工程公司;1996 年 12 月,更名为中国土木工程集团公司;2000 年 9 月,与铁道部脱钩,先后划归中央企业工委、国资委管理;2003 年 9 月,并入中国铁道建筑总公司;2007 年 12 月,企业改制改称中国土木工程集团有限公司。

截至 2016 年底,下辖二级子公司和单位 71 家,其中分公司(代表处、办事处)29 家、子公司 42 家;三级子公司和单位 46 家,其中分公司(代表处、办事处)9 家、子公司 37 家。2016 年,新设立境外分公司和子公司等分支机构 12 家。下辖中土国际贸易有限公司、中土凯明工程咨询有限公司、北京中土大厦、中土国际旅行社有限公司、中土集团北方建设有限公司、中土海外(北京)人力资源管理有限公司、中铁建中非建设有限公司、汉晟工程管理咨询(北京)有限公司、中土集团福州勘察设计研究院有限公司、珠海新铁城建筑工程有限公司、海南基冠房地产开发(香港)有限公司、海口烨主物业管理有限公司、中土集团乐清建设有限公司、中土埃塞俄比亚工程有限公司、中国土木工程集团吉布提有限公司、中土尼日利亚有限公司、中土东非有限公司、中国土木阿尔及利亚有限公司、中国土木工程博茨瓦纳有限公司、中非建设有限公司、中非尼日利亚莱基自贸区有限公司、中非尼日利亚物流莱基自贸区有限公司、中土尼日利亚莱基自贸区有限公司、中国土木工程集团(肯尼亚)有限公司、中国土木工程集团(纳米比亚)有限公司、中国土木工程(赞比亚)有限公司、中国土木工程集团(津巴布韦)有限公司、中国土木工程(莱索托)有限公司、中国土木工程集团莫桑比克有限公司、中铁建中非建设莫桑比克有限公司、中国土木工程集团(南非)有限公司、中国土木工程集团塞拉利昂有限公司、中国土木工程集团(几内亚)有限公司、中国土木工程集团(布隆迪)有限公司、中国土木工程集团(加纳)有限公司、中国土木工程集团(利比里亚)有限公司、中国土木工程集团(科特迪瓦)有限公司、中国土木工程集团乍得有限公司、中国土木工程集团(尼日尔)有限公司、中国土木工程集团(贝宁)有限公司、中国土木工程集团刚果(布)有限公司、中铁建喀麦隆股份有限公司、中铁建塞内加尔股份有限公司、中国土木(新加坡)有限公司、中国土木工程集团(巴布亚新几内亚)有限公司、中国土木工程集团(香港)有限公司、中国土木工程(澳门)有限公司、中铁(澳门)有限公司、中国土木工程集团(波兰)有限公司、中国土木工程集团(黑山)有限公司、中国土木工程集团罗马尼亚有限公司、中土巴西国际商业有限公司、中国土木工程集团(俄罗斯)有限责任公司、中国土木工程集团南太平洋有限公司、中国土木工程集团南太平洋(斐济)有限公司、中国土木工程集团南太平洋(瓦努阿图)有限公司、鑫诺帕拉贡发展有限公司、阿久巴尼日利亚有限公司、世纪科技有限公司、中土工业有限公司、中国土木房地产尼日利亚有限公司、优质设计咨询有限公司、中土尼铁有限公司、中铁建石油天然气有限公司、中铁建中非建设南非商贸物流有限公司、中国土木工程集团(马拉维)有限公司、中国土木工程集团(纳米比亚)有限公司、中土工程(香港)有限公司、顺濠投资有限公司、基冠有限公司、中铁建中非建设(香港)有限公司、中国土木(香港)工程有限公司、昌汇投资有限公司、中土港澳建筑工程(澳门)有限公司、豪生有限公司、中土物业管理有限公司、百汇地产投资有限公司、珠海中铁实业发展有限公司、正合工程有限公司 79 个境内外法人公司和办事机构。

截至 2016 年底,中土集团及所属各单位有中方正式员工 1358 人、专业技术干部 1249 人,各类注册人员 180 人。资产总值 260.79 亿元。机械运输设备 11297 台(套),固定资产原值 43.03 亿元、净值 7.9 亿元,总功率 120.79 万千瓦,人均动力 497.7 千瓦,设备成新率 18.7%,技术装备率 32.55 万元/人。

新签合同额 528.55 亿元,完成营业额 146.63 亿元,实现营业收入145.76亿元,实现净利润12.41亿元。职工年人均收入17.8万元。净资产收益率23.35%,资产负债率78.42%。入选最大250家国际承包商和全球承包商,排名第60位和第119位。首次参评2016年最大225家国际设计企业,名列第148位、中国入选企业第16位。

先后获"中国最大500家服务企业""中国国有企业500强""中国行业百强""中国建筑业功勋企业"等称号;在世界最大250家国际承包商评选中,连续18年居世界百强之内;是中国对外承包工程商会、中国铁道学会、中国铁道工程建设协会、中国国际贸易促进委员会、中国国际经济合作协会理事,中国施工企业管理协会、中国国际工程咨询协会常务理事,中国机电产品进出口商会、中国招标投标协会、中国土木工程学会会员;被评为"对外承包工程优秀企业""对外劳务合作AAA级信用等级企业""中国境外成套工程AAA级信用企业",拥有中国商务部对外援助物资项目A级企业资格。

(孙慧娟　刘世宇　姜　华　成喜庆　李殷程　任　嘉)

【领导人员】

董事会

董事长　袁　立

副董事长　孙　勇(8月调离)

曹保刚(8月调离)

董事　赵佃龙(8月任)

初厚才

薛立智(3月调离)

王　伟(12月任)

职工董事　陈志杰(11月退休)

丁维利(12月任)

监事会

监事会主席　古春生(12月任)

监事　许云彪

职工监事　王庆忠

经理层

总经理　曹保刚(8月调离)

赵佃龙(8月任)

副总经理　初厚才(12月免)

丁维利

胡社忠

严学斌

薛立智(3月调离)

张文锦

池长贵

吕　晶

王　伟

王劲松(3月任)

总工程师　胡社忠(兼)

总会计师　薛立智(兼,3月调离)

王　伟(兼,3月任)

党群领导

党委书记　孙　勇(8月调离)

袁　立(8月任)

党委副书记　袁　立(8月调整)

曹保刚(8月调离)

赵佃龙(8月任)

初厚才(12月任)

纪委书记　古春生(10月任)

工会主席　丁维利(6月任)

(王　涛　王晓红)

【职工队伍】　截至2016年底,中土集团及所属各单位中方正式员工1358人。正式员工中,公司部门助理以上干部319人,占职工总数的23.49%;专业技术干部1249人,占职工总数的91.97%,其中,高级职称462人、中级职称394人、初级职称393人;大学本科以上学历1234人,占职工总数的90.87%;大专学历69人,占职工总数的5.08%。干部中,35岁及以下831人,36~40岁122人,41~50岁219人,51~59岁155人。中土集团各类注册人员180人。

(张维玮　赵伟元)

【境外工程施工】　阿尔及利亚55千米铁路新线工程　阿尔及尔奥兰线上阿富隆(El Affroun)至黑密斯(Khemis)车站间55千米线路改造和施工复线工程是阿尔及利亚北方铁路干线的组成部分。2009年6月8日签约,7月18日开工,合同工期30个月。合同投资4.3亿欧元。截至5号补充协议生效,合同投资增至7.23亿欧元,工期增加28个月。采用欧洲标准,轨距1435毫米,设计时速客车160千米、货车100千米。主要工程量:土石方607万立方米,路基44.6千米,隧道2座,铁路桥梁10座,公路桥梁12座,涵洞70座,框架通道22座,站场6处,有砟道床56.7千米,正线铺轨113.4千米。CCECC—OZGUN组成项目联合体,中国土木阿尔及利亚公司组织实施,十二局、中国土木阿尔及利亚公司承担工程施工,中土集团福州勘察设计研究院和法国SETEC公司承担工程设计。截至2016年底,开工累计完成投资24.77亿元。

阿尔及利亚175千米铁路电气化新线工程　布拉里季堡至特尼亚175千米电气化铁路新线工程是阿尔及利亚北方铁路干线的组成部分,跨越布迈戴斯、布依哈和布拉里季堡3省。2009年4月15日签署框架合同,合同投资17.28亿欧元,合同工期48个月。采用欧洲标准,轨距1435毫米,设计时速客车160千米、货车100千米。主要工程量:土石方3280万立方米,铁路高架桥76座22810延长米,单洞双线隧道22座16540延长米,车站改建和新建9座2.2万平方米,电气化轨道351千米。CCECC—OZGUN组成项目联合体,中国土木阿尔及利亚公司组织实施,十二局、十四局、十九局及中国土木阿尔及利亚公司承担工程施工,中铁第四勘察设计院集团有限公司和中国中铁二院工程集团公司承担工程设计。截至2016年底,开工累计完成投资3.11亿元。

阿尔及利亚东西高速公路M6标段工程　位于阿尔及利亚谢里夫省,标段长24.213千米。采用欧洲标准,设计时速120千米,双向6车道。2006年9月2日签约,2007年5月19日开工,合同工期32个月。合同投资2.31亿美元。2013年3月17日签订补充合同,投资金额4514.53万美元,合同工期12个月,主要工程量:多管网、重建道路、2座互通桥。中铁第一勘察设计院集团有限公司、中交第一公路勘察设计研究院有限公司承担工程设计,中国土木阿尔及利亚公司组织实施。截至2016年底,开工累计完成投资5.25亿元。

阿尔及利亚奥兰房屋建筑工程　位于阿尔及利亚东部奥兰和艾因泰穆尚特两省,为360套、228套、324套和684套安居房建设。2012年签约,合同投资0.55亿美元。后增加258套安居房建设工程,合同额增至0.64亿美元。中国土木阿尔及利亚公司组织实施。截至2016年底,开工累计完成投资6.06亿元。

阿尔及利亚西部区域2900套房屋建筑工程　由位于阿尔及利亚西迪贝拉贝斯省2000套住房和奥兰省900套房屋建筑项目组成。2014年8月签署900套房建项目,2015年3月16日重新开工,项目合同投资2572万美元,合同工期30个月。2015年7月5日2000套住宅项目开工,合同投资0.52亿美元,合同工期至2017年12月。截至2016年底,开工累计完成投资7368万元。

土耳其安卡拉至伊斯坦布尔高速铁路二期工程　为买方信贷项目,是中国铁路行业首次获得的海外高速铁路电气化工程。合同投资12.7亿美元,采用欧洲标准。中土集团组织实施,中国铁建土耳其安卡拉分公司负责项目管理。工程线路长158千米,变更后147千米,由2个标段组成,合同工期均为730天。1标段2008年10月21日开工,2012年6月13日竣工,延期604天;2标段2008年9月22日开工,2012年5月26日竣工,延期730天。2013年9月全线铺轨贯通,2014年12月31日竣工。2015年进入收尾阶段。2016年8月26日完成最终计价。

埃塞俄比亚米埃索至迪雷达瓦至达瓦利铁路工程　从埃塞俄比亚米埃索开始,途经迪雷达瓦至达瓦利(与吉布提接壤的边境城市),全长339.1千米。2011年12月16日签约,合同投资86亿元,合同工期42个月。采用中国标准,由中土埃塞俄比亚公司组织实施。主要工程量:路基土石方2320万立方米,桥梁57座7250延长米,涵洞498座,道砟110万立方米,铺轨360千米。2012年11月签订埃塞铁路的补充协议,工程量、铁路等级修改,合同投资增加到14.018亿美元。2016年10月5日,举行铁路开通仪式。截至2016年底,工程进入收尾阶段。

埃塞俄比亚阿瓦萨工业园区工程　位于距埃塞俄比亚首都以南200千米的南部重镇阿瓦萨市区东郊,占地130万平方米。2015年7月1日签约,合同工期9个月加3个月宽限期,合同投资16.70亿元。业主IPDC,监理MHE。主要工程量:厂房38栋,单体房屋建筑18栋,园区外线综合管网、道路和停车场27万平方米、绿化38万平方米。采用总分包模式实施。截至2016年底,该项目一期一步竣工,累计完成投资15.94亿元;一期二步累计完成投资2.74亿元。

埃塞俄比亚阿达玛工业园区工程　位于埃塞俄比亚中部高原奥罗米亚州ADAMA市郊区。距离首都亚的斯亚贝巴80千米,园区占地102.66万平方米。2016年10月12日签约,合同工期9个月,合同投资1.5亿美元。业主为IPDC,监理为MHE。该工业园区道路工程采用埃塞俄比亚民主共和国公路设计、施工标准,其他厂房、建筑均采用中华人民共和国国家标准或行业标准并参考埃塞国家标准进行设计、施工。主要工程量:厂房20栋(建筑面积13.3万平方米),单体房屋建筑6栋(建筑面积49,70平方米),园区外线综合管网(外水45千米管线、外电85千米电缆)、道路和停车场(31.6万平方米)。该工业园区项目采用总分包模式实施。

吉布提铁路工程　起自吉布提首都吉布提市,终至吉布提与埃塞俄比亚的边境处,与埃塞俄比亚新建铁路相接。线路长82千米。2012年1月19日签约,为EPC工程总承包项目,合同投资5.05亿美元,合同工期60个月;2012年11月7日签订补充协议,增加合同投资0.74亿美元。2013年9月16日开工。主要工程量:土石方1178万立方米,桥梁4237延长米,涵洞6965横延米,正线铺轨95.805千米,站线铺轨43.73千米。由中土埃塞俄比亚公司组织实施。截至2016年底,开工累计完成投资39.43亿元。

吉布提多哈雷多功能港口(一期)工程　位于吉

布提共和国吉布提市多哈雷区，塔朱拉湾以南，距吉布提市区8千米。工程包括多哈雷多功能港口工程与达墨乔格牲畜码头工程两部分，占地200万平方米，码头前沿1375米，6个泊位。合同投资27.4亿元。业主招商局国际与吉布提港务局组成的吉布提港有限公司，监理深圳海勤公司，采用英国标准。项目由中国建筑工程总公司、中国土木工程集团有限公司组成联营体共同实施，为EPC交钥匙工程，2014年8月17日开工，合同工期30个月。主要工程量：土石方回填406万立方米，生产块石120万立方米，加工砂石所需块石85万立方米，强夯处理63万平方米，东西护岸1460延长米。达墨乔格牲畜码头工程位于吉布提Damerjog地区，距离吉布提和索马里边境5千米，距离吉布提市中心20千米。合同投资3.57亿元，2015年2月2日授标，2015年8月20日开工，由中国土木工程集团有限公司独立实施。该工程为组合钢板桩结构，包括4个泊位。截至2016年底，开工累计完成投资13.98亿元，其中中土集团完成4.75亿元。

尼日利亚铁路现代化项目阿布贾至卡杜纳段工程　业主为尼日利亚联邦政府。2006年10月30日签约，合同投资83亿美元，合同工期48个月，由中土集团设计、施工总承包。项目为新建1条从尼日利亚南部城市拉各斯至北部城市卡诺的双线标准轨铁路，长1315千米，设计时速150千米。全部采用中华人民共和国铁路技术标准，是中国首次全面向外输出中国铁路技术标准的铁路工程项目，也是中国国际工程承包单体合同额最大的项目。因尼方原因，2008年10月收到业主暂时停工令。2009年10月签订阿布贾至卡杜纳分段实施补充协议，是尼铁现代化项目分段实施的第1段工程。阿布贾至卡杜纳段单线铁路总长186.5千米，变更后合同投资10.576亿美元。主要工程量：土石方1400万立方米，车站9座，铁路桥梁30座，公路桥29座，涵洞204个。2010年12月20日，尼日利亚铁路现代化项目阿布贾至卡杜纳段5亿美元优惠贷款协议在北京签署，标志着尼铁阿卡段施工及尼铁现代化项目重新启动。截至2016年底，沿线围墙和电力贯通线试验段完成，开工累计完成投资9.48亿美元。中土尼日利亚有限公司承担工程建设。

尼日利亚阿布贾城市铁路工程　业主为尼日利亚首都地区部交通局，工程咨询为比利时Transurb Technical Consult Limited。2007年5月25日签约，合同投资8.4亿美元，合同工期48个月，全长60.67千米。以设计施工总承包方式实施，采用中国技术标准。2009年5月28日开工，中标里程增加至77.782千米，计划2013年5月竣工。2011—2012年，因政府预算不到位，项目处于半停工状态。为促进中国进出口银行的5亿美元优贷的批复，2月向业主提出分期施工逐段推进的方式分阶段完成全线施工方案。2012年8月24日与业主签订补充1号协议，合同投资51.3亿元，由中国进出口银行优惠贷款38.8亿元。一期工程线路范围为45.245千米，合同工期36个月。主要工程量：全线车站26座；一期工程Lot3a线17.4千米和Lot2线3.7千米，土石方636.3万立方米，简支梁桥11座，框架桥3座，公路桥7座，涵洞40个。截至2016年底，开工累计完成投资7亿美元。中土尼日利亚有限公司承担建设。

尼日利亚拉各斯蓝线轻轨工程　位于尼日利亚拉各斯州。由尼日利亚拉各斯的OKOKOMAIKO至MARINA，线路长28千米，设计时速100千米。业主为拉各斯州政府，咨询公司为英国NEXANT公司。合同投资73.08亿元，合同工期36个月。主要工程量：落地站10座、高架站2座、高架桥8千米（含640米跨海桥）、路基工程20千米。先期施工段为歌剧院站至MILE2站之间8千米范围内的工程。截至2016年底，开工累计完成投资7.64亿美元。中土尼日利亚有限公司承担建设。

尼日利亚拉各斯巴达格瑞高速公路工程2标段A段工程（LOT2A）　自尼日利亚拉各斯，沿大西洋向西至贝宁、科特迪瓦、加纳方向，是尼日利亚的交通大动脉，也是西非国家互通的重要门户。业主为拉各斯州政府工程局，咨询为AEC公司。线路全长14.8千米，为既有线改扩建工程。2011年12月29日授标，合同投资58.6亿元。双向10车道，中间为15米轻轨通道，标准断面宽100米，线路走向与拉各斯蓝线轻轨重叠，扩建完成后将成为西非国家等级最高的高速公路。主要工程量：14.8千米道路红线范围内房屋、电力设施、通讯设施拆迁，标准断面100米宽度内道路土方及10车道沥青混凝土路面，箱涵21处，水沟82700延长米，收费站5座，公交车临时停靠站16座，带收费站的换乘立交桥4座，人行天桥10座，主道跨线立交桥3座，高速路中间服务区2处，公交车总站1座。中土尼日利亚有限公司承担建设。截至2016年底，开工累计完成投资17.4亿元。

尼日利亚达迈高速公路工程　位于尼日利亚东北部，为卡诺至迈杜古里高速公路项目5标段，全长132.6千米，加上达玛图鲁环城路13.2千米，总长145.8千米。起于Yobe洲首府Damaturu，终至Borno洲首府Maduguri，简称达迈公路项目。2006年7月21日签约，2007年2月1日开工，合同投资9亿元。2012年12月3日变更后合同总额15亿元。业主尼联邦工程部，咨询公司Yaroson Partnership Limited。达迈高速公路项目为中土尼日利亚有限公司北区经理部辖下管理。2016年项目主要施工内容为CH129—CH150段21千米既有道路路面翻修。开工后工程数次中断，于2016年7月1日复工，截至2016年底有效施工时间6个月。截至2016年底，开工累计完成投资5.05亿元。

尼日利亚阿彪库塔43千米立交桥工程　起于伊巴拉警察局，至沙加穆互通立交（雀巢营地），线路全长43千米。2013年9月6日签约，为州政府项目，合同投资23.69亿元，合同工期36个月，主要工程量：立交桥3座，分别位于NNPC路口、Kobape路口和Siun路口。NNPC桥位于奥贡州阿彪库塔区，桥长332延长米，设计时速80千米，双向6车道，桥面行车道宽10.5米。该桥下部结构采用钻孔灌注桩基础，两端桥台为重力式桥台，桥墩为柱式桥墩，上部结构为18跨简支梁，线路中心处跨径18米。截至2016年底，开工累计完成投资651.06万元。

尼日利亚阿布贾航站楼工程　是中土尼日利亚有限公司首次从尼日利亚航空部承揽的工程项目，2012年12月3日签约，业主尼日利亚航空部。阿布贾航站楼为6个航站楼项目之一，采用中国进出口银行优惠贷款。合同工期24个月，2014年3月1日开工。合同投资13.77亿元。主要工程量：土建结构、装修、水电设备、行李系统、安检设备、家具等配套工程，以及货场、车道、站坪、室外附属工程等。施工单位中国土木工程集团尼日利亚有限公司阿布贾航站楼项目部。截至2016年底，开工累计完成投资9.83亿元。

尼日利亚哈尔科特航站楼工程　位于尼日利亚河流州首府哈尔科特市现有的哈尔科特国际机场北侧。2012年12月3日签约，业主尼日利亚航空部。合同工期24个月，合同投资6.89亿元。主要工程量：土建结构、精装修、水电施工、行李系统、安检设备、登机桥廊等配套工程，以及货场、室外车道及广场、停机坪、室外附属工程。施工单位尼日利亚中土公司哈尔科特航站楼项目部。截至2016年底，开工累计完成投资4.7亿元。

尼日利亚拉各斯航站楼工程　位于尼日利亚拉各斯州首府拉各斯市现有的拉各斯国际机场南侧。2012年12月3日签约，业主尼日利亚航空部。合同投资2亿美元，合同工期24个月。2014年3月1日开工。主要工程量：拉各斯航站楼主楼建筑面积4.9万平方米。航站楼项目包括机场主楼、指楼、登机长廊和停机坪。截至2016年底，开工累计完成投资1.34亿美元。

尼日利亚现代化铁路工程拉各斯至伊巴丹段工程　位于尼日利亚国西南部，南起尼日利亚最大的港口城市Lagos市，向东北经Abeokuta至Ibadan。正线长156.8千米；Apapa港口支线工程长6.513千米。2006年10月尼日利亚联邦交通部与中国土木工程集团有限公司签订尼日利亚现代化铁路Lagos—Ibadan—Minna—Kaduna—Kano线以及Minna—Abuja线和Abuja—Kaduna线建设合同，Lagos—Ibadan段是其中一部分，2012年8月与尼日利亚政府签订Lagos—Ibadan段铁路EPC商务合同。合同投资15.71亿美元，合同工期36个月。中土集团负责该项目的勘察、设计、采购、制造、施工和调试工程总承包。项目业主尼日利亚交通部。项目采用中国一级铁路标准，设计时速150千米，主要工程量：路基土石方2271万立方米，大中桥19座5851延长米，框架桥25座598延长米，框架箱涵239座，道砟128万立方米，铺轨378千米，相关四电及配套设施。由中土集团所属的福州勘察设计院负责牵头组织完成设计工作。截至2016年底，工程处于前期筹备阶段。

坦桑尼亚塔博拉51.98千米公路工程　2010年7月31日签约，合同投资3.44亿元，2011年1月5日开工，合同工期24个月。中土东非公司承担建设。主要工程量：清除表土23万立方米，开挖土石方17.5万立方米、回填102.2万立方米，路面56.2万立方米。2016年11月24日竣工，开工累计完成投资4421万美元。

坦桑尼亚玛特芒噶—屯都鲁58.7千米公路工程　东起坦桑尼亚南部屯都鲁，西至玛特芒噶，线路全长58.7千米。2014年2月17日签约，合同投资2.18亿元，合同工期26个月，维修期12个月。2014年3月26日开工。业主坦桑尼亚国家公路局，资金来源非洲发展银行和日本国际协力机构。2016年9月27日竣工，开工累计完成投资3591万美元。

坦桑尼亚依林加74.1千米公路工程　位于坦桑尼亚伊林加省，是马分噶至伊加瓦道路升级项目的1标段，沥青混凝土公路全长74.1千米。2015年3月签约，业主坦桑尼亚公路局，合同投资3亿元，合同工期30个月。2016年7月13日完成二次经营，新增合同额1.56亿元，工期延长12个月。

坦桑尼亚达累斯萨拉姆姆哈斯医疗中心大楼工程　2014年5月1日签约，合同投资1.15亿元，合同工期21个月，2014年5月10日开工。资金来源坦桑尼亚和韩国政府。中土东非有限公司负责实施。主要工程量：医疗中心的主体结构和装修工程，室外停车场工程和绿化工程。工程建筑占地面积5700平方米，地下1层，地面以上10层。2016年8月31日竣工，开工累计完成投资1895万美元。

坦桑尼亚姆万扎森格拉玛镇供水工程　2014年10月7日签约，合同投资0.74亿元，合同工期450天。业主为姆万扎水利局，资金来源非洲发展银行。主要工程量：新建引水口、水处理厂、蓄水池5座及增压泵站3座,铺设供水管线71.3千米,蓄水池改造3座,污水处理厂1座。2016年3月24日竣工。

坦桑尼亚水利部大楼工程　2014年11月10日签约,合同投资1.39亿元,合同工期24个月。业主为坦桑尼亚水利部,资金来源世界银行和坦桑尼亚水利部。主要工程量:新建1座15层办公大楼,建筑面积1.8万平方米,包括水电及配套设施安装、装修以及室外附属工程等。截至2016年底,开工累计完成投资3052万元。

坦桑尼亚中央银行姆万扎分行办公楼工程　2015年8月19日签约,合同工期94周,合同投资0.91亿元,建设1座银行综合办公楼及地下金库。资金来源坦桑尼亚中央银行。采用英国技术标准。

乌干达娜姆恩熙至卡普乔拉65千米公路修复工程　2015年1月22日,中土东非有限公司签约乌干达65千米公路修复项目。2015年6月15日开工,合同工期25个月。业主乌干达国家公路局,合同投资1.28亿元,线路全长65千米。监理方修改设计后,将原有的65千米道路升级改造为36千米。截至2016年底,开工累计完成投资1870万元。

肯尼亚蒙巴萨南部旁城路一段公路工程　2015年1月29日签约,合同投资8.32亿元。业主为肯尼亚高速公路局,资金来源日本协力资金(JICA)。主要工程量:修建公路11千米以及立交桥3座。合同工期36个月。

卢旺达远景城工程　2013年10月4日签约,合同投资6.37亿元,资金来源卢旺达社保基金。占地面积33万平方米,一期建筑面积11万平方米。2016年,新增合同额9016万元。

卢旺达地区信息交流中心工程　2015年5月13日签约。业主为卢旺达发展局,资金来源非洲发展银行。合同投资0.79亿元,合同工期12个月。建筑面积1万平方米,主要工程量:新建1座3层教学楼和附属设施等。截至2016年底,开工累计完成投资4633万元。

纳米比亚内政与移民部总部大楼工程　纳米比亚有限公司与纳米比亚当地公司Oshilongo Investments CC.组成的联营体于2015年3月31日签约,4月1日开工。业主为纳米比亚内政与移民部,资金来源国家财政预算,合同投资3.97亿元,合同工期3年。2016年,完成投资7574万元,完成变更索赔金额884万元。

纳米比亚哈达普地区政府新办公园区工程　位于纳米比亚哈达普省省会马林塔尔市。纳米比亚有限公司与当地公司Oshilongo Investments CC.组成的联营体参与项目投标,2015年9月22日中标。2015年10月8日签约并移交现场,同日开工。项目业主为哈达普省工程运输部,使用业主为纳米比亚哈达普地区政府,资金来源国家财政预算,合同投资0.59亿元,合同工期769天。2016年,完成投资2162.42万元,完成变更索赔金额183.93万元。

赞比亚84千米道路升级改造工程4标段　位于赞比亚东北部穆钦加省查玛市。2015年12月28日签约,合同投资6808.8万美元,合同工期24个月。主要工程量:Muyombe路交叉口至Lundazi全长84千米,包括管涵施工、小型桥梁施工、土方、便道施工、路面层施工、表处、道路设施提供、路灯安装、行人道施工、清表和其它附属工程。

赞比亚东线铁路工程　位于赞比亚东部省和中央省,线路东起奇帕塔,向西沿卡泰特、辛达、佩塔乌凯,终点至坦赞铁路塞伦杰车站,全长388.8千米。线路位于赞比亚东部高原,西接坦赞铁路,东接赞比亚铁路奇帕塔至马拉维姆钦吉铁路。2016年10月10日签约,合同投资150.98亿元,资金来源赞比亚政府和中国金融机构,合同工期48个月。主要工程量:土建工程,车站及配套设施,通信、信号和信息系统,电力、给排水和暖通工程,机车车辆采购及安装。采用中国技术标准。

赞比亚Mbala至Kasaba Bay(Lot1)97千米公路工程　位于赞比亚北方省,起点Mbala,终点Kasaba Bay,全长97千米。2016年7月11日签约,合同投资5.31亿元,资金来源赞比亚政府,合同工期24个月。主要工程量:将既有的行车路面拓宽至8.5米,精选料路基层、砾石底基层、水泥稳定砾石基层、199.5毫米双表处、路标和交通标志、排水构筑物、安装护栏和其它附属工程。采用南部非洲标准。

赞比亚Mpongwe至Machiya公路(Lot2)65千米公路工程　位于赞比亚中央省,起点Mpongwe,终点Machiya,全长65千米。2016年8月10日签约,合同投资2.43亿元,资金来源赞比亚政府,合同工期24个月。主要工程量:升级既有道路,并在水泥稳定土基层上铺设双表处磨耗层,修建桥梁以及其他附属工程。技术标准为南部非洲标准。

赞比亚卡夫河供水工程　位于赞比亚卢萨卡市卡夫镇,跨越卡夫河的大北路桥下游3.5千米处。2013年1月4日签约,2016年9月5日生效,合同投资10.34亿元,合同工期24个月,按照中国标准设计和施工。主要工程量:取水泵房工程、原水管道工程、Iolanda净水厂工程、Chilanga增压泵站工程、清水输水管线工程。截至2016年底,开工累计完成投资1.17亿元。

津巴布韦2015英雄住房工程　项目地跨津巴布韦全境12个重要城镇(哈拉雷、奎鲁、切古图、奎奎、穆托科、普拉姆特里、万盖、布拉瓦约、穆塔雷、鲁萨佩、奇平吉、马斯温戈)。业主津巴布韦地方政府、公共工程与国家住房部。2015年4月27日签约,合同投资19.3亿美元。资金来源为津巴布韦政府出资20%,中国进出口银行或国开行融资80%。合同工期60个月。主要工程量:结构物4584栋,住户容量22652户,建筑面积183万平方米。采用南非标准,指挥机构为中土博茨瓦纳有限公司。因津巴布韦政府财政预算紧张,暂时无法为项目融资提供必要的支持。

沙特北南线铁路CTW400工程　业主沙特财政部下属的沙特铁路公司。沙特北南线铁路全长2400千米,分4个标段。CTW400是第4标段,由中土集团与当地两家公司(阿尤尼和奥玛尔)组成联合体于2009年9月12日签约,合同投资45.71亿元,合同工期36个月,中土集团占20%份额,合同额9.13亿元。工程起于Al Makhram,终至沙特首都利雅得国际机场,全长509千米,设计时速250千米,轨距1435毫米。中土沙特分公司承担建设。截至2016年底,开工累计完成投资4.3亿元。

沙特麦麦高铁一期线下桥梁工程　位于沙特吉达市中心,连接沙特麦加—吉达—麦地那,分线下工程一期和线上工程二期两部分,设计时速250千米,业主沙特铁路总局,由沙特财政部提供资金。沙特麦麦高铁一期项目合同投资110.5亿元。沙特麦麦高铁一期线下工程桥梁项目合同投资9.19亿元,2013年2月3日签约。由15个结构单体组成。主要工程量:地下通道6座、公路桥8座、铁路高架桥1座。2016年,申报变更索赔27项,涉及金额3350万元。截至2016年底,累计完成投资5.485亿元,完成土方开挖24万立方米、钢筋绑扎2.98万吨、混凝土浇筑18.2万立方米。

沙特吉达阿齐兹地下道工程　位于吉达市交通枢纽路段,毗邻美国驻吉达领事馆及沙特王室行宫,线路全长1.4千米,是沙特分公司第一个总承包市政工程。2013年11月22日中标,2014年1月9日签约。合同投资5.2亿元,合同工期36个月。截至2016年底,项目土方开挖10.1万立方米,钢筋绑扎1.2万吨,各类混凝土浇筑10.6万立方米,累计完成投资1.125亿元。

沙特利雅得阿哈立交桥工程　全长1.2千米、15跨现浇混凝土多室箱桥梁。2014年8月27日签订工程合同,合同投资3.16亿元,合同工期18个月,预付款已经支付。由于业主将对项目实施地址进行变更,2014年12月9日停工。2014年,项目部完成复工前的各项准备工作。2015年3月5日,项目20%合同额的预付款到账。2016年7月20日复工。

沙特纳吉兰两桥工程　位于沙特南部与也门边境相邻城市纳吉兰,业主纳吉兰市市政厅。阿布巴克尔地下道主要工程量:双向4车道地下道,全长474米,采用预制吊装施工方案;混凝土1.2万立方米,钢筋2000吨,钢绞线47吨,以及其他相关的排水、路面、照明等配套工程。穆特阿布王子地下道主要工程量:双向6车道地下道,全长490米,采用预制吊装施工方案;混凝土1.3万立方米,钢筋2150吨,钢绞线81吨,以及其它相关的排水、路面、照明等配套工程。2015年2月中标签约,合同投资分别为0.88亿元和0.94亿元,合同工期均为24个月。截至2016年底,开工累计完成投资2395万元。

阿联酋阿布扎比至迪拜新路项工程　2014年2月17日开工,合同投资2.1亿元,线路全长34千米,工程包括桥梁、地下道等公路结构物。2016年11月,主路通车。截至2016年底,开工累计完成实体工程量的99%。

以色列卡里巴地铁换乘站施工工程　2015年6月25日签约,为施工总承包合同,合同投资9.2亿元,合同工期48个月。主要包括连接红线和绿线的3层地下车站主体、1个汽车地下通道和1个行人地下通道。主要工程量:车站位置既有立交桥拆除、车站及连接竖井等结构物的开挖和支护、地下连续墙施工、地下结构物防水施工、车站等结构物的混凝土主体结构施工等。2016年,完成投资1.13亿元。

黑山铁路修复改造Kolasin—Kos段工程　2015年10月26日签约,合同投资743万美元,合同工期15个月。由欧洲复兴开发银行提供资金。主要工程量:Kolasin—Kos段既有铁路改造,全长9.86千米的路基处理、修补挡土墙等线下工程;更换道砟、木枕等轨道工程;接触网线、回流导线、地线等调整工程。设计施工采用欧盟技术标准。截至2016年底,完成区间线路更换轨排6079米,第一遍捣固工作8478米和清筛工作8268米,长隧道换轨工作3827米,Kos车站3条站线的铺轨、第一次捣固、清筛工作,累计完成投资3630万元。

巴基斯坦达苏水电站喀喇昆仑公路改线工程　又称中巴友谊公路,位于巴基斯坦西北边境省Kohistan地区Dasu镇,包括KKH－01及RAR－01,均为世界银行贷款项目,业主为巴基斯坦水利电力发展署(WAPDA)。咨询为达苏水电站公路项目联合监理公司(DHC),项目采用美国公路施工标准(AASHTO、ASTM)。KKH－01及RAR－01项目于2015年3月16日签约,KKH－01合同工期18个月,RAR－01合同工期12个月,合同投资11.86,其中KKH－01项目1.44亿美元,RAR－01项目0.27亿美元。两项目均于2015年8月24日开工。KKH－01项目主线24.71千米,连接线1.78千米,合计线路26.49千米,主要工程量:挖方860万立方米,填方54.3万立方米,砌石挡墙24.4万立方米,管涵及箱涵20道,桥梁3座90延长米;RAR-01项目(巴基斯坦达苏水电站右岸进场道路工程)主要是印度河右河岸便道施工项目,主线12.07千米,主要工程量:挖方88.3万立方米,填方80万立方米,砌石挡墙5.7万立方米,管涵及箱涵20道,桥梁3座65延长米。

巴基斯坦白沙瓦—卡拉奇高速公路项目苏库尔—木尔坦段工程　简称PKM工程,位于巴基斯坦旁遮普省。2015年12月22日签约,2016年8月5日开工,合同投资25.1亿元,合同工期36个月,资金来源中建拨付(中国进出口银行)。截至2016年底,累计完成投资5133万元。

新加坡万礼车辆段桩基工程　合同投资0.43亿美元,业主为裕廊工程有限公司。2014年4月1日开工,合同工期20个月。因总包JPW未能提供足够作业面,部分区段工期相应顺延,变更后工期顺延至2016年1月15日。截至2016年底,3576支预制件打入桩全部完成。2016年7月22日,分包出去的1850支预制件打入桩全部完成。

厄瓜多尔奥冬内斯拉索等3条公路工程　位于厄瓜多尔中部安第斯山区,2015年3月17日签约,2015年6月19日开工,合同投资1.01亿美元,合同工期24个月。承包商CCECC联合体(中土集团90%,Verdu10%),业主厄瓜多尔交通与公共工程部(MTOP)。第1标段奥冬内斯—拉索大街扩建(Av. Ordóñez—Lasso),全长6.46千米,原2车道水泥混凝土路面扩建改造为双向4车道水泥混凝土路面,包括水电、通信等市政地下管线改造,合同投资2007万美元。第2标段格乔斯—楚格奇兰公路更新改造(Sigchos—Chugchilan),全长22.47千米,原2车道碎石路面道路改建为双向2车道沥青路面道路,合同投资1974万美元。第3标段布埃纳毕斯达—呗噶里维拉—帕克查—萨卢马公路更新改造(Buena Vista—Vega Rivera—Paccha—Zaruma),全长80.4千米,原2车道碎石路面道路改建为双向2车道沥青路面道路,合同投资6103万美元。采用厄瓜多尔技术标准。截至2016年底,开工累计完成投资6188万美元。

(乔卓贤　董时超　王　欢　杨源源　张博凯　曹少峰　刘思坤　李　婧　安　毅　杨嘉林　张　宁　郭勇鹏　罗　彧　宁　波　徐　冬　单思远)

【优惠贷款和援外工程】　安提瓜和巴布达圣约翰港现代化工程　2014年12月22日签约,合同投资15.9亿元,资金来源中国进出口银行优惠贷款,合同工期36个月,一期工程合同投资5.85亿元,2016年10月,通过中国进出口银行的贷款评审。2016年11月,签署两国政府间贷款框架协议。2016年12月,签署贷款协议。主要工程量:港口航道维护性疏浚、1万总载重吨多用途泊位2个、15万总载重吨邮轮泊位1个、1千总载重吨客货滚装泊位1个、陆域配套设施、港池停泊水域疏浚、助航设施、陆域形成及地基处理、堆场道路铺砌、水工建筑物、陆域护岸、生产及辅助生产建筑物、装卸工艺设备购置及安装、市政公用工程,以及游艇码头1座、景观护岸、景观平台铺砌、港口酒店及海事信息中心等工程。业主为安巴港务局,承包方式为设计施工总承包。

多米尼克贝尔维尤肖邦安置房工程　2016年12月9日,中土集团与多米尼克政府委托的蒙特利尔管理咨询公司签约。合同投资1.76亿元,合同工期19个月,为设计施工总承包合同。主要工程量:建筑面积3万平方米,结构类型为全框架加剪力墙,111栋340套住房。

库克拉罗汤加供水管网升级改造工程补充合同段工程　2012年11月签约,合同投资1.17亿元。由中土集团援外部组织实施。2016年12月21日竣工。

汤加退休基金委员会新办公楼工程　2014年11月26日签约,合同投资2662万元,合同工期210天。主要工程量:新建1800平方米3层钢筋混凝土框架结构办公楼(包括土建、装修、中央空调、大型发电机、奥的斯电梯、监控、消防预警、给排水等专业工程)、530平方米场内混凝土地面停车位及路面、400平方米砌块砖路面以及水塔、化粪池、场地围墙、大门。由中土集团公司援外部组织实施。2016年2月12日竣工。

汤加城镇供水工程　2015年6月22日签约,合同投资0.21亿元,资金来源为亚洲开发银行,合同工期10个月。主要工程量:新建18口井,移除4口废弃井,移除11台柴油发电机泵和附近被污染土壤,提供31套井上设备,包括各种阀门和管件以及泵房的建设,提供和安装28个潜水泵和8个离心泵,新建12.7千米的管道铺设以及阀门附件的连接,新建1个150千米的柴油发电机以及配电箱和遮雨棚,修复7.5千米的石料铺设道路和1.2千米的围栏建设,设计并建造4000立方米的蓄水池,修复已有的8个蓄水池。业主为汤加水利部,承包方式为施工总承包。

所罗门大学Panatina校区工程　2016年11月15日中标。合同投资9570万元,合同工期28个月,为施工总承包合同。项目位于所罗门首都霍尼亚拉市,总建筑面积4700平方米,包括阶梯教室、教学楼、中庭及室外工程4个模块,设计采用澳新标准。

中国驻瓦努阿图大使馆馆舍新建工程　2014年10月18日签约,合同投资5637万元,合同工期540天。工程位于瓦努阿图首都维拉港南侧的海湾地区,为中国驻瓦努阿图大使馆新建馆舍。业主中国外交部，资金来源中央财政资金。总用地面积10347平方米，占地面积2930平方米，建筑面积4595平方米。主要工程量：1号办公及官邸，2、3、4号公寓，5号门房，6号领事部，7号车库及室外工程等。由中土集团公司援外部组织实施。

瓦努阿图共和国公路升级改造工程二期　2015年1月6日签约，合同投资3.5亿元，2015年7月20日开工，合同工期60个月。资金来源中国进出口银行优惠贷款，业主为瓦努阿图共和国基础设施和公共工程部。主要工程量：新建双向单车道沥青双表公路45千米，包含桥梁、涵洞等附属结构物，采用中国4级公路设计标准。承包方式为设计施工总承包。

瓦努阿图马拉库拉岛道路修复改造工程　2015年7月22日签约，合同投资411.12万元，资金来源澳大利亚政府无偿援助，合同工期6个月。工程位于瓦努阿图北部的马拉库拉岛。主要工程量：现场清理刮平，土方工程，料场堆料1.08立方米，10.1千米路基基层施工。业主为瓦努阿图工程部，承包方式为施工总承包。

瓦努阿图维拉港市政道路改造工程　2015年9月4日签约，合同工期5个月，合同投资353.3万元，资金来源于亚洲开发银行。工程位于瓦努阿图首都维拉港市中心。主要工程量：路面混凝土554立方米及附属结构施工。业主为瓦努阿图基础设施部，承包方式为施工总承包。

瓦努阿图私人自住房工程　2015年9月8日签约，合同投资274.18万元，合同工期9个月。主要工程量：土建工程（基础及主体施工）、屋面工程、装修工程、水电工程，建筑面积441.6平方米。承包方式为施工总承包。2016年1月4日竣工。

援瓦努阿图太平洋小型运动会体育场馆建设工程　2016年3月中标。合同投资4740万元，合同工期15个月，承包方式为施工总承包。

援阿塞拜疆清洁车辆工程　2015年6月2日签约，合同投资2980万元，资金来源为中国政府援助，合同工期12个月，主要工程量：提供压缩垃圾车、清洗车、扫路车、吸粪车等。业主为商务部国际经济技术交流中心，承包方式为总承包。2015年12月，中土集团备货完成并开始发运。2016年4月，全部车辆经格鲁吉亚海铁联运抵达巴库；5月，完成现场交验，并派出技术服务人员对阿方车辆操作人员进行安装指导培训工作；5月27日，项目对外移交。

援蒙古亚欧首脑会议一般物资项目　2016年1月8日中标，合同投资6913万元，项目为2016年7月在蒙古举行的第十一届亚欧首脑会议提供会议设备和家具，并在会议期间提供服务支持，主要供应包括会议扩声设备、会议翻译扩声设备、会议家具、酒店家具、空调、办公设备等物资。合同工期6个月，为物资项目总承包合同。2016年7月21日对外移交。

坦赞铁路第16期经济技术合作项目　2014年12月签约，2015年1月1日开始实施，合同工期36个月。由中土集团援外部组织实施。

援喀麦隆职业技术中学工程　2013年8月22日签约，2013年12月25日开工，合同投资0.71亿元，资金来源中国政府对外援助资金。项目位于喀麦隆亚巴西市，建筑面积7988平方米，可容纳800人教学，包括教学楼、图书馆、宿舍楼、食堂、行政办公楼、礼堂、实验室、门房、变电所及发电机房，并提供主要教学设备和办公家具。2016年5月25日竣工。

援厄立特里亚科技学院项目一期工程　2014年6月24日签约，2014年9月10日开工，合同投资1.5亿元，合同工期720天。工程位于厄立特里亚MaiNefhi镇。主要工程量：新建科学学院图书馆、行政楼、实验室、教学楼、设备用房等，并提供部分教学家具和设备，总建筑面积1.8万平方米。由中土集团公司援外部组织实施。

援摩洛哥建筑与公共工程职业学校技术合作工程　2015年4月8日签约，合同投资0.18亿元，资金来源为中国政府援助，合同工期24个月，主要内容包括向该国提供教学用工程设备、实验测量仪器、公共工程器材等物资并为设备物资提供为期30天的技术服务；分两期派出4个专业专家和翻译，与对方展开技术合作，指导该校教学、教师培训和教务咨询工作；分两批分别邀请对方省部级高级官员、一般官员及教学专家对中国的职业技术教育进行参观和交流。业主为商务部国际经济合作事务局，承包方式为总承包。

索马里机场工程　位于索马里东北部邦特兰地区。合同投资623万美元，出资方意大利政府和邦特兰州政府，设计及咨询方联合国项目事务办公厅（UNOPS）。主要工程量：1条2.4千米长的机场跑道和停机坪、滑行道等相关附属工程。合同工期15个月。2014年12月开工，2016年1月8日竣工。

中国驻索马里大使馆新建馆舍工程　合同投资6448万元，建筑面积1650平方米，合同工期7个月，为施工总承包合同。（郑　浩）

【港澳工程】 澳门轻轨C350工程　工期从2015年4月延长至2017年4月。截至2016年底，累计完成投资4.76亿澳门元，其中，车站主体结构全部完成，预制梁全部架设完成，挂板安装全部完成，车站装修完成71.9%，天桥结构完成77.4%，前期遗留重难点IS14－P19小半径施工完成。

澳门警察局交通厅扩建工程　于2014年10月27日开工，合同投资7502万澳门元，扩建办公楼2幢，已完成施工，等待验收。

澳门新城填海区E1填土及堤堰建造工程　2015年6月12日签约，2015年3月23日开工，合同投资5303万美元，合同工期25个月，业主批复后加工程合同额48万美元，批准顺延工期86天+33天。业主澳门政府建设发展办公室，设计方乘风土木工程顾问有限公司，分包单位香港瑞沃工程有限公司（与其组成的合作经营中标，作为指定分包负责实施）。主要工程量：工程填土区域面积3万平方米，其中北海堤长798米、西海堤长844米、海堤总长1.16万米。项目总计用砂300万立方米，用石54.3万立方米。截至2016年底，各单位工程完成比例分别为西海堤55%、北海堤85%、隔堰及围堰100%、陆域形成91%、地基处理45%，开工累计完成投资4169万美元。

澳门重建沙梨头街市工程　2015年7月15日签约，2015年9月18日开工，合同投资2839万美元，合同工期22个月，业主批复后加工程合同额累计114万美元，批准顺延工期38天。业主澳门政府民政总署，设计方新域城市规划暨工程顾问有限公司。主要工程量：在澳门原水上街市位置，于海面上重建1座13层多用途市政综合大楼，建筑物地面层至2楼为市政街市，3～7楼为公众停车场，8楼为隔火层，9～12楼为小区活动中心，天台部分为露天绿化休息区。项目总建筑面积2.27万平方米，建筑檐口高度+55.40米。由于建筑物大部分在海面，所以基础桩及地面层板下结构施工均属海上作业。截至2016年底，完成12层结构，开工累计完成投资950万美元。

澳门林茂海边大马路J地段行人天桥建造工程　2015年6月12日签约，2015年6月30日开工，合同工期12个月，合同投资95万美元，涉及70万澳门元的后加工程。业主长江基础有限公司。主要工程量：16支直径500毫米预制管桩，桩深40米，天桥钢结构，天桥楼梯及扶梯结构，电梯井结构。2016年2月28日完工，开工累计完成投资102万美元。

澳门大丰银行机房装修二期工程　2016年8月25日签约，2016年8月28日开工，合同工期5个月，合同投资73万美元。业主大丰银行股份有限公司，设计方北京捷通机房设备工程有限公司，分包单位北京捷通机房设备工程有限公司。主要包括机房设备供货安装和装饰工程。截至2016年底，地板敷设完成40%，装修隔断完成90%，开工累计完成投资58万美元。

（孙湛云）

【境内工程】　莞惠城际轨道交通项目GZH－13标段工程　位于广东省惠州市惠城区，线路沿线经过鹅岭北路、惠州西湖、云山西路和惠州大道，全部为隧道工程。线路分2段，正线长3845双线延长米，线路沿线经过鹅岭北路、惠州西湖、云山西路和惠州大道，为单线双洞隧道工程。采用矿山法、明挖法施工，其中暗挖隧道3561双线延长米、明挖隧道284双线延长米。合同投资6.52亿元，合同工期866天，2009年9月18日开工。由中土集团珠海分公司承建。2014年4月2日，暗挖隧道全线贯通；7月25日，完成全线暗挖隧道二衬施工。截至2016年底，工程完工进入收尾阶段，开工累计完成投资8.86亿元。

乐清新农村建设旧城改造“二区五路”工程安置房工程　位于浙江省乐清市，开发市中心G－a12、G－a13号地块，建设26栋高层住宅、2481套安置房，总建筑面积46.61万平方米，为BT（建设—转让）项目。2011年12月21日签约，2012年4月17日开工。合同投资14.71亿元。合同工期G－a13号地块911天，G－a12号地块1276天。中土集团开发建设。2015年12月10日，G－a13地块竣工。2016年10月26日，G－a12地块竣工。截至2016年底，开工累计完成投资13.5亿元。

珠海西部中心城区首期开发区域（B片区）基础设施工程　位于金湾区红旗镇中部，面积约7平方千米。所施工标段有Ⅰ标段、Ⅴ标段、Ⅵ标段、Ⅸ标段、Ⅹ标段。Ⅰ标段为建设1条城市主干道，道路红线宽度50米，包含软基工程、道路工程、管线工程、照明工程、安监工程、绿化工程等。Ⅴ标段为建设6条城市道路，总长度4200米，包括软基处理、道路工程、管线工程、照明工程、安监工程、绿化工程等。Ⅵ标段为填土工程，需填土496万立方米。Ⅹ标段为场地软基处理工程，主要工程量：塑料排水板施工486万米，堆载预压土方量103万立方米。2013年8月20日签约，2013年9月30日开工，合同投资8.3亿元，合同工期84个月。截至2016年底，开工累计完成投资3.79亿元。

珠海横琴臻林山庄工程　2016年3月15日签约，2016年3月18日开工，合同投资1701万美元，合同工期7个月。业主珠海殷理基横琴国际生科城项目发展有限公司，设计方珠海规划设计研究院，分包单位福建永强岩土股份有限公司。主要工程量：土方开挖30万立方米，直径1米支护钻孔灌注桩1.2万米，止水搅拌桩2万米，PHC管桩10万米。截至2016年底，除4栋别墅的16根工程桩因图纸原因未施工外，T1、

T2、T3、T4、T5 栋工程桩、酒店工程桩、地库抗拔桩全部完成；抗压桩检测完成 12 根；坑底加固搅拌桩施工全部完成；立柱桩全部完成，开工累计完成投资 1181 万美元。

广州增城国际花园建造工程　位于广州市增城朱村街风岗村。建设单位广州增城中铁房地产置业有限公司。项目地块总用地面积 6.9 万平方米，总建筑面积 23.23 万平方米。合同段为 7 栋塔楼及北区地下室，建筑面积 12.68 万平方米。合同投资 3.04 亿元，合同工期 530 天。截至 2016 年底，所有 7 栋塔楼均封顶，土建工程量完成 90% 以上，进行外立面施工以及收尾工作，累计完成投资 3.21 亿元。

（方梦婷　乔卓贤）

【生产经营】　2016 年，中土集团新签合同额 528.55 亿元，同比增长 4.8%。其中，1 亿美元以上项目 12 个，合同额 400.19 亿元，占总合同额的 75.7%。全年完成营业额 146.63 亿元。实现营业收入 145.76 亿元，同比增长 10.3%。实现净利润 12.41 亿元，同比增长 21%。

（任　嘉）

【战略布局】　以市场为导向，积极调整经营战略：一是在成熟支柱市场设立直属国别公司，独立运作、深耕市场；二是事业部开始准实体化探索，东南非区域市场率先试行；三是国内资源重新配置，成立新北方公司，提升专业化施工能力。在通过整合全球优势资源，不断推动公司既有经营格局优化的同时，公司以新项目为“点”、“一带一路”为“线”、优势市场为“面”进行全球化布局，成功进入 9 个新市场。公司形成 2 个直属国别公司、8 个区域事业部及援外部、中土大厦、北方公司、南方公司和福州院的经营格局，在 76 个国家和地区设有常驻机构或项目部，市场布局不断完善。设立国别公司是落实中国铁建 2016 年海外工作会议精神，确保实现“十三五”发展目标的重要举措之一。将尼日利亚有限公司、埃塞俄比亚有限公司升格为直属国别公司，并制定新的发展战略和考核目标。为做优做强国内业务板块，优化整合资源，进一步提升专业化施工能力和市场竞争能力，将原北方公司、轨道部、朔黄项目部和中土国贸 4 家单位整合设立新的北方公司。另外，中土资产公司、香港融资平台也在筹划推进。

（任　嘉）

【大项目签约】　中土集团抢抓机遇，强化融资驱动能力，不断推动大项目签约。做强做大铁路这个“压舱石”。尼铁现代化项目卡卡段、沿海铁路哈卡段的签署，使中土集团在尼日利亚铁路市场的地位不断巩固；赞比亚东线铁路项目签署，标志着集团公司继坦赞铁路之后，时隔 40 年重返赞比亚铁路市场；中标以色列红线轻轨东标段项目和塞尔维亚铁路大修项目标志着中土集团在发达国家市场持续突破。铁路以外领域成果显著，巴基斯坦拉卡高速公路分享“一带一路”政策硕果；埃塞俄比亚德雷达瓦工业园作为第四个中标同类项目，使工业园区项目成为中土集团新的优势经营领域。中土集团努力化解经营风险，妥善处理尼日利亚沿海铁路项目事件，将危机化为机遇，在支柱市场的地位进一步巩固。

（任　嘉）

【多元化经营】　中土集团推进“1 + N”战略落地，经营方式多元并进。铁路品牌效应彰显。被誉为“新时期坦赞铁路”的亚吉铁路全线通车，由此所创造的“亚吉模式”广受关注；“非洲现代化铁路梦”之起点尼铁现代化阿卡段正式通车运营；土耳其安伊高铁二期完成最终验收并移交。工业园和自贸区建设开发明显加快。9 个月建设完成的阿瓦萨工业园一期项目创造埃塞政府项目施工纪录，莱基自贸区持续开展区内地块、道路和市政工程建设，全年与 4 家企业签署投资协议，新注册成立 5 家企业。设计咨询领域务实创新。福州院坚持铁路特色设计咨询业务，在努力拓宽国内勘察设计、工程监理等经营渠道的同时，完成 13 个国家或地区 25 个项目的预可研任务，计 6857 千米。铁路运营业务逐步成为亮点。尼日利亚铁路现代化阿卡段正式投入商业运营，告别中土集团没有自主铁路运营能力的历史；亚吉铁路运营管理合同正式签约，使项目成为“建营一体化”的优秀典范。对外投资参股积极稳健。中土集团坚持“以投资促主营，以投资促转型，以投资促落地”，参股中国海外基础设施开发投资公司和中磁交通股份有限公司，并推动南非某公司并购项目。物流商贸业务应时调整。中土集团为物流板块搭建统一管理平台，通过组织亚吉铁路物流发展规划研究、坦桑物流中心建设研究等，制定中长期物流发展规划；商贸板块资源整合，整体并入北方公司。房地产酒店有序经营。随着 5 个在施房地产项目建设的推进，房地产板块去化速度不断加快，轻资产化运作进行顺利，土地储备不断增加；中土大厦推进软硬件设备升级，客房平均出租率有所提升。

（任　嘉）

【项目管控】　中土集团不断加强项目管控能力。“三重”项目监控到位。中土集团通过建立健全“三重”项目监督管理办法、定期召开生产调度会议、派出工作组赴现场检查指导等措施，明确各级单位工作重点，全方位确保“三重”项目可控。2016 年中土集团 27 个“三重”项目完成营业额80.52亿元,占中土集团营业总额的54.9%。安全质量工作迈上新台阶。公司紧盯隐患排查,确保安全责任落实到人,持续开展安全生产活动,加强安全责任监管能力,以多项措施狠抓安全落实,确保安全生产。始终强调质量责任意识,加大对境内外项目巡查和指导力度,确保在建项目质量可控,安巴机场航站楼项目再获境外鲁班奖。经济管理工作统筹前行。2016年,责任成本管理体系过程管控力度加强,140个在建项目纳入成本管控,开工累计收益62.6亿元;二次经营持续加强,完成变更索赔额13.9亿元,变更索赔率14.31%;确权清收工作完成良好,年初完工未结算金额确权清收率127.65%;提质增效工作顺利开展。设备物资管控水平提高。从措施看,设备物资招标、采购、管理等多项制度不断完善出台,固定资产清查全面开展,“家底”得以摸清并推动建立动态台账长效机制,因地制宜多思路探索维保模式;从效果看,通过加强招标管理,完善物资集采,采购成本进一步降低;通过维保创新、建立设备租赁体系、离线信息化尝试,使用效率进一步提升;通过区域调拨和全球调拨,使用寿命得到延长。 （任　嘉）

【基础管理】 中土集团提高基础管理水平,加强总部机关服务意识,全面提升可持续发展能力。财税工作积极稳健。中土集团继续以资金链为核心,加强应收账款和资金审批管理,资金集中程度良好;以全面预算为抓手,降本增效,打开盈利空间;以应对“营改增”为契机,明确新政策下财务管理要求,强化海内外税务管理与筹划,多渠道降低资金成本和财务费用;以货币大幅贬值市场为研究对象,统筹加强外汇管理,降低汇兑风险,减少汇兑损失。人事管理与时俱进。中土集团全年出台多项人事管理制度,进一步健全制度体系;完成人事调配644人次,档案专项审核284人次,最大限度做到“知人善任”;广泛开展员工教育培训,先后组织参加国内外培训87批次,2030人次。依法治企理念不断深入人心。以“四项审核”工作为主体的机制基本形成,民主科学决策机制不断完善;以能力和素质提升为主的双重法律体系建设持续加强,全年累计派出专职法律人员9人;以法律风险评估和法律案件处理为重点的风险化解能力不断提升,始终坚持法律全程参与服务重大项目。发布《贯彻落实“三重一大”决策制度实施办法》等制度类文件60多份,加强管理的深度和力度,强化对各项规章制度执行落实情况的监管。中土集团在中国铁建2016年进行的内控评价审核中获得96.78分,在参评的34家二级单位中位列第四。科研能力逐步加强。中土集团始终重视科技创新,不断加大政策鼓励和资源投入,开展合作交流,科研人员积极性得到进一步调动。2016年,科研成果不断涌现,涵盖铁路勘测、现场施工、地基处理等多个领域,2项新型专利取得授权。信息化建设成效显著。中土集团以强化工作流程平台建设为重点,持续提升信息技术和管控能力,开发和建设工作流程14条;建设并启用外事、档案等新管理系统,应用范围不断延伸。审计效能显著提升。中土集团以配合外部审计为契机,扎实推进自审自查工作,完成9家单位经济责任审计,3家单位专项审计工作,配合国家审计署进行经济责任审计并完成中土集团财务收支自查整改工作。通过审计整改,提升审计效能,促进公司合规健康发展。中土集团2016年组织招标并发运设备物资276批次,有效保证“粮草”供应;收到退税款1.1亿元,并申请为“一类出口企业”,出口退税手续进一步简化;外事系统着力打造网络办公、行前教育和境外安全防范三大功能,办理因公出国(境)任务批件1091份,派出2898人次;海外人力签署合同337份,不断增加工源储备。人文关怀力度持续加大。职工用餐环境得到改善;爱老敬老精神得以弘扬;通过建设职工之家、组织新春团拜等各类情暖人心的文体活动,真正维护职工切身利益。品牌知名度进一步提升。2016年7月26日,尼日利亚阿卡铁路正式通车运营。8月26日,土耳其安伊高铁二期项目收到业主最终验工计价确认函,2年质保期责任履行完毕。10月5日,亚吉铁路举行通车典礼,该铁路的建设开创以“铁路全产业链走出去”和“建设一条铁路、拉动一条经济带”为显著特征的“亚吉模式”,被誉为“新时期的坦赞铁路”,得到社会各界的广泛关注和认可。中土集团成为名副其实的中国铁路“走出去”的先锋队和“一带一路”战略的践行者。 （任　嘉）

【党的工作】 2016年2月,党委工作部组织召开党委扩大会议,对中土集团2015年党的工作进行总结,对2016年党的工作进行布置安排。5月开展反腐倡廉宣传教育月活动;6月开展评选“五好”基层党组织、“六好”共产党员标兵和优秀党务工作者的活动;6月16—17日,为纪念中国共产党成立95周年,结合“两学一做”学习教育的有关要求,集团公司党委组织开展为期2天的庆“七·一”爱国主义教育活动;6月21—24日举办集团公司“两学一做”专题培训暨党务工作者培训班。8月15日召开集团公司2016年落实党风廉政建设“两个责任”工作促进会议。2016年党委工作部组织召开13次党委会,对相关议题进行讨论研究。2016年,中土集团党委共发文53件,收文215件。传阅中共中央相关文件103件。

组织建设。按照“保证质量,慎重发展”总体要求，坚持标准做好发展党员工作，发展党员23人，预备党员转正18人。在岗职工党员883人，离退休职工党员265人，国内党员624人，国外党员259人。完成党费补缴工作，填报“2016年中国共产党党内统计年报表”“2016年中国共产党党内统计专题调查表”和“2016年在京中央党费年报表”。配备专职基层党组织书记，增设专职党务工作人员，规范健全基层党组织建设。

党务工作教育培训。中土集团党委结合“两学一做”学习教育对广大基层党员进行普遍教育培训，发放各类学习材料1000余册。选派10人参加股份公司党务工作培训。中土集团党委举办党务工作培训班，组织中土集团境内外50人参加党务工作培训。中土集团“两学一做”督导组结合督导工作举办现场党务工作培训班，培训党组织书记及相关人员10余人次。利用网络平台，组织中土集团领导及国内外各级党组织负责人69人次参加国资委干部教育培训网举办的“学党章党规、学系列讲话，做合格党员”专题网络培训。累计培训139人，其中轮训基层党组织书记39人次。

“两学一做”学习教育。中土集团党委制定并下发《关于在全体党员中开展“学党章党规、学系列讲话，做合格党员”学习教育实施方案》，成立“两学一做”协调领导小组，下设4个督导组。中土集团领导班子成员在基层党组织累计讲党课23节，基层党组织书记及负责人累计上党课190余次。集团公司“两学一做”学习教育结合海外特点，有特色有亮点。埃塞俄比亚工程有限公司与中国驻埃塞俄比亚大使馆及当地中资企业共同学习，承办迎国庆“两学一做”学习教育知识竞赛；与援埃军医专家组共探“一带一路”大战略意义及中国企业在非洲践行“走出去”执行力，重温入党誓词，回顾党的历史征程，争做合格党员。吉布提公司成立“共产党员突击队”，中国驻吉布提大使符华强、政务参赞张晓阳为“共产党员突击队”授旗，突击队圆满完成吉布提铁路项目港口支线铺轨和架梁施工任务；组织全体党员参观第23批海军护航编队“巢湖”舰，与军舰官兵深入交流探讨“两学一做”学习教育经验与心得。东非公司参加中国驻坦桑尼亚大使馆庆“七·一”党建工作座谈会，被评为优秀党务工作单位；开展“两学一做”践行坦赞铁路精神学习教育暨坦赞铁路通车40周年纪念活动。

开展党员组织关系排查。中土集团党委对所有在册党员，从核查党员身份信息，摸清流动党员底数，理顺党组织关系，健全完善党员档案4个方面入手，认真全面开展组织关系集中排查工作。排查工作经查找发现“口袋党员”4人，已办理完毕相关手续，并取得回执。经查找失去联系党员1人，取得联系党员12人，自行脱党除名4人。转出党员追回回执56人，转入党员补开回执32人。

宣传工作。中土集团党委认真贯彻党中央、国资委党委和中国铁建党委重大决策部署，坚持用党的先进理论武装各级党员干部头脑，大力开展理论学习和宣传思想文化工作，努力提升各级党员干部的思想政治素质和政策理论水平。抓文化、聚合力，营造和谐企业氛围。抓宣传、树品牌，企业形象上升新高度。特别是提出“亚吉模式”，使“一路”（亚吉铁路）带动“一带”（亚吉铁路经济带）的“亚吉模式”成为“一带一路”的早期成果。

思想政治工作。丰富日常学习教育形式，为中土集团所属62个党组织1148名党员购买配发3000余册党内教育辅导材料，组织党员观看反腐倡廉专题片，参观“纪念长征胜利80周年”主题展览，真正将思想教育抓在经常、严在经常。

党委中心组学习。严格落实党委中心组学习制度，围绕“把方向、保大局、管落实”，认真学习党章党规、习近平总书记系列重要讲话精神、全国国企党建工作会议精神和十八届六中全会精神等，组织11次集体学习。编制党委中心组学习读本，2016年编辑6期《党委中心组学习参考》，带动会下学、及时学、自己学，提高学习的针对性和及时性。邀请中央党校和部委等外部专家授课，拓宽视野、增长知识。

企业文化建设。一是加强企业内部宣传。出台官方微博、微信管理办法，明确发布原则，规范管理流程。微信公众号关注人数3850人，2016年发布160期，阅读量最高3886人次。除刊发日常新闻外，还围绕企业发展大局，策划诸多专题，如春节期间自制《回家》视频，策划中土史记、清明节专题、五四专题、司庆专题和亚吉铁路开通专题等，覆盖面广、点击量大、反响热烈，成为国内外员工互动、企业交流的有效平台。重启《中国土木》内刊，加大调整力度，首期定位“十三五”规划，完成出版工作。继续拍摄《向远方》纪录片，展示“走出去”阶段性成果、中国铁建“大海外”形象，抢救和留存珍贵的历史音像资料，讲好中土故事。二是规范双LOGO品牌建设。根据企业发展的实际需要，对中土的双LOGO体系进行微调，对中国铁建的标识进行突出处理，以埃塞俄比亚和尼日利亚国别公司成立为契机对LOGO进行试点推广，既保持中土特色，又体现铁建形象，达到股份公司规范要求。充分展示中国铁建的品牌形象，针对2016年10月亚吉铁路通车仪式的宣传工作，全面规范企业标志等文化元素的使用，在公司办公区、营地和项目施工现场统一使用中国铁建和中土双LOGO，严格贯彻股份公司有关推进企业识别系统的规定。三是加强荣誉室的维护更新工作。根据企业发展，公司定期更新荣誉室及延伸展区，及时展示公司业绩，充分发挥荣誉室弘扬传统、传承荣誉、激励士气、凝聚人心的作用。接待团体18个，参观人数200余人。

思想政治工作研究。参与政研课题研究。根据中国铁建政研会的要求，中土集团党委组建课题小组，围绕公司实际进行调研和可行性研究，启动3项政研课题《铁路“走出去”战略条件下的思想政治工作实践与研究》《中土集团海外团建助力属地化经营的工作思路和载体创新研究》《论新常态下企业思想政治工作的价值及其实现的路径》。课题研究取得阶段性进展，在中央企业党建政研会第十一课题组成果初评会上受到国资委系统内与会专家的一致好评。

新闻宣传。一是全面提升报道影响力。紧抓重要节点，在重大主题宣传报道上下足功夫，增强宣传报道的针对性和实效性，提高公司的社会知名度。2016年，以非洲首条中国标准现代化铁路——尼日利亚阿卡铁路开通营运等大事件为契机，邀请中央电视台、新华社等国家主流媒体以及当地主要媒体进行集中宣传报道，极大地增强企业品牌的知名度和美誉度，也顺势扭转当地部分政府官员和民众对公司的一些偏见。在中巴建交65周年和博茨瓦纳共和国独立50周年之际，公司在英文版《中国日报》刊登广告、发表专题报道、组织当地员工穿着印有公司标志的衣服参加国庆庆典活动，扩大公司的影响力。2016年10月，集团公司全力配合落实股份公司对亚吉铁路通车仪式宣传报道，在亚吉铁路通车期间，中央主要新闻媒体播发超过60篇文字报道、36篇视频报道和3篇音频报道，全国各级报纸、电视台、网络均进行大量转发，BBC等国际知名媒体、当地媒体都进行报道，在非洲及全世界产生广泛影响。二是加强特色品牌建设。提炼推广“亚吉模式”，强化中国铁路“走出去”先锋队影响力。亚吉铁路是继坦赞铁路之后非洲第2条跨国铁路，该铁路全产业链“走出去”，并以铁路为依托积极参与房地产开发、矿产投资、自贸区及工业园建设、物流贸易等。通过亚吉铁路的开通运营，中国铁建“一带一路”主力军形象得到加强。“亚吉模式”成为网络热词，人民日报为该新鲜出炉的名词刊发评论，各大媒体不断解读“亚吉模式”的内涵外延，国务院发展研究中心和国资委研究中心前往埃塞调研。亚吉铁路通车从1个项目，成功走向“新时期的坦赞铁路”，走向海外首个全产业链中国化铁路，成为中国铁建和中土集团树立并成功推广的名片式项目。三是重视系统内媒体报道。加强系统内部新闻报道，把周围建设的声音“唱响唱好”。2016年，在中国铁建内部媒体发稿百篇，其中，亚吉铁路通车在中国铁道建筑报8个版面集中报道，有力提升公司新形象；“中土史记”在中国铁建微信号点击量超过1万次。四是加强新闻舆情监控。制定舆情处置办法、新闻报道统计管理办法。所属各单位负责搜集本单位及所属项目的新闻报道，按月填报“媒体监测情况表”，有效监控新闻舆情，形成反应敏锐、预案常备、应对有方的舆情处理机制。

纪检监察。中土集团纪委下设纪委办公室和纪检监察室（监察部）。参加中国铁建2016年党风建设和反腐倡廉工作会议。起草完成年度纪委工作报告。会同党工部组织召开2016年中土集团党委扩大会议暨党风建设和反腐倡廉工作会议，中土集团中层以上干部203人参加。组织由中土集团党政主管领导、纪委书记与公司各部门、境内外各单位的党政一把手签订《党风廉政建设责任书》58份。中土集团党委结合“两学一做”学习教育，学习贯彻习近平总书记系列重要讲话以及党章党纪党规，开展反腐倡廉宣传教育月活动，组织参观警示教育基地，通过中土集团微信微博等新媒体进行反腐倡廉宣传教育。陪同中国铁建巡视组对中土集团开展巡视并下沉到尼日利亚有限公司巡视。开展“四风”问题整治情况回头看工作，对发现的乘坐超标准航班舱位问题进行专项检查。开展落实中央八项规定精神，纠正“四风”监督检查。国庆节前，中土集团纪委组织成立工作组对在京单位进行抽查。参与完成对中铁澳门公司、阿尔及利亚有限公司的巡视工作。参与完成对部分驻外机构设备物资专项检查工作。中土集团纪委认真贯彻党中央、国资委以及中国铁建的决策部署，落实“两个责任”，深化“三转”，加大整风肃纪和腐败案件的查处力度。对中国铁建巡视组移交的18个案件线索进行调查核实。受理信访举报4件，初核22件，立案7件，谈话函询1人次，结案1件，政纪处分3人。2016年，中土集团纪委分别选派4人参加国资委以及中国铁建纪检干部培训班。

（朱伟国　曹文坪　刘英才　许琳琳）

【工会工作】 2016年，工会下辖8个基层组织，11家境外职工之家，15家境外职工小家，工会会员约1400人。

2016年，工会紧密围绕公司生产经营任务，不断强化自身建设，充分发挥组织作用，为维护职工合法权益，促进企业健康发展做出积极贡献。建立健全工会组织，根据《工会法》和《工会基层组织选举工会暂行条例》的有关规定选举新一届工会主席。及时完成在京工会小组长、工会联络员及公司二级单位基层工会组织（境外职工之家）工会委员会委员的增（替）补工作；组织召开公司二届四次职工代表大会，认真做好干部民主测评和职工代表提案落实等工作；签订公司集体合同及《中土女职工权益保护专项集体活动》；为职工办实事，重新修订《中土集团有限公司职工医疗补助及慰问金使用管理办法》；继续保持与“明天十幼”（铁路园）和北京市57中学的牵手关系。成立职工伙委会，设立伙委会微信群，对食堂的外包单位进行重新招标，加强对职工食堂的监督管理；重视境外职工之家建设，加强基层走访调研，切实推进“三项工程”建设和安全生产大检查；积极开展劳动竞赛、技能比拼等活动，团结带领广大职工为公司发展建功立业；重视教育，加强职工思想引领，组织开展知识普及、知识问答、建言献策、专题讲座等活动；开展创先争优，选树典型，做好公司先进集体、先进个人和优秀工作者评比，参与股份公司各类评先表彰；组织开展慰问出国职工家属新春团拜会，春、秋游，职工台球赛、乒乓球团体赛、公园健步走活动等，组织职工参加股份公司手机微视频、摄影大赛、“我爱铁建”、“铁建女职工在行动”等系列活动；认真做好女工“四期保护”，改善“女工保健室”环境，做好产后女职工慰问并开展丰富多样的女工活动；进一步规范工会财务管理，完善现金、银行存款、票据管理、费用报销程序等。对各单位工会经费的收缴和上解情况进行清理和催缴，加大对基层工会经费的审计监督力度。（孙牧天　国　测）

【共青团工作】　公司团委下辖团委5个、团总支4个、团支部54个，团员730人。团委书记李志远。公司团委深入学习党的十八届六中全会、全国国有企业党的建设工作会议和习近平总书记系列重要讲话，紧紧围绕企业中心工作，以“服务企业、服务青年”为宗旨，以加强团员青年思想引领，引导青年建功立业。组织开展2015—2016年度“导师带徒”活动先进集体和优秀师徒的评选。认真开展集团公司2015年度“青年文明号”“青年岗位能手”“优秀共青团员”“优秀共青团干部”“五四红旗团支部”评选活动。表彰公司第二届“五小”成果。发挥特色专栏作用，利用团委在公司平台创建的“真我风采”“悦读书”专栏以及“中土青年网”，展示职工风采，宣传榜样事迹，分享生活感悟，共享艺术人生。落实团干部直接联系青年制度，建立公司各级团组织QQ群，确保团干与团员联系紧密，沟通顺畅。按照股份公司团委要求，以“号手队”和“五小”成果评选为切入点，开展“提质增效·青年担当”主题活动。在《中国铁建基层共青团工作指导手册（初稿）》征求意见中，根据职责分工，提出可行性意见建议。完成股份公司党建政研课题“海外团建助力属地化经营的工作思路与载体创新研究”的调研组稿。以“五四”青年节为契机，组织青年参观北京平西抗日纪念馆。将中国铁建青年爱心金，发放给南方公司独自赡养3名身患重病家人的青年安超。根据《2016年“海淀社区志愿日”系列活动实施方案》要求，参加羊坊店街道团工委的植树活动。（孙牧天　国　测）

【北京中土大厦】　驻北京市海淀区北蜂窝6号。是集住宿、餐饮、娱乐、写字间、会议、健身于一体的涉外四星级饭店，是中央国家机关政府采购中心北京地区党政机关会议定点饭店，持有北京市公安局颁发的《特种行业许可证》，可接待国内外宾客。由中国土木工程公司（现中国土木工程集团有限公司）投资建立，是中国土木工程集团有限公司全资子公司。1997年6月营业。酒店建筑面积4万平方米，拥有各类客房183间，会议室11个，中西餐厅4家。法定代表人、党支部书记、执行董事何明武，党支部副书记、总经理冯东。职工235人。

2016年，新签合同额7456万元，完成营业额7456万元。中土大厦客房收入1973万元，客房平均出租率70.8%，同比增长3%，平均房价429.33元，同比增长0.9%；接待各类会议457次，会议室收入321万元；写字间收入1558万元；红酒坊年销售量8175瓶，销售额94万元，营业收入77万元；完成营业收入5537万元，利润3.5万元，完成经营任务，完成率106%。职工年人均收入49992元。（田　野　孟丽芳）

【中土国际贸易有限公司】　驻北京市海淀区北蜂窝甲8号中雅大厦C座16层。前身是中国土木工程集团公司贸易部，1998年5月14日注册成立具有独立法人资格的有限责任公司，注册资本金2100万元。法人代表、总经理、党支部书记钱铁军（12月免）。职工15人，其中，正式职工4人、社聘职工11人。资产总额1.09亿元，固定资产原值139万元、净值10.7万元，流动资产1.06亿元，长期股权投资160万元。2016年11月，并入中土集团北方建设有限公司。

2016年，新签合同额2996万元，完成营业额2.34亿元。（刘淑惠）

【中土集团北方建设有限公司】　具有铁路工程施工总承包三级资质，注册于北京市海淀区北蜂窝路6号中土大厦2001号房。2011年10月，由中土集团国内工程部、北京中铁建总国际经贸有限公司和中土凯明工程咨询有限公司合并成立；2014年9月，北方公司被划归中铁建中非建设有限公司成为其子公司；2015年8月，北方公司重新划归为中国土木工程集团有限公司；2016年11月，中土集团以北方公司为法人主体，整合轨道铺架事业部（后简称轨道部）和朔黄项目部，将中土集团国际贸易有限公司（后简称中土国贸）划归北方公司管理；2016 年 12 月，中土集团北方建设有限公司重组揭牌成立。驻北京市丰台区望园北路西街 300 号呼铁大厦。下辖北京中土欣欣物业管理中心。执行董事胡瑞海（12 月免）、房斌杰（12 月任），党委书记吴久义（12 月免）、房炳杰（12 月任），总经理胡瑞海（12 月免）、谭里明（12 月任）。职工 528 人。

2016 年，新签合同额 2.98 亿元，完成营业额 13.4 亿元。（陈 楠）

【中土集团南方建设有限公司】 2011 年 8 月上海中土实业有限公司与中国土木工程集团有限公司珠海分公司合并；2012 年 2 月正式成立。驻广东省珠海市香洲区香工路 18 号金地门道 B2 区 43 栋。执行董事、总经理、党委副书记朱小刚，党委书记、常务副总经理李继江。职工 224 人。资产总额 86273 万元，固定资产原值 3375 万元、净值 1962 万元。

2016 年，新签合同额 19.19 亿元，完成营业额7.51 亿元。（方梦婷）

【中土集团福州勘察设计研究院有限公司】 系铁道行业甲（Ⅱ）级勘测设计单位，具有市政行业（轨道交通工程）专业甲级、建筑行业（建筑工程）甲级、市政行业（道路、桥梁）乙级、工程勘察专业类岩土工程甲级、测量工程甲级、铁路工程监理甲级、房屋建筑工程监理乙级、市政公用工程监理乙级、铁路、建筑（编制项目建议书、编制项目可行性研究报告、项目申请报告、资金申请报告、工程设计）甲级、铁路（规划咨询）乙级、城市轨道交通（编制项目建议书、编制项目可行性研究报告、项目申请报告、资金申请报告、工程设计）乙级，铁路（评估咨询）乙级资质和对外承包工程资格。驻福建省福州市晋安区火车站沁园支路 41 号。原为上海铁路局福州勘测设计院；1958 年 8 月成立；2004 年 2 月，划归铁道第四勘察设计院管理，更名为铁道第四勘察设计院福州勘察设计院；2007 年 10 月，改制为福建铁四院勘察设计研究院有限公司；2009 年 10 月，划归中国土木工程集团有限公司管理；2010 年 6 月改为现名。下设线路站场设计所（含信号设计室）、桥梁隧道设计所、地路设计所、工程经济所、建筑设计所（下设房建设计室、给排水设备设计室、电气设计室、通信设计室）、四电设计所、测量队 7 个生产部门，下辖岩土工程公司、监理分公司、工程总承包部 3 个非法人子公司。执行董事、党委书记高嵩（兼），总经理郭重风。职工 236 人。

2016 年，新签合同额 1.89 亿元，完成营业额 8142 万元，营业收入 1.31 亿元，实现净利润 897 万元。（朱 羿）

【中土埃塞俄比亚工程有限公司】 具有埃塞俄比亚一级总承包商资质。驻埃塞俄比亚首都亚的斯亚贝巴市。2012 年 3 月注册成立埃塞俄比亚米埃索—达瓦利铁路项目经理部；6 月 19 日注册成立中土埃塞俄比亚工程有限公司，总部设在埃塞首都亚的斯亚贝巴。下辖埃塞铁路项目经理部、吉布提公司、索马里项目部、保利协鑫项目部、中土南苏丹公司、中土肯尼亚公司以及中土肯尼亚蒙巴萨项目经理部。法人代表、执行董事李吾良（兼，8 月任），总经理李吾良（兼），党委书记郑军（10 月任）。职工 366 人。

2016 年，新签合同额 70.53 亿元，完成营业额 26.77亿元，实现营业收入 50 亿元，实现利润 7 亿元。（杨源源 张博凯）

【中土尼日利亚有限公司】 拥有土建工程承包 D 级资质。经营范围涉及铁路、公路、桥梁、市政、房建、水工、机场航站楼、实业投资、物流贸易、房地产开发等领域。驻尼日利亚阿布贾机场路 10 千米立交桥西北角。执行董事严学斌（兼，1 月任），总经理李庆勇（1 月免）、李建辉（兼，1 月任），党委书记彭根方（9 月免）、严学斌（9 月任）。职工 938 人。下辖 13 个砟场、11 个沥青拌和站、1 个钢结构厂、1 个大型修理厂、1 个梁枕厂、1 个门窗家具厂。机械运输设备 6740 台（套），设备原值 16.83 亿元、净值 1.56 亿元。施工、运输及生产设备总功率 95 万千瓦，人均动力 651.46 千瓦，技术装备率 49.3 万元/人，主要机械设备完好率 91%，设备使用率 52%，公司机械化施工程度 80% 以上，年施工能力 59.51 亿元。

2016 年，新签合同额 153.5 亿元，完成营业额 39.85亿元，完成营业收入 34.55 亿元，实现利润 6.28 亿元，国有资产保值增值率 113.77%，净资产收益率 82.63%，产值利润率 14.65%，营业利润率 16.61%，投资回报率 115.32%，资产负债率 92.29%，应上缴款完成率 100%。正在实施的项目 97 个，合同额 86.4 亿美元。（曹少峰 刘思坤）

【中土东非有限公司】 具有坦桑尼亚房建工程一级承包资质、土木工程一级资质、上下水工程一级承包资质、空调移机资质及强电一级资质。乌干达、卢旺达工程承包资质。经营范围辐射坦桑尼亚、卢旺达、乌干达、布隆迪 4 国，涉及铁路、公路、房建、供水、房地产开发等工程领域。驻坦桑尼亚首都达累斯萨拉姆市。下辖坦桑尼亚达市地区经理部、摩勒哥勒地区经理部、塔博拉地区经理部、姆万扎地区经理部、58千米公路项目部、74千米公路项目部、乌干达国别经理部和卢旺达国别经理部。总经理、党总支书记姜义高。职工318人。资产总额11.09亿元，其中固定资产原值3.25亿元、净值1.1亿元，流动资产8.39亿元。机械运输设备816台(套)，原值2894万美元。

2016年，新签合同额5.5亿元。完成营业额5.21亿元，利润总额0.42亿元。全员劳动生产率22.49万元/人年，职工年人均收入13.63万元。实现变更索赔0.92亿元，国有资产保值增值率-2169.82%，净资产收益率178.02%，产值利润率8.05%，资产负债率102.12%。2016年责任成本实现收益率14.3%，开工累计收益率11.7%。实现变更索赔3.64亿元。

（李　刚　赵　叶　姚　希　李德超　李良平　安　毅　杨嘉林）

【中国土木工程(赞比亚)有限公司】 具有1级B类房建施工资质、1级C类土木工程施工资质及1级R类道路和土方工程施工资质。2009年4月，中土集团授权博茨瓦纳有限公司在赞比亚设立常驻机构，注册中土赞比亚有限公司。公司驻ROMA 60902，VILLAS COSTA PLENTY，LUSAKA，ZAMBIA。总经理丁建伟，副总经理刘青松。

2016年，新签合同额166.33亿元，完成营业额1.04亿元。（郭勇鹏　罗　婋）

【中国土木工程博茨瓦纳有限公司】 驻博茨瓦纳哈博罗内市特鲁昆。1991年7月成立。具有博茨瓦纳房建E级资质、大规模基建E级资质、乡村供水和给排水E级资质和公路、桥梁E级资质。下辖莫桑比克有限公司、津巴布韦代表处、莱索托有限公司及马达加斯加并科摩罗市场。总经理、党总支书记管嘉欣(7月免)，副总经理陈增才(7月任，主持工作)。中方职工30人，当地员工174人。机械运输设备264台(套)，原值5453.73万元。

2016年，新签合同额1.79亿元，完成营业额2472万元。（王　旭）

【中国土木工程集团莫桑比克有限公司】 中国土木工程集团有限公司于2013年9月正式派人进驻莫桑比克，并于2013年12月完成公司注册并取得营业执照。2015年1月至2015年7月期间，中土莫桑比克有限公司以中铁建中非建设有限公司名义对外进行经营活动。2015年8月起，公司重新恢复使用中土莫桑比克有限公司名称。经理谢文龙(5月任)。（张子任）

【中国土木工程津巴布韦有限公司】 具有津巴布韦建委土木工程A级资质，建筑工程A级资质；地方政府部颁发的土木工程B及资质，建筑工程B级资质。驻89 KINGSMEAD，BORROWDALE，HARARE。2016年11月，注销原中土津巴布韦有限公司，保留中土津巴布韦代表处。具常驻社聘员工1人。（于文龙）

【中铁建中非建设有限公司南非办事处】 2011年9月19日注册成立于南非约翰内斯堡桑顿中钢大厦。负责人贾山，中方员工1人，当地雇员1人。下辖中铁建中非建设外部营利公司和中铁建中非建设南非商贸物流有限公司。（贾　山）

【中土纳米比亚有限公司】 驻BRIDGEVIEW OFFICES AND APARTMENTS，3906，DR KWAME NKRUMAH，KLEIN WINDHOEK。2012年2月注册成立，2012年3月博茨瓦纳有限公司派员到纳米比亚市场常驻，正式经营。总经理朱庆连(5月任)。中方员工68人。机械运输设备61台(套)，原值1408万元，设备总功率3725千瓦，技术装备率12.71万元/人。

2016年，新签合同额28万元，完成营业额8377万元。（张　宁）

【中国土木工程集团塞拉利昂有限公司】 驻塞拉利昂蓝茉莉海滩“西非阳光”小区。2011年4月11日设立。具有塞拉利昂工程部签发的工程建筑行业最高资质。下辖矿山铁路维护项目部、Dangote水泥厂项目部及大西洋花园别墅项目部3个项目经理部。正式员工10人，社聘员工18人，当地员工135人。总经理兼党支部书记张志臣(7月免)、孙熳(7月任)。固定资产原值1.16亿元、净值0.38亿元，其中铁路项目固定资产原值8837万元、净值3043万元。机械运输设备391台(套)。

2016年，新签合同额1.66亿元，完成营业额8264万元，营业收入4818万元，利润总额154万元。

（米彬彬）

【中国土木工程集团(几内亚)有限公司】 主要业务范围：铁路、公路、市政、桥梁、房建等基础设施建设。驻几内亚首都科纳克里。2012年5月28日设立办事处。2014年9月17日，正式注册中铁建几内亚有限公司，法文商业注册名称为CRCC GUINEE SA。2015年8月10日，中铁建中非建设有限公司与中国土木工程集团有限公司重组合并，几内亚公司唯一股东变更为中国土木工程集团有限公司。总经理刘长松。职工9人。

2016 年，新签合同额 1387 万元。 （陈海洋）

【中铁建塞内加尔有限公司】 位于塞内加尔达喀尔，于 2015 年 6 月 17 日注册成立，主要以塞内加尔为中心市场，兼顾马里、毛里塔尼亚和尼日尔 4 个市场的开发和经营工作。总经理何曙虹（8 月任）。职工 9 人。

（崔景斌）

【中铁建喀麦隆股份有限公司】 经营范围包括铁路、公路、市政、桥梁、房建等基础设施建设。驻喀麦隆雅温得市，2015 年 7 月注册成立，负责喀麦隆、乍得、中非和赤道几内亚市场开发工作。总经理田树斌。职工 9 人。

（田树斌）

【中国土木工程集团刚果（布）有限公司】 经营范围：承包铁路工程、大型公共工程、水利工程、房建及各类土木工程设计和施工，出租各类工程机械设备、技术监理及咨询。驻刚果共和国首都布拉柴维尔，成立于 2014 年 5 月 4 日。发展跟踪刚果（布）大洋铁路、刚果（布）黑角经济特区、刚果（金）新农村等项目，同时负责开拓刚果（布）、刚果（金）、加蓬等国市场。经理冯超（5 月任）。职工 4 人。 （王　能）

【中国土木工程集团（科特迪瓦）有限公司】 经营范围：铁路、公路、市政、桥梁、房建等基础设施建设。驻科特迪瓦阿比让市。2013 年 3 月 21 日注册成立，同时负责开发贝宁、多哥市场。经理郝晓帆（1 月免），副经理石永盛（5 月任）。职工 5 人。 （郭荣胆）

【中非莱基投资有限公司】 由中国铁建股份有限公司（持股 57.29%）、中国土木工程集团有限公司（持股 17.18%）、中非发展基金有限公司和南京江宁经济技术开发总公司共同合资组建。2006 年 3 月在北京注册成立，资本金 11.43 亿元，资产总额 12.98 亿元，驻北京市海淀区复兴路 40 号中国铁建大厦 A 座 8 层。总经理郑军（8 月免）、池长贵（兼，8 月任），职工 10 人。资产总额 11.48 亿元，固定资产原值 150.16 万元、净值 32.7 万元，流动资产 2.67 亿元，其他资产 8.81 亿元，净利润 32.24 万元；莱基开发资产总额 31.09 亿元，固定资产原值 25.06 亿元、净值24.41亿元，流动资产 1.99 亿元，其他资产 4.69 亿元。

2016 年，累计完成投资 12.9 亿元，其中基础设施投资 9.97 亿元。中非莱基向莱基开发注资 6712.50 万元。2016 年，莱基自贸区接待 300 余人次考察，新签约企业 4 家，新注册企业 5 家。

（木迪乐　孙明宇　费　莉）

【中国土木阿尔及利亚有限公司】 驻阿尔及利亚首都阿尔及尔。前身为中土阿尔及利亚办事处，2003 年设立；2007 年 9 月改制为现名。主要经营铁路、水利、房屋建筑和大型公共工程及土木工程的承包施工及设计，工程设备租赁，相关领域技术建立和咨询等。下辖 55 千米铁路复线项目部、175 千米铁路电气化新线项目经理部、东西高速公路项目 M6 标段项目部、奥兰房建项目部、西部区域 2900 套房建项目经理部。总经理陈振河，党委书记陈振河（1 月任）。职工 1635 人。资产总额 9 亿元，固定资产原值 1.55 亿元、净值 348 万元，流动资产 8.97 亿元。机械运输设备 282 台（套），净值 348 万元，总功率 4.08 万千瓦；人均动力 302.34 千瓦；技术装备率2.58万元/人；设备完好率 38%；设备利用率 30%。

2016 年，新签合同额 7.5 亿元，完成营业额 9.02 亿元。实现利润 0.21 亿元，人均创利 15.86 万元，全员劳动生产率 625 万元/人年，职工年人均收入43.25 万元，国有资产保值增值率 88.07%；净资产收益率 -8.97%，产值利润率 2.54%，投资回报率 -9.58%，资产负债率 124.09%。 （董时超）

【中土集团公司阿拉伯联合酋长国分公司】 具有桥梁、隧道和地下道等混凝土结构工程特级资质和房屋建筑、钢结构工程一级资质。驻阿拉伯联合酋长国阿布扎比市。1985 年经外经部批准组建；1986 年 6 月，对外注册为中土公司阿布扎比分公司；1987 年 7 月，注册设立中国土木阿联酋分公司。主要负责阿联酋、巴林、阿曼等国别市场的经营开发和项目管理。总经理亓世军（2 月免）、刘炤炤（2 月任）。职工 300 人。

2016 年，新签合同额 10.44 亿元，完成营业额 8598 万元，实现利润 74.1 万元。 （徐　冬）

【中土集团公司沙特阿拉伯分公司】 主要从事工程承包、设计咨询、劳务合作、进出口贸易、实业投资等业务。驻沙特阿拉伯首都利雅得市。1999 年 2 月，设立沙特代表处；2008 年 8 月，注册成立中土集团公司沙特阿拉伯分公司。总经理、党支部副书记文武，党支部书记、副总经理沈铁峰。职工 382 人，其中，正式员工 23 人、社聘员工 132 人、沙籍及第三国劳务人员 226 人。资产总额 5.28 亿元，比上年度资产增长 9%；其中，固定资产原值 2.09 亿元、净值 1596 万元，流动资产 5.12 亿元。机械运输设备 330 台（套），总值2.03亿元，设备完好率 100%，利用率 90%。

2016 年，完成营业额 3.52 亿元。完成 9 个项目的投标工作，投标项目的总金额 29 亿元。 （宁　波）

【中国土木工程集团有限公司伊拉克分公司】 2016年，参加中国驻埃尔比勒总领事馆签证大厅临建项目投标。总经理柳木(3月免)。 (柳　木)

【中国土木工程集团有限公司卡塔尔分公司】 2015年6月15日，中土集团与卡塔尔当地公司NBHH及其在阿联酋的控股公司组成联营体中标卡塔尔公路给排水项目DW002-P01标段。2015年8月9日，签订实施合同，并以该项目为基础，在当地注册分公司。职工3人，经理张擎(1月任)。

2016年，新签合同额1.42亿元，完成营业额2470万元。 (张　擎)

【中国土木工程(香港)有限公司】 驻香港九龙尖沙咀漆咸道南39号铁路大厦23楼。1986年设立。主要经营工程承包、房地产及贸易等业务。主要以3间公司对外开展经营活动，分别为1988年3月注册的中国土木工程公司，持有政府公共工程最高资质C牌；1986年11月注册的中土工程(香港)有限公司；1986年11月注册的中国土木工程集团(香港)有限公司。总经理郁葱(兼)，副总经理刘若男。职工4人。

2016年，新签合同额600万元，完成营业额800万元。 (刘若男)

【中国土木工程(澳门)有限公司】 具有澳门土木工程建筑牌照。驻澳门宋玉生广场263号中土大厦22楼C-H座。为中土集团全资子公司，1989年6月以中土香港公司名义在澳门登记注册；2001年11月正式成立。下辖中国土木工程(澳门)有限公司(工程总承包)、百汇地产投资有限公司(地产发展)、中土物业管理有限公司(物业管理)、正合工程有限公司(专业承包)。主要经营业务：工程承包、设计咨询、地产发展、物业管理、资本运营等。总经理、党支部书记郁葱，副总经理吴敏(3月免)、冯旭。职工48人。资产总额1.72亿元，其中固定资产原值1.49亿元、净值0.2亿元，流动资产1.52亿元。

2016年，新签合同额1.37亿元，完成营业额2.93亿元，完成营业收入2.94亿元。 (徐光磊)

【中铁(澳门)有限公司】 驻澳门友谊大马路南方大厦1楼。1989年6月成立，1993年经国家批准正式注册。先后隶属铁道部工程指挥部、中国铁道建筑总公司海外公司、中国土木工程集团公司。下辖中铁(澳门)职业介绍所有限公司、珠海中铁实业发展有限公司2个全资子公司。总经理、党支部书记马天罡。职工46人。资产总额1.17亿元。其中固定资产0.14亿元，流动资产1.03亿元。

2016年，新签合同额2.17亿元，完成营业额1.51亿元，营业收入1.45亿元。 (于玉兰)

【中国土木工程集团印度尼西亚代表处】 2012年5月注册，2014年7月，获印尼公共工程部颁发的建筑许可证和建筑咨询设计许可证。职工2人，负责人刘博。

2016年，新签合同额14.4亿元。 (岳　巍)

【中国土木(新加坡)有限公司】 具有新加坡建筑管理局(BCA)分包建筑商执照，特殊建筑商桩基、钢结构、预制件及地基加固等专业分包执照。2013年12月设立，注册资本100万新币，为中土集团公司全资子公司。中土新加坡分公司于2014年11月设立，分公司与有限公司一套人马，两块牌子，持有新加坡BCA颁发的CW02B1总包执照。下辖中土工程(马来西亚)有限公司(1993年8月24日注册成立，注册资本金50万马币)、中土集团公司泰国办事处(2012年8月15日注册，注册资本1000万泰珠)。职工48人。总经理焦通(9月任)。资产总额4739万元，固定资产原值1883万元、净值1288万元。机械运输设备56台(套)，原值0.58亿元、净值436万元，总功率4616千瓦，人均动力38.79千瓦，技术装备率48.79万元/人，设备完好率80%。

2016年，新签合同额6292万元，完成营业额2299万元，实现利润额-2138万元，人均创利-43.9万元，全员劳动生产率12.84万元/人年，国有资产保值增值率100%，净资产收益率-45.11%，资产负债率219.14%。 (单思远)

【中土集团巴基斯坦分公司】 2015年5月注册。在建项目达苏公水电站喀拉昆仑公路改线一期(KKH-01)及右岸进场道路一期项目(RAR-01)，合同额10.5亿元。总经理、党支部书记李世全(8月任)。

2016年，新签合同额25.13亿元，完成营业额5144万元。 (孙湛云)

【中土日本代表处】 驻日本东京市。1984年设立，主要业务为劳务业务，主要从事第三国信息跟踪和技能实习生派遣工作。代表蔡宇。

2016年，新签合同额1152万元，完成营业额975万元。 (孙湛云)

【中国铁建土耳其安卡拉分公司】 驻土耳其安卡拉市。2006年6月注册成立。总经理姜爱民，党支部书记姜爱民(兼,10 月免)、刘林(兼,10 月任)。职工 15 人。固定资产原值 364 万元、净值 16 万元;流动资产 4.14 亿元。机械运输设备 29 台(套),设备净值 195.34万元,总功率 1587.5 千瓦,人均动力 49.61 千瓦,技术装备率 6.1 万元/人,设备完好率 100%。

2016 年,完成营业额 50 万元,职工年人均收入 25.76 万元,国有资产保值增值率 102.6%,净资产收益率 4.152%,资产负债率 106%。截至 2016 年底,累计完成投资 4.11 亿美元。 (王 欢)

【中国土木工程集团(波兰)有限公司】 主要从事 30 套别墅的出租及管理、工程项目跟踪、市场开拓等业务。驻波兰首都华沙。1993 年注册成立波兰代表处;1995 年 8 月,成立中土波兰有限公司;1997 年 1 月,更名为波兰华锐发展有限公司;2007 年 9 月,更为现名。负责人郑彬。职工 5 人。资产总额 0.24 亿元,其中,固定资产原值 0.24 亿元、净值 917 万元;流动资产 652 万元。

2016 年,新签合同额 445 万元,完成营业额 510 万元。 (王 欢)

【中土集团公司欧洲代表处】 驻德国法兰克福市。1984 年 11 月注册设立;2005 年 11 月,划归土耳其安卡拉至伊斯坦布尔高速铁路Ⅱ期项目经理部,更名为土铁项目驻欧洲代表处;2013 年,划归中土集团管理,更为现名。2016 年,欧洲代表处经营和管理还包括塞尔维亚代表处和黑山有限公司。总经理田丰。职工 2 人。

2016 年,新签合同额 5033 万元,完成营业额 2186 万元。 (章艳林)

【中土集团公司罗马尼亚代表处】 成立于 2014 年 6 月 4 日。2015 年 7 月 10 日,罗马尼亚有限公司注册成立。驻罗马尼亚伊尔佛夫县沃伦达瑞市扬古尼古拉英雄大街 83 号。罗马尼亚代表处与罗马尼亚有限公司为同一地址。经理斯海洋(兼)。职工 4 人。

2016 年,中土罗马尼亚有限公司与中国驻罗使馆签署合同 8 个,合同总额 38.86 万美元,完成营业额 38.53 万美元。 (王 欢)

【中土集团驻塞尔维亚代表处】 2014 年 6 月 17 日完成注册,注册地址位于贝尔格莱德市 Neznanog junaka 街 8 号,负责人朱天然(1 月任)。中方员工 2 人。 (王 欢)

【中土集团黑山有限公司】 2015 年 9 月 28 日,中土集团中标黑山 Kolasin – Kos 段铁路修复项目,2015 年 10 月 26 日与业主签订项目合同。中土集团黑山有限公司于 2016 年 3 月 7 日在黑山 kolasin 注册。注册地址 Kolašin, Street 13. Jula, Number 21,职工 9 人。负责人杨旭(1 月任)。

2016 年,完成营业额 2867 万元。 (王 欢)

【中土巴西国际商业有限公司】 驻巴西圣保罗市。1994 年设立巴西代表处;1997 年 7 月注册成立中土(巴西)国际商业有限公司。是中土集团在巴西的全权代表机构,主要负责中土集团在巴西及南美地区工程、贸易项目的追踪和承揽,并代表中土集团向巴西小门德斯工程公司催收欠款。公司法人李宪翔,总经理李宪翔(1 月免)、王凯(3 月任)。职工 2 人。

(徐 从)

【中国土木工程集团有限公司玻利维亚分公司】 经营范围:铁路、公路、桥梁房建等基础设施项目。驻玻利维亚首都拉巴斯,成立于 2015 年 1 月。重点业务为负责玻利维亚市场的开拓工作。 (徐 从)

【中国土木工程集团有限公司厄瓜多尔分公司】 驻厄瓜多尔的基多市,2016 年 5 月注册成立。总经理董志弘(1 月任)。职工 12 人。

2016 年,完成营业额 2.84 亿元。 (徐 从)

【中土集团公司以色列分公司】 成立于 2007 年 1 月 29 日,驻以色列特拉维夫市。总经理杨裕元。职工 14 人。

2016 年,新签合同额 27.7 亿元,完成营业额 3.25 亿元。 (卫先智)

【中国土木工程集团(俄罗斯)有限责任公司】 驻俄罗斯莫斯科市。2004 年 9 月注册,是中土集团的全资子公司。法人代表、总经理彭明宽(10 月免)、李国军(10 月任)。资产总额 20 万美元。 (卫先智)

【中国土木工程集团有限公司塔吉克斯坦分公司】 2015 年 7 月 3 日注册成立,驻塔吉克斯坦杜尚别鲁达基大街 127 号鲁达基大厦 910 室。负责人王昕晖。职工 4 人。固定资产总额 0.65 万元。

2016 年,完成营业额 2.53 亿元。 (卫先智)

【中土集团白俄罗斯代表处】 2016 年 3 月进入白俄罗斯市场,成立代表处,并办理当地一级施工资质。驻白俄罗斯明斯克市。负责人晏勇(5 月任)。职工 6

人。主要负责实施中白工业园项目以及开拓当地市场。

2016 年,新签合同额 3.74 亿元,完成营业额 3.2 亿元,实现收入 700 万元。（晏　勇）

【中国土木工程集团有限公司哈萨克斯坦分公司】 驻哈萨克斯坦阿斯塔纳,2016 年 2 月 13 日成立。总经理彭明宽(10 月任)。（卫先智）

【重要记载】

▲1 月 25 日　中土集团总经理曹保刚在中国职工之家举行的“最美央企人”颁奖仪式上获“最美央企人”称号。

▲1 月　北京中土大厦成为北京市酒店行业通过市旅游委认证的“北京市旅游行业安全生产标准化二级企业”的十家四星级以上酒店之一。

▲2 月 10 日　中央电视台新闻频道播出春节特别节目《中国人在非洲》第 3 集,节目中介绍由中土集团援建的坦赞铁路和正在建设的埃塞—吉布提铁路。

▲同日　海军第 22 批护航编队向集团公司发来感谢信,感谢中土集团吉布提有限公司耿道锦副总经理带队协调配合,参与救治正在亚丁湾执行第 22 批护航任务的海军 576 编队青岛舰战士王新松。

▲2 月 18 日　中土集团在北京中土大厦召开 2016 年党委扩大会议暨党的建设和反腐倡廉工作会。

▲2 月 19—20 日　中土集团二届四次职工代表大会暨 2016 年工作会议在北京召开。

▲3 月 14 日　中土集团中铁(澳门)职业介绍所有限公司在由澳门中联办、澳门中职协会举行的《澳门劳务合作》内刊编印工作先进表彰会上获“优秀组织奖”。

▲3 月 17 日　援外部安提瓜和巴布达机场航站楼项目获 2015 年度铁建杯优质工程奖。

▲4 月 11 日　中土东非公司捐赠 70 套课桌椅给坦桑尼亚总理家乡的林迪省林迪县小学。

▲4 月 16 日　中土厄瓜多尔分公司参与厄瓜多尔西部沿海 Esmeraldas 省的抗震救援工作。

▲5 月 20 日　国家级英文日报《中国日报》(ChinaDaily)在巴基斯坦专刊(Pakistan Special)中对中土集团进行专题报道。

▲5 月　中土埃塞俄比亚有限公司陈武林获中华全国铁路总工会“火车头奖章”称号。

▲7 月 1—2 日　中土集团米达铁路项目部党员与中国人民解放军援埃军医专家组共同开展“两学一做”学习教育。

▲8 月 26 日　美国《工程新闻记录》(ENR)网站发布 2016 年度“最大 250 家国际承包商”排名榜。中土集团名列 2016 年度 ENR“最大 250 家国际承包商”排名榜第 60 名和 2016 年度 ENR“最大 250 家全球承包商”排名榜第 119 名。中土集团第一次参评并入选“最大 225 家国际设计企业”排名,名列第 148 名。

▲10 月 6 日　埃塞国别公司成立大会在埃塞俄比亚德雷达瓦举行。中国铁建董事长孟凤朝,总经济师赵晋华,中土集团董事长、党委书记袁立,副总经理严学斌、吕晶为埃塞国别公司揭牌。

▲10 月 12—14 日　中土集团总经理赵佃龙赴孟加拉办事处检查工作,拜访孟加拉国铁道部常秘、铁路公司总经理,参加中国国家主席习近平访问孟加拉相关活动以及孟中经贸论坛,会见亚洲开发银行驻孟加拉代表及多个当地合作伙伴。

▲10 月 13—14 日　由北京轨道建筑学会主办,中土集团和铁四院承办的北京轨道建筑学会海外建筑专业委员会第一届年会暨高速铁路专业委员会第一届年会在北京中土大厦召开。

▲10 月 31 日　在中国建筑业协会举办的中国建筑业协会成立 30 周年暨建筑业改革发展经验交流会上,中土集团获“全国建筑业先进企业”称号,中土集团姜爱民、张志臣获“全国建筑业先进工作者”称号。

▲11 月 2 日　中土集团董事长袁立出席中土集团与赞比亚交通部在卢萨卡举办赞比亚东线铁路项目商务合同签约仪式。

▲11 月 7 日　商务部援外培训项目“2016 年埃塞俄比亚铁道运营管理研修班”全体学员访问中土集团总部。

▲11 月 13 日　凤凰卫视 2016 年《龙行天下》节目播出专题片《标准的权杖——产业转移 VS 产能合作》,主要介绍由中土集团承建的埃塞俄比亚—吉布提铁路全产业链“走出去”相关内容。

▲11 月 29 日　由中土集团设计施工总承包实施完成的安巴 V.C.伯德国际机场新航站楼综合工程获中国建筑业协会颁发的 2016 年中国建设工程鲁班奖(境外工程)。

▲12 月 7—9 日　中土集团总经理赵佃龙出席中国对外承包工程商会七届二次理事会暨 2016 行业年会。中土集团获得 2016 年度 ENR 最大 250 家国际承包商奖牌,排名第 60 位;阿尔及利亚高速公路项目和埃塞吉布提亚吉铁路项目分别获得“美丽海外中国——‘一带一路’中国企业社会责任影像志”主题类作品一等奖和二等奖;中土集团获最佳组织奖;吉布提旧港及多拉雷港至嘎利利铁路项目 EPC 合同营地获评“中国海外工程示范营地”,尼日利亚阿布贾城铁一期二期项目营地获评“中国海外工程优秀营地”。

▲12 月 19 日　中土集团董事长、党委书记袁立在中国铁建亚吉铁路十大建设功臣及十佳外籍员工表彰大会上代表中国铁建为“亚吉铁路十大建设功臣”及“十佳外籍员工”颁奖。

中铁十一局集团有限公司

【简况】　中铁十一局集团有限公司具有铁路施工总承包特级,建筑工程施工总承包特级,市政公用工程施工总承包特级,铁路、建筑、市政公用工程行业设计甲级资质,各类资质 142 项,是集施工、设计、科研、装备制造、资本运营、房地产开发、物资贸易于一体,并具有对外经营权的特大型企业集团。集团公司总部驻湖北省武汉市武昌区中山路 277 号。前身系中国人民解放军铁道兵第一师,诞生于 1948 年。1984 年兵改工后改编为铁道部第十一工程局;1999 年 12 月,更名为中铁第十一工程局;2001 年 8 月,企业改制改称为现名。公司机关设行政、党群职能部门 22 个。下辖 14 个全资子公司、12 个国内区域指挥部、6 个国际区域指挥部、新加坡分公司、黄石公司、勘察设计院、襄阳管理部。集团公司现有在册职工 19276 人。其中,干部 12490 人、工人 6786 人。专业技术干部 10146 人,占干部总数的 81.23%;技术工人 5269 人,占工人总数的 77.65%。资产总额 43.88 亿元。其中,固定资产 38.87亿元,流动资产 36.89 亿元。机械运输设备 5647 台(套),原值 38.87 万元、净值 15.92 万元,总功率 71.96千瓦,动力装备率 42.27 千瓦人,技术装备率 9.22万元/人,设备完好率 95%、利用率 75.24%。年施工能力 600 亿元以上。

2016 年,承揽任务 171 项,新签合同 852.35 亿元,完成企业总产值 570.81 亿元,其中施工产值 559.72 亿元;实现净利润 10.46 亿元。职工年人均收入 97855 元。完成主要实物工作量:土石方 1.06 亿立方米,隧道 145.01 千米,桥梁 209.83 千米,铁路铺轨 1286.7 千米,铺设道岔 803 组,铁路制梁 7147 片,铁路架梁 14133 片,公路制梁 8241 片,公路架梁 6944 片,房屋建筑面积 296.24 万平方米,路面 1321.1 万平方米,地铁折合 51.76 千米,地铁铺轨 328.02 千米,通讯线路 678.89 千米,供电线路 672.47 千米,接触网 740.03 千米,无砟轨道 54.25 千米。工程质量合格率 100%。2016 年,公司获鲁班奖 1 项、詹天佑奖 1 项、国优工程金奖 1 项、国优工程奖 3 项、全国市政金杯 2 项、省部优工程 14 项。

（郭　琳）

【领导人员】

董事会

董事长	何义斌
董事	张树海
	谢敬平(7 月任)
	方永利(7 月任)
职工董事	彭新文

监事会

监事会主席	李洪安(4 月任)
监事	阮祥杰(4 月免)
	冀　方(7 月任)
	李　俊

经理层

总经理	张树海
副总经理	谢敬平
	张丕界
	宫建岗(7 月免)
	凌汉东
	龙信桥
	雷位冰
	李小红
	张　成(4 月免)
	刘华军
	方永利(3 月任)
	余　霖(12 月任)
	吴　刚(12 月任)
	陈志明(12 月任)
	王卓华(12 月任)
总工程师	张丕界(兼)
总会计师	方永利(兼,3 月任)

党群领导

党委书记	何义斌
党委副书记	张树海
	彭新文
纪委书记	李洪安(4 月任)
工会主席	彭新文

（隆仁燕　张红月）

【工程项目指挥机构】　湖北城际铁路工程指挥部　驻湖北省武汉市东湖高新区。常务副指挥长李伙明、党工委书记李伙明。

津保铁路工程项目部　驻河北省容城县。项目经理王金柱,党工委书记郑平良。

昆明枢纽工程指挥部　驻云南省昆明国家经济技术开发区。指挥长包晓东,党工委书记胡士华。

沪昆客专湖南段工程项目部　驻湖南省娄底市。

项目经理兼党工委书记宫建岗，常务副经理熊安祥。

杭长铁路客专工程项目部　驻浙江省义乌市。项目经理雷位冰，党工委书记、常务副经理甘胜银。

京福铁路客专闽赣Ⅰ标工程项目部　驻江西省婺源县。项目经理郝生德，党工委书记朱明春。

合福铁路安徽段站前7标工程项目部　驻安徽省绩溪县。项目经理李文俊。

宿淮铁路工程指挥部　驻江苏省宿迁市。指挥长兼党工委书记胡昌虎。

山西中南部铁路通道工程项目部　驻山西省洪洞县。项目经理、党工委书记李小红，常务副经理肖海涛。

吉图珲客运专线项目经理部　驻吉林省蛟河市。项目经理龙信桥，党工委书记、常务副经理曾国升。

兰新铁路甘青段工程项目部　驻甘肃省瓜州县。项目经理余霖，党工委书记陈建荣。

麻竹高速公路项目经理部　驻湖北省南漳县。项目经理、党工委书记赵天元。

渝黔铁路土建11标项目经理部　驻贵州省息烽县。项目经理兼党工委书记谢敬平，常务副经理汪满建。

成贵铁路项目经理部　驻贵州省贵阳市。项目经理谢敬平，党工委书记黄仕典，常务副经理刘西文。

连盐铁路项目经理部　驻江苏省连云港市。项目经理封明君，党工委书记赵良奎。

石济铁路客运专线项目经理部　驻河北省藁城市。项目经理王金柱，党工委书记郑平良。

天仙及潜江 JHSG-1 标项目部　驻湖北省天门市。项目经理袁定安，党工委书记段邦顺。

武汉市轨道交通机场线土建 BT 项目经理部　驻湖北省武汉市。项目经理兼党工委书记谢敬平。

蒙华铁路项目经理部　驻湖北省襄阳市。项目经理田红星，党工委书记韩锡燕。

昌赣客专项目经理部　驻江西省南昌市。项目经理刘守成，党工委书记张书玉。

拉林铁路工程指挥部　驻西藏自治区拉萨市。项目经理吴启新，党工委书记黄云海。

黔张常铁路项目经理部　驻湖北省桑植县。项目经理、党工委书记宫建岗，常务副经理杨兵。

光谷综合体项目经理部　驻湖北省武汉市。项目经理郝生德，党工委书记朱明春。

遵义高铁新城一期工程总承包项目经理部　驻贵州省遵义市。项目经理刘华荣，党工委书记贺林。

汉十铁铁路项目经理部　驻湖北省襄阳市。项目经理、党工委书记李小红，常务副经理陈永平。

天骄航空动力产业基地项目经理部　驻重庆市。项目经理车仁雪，党工委书记张其林。

南沙港铁路工程指挥部　驻广东省佛山市。指挥长李明。

（隆仁燕　张红月）

【职工队伍】　2016年，职工19276人。干部总数12490人，占职工总数64.80%。博士、研究生学历228人、本科学历9563人、专科学历1664人、中专学历245人、高中及以下学历790人，分别占干部人数的1.83%、76.56%、13.33%、1.96%、6.32%。35岁及以下8969人、36~40岁1046人、41~45岁859人、46~50岁412人、51~54岁517人、55岁及以上687人，分另占干部总数的71.81%、8.37%、6.88%、3.30%、4.14%、5.50%。专业技术干部10146人，占干部总数的81.23%。专业技术干部中教授级高级工程师77人、高级职务1156人、中级职务3173人、初级职务5740人，分别占专业技术干部的0.76%、11.39%、31.27%、56.58%。

工人总数6786人，占员工总数35.20%。本科学历245人、专科学历960人、中专886人、高中、技校2377人、初中及以下学历2318人，分别占工人总数的3.61%、14.15%、13.05%、35.03%、34.16%。35岁以下人员1772人、36~40岁836人、41~45岁830人、46~50岁286人、51~54岁1029人、55岁及以上2034人，分别占工人总数的26.11%、12.31%、12.23%、4.22%、15.16%、29.97%。技术工人5269人，占工人总数的77.65%。高级技师116人、技师334人、高级工3151人、中级工1477人、初级工191人，分别占技术工人的2.21%、6.34%、59.80%、28.03%、3.62%。

（周小琪　张红月）

【铁路工程施工】　2016年，在建铁路工程133项，合同投资812亿元。

云桂线引入昆明枢纽工程　位于云南省昆明市，全长34.2千米，合同投资45.27亿元，合同工期2010年6月1日—2017年12月31日。主要工程量：桥梁33座12490延长米，涵洞53座1887横延米，隧道7座8912延长米，路基土石方1069.7万立方米，铺轨122.43千米，T梁制架489孔，道岔158组，道砟33.5万立方米。2016年完成投资5.86亿元，开工累计完成投资40.7亿元。

渝黔铁路土建11标段　位于贵州省贵阳市息烽县及白云区，全长39.9千米，合同投资33.75亿元，合同工期2013年5月1日—2017年6月30日。主要工程量：桥梁32座11879.02延长米，隧道15座11969延长米，路基16千米，路基土石方420万立方米，涵洞57座，T梁制架2984孔，铺轨454千米，道岔92组。2016

年完成投资 10.06 亿元，开工累计完成投资 28.41 亿元。

成贵铁路 CGZQSG－16 标段　位于贵州省贵阳市白云区，全长 31.66 千米，合同投资 25.57 亿元，合同工期 2014 年 1 月 1 日—2018 年 12 月 31 日。主要工程量：路基土石方 253 万立方米，桥梁 25 座 12790 延长米，涵洞 14 座 524 横延米，隧道 16 座 15370 延长米，箱梁制架 419 孔，铺轨 547.9 千米，双块式无砟道床 65.3 千米，道岔 19 组。2016 年完成投资 8.82 亿元，开工累计完成投资 18.28 亿元。

石济铁路 SJZ－1 标段　位于河北省藁城市，全长 31.3 千米，合同投资 16.94 亿元，合同工期 2014 年 1 月 1 日—2017 年 9 月 30 日。主要工程量：路基 8.4 千米，桥梁 2 座 22800 延长米，涵洞 4 座 118 横延米，箱梁制架 702 孔，正线铺轨 368 千米，道砟 15 万立方米，道岔 61 组。2016 年完成投资 4.59 亿元，开工累计完成投资 17.61 亿元。

连盐铁路 LYZQ－Ⅱ标段　位于江苏省连云港市，全长 40.79 千米，合同投资 23.3 亿元，合同工期 2013 年 12 月 1 日—2016 年 12 月 31 日。主要工程量：路基土石方 144 万立方米，桥梁 15700 延长米，涵洞 1655 横延米，隧道 1 座 4615 延长米，T 梁预制 3020 孔，T 梁架设 5864 孔，铺轨 378 千米，无碴道床 4.62 千米，道岔 205 组，拆除道岔 42 组。2016 年完成投资 11.72 亿元，开工累计完成投资 20.72 亿元。

昌赣客专 CGZQ－3 标段　位于江西省丰城市和樟树市，全长 37.64 千米，合同投资 26.28 亿元，合同工期 2015 年 7 月 15 日—2019 年 12 月 31 日。主要工程量：桥梁 14 座 25045 延长米，箱梁制架 732 孔，涵洞 43 座 1139.87 横延米，路基 12.6 千米，路基土石方 225.09万立方米，CRTSⅢ型轨道板预制 24540 块，CRTSⅢ型板式无砟道床铺设 72.79 千米，正线铺轨 388.49 千米，站线铺轨 24.78 千米，铺新岔 76 组，铺设粒料道床 12.815 万立方米。2016 年完成投资 11.85 亿元，开工累计完成投资 15.26 亿元。

蒙华铁路 MHTJ－20 标段　位于湖北省襄阳市，全长 69.388 千米，合同投资 29.04 亿元，合同工期 2015 年 8 月 1 日—2020 年 3 月 1 日。主要工程量：桥梁 26 座 23663.6 延长米，小桥 16 座 3631.2 顶平米，隧道 1 座 123 延长米，路基 47.44 千米，路基土石方 1033.48 万立方米，涵洞 134 座 4226.74 横延米，道砟 60 万立方米。2016 年完成投资 9.43 亿元，开工累计完成投资 13.03 亿元。

拉林铁路 LLZQ－1 标段　位于西藏自治区拉萨市曲水县，线下土建任务全长 10.222 千米，线上铺架工程内容主要为全线 T 梁制架及铺轨，合同投资 15.47 亿元，合同工期 2015 年 7 月 1 日—2021 年 11 月 30 日。主要工程量：桥梁 3 座 5143.88 延长米，隧道 1 座 4373 延长米，路基 0.705 千米，路基土石方 12.58 万立方米，涵洞 3 座，T 梁制架 1819 孔，铺轨 461.67 千米，铺新岔 180 组。2016 年完成投资 2.27 亿元，开工累计完成投资 2.94 亿元。

黔张常铁路 QZCZQ－6 标段　位于湖南省张家界市，全长 32.57 千米，合同投资 21.39 亿元，合同工期 2015 年 3 月 15 日—2019 年 11 月 30 日。主要工程量：桥梁 22 座 8253.38 延长米，隧道 14 座 20152.37 延长米，路基 4.576 千米，路基土石方 405.8 万立方米，涵洞 7 座，T 梁制架 468 孔，CRTSⅠ型双块式无砟道床 12.89 单线千米。2016 年完成投资 8.85 亿元，开工累计完成投资 13.23 亿元。

汉十铁路 HSSG－4 标段　位于湖北省十堰市、随州市，全长 75.77 千米，合同投资 57.38 亿元，合同工期 2016 年 1 月 1 日—2019 年 12 月 31 日。主要工程量：路基 24.73 千米，桥梁 54 座 31060 延长米，隧道 14 座 20000 延长米，箱梁制架 875 孔，涵洞 79 座 2079 横延米。2016 年完成投资 22.63 亿元，开工累计完成投资 22.96 亿元。

西成客专 XCZQ－12 标段　位于陕西省西安市西咸新区，全长 15.54 千米，合同投资 17.96 亿，合同工期 2013 年 3 月 1 日—2016 年 11 月 30 日。主要工程量：桥梁 4 座 20881 延长米，涵洞 10 座 375 横延米，路基 5.4 千米，无砟道床 31.47 千米，T 梁制架 221 孔，铺轨 25 千米，道岔 58 组。2016 年完成投资 4.82 亿元，开工累计完成投资 19.15 亿元。

京沈客专 JSJJSG－7 标段　位于河北省承德市，全长 29.5 千米，合同投资 18.48 亿元，合同工期 2014 年 7 月 1 日—2019 年 6 月 30 日。主要工程量：路基土石方 54.33 万立方米，桥梁 4532.48 延长米，涵洞 201.92横延米，隧道 23467.95 延长米，现浇箱梁 108 孔，悬灌连续梁 6 联，无砟轨道 59 千米。2016 年完成投资7.06亿元，开工累计完成投资 15.11 亿元。

汉十铁路 HSSG－5 标段　位于湖北省枣阳市，全长 33.066 千米，合同投资 19.02 亿元，合同工期 2016 年 3 月 1 日—2020 年 2 月 29 日。主要工程量：CFG 桩 100.4 万米，螺杆桩 26.51 万米，路基土石方 297.5 万立方米，路基 17.84 千米，桥梁 26 座 15917 延米，涵洞 51 座 1048 横延米，箱梁制架 780 孔，正线无砟道床 65 铺轨千米，站线无砟道床 2 铺轨千米，站场铺新轨 1.4 千米。2016 年完成投资 7.03 亿元，开工累计完成投资 7.03 亿元。

郑阜铁路 ZFZQ－1 标段　位于河南省许昌市、长葛市，全长 43.568 千米，合同投资 27.18 亿元，合同工期2016年7月16日—2019年9月30日。主要工程量:正线路基2.497千米,双线特大桥1.5座37461延长米,单线特大桥7220延长米,箱梁制架1352孔,现浇简支箱梁7孔,连续梁5座,无砟轨道86.58千米。2016年完成投资5.24亿元,开工累计完成投资5.24亿元。

银西铁路YXZQ-6标段　位于陕西省咸阳市彬县,全长27.91千米,合同投资24.599亿元,合同工期2016年8月1日—2020年6月30日。主要工程量:桥梁3座640.25延长米,隧道3座27269.72延长米,正线铺轨55.44千米,站线铺轨0.06千米,铺新岔4组,彬县轨枕厂轨枕预制206115根。2016年完成投资1.74亿元,开工累计完成投资1.74亿元。

哈牡客专SG-3标段　位于黑龙江省哈尔滨市,全长42.5千米,合同投资17.25亿元,合同工期2015年8月1日—2018年12月31日。主要工程量:路基土石方457.59万立方米,桥梁17589延长米,涵洞1833.47横延米,箱梁架设460孔。2016年完成投资8.77亿元,开工累计完成投资10.77亿元。

济青高铁JQGTSG-4标段　位于山东省淄博市,全长32.365千米,合同投资23.95亿元,合同工期2015年10月1日—2018年9月31日。主要工程量:路基土石方130万立方米,桥梁27684延长米,涵洞47横延米,框构5714顶平米,箱梁制架815孔,无砟轨道63.712千米,道岔19组。2016年完成投资15.75亿元,开工累计完成投资15.75亿元。

商合杭铁路SHZQ-12标段　位于安徽省合肥市长丰县,全长43.714千米,合同投资26.39亿元,合同工期2015年11月18日—2020年10月31日。主要工程量:桥梁2座42770延长米,墩台1405个,非标现浇简支箱梁9孔,连续梁11联,门式墩3处,箱梁制架1350孔,路基全长1022米,涵洞4座,框架小桥2座,正线铺轨282千米,站线铺轨12千米,铺设道岔53组。2016年完成投资8.86亿元,开工累计完成投资8.95亿元。

长株潭城际铁路四电集成工程　位于湖南省长沙市,全长95.513千米,合同投资10.7亿元,合同工期2014年10月1日—2017年6月30日。主要工程量:通信线路95.51千米,连锁道岔86组,自动闭塞93.85千米,供电线路95.5千米,变配电所43座,接触网268.69条千米,牵引变电所7座,2016年完成投资5.36亿元,开工累计完成投资8.69亿元。

张呼铁路站后工程ZHSD-1标段　位于内蒙古自治区呼和浩特市,合同投资7.5亿元,合同工期2016年1月1日—2017年6月30日。主要工程量:通信线路437.71千米,连锁道岔113组,自动闭塞303.47千米,供电线路35千米,变配电所2座,接触网292.97条千米,牵引变电所9座。2016年完成投资3.82亿元,开工累计完成投资3.82亿元。　(何　超)

【铁路外工程施工】　2016年,在建路外工程224项,合同投资846亿元。其中,公路合同投资235亿元,城市轨道合同投资411亿元,房屋建筑合同投资140亿元,市政、电力、水利等其他工程合同投资60亿元。

新加坡大士西延长线工程　位于新加坡,合同投资25亿元,合同工期2011年11月21日—2016年7月29日。主要工程量:高架车站2座以及单层铁路高架桥1.8千米,C1687项目主要包含EW31高架车站1座,单层公路高架桥1.2千米,公铁两用双层高架桥2.2千米,公路匝道5座2.9千米,双孔涵洞660米。2016年完成投资6.1亿元,开工累计完成投资25.91亿元。

武汉市光谷广场综合体工程　位于湖北省武汉市洪山区,合同投资22.19亿元,合同工期2014年12月1日—2018年11月10日。主要工程量:2号线南延线光谷广场—珞雄路站区间,珞雄路站,9号线车站及相邻的区间预埋段,11号线车站,地铁主变电缆通道,2号线连接通道,鲁磨路隧道与地下空间共建段,珞瑜路隧道与地铁工程共建段,以及光谷广场地下空间的建筑、结构。2016年完成投资4.19亿元,开工累计完成投资6.71亿元。

遵义高铁新城工程　位于贵州省遵义市,合同暂定投资54亿元,实际建安投资约48亿元,合同工期2016年3月1日—2018年2月28日。主要工程量:颜村客运站建筑面积46351平方米,西停车场建筑面积174255平方米,遵义东站配套设施A片区建筑面积236490平方米,B片区建筑面积147413.5平方米,C片区建筑面积211413平方米,D片区建筑面积190587平方米,E片区建筑面积455992平方米。2016年完成投资16.52亿元,开工累计完成投资16.52亿元。

深圳地铁6号线6101标三工区工程　位于广东省深圳市光明新区,正线全长8.47千米,合同投资7.287亿元,合同工期2015年8月15日—2019年10月19日。主要工程量:4站4区间,羊台山隧道出口桥台至石岩站高架区间、石岩高架站、石岩站—上屋北站高架区间、上屋北高架站、上屋北站—长圳站区间、观光高架站、观光站—光明中心站高架区间、光明中心高架站。2016年完成投资2.87亿元,开工累计完成投资3.47亿元。

仁新高速TJ3标段　位于广东省韶关市仁化县,线路总长度14.675千米,合同投资6.73亿元,合同工期2015年9月5日—2017年5月4日。主要工程量:

路基挖土方293.7万立方米,挖石方162.3万立方米,填方313.2万立方米,大桥8座2142延长米,分离式桥1座55.6延长米,匝道桥2座159.05延长米,涵洞及通道45道,隧道2座2047延长米。2016年完成投资5.01亿元,开工累计完成投资5.6亿元。

云湛高速LM2标段　位于广东省阳江市阳春市,主线全长39.795千米,合同投资6.33亿元,合同工期2016年12月2日—2018年2月28日。主要工程量:4处互通立交,1处服务区,2处停车区及标段内房屋建筑、绿化工程,主线路面为15厘米厚级配碎石垫层129.6万平方米,20厘米厚4%~5%水泥稳定级配碎石底基层115万平方米,19厘米厚5%~6%水泥稳定级配碎石下基层94万平方米,19厘米厚5%~6%水泥稳定级配碎石上基层94万平方米,8厘米GAC-25C粗粒式普通沥青混凝土下面层84万平方米,5.5厘米GAC-20C中粒式改性沥青混凝土中面层100万平方米,4.5厘米GAC-16C中粒式改性沥青混凝土上面层101万平方米。2016年完成投资2005万元,开工累计完成投资2005万元。

东潮高速公路TJ7标段　位于广东省潮州市潮安区,总长8.8千米,合同投资6.3亿元,合同工期2015年3月30日—2017年3月29日。主要工程量:特大桥2座3242延长米,集中预制小箱梁2447片,盖板3437片,圆管涵1052.4横延米,总挖方106万立方米。2016年完成投资4亿元,开工累计完成投资4.96亿元。

重庆市轨道交通环线一期3标段　位于重庆市沙坪坝区,上接天星桥车站,下接高家花园大桥,全长3715米,合同投资6.48亿元,合同工期2013年12月1日—2015年11月30日。主要工程量:沙坪坝车站179米,沙正街车站319米,区间隧道3210成洞米。2016年完成投资2.62亿元,开工累计完成投资4.45亿元。

云南省昭通市大山包一级公路3标段　位于云南省昭通市鲁甸县境内,施工线路长度19.58千米,合同投资8.54亿元,合同工期2015年12月20日—2017年6月30日。主要工程量:桥梁13座2527.2延长米,分离式桥2座98.12延长米,通道桥2座63.12延长米,天桥2座152.32延长米,涵洞41座,通道14座,分离式隧道2座,阿鲁伯隧道左线3060米,右线3030米,罗马隧道左线822米,罗马隧道右线832米。2016年完成投资4.68亿元,开工累计完成投资4.68亿元。

青岛地铁辽阳东车辆基地工程　位于山东省青岛市崂山区,合同投资18.98亿元,合同工期2015年10月1日—2017年6月30日。主要工程量:总建筑面积24万平方米,11幢单体结构,站场土石方186.69万立方米,桩基3013根,隧道260延长米,铺轨22.4千米,道岔55组。2016年完成投资8.32亿元,开工累计完成投资9.64亿元。

青岛蓝色硅谷城际轨道交通工程13标段　位于山东省青岛市,承建中国海洋大学停车场和大田路车辆段与综合基地土建施工、设备安装以及全线轨道铺设,工程总投资14.67亿,合同工期2013年11月23日—2016年5月23日。主要工程量:减振道床117千米,道岔53组,高架线路44.325千米,地下线路(含U型槽地段)5.11千米,山岭隧道5.816千米,路基2.2千米,接触轨139千米。2016年完成投资5.66亿元,开工累计完成投资9.1亿元。

福建利嘉中心项目工程　位于福建省福清市,合同投资18.11亿元,合同工期2013年11月23日—2016年5月13日。主要工程量:12幢主楼和5幢裙楼,总建筑面积102万平方米,其中地上建筑面积64万平方米,地下建筑面积38万平方米。2016完成投资4.14亿元,完成房屋建筑面积30.76万平方米,开工累计完成投资9.59亿元,完成房屋建筑面积69.63万平方米。

郑州轨道交通5号线12标段　位于河南省郑州市中原区,全长3.7千米,合同投资7.78亿元,合同工期2014年9月30日—2018年12月31日。主要工程量:淮河路站总建筑面积15443平方米,中原路站总建筑面积23708.3平方米,建设西路站总建筑面积14836.384平方米,淮河路站—陇海西路站区间右线667.136米,陇海西路站—中原路站区间右线824.332米,中原路站—建设西路站区间右线766.397米,建设西路站—西站街站区间右线1399.609米,地铁车站3个、盾构区间4个。2016年完成投资2.31亿元,开工累计完成投资3.41亿元。

苏州市轨道交通3号线18标段　位于江苏省苏州市,全长1.5千米,合同投资3.38亿元,合同工期2015年1月1日—2018年12月30日。主要工程量:戈巷街站195米,夷亭路站346.6米,戈巷街站—夷亭路站区间右线隧道733.586米,左线隧道733.586米。2016年完成投资1.72亿元,开工累计完成投资1.72亿元。

成都地铁5号线土建9标段　位于成都市高新区交子大道与万象南路交叉处,全长3.8千米,合同投资7.27亿元,合同工期2015年9月30日—2017年11月30日。主要工程量:神仙树站—石羊立交站区间、石羊立交站—市一医院站区间、市一医院站—交子大道站区间、交子大道站—锦城大道站区间、石羊立交站、市一医院站、交子大道站,明挖车站3个和盾构区间4

个及明挖区间1段。2016年完成投资2.19亿元，开工累计完成投资2.19亿元。 （何 超）

【经营管理】 任务承揽。2016年，集团公司上报股份公司新签合同171项，852.35亿元，完成股份公司年度计划553亿元的154.13%，与上年相比增加27.54%，位居股份公司综合工程局第二名。其中：铁路31项268.81亿元，总额占比31.54%；公路27项244.61亿元，总额占比28.70%；城市轨道47项155.59亿元，总额占比18.25%；房建19项21.13亿元，总额占比2.48%；水利电力9项8.79亿元，总额占比1.03%；工业制造8项6.61亿元，总额占比0.78%；市政19项92.24亿元，总额占比10.82%；机场码头1项3.99亿元，总额占比0.47%；物资贸易42.17亿元，总额占比4.95%；房地产销售4.08亿元，总额占比0.48%；勘察设计130万元；其他6项4.32亿元，总额占比0.51%。

资本运营。集团公司中标G0511线德阳至都江堰段项目、遵义高铁新城一期项目、洛阳市西环路高新区段BT项目增加投资、徐州市城市轨道交通2号线一期工程PPP项目、昭通新机场联络线一级公路（龙山寨至赵家小冲公路）项目、新疆昌吉市头屯河沿岸综合治理工程PPP项目一期3标、宜宾至毕节高速公路威信至镇雄段及东川格勒至巧家葫芦口高速公路融资代建项目、昭通至四川乐山高速公路串丝至佛耳岩段公路工程2标、新疆昌吉市头屯河沿岸综合治理工程PPP项目二期19标、省道218线甘泉（高庄）至麦积镇至麦积山景区段旅游公路、荆门高新区·掇刀区崇仁路及丰安路道路工程PPP项目、佛山地铁3号线项目，合同总额218.97亿元，其中工程费用209.97亿元，完成年度目标任务130亿元的161.5%，同比增长200.86%。截至2016年底，集团公司在建的资本运营项目（BT、股权投资、PPP类）22个。其中，BT项目13个，分别是武汉东湖保税区项目、洛阳西环路高新区段工程、云南麻昭高速公路项目、黄石月亮山隧道BT项目、黄石山南铁路新港货运支线项目、武汉地铁机场线BT项目、云南昭通大山包一级公路项目、徐州地铁2号线4标项目、云南昭通新机场联络线项目、甘肃省道218线甘麦段旅游公路项目、云南宜毕和巧蒙高速公路项目、云南昭通至四川乐山高速公路项目、广东佛山地铁3号线项目；股权投资项目3个，分别是西北煤炭交易中心、宜昌紫云铁路、呼和浩特市管片厂项目；PPP类项目6个，分别是湖北汉十高速铁路4标项目、贵州遵义高铁新城项目、四川都德高速公路项目、新疆昌吉头屯河综合治理3标项目、新疆昌吉头屯河综合治理19标项目、湖北荆门掇刀区市政道路工程项目。集团公司运营的资本运营项目（PPP、股权投资）5个。其中，PPP项目1个，即湖北黄石山南铁路；股权投资项目4个，分别是湖北交投紫云铁路有限公司、内蒙古博源新型能源有限公司、内蒙古西北煤炭交易中心股份有限公司、呼和浩特市建通轨道工程有限责任公司。

安全质量。以国家、行业标准规范和上级有关安全质量精神为指导，坚持提高自身素质、创新工作方式，在安全质量制度建设、安全质量教育培训、隐患排查治理、工程质量专项整治、优质工程申报、信用评价管理等方面下功夫，并具有“包保责任有新样本、教育培训有新要求、隐患整治有新抓手、应急救援有新装备、创先争优有新突破、标准化施工提升新层次”特色，实现集团公司安全质量管理总体水平处于同类先进地位的年度指标。2016年，实现无责任亡人事故、无火灾事故、无机械设备损失事故及重大道路交通责任事故，铁路营业线施工无影响列车运行安全一般C类及以上事故，事故隐患得到有效控制，险性事件受到严肃处理。2016年，在建工程分项工程、单位工程检查评定合格率均达到100%，未发生质量等级事故。获获鲁班奖1项、国家优质工程金奖1项、国家优质工程奖3项、全国市政金杯2项、省部级优质工程14项、地市级及“铁建杯”优质工程15项、国家级优秀质量管理小组成果12项、省部级优秀质量管理小组成果62项，公司被评为2016年度全国工程建设质量管理小组活动优秀企业；铁路信用评价2016年上半年名列第七、下半年名列第一，连续14次进入“A类”施工企业行列；水利信用评价获“AAA级”、公路信用评价首次获“AA”全国信用等级、湖北省市政行业2014—2015年度“五星级诚信企业”称号。

项目管理。2016年，集团公司以项目管理为中心，以工程公司为主体，以全过程控制和目标考核为抓手，夯实工程管理基础业务工作，创新项目管理方法，狠抓执行落实，加大对重难点工程、托管项目的管控，项目管理水平不断提升，圆满完成年度施工生产任务目标。铁路开通项目方面，佛肇、神大、织毕、昆明枢纽、汉孝、合芜、呼准鄂、兰渝、渝万、长株潭城际等项目顺利开通。桥梁施工方面，蒙华汉江特大桥、黔张常长湾澧水大桥进展顺利，广清（64+64）米、哈牡（56+56）米连续梁成功转体。隧道施工中，兰渝毛羽山及新城子隧道、成贵燕子岩隧道、南龙南戴云山隧道、成昆永广段骄子山隧道安全顺利贯通。箱梁运架方面，武九、广清双线梁架设顺利完成，济青、昌赣、汉十4标、5标、商合杭等项目按期开始架梁。铁路常规铺架方面，昆明枢纽、张呼、石济完成铺架施工。无砟轨道施工方面，渝万、西成等项目施工完成。公路施工方面，麻竹公路、麻武公路顺利通车，共玉公路姜路岭隧道安全顺利贯通。城轨施工方面,新加坡大士西线顺利完成,武汉机场 BT 线已顺利通车,上海地铁、合肥地铁、重庆轻轨全线贯通,遵义高铁新城、青岛地铁辽阳车辆段、光谷综合体进展顺利。房建施工方面,60 栋高层、超高层主体结构封顶,其中超过 100 米的超高层 3 栋,福清利嘉中心 B 区完成 2 栋超高层封顶,武汉杨春湖 2 标完成 1 栋超高层封顶。

财务工作。2016 年,集团公司完成营业收入562.95 亿元,完成年度股份公司下达预算 518.60 亿元的 108.55%,与 2015 年完成518.01亿元相比增加8.67%,集团公司营业收入呈快速上升趋势。2016 年集团公司利润总额 11.76 亿元,与 2015 年同期 14.21 亿元相比降低 2.45 亿元,下降17.27%。经营活动产生的现金净流量 43 亿元。截至 2016 年底,集团资产总额 438.81 亿元,较年初增加 22.70 亿元。资产负债率 76%,较年初下降 0.22 个百分点。实现清收清欠582.53亿元,完成股份公司下达目标的 104.11%。

审计工作。2016 年,投入审计工天 7743 天,开展审计项目 227 项,占年度审计计划的 110%,超额完成年度审计计划。其中,经济责任审计 64 项、项目审计 55 项、财务收支审计 22 项、经济效益审计 47 项、内控审计 3 项、专项审计调查 33 项、其他审计 3 项。出具审计报告 187 份,提出审计建议采纳 1057 条。

(隋英姿　诸葛祥　菊　凤　鹏　博　陈　跃　仇效兵　何　超　汪应兵　曹仪秋)

【科研成果】 集团公司在研课题 34 项,其中,国家科技支撑计划 1 项、建设部 4 项、湖北省建设厅 8 项;在课题研发过程中获省部级工法 17 项,其中,公路工法 2 项、新增专利授权 59 项(发明专利 14 项)。2016 年获省部级科进步奖 8 项,其中,一等奖 1 项、二等奖 4 项、三等奖 3 项;获行业协会科技奖 5 项,其中,公路协会二等奖 1 项、中施企协一等奖 1 项、二等奖 3 项;获股份公司科技进步奖 8 项,其中一等奖 1 项、二等奖 2 项、三等奖 5 项;获股份公司新技术示范工程 1 项;新增高新技术企业 5 家,集团公司高新技术企业共 10 家。

2016 年度新增主编行业标准和铁路总公司标准各 1 部,新增参编国家标准 3 部、行业标准 2 部、铁路总公司标准 3 部。发布地方标准 2 部,在编标准 25 部,其中主持编制行业标准 4 部、中国铁路总公司标准 2 部。正式出版《无砟轨道施工技术》《铁路公路与地铁施工临时结构设计范例》2 部编著。2016 年,集团公司与西南交通大学、中国矿业大学、神华集团等单位联合开展国家科技支撑计划“盾构施工煤矿长距离斜井关键技术研究与示范”研究,有效解决盾构施工难题。2016 年集团公司技术难点工程 43 项,已突破的技术难点 16 项,形成长沙中低速磁浮轨道工程施工关键技术、新加坡轨道交通巨型薄壁壳模制运架成套技术、短线匹配预制梁拼装技术、悬臂拼装姿态控制技术,黔张常铁路隧道机械化配套施工技术、莞惠城际上软下硬不良地质条件盾构施工技术、神东补连塔盾构施工煤矿长距离斜井施工关键技术等多项创新成果,其中长沙中低速磁浮轨道工程施工关键技术、新加坡预制巨型预应力盖梁 U 型壳模技术达到国际领先水平。　(汪　婧)

【党的工作】 下辖 16 个党委、249 个项目党工委、5 个党总支、487 个党支部,党工委 249 个,党员 9128 人,发展党员 165 人。领导班子和人才队伍建设。坚持以党委中心组学习为抓手,加强领导班子理论业务学习,安排党委中心组学习 14 次、专题研讨交流 4 次、邀请专家授课 2 次。深入开展“四好”领导班子创建活动,集团公司领导班子获 2015 年度股份公司“四好”班子。坚持民主集中制,修订贯彻落实“三重一大”集体决策制度,严格按照董事会、党委常委会、总经理办公会议事规则,集体决策“三重一大”问题 259 项,各项决策科学、民主、规范。深化干部人事制度改革,修订企业中层领导人员管理暂行办法,制定实施企业中层领导人员任职试用期管理暂行办法等制度文件,严格按照程序调整提拔 71 名企业中层干部,对 59 名试用期满干部进行考核,逐步建立人员能进能出、职务能上能下的干部管理机制。坚持领导干部个人有关事项报告核查制度,严格落实干部选拔任用的组织程序,从严把好选人用人关。推进集团公司机关部门空岗补员和财务共享中心人员招聘,进一步夯实机关管理。推动工程公司企业负责人评价、激励机制改革。接收应届大学毕业生 1260 人,勘察设计院吸纳社会人才 56 人,择优同 513 名自主用工人员续签 2 次劳动合同,深入贯彻落实干部人才教育培训制度,人才队伍总量稳步增长,结构进一步优化、素质进一步提升。实施员工带薪年休假、离岗休养、企业年金管理等制度,完善人才激励保障机制。

党组织建设。根据《党章》和上级党委要求,各级党组织严格按照规定时间、规定内容、规定程序,完成集团本级和各所属单位 16 个党委、113 个基层党组织的换届选举工作,落实全面从严治党要求。采用“自下而上、上下结合、反复酝酿、逐级遴选”的推荐程序,组织 737 个党组织、9128 名党员参加股份公司党的十九大代表候选人推荐提名工作,支部覆盖率和党员参与率达 100%。坚持“四个同步、四个对接”原则,对新组建的商合杭、遵义高铁新城项目部同步设立党组织,配备党组织书记,实现基层党组织和党建工作的全覆盖。制定实施党建思想政治工作量化考核暂行办法，使党建工作更加具体化、规范化。修定工程项目部党组织工作实施意见和基层党支部建设实施细则，为新形势下基层党建工作提供制度保障，进一步强化落实党建工作的责任。坚持把“支部主题党日”活动与“三会一课”结合进行，覆盖每个支部每名党员。按时完成党员组织关系、党代会代表和党员违纪违法未做相应处理、党费收缴排查等工作，消除历史遗留问题，进一步理顺党员组织关系、健全完善党员档案管理，夯实基础工作。局处两级党委采取内部集中、外部选送等方式，轮训基层党组织书记803人次。加强党员教育管理，进一步规范发展党员工作程序，严把党员入口关，确保发展党员质量，发展党员165人。开展党内关怀帮扶，慰问生活困难和老党员612人，发放慰问金96.05万元。推荐7个二级单位参加2016年省国资委国有企业示范基层党组织评选，发挥先进典型的示范引领作用。认真开展“一优两先”评选工作，表彰先进基层党组织20个、优秀共产党员40人和优秀党务工作者15人。

宣传思想工作。大力开展对党中央治国理政新理念新思想新战略特别是“四个全面”战略布局的学习宣传，增强广大干部职工“四个自信”。组织全员重点学习宣传股份公司、集团公司重要会议与文件精神，编发“转型升级强管理　提质增效再登高”宣传教育提纲，开展形势任务教育活动，及时将中央精神、上级部署和集团公司发展思路、目标、举措传递到基层，确保企业经营管理理念在基层一线落地生根，实现思想政治工作与管理工作紧密融合。围绕重难点工程、重大事件、先进典型等，加大在主流媒体集中报道力度，在股份公司以上媒体刊稿3000余篇，联合新华社、中央电视台等中央媒体对世界最大单口径射电望远镜落成启用、亚吉铁路建成通车等重点工程进行深度报道，提升企业形象。创新方法手段，利用网站、微信公众号等新型主流媒体，提高企业信息的传播力、引导力和影响力。切实加强舆情管理、突发事件媒体应对和培训工作，妥善处理宜巴高速楚阳隧道弃砟场事件。召开企业文化建设现场推进会，制作《企业文化手册》，进一步规范基层单位企业文化建设。深入开展文明创建，集团公司、五公司、桥梁公司获2016年“全国文明单位”称号，所属8家单位获2016年“湖北省最佳文明单位”称号。

党风廉政建设。集团公司党委、纪委认真落实“两个责任”，为企业改革发展稳定创造风清气正良好环境。召开党风廉政建设工作会和落实“两个责任”工作促进会，专题研究部署党风廉政建设工作，推动党风廉政建设责任制的落实深化。开展以“践行《准则》《条例》做遵规守矩党员”为主题的党风廉政建设宣传月活动，进一步增强各级党组织和党员干部的遵规守纪意识。在制定落实“1+7”制度体系、清单基础上，建立健全“两个责任”追责问责、“四早一创”预警、签字背书、学习办公会等机制，制度的笼子越扎越紧。集团公司党委专门下发文件，明确8家工程公司必须设置专职纪委副书记，所有工程公司必须设置专门的纪检部门，并规定部门人员编制，进一步深化“三转”。深入开展亏损项目整治、物资设备采购租赁、外部劳务选用等审计监察，重点对10个亏损项目进行问责，党政纪处分53人，组织处理23人，做到亏损必问责。配合股份公司党委顺利完成对集团公司的巡视工作，高度重视巡视组反馈的意见，及时部署整改工作，确保事事有着落、件件有回音。启动对建安公司、城轨公司的巡视，推动巡视监督向基层延伸，为企业改革发展、转型升级提供政治保障。全力配合、积极做好国家审计署对股份公司的审计工作。加大执纪审查力度，立案81件，结案81件，处分235人次。加强与地方检察机关、纪检监察机关沟通交流，推进检企共建，并在集团公司机关设立武汉铁路运输检察分院派驻检查室。2016年4月，集团公司被评为“湖北省国有企业落实党风廉政建设先进单位”，并在相关会议上交流经验做法。2016年8月，在股份公司“两个责任”促进会上进行党委落实主体责任经验交流。

（陈　勤　尹修兵）

【工会工作】　以“服务生产经营，服务职工群众”为统领，集团公司工会注重结合实际，打造特色，促进效果，彰显作为。一是职工服务中心、“双百”活动贴心帮扶。公司成立的“职工服务中心”贴心服务基层职工，拓展服务载体，深化服务内涵，提升服务质量。“双百活动”推动全集团专兼职工会干部为困难职工做好事实事，受到职工广泛好评。二是“最美工人”引领正能量。2016年，开展第二届寻找和评比集团公司“最美工人”活动，评选出13名“最美员工”。三公司商德中被评为湖北省“最美一线职工”。通过活动广泛宣传，大力弘扬工人阶级伟大品格和劳模精神，营造建功立业良好环境。三是“我爱铁建活动”打造文化魅力。为响应股份公司工会号召，培育先进企业文化，弘扬积极向上正能量，集团公司工会自4月以来组织开展“我爱铁建”征文、摄影、书画、视频征集活动。集团公司工会多次专题研究，周密部署，组织评审；各单位高度重视，广泛动员，全面落实。经过5个多月的努力，收到各单位征文108篇、书法80幅、绘画20幅、摄影218幅、视频16部，其中优秀作品上报股份公司工会。四是职工带薪年休假制度保障职工休假权益。积极推动下发施行《中铁十一局集团有限公司职工带薪年休假管理暂行办法》，建立以落实职工休假制度，维护职工休假权益为目标和导向的职工年休假制度，并要求所属各单位强制执行。该制度的施行，给广大职工送上了一份“厚礼”，深受欢迎。五是劳模创新工作室引领技术创新。创建劳模创新工作室，发挥劳模中技术能手和职工中技术尖子的带动作用，进行技术攻关。城轨公司“马明聪创新工作室”获湖北省示范性职工（劳模）创新工作室及扶持资金10万元，集团公司郝生德、一公司陈林生、四公司王更峰创新工作室分别获湖北省职工（劳模）创新工作室及扶持资金5万元。

（董世峙　高　宇）

【共青团工作】　下辖二级团委12个，团工委170个，团总支2个，团支部158个。35周岁以下青年11694人，团员5662人。各级共青团组织通过广泛开展“提质增效 青年担当”主题实践活动和青年文明号、青年突击队、导师带徒、职工讲堂等活动，成立青年文体协会，建立微信公众号等方式，服务广大青年，引导、激励团员青年积极投身企业改革发展实践。2016年，集团公司团委表彰优秀共青团员12人、优秀团干部3人、优秀团组织12个、青年岗位能手24人、优秀师徒11对。有17个团组织、23名团员青年获股份公司及以上表彰。（董世峙　高　宇）

【第一工程有限公司】　公路、市政公用工程施工总承包一级，铁路工程施工总承包二级，地基与基础、桥梁、隧道、公路路面、公路路基工程专业承包一级资质企业。公司驻湖北省襄阳市航空路73号。前身为铁道兵第一师第一团，1984年1月，集体转业，改称铁道部第十一工程局第一工程处；1999年12月，更名为中铁第十一工程局第一工程处，2001年9月，企业改制改称中铁十一局集团第一工程有限公司。注册资本金10.01亿元。执行董事、总经理魏加志。下辖2个机运队、10个专业队、物业管理中心、混凝土管理中心、周转材料管理中心，派出工程项目部48个。职工2417人，其中干部1485人、工人932人；专业技术干部1419人，占干部总数的95.5%；技术工人750人，占工人总数的80.5%。资产总额460677.0万元，其中固定资产原值60828.1万元、净值21097.9万元；流动资产437994.2万元；其他资产1584.8万元。机械运输设备1368台（套），设备原值27326万元、净值13214万元，设备成新率48.36%，设备总功率90274千瓦，技术装备率5.65万元/人，动力装备率38.62千瓦/人。年施工能力60亿元以上。

2016年，新签合同额87.79亿元，完成企业总产值74.01亿元，实现利润5411万元。国有资产保值增值率179.89%，净资产收益率6.31%，产值利润率1.13%，资产负债率76.08%。全员劳动生产率306.2万元/人年，人均创利22387.3元，职工年人均收入87412元。（朱杰雄　王　响）

【第二工程有限公司】　公路工程施工总承包一级、市政公用工程施工总承包一级，铁路工程施工总承包二级、建筑工程施工总承包二级、水利水电工程施工总承包二级，公路路基工程专业承包一级、公路路面工程专业承包一级、桥梁工程专业承包一级、隧道工程专业承包一级资质企业。公司驻湖北省十堰市白浪中路99号。前身为中国人民解放军铁道兵第一师第二团。1984年1月，集体转业，改称铁道部第十一工程局第二工程处；2001年9月，企业改制改称中铁十一局集团第二工程有限公司。执行董事、总经理蒋国云，党委书记朱新文。下辖2个工程队，路面分公司、机械化分公司、设备管理中心、周转器材管理中心、混凝土拌合站管理中心、物资集中采购供应中心、铁源公司、铁建医院、生活服务中心。派出工程项目部51个。职工2148人，其中干部1189人、工人959人；专业技术干部1028人，占干部总数的86.46%；技术工人704人，占工人总数的73.41%。资产总额44.22亿元，固定资产原值4.89亿元、净值2.09亿元，流动资产41.85亿元、非流动资产2.37亿元。机械运输设备430台（套），其中机械设备318台，运输设备112辆。固定资产原值25.90亿元、净值11938万元，总功率55078千瓦，动力装备率25.64千瓦/人，技术装备率5.56万元/人，设备完好率93.3%，利用率90.9%。2016年公司施工产值87亿元。

2016年，完成经营承揽129.08亿元。职工年人均收入8.94万元，人均创利3.2万元。国有资产保值增值率111.83%，净资产收益率6.74%，产值收益率6.51%，资产负债率75.01%，上交款完成率100%。

（崔照霞）

【第三工程有限公司】　铁路、公路、市政公用工程施工总承包一级，房屋建筑、矿山工、机电工程施工总承包二级，公路路基、桥梁、隧道、铺轨架梁专业承包一级，环保工程专业承包二级资质企业。具有试验检测综合类资质1项，爆破作业许可证1项，持续保持质量、环境、职业健康安全标准体系认证，2016年6月通过中央企业档案管理A级认定。公司驻湖北省十堰市武当路15号。前身为中国人民解放军铁道兵第一师第三团，1984年1月，集体转业，改称铁道部第十一工程局第三工程处；2001年9月，企业改制改称中铁十一局集团第三工程有限公司。公司注册资本金10.01亿元,执行董事兼总经理任继红,党委书记刘碧萍。下辖黄石、喀什、宁夏3个区域事业部,铺架2个队,运输3个队,轨排3个队,铺轨运输2个队,桥涵、机械、黄石综合运输等13个队;大机养、运架梁、焊轨、道岔、混凝土、电务、设备检修分公司等7个专业化分公司,1个周转材料管理中心,十堰物业管理中心、鹰潭物业管理中心、铁兵园、铁锋医院4个辅业单位。派出工程项目部64个;在武汉、新疆、山西、内蒙设有经营网点。职工2920人,其中干部1370人、工人1550人;各类专(兼)技术干部1291人,占干部总数的94.2%。

截至2016年底,公司固定资产原值10.8亿元、净值3.03亿元。机械运输设备796台(套),资产总额49.85亿元,2016年公司新增固定资产4376万元,占2016年预算新增固定资产5560万元的78.7%,资产负债率78.07%。实现营业收入71.05亿元,实现净利润5284万元。 (史 娟)

【**第四工程有限公司**】 拥有公路工程总承包一级、市政公用工程总承包一级、铁路工程总承包二级、房建工程总承包二级和矿山工程二级五项总承包资质;桥梁工程专业承包一级、隧道工程专业承包一级、公路路面工程承包一级、公路路基工程专业承包一级和环保工程专业承包一级5项专业承包一级资质以及钢结构工程专业承包二级资质、四级营业性爆破作业许可资质。公司驻湖北省武汉市东湖开发区佳园路21号。前身是冀鲁豫军区一分区基干五团,组建于1945年8月,后于1981年3月,整编为铁道兵第一师四团。1984年1月,集体转业,改称铁道部第十一工程局第四工程处;2001年9月,企业改制改称为中铁十一局集团第四工程有限公司。公司注册资本金10.1亿元,执行董事兼总经理余霖,党委书记唐清明(8月免)、谭发刚(9月任)。下设8个中心,2个工程队,2个管理部,派出工程项目部46个。职工2789人,各类管理人员和专业技术人员1404人、工人1385人;其中,专业技术干部1237人,占干部总人数的86%;技术工人1385人,占工人总数的90.9%。资产总额42.14亿元,其中,固定资产净值1.90亿元、流动资产39.99亿元。机械运输设备530台(套),设备原值20367.97万元、净值10700.89万元,设备成新率52.54%,设备总功率73215千瓦,动力装备率26.5千瓦/人,技术装备率3.87万元/人。年施工能力70.63亿元。

2016年,承揽工程任务88.87亿元,完成施工总产值70.63亿元,实现净利润5101万元。国有资产保值增值率112.76%,净资产收益率7.94%,资产负债率79.00%。 (张 艳)

【**第五工程有限公司**】 市政公用工程施工总承包特级,工程设计市政行业甲级,建筑工程施工总承包一级,公路工程施工总承包一级,铁路工程施工总承包二级,水利水电工程施工总承包二级,桥梁工程专业承包一级,隧道工程专业承包一级,公路路基工程专业承包一级,钢结构工程专业承包三级资质企业。公司驻重庆市沙坪坝区新桥新村71号。前身为铁道兵第29团,1984年1月,集体转业,改称铁道部第十一工程局第五工程处;2001年9月,企业改制改称中铁十一局集团第五工程有限公司。公司注册资本金10.01亿元,执行董事兼总经理蒋国云(8月免)、王胜祖(8月任,12月免),副总经理(主持行政工作)陈永平(12月任),党委书记朱勇(8月免)、刘建波(8月任)。公司机关设19个职能部门,下辖7个专业性施工队伍,5个子分公司,47个在建项目,41个收尾项目。职工2298人,其中,干部1468人、工人830人。机械运输设备1111台(套),设备原值27618.67万元、净值12045.16万元,设备成新率43.61%,设备总功率143925千瓦,动力装备率64.57千瓦/人,技术装备率5.4万元/人。资产总额47.5亿元。其中,固定资产原值62069.7万元、净值36517.5万元,流动资产436245.9万元;国有资产保值增值率107.93%,利润总额增长率-41.71%,权益净利率5.86%,资产负债率77.02%,营业收入增长率31.62%。

2016年,公司全年完成营业收入100.13亿元,实现净利润5065万元;完成任务承揽指标144.71亿元。 (张明江)

【**第六工程有限公司**】 机电安装和建筑工程总承包、环保工程和钢结构工程专业承包一级,矿山工程、市政公用总承包和起重设备安装专业承包二级,铁路工程、石油化工工程总承包和消防设施工程专业承包三级资质企业,具有A、B级门式起重机械,C级桥式起重机械,450吨通用门式起重机制造,900吨架桥机,A级起重机械制造安装维修等许可证,年施工生产能力30亿元以上。公司驻湖北省襄阳市七里河路2号。前身为1959年的中国人民解放军铁道兵第一师修理营,1984年1月,集体转业,改称为铁道部第十一工程局机械厂,先后更名为铁道部第十一工程局工程机械厂、基建安装工程处、中铁十一局集团有限公司基建安装工程分公司;2007年2月,改制改称中铁十一局集团第六工程有限公司。公司注册资本金2亿元,执行董事兼总经理刘德兵,党委书记孔凡华。职工815人,其中,干部601人、工人214人;专业技术干部601人,占干部总数的100%。技术工人214人,占工人总数的100%。资产总额113545.7万元。机械运输设备393

台(套),原值4亿元,设备总功率约10210千瓦,完好率95%,利用率85%,成新率45%。

2016年,新签合同额40.4亿元,完成企业总产值23.35亿元,实现营业收入17亿元,净利润2052万元。职工年人均收入107257元。 (刘 革)

【电务工程有限公司】 通信、机电工程施工总承包一级,建筑工程施工总承包二级,电力工程施工总承包二级;铁路电务、铁路电气化、输变电工程专业承包一级,电子与建筑智能化工程专业承包一级、建筑装修装饰工程专业承包一级;通信信息网络系统集成甲级、电力设施承装(修、试)二级、安防工程一级、公司计量测试中心国家级资质企业。公司驻湖北省武汉市东湖新技术开发区佳园路19号。前身为中国人民解放军铁道兵直属通信信号第三工程营,组建于1969年,1984年1月,集体转业改称为铁道部第十一工程局电务工程段;1986年4月,更名为铁道部第十一工程局电务工程处,2001年9月,企业改制改称中铁十一局集团电务工程有限公司;2009年7月,中铁十一局集团电务工程有限公司主体划转到中国铁建电气化局集团南方工程有限公司,保留资质。公司注册资本金2亿元,执行董事、总经理吴刚、党委书记严新金。下辖5个二级单位、8个区域项目部、27个重点工程项目部。2016年,承揽任务28.96亿元,完成企业总产值26.8亿元,完成营业收入25亿元,实现净利润5565.53万元。资产总额20.3亿元,其中固定资产原值1.53亿元、净值8986.48万元,流动资产19.3亿元,其他资产1亿元。人均创效7.45万元,全员劳动生产率31.76万元/人年,职工年人均收入13.37万元,国有资产保值增值率115.72%,净资产收益率17.26%,产值利润率2.56%,资产负债率82.97%,应上缴款完成率100%。机械运输设备119台(套)、设备原值6.55亿元、净值2595.03万元,总功率及人均动力装备率14077千瓦、技术装备率14077千瓦、设备完好率90%、利用率92%。

(杨 靖 刘慧琼 喻 鑫 王泽宁 杨彦伟)

【建筑安装工程有限公司】 建筑工程施工总承包一级,市政公用工程施工总承包一级、铁路工程施工总承包二级,机电工程施工总承包二级,地基基础、钢结构、建筑装修装饰、建筑机电安装、防水防腐保温、电子与智能化工程专业承包一级,环保工程、消防设施工程、建筑幕墙、起重设备安装工程专业承包二级资质,建筑幕墙工程、消防设施工程设计二级资质,工程测量乙级,营业性爆破作业设计施工四级资质企业。公司驻湖北省襄阳市长虹北路3号。前身为中国人民解放军铁道兵一师设计科,1984年1月,集体转业,改称铁道部第十一工程局勘测设计研究院;1996年6月,更名为铁道部第十一工程局建筑安装工程处,2001年9月,企业改制改称中铁十一局集团建筑安装工程有限公司。公司注册资本金5亿元,执行董事兼总经理王发明(8月免)、唐清明(8月任),党委书记刘建波(8月免)、王传斌(8月任)。下辖机械设备租赁公司、武汉物业管理服务中心、襄阳物业管理服务中心。职工1295人,其中,干部1036人、工人259人;专业技术干部215人,占干部总数的20.75% ;技术工人163人,占工人总数的75.81%。资产总额52.25亿元。其中固定资产原值19479万元、净值6681万元;流动资产513193万元。机械运输设备244台(套),总功率21442千瓦,动力装备率18.05千瓦/人,技术装备率2.35万元/人。年施工能力45亿元以上。

2016年,新签合同额59.199亿元,完成年度指标52亿元的113.8%;完成企业总产值35.12亿元;实现利润534万元,职工年人均收入53400元。(梁义才)

【桥梁有限公司】 桥梁工程专业承包一级、混凝土预制构件专业承包二级、钢结构工程专业承包三级资质企业。集高速铁路箱梁、T梁、U型梁、轨道板、轨枕、城市轻轨PC梁、铁路公路节段梁等预制品及其配套产品生产、物资贸易、仓储、战备器材管理于一体。公司驻江西省鹰潭市月湖区南站路24号。公司前身为中国人民解放军铁道兵鹰潭仓库,组建于1954年6月。1984年1月,集体转业改称铁道部工程指挥部鹰潭材料总厂;1989年,更名为铁道部工程指挥部鹰潭战备材料总厂;2001年11月,划转中铁十一局集团有限公司所属;2003年7月,企业改制改称中铁十一局集团鹰潭战备材料总厂有限公司;2003年12月,中铁十一局集团鹰潭战备材料总厂有限公司更名为中国铁道建筑总公司鹰潭战备材料总厂有限公司;2007年8月,正式更名为中铁十一局集团桥梁有限公司,并保留中国铁道建筑总公司鹰潭战备材料基地的名称。执行董事、总经理廖宏斌,党委书记王荃荃。下辖多种经营分公司、物业管理分公司、器材租赁分公司、设备管理中心、铁路制品分公司、抚州工业分公司、呼和浩特分公司,以及分布于全国各地的18个在建项目和25个完工收尾项目。

职工551人。其中,干部422人、工人148人;专业技术干部369人,占干部总数的87.4%;技术工人92人,占工人总数62.2%。2016年度,资产总额18.75亿元,流动资产15.97亿元,固定资产原值4.86亿元、净值2.41亿元,机械运输设备475台(套)。

2016年,实现营业收入26.63亿元。 (吴 丽)

【城市轨道工程有限公司】 市政公用工程施工总承包一级,地基基础工程、防水防腐保温工程专业承包一级,隧道工程专业承包二级,爆破作业资质四级承包资质企业。公司驻武汉市东湖新技术开发区佳园路23号,注册资本金5亿元。前身为中铁十一局集团广州地铁工程指挥部、广州分公司、城市轨道工程公司。2007年8月,企业改制改称中铁十一局集团城市轨道工程有限公司。执行董事、总经理周晗,党委书记张平(5月免)、赵东华(8月任)。下辖3个二级公司,派出工程项目部44个。职工1460人,其中,干部1260人、工人200人;工程技术人员919人,占干部总数的73%。资产总额49.32亿元,其中固定资产原值15.69亿元、净值86211.26万元,流动资产40.51亿元,净资产58654.93万元。机械运输设备957台(套),总功率104223千瓦,动力装备率77.26千瓦/人,技术装备率48.17万元/人。

2016年,新签合同额83.35亿元,完成企业总产值53.36亿元,施工产值53.36亿元,实现利润总额5934.9万元,税后净利润5547.2万元。国有资产保值增值率11.06%,净资产收益率11.31%,产值利润率1.11%,资产负债率88.11%,投资收益上缴率100%。

(邓光明　王红宇)

【房地产开发有限公司】 主要从事房地产投资与开发业务,具有房地产开发建设、商品房销售、物业管理;兼营房地产项目策划、信息咨询、技术开发等业务。公司驻湖北省武汉市东湖新技术开发区民族大道324号中国铁建·梧桐苑B1办公楼。2010年3月,由中铁十一局集团有限公司出资成立中铁十一局房地产开发有限公司,2016年4月,集团公司向房地产公司增资,将注册资本金由5000万元增加至1亿元。房地产公司下辖重庆壁和房地产开发有限公司、中铁十一局集团武汉房地产开发有限公司、中铁十一局重庆房地产开发有限公司3家全资子公司。职工43人。资产总额331257万元,其中净资产12962万元。(程　希)

【汉江重工有限公司】 拥有AB级门式起重机械、C级桥式起重机械、A级起重机械改造安装维修、CA砂浆车生产许可证、货物及技术进出口及贸易、住建部起重设备安装工程专业承包三级资质,钢结构工程专业承包三级资质,中国钢结构制造企业一级资质。公司驻湖北省襄阳市樊城区航空航天工业园中航大道22号。2013年9月4日成立。专业从事机械装备研发、设计、制造、服务于一体的专业化企业,与第六工程有限公司实行"一套机构,两块牌子"的管理模式,注册资本金2亿元。拥有地处湖北襄阳市樊城区航空航天工业园区、老河口市、新疆乌鲁木齐市3个生产制造基地,占地面积32万平方米,生产场地12万平方米。总经理刘德兵,党委书记孔凡华。职工608人。资产总额5.98亿元。其中固定资产原值1.52亿元、净值1.19亿元;流动资产4.07亿元。机械运输设备389台(套),原值3450.77万元、净值1952.65万元,总功率11004.95千瓦。设备完好率89.92%;设备资产增长率0.05%,设备动力装备率17.17千瓦/人,技术装备率3.06万元/人,设备成新率53.22%,设备总体技术状况良好。年施工能力5亿元。(段健美)

【勘察设计院】 铁道行业(Ⅱ)级、公路行业甲级、市政行业甲级、建筑行业(建筑工程,人防工程)甲级、工程勘察专业类(岩土工程)乙级、测绘甲级资质企业。驻湖北省武汉市洪山区民族大道324号。前身为中国人民解放军铁道兵第一师工程设计科;1986年1月,更名为铁道主管部门第十一工程局勘测设计处;1993年3月,更名为铁道部第十一工程局勘测设计研究院;2012年4月,更名为中铁十一局集团有限公司勘测设计研究院;2015年5月,重组扩建并更名为中铁十一局集团有限公司勘察设计院。是中铁十一局集团有限公司下属单位。设计院院长、党委书记聂桂良。下辖线路站场设计所、桥梁隧道设计所、地质路基设计所、房屋建筑设计所、设备设计所、工程经济所、勘察大队、工程检测中心、工程承包部、工程监理部10个生产部门。职工161人。其中,专业技术人员161人,占职工总数的100%。资产总额2571万元,其中,流动资产2207万元、固定资产原值148万元、无形资产216万元;完成承揽任务总额3212万元,实现营业收入2213万元;职工年人均收入16.28万元。(徐全平)

【物资贸易有限公司】 主营工业与民用建筑、商业设施及公共基础设施建设的物资综合配套供应和国际进出口贸易业务的国有独资企业。与桥梁有限公司实行"一套机构,两块牌子"的管理模式,执行董事、总经理廖宏斌,党委书记王荃荃。公司驻江西省鹰潭市月湖区南站路24号。于2012年7月注册成立,下辖华东、华中、东北、西北、昆明、川渝贵、济南、广州、进出口贸易9个分公司。职工121人,其中,干部106人、工人15人。

(吴　丽　罗杨阳)

【武汉物业管理有限公司】 二级资质企业,为各类楼盘业主提供物业服务。2012年9月,由中铁十一局集团有限公司出资成立。2016年4月5日,集团公司出资向物业公司增资,将注册资本金从300万增加至500万。公司驻湖北省武汉市武昌区中山路小东门

277号中铁大厦。执行董事、党委书记、总经理代峪。下辖中铁大厦物业项目部、中国铁建·梧桐苑物业项目部2个项目及1家重庆分公司。（程　希）

【新加坡分公司】 2012年7月12日成立，为集团公司授权在东南亚区域独立从事生产经营、自负盈亏、自我发展、不具法人资格的经济实体。公司驻16A Tuas Link 4 ,Singapore 。总经理杨汉国。管理人员148人、工人423人。资产总额24620万元，其中，流动资产24206万元，固定资产414万元。

2016年，新签合同额25.35亿元，完成承揽任务总额6070万元，实现营业收入40737万元。

（温臣山）

【黄石建设管理有限公司】 主要从事工程建设管理、咨询、对建筑业、运输业、旅游业开发投资等业务。2013年6月8日成立，公司驻湖北省黄石市大泉路39号预备役高炮三团院内，注册资本金2亿元。公司执行董事兼总经理李占楹。职工4人，干部4人。

（吴志明）

【襄阳管理部】 驻湖北省襄阳市七里河。2003年12月成立，2006年9月与襄樊基地资产管理开发中心合并。2009年12月30日主体划转并入第六工程有限公司，继续保留和使用中铁十一局集团有限公司襄樊管理部名称，下辖襄阳管理分部；2010年12月2日，襄樊市更名为襄阳市，原襄阳区更名为襄州区，集团公司于2011年1月4日研究决定襄樊管理部更名为襄阳管理部，所属襄阳管理分部更名为襄州管理分部。党委书记、主任应广军。职工130人。资产总额644万元，流动资产644万元。（李　强）

【重要记载】

▲1月7日　集团公司领导班子“三严三实”专题民主生活会，在武汉召开，股份公司董事长孟凤朝和股份公司职工监事、党委组织部部长张良才，案件检查室纪检监察专员王共鸣到会指导。

▲1月22日　集团公司党委二届十三次全委（扩大）会暨2016年党的建设和反腐倡廉工作会在武汉召开。集团公司领导，集团公司党委委员、纪委委员，各单位党政主要领导、纪（工）委书记140余人参会。

▲1月23日　集团公司四届二次职代会暨2016年工作会在武汉召开。

▲3月30日　由三公司参建的北京地铁9号线获第十三届中国土木工程詹天佑奖。

▲4月2日　由巴基斯坦铁路建设有限公司总裁乔杜里·阿米尔·尼萨尔带领的考察团到桥梁公司考察调研，参观、了解桥梁公司铁路轨枕的产品质量、生产工艺和生产能力，为下一步合作打基础。

▲4月12日　四公司“重载铁路黄河特大桥施工关键技术”和“超宽变截面连续梁桥不平衡配重转体技术”2项科技成果在武汉召开的科技成果鉴定会上经湖北省科技厅鉴定会评定达到国际领先。

▲4月　四公司东山供水项目获陕西农林水工会“五一劳动奖状”。

▲5月12日　中国铁建2016年施工技术管理经验交流会在大桥局福平铁路项目召开，集团汉江重工研制的全国首台2700T新型节段拼装造桥机亮相观摩会现场。

▲5月31日　昆明地方政府实施的第一批PPP项目——昆明轨道交通5号线工程开工仪式在福保站举行。中国铁建总裁庄尚标，昆明市市长王喜良，集团公司董事长、党委书记何义斌等领导出席开工仪式并推动开工启动杆。

▲5月　五公司重庆轨道交通四号线项目部获重庆市“工人先锋号”。

▲6月14日　由三公司参建的上海轨道交通16号线获2015年上海市市政工程金奖。

▲7月8日　五公司国家科技支撑计划项目示范工程“盾构施工煤矿长距离斜井关键技术研究与示范”顺利通过验收。

▲7月25日　由集团公司黔张常项目部承建的长湾澧水大桥、黄家台隧道获全国建筑业绿色示范工程。

▲8月8日　集团公司领导班子获中国铁建2015年度“四好”领导班子。

▲9月5日　建安公司获“全国守合同重信用企业”称号。

▲9月19日　三公司商德中获“湖北省最美一线职工”称号。

▲9月20—23日　汉江重工研制的高铁和桥梁施工提运架装备在德国柏林国际轨道交通技术展会展出。

▲9月25日　由集团公司参建的世界最大单口径射电望远镜（英文简称FAST）在贵州省平塘县落成启用。

▲11月17日　中国铁路总公司隧道衬砌施工观摩会在集团公司京沈客专京冀段VII标召开。

▲11月19日　四公司代表队代表中国铁建参加全国铁路运动会获“道德风尚奖”，一公司党委副书记、工会主席罗琛获“2013—2016年度全国铁路体育先进个人”称号。

▲11月20日　由集团二公司和五公司承建的新

建铁路大同至西安客运专线马家庄隧道获鲁班奖。

▲12 月 5 日　电务公司深圳地铁项目获深圳市城市轨道交通突出贡献奖。

▲12 月 13 日　由集团公司参建的无锡市轨道交通 1 号线工程获 2016—2017 年度国家优质工程金质奖，参建的新建兰新铁路第二双线甘青瓜州段、新建宿淮铁路京杭运河特大桥、武咸城际铁路跨武广客专特大桥 3 项工程，获 2016—2017 年度国家优质工程奖。集团公司董事长、党委书记何义斌等 16 人获评国家优质工程创建突出贡献先进个人。

▲12 月 26 日　由四公司担负施工的兰渝铁路岷广段正式开通运营。集团公司董事长、党委书记何义斌代表兰渝项目部上台领取甘肃省政府授予的“突出贡献奖”奖牌。　（郭　琳）

中铁十二局集团有限公司

【简况】　中铁十二局集团有限公司是具有铁路工程和房屋建筑工程施工总承包“双特级”、铁道行业和建筑行业设计“双甲级”资质企业，同时具备公路、水利水电、市政公用、通信工程等施工总承包一级，隧道、桥梁、路基、路面、地基与基础、机场场道、铺轨架梁、轨道交通、机电设备安装、地质灾害治理等专业承包一级等各类资质近百项，拥有对外承包工程资格和对外劳务合作经营资格。公司机关驻山西省太原市万柏林区西矿街 130 号。下辖第一、第二、第三、第四工程有限公司及建筑安装工程有限公司、电气化工程有限公司、第七工程有限公司、海南振海工程有限公司、市政工程有限公司、铁路养护工程有限公司、国际工程有限公司、物资有限公司、房地产开发有限公司、投资管理有限公司、山西铁道大厦有限公司，华南、华东、西北、川渝、云贵、北京、东北、华中工程指挥部，湘潭铁路工程学校、中心医院、兴城疗养院、物业管理中心、资金调度中心、北京办事处等单位。职工 16545 人，其中，干部 10559 人、工人 5986 人；各类专业技术干部 9268 人，占干部总数的 87.8%；技术工人 4068 人，占工人总数的 68%。2016 年企业资产总额 424.91 亿元，其中固定资产净值 36.88 亿元，流动资产 374.78 亿元，货币资金 107.02 亿元。资本金收益率 22.29%，净资产收益率 15.77%，产值利润率 2.36%，资产负债率 81.99%。机械运输设备 7973 台（套），总功率 922374 千瓦，固定资产原值 221129.4 万元、净值 108868.5 万元，技术装备率 10.9 万元/人，动力装备率 50.2 千瓦/人。新购设备 1209 台（套）、购置金额 68116.9 万元，大型设备完好率95.1%、利用率 70.6%；综合机械化施工水平 90.8%。企业年施工能力 500 亿元以上。

2016 年，承揽任务 248 项，合同总额 863.25 亿元；完成企业总产值 550.9 亿元，占集团公司年度计划 505 亿元的 109.1%，比上年增长 8.9%；完成施工产值 523.5 亿元，占集团公司年度计划 485 亿元的 108%，比上年增长 7.6%；实现利润总额 13.09 亿元，净利润 11.27 亿元，职工年人均收入 95213 元，比上年增长 7%。完成主要实物工程量：土石方 11133 万立方米，占年度计划的 113.3%；隧道 234203 折合米，占年度计划的 92%；桥梁 175791 延长米，占年度计划的 113.8%；房屋建筑面积折合完成 2455708 平方米，占年度计划的 144.7%，公路路面 178.6 万平方米，铁路铺轨 280.15 千米，电气化接触网 888.32 千米。工程质量合格率 100%。获国家优质工程 3 项、全国工程建设优秀管理质量小组 7 个，获省部级优质工程 7 项、省部级及以上科技进步奖 18 项。　（张　诚）

【领导人员】

董事会

董事长	宋津喜
董事	宋津喜
	王锦友
	薛如明
	方永利（3 月免）
职工董事	张凤华

监事会

监事	张乐卿
	张金才

经理层

总经理	宋津喜
副总经理	薛如明
	高治双
	祁玺剑
	向远华
	宋志宏（3 月任）
	谭雷平
	孙圣杰（1 月免）
	方永利（3 月免）
	雷　军
	支卫清
	李天胜（12 月任）
	何国民（12 月任）
	梁彬彬（12 月任）
总工程师	高治双（兼，12 月免）

李天胜(兼,12月任)
总会计师　方永利(兼,3月免)
宋志宏(兼,3月任)

党群领导

党委书记　王锦友
党委副书记　宋津喜
张凤华
李国强(兼,11月免)
纪委书记　李国强
工会主席　张凤华

(赵宏旺)

【工程项目指挥机构】 成贵铁路工程指挥部　驻云南省镇雄县。指挥长祁玺剑,常务副指挥兼党工委书记邸建玄。

西成客专项目经理部　驻陕西省佛坪县。项目经理兼党工委书记尚红卫。

广佛环城际项目经理部　驻广东省佛山市顺德区。项目经理兼党工委书记王光勇,党工委副书记赵铁。

蒙华铁路2标项目经理部　驻山西省万荣县。项目经理赵西民。

蒙华铁路11标项目经理部　驻山西省河津市。项目经理兼党工委书记胡建国,党工委副书记平旭辉。

哈牡客专项目经理部　驻黑龙江省哈尔滨市。项目经理张瑞森,党工委书记张仲理。

徐淮盐铁路工程指挥部　驻江苏省徐州市。指挥长兼党工委书记向远华,常务副指挥郝晋峰。

大临铁路项目经理部　驻云南省大理州南涧县。项目经理张变西,党工委书记刘成木。

郑万高铁项目经理部　驻湖北省襄阳市保康县。项目经理兼党工委书记王立军,党工委副书记夏登川。

(张　诚)

【职工队伍】 职工16545人,其中干部10559人。各类专业技术干部9268人,占干部总数的87.8%。硕士研究生及以上171人、大学本科8835人、大学专科1002人、中专313人、高中以下238人;具有专业技术职称9148人;25岁以下2510人、26~30岁3308人、31~35岁1946人、36~40岁955人、41~45岁501人、46~50岁442人、51~54岁450人、55岁以上477人。工人5986人,占员工总数的36.18%,其中,技术工人4068人,占工人总数的68%;初中及以下2240人、高中1894人、中专以上1852人;30岁以下240人、31~40岁1279人、41~50岁1251人、51~60岁3196人。

(浦晋东)

【工程施工】 2016年,在建项目351项,其中,铁路79项、公路66项、地铁50项、房建47项。

新建蒙华铁路MHTJ-11标段　位于山西省运城市,正线长46.44千米。合同投资29.44亿元,合同工期2015年8月15日—2019年6月15日。主要工程量:路基28.534千米,禹门口隧道5089.4延长米,特大桥3座11371.34延长米,大桥5座1296.5延长米,中桥2座156.13延长米;框构桥8座2895.86顶平米,涵洞69座2196.92顶平米。2016年完成产值118378万元。

新建蒙华铁路MSHH-2标段　位于山西省运城市,全长8.6千米。合同投资8.01亿元,合同工期2015年3月1日—2018年10月1日。主要工程量:区间及站场路基土石方14.86万立方米,隧道1座7683延长米,无砟道床15246米。2016年完成产值44938万元。

新建哈尔滨至牡丹江客运专线SG-2标段　正线全长40千米。合同投资22.38亿元,合同工期2015年8月15日—2019年6月15日,主要工程量:路基10.663千米,路基土石方217.13万立方米,桥梁17座11.555延长米,隧道11座17.782延长米,涵洞31座922.91横延米。2016年完成产值131755万元。

新建大理至临沧铁路站前3标段　位于云南省南涧县和云县。正线长41.204千米。合同投资21.22亿元,合同工期2015年12月28日—2020年6月28日。主要工程量:站场4座,桥梁8座1768.43延长米,隧道7.5座39367延长米。2016年完成产值36076万元。

新建徐州至淮安至盐城铁路XYZQ-Ⅰ标段　正线长26.426千米。合同投资27.95亿元,合同工期2016年1月1日—2019年7月1日。主要工程量:路基土石方318.16万立方米,复杂特大桥6座33653.68延长米,一般特大桥2座1204.2延长米,梁式中桥1座108.8延长米,框架式中桥2座3754.61顶平米,小桥2座3650.58顶平米,车站2座,预制架设DK0+000~DK42+806及徐州枢纽箱梁990孔、T梁270孔,涵洞5座920.81横延米,无砟道床2288.68米。2016年完成产值108848万元。

成贵铁路CGZQSG-11标段　位于云南省,线路全长26.633千米。合同投资20.57亿元,合同工期2014年1月1日—2018年4月30日。主要工程量:路基及站场土石方93.87万立方米,大桥1055.756延长米,中桥2座104.14延长米,涵洞9座344.19横延米,隧道8座23.412延长米。2016年完成产值62859万元。

大瑞铁路4标段　位于云南省保山市,主线长

36.475千米。合同投资14.59亿元,合同工期2015年12月1日—2021年5月31日。主要工程量:路基挖土方686692立方米,石方865918立方米,填方132746立方米,涵洞3座32.91横延米,特大桥1座540.2延长米,大桥9座1776.13延长米,中桥1座60.97延长米,隧道主线7座32646延长米,隧道横洞9座8420延长米。2016年完成产值23071万元。

新建北京至沈阳铁路客运专线辽宁段TJ-2标段　全长28.35千米。合同投资20.17亿元,合同工期2014年7月1日—2018年8月31日。主要工程量:区间土方54.58万立方米,石方78.91万立方米,基床混凝土5.1万立方米,过渡段4.2万立方米,路基附属混凝土3.8万立方米,特大桥3座3860.7延长米,大桥5座1449.23延长米,中桥2座206.5延长米,涵洞9座268.8横延米,大于10千米隧道1座13205延长米,小于4千米隧道9座6851.04延长米,无砟道床56.29铺轨千米,道岔铺设2组。2016年完成产值58773万元。

新建衢州—宁德铁路(福建段)站前工程施工总价承包QNFJZQ-3标段　位于福建省宁德市屏南县、周宁县和蕉城区,全长38.082千米。合同投资16.08亿元,合同工期2015年9月20日—2019年6月20日。主要工程量:区间路基及站场土石方238.7万立方米,特大桥1座550.91延长米,大桥2座637.7延长米,中桥5座403.49延长米,框架小桥1座288.4顶平米,涵洞4座661.32横延米,隧道8座34553.4延长米。2016年完成产值43401万元。

新建衢州—宁德铁路(浙江段)2标段　位于浙江省丽水市和衢州市境内,全长42.313千米。合同投资14.96亿元,合同工期2015年10月1日—2020年9月30日。主要工程量:隧道8座28.665延长米,特大桥5座3255.3延长米,大桥9座2175.56延长米,涵洞45座1471.51横延米,路基8.224千米,站场3个,区间路基土石方116.95万立方米,站场土石方210.1万立方米。2016年完成产值19682万元。

拉林铁路6标段　全长13.357千米,施工范围为拉林铁路桑加峡谷区站前工程。合同投资7.46亿元,合同工期2014年12月1日—2019年5月31日。主要工程量:巴玉雅鲁藏布江三线大桥283.3延长米;进口栈桥195延长米;新增热米便桥198延长米;新增奔中便桥243延长米。巴玉隧道13073延长米;无砟轨道12.25千米。2016年完成产值20807万元。

成兰铁路CLZQ-8标段　位于四川省阿坝市茂县。全长18.19千米。合同投资13.70亿元,合同工期2012年12月17日—2017年7月16日。主要工程量:茂县隧道3803延长米,核桃沟大桥171.209延长米,榴桐寨隧道左线14214延长米、右线13397延长米。2016年完成产值48274万元。

济青高铁10标段　位于山东省高密市、胶州市,全长27.708千米。合同投资22.86亿元,合同工期2015年12月20日—2019年9月30日。主要工程量:路基0.62千米,路基土石方95.3万立方米,特大桥0.5座23018.59延长米,大桥1座114.3延长米,框架桥2座920.72顶平米,隧道0.5座2150延长米,涵洞1座102.42横延米,轨道59.735铺轨千米,站场1座1.81千米,高密东梁场691孔,轨道板预制场1座2.35万块,CRTS I型双块式轨枕约3.2万根,潍坊和青岛境内本段范围内三电及管线迁改。2016年完成产值15521万元。

新建武汉—十堰铁路孝感—十堰段HSSG-10标段　全长39.89千米。合同投资23.24亿元,合同工期2016年1月1日—2019年12月31日。主要工程量:路基土石方340.7万立方米,特大桥10座20909.11延长米,大桥13座4092.64延长米,中桥6座498.61延长米,隧道5座3460延长米,涵洞15座299.54横延米,无砟轨道铺设无砟道床79.235千米,预制架设箱梁748孔。2016年完成产值109977万元。

安六铁路ALTJ-3标段　正线长度39.145千米。合同投资25.40亿元,合同工期2015年12月1日—2018年11月30日。主要工程量:双线特大桥5座3032.942延长米,双线中桥23座4831.68延长米,隧道29座24304延长米,区间正线路基5.05千米,车站2座。2016年完成产值87811万元。

大张高铁DZZQ-3标段　正线长度32.745千米。合同投资24.81亿元,合同工期2015年12月1日—2019年5月31日。主要工程量:区间路基挖土方13万立方米,填方145万立方米,填级配碎石16万立方米,站场路基挖土10.3万立方米,填方227.4万立方米,填级配碎石19.6万立方米,新建框架涵1791.9米、接长框架涵43.54米,特大桥4座22645延长米,双线框构中、小桥13座14160.574顶平米,车站1座(大同南站)。2016年完成产值94437万元。

改建铁路南平—龙岩铁路扩能工程NLZQ-1标段　线路长度24.826千米。合同投资19.65亿元,合同工期2013年12月1日—2017年11月30日。主要工程量:区间路基挖土方30.9万立方米,石方5.8万立方米,填方40.3万立方米,站场路基挖土方93.7万立方米,填方44.9万立方米,涵洞15座475.46横延米,特大桥4座4351.09延长米,大桥8座2434.3延长米,中桥1座70.84延长米,隧道10座31121.74延长米。2016年完成产值57796万元。

改建铁路阳安线增建第二线工程大岭铺—安康东

直通线 YAZTS－1 标段　新建正线 18.107 千米。合同投资 9.87 亿元，合同工期 2014 年 5 月 26 日—2018 年 5 月 25 日。主要工程量：区间路基挖土方 3.1 万立方米，石方 5.3 万立方米，填方 0.3 万立方米，站场路基挖土方 0.7 万立方米，填方 0.38 万立方米，涵洞 1 座 11.2 延长米，特大桥 1 座 596.37 延长米，大桥 3 座 1143.64 延长米，中桥 1 座 60.75 延长米，隧道 5 座 14544.16 延长米。2016 年完成产值 35675 万元。

重庆西站站房及相关工程　主要工程量：主站房建筑面积 119408 平方米，采取线上式布局，为特大型站房，站房地上 2 层，地下 1 层，局部设置夹层，高度 38.40 米；无柱雨棚投影面积 81108 平方米、高架桥 335.4 延长米、行包地道 2750 米，站场规模 29 站台面。合同投资 23.20 亿元。合同工期 2014 年 12 月 1 日—2017 年 5 月 31 日。2016 年完成产值 100032 万元。

常州市轨道交通 1 号线一期工程 TJ08 标段　合同投资 8.82 亿元，合同工期 2015 年 4 月 1 日—2021 年 6 月 5 日。主要工程量：2 座地下车站建筑工程约 60928.6 平方米，其中 1 号线文化宫站 30705.6 平方米，2 号线文化宫站 30223 平方米；附属 12 个出入口和 8 组风亭及 1、2 号联络线 195 米独立于主体部分。2016 年完成产值 18014 万元。

厦门地铁 1 号线 1 标二工区工程　包含三站二区间，合同投资 59165 万元。合同工期 2013 年 10 月 20 日—2016 年 10 月 20 日。主要工程量：将军祠站199.8 米，文灶站 221.4 米，湖滨东路 473.55 米；将军祠站—文灶站区间 683.774 米，文灶站—湖滨东路站区间 862.625米。2016 年完成产值 35909 万元。

厦门地铁 1 号线 2 标二工区工程　全长 2.483 千米，合同投资 34532 万元。合同工期 2013 年 10 月 20 日—2016 年 11 月 30 日。主要工程量：软件园站179.8 米，集美大道站 272.4 米，诚毅广场站—软件园站区间盾构段 858 米，软件园站—集美大道站区间 955 米（左线）和 944 米（右线）。2016 年完成产值 10292 万元。

（张林祥）

【经营管理】　经营承揽。坚持因势而变，在巩固既有优势的基础上，从战略层面对市场进行深化和细分，坚持紧抓铁路任务不放松，深度挖掘公路市场机遇，全面发力城市经营，加大对薄弱市场的开发力度，在多个领域取得新突破，经营成效、成果得到全面增强。2016 年，承揽任务 248 项，新签合同总额 863 .25 亿元。非工程板块 38 项 27.3 亿元，工程板块 210 项 836 亿元。按工程项目分类统计：铁路 55 项，合同额274.9亿元，占总额的 31.8%；公路 49 项，合同额 221.6 亿元，占总额的 25.7%；房建 31 项，合同额 56.2 亿元，占总额的 6.5%；市政 22 项，合同额 56.1 亿元，占总额的 6.5%；轨道交通 32 项，合同额 203.5 亿元，占总额的 23.6%；水利水电 14 项，合同额 12 亿元，占总额的1.4%；机场 7 项，合同额 11.7 亿元，占总额的 1.4%。按国内、外承揽分类，国内工程 244 项合同额 831.2 亿元，海外工程 4 项，合同额 32.1 亿元，占总额的 3.7%。

项目管理。将稳定现场作为成败的关键，突出主要矛盾，落实主体责任，强化预控管理、问题管理和分级分类管理，确保在建项目均衡有序推进。通过狠抓重难点项目管理，佛肇、郑徐、三南、渝万、兰渝、沪昆等铁路如期开通，得利、南平、凤凰岭、太古供热、文笔山、辽西等长大隧道顺利贯通，二郎山“斜井反打”创造新纪录，国内最小直径盾构南京洪武路排污隧道安全建成；徐盐、峨米、玉磨、米攀、阳安等项目进展顺利，南沙港、银西、太焦、郑万等项目稳步开局。通过狠抓企业形象建设，项目履约意识普遍增强，业主告急文电大幅减少，贺电表彰纷至沓来，济青、大张、佛山西站等在全线领跑，汉十、青连、宝兰、青岛地铁、广州地铁等先后受到观摩。积极组织参与川黔、石太、焦柳、宁安、织毕等铁路抢险中，为企业增光添彩。

安全质量。先后深入开展“安全质量大检查大整治”、“安全质量反思月”、建设工程领域“反三违”专项行动和安全生产大检查、铁路项目信用评价等系列活动；结合实际扎实开展隧道及地铁、桥梁及铺架、铁路营业线施工、大型设备、危爆物品、交通运输安全、节假日和季节性安全、应急管理专项检查、高速铁路质量安全、冬季施工安全质量等系列专项检查活动，确保总体态势平稳；重点加强隧道及地下工程、高墩大跨连续梁及制运架梁、铁路既有线、深基坑、高边坡、高空作业、大型设备及支撑体系、危爆物品安全管理，有效遏制安全质量事故及险性事件的发生。2016 年，获国家优质工程 3 项、省部级优质工程 7 项，铁建杯优质工程 18 项；获全国工程建设优秀质量管理小组 7 个、省部级优秀质量管理小组 16 个，被股份公司评为“2016 年度安全生产先进单位”；获全国 AAA 级安全文明标准化工地 1 项、省部级安全文明工地 5 项，股份公司安全质量标准工地 5 项。

财务管理。积极推行资本金到位、资金集中管理收益分成、大型设备借款免息低息扶持等“1＋6 ”系列经济政策，激发所属单位的活力和动力；通过理顺内部经济关系，规范资金往来，优化资产结构，提升资产质量；通过严格资金预算、强化资金集中、狠抓清收清欠、拓宽融资渠道、压减非生产性开支等办法，保障生产经营资金需求；通过预控前移，重点整治，增强成本管理精益化水平；通过紧抓重大项目概算清理的机遇，保障二次经营效果；全面强化营改增税制改革、共享中心建设等,夯实基础工作。这些举措规范管理,激发活力,促进企业经济健康运行。实现营业收入542.29亿元,实现净利润11.27亿元,货币资金总量105.5亿元,首次突破百亿元,经营性现金净流量58.8亿元,资产负债率为81.5% ,降至历史最低值。

成本管理。对新上场项目分级次和规模进行100%预控,为成本精益化管理奠定基础;强化责任落实,编制下发《项目成本管理终端责任落实操作案例》,对项目实物量的管控起到良好指导作用;加强收尾项目"收口"管理,在财务状况全面梳理的基础上,对概算清理、分劈、末次结算等工作进行重点监控,及时撤户并账,锁定后期成本费用,确保项目后期收益的最大化。强力整治亏损项目,实行四级联动机制,对亏损项目开药方、指方向、定目标、压责任,2016年,有5个项目消化最终亏损,9个项目实现扭亏为盈;大力开源创效,加强源头预控和过程督导和政策扶持,实现变更补差83.49亿元,占完成投资的16.26% 。

审计工作。通过做好数据采集和录入工作,完善迎审配合机制,畅通沟通渠道,按时提供审计资料,积极备好审计预案,做好服务保障工作,为各项审计工作奠定良好基础。接受14项各类审计机构检查,其中涉及6项竣工项目审计、2项投资审计、5项跟踪审计、1项过程变更咨询审计;对2014年自查整改、2015年国资委经济责任审计发现的问题以及2016年初自查发现的问题,开展"回头看"检查,惩处责任人14人,本级制定规范性措施11项、子公司修订制度111个。充分发挥内部审计作用,对华东指挥部、成贵铁路项目经理部等9家单位实施连续审计,对川渝指、养护公司实施离任经济责任审计,对赣龙铁路、吉图珲客运专线等8个工程项目部进行竣工审计,对铁道大厦、中心医院、湘潭技校、兴城疗养院实施年度绩效复核审计。先后顺利通过山西省国税局研发费用专项检查、地税局重点检查及山西省社保局等外部稽查工作,有效化解外部审计检查风险。

(张　诚)

【科技成果】 2016年,集团公司确立科技研发项目260项,计划投入研发资金26.36亿元,其中各子公司研发立项213项,投入研发资金18.25亿元;通过省级科技成果鉴定17项;获省部特等奖1项,一等奖3项,二等奖4项,三等奖10项,其中二公司参与研究的"高速铁路隧道围岩稳定性控制技术"获铁路总公司特等奖,一公司参与研究的"青藏高原高地温隧道建设成套技术及应用"等3项成果分获铁路总公司等省部科技进步一等奖,"污染地层泥水平衡盾构施工关键技术"等4项成果分获山西省等省部科技进步二等奖;41项工法被评为省部级工法;获国家专利局专利授权99项,其中发明专利6项,实用新型专利93项。

(张　诚)

【党的工作】 截至2016年底,各类基层党组织1020个,其中党委284(含各级党工委)个,党支部736个;党员8715人,其中,正式党员8537人、预备党员178人;在岗党员6838人,离退休1877人。(1)领导班子建设。坚持"三个原则、三条红线"的选人用人标准,对7个单位的主管领导进行调整,推荐补充集团公司领导班子,优化两级班子配备;强化党委中心组学习制度,通过学习习近平总书记治国理政新思路及党委会工作方法等政治理论,增强领导班子的政治意识;对职代会测评中职工认可度较低的人员进行提醒谈话;对申报个人事项中认定为瞒报的各单位班子成员和处级干部进行诫勉谈话,并取消其所在班子参评"四好"领导班子的资格,增强领导班子的规矩意识。(2)党组织建设。通过深入开展"两学一做"学习教育,强化党员讲党性、听指挥、守纪律的政治意识;通过修改"一先两优"评选办法,编印《事迹选编》,强化党员先锋意识;通过规范"三会一课"组织生活制度,对党员组织关系和党费交纳情况开展专项排查,强化党员认真参加组织生活、自觉接受组织教育管理、按要求交纳党费的组织意识;通过召开项目党建现场观摩会、编印《基层党组织书记暨党务后备干部培训教程》《党员证》、规范党费收缴管理等方式,进一步夯实基层党建的基础业务;通过开展党务干部交流任职、党建知识培训,强化"职能意识"和"职业意识",提高基层党组织书记及政工干部的业务素质。(3)思想文化及宣传工作。通过认真开展党的十八届五中、六中全会精神、习近平总书记"七一"重要讲话、党内问责条例等政治教育,增强各级的政治意识和核心意识;通过积极开展信用评价、安全质量、巡视等企业形势任务教育,促进生产经营任务的完成;编印下发《企业文化手册》,对新上项目的文化视觉系统进行现场指导,促进项目文化的落地;深入开展"三创两增"活动,表彰先进、弘扬事迹,引导职工树立争创意识;加大企业内外宣传力度,依托"两微一网一刊"平台,发表新闻稿件2100余篇,其中中央级媒体28篇。(4)党风廉政建设。坚持"主动反腐、高调反腐"的工作思路,深入开展项目开工前廉政教育,宣讲党纪党规及"五不准三公开""十条禁令"等规章制度,强化项目领导及关键岗位人员的廉政意识;全面加大巡视力度,分6个工作组对14个单位及部分项目部进行巡视,有效促进从严治党举措在基层的落实;开展以落实"四项制度"、亏损项目问责及安全质量事故追责等为重点的专项检查,纪委牵头随机抽取8个项目进行专项检查,各子公司累计组成专项检查组22个,检查在建项目198个,有力堵塞项目管理漏洞;根据信访举报"三提倡、两反对""六必查"原则,以及集中办案、内部"交叉办案"的要求,积极做好线索收集和案件查办工作,受理案件线索186件,立案57件,结案50件,处分77人。(张　诚)

【工会工作】 工会组织20个,其中,集团公司工会1个、子公司工会15个、区域指及事业单位工会4个。工会会员16545人。一是开展立功创模工作。召开"劳动模范暨三创两增"表彰大会,对近3年来涌现出的80名劳动模范进行表彰;联合开展劳模宣传月活动,形成"企业员工同增值"价值导向;推进劳模创新工作室创建工作,4个创新工作室被命名。一公司衢宁项目部获福建省"五一劳动奖状",一、二、四、建安公司所属6个班组获省级"工人先锋号",三公司高荔获山西省"五一劳动奖章""五一巾帼标兵""十大杰出女职工"3项称号,2个单位、22人获省部级荣誉。二是组织劳动竞赛活动。以"项目争先,个人增值"为主题,采取多种形式开展竞赛,有力促进现场施工生产任务完成;广泛开展"五小"竞赛和职工合理化建议活动,收到合建技改成果87项,表彰奖励64项。三公司获"全国安康杯竞赛优胜企业",建安公司安哥拉项目部获全国"工人先锋号"。三是民主管理工作。改革项目工会主席由委派制为票选制和待遇津贴制,直选项目工会主席19人,强化履职意识和履职效能;以"企业发展我建言,企业出彩我出力"为导向鼓励职工提案,对优秀提案进行表彰。四是职工文化活动和维权工作。举办集团首届职工文化活动周,丰富职工生活,增强凝聚力;积极参加各级文化活动,46幅书画摄影作品在山西省直工委获奖;全面推开未婚青年联谊活动,利用活动周为18对青年举办集体婚礼;春节送温暖慰问135人发放216.55万元慰问金,金秋助学74人发放19.2万元助学金,为98户职工家庭发放29.4万元救助金;职工互助合作保险制度逐步完善,出险82起,发放40.42万元救助金。(张　诚)

【共青团工作】 下辖16个团委,338个团支部,团员3379人。一是青年思想教育。组织到蒙华项目部调研,和基层青年直接沟通,发挥桥梁纽带作用;开展读书活动,编辑发布书榜11期,收到心得体会79篇;建立直接联系青年制度,增进沟通教育;二是开展各类青年活动。围绕重点工程开展青年生产突击竞赛活动,发挥青年安全监督岗和青年质量示范岗作用,获全国青年文明号1个,获山西省青年岗位能手1人;推动"五小成果"争创活动收到8个单位149项成果,表彰奖励118项;推进导师带徒活动,新签师徒961对,表彰奖励上年度优秀师徒20对;第二届"金鹰奖"评选出9名优秀青年项目经理并进行表彰。三是团的自身建设。以召开团委全会为契机,邀请内部专家及部分老团干进行培训教育,13名团干部受到集团公司以上表彰;利用铁建青年网平台,宣传团的重点工作和主要活动,刊稿353篇。(张　诚)

【第一工程有限公司】 具有铁路、公路工程施工总承包一级,桥梁、隧道、公路路面、公路路基、水工隧洞工程专业承包一级资质。公司驻陕西省西安市灞桥区柳雪路368号,董事长、党委书记崔跃华,总经理刘运泽。下辖93个项目部,5个专业化公司和5个基地以及泰丰公司、水岸雅苑二期工程项目经理部、职工医院等附属单位,职工2433人。资产总额77.64亿元,其中固定资产净值6.66亿元,流动资产70.62亿元。机械运输设备1131台(套),原值75024.93万元、净值22546.29万元,总功率155730千瓦,技术装备率6.39万元/人,动力装备率44.14千瓦/人。年施工能力80亿元以上。

2016年,承揽任务总额161.9亿元,完成施工产值72.04亿元,实现净利润3.74亿元,职工年人均收入75927元。(邓东英)

【第二工程有限公司】 具有铁路工程、公路工程、房屋建筑工程、市政公用工程4项施工总承包一级资质,隧道工程、桥梁工程、公路路基工程、铁路铺轨架梁4项专业承包一级资质,矿山、水利水电工程2项施工总承包二级资质,1项钢结构工程专业承包二级资质。公司驻山西省太原市小店区人民南路19号,董事长、总经理武明静,党委书记王耀常。下辖8个专业化分公司及81个工程项目部。职工3005人,其中,干部1739人、工人1266人。资产总额97.7亿元,机械运输设备1352台(套),动力装备率57千瓦/人,技术装备率27.33万元/人,机械化施工程度88.23%以上。年施工能力90亿元以上。

2016年,承揽任务总额143.9亿元,完成施工产值91.4亿元,实现利润总额5736万元,职工年人均收入71351元。(洪晓强)

【第三工程有限公司】 具有公路工程、市政公用工程施工总承包一级,铁路工程施工总承包二级,桥梁、隧道、公路路基工程专业承包一级,铁路铺轨架梁专业承包一级,城市轨道交通专业承包资质。公司驻山西省太原市万柏林区西线街39号,董事长、党委书记陈志高,总经理张建斌。下辖77个项目部、13个专业化公司及直属单位。职工2970人,其中,干部1629人、工人 1341 人。资产总额 77.43 亿元,流动资产 70.67 亿元,固定资产净值 6.39 亿元。机械运输设备 2037 台(套),设备总功率 192611 千瓦,技术装备率 11.6 万元/人,动力装备率 64.6 千瓦/人。年施工能力 100 亿元以上。

2016 年,承揽任务 110.8 亿元,完成施工产值 105 亿元,实现利润 8002 万元,职工年人均收入 74655 元。

(何智雄)

【第四工程有限公司】 具有公路工程、市政公用工程施工总承包一级,铁路工程、建筑工程、港口与航道工程施工总承包二级,隧道工程、桥梁工程、公路路基工程、机场场道工程专业承包一级资质。公司驻陕西省西安市未央区徐家湾红旗东路 3 号,董事长、总经理董化瑞,党委书记邵宝泉。下辖 8 个建制单位及专业化公司、64 个工程项目部。职工 2847 人,其中,干部 1595 人、工人 1252 人。资产总额 77.9 亿元,货币资金 9.9 亿元,经营性现金净流量 7.8 亿元。机械运输设备 748 台(套),设备总功率 12.3 万千瓦,动力装备率 43.2 千瓦/人,技术装备率 16.3 万元/人,综合机械化 90%。年施工能力 100 亿元以上。

2016 年,承揽工程任务 102.9 亿元,完成施工产值 102.4 亿元,实现利润 1.15 亿元,职工年人均收入 83837 元。

(肖邦伟)

【建筑安装工程有限公司】 具有建筑工程、市政公用工程施工总承包一级,铁路工程、机电工程施工总承包二级,地基基础工程、钢结构工程、建筑机电安装工程、建筑装修装饰工程专业承包一级,消防设施工程专业承包二级,建筑幕墙工程设计与施工二级资质。公司驻山西省太原市西矿街 130 - 1 号,董事长、总经理蔡英康,党委书记姜振生。下辖 45 个项目经理部、专业分公司。职工 1651 人,其中,干部 1206 人、工人 445 人。资产总额 71.90 亿元,流动资产 70.85 亿元,固定资产净值 7546 万元。机械运输设备 340 台(套),设备总功率 13417 千瓦,技术装备率 1.2 万元/人,动力装备率 8.1 千瓦/人。年施工能力 50 亿元以上。

2016 年,承揽工程任务 48 项,合同总额 105.62 亿元,完成施工产值 58.34 亿元,实现净利润 2.44 亿元,职工年人均收入 103523 元。

(王亦凝)

【电气化工程有限公司】 具有通信工程、建筑工程、机电工程施工总承包一级,铁路电气化工程、铁路电务工程、送变电工程、公路交通工程(公路机电工程)、输变电工程专业承包一级,电子与智能化工程、建筑装修装饰工程、消防设施工程专业承包二级,环保工程专业承包三级、城市及道路照明工程专业承包三级资质以及承装(修)一级电力许可证和电力系统设备试验测试资格。公司驻天津空港经济区环河北路与中心大道交口空港商务园西区 12 号楼,董事长、党委书记李保国,总经理辛东红。下辖 61 个施工项目部。职工 764 人,其中,干部 597 人、工人 167 人。资产总额 47.2 亿元,其中货币资金 15.4 亿元,固定资产净值 3.9 亿元。机械运输设备 196 台(套),总功率 20772 千瓦,技术装备率 3.9 万元/人,动力装备率 17.6 千瓦/人。年施工能力 35 亿元以上。

2016 年,承揽任务 38 项,承揽任务总额 51.93 亿元,完成施工总产值 25 亿元,实现利润 2.6 亿元,职工年人均收入 146938 元。

(陈继发)

【第七工程有限公司】 具有铁路、公路、市政公用工程施工总承包一级,建筑工程施工总承包二级,桥梁、隧道工程专业承包一级,公路路基、公路路面工程专业承包三级资质,具备爆破设计施工资质,以及桥梁预制、对外承包工程经营资格。公司驻湖南省长沙市天心区友谊路 202 号,董事长、总经理杜湘豪,党委书记崔红琴(8 月免)。下辖 5 个分(子)公司,34 个在建项目。职工 1182 人。资产总额 33.89 亿元,流动资产 33.01 亿元,固定资产净值 8231 万元。机械运输设备 224 台(套),设备总功率 25112 千瓦,技术装备率 1.5 万元/人,动力装备率 21.3 千瓦/人。年施工能力 35 亿元以上。

2016 年,承揽任务总额 62.52 亿元,完成施工产值 36.26 亿元,实现利润 2130 万元,职工年人均收入 90401 元。

(卢大伟)

【振海工程有限公司】 具有铁路、房屋建筑、公路、市政公用工程施工总承包三级,公路路面、公路路基、港口与海岸工程专业承包三级资质。公司驻海南省海口市面前坡西村 148 号,公司董事长、总经理徐德才,党委书记周长风。下辖 8 个工程项目部。职工 250 人。资产总额 53162 万元,其中流动资产 51765 万元(货币资金 2314 万元),固定资产原值 2726 万元、净值 1160 万元,。

2016 年,承揽工程任务 16.4 亿元,完成施工产值 4.18 亿元,实现利润 54 万元,职工年人均收入 9.8 万元。

(许钦凯)

【市政工程有限公司】 具有市政公用工程施工总承包一级,建筑工程、公路工程施工总承包三级,桥梁工程专业承包二级,公路路基工程、公路路面工程专业承包三级资质。公司驻广东省珠海市香洲区吉大情侣南路 158 号,董事长、总经理徐峰,党委书记刘光传。职工132人。资产总额69285万元，其中流动资产64709万元，固定资产原值6842万元、净值4181万元。

2016年，承揽工程任务22.09亿元，完成施工产值6.01亿元，实现利润464万元，职工年人均收入85462元。 （邓晓红）

【铁路养护工程有限公司】 具有市政公用工程、房屋建筑工程施工总承包三级，公路路基工程专业承包三级资质。公司驻拉萨柳梧高新区火车站青藏公司工务楼。公司董事长、党委书记张从凯，总经理陈卫雄。职工701人，其中正式职工151人。资产总额28172.99万元，固定资产净额6317.60万元。机械运输设备432台（套），原值6840.8万元、净值877.0万元，设备总功率12280千瓦，技术装备率1.2万元/人，动力装备率17.4千瓦/人。

2016年，实现营业收入28951.33万元，完成产值34273万元，实现利润总额9230.78万元，职工年人均收入138528元。 （罗　维）

【国际工程有限公司】 具有铁路工程施工总承包三级资质，公司驻北京市大兴区亦庄经济技术开发区科创十三街锋创科技园18号。董事长、党委书记张占军（8月免），总经理李吉根。下辖7个工程项目部和1个专业化公司。职工288人，其中，合同工41人、临时工196人、使用外籍工人697人。资产总额13.12亿元，固定资产原值7.22亿元，净值1.51亿元。机械运输设备1095台（套），原值56919.3万元、净值3756.0万元，设备总功率177510千瓦，技术装备率13.0万元/人，动力装备率612.1千瓦/人。

2016年，承揽工程任务7.6亿元，实现营业收入12.44亿元，实现净利润2201万元，职工年人均收入94841元。 （马　坤）

【重要记载】

▲1月8日　参建的京沪高铁获国家科技进步奖特等奖。

▲1月30日—2月1日　集团公司党委三届七次全体委员（扩大）会议、四届四次职工代表大会、2016年工作会议、党风建设和反腐倡廉工作会议在太原召开。

▲3月4日　三公司职工高荔获山西省总工会“山西省十大杰出女职工”“山西省五一劳动奖章”“山西省五一巾帼标兵”称号。

▲3月30日　参建的武汉天兴洲大桥正桥及北京地铁9号线获“中国土木工程詹天佑奖”。

▲4月7日　山西省省长李小鹏到承建的太原轨道交通中心街西站调研。

▲6月27日　中国铁路总公司副总经理卢春房到一公司承建的青藏铁路格拉段扩能改造工程项目视察。

▲6月28日　参建的长沙地铁1号线开通运营。

▲8月　中标太原综合管廊首批工程（PPP项目），首次进军城市综合管廊建设领域。

▲9月10日　参建的郑（州）徐（州）高铁正式开通运营。

▲9月27日　集团公司董事长、总经理宋津喜被中国施工企业管理协会授予“2016年度全国优秀施工企业家”称号。

▲11月28日　参建的渝（重庆）万（州）高铁建成通车。

▲11月30日　参建的重庆市首条地方铁路——三（江）南（川）铁路全线开通运营。

▲11月　集团公司赵西民创新工作室获中华全国铁路总工会首批“火车头劳模创新工作室”称号。

▲12月　承建的北同蒲韩家岭至原平取直线工程雁门关隧道、兰新铁路第二双线达坂城湿地特大桥、西安至铜川高速公路渭河特大桥3项工程，获评2016年国家优质工程。 （张　诚）

中国铁建大桥工程局集团有限公司

【简况】 中国铁建大桥工程局集团有限公司是铁路、公路、市政公用工程施工总承包资质特级（含设计），房屋建筑、水利水电等工程施工总承包一级，桥梁、隧道、公路路基、公路路面等工程专业承包一级，对外工程行业管理资质及地质灾害防治工程甲级资质企业，同时拥有援外工程A级资质。集团公司驻天津自贸试验区（空港经济区）中环西路32号。前身系中国人民解放军铁道兵第三师，1984年1月1日集体转业并入铁道部，改编为铁道部第十三工程局；1999年12月1日更名为中铁第十三工程局；2001年6月，企业改制改称中铁十三局集团有限公司；2013年12月，企业更名为中国铁建十三局集团有限公司；2014年3月，企业最终更名为中国铁建大桥工程局集团有限公司，注册资本金增至20亿元。下辖第一、二、三、四、五、六、电气化、西北、建筑、南方工程有限公司，中铁株洲桥梁、津桥工程检测、房地产开发、物资贸易和靖江桥梁科技产业园公司，以及中铁现代勘察设计院、技师学院（培训中心）、物业管理分公司，北京、华东、华北、南方、广西、西南、东北、西北、新疆区域指挥部及海外指挥部。职工15405人，在职职工11674人。其中，干部8216人、工人3458人。资产总额3586838万元，其中固定资产原值610694万元、净值286062万元，流动资产3151184万元，无形资产16972万元。机械运输设备5279台（套），原值33.4亿元、净值12.3亿元，总功率525877千瓦，人均动力装备率34.72千瓦/人，技术装备率8.48万元/人，完好率93%、利用率74%，综合机械化程度85%以上。

2016年，新签合同额5210225万元，完成企业总产值3101335万元，其中施工产值2968521万元。实现利润29981万元，人均创利20011.58元。全员劳动生产率42.3万元/人年，职工年人均收入64764元。国有资产保值增值率107.18%，净资产收益率6.16%，产值利润率0.98%，资产负债率86.14%，应上缴款完成率100%。完成主要实物工程量：土石方4293.61万立方米，隧道36415延长米，桥梁81137.23延长米，正线铺轨30.97千米，站线铺轨12.39千米，铁路制梁3748片、架梁792片、无砟轨道11.09千米，地铁28311.77延长米，轻轨909.76延长米，公路117.24延长千米、架梁630片，通讯线路47.87千米，供电线路51.59千米，房屋建筑面积3911578.52平方米。2016年，获詹天佑奖2项、国家优质工程奖1项、全国市政金杯奖1项、中国水利工程优质（大禹）奖1项。获全国水利建设市场AAA级施工企业、全国优秀施工企业、全国公路建设市场诚信百佳企业、全国守合同重信用企业、天津市建设工程优秀诚信企业。（姜　楠）

【领导人员】

董事会

董事长　吴建顺
董事　许兰民
井耀明
吴焕通
杨　萍

监事会

监事会主席　刘　敏
监事　王家福
谢小成

经理层

总经理　许兰民
副总经理　吴焕通
臧守杰
任汉波
李素清
纪尊众
刘俊民
韩再明
周明星
迟荣益
杨　萍
总工程师　宋伟俊
总会计师　杨　萍（兼）

党群领导

党委书记　吴建顺
党委副书记　许兰民
井耀明
纪委书记　刘　敏
工会主席　井耀明（兼）

（孙立伟）

【工程项目指挥机构】 北京区域指挥部　驻北京市石景山区远洋山水31号楼。指挥长任汉波。

华东区域指挥部　驻上海市青浦区新府中路1331号19号。指挥长吴焕通。

华北区域指挥部　驻天津市空港经济区中环西路32号。指挥长李素清。

南方区域指挥部　驻湖北省武汉市武昌区秦园东路水岸星城B区。指挥长迟荣益。

广西区域指挥部　驻广西壮族自治区南宁市青秀区滨湖路66号8栋502。指挥长臧守杰。

西南区域指挥部　驻四川省成都市高新区世纪城路418号龙湖世纪峰景2栋。指挥长韩再明。

东北区域指挥部　驻吉林省长春市二道区岭东路2138号。指挥长苏宝伶。

西北区域指挥部　驻甘肃省兰州市安宁区深安路360号中集理想国际12楼。指挥长张子清。

新疆区域指挥部　驻新疆维吾尔自治区乌鲁木齐市新市区西环北路昊元上品小区14号楼1单元2101室。指挥长陈伟。

延吉综合管廊工程指挥部　驻吉林省延吉市长白西路怡华家园旁。指挥长兼党工委书记苏宝伶。

锦屏项目部　驻四川省西昌市航天大道3段46号。项目经理吴焕通。

贵广铁路工程指挥部　驻广西壮族自治区贺州市钟山县北门桥小区。指挥长臧守杰。

兰渝铁路工程指挥部　驻甘肃省陇南市宕昌县旧城坝27号。指挥长李素清。

合福铁路项目经理部　驻安徽省巢湖市居巢区碧桂园。项目经理兼党工委书记吴焕通。

沪昆客专贵州段工程指挥部　驻贵州省黔西南州晴隆县莲城镇东街。指挥长兼党工委书记臧守杰。

金温扩能改造工程指挥部　驻浙江省温州市瞿溪镇三溪路16号。指挥长兼党工委书记吴焕通。

宝兰客专甘肃段项目经理部　驻甘肃省天水市麦积区马跑泉东路6号黄河啤酒厂。项目经理王保国。

兰州中川铁路项目经理部　驻甘肃省兰州市安宁区沙井驿东兴铝厂对面。项目经理张子清。

福平铁路项目经理部　驻福建省平潭县翠园北路滨海中学科技楼2楼。项目经理兼党工委书记纪尊众。

京沈铁路客运专线项目经理部　驻辽宁省锦州市黑山县小东镇。项目经理张德伟。

怀邵衡铁路项目经理部　驻湖南省怀化市中方县光荣福利院。项目经理刘绍石。

蒙华铁路项目经理部　驻河南省三门峡市湖滨区涧南社区金昌路7号61489院。项目经理李庆丰。

安六铁路项目部　驻贵州省六盘水市六枝特区发改局培训宾馆。项目经理赵国祝。

商合杭铁路项目经理部　驻安徽省巢湖市碧桂园翠山映麓苑二街6－2。项目经理王涛。

鲁南铁路项目经理部　驻山东省济宁市曲阜市电缆路66号。项目经理张德伟。　（王彦军）

【职工队伍】　职工15405人，在职职工11674人。其中，干部8216人、工人3458人；专业技术干部8165人，占在职干部总数的99.38%；高级职务1402人（含教授级99人）、中级职务3176人、初级职务3587人；工程系列5935人、会计系列911人、经济系列771人、政工系列429人、卫生系列59人、教育系列34人、统计系列2人、其他系列24人；全日制博士学历6人、研究生学历106人、本科5917人、大专1753人、中专273人、高中及以下110人。在职技术工人2326人，普通工人1132人，技术工人占在职工人总数的67.26%。其中，高级技师152人、技师505人、高级工796人、中级工663人、初级工210人；35岁以下308人、36～40岁932人、41～45岁738人、46～50岁390人、51～54岁793人、55岁以上297人。　（王彦军）

【铁路工程施工】　2016年，在建铁路工程30项，竣工10项。完成施工产值105.9亿元，占施工总产值的35.7%；完成主要实物工程量：土石方1706.5万立方米，桥梁49988.6延长米，隧道22162延长米，涵渠3418.9横延米，房屋建筑面积0.289万平方米。

新建宝鸡至兰州铁路客运专线甘肃段站前BLTJ－2标段工程　位于甘肃省天水市麦积区，标段长32.415千米，工程措施调整后，合同投资变更为179821万元。合同工期2013年2月—2017年12月，2013年2月15日开工。截至2016年底，开工累计完成土石方31.8万立方米，占设计量的100%；桥梁140.4延长米，占设计量的100%；隧道30576延长米，占设计量的100%；无砟道床64830延长米，占设计量的100%。2016年完成投资23588万元，开工累计完成投资178350万元，占合同投资的99.2%。

新建九景衢铁路江西段JQJXZQ－6标段工程　位于江西省上饶市婺源县中云镇，标段长42.77千米，合同投资201844万元。合同工期2014年6月—2016年6月，2014年8月10日开工。截至2016年底，开工累计完成土石方519万立方米，占设计量的100%；桥梁12330延长米，占设计量的97.8%；隧道21548延长米，占设计量的100%；涵洞1482横延米，占设计量的100%；道砟生产12.01万立方米，占设计量的48.9%；上砟3.73万立方米，占设计量的15.2%。2016年完成投资31794万元，开工累计完成投资193849万元，占合同投资的96.1%。

新建福州至平潭铁路站前FPZQ－4标段工程　位于福建省平潭县，标段长17.535千米，其中，公铁合建长度为5.287千米。合同投资369288万元。合同工期2013年11月1日—2019年4月30日，2013年11月1日开工。截至2016年底，开工累计完成桥梁7836.48延长米，占设计量的83.8%；隧道1861延长米，占设计量的100%；土石方198.07万立方米，占设计量的51.4%；涵洞155.58横延米，占设计量的70.5%。2016年完成投资73140万元，开工累计完成投资297966万元，占合同投资的80.6%。

新建北京至沈阳铁路客运专线辽宁段站前JSLNTJ－10标段工程　位于辽宁省阜新市黑山县，标段长30.907千米，合同投资170823万元。合同工期2014年7月—2019年3月，2014年8月13日开工。截至2016年底，开工累计完成土石方298万立方米，占设计量的100%；桥梁16208延长米，占设计量的100%；隧道440延长米，占设计量的100%；涵洞682横延米，占设计量的100%。2016年完成投资36974万元，开工累计完成投资169522万元，占合同投资的99.2%。

新建怀化至邵阳至衡阳铁路站前HSHZQ－1标段工程　位于湖南省怀化市，标段长24.613千米，工程措施调整后，合同投资变更为180226万元。合同工期2014年10月1日—2018年12月30日，2014年10月1日开工。截至2016年底，开工累计完成土石方232.7万立方米，占设计量的89.5%；桥梁4385.68延长米，占设计量的82.1%；隧道12195.1延长米，占设计量的 86%；涵洞 900 横延米，占设计量的 100%。2016 年完成投资 71029 万元，开工累计完成投资 148785 万元，占合同投资的 82.6%。

蒙华铁路 MHTJ－13 标段工程　位于河南省三门峡市，标段长 12.832 千米，工程措施调整后，合同投资变更为 349227 万元。合同工期 2015 年 8 月 1 日—2020 年 3 月 1 日，2015 年 10 月 11 日开工。截至 2016 年底，开工累计完成土石方 422.27 万立方米，占设计量的 71.5%；桥梁 2780.75 延长米，占设计量的 27.9%；隧道 1026.16 延长米，占设计量的 23.6%；涵洞 186.4 横延米，占设计量的 34.1%。2016 年完成投资 119143 万元，开工累计完成投资 128370 万元，占合同投资的 36.8%。

长春至白城铁路扩能改造（站前先期开工段）CB-SG－5 标段工程　位于吉林省大安市，标段长 44.077 千米，工程措施调整后，合同投资变更为 75674 万元。合同工期 2014 年 12 月—2018 年 6 月，2015 年 3 月开工。截至 2016 年底，开工累计完成土石方201.8万立方米，占设计量的 99.5%；桥梁7556 延长米，占设计量的 96.3%；涵洞 305.7 横延米，占设计量的 100%。2016 年完成投资 39332 万元，开工累计完成投资 71792 万元，占合同投资的 94.8%。

新建安顺至六盘水铁路站前 ALTJ－2 标段工程　位于贵州省西部的安顺、六盘水市，标段长29.773千米，合同投资 209626 万元。合同工期 2015 年 12 月—2019 年 5 月，2015 年 11 月 20 日开工。截至 2016 年底，开工累计完成土石方 115 万立方米，占设计量的 53.2%；桥梁 3496 延长米，占设计量的 35.8%；隧道 3128 延长米，占设计量的 19.9%；涵洞 16.56 横延米，占设计量的 6.2%。2016 年完成投资 86979 万元，占合同投资的 41.5%。

新建商丘至合肥至杭州铁路 SHZQ－14 标段工程　位于安徽省巢湖市，标段长 27.452 千米，合同投资 291649 万元。合同工期 2015 年 11 月—2020 年 10 月，2015 年 11 月 18 日开工。截至 2016 年底，开工累计完成土石方 66.6 万立方米，占设计量的 68.6%；桥梁 8100 延长米，占设计量的 29.5%；隧道 610.5 延长米，占设计量的 7.3%。2016 年完成投资 93861 万元，开工累计完成投资 101142 万元，占合同投资的 34.7%。

新建银西铁路银川至吴忠客运专线 YWZQ－1 标段工程　位于宁夏回族自治区银川市，标段长 13.814 千米，合同投资 161828 万元。合同工期 2016 年 9 月—2017 年 10 月，2016 年 9 月 1 日开工。截至 2016 年底，开工累计完成桥梁 2713.5 延长米，占设计量的 19.6%。2016 年完成投资 41246 万元，占合同投资的 25.5%。

（张春玉　朱伟华）

【路外工程施工】　2016 年，在建路外工程 260 项，竣工 67 项。完成施工产值 191 亿元，占施工总产值的 64.3%。完成主要实物工程量：路基土石方 2437.8 万立方米，桥梁 50821.4 延长米，隧道 42757.5 延长米，涵渠 13084 横延米，房屋建筑面积 73 万平方米。

西安地铁 4 号线 TJSG－6 标段工程　位于陕西省西安市，线路长 1.375 千米，工程措施调整后，合同投资变更为 41370 万元。合同工期 2014 年 7 月—2017 年 6 月，2014 年 7 月 31 日开工。主要实物工程量：2 站 1 区间，区间左右线总长 2487 米，车站总面积 33285 平方米。截至 2016 年底，开工累计完成区间 1606.2 延长米，占设计量的 64.6%；车站 25261.8 平方米，占设计量的 75.9%。2016 年完成投资 18399 万元，开工累计完成投资 34307 万元，占合同投资的 82.9%。

天津地铁 5 号线 R6 标段工程　位于天津市西青区，工程措施调整后，合同投资变更为 139258 万元。合同工期 2014 年 8 月—2017 年 12 月，2014 年 9 月 10 日开工。主要实物工程量：土石方 130 万立方米，车辆段面积 190000 平方米，铺轨 21.3 千米。截至 2016 年底，开工累计完成土石方 111.1 万立方米，占设计量的 85.5%；车辆段 189600 平方米，占设计量的 99.8%。2016 年完成投资 50545 万元，开工累计完成投资 121934 万元，占合同投资的 87.6%。

深圳地铁 10 号线 1012－2B 标段工程　位于深圳市，线路长 2.22 千米，工程措施调整后，合同投资变更为 50108 万元。合同工期 2015 年 2 月—2020 年 4 月，2015 年 12 月 28 日开工。主要实物工程量：二站一区间，区间左右线总长 3358 米，车站总面积 26177 平方米。截至 2016 年底，开工累计完成车站 16198 平方米，占设计量的 61.9%。2016 年完成投资 18499 万元，开工累计完成投资 21380 万元，占合同投资的 42.7%。

乌鲁木齐轨道交通 1 号线 2 标段工程　位于新疆维吾尔自治区乌鲁木齐市，线路长 2.33 千米，工程措施调整后，合同投资变更为 51515 万元。合同工期 2013 年 3 月—2019 年 12 月，2014 年 7 月 16 日开工。主要实物工程量：2 站 2 区间，区间左右线总长 2979 米，车站总面积 14399.24 平方米。截至 2016 年底，开工累计完成区间 1028 延长米，占设计量的34.5%。2016 年完成投资 16741 万元，开工累计完成投资 36147 万元，占合同投资的 70.2%。

长沙轨道交通 3 号线一期土建施工项目 SG－16 标段工程　位于长沙市长沙县星沙，线路长 7.377 千米，工程措施调整后，合同投资变更为 27603 万元。合同工期 2014 年 9 月—2017 年 11 月,2014 年 10 月开工。主要实物工程量:4 区间左右线 7377 延长米。截至 2016 年底,开工累计完成区间 771 延长米,占设计量的 10.5%。2016 年完成投资 10052 万元,开工累计完成投资 10352 万元,占合同投资的 37.5%。

重庆轨道环线二期土建 7 标段鹅公岩长江大桥工程　位于重庆市南岸区,线路长 2.632 千米,合同投资 83662 万元。合同工期 2014 年 4 月 1 日—2017 年 2 月 28 日,2014 年 4 月 1 日开工。主要实物工程量:桥梁 1650 延长米,车站总建筑面积 16823 平方米,区间 801 延长米。截至 2016 年底,开工累计完成桥梁 736 延长米,占设计量的 44.6%;车站 15170 平方米,占设计量的 90%;区间 145 延长米,占设计量的18.1%。2016 年完成投资 20349 万元,开工累计完成投资 60549 万元,占合同投资的 72.4%。

宝汉高速坪汉段 2 标段工程　位于陕西省宝鸡市,线路长 5.937 千米,工程措施调整后,合同投资变更为 60802 万元。合同工期 2014 年 7 月—2016 年 9 月 30 日,2014 年 7 月 1 日开工。主要实物工程量:土石方 91 万立方米,桥梁 7659 延长米,隧道 2751 延长米,涵洞 110.5 横延米。截至 2016 年底,开工累计完成土石方 91 万立方米,占设计量的 100%;桥梁 7659 延长米,占设计量的 100%;隧道 2751 延长米,占设计量的 100%;涵洞 110.5 横延米,占设计量的 100%。2016 年完成投资 14118 万元,开工累计完成投资 59769 万元,占合同投资的 98.3%。

天津外环线东北部调线 1 标段工程　位于天津市东丽区,线路长 2.066 千米,工程措施调整后,合同投资变更为 117583 万元。合同工期 2013 年 11 月 1 日—2015 年 5 月 31 日,2013 年 11 月 1 日开工。主要实物工程量:桥梁 8420 延长米,现浇梁 8465 延长米。截至 2016 年底,开工累计完成桥梁 8101.6 延长米,占设计量的 95.7%。2016 年完成投资 47452 万元,开工累计完成投资 111017 万元,占合同投资的 94.4%。

大连普湾新区 16 号路跨海桥工程　位于辽宁省大连市,标段长 2.9 千米,合同投资 147078 万元。合同工期 2013 年 3 月—2015 年 10 月,2013 年 5 月 30 日开工。主要实物工程量:土石方 20 万立方米,桥梁 3363 延长米。截至 2016 年底,开工累计完成桥梁 2258 延长米,占设计量的 67.1%。2016 年完成投资 30582 万元,开工累计完成投资 89342 万元,占合同投资的 60.7%。

建恩高速公路土建 4 标段工程　位于湖北省恩施市,标段长 17.823 千米,合同投资 97765 万元。合同工期 2016 年 8 月 6 日—2019 年 3 月 24 日,2016 年 3 月 25 日开工。主要实物工程量:土石方 800 万立方米,桥梁 4484 延长米,隧道 3237.5 延长米,立体式交叉互通 1 处。截至 2016 年底,开工累计完成土石方 273 万立方米,占设计量的 34.1%;桥梁 274 延长米,占设计量的 6.1%;隧道 789 延长米,占设计量的 24.4%。2016 年完成投资 32983 万元,占合同投资的 33.7%。

石首长江公路大桥 SS-2 标段工程　位于湖北省石首市,标段长 4.508 千米,合同投资 70000 万元。合同工期 2015 年 5 月 1 日—2018 年 11 月 1 日,2015 年 10 月 1 日开工。主要实物工程量:桥梁 4508 延长米。截至 2016 年底,开工累计完成桥梁 2637.8 延长米,占设计量的 58.5%。2016 年完成投资 30725 万元,开工累计完成投资 45884 万元,占合同投资的 65.5%。

中国铁建·国际城诗景凤苑(1A 地块)工程　位于天津市河北区,房屋建筑面积 99587 平方米。合同投资 24129 万元,合同工期 2016 年 2 月—2017 年 9 月,2016 年 5 月 1 日开工。截至 2016 年底,开工累计完成房屋建筑面积46010 平方米,占设计量的45.3%。2016 年完成投资 11147 万元,占合同投资的 46.2%。

（张春玉　朱伟华）

【海外工程施工】　安哥拉卡赞卡 2 号地一期基础工程　位于安哥拉罗安达市,工程措施调整后,合同投资变更为 85122 万元。合同工期 2011 年 1 月 27 日—2013 年 1 月 27 日,2011 年 3 月 28 日开工。主要实物工程量:土方工程 115 万立方米,道路 142740 平方米,相应配套给排水、电气管网工程 280258 横延米。截至 2016 年底,开工累计完成土石方 25.8 万立方米,占设计量的 100%;道路 136732 平方米,占设计量的 100%;房屋建筑面积 8522.25 平方米,占设计量的 6.2%。2016 年完成投资 21995 万元,开工累计完成投资 83890 万元,占合同投资的 98.6%。

马来西亚沙巴州 KK 市第三大道项目桥梁部分工程　位于马来西亚沙巴州首府 KK(Kota Kinabalu)市内的主干道,工程措施调整后,合同投资变更为 13030 万元。合同工期 2015 年 6 月 7 日—2017 年 6 月 7 日。主要实物工程量:桥梁 1612 延长米。截至 2016 年底,开工累计完成桥梁 1334 延长米,占设计量的 82.8%。2016 年完成投资 7677 万元,开工累计完成投资 10597 万元,占合同投资的 81.3%。　（张春玉　朱伟华）

【经营管理】　市场开发。坚持国内国外两个市场并重、工程经营和资本经营两种经营方式并举的经营思路,坚持“集团公司主导经营,工程公司、专业化公司主体经营,项目经理部辅助经营”的三级管理体系,不断优化区域布局、完善体系建设、整合资源要素、加强经营创新、强化风险防范，使新签合同总额实现历史性大突破，海外自主承揽实现新突破，并首次进入中亚市场。经营创新上，小投资撬动大市场成效凸显，尤其以股权投资＋施工总承包和股权投资＋EPC模式在云南市场成功运作昆明市长水机场北、石林至泸西、宜良至石林3条高速公路项目。新兴市场上，抢抓机遇，依托在建，先后中标四平综合管廊、梅河口综合管廊、天津宝坻综合管廊以及萍乡海绵城市建设4个项目，尤其是萍乡海绵城市建设开创股份公司系统进驻海绵城市PPP领域的先河。2016年，承揽工程项目228项，新签合同额5210225万元，二次经营483276万元。铁路工程433433万元，占总额的8.48%；公路工程2226621万元，占总额的43.58%；机场码头12059万元，占总额的0.24%；水利电力297728万元，占总额的5.83%；房屋建筑工程606338万元，占总额的11.87%；城市轨道1012406万元，占总额的19.82%；市政工程508626万元，占总额的9.95%；其他工程12066万元，占总额的0.24%。境外项目465652万元，占总额的8.94%。

企业发展。2016年编制完成集团公司“十三五”战略规划，提出以稳增长为主线，坚持资本经营和工程承包双轮驱动，立足国内国际2大市场，积极推进投融资、设计施工总承包、运营服务一体化及产业发展相关多元化、施工能力专业化，努力建设以桥梁为核心竞争力的行业先进、国内领先、国际一流的建筑企业集团。集团确定2016年为“管理增效年”和“文化塑形年”，制定出台“双年”活动的实施方案，通过一年的努力，企业发展品质和文化品质同步提升，经济效益和社会效益同步增长。成功获批市政公用特级资质，形成铁路、公路、市政“三特三甲”资质。完成85项资质换证工作、新增公路交通安全设施等专业承包资质8项，为拓宽经营领域、扩大市场份额提供强有力支撑。研究制定《子分公司专业化建设优化方案》，逐步推动各子分公司专业化进程。在规章制度建设方面，继续开展废、改、立工作，废止制度14个，修订制度18个，新定制度26个，强化制度建设，不断提高企业规范化、标准化管理水平；先后成立南方、海外、建筑、西北公司，优化机构布局，进一步打造区域平台和桥梁品牌。“三个基地”即桥梁科技产业园、职工住宅基地、天津人才基地建设取得一定成效，尤其靖江桥梁科技产业园基地建设取得积极进展，将打造“桥梁重钢制造＋桥梁装备研发＋施工船舶停靠维护＋物资设备租赁＋码头物流”复合式基地，并建设职工住宅。

经济管理。以“管理增效年”为主题，制定活动方案，并结合股份公司提质增效相关要求，继续狠抓成本管控和收尾项目清理，持续强化二次经营和清概工作，企业经济运行质量得到改善。召开销号项目清概座谈会、二次经营工作对接推进会、具体项目清概专题会等5次二次经营专题会议，开展二次经营业务培训2次，对列入铁路总公司销号计划的17个项目，签订责任书、统筹策划、重点督导、严格奖罚，有力推动工作进展，二次经营额48.3亿元，二次经营率16.3%。结合“营改增”要求，对《责任成本管理考评暂行办法》《责任成本管理实施细则》等进行修订，编发《施工项目经济活动分析模板》，重分析、重视考核兑现工作。确定23个项目为责任成本管理教研室、重点监控项目，涵盖各个工程类别。应评估项目355项，已评估项目294项，已评估项目数量占应评估项目总数量的比例为82.8%，修订《专业分包及清包红线指导单价》。按照股份公司桥涵定额测定工作部署，完成563组数据的测定及收集汇总、分析、整理工作。

物资设备管理。编制印发《物资设备采购管理实施细则》《施工设备、周转材料租赁管理实施细则》。组织召开物资设备管理业务工作会暨“营改增”培训会，编制下发物资设备“营改增”工作意见。印发《物资采购合同》《设备采购合同》《设备租赁合同》《周转材料租赁合同》范本，相关合同全部通过OA办公系统合同评审工作流评审后签订。在设备和周转材料报废处理过程中，引入第三方资产评估机构对拟处置资产进行评估，全面规范国有资产处置程序。自2016年10月起对小型机具、五金材料等进行电商采购试点，与阿里巴巴电子商务平台合作，在所属23个项目引入电商平台采购。通过电子商务平台审批上报设备购置计划182批次，金额3.75亿元；审批物资申请计划606批次，金额76.05亿元。通过股份公司框架及内部产品采购176台（套），金额3.29亿元；集团公司集采中心（不含集采分中心）组织物资设备集采355项次，金额23.02亿元，节资1.35亿元（与通过评审的均价对比），节资率5.55%。组织采购钢材1061774吨、木材31855立方米、水泥2876388吨、柴油64389吨、炸药4670吨。发布周转材料闲置信息12期，可调剂闲置设备信息4期。此外，集团物资贸易公司通过参与竞价投标，签订内部供货合同4.6亿元，起到平抑供方物价的作用。

安全质量管理。进一步建立健全安全质量管理制度。在安全方面，推行“20有、8标准、1流程”的安全生产格式化、标准化管理，继续实施项目安全风险分级管控，全面推行班组工前隐患排查制度。编制法律法规、操作规程、桥梁和地铁4个《安全手册》分册，先后举办2期478人次参加的安全管理人员继续教育培训及1期112人参加的水利项目安全管理人员培训。建立健全安全应急救援体系，编制相应的应急救援预案及现场处置方案，组织应急演练65次，有效地提高企业内部应对突发事件的能力和效率。多个单位还参与地方政府、业主单位组织的抗洪抢险工作52天。在质量方面,全面推行"试验先行、样板引路"的工作方法,落实各级质量责任制,加强工程质量管理源头控制和正面引导,通过首件工程或工艺试验,优化、统一工艺,量化、细化工序,协调统一工序之间、分部分项工程之间的衔接,以工艺和工序控制保证工程质量。安全质量管理水平稳中有升,总体形势稳定。在15个省、市的公路信用评价中,获得AA级12个、A级7个;在2016年上半年铁路信用评价中排名B级第六,2016年下半年铁路信用评价中排名A级第五,首次实现铁路A级目标。获詹天佑奖2项、国家优质工程奖1项、全国市政金杯奖1项、中国水利工程优质(大禹)奖1项及其他省部优质工程奖14项。获得全国工程建设优秀QC小组成果3项、铁道工程建设优秀QC小组1项、全国铁道行业优秀QC小组成果1项、股份公司优秀QC小组5项,其他省部级优秀QC小组成果10项。

财务和审计。继续强力抓好清欠收款,压债减贷,变更索赔,清概结算,清理收尾完工项目,清理内部债权债务,清理银行账户,清理备用金、个人借款,清理各类押金、保证金,清理投资项目,严控非生产性开支,做实税收筹划,资金运作等13项财务管理工作。修订《资金集中管理考核奖罚办法》,重点考核"有效集中资金",资金集中度88.06%,资金上存度43.84%;加大内部调剂力度,提高内部资金使用效率,减少外部融资,调剂内部贷款21.68亿元,节约财务费用9400万元;创新融资方式,整合信贷资源,通过发行永续债及超短期融资券、办理无追索权保理、银行承兑汇票等低成本融资,节约财务费用9963万元;清理银行账户,积极并账,清理银行账户117个、并账76套,清理沉淀资金3431万元。采取往来转账、限期偿付、增减内部贷款、抵扣上交款等方式协调解决内部"三角债",与此同时,加大保证金清理力度,清收保证金22.61亿元。货币资金31.2亿元,首次突破30亿元,经营性净现金流20.3亿元。审计工作全面开展迎审自查自纠,大力推进领导干部履行经济责任审计和完工收尾项目审计全覆盖,适时开展专项审计和审计调查,突出审计问题整改与落实,积极配合各种内、外部审计,全力发挥审计监督对促进企业管理提升的作用。完成审计项目134个,其中,经济责任审计15个、工程项目审计76个、经济效益审计12个、专项审计23个、其他审计8个。审计工作累计投入3333工天,提交审计报告130份,提出审计建议601条。

(姜　楠　孙鹏飞　卢　静　张春玉　张泽辉　郭永斌
张　颖　赵丽昀　安卫智)

【科技教育】　科技工作。坚持以提高企业核心竞争力为目标,持续加大科技创新力度,在桥梁、隧道和城轨交通工程等领域多项施工技术达到国内外先进水平。承建新建铁路哈尔滨至大连铁路客运专线及上瑞国道主干线湖南省邵阳至怀化高速公路项目获第十四届詹天佑奖,重庆轨道环线鹅公岩轨道专用桥项目获全国建筑业创新技术应用示范工程。获省级科技进步奖10项(二等奖3项、三等奖7项)、中施企协8项(一等奖4项、二等奖4项)、市级3项(二等奖1项、三等奖2项),省级工法18项,授权专利73项(发明专利18项)。通过科技成果关键技术鉴定7项,其中,5项为国际先进水平、2项国内领先水平。集团公司技术中心承担"十二五"国家科技支撑计划立项项目"盾构施工煤矿长距离斜井关键技术研究与示范"及国家863项目的子课题"隧道灾害水源双波场超前探测仪应用开发"。强化科技方案流程管理,加强关键技术方案研讨与优化,技术重难点管控有力,创造经济效益达3000万元;顺利完成天津市高新技术企业及天津市省级技术中心年度复评工作。成功申报天津市2016年度专利试点,并完成结题工作,获试点资助8万元。召开专项施工技术方案策划、研讨会22场,科技培训会2次、280人次参训,科研立(结)项评审会2次、确定新立研究开发计划26项,研发课题结项20项。承办《轨道建筑》期刊,完成6期(双月刊)刊印、发行。根据科技立项情况,招收4名博士进站从事博士后科研工作。

教育培训。制定并印发《2016年集团公司教育培训工作计划》。送培、自培506期22769人次,其中,送培240期1949人、自培266期20820人次。干部参训17958人次、工人3668人次、农民工1143人次。605人通过2016年中高级专业技术职务评审,其中高级189人(含教授级13人),中级416人。

(于春红　张海英)

【党的工作】　集团公司党委全面落实各级党委决策部署和要求,强党建、谋突破、保增长,使企业党组织的政治核心作用和优势得以充分发挥。(1)加强企业党的建设。印发《关于加强和改进全集团党建工作的实施意见》,构建规范的"1+8+9"党建工作体系。(2)加强领导班子建设。印发《中心组学习管理办法》等文件,狠抓两级班子中心组学习;进一步规范党委议事决策前置程序,抓好民主集中制建设。坚持目标管理,把领导班子落实工作分工负责制度、党委中心组学习制度、领导班子调研制度、党建工作联系点制度及党风廉政建设"一岗双责"等核心制度的情况,纳入领导班子考核。制定《党委工作目标管理责任制实施办法》,

把各单位党委工作完成情况作为年度班子考核和绩效考核的重要内容。(3)加强党组织及党员队伍建设。党组织399个，党员6412人。发展党员125人。召开集团公司第一次党代会，选举产生第一届党委委员会及纪律检查委员会。在扎实推进“讲政治、有信念”等4个专题的同时，结合实际、突出特色，启动“亮身份、讲纪律、正风气、树形象”专题教育活动，持续深化“两学一做”学习教育工作，建立领导班子成员联系点制度；结合生产经营中心和阶段性工作重点，以“提质增效进行时”“工匠精神在身边”等主题，积极开展形势任务教育。(4)加强干部队伍建设。坚持党管干部、党管人才原则，进一步明确“四讲”“六个坚持”的选人用人导向，研究制定7个制度、办法，进一步规范选人用人程序，在充分调研、考核的基础上，对工程公司领导班子成员进行调整、补充，班子整体素质和能力得到提升。(5)思想宣传教育工作。按照品牌塑造要求，着重报道“企业专业优势构筑、重大工程节点和企业重要成就、先进典型”，发稿数量和媒体层级有较大突破，省部级及以上媒体共刊发稿件3241篇(条)，其中，中央电视台34条、凤凰卫视1条。编辑出版《铁道前锋》38期、门户网站审批刊发稿件619篇(条)、内网OA审批各子分公司新闻776篇。新媒体运维亮点频出，集团公司微信公众号关注人数9800人、推送消息113篇、累计阅读数14万人次、平均每篇阅读量近1300人次、最高阅读量6683次、累计点赞数2506个。在新华社客户端“中国铁建”频道推送消息40条，有12条阅读量超过100万。政研课题成果丰硕，2016年，完成课题立项40个，并形成成果，股份公司和国资委5个立项课题完成成果初评。开展“四会”宣传教育、国企党建工作会议学习、十八届六中全会学习、纪念红军长征胜利80周年4个主题的宣传教育活动，组织专家讲座3次、参加学习2000多人次、收集各类征文42篇。(6)企业文化建设。举办《道德讲堂》18期，打造宣传文化理念、传播正能量平台；建立“国有企业志愿服务”团队9支，传播志愿服务精神、履行央企社会责任；积极参加“创建全国文明城区活动”，共建和谐、美丽、文明天津；组织完成10个单位党建及文化工作的调研。(7)纪检监察工作。以落实党风廉政建设主体责任为抓手，深入推进两级领导班子党风廉政建设。制定实施3个办法，推动两个责任落地生根。在深化股份公司巡视整改工作的同时，深入开展集团本级巡视工作，组成23个巡视组、选派171人次，历时8个月、5轮覆盖24家单位的巡视工作，整理落实问题1207个，进一步净化企业廉洁从业环境。以廉政教育“五个一”活动为抓手，深化作风建设。开展两级党委党风廉政中心组学习51次、宣讲104场次、各类活动1442场次，3724人次接受教育。紧盯年节会期，在重要节点下发提醒通知102份、召开部署会297场次、编发廉洁短信、微信等1355条；在节日期间，会同相关部门成立检查组88个、抽调267人次、对245个单位进行监督检查。以“三项招标”“三重一大”制度执行情况为重点，深化效能监察。成立工作组25个、监察项目58个，发现并纠正各类问题629个、发出整改通知书46份；提出整改措施460条、完善制度4项、清退不合格施工队1个，促进管理能力提升。

(姜　楠　郭冬雪　尹希惠　孟长江　孙立伟　曹建强)

【工会工作】　下辖处级工会组织34个，专职工会干部36人，兼职工会干部223人，会员15405人，职工入会率100%。突出做好服务职工、服务中心、服务基层、加强自身建设工作，各项工作均取得新的进展和成效。在维护职工合法权益方面，一是认真有效地开展集体协商，将职工工资增幅不低于8%、退养职工的生活费每人每月普涨200元、探亲假增至1年1次等内容写入《2016年集体合同》，其中职工休假的做法被《天津市工人报》记者在头版宣传。二是坚持开展职工代表巡视质询，对职工、农民工工资、职工休假、社会保险缴存、女职工权益保护、内退人员生活费发放等情况进行重点督查，切实提高集体合同的履约率。三是制定出台《“模范劳动关系和谐企业”评选表彰办法》，切实做好“双维护”。在开展群众生产活动方面，首先做到广泛开展劳动竞赛活动，集团公司工会获2015年度股份公司劳动竞赛优秀组织单位。其次不断强化劳动保护，积极开展“安康杯”竞赛活动，集团公司获天津市“安康杯”竞赛优胜单位、三公司天津外环项目获优胜班组、四公司胡乐成获优秀组织者。参加天津市安全班组成果展示评比，集团公司工会获“天津市第七届班组安全建设与管理成果展示活动优秀组织单位”称号。在民主管理方面，进一步坚持职代会制度、民主评议项目经理制度、基层项目部职工民主管理大会制度；进一步强化企务公开工作，加大公开力度，推进企务公开工作向纵深发展。集团公司被评为“天津市厂务公开民主管理工作先进单位”。在建家建线和扶贫帮困方面，坚持样板引路，推广典型，主抓蒙华、成都地铁5号线、天津地铁5号线等先进典型，获得较好的效果，其中，四公司蒙华项目部“工友之家”建设经验做法获股份公司特色工作一等奖，三公司天津外环立交桥项目职工书屋被评为天津市市级职工书屋，四公司蒙华铁路项目、天津地铁5号线项目获“中国铁建金牌模范职工之家(小家)”称号；组织丰富多彩的文体活动。举办集团公司第三届男子职工篮球赛和首届女职工气排球联谊赛，开展集团公司第二届职工书画摄影作品展；扶贫帮困工作得到提升。开展困难职工现状大调查，建立238个重困、特困职工档案，对下拨付资金418万元，各级工会组织直接救助困难职工808户。财务工作方面，经费拨缴率100%，集团公司工会财务工作被评为股份公司财务竞赛特等奖，工会经审工作获股份公司“工会经审规范化建设A级单位”。在评先树模方面，2016年，18人、11个单位获股份公司以上表彰奖励。其中，三公司“牛洪刚劳模创新工作室”被评为股份公司首批先进劳模创新工作室。

（姜　楠　郭冬雪　尹希惠　孟长江　孙立伟　曹建强）

【共青团工作】 2016年，集团公司团委围绕企业发展中心工作，强化信念教育、坚持改革创新、加强自身建设，切实服务青年健康成长。以1+100团干部直接联系青年制度落地为契机，组织210名团干部主动联系3220名青年团员，开展主题团课、团日、调研等多种活动，进一步引导广大青年坚定理想信念、弘扬时代新风。继续深化“青年文明号”创建活动，2016年，组建青年突击队70个，吸纳成员1458人，发挥青年人的有生力量。积极开展创新创效活动，申报“五小”成果112项。同时，围绕“提质增效年”，开展“提质增效·青年担当”主题实践活动，组织197场、2469人参加。持续做好“导师带徒”和“青年职业生涯导航”工作，结对922对，实现“导师带徒”全覆盖。开展单身青年联谊活动，切实解决青年职工婚恋问题，组织、参加联谊活动18场次、550人参与。

（姜　楠　郭冬雪　尹希惠　孟长江　孙立伟　曹建强）

【第一工程有限公司】 具有公路工程、房屋建筑工程、市政公用工程施工总承包一级，港口与航道工程施工总承包二级，铁路工程、水利水电工程、机电工程施工总承包三级，钢结构、桥梁、隧道、公路路面、公路路基工程专业承包一级、公路交通工程专业承包二级资质。公司驻辽宁省大连市沙河口区沙跃街9号。执行董事、党委书记张幸六，总经理张文军。下辖7个工程指挥部，1个分公司，9个项目部，1个工程队，3个中心。职工2440人，其中，干部1419人、工人1021人。技术干部1400人，占干部总数的98.66%；技术工人879人，占工人总数的86.09%。资产总额470518万元，其中固定资产原值87422万元、净资产33976万元，流动资产425073万元，无形资产1064万元。机械运输设备341台（套），原值5.30亿元、净值2.45亿元，总功率58636千瓦，动力装备率24千瓦/人，技术装备率10.03万元/人，设备完好率93%、利用率72%。综合机械化施工程度85%。

2016年，新签合同额63.14亿元，完成企业总产值50.10亿元，实现利润4000万元。全员劳动生产率38.8万元/人年，人均创利26367.29元。职工年人均收入56175元。国有资产保值增值率105.29%，净资产收益率5.26%，产值利润率0.86%，资产负债率84.99%，应上缴款完成率100%。（姜　楠　王玉荣）

【第二工程有限公司】 具有市政公用工程、公路工程施工总承包一级，桥梁、隧道、公路路基程专业承包一级资质。公司驻广东省深圳市盐田区东海大道盐田港9号小区。执行董事兼总经理徐润泽，党委书记曹晓东。下辖2个专业公司，14个工程指挥部，4个盾构事业部，41个项目部。职工2054人，其中，干部1121人、工人933人。技术干部1116人，占干部总数的99.6%；技术工人710人，占工人总数的76.1%。资产总额366293万元，其中固定资产原值106226万元、净资产31653万元，流动资产333765万元，无形资产762万元。机械运输设备922台（套），原值12.55亿元、净值3.60亿元，总功率91803千瓦，动力装备率45千瓦/人，技术装备率17.59万元/人，设备完好率91.3%、利用率88.0%。综合机械化施工程度91.6%。

2016年，新签合同额46.43亿元，完成企业总产值369954万元，实现利润1221万元。全员劳动生产率35.88万元/人年，人均创利7201.08元。职工年人均收入63242元。国有资产保值增值率101.67%，净资产收益率1.67%，产值利润率0.41%，资产负债率83.73%，应上缴款完成率100%。（姜　楠　崔晓雨）

【第三工程有限公司】 具有铁路工程、房屋建筑工程、公路工程、市政公用工程、矿山工程施工总承包一级资质，桥梁工程、隧道工程、公路路基工程、铁路铺轨架梁工程、土石方工程专业承包一级资质。公司驻辽宁省沈阳市沈河区方家栏路60号。执行董事兼总经理郭宏伟，党委书记张立青。下辖11个工程指挥部（分公司）、7个直属项目部。职工2249人，其中，干部1129人、工人1032人。技术干部677人，占干部总数的59.96%；技术工人796人，占工人总数的77.13%。资产总额695674万元，其中固定资产原值43656万元、净资产16043万元，流动资产679247万元，无形资产资产209万元。机械运输设备1163台（套），原值3.16亿元、净值1.05亿元，总功率86361千瓦，动力装备率38千瓦/人，技术装备率4.68万元/人，设备完好率90%、利用率69%。综合机械化施工程度91%。

2016年，新签合同额83.13亿元，完成企业总产值430508万元，实现利润164万元。全员劳动生产率48万元/人年，人均创利842.34元。职工年人均收入62913元。国有资产保值增值率100.03%，净资产收益率0.03%，产值利润率0.05%，资产负债率

91.10%,应上缴款完成率100%。(姜　楠　邓宝财)

【第四工程有限公司】　具有公路工程、水利水电工程、市政公用工程施工总承包一级,桥梁、隧道、公路路基、公路路面、机场场道工程专业承包一级,公路交通工程专业承包公路安全设施分项二级,铁路、建筑工程施工总承包三级,公路工程综合乙级试验检测机构资质。执行董事兼总经理廖福兴,党委书记佟显涛(8月免)、姜群(8月任)。下辖3个分公司、内部施工队伍27个。职工1793人,其中,干部1257人,工人536人。技术干部1082人,占干部总数的86.08%;技术工人375人,占工人总数的69.96%。资产总额563886万元,其中固定资产原值80776万元、净资产42731万元,流动资产511002万元,无形资产1427万元。机械运输设备495台(套),原值3.98亿元、净值1.98亿元,总功率84073千瓦,动力装备率47千瓦/人,技术装备率11.05万元/人,设备完好率83.5%、利用率82.5%。综合机械化施工程度86%。

2016年,新签合同额44.42亿元,完成企业总产值574162万元,实现利润9746万元。全员劳动生产率47.5万元/人年,人均创利55532.40元。职工年人均收入61889元。国有资产保值增值率111.85%,净资产收益率11.01%,产值利润率1.92%,资产负债率86.06%,应上缴款完成率100%。(姜　楠　李熙隆)

【第五工程有限公司】　具有市政公用工程、公路工程、建筑工程施工总承包一级,铁路工程、水利水电工程施工总承包二级,桥梁、隧道、公路路基、钢结构、建筑机电安装专业承包一级,交安专业承包二级、环保专业承包三级资质。公司驻四川省成都市新都区学院路东路289号。公司执行董事、党委书记陈明荣(8月免)、王保国(8月任),总经理张新柳。下辖3个工程指挥部和42个直属项目部。职工1604人,其中,干部990人、工人614人。技术干部889人,占干部总数的89.8%;技术工人363人,占工人总数的59.12%。资产总额379739万元,其中固定资产原值45755万元、净资产17696万元,流动资产360901万元。机械运输设备523台(套),原值2.36亿元、净值0.69亿元,总功率93008千瓦,动力装备率58千瓦/人,技术装备率4.54万元/人,设备完好率90%、利用率86%。综合机械化施工程度85%。

2016年,新签合同额50.49亿元,完成企业总产值342101万元,实现利润5175万元。全员劳动生产率39.4万元/人年,人均创利25850.34元。职工年人均收入58579元。国有资产保值增值率100.89%,净资产收益率8.97%,产值利润率1.72%,资产负债率85.07%,应上缴款完成率102%。(姜　楠　赵华玮)

【第六工程有限公司】　具有公路、房建、市政、水利水电等工程施工能力。公司驻吉林省长春市二道区岭东路2138号。公司执行董事、党委书记刘玉清,总经理未丙岩。下辖4个工程指挥部及周转材料管理中心、卫星路基地和22个直属项目。职工1114人,其中,干部869人、工人245人。技术干部690人,占干部总数的79.40%;技术工人167人,占工人总数的68.16%。资产总额186512万元,其中固定资产原值33017万元、净资产14077万元,流动资产170103万元。机械运输设备501台(套),原值2.97亿元、净值1.24亿元,总功率62222千瓦,动力装备率55千瓦/人,技术装备率10.84万元/人,设备完好率90%、利用率80%。综合机械化施工程度85%。

2016年,新签合同额43.65亿元,完成企业总产值281572万元,实现利润3081万元。全员劳动生产率22.46万元/人年,人均创利30660.66元。职工年人均收入63527元。国有资产保值增值率107.78%,净资产收益率7.73%,产值利润率1.56%,资产负债率81.01%,应上缴款完成率106%。

(姜　楠　宁纪娅)

【电气化工程有限公司】　具有通信工程、机电安装、市政公用工程施工总承包一级、房屋建筑工程施工总承包二级、电力工程施工总承包三级,铁路电务工程、铁路电气化、送变电、建筑装修装饰工程专业承包一级、公路交通工程专业承包通信、监控、收费综合系统工程、承装(修、试)承包四级资质。公司驻天津自贸区(空港经济区)中环西路32号。执行董事、党委书记王长军,总经理陈丕刚。下辖网络信息公司及25个项目部。职工551人,其中,干部340人、工人211人。技术干部279人,占干部总数的82.06%;技术工人191人,占工人总数的90.52%。资产总额126904万元,其中固定资产原值3274万元、净资产1296万元,流动资产124143万元。机械运输设备91台(套),原值1792万元、净值324万元,总功率8747千瓦,动力装备率16千瓦/人,技术装备率0.59万元/人,设备完好率95.17%、利用率92.60%。综合机械化施工程度85%以上。

2016年,新签合同额23.67亿元,完成企业总产值100151万元,实现利润1663万元。全员劳动生产率19.14万元/人年,人均创利42109.95元。职工年人均收入76126元。国有资产保值增值率104.33%,净资产收益率4.29%,产值利润率1.75%,资产负债率71.54%,应上缴款完成率137%。

（姜 楠 武登春）

【中铁株洲桥梁有限公司】 具有桥梁工程专业承包二级资质,国内预应力混凝土制品行业中集施工、研发、生产为一体的领先专业骨干企业。公司驻湖南省株洲市建设北路487号。执行董事、党委书记刘勇,总经理李源。下辖8个项目部(分公司)。职工1604人,其中,干部349人、工人1255人。技术干部163人,占干部总数的46.70%;技术工人106人,占工人总数的8.45%。资产总额74451万元,其中固定资产原值23437万元、净资产7047万元,流动资产57472万元,无形资产7869万元。机械运输设备757台(套),原值1.13亿元、净值2137万元,总功率14597千瓦,动力装备率9千瓦/人,技术装备率1.27万元/人,设备完好率88%、利用率75%。综合机械化施工程度80%。

2016年,新签合同额4.98亿元,完成企业总产值43027万元,实现利润900万元。全员劳动生产率12.6万元/人年,人均创利8201.52元。职工年人均收入33971元。国有资产保值增值率103.02%,净资产收益率3.02%,产值利润率1.86%,资产负债率65.66%,应上缴款完成率100%。（姜 楠 朱启航）

【西北工程有限公司】 具有园林绿化一级、市政公用工程施工总承包二级、房屋建筑工程施工总承包三级、园林古建筑工程、环保工程专业承包二级资质。公司驻宁夏回族自治区银川市中山北街571号。公司执行董事兼总经理王学民,党委书记罗俊。下辖19个项目部。职工393人,其中,干部327人、工人66人。技术干部261人,占干部总数的79.8%;技术工人58人,占工人总数的87.8%。资产总额149545万元,其中固定资产原值19454万元、净资产12619万元,流动资产136041万元,无形资产6万元。机械运输设备295台(套),原值10218万元、净值7323万元,总功率20438千瓦,动力装备率40千瓦/人,技术装备率18.63万元/人,设备完好率87.5%、利用率57.14%。综合机械化施工程度85.6%以上。

2016年,新签合同额47.57亿元,完成企业总产值262649万元,实现利润2507万元。全员劳动生产率42.28万元/人年,人均创利57980.23元。职工年人均收入8.96万元。产值利润率0.01%,资产负债率99.20%,应上缴款完成率100%。

（姜 楠 赵 培）

【建筑工程有限公司】 以房建为专业特色的综合性工程公司。公司驻天津自贸区(空港经济区)中环西路32号。执行董事、党委书记总经理王全良,总经理王庆玺。下辖10个项目。职工198人,其中,干部187人、工人11人。技术干部137人,占干部总数的73.3%;技术工人9人,占工人总数的81.8%。资产总额44346万元,其中固定资产原值4465万元、净资产1524万元,流动资产42822万元。机械运输设备113台(套),原值2796万元、净值1187万元,总功率5991千瓦,动力装备率30千瓦/人,技术装备率5.99万元/人,设备完好率90%、利用率85%。综合机械化施工程度85%。

2016年,新签合同额9.15亿元,完成企业总产值55412万元,实现利润1223万元。全员劳动生产率32万元/人年,人均创利24460.45元。职工年人均收入58113元。产值利润率0.02%,资产负债率100%,应上缴款完成率125%。（姜 楠 刘 凯）

【南方工程有限公司】 2016年3月27日成立,6月23日完成注册。具有桥梁工程专业承包三级资质。公司驻广东省广州市南沙区丰泽东路106号。执行董事周明星,总经理兼党委副书记陈国祥,党委书记刘海国。下辖2个项目部。职工31人,技术干部31人,占干部总数的100%。资产总额11311万元,其中固定资产原值32万元,流动资产11279万元。

2016年,新签合同额43386.3万元,完成企业总产值10685万元,实现利润701.5万元。全员劳动生产率39.6万元/人年,人均创利137550元。职工年人均收入78567元。产值利润率6.56%,资产负债率100%。

（姜 楠 付晓华）

【房地产开发有限公司】 具有房地产开发二级资质。驻天津自贸试验区(空港经济区)中环西路32号。执行董事兼党委书记宋春英,总经理兼党委副书记申智栋。职工26人,其中,干部25人、工人1人。技术干部23人,占干部总数的92%;技术工人1人,占工人总数的100%。资产总额68330万元,其中固定资产原值278万元、净资产44万元;流动资产68286万元。

2016年,新签合同额4.28亿元,完成企业总产值39573万元,实现利润1万元。人均创利37.39元。职工年人均收入10万元。国有资产保值增值率100.01%,资产负债率85.06%,应上缴款完成率100%。

（姜 楠 田博琳）

【海外公司】 2016年3月27日成立。公司驻天津自贸区(空港经济区)中环西路32号。党委书记兼纪委书记、工会主席袁胜利,总经理梁斌。下设2个经营部、1个办事处。职工33人,技术干部33人,占干部总数的100%。

2016年,新签合同额68.21亿元。职工年人均收入71965元。（姜　楠　杨　梦）

【中铁津桥工程检测有限公司】 具有国家计量认证检测资质(含铁路)、吉林省测绘工程乙级资质、水利工程质量检测资质、吉林省地基基础工程检测、建筑工程见证取样检测、市政工程见证取样检测、吉林省公路水运工程试验检测机构综合乙级、工程勘察、主体结构工程检测、钢结构工程检测资质10项资质和吉林省公安厅爆破作业单位许可证二级资质。公司驻吉林省长春市二道区岭东路2072号。执行董事兼经理、党委副书记惠中华,党委书记兼纪委书记、工会主席王玉向。下辖13个在建项目中心试验室,2个监控量测项目部,4个第三方检测项目部。职工124人,其中,干部113人、工人11人。资产总额8169万元,其中固定资产原值2129万元、净资产1095万元,流动资产7074万元。

2016年,新签合同额0.83亿元,完成企业产值6300万元,实现利润1万元。人均创利16.97元。国有资产保值增值率100.22%,净资产收益率0.01%,产值利润率0.01%,资产负债率37.57%,应上缴款完成率100%。（姜　楠　林洪伟）

【中铁现代勘察设计院有限公司】 具有轨道交通工程专业、建筑工程设计、工程勘察甲级,市政行业、工程测量、风景园林专项乙级,城乡规划编制乙级,铁路工程咨询丙级资质。公司驻天津自贸试验区(空港经济区)中环西路32号。执行董事兼院长、党委书记王学哲。职工70人,其中,干部69人、工人1人。技术干部58人,占干部总数的84%。资产总额9587万元,其中固定资产原值535万元、净值80万元,流动资产9493万元,无形资产13万元。

2016年,新签合同额0.52亿元,完成企业产值3414万元,实现利润1万元。人均创利68.75元。国有资产保值增值率100.01%,净资产收益率0.01%,产值利润率0.03%,资产负债率46.79%,应上缴款完成率100%。（姜　楠　慕　群）

【物资贸易有限公司】 公司驻深圳市盐田区深盐路1012号。执行董事兼总经理戴文革(5月免)、徐维明(5月任),党委书记董建平。职工18人,其中,干部15人、工人3人。资产总额33468万元,其中固定资产原值1331万元、净资产854万元,流动资产31427万元,无形资产1052万元。

2016年,新签合同额6.5亿元,完成企业总产值22140万元,实现利润1077万元。全员劳动生产率45.2万元/人年,人均创利299214.71元。职工年人均收入133078元。国有资产保值增值率109.52%,净资产收益率9.16%,产值利润率4.70%,资产负债率72.46%,应上缴款完成率100%。（姜　楠　张万中）

【靖江桥梁科技产业园有限公司】 公司暂驻江苏省靖江市斜桥镇康桥路2号。执行董事周明星。职工8人,其中,干部8人;技术干部4人,占干部总数的50%。靖江公司资产总额3459.69万元,其中固定资产17.09万元,流动资产316.43万元,无形资产3126.17万元。职工年人均收入8.75万元。

（姜　楠　朱文来）

【技师学院】 拥有3个国家级示范专业,4个省级示范专业和6个市级品牌示范专业。学院驻吉林省长春经济技术开发区兴隆山新兴路707号。院长安锦春,党委书记杨立新。职工189人,在校学生4402人。学院是国家中等职业教育改革示范学校、国家级重点技工学校、国家级重点中等职业学校,全国最佳就业率学校、全国德育管理先进单位、是国家级汽车维修、测量与试验专业高技能人才培养基地。

2016年,招生1727人,安置就业892人。累计完成4186人次的培训、鉴定任务。为提高技能工人的适用性,学院积极与中铁津桥工程检测有限公司合作开设工程测量、材料试验定向班,双方共同制定人才培养方案和教学计划,互派师资,共同教学;为提升学生培养层次和能力素质,与吉林铁道职业技术学院合作办学,开设工程测量专业3+2中高职衔接班;紧跟测量专业的发展趋势,为无人机航测提前储备技能人才,新设工程测量无人机操作专业方向。2016年,被国家人力资源和社会保障部评为“国家级高技能人才培训基地”“全国第一批阳光德育校创建活动宣传学校”。

（姜　楠　魏茂娟）

【物业管理分公司】 具有物业服务及物业有偿综合服务三级资质。公司驻吉林省长春市二道区岭东路2138号。经理、党工委书记张爱民。职工8人,其中,干部4人、工人4人。（姜　楠　迟万信）

【重要记载】

▲1月8日　由集团公司联合西南交通大学、同济大学等单位共同完成的“砂卵石地层盾构隧道施工安全控制与高效掘进技术”获2015年度国家技术发明二等奖。

▲1月15日　集团公司首届“最美大桥人”评选

结果揭晓，11 人当选。

▲1 月 18—19 日　集团公司三届五次职代会，2016 年党委扩大会、工作会、党风廉政建设会在天津铁建大厦胜利召开。

▲1 月 26 日　集团公司技术中心通过国家企业技术中心认定。

▲3 月 7 日　二公司承建的兰州地铁 1 号线一期西站什字站—七里河站盾构区间实现双线贯通，标志着世界最复杂卵石地层盾构隧道施工难题获得突破。

▲3 月 8 日　集团公司被评为“2015 年度水利建设市场主体信用评价 AAA 级施工单位”。

▲3 月 28 日　集团公司获 2015 年宁夏公路建设市场从业单位信用等级评价 AA 级（最高等级）。

▲3 月 31 日　集团公司获辽宁省交通厅高速公路信用等级评价 AA 级。

▲4 月 5 日　集团公司获 2015 年度重庆市公路市场施工企业信用评价 A 级（最高等级）。

▲4 月 9 日　集团公司获“2015 年度全国优秀施工企业”称号。

▲4 月 9 日　三公司承建的沈丹客运专线 TJ－2 标项目获中华全国铁路总工会授予的“火车头奖杯”。

▲4 月 10 日　集团公司获 2015 年度“天津市建设工程优秀诚信企业”称号。

▲4 月 20 日　一公司获 2015 年度“辽宁省建筑业优秀企业”，一公司总经理骆学良获“辽宁省建筑业企业优秀经理”，一公司唐建获“辽宁省建筑业企业优秀项目经理”称号。

▲5 月 1 日　集团公司刘永宏被授予 2015 年度火车头奖章，集团公司何得江被评为全路优秀工会工作者。

▲5 月 7 日　集团公司、一公司获“2016 年度全国公路建设行业诚信百佳企业”称号。

▲6 月 1 日　集团公司与萍乡市海绵城市试点建设工作领导小组办公室签订“海绵城市项目建设战略合作框架协议”。

▲6 月 30 日　集团公司被评为 2016 年上海市工程建设 QC 小组活动优秀企业。

▲7 月 8 日　中铁津桥工程检测有限公司获 2015 年度吉林省检测机构信用评价 A 级第一名。

▲7 月 8 日　三公司在 2016 年度在辽宁省信用评价复评中，获“AAA”等级。

▲7 月 10 日　集团公司在 2015 年度天津市公路工程施工企业信用评价中，获最高等级——AA 级。

▲7 月 12 日　四公司获 2016 年度全国工程建设质量管理小组活动“优秀企业”称号。

▲8 月 29 日　集团公司获市政公用工程施工总承包特级和市政行业甲级设计资质。

▲8 月 29 日　四公司承建的哈尔滨至齐齐哈尔铁路客运专线跨扎龙自然保护区特大桥、铁力至金山屯公路改扩建工程 TJSG1 合同段工程获 2015 年度黑龙江省建设工程“龙江杯”。

▲9 月 1 日　集团公司被评为“2014—2015 年度全国守合同重信用”企业及“2014—2015 年度天津市守合同重信用”企业。

▲12 月 9 日　五公司昆明地铁 6 号线二期工程二工区项目经理周文荣获云南省“五一劳动奖章”，项目书记廖志明获评“云南省重点工程劳动竞赛先进个人”。

▲12 月 9 日　二公司承建的马来西亚沙巴州 KK 市内第三大道项目桥梁部分工程 B 幅桥梁建成通车。

▲12 月 13 日　一公司承建的合肥市阜阳北路高架快速路综合建设工程获得“2016—2017 第一批国家优质工程”称号。

▲12 月 18 日　五公司获昆明市交通运输局“应急抢险工程先进单位”。

▲12 月 25 日　集团公司参建的平潭海峡公铁两用跨海大桥通航孔主墩最后一个钢吊箱——B41 号成功下放，这是国内最大的单壁钢吊箱。

▲12 月 26 日　集团公司参建的兰渝铁路岷（县）广（元）段正式开通运营。

▲12 月 30 日　在中国对外承包工程商会和中国出口信用保险公司联合举办的对外承包工程企业信用等级评价工作中，集团公司获评“企业信用评价 AAA 级信用企业”。（郭晓东）

中铁十四局集团有限公司

【简况】　中铁十四局集团有限公司具有铁路、房建、市政工程施工总承包特级资质，铁道行业甲（Ⅱ）级、房建、市政甲级工程设计资质，建筑幕墙、建筑装饰工程设计专项乙级资质；具有公路、水利水电工程施工总承包一级，桥梁、隧道、公路路基、公路路面、钢结构、建筑装修装饰工程专业承包一级，机电安装工程施工总承包二级，建筑幕墙、防水防腐保温工程专业承包二级，矿山工程施工总承包三级，地基基础、河湖整治、环保工程专业承包三级，特种工程（结构补强）、预拌混凝土、模板脚手架专业承包不分等级、地质灾害防治工程施工甲级、爆破作业单位许可证（营业性）一级、测绘资质甲级、工程勘察专业类（工程测量）乙级等资质，享有对外经营权。集团公司驻山东省济南市奥体西路2666号铁建大厦A座。下辖12个全资子公司、3个分公司、13个区域经营指挥部，以及16个在建直属工程指挥部、22个代局指项目部。职工14970人，其中专业技术人才6969人。资产总额347.45亿元，其中流动资产300.37亿元，固定资产净值29.64亿元。机械运输设备5147台（套），固定资产原值55.88亿元、净值33.36亿元，总功率553557千瓦，动力装备率39.87千瓦/人，技术装备率24.03万元/人，资产增长率24.50%，设备资产利润率2.94%。

2016年，新签合同额638亿元，完成企业总产值375亿元，实现营业总收入373.25亿元，弥补8.4亿元挂账成本后，实现净利润0.2822亿元。完成主要实物工程量：土石方7682.5万立方米（含车站土石方），桥梁111千米，隧道121.3千米，铁路铺轨849.7千米，公路基层4344千米，公路面层5358千米，房屋建筑面积71.26万平方米。获国优金奖1项，国优奖1项，中国建设工程鲁班奖1项、全国市政金杯2项；山东省“泰山杯”工程3项、江苏省“扬子杯”工程3项、江苏省交通建设优质工程1项、上海市政金杯2项；获得全国优秀QC小组4项、省部级优秀QC小组15项。

（刘德君　徐宇杰）

【领导人员】

董事会

董事长	张挺军
董事	吴言坤
	王子贵

经理层

总经理	吴言坤
副总经理	王红卫
	周长进
	姜　伟
	王　焕
	郭洪伟
	孟繁亚
	薛　峰
	马　军（7月任）
	王维民（7月任）
总工程师	王　焕（兼）
总会计师	郭洪伟（兼）

党群领导

党委书记	张挺军
党委副书记	吴言坤
	刘庆民
党委副书记	王国栋（1月任）
纪委书记	王国栋（11月任）
工会主席	王子贵

（李兴刚）

【工程项目指挥机构】　西安建设投资有限公司　驻陕西省西安市。执行董事、党委书记兼总经理丁玉忠，经营范围：公路、桥梁、市政、水电工程和房地产开发，工程项目的投资、建设与管理。

太仓BT项目管理指挥部　驻江苏省太仓市。指挥长公绪论。

芜湖长江隧道工程指挥部　驻江苏省南京市。指挥长戴洪伟。

中国铁建国际城指挥部　驻山东省济南市。指挥长冯国森。

成绵乐铁路工程指挥部　驻四川省成都市。指挥长李孝南。

宁启复线电化工程指挥部　驻江苏省南京市。指挥长于自清。

沪昆客专贵州段工程指挥部　驻贵州省安顺市。指挥长兼党工委书记马天明。

云桂铁路（广西段）YGZQ－3项目部　驻广西省百色市。项目经理程相华。

长株潭综合Ⅱ标项目部　驻湖南省长沙市。项目经理戴尊勇。

津保铁路项目部　驻天津市北辰区。指挥长、党工委书记岳耀群。

张唐铁路项目部　驻河北省唐山市。项目经理张广宪。

青连铁路项目部　驻山东省青岛市。项目经理王维民。

石济铁路客运专线项目部　驻河北省衡水市。

武汉轨道交通8号线一期土建3标指挥部　驻湖北省武汉市。指挥长张哲。

蒙华铁路MHTJ－23标段项目部　驻湖北省荆州市。项目经理刘志波。

黔张常铁路项目部　驻湖北省恩施土家族自治州。项目经理林存友。

仁新高速公路7标项目经理部　属一公司代局指项目，驻广东省韶关市。项目经理刘朝阳。

穗莞深城际5标项目经理部　属一公司代局指项目，驻广东省东莞市。项目经理秦松。

沪通铁路项目经理部　属二公司代局指项目，驻江苏省南通市。项目经理孙焕重。

潮惠高速项目经理部　属二公司代局指项目，驻广东省惠州市。项目经理刘明才。

海南西环铁路项目经理部　属二公司代局指项

目,驻海南省三亚市。项目经理田文凯。

成昆铁路项目经理部　属二公司代局指项目,驻四川省攀枝花市。项目经理王晓东。

郑徐客专项目经理部　属三公司代局指项目,驻河南省商丘市。项目经理翟继虎。

阳安铁路项目经理部　属三公司代局指项目,驻陕西省汉中市。项目经理王桂杰。

额哈铁路项目经理部　属三公司代局指项目,驻内蒙古自治区阿拉善盟。项目经理刘时光。

宝兰客专项目经理部　属三公司代局指项目,驻甘肃省兰州市。项目经理邱智勇。

阿尔及利亚贝佳亚项目经理部　属四公司代局指项目,驻阿尔加利亚。项目经理李奎河。

济青高速改扩建项目经理部　属四公司代局指项目,驻山东省青岛市。项目经理张万国。

连镇铁路项目经理部　属四公司代局指项目,驻江苏省扬州市。项目经理杨仕彬。

穗莞深城际8标项目经理部　属四公司代局指项目,驻广东省深圳市。项目经理王剑。

长西铁路项目经理部　属四公司代局指项目,驻内蒙古自治区兴安盟。项目经理韩诚善。

通让铁路项目经理部　属四公司代局指项目,驻吉林省白城市。项目经理亓守臣。

龙烟铁路项目经理部　属四公司代局指项目,驻山东省烟台市。项目经理贾明伦。

呼准鄂铁路项目经理部　属五公司代局指项目,驻内蒙古自治区鄂尔多斯市。项目经理刘立新。

邯胶铁路联络线工程项目经理部　属五公司代局指项目,驻山东省济南市。项目经理陈忠峰。

京沈客专京冀段项目经理部　属大盾构公司代局指项目,驻北京市朝阳区。项目经理周庆合。

京张高铁项目经理部　属大盾构公司代局指项目,驻北京市海淀区。项目经理赵海涛。

南昆南百项目经理部　属电气化公司代局指项目,驻广西省百色市。项目经理岳洪光。

(徐宇杰　杜玉红)

【职工队伍】　职工14970人。其中,男职工11150人、女职工3820人;在岗职工13792人,不在岗职工1178人;研究生及以上学历164人、本科学历6812人,大专(高职)3600人、中专851人、中专以下学历3543人;25岁以下1171人、26~30岁3457人、31~35岁2524人、36~40岁2154人、41~45岁2296人、46~50岁1022人、51~55岁1409人、55岁以上937人;专业技术人才6969人,其中,高级职称1178人、中级职称2385人、初级职称3406人;技能人才2361人,其中,高级技师124人、技师375人、高级工1216人、中级工611人、初级工35人。

(李兴刚)

【工程施工】　2016年,在建工程171项,合同投资1220.95亿元。完成产值375亿元。在建工程中,铁路工程30项、公路工程37项、市政工程18项、城市轨道工程57项、水利水电工程5项、房屋建筑工程14项、其他工程10项。完成主要实物工程量:路基土石方7481.35万立方米,隧道121.3千米,桥梁111.036千米,正线铺轨775.78千米,站线铺轨73.89千米,铺设有砟轨道道床396.12千米、无砟轨道道床176.08千米。

新建蒙西至华中地区铁路煤运通道土建MHTJ-23标段工程　位于湖北省荆州市。合同投资273187万元,合同工期2015年9月18日—2019年10月1日。正线长度70.65千米。截至2016年底完成产值11.49亿元,占年度计划的133.51%,开工累计完成产值14.13亿元,占合同额的51.73%。

黔张常铁路QZCZQ-4标段工程　位于湖北省恩施土家族自治州。合同投资188609万元。合同工期2015年7月30日—2019年11月30日。正线长度28.455千米。截至2016年底完成产值76057万元,占年度计划的122.67%,开工累计完成产值10.98亿元,占合同额的58.20%。

津保铁路JBSG-2标段工程　位于天津市北辰区。合同投资265597万元。合同工期2010年9月—2013年2月。线路全长36.978千米。截至2016年底完成产值55078万元,占年度计划的114.80%,开工累计完成产值25.02亿元,占合同额的94.18%。

云桂铁路(广西段)YGZQ-3标段工程　位于广西省百色市。合同投资182372.7万元,合同工期2010年5月—2013年12月。

新建成兰铁路CLZQ-11标段工程　位于四川省阿坝藏族羌族自治州。合同投资148215.77万元,合同工期2013年1月4日—2017年9月3日。线路全长24.191千米。截至2016年底完成产值44433万元,占年度计划的111.08%,开工累计完成产值12.89亿元,占合同额的86.93%。

准鄂铁路ZESG-1标段工程　位于内蒙古自治区鄂尔多斯市。合同投资208836.84万元,合同工期2013年9月1日—2016年9月30日。正线长42.37千米,铺架105.8千米。截至2016年底完成产值73901万元,占年度计划的106.82%,开工累计完成产值18.40亿元,占合同额的90.80%。

龙烟铁路zq-1标段工程　位于山东省烟台市。合同工期2013年11月16日—2016年11月15日,正线长度29.976千米。截至2016年底完成产值32885万元,占年度计划105.77%,开工累计完成产值11.29亿元,占合同额的85.82%。

石济客专SJZ-4标段工程　位于河北省衡水市。合同投资261472.2万元,合同工期2014年1月1日—2017年12月31日,正线长45.406千米。截至2016年底完成产值49693万元,占年度计划118.32%,开工累计完成产值25.02亿元,占合同额的95.70%。

沪通铁路1标段工程　位于江苏省南通市。合同投资170011.93万元,合同工期2014年8月5日—2019年4月28日。截至2016年底完成产值63665万元,占年度计划的90.73%,开工累计完成产值12.97亿元,占合同额的76.31%。

阳平关至安康增建第二线铁路站前YAZQ-4标段工程　位于陕西省汉中市。合同投资110384.55万元,合同工期2015年7月8日—2019年7月7日。正线长23.31千米,含阳平关至白勉峡1号隧道出口段铺架。截至2016年底完成产值31944万元,占年度计划的99.82%,开工累计完成产值48828万元,占合同额的44.23%。

新建连云港至镇江铁路LZZQ-7标段工程　位于江苏省扬州市。合同工期2015年9月26日—2018年7月31日。全长16.043千米。截至2016年底完成产值79404万元,占年度计划的86.13%,开工累计完成产值91795万元,占合同额的36.70%。

青连铁路ZQ　5标段工程　位丁山东省青岛市。合同投资212039.83万元,合同工期2016年4月13日—2018年8月31日。截至2016年底完成产值46961万元,占年度计划104.36%,占合同额的22.15%。

新建通辽至京沈高铁新民北站铁路TLSG-2标段工程　位于辽宁省阜新市。合同投资263235.22万元,合同工期2016年6月7日—2020年6月6日。截至2016年底完成产值11.88亿元,占年度计划106.11%,占合同额的45.15%。

新建北京至沈阳铁路客运专线北京段站前JSJJSG-12标段工程　位于北京市朝阳区。合同工期2016年4月28日—2020年6月30日,正线长5.32千米。截至2016年底完成产值51043万元,占年度计划100.94%,占合同额的29.33%。

武汉地铁8号线3标段工程　位于湖北省武汉市。合同投资139311.58万元,合同工期2014年10月1日—2017年12月31日。线路总长3761米。截至2016年底完成产值51651万元,占年度计划的113.27%,开工累计完成产值97434万元,占合同金额的73.71%。

北京地铁8号线三期土建施工3标段工程　位于北京市东城区。合同工期2013年7月10日—2017年12月30日。线路长1740米。截至2016年底完成产值4976万元,占年度计划的93.72%,开工累计完成产值23473万元,占合同金额的41.90%。

厦门轨道交通2号线一期1标二工区工程　位于福建省厦门市。合同工期2015年3月1日—2018年6月30日。全长26.1千米。截至2016年底完成产值20673万元,占年度计划73.83%,开工累计完成产值38078万元,占合同额的42.35%。

兰州地铁1号线一期土建I标段二工区工程　位于甘肃省兰州市。合同工期2014年4月13日—2016年10月1日。截至2016年底完成产值18918万元,占年度计划的114.30%,开工累计完成产值43900万元,占合同金额的72.37%。

济南轨道交通R1线6标段工程　位于山东省济南市。合同投资124812万元,合同工期2015年12月28日—2018年5月14日,全长6.67千米。截至2016年底完成产值42861万元,占年度计划的96.88%,占合同金额的34.34%。

武汉天河机场三期扩建公路工程　位于湖北省武汉市。合同工期2014年11月20日—2016年12月31日。截至2016年底完成产值60177万元,占年度计划116.85%,开工累计完成产值10.47亿元,占合同额的100%。

重庆快速路一横线歇马至蔡家段中梁山歇马隧道工程　位于重庆市主城区。截至2016年底完成产值24090万元,占年度计划的100.03%,开工累计完成产值66020万元,占合同金额的74.45%。

广东省仁化(湘粤界)至博罗公路仁化至新丰段TJ7合同段工程　位于广东省韶关市。合同投资183501.61万元,合同工期2015年10月25日—2018年10月25日。截至2016年底完成产值58635万元,占年度计划的105.62%,开工累计完成产值64401万元,占合同金额的35.10%。

雅康高速C10标段工程　位于四川省雅安市。合同投资55593.45万元。合同工期2014年9月25日—2017年12月12日,线路全长8.7千米。截至2016年底完成产值42644万元,占合同金额的73.45%。

（苗孔杰）

【境外工程】 贝宁阿博公路修复项目2标段　位于贝宁格鲁吉贝机场,道路全长19.26千米。合同投资23748.85万元,2013年12月10日开工,2016年6月10日完工。

厄瓜多尔5号上山公路工程　项目为通往采矿工业平台的上山公路，延山坡回旋修建，山体自然坡度为40°～70°，道路全长1083米。合同投资4598.94万元，2015年10月28日开工，2016年9月25日完工。

驻阿富汗使馆馆舍扩建工程　位于阿富汗喀布尔市，建筑工程包括新建公寓楼、网球场、车库及花房。新建公寓楼包括地上3层，地下1层，总建筑面积2036平方米。合同投资3447.49万元，2015年4月30日开工，2016年7月完工。

援阿富汗总统府技术合作工程　对总统府多功能中心供水、供电、电梯等设备进行维修和保养，对阿方技术人员进行培训，并提供部分维修零配件。合同投资794万元，2014年7月开工，2016年7月完工。

几内亚西芒杜矿山铁路项目银行级可行性研究工程(BFS)　2015年9月至2016年7月，编制完成西芒杜铁路项目银行级可行性研究报告，完成产值849万元。

厄瓜多尔洋洒洒医院工程　位于厄瓜多尔萨莫拉钦其佩省洋洒洒市，建筑面积11183平方米，占地面积24688平方米。合同投资16142万元，2013年3月20日开工。

厄瓜多尔1号上山公路工程　位于厄瓜多尔米拉多铜矿，全长5436.3米，路基宽10米，路面宽8米，沿线为山前平地地貌和低山地貌。合同投资7460万元，2014年9月开工。

厄瓜多尔混凝土拌合站工程　位于厄瓜多尔米拉多铜矿，承建矿山拌合站为矿山建设提供商品混凝土，预计运营时间4年，合同投资24560万元。

厄瓜多尔矿山工业场地平整工程　包括2个工业场地的平整工作以及采矿工业场地弃土场建设工作，合同投资20991万元，合同工期12个月，2016年11月开工。

厄瓜多尔矿山截洪沟和施工便道工程　位于Wawayme东排土场上游，对排土场上游汇水进行导排，以保护排土场的安全。合同投资28463.52万元，合同工期24个月，2015年12月20日开工。

援多米尼克约克峡谷桥工程　位于多米尼克岛西海岸拉友河约克峡谷处，为Saint Joseph至Pont Casse公路跨越拉友河的主要桥梁，峡谷桥所在道路为中西部农产品输出的主要通道。全长179.64米，两岸接线长113.63米，桥梁1座66.01延长米，宽8.5米。合同投资2233万元，合同工期15个月，2016年9月27日开工。

贝宁艾维桥工程　全长700米，主要由路基工程、桥梁工程组成。其中，桥梁1座240延长米，由十二跨20米长的简支梁组成，双向两车道沥青路面；道路长460米，双向两车道路面采用花砖路面形式。合同投资3670万元，合同工期15个月，2016年4月1日开工。

多哥6号国道工程　四跨简支梁桥1座83.2延长米、全线路面结构层实施19千米、路基土石方12千米、混凝土路缘石、护坡、标识标线。合同投资5578万元，合同工期30个月，2015年6月开始临建。

援赤道几内亚毕科莫水电站改造工程　该水电站为径流引水式水电站，为更新4台800千瓦水轮发电机组及其附属设备，大修和改造机组进水蝶阀、辅助系统。合同投资4275.54万元，合同工期15个月，2016年11月30日开工。

援斐济斯丁森桥和瓦图瓦卡桥工程　斯丁森桥需在旧桥的基础上改移桥位，桥及接线路线279延长米，其中桥梁69延长米；瓦图瓦卡桥在原桥位重建，桥及接线路线长400延长米，其中桥梁86延长米。合同投资8442.2万元，合同工期27个月，含3个月设计及审查时间。2016年7月8日开工。

援尼泊尔国家武警学院工程　位于尼泊尔首都加德满都市区西南，占地面积168400平方米，总建筑面积15353.4平方米，拟建教学楼、宿舍楼、食堂、室外训练场、室内训练馆、多功能攀岩楼、发电机房和配电房等。合同投资15614万元，2015年4月开工。

援尼泊尔阿尼哥公路保通工程　承担从尼泊尔首都加德满都到中国樟木口岸的阿尼哥公路长期保通的任务，主要目的是修复因地震和雨季等原因导致的路面损坏及山体滑塌，主要涉及修复路基、砌筑挡墙、涵洞、修复排水沟、清理山体滑坡、恢复路面等工作。合同投资4358万元，合同工期5.5个月，2016年8月8日开工。

援阿富汗科教中心技术合作工程　位于喀布尔市，主要对阿富汗国家科教中心设备设施的使用和维护进行技术指导，现场培训阿方技术人员，并提供部分设备零配件。合同投资626万元，合同工期24个月，2016年7月10日开工。

援阿富汗共和国医院技术合作工程　位于喀布尔市，主要对医院发电照明、弱电信号、暖通供水等系统和医疗设备进行维修维护，对阿方技术人员进行培训，并提供部分设备零配件。合同投资1460万元，合同工期24个月，2015年1月20日开工。　(海外分公司)

【经营管理】　经营承揽。2016年新签合同234项，合同投资638亿元，其中铁路20项145.17亿元；公路32项175.46亿元；水利电力8项17.65亿元；房屋建筑21项52.41亿元；城市轨道交通25项134.64亿元；市政35项76.87亿元。

安全质量。2016年,集团公司依法组织山东省建筑施工企业管理人员安全生产知识考核和延期培训考核,培训取证132人;组织举办企业主要负责人和安全管理人员考核培训班和继续教育培训班,培训取证739人;组织举办水利部水利水电安全“三类人员”培训班和延期培训班,培训取证200人。顺利通过华夏认证中心的认证监督审核,如期取得质量、职业健康安全和环境管理体系认证证书保持使用资格。

（黄军清　宗树红　邹佳光　杨战勇　文家珍）

【科技成果】 2016年,获省级科技一等奖1项;股份公司科技一等奖6项、二等奖1项;其他部级科技进步奖18项。获股份公司优秀专利奖2项、鉴定科技成果8项、国际先进6项、国内领先2项;承担国家重点研发项目“轨道交通系统安全保障技术”,开展“泥水平衡盾构废浆无害化处理及再利用技术”和“城市地下综合管廊预制拼装技术”等多项自立课题研究,其中开展的“住宅产业化及预制装配式混凝土构件预制拼装技术”经山东省建设厅鉴定为国内领先水平;中标“淮南—南京—上海特高压交流苏通GIL管廊工程—超高水压、长距离高效施工关键技术研究”等2个国家电网科研课题;申报山东省经信委科技创新项目77项,立项金额82309万元,其中,集团公司申报24项(40664万元),各公司独立申报53项(41645万元),为集团公司企业所得税加计扣除工作提供工作基础;获批股份公司科技立项5项,资助金额125万元;集团公司本级科技研发项目57项,其中,集团公司资助17项,资助金额270万元;集团公司所属二、三、四公司通过山东省企业技术中心认定。（李秀东）

【党的工作】 截至2016年底,基层党组织716个。其中,党委79个、党工委72个、党支部555个。党员7986人,其中,正式党员7875人、预备党员111人;在岗职工党员6199人,占党员总数的77.6%;离退休党员1787人,占党员总数的22.4%;女党员1047人,占党员总数的13.1%。获中组部表彰的全国优秀党务工作者1人,获山东省省直机关工委表彰的优秀共产党员2人,获山东省省直机关工委表彰的优秀党务工作者2人。

(1)“两学一做”学习教育活动。在“两学一做”学习教育中,集团公司党委创新“四个一”和“五讲”活动载体。2016年7月1日,652个党组织8000名党员,以同样的内容、方式,同步开展重温入党誓词活动;组织党员观看红色经典影片300余次。党委带头开展3次专题研讨,两级领导班子成员和各级党组织书记讲党课320人次。各单位邀请专家进行理论辅导22次。以支部为单位组织召开专题组织生活会,并扎实开展民主评议党员和“创岗建区”活动。(2)领导班子建设。修订完善“三重一大”决策制度和党委常委会议事规则,制定推进常委会董事会总经理办公会规范化常态化建设的实施意见,召开党委常委扩大会19次。出台《所属单位落实“三重一大”决策制度的指导意见》,严格各级领导班子议事程序和纪律,推进决策科学化、规范化和经常化。对各单位领导班子及成员进行民主评价,任免调整机关部门领导和各级领导班子成员106人,提升各单位领导班子的整体素质。深入开展“四好”班子创建和“一对好主管”评选工作。集团公司领导班子获股份公司2015年度“四好”领导班子,7个单位获集团公司“四好”班子,3个单位主管获“一对好主管”。(3)基层党建工作。成功组织召开集团公司第三届党代会。指导14个子公司成功召开党代会,各单位党委完成换届选举工作。结合党委巡视工作,对4名党委书记和2名行政主管领导进行约谈。2次迎接中组部、国资委党建工作调研组调研,集团公司党建工作得到调研组高度评价。举办第14期基层党组织书记培训班,建立项目党组织书记后备人才库,实行项目书记任职报备制度。开通“党建直通车”微信公众号。积极探索党建联盟工作,无锡地铁、杭州望江路隧道等项目部与地方、业主等相关单位开展“党建共建”活动。(4)党员队伍管理。李传营获“全国优秀党务工作者”和国务院国资委“优秀党务工作者标兵”,中组部通知李传营同志享受“全国劳模”待遇,开展向李传营学习的活动。严肃党员发展,对150名发展对象进行集中培训。严肃严格党员教育管理,通过排查找回失联党员161人,取消预备党员资格1人,对3名党员进行自行脱党组织处置;按照党费收缴标准重新核定每名党员的党费,各级党组织完成党费补缴工作,提升广大党员的觉悟意识。出台《农民工党员管理指导意见》,延伸全面从严治党的链条。(5)宣传工作。中央主流媒体重点播报集团公司郑徐客运专线通车、全国首家大盾构公司成立、李传营被评为“全国优秀党务工作者”前往人民大会堂领奖、3项工程获詹天佑奖等消息,在中央、省(部)级报刊台网刊播稿件2860篇。刊发12期(总发行243期),约300万字,图片500余幅。(6)精神文明建设。集团公司、四公司、隧道公司、电气化公司、建筑工程公司、房地产公司通过省级文明单位的复查;海外公司、铁正公司通过省直文明单位的复查。(7)思想政治工作。下发党委理论中心组学习计划,要求各级中心组成员深入学习党的十八届系列全会精神、习近平总书记系列讲话精神,深入学习并严格落实“两个责任”,深入学习落实社会主义核心价值观建设任务,深入开展“两学一做”学习教育,学习 8 次。(8)企业文化工作。制定2016 年集团公司企业文化建设暨《企业视觉识别系统规范手册》推进计划,组织研讨并撰写《中国铁建品牌文化建设的实践与思考》课题论文成果,制作工装统一的计划方案。(9)纪检监察工作。设纪委 15 个,监察机构 15 个(含集团本级),现有专职纪检监察人员51 人,其中,集团公司纪委 9 人、子公司纪委 42 人,另有项目纪检组长 10 人。妥善处置各类涉案风险 31起,对 44 人及时进行廉洁谈话。全面开展 2003 年以来问题线索“大起底”摸排调查,清理历史遗留线索364 条,接到信访举报 43 件,受理案件线索 150 件,初核 122 件,立案 64 件,结案 64 件,给予党政纪处分 122人。把纪律审查的对象,重点放在各级领导和重要岗位管理人员上,被处分的 122 人中,科级人员 58 人、处级人员 16 人,分别占 47.5%、13.1%;纪律审查的关注点,放在十八大后不收手、不收敛、顶风违纪违规的人和事上,64 个结案案件中,错误行为发生在 2013 年以后的占 90% 以上。对 7 个亏损项目进行责任追究,32人受到纪律处分,并对 3 个项目的追责情况进行公开通报。通过办案,追缴经济赔偿 324.3 万元。处理 5起违反八项规定精神的案件,纪律处分 7 人。4 个单位的主要负责同志,因主体责任落实不到位受到纪律追究;9 人被诫勉或警示谈话,1 个单位被通报批评。全力配合上级巡视,对移交的线索认真审核调查,立案9 件,处分 12 人。（刘瑞江　郑大伟　梁栋方）

【工会工作】 下辖 12 个子公司工会、3 个专业分公司工会、2 个区域工程指挥部工会、5 个直属单位工会;有专职工会干部 85 人,工会会员 15595 人。3 个单位获得铁总“火车头”奖杯,8 人获铁总“火车头”奖章,武汉轨道项目部和蒙华铁路项目部获股份公司“重点工程劳动竞赛先进单位”称号,4 人获股份公司“劳动竞赛工人先锋号标兵”和“劳动竞赛优秀组织者”称号。创建劳模创新工作室 25 个,取得各项创新成果 430项,获授权专利 73 项,国家技术发明二等奖 1 项,山东省技术发明一等奖 1 项,获山东省“十佳创新型职工”1 人,技术创新成果获山东省职工技术创新二等奖 1项,科技成果获中国铁建系统合理化建议和技术改进项目表彰 14 项,创新成果创造经济效益近亿元。四公司李树敬创新工作室获股份公司“劳模创新工作室”称号。大盾构公司职工陆野获山东省“齐鲁金牌职工”称号。3 个单位获山东省“安康杯竞赛优秀组织单位”称号,1 人获山东省“安康杯竞赛优秀组织者”称号。表彰 26 个项目部为集团公司建家建线模范项目部。五公司获“山东省模范职工之家”称号,北京房桥公司工会主席牛忠霞被山东省总工会表彰为“最贴心基层工会主席”。春节前夕,筹集送温暖专项资金 400万元,暑期施工期间开展夏季“送清凉”等活动。举办庆祝集团公司第三次党代会胜利召开暨入驻铁建大厦职工书画展。对 4 个子分公司工会财务工作进行检查,圆满完成 2015 年集团公司工会财务决算与 2016年工会财务预算工作,顺利通过股份公司工会经费审查委员会对集团公司本级 2014—2015 年度工会经费收支的审计。（胡青山　白晓亮）

【工青团工作】 下辖二级团委 14 个、基层团总支 1个、团支部 223 个、团工委 46 个。专职团干部 31 人,35 岁以下青年 6701 人,共青团员 2573 人。集团公司团委定员 2 人,设团委书记 1 人,团委办公室主任 1人。各单位推报“五小”成果 225 项,参评成果的攻关人员 573 人次,5 家单位推报数量超过 20 项,“五小”成果转化为专利 48 项。积极开展“提质增效 · 青年担当”主题实践活动,成立青年创新工作室 21 个,创效金额 8208.76 万元。“五四”期间,集团公司表彰 56 个先进集体和 93 名先进个人,3 个先进集体、3 名先进个人受到团省委表彰,20 个先进单位和个人受到股份公司团委表彰。集团公司第八届“玫瑰之约”活动在扬州举行,来自各单位的 89 名男女青年参加活动,最终有17 对成功牵手。四公司穗莞深项目部总工程师李树敬被评为由中共山东省委宣传部、共青团山东省委、大众报业集团、山东广播电视台主办的“齐鲁最美青年”创新创业类最美青年。先后为家庭困难的 23 名团员发放爱心补助金 17600 元。应尚义团县委要求,2016年春节前联合开展为 20 名留守儿童“送温暖”活动。（胡青山　白晓亮）

【第一工程发展有限公司】 具有市政公用工程施工总承包一级、公路工程施工总承包一级、桥梁工程专业承包一级、公路路面工程专业承包一级资质。驻山东省日照市海曲东路 66 号;注册资本金 1.2 亿元。执行董事、党委书记梁金宝,总经理张立岩。职工 805 人,干部 686 人。机械运输设备 254 台(套),设备原值13418.69 万元、净值 9073.38 万元。设备总功率32497.64 千瓦,设备成新率 67.62%。

2016 年,公司实现营业收入 37.51 亿元,其中主营业务收入 37.37 亿元;实现净利润 2644 万元;资产负债率 93.86%。（一公司综合办）

【第二工程有限公司】 具有公路工程施工、市政公用工程、房屋建筑施工总承包一级,铁路施工总承包二级,公路路基、公路路面、桥梁工程、隧道工程、机场场道专业承包一级资质。驻山东省泰安市东岳大道西首;注册资本金 5.1 亿元,总资产 38.4 亿元。执行董事、党委书记刘小果,总经理路刚。职工 2123 人,其中,专业技术人才 1127 人、技能人才 685 人。机械运输设备 437 台(套),固资原值 17675 万元、净值 10525 万元,总功率 45275 千瓦,技术装备率 4.87 万元/人,动力装备率 20.96 千瓦/人。

2016 年,完成承揽 41 亿元,其中路外承揽 28 亿元。（王　涛）

【第三工程有限公司】 具有铁路工程、公路工程、市政公用工程施工总承包一级资质,公路路基、公路路面、桥梁工程、隧道工程、机场场道工程专业承包一级资质,水利水电工程施工总承包二级资质及爆破作业四级资质;具有国家公路乙级试验资质,测试水平达省部级标准。驻山东省兖州市北护城河路 51 号;注册资本金 5.1 亿元,资产总额 46.02 亿元。公司执行董事、党委书记冯复兴,总经理刘美良。职工 1911 人,各类专业技术人员 1013 人。机械运输设备 617 台(套),总功率 77290 千瓦,原值 25660.99 万元、净值 10772.02 万元 ,人均动力装备率 40.45 千瓦。

2016 年,完成承揽 46.13 亿元,实现营业收入 47.58亿元。（三公司办公室）

【第四工程有限公司】 具有市政公用、公路工程、矿山工程施工总承包一级,铁路工程施工总承包二级,建筑工程施工总承包三级资质,桥梁工程、隧道工程、公路路面工程、公路路基工程施工专业承包一级,地基基础专业承包三级,爆破作业单位许可证(营业性)三级资质。驻山东省济南市市中区英雄山路 267 号;注册资本金 5.1 亿元;资产总额 50.36 亿元。公司执行董事兼总经理张立丰,党委书记徐宝廷。职工 2067 人,其中在职人员 1742 人;具有专业职称的 1085 人。机械运输设备 334 台,原值 28560 万元、净值 15089.59 万元。

2016 年,完成承揽 50.24 亿元。（葛文超）

【第五工程有限公司】 具有公路工程、市政公用工程施工总承包一级,铁路工程和水利水电工程施工总承包二级,房屋建筑工程和矿山工程总承包三级资质,具有桥梁工程、隧道工程、铁路铺轨架梁工程和公路路基、路面工程专业承包一级资质。驻山东省济宁市兖州区金谷路 80 号;注册资本金 2.6 亿元,资产总额 32.67亿元,净资产总额 2.79 亿元。公司执行董事、党委书记李方东,总经理周建芳。职工 1608 人,其中职称人员 795 人。机械运输设备固定资产原值 8.51 亿元、净值 2.39 亿元。

2016 年,完成承揽 48.9 亿元,实现营业收入51.53 亿元。（五公司办公室）

【隧道工程有限公司】 具有市政公用工程施工总承包一级、隧道工程专业承包一级、地基与基础工程专业承包一级、机场场道工程专业承包一级、装修装饰工程专业承包三级、城市轨道交通工程专业承包等资质。驻山东省济南市市中区二环东路 12856 号兴隆山庄;资产总额 52.11 亿元。公司执行董事兼总经理孙亮,党委书记徐磊。职工 1294 人,机械运输设备 424 台(套),资产原值 10.89 亿元、净值 6.34 亿元,总功率 62267.7 千瓦,动力装备率 48.12 千瓦/人,技术装备率 48.96 万元/人,机械化施工程度 100%。

2016 年,完成承揽 145.91 亿元,实现营业收入 49.82 亿元,实现净利润 8023 万元;产值利润率 1.61%。（钟行利　于纪斌　卜德洪　王松涛）

【大盾构工程有限公司】 中铁十四局集团下属专业工程公司,项目涉及入城通道、江河湖海水下盾构、轨道交通、综合管廊、海绵城市等工程领域;组建于 2016 年 8 月 31 日,为国内唯一一家大盾构专业施工企业。公司注册地江苏省南京市浦口区江浦街道珠江工业区瑞韵路 3－350 号,暂驻山东省济南市历下区中润世纪广场 18 栋 10 层。资产总额 11.02 亿元。执行董事兼总经理王寿强,党委书记张小峰。在建项目 25 个,合同额 175.38 亿元。

2016 年 9 月至 12 月,实现营业收入 18.8 亿元,净利润 3005 万元,产值利润率 1.60%。

（张　喆　杜助军　吴永晖）

【建筑工程有限公司】 具有市政工程总承包一级资质和房建施工总承包二级资质。驻山东省济南市历下区奥体西路 2666 号铁建大厦 A 座 8—10 层。执行董事兼总经理李清泰,党委书记代显奇。职工 1064 人,专业技术人员 777 人。机械运输设备 116 台(套),固定资产原值 3956.26 万元、净值2576.55万元。技术装备率 2.4 万元/人,动力装备率 5.10 千瓦/人,机械设备成新率 65.13%,总功率 5683 千瓦。

2016 年,总计完成承揽 60.7 亿元,其中房建工程 40.44 亿元,市政工程 4.83 亿元,公路工程 6.59 亿元,新能源新工程 0.75 亿元。（丁　雪）

【北京中铁房山桥梁有限公司】 具有市政公用工程施工总承包一级,桥梁工程专业承包一级,混凝土预制构件专业二级资质,拥有的 II 型板生产线、弗莱德尔轨枕生产线、梯形轨枕生产线、高速岔枕长线生产线都处于国内领先水平，在全国铁路施工企业中首家取得党群组织 ISO9001 认证。公司驻北京市房山区大件路1号；注册资本金 1.2 亿元；固定资产原值 4.03 亿元、净值 1.80 亿元，流动资产 16.05 亿元。公司执行董事兼总经理赵誉，党委书记王光祥。职工 869 人，机械运输设备 1568 台(套)，机械设备总功率 36321 千瓦，设备完好率 98%，利用率 94%，动力装备率41.89 千瓦/人。

2016 年，承揽任务合同额 21.99 亿元，实现营业收入 15.05 亿元，利润 5024.6 万元，国有资产保值增值率 92.15%、净资产收益率 6.26%，资产负债率 72.89%。(黄梅英　任　珍)

【电气化工程有限公司】 具有机电安装施工总承包一级，市政公用工程施工总承包一级、通信工程施工总承包一级、建筑工程、电力工程施工总承包三级，铁路电气化工程、铁路电务工程、消防设施工程专业承包一级，输变电工程专业承包二级、公路交通工程机电工程分项一级、建筑装修装饰工程专业承包二级、建筑机电专业承包三级资质。驻山东省济南市和平路 16 号；党委副书记陈凤国(主持执行董事工作)，总经理于长水。资产总额 103765 万元。职工 747 人，机械运输设备 77 台(套)，原值 3737.44 万元、净值407.29万元，总功率 3600 千瓦，动力装备率 4.82 千瓦/人，技术装备率 0.55 万元/人，机械化程度 70% 以上。

2016 年，实现营业收入 13.96 亿元。(刘红梅)

【房地产开发有限公司】 具有房地产开发二级资质，主要从事房地产开发和经营。下辖 9 个子、分公司。驻山东省济南市历下区奥体西路 2666 号铁建大厦 A 座；注册资本金 26677 万元。公司执行董事兼总经理张清仙，党委书记李斌。职工 157 人。

2016 年，公司营业收入 90025 万元，实现利润总额 7691 万元，净利润 6005 万元。(顾亚楠)

【山东铁正工程试验检测中心有限公司】 具有国家计量认证合格工程试验机构资质认定、中国合格评定国家认可委员会实验室认可 、公路工程综合甲级试验检测 、公路工程桥梁隧道工程专项试验检测、建设工程质量检测 、测绘甲级资质、质量管理体系认证等资质。公司驻山东省济南市和平路 16 号。执行董事兼总经理鲁爱民，党委书记吴新萍。公司资产总额 13344 万元，主要仪器设备 2987 台(件)，原值5374.5 万元。职工 592 人。

2016 年，实现营业收入 20660 万元，净利润4589.8 万元。(张玉珍)

【市政工程分公司】 驻山东省青岛市崂山区香港东路 254 号。公司总经理吴云杰，党委书记葛庆福。职工 279 人。下辖 2 个代局指、11 个项目部。资产总额 10.54亿元，流动资产10.21亿元，固定资产原值6297.08 万元、净值3114.08 万元，资产负债率 92.74%。净资产总额 7654.64 万元，占资产总额的 7.26%。

2016 年，完成承揽 13.65 亿元，完成企业总产值 10.53 亿元，实现利润 7654.64 万元，产值利润率 7.27%。(周庆龄)

【海外工程分公司】 负责集团公司既有国别市场的深度开发和项目的施工管理，负责商务部援外项目、外交部使馆项目的经营与管理。驻济南市奥体西路 2666 号铁建大厦 A 座。总经理李军强，党委书记苏伟洪。职工 226 人。下辖 14 个项目部、4 个办事处、1 个指挥部。

2016 年，完成承揽 5.87 亿元，实现营业收入 47768.29 万元，实现净利润 1528.17 万元。(李　霖)

【北非建设分公司】 负责集团公司在北非建筑市场的经营投标、施工管理、设备物资进出口及派遣劳务管理等工作。驻阿尔及利亚 BBA 省毕邦镇。总经理郑茂旺，党委书记刘正航。职工 34 人。机械运输设备 683 台(套)，使用中的大型设备 436 台(套)。

2016 年，完成承揽 8.9 亿元。(北非公司)

【重要记载】

▲1 月 8 日　国家科学技术奖励大会在京召开，集团公司参建的京沪高铁获国家科学技术进步特等奖，参与发明的“砂卵石地层盾构隧道施工安全控制与高效掘进技术”获国家技术发明二等奖。

▲1 月 16 日　集团公司获市政公用工程施工总承包特级和市政行业甲级设计资质。

▲2 月 3 日　举行国家认定企业技术中心和博士后工作站揭牌仪式。

▲2 月 20 日　召开四届四次职代会暨 2016 年工作会。

▲3 月 17 日　中组部、国资委国有企业党建工作专题调研组第三组一行，在国务院国资委党建局副局长、组长姚焕的带领下，莅临武汉过江地铁指挥部调研指导。

▲3 月 30 日　第十三届中国土木工程詹天佑奖颁奖典礼在北京举行。集团公司承建的南京长江隧道、参建的北京地铁 9 号线、参建的南京地铁 10 号线穿越长江盾构隧道工程 3 项工程获第十三届中国土木工程詹天佑奖。

▲6月23日　与尚义县就精准扶贫劳务输出进行工作对接。

▲7月1日　北京地铁8号线三期项目党支部书记李传营被评为“全国优秀党务工作者”，中共中央政治局常委、国务院总理李克强为其颁奖。

▲8月4日　山东省职工思想政治工作研究会公布《关于表扬2014—2015年度山东省企业思想政治工作先进单位、先进个人和优秀研究成果的通报》，所属单位、员工分别获4个单项奖。

▲11月3日　中央电视台综艺频道党总支“两学一做”走基层活动到京沈铁路客运专线施工现场，开展党建共建交流。

▲11月6日　财务共享服务中心揭牌仪式在中铁十四局铁建大厦举行。

▲11月9日　德国格哈特·施罗德博士、海瑞克股份公司董事会主席马丁·海瑞克一行13人到集团公司进行交流访问。　（刘德君　徐宇杰）

中铁十五局集团有限公司

【简况】　中铁十五局集团有限公司是铁路、公路、市政公用工程施工总承包三特级；铁道行业设计甲（Ⅱ）级，公路行业设计甲级、市政行业设计甲级；建筑工程、水利水电工程施工总承包一级；桥梁工程、隧道工程、公路路面、铁路铺轨架梁专业承包一级资质和地质灾害治理工程甲级资质，具有开展国外经济合作业务的资格资质企业。机关驻上海市静安区共和新路666号。董事长、党委书记张喜胜，总经理丁力。前身系中国人民解放军铁道兵第五师，1984年1月1日集体转业并入铁道部，改编为铁道部第十五工程局；1999年12月，更名为中铁第十五工程局，2001年10月，企业改制改称现名。下辖第一至第六工程有限公司、城市建设工程有限公司、城市轨道交通工程有限公司、电气化工程有限公司、物资工程有限公司、四川建筑勘察设计有限公司、东来地产投资开发有限公司、铁建浙江投资开发有限公司、华东中铁工程检测技术有限公司、济阳迎宾黄河大桥有限公司15个子公司和轨道交通运营公司1个分公司；海外、河南、京津冀蒙、东北、华东、华中、中南、华南、西南、西北、新青藏10个区域指挥部和1个海外工程指挥部。职工18307人（含内退1446人），其中，在岗员工16861人、在岗干部9095人、在岗工人7766人、内退2061人；在岗干部中各类专业技术人才8197人，占在岗干部总数的90.13%；工人中技术工人5346人，占工人总数的68.84%。资产总额2501593万元，其中固定资产原值606470万元、净值250266万元，流动资产2180445万元。机械运输设备5782台（套），设备原值405507万元、净值152887万元，总功率779508千瓦，技术装备率8.25万元/人，动力装备率37.08千瓦/人。新度系数37.7%，设备完好率90%，利用率70%。年施工能力400亿元以上。

2016年，承揽工程任务295亿元，完成企业总产值231.67亿元，其中，施工产值211.72亿元。实现利润5.04亿元，全员劳动生产率16.32万元/人年，职工年人均收入55527元。国有资产保值增值率101.67%，产值利润率0.25%，投资回报率3.28%，资产负债率91.27%，净资产收益率1.68%。应上交款完成率100%。完成主要工程量：隧道71521.86延长米，桥梁157981.08横延米，铁路正线铺轨29.84千米，站线铺轨26.53千米，铺道岔158组，铁路架梁560孔，铁路制梁2078片，房屋建筑面积504470.03平方米。

先后获中国建设工程鲁班奖8项，中国土木工程詹天佑奖6项，国家优质工程奖31项，省部级优质工程奖137项，股份公司优质工程奖165项。创造铁路日铺轨10.688千米和公路隧道掘进318.33米等全国纪录7项。获国家AAA级信用企业、全国重合同守信用企业、全国优秀施工企业、全国质量效益型先进企业、全国精神文明建设先进单位、全国五一劳动奖状，连续15年蝉联全国“安康杯”竞赛优胜企业，并获全国工程建设质量管理优秀企业、全国水利建设市场主体信用评价AAA级荣誉称号，河南省建筑业技术创新先进企业、河南省优秀施工企业等。取得市政特级资质，获上海市企业创新文化十佳品牌。　（郑凤华）

【领导人员】

董事会

董事长	武宪功（9月免）
	张喜胜（9月任）
董事	丁　力
	张海亮
	陈　戈

监事会

监事会主席	丁　力（9月免）
监事	张贵修（6月免）
	胡永海（6月免）
	孔长军（6月任）
	曾井琴（6月任）

经理层

总经理	张喜胜（9月免）
副总经理	丁　力（9月任，主持经理层工作）

	张海亮
	陈文秀(7月免)
	金国海
	黄明玉
	王文举
	许建付
	王小川(10月任)
	董向阳(12月任)
总工程师	许建付(兼)

党群领导

党委书记	武宪功(9月免)
	张喜胜(9月任)
党委副书记	张喜胜(9月免)
	丁　力(9月任)
	陈　戈
纪委书记	丁　力(9月免)
	林征球(10月任)
工会主席	陈　戈

(祝新芝)

【工程项目指挥机构】 海外工程指挥部　驻北京市石景山区政达路2号CRD银座A座8层。指挥长兼党工委书记王文举。职工237人。

河南指挥部　驻河南省郑州市郑东新区金水路49号。指挥长张启亮,党工委书记程金泉。职工15人。

京津冀蒙指挥部　驻北京市石景山区政达路2号CRD银座8层。指挥长薛学勇,党工委书记胡克明。职工22人。

东北指挥部　驻辽宁省沈阳市浑南新区天赐街7-3号曙光大厦。指挥长贾会刚,党工委书记宋清泉(12月任)。职工31人。

华东指挥部　驻上海市闵行区莘沥路232号。副指挥长马磊(主持行政工作),党工委书记田璐郅。职工39人。

华中指挥部　驻江苏省南京市江宁区将军大道129号。指挥长李飞,党工委书记王辉(12月任)。职工21人。

中南指挥部　驻江西省南昌市红谷滩新区凤凰中大道1000号万达中心写字楼B1栋1801室。指挥长罗斌,党工委书记李海锋(12月任)。职工30人。

华南指挥部　驻广东省广州市天河区龙口东路354号天诚广场315室。指挥长张晓宏,党工委书记黄艳阳。职工27人。

西南指挥部　驻云南省昆明市西山区福景路38号。指挥长黄明玉(11月任),党工委书记谢磊。职工32人。

西北指挥部　驻陕西省西安市友谊东路6号。指挥长高德全(12月任),党工委书记杨锋(12月任)。职工26人。

新青藏指挥部　驻新疆维吾尔自治区乌鲁木齐市青海路123号。指挥长王占军,党工委书记王波。职工31人。

格库铁路(青海段)指挥部　驻青海省海西蒙古族藏族自治州,指挥长、党工委书记潘峰。2016年,完成产值21115.71万元。

徐盐铁路指挥部　驻江苏省徐州市睢宁县天虹大道北路西侧2号。指挥长王海舰,党工委书记欧先聪。2016年,完成施工产值10.32亿元。

成贵铁路项目部　驻贵州省毕节市大方县大海坝。项目经理金国海,党工委书记杨俊。2016年,完成施工产值6.5亿元。

杭黄铁路项目部　驻安徽省宣城市绩溪县绩溪宾馆。项目经理胡志广,党工委书记任贵成。2016年,完成施工产值16.08亿元。

宁启铁路项目部　驻江苏省海门市北海路888号。项目经理李卫民,党工委书记朱留所。2016年,完成产值56239万元。

汉十铁路项目部　驻湖北省襄阳市深圳工业园区翰辉科技有限公司院内。项目经理、党工委书记廖由联。2016年,完成投资9.05亿元。

格库铁路(新疆段)项目部　驻新疆维吾尔自治区巴音郭楞蒙古自治州若羌县团结路楼兰玉都5楼。项目经理王东欣,党工委书记张志刚。2016年,完成产值11.03亿元。

郑万铁路项目部　驻河南省南阳市方城县释之街道办龙城社区党群服务中心2楼。项目经理金国海,党工委书记李广军。2016年,完成产值7.37亿元。

蒙华铁路项目部　驻湖南省浏阳市溪江乡政府大院,项目经理李红星,党工委书记张玉军(11月免)、李红星(11月任)。2016年,完成施工产值30226.15万元。

玉磨铁路项目部　驻云南省西双版纳州勐腊县。项目经理王青海,党工委书记岳昌茂。2016年,完成产值1.23亿元。

福州投资公司　驻福州市台江区海润滨江花园B区23号楼2201室。法人代表、董事长陈戈,总经理、党工委书记李为民。2016年,完成施工产值8530万元。

湖州投资公司　驻浙江省湖州市吴兴区太湖旅游度假区通湖路524号。总经理、党工委书记杨磊。2016年,完成施工产值1.2亿元。

广深港铁路客运专线项目部　驻深圳市福田区梅花路4号。项目经理张海亮，党工委书记张骎（8月免）、张海亮（8月任）。2016年，完成产值2305.81万元。

澳门代表处　驻澳门特别行政区冼星海大马路81－121号金龙中心19楼。总经理别永红。2016年，完成施工产值3700万澳门币。　（郑凤华）

【职工队伍】　截至2016年底，职工19998人（含内退2061人），其中，在岗员工17937人、在职干部9140人。工程专业6304人，占73.9%；经济专业525人，占6.15%；会计专业920人，占10.79%；政工专业564人，占6.6%；其他专业216人，占2.56%。具有高级专业技术职务任职资格979人，占专业技术人才总数的11.48%；中级2455人，占28.78%；初级5095人，占59.74%。工人8797人，技术工人6140人，其中，高级技师116人、技师571人，高级工2014人，中级工1970人，初级工1469人。　（祝新芝）

【工程施工】　在建工程项目148个，合同额658亿元。其中，铁路工程30个295.51亿元、公路工程49个212.43亿元、市政工程19个21.78亿元、城轨工程20个99.56亿元、房建工程9个17.24亿元、水利水电工程16个8.73亿元 、其他工程5个1.72亿元；竣工项目71个，合同额177.14亿元。完成主要工程量：隧道71521.86延长米，桥梁157981.08延长米，铁路正线铺轨29.84千米，站线铺轨26.53千米，铺道岔158组，铁路架梁560孔，铁路制梁2078片、房屋建筑面积504470.03平方米。　（王赞霞　杨凯荣）

【铁路工程施工】　新建杭州至黄山铁路客运专线站前Ⅷ标段　线路长46.599千米，合同投资313839万元，合同工期2014年9月—2018年6月。主要工程量：土石方65.32万立方米，涵洞469.79延长米，桥梁7212.35延长米，隧道17029延长米。2016年，完成投资144945万元，累计完成投资263865万元。

新建成都至贵阳铁路乐山至贵阳段站前工程13标段　线路全长33.068千米，合同投资188864万元，合同工期2014年1月—2018年3月。主要工程量：土石方19.81万立方米，涵洞202.79延长米，桥梁912.63延长米，隧道7789.2延长米。2016年，完成投资62309.66万元，累计完成投资161509.69万元。

新建宁启铁路南通至启东段工程南通至临江段站前工程　线路全长57.684千米，合同投资169276.5万元，合同工期2015年4月—2017年12月。主要工程量：土石方50.9万立方米，涵洞1109延长米，桥梁7813.24延长米，预制梁132片，现浇连续梁111米。2016年完成投资71180万元，累计完成投资71180万元。

新建徐盐铁路站前3标段　线路全长31.521千米，合同投资239179万元，合同工期2016年1月—2019年5月。主要工程量：桥梁19856.91延长米，预制梁287片，现浇连续梁100米。2016年，完成投资103217万元，累计完成投资103217万元。

新建汉十铁路HSSG－6标段　线路全长36.429千米，合同投资204941.73万元，合同工期2016年1月—2019年12月。主要工程量：土石方134.45万立方米，涵洞553.34延长米，桥梁18814.97延长米，预制梁126片，现浇连续梁135米。2016年，完成投资88126万元，累计完成投资88126万元。

新建格库（新疆段）站前S4标段　线路全长156.21千米，合同投资159529.7万元，合同工期2016年1月—2020年9月。主要工程量：土石方803.34万立方米，涵洞5525.18延长米，桥梁20447.5延长米。2016年，完成投资101197万元，累计完成投资101197万元。

新建格库（青海段）站前GKQHZHQ6标段　线路全长111.379千米，合同投资106236.82万元，合同工期2015年9月—2019年1月。主要工程量：土石方117.08万立方米，涵洞4480.85延长米，桥梁2327.58延长米，现浇连续梁136米。2016年，完成投资76647万元，累计完成投资82247.1万元。

新建蒙西至华中地区铁路煤运通道MHTJ－29标段　线路全长61.412千米，合同投资205342.37万元，合同工期2016年4月—2020年3月。主要工程量：土石方266.99万立方米，涵洞2060延长米，桥梁4402.79延长米，隧道871.14延长米。2016年，完成30244万元，累计完成投资30244万元。

玉溪至磨憨铁路站前工程YMZQ－20标段　线路全长37.007千米，合同投资164495万元，合同工期2016年4月—2020年11月。主要工程量：土石方266.99万立方米，涵洞2060延长米，桥梁4402.79延长米，隧道871.14延长米。2016年，完成投资30244万元，累计完成投资30244万元。

新建郑州至万州铁路河南段站前工程ZWZQ－7标段　线路全长37.642千米，合同投资222910万元，合同工期2016年4月—2019年10月。主要工程量：土石方17.62万立方米，涵洞148.06延长米，桥梁25674.99延长米，预制梁91片，现浇梁19.79米。2016年，完成投资73688万元，累计完成投资73688万元。

太原铁路枢纽新建西南环线工程XNHS－2标段

线路全长34.5千米,合同投资302000万元,合同工期2009年10月—2019年10月。主要工程量:隧道1702.45延长米。2016年,完成投资25780.17万元,累计完成投资221451.63万元。

新建天门至仙桃铁路及潜江铁路支线项目JHSC-2标段　线路全长35.163千米,合同投资84044万元,合同工期2014年9月—2017年8月。主要工程量:土石方40.95万立方米,涵洞400.3延长米,桥梁2616.44延长米。2016年,完成投资20051.08万元,累计完成投资79081.02万元。

新建川藏铁路拉林段LLZQ-1b标段　线路全长8.716千米,合同投资36962万元,合同工期2015年1月—2021年12月。主要工程量:土石方161.32万立方米,涵洞202.61延长米,桥梁13.02延长米,隧道717.8延长米。2016年,完成投资24961.46万元,累计完成投资30184.8万元。

渝黔铁路土建5标三工区工程　线路全长9.753千米,合同投资57000万元,合同工期2013年7月—2016年11月。2016年,完成投资17753.5万元,累计完成投资57000万元,已完成全部工程量。

改建铁路成都至昆明线永仁至广通段扩能工程站前4标民太隧道进口工程　线路全长5.38千米,合同投资27544万元,合同工期2013年12月—2017年5月。主要工程量:隧道1192.19延长米。2016年,完成投资5869.98万元,累计完成投资15055.98万元。

新建吉珲铁路吉林枢纽西环线及相关工程SNSG标段　线路全长31.49千米,合同投资147969万元,合同工期2016年3月—2019年8月。主要工程量:特大桥4座3378.49延长米,新建单线隧道1座3060延长米。2016年,完成投资4723万元,累计完成投资4723万元。

新建九景衢铁路浙江段站前JQZJZQ-1标段　线路全长10.69千米,合同投资价57194.75万元,合同工期2014年2月—2017年6月。2016年,完成产值10200万元,已完成全部工程量。

渝怀铁路(梅江至怀化)增建第二线梅江至同田湾先期开工段站前工程　线路全长8.18千米,合同投资39606.71万元,合同工期2015年12月—2018年2月。主要工程量:涵洞96延长米,桥梁491.92延长米,隧道1122延长米。2016年,完成投资11112万元,累计完成投资11112万元。　(王赞霞)

【铁路外工程施工】　湖南省永顺至吉首高速公路第3标段　线路全长0.57千米,合同投资21417.38万元,合同工期2013年11月—2016年11月。主要工程量:桥梁85.09延长米。2016年,完成投资4787万元,累计完成投资20110.4万元。

国道318线拉林公路改造工程工布江达至米拉山段施工第3标段　线路全长14.9千米,合同投资72898.42万元,合同工期2016年1月—2017年6月。主要工程量:土石方107.36万立方米,涵洞621.5延长米,桥梁3432.47延长米,制梁1912片、架梁1280片、现浇梁74米。2016年,完成投资59150万元,累计完成投资59150万元。

广西资源(梅溪)至兴安高速公路BOT项目ZXTJ-6标段　线路全长15.64千米,合同投资64920.6万元,合同工期2014年1月—2016年12月。主要工程量:土石方272.65万立方米,涵洞636.61延长米,桥梁1313.27延长米,隧道913.77延长米。2016年,完成投资23945.26万元,累计完成投资62098.66万元。

樟树市赣江二桥工程　线路全长4.188千米,合同投资66363万元,合同工期2014年3月—2017年2月。2016年,完成投资23785.3万元,累计完成投资46406万元。全线桩基、承台、墩身完成。

广东揭阳至惠来高速公路A1合同段工程　线路全长10千米,合同投资55947.96万元,合同工期2014年1月—2016年6月。主要工程量:土石方14.32万立方米,涵洞21延长米,桥梁1053延长米,现浇梁397.5米,隧道634延长米。2016年,完成投资12373万元,累计完成投资54473.5万元。

成都经济区环线高速公路简阳至蒲江段JPLM标段　线路全长29.79千米,合同投资38010.91万元,合同工期2016年5月—2017年4月。主要工程量:路面基层19.92千米,路面面层10.76千米。2016年,完成投资24145万元,累计完成投资24145万元。

广州轨道交通21号线22标段　线路全长0.844千米,合同投资35491.71万元,合同工期2013年11月—2015年12月。主要工程量:主体土石方21.07万立方米,已全部完成。主体结构底板完成83%,主体结构完成49%。2016年,完成投资10727万元,累计完成投资20971万元。

北京地铁16号线19标段　车站1座206.7延长米,合同投资41633.92万元,合同工期2013年6月—2016年12月。2016年,完成投资10575万元,累计完成投资22282.56万元。

乌鲁木齐轨道交通1号线17标段　车站1座,合同投资37500万元,合同工期2014年3月—2018年12月。主要工程量:暗挖隧道636延长米。开工累计完成1042.81延长米,完成合同总量1043.7米的99.91%。2016年,完成投资15154万元,累计完成投资33446万元。

贵阳轨道交通2号线一期工程土建4标段　线路全长1.76千米，合同投资22360万元，合同工期2015年9月—2017年9月。2016年，完成投资9970万元，累计完成投资9970万元。

上海轨道交通18号线土建4标段　合同投资39678.02万元，合同工期2015年12月—2020年1月。主要工程量：车站土石方1.9万立方米，主体结构混凝土44484立方米。2016年，完成投资12111万元，累计完成投资12111万元。

深圳地铁10号线1012－1标段　线路全长1.85千米，合同投资44774.28万元，合同工期2015年12月—2020年4月。累计完成贝尔路站、华为站连续墙完成92.124%，华为站开始进行土方开挖及冠梁、支撑施工。2016年，完成投资8849万元，累计完成投资8849万元。

广州地铁14号线17标段　主要施工任务1站1区间，线路长2099.78米，合同投资49297.33万元，合同工期2013年12月—2016年8月。2016年，完成投资13188万元，累计完成投资25189.38万元。

武汉地铁7号线11标段　线路长1.9748千米，合同投资64452元，合同工期2014年6月—2016年9月。2016年，完成投资14002万元，累计完成投资41015.38万元。

郑州地铁5号线1标段　主要施工任务1站3区间，合同投资97506.89元，合同工期2014年9月—2018年12月。主要工程量：车站主体土石方7.45万立方米，主体结构混凝土10362立方米，区间隧道5201延长米。2016年，完成投资37970.77万元，累计完成投资48146万元。

石家庄市轨道交通3号线一期土建10标段　线路全长2.16千米，合同投资59400元，合同工期2015年12月—2020年1月。2016年，完成投资1132万元，累计完成投资1132万元。

成都地铁5号线一、二期工程5标段　主要施工任务4站4区间，线路全长5834米，合同投资89000元，合同工期2015年9月—2018年12月。2016年，完成投资19262万元，累计完成投资19262万元。

山西省小浪底引黄工程引水干线Ⅶ标段　线路全长5.743千米，合同投资17199.29元，合同工期2016年1月—2018年6月。2016年，完成投资4338万元，累计完成投资4338万元。（王赞霞）

【经营管理】　工程经营。2016年，完成新签合同额295亿元，完成股份公司下达年度计划的64.13%。国内工程承包250.64亿元，其中，铁路72.98亿元、公路105.81亿元、水利电力4.54亿元、房建工程18.37亿元、市政工程5.58亿元、轨道交通40.62亿元、其他工程2.73亿元、海外工程14.5亿元；勘察设计0.12亿元；物流贸易25.16亿元；房地产销售2.77亿元；工业制造1.81亿元。

企业管理。加强工程公司能力建设。按照股份公司“瘦身健体”要求，逐步撤销局直属项目管理机构，减少管理层级，降低管理成本；做好项目提质增效。通过强化债权债务管理，加大亏损整治和二次经营。实现减亏扭亏2.31亿元，潜亏减少4.1亿元，无新增亏损项目。积极应对“营改增”。举办6期“营改增”集中培训班，通过强力推进电商集中采购，为销项侧提供准确及时的抵扣票据，压降采购成本。物资集采金额28.56亿元，节约资金4.16亿元，节资率12.72%。

安全质量。安全生产形势基本可控。获各级文明平安工地13个。获鲁班奖1项、国家优质工程3项、省部级优质工程8项、中国铁建杯优质工程14项、上海市用户满意工程3项、河南省住宅工程质量专项治理示范工程1项、地市级优质工程2项。

财务管理。资产总额2501593.55万元，负债总额2283162万元，流动比率1.05、速动比率0.56，实现营业收入2368937万元。实现利润总额5.04亿元。产值利润率0.25%，投资回报率3.28%，资产负债率91.27%，国有资产保值101.67%，净资产收益率1.68%。缴纳各项税款79033万元。

人才队伍建设。招收大学生424人，其中，博士研究生2人，硕士研究生19人，外部引进高层次人才16人。

审计工作。完成审计项目170项。投入审计工作日2151天；发现问题金额25371.7万元，其中，违规违纪金额18063.9万元，损失浪费金额4013.9万元，不良资产金额1174.1万元，其他问题金额2119.8万元。已纠正违规金额13507.8万元，促进增收节支金额1548.8万元；提交审计报告170份，提出审计建议788条，已被采纳782条。通过内部审计提升9人、交流23人、降职1人、免职4人。（郑凤华）

【科技教育】　加强科技资金投入，加大“高海拔复杂环境特长隧道施工技术”等课题研究，“水滴形钢结构主塔斜拉桥施工关键技术研究”等12项科技成果通过鉴定或评审，达到国际先进或国内领先水平。国家级企业技术中心运转正常，高新技术企业的研发、投入以及成果转化等工作有序开展。二公司河南省焦作市桥隧施工工程技术研究中心顺利通过考评。申请专利30项，取得授权专利23项，其中发明专利8项。

教育培训。举办各类培训班51期，参培3319人次，送培1296人次，4615人次参加各级各类培训班。

承办2期大学生入职培训班和1期项目管理核心团队培训班。分别培训424人和39人。

（宋晓蓉　雷雪英）

【党群工作】　党的工作。有基层党组织385个，其中，所属单位党委47个、基层党支部338个，党员7716人。(1)党委政治核心作用。积极支持董事会、经理层工作，在“双向进入、交叉任职”的领导框架下，集团公司党委对重大问题提出意见和建议，以书面形式反馈给董事会、经理班子，或由进入董事会、监事会、经理班子的党委成员，通过多种方式分别反映党组织的意见，使党组织的主张在企业决策中得到重视和体现。召开党委常委（扩大）会9次，召开党委全委（扩大）会1次。“两学一做”学习教育。启动“两学一做”学习教育，把学习贯彻习近平总书记系列重要讲话精神作为贯穿学习教育全程的首要任务，通过开展党（工）委中心组学习127场次、组织党支部专题学习1098场次。两级班子成员和督导组建立联系点107个、深入基层督导332次，党员干部撰写学习文章792篇，促进学习教育的全程督导、广泛参与和全面覆盖。领导班子建设。坚持中心组学习制度，集团公司和各单位党委中心组交流学习体会近400人次，集团公司网站刊发各级党委中心组学习体会文章200余篇。集团举办各类培训班51期，参培4615人次。基层党组织建设。成功召开集团公司三次党代会，选举产生了集团公司新一届两委委员，完成集团公司党委常委的配备，并对任期届满的12个二级单位党委按期完成换届选举，将11个区域指挥部党委改设为党工委，对8个新成立的直属项目部成立党工委；在“中央苏区县”集训基层党组织书记，对所属50余名党组织书记进行座谈培训。两级党委相继举办“两学一做”党务骨干培训班13场次。企业文化建设和对外宣传。连续7年获中国铁建网络信息报送先进单位，连续10年获中国铁道建筑报先进单位。组织策划建党95周年暨青藏铁路开通运营10周年系列报道，赢得新华网、中国网、搜狐网、凤凰网、中青网等十余家省部级以上媒体转发。在中国铁建股份公司以上各级主流媒体用稿2680篇，其中中央级866篇。(2)党风建设和反腐倡廉工作。受理问题线索108件次，核实107件，了结5件，立案102件，结案99件，给予党政纪处分115人次，司法机关处理23人。

工会工作。下辖二级工会组织38个、基层工会组织207个，会员18307人，专职工会干部69人、兼职工会干部259人。组织开展“决战100天，承揽300亿”经营专项冲刺竞赛和“大干四季度，坚决打赢完成年度产值目标攻坚战”重点项目专项攻坚赛。在川黔铁路“6·28”抗洪抢险中，组织开展“保开通、创信誉”劳动竞赛，提前18天完成抢险重任。获各类竞赛奖励1500余万元，4人获股份公司劳动竞赛优秀组织者，4人获股份公司工人先锋号标兵；1个项目获股份公司劳动竞赛综合优胜单位；2人被评为河南省重点工程建设技术标兵、2个项目被评为河南省重点工程建设优秀参建单位。评先创模。9人获市级五一劳动奖章以上荣誉、8个单位获市级工人先锋号。连续15年获全国“安康杯”竞赛优胜单位，8个子公司获全国“安康杯”竞赛优胜单位。都匀桥梁公司获全国“安康杯”竞赛活动示范单位，杭黄铁路项目部获全国“安康杯”竞赛优胜班组，昆明地铁3号线获云南省“安康杯”竞赛优胜班组。(1)民主管理。①职代会。顺利完成局处两级职代会换届工作，两级职代会按照规定程序和内容完成大会各项议题。②集体合同。起草《2016年集体合同》草案，广泛征集各方面意见和建议，召开平等协商会讨论修订，提交职代会审议通过后执行。组织开展集体合同半年自查和年度抽查，加强过程监督。③企务公开。一线项目部通过企务公开栏、会议、文件、网站、QQ群、微信群等形式，及时将企业重大决策、经济指标完成情况、企业管理制度等适时进行公开，进一步落实职工的知情权、参与权和监督权。(2)建线建家。下拨专项费用97.8万元用于支持上海地铁、徐盐、格库、潼荣、深圳地铁等12个项目的建家建线。困难职工帮扶救助。筹集送温暖资金153.46万元，慰问困难职工596户，慰问劳模先进、离退休人员和生产一线人员2731人，一线班组34个，参加走访慰问活动的副处级以上干部126人。六一、金秋助学活动筹集15.52万元，帮扶职工、农民工子女193人；集团公司特重困职工生活救助89.7万元帮扶234人；大病职工救助73万元帮扶145人。(3)女职工工作。开展女职工“立足岗位、巾帼建功”班组劳动竞赛活动，2名女劳模领衔创新工作室。2人获“河南省五一巾帼标兵”“上海市建设交通系统三八红旗手”称号，3个集体获“河南省五一巾帼标兵岗”“上海市建设交通系统三八红旗集体”和“上海市巾帼文明岗”称号。(4)工会自身建设。①理论学习。开展“两学一做”学习教育，分别围绕讲政治、有信念，讲规矩、有纪律，讲道德、有品行，讲奉献、有作为4个专题开展学习研讨，强化工会队伍的政治性、先进性和群众性。②工会组织建设。召开三届四次全委（扩大）会，增替补工会委员和常委，指导2个子公司、1个区域指挥部工会主席选举。③财务工作。举办一期工会主席和会计培训班，聘请铁总财务部领导和上海建交工会主席授课。组织开展工会财务专项检查和回头看，采取约谈工程公司党政领导、通报等形式，全力解决历年经费拖欠严重的问题。

共青团工作。下辖 21 个基层团委,176 个团支部。其中 14 个子公司团委。团员 6742 人,35 岁以下青工 10341 人,专职团干部 9 人。1 个集体获中央企业"青年文明号"称号;1 人获中国铁建第七届"十佳青年技术能手"称号;5 个集体获中国铁建"青年文明号"称号;5 人获中国铁建"青年岗位能手"称号;6 个集体分别获河南省和中国铁建"五四红旗团委(支部)"称号;8 人分别获河南省和中国铁建"优秀团干部(团员)"称号。 (包明明 张长春 李建平)

【第一工程有限公司】 公路、市政、水利水电工程施工总承包一级资质,铁路工程施工总承包二级资质,以及桥梁、公路路基、公路路面、隧道工程施工专业承包一级资质企业。执行董事、党委书记杨锋,总经理、党委副书记刘晓宝。驻陕西省西安市经济技术开发区凤城二路 13 号。前身为中国人民解放军铁道兵第五师第二十一团;1984 年,兵改工并入铁道部,2001 年,改称现名。注册资本金 50068 万元。下辖 13 个工程队、5 个直管单位、35 个在建项目部、18 个机关部门。职工 1763 人,其中,干部 1133 人、工人 630 人,干部中各类专业技术人员 936 人(高级职称 104 人,其中教授级高工 3 人),工人中专业技术工人 294 人(高级工 138 人,高级技师 1 人、技师 9 人)。资产总额 259246.21 万元。机械运输设备 710 台(套),动力装备率 24.39 千瓦/人,技术装备率 1.84 万元/人。设备完好率 99%,利用率 60%。

2016 年,承揽工程任务 21.68 亿元,完成施工产值 31.05 亿元,实现净利润 1727 万元。国有资产保值增值率 15.19%,净资产收益率 4.81%,产值利润率 0.6%,投资回报率 5.3%,资产负债率 79.42%。职工年人均收入 64038 元。完成主要工程量:土石方 1399.6 万立方米,隧道 6730 延长米,桥梁 25431 延长米,架梁 388 片,公路 32.96 千米。 (一公司办公室)

【第二工程有限公司】 公路、建筑、市政工程施工总承包一级,铁路、水利水电工程施工总承包二级和桥梁、隧道、公路路基、公路路面、建筑幕墙工程专业承包一级资质以及公路工程试验综合检测乙级、水利工程质量试验检测乙级资质的国有建筑施工总承包企业。执行董事、总经理万雨晴,党委书记张仁群(12 月免)、王恒军(12 月任)。驻上海市青浦区朱家角镇沪青平公路 6670 号。前身为中国人民解放军铁道兵五师二十二团,组建于 1942 年 5 月;1984 年元月,奉国务院、中央军委命令,集体转业并入铁道部,定名为铁道部第十五工程局第二工程处;1999 年 12 月,与铁道部脱钩,归入中央企业工委,更名为中铁第十五工程局第二工程处;2001 年 7 月,改称现名。下辖 37 个工程项目部,14 个专业架子队,焦作基地、西安基地建设办公室、焦作、郑州、西安 3 个物业管理中心,1 个设备管理中心,1 个实验室,1 个宾馆。职工 2754 人,其中,干部 1387 人、工人 1367 人。资产总额 271674.76 万元,其中固定资产原值 45544.77 万元、净值 17411.41 万元。机械运输设备 784 台(套),设备原值 22889.44 万元、净值 11415.2 万元,动力装备率 28.69 千瓦/人,技术装备率 4.14 万元/人,设备完好率 90.2%,利用率 60.5%。

2016 年,承揽工程任务 28.88 亿元,完成企业总产值 35.56 亿元,其中施工产值 35.44 万元,实现利润 209 万元,职工年人均收入 54199 元。国有资产保值增值率 91.23%,净资产收益率 0.38%,产值利润率 0.19%,投资回报率 1.1%,资产负债率 80.56%。完成主要工程量:路基土石方 564 万立方米,桥梁 30120 延长米,涵渠 8261 横延米,隧道 17711 延长米,梁片预制 1879 片,梁片架设 2044 片。 (周雪茜)

【第三工程有限公司】 建筑工程、公路工程、水利水电工程、矿山工程、市政公用工程施工总承包二级,桥梁工程、隧道工程、钢结构、公路路面工程、公路路基工程专业承包二级资质企业。执行董事、总经理贺修军,党委书记古尊勇。驻四川省成都市郫县犀浦镇珠江东街 16 号。2013 年 12 月 18 日,中铁十五局集团西北工程有限公司、中铁十五局集团成都建设工程有限公司、原中铁十五局集团第三工程公司施工板块合并重组为新的中铁十五局集团第三工程有限公司,公司专业定位突出高铁无砟轨道、水利水电施工。下辖 29 个项目部、1 个机械化工程公司,职工 1453 人,其中,在职 1321 人、内退 132 人。企业资产总额 19.28 亿元;机械运输设备 639 台(套),原值 2.47 亿元、净值 1.07 亿元,设备总功率 72561 千瓦,动力装备率 50.11 千瓦/人,技术装备率 7.5 万元/人,设备完好率40.88%,利用率 79%。

2016 年,完成施工产值 25.27 亿元,承揽任务 20.12亿元,实现利润 141.48 万元;职工年人均收入 49453 元;国有资产保值增值率 91.23%,净资产收益率 5.27%,产值利润率 0.11%,投资回报率 3.89%,资产负债率 98.86%。完成工程量:路基 60.65 千米,路基土石方 263.06 万立方米,涵洞 3817.6 横延米,桥梁 12 座 29506.79 延长米,隧道 2 座 5653.86 延长米,无砟轨道铺设 6.14 千米,房屋建筑面积 6631.97 平方米。 (张 昕)

【第四工程有限公司】 公路工程、市政公用工程施工总承包一级，铁路工程、建筑工程、水利水电工程施工总承包二级，桥梁工程、隧道工程、公路路基工程专业承包一级资质企业。驻河南省郑州市二七区新圃东街117号。副总经理陈占波（主持执行董事、总经理工作），党委书记党宏学。前身系中国人民解放军铁道兵第五师二十四团。1984年1月1日集体转业并入铁道部，改编为铁道部第十五工程局第四工程处；2001年7月，企业改制改称现名；2007年1月，与科技工贸公司合并重组。下辖科贸分公司、钢结构架子公司、侯马办事处及25个项目部。职工2130人，其中，干部884人、工人1132人、内退114人。资产总额19.77亿元，其中固定资产原值25259.45万元、净值1亿元。机械运输设备535台（套），技术装备率3.12万元/人，动力装备率27.49千瓦/人。设备完好率93%，利用率92.5%。年施工能力40亿元以上。

2016年，承揽工程任务30亿元，完成企业总产值22.99亿元，其中施工产值22.80亿元。实现利润200万元。职工年人均收入48433元。国有资产保值增值率100.84%，净资产收益率0.57%，产值利润率0.18%，投资回报率1.39%，资产负债率81.63%。完成主要工程量：土石方583.61万立方米，隧道17127.52延长米，桥梁17081.26延长米，房屋建筑面积13908.88平方米。（蔡艳艳）

【第五工程有限公司】 国家公路一级、市政一级、铁路二级、房建二级总承包资质及公路路基、路面、桥梁、隧道专业一级资质企业。驻天津市红桥区。执行董事、总经理李俊，总经理，党委书记杨善友。前身系铁道兵第六师二十八团，整编为铁道兵第五师二十五团；2001年11月，企业改制改称现名。下辖38个项目部。职工2943人，其中，干部1463人、工人1323人。资产总额313324.29万元，其中固定资产原值59015.63万元、净值22474.23万元，流动资产289268.76万元，其他资产24055.53万元。机械运输设备343台（套），设备原值26580.98万元、净值12941.52万元，总功率46866.2千瓦，技术装备率4.35万元/人，动力装备率15.76千瓦/人。新度系数35.98%，设备完好率100%，利用率100%。年施工能力45亿元以上。

2016年，承揽工程任务30.54亿元，完成施工产值35.86亿元。实现利润417.55万元，全员劳动生产率28.61万元/人年，职工年人均收入38853元。国有资产保值增值率111.53%，产值利润率0.13%，资产负债率81.82%，净资产收益率0.45%，应上交款完成率86%。完成主要工程量：土石方8455.65万立方米，隧道21869.21延长米，桥梁37229.99延长米，房屋建筑面积191122平方米，公路70.38千米，路面1610293.8平方米。（郑良凡）

【第六工程有限公司】 铁路工程施工总承包一级，市政公用工程施工总承包一级，建筑工程施工总承包二级、水利水电工程施工总承包二级，公路路基、路面工程和隧道、桥梁工程专业承包一级，铁路铺架工程专业承包二级资质企业；兼营新建铁路临管运输，房屋租赁；铁路货运客运场站服务；铁路机车检修，铁路机车租赁，铁路货运代理，机械租赁。拥有公路水运实验检测乙级实验室资质和银行“3A”信用等级称号。执行董事、党委书记任化庆、总经理段玉顺。驻江苏省南京市浦口区泰山街道三河280号。前身是中国人民解放军铁道兵南疆铁路新线运输管理处。1984年1月，奉国务院、中央军委命令集体兵改工整编为铁道部第十五工程局新线铁路运输处；2001年12月，改称现名。下辖5个铁路运输处、13个架子队，40个项目（指挥）部，1个管理中心和1个中心实验室。职工2316人，专业技术人员713人。资产总额197745万元，固定资产原值70059万元、净值30852万元。机械运输设备338台（套），技术装备率12.29万元/人，动力装备率125.96千瓦/人；主要施工设备完好率93%，利用率64%。年施工生产能力30亿元。

2016年，承揽任务322746.9万元，完成产值73090万元，其中，运输收入19277万元、施工产值53634万元。全员劳动生产率31.6万元/人年，职工年人均收入52930元。产值利润率-1.44%，资产负债率81.85%，国有资产保值增值率97.28%，净资产收益率-2.07%。应上交款完成率56.98%。完成主要工程量：路基土石方36.87万立方米，桥涵3座1206.9横延米，涵洞14座245.11横延米，正线铺轨3.415千米，站线铺轨17.67千米，铺道岔65组。

（孙雪坤）

【第七工程有限公司】 公路工程、建筑工程、市政公用工程施工总承包一级；桥梁工程、隧道工程、路面工程、路基工程施工专业承包一级；建筑装饰装修工程施工专业承一级；水利水电工程、铁路工程施工总承包二级资质企业。执行董事兼总经理马中卫，党委书记孙彬。驻河南省洛阳市洛常路6号院。2001年8月16日，由原中铁第十五工程局实业总公司、中铁第十五工程局机械化工程公司、中铁第十五工程局建筑工程公司改制重组而成。下辖14个架子公司、1个物资设备公司、31个项目部。职工1950人，其中，干部884人、各系列专业技术人才958人、技能工人867人。机械运输设备956台(套),动力装备率24.79千瓦/人,技术装备率2.22万元/人。

2016年,承揽工程任务总额50.17亿元,完成产值任务31.26亿元,实现利润208万元。国有资产保值增值率100.55%,净资产收益率0.36%,产值利润率0.08%,资产负债率74.23%。完成主要工程量:路基土石方550万立方米,桥梁6843延长米,隧道4577延长米,房屋建筑面积36.7万平方米,涵洞2525横延米。 (常万陶)

【城市轨道交通工程有限公司】 从事城市轨道交通施工。前身为城市交通工程公司(分公司)。执行董事、总经理刘中欣,党委书记马振民。驻河南省洛阳市瀍河回族区四通路2号院。2014年6月10日在国家级自由贸易区——珠海市横琴区完成注册,注册资本金2亿元。下辖17个项目部。职工686人(内退32人),其中,干部415人、工人239人。资产总额23.42亿元。机械运输设备657台(套),技术装备率67万元/人,动力装备率71千瓦/人,设备完好率90%,利用率41%。

2016年,承揽工程任务总额24.20亿元,完成企业总产值11.68亿元,实现净利润1407.64万元。国有资产保值增值率99.64%,净资产收益率-14.05%,产值利润率0.18%,资产负债率100.57%。 (肖辉斐)

【电气化工程有限公司】 2013年12月18日注册于上海市松江区九亭镇。主要从事铁路电气化建设工程专业施工、铁路电务建设工程专业施工、公路交通建设工程专业施工、机电设备安装建设工程专业施工、送变电建设工程专业施工;机电成套设备的安装;从事铁路电气化技术、铁路电务技术、公路交通建设技术、机电设备安装技术领域内的技术开发、技术转让、技术咨询、技术服务等。现拥有铁路电气化、铁路电务、机电设备安装、送变电工程专业承包三级资质。执行董事、总经理、党委书记温海军。职工66人,其中,干部62人、工人4人。资产总额22566.8万元,其中固定原值314.74万元、净值73.73元。机械运输设备123台(套)。

2016年,承揽任务总额4907.43万元,完成施工产值28570.98万元。实现利润64.69万元,国有资产保值增值率100.62%,净资产收益率0.8%,产值利润率0.44%,投资回报率0.88%,资产负债率55.25%。 (张丹妮)

【物资有限公司】 钢结构专业承包一级资质,地基与基础专业承包二级资质企业。驻河南省洛阳市西工工业园区汉宫路西段。执行董事、总经理茹念文,党委书记党宏学(12月免)、李章国(12月任)。2014年1月,集团公司整合重组为中铁十五局集团物资工程有限公司;2016年11月,将物资工程公司合并重组到物资公司。下辖18个独立核算单位。职工450人,其中,干部201人、工人194人。资产总额117431.93万元,其中固定资产原值10514.75万元、净值4964.19万元,流动资产109053.53万元,其他资产8378.4万元。机械运输设备303台(套),设备原值4364.7万元、净值1406.55万元,总功率6732.03千瓦,技术装备率3.13万元/人,动力装备率14.96千瓦/人。设备完好率60%。

2016年,承揽任务13.06亿元,完成企业总产值13.79亿元。其中,施工完成产值10792.38万元;工业完成产值647.55万元;物流销售额12.65亿元。实现利润424.96万元,职工年人均收入58709元。国有资产保值增值率102%,产值利润率0.33%,投资回报率1.75%,资产负债率85.43%,净资产收益率1.76%。应上交款完成率100%。 (陈玉婷)

【都匀桥梁工程有限公司】 具有钢筋混凝土桥梁、轨枕、其它混凝土制品及构件,市政工程施工总承包、技术咨询服务、建筑劳务分包、机械设备租赁、自有房地产租赁、仓储物流,以及起重设备安装、改造、维修,建筑模型及其它钢结构制造、商品混凝土施工生产许可等经营资质。执行董事、总经理任化庆,党委书记宋建坤。驻江苏省南京市浦口区泰山街道向阳路(浦口枕轨)。前身为铁二局都匀混凝土预制厂;2003年3月,改称贵州中铁路桥工程有限公司;2013年11月,改称现名。注册资本金3亿元。下辖6个专业化分公司,9个在建铁路项目。职工807人,其中,干部329人、工人478人。资产总额161415万元,固定资产原值48008万元、净值19239万元。机械运输设备260台(套),设备总功率32339千瓦,动力装备率39.83千瓦/人,技术装备率11.43万元/人,完好率92%,利用率85%。

2016年,承揽工程任务2.3亿元,实现利润-5999万元,完成企业总产值12.32亿元。国有资产保值增值率60.87%,净资产收益率-49.75%,产值利润率-5.42%,资产负债率94.35%。主要工程量:生产箱梁849孔,T梁3370片,轨枕356272根。

(王展翅)

【四川建筑勘察设计有限公司】 具有建筑工程甲级、市政乙级、勘察乙级、测量乙级、工程咨询乙级、风景园林乙级、城市规划丙级等多项资质。执行董事、党委书记张独远(11 月免),总经理杨澜(11 月免),副总经理蔡荣(主持执行董事、总经理工作)。驻宜宾市翠屏区岳武里 14 号。是宜宾市建筑勘察设计院改制完成后,由中铁十五局集团有限公司全资收购后成立的科技型二级子公司。职工 82 人,其中,在职干部 72 人、工人 10 人。

2016 年,新签合同额 1205 万元,完成总产值 929 万元。 (周一敏)

【河南置业有限公司】 2010 年 3 月正式注册,隶属集团公司二级法人公司,经营范围:房地产开发经营、房屋租赁、物业服务、企业管理咨询。驻郑州市二七区航海路 197 号索克世纪大厦,下设 8 个职能部室,执行董事、党委书记李文兵,副总经理(主持经理层工作)毛学墙。下辖 3 个项目公司、3 个项目工作组,职工 107 人。

2016 年,实现销售 27772 万元,营业收入 30298 万元,实现净利润 986 万元。国有资产保值增值率 99.64%,净资产收益率 -14.05%,产值利润率 0.18%,资产负债率 100.57%。 (刘 刚)

【济阳迎宾黄河大桥有限公司】 2006 年 1 月 19 日成立,注册资本金 2000 万元,经营范围:大桥的建设、管理、经营及维护。董事长、党委书记刘家寅,总经理刘克明(8 月任)。职工 88 人。国有资产保值增值率 100.62%,净资产收益率 8.11%,产值利润率 23.28%,资产负债率 44.7%,投资回报率 101.83%。

(陈 鹏)

【重要记载】

▲2 月 3—4 日 召开 2016 年工作会、二届十九次党委全委(扩大)会、四届一次职代会。

▲2 月 2 月 集团公司获 2015 年度“天津市建设工程优秀诚信施工企业”。

▲3 月 4 日 一公司涡河三桥项目获三项国家实用新型专利。

▲3 月 22—24 日 国有重点大型企业监事会八办主任陶永山一行到集团公司调研指导。

▲4 月 城轨公司广深港 S-550 盾构施工获 2016 年“火车头奖杯”。

▲5 月 六公司朔黄铁路运输处 QC 小组发布的“减少神华号交流机车途停”成果,获中国铁道工程建设优秀 QC 小组一等奖。

▲6 月 19 日 集团公司董事长、党委书记武宪功获“2015—2016 年度全国优秀企业家”称号。

▲6 月 二公司承建的沪嘉高速公路大修工程(二期)1 标工程获 2015 年度上海市市政工程金奖。

▲7 月 五公司北京地铁 16 号线钢管柱 QC 小组的成果“提高盖挖逆作法钢管柱一次安装精度合格率”获 2016 年度全国工程建设优秀 QC 小组一等奖,五公司被评为 2016 年“全国工程建设 QC 小组活动优秀企业”。

▲8 月 电气化公司获“2016 年上海市诚信创建企业”称号。

▲10 月 18 日 集团公司杭黄铁路项目部获全国“安康杯”竞赛优胜班组。

▲10 月 21 日 都匀桥梁工程有限公司徐盐铁路项目睢宁制梁场职工吴江波被评为贵州省直属企业工会首届十大“企业工匠”称号。

▲10 月 23 日 坦桑尼亚 MOROGORO 省省长斯蒂文凯布维博士一行到三公司基隆贝罗桥项目进行现场考察。

▲10 月 24 日 集团公司获市政公用工程施工总承包特级资质。成为铁路工程、公路工程、市政公用工程“三特级”资质企业。

▲12 月 1 日 集团公司连续 4 年获“上海市用户满意企业”称号。

▲12 月 23 日 集团公司获国家工商总局评定的全国“守合同重信用企业”称号。

▲12 月 12 月 五公司承建的西铜高速公路渭河特大桥、灵山高速公路恒山隧道 2 项工程获国家级优质工程奖。 (郑凤华)

中铁十六局集团有限公司

【简况】 中铁十六局集团有限公司系铁路、公路、建筑工程施工总承包特级资质;铁路行业、公路行业、建筑行业甲级设计资质;市政公用、水利水电工程施工总承包一级资质;公路路面、隧道工程、桥梁工程专业承包一级资质企业。可承接建筑、公路、铁路、市政公用、港口与航道、水利水电各类别工程的施工总承包、工程总承包和项目管理业务。集团公司驻北京市朝阳区红松园北里 2 号。董事长、总经理孔令键,党委书记周富。前身系中国人民解放军铁道兵第十一、十三师合编后的铁道兵第十一师;1984 年 1 月,集体转业并入铁道部,改编为铁道部第十六工程局;2000 年 1 月,更名为中铁第十六工程局;2002 年 5 月 10 日,企业改制改称现名。下辖 15 个子公司。职工 20907 人,其中,管理与专业技术干部 13291 人、工人 7616 人;专业技术干部10500人，占干部总数的79.00%；技术工人7167人，占工人总数94.10%。资产总额347.9亿元，固定资产原值66.6亿元、净值26.3亿元，流动资产293.1亿元。机械运输设备3978台(套)，原值540091万元、净值274516万元，技术装备率9.34万元/人；动力装备率35.74千瓦/人。

2016年，新签合同总额843.51亿元，完成企业总产值394.6亿元，实现营业收入375亿元，同比增长2.8%，经营性净现金流39.6亿元，实现利润总额6.3亿元，职工年人均收入9.2万元，国有资产保值增值率113.66%、净资产收益率13.36%、产值利润率1.57%、资产负债率87.42%、应上缴款完成率100%。完成实物工程量：土石方6992.2万立方米，桥梁173746延长米，隧道82519延长米，涵洞39320横延米，铁路制梁4408片，铁路架梁1564孔，正线铺轨187.1千米，站线铺轨31.7千米，无砟轨道61千米，铺道岔78组，通信线路159千米，通信设备8站，供电线路15.2千米，接触网4.5条千米，地铁(含轻轨)区间30055米，公路74.1千米，路面121.9万平方米，公路制梁10608片，公路架梁6753片，房屋建筑面积1565007平方米。参建的北京燕翔饭店项目获鲁班奖，福建泉三高速公路项目获詹天佑奖，无锡市轨道交通1号线获国家优质工程金质奖，关角隧道获国际隧道及地下空间协会年度重大工程奖、中国施工企业协会科学技术进步特等奖，安徽阜阳房建项目获全国AAA级安全文明标准化工地。获省部级安全文明标准化工地10项，省部级优质工程6项，国家级优秀QC小组1项、省部级优秀QC小组12项，国家级优秀质量信得过班组1项；获国家授权专利75项，其中，发明专利15项、取得软件著作权12项。获省部级工法6项，省部级科技进步奖6项，学会、协会科技奖6项。电务公司通过“高新技术企业”认定，集团内高新技术企业9家。四公司通过北京市企业技术中心认定。获全国水利建设市场主体信用评价AAA级和“水利安全生产标准化一级单位”证书。集团公司和一公司、二公司、三公司、四公司、五公司、路桥公司获“交通运输建筑企业安全生产标准化一级单位”证书。完成中央企业档案评价，获A级档案馆10个、B级2个。 (冯　爽)

【领导人员】

董事会

董事长	孔令键
副董事长	周　富
董事	江拔其
	程红彬
职工董事	王宜柱

经理层

总经理	孔令键
副总经理	江拔其(11月免)
	程红彬
	马　栋
	杨哲峰
	黄昌富
	卢永堂
	向大强(1月任)
	罗生宏(1月任)
	董　梁(1月任)
	刘正昶(1月任)
总工程师	马　栋(兼)
总会计师	刘正昶(兼,1月任)

党群领导

党委书记	周　富
党委副书记	孔令键
	缪江梅
	勾文青
纪委书记	缪江梅(1月任)
工会主席	王宜柱(1月任)

(闫雅哲)

【工程项目指挥机构】 兰渝铁路LYS-2标段项目部　驻甘肃省陇西县巩昌镇高速公路出口300米永业大酒店4楼。项目经理罗生宏，党工委书记李庚许，常务副经理张秀良。

成贵铁路项目部　驻四川省兴文县太平镇工业园区九天物流园。项目经理王景斌，党工委书记罗拥军。

南龙铁路工程指挥部　驻福建三明市三元区长安路23号。项目经理杨立财，党工委书记桂建乐。

蒙华铁路4标项目部　驻河南省三门峡市灵宝市尹富市场东火车站道南100米中铁十六局集团蒙华铁路项目部。项目经理郭永忠，党工委书记李国英。

昌赣客专CGZQ-8标项目经理部　驻江西省泰和县澄江镇新池村(原319国道上田收费站)。项目经理赵永，党工委书记郝孟广。

黔张常铁路8标项目部　驻湖南省张家界市永定区站前路1号维也纳酒店。项目经理江拔其，常务副经理李志荣。

新建吴忠至中卫城际铁路项目部　驻宁夏回族自治区吴忠市金积大道红星仓储。项目经理罗生宏，党工委书记兼常务副经理安德柱。

石黔高速公路项目部　驻重庆市石柱县南宾镇靴井度假村。项目经理张忠德，党工委书记姚远。

呼和浩特市轨道交通2号线一期工程项目部　项

目经理赵书银，党工委书记邱军，常务副经理薛立强。

赣深客运专线3标项目部　驻江西省赣州市龙南县里仁镇（105国道老收费站）。项目经理王振浩，党工委书记宋彦彬。　（王　博）

【职工队伍】　职工20907人。管理与专业技术人员13291人。其中，女性2777人，占20.89%；少数民族511人，占3.84%；研究生346人，大学本科8041人，大专3947人，中专549人，高中及以下408人；35岁以下9320人，36～40岁1370人，41～45岁943人，46～50岁546人，51～54岁548人，55岁以上564人；有技术职务的专业技术人员11267人，占管理与技术人员总数的84.77%，其中，高级职务1426人，中级职务3349人，初级职务6492人，工程系列8726人、经济系列630人、会计系列1108人、卫生系列107人、统计系列24人、政工系列664人、其他系列8人。工人7616人。　（闫雅哲）

【工程施工】　2016年，完成企业总产值3946610万元，比上年同期增加78769万元，增长2%。完成施工产值3625396万元，比上年同期增加6812万元，增长0.2%。

兰渝铁路LYS－2标段　合同投资432745.9808万元。合同工期2009年2月18日—2016年12月31日，位于甘肃渭源、漳县，主要工程量：路基土石方158.85万立方米、站场土石方276.09万立方米；桥梁16座10.3千米；隧道13座49.326千米，车站2座37637.51平方米，无砟轨道48.92千米。2016年，已完成全部工程量。

南龙铁路NLZQ－4标段　合同投资200979万元。合同工期2013年12月30日—2017年11月30日。位于福建省三明、永安，全长36.75千米，主要工程量：区间路基土石方22.70万立方米、站场土石方184.09万立方米；桥梁10座3.07千米；隧道15座31.16千米。2016年，投资完成3.39亿元，完成开挖支护30318米，仰供30218米，二衬30082米。完成桩基1456根，承台128个，墩身124个，完成土石方204.54万立方米。

成贵铁路CGZQSG－8标段　合同投资2380586672元。合同工期53个月。位于四川省兴文县，全长34.367千米。主要工程量：涵洞11座405.83横延米，车站1座制（存）梁场1处。2016年，完成投资67784万元，开工累计完成投资200270万元。

黔张常铁路QZCZQ－8标段　合同投资194255万元。合同工期2015年3月15日—2020年11月30日。位于湖南省张家界市，长度27.613千米。主要工程量：焦柳线及禾家村改建工程（不含轨道工程），路基3.033千米，正线双线桥梁9座9627.47延长米，焦柳线单线特大桥1座1163.68延长米，涵洞11座547.41横延米，隧道6.5座14952.04延长米；车站1座（禾家村站，含焦柳线及禾家村站改造线下部分），禾家村梁场527单线孔梁制架。

蒙华铁路米HSS－4标段　合同投资158666.97万元。合同工期2015年5月10日—2020年2月1日。全长25.488千米，主要工程量：城烟隧道1座，峁山隧道1座、渡槽1座、框架涵1座，路基2段。左线隧道2667.4延长米，右线隧道463.9延长米。城烟隧道左线22751延长米，右线22771延长米。峁山隧道设计5座斜井。2016年，峁山隧道完成16451延长米，完成投资30216万元；城烟隧道完成2906.3延长米，完成投资6715万元。

昌赣客运专线CZGQ－8标段　合同投资211979.71万元。合同工期2015年10月30日—2019年12月31日。位于江西省，全长32.836千米。主要工程量：路基14.355千米，正线桥梁14座18.481千米；涵洞45座1028.16横延米，预制和架设箱梁566孔，本标段范围内轨道板的铺设等工程。2016年，完成投资111510万元，占调整后年度计划110000万元的101.4%。

新建吴忠至中卫城际铁路工程　合同投资680130.79万元。合同工期2016年5月21日—2018年8月31日。位于宁夏回族自治区沿黄经济区。线路全长134.75千米。主要工程量：同步修建太中银和中卫地区相关联络线37.1千米，全线桥梁比49.16%，箱梁预制、架设2103孔，T梁预制架设10孔。新建车站1座，预留车站1座。2016年，完成投资279923万元。

京沈铁路客运专线辽宁段TJ－7标段　合同投资244240万元。合同工期2014年7月1日—2019年3月4日。位于辽宁省北票市。主要工程量：区间路基土石方406万立方米，特大桥11座16573.73延长米，大桥6座2050.86延长米，中桥3座253.16延长米，框架涵21座629.64横延米；隧道4座3297延长米；铺设无砟道床72.82千米（含轨道精调）。2016年，完成230745万元。

连镇铁路2标段　合同投资26.07亿元。合同工期1064天。位于江苏省灌南县、涟水县，正线长度50.345千米。主要工程量：桥梁2座48511.73延长米，车站1座，框架中桥2座，框架小桥3座，框架涵3座，圆管涵2座，路基挖土方（含车站）2283立方米，填改良土376945立方米，CFG桩317568米，级配碎石43686立方米，碎石垫层34216立方米，预制架设箱梁

1401孔。

渝黔铁路3标段　合同投资150744万元,线下合同投资65297.3万元。合同工期2013年5月1日—2017年6月30日。位于重庆市江津区,全长17.59千米。主要工程量:路基土石方84万立方米,改移道路,区间路基4.007千米,桥梁7.175千米,隧道6座6.428延长米,涵洞12座244.39横延米,倒虹吸1座20横延米,人行天桥5座267.95延长米。道岔63组,预制T梁1411孔(单线孔)及桥面系铺装施工。2016年,完成基土石方、桥梁墩台身、隧道仰拱、二衬等主体工程。完成制梁2691片,架梁2266片,铺轨105.225千米。

新建贵阳枢纽小碧经清镇东至白云联络线4标段　合同投资78720万元。合同工期2013年12月14日—2016年12月14日。位于贵州省贵阳市,全长22.684千米。主要工程量:区间路基土石方94万立方米,站场路基土石方47.5万立方米;特大桥11座14858.13延长米、大桥6座1967.86延长米、中桥2座116.1延长米;涵洞11座303.17横延米;隧道2座707延长米;金阳泄水洞1座335延长米;站场4座。2016年,完成投资1.8亿元。

新建铁路成都至兰州线成都至川主寺段站前工程CLZQ-4标段　合同投资130350.7万元。全长19.194千米。主要工程量:桥梁2座481.03延长米,框架式桥5座88.7延长米,涵洞34座1281.57横延米,隧道2座11879延长米,正线路基6834.28米,车站1座。2016年,完成投资26035万元。

新建成都至兰州铁路CLZQ-12-02标段　合同投资71582.6万元。合同工期2014年9月1日—2018年2月18日。位于成兰铁路成都至川主寺段镇江关至松潘区间,正线长度11.801千米。2016年,完成正洞开挖支护3327米,仰拱3023米,二衬2720米。

丽香铁路LXZQ-4标段　合同投资115247万元。合同工期2014年12月20日—2020年1月20日。位于云南省香格里拉县,全长17.986千米,主要工程量:站场土石方17万立方米;桥梁3座0.327千米;隧道3座17.659千米。2016年,完成产值3.481亿。

格库铁路新疆S1标段　合同投资116101.0981万元。合同工期2014年12月25日—2016年12月24日。位于新疆维吾尔自治区巴音郭楞蒙古自治州,全长140.64千米,主要工程量:区间路基土石方992.6万立方米、站场土石方187.6万立方米;特大桥1座772.75延长米、大桥5座1086.41延长米、中桥28座1827.58延长米、小桥35座492.23延长米,涵洞587座15.58千米。

黄大铁路7标段　合同投资54982万元。合同工期2014年9月10日—2017年9月10日。位于山东省东营市,全长26.329千米。主要工程量:土石方240万立方米,特大桥4座6176.14延长米,大桥7座1285.76延长米,中桥14座845.36延长米,框架式桥10座1911.58顶平米,铺道砟8.7万立方米。

符离集至新河扩能改造工程先期开工段站前工程FJZQ-Ⅰ标段　合同投资71518万元。合同工期2015年1月1日—2018年12月15日。全长34.62千米。主要工程量:路基土石方96.1万立方米,新建大桥1座232.5延长米,梁式中桥1座108.16延长米,改建框架中桥3座,改建框架小桥6座,平交道口改立交30处,新建涵洞12座,改建涵洞17座,车站3座。2016年,完成产值45526.82万元。

广梅汕铁路ZQSG-1标段　合同投资162742万元。合同工期2015年7月1日—2017年12月31日。全长22.9千米。主要工程量:路基10.22千米;特大桥3座12.68千米,制运架32米、24米简支T梁2848片梁,车站4座。2016年,完成投资48944万元。

穗莞深城际SZH-9标段　合同投资185014.3344万元。合同工期2014年10月01日—2018年4月30日。位于深圳市,正线长度7.76千米。主要工程量:深圳机场北站,地下2层岛式车站,车站顶板覆土厚度3.13米,底板底面最深埋深18.62米。设置3个出入口、1个疏散口、2组风亭,建筑面积18728平方米,均采用明挖法施工,车站长315米;机场北站—机场站盾构隧道3295.322米,地下2层岛式车站,车站顶板覆土厚度4.232米,底板底面最深埋深22.38米。设置5个出入口、3座紧急疏散口、5组风亭、1座地面冷却塔,预料物业开发空间预留9个物业开发出入口和1组风亭,建筑面积48215平方米,均采用明挖法施工,车站长911米;改移道路、改移沟渠、"三电"迁改、管线迁改。2016年,完成投资49217万元,开工累计投资88211万元。

珠海市区至珠海机场城际轨道交通工程(拱北至横琴)　合同投资113391万元,主要工程量:进口段土建施工、盾构管片、无砟道床的预制运输,包括所承建珠机工程对应范围内的相关珠海情侣路南段部分改造工程。2016年,轨道公司完成投资31940万元,开工累计投资75406万元。

(冯　爽)

【经营管理】　2016年,完成订单843.5亿元,同比增长39%,占股份公司下达指标的162%。集团公司中标宁夏吴中城际铁路PPP项目总投资136亿元,呼和浩特地铁2号线PPP项目总投资166亿元,江西新建龙头岗新区基础设施PPP项目总投资34亿元。新签订单中,资本运营板块225亿元(仅计算建安投资)占26.7%;传统工程总承包板块536亿元占63.5%;海外板块19.3亿元占2.3%;物贸和机械制造板块53.3亿元占6.3%;房地产开发板块9.9亿元占1.2%。其中,轨道交通、铁路(含城际铁路)份额均超过200亿元,市政、公路份额均超过130亿元。传统的工程总承包板块中,公路130.3亿元占24.3%;市政91.1亿元占17%;房建65.2亿元占11.7%;铁路104.9亿元占19.6%;轨道交通135亿元占25.2%;水利水电及其他9.5亿元占1.8%。

新签合同额843.5亿元,完成企业总产值394.6亿元,实现利润总额6.3亿元。营业收入375亿元,同比增长2.8%,在股份公司工程板块排名第五,完成集团公司年度计划400亿元的93.8%。经营性净现金流为39.6亿元,比上年8.7亿元增加30.9亿元,资产负债率87.42%,下降0.33个百分点。经营结构升级。一是主要市场实现新提升。积极抢占铁路、地铁市场主动权,"两铁市场"并驾齐驱,经营承揽各占新签合同额的25%以上,均突破200亿元;公路、市政齐头并进,经营承揽各占新签合同额的15%以上,均超过130亿元。二是资本经营抢占制高点。集团公司充分利用股份公司优势资源,主动作为,中标高速铁路投资项目——宁夏石嘴山至固原城际铁路(吴忠至中卫段)、地铁全产业链项目——呼市轨道交通2号线一期工程,建安投资合计190.72亿元。三是海外经营开创新局面。国家推行新的援外办法后,集团公司取得援外A类企业资质,获国家援外项目投标资格。海外市场累计中标19.3亿元,尤其是亚吉铁路维护运营项目成功签约,对于推动中国标准"走出去",提高国际影响力意义重大。四是领域拓展实现新突破。集团公司不断拓展新领域和新行业,成功打入综合管廊、旅游文化建设、TB米等市场。先后中标北京行政副中心综合管廊工程、镇远旅游文化基础设施建设及综合开发项目、新疆西水东引TB米等项目。五是模式创新步入新阶段。经营模式不断创新,工程承包类,资本投资类,EPC总承包,协同经营等持续发力,助推集团公司经营承揽捷报频传,与金融机构联合中标江西龙头岗新区安置房基础设施项目,投资34.28亿元。六是铁路运输再上新台阶。续签和新签赤大白、神朔、包神等14个运输项目;成功中标埃塞俄比亚至吉布提铁路运输项目,中标额3.71亿美元。

职工队伍建设。建立完善行政党群、职业项目经理、专家、工人技师晋升通道。通过高级以上职称181人,中级职称506人,聘任首席专家7人、一级专家25人、二级专家23人,聘任首席技师4人;招收以土木工程为主并侧重测量、试验、物资管理等专业毕业生945人,组织内外部专业培训6779人次;专业队517支,成熟运作315支,依据信誉等级考核评选A类劳务队伍258个。

(冯　爽)

【科技成果】 制定出台《"十三五"科技发展规划》和《专利战略(2016—2020年)》,10个子公司及集团公司相继召开技术创新大会。四公司通过北京市企业技术中心认定,四公司和轨道公司高新技术企业资质通过复审,电务公司获高新技术企业。承担省部级科研课题5项、股份公司级科研课题4项、本级自主立项课题29项,其中,新立课题22项,获股份公司和政府经费支持534万元,本级投入研发资助480万元。23项成果通过总公司科技成果评审,获詹天佑土木工程奖1项、省部级科学技术奖6项、股份公司级科技进步奖16项、建筑学会优秀施工组织设计奖9项、通过北京市新技术应用示范工程验收和土木工程学会"城市轨道交通技术创新推广项目"各1项,在专业技术杂志上发表论文246篇,获股份公司优秀论文7篇、全国建筑业优秀论文2篇。开发29项局级工法,获部级工法6项、股份公司级工法9项,取得软件著作权12项、授权专利75项(发明专利15项)、股份公司优秀专利奖1项,承担标准编制、修订18项,发布1项。(冯　爽)

【党群工作】 召开集团公司第三次党代会,明确今后5年发展指导思想,部署企业改革发展和党的建设主要任务,选举产生新一届党的委员会和纪律检查委员会,提出企业"十三五"发展的一系列经济技术指标以及"强大、幸福"现代企业建设目标。各级积极学习贯彻党代会精神,形成凝心聚力干事创业、务实奋进全面升级的良好局面。两级党委严格落实定期会议决策制度,及时学习传达中央和上级精神。集团公司党委切实履行对企业改革发展的领导责任,紧密围绕做强做优做大目标,着力结构转型和升级管理,抓好顶层设计和决策把控,下大力建制度、立标准、挺规矩、抓落实。制定出台《党建工作考核评议办法》等13项制度,修订《领导人员管理办法》等30项制度。研究制定《"三重一大"决策制度实施细则》,全面规范各级决策行为、防范决策风险、提高决策质量。两级党委认真贯彻落实中央和上级有关干部管理要求,全面、系统地修定完善各级各类管理办法,坚持党管干部原则,坚持对选人用人的领导和把关,领导人员管理更加严谨规范。按照政治过硬、能力突出、专业化发展要求,重新修订《领导人员管理办法》《区域指、直管项目部人员管理办法》,规范提名酝酿、考察、任用、公示等程序,明确选拔条件,强化纪检监察的过程监督。举办新闻写作与摄影、微信创意与运营等4个特训班,培训160人次。深入开展“弘扬优秀文化、抵制不良言行”“学榜样、守纪律、勇担当、创佳绩”等教育活动,评选表彰“央企脊梁、员工榜样”,推动“道德讲堂”进项目、到集团公司机关汇演。重点策划的呼市地铁2号线开工、永宁黄河大桥合龙及通车、大直径盾构下线、地铁盾构首次穿黄等对外宣传报道,在新华社、中央和地方电视台、报纸、网站,展示企业良好形象。特别是永宁黄河大桥合龙通车,受到中央电视3次连线直播。微信、微博、微电影、专题片、形象宣传片、屏幕政工等新媒体,进一步拓展企业品牌传播空间。

纪检监察。各级党委纪委紧密围绕企业中心任务,加强党风廉政建设,准确把握监督执纪“四种形态”,突出挺纪在前,从严治党取得新成效,为企业依法合规经营提供坚强纪律保证。逐级签订党风廉政建设责任书,将责任落实与“四好班子”评定紧密关联、与绩效考核奖惩挂钩;制定责任制实施意见、追究办法等配套措施;每逢重大节日重申纪律要求,提醒在先、督促在前,对顶风违纪的通报警示,严肃处理;坚持干部选拔标准,规范提名酝酿、考察考核、会议研究等程序,纪委全过程纪实监督,否决、暂缓提拔干部12人。轨道公司出台《干部提拔任用分级管理办法》,监督落实,有效防止“带病提拔”。组织对各单位进行落实“两个责任”考核,开展子公司纪委书记述职述责,通过现场述、提问题、做点评,起到相互学习、红脸出汗、激发担当的正向激励作用,评选出3个落实主体责任先进单位、5个履行监督责任先进单位。针对子公司专项巡视中暴露出的决策问题,纪委牵头研究制定《“三重一大”决策制度实施细则》,规范3个层级的决策行为,设“禁区”划红线,使领导决策有现实依据。纪委率队展开对14个子公司领导班子“三重一大”决策制度学习解读。3个巡视组对19个直、托管工程项目开展决策制度执行情况专项巡视,对子公司组织“回头看”,确保巡视整改、决策制度落地生根。将巡视整改作为必须打赢的“五大战役”之首,领导挂帅、分工负责,对股份公司巡视反馈的四大类30项94个问题,制定285条整改措施,专责到人;清退违反履职待遇开支和自定薪酬奖金1151万元;查处巡视移交案件线索36件,纪律处分61人(领导人员27人),组织处理12人;制定完善企业各项制度57项。坚持预防为主,把教育作为强化监督的第一关口,“尊崇党章、严守纪律”反腐倡廉宣传教育月活动,常抓常新。组织收看反腐专题片《永远在路上》和全路预防职务犯罪巡回宣讲视频,邀请检察机关开展专题讲座,创建干部微信群,定期推送反腐信息,提高全员防腐警醒力。纪委结合巡视整改,对所属14个子公司领导班子开展“讲正气、行正风、谋正事”中心组专题学习督导和集体谈话,要求班子成员要心中有纪律,“领跑”不“抢跑”,自觉在监督下干净做事。对49件问题线索进行函询,其中32名有苗头性、倾向性问题的领导人员被约谈诫勉。立结案84件,纪律处分132人,其中党纪处分70人(警告25人,严重警告28人,撤销党内职务2人,留党察看8人,开除党籍7人),政纪处分113人(警告28人、记过37人、记大过26人、撤职8人、留用察看7人、解除劳动合同7人),党政纪双重处分51人,函询和诫勉谈话133人,组织处理37人,经济赔偿255万元,挽回损失441万元。对69人的重大典型案件进行剖析,开展警示教育,发挥以案挺纪、以案讲纪的震慑作用。在保持严惩同时,各级纪委化解28起企业涉法风险案件。各子公司纪委开展亏损项目整治、“三项招标”、决策制度、合同管理等30个立项、153个工程项目的效能监察,提出监察建议341条,处理违规责任人员22人,建章立制5项,规范项目管理,助推管理升级。

工会工作。以维护核心,服务中心,凝聚人心的“三心”理念为原则,积极发挥桥梁纽带作用,团结带领广大职工,较好地履行参与、维护、建设、教育职能。助推发展成效显著。劳动竞赛活力持续释放。广泛开展“安康杯”“五比一创”“提质增效、升级发展,为实现十三五建功立业”“大干180天,安全、质量、进度三创优”等竞赛活动,为完成全年生产经营指标任务赢得主动权,全员创新氛围日趋浓厚。扎实开展“劳模(先进职工)创新工作室”命名、“十六局工匠”推选、合理化建议征集、岗位练兵和技术比武活动,引领各级各层不断刷新“十六局标准、十六局品质、十六局速度”。典型引领作用不断发挥。大力开展评先创模、榜样选树活动,积极推动“抄党章、强党性、践誓言、促发展”活动,认真筹备“央企脊梁、员工榜样”大型颁奖晚会,典型引领的正能量氛围不断加强。在各级组织的重难点工程劳动竞赛中,集团公司工会获全国“安康杯”竞赛安全文化宣传先进单位,3家单位获全国“安康杯”竞赛优胜单位,3家获北京市“安康杯”竞赛优胜单位及优秀组织奖,1家获中国铁建“劳动竞赛综合优胜单位”,11人分获全国“安康杯”竞赛先进个人、安全文化宣传先进个人,“首都劳动奖章”、中国铁建“劳动竞赛优秀组织者”“工人先锋号”“工人先锋号标兵”。民主管理不断深化。职代会成功召开,200多名领导干部民主测评优良率95%以上。企务公开实现向生产经营管理领域延伸。两级机关改革方案、住房改造、分配方案等,通过多种民主形式让职工提出修改建议。基层工会不断完善,项目工会组织覆盖率100%,“双亮一建”活动有效开展,工会引领群众参与民主管理的力度越来越大。职工权益有效保障。年度工资专项协议签订率100%,在经济指标增长放缓的大前景下,职工工资仍规定保持8%～10%的正常增长,有8家子公司规定增长10%以上。各单位按时合规缴纳职工养老、医疗、工伤、失业、生育保险和住房公积金,缴纳完成率100%,合规率100%,5家子公司社保基数提升率30%以上。内部处理和化解劳动争议1起,实现劳动争议"零集体上访"和"零起诉"。幸福工程暖心聚力。建家建线投入到位。打造蒙华4标、成都地铁2个项目标准化建设试点。支出建家建线经费255万元,所有项目部均实现办公网络化,吃住公寓化。继续开展"争当模范职工之家,争做最亲娘家人"活动,7家单位被评为北京市总、铁总、股份公司"模范职工之家",1家单位获"北京市总工会职工书屋",1家公司获股份公司"十大金牌职工之家"称号,1人股份公司"最亲娘家人"称号。帮扶工作发力精准。筹集送温暖和"三不让"基金960万元。在传统"四季送"的基础上,实行"精准帮",开支困难补助费410余万元、助学金33.7万元、大病医疗保障金500余万元,慰问救助困难职工1937人次。维护女工权益,签订女职工专项集体合同,组织女工干部参加市总业务培训,为4162名女职工进行体检并完善健康档案,对212户女职工实施困难救助,举办心理关怀讲座10场,650人参与。组织京津冀地区单位举办"京城有约传佳话、幸福员工强企情"未婚青年联谊会,90名单身男女青年参加。发起"热心红娘"活动,牵手57对,成功领证38对。广泛开展女工活动。利用重大节日,各级女工组织开展"悦分享、益起来""女职工励志大讲堂""阳光助学我们在行动""大手拉小手、关爱一线职工子女""用爱拨动生命的钟摆"等活动。在年度"传递好家风,女职工在行动"推进计划中,获铁总家书征文一等奖1名、"最美家庭"1个、"铁路爱心屋"称号1家。另有2名女职工获全国"书香三八"征文入围奖。

共青团工作。2016年,所属各级团组织深入贯彻落实集团公司四会精神,按照集团公司党委和上级团委的总体要求和部署,深入开展"提质增效·青年担当"主题实践活动。下辖二级团委16个、团工委7个、基层项目团组织195个。35岁以下青年11781人,其中,共青团员5142人、专职团干部12人、兼职团干部534人。第五次团代会在京召开,要求新上场项目在项目党工委成立时,同步成立团组织并明确组织负责人;团干部因工作发生职务变动情况,及时进行调整。完成子公司及局指项目团组织变更5次;指导中国友发公司成立团组织。以中央党的群团工作会议精神为指导,深入贯彻落实集团公司"四会"、提质增效动员部署视频会议、安全生产工作视频会议和集团公司"四会"精神,紧紧围绕提高企业发展质量和经济效益的奋斗目标,进一步强化各单位团组织的"四个意识",通过开展形势任务教育活动、青年安全生产示范岗、青年突击队竞赛、青年文明号创建和青年创新创效等活动,切实把广大团员青年的思想和行动统一到企业中心工作上来。深入开展学雷锋志愿服务活动,围绕"学雷锋、树新风、争先锋"主题,所属各级团组织积极开展"奉献、青春"青年志愿活动、"学雷锋、争先锋"五小活动、"学雷锋、树先锋"厉行节俭,反对浪费活动。"十大杰出青年"评选活动。采取自下而上方式评选出集团公司第二届"十大杰出青年",表彰在集团公司各个领域、各项工作中做出突出贡献、产生重大影响的青年典型。开展"安全生产 青年当先"主题实践活动。所属各单位团组织激励引导广大团员青年强化安全生产意识,提高安全生产技能,参与安全生产管理,开展"五个一"安全活动。持续开展"导师带徒"活动。结合集团公司人才兴企战略,团委开展以"服务企业发展,培养青年成才"为主题的"导师带徒"活动,完成926余对师徒的"导师带徒"结对仪式。启动"爱心资助,梦圆大学"活动。按照股份公司团委部署,启动"爱心资助,梦圆大学"活动。通过摸底调查,对符合资助条件的困难学生,给予资助27000元。"1+100"活动。按照共青团工作改革要求,开展团干部与基层青年结对子活动,努力实现所属单位团组织负责人走到青年中去,直接开展联系、服务、引导工作。开通"中铁十六局青年"微信公众平台,充分运用新媒体和移动互联网,以青年喜闻乐见的方式进一步加强团青工作宣传。铁运公司神朔一指电力车间团支部获北京市"五四红旗团支部"称号;地铁公司北京地铁16号线15标段获2016年北京市"青年安全生产示范岗"称号;五公司耿永旺获共青团中央"向上向善好青年"称号以及股份公司"十大杰出青年"称号;轨道公司郑中刚获股份公司"十佳青年技术能手"提名奖;12个单位和11人受到股份公司团委表彰。

(曹　春　晁文胜　张继桂　苏　燕)

【第一工程有限公司】 国家大型综合性一级施工企业,公路工程、市政公用工程施工总承包一级,铁路工程施工总承包、建筑工程施工总承包、水利水电工程施工总承包二级,桥梁工程、隧道工程、公路路基工程专业承包一级资质企业。原系中国人民解放军铁道兵的一支团队,组建于1953年;1984年并入铁道部,改称铁道部第十六工程局第一工程处;2001年,进行股份制改建,改称中铁十六局集团第一工程有限公司。驻北京市顺义区南法信镇顺畅大道1号B-013室。执行董事、总经理王红伟,党委书记高栋。下辖混凝土专业分公司、房建专业分公司,制运架梁专业分公司、物业管理中心、福州片区管理中心、机械专业分公司、地铁及地下工程专业分公司。职工 1837 人，其中，干部 1245 人、工人 592 人。资产总额 472391 万元，其中固定资产原值 76387 万元、净值 20041 万元，流动资产 451278 万元，其他资产 1072 万元。机械运输设备 534 台(套)，原值 45994 万元、净值 8712 万元，总功率 62612 千瓦，人均动力装备率 30.47 千瓦/人，技术装备率 4.24 万元/人，设备完好率 87.5%，利用率 96%，机械化施工程度 96%。

2016 年，承揽任务 46.72 亿元，完成企业产值 37.71亿元，实现利润 1380 万元。国有资产保值增长率 102.57%，净资产收益率 1.94%，产值利润率 0.33%，资产负债率 87.15%。(李红叶)

【第二工程有限公司】 拥有市政公用工程、公路工程、铁路工程施工总承包一级资质，并具备隧道工程、桥梁工程、公路路基工程专业承包一级资质。驻天津市河东区万新村三区。执行董事、党委书记刘生龙(1月免)，执行董事、总经理缪为刚(1 月任)。职工 2703 人。资产总额 462063.24 万元，固定资产原值 58963.37 万元、净值 21400.05 万元，流动资产 438550.87 万元，无形资产及递延 2108.5 万元，其他资产 4.32 万元。机械运输设备 599 台(套)，设备原值 20268.37 万元、净值 7375.86 万元，总功率 83528 千瓦，人均动力装备率 30.87 千瓦，技术装备率 95%，设备完好率 98%、利用率 95%，机械化施工程度 98%，年施工生产能力 50 亿元以上。

2016 年，承揽任务 95.1 亿元。企业总产值及施工产值 47.12 亿元，净利润 1126 万元，职工年人均收入 96646 元，国有资产保值增值率 133%，净资产收益率 0.48%，产值利润率 0.29%，投资回报率 2.7%，资产负债率 87.02%。(李清芳)

【第三工程有限公司】 国有大型综合性施工一级企业。具有公路、市政公用工程施工总承包一级，铁路、建筑工程施工总承包二级，桥梁、隧道、机场场道、公路路基工程施工专业承包一级资质，公路水运工程试验检测综合乙级资质、测绘乙级资质，持有营业性爆破作业单位许可证。前身为中国人民解放军铁道兵第十一师五十三团，组建于 1952 年 2 月；1984 年 1 月 1 日，奉国务院、中央军委的命令，由部队集体兵改工并入铁道部；随着国有企业体制改革的不断深化，企业先后更名为铁道部第十六工程局第三工程处、中铁第十六工程局第三工程处、浙江中铁十六局第三工程有限公司；2002 年 7 月，正式更名为中铁十六局集团第三工程有限公司。驻浙江省湖州市湖东路 288 号。董事长、总经理王勤荣，党委书记沈志芳。下辖 9 个建筑安装工程分公司和 1 个物业分公司。职工 2038 人。拥有隧道、桥梁、路基工程等 66 支专业队伍。国家综合性一级企业、国家级高新技术企业、浙江省建筑业企业技术中心，资质范围全面，施工领域广泛。资产总额30.01亿元，其中固定资产 3.70 亿元，注册资本金5.008亿元。机械运输设备 2348 台(套)，总功率 45543 千瓦，动力装备率 21.2 千瓦/人，技术装备率 10 万元/人，年施工能力约 60 亿元。

2016 年，公司完成产值 47.5 亿元，占年度计划 47 亿元的 101.1%；上交款 4626 万元，归还调剂资金 8616 万元，实现净利润 5199 万元；利润总额 6136 万元。(邱丽琴)

【第四工程有限公司】 是国家大型综合性一级施工企业，具有公路工程、市政公用工程施工总承包一级、铁路工程施工总承包二级，桥梁、隧道、建筑装饰装修、公路路基和钢结构专业承包一级资质。驻北京市怀柔区迎宾中路 2 号院。董事长、党委书记李庚许，总经理、党委副书记刘小刚。下辖 5 个直属单位。职工 2284 人，其中，干部 1602 人、工人 682 人。公司资产总额 408657 万元，其中固定资产原值 61055 万元、净值 18838 万元，流动资产 389033 万元，其他资产 786 万元。机械运输设备 417 台(套)，设备原值 28318 万元、净值 5878 万元。提运架设备 12 台，设备原值 13928 万元、净值 1543 万元。设备总功率 58875 千瓦，人均动力装备率 25.1 千瓦，技术装备率 18.1 万元/人。利用率 95% 年施工能力 40 亿元以上。

2016 年，新签合同额 64.89 亿元。完成施工产值 555074 万元，实现营业收入 55.2 亿元，实现净利润 3413 万元；人均创利 15595 元，全员劳动生产率 19.8 万元/人年，职工年人均收入 11.27 万元，国有资产保值增值率 105.18%，净资产收益率 5.16%，资产负债率86.75%，上缴款完成率 100%。(蔡友兰)

【第五工程有限公司】 具有铁路工程、公路工程、市政公用工程、水利水电工程总承包一级，建筑工程施工总承包二级，桥梁工程、隧道工程、公路路基工程、铁路铺轨架梁工程专业承包一级资质。驻河北省唐山市丰润区光华道 2 号。执行董事、党委书记朱卫东，总经理杨晋文。公司下辖机关、物业管理中心、医院；62 个专业队。职工 3025 人。资产总额 44.6 亿元，固定资产原值 6.37 亿元、净值 2.62 亿元，流动资产 41.95 亿元，其他资产 300 万元。机械运输设备 349 台(套)，设备原值 3.26 亿元、净值 7931 万元，总功率 54180.2 千瓦，人均动力装备率 17.73 千瓦，技术装备率 2.6 万元/人。综合机械化施工水平达90%以上，年施工能力50亿元以上。

2016年，承揽任务117.8亿元、自揽任务41.39亿元；完成产值52.12亿元，营业总收入48.2亿元，利润总额546.6万元，净利润402万元，职工年人均收入75612元，国有资产保值增值率100.96%、净资产收益率0.79%、营业利润率0.09%、资产负债率86.45%、应上缴款完成率100%。（李秀梅）

【轨道交通建设有限公司】是以城市地铁建设为龙头的大型综合施工企业，具有市政公用工程施工总承包一级、房屋建筑工程施工总承包二级、城市轨道交通工程专业承包、隧道工程专业承包一级、地基与基础工程专业承包一级、起重设备安装工程专业承包一级、建筑防水工程专业承包二级资质。建于1989年，前身为铁道部第十六工程局北京地铁西单站指挥部；2005年，更名为中铁十六局集团北京轨道交通工程建设有限公司。驻北京市通州区新华西街26号。董事长、党委书记高宪民，总经理周阳宗。下辖5个分公司、6个指挥部、10个公司直管项目。职工1892人。资产总额33.9亿元，其中固定资产原值15.5亿元、净值7.5亿元。机械运输设备964台（套），主要包括盾构机、顶管机、龙门吊、车辆等，总功率122813千瓦，人均技术装备率47.85万元，人均动力装备率67.48千瓦，机械设备利用率90%，成新率52.48%。

2016年，新签合同额101.58亿元，完成企业总产值41.25亿，营业收入39亿，实行利润总额4249万元，实现净利润3594万元，人均创利20910元。国有资产保值增值率100%，净资产收益率10.2%，营业利润率1.11%，资产负债率89.56%，投资收益上缴率100%，应上缴款完成率100%。（陶晓红）

【地铁工程有限公司】拥有市政公用工程施工总承包三级、隧道工程专业承包三级资质。前身为中铁十六局北京工程指挥部；1989年，中铁十六局设立北京地铁工程指挥部；2007年，与原北京铁路工程指挥部合并为北京工程指挥部；2011年，组建成立中铁十六局集团地铁工程有限公司。驻北京市朝阳区惠河南街1008－A四惠大厦。董事长、总经理丛恩伟，党委书记李杰。下辖8个区域分公司、38个项目部。职工1246人。资产总额227151.47万元，固定资产原值82001.23万元、净值31308.41万元，流动资产195258.47万元，其他资产584.59万元。机械运输设备452台（套），原值105169万元、净值64657.19万元，总功率59829千瓦，人均动力装备率47.94千瓦，技术装备率84.27万元/人，设备完好率92%，利用率90%，机械化施工程度92%，年施工生产能力30亿元。

2016年，承揽任务83亿元，总产值300629万元，利润20032万元，人均创利16.08万元，职工年人均收入120223元，国有资产保值增值率108.25%，净资产收益率16.82%，资产负债率89.46%，应上缴款完成率100%。（张庆华）

【铁运工程有限公司】是中国铁建唯一一家车、机、工、电、辆门类齐全的综合型铁路运输单位，经营范围：铁路运输、工程施工、铺架与制运架梁（板）等领域，是中国地方铁路运输的排头兵。组建于1954年，前身系铁道兵第一新建铁路管理处；1984年，兵改工并入铁道部，成为具有法人资格的铁路运输企业；2001年，从中国铁道建筑总公司划转至中铁十六局集团；2003年，企业改制更名为中铁十六局集团铁运工程有限公司。资产总额106527.07万元。其中流动资产82929.11万元，固定资产原值56345.20万元、净值20897.42万元。机械运输设备268台（套），设备原值5.43亿元、净值2.91亿元，总功率246679.1千瓦，人均动力装备率100.85千瓦，技术装备率11.9万元/人，设备完好率98%，设备利用率95%。（葛　鑫　王　震）

【路桥工程有限公司】综合性施工企业，具有市政公用工程施工总承包一级资质、公路路面工程专业一级、桥梁工程专业一级、隧道工程专业一级、土石方工程专业一级、预应力工程专业承包二级资质。可承担各类市政工程、高速公路路基、路面工程和桥梁、隧道以及二级以下标准预应力专业承包工程的施工。驻北京市密云县新北路29号。执行董事兼党委书记降金琦，总经理褚英奎。职工909人。资产总额241055万元，其中固定资产原值25557万元、净值8927万元，流动资产231935万元。机械运输设备69台（套），原值9213万元、净值1256万元，总功率12230千瓦，动力装备率9.55千瓦/人、技术装备率0.98万元/人。

2016年，新签合同额30.7123亿元，企业总产值190529万元，实现利润571万元，净利润率0.14%，国有资产保值增值率100.82%，资产负债率76.48%。（杨　颖）

【电务工程有限公司】具有铁路电务工程专业承包一级、铁路电气化工程专业承包一级、建筑机电安装工程专业承包一级、电子与智能化工程专业承包一级资质。取得质量、环境、职业健康体系认证证书，经营范围：专业承包，技术推广服务，货物进出口，销售通讯设备、机械设备、建筑材料、装饰材料、仪器仪表、金属材料等，许可经营项目为承装（修、试）电力设施三级承装类。驻北京市朝阳区金盏乡皮村北街十六号院3号楼。下辖7个分公司、3个管理型分公司和通信服务中心。职工807人。资产总额114288万元,其中流动资产11842万元,固定资产原值3923万元、净值2144万元,其他资产302万元。机械运输设备112台(套),设备原值33316179.67元、净值21195449.51元,设备总功率13454.60千瓦,人均动力装备率16.99千瓦,技术装备率2.68万元/人,设备成新率63.62%,利用率100%。

2016年,承揽金额10.2亿元,营业收入113000万元,净利润2518万元。(刘 娜)

【物资贸易有限公司】 前身是北京铁龙物资贸易有限公司;2014年,增资更名而成。下辖西南、西北、东北、华东4个区域分公司和东营、成武(工业)2个专业分公司,取得质量、环境和安全管理体系认证证书。主要经营范围:物资招标代理、物资贸易、工程物流、物资仓储租赁、物资加工、以及物资进出口等业务。执行董事、总经理刘进波,党委书记肖桂平。职工69人,其中,干部65人、工人4人。资产总额149273.26万元,其中流动性资产149226.46万元,固定资产99.28万元。

2016年,承揽任务50.16亿元,完成产值23.06亿元,实现营业收入19.47亿元,净利润534.63万元,净资产收益率3.42%,资产负债率89.53%,成本费用占营业总收入比率99.62%。(单海燕)

【置业投资有限公司】 具有房地产开发二级资质、物业管理二级资质。专门从事房地产开发的全资子公司,驻北京市朝阳区金盏乡皮村北巷2号院。执行董事、总经理徐昌旭,党委书记刘瑞军。下辖12个项目公司和3个物业公司。职工228人,其中,干部198人、工人30人。

2016年,完成投资46187万元,完成销售金额98892万元,销售面积17.5万平米。实现利润397.81万元,人均创利1.16万元,全员劳动生产率4.96万元/人年,国有资产保值增值率105.60%,净资产收益率1.74%,产值利润率0.45% ,投资回报率2%,资产负债率84.86%。(刘维韬)

【城市建设发展有限公司】 房建专业全资子公司,建筑工程施工总承包一级、钢结构工程专业承包一级资质,设计公司拥有建筑行业(建筑工程)甲级资质,北京北建精业公司拥有施工劳务资质、模板与脚手架专业承包资质企业。驻北京市朝阳区红松园北里2号院19号楼(5-8层)。董事长、总经理王强周,党委书记、副董事长梁志科。下辖9个分公司、设计公司、装修分公司,1个物业管理中心。职工598人,其中,干部570人、工人28人。资产总额137720.85万元,固定资产净值146.06万元。

2016年,完成施工产值80347万元,经营承揽19.41亿元。(汤 媛)

【建工机械有限公司】 工业制造企业,拥有特种设备制造许可证(通用门式起重机)A级;特种设备制造许可证(桥式起重机)B级;C级;特种设备安装改造维修许可证A级资质企业。董事长兼总经理吴庆红,党委书记唐嘉。职工162人。资产总额8273万元,固定资产原值707万元、净值399万元,流动资产7531万元,其他资产343万元。机械运输设备71台(套),设备原值2734702.01元、净值1962775.38元,总功率1054.31千瓦,设备完好率95%,利用率90%。

2016年,承揽任务29205.6万元,完成产值2.305亿元,实现利润数量-1691万元,职工年人均收入78098元,国有资产保值增值率15.44%,净资产收益率228.71%,产值利润率-7.3%,投资回报率1.07%,资产负债率119.11%。(王美艳)

【中国友发国际工程设计咨询有限公司】 拥有甲级建筑工程设计资质、甲级建设监理资质、丙级工程咨询资质,具有对外承包工程经营资格。是中国国际工程咨询协会、中国对外承包工程商会、中国建设合同投资管理协会、中国勘察设计协会、中国建设监理协会以及国际咨询工程师联合会(FIDIC)等的会员单位。通过ISO9001质量管理体系认证、环境管理体系认证、职业健康安全管理体系认证。服务领域:民用建筑、基础工业、能源工业、农业、水利工程、轻工纺织工业、交通通讯设施、社会公共设施、物资供应等。主营业务:对外经济技术援助项目、驻外使领馆项目和国内外工程项目的技术经济咨询、国外工程总承包、工程设计、施工监理、设备材料出口、一般商品出口、技术人员和劳务人员的对外派遣等。职工87人,其中,正式职工80人、外聘职工7人。驻北京市朝阳区金盏乡皮村北街2号院。董事长陈宏铭,党委书记陈明福,总经理陈铁民。资产总额4503.75万元,固定资产原值395.84万元、净值164.26万元,流动资产4130.6万元,其他资产208.89万元。

2016年,承揽任务19.3亿元。营业收入146.05万元,利润-2120.57万元,净利润-2111.84万元,国有资产保值增值率507.53%、净资产收益率-58.71%、资产负债率20.14%。(许轶纯)

【重要记载】

▲1月30—31日　在北京召开三届四次职工代表会暨2016年工作会党委二届十七次全委会党的建设和反腐倡廉工作会议。

▲3月21日　集团公司获宁波市城市管理局颁发的“先进施工企业”称号。

▲4月10日　中国友发国际工程设计咨询有限公司改制重组揭牌仪式,在北京望京锐创国际大厦举行。

▲5月13日　集团公司首个PPP项目——“柳州市投融资重点项目推介会暨莲花大道PPP项目签约仪式”在柳州隆重举行。

▲5月21日　集团公司以股份公司名义中标石嘴山至固原城际铁路(吴忠至中卫段)PPP项目,投资额136.15亿元。

▲7月20日　在中国建筑业协会举办的“2016年全国工程建设优秀质量管理小组活动成果交流会”上,集团(北)京沈(阳)客运专线项目部“火蓝刀锋”QC小组获“全国工程建设优秀QC小组”一等奖

▲9月26日　伊朗格什姆特区副市长凯汉·阿巴山 、伊朗格什姆特区国际机场公司首席执行官莫杰塔巴·山姆森尼杰德、伊朗格什姆投资与发展公司总经理艾哈迈德·艾哈·图克·诺兹哈得一行5人抵达集团公司,与我方就伊朗格什姆国际机场项目签订谅解备忘录,并针对该项目的设计施工总承包、融资加运营管理(EPC+F+米)合作事宜展开深入探讨。

▲11月27日　城发公司施工总承包的燕翔饭店改扩建项目入选中国建筑业协会中国建设工程鲁班奖名单。

▲12月14日　轨道公司和电务公司参建的无锡市轨道交通1号线工程获2016—2017年度国家优质工程金质奖。

▲12月22日　集团公司获“中央企业档案工作评价”A级。　（冯　爽）

中铁十七局集团有限公司

【简况】　中铁十七局集团有限公司具有铁路施工总承包、房建施工总承包 、市政公用工程施工总承包“三特三甲”资质,施工总承包一级资质22项、专业承包一级资质42项和地质灾害治理工程施工甲级,营业性爆破二级资质,军工涉密业务咨询服务安全保密条件备案证书以及其他主(增)项资质130项。驻山西省太原市。前身为中国人民解放军铁道兵第七师;1984年,集体转业改编为铁道部第十七工程局;2001年,改制为中铁十七局集团有限公司至今。下辖第一至第六工程公司、建筑工程有限公司、电气化工程有限公司、上海轨道交通工程有限公司、物资有限公司、房地产开发有限公司、上海股权投资管理公司、贵州市政工程有限公司、西藏工程有限公司、铺架分公司、勘察设计院、国际建设分公司,以及中心医院、物业管理中心、隧道抢险救援队、铧兴工程检测公司、北京事业部。职工19199人,其中各类专业技术和管理人员9388人(高级职称988人);资产总额347亿元;机械运输设备6566台(套),原值34.30亿元、净值12.85亿元;总功率702715千瓦;主要施工设备完好率95%,利用率82%;全员动力装备率35.96千瓦/人,技术装备率6.6万元/人,机械动力设备成新率37%。

2016年,承揽工程360项,新签合同额590亿元。其中,铁路工程13项147.9亿元,占总额的25.07%;公路工程37项134.9亿元,占总额的22.85%。在建项目315个,其中,铁路项目55个、路外项目228个、境外施工项目共有32个。完成施工产值409亿元。实现营业收入401.26亿元、净利润7.1亿元、经营性现金净流43.22亿元。完成主要实物工程量:土石方10105万立方米、桥梁156926延长米、隧道122814延长米、铺轨63.85千米、房屋建筑面积94.87万平方米,公路309千米。

先后获中国建设工程鲁班奖16项、詹天佑土木工程大奖6项、国家优质工程奖26项、省(部)优质工程141项;获国家科技进步特等奖2项、二等奖2项、省部级以上科技进步奖54项,获国家专利281项,开发先进实用工法254项;被认定为山西省省级技术中心和高新技术企业,国家级技术中心。获“全国工程建设质量管理优秀企业”“全国守合同重信用企业”“全国优秀施工企业”“全国精神文明建设工作先进单位”“全国最具社会责任感优秀企业”“全国模范劳动关系和谐企业”“中国优秀诚信企业”“全国文明单位”“全国五一劳动奖状”“全国建筑业优秀企业”等称号。

（韦源源　桑　雷　王青蕊　付建军　唐　虹　岳永秀）

【领导人员】

董事会

董事长	卢　朋
董事	卢　朋
	文　珂
	杜水波(5月免)
	郑　力(5月任)

监事会

监事会主席	朱龙江

经理层

总经理	文　珂
副总经理	王月幸
	成志宏
	杜水波(5月离任)
	罗玉华
	杜嘉俊
	宋志宏(兼,3月离任)
	周建富(9月离任)
	阮祥杰(3月任)
总工程师	杜嘉俊(兼)
总会计师	宋志宏(兼,3月离任)
	阮祥杰(兼,3月任)

党群系统

党委书记	卢　朋
党委副书记	文　珂
	朱龙江(11月离任)
	郑　力
纪委书记	朱龙江
工会主席	张学安(5月离任)

(潘晓蓉　芦安全　王向荣　岳永秀)

【工程经营机构】 京津冀指挥部　驻北京市丰台区西四环中路112号阅园1区8号楼。总经理张喜庚,党工委书记宗长春。

华南指挥部　驻广东省广州市天河区天府路东逸花园逸翠轩19 - E。总经理周建富(兼),执行总经理曹支仁,党工委书记陈春财。

华东指挥部　驻上海市浦东新区张杨路1515弄国际华城16号楼202。总经理周建富(兼),执行总经理黄绰,党工委书记吴建军。

西北指挥部　驻陕西省西安市碑林区火炬路14号企图时代8楼B区810。总经理成志宏(兼),执行总经理兼党工委书记熊志强。

西南指挥部　驻重庆市渝北区人和金科中华坊15 - 4。总经理申育红,党工委书记王家玉。

东北指挥部　驻辽宁省沈阳市和平区南五马路183甲泰宸商务大厦B座903室。总经理罗玉华(兼),执行总经理温爱明,党工委书记张国庆。

内蒙指挥部　驻内蒙古自治区包头市青山区体育馆道万达健康家园65栋3单元504。执行总经理赵维平。

云南指挥部　驻云南省昆明市官渡区关平路9号南昆综合楼B区7楼。党工委副书记徐晓辉。

东南指挥部　驻福建省厦门市莲花南路7号8楼。总经理陈治波,党工委副书记付斌。

山西指挥部　驻山西省太原市平阳路84号。总经理张铁,党工委书记白玉亮。

鲁豫指挥部　驻河南省郑州市农业南路90号尚书苑11号楼11层。总经理贾培亮,党工委书记谢林坤。

石家庄指挥部　与中铁建投资发展有限公司、石家庄工程指挥部为1个机构3块牌子。　(岳永秀)

【工程项目指挥机构】 重庆沙坪坝铁路枢纽工程指挥部　驻重庆沙坪坝烈士墓西南政法大学3号门。指挥长屈家奎,党工委书记李子勤。

蒙华铁路MHTJ－4标段项目经理部　驻陕西省榆林市靖边县张家畔镇寨山村方圆酒店。项目经理陈自明,党工委副书记侯仕斌。

贵港西南大桥项目经理部　驻广西壮族自治区贵港市港南区政府。项目经理姜涛,党工委书记冯静华。

南昌至赣州客运专线CGZQ－6标段项目经理部　驻江西省吉安市吉水县城西工业园区亿丰电子厂内。项目经理眭爱宏,党工委书记蒋克荣。

敦格铁路甘肃段3标项目经理部　驻甘肃省敦煌市阳关西路22号。项目经理张秋生(9月免),党工委副书记马立新。

京沈客运专线辽宁段TJ－8标项目经理部　驻辽宁省阜新蒙古族自治县王府老年公寓。项目经理部项目经理牛耀文,党工委书记王步峰。

新建大同至张家口高速铁路1标项目经理部　驻山西省站前工程DZZQ－1标段。项目经理姚帆,党工委书记高锋。

格尔木至库尔勒线(青海段)站前工程GKQHZHQ4标段项目经理部　驻青海省格尔木市乌图美仁乡。指挥长张立玉,党工委书记李强增。

新建大理至瑞丽铁路保山至瑞丽段站前工程DRBRTJ－6标段项目经理部　驻云南省德宏州瑞丽市畹町镇建设路28号。项目经理刘朝辉,党工委书记刘印涛。

新建太原到焦作铁路山西段站前工程TJZQ－7标项目经理部　驻山西省长治市襄垣县。项目经理王海平,党工委书记李永红。

广州铁路枢纽东北货车外绕线工程　驻广东省广州市增城区新塘镇沙埔新誉南路88号骏盈物流园电商大厦2楼228室。项目经理吉天林,党工委书记刘旭。

成渝、渝黔项目部　驻重庆市沙坪坝区天陈路12号重庆师范大学综合实验楼8楼。项目经理郝军,党工委书记李志峰。

宝兰铁路客运专线甘肃段项目经理部　驻甘肃省

秦安县西川镇神明川村晓园农林科技有限责任公司。项目常务副经理赵金华,党工委书记张勇。(岳永秀)

【职工队伍】 职工19199人。在岗干部10083人,技术干部9338名,其中,高级职称988人、中级职称2575人、初级职称5057人、未聘任718人;研究生学历203人、大学本科学历7635人、专科学历1565人、中专及以下680;35岁以下7068人、36~40岁916人、41~45岁749人、46~50岁431人、51~54岁325人、55~59岁594人。

(李素敏 王均正 桑 雷 麻峻玮 岳永秀)

【主要工程施工】 铁路工程。云桂铁路(云南段)站前工程5标段 位于云南省文山州、红河州。施工里程59.219千米,合同投资314832万元,合同工期2010年5月—2014年11月。由于设计变更,工程内容增加,工期延长。主要工程量:路基区间土石方347.7万立方米,站场土石方67.6万立方米,路基附属浆砌及圬工29.6万立方米,土工合成材料37.8万平方米;桥梁13座4352.523延长米(其中特大桥2座1645.16延长米、大桥10座2586.219延长米、中桥1座111.144延长米);隧道9座36813延长米,涵洞52座1469.27横延米;无砟道床49.115千米,大临便道78.16千米;变电站2处,电力线路105.1千米,给水管路71千米。开工累计完成产值363000万元,工程全部完工。

山西中南部铁路通道汤阴东至日照南工程ZNTJ-20标段 位于山东省临沂市。施工里程32.49千米(其中十七局20.921千米、二十四局11.57千米)。合同投资240348万元,合同工期2010年9月—2013年12月。主要工程量:路基20.538千米,桥梁6座8570延长米,隧道3座3840延长米,制架T梁3423孔,铺轨460.436(单线)千米。开工累计完成产值324421万元。

成都至重庆铁路客运专线工程施工总价承包CYSG-6标段 正线自重庆西左联络线起点至重庆站约17.202千米。引入重庆枢纽相关配套工程有重庆北联络线左线1.397千米、右线2.221千米,营业线2.141千米;重庆西联络线左线2.503千米、右线1.633千米。合同投资134824万元,变更增加至193276万元,合同工期2010年9月—2014年2月。主要工程量:路基土石方32.6126万立方米,站场土石方44.9573万立方米;特大桥1.5座2284.75延长米,大桥9座2239.04延长米,中桥2座121.46延长米,小桥1座24.61延长米;涵洞22座681.02横延米,隧道7座15327.4延长米。开工累计完成产值188029万元。

西成铁路(陕西段)站前工程XCZQ-2标段 位于陕西省西安市,全长30.295千米。合同投资231160万元,合同工期2012年12月—2016年11月。主要工程量:站场土石方1.95万立方米,桥梁4座1453.13延长米,隧道5座28877.19延长米。开工累计完成投资234083万元。主体施工已基本结束。

广通至大理铁路扩能改造工程站前7标段 位于云南省大理市,全长25.48千米,其中新建双线17.466千米,增建二线8.014千米。合同投资115450万元,合同工期2012年12月—2016年7月。主要工程数量:隧道3座12.917千米,桥梁7座1.49千米,路基11.075千米,车站2座(大理东站、大理站)。开工累计完成投资102509万元,年度完成投资35329万元。

新建郑州至徐州铁路客运专线站前工程ZXZQ03标段 位于河南省开封市,全长52.679千米。合同投资356289万元(十七局252028万元,十八局104261万元),合同工期2012年12月—2016年12月。主要工程量:站场路基1.536千米,土石方489039立方米,特大桥1座51144延长米,框架中、小桥1856.42延长米,涵洞3座266.41横延米,无砟道床52.679千米。开工累计完成投资277591万元。已开通运营。

新建成兰铁路成都至川主寺段站前工程CLZQ-7标段 位于四川阿坝藏族羌族自治州,全长7.317千米。合同投资108314万元,合同工期2012年12月—2017年8月。主要工程量:路基土石方105万立方米,防护及支挡结构圬工26718立方米,桥梁3座1213.8延长米,双洞隧道1座16185延长米,双块式无砟轨道129.8千米,站场道路7603平方米,茂县通站公路桥1座134.4延长米。开工累计完成投资75037万元。

新建铁路成都至兰州线成都枢纽相关站前工程 位于四川省成都市。工程由宝成线改造、北环上下行线改造、改扩建成都北派驻机车折返段、新建成都北机务折返段、大湾镇站货场扩建5个部分构成。合同投资32280万元,合同工期2012年12月—2017年8月。主要工程量:区间路基土石方28795立方米,站场路基土石方2290549立方米,中桥3座200.6延长米,框架桥6座109.1延长米,涵洞37座611.11横延米,铺轨28.66千米,铺新岔107组。开工累计完成投资29299万元。

沙坪坝铁路综合交通枢纽工程 位于重庆市沙坪坝区。合同投资23亿元。由于施工条件限制,合同工期延后,预计到2017年底完工。开工累计完成投资92643万元。

新建铁路宝鸡至兰州客运专线6标段 位于甘肃天水市,全长32.641千米,合同投资26.805亿元,合同工期2013年2月—2017年12月。主要工程量:路基2.8千米,桥梁9座15683延长米,制架箱梁451孔,涵洞4座114.5横延米,隧道2座12996延长米,双块式无砟轨道铺设64.729千米,新建秦安车站1座。开工累计完成投资202931万元,主体完工。

西成铁路(四川段)站前工程XCZQ-2标段 位于四川省广元市,全长15.744千米。合同投资194487万元,合同工期2013年3月—2017年11月。主要工程量:桥梁14座5188.75延长米,其中,特大桥2340.3延长米、大桥2509.35延长米、中桥小桥339.1延长米;路基土石方186.06万立方米,双线路基4.805千米、单线路基0.847千米;涵洞9座352.4横延米,双线隧道9座6996延长米。开工累计完成投资188118万元。

敦格新建铁路(甘肃段)站前3标段 位于甘肃省酒泉市阿克塞哈沙克自治县。全长23.25千米。合同投资12.648亿元,合同工期2013年4月—2018年9月。主要工程量:路基土石方40.12万立方米,涵洞7座118.93横延米,当金山隧道全长20.14千米,无砟轨道铺设19.67千米,会让车站1处。开工累计完成投资60368万元。

重庆至贵阳铁路扩能改造引入重庆枢纽工程CQSN-1标段 全长40.774千米,合同投资16.16亿元,合同工期2013年5月—2016年5月31日。主要工程量:路基8.41千米,路基土石方255.25万立方米,防护工程15.575万立方米;改建歌乐山站、井口站和K141线路所,站场土石方22.4万立方米,防护工程1.531万立方米;桥梁35座8.541千米,框架桥1座133.95延长米,涵洞17座308.47横延米,隧道11座16.167千米;联络线有砟轨道15.71千米,新双碑隧道内无砟道床18.47千米。开工累计完成投资160177万元。

新建张家口至呼和浩特铁路站前工程ZHZQ-2标段 位于河北省张家口市,合同投资270595万元,合同工期2014年4月—2018年3月。主要工程量:路基全长16.048千米,区间、站场土石方2837万立方米;桥梁35座22.705千米,其中,特大桥9座20451.33延长米、大桥6座1936.05延长米、中桥2座178.76延长米,框架式中桥3座1789延长米,框架式小桥15座2696.15延长米;涵洞45座1017.9横延米;隧道4座5.404千米。开工累计完成投资277597万元。

新建九景衢铁路江西JQJXZQ-3标段 位于江西省上饶市,全长51.9千米。合同投资171496万元。主要工程量:路基土石方644.56万立方米;站场土石方255.41万立方米;桥梁35座22802.44延长米,其中,特大桥8座15095.61延长米、大桥22座7489.68延长米、中桥2座190.77延长米、小桥3座26.38延长米;隧道12座3367.5延长米。开工累计完成投资165621万元。

新建北京至沈阳铁路客运专线站前工程TJ-8标段 位于辽宁省阜新市,合同投资220760万元,合同工期2014年7月—2019年3月,全长35.545千米。主要工程量:路基土石方329.72万立方米,特大桥8座20960延长米,大桥3座702延长米,中桥1座55延长米,涵洞30座956横延米,框构小桥2座671延长米,隧道2座1645延长米,无砟道床68.47千米。开工累计完成投资200199万元。

新建石家庄至济南铁路客运专线站前工程6标段 位于山东省德州市,正线19.75千米。合同投资117957万元,合同工期2014年7月—2017年2月。主要工程量:联络线长8.829千米,桥梁4座27022延长米,路基1.374千米,箱梁架设580片,T梁架设422片,现浇梁12孔,连续梁8联。开工累计完成投资107769万元。

新建成都至贵阳铁路乐山至贵阳段站前工程CG-ZQSG-14标段 位于贵州省大方县,全长7.782千米。合同投资53245万元,合同工期2014年1月—2017年6月。主要工程量:挖填土石方6万立方米,特大桥1座755.11延长米,中桥1座109.55延长米,涵洞2座37.67横延米,隧道4座6326延长米,其中,观音山隧道4296延长米、青岗坡隧道275延长米、长箐岩隧道975延长米、营厂坡隧道780延长米。开工累计完成投资46117万元。

新建连云港至镇江铁路站前工程LZZQ-6标段 位于江苏省扬州市,全长23.744千米。合同投资243959万元,合同工期2015年9月—2019年3月。主要工程量:桥梁0.5座23743.65延长米,框架中桥2座245.7延长米;正线铺新轨689.9千米、改建线路铺轨14.39千米、铺道砟176.1万立方米,站线铺新轨40.04千米、改建线路铺轨4.5千米、铺道砟13.4万立方米,铺新岔174组、改建道岔17组;铺轨基地2座,箱梁制存梁场1座。开工累计完成投资68583万元。

新建铁路格尔木至库尔勒线(青海段)站前工程(含"三电"及管线迁改工程)GKQHZHQ4标段 位于青海省海西蒙古族藏族自治州,全长94.806千米,设计标准为铁路Ⅰ级,单线,设计速度120千米/小时。合同投资77172万元,合同工期2015年9月—2019年8月。主要工程量:路基土石方623.41万立方米;新建车站3座(那陵格勒站、塔尔丁站、甘森站);桥梁8128.74延长米,其中,特大桥2座6533.21延长米,大、中、小桥11座1595.53延长米;涵洞182座。开工累计完成投资57100万元。

新建蒙西至华中地区铁路煤运通道土建工程 MHTJ－4 标段　位于陕西省延安市，全长 30.92 千米。合同投资 228404 万元，合同工期 2015 年 7 月—2020 年 3 月。主要工程量：路基土石方 120.3 万立方米；桥梁 16 座 2886.11 延长米，其中，大桥 11 座 2522.87 延长米、中桥 5 座 363.24 延长米；涵洞 16 座 574.89 横延米；隧道 10 座 23937.84 延长米；无砟道床 52119 米，粒料道床 31787 立方米；混凝土拌合站 9 座，填料拌合站 1 座。开工累计完成投资 114077 万元。

新建川藏铁路拉萨至林芝段站前工程 LLZQ－11 标段　位于林芝地区米林县，全长 38.3 千米。合同投资 188408 万元，合同工期 2015 年 6 月—2021 年 11 月。主要工程量：路基土石方 38.7 万立方米；特大桥 2 座 1775.4 延长米，大桥 3 座 949.1 延长米；涵洞 8 座 312 横延米；隧道 4.5 座 34335 延长米；无砟道床 32920 米，粒料道床 19696 立方米；混凝土拌合站 8 座。开工累计完成投资 90782 万元。

新建黔江至张家界至常德铁路站前工程 QZCZQ－3 标段　位于湖北省恩施州，全长 26.337 千米。合同投资 148518 万元，合同工期 2015 年 3 月—2019 年 11 月。主要工程量：路基土石方 347.5 万立方米；特大桥 5 座 4986.41 延长米；大桥 13 座 3231.56 延长米；中桥 3 座 197.65 延长米；箱型小桥 1 座 429.9 延长米；涵洞 15 座 720.91 横延米；T 梁预制、架设 501 单线孔；隧道 15 座 12220.05 延长米；新建车站（咸丰站）1 座。开工累计完成投资 86486 万元。

唐山至曹妃甸铁路工程第二部分 TCSG－5 标段　位于河北省唐山市，合同投资 149613 万元，合同工期 2015 年 2 月—2016 年 12 月。主要工程量：制架 T 梁 1588 单线孔、铺轨工程 172.827 千米、四电工程 87.692 千米。开工累计完成投资 31435 万元。

新建南昌至赣州铁路客运专线站前工程 CGZQ－6 标段　位于江西省吉安市，全长 41.604 千米，为客运专线，双线，设计时速 250 千米。合同投资 264863 万元，合同工期 2015 年 7 月—2019 年 12 月。主要工程量：路基土石方 428.94 万立方米，新建车站 2 座（吉水西站、吉安西站），特大桥 12 座 21689.9 延长米，大桥 6 座 1830.24 延长米，中桥 3 座 4638.59 延长米，涵洞 46 座 1324.43 横延米，无砟道床铺设 84.37 千米，制架箱梁 663 片，CRTSⅢ型轨道板预制 26020 块。开工累计完成投资 154168 万元。

新建商丘至合肥至杭州铁路站前工程 SHZQ－18 标段　位于浙江省湖州市，全长 40.287 千米，为客运专线。合同投资 264990 万元，合同工期 2015 年 11 月—2020 年 10 月。主要工程量：路基土石方 26.7 万立方米；桥梁双线特大桥 3 座 36.344 千米、单线特大桥 1 座 4.074 千米、双线大桥 1 座 0.136 千米；涵洞 1 座 17 横延米，接长地道 2 道 1550 平方米；CRTSⅢ型板无砟道床铺设 74574 米；湖州站站改。开工累计完成投资 71390 万元。

成昆铁路峨眉至米易段扩能工程站前工程 EMZQ－2 标段　位于四川省乐山市，全长 21.676 千米。合同投资 124509 万元，合同工期 2016 年 4 月—2020 年 9 月。主要工程量：车站 1 座；路基土石方 68 万立方米；桥梁 7 座 4731.5 延长米；涵洞 40.83 横延米；隧道 4 座 14487 延长米；无砟道床 2 万米；电力线路架设 124.21 千米。

新建大理至临沧铁路站前工程 DLZQ－5 标段　位于云南省临沧市，全长 30.085 千米。合同投资 141134 万元，合同工期 2016 年 1 月—2020 年 8 月。主要工程量：区间路基土石方 18.7 万立方米，站场 2 座（云县中间站、头道水会让站），站场土石方 143.7 万立方米，桥梁 10 座 4114 延长米，其中，特大桥 3 座 2446.51 延长米、大桥 5 座 1458.45 延长米、中桥 2 座 208.76 延长米、框架小桥 572.05 延长米，涵洞（倒虹吸）8 座 409.04 横延米；隧道 7.5 座 23469 延长米，其中，长度大于 4 千米的隧道 3 座 19926 延长米、2 至 3 千米长的隧道 0.5 座 1120 延长米、1 到 2 千米长的隧道 1 座 1198 延长米、小于 1 千米的隧道 3 座 1225 延长米；无砟道床 14.577 千米；站台墙 2110 米。开工累计完成投资 30123 万元。

郑万铁路河南段 ZWZQ－8 标段　位于河南省南阳市，全长 43.1 千米。合同投资 239467 万元，合同工期 2016 年 4 月—2019 年 10 月。主要工程量：正线路基 3.643 千米，特大桥（0.5＋2＋0.5）座 39.366 千米，框构中桥 2 座，框构小桥 2 座，框架涵洞 12 座，车站 1 座；站场及区间路基土石方 109 万立方米，混凝土 133 万立方米。无砟道床正线铺轨 81.978 千米、站线铺轨 1.816 千米。开工累计完成投资 80784 万元。

新建大同至张家口高速铁路山西省境内站前工程 DZZQ－1 标段　位于山西省大同市，全长 34.05 千米。合同投资 212614 万元，合同工期 2015 年 11 月—2019 年 11 月。主要工程量：路基 11.16 千米，改京包线路基 0.837 千米，桥梁 12 座 15204.31 延长米，隧道 1 座 7680 延长米，车站 1 座（天镇站），预制和架设箱梁 447 孔，无砟道床 14.32 千米，铺轨山西段 275.013 千米，河北段 30.255 千米。开工累计完成投资 86315 万元。

新建郑州至万州铁路重庆段先期开工站前工程　位于重庆市万州区，全长 12.33 千米。合同投资 94418 万元，合同工期 2015 年 12 月—2019 年 11 月。主要工程量：路基土石方 181 万立方米；桥梁 1 座 257.62 延长米；涵洞 3 座 596.1 横延米（盖板涵 2 座 399.96 横延米,双孔拱涵1座196.14横延米);隧道2座12.024千米;铺设CRTSⅠ型双块式无砟道床24.561千米。开工累计完成投资22978万元。

新建玉溪至磨憨铁路YMZQ-4标段 位于云南省玉溪市,全长47.4千米。合同投资184530万元,合同工期2016年4月—2020年2月。主要工程量:隧道3.5座24.48千米;桥梁3座0.712千米;车站1座2.1千米;框架桥6542.8延长米;涵洞7座684横延米;路基2.21千米,土石方277.1万立方米,正线无砟道床33.45千米。开工累计完成投资16500万元。

新建大理至瑞丽铁路保山至瑞丽段站前工程土建6标段 位于云南省德宏傣族景颇族自治州,全长59.74千米。合同投资180235万元,合同工期2015年12月—2021年5月。主要工程量:路基35.617千米;土石方量871万立方米;隧道5座10.092千米;桥梁14033.7延长米,其中,特大桥8座6795.283延长米、大桥26座6745.5延长米、中桥5座492.95延长米;框架桥11座;立交桥14座;涵洞99座2802.83横延米;车站6座(坝托站,遮放站,戛中站,畹町站,瑞丽东站,瑞丽站);正线无砟道床7.59千米。开工累计完成投资48634万元。

铁路外工程。十堰至房县高速公路SFTJ-10标段 位于湖北省房县。施工里程4.06千米,合同投资21905万元;因路基施工数量增加,合同投资调至34646万元,合同工期2010年1月—2012年6月。主要工程量:挖方2.32万立方米,填方14.61万立方米,通道49米,隧道2座6888延长米。开工累计完成投资47763万元。

闽台(福州)蓝色经济产业园道路(BT)工程 位于福清市江镜镇。施工内容包括道路、桥涵、给排水、电气照明、交通设施及绿化景观等。主要有蓝色大道(含县道172改造段)、滨海大道和江华大道及连接线等3条道路17.415千米。暂定合同投资131337万元,合同工期2013年4月—2014年4月。主要实物工程量:蓝色大道抛石挤淤13.5万立方米、换填海砂8.5万立方米、级配碎石2.7万立方米、水泥搅拌桩1.9万米;路基土石方填方14万立方米、挖方0.6万立方米;空心板梁桥1座;江华大道及连接线挖淤泥20.73万立方米、换填海砂22.68万立方米、水泥搅拌桩54万米、CFG桩30.6万米;路基土石方350281立方米;中桥3座;箱涵4座、圆管涵7处;路面水泥稳定层123673平方米,沥青面层109457平方米。开工累计完成投资83795万元。

广中江高速公路TJ14标段 位于广东省江门市,全长3.32千米。合同投资49515万元,合同工期2013年11月—2016年2月。主要工程量:路基土石方73.8万立方米;桥梁12座,其中特大桥1座,大桥11座;隧道1座341延长米。开工累计完成投资55846万元,主体工程结束。

揭阳至惠来高速公路项目A2标段 位于广东省汕头市,全长14.75千米。合同投资99766万元,合同工期2014年3月—2016年3月。主要工程量:特大桥、大桥7座4586延长米,中小桥7座215延长米,天桥1座,隧道1座1501延长米(按双洞平均长),互通立交2处,总挖方35.8万立方米,总借方187万立方米。涵洞41座。开工累计完成投资91946万元。

广西贵港市西南大桥工程 位于广西壮族自治区贵港市,合同投资28429万元,合同工期2013年5月—2015年6月。主要工程量:路基填筑回填土和砂砾石9594立方米。钻孔灌注桩5142.4米;混凝土基础(包括塔座、桩基承台,但不包括桩基)11403.71立方米;混凝土下部结构(包括主塔、墩、台身)18853.86立方米;预制混凝土上部结构3032.7立方米;现浇预应力混凝土上部结构26817.7立方米;现浇混凝土附属结构1437.5立方米。开工累计完成投资16864万元。

石家庄城市轨道交通3号线工程 位于河北省石家庄市。合同投资265000万元,合同工期2013年4月—2017年9月。主要工程量:车站6座,区间8条,开工累计完成投资284894万元。

引汉济渭秦岭隧道7号主洞工程 位于陕西省西安市,全长8122.483米。合同投资33597万元,合同工期2013年10月—2017年5月。开工累计完成投资26805万元。

宁德沈海复线福安至蕉城漳湾段A14标段 位于福建省宁德市,全长7.07千米。合同投资39768万元,合同工期2015年11月—2017年10月。主要工程量:路基土石方140万立方米,弃方5万立方米,桥梁4座1994延长米,隧道2座3886延长米,互通1处,涵洞8座。开工累计完成投资24946万元。

厦门市轨道交通1号线一期工程土建施工总承包M1I-TJSG-01标段TJ01-1工区 位于福建省厦门市,全长2.3千米。合同投资60087万元,合同工期2013年10月—2017年12月。主要工程量:镇海路站410.820米,建筑规模14732.4平方米;中山公园站158.5米,建筑规模16533.6平方米。开工累计完成投资45760万元。

太原市轨道交通2号线2标段 位于山西省太原市,全长2697.515米。合同投资48337万元,合同工期2015年12月—2020年12月。主要工程量:2站2区间,开工累计完成投资7840万元。

包头市综合交通枢纽工程 位于内蒙古自治区包头市。合同投资137723万元,合同工期2016年5

月—2017 年 7 月。主要工程量:交通中心工程建筑面积 13.5 万平方米;机场高速下立交工程 760 米,双向 4 车道;预留配套地铁工程 2.4 万平方米(暂估)。开工累计完成投资 21246 万元。

太原市妇幼保健院迁建工程　项目位于山西省太原市,总建筑面积 170031 平方米。合同投资 39029 万元,合同工期 2016 年 4 月—2018 年 4 月。主要工程量:医疗综合楼 12 层,层高 54.6 米;消毒供应中心 2 层,层高 11.1 米;洗涤中心 1 层,层高 6.3 米,热交换站 1 层,层高 7.05 米;污水处理站 1 层,层高 5.55 米;制氧站 1 层,层高 7.05 米。开工累计完成投资 13000 万元。

境外工程。阿尔及利亚贝佳亚公路项目　位于阿尔及利亚首都贝佳亚,线路全长 26.75 千米。合同投资 110000 万元,合同工期 2013 年 12 月—2016 年 12 月。主要工程量:路基土石方 976 万立方米,桥梁 18 座,涵洞 74 座。开工累计完成投资 101582 万元。

巴基斯坦达苏水电站 KKH－01 标段　位于巴基斯坦 DASU 镇,线路全长 25.2 千米。合同投资 80670 万元,合同工期 2015 年 8 月—2018 年 12 月。主要工程量:路基土石方 915.88 万立方米,桥梁 3 座 114 延长米,路面 26.52 万平方米。开工累计完成投资 1894 万元。

玻利维亚公路项目　位于玻利维亚贝尼省,线路全长 43.03 千米。合同投资 139377 万元,合同工期 2016 年 6 月—2020 年 8 月。主要工程量:路基挖方 28.4 万立方米,路基填方 846.4 万立方米,底基层 163.1 万立方米,基层 44.8 万立方米,沥青面层 253.9 万平方米,桥梁 9 座,涵洞 163 道。开工累计完成投资 4295 万元。处于临时设施建设阶段。

阿国特莱姆森公路工程　位于阿尔及利亚特莱姆森,线路全长 8.58 千米。合同投资 77313 万元,合同工期 2015 年 1 月—2017 年 12 月。主要工程量:路基挖方 573.8 万立方米,填方 117.8 万立方米,桥梁 3525.3 延长米,圆管涵 5 座;框架涵 1 座,过水框架涵 4 个。开工累计完成投资 45421 万元。

安哥拉 RED－卢班戈房建项目　H1、H2、H3、H44 种户型 4185 套,总建筑面积 43 万平方米。合同投资 155422 万元,合同工期 2012 年 7 月—2014 年 8 月。受拆迁影响,可施工 2414 套。其中,H1 户型 674 套、H2 户型 772 套、H3 户型 776 套、H4 户型 192 套,总建筑面积为 24 万平方米;市政道路 54970.27 米。开工累计完成投资 126634 万元,主体完工。

阿国 2050 套住房项目　位于阿尔及利亚赫利赞省。合同投资 30878 万元,合同工期 2013 年 6 月—2016 年 9 月。主要工程量:72 栋楼 1650 套住房,总建筑面积 157929 平方米。开工累计完成投资 18484 万元。

援巴基斯坦国道公路网修复项目　合同投资 54775 万元,合同工期 2013 年 3 月—2015 年 12 月。主要工程量:N35 公路和 N55 公路修复 174.424 千米;N35 和 N55(北段)部分路段由路基、路面(沥青路面和水泥混凝土路面)、排水、防护(主要是挡土墙)以及桥涵组成,N55 公路(北段)按照双向 2 车道二级公路标准修复 31 千米;N35 公路按照山区三级公路标准,修复 143.424 千米,新建桥梁 5 座 468.3 延长米。开工累计完成投资 43716 万元,主要工程已完工。

（付建军　岳永秀）

【经营管理】　2016 年,承揽工程 360 项,新签合同额 590 亿元。其中,铁路工程 13 项 147.9 亿元,占总额的 25.07%;公路工程 37 项 134.9 亿元,占总额的 22.85%;市政工程 34 项 114.3 亿元,占总额的 19.38%;城市轨道交通工程 9 项 34.7 亿元,占总额的 5.88%;房屋建筑工程 24 项 59.4 亿元,占总额的 10.07%;其他工程 25 项 65.8 亿元,占总额的 11.2%;物流贸易 154 项 32.6 亿元,占总额的 5.5%;勘察设计 64 项 2859 万元,占总额的 0.05%。工程经营承揽 489.4 亿元,占总额的 83%;资本经营承揽 36.5 亿元,占总额的 6.2%;海外经营承揽 64.1 亿元,占总额的 10.8%。

经济管理。进一步放宽对子(分)公司经济扶持,严格落实项目负责人经济责任终身制,健全经济管理制度体系。强化亏损整治和劳务分包管理,促进企业持续健康发展。严格劳务准入,深化劳务管理。固化效益策划、经济活动分析、成本考评等涵盖责任成本管理全过程、全方位的 16 项业务流程和模板。督导新上场项目编制效益策划书,规范经济分析,纠偏导正。加快信息化建设,强化法人管控。

安全质量。坚持“安全第一,预防为主,综合治理”的方针,持续开展安全教育培训、安全生产专项整治、隐患排查治理和“全国安全生产月”“安全生产万里行”“安全大检查”等活动,强化施工现场检查监控,安全生产稳定可控。郑徐客专 ZXSD 标段、成兰铁路成都至川主寺段站前工程 CLZQ－7 标段、张呼铁路客运专线 2 标段、广通至大理铁路扩能改造站前工程 7 标段、六公司厦沙高速公路泉州德化段 A1 合同段,被中国铁建授予 2016 年度“安全质量标准工地(车间)”称号。集团公司、一至六公司 7 家具备公路工程施工总承包一级资质的单位,组团“打包”申报交通运输企业安全生产标准化建设一级达标企业。组织参加 6 期公路工程、水利工程、建筑工程的施工安全管理人员培训,671 人参加培训并通过考核,其中,39 人取得建筑施工企业负责人安全生产考核合格证书、314 人取得建筑施工企业项目负责人安全生产考核合格证书、318 人取得建筑施工企业专职安全管理人员安全生产考核合格证书。坚持以人为本,强化全员质量意识,不断建立和完善质量管理体系,规范过程和工序控制,落实质量责任制,加大质量监控力度。北同蒲铁路韩家岭至原平线应县至原平新建取直线工程雁门关隧道、兰新铁路第二双线甘青瓜州段综合工程、山西省灵丘至山阴段高速公路恒山隧道 3 项工程获国家优质工程奖。获省(部)级优质工程 9 项,苏州轨道交通 2 号线 II—TS—3、4、8 标土建工程获全国市政金杯奖;山西中南部铁路通道瓦塘至汤阴(东)段站前工程 ZNTJ－5 标石楼隧道、兰新铁路第二双线甘青瓜州段综合工程、南京至安庆铁路 NASZ－3 标段江宁特大桥、京福铁路客专闽赣段站房Ⅲ标段获铁路优质工程奖;进化溪特大桥、南水北调中线一期工程天津干线保定市 1 段 TJ2－1 标、三(门峡)至淅(川)高速公路白水峪大桥、天津至秦皇岛铁路客运专线 JQSG－3 标铺架工程,获河北省"安济杯"优质工程奖。11 项工程获"铁建杯"优质工程奖。25 项工程获集团公司优质工程奖。评出 QC 小组成果一等奖 3 个、二等奖 10 个、三等奖 15 个。顺利通过北京华夏认证中心对集团公司质量、职业健康安全、环境一体化管理体系进行的年度监督认证审核,三体系运行持续有效。

财务管理。实现营业收入 401.26 亿元、净利润 7.1 亿元、经营性现金净流入 43.22 亿元,各项财务指标均创历史水平。资金管理严格"有权必有责、有责要担当、失责必追究",推进集中上存、承兑汇票保证金制度,盘活资源。开展表外融资和保理业务,有效降债。办理银行信贷证明及保函 745 份 274.93 亿元。本级及所属 10 家企业获建设银行"AAA"信用评级。将清收清欠纳入年度考核指标,抓住国家清理建筑业保证金的有利时机,打好清欠活动组合拳,积极推进保证金回款工作,收回保证金 60.4 亿元。实行预算执行情况预警通报、约谈及过程预考核制度。出台财务业务审批流程规定,弥补内控缺陷,规范授权行为。科学制定绩效考核方案,突出上交及资金集中上存指标的核心作用,培育比贡献论业绩争先进的氛围。举办 5 期"营改增"业务培训班,参加学习 1400 人,派出 3 个督导小组对所属公司部分项目进行"营改增"实务操作现场调研指导,"营改增"工作稳步推进。集团公司及所属 11 家企业,获省级"A 级纳税人"称号。

审计监督。两级审计机构审计项目 129 个,其中,经济责任审计 15 个、财务收支及效益审计 18 个、工程项目审计 77 个、各类专项审计及其他专项审计调查 4 个、其他审计 15 个。提交审计报告 122 份,提出审计建议 473 条,被审计单位采纳建议 417 条,促进企业增收节支和挽回经济损失 235 万元。

(唐　虹　李　煜　卫建胜　陈　昱　芦安全　岳永秀)

【科技开发】　下达 3 批 285 项科技研究开发计划,其中,新立项目 144 项、延续 141 项。线路及路基 51 项,桥梁工程 63 项,隧道及地下工程 85 项,市政工程 4 项,水利水电工程 1 项,房建工程 17 项,四电、信息工程 31 项,工程机械 2 项,工程测量 5 项,试验检测 10 项,综合管理及信息化 16 项。组织申请承担省、部、中国铁建科研项目 13 项,获资助资金 100 万元。11 项科技成果通过鉴定。其中"高压富水碎裂状岩层小半径曲线盾构施工关键技术""昌江特大桥深水基础综合施工技术研究""空间双索面不对称三角异形钢拱桥施工技术""富水断裂带地铁暗挖区间零间距下穿在建隧道施工技术""复杂环境下浅埋暗挖粉细砂地层地铁渡线段施工技术""宝兰客专秦安隧道穿越古滑坡体稳定控制施工技术研究"达国际先进,"浐灞生态区河道中大跨刚构连续梁施工与环境保护技术研究""秦岭天华山特长隧道精密控制测量技术研究""吉林市人民大剧院综合施工技术研究"达到国内领先;"客运专线湿陷性黄土地区地基处理及路堤填筑技术研究""高寒半干旱地区全漂浮体系斜拉桥快速施工技术"达国内先进。获中国铁建及以上科学技术奖 29 项,获省部级工法 24 项、中国铁建优秀工法 11 项,获中国铁建优秀论文 6 篇、山西省第十八届优秀学术论文 1 篇、中国建筑业协会首届全国建筑业优秀论文 3 篇,获中国铁建优秀专利奖 1 项。集团公司本级科技评审会共评出科学技术奖 13 项、认定企业级工法 40 项、优秀科技论文及技术总结 82 篇、优秀专利奖 29 项。申报受理专利 90 项,其中,发明专利 23 项、实用新型 67 项;授权专利(含软件著作)51 项,其中,发明专利 10 项、实用新型专利 40 项、软件著作权 1 项。

(王青蕊　岳永秀)

【教育培训】　选派 63 名副处职及以上领导干部到中央党校国资委分校、国资委行政学院、中国铁建党校培训。成立集团公司企业大学和党校,设置太原、忻州 2 校区,构建线上线下 2 个学习平台。组织集团公司中高层管理干部高级研修班、处级干部"创新与变革"专题研修班、项目经理研修班、党建工作研修班以及科技工作、物资工作、财税工作、经济管理工作、法律事务工作等,各类研修(培训)班 14 大类、20 余次,参加培训 1685 人次。参加中国铁建及外部培训机构组织的各类业务培训 2740 人次。各子分公司通过自办、送外、

视频、网络、现场、以会代培等，不同形式开展员工培训，累计培训45916人次。（潘兴祖　岳永秀）

【党的工作】 截至2016年底，党委下辖处级党委17个。其中，子公司党委11个、分公司党委3个、中心医院、物业管理中心、集团公司机关党委各1个。基层党组织941个。其中，处级党委17个、子分公司辖党委17个、党总支8个、项目党工委353个、党支部546个。党员9141人。其中，在岗职工党员7539人、离退休职工党员1602人，预备党员178人。

领导班子建设。始终注重加强领导班子建设，做到政治保障坚强有力。第三次党代会胜利召开，选举产生新一届党委领导班子，为开创党在十七局事业的新局面，奠定坚实基础；通过创新党委中心组学习方式、举办集中研修班、开展巡回宣贯等手段，深入学习贯彻习近平总书记系列重要讲话精神，认真落实党中央、国资委和中国铁建党委一系列方针政策，不断强化“四个意识”，丰富党建工作“十个结合”内涵；严格执行民主集中制、“三重一大”和党委议事规则制度，确保各级党组织有效参与企业重大决策。党组织建设。一是基层组织建设扎实有效。坚持制度建党，先后出台基层党组织书记定期工作报告制度、“三个区分开来”指导意见、基层党建“三联一创”工作制度，着力严肃党内政治生活、强化党内监督；制定加强和改进基层党组织建设和海外项目党建工作的指导意见，确保国内外基层党建工作同步发展；编印《党建工作标准化系列手册》和《企业文化规范指导书》，使基层党建工作和企业文化建设，得到进一步规范统一。获“全国企业党建工作先进单位”称号。二是主题实践活动亮点纷呈。围绕企业中心任务，推进“两学一做”学习教育，深入开展“月月有主题、共建高尊旗”活动，通过佩戴党徽、知识竞赛、书法比赛、文艺巡演等丰富多彩的系列活动，拓展学习教育的广度和深度，推进争做“四讲四有”党员的认识和行动。三是干部队伍管理科学规范。坚持党管干部原则和“四凡四必”要求，先后对50余名处级干部进行交流任职，树立正确的选人用人导向；启动人才储备“青蓝计划”，为优秀青年员工成长成材铺路导航；出台正副处级项目经理、党工委书记选拔管理办法，拓宽项目管理人员职业上升通道；组建集业务培训、高端提素和专题学习为一体的智慧型“企业党校”，构建起干部人才培训的新型模式。宣传工作。以“报刊网微”为核心的宣传平台，有力助推企业决策部署落实落地，以“晨读分享”“新闻早餐”为特色的网络互动，有效凝聚企业上下发展共识；以贵安新区地下综合管廊、“全国三八红旗手”关改玉为代表的“十七局名片”，登陆《人民日报》《新闻联播》等十余家中央和省部级核心媒体；集团公司加强党建、规范党内政治生活的经验做法，在中宣部《半月谈内部版》刊发，取得深刻的社会反响。获《中国铁道建筑报》宣传报道先进单位。党风廉政建设。以落实“两个责任”为目标，持续巩固和扩大党风廉政建设成果；为各子分公司配备专职纪委副书记，增强纪检监察队伍力量；对4家子公司开展巡视工作，发挥巡视利剑的震慑作用；101人因违规违纪受到党纪政纪处分，彰显党的正风肃纪坚强决心；全面开展廉洁教育月和检企共建活动，构筑企业廉洁从业新常态。

（刘亚鹏　温　梅　赵桂军　刘远峰　李梦新）

【工会工作】 下辖17个处级单位工会（含机关工会）、298个基层工会和894个工会小组。会员17006人。其中，女会员3921人、专职工会干部43人、兼职工会干部295人。制定印发《2016年度劳动竞赛实施方案》，组织4个赛区开展“五比五杯”劳动竞赛，并对优胜单位和先进个人予以通报表彰，发放奖金297.4万元。开展“大干120天劳动竞赛”“大干四季度，确保全年产值目标”等专项劳动竞赛，发放115万元产值专项奖励金。3个项目及3名个人，分获股份公司劳动竞赛先进单位和优秀组织者。获全国总工会、全国安监总局联合授予的“全国安康杯竞赛连胜单位”称号，获山西省总工会、山西省安全生产监督管理局联合授予的“2015—2016年度安康杯竞赛优秀组织单位”称号。二届九次职代会征集提案37件，经审查立案32件。其中，劳资人事方面的提案11条、生产经营方面的提案7条、企业管理方面的提案6条、海外经营方面的提案4条、其他方面的提案4条，并召开提案处理落实会议。国际建设工程分公司获“全国模范职工之家”称号，这是集团公司获得的第6个“全国模范职工之家”称号；获山西省总工会“六有”工会称号；股份公司发文表彰二公司工会获“金牌模范职工之家”称号。7个单位、11人分别获股份公司及省部级劳动奖状、奖章、奖杯。关改玉获“全国三八红旗手”称号，集团公司授予“十七局工匠”称号，奖励1万元。两级通过冬送温暖、夏送清凉、金秋助学、日常大病特困帮扶慰问，发放慰问品、生活困难救助金、助学金、大病医疗补助各种“送温暖”物资折合677万元，慰问特困、重困、一般困难职工、困难遗属510户，慰问一线职工、海外职工、退休退职退养职工13100人，以及农民工12800人。（马碧芳　鲁彩琴　李梦新）

【共青团工作】 下辖12个子公司、2个分公司、中心医院、物业管理中心16个团委，抢险救援队1个团总支。建立基层团组织（团总支、团支部）384个，专兼职团干部450人,其中,专职团干部9人、注册团员4797人、35岁以下青工10259人。各级团组织围绕"提质增效、青年担当"主题,开展特色鲜明、主题突出、参与面广的青年活动,创建安全生产示范岗60个,开展安全生产活动162次,2800余人参与;组建青年突击队110个,开展突击竞赛90场,授旗37次,参与人数2500余人;新争创青年文明号集体16个,700余人参与,其中争创国家级文明号1个,省级文明号10个;经过初审、预审、终审,全集团各单位申报的107项"五小"成果,有67项获奖;在太原市小店区刘家堡村小学,举行"关爱春芽 圆梦成长"志愿者活动,21名进城务工人员子女接受捐助;启动第一届"五四青年奖章"评选活动,20名优秀青年获奖;在石家庄、太原成功举办"庆祝建党95周年"大型文艺晚会;持续深入开展"导师带徒"活动,助力"青蓝计划"落地;在团干部中开展"下基层、结对子、服务青年在行动"活动;二公司张呼客专项目怀安制梁场成功举办"圆梦'青蓝'促成才,争当'工匠'比贡献"青工技术比武活动;结合企业实际,推出"加简诚除"计划;在新华社、中央电视台、中国铁建青年"话成长,促成才"交流分享活动中,中国铁建系统首个"团干部直接联系青年点"在集团公司正式揭牌成立;春节前夕,开展"团组织就在我身边"关爱活动,自筹76300元"爱心金",对80名困难团员青年进行帮扶。（王莉莉　李梦新）

【第一工程有限公司】 拥有铁路、公路工程施工总承包一级,建筑、港口与航道、水利水电、电力、矿山工程施工总承包二级,公路路基、桥梁、隧道、铁路铺轨架梁工程专业承包一级,公路路面工程专业承包二级,公路工程综合乙级检测资质、甲级测绘资质。驻山西省太原市小店区人民北路18号。执行董事张耀军,总经理秦志斌。下辖69个项目部、78个单位。职工3105人,其中,干部1761人、工人1344人。资产总额670858万元,其中固定资产原值111282万元、净值29401万元,流动资产636005万元。机械运输设备1403台(套),价值47831万元;总功率99860千瓦,成新率60%;动力装备率25千瓦,技术装备率8万元/人;机械化施工程度80.3%。

2016年,新签合同额131.35亿元,完成企业总产值1011450万元(施工产值1010346万元,附营产值1104万元),实现利润1584万元,国有资产保值增值率101.45%,净资产收益率1.6%,产值利润率0.21%,资产负债率89.42%,投资收益上交率100%,应上交款完成率112.8%。全员劳动生产率600176元/人年,职工年人均收入58290元。

（张枝梅　岳永秀）

【第二工程有限公司】 拥有建筑、公路、铁路、矿山、市政公用工程施工总承包一级,水利水电工程施工总承包二级,桥梁、隧道、公路路面、公路路基工程专业承包一级,工程测量专业甲级,公路水运工程试验检测乙级,地质灾害治理工程丙级,营业性爆破四级资质,独立对外承包工程和派遣劳务资格,取得电力工程施工总承包三级资质。驻陕西省西安市新城区咸宁中路55号。执行董事毕永清,总经理毕永清(10月免)、王林俊(10月任),党委书记洪锋。下辖50个在建项目部、12个专业公司(4个机运工程公司、2个矿山工程公司、2个隧道工程公司、1个隧道机械化作业队和3个桥梁运架工程公司)、3个制梁场、物资加工中心、西宁铁建宾馆、忻州物业管理中心和西安物业管理中心。职工3076人,其中,干部1644人、工人1432人。资产总额643766万元,其中流动资产592220万元,非流动资产51546万元(其中固定资产原值192607万元、净值49944万元)。机械运输设备1336台(套),原值56505万元,动力装备率37.68千瓦/人,技术装备率6.65万元/人,机械化施工程度85%。

2016年,承揽路外工程14项501536万元。完成企业总产值662071万元。实现利润总额10631万元,净利润9217万元。国有资本保值增值率111.4%,净资产收益率11.08%,产值利润率1.58%,资产负债率86.65%,投资收益上缴率100%,应上缴款完成率100%。职工年人均收入60774元,全员劳动生产率481086元/人年。（王文霞　岳永秀）

【第三工程有限公司】 拥有公路、市政工程施工总承包一级资质;建筑工程施工总承包二级、水利水电工程施工总承包三级资质;桥梁、隧道、公路路基、公路路面工程专业承包一级资质;甲级测绘资质(工程测量、精密工程测量、地籍测量、房产测量);交通运输部公路工程试验检测综合丙级资质,国家计量认证资质(20类366个参数)认证资质企业等30项资质。驻河北省石家庄市中山西路。下辖7个专业公司、3个基地,派出机构62个。执行董事刘新福,总经理唐波涛,党委书记刘新福。职工3079人。机械运输设备550台(套),价值42484万元,总功率57668千瓦,成新率33%。动力装备率18.73千瓦/人,技术装备率4.54万元/人,机械化施工程度82.4%。企业资产总额583927万元,其中固定资产原值203156万元、净值23254万元,流动资产558169万元。

2016年,新签合同额89.16亿元,企业总产值543014万元。全员劳动生产率23.5万元/人年,实现利润1285万元,职工年人均收入61377元;净资产收益率1.59%,产值利润率0.25%,资产负债率

88.28%。工程质量合格率100%。

（岳　蕾　岳永秀）

【第四工程有限公司】 拥有公路工程施工总承包一级、市政公用工程施工总承包一级、水利水电工程施工总承包二级、房建工程施工总承包二级、铁路工程施工总承包三级、矿山工程施工总承包三级、公路路基工程专业承包一级、桥梁工程专业承包一级、隧道工程专业承包一级、地质灾害治理工程施工乙级资质、测绘乙级资质，并具有对外承包工程经营资格。驻重庆市北部高新区洪湖西路18号上丁企业公园24－25栋。下辖41个项目部和晋中分公司、战备仓库、达州基地。执行董事王应权，总经理张涛，党委书记王应权。职工2913人，其中干部1519人、工人1394人。资产总额675482万元，其中固定资产原值150187万元、净值22644万元，流动资产647369万元。机械运输设备627台（套），原值32957.91万元，总功率85705千瓦，成新率24%。

2016年，新签合同额463590万元。完成企业总产值632970万元，其中施工产值630315万元、附营产值2655万元，实现利润862万元。全员劳动生产率26.86万元/人年，职工年人均收入50655.29元。国有资产保值增值率101%，净资产收益率0.98%，产值利润率0.17%，资产负债率90.33%。

（闫志浩　岳永秀）

【第五工程有限公司】 拥有公路工程、市政公用工程施工总承包一级；铁路工程、水利水电工程、建筑工程、矿山工程施工总承包二级；公路路基、隧道、桥梁工程专业承包一级；特种工程专业承包不分等级等10项资质。下辖37个工程项目部、2个物业公司。执行董事杨永宏，总经理聂武丁，党委书记杨永宏。职工2472人，其中，干部973人、工人1499人。企业资产总额316729万元，其中固定资产原值65054万元、净值23260万元，流动资产293145万元。机械运输设备841台（套），原值25947.14万元，成新率54.44%，总功率76321千瓦，动力装备率30.71千瓦/人，技术装备率5.68万元/人，机械化施工程度85%。

2016年，新签合同额599539万元。完成企业总产值385334万元。实现利润1085万元，全员劳动生产率159886元/人年。职工年人均收入59710元。国有资产保值增值率98.22%，产值利润率0.25%，净资产收益率1.94%，资产负债率84.29%。

（赵毅敏　岳永秀）

【第六工程有限公司】 拥有公路工程施工总承包一级、市政公用工程施工总承包一级、铁路工程施工总承包二级、桥梁工程专业承包二级、隧道工程专业承包一级、公路路基工程专业承包一级、城市及道路照明工程专业承包一级、环保工程专业承包一级、建筑工程施工总承包三级资质。驻福建省福州市连江中路181号。执行董事李永珑（4月免）、赵新华（4月任），党委书记叶智锋。职工1049人，其中，干部665人，工人384人。资产总额371105万元，其中固定资产原值72080万元、净值29847万元，流动资产337128万元。机械运输设备685台（套），原值51435.99万元；总功率69654.05千瓦，成新率43.83%；动力装备率46.94千瓦/人，技术装备率15.19万元/人；机械化施工程度82%。

2016年，承揽工程任务14项430070万元。完成企业产值317218万元，全员劳动生产率260464元/人年，职工年人均收入74819.35元。国有资产保值增值率100.98%，应上交款完成率100%。

（张巍巍　岳永秀）

【建筑工程有限公司】 拥有房屋建筑工程施工总承包一级，市政公用工程施工总承包一级，建筑装饰装修工程、钢结构工程、地基与基础工程专业承包一级，机电安装工程施工总承包、起重设备安装工程专业承包、建筑智能化工程专业承包二级资质。驻山西省太原市小店区平阳南路34号。执行董事、党委书记杨琼东，总经理温爱明。职工1224人，其中，干部826人、工人398人。资产总额267939万元，其中固定资产原值35267万元、净值14712万元，流动资产249879万元。机械运输设备637台（套），价值22822万元，总功率72003千瓦，成新率28%，动力装备率64千瓦/人，技术装备率6万元/人，完好率90%。

2016年，新签合同额608611万元。完成企业总产值217350万元，全员劳动生产率179721.34元/人年，职工年人均收入55474元。国有资产保值增值率101.36%，净资产收益率6.32%，产值利润率2.02%，资产负债率78.53%，应上交款完成率100%。

（韩风云　岳永秀）

【电气化工程有限公司】 拥有机电工程总承包一级；铁路电务、铁路电气化、输变电、建筑装修装饰、消防设施、公路交通工程（公路机电）分项专业承包一级；通信、电力、市政、建筑总承包二级；电力设施许可（承装、修）二级和对外承包经营权资质。驻山西省太原市平阳南路34号。执行董事周明军（11月任），总经理尹建军（4月免）、石建明（12月任），党委书记周明军（11月任）。下辖45个工程项目部。职工385人，其中,干部340人、工人45人。机械运输设备513台(套),价值8593.84万元(含单台10万元以下设备)。总功率48858千瓦,机械化施工程度79%。

2016年,新签合同额238609万元。企业总产值115278万元,实现利润2902万元,资产总额124110万元,其中固定资产原值10231万元、净值2690万元,流动资产121409万元。国有资产保值增值率107.94%,净资产收益率13.48%,产值利润率6.79%,资产负债率83.08%。全员劳动生产率277863.14元/人年,职工年人均收入99612元。（周　艳　岳永秀）

【重要记载】

▲1月4日　集团公司铁路、建筑施工总承包特级,铁道行业设计甲级、建筑行业设计甲级,公路、市政、水利施工总承包一级和桥梁、隧道、公路路基、机场场道专业承包一级等11项资质对标就位换证获住建部审查核准。

▲1月6日　中铁(贵州)市政工程有限公司在贵州省贵安新区揭牌成立。

▲1月8日　参建的“京沪高速铁路工程”被授予2015年度国家科学技术进步特等奖。

▲1月30日　党委二届七次全会、二届九次职工代表大会暨2016年工作会在太原召开。

▲2月23日　承建的中国援巴基斯坦国会大厦太阳能光伏发电项目启用仪式在伊斯兰堡举行。

▲3月　成功加入中国财政学会公私合作(PPP)研究专业委员会,正式成为该委员会的企业会员。

▲3月29日　巴基斯坦国家公路局授予集团公司援巴基斯坦公路修复项目“特殊贡献奖”,以表彰集团公司在援巴公路修复项目建设中展现出的专业管理水平、敬业奉献精神及为当地抗灾抢险作出的突出贡献。

▲4月15日　中央电视台《新闻联播》栏目以《西部首个城市地下综合管廊试验段建成》为题,播报承建的贵安新区中心大道综合管廊建成的消息,同时,新华社总社发出通稿,人民网、新华网、中央政府门户网站、光明网、财经网、新浪网等主流媒体相继转载。

▲5月7日　企业大学和党校揭牌仪式在山西省邮电学校隆重举行。

▲8月30日　获住房与城乡建设部市政公用工程施工总承包特级和市政行业甲级设计资质。

▲10月15日　第十五届中国住博会·2016年中国BIM技术交流暨优秀案例作品展示会在京召开,集团公司报送的吉林市人民大剧院BIM技术应用案例获全国最佳BIM施工应用。

▲12月15日　承建的中国政府无偿援助巴基斯坦首都伊斯兰堡F—9公园的太阳能照明项目移交仪式在F—9公园内隆重举行。（岳永秀）

中铁十八局集团有限公司

【简况】　中铁十八局集团有限公司系铁路、房屋建筑工程施工总承包特级,公路、水利水电、市政公用工程施工总承包一级,隧道、桥梁、城市轨道交通、机场场道、公路路面工程专业承包一级,铁道行业设计甲Ⅱ级,房屋建筑工程设计甲级、地质灾害治理施工和建筑专业甲级,测绘乙级资质企业,同时拥有对外承包工程资质和对外经营权。2010年被认定为天津市高新技术企业。总部驻天津市河西区大沽南路1519号。原系中国人民解放军铁道兵第八师,组建于1958年;1981年,铁道兵第十四师所属部队并入;1984年,集体转业并入铁道部,改称铁道部第十八工程局;1999年,更名为中铁第十八工程局,2000年,随中国铁道建筑总公司整体移交中央企业工委管理;2001年,改制为中铁十八局集团有限公司;2003年,随中国铁道建筑总公司归属国务院国资委管理;2008年,随中国铁建股份有限公司整体上市。下辖11个子公司、3个分公司、8个区域指挥部及28个工程指挥(项目)部。职工16580人。其中,干部12374人、工人4206人。资产总额3401244万元。其中,固定资产原值883558万元、净值423148万元;流动资产2903746万元。机械运输设备7501台(套),原值545878.32万元、净值277948.63万元,总功率825376.42千瓦,动力装备率49.92千瓦/人,技术装备率16.81万元/人,新度系数0.51。机械化施工程度90%以上。其中,大型设备216台(套),完好率96.64%,利用率84.56%。

2016年,新签合同额6522000万元,完成企业总产值4190980万元。其中,施工产值4006058万元;实现利润81501万元。全员劳动生产率50.01万元/人年,人均创利2.12万元,职工年人均收入6.42万元。国有资产保值增值率118.88%,净资产收益率17.1%,应上缴款完成率100%,资产负债率87.85%。完成主要实物工程量:土石方10148.7万立方米,隧道137781延长米,桥梁92710延长米,铁路正线铺轨253.7千米,站线铺轨20.3千米,铺道岔536组,铁路架梁1148孔,公路架梁3843片,地铁20523折合米,房屋建筑面积218万平方米,公路329.8千米。获国家级优质工程奖8项(中国建设工程鲁班奖1项、中国土木工程詹天佑奖1项、国家优质工程奖4项、全国市政金杯示范工程奖2项);省市及行业优质工程奖10项;省市级优质结构工程15项、股份公司“铁建杯”优质工程5项，集团公司优质工程32项。被评为全国工程建设质量管理先进企业、全国守合同重信用企业及天津市百强企业；集团公司、二公司、四公司、五公司被评为全国优秀施工企业；一公司、五公司被评为全国工程建设优秀QC小组活动企业；一公司、三公司被评为河北省QC小组活动先进企业；四公司被评为天津市QC小组活动先进企业；6家单位被评为天津市建设工程优秀诚信企业；3家单位被评为天津市守合同重信用企业；获全国工程建设优秀项目经理7人；彭仕国获“全国优秀施工企业家”“全国优秀企业家”称号；李金锁、温淑荔分获全国“工程建设QC小组活动卓越领导者”“优秀推进者”称号；四公司入选中国铁建2016年工程公司营业收入20强；五公司入选中国铁建2016年工程公司经济效益20强和中国铁建2016年工程公司营业收入20强。

（阎世杰　杨　旭）

【领导人员】

董事会

董事长	彭仕国
董事	王兴周
	刘明杰
	赵心昭
	陈建民

监事会

监事会主席	鲁小龙
监事	陈玉平
	徐　军

经理层

总经理	刘明杰
副总经理	韩利民
	李铁翔
	陈建民
	薛新广
	余柏华
	崔连友
	童顺军
	闫广天
	熊　晖

党群领导

党委书记	王兴周
党委副书记	彭仕国
	刘明杰
纪委书记	鲁小龙
工会主席	赵心昭

（杨　勇）

【工程项目指挥机构】　华中区域指挥部　驻湖北省武汉市武昌区中北路109号中国铁建1818中心3901。指挥长兼党工委书记李铁翔（兼）。

西南区域指挥部　驻四川省成都市双流机场路土桥段216号。指挥长兼党工委书记闫广天（兼）。

华东区域指挥部　驻上海市闸北区芷园路417号。指挥长崔连友（兼）。

西北区域指挥部　驻陕西省西安市未央区凤城九路与明光路交叉口中登文景大厦11楼。指挥长余柏华（兼）。

华南区域指挥部　驻广东省深圳市南山区丽山路西湖林语名苑3栋101－106。指挥长兼党工委书记彭道富（兼）。

津冀区域指挥部（原为华北区域指挥部，2014年更名为天津区域指挥部，2015年改称现名）　驻天津市塘沽区塘汉路2356副316号。指挥长兼党工委书记陈建民（兼）。

北方区域指挥部（2015年由原北京区域指挥部、东北区域指挥部、神华区域指挥部合并整合）　驻北京市海淀区首体南路33号。指挥长兼党工委书记童顺军（兼）。

海外区域指挥部　驻天津市津南区双港乡中铁十八局集团办公楼12楼。指挥长兼党工委书记薛新广（兼）。

南疆吐库二线铁路工程项目指挥部　驻新疆维吾尔自治区乌鲁木齐新市区西外环马德里春天46栋1门1802。指挥长杜万英。

兰渝铁路工程指挥部　驻甘肃省陇南市武都区汉王镇将军石桥油橄榄园。指挥长余柏华（兼），党工委书记江顺。

湘桂铁路扩改工程柳南段标指挥部　驻广西壮族自治区南宁青秀区民族大道98号审计厅宿舍东单元5D。指挥长苏在林。

大西铁路工程指挥部　驻山西省晋中市灵石县静升镇。指挥长武守恩。

郑徐铁路客运专线工程指挥部　驻河南省兰考县裕禄大道86号金港湾商务酒店。指挥长宋庚银。

三南铁路工程指挥部　驻重庆市万盛经济开发区万盛宾馆2楼。指挥长张海龙，党工委书记刘文友。

中铁建贵州安紫高速公路施工总承包指挥部　驻贵州省安顺市西秀区两所屯。指挥长兼党工委书记郑艳。

拉林铁路工程指挥部　驻西藏林芝市朗县洞嘎镇卓村。指挥长李正士，党工委书记宋祥武。

贵州省农村公路建养一体化工程指挥部　驻贵州省兴义市民族风情街1－12－2。指挥长唐海涛。

兰新铁路甘青段(西宁)项目经理部　驻青海省民和县川垣新区平兴礼园28号楼1801。项目经理兼党工委书记杨春明。

山西中南部铁路通道ZNTJ-12标项目经理部　驻河南省林州市红旗渠大道和苑和风院5-4-301。常务副经理张晓华。

云桂铁路云南段项目经理部　驻云南省弥勒市人民路中段。常务副经理杨继明,党工委书记矣成辉。

田桓铁路TH-2标工程项目经理部　驻辽宁省本溪市桓仁满族自治县西关新屯5号。项目经理张馨,党工委书记赵文来。

渝黔铁路土建2标项目经理部　驻重庆市九龙坡区华岩镇福园路7号。项目经理吴忠良,党工委书记黄振岐。

福平铁路FPZQ-1标项目经理部　驻福建省福州市闽侯县尚干镇324国道旁兴大建材院内。项目经理杜卫军,党工委书记成贵宾。

石济铁路客运专线项目部　驻山东省德州市平原县平安大街桃园宾馆。项目经理王志杰,党工委书记刘丛勇。

成贵铁路CGZQSG-14标项目经理部　贵州省毕节市黔西县经济技术开发区。项目经理、党工委书记付彦生。

大瑞铁路怒江至龙陵段项目经理部　驻云南省保山市施甸县水长工业园区。常务副经理阎树欣,党工委书记李瑞显。

武九客专(湖北段)2标段项目经理部　驻湖北省黄石市阳新县经济技术开发区荻田。项目经理赵建宇(10月免)、卢庆练(10月任)党工委书记高纯根(6月免)、孟祥义(6月任)。

黔张常铁路1标项目经理部　驻湖南省桑植县文明东路。项目经理李铁翔(兼),党工委书记杨廷玺。

蒙华铁路MHTJ-5标段项目经理部　驻陕西省延安市安塞区真武洞镇郝家洼村教育局家属院巷锦园小区。项目经理高双涛,党工委书记谷振伟。

商合杭铁路站前4标项目经理部　驻安徽省阜阳市清河东路468号。项目经理兼党工委书记彭亚飞。

郑州航空港河东第七棚户区8标段项目经理部　驻河南省郑州市航空港综合试验区。项目经理兼党工委书记彭磊。

成昆铁路峨眉至米易段项目经理部　驻四川省乐山市金口河区永和镇新乐村五组。项目经理姜胜,党工委书记王永福。

京张铁路4标项目部　驻河北省怀来县东花园镇。项目经理兼党工委书记杨利全。

郑阜铁路河南段项目部　驻河南省周口市项城市产业集聚区经二路纬二路交叉口。项目经理兼党工委书记杨国良。

郑万铁路重庆段土建2标项目经理部　驻重庆市巫山县宁江路1号。项目经理闫广天,党工委书记陈方杰。

郑万高铁湖北段ZWZQ-6标项目经理部　驻湖北省襄阳市宝康县清溪路新民政局后院。项目经理郭志强,党工委书记郎珉。　(杨　勇　杨　旭)

【职工队伍】　截至2016年底,职工16580人。干部12374人。其中,专业技术干部9916人,占干部总数的80.1%;女干部3427人,占干部总数的27.7%。专业技术干部中,高级职称1389人,中级职称2577人,初级职称5950人;工人4206人。其中,女工883人,占工人总数的21%;技术工人2411人,占工人总数的57.3%。技术工人中,高级技师195人,技师604人,高级工1194人,中级工357人,初级工61人。

(李红燕　张俊超)

【铁路工程】　在建铁路工程46项,合同投资4650905万元,完成施工产值1315421万元,占施工总产值的32.8%。

新建铁路云桂线(云南段)站前工程6标段　位于云南省红河州,线路长52.4千米。合同投资357996万元,合同工期2010年9月20日—2015年2月28日。主要工程量:隧道9座31978延长米;桥梁16座8108.218延长米;涵洞35座1674.94横延米;无砟轨道33.28千米、有砟轨道19.12千米。2016年,完成产值32895万元,占年度计划的243.3%,开工累计完成产值408818万元,占总投资的100%。于2016年12月28日竣工通车。

新建福州至平潭铁路工程FPZQ-1标段　位于福建省福州市,正线全长25.475千米。合同投资188495万元,合同工期2013年11月1日—2019年4月30日。主要工程量:路基土石方49.9311万立方米;单双线桥梁21座10558.2延长米,其中,特大桥6座、大中桥11座、框架小桥4座;涵洞7座;隧道10座16055.8延长米。2016年,完成产值53115万元,占年度计划的105.9%,开工累计完成产值127544万元,占总投资的67.6%。

新建大理至瑞丽铁路怒江至龙陵段站前工程土建1标段　位于云南省保山市,线路长6.927千米。合同投资158151万元,合同工期2014年7月1日—2019年2月7日。主要工程量:路基(桥隧过渡段)11.9米、怒江特大桥1座1.024千米、怒江车站、高黎贡山隧道进口正洞5891米、平导5588米,隧道无砟道床安装

5393米。2016年，完成产值22363万元，占年度计划的88.4%，开工累计完成产值41085万元，占总投资的25.9%。

新建铁路蒙西至华中地区铁路煤运通道工程MHTJ－5标段　位于山西省延安市，标段长35.959千米。合同投资263474万元，合同工期2015年8月1日—2020年3月1日。主要工程量：区间路基土石方182.8万立方米，站场土石方175.4万立方米，桥梁24座3369.33延长米，隧道14座27358.82延长米，铺设无砟道床55069米，安装弹性支撑块17.4万块，铺道砟52492立方米，车站1座。2016年，完成产值101679万元，占年度计划的116%，开工累计完成产值116000万元，占总投资的44%。

新建川藏铁路拉萨至林芝段LLZQ－9标段　位于西藏自治区林芝地区，标段长39.26千米。合同投资209856万元，合同工期2015年7月1日—2021年11月30日。主要工程量：路基土石方132万立方米；路基0.445千米；隧道4座35813延长米；桥梁5座1258.45延长米，涵洞6座271.38横延米；无砟道床33.194千米、有砟道床6.066千米；站场3座。2016年，完成产值65588万元，占年度计划的136.6%，开工累计完成产值86088万元，占总投资的41.0%。

商合杭铁路站前工程施工SHZQ－04标段　位于安徽省阜阳境市，全长35.359千米。合同投资288993万元，合同工期2015年11月18日—2020年10月30日。主要工程量：路基土石方36万立方米；特大桥2座33642延长米；框架涵5座288横延米；箱梁制架1350孔；无砟轨道铺轨466千米；有砟轨道铺轨37千米；CRTSⅢ型无砟道床75千米；粒料道床11万立方米；站场1座。2016年，完成产值122716万元，占年度计划的120.1%，开工累计完成产值122716万元，占总投资的42.4%。

成昆铁路峨眉至米易段扩能改建工程　位于四川省乐山市，全长26.672千米。合同投资196315万元，合同工期2016年4月1日—2020年11月30日。主要工程量：桥梁3座537.9延长米；隧道4座26151.6延长米；弹性支承块式无砟道床41.556千米。2016年，完成产值7745万元，占年度计划的100%，开工累计完成产值7745万元，占总投资的3.9%。

新建北京至张家口铁路站前及“三电”迁改工程施工总价承包JZSG－4标段　位于河北省张家口市，正线长19.12千米。合同投资182258万元，合同工期2016年3月1日—2019年12月31日。主要工程量：路基土石方1998812立方米；特大桥1座9786延长米，康延支线特大桥2座4616.42延长米，框架桥13座3278.74延长米，框架涵31座738.84横延米；箱梁预制架设642孔；粒料道床铺轨4.25千米；通信线路66.14千米。2016年，完成产值33037万元，占年度计划的100%，开工累计完成产值33037万元，占总投资的18.1%。（毛勇健）

【铁路外工程】　在建路外工程402项，合同投资9751434万元，完成施工产值2370583万元，占施工总产值的59.2%。其中，公路工程64项，合同投资2211586万元；市政工程136项，合同投资2382311万元；城市轨道交通工程55项，合同投资2463519万元；房屋建筑面积工程91项，合同投资1842693万元；其他工程58项，合同投资999564万元。

北京地铁16号线8标段　位于北京市东城区，1站1区间。合同投资56132万元，合同工期2013年6月1日—2016年12月28日。主要工程量：车站主体暗挖、车站附属、区间盾构、区间渡线段、区间附属工程及站前广场降水工程。2016年，完成产值18705万元，占年度计划的138%，开工累计完成产值55645万元，占总投资的99.1%。

北京地铁16号线16标段　位于北京市海淀区，1站和1区间。合同投资40634万元，合同工期2013年6月1日—2016年12月28日。主要工程量：车站长273.9米，宽23.2米，拱顶覆土厚度约12～13米，底板埋深31.3米；二里沟站—甘家口站区间长782.4双线米，其线间距17.2米。2016年，完成产值16667万元，占年度计划的120.5%，开工累计完成产值36883万元，占总投资的90.7%。

天津地铁5号线工程土建施工第15合同段　位于天津市河东区，1站2区间。合同投资32338万元，合同工期2012年8月11日—2016年2月10日。主要工程量：地下双层侧式站台车站，建筑面积13421.4平方米，区间双线长度2071米，车站底板埋深20.83米，最深处23米。2016年，完成产值7628万元，占年度计划的124.2%，开工累计完成产值27487万元，占总投资的84.9%。

长春地铁2号线一期工程5标段　位于吉林省长春市。合同投资89878万元，合同工期2012年12月12日—2017年4月30日。主要工程量：2站3区间，区间长度3.1千米。2016年，完成产值29069万元，占年度计划的136.7%，开工累计完成产值59601万元，占总投资的66.3%。

武汉市轨道交通7号线一期工程第7标段土建工程　位于湖北省武汉市。合同投资98849万元，合同工期2013年12月27日—2016年12月31日。主要工程量：1站2区间及公路隧道，建筑面积35619平方米。2016年,完成产值25036万元,占年度计划的48%,开工累计完成产值51729万元,占总投资的52.3%。

厦门第二西通道(海沧海底隧道)工程A2标段　位于福建省厦门市。合同投资577480万元,合同工期2016年3月1日—2019年7月31日。全长7.79千米(左线),其中隧道长度约6.335千米。2016年,完成产值4148万元,占年度计划的100%,开工累计完成产值4148万元,占总投资的5.3%。

引汉济渭工程秦岭隧洞TBM施工段岭北工程　位于山西省西安市。合同投资116492万元,合同工期2012年3月1日—2017年6月30日。2016年,完成产值20860万元,占年度计划的118.8%,开工累计完成产值60482万元,占总投资的51.9%。

吉林省中部城市引松供水工程总干线TBM 2标段　位于吉林省吉林市,线路总长22600米。合同投资84502万元,合同工期2013年12月28日—2019年12月28日。主要工程量:引水隧洞22600米、1号通风竖井、2个施工支洞及其他临时工程。2016年,完成产值15593万元,占年度计划的104.9%,开工累计完成产值44927万元,占总投资的53.1%。

山西省中部引黄工程TBM1标段　位于山西省吕梁市。合同投资45772万元,合同工期2013年3月1日—2016年11月30日。主要工程量:TBM掘进施工21029.3米,TBM进洞支洞长3773.3米,通风支洞长1007.17米。2016年,完成产值10239万元,占年度计划的98.2%,开工累计完成产值29159万元,占总投资的63.73%。

四川雅砻江两河口水电站库首跨库大桥及其引道段工程　位于四川省凉山州。合同投资21380万元,合同工期2015年3月1日—2019年8月30日。主要工程量:跨库大桥628延长米,日地隧道1516延长米。2016年,完成产值8034万元,占年度计划的114.6%,开工累计完成产值10610万元,占总投资的49.6%。

(毛勇健)

【境外工程】　境外工程38项,合同投资1291624万元,完成施工产值320054万元,占施工总产值的8.0%。

麦麦高铁第1标段　位于麦加,线路全长449千米。调整后合同投资265080万元,合同工期2009年4月1日—2015年12月31日(实际完工时间2016年5月31日)。主要工程量:土石方12200万立方米,桥梁93座,车站7座。2016年,完成产值53168万元,占年度计划的100%,开工累计完成产值265080万元,占总投资的100%。

(毛勇健)

【经营管理】　工程承揽。新签合同项目274项,合同额652.2亿元。其中,市政工程164.6亿元,占25.2%;铁路工程147.2亿元,占22.6%;公路工程112.3亿元,占17.2%;房屋建筑工程95.3亿元,占14.6%;城市轨道交通工程92.5亿元,占14.2%;水利电力工程18.7亿元,占2.9%;其他项目21.6亿元,占3.3%。

企业管理。通过水利部特级资质实地核查和审批,进入住建部核准阶段。水利水电特级资质就位。在全国水利、公路建设市场,天津市建筑和水利市场信用体系建设工作中,获天津市建筑施工企业信用评价A级、天津市水务建设市场从业行为状况评价为施工企业AAA级、全国水利建设市场主体信用评价为施工类AAA级、全国公路从业单位信用评价A级。所属子公司均顺利完成资质重新核准换证工作;“十三五”发展规划经集团公司总经理办公会通过并正式上报股份公司审批;新增7个工程指挥(项目)部;指导谯城、太和县、怀来制梁场顺利通过国家生产许可证实地核查和产品检验工作。完成2015年度内控体系的独立评价和自我评价工作,综合评定得分97分。制定印发《制度管理办法》,全面规范规章制度的建立、完善、清理、作废等业务流程;发文明确所属各单位机关编制定员最高不得超过120人,所属各单位领导班子职数最高不得超过15人。完成长春工程有限公司、沈阳工程有限公司、建筑安装(沈阳)工程有限公司、安徽建筑工程有限公司4家非生产经营性法人公司的注销工作。

安全质量管理。依据2016年度包保单位签订的《安全质量包保责任书》,对实现年度包保目标的子公司、指挥部(项目部)、分公司及主管领导进行奖励514.2万元,其中,奖励单位380万元、奖励主管领导134.2万元。推进施工现场安全质量标准化管理,4个项目被评为中国铁建安全质量标准工地。获国家级优质工程奖8项(中国建设工程鲁班奖1项、中国土木工程詹天佑奖1项、国家优质工程奖4项、全国市政金杯示范工程2项);省市及行业优质工程奖10项(天津市金奖“海河杯”1项、“海河杯”3项、天津市市政公路金奖1项、河北省“安济杯”1项、江苏省“杨子杯”1项、湖北省“楚天杯”1项、上海市市政工程金奖2项);省市级优质结构工程15项,股份公司“铁建杯”优质工程5项,集团公司优质工程32项。

财务资产管理。财务制度建设。制定、修订、印发《中铁十八局集团有限公司关于进一步明确集团内部经济关系的实施意见》《中铁十八局集团有限公司增值税会计核算实施细则(试行)》等制度和办法,进一步完善财经管理制度。财经状况核查。按照《2016年财务监察工作计划》,组成2个小组分别对子公司和部分直属项目进行现场财务监察,出具监察报告36份,有效规避管理风险,堵塞管理漏洞。资金管理。运用国家政策及政府财政支持、设立商业保理公司、境外融资等多元化融资渠道筹集资金,保证资金链安全;与财务共享中心相结合强化财务收支审批管理,提高资金集中管控能力;采取开具银行承兑汇票和办理保函的形式,延缓现金流出;在授信方式上逐步调整为"集团综合授信+子公司共用"的模式,以适应营改增政策要求。产权管理。设立集团公司产权管理工作机构,落实各项工作责任主体;强化产权管理考评与监督检查,探索建立符合企业发展实际的产权管理工作综合检查评价制度;进一步规范业务流程,降低运行风险。财务决算、预算。修订《中铁十八局集团全面预算管理暂行办法》,起草《中铁十八局集团公司全面预算管理监控办法》,同时建立纵向包含"集团公司—子公司—项目部"三级预算管理链条,横向涵盖各业务部门的预算管理组织体系,着力打造预算、决算、财务分析及通报的一体化管控体系。财税筹划。制定《业务部门"营改增"职责分工考核暂行办法》等7个规章制度类文件、4个业务指导类文件、15个实操规范类通知及13个提示类通知;集团公司及所属各级法人单位充分利用优惠政策减免企业所得税6711万元,综合企业所得税税率为15%,低于国家规定25%的企业所得税税率10个百分点;国际方面,实现出口退税766万元。国际业务应纳企业所得税通过利用境外单位所得税的抵免政策,最终实现免缴。财务信息化建设。集团公司被股份公司选定为共享2.0系统的试点及推广单位,财务共享中心对18家单位进行上线培训,并根据日常工作梳理九大方面的问题,60个具体细项,加速释放信息系统的管理效能。

成本管理。过程控制。坚持"四个上移"(包括劳务分包单价、材料采购、设备采购(租赁)单价、结算),执行"法人管项目"制度,有效规避各类合同风险。加强成本预控指导帮扶,先后对玉磨、成昆、京张、郑阜、郑万重庆段以及郑万湖北段等铁路项目的成本预控工作进行现场指导,对拉林铁路、和邢铁路、唐曹铁路、新白广铁路、黔张常铁路以及武汉地铁7号线等14个项目的责任成本管理基础工作进行检查指导,推动项目成本预控工作落到实处。定额管理。从各子公司抽调14名业务骨干和专家组成3个定额测定小组,奔赴大瑞、武九、黔张常以及福平4个铁路项目施工现场测定写实。累计测定写实隧道定额子目171项1872组数据。

审计监督。完成审计项目103项。其中,财务收支审计14项、效益审计9项、经济责任审计35项、工程项目审计32项、绩效复核审计4项、基建审计1项、内部控制审计1项、其他审计7项。审计金额533亿元,提出建议意见323条。

(李　毅　苏健华·刘　纬　强　蕊　畅里爱　黄旭生　刘振武)

【科技教育】 科技创新。获省部级科技进步奖3项,岩土力学与工程学会科技进步一等奖1项,中施企协科技进步奖5项,股份公司科技进步奖4项;省部级工法12项、股份公司工法14项;参编行业标准1项、地方标准1项;专利授权59项、受理84项;获批全国建筑业创新技术应用示范工程2项;获总公司优秀论文7篇。

教育培训。举办(送培)各类员工培训班703期,培训26807人次;举办各类农民工培训班655期,培训32491人次。其中,领导干部参加各类培训1309人次;经营管理人员参加各类培训3659人次;专业技术人员参加各类培训17075人次;党群管理人员参加各类培训1586人次;技能人员参加各类培训3178人次;注册执业资格人员培训290人次;经营、计划、成本管理人员培训2381人次。建立农民工业校148所,4所在津在建项目农民工业校被评为天津市年度优秀农民工业校。

(刘玉飞　隋丽春)

【党群工作】 党的工作。各级各类党组织934个。其中,党委46个、党工委265个、党总支3个、党支部620个。党员9052人。其中,正式党员8880人、预备党员172人、少数民族党员294人。党建工作。深入开展"两学一做"学习教育活动,规范党委中心组学习,强化班子政策掌握运用能力;深入开展"四好"领导班子创建活动;召开领导班子"三严三实"专题民主生活会,深入查摆"不严不实"突出问题;中组部、国资委国有企业党建工作专题调研第五调研组莅临集团五公司天津地铁5号线15合同段调研,对集团公司党委党建工作予以充分肯定;集团公司基层党建工作推进会在三公司北方工程项目管理部召开,全面落实党中央"全面从严治党"部署;制定印发《关于在"两学一做"学习教育中对基层党组织按期换届情况进行专项检查的通知》。元旦、春节及七一前夕,慰问困难党员79人,发放慰问金17万元,集团公司党委被国资委党委授予"中央企业先进基层党组织"称号,被股份公司党委评为先进基层党委;1人被评为天津市优秀共产党员;2个党委被评为中国铁建先进基层党委;1个党支部被评为中国铁建"五好"党支部标兵;5人被评为中国铁建"六好"共产党员标兵;6人被评为中国铁建优秀党务工作者。集团公司党委"七一"前夕评选表彰43个先进基层党组织、77名优秀共产党员、28名优秀党务工作者。宣传思想工作。6人中榜“天津好人”,在天津市建委、市文明办、市总工会和团市委联合组织的优质服务竞赛活动中,集团公司2个单位获评优质服务窗口、2人获评优质服务个人;集团公司与天津作家协会合作,承建的京津城际铁路为原型创作小说《高铁,从这里出发》;在中国企业文化管理年会暨企业文化创新成果现场观摩会上,集团公司获评全国“十大企业文化品牌单位”,与天津电视台合作拍摄纪念红军长征80周年专题片《重走长征路》;制作反映黔张常铁路建设的三集专题片《归来》,相继在北京、天津等15家电视台播出。在各类媒体刊稿近4000篇:在央视各频道播出86条,其中,《新闻联播》14条、央视专题新闻3部;在省、市电视台播发新闻32条,专题新闻3部;在央视、中央级大报、主流门户网站刊稿500篇,新华网等网站及报纸转发超800篇。党风廉政建设。积极推进反腐倡廉制度创新,各级党委签订责任书329份;集团公司对36个单位271名领导班子及班子成员进行述廉议廉民主评议,并逐一反馈整改;组织党委中心组学习15次,其中涉及党风廉政建设和反腐败工作的内容10次;邀请中纪委专家举办学习贯彻《中国共产党廉洁自律准则》《中国共产党纪律处分条例》等党纪党规专题辅导讲座;制定实施《集团公司纪检监察组织“一案双查”工作实施办法》,推动主体问责成为常态;受理职工群众来信、来访55件,立案52件,结案52件,处分113人,涉及党员99人。其中,给予党纪处分61人、政纪处分95人、党政纪双重处分43人、追究刑事责任1人;对14名党员干部进行诫勉谈话,追究领导责任14人;通过办案,挽回经济损失428.6万元;派出执法效能监察组17个75人次,清退不合格劳务队伍14个,责任追究39人,调整项目领导班子9个,撤换项目经理7人,减亏扭亏项目11个;清理清退两级领导班子成员违规领取的奖金、津补贴及福利费等157.65万元;制定各项整改措施200多项,完善规章制度29项,立案处理3人,组织处理8人,退赔相关费用32.07万元;清理整改超标准乘坐飞机高铁等交通工具费用79295元、领导人员办公用房超标面积672.1平方米、超标公务用车6台、违规报销培训费14人次17.59万元。

工会工作。工会组织47个,其中,子公司工会11个、分公司工会3个、区域指挥部8个、工程指挥部工会(工委)26个。会员16580人。刊发各类信息103期215篇。为878户困难职工家庭筹集送温暖资金250.38万元;暑期“送清凉 送关爱”慰问活动中,投入资金79万元,各子分公司、指挥部筹集资金350余万元,为15000名一线职工送去关怀;获全国五一劳动奖状1个、“工人先锋号”2个、五一劳动奖章1人;获铁总火车头奖章1人、火车头奖杯1个;获股份公司“工人先锋号”2个、工人先锋奖章2人;获天津市五一劳动奖状1个、“工人先锋号”1个、五一劳动奖章3人;集团公司工会连续4年被评为股份公司年度劳动竞赛优秀组织单位。

共青团工作。组织开展活动490次4900人参加;“导师带徒”活动结对师徒794对;创建“青年安全生产示范岗”114个,组织“青年突击队”130支。成功召开集团公司团委三届二次全委(扩大)会,完成西藏团干部来津挂职锻炼;一公司郑州地铁项目部创建天津市“青年文明号”经验被《天津市企业共青团》刊载。18个青年集体和13名青年获中央企业团工委、天津团市委、股份公司团委表彰。其中,2个项目获天津市“青年文明号”称号、2个集体获天津市“青年安全生产示范岗”称号、1个项目获天津青年“创新创业创优”先进集体、1人获天津青年“创新创业创优”先进个人。

(曹新辉　崔　凯　齐彦飞　刘凤翥　杨勤华　伍昌胜　彭　婧)

【国际工程有限公司】 2000年,在原局国外工程部和尼铁项目部的基础上,正式挂牌成立海外工程公司;2004年,海外工程公司改称国际工程公司;2005年,国际工程公司解散,各境外单位归集团公司直接管理;2006年,集团公司重组国际工程公司;2008年,企业改制改称现名,成为具有独立法人资格的子公司。驻天津市河西区柳林。执行董事、总经理席居法,党委书记张师岸。下辖1个国内分公司、7个海外分公司、6个直属项目部。职工1071人。资产总额288118.19万元,其中,固定资产原值63857.3万元、净值20145.37万元,流动资产266123.74万元,非流动资产21994.45万元。机械运输设备1101台(套),设备总功率17.78万千瓦,技术装备率17.32万元/人,动力装备率186.47千瓦/人。年施工能力37亿元以上。

2016年,承揽工程任务575800万元。完成施工产值320100万元,实现利润1999.64万元。职工年人均收入12.9万元;全员劳动生产率345.47万元/人年。国有资产保值增值率108.41%,净资产收益率8.71%,产值利润率0.42%。　(孙建涛　杨　旭)

【第一工程有限公司】 公路、市政工程施工总承包一级,铁路、水利水电工程施工总承包二级,隧道、桥梁、公路路基工程专业承包一级资质企业。前身系中国人民解放军铁道兵第八师第三十六团;1984年,集体转业并入铁道部,改编为铁道部第十八工程局第一工程处;1999年,改称中铁第十八工程局第一工程处;2001

年，企业改制改称中铁十八局集团第一工程有限公司；2011年，与集团公司下属中原公司整合重组，仍称现名。驻河北省涿州市冠云西路128号。执行董事、总经理李兰勤，党委书记孙贵生。下辖35个单位。职工3166人。资产总额306595.52万元，其中，固定资产原值98961.88万元、净值46688.43万元，流动资产257982.21万元，其他资产1924.88万元。机械运输设备1206台（套），设备总功率137899.45千瓦，技术装备率12.33万元/人，动力装备率59.31千瓦/人，设备完好率88%、利用率69%。机械化施工程度90%以上，年施工能力50亿元以上。

2016年，承揽工程任务673300万元，完成企业总产值358173.55万元，其中，施工产值356803.51万元，实现利润总额3691.6万元；全员劳动生产率98.29万元/人年，职工年人均收入8万元；国有资产保值增值率116.85%，净资产收益率7.19%，资产负债率82.52%，产值利润率1.03%，应上缴款完成率100%。

（王大章　杨　旭）

【第二工程有限公司】 铁路、公路、市政公用、房屋建筑工程施工总承包一级、电力工程施工总承包二级资质、地基与基础、桥梁、隧道、铁路铺轨架梁工程专业承包一级资质企业。驻河北省唐山市丰润区光华道28号。前身系组建于1947年中国人民解放军铁道兵第8师第37团；1984年，集体转业，改编为铁道部第十八工程局第二工程处；2001年，企业改制改称现名。2007年，变更为法人独资有限责任公司。执行董事、总经理陈善富，党委书记张正雪。下辖67个单位。职工2445人。资产总额345659万元。其中，固定资产原值52666万元、净值23567万元，流动资产320511万元。机械运输设备279台（套），总功率36890千瓦，动力装备率21.45千瓦/人，技术装备率2.86万元/人。年施工能力48亿元以上。

2016年，承揽工程任务717300万元，完成企业总产值481791万元，其中，施工产值480779万元，实现利润3898万元；全员劳动生产率19.96万元/人年，职工年人均收入8.19万元。国有资产保值增值率106.60%，净资产收益率8.05%，产值利润率1.07%，资产负债率85.55%，应上缴款完成率100%。

（丁潇洒　杨　旭）

【第三工程有限公司】 铁路、公路、市政公用、房屋建筑工程施工总承包一级，隧道、桥梁、公路路基、水工隧洞工程专业承包一级，送变电、公路路面工程专业承包二级资质企业。驻河北省涿州市冠云路。前身系中国人民解放军铁道兵第八师三十八团；1984年，集体转业并入铁道部，改编为铁道部第十八工程局第三工程处；1999年，改为中铁第十八工程局第三工程处；2001年，改称现名。执行董事、党委书记刘术臣。下辖9个工程项目管理部、14个项目部及物业管理中心、机修厂。职工3392人。资产总额502633万元，其中，固定资产原值115634万元、净值53274万元，流动资产444994万元，无形资产2522万元，其他资产55117万元。机械运输设备1407台（套），总功率10.56万千瓦，人均动力装备率30.86千瓦/人，技术装备率8.66万元/人，机械化施工程度74%，年施工能力50亿元以上。

2016年，承揽工程任务617918万元，完成企业总产值431096万元，其中施工产值431096万元，实现利润454万元。全员劳动生产率77.19万元/人年，职工年人均收入5.33万元。国有资产保值增值率99.60%，净资产收益率1.78%，资产负债率94.94%，应上缴款完成率100%。　（梁淑芳　杨　旭）

【第四工程有限公司】 市政公用、房屋建筑工程施工总承包一级，钢结构、建筑装饰装修工程专业承包一级，混凝土预制构件、土石方工程专业承包二级，矿山工程施工总承包三级，爆破作业二级，房地产开发四级资质企业。2016年新增施工劳务部分等级资质。2005年，公司由原集团公司津滨指挥部、技工学校、子弟学校、幼儿园合并成立，原集团建筑工程公司撤销时其下属部分项目（单位）和人员划归四公司（包括蓟县机械厂）。2008年，公司机关由塘沽新河集团大楼迁到汉沽。2013年，由汉沽迁到天津市津南区双港高科技产业园丽港园33号。2015年，将六公司所有人员、资产整体并入四公司。下辖83个单位。职工2964人。资产总额589080.07万元。其中，固定资产净值45775.06万元，流动资产537708.69万元，其他资产5596.32万元。机械运输设备778台（套），总功率88033千瓦，人均动力装备率37.19千瓦/人，技术装备率6.62万元/人。年施工能力75亿元以上。

2016年，承揽工程任务1454500万元，完成企业总产值757000万元。其中，施工总产值757377万元，实现利润6299万元。全员劳动生产率255.4万元/人年，职工年人均收入7.67万元。国有资产增值保值率94.59%，净资产收益率8.21%，产值利润率0.93%，资产负债率87.48%；上缴款完成率100%。

（褚燕岚　杨　旭）

【第五工程有限公司】 市政公用、建筑、公路工程施工总承包一级，铁路工程施工总承包二级，桥梁、隧道、公路路基、公路路面工程专业承包一级，预拌混凝土专业承包不分等级资质企业。前身系1965年组建的铁道兵第十四师六十八团、七十团；1981年，撤编为铁道兵第八师四十团；1984年，兵改工并入铁道部，改编为铁道部第十八工程局第五工程处；1999年，更名为中铁第十八工程局第五工程处；2001年，企业改制改称现名。驻天津滨海高新区塘沽海洋科技园新北路3199号。执行董事、总经理程志强，党委书记刘富华。下辖33个单位。职工3833人。资产总额534825万元，其中，固定资产原值114741万元、净值43907万元，流动资产479647万元，其他资产55178万元。机械运输设备966台(套)，设备总功率98896千瓦，技术装备率8.89万元/人，动力装备率33.8千瓦/人，机械化施工程度95%，年施工生产能力70亿元以上。

2016年，承揽工程任务1734900万元，完成企业总产值708899万元。其中，施工产值708900万元，净利润13686万元。全员劳动生产率184.9万元/人年，职工年人均收入6.78万元。国有资产保值增值率116.61%，净资产收益率19.32%，产值利润率2.37%，资产负债率85.86%，应上缴款完成率100%。

（任宝龙　杨　旭）

【**隧道工程有限公司**】　前身系西安南京铁路桃花铺隧道工程指挥部；2002年，TBM工程公司与西北工程公司合并成立隧道工程公司；2011年，与上海公司整合重组为集团全资子公司，改名中铁十八局集团隧道工程有限公司。驻重庆市北碚区蔡家岗镇凤栖路6号，公司执行董事、总经理何承红，党委副书记(主持工作)刘冬生。职工1071人。资产总额423450万元。其中，固定资产原值177316万元、净值97592万元，流动资产316188万元，非流动资产107262万元。机械运输设备1297台(套)，原值165000万元、净值109600万元，设备总功率106336千瓦，技术装备率102.59万元/人，动力装备率99.56千瓦/人，设备完好率90%、利用率95%，机械化施工程度90%以上；年施工能力30亿元以上。

2016年，承揽工程任务605000万元，完成企业总产值370700万元，其中施工产值370700万元，实现利润3790万元。全员劳动生产率14.77万元/人年，职工年人均收入6.84万元。国有资产保值增值率109.48%，资产负债率90.45%，净资产收益率9.6%，产值利润率1.09%，应上缴款完成率100%。

（马明明　杨　旭）

【**轨道交通工程有限公司**】　市政公用工程施工总承包一级、石油化工、建筑工程施工总承包三级资质企业。为集团公司全资子公司。2011年，由原集团公司华南工程公司和福建工程公司整合重组而成；2015年，公司与原北京地铁指挥部再次整合重组。驻湖北省武汉市武昌区中北路中国铁建凯德1818中心。执行董事、总经理陈典华，党委书记任彦武。下辖32个单位。职工835人。资产总额305944.35万元。其中，固定资产原值78414.74万元、净值37963.75万元，流动资产267383.33万元，其他资产297.27万元。机械运输设备629台(套)，总功率66296千瓦，动力装备率79.4千瓦/人，技术装备率41.48万元/人。年施工能力26亿元以上。

2016年，承揽工程任务502939万元，完成企业总产值260649万元。其中，施工产值260700万元，实现利润2471万元。全员劳动生产率312.15万元/人年，职工年人均收入8.78万元。国有资产保值增值率110.4%，净资产收益率8.95%，产值利润率1.27%，资产负债率90.57%。　（钟子乔　杨　旭）

【**建筑安装工程有限公司**】　市政公用、建筑、机电工程施工总承包一级，钢结构工程专业承包一级，电力、石油化工工程施工总承包二级，铁路电务、铁路电气化工程专业承包三级，锅炉安装维修1级、压力管道安装GA1乙级、GB1(含PE专项)、GB2级、GC1级、电梯安装维修C级特种设备施工资质企业。驻天津市空港经济区。执行董事、总经理任金岭(6月免)、周会军(6月任)，党委书记任彦武(9月免)、伍吉勇(9月任)。下辖15个项目管理部、6个直属项目管理部。职工1073人。资产总额153701万元，其中，固定资产原值15658万元、净值9955万元，流动资产124676万元，其他资产19070万元。机械运输设备823台(套)，总功率为18563.56千瓦，动力装备率为17.3千瓦/人，技术装备率为0.77万元/人，年施工能力30亿元以上。

2016年，承揽工程任务287038万元，完成企业总产值201924万元。其中，施工产值201924万元，实现利润2940万元，职工年人均收入6.58万元。国有资产保值增值率109.53%，净资产收益率9.18%，产值利润率1.42%，资产负债率83.51%，应上缴款完成率100%。　（孙　真　杨思雨　杨　旭）

【**房地产开发有限公司**】　房地产开发二级资质企业，2010年成立，前身系中铁十八局集团投资开发管理中心，主营房地产开发、房屋拆迁、建筑用材料、建筑用设备的批发兼零售、建筑用设备租赁、自有房屋租赁等业务。驻天津市滨海新区(塘沽)海缘路199号滨海国际企业大道E2－9号。执行董事、党委书记翟岩。下辖9个单位。职工108人。资产总额111287万元，其中，固定资产原值393万元、净值137万元，流动资产

103126 万元，非流动资产 8160 万元。

2016 年，先后参与开发项目 6 个，累计投入资金 88600 万元，预计净利润 53300 万元，平均投资回报率约 60%。（李育寰　杨　旭）

【物资贸易有限公司】 2015 年成立，是由集团公司全资成立的集物资批发、零售、机械设备租赁、工业产品加工、招标服务于一体的专业化子公司。下辖涿州水泵厂、蓟县机械厂 2 个单位。执行董事、总经理张文选，党委书记李瑞显（3 月免）、张文选（8 月任）。职工 137 人。资产总额 98183.53 万元。其中，固定资产原值 7766.08 万元、净值 6906.80 万元，流动资产 91276.73万元，非流动资产 6906.80 万元。机械运输设备 20 台（套），总功率 3902 千瓦，动力装备率 37.16 千瓦/人，技术装备率 81.24 万元/人。

2016 年，承揽工程任务 95800 万元，完成企业总产值 20630.46 万元。全员劳动生产率 122.8 万元/人年，职工年人均收入 8.04 万元。国有资本保值增值率 108.74%，净资产收益率 8.04%，资产负债率 94.47%，应上缴款完成率 100%。（王剑坤　杨　旭）

【重要记载】

▲1 月 8 日　在中国交通企业管理协会交流表彰大会暨 2015 法律年会上，集团公司被授予“第四届全国交通企（事）业法治先进单位”称号。

▲1 月 31 日—2 月 1 日　集团公司三届五次党委全会、职代会暨 2016 年工作会在天津召开。

▲3 月 31 日　曹妃甸区基础设施工程二期 PPP 项目（4 标段）注册成立集团公司首个 PPP 项目公司——唐山曹妃甸昱瑞建设工程有限公司。

▲4 月　一公司获 2015 年度“全国优秀施工企业”称号。

▲5 月　集团公司获 2016 年度“全国公路建设行业诚信百佳企业”称号。

▲6 月 5 日　集团公司获天津市“百姓信得过守信企业”称号。

▲9 月 1 日　集团公司与贵州产业投资集团签署战略合作框架协议。

▲9 月　集团公司获铁路建设项目施工企业信用评价 A 级。

▲9 月　集团公司获全国和天津市“守合同、重信用企业”称号。连续 10 年保持国家级“守合同重信用企业”称号、连续 14 年获天津市“守合同重信用企业”称号。

▲9 月 28 日　集团公司获全国“十大企业文化品牌单位”称号。

▲10 月 20 日　全国“安康杯”竞赛活动竞赛表彰暨经验交流电视电话会议在北京召开。集团公司董事长彭仕国被评为全国“安康杯”竞赛活动先进个人。

▲11 月 15 日　中国铁建与黑龙江省政府签订战略合作协议。中国铁建总裁庄尚标，集团公司董事长彭仕国、副总经理刘明杰参加签订仪式。刘明杰代表集团公司与华夏银行哈尔滨分行行长刘旭泉签订银企战略合作框架协议。

▲12 月 14 日　国务院国资委党委第六巡视组副巡视员魏驰昊一行在股份公司纪委书记李春德的陪同下，到集团公司开展巡视“回头看”工作调研。

（阎世杰　杨　旭）

中铁十九局集团有限公司

【简况】 具有铁路、建筑、公路、市政公用工程施工总承包特级资质；铁道行业工程设计甲Ⅱ级、建筑、公路、市政工程设计甲级资质；矿山工程、水利水电工程施工总承包一级资质；公路路基、桥梁、隧道、铁路铺轨架梁工程专业承包一级资质；地质灾害治理工程施工甲级资质；承装（修、试）电力设施许可三级和爆破作业单位许可证（营业性）一级，境外工程承包资质和对外经营权。前身系中国人民解放军铁道兵第九师；1984 年，集体转业并入铁道部，改编为铁道部第十九工程局；1999 年，改称中铁第十九工程局；2000 年，划归中央企业工委管理；2001 年，企业改制改称现名，归属国务院国资委管理。驻北京市经济技术开发区荣华南路 19 号，董事长王学忠，党委书记赵国旗，总经理宫建岗。下辖第一、二、三、五、六、七工程有限公司、电务工程有限公司、轨道交通工程有限公司、矿业投资有限公司、房地产开发有限公司、国际建设分公司、物资总公司、计量测试中心、职工中心医院、辽阳基地，东北、西北、西南、华南、华东、华北、东南、中原、新疆、北京指挥部 10 个区域指挥部。职工 17630 人。资产总值 3199692 万元，固定资产原值 698258 万元、净值 254215 万元，流动资产 2470735 万元。机械运输设备 7354 台（套），原值 52.96 亿元、净值 18.48 亿元，成新率 34.9%，动力装备率 57.0 千瓦/人，技术装备率10.4 万元/人。

2016 年，新签合同额 624.88 亿元，完成施工产值 360.04 亿元，实现利润总额 7.87 亿元。职工年人均收入 75626 元。净资产收益率 13.63%，产值利润率 2.14%，资产负债率 81.07%。在建工程 353 项，竣工

79项。完成主要实物工程量:各类土石方2.26亿立方米;桥梁145.08千米,其中特大桥102.71千米,大桥30千米,中小桥12.37千米;隧道(洞)170.74千米,其中,铁路隧道95.21千米、公路隧道17.35千米、地铁19.88千米、引水隧洞10.84千米、其他隧道(洞)27.45千米;涵渠20894横延米;公路路面735.08万平方米;房屋建筑面积114.91万平方米;铁路正线铺轨485.33千米,站线铺轨77.16千米,铺设无砟道床210.15千米,铺设道岔154组;制梁13501片,其中铁路制梁6752片,公路制梁6749片;架梁4875孔,其中,铁路架梁4194孔、公路架梁681孔。获中国建设工程鲁班奖1项,国家优质工程金质奖1项,省部级优质工程奖12项,全国优秀QC小组奖6个,省部级优秀QC小组奖28个,省部级和股份公司安全质量标准、文明工地11项。授权专利87件,股份公司科学技术奖6项。教育部科学技术进步二等奖1项,中国铁道学会科学技术二等奖1项,获2015年度中国施工企业管理协会科学技术奖5项。省部级工法获奖26项。首届全国建筑业优秀论文获奖2篇,辽宁省优秀论文获奖4篇,股份公司优秀论文获二等奖1篇,在重点文刊上发表了论文19篇。先后获古斯塔夫斯—林德恩斯国际桥梁大奖1项,中国建筑工程鲁班奖13项、中国土木工程詹天佑奖14项、国家优质工程金奖9项、国家优质工程银奖27项、省部级优质工程184项。累计拥有国家级有效专利397件,发明专利47件。集团公司及所属9家单位通过国家级高新企业认定。

(方迎春)

【领导人员】

董事会

董事长	王学忠
副董事长	赵国旗
董事	王学忠
	宫建岗(7月任)
	栾显国
职工董事	金学峰

监事会

监事会主席	亓　超(3月免)
	任保义(3月任)
监事	张文忠
职工监事	王　军

经理层

总经理	王学忠(7月免)
	宫建岗(7月任)
副总经理	栾显国
	王跃进(5月免)
	刘明杰(4月免)
	解方亮
	柏林成
	丰兴桥
	尚尔海
	马秀芝(3月任)
	张夕和
	朱元生
	曲桂有
	李华伟
	王必军
总工程师	尚尔海(兼)
总会计师	马秀芝(兼,3月任)

党群领导

党委书记	赵国旗
党委副书记	王学忠
	亓　超(3月免)
	任保义(3月任)
	宫建岗(7月任)
	金学锋
纪委书记	亓　超(兼,3月免)
	任保义(兼,3月任)
工会主席	金学锋(兼)

(王　跃　王玉青)

【工程项目指挥机构】 北京指挥部　驻北京市丰台区岳各庄北桥中堂紫熙台8号楼1801,指挥长朱元生。

华北指挥部　驻河北省石家庄市桥西区吉恒街吉恒园42-4,指挥长朱元生。

西北指挥部　驻西安市交大科技园区华尔兹花园1号楼2单元2003室,指挥长丰兴桥。

东北指挥部　驻辽宁省沈阳市浑南新区临波路18号浦江苑御品小区7号楼1-17-1,指挥长王必军。

华东指挥部　驻江苏省南京市栖霞区万兴路89号兴卫山庄10栋,指挥长柏林成。

东南指挥部　驻福建省福州市晋安区福马路168号大名城7号楼1006室,指挥长尚尔海。

中原指挥部　驻郑州市郑东新区正光路49号晖达新领地A12楼一单元9楼东户,指挥长李华伟。

华南指挥部　驻广东省广州市萝岗区科学城科学大道119号科城大厦二期401室,指挥长李华伟。

西南指挥部　驻重庆市渝中区菜袁路209号新东福花园紫烟阁10-1,指挥长曲桂有。

新疆指挥部　驻新疆维吾尔自治区乌鲁木齐市新

市区西环北路989号昊元上品，指挥长金学峰。

吉图珲客专JHSⅦ标项目经理部　驻吉林省珲春市龙源西街2367号，项目经理宋宝。

西成客专陕西段XCZQ－7标项目经理部　驻陕西省汉中市汉台区七里办事处七里村二组陕西电信汉中分公司新桥支局院内，项目经理李华伟。

兰渝铁路项目经理部　驻甘肃省定西市安定区内官营镇，项目经理曲桂有。

杭长客专7标（浙江段）项目经理部　驻浙江省江山市双塔街道凤栖苑442号，项目经理张振忠。

杭长客专8标（江西段）项目经理部　驻江西省萍乡市经济开发区郑和路9号，项目经理张明杰。

云桂铁路4标（广西段）项目经理部　驻广西壮族自治区百色市城东大道182号，项目经理刘亚东。

云桂铁路8标（云南段）项目经理部　驻云南省昆明市宜良县匡远镇土桥村村委会，项目经理赵永军。

兰新铁路项目指挥部　驻甘肃省玉门市幸福北巷2村24号，项目经理陈金荣。

大西铁路客运专线项目经理部　驻山西省运城市临猗县南环西路王村，项目经理刘智。

盘营客运专线项目经理部　驻辽宁省海城市浪潮金东方高科技发展有限公司，项目经理于涛。

天平铁路TJ－2标项目经理部　驻甘肃省平凉市华亭县原武装部，项目经理安文杰。

西康二线铁路项目经理部　驻陕西省旬阳县康华园小区11号楼1－3－1，项目常务副经理王玉琦。

京福铁路客专闽赣Ⅲ标项目经理部　驻江西省上饶市信州区新火车站北侧货场路海满港物流园四楼，项目经理赵胤辉。

昆明枢纽扩能改造工程项目经理部　驻云南省昆明安宁市温泉镇杨柳庄北桥村，项目经理李庆双。

重庆火车北站综合交通枢纽项目经理部　驻重庆市渝北区丁香路保利香槟B区3栋13－4，项目经理孙吉东。

新建新街至恩格阿娄铺架项目经理部　驻内蒙古自治区鄂尔多斯市伊金霍洛旗成陵草原情酒店，项目经理崔玉彬。　（郭蕊民）

【职工队伍】　职工17630人。干部8768人，其中，技术干部8719人，占干部总数的99%。硕士研究生68人，本科学历5341人，大专学历3003人，中专214人，高中学历及以下学历93人；35岁以下6175人，36～40岁658人，41～45岁971人；高级职务1052人，中级职务2228人，初级职务4573人。

工人8862人，其中，技术工人6897人，占工人总数的77.83%。本科以上学历748人，大专以上1455人，中专技校2047人，高中学历2290人，初中及以下学历2322人。30岁以下581人，31～40岁2819人，41～50岁2315人。技术工人中高级技师593人，技师1417人，高级工1698人，中级工464人。

（王玉青　刘　剑）

【工程施工】　在建工程353项，竣工79项。完成主要实物工程量：各类土石方2.26亿立方米；桥梁145.08千米，其中，特大桥102.71千米、大桥30千米、中小桥12.37千米；隧道（洞）170.74千米，其中，铁路隧道95.21千米、公路隧道17.35千米、地铁19.88千米、引水隧洞10.84千米、其它隧道（洞）27.45千米；涵渠20894横延米；公路路面735.08万平方米；房屋建筑面积114.91万平米；铁路正线铺轨485.33千米，站线铺轨77.16千米，铺设无砟道床210.15千米，铺设道岔154组；制梁13501片，其中，铁路制梁6752片、公路制梁6749片；架梁4875孔，其中，铁路架梁4194孔、公路架梁681孔。

新建兰州至重庆铁路夏官营（不含）至广元（不含）段土建工程LSY－1标段　位于甘肃省定西市、榆中县，线路总长39.276千米。主要工程量：隧道5座35053延长米，斜井8482.5米；大中桥4座640.9延长米。该标段为集团公司与中铁十局联合体中标，中标金额30.249亿元，经与业主签订补充合同，集团公司自主承担的合同额31.4177亿元。合同工期2009年2月18日—2014年7月16日，调整后工期调整至2017年12月，合同投资33.95亿元。2016年，完成产值4.46亿元，占年度计划174%，开工累计完成产值31.94亿万元，占投资总额94.09%。

新建西安至成都铁路西安至江油段（陕西境内）站前工程XCZQ－7标段　位于陕西省汉中市，线路全长34.739千米。合同投资26.0994亿元，合同工期2013年3月1日—2017年6月30日。主要工程量：文川河特大桥23.79千米，汉中车站路基6.02千米，汉中汉江特大桥4.91千米，桥尾54米路基。2016年，完成产值1.177亿元，占年度计划100%，开工累计完成产值25.88亿元，占投资总额99.2%。

云桂铁路（云南段）YNZQ－8标段　项目为客货共运工程，位于云南省昆明市，线路全长46.644千米。合同投资31.4263亿元，合同工期2010年5月10日—2014年12月30日。主要工程量：隧道8座34844延长米，桥梁16座5633延长米，路基地段长5167延长米。2016年，完成产值3.1276亿万元，占年度计划142.01%，开工累计完成产值38.2356亿元，占投资总额93.43%。

新建郑州至周口至阜阳铁路河南段站前工程

ZFZQ－3标段　位于河南省周口市，线路全长47.353千米。合同投资25.2914亿元，合同工期2016年7月16日—2019年9月30日。主要工程量：扶华特大桥153号墩（不含）—887阜阳台、华周特大桥箱梁制架、桥面系，西华站路基2.087千米、周口东站路基2.497千米，标段内CRTSⅢ型板式无砟轨道道床及CRTSⅠ型板式无砟轨道道床。2016年完成产值4.5062亿元，占年度计划109.5%，开工累计完成产值4.5062亿元，占投资总额17.8%。

新建云桂铁路（广西段）站前工程YGZQ－4标段　位于广西壮族自治区百色市，线路全长103.34千米。主要工程量：隧道51座，特大桥9座13423.284延长米，大桥22座6214.651延长米，中桥14座1192.548延长米，小桥8座228.51延长米，涵洞118座3556.48横延米，路基土石方3433569立方米，站场土石方3569193立方米，田阳梁场预制架设箱梁348孔等。2016年，完成施工产值3.0794亿元，占年度计划113.5%，开工累计完成产值77.1248亿元，占投资总额99%。

新建北京至沈阳铁路客运专线河北段站前工程JSJJSG－8标段　位于河北省兴隆县，正线全长27.186千米。合同投资18亿元，合同工期2014年7月1日—2019年6月30日。主要工程量：路基长度2561.95延长米，其中，区间路基土石方67.33万立方米、站场路基土石方115.39万立方米；新设车站1座；桥梁9座2089.35延长米，涵洞21座1067.95横延米；隧道8.5座22534.7延长米；铺设Ⅲ型板无碴轨道道床50.43千米。2016年，完成产值6.36亿元，占年度计划100%，开工累计完成产值12.3976亿元，占投资总额68.8%。

新建宝鸡至兰州铁路客运专线甘肃段站前工程BLTJ－7标段　位于甘肃省秦安县和通渭县，线路全长24.268千米。合同投资19.46亿元，合同工期2013年2月1日—2017年12月31日。主要工程量：郭嘉立交中桥62.2延长米、背后沟中桥46延长米、中川村牛谷河特大桥340.38延长米。隧道3座23686.156延长米；路基2段133.12米；涵洞1座19.08横延米。无砟道床铺设48536米。2016年，完成产值2.7473亿元，占年度计划117.4%，开工累计完成产值20.8623亿元，占投资总额107%。

新建成都至兰州铁路成都至川主寺段（四川境内）站前工程CLZQ－5标段　位于四川省绵阳市，线路全长18.129千米。合同投资13.3亿元，合同工期2013年5月20日—2019年3月30日。主要工程量：高川四线大桥239延长米、柿子园隧道5.2千米、跃龙门12.69千米。2016年，完成产值2.837亿元，占年度计划101%，开工累计完成产值11.8011亿元，占投资总额88.7%。

新建成都至贵阳铁路乐山至贵阳段（贵州境内）站前工程CGZQSG－12标段　位于贵州省毕节市，线路全长29.791千米。合同投资25.4487亿元，合同工期2014年5月1日—2020年1月2日。主要工程量：路基4.002千米；双线特大桥7座6551.39延长米、双线大桥9座2358.736延长米、双线中桥3座237.506延长米、框架桥1座41.7延长米、涵洞9座405.95横延米；隧道13.5座16583延长米；制架梁414孔。2016年，完成产值6.076亿元，占年度计划107.54%，开工累计完成产值20.0936亿元，占投资总额78.96%。

新建蒙西至华中地区铁路煤运通道重点控制工程米HSS－7标段　位于江西省宜春市，线路全长15.648千米。主要工程量：九岭山隧道15.371千米、涵洞24.6横延米、路基276.57米、正线无砟道床、路基粒料道床。合同投资7.8844亿元，合同工期2015年3月1日至2018年9月30日。2016年，完成产值2.3919亿元，占年度计划109%，开工累计完成产值3.341亿元，占投资总额42%。

新建商丘至合肥至杭州铁路站前工程SHZQ－7标段　位于安徽省阜阳市，线路全长25.997千米。合同投资22.5562亿元，合同工期2015年11月18日—2020年10月30日。2016年，完成产值7亿元，占年度计划117%，开工累计完成产值7.2429亿元，占投资总额32.1%。

成昆铁路永仁至广通段扩能工程4标段　位于云南省楚雄州，线路全长17.819千米。合同投资11.1028亿元，合同工期2013年12月1日—2018年5月31日。主要工程量：隧道2座17.171千米，桥梁2座299.64延长米，涵洞2座111.56横延米，车站1座。2016年年累完成产值3.1552万元，占年度计划89.50%，开工累计完成产值7.6279亿元，占投资总额68.71%。

新建哈尔滨至佳木斯铁路宾西北至平安屯段站前工程HJZQ－6标段　位于黑龙江省哈尔滨市，全长50.32千米。合同投资23.9257亿元，合同工期2014年7月1日—2018年12月31日。主要工程量：桥梁17256.45延长米、框构小桥3座1165.12延长米、盖板箱涵43座1697.74横延米、框架涵57座1688.18横延米；隧道2座2.245千米；路基30.819千米，挖方355.08万立方米，填方约313.09万立方米；制架T梁1532单线孔3064片。2016年，完成产值9.591亿元，占年度计划的116%，开工累计完成产值21.4901亿元，占投资总额91.5%。

新建哈尔滨至牡丹江铁路客运专线先行工程2标段　位于黑龙江省牡丹江海林市，线路全长7.459千米。合同投资4.4051亿元，合同工期2014年12月20日—2018年3月19日。主要工程量：隧道1座7.152千米、路基0.307千米、涵洞2座40.21横延米，无砟轨道底座14.145千米。2016年，完成施工产值2.3138亿元，占年度计划2.2980亿元的100.7%，开工累计完成产值3.2648亿元，占投资总额74.1%。

新建沪通铁路站前II标段　项目为国铁Ⅰ级铁路，正线数目双线，设计行车速度200千米/小时。全长26.012千米。合同工期2014年8月6日—2019年4月30日。主要工程量：特大桥5座22835.25延长米、大桥1座131.2延长米、中桥7座464.76延长米、小桥7座66.64延长米、涵洞12座83.68横延米。路基全长3.38千米，设张家港北站、张家港高架站2座车站。2016年，完成施工产值6.2441亿元，占年度计划112.2%，开工累计完成产值15.6166亿元，占投资总额75.5%。

新建西安至成都客运专线西安至江油段（四川省境内）XCZQ-1标段　位于四川省广元市，双线铁路客运专线设计时速250千米，线路全长38.925千米。合同投资29.3944亿元，合同工期201年3月5日—2017年11月30日。主要工程量：特大桥3座5400.5延长米、大桥5座1519.9延长米、中桥2座186.2延长米、涵洞5座71.47横延米；隧道9座31.936千米；区间基长0.422千米，中子站场长度为1.579千米；改建既有宝成铁路2.298千米。2016年，完成施工产值9.4375亿元，占年度计划4.3011亿元219%，开工累计完成产值33.6796亿元，占投资总额106%。

长春至白城铁路扩能改造工程CBSG-3标段　线路全长327.769千米，正线长度49.785千米。合同投资10.0214亿元。合同工期2015年6月1日—2018年6月30日。主要工程量：区间路基土石方539.12万立方米，站场土石方53.98万立方米。特大桥1座3682.04延长米；梁式中桥1座59.1延长米；新建框构桥2座257.38延长米；新建框架涵53座1094.46横延米；公路及道路改移路基土方75.3万立方米；沥青、水泥混凝土路面8.798万平方米；公路桥16座1567.16延长米。扩能改造站场2座（哈拉海、王府），站台面31440平方米，站台墙（1.25米站台）3341延长米；新建旅客地道2座815.4延长米，救援疏散平台1个。2016年，完成产值6.5718亿元，占年度计划100%，开工累计完成产值9.0086亿元，占投资总额89.9%。

新建梅汕铁路站前工程米SSG-2标段　位于广东省梅州市，全长45.829千米，设计时速250千米。合同投资30.2622亿元，合同工期2013年3月1日—2019年8月10日。主要工程量：路基48段12.99千米，其中区间路基土石方502万立方米、站场土石方439万立方米；桥梁31座11.9千米；涵洞59座3233.13横延米；隧道20座20.22千米；新建车站2个（梅州西站、畲江北站）；设梁场1处。2016年，完成施工产值8.35亿元，占年度计划100.3%，开工累计完成产值8.35亿元，占投资总额27.6%。

新建玉溪至磨憨铁路站前工程Y米ZQ-7标段　位于云南省普洱市，线路全长19.935千米。合同投资15.78亿元，合同工期2016年1月1日—2020年3月31日。主要工程量：正线隧道2座18400延长米，辅助坑道5座6264米，桥梁2座649.99延长米，框架桥3座197.8横延米，涵洞2座301.72横延米，车站1座302万立方米。2016年，完成产值1.0093亿元，占年度计划58.6%，开工累计完成产值1.0093亿元，占投资总额6.4%。

省道210线新惠至老虎山段一级公路XLZCB标段　位于内蒙古赤峰市，全长68.488264千米，另设四家子连接线3.955千米。合同投资9.0089亿元，合同工期2015年12月1日—2017年10月31日。主要工程量：路基挖方427.22万立方米、路基填筑332.61万立方米；大桥3座319.2延长米，中桥9座436.8延长米，小桥24座405延长米，天桥1座69.58延长米；涵洞157座4281.84横延米；路面工程水泥稳定级配碎石底基层156.16万平方米，水泥稳定级配碎石基层149.46万平方米，水泥稳定级配砂砾基层5.72万平方米，细粒式沥青混凝土7.32万平方米，细粒式改性沥青混凝土142.64万平方米，中粒式改性沥青混凝土129.68万平方米；梁体预制及吊装671片；超限检测站1座，收费站1座等。2016年，完成产值4.1221亿元，占年度计划的80%。开工累计完成产值为4.1221亿元，占投资总额45.8%。

新建衢州至宁德铁路（福建段）站前工程施工总价承包QNFJZQ-4标段　位于福建省宁德市，正线全长39.149千米。合同投资14.7亿元。合同工期2015年9月20日—2019年6月20日。主要工程量：区间路基土石方19.29万立方米、站场土石方222.09万立方米；特大桥2座2032.39延长米，大桥8座2174.19延长米，中桥3座170.12延长米；小桥3座1539.85延长米；涵洞12座638.26横延米；隧道13座31.490千米；无砟道床铺设26.18千米；车站2座。2016年，完成产值4.5亿元，占年度计划的100%；开工累计完成投资5.4430亿元，占总投资36.88%。

新建准格尔至鄂尔多斯铁路铁路工程ZESG-2

标段　位于内蒙古自治区鄂尔多斯市，线路全长30.265千米。合同投资16.5406亿元，合同工期2013年9月1日—2016年3月31日（业主调整后工期至2017年7月31日）。主要工程量：路基7.583千米、特大桥8座5.097千米、大桥9座2.169千米，中桥1座0.091千米，涵洞30座1215.22横延米、隧道4座15334延长米、其他运营生产设备及建筑物（站场部分）、大临及过渡工程。2016年，完成产值2.9754亿元，占年度计划103.83%，开工累计完成产值15.7244亿元，占投资总额95.06%。

通让铁路电气化改造工程TRSG－2标段　位于吉林省，正线全长112.031千米。合同投资5.5902亿元，合同工期2015年12月25日—2017年12月25日。主要工程量：房屋建筑面积12115.95平方米，线路拆除7.249千米，线路重铺11.337千米，新铺道岔38组，拆除26组，改建补充道砟9359立方米，新铺道砟40092立方米，清筛道砟7189立方米。2016年，完成施工产值1.5217亿元，占年度计划50.7%，开工累计完成产值1.5217亿元，占投资总额27.2%。

新建北京至沈阳铁路客运专线辽宁段站前工程JSLNTJ－3标段　线路全长22.083千米。合同投资21.29亿元，合同工期2014年7月1日—2019年3月4日。主要工程量：凌源南站路基2.10千米、大凌河西支特大桥2.63千米、大营子特大桥0.91千米、衣杖子特大桥1.58千米、窑沟中桥0.1千米、红山隧道9.49千米、衣杖子隧道0.93千米、上窝铺隧道3.54千米及区间路基0.8千米，CRTSⅢ型轨道板预制35914块。2016年，完成产值8.2161亿元，占年度计划107%，开工累计完成产值17.5792亿元，占投资总额83%。

国道332线拉布大林至哈大图段一级公路工程　线路全长76.197千米。合同投资12.3035亿元，合同工期2015年11月1日—2017年10月30日。主要工程量：路基断面挖方2107905立方米，填方3318047立方米，外借土方1556573立方米，外借石方442330立方米。单幅特殊路基处理26千米，换填毛石及填筑石渣437959立方米。大桥2座，中桥7座，小桥15座，涵洞92座，20米预制小箱梁170片，13米预制空心板602片，预制圆管直径1.5米的689节，直径1.0米的807节，桩基630根，桩径1.2米的557根9562米和桩径1.4米的73根1762米。2016年，计划完成产值8.6506亿元，完成6.3461亿元，占年度计划70.6%，占投资总额的51.58%。

石家庄至济南客运专线3标段　位于河北省衡水市，为设计时速250千米的有砟轨道客运专线工程，线路全长38.459千米。合同投资23.5982亿元，合同工期2014年1月1日—2017年12月31日。主要工程量：辛集东特大桥4.33千米、跨石德铁路特大桥12.79千米、跨京九铁路特大桥4.57千米、衡景特大桥5.0千米、衡水北站车站路基2.359千米和区间路基9.407千米，框架桥10座6113.97延长米，涵洞29座547.09横延米。2016年，完成产值3.21亿元，占年度计划100%，开工累计完成产值12.4201亿元，占投资总额85%。

锦承线朝阳至叶柏寿段扩能改造工程CY－1标段　位于辽宁省朝阳市，全长45.27正线千米。合同投资9.7945亿元，合同工期2014年12月25日—2017年12月24日。主要工程量：朝阳南站1050米、大营子站路基1050米、大平房站1050米、正线路基32401米。大桥8座、中桥4座、大营子1号隧道457米、大营子2号隧道302米、嘎岔山隧道2255米、畸架山隧道4210米，全线正线铺轨135.82千米，站线铺轨15.9千米。2016年，完成施工产值0.5171亿元，占年度计划31.95%，开工累计完成产值0.5171亿元，占投资总额5.28%。

新建赤峰至京沈高铁喀左站铁路CFSG－3标段　全长40.87千米。主要工程量：路基土石方322万立方米；路基23.787千米；隧道2座11730延长米；桥梁11座5456.83延长米，涵洞51座1228.8横延米；站场1处；制梁234片，架梁234片，无砟道床22.52千米。2016年，完成施工产值4.1897亿元，占年度计划105%，开工累计完成产值4.1897亿元，占投资总额23.1%。

新建连云港至镇江铁路站前工程LZZQ－4标段　位于江苏省扬州市，线路全长58.801千米。合同投资25.8653亿元，合同工期2015年9月1日—2018年7月31日。主要工程量：特大桥4座48.840千米，大桥1座113.7延长米，中桥8座349.97延长米，框架小桥10座156.41延长米，涵洞49座941.55横延米；路基4段9.77千米。2016年，完成产值12.4893亿元，占年度计划100.04%，开工累计完成产值14.6852亿元，占投资总额56.78%。

新建川藏铁路拉萨至林芝段LLZQ12标段　位于西藏自治区林芝地区，线路全长53.015千米。合同投资24.3418亿元，合同工期2015年7月1日—2021年11月30日。主要工程量：路基15.1千米，车站5座7千米，隧道6座18751延长米；桥梁21座12203.75延长米；框架桥6座；框架涵及盖板涵81座1510.63横延米，圆管涵1座20.14横延米。2016年，完成产值7.8573亿元，占年度计划154.17%，开工累计完成产值9.0750亿元，占投资总额37.28%。

新建张家口至呼和浩特铁路站前工程ZHZQ－4标　位于内蒙古自治区乌兰察布市，线路全长45.054

千米。合同投资25.5亿元,合同工期2014年3月31日—2018年3月31日。主要工程量:隧道3座6.474千米;路基工程11段9.782千米;特大桥6座28.684千米;中桥2座112.64延长米;框架小桥7座991.14延长米;涵洞15座531.97横延米。2016年,完成产值3.5338亿元,占年度计划100%,开工累计完成产值25.4480亿元,占投资总额99.78%。

新建蒙西至华中地区铁路煤运通道工程米HPJ-4标段　位于湖南省岳阳市至江西省吉安市,线路全长596.115千米。合同投资26.5587亿元,合同工期2016年4月1日—2020年3月1日。主要工程量:岳阳地区联络线3条、新余地区联络线2条、吉安地区疏解线1条。2016年,完成产值1.2232亿元,占年度计划61%,开工累计完成产值1.2232亿元,占投资总额5%。

南昆铁路南百段增建二线NBSG-5标段　位于广西壮族自治区百色市。合同投资12.57214亿元,合同工期2015年1月1日—2017年6月30日。主要工程量:路基32.6千米,既有线整治路基8.863千米,区间土石方2310292立方米,站场土石方549615立方米;桥梁62座15489.925延长米;涵洞137座;隧道8座4318延长米;正线铺轨45.58千米,既有线拆铺12.87千米,站场铺轨7.51千米以及田阳站、坡圩站和六塘站的改建工程。2016年,完成产值6.1988亿元,占年度计划80.50%,开工累计完成产值9.0098亿元,占投资总额71.66%。

新建银川至西安铁路(陕西段)站前工程YXZQ-2标段　位于陕西省咸阳市,线路全长27.095千米。合同投资18.6571亿元,合同工期2016年8月1日—2020年6月30月。主要工程量:北塬新城特大桥1625.35延长米,咸阳北塬车站路基1796.98米,区间路基313.899米,兴塬路立交大桥146.3延长米,区间路基217.04米,礼泉南跨G312国道立交特大桥18213.62延长米,区间路基1769.547米,礼泉南特大桥3012.79延长米;站线铺轨4.68千米、有砟道岔铺岔15组、道砟15297立方米;礼泉联络线。联络线长6.191千米,分上、下行,双线并行段路基长3.764千米,上、下行单线路基合计1.415千米,上、下行单线桥梁合计2.846千米。铺轨12.54千米、道砟32327立方米。2016年,完成产值1.8623亿元,占年度计划40.5%,开工累计完成产值1.8623亿元,占投资总额10%。

长山壕金矿露天采矿工程　位于华北黄金带内。合同投资107亿元,合同工期2007年1月15日—2022年12月31日。2016年,完成产值10.0148亿元,占年度计划114%,开工累计完成产值58.885亿元,占投资总额55%。

内蒙古乌努格吐山铜钼矿露天采剥及尾矿库坝体堆筑、修路工程　位于内蒙古自治区满洲里市,矿区范围27.93平方千米。合同投资57.2321亿元。开工累计完成产值40.1095亿元,占投资总额70.08%。

(陈天明)

【境外工程】　在建海外项目13项,完成产值9578.21万美元(约合人民币6.18亿元)。项目分布在阿尔及利亚(在建项目6项)、沙特阿拉伯(3项)、塔吉克斯坦(1项)、印度尼西亚(2项)及厄瓜多尔(1项)。

阿尔及利亚奥兰省3800套住房项目　7个地块建筑面积36.37万平方米,受业主资金影响,计划竣工日期调整至2017年12月。主要工程量:3800套住宅和其外线的设计及住宅主体工程的建设。2016年,完成产值6736.09万美元,占总合同额57.6%。

阿尔及利亚奥兰省2500套住宅项目　3个地块位于Sidi Bousfer地块(700套)、Sidi Ben yebka地块(800套)、Chehairia地块(1000套),建筑面积23.9万平方米。2014年8月开工,计划竣工日期为2017年4月。

阿尔及利亚贝佳亚连接线S1项目　承担S1标段22千米施工及沥青路面施工。合同工期2013年12月18日—2016年12月17日。2016年,完成产值4181.6万美元,占总合同额25.5%。

阿尔及利亚贝佳亚2000套房屋建筑面积项目　合同工期2014年2月18日—2016年2月17日。主要工程量:2000套保障房的设计施工,23栋楼,73个单元,建筑面积191418平方米。2016年,完成产值1830.1万美元,占总合同额31%。

阿尔及利亚高速路面升级改造项目73千米高速公路高模沥青路面升级工程　合同工期2015年4月1日—2016年4月1日。2016年,完成产值3036万美元,占总合同额84.97%。

阿尔及利亚托斯亚力钢厂项目土建工程　合同工期2016年5月1日—2016年11月30日。主要工程量:氧气站、石灰窑、备件库、水系统4部分。2016年,完成产值705.8万美元,占总合同额61.9%。

沙特铁路总局货运2号线达曼至利雅得段78.4+91千米整修项目　为交叉作业,1标段全长78.4千米,15个翻新段;2标段全长91千米,20个翻新段。2016年,完成产值2622.55万美元。

沙特KAP5军营项目　合同工期2015年1月8日—2018年12月18日。主要工程量:建筑面积30.6万平方米,459个单体建筑。2016年,完成产值88.53万美元,占总合同额0.18%。

塔吉克斯坦新建铁路瓦赫达特—亚旺铁路隧道与桥梁勘察设计施工项目　合同工期2015年4月30日—2017年8月30日。主要工程量：隧道3座3698延长米；桥梁5座712延长米。2016年，项目开工累计完成产值7108万美元，占总合同额98.7%。

印尼西巴布亚熟料水泥生产线建筑工程项目　合同工期16个月。主要工程量：印尼巴布亚2×3200t/d熟料水泥生产线一期工程及配套2×20米燃煤电站建筑工程B标区。2016年，完成产值5496.27万美元，占总合同额84.55%。

印尼巴鲁海螺1、2号生产辅房工程　合同工期2014年10月1日—2016年2月1日。主要工程量：2栋生产辅房，施工内容为1、2号生产辅房工程建筑、结构、水电、防雷、内外装饰、基础工程、屋面工程等，建筑面积7400平方米。2016年，完成产值150.38万美元，占总合同额41.77%。

厄瓜多尔米拉多铜矿2000万吨/年采选项目露天基建剥离工程　合同工期41个月。服务年限25年，铜平均品位0.67%，设计能力每年处理矿石2000万吨。矿山基建期2年。2016年8月25日开工。

（白　露）

【经营管理】　经营承揽。新签合同额624.88亿元。铁路板块集团公司坚持一把手经营、逢标必投、逢标必争的理念，明确重点跟踪项目，建立客户走访台帐，集团公司领导与区域指定期做好高层互访、确保信息沟通到位，为重点项目实现中标夯实基础。参与大中型铁路项目投标86项，中标蒙华中铺架、柳州站房、京沈客专、郑州阜、银西、叙毕、郑万铁路等40个项目。新签合同额246.69亿元，同比增长17.2%；公路板块坚持全面布局重点开发的原则，利用企业特级资质和在建良好信评优势，在工程总承包、资本运营、滚动经营、依托股份公司分配等多种经营模式运作下，中标内蒙古公路，甘肃省渭源至武都公路、吉林省龙井至大蒲柴河公路、广州增城沙庄至花都北兴公路、合璧津公路、宜毕昆巧公路等项目，新签合同额170.45亿元，同比增长146.56%；轨道交通板块坚持开拓新市场、守住既有市场的思路，紧跟股份公司轨道市场的经营布局，盯紧大项目，发挥好主体牵头和配合辅助作用，新签合同额90.06亿元，同比增长138.55%；水利水电、机场板块坚持补短板的原则，积极参与投标。新签合同额24.93亿元，同比增长396.97%，其中新疆额河引水工程中标额17.47亿元。

工程管理。完成施工产值360.04亿元，较2015年同期增加19.88亿元，同比增长5.84%。一是综合施工能力持续增强，公路路面、铁路铺轨、桥梁、无砟道床等领域专业化施工能力进一步提升。公路路面施工同比增长116%，铁路铺轨施工同比增长156%，桥梁施工同比增长15.3%，无砟道床施工同比增长18.2%。二是重难点工程相继突破，云桂铁路、昆明枢纽按期开通；京沈客运专线红山隧道等4条长大隧道顺利突破，呼张客运专线、石济客运专线铺轨按期通过，西成客运专线陕西段进入铺轨作业阶段，兰渝铁路胡麻岭隧道等6条隧道按计划顺利推进；成兰铁路跃龙门隧道等3条隧道明显改观，形势向好；赤喀、郑阜等新上项目先声夺人，开局良好。三是工期履约水平稳步提升。按照合同工期要求，计划竣工项目26项，全部按期竣工，履约情况得到业主认可。另外261项在建工程，其中251项进度处于受控状态。四是企业信誉进一步保持。公路信评方面，集团公司、一、二、三公司4个资质，在全国评价等级中均为A级；在31个省（直辖市、自治区）省级评级中，集团公司取得1个AA级、7个A级，一公司取得1个A级，二公司取得1个AA级、2个A级，三公司取得2个AA级、2个A级，成绩好于往年。城市轨道信评方面，集团公司在10个城市排名前三名，占比45%，成绩稳中有升。五是项目标准化管理水平稳步提升，收到12家业主单位发来的贺电和通报表彰，受托组织全路标准化管理现场观摩会3次、全线标准化管理现场观摩会7次。六是告急项目得到有效控制，收到14个项目业主投诉，累计17次，投诉率同比继续下降。经承建单位积极化解，被动局面得到扭转，得到业主的重新认可。七是节能减排与环境保护工作进一步规范，能源消耗总量为38万吨标准煤，能耗0.12吨标煤/万元，同比降低率2%，较好地完成北京市下达的能耗指标。完成能源管理体系认证工作。

财务管理。完成营业收入367.11亿元，实现利润总额7.87亿元。净资产收益率13.63%，产值利润率2.14%，资产负债率81.07%。积极拓展筹资渠道，努力降低筹资费用，确保企业资金周转不断流。综合授信834亿元，较2016年初733亿增加101亿元，其中流贷额度231亿元，其中在辽阳银行申请授信额度300亿，缓解集中办理信贷证明压力。在财务公司办理27.8亿元流贷，给予基准下浮15%的优惠利率。争取西藏低息贷款30亿元。充分发挥服务职能，为企业生产经营保驾护航。办理各类保函465笔，额度88.27亿元，信贷证明105笔，额度284.71亿元。办理保函置换，提前收回业主扣留工程尾工款和质保金28笔，额度51321.8万元，为生产经营提供有力的支持和保障。组建财务共享服务中心（以下简称FSSC）筹备组，上线率100%，资金集中支付率87%。组织岗前培训2期、系统上线培训17期，参培人员2608人，完成全集团除海外项目外各核算单位的上线工作。

经济管理。明确铁路项目分包差，对玉磨、梅汕等14个直（托）管项目分包差进行核定，以网络通知形式明确收取标准，收取分包差总额6.85亿元，分包差率3.31%。清理工程公司遗留问题。制定印发《2016年铁路项目局指对工区计价推进计划》，沪宁、石武、拉日、集包项目清理完毕。强化项目责任预算编制与执行，新上场项目实际完成101份（签订责任状99份）。规范工程项目劳务管理。定期开展劳务队伍履约评价，公布合格、不合格、黑名单劳务队伍名录，劳务诉讼案件明显减少。制定印发《集团公司2016年劳务分包专项治理工作方案》，实行劳务合同、计价（结算）“两个上移”审批制度，审核工程项目劳务资料1431份。下达年度治亏目标，亏损责任严肃追责，追责126人。建立亏损治理考核评价机制，拟定《中铁十九局集团有限公司亏损治理工作考评实施细则》。完成二公司、三公司、五公司和矿业公司的现场督导，对重难点、高风险项目建立督查督办责任制，按月统计清收清欠效果，严格执行月通报制度。力推行保险集中，通过诚合保险投保金额达2240.86万元，保险集中度超出股份公司下达指标0.2个百分点。定期开展成本管理年度考评，对工程公司2015年责任成本管理情况进行考评。对2012年至2015年中标的直（托）管项目分包差上缴完成情况和管理成本开支节超情况进行考评并兑现奖励。健全管控体系，完善管理制度。修定印发《中铁十九局集团有限公司清收清欠管理办法》（公司经管〔2016〕246号）等5条制度。积极推动信息化建设，着手搭建“中铁十九局集团有限公司经济管理办公平台”，业主合同管理、劳务合同管理、企业定额、劳务指导价综合管理（查询）系统已上线；预算审批、劳务客商、风险预警在完善。印发《中铁十九局集团有限公司2016年提质增效工作方案》，细化机关14个主责部门和10个配合部门工作责任，量化集团所属10个区域指挥部、10个工程承包板块单位和5个非工程承包板块单位工作任务。完成对各工程公司和兰渝等7个重点项目的财经管理督查，针对检查出的各类问题，制定整改措施并要求项目限期整改。

审计监督。两级审计机构完成各类审计项目61个，提出审计报告56份，提出审计建议338条均被采纳。其中，完成工程项目部审计29项、经济责任审计6项、财务收支审计及经济效益审计9项、专项调查审计4项、其他审计13项。违规违纪问题在审计过程中已基本得到纠正。（方迎春）

【科技成果】 集团公司本级及所属一、二、三、五、六、七公司、轨道交通、电务公司均先后通过高新技术企业认定，集团公司拥有高新技术企业9家。新立研发课题26项，其中A类项目9项；申报股份公司研发课题立项10项，批复2项；与北京工业大学合作研究的“玄武岩纤维钢芯符合材料研制”课题申报2017年度北京市重大科技成果转化落地培育项目；省部级组织鉴定的科技成果3项，均达到国内领先水平；中国铁建股份有限公司组织评审的科技成果10项，其中1项达到国际领先水平，6项达到国际先进水平，3项达到国内领先水平；参编行业标准《无粘结预应力混凝土技术规程》于2016年3月发布，标准号JGJ92－2016，自2016年9月1日起实施；参编河南省地方标准《城市轨道交通路基工程施工质量验收规范》于2016年5月发布，标准号DBJ41/T—2016，自2016年8月1日起实施；集团公司承担的2项主编行业标准和7项参编行业标准进入送审稿阶段，2项参编行业标准大纲审查完毕，进入正式编写阶段；获授权专利87件，其中发明专利25件，实用新型专利62件。获2016年度股份公司科学技术奖6项。其中，一等奖2项、二等奖1项、三等奖3项；“山区高烈度地震区高耸危研体崩塌机理与滚石冲击危害风险控制”获教育部科学技术进步二等奖；“非饱和地区高铁地基工后沉降预测模型及其应用”获中国铁道学会科学技术二等奖；获2015年度中国施工企业管理协会科学技术奖5项，其中，一等奖1项、二等奖4项。申报省部级工法27项，获奖19项。其中，辽宁省工法15项、公路工法4项；申报股份公司优秀工法13项，获奖7项。其中，一等奖2项、二等奖5项；评审出工法19项。申报首届全国建筑业优秀论文3篇，获奖2篇，其中，二等奖1篇、三等奖1篇；申报辽宁省优秀论文15篇，获奖4篇，其中，二等奖2篇、三等奖2篇；申报股份公司优秀论文10篇，获二等奖1篇；评审出2016年度集团公司（本级）优秀论文97篇，其中，一等奖12篇、二等奖37篇、三等奖48篇；集团公司组织在《铁道建筑技术》专刊（第9期）上发表科技论文13篇，并对集团公司施工的部分重难点工程进行介绍；在《轨道建筑》上发表论文6篇。（李金永）

【党群工作】 党的工作。党（工）委128个，党总支1个，党支部420个，党员8327人，发展党员170人。认真贯彻年初“四会”总体部署，紧密围绕经济效益中心，重点在以下6项工作上着力：一是在发挥党委政治核心作用上着力；二是在推进企业党的建设上着力；三是在加强领导班子建设上着力；四是在开展宣传思想文化工作上着力；五是在促进党风廉政建设上着力；六是在推动工会共青团工作上着力。在北京举行中国共产党中铁十九局集团有限公司第三次代表大会，确定今后5年企业改革发展的指导思想和奋斗目标。把

"两学一做"学习教育作为重大政治任务,加强领导、精心组织,认真制定实施方案和推进计划,采取党委书记上党课、集中学习研讨、组织观看红色电影、邀请大学教授讲党史、参观党员教育展厅等方式,营造浓厚的学习教育氛围。"七一"前夕,集团公司党委印发《关于开展庆祝中国共产党成立95周年活动的通知》,各级党组织按照通知要求,以"两学一做"学习教育为契机,纷纷开展表彰先进典型、举行入党宣誓、参观革命纪念馆、举办书画展览等主题鲜明、形式丰富的庆祝活动,增强基层党组织的凝聚力和战斗力,增强广大党员干部的党性意识和担当意识。各级领导班子成员深入基层,积极协调解决施工现场难题,保证施工生产的顺利进行。广大党员干部在经营承揽、项目管理、提质增效、财经管控等环节,充分发挥先锋模范作用,体现集团党员干部的良好精神风貌,有力地促进生产经营任务的圆满完成。

党委宣传工作。在全集团广泛开展形势任务教育活动,重点学习习近平总书记"七一"重要讲话、在全国国有企业党的建设工作座谈会上的讲话、在党的十八届六中全会上的讲话精神和中组部、国资委党委领导重要讲话及文件精神,对党的方针政策进行深入的学习宣贯。在工程项目部考核中,由工程公司党委自行考核,集团公司党委随机抽查,实行单独考核和集中考核相结合。考核激励实施奖罚机制,给予"十星"单位颁发牌匾。评选出43名文明职工标兵和精神文明建设先进工作者。5篇党建政研被选为股份公司立项课题,收集整理近7年来的优秀政研成果41篇。编制印发《集团公司企业文化建设管理办法》和《集团公司企业文化建设"十三五"规划》,确保企业文化建设的计划性、目的性。编辑集团公司《企业视觉识别系统手册(2016年版)》,规范各单位视觉识别系统。在兰渝铁路胡麻岭隧道即将贯通之际,制作的《穿越胡麻岭》专题片,宣传可敬可爱的"兰渝人"坚持八年"抗战",终于攻克胡麻岭隧道这一"世界难题",歌颂他们不屈不挠、永不言败的"兰渝精神"。所属各单位征集不良作风10条、不良言行7条、不良陋习5条、漫画9幅,拟编入《企业文化手册》。集中学习5次,参学率达到90%以上。所属各级党委也都至少组织4次集体学习。在《中国铁道建筑报》刊稿380余篇,中铁建官网600余篇,在中央媒体、门户网站刊稿410余篇,省部级媒体刊稿200余篇。宝兰、呼张、瓦亚铁路等消息在中央电视台播出。

纪检监察工作。集团公司纪委、工程公司纪委分别对下签订《党风廉政建设责任状》344份,签状率达到100%;召开党风廉政建设和反腐倡廉工作会及落实"两个责任"推进会。开展对一公司、三公司党委的巡视工作,巡视过程下发《整改通知书》41份,立行立改221项。给予党纪政纪处分6人,给予组织处理83人,集体约谈2个单位,给予3个单位和部门通报批评,监督整改事项11项。接收信访举报43件,初核15件,暂存6件,谈话函询2件,了结4件,转办16件。两级纪检监察组织共立案查处各类违规违纪28件,结案28件,处分128人。贯彻落实中央八项规定精神,开展专项检查5次,纪律处分2人。纪委组织领导干部任前廉洁谈话112人次,领导干部述廉367人次,谈话提醒32人次。加强对物资集中招标采购的监督,全程参与11个项目物资招标监督,授权委托项目书记参与物资采购招标监督2次。参与干部人才的培养、选拔、使用、考核,监督集团公司财务部税务清算中心和财务共享服务中心的职员招聘工作。以亏损项目和重点项目为目标,采取两级公司上下联动、交叉检查的方法,对13个亏损项目进行责任追究。实施追责处理133人。其中给予党纪、政纪处分122人,组织处理11人,经济处罚金额29.5万元。

工会工作。报送股份公司合理化建议和技术改进创新项目43项,获奖14项。二公司获2014—2015年度全国"安康杯"竞赛优胜单位。集团公司组织评选"十大劳动模范",2人获股份公司劳动竞赛优秀组织者;1个单位获铁总火车头奖杯;8人获铁总火车头奖章;2个单位获股份公司工人先锋号;2人股份公司"工人先锋号标兵"称号;轨道公司2人和5个单位分获省市"五一劳动奖状"、"工人先锋号"等称号;开展"巾帼双文明建功立业"活动,表彰先进女职工集体和个人47人,评选出十佳女杰17人、幸福家庭20户、贤内助19人。两节期间,走访困难职工218户,送去慰问金320.6万元,救助职工279人,发放救助金72.1万元。分别对9个子分公司40多个项目进行"夏送清凉"和"冬送温暖"活动,拨款240多万元,慰问一线职工4800余人。开展"献爱心、做红娘"活动,举办联谊会12次,参加人员达300余人。以"我爱铁建"为主题,开展一系列征文和摄影作品、微视频作品征集活动。工会财务工作获股份公司工会财务竞赛评比一等奖、工会经审达标A级。

共青团工作。下辖团委52个,团工委93个,团总支9个,团支部216个,团员3027人。举办网上知识竞赛和"公推直选"团干部的做法在北京团市委工作会上进行交流发言(9家)。引导团员青年考取执业资格证书,团委举办"我的考证故事"分享会,征集到46份征文都在公众号上进行推送。针对团组织存在的"四化"问题,共青团改革的重要举措之一就是落实直接联系青年制度,即1+100制度。二公司团委在公众号上连续推送15期"青年微党课"教育内容。组织各

级团组织继续开展“铁道兵,您好”主题团日活动,弘扬铁道兵精神,促进企业稳健发展。(方迎春)

【第一工程有限公司】 公路、房屋建筑、市政公用、机电安装工程施工总承包一级;水利水电、铁路工程施工总承包二级;地基与基础、钢结构、隧道、公路路基工程专业承包一级资质企业。主要经营范围:特种设备安装改造维修(压力管道安装许可 GC2 级)、承装(修、试)电力设施(承装五级)、工程试验检测、机械设备租赁、道路普通货物运输;金属材料、建材、其他机械设备及电子产品、五金产品、其他化工产品、电器设备批发;提供施工设备服务;货物及技术进出口。驻辽宁省辽阳市白塔区卫国路 138 号。前身是中国人民解放军铁道兵第九师四十一团;1984 年,集体转业并入铁道部,改名为铁道部第十九工程局第一工程处;1999 年,与铁道部脱勾,隶属中央企业工委,改称为中铁第十九工程局第一工程处;2001 年,成立中铁十九局集团第一工程有限公司。董事长兼总经理李程,党委书记曲久彬。下辖 13 个项目管理部、4 个代局指项目部、2 个集团托管项目部,工程装备中心、辽阳基地、日照基地、小屯基地等单位。职工 2825 人。资产总额 285013.93 万元,固定资产原值 35478 万元、净值 13468 万元。库存材料 8475 万元,货币资金存量 28855 万元,流动资产 267402.43 万元。机械运输设备 958 台(套),原值 32778.60 万元、净值 11846.91 万元,总功率 86741 千瓦,动力装备率 30.70 千瓦 /人,技术装备率 4.19 万元/人。主要机械设备完好率 88%,利用率 72%,成新率 36.01%。

2016 年,承揽工程项目投资 31.39 亿元,完成产值 522790 万元(路外完成 230238 万元,路内完成 292552 万元)。全员劳动生产率 45.728 万元/人年。职工年人均收入 68127 元。净资产收益率 2.26%,产值利润率 0.22%,资产负债率 80.76%,上缴款完成率 101%。(李爱民)

【第二工程有限公司】 公路工程、水利水电、市政公用、房屋建筑工程施工总承包一级,铁路工程施工总承包二级;桥梁、隧道、公路路面、公路路基、机场场道工程专业承包一级资质企业。主要经营:包括房屋租赁、设备租赁和仓储物流、场地租赁、建材、五金产品、机械设备及设备配件批发及零售。驻辽宁省辽阳市白塔区和平路 17 号。前身系铁道兵第九师第四十二团;1984 年,集体转业并入铁道部,改称铁道部第十九工程局第二工程处;1999 年,改称中铁第十九工程局第二工程处;2001 年,企业改制改称现名。执行董事、总经理解佳飞,党委书记曹树强(4 月任)。下辖 74 个工程项目部、23 个工区,14 个分公司及道桥安装公司,铁赢工程检测有限公司、物业管理公司。职工 2702 人。资产总额 497334.20 万元,其中固定资产原值 76644.62 万元、净值 26533.43 万元;流动资产 468502.77 万元。机械运输设备 899 台(套),原值 29089.1 万元、净值 10004.77 万元,总功率 86247 千瓦,动力装备率 31.92 千瓦/人,技术装备率3.7 万元/人。

2016 年,承揽工程投资 67.84 亿元。完成产值 636374 万元,占年度计划 600000 万元的 106%。全员劳动生产率 469297 元/人年,职工年人均收入 67949 元,净资产收益率 3.46%,产值利润率 0.04%,资产负债率 91.02%,应上缴款完成率 16.45%。(刘英华)

【第三工程有限公司】 公路、市政公用工程施工总承包一级;铁路、水利水电、房屋建筑工程施工总承包二级;矿山工程施工总承包三级;桥梁、隧道、公路路面、公路路基工程专业承包一级;公路养护工程施工从业资质二类甲级资质企业。驻辽宁省沈阳市沈北新区沈北路 36 号。前身是铁道兵 9 师 43 团;1984 年,改工并入铁道部;2000 年,和铁道部脱钩;2001 年,改制成为有限责任公司,隶属中铁十九局集团。执行董事兼总经理宋新海,党委书记宫勇。下辖 7 个项目管理部、13 个铁路工区、5 个代局指项目(经理)指挥部、8 个直属项目部及辽阳基地和四川金堂基地。职工 2751 人。资产总额 385761 万元,固定资产原值 54066 万元,净值 18023 万元,流动资产 354743 万元。机械运输设备 768 台(套),总功率 86717 千瓦,动力装备率 32 千瓦/人,技术装备率3.23万元/人,主要机械设备平均完好率 90.2%,设备利用率 79%,设备成新率 21%。

2016 年,承揽工程 20 项,投资金额 938071 万元,利润 1883 万元。全员劳动生产率 49 万元/人年,职工年人均收入 7 万元。(刘永华)

【第五工程有限公司】 具有建筑、公路、市政公用工程施工总承包一级;铁路工程施工总承包二级;公路路基、桥梁、隧道工程专业承包一级;装饰装修工程专业承包二级和钢结构工程专业承包三级等资质。前身系铁道兵第九师给水营与修理营;1984 年,集体转业并入铁道部;2000 年,局资产重组,将局直属工程处、局大连技工学校并入五处;2001 年,企业改制改称现名。驻辽宁省大连市金州区拥政街道 586 号。执行董事兼总经理张忠明,书记苗博宇。下辖 14 个项目管理部、1 个预制梁专业分公司、4 个直属项目部、1 个机械厂。员工 1788 人。资产总额 237115 万元。其中,固定资产原值 35791 万元、净值 11127 万元,流动资产 223927 万元。净资产收益率 1.04 %,产值利润率 0.2%,资产负债率 81.17%。机械运输设备 742 台(套),原值 36870.07 万元、净值11335.43万元,成新率 30.74%,动力装备率 37.12 千瓦/人,技术装备率 6.48 万元/人,设备总功率 64962.6 千瓦,大型机械设备完好率 90.59%,利用率 67.78%,成新率 28.47%。

2016 年,经营承揽项目 25 个,总投资额 38.37 亿元,完成施工产值 377806 万元。职工年人均收入 73956 元。 (赵艳萍)

【第六工程有限公司】 具有铁路、公路、市政公用工程施工总承包一级;房屋建筑工程施工总承包二级;桥梁、隧道、公路路基、铁路铺轨架梁、水工隧洞工程专业承包一级;预制构件的制造、加工、销售;仓储、设备租赁、房屋租赁等资质。前身系中国人民解放军铁道兵第九师四十四团;1984 年,集体转业并入铁道部;2001 年,改名为中铁十九局集团第四工程有限公司。2010 年,迁址无锡,更名为中铁十九局集团第六工程有限公司,驻江苏省无锡市新区香山路 7 号。执行董事兼总经理秦志军,党委书记王纯玉(9 月免)、执行董事、总经理罗俊国(9 月任),党委书记秦志军。职工 2444 人。资产总额 259664.59 万元,其中固定资产 88555.23 万元、净值 29922.38 万元、流动资产 222853.69万元。机械运输设备 934 台(套),设备原值 7.83 亿元、净值 2.26 亿元。总功率 123711.5 千瓦,动力装备率 50.61 千瓦/人,技术装备率 8.25 万元/人。

2016 年,承揽工程项目 12 项,总投资额 898713.7699 万元,完成施工产值 400352 万元,实现利润 2330.05 万元。全员劳动生产率 58.95 万元/人年,职工年人均收入 61569 元。 (王林丽)

【第七工程有限公司】 建筑工程、公路工程总承包一级;铁路工程、港口与航道施工总承包二级;公路路基专业承包二级资质企业。成立于 1985 年,先后称珠海办事处、珠海工程公司、珠海工程总公司;2002 年,企业改制后称华南工程有限公司;2010 年,整合成立第七工程有限公司。驻广东省珠海市拱北港昌路 111 号中铁大厦。执行董事、总经理姜长清,党委书记刘亚东(4 月任)。公司下辖 13 个项管部。职工 933 人。固定资产原值 800.15 万元、净值 39.63 万元。机械运输设备 220 台(套),原值 11108.91 万元、净值 5014.35 万元,设备总功率 27963.7 千瓦,动力装备率 29.65 千瓦/人,技术装备率 5.62 万元/人,资产增长率 15.37%,设备资产利润率 30.45%,成新率 44.44%,完好率 90%,利用率 78%。

2016 年,新签合同额 5.3 亿元,完成产值 167690 万元,实现利润 4076 万元。全员劳动生产率 35 万元/人年。职工年人均收入 76360 元。净资产收益率 15.6%,产值利润率 1.73%,资产负债率 83.83 %,应上缴款完成率 103.39 %。

(李丽娜 刘 旸 董朝晖 倪嘉佩)

【矿业投资有限公司】 矿山工程施工总承包一级;土石方工程专业、爆破与拆除专业、钢结构三级资质企业。前身为第六工程公司;2005 年,由机械化工程公司和建筑工程公司合并组建;2008 年,更名为矿业公司;2010 年,公司从辽宁省辽阳市迁址到北京市丰台区莲怡园东路风荷曲苑 3 号楼,同年 7 月,注册为中国铁建十九局集团矿业投资有限公司。下辖 1 个子公司、3 个分公司、24 个直管项目部,其中,矿山项目 11 个、5 个综合项目、8 个完工停工项目。职工 1127 人。资产总额 227817 万元,负债 168096 万元,资产负债率 73.79%,权益 9721 万元;固定资产原值 182860.42 元、净值 73,808.52 万元;机械运输设备 1127 台(套),原值 16.38 亿元、净值 6.19 亿元。设备成新率 37.12%,总功率 275342 千瓦,动力装备率 244.31 千瓦/人,技术装备率53.84 万元/人,折旧计提率100%。

2016 年,承揽工程 15 项,承揽总额 37.3 亿元,完成产值 24.46 亿元;实现利润 11653 万元,利润率 4.76%。 (薛 森)

【轨道交通工程有限公司】 市政工程总承包一级,房屋建筑、检点设备安装工程总承包三级资质企业。2008 年成立,2010 年在北京市顺义区林河经济技术开发区转注册。执行董事、总经理陈友建,党委书记梅洪斌。职工 1609 人。下辖 10 个项管部、1 个分公司和 3 个直属项目部,机械运输设备 389 台(套),原值 78630 万元、净值 41733 万元。技术装备率 25.96 万元/人,动力装备率 27.21 千瓦/人。

2016 年,承揽工程 19 项,中标额 829109 万元,施工产值 33.16 亿元,实现利润 1.2255 亿元,上缴款 4900 万元。 (王倩玉)

【电务工程有限公司】 机电安装工程施工总承包一级,建筑工程施工总承包三级资质;铁路电务、铁路电气化工程专业承包一级,消防设施、送变电工程专业承包二级资质企业。驻北京市大兴区西红门新建开发区金服大街 13 号。前身系中国人民解放军铁道兵第九师通信科;1984 年,改编并入铁道部,称铁道部第十九工程局通信处;1995 年,后改称为铁道部第十九工程局电务工程公司;1997 年,组建铁道部第十九工程局电务工程处;1999 年,与铁道部脱钩,改称中铁第十九工程局电务工程处;2002 年,企业改制改称现名。公司董事长、总经理崔吉林,党委书记耿庆宇。下辖通信、信号、电气化、设备安装、建筑装璜5个专业分公司和辽阳、青岛、北京、成都、甘肃、合肥、重庆、昆明、西安分公司以及辽阳基地。职工398人。资产总额53305元,其中固定资产原值3251万元、净值1951万元;流动资产50499万元。机械运输设备98台(套),总功率3750千瓦,动力装备率9.42千瓦/人,技术装备率0.36万元/人,设备资产利润率45%,资产增长率7.60%,成新率14.68%。

2016年,新签合同12项,承揽投资15.8亿元,完成施工产值90102万元。（李长城）

【房地产开发公司】 房地产开发、商品房销售、物业管理三级资质企业。2008年成立并取得房地产开发资质,注册资本金2000万元。2012年,升级为房地产开发三级资质;2013年,正式成立组织机构。驻辽宁省辽阳市白塔区和平路17号。董事长尚尔海,党委书记林占武。职工17人。资产总额25502万元,流动资产23502万元。

2016年,全员劳动生产率22.23万元/人年,完成企业总产值311万元,实现利润17万元。（罗善明）

【国际建设分公司】 驻北京市亦庄经济技术开发区路东区经海3路109号天骥·智谷科技园区19号楼。前身是集团公司海外工程指挥部;2012年,在原集团公司海外工程指挥部的基础上成立。总经理张永军,党委书记李尊忠。职工381人。资产总额129881万元、净值12884万元,流动资产116970万元。机械运输设备1395台(套),设备原值49928.88万元、净值12417.03万元,设备总功率187420.6千瓦,动力装备率519.17千瓦/人,技术装备率34.4万元/人。

2016年,新签合同额3.3亿元;施工产值4.5亿元;实现利润533万元;上缴款299万元。净资产收益率(含少数股东权益)16.88%,营业利润率0.82%,资产负债率97.57%。（解红姝）

【物资总公司】 经营销售用于构造建筑产品的生产资料,是集团公司直属分公司。驻辽宁省辽阳市和平路17号。副总经理刘乃鲁,职工6人。

2016年,销售毛利润328.40万元。全年缴纳各种税金72.33万元,其中增值税55.74万元,管理费支出245.17万元,财务费用支出77.64万元。

（姜雅雯　杨　艳）

【辽阳基地】 2009年成立,隶属集团公司机关,是集团公司机关附属单位,是集团公司机在辽阳的办事机构。职工928人。总经理助理兼基地主任1人、党委书记1人、党委副书记、工会主席、纪委书记1人、副主任2人。下设综合办公室、人力资源社保科、财务科、房产科、管理科。下辖中铁十九局宾馆、维修队、居委会、职工餐厅、铁兵新苑综合管理办公室。负责对集团公司物资总公司、计量测试中心党务工作的协调管理、负责留守辽阳基地的集团公司机关部分职能部门的人员的日常行政管理工作。（王　静）

【重要记载】

▲1月30—31日　集团公司三届三次职工代表大会、党委二届十三次全委(扩大)会、2016年工作会暨党风建设与反腐倡廉工作会在北京召开。

▲1月　集团公司获2015年度对外承包工程企业信用评价AAA级。

▲1月　矿业公司获“全国矿山建设十强企业”称号。

▲2月22日　六公司收到江苏省科技厅等四厅局联合授予的《高新技术企业证书》。

▲2月　二公司获全国“安康杯”竞赛优胜单位。

▲3月6日　集团公司与大连市城市建设投资有限公司签署战略合作框架协议,谋求在“十三五”期间互利双赢合作。

▲3月　轨道公司研发的《城市轻轨高架桥山型U梁施工支撑体系及施工方法》由国家知识产权局授权并颁发证书。

▲3月　集团公司承建的华能大理五子坡风电工程和参建的北京地铁9号线分别获国家优质工程奖和中国土木工程詹天佑奖。

▲5月28日　中国铁建股份公司工会主席史道泉一行5人慰问参建阿尔及利亚贝佳亚连接线项目干部职工。

▲5月　集团公司取得华夏认证中心颁发的能源管理体系认证证书。

▲8月24日　瓦赫达特—亚湾铁路1号隧道进口举行通车典礼,塔吉克斯坦共和国总统拉赫蒙、副总理阿里巴多夫、交通部部长甘扎尔佐达、国家铁路局局长米尔佐阿里耶夫,中国铁建总裁庄尚标、集团公司董事长王学忠等嘉宾出席典礼。

▲11月19日　七公司拍摄的微电影《跃龙门》,获全国总工会宣传教育部等5家单位联合主办的第三届“中国梦·劳动美”微影视大赛纪实类金奖。

▲11月27日　六公司参建的河南新电益电厂“上大压小”扩建工程获2016—2017年度第一批中国建设工程鲁班奖。

▲12月2日　在互联网+企业文化建设研讨会暨中国企业文化促进会2016工作年会上,二公司获全

国“十三五开局企业文化建设模范单位”称号。

▲12 月 30 日　集团公司取得水利 AAA 信用等级证书。　（方迎春）

中铁二十局集团有限公司

【简况】　具有铁路、市政公用、公路工程施工总承包特级资质，建筑、水利水电施工总承包一级，公路路基、地基与基础、隧道、桥梁、机场场道工程专业承包一级资质，铁道行业设计甲（Ⅱ）级资质，市政行业、公路行业设计甲级资质，地质灾害治理工程施工甲级资质，爆破作业一级资质，房地产开发二级资质，对外工程承包资质。驻陕西省西安市未央区太华北路 89 号。前身系中国人民解放军铁道兵第十师；1984 年，集体转业并入铁道部，改编为铁道部第二十工程局；1999 年，改称为中铁第二十工程局，2002 年，企业改制，改称中铁二十局集团有限公司。下辖第一、二、三、四、五、六、市政工程有限公司、中铁贵州工程有限公司（中铁建环保生态产业开发有限公司）、电气化工程有限公司、房地产开发有限公司、西安工程机械有限公司、陕西物资有限公司（海外工程保障中心）、陕西中铁建设工程质量检测有限责任公司、阿达驻车投资建设管理有限公司、物业管理有限公司、南宁混凝土构件有限公司、安哥拉国际有限公司、莫桑比克有限公司、塞拉利昂有限公司、蒙古国有限公司；巴基斯坦分公司、西安市政勘察设计院（分公司）、贵州绿港混凝土有限公司（合资）、中铁建安工程设计院有限公司（合资）；技工学校、咸阳基地管理处、北京办事处；10 个区域指挥部。主要业务：国内工程承包、海外经营以及房地产开发、工业制造、物流贸易、铁路运输、环保生态、城市驻车、工程检测、设计咨询、教育培训等。职工 18436 人，资产总额 331.6 亿元，负债总额 298.3 亿元，股东权益 33.3 亿元。其中流动资产 293.5 亿元，固定资产原值 65.6 亿元，净值 24.5 亿元；长期股权投资 2.4 亿元；无形资产 1.9 亿元。机械运输设备 3768 台（套），原值 290632.58万元、净值 146598.90 万元，设备总功率 674932.69 千瓦，技术装备率 8.27 万元/人，动力装备率 38.07 千瓦/人，设备成新率 50.43%，其中大型设备 130 台（套），原值 135034.85 万元、净值 81688.25 万元，利用率 75.45%；机械化施工程度约 90%。

2016 年，新签合同额 661.5 亿元，完成企业总产值 319.6 亿元，其中施工产值 302.7 亿元，附营产值 17 亿元。实现利润总额 9.41 亿元，职工人均创利 4.38 万元，全员劳动生产率 21.20 万元/人年，职工年人均收入 5.66 万元。国有资产保值增值率 121.43 %，净资产收益率 21.21%，营业利润率 2.82 %，资产负债率 89.98 %，子公司上缴款完成率 76.27%。直托管项目上交款完成率 92.47%。完成主要实物工程量：土石方 7164.11 万立方米，隧道 58362 延长米，桥梁 40778.18延长米，正线铺轨 135.86 千米、站线铺轨 36.15千米，铺道岔 177.48 组，铁路无砟轨道 142.63 千米，铁路架梁 448 孔，公路架梁 2455 片，地铁 8106.6 米，公路 23.66 千米（其中高速公路 2.28 千米），路面 136.9 万平方米。获国家优质工程 2 项，中国钢结构金奖 1 项，省部级优质工程 3 项，国家级优秀质量管理小组（班组）2 项，省部级优秀质量管理小组（班组）44 项。获省部级科技进步奖 4 项，股份公司级科技进步奖 22 项，省部级优秀工法 17 项，中国铁建优秀工法 11 项，国家专利 108 项（其中发明专利 17 项）。获“全国重合同守信用企业”称号。　（王志军　符妮娜）

【领导人员】

董事会

董事长	雷升祥（7 月免）
	邓　勇（7 月任）
董事	陈宏伟（7 月任）
	赵　斌
	李令选（2 月免）
	苗文怀（8 月任）
	蒋盛煌（8 月任）

监事会

监事会主席	黄锦波（3 月免）
	卢志成（4 月任）
监事	朱宝林（8 月免）
	王启录（8 月免）
	李向阳（8 月任）
	房高琪（8 月任）

经理层

总经理	邓　勇（7 月免）
	陈宏伟（7 月任）
副总经理	赵崇科
	李令选（2 月免）
	王广建（8 月免）
	任少强
	张文峰
	刘　峰
	苗文怀

蒋盛煌(3月任)
王作举(7月任)
李景超(7月任)

党群领导

党委书记	雷升祥(7月免)
	邓　勇(7月任)
党委副书记	黄锦波(3月免)
	陈宏伟(7月任)
	李胜义
纪委书记	黄锦波(3月免)
	卢志成(4月任)
工会主席	赵　斌

(周　麟　王志军　符妮娜)

【工程项目指挥机构】 简蒲高速总承包指挥部　指挥长刘军权,党工委书记张敏。驻四川省眉山市。

莞惠城际 GZH－6 标项目部　项目经理孙长江,党工委书记高忠杰。驻广东省东莞市大朗镇。

沪昆客专贵州段 CKGZTJ－9 标项目部　项目经理冯军武,党工委书记王志军。驻贵州省安顺市。

集通扩建 JTZQ－1 标项目部　项目经理梁月胜,党工委书记李俊。驻内蒙古自治区锡林郭勒盟正镶白旗。

郑徐客专 4 标项目部　项目经理张林,党工委书记段伟。驻河南省商丘市民权县。

宝兰铁路 8 标项目部　项目经理郭瑞,党工委书记曹永恒。驻甘肃省定西市通渭县。

西成客专 XCZQ－8 标项目部　项目经理雷卫东,党工委书记薛建武。驻陕西省汉中市南郑县。

成贵客专 7 标项目部　项目经理李景超、常务副经理王国良,党工委书记陈选生。驻四川省宜宾市。

怀邵衡铁路 HSHZQ－4 标项目部　项目经理刘庭联,党工委书记林海。驻湖南省邵阳市洞口县。

深茂铁路 JMZQ4 标项目部　项目经理邓宏法,党工委书记欧仕平。驻广东省开平市。

邕宁水利枢纽项目部　项目经理宋成年,党工委书记张康锁。驻广西壮族自治区南宁市。

蒙华铁路煤运通道 MHSS－7 标项目部　项目经理康玮,党工委书记段伟。驻陕西省延安市姚店镇。

通辽至让湖路铁路项目部　项目经理张利民,党工委书记田强。驻黑龙江省大庆市。

重庆石柱至黔江高速项目部　项目经理李福献,党工委书记张德平。驻重庆市。

郑万铁路客运专线 4 标项目部　项目经理苗文怀,常务副经理张林,党工委书记王高鹏。驻河南省平顶山市。

巴基斯坦卡拉奇至拉合尔高速项目部　项目经理李令选,党工委书记张俊波。驻巴基斯坦 Punjab 省。

安哥拉项目经理部　经理王作举,党工委书记陈磊(兼),常务副经理王永刚。驻安哥拉国罗安达省维也纳市卡库西区。

莫桑比克项目部　项目经理、党工委书记王作举,常务副经理杨米柱,驻莫桑比克楠普拉省楠普拉市慕海威立区维外莱姆斯 1089 街道 249 号。

蒙古国乌兰巴托市政立交桥项目部　项目经理黄勤劳,党工委书记惠树民。驻蒙古国乌兰巴托市罕乌拉区第四分区那达慕沁路东段。

(赵　华　王志军　符妮娜)

【职工队伍】 职工 18436 人,干部 9722 人,其中女性 2301 人,占干部总数的 23.67%;本科以上文化程度 6022 人,占干部总数的 61.94%;中专及以下文化程度 769 人,占干部总数的 7.9%;有各类专业技术干部 9140 人,占干部总数的 94.01%,其中高级职称 974 人(含教授级高工 62 人),中级职称 2833 人,初级职称 4371 人,未聘职称 962 人。

(周　麟　王志军　符妮娜)

【铁路施工】 涪(涪陵)秀(秀山)二线铁路站前工程 4 标段　位于重庆市彭水县。标段长 52.939 千米。合同投资 133665.1 万元,合同工期 37.5 个月。主要工程量:路基土石方 97.33 万立方米;特大桥 2 座 2379.73 延长米,大桥 18 座 4096.09 延长米,中桥 16 座 1291.84 延长米,涵洞 33 座 390.31 横延长米;隧道 17 座 34175 延长米。2016 年,累计完成投资 42341 万元。

通(通辽)让(让湖路)铁路项目　位于黑龙江省大庆市,标段长 89.65 千米。合同投资 81175.77 万元,合同工期 24 个月。主要工程量:土建工程站场改造 10 座,路基土石方 65 万立方米、拆轨 15 千米、轨道工程 46.2 千米、铺道砟 16 万立方米、铺道岔 121 组、联锁道岔 187 组;新建房屋面积 10770 平方米。跨线桥 6 座;顶进小桥 3 座;顶管 1 座;人行天桥 2 座;涵洞 10 座;水害整治 1 千米;防护栅栏 195.9 千米;通信光缆 266 条千米;信号电缆 329 条千米;高压架空线路 110 千米,高压电缆线路 16.5 千米,低压电缆线路 55.9 千米;接触网 89.65 条千米,接触网支柱组立 2325 根。2016 年,累计完成投资 48297 万元。

蒙(蒙西)华(华中地区)铁路 MHSS－1 标段　位于陕西省延安市,标段长 11.670 千米。合同投资 70221 万元,合同工期 60 个月。主要工程量:隧道 1 座 11668 延长米;正线无砟道床 23.40 千米。

蒙(蒙西)华(华中地区)铁路 MHTJ－7 标段　位于陕西省延安市,标段长 35.7 千米。合同投资 261900 万元,合同工期 60 个月。主要工程量:隧道 13 座 31862.34 延长米;桥梁 11 座 3099.85 延长米;涵洞 3 座 186.06 横延长米;路基土石方 42.99 万立方米;正线无砟道床 66.50 千米;粒料道床 1.33 万立方米。

长(长春)白(白城)铁路 CBSG－2 标段　位于吉林省长春市,标段长 67.85 千米。合同投资 132694.34 万元,合同工期 37 个月。主要工程量:梁式桥梁 11 座 1668.1 延长米,框构桥 4 座 860.76 延长米;涵洞 70 座 1393.33 横延长米;区间路基土方 364.79 万立方米;站场路基土方 105.29 万立方米;正线铺轨 2.029 千米,粒料道床 7015 立方米;站线铺轨 14.95 千米,铺岔(单开)76 组,粒料道床 68782 立方米;站线拆除 12.842 千米,重铺 6.476 铺轨千米,拆除道岔 39 组;站场改造 3 座。2016 年,累计完成投资 104111 万元。

怀(怀化)邵(邵阳)衡(衡水)铁路 HSHZQ－4 标段　位于湖南省怀化市,标段长 39.71 千米。合同投资 212995 万元,合同工期 51 个月。主要工程量:隧道 14 座 6538 延长米;桥梁 15 座 7111.21 延长米;站场土石方 11.83 万立方米;区间路基土石方 321.5 万立方米;正线无砟道床 26.8 千米。

阳(阳平关)安(安康)增建二线站前工程　位于陕西省汉中市,标段长 36.2 千米。合同投资 105720 万元,合同工期 48 个月。主要工程量:隧道 9 座 13120 延长米;桥梁 22 座 6115.59 延长米;站场土石方 34.7 万立方米;区间路基土石方 190.6 万立方米;正线无砟道床 10.5 千米;新建站线 4.11 千米;新铺道岔 24 组;改建站线 5.66 千米;拆除道岔 20 组。2016 年,累计完成投资 60520 万元。

深(深圳)茂(茂名)铁路站前工程　位于广东省开平市,标段长 37.5 千米。合同投资 142597 万元,合同工期 36 个月。主要工程量:桥梁 28 座 15180.3 延长米;站场土石方 163.8 万立方米;区间路基土石方 491.1 万立方米。2016 年,累计完成投资 130757 万元。

西安铁路枢纽西安站改扩建工程 XZGS－1 标段　位于陕西省西安市,标段长 1.346 千米。合同投资 39312 万元,合同工期 18 个月。主要工程量:站场土石方 12.86 万立方米;框架涵 48.3 横延长米;铺新轨及道床 13.31 千米;单开道岔 45 组;通信、信号及信息 27.2 千米;电力及电力牵引供电 56 千米;低压变电所、站 3 座;箱式变电站 7 座;灯柱 154 座;接触网 15.2 千米;生产及办公房建筑面积 4.28 万平方米;居住及公共房建筑面积 2.3 万平方米;给排水 7.94 千米。2016 年,累计完成投资 26520 万元。

成(成都)贵(贵阳)铁路 CGZQSG－7 标段　位于四川省宜宾市,标段长 41.371 千米。合同投资 243000 万元,合同工期 49 个月。主要工程量:路基土石方 280 万立方米;站场土石方 92 万立方米;隧道 10 座 18447 延长米;桥梁 43 座 11980.6 延长米;涵洞 986.8 横延长米;正线无砟道床 82.11 千米;站线无砟道床 1.37 千米。2016 年,累计完成投资 213848 万元。

沪(上海)昆(昆明)高速铁路贵州段 CKGZTJ－9 标段　位于贵州省安顺市,标段长 63.745 千米。合同投资 497298 万元,合同工期 58 个月。主要工程量:隧道 19 座 43.566 千米,其中Ⅰ级风险隧道 3 座;桥梁 22 座 11.755 千米,路基 8.404 千米。

沪(上海)昆(昆明)高速铁路云南段 TJ－2 标段　位于云南省曲靖市,标段长 54.6 千米。合同投资 363115 万元,合同工期 60 个月。主要工程量:桥梁 41 座 22696.4 延长米,隧道 8 座 15353 延长米,路基 18.834千米,涵洞 44 座 1151.34 横延长米,公路跨线桥 5 座 276.6 延长米,人行天桥 2 座 106.4 延长米,渡槽 82.22 米,设车站 1 座。

集(集宁)通(通辽)改建铁路扩能改造工程　位于内蒙古自治区乌兰察布市,标段长 197.9 千米。合同投资 363115 万元,合同工期 36 个月。主要工程量:兴和至查干芒和段线路全长 98.537 千米;区间路基土石方(断面方)367.61 万立方米,站场土石方 21.33 万立方米;大桥 2 座 283.08 延长米,中桥 1 座 85.42 延长米,小桥 1 座 29.84 延长米,明挖框构 1 座 47.76 延长米,涵洞 92 座 743.31 横延米;正线铺新轨 97.993 千米,道床 34.84 万立方米,改建铺轨 35.358 千米,道床 22.2 万立方米;站线铺轨 8.976 千米,道床 4.96 万立方米;道岔 45 组。2016 年,累计完成投资 137930 万元。

西(西安)成(成都)高速铁路 8 标段　位于陕西省汉中市,标段长 33.5 千米。合同投资 255000 万元,合同工期 45 个月。主要工程量:隧道 7 座 17080.66 延长米;桥梁 2 座 16455.67 延长米;站场土石方 4.2 万立方米;正线无砟道床 66.5 千米;站线无砟道床 1.65千米。

(郑州)万(万州)高速铁路 ZWZQ－4 标段　位于河南省平顶山市,标段长 44.845 千米。合同投资 266333 万元,合同工期 43 个月。主要工程量:路基土石方 214.9 万立方米;站场软基处理 CFG 桩 55.29 万米;站场 2 处(郏县站和平顶山西站);特大桥 2 座 25567 延长米,大桥 2 座 5757 延长米,中桥 3 座 104 延长米,涵洞 14 座 398 横延米;轨道工程 42.8 千米。

瓮(瓮安)马(马场坪)铁路项目部　位于贵州省福泉市,标段长 72.595 千米。合同投资 266333 万元,合同工期 43 个月。主要工程量:线路总长 72.595 千米,其中正线长 64.165 千米,改建既有沪昆右线 5.124 千米,新建姜家坪至福泉新货场联络线 1.876 千米,其它站线线 3.306 千米;桥梁 43 座 13130 延长米;隧道 28 座 32490 延长米;车站 5 座。

(赵 华 王志军 符妮娜)

【铁路运输】 第一铁路运输分公司 驻陕西省榆林市神木县店塔镇下石拉沟。经理郭竞剑,书记王昭珠。职工 258 人,其中正式职工 105 人。2016 年,完成总产值 3802.08 万元,完成年度计划 3550 万元的 107%。

第二铁路运输分公司 驻陕西省渭南市蒲城县洛滨镇。经理潘旭明,书记吴培力。职工 201 人,其中正式职工 113 人。2016 年,完成总产值 3724 万元,完成年度计划 2500 万元的 148.96%。

铁路电力运输分公司 驻陕西省榆林市神木县店塔镇下石拉沟村。经理许青平,书记陈献和。职工 228 人,其中职工 117 人。2016 年,完成牵引重车 3395.5 列,货物运送量 22163881 吨,机车总走行 2273655 千米,完成货物周转量 222327.2022 万吨千米。完成年产值 5411.35 万元,完成年度计划 4051 万元的 133.58%。 (何亚娟 王志军 符妮娜)

【铁路外工程】 莞(东莞)惠(惠州)城际 GZH－6 标段 位于广东省东莞市大朗镇。合同投资 96125 万元,合同工期 53 个月。主要工程量:正线全长 5.93 千米,隧道盾构段 4407.8 双延长米,隧道暗挖段 813.144 双延长米,隧道明挖段 386.8 双延长米。大朗车站 1 座 322 米,车站主体面积 13041 平方米。为地下 2 层岛式站台越行车站(四线夹一台),主体结构采用明挖顺筑法施工。

黔(黔南州)贵(贵阳市)安(安顺)农村公路“建养一体化”服务第 QGA 标段 位于贵州省黔南州贵阳市、安顺市,标段长 2503 千米。合同投资 257556 万元,合同工期 36 个月。主要工程量:县乡道改造、通村沥青(水泥)路建设;撤并建制村通硬化路建设,全长 2502.8 千米。2016 年,项目完成投资比率约为 24.5%。

重庆梁平至黔江高速公路石(石柱)至黔(黔江)段工程 位于四川省及重庆市,标段长 43.8 千米。合同投资 448400 万元,合同工期 36 个月。主要工程量:线路全长 43.822 千米;路基 29 段 15380 米;桥梁 32 座 11634 延长米;隧道 6 座 13805 延长米;互通 4 座。2016 年,累计完成投资 1792 万元。

石家庄市轨道交通 3 号线一期工程 9 标段 位于河北省石家庄市新华区,标段长 1.687 千米。合同投资 30000 万元,合同工期 21 个月。主要工程量:车站 1 座 12626 平方米;盾构区间长 1384.853 米。2016 年,累计完成投资 1792 万元。

青岛地铁 1 号线工程土建工程 位于山东省青岛市城阳区,标段长 4.11 千米。合同投资 50866 万元,合同工期 42 个月。主要工程量:正线全长 4.105 千米,隧道盾构段 3952.255 双延长米。设汽车北站 1 座 153 米,主体面积 3703.5 平方米。2016 年,累计完成投资 7740 万元。

成都地铁 5 号线一、二期工程 位于四川省成都市华阳镇,标段长 2.9 千米。合同投资 50000 万元,合同工期 45 个月。主要工程量:2 座地下 2 层岛式车站和 2 个盾构区间,建筑面积 12883 平方米,高峰站建筑面积为 15304 平方米;2 个盾构区间双线分别长 622 米、1735 米。

合肥市轨道交通 3 号线土建 TJ03 标段 位于安徽省合肥市经济技术开发区,标段长 1.98 千米。合同投资 55090 万元,合同工期 34 个月。主要工程量:车站 3 座 51941.94 平方米;盾构双线长 1976.25 米。

兰州市轨道 1 号线一期 TJII－11 项目部 位于甘肃省兰州市城关区庆阳路,标段总长 1.159 千米。合同投资 61312 万元,合同工期 30 个月。

佛莞城际轨道交通广州南站至望洪站段站前工程 FGZH－1 标段 位于广东省广州市,标段长 11.03 千米。合同投资 252858 万元,合同工期 53 个月。主要工程量:隧道 11.03 千米;正线双块式无砟道床 22.44 千米;站线双块式无砟道床 0.54 千米;地下车站 2 座 72263 平方米。

西安市地铁四号线 D4TJSG－12 标段 位于陕西省西安市,标段长 2.997 千米。合同投资 51328 万元,合同工期 27.5 个月。主要工程量:包含 2 站 3 区间,即含元路站至大明宫站区间(762.2 延长米)、大明宫站(12645 平方米)、大明宫站至玄武路站区间(1017.2 延长米)、玄武路站(12261 平方米)、玄武路站至曹家庙站区间(808.1 延长米)。区间采用盾构法施工,地铁站采用明挖顺筑法施工。

贵安职业学院项目 位于贵州省贵安新区。是中铁二十局集团在贵安新区承建的首个院校大型房建综合体项目。合同投资 212149 万元,合同工期 24 个月。主要工程量:建筑面积 408630.3 平方米,地上建筑面积 373122.6 平方米,地下建筑面积 35507.8 平方米。单体建筑主要包括行政楼、教学楼、实训实验楼、图书馆、风雨操场、宿舍、食堂、配套用房、配套公建、室外道路、广场、绿化、室外管网、地下建筑及配套基础设施等。

瑶湖总部经济港安置房一期及周边市政道路项目

位于江西省南昌市。合同投资158000万元,合同工期54个月。主要工程量:D1地块24栋楼,D2地块23栋楼。总建筑面积D1地块22.85万平方米,地下4.5万平方米,地上18.2万平方米;D2地块23.3万平方米,其中地下4.73万平方米,地上16.73万平方米。

引江济淮试验工程　位于安徽省合肥市。合同投资37020万元,合同工期24个月。主要工程量:土石方480万立方米,改性土处理41万立方米,钻孔桩18688米,预制桩3637立方米,滚水坝1座6446立方米,混凝土防护及排水工程114369立方米,管护道路工程2100米。

简阳至蒲江段高速公路项目　位于成都天府新区,线路全长126.3千米。合同投资146.675亿元,合同工期36个月。其中建安投资98.735亿元,合同工期36个月。总承包合同包含14个土建标段、4个路面标段、2个交安标段以及2个绿化标段和1环保标段。主要工程量:路线全长126.333千米,土石方4864万立方米,路基防护及排水圬工73.6万立方米。路面水稳料658万吨,沥青混合料179万吨;全线设置枢纽互通5处,一般互通12处,收费站12处,服务区2处,管理分中心1处,养护工区2处。桥梁113座22.2千米,其余桥梁上部结构为25米和40米T梁、小箱梁的先简支后桥面连续结构。预制梁体8093片,现浇箱梁166联。隧道2座,设置分离式立交16处,人行天桥和渡槽29座,涵洞及通道375道。2016年,开工累计完成产值947318万元,完成合同总额987352万元的95.9%。

(赵　华　王志军　符妮娜)

【境外工程】　安哥拉本格拉铁路大修工程　位于安哥拉共和国中部。标段(线路)正线长1289.129千米。合同投资116.38亿元,合同工期64个月。原由安哥拉工程指挥部负责施工,现由安哥拉国际有限责任公司负责施工。主要工程量:路基土石方1397万立方米,桥梁3799延长米,涵洞17882横延米,铺轨1443千米,铺道岔572组,房屋建筑面积49242平方米。67座车站的通信、信号、电力系统及其他室外建筑设施。2016年,累计完成投资116.29亿元。

莫桑比克纳卡拉走廊铁路6、7标段　位于莫桑比克共和国太特省(Tete)东北20千米的莫阿蒂泽(Moatize)矿区。标段(线路)跨度566.7千米。合同投资11.94亿元,合同工期19.5个月。由莫桑比克纳卡拉走廊铁路项目经理部负责施工。主要工程量:路基土石方329万立方米,涵洞2426横延米,铺轨146千米。2016年,累计完成投资8.67亿元。

巴基斯坦卡拉奇至拉合尔高速公路Ⅲ标段　位于巴基斯坦Punjab省。标段(线路)长229.95千米。合同投资93.76亿元,合同工期30个月。由集团公司卡·拉公路Ⅲ标项目部负责施工。主要工程量:土方填筑4217万立方米,底基层199万立方米,基层379万立方米,沥青面层144万立方米,混凝土80万立方米,桥梁51座2340延长米,箱涵316座,圆涵372座,动物通道198道,汽车通道59道,房屋建筑面积10万平方米,植树约50万棵。2016年,累计完成投资20.07亿元。

阿尔及利亚布里达省5000套租售房项目　位于距离阿尔及尔亚首都约50千米的布里达省。合同投资9.40亿元,合同工期32个月。EPC总承包方为中国铁建股份有限公司国际集团,集团公司为分包方,六公司为项目具体实施方。主要工程量:房屋185栋5000套,其中,150栋6层,26栋10层,9栋15层,总建筑面积55万平方米。2016年,累计完成投资5.98亿元。

(赵　华　王志军　符妮娜)

【经营管理】　工程承揽。2016年,新签合同额609.08亿元(不含二次经营),占股份公司下达计划485.5亿元的125.45%,占集团公司年度计划543亿元的112.17%,同比增长41.54%。其中,路内项目56.38亿元,占新签合同总额的9.26%;路外项目522.12亿元,占新签合同总额的85.72%,非工程板块30.58亿元,占新签合同总额的5.02%。房屋建筑工程新签合同额139.5亿元,同比增长150.1%;公路新签合同额78.2亿元,同比增长14.5%;市政新签合同额123.1亿元,同比增长304.5%;城市轨道新签合同额58.9亿元,同比增长110.5%;水利水电、机场码头等市场开发取得新成效。

企业管理。完成“十三五”规划的编制工作,并通过集团公司2016年职代会审议。获批公路工程施工总承包特级资质及公路行业甲级设计资质,成为全国第八家、中国铁建第五家拥有“三特三甲”资质的施工企业。六公司取得房建特级资质,市政公司和一公司上海兴甬公司取得房建一级资质。

经济管理。成本管理。成立提质增效工作领导小组,制定提质增效工作方案及工作督导方案。对蒙华7标及1标项目进行责任成本现场督导,指导、帮助项目部及各分部完成责任成本核算。通过对亏损项目的梳理及分析,将22个项目列入2016年销号范围,定期通报各项目的销号进程,督促项目完善资料。完成新上项目贵安职业技术学院、郑万客专、通让、石黔项目的前期策划。参加股份公司在宝兰客专PM系统应用情况的调研,对PM系统相关模块进行现场演示,并对PM系统合同签订流程、验工计价模板进行进一步优化。合同管理。审核修定物资采购、设备租赁、设备采购、劳务分包合同范本和内部承包合同范本,预防“营改增”后的合同法律风险。组织开展合同管理大检查工作,对所属直管工程项目合同管理情况进行督导检查,对管理中存在的合同主体资格不适格、授权委托书不规范、超合同计价、审核意见不具体、招投标程序不规范等问题提出整改意见,帮助项目部规范项目合同管理工作,加强合同法律风险的事前防范和事中控制。出具建设工程施工合同法律意见书108份,投资类可研报告、合同法律意见书47份,集采类法律意见书121份,工程项目补充合同及其他事项审核法律意见书57份,综合类法律意见书71份,合同法律审核数量较2015年度相比增幅149.38%。设备管理。优化完善集团公司及项目的设备、物资管理办法,设备租赁管理办法。强化设备物资计划审批,加大设备物资集中采购组织参与力度,制定招标文件及公告模板。加强项目上场策划、交底,通过对郑万客专等4个项目的上场策划、石黔等13个项目的上场交底、翁马等3个项目的指导,从源头上规范项目设备物资管理工作。根据“营改增”要求修定PM系统材料模块,优化工作程序,并通过PM系统实施业务远程指导,推进设备物资管理信息化建设。采集发布设备物资市场价格、采购(租赁)价格信息,发挥设备物资市场价格、资源引领作用,并对采购结果进行监督。设备集采合计503台(套),预算总价55287.92万元;合同总价51015.3万元,较预算金额节约资金4272.62万元,资金节约率7.72%。集采率100%。物资管理。境内项目各类原材料及能源收入822869.72万元,消耗818303.92万元,期末库存228782.24万元。其中,钢材收入745356.98吨、消耗728789.22吨、库存29844.79吨;水泥收入3115617.53吨,消耗3116730.41吨,库存1050.91吨;炸药收入3864.13吨,消耗4135.09吨,库存386.14吨;油料收入75206.68吨,消耗76400.69吨,库存801.47吨;木材收入27443.51立方米,消耗29345.66立方米,库存11389.58立方米。集采中心组织公司、项目集采租赁设备物资总额183934.03万元,较2015年153714.30万元增长19.7%,节约采购资金8831.02万元,资金节约率4.80%。法律事务管理。贯彻落实股份公司领导在2015年法律纠纷案件研讨会上的讲话精神和工作部署,制定《法律纠纷案件降控方案》新发法律纠纷案件77起,涉案金额8303.6万元,较2015年相比,案件数量下降12.5%,案件金额下降9.64%。已结案70起,其中调解结案60起,案件和解结案率达到85.7%,为企业减少或避免经济损失1389.96万元,降控方案得到有效落实。在案件处理中,坚持由内部专职法律人员协助涉案单位出庭应诉的工作原则,控制案件诉讼风险,降低企业的诉讼成本,避免因诉讼可能引发的负面影响。信息化管理。持续优化完善PM系统功能,更新完善基础资料,全面梳理合同审批流程,增设适用“营改增”项目、PPP项目的专用审批流程。对所有的OA流程进行全方位的梳理,对个别流程进行修改,提高信息交换和管理审批效应,实现项目部全过程信息化。对已建设完成的集团公司网络一体化安全平台(router os)继续进行深化研究,强化集团公司信息安全保障体系。对网站、OA、PM 3个信息系统进行了二级安全等级保护测评工作,增强信息系统的安全性。在微信上实现与PM系统、知识管理系统、OA系统的对接,在钉钉上实现与OA系统对接,完成以上对接系统在移动端的单点登录、企业通讯录同步、流程审批、数据查看等功能,同步企业公众号的新闻发布等功能,满足日常移动办公的需求。在中国施工企业协会第十二届全国工程建设行业信息化建设高峰论坛上,集团公司被邀请在该论坛上进行PM系统、移动办公、系统集成等成果展示和交流,提升企业形象和影响力。集团公司网站获中国施工企业协会“2016年工程建筑行业优秀网站”称号。社会责任。向企业定点扶贫村——青海省果洛州甘德县江千乡协隆村拨付对口扶贫资金50万元,确立发展绿色产业“千亩饲草种植基地”项目;向陕西省宁陕县广货街镇五台村拨付对口扶贫资金20万元,其中5万元用于基础设施建设,14万元用于支柱产业发展,1万元用于资助困难学生及特困户。社会保险。参加养老保险18032人,缴纳养老保险金28861万元;参加职工医疗保险22144人,缴纳基本医疗保险费8364万元;参加生育保险18156人,缴纳生育保险费323万元;参加失业保险18156人,缴纳失业保险费1097万元;计提职工住房公积金10262万元;参加补充医疗保险22144人,补充医疗保险费1847万元;参加工伤保险18156人,缴纳工伤保险费617万元;报销补充医疗费2258人,报销补充医疗费502万元;评为“2015年度行业企业养老保险经办工作先进单位”。完成计划产值约2.87亿元,建设并交付使用的住房5栋,住宅面积约99311平方米。

安全质量。开展安全质量大检查活动,两级机关督导组发现安全质量方面各类问题4085个,整改封闭4085个,及时消除事故隐患,促进现场管理工作。修订《安全生产管理办法》《工程项目安全生产管理办法》《脚手架支架管理办法》《管理体系审核自评制度及管理体系评审制度》《职业健康保障管理办法》《危险源辨识与风险评价制度》《危险源辨识与风险评价制度》《铁路建设项目施工企业信用评价办法》《铁路建设项目施工企业信用评价奖罚考核办法》9个制度文件,为依法合规进行安全质量管理提供制度保证。

与所属子公司、直管项目经理部签订《安全生产包保责任书》。集团公司通过水利部一级水利水电工程安全生产标准化达标认证。组织陕建安“三类人员”取证培训78人次，公路“三类人员”延期478人次，水利“三类人员”新取证160人，质检员取证205人次；利用多媒体开展安全教育培训3680余人次。

财务审计。为强化资金上存和集中管理，全面清理银行账户，压缩外部开户数量，注销外部银行账户89个，在财务公司开立账户356个，归集资金14亿元；撤销资金分中心，整合机构，提升资金管理效率；采用“融资租赁+经营租赁”模式，缓解购置设备对资金的周转压力；充分利用国家对西藏地区的贷款贴息优惠政策，向西藏工商银行、建设银行申请6.8亿3年期低息贷款，可减少利息支出3000多万元；加大在财务公司的资金上存力度，以获取在财务公司较基准利率下浮15%的优惠贷款，降低融资成本。为防止人民币汇率持续下行造成融资成本的扩大，及时启动风险对冲机制应急预案，对大部分美元债务进行汇率锁定。通过清收清欠、保函置换、债权转让、法律诉讼等行政、经济和法律手段，全面实施“双清”工作，全年完成清收清欠338.16亿元，占考核目标值364.75亿元的92.71%。与国家开发银行陕西省分行签订《开发性金融合作协议书》，与中国铁建南方投资集团有限公司签订《会计核算服务协议》。实现营业收入326.6亿元，净利润6.8亿元。开展各类审计195项，投入工天3811天，提出审计报告186个，提出审计建议860条，被采纳847条。查出违纪金额32816万元，其中，违规违纪金额17821万元、损失浪费12505万元、不良资产28万元、其他问题金额2462万元、已纠正违纪金额10756万元、促进增收节支2433万元。审计结果平调3人，降职1人，撤职2人，移送司法机关3人。

（吴　辰　何　雁　王志军　符妮娜）

【科技教育】 科技工作。获省部级工法17项，股份公司优秀工法11项，企业级工法12项。其中《高铁大断面隧道穿越碎屑流地层施工工法》等4项工法被评为铁路建设工程部级工法；《T76S高强度自钻式管棚超前支护工法》等12项工法被评为陕西省省级工法；《边跨高墩无支架现浇段挂篮结合桁架式导梁施工工法》被评为公路工程工法；《浅埋暗挖隧道过地裂缝破碎带施工工法》等11项工法被评为股份公司优秀工法；《上跨既有线桥梁整组拆除与安装综合施工工法》等12项工法被评为企业级工法。获上级科技进步奖26项，其中，省部级科技奖4项、股份公司级科技奖22项；评出集团公司科学技术奖14项。申请专利94件（其中实用新型专利70项），授权专利110件（其中实用新型专利91件）。在省部级期刊上发表优秀论文300余篇，获股份公司优秀论文4篇。主编行业标准1项，参编行业标准6项，其中1项已发布实施。研发费加计扣除减免企业所得税571万元。

教育培训。组织举办各类培训班46期，培训10242人次。组织出国人员培训800余人次；组织参加股份公司领导干部培训、外语、经营实战人才等各类培训316人次。根据企业资质申报和生产经营需要，组织施工企业关键管理岗位（十一大员）及主要技术工种技能等级取证培训4期，办理各类资格证书1642本。所属各单位、项目部根据企业发展和施工生产需要组织各类职工培训6000余人次，外部劳务培训42000余人次。（曹万玲　郭志宏　王志军　符妮娜）

【党群工作】 党的工作。下辖基层党组织472个，其中，党委25个、党工委23个、党支部424个。党员8045人，占职工总数的43.4%，其中女党员1388名，少数民族党员78名，退休党员1628名，大专以上党员5370名。领导班子建设。以“两学一做”学习教育为抓手，围绕企业中心工作，服务改革发展大局。先后给党员干部配发《“两学一做”学习教育问答》《中国共产党廉洁自律准则》《总体国家安全观干部读本》等学习资料2350余册。对企业“三重一大”问题坚持集体领导与个人分工负责相结合，充分发挥集体智慧，减少决策失误，实现科学民主决策。召开党委常委（扩大）会18次，评选出7家集团公司“四好”领导班子。集团公司党委被陕西省国资委党委评为“先进基层党组织”。党组织建设工作。一是集团公司党委组织部会同发展战略部对集团公司章程进行修改，增加6条内容，将党建工作要求写入公司章程，把党的工作机制与企业的生产经营运行机制结合起来。二是坚持完善“双向进入、交叉任职”领导体制。三是完善“三重一大”议事决策机制。坚持党委常委（扩大）会、董事会、总经理办公会议事规则，将党委常委（扩大）会议作为董事会、经理层决策重大问题的前置程序；坚持“大事集体决策，党政共同负责”，严格落实“四同步”原则；坚持党政领导会签和联审联签制度，有效保证基层“三重一大”制度落到实处。四是规范项目党组织基本工作流程。建立健全基层党支部组织生活制度和工作制度，统一印制党支部“三簿一册”，提高“三会一课”质量；同时对领导干部讲党课、党组织关系转移、发展党员工作、民主生活会、任前谈话、党风廉政建设主体责任履行等党建基础工作流程进行规范统一。五是强化定期约谈制度。集团公司党委集中召开项目约谈会2次，对沪昆云南段、黄韩侯铁路等12个项目主管领导进行约谈，并召开亏损项目集体约谈会议，经集团公司党委常委会研究决定,3 人进行免职降职处理。研究党建工作和基层党组织建设 16 项,对 40 项领导干部管理、企业生产经营管理重大问题提出意见和建议。党员队伍建设。继续抓好“三严三实”专题教育整改工作,扎实开展“两学一做”学习教育,深入组织学习习近平总书记系列重要讲话,学习中国共产党章程,学习《准则》《条例》等党内系列重要规定。建立学习任务“清单”、重点环节“作业指导书”,加强“台账”管理。开展班子成员联系点“七个一”活动,使过程“接地气”,效果有“人气”;各级党委开展学习讨论 681 次,讲党课 531 次。发展党员 158 人。宣传思想工作。组织学习党章党规党纪、习近平系列讲话精神、中组部和国资委党委关于党的建设文件精神、党的十八届六中全会精神、习近平在国有企业党的建设工作会和纪念长征胜利 80 周年大会上的讲话精神、国企改革相关文件、《中国共产党问责条例》等。围绕集团公司“创新创业履责年”管理主题,在《开路先锋》报开设“学习贯彻五会精神大家谈”“机关部长谈创新”等 8 个专栏,连续开展 18 次教育活动,在微信公众平台连续做了 15 期相关教育专题。修订《项目文化建设标准及考核办法》,重新印发《企业文化建设管理办法》《新闻宣传工作管理办法》《突发事件新闻处置应急预案》《舆情处置办法》。“两会”期间,在中央电视台二套专题片《五年规划》第 4 集《天堑通途》中播出集团公司地铁、隧道施工场景。中国新闻社、新华社等中央级媒体对集体公司承建的西北地区最大的大型机械养护工程进行报道。郑徐高铁开通,中央电视台《新闻联播》对郑徐高铁项目部经理张林进行采访。中央电视台播放纪录片《中国高铁》。由集团公司设计施工总承包的世界转体重量最大的山东省菏泽市丹阳路立交桥成功转体,中央电视台《新闻联播》《朝闻天下》《晚间新闻》以及人民日报、科技日报、新浪网等十余家媒体网站进行报道。在各级媒体刊登稿件 3690 余篇,其中中央级及门户网站 1890 篇。被中国铁建党委评为“对外新闻报道先进单位”,1 人被评为“十优记者”和“对外报道先进个人”,1 人被评为“对外报道先进个人”。在中国铁建 2015—2016 年度优秀政研成果评选中,集团公司报送的《建筑施工企业青年员工思想探析》获一等奖,《建设工程施工合同专业分包与违法分包的法律辨析和风险防控》《新常态下企业发展战略有效实施的实践与思考》获二等奖;集团公司被授予“课题研究优秀组织单位”。党风廉政建设。成功召开了第三次党代会(第一次纪委全会),选举产生 7 名纪委委员及新一届纪委常委,成立 2 个纪检监察组;出台《纪委会议议事规则》《纪委书记办公会议规则》《纪检监察干部交流选拔使用管理办法(试行)》等制度办法。纪委成立以亏损项目追责督办检查组,先后对股份公司移交的玉铁、沪昆贵州段、内邓 3 个亏损项目的有关问题线索进行严肃核查和责任追究,两级纪委对常溧公路 6 标、兰新二线项目、杭长客运专线等 17 个项目进行责任追究,给予 130 人党纪政纪处分,经济赔偿 229.93 万元;为加大亏损项目问责力度,规范企业管理,纪委出台《亏损项目责任追究办法》《管理问责实施办法》。在专项检查方面,集团公司纪委对集团沪昆贵州段、沪昆云南段、宁西二线、吕临铁路、宝兰铁路等 8 个项目劳务管理过程中存在的违纪违规问题进行督查。通过督查,发现问题线索 7 个,转立案追责 5 个,了结 2 起,处理责任人 6 名(行政记大过、记过各 1 人,行政警告 4 人),经济赔偿 1.5 万元。集中开展对 9 个直管项目的巡视(巡察)工作,发现问题 260 项,对有关线索移交两级纪委。受理各类举报线索 118 件(其中集团本级受理信访件线索 50 件,股份公司转办 12 件),处置问题线索 99 件,立案 77 件,结案 77 件,受到党纪政纪处分 238 人(双重处分 5 人),挽回经济损失 207.42 万元。按照执纪监督四种形态,轻处分 221 人,占处分总人数的 92.8%;重处分 17 人,占 7.2%,化解企业经营风险 3 起。

工会工作。下辖 17 个子公司工会,2 个直属单位工会,15 个直管项目工会工作委员会,10 个区域指挥部工会工作委员会,307 个项目部(车间)、工程队工委。会员 18436 人,工会专职干部 57 人,基层兼职工会干部 345 人。两级工会继续深入开展“送文化下基层活动”,筹集资金 22.4 万元,用于职工购买书籍、基层职工书屋建设和文化设施建设,市政公司、六公司分别被授予“全国职工书屋示范点”和“陕西省职工书屋示范点”称号。制定《中铁二十局集团公司工会“十三五”劳动竞赛规划》,开展“七比”劳动竞赛活动。女工委组织开展女职工才艺大赛、知识竞赛、体育比赛等活动,向全体女职工发起以“培育好家风——二十局女职工在行动”为主题的活动。女工委重点对困难女职工的帮扶工作,慰问一批困难女职工家庭,并为 10 名患病女职工给予 3 万元困难补助。帮扶困难职工及职工遗属 1987 户 394.83 万元。本级接待职工来信来访 16 人次,解决 15 人次;组织各级工会干部参加铁路总工会、股份公司工会和陕西省总工会的各类培训 16 期(次),37 人次参加培训。获“陕西省五一劳动奖状”,1 个集体获陕西省“工人先锋号”,2 个集体获陕西省“劳动竞赛先进集体”,2 个集体获陕西省“劳动竞赛优胜单位”,1 人获“全国五一劳动奖章”,1 人获“铁路建设专项火车头奖章”,4 人获“火车头奖章”,3 人获陕西省“重点工程建设劳动竞赛先进个人”,5 人获陕西省“劳动竞赛标兵”,1 人获陕西省“工人先锋号”。

共青团工作。下辖15个基层团委,40个团工委,1个团总支,266个团支部。团员3100人,35岁以下青年9112人;兼职团干部288人,专职团干部11人。团委以"弘扬五四精神,展现青春风采"为主题,持续推进共青团"四大工程"。深入贯彻落实科学发展观,学习公司"五会"精神,以万名青年的责任与担当,开展"守底线,敢担当,勇创新,争一流"主题实践活动,践行"四守四创"和"创新创业履责年"活动。为新分400多名大学生讲授"中国有梦,20局有路,青年人有为"的主题团课教育。举办集团团委委员第八次集体学习,学习传达集团公司第三次党代会精神,邀请子公司党政领导授课,强力打造集团团委"团课下基层"学习品牌活动。建立公司级团委书记到集团团委办公室挂职培训制度,并指导驻车公司、蒙华、郑万、巴基斯坦等单位及项目及时成立团组织,健全组织结构。向全集团广大团员青年发出"读点国学,勤于抄书,多些文章"的倡议书,并启动"抄国学经典,抄规范标准,做合格团员,做时代好青年"竞赛活动。联合宣传部、工会筹备、组织、举办"集团公司第三次党代会"职工文艺汇演。把"一号多岗"青年实践活动与"提质增效,青年担当""全国安全生产月"活动结合起来,重点开展"每名青年,创效千元"活动,实现每名青年为企业节约或增创1000元以上效益的目标,有力推动"创新创业履责年"的深入开展,为企业节约创效400万元以上。18个集体分别获"陕西省五四青年奖章(集体)"、陕西省"青年文明号"、四川省"青年文明号"、陕西省"青年安全生产示范岗"、陕西省国资委系统"五四红旗团支部""中国铁建青年文明号"称号;18人分别获"全国青年岗位能手""陕西省好青年"、陕西省国资委系统"优秀共青团干部""中国铁建岗位能手""中国铁建优秀团干部"称号;4人当选为省市青联委员。

(徐　志　王志军　符妮娜)

【第一工程有限公司】 具有公路、建筑、市政公用(限城市道路与桥梁)工程施工总承包一级,铁路工程施工总承包二级,桥梁、隧道、公路路面、公路路基、地基基础工程专业承包一级,航道工程专业承包三级,预拌商品混凝土专业承包资质,主要承担铁路、公路、城市地铁及轻轨高架、水电、机场、码头、市政与工业民用建筑、装饰、设备安装等项目的综合施工。前身系中国人民解放军铁道兵第十师第四十六团;1984年,集体转业,改编为铁道部第二十工程局第一工程处;2000年,改称中铁第二十工程局第一工程处;2002年,企业改制改称现名。驻江苏省苏州市大同路10号。公司董事长、党委书记严进喜,总经理、党委副书记石鸿江。下辖19个专业工程队,12个架子队。职工3093人。企业资产总额387283万元,其中固定资产原值73099万元,净值23773万元,流动资产359609万元。机械运输设备367台(套),原值27750.13万元、净值9173.2万元。总功率48662千瓦,技术装备率30030元/人,动力装备率15.63千瓦/人,成新率34.7%,完好率90%,利用率84%。年施工能力50亿元以上。

2016年,新签合同总额60.49亿元,完成企业总产值40.921亿元,实现利润3236万元。全员劳动生产率150.3201万元/人年,职工年人均收入54334元。国有资产保值增值率106.79%,资产负债率89.55%,产值利润率0.95%,净资产收益率6.56%,应上缴完成100%。

(韩沛丞　王志军　符妮娜)

【第二工程有限公司】 具有公路、铁路、市政公用、矿山工程施工总承包一级资质;公路路面、公路路基、隧道、桥梁、地基与基础工程专业承包一级资质;水利水电、房屋建筑总承包三级资质,以及境外铁路、公路综合土木工程施工总承包资质。前身系中国人民解放军铁道兵第十师四十七团,建于1954年;1984年,集体转业,改编为铁道部第二十工程局第二工程处;1990年,改制为企业,更名为中铁第二十工程局第二工程处;2000年,更名为中铁二十局第二工程处;2002年,企业改制改称为中铁二十局集团第二工程有限公司;2007年,公司改制为中铁交通国际工程技术有限公司;2008年,公司恢复重组为中铁二十局集团第二工程有限公司。驻北京市海淀区西四环北路158号慧科大厦东区12层。公司董事长、党委书记刘文武,总经理张建升。下辖1个管理中心,1个设备维修中心,2家酒店,1个路面公司,1个无砟轨道公司,12个正式建制队。职工2595人。资产总额510106.48万元,其中固定资产原值100700.91万元、净值60375.66万元,流动资产470608.19万元;机械运输设备595台(套),原值40202.87万元、净值21437.62万元,总功率95567千瓦。

2016年,完成施工产值52.03亿元,实现利润1.05亿元。全员劳动生产率171万元/人年;职工年人均收入58076.28元;国有资产保值增值109.16%,资产负债率86.05%,产值利润率1.17%,上缴税金13599.56万元。

(王海波　王志军　符妮娜)

【第三工程有限公司】 具有市政公用工程施工总承包一级,增项资质为公路工程施工总承包二级、建筑工程施工总承包三级,桥梁、隧道工程专业承包二级,古建筑、地基与基础工程专业承包三级资质。公司主要经营范围包括公路、铁路、市政、水利水电、工业与民用建筑、城市轻轨、地铁、预拌商品混凝土及构件预制、设备安装等工程施工。2006年，由集团公司下辖房地产开发公司、北京分公司、西安分公司、上海兴甬建筑市政工程公司合并组成；2007年，川渝分公司并入，同时房地产开发公司划出；2008年，上海兴甬公司从第三工程有限公司划出。驻重庆市南岸区黄桷垭镇崇文路28号附7号。董事长、总经理任霄，党委书记王宏伟。下辖11个专业工程队。职工1429人。资产总额257794万元，其中固定资产原值46532万元、净值26786万元，流动资产230872万元。机械运输设备807台(套)，原值28280万元、净值11825万元。总功率78702千瓦，技术装备率6.3万元/人，动力装备率54.64千瓦/人，成新率43.3%，完好率95%，利用率90%。

2016年，承揽工程14项，合同总额50.13亿元。完成企业总产值29.28亿元，实现利润4890万元。职工年人均收入51673元。国有资产保值增值率107.23%，资产负债率88.98%，产值利润率3.53%，净资产收益率11.12%。(吕　娜　王志军　符妮娜)

【第四工程有限公司】　具有铁路、公路、市政工程施工总承包一级资质，桥梁、隧道、公路路基、铁路铺轨架梁承包一级资质，钢结构专业承包二级资质，独立对外承包工程经营资格。经营领域涉及工程建设、铁路运输、矿山开采、资本运作等。公司前身为中国人民解放军铁道兵第十师四十九团；1984年，整建制改编并入铁道部，更名为铁道部第二十工程局第四工程处；2002年，企业改制更名为中铁二十局集团第四工程有限公司。驻山东省青岛市崂山区东海东路89号。董事长、党委书记樊立跃，总经理、党委副书记秦浩贤。下辖33个专业工程队和3个铁路运输分公司。职工4006人。企业资产总额409835.29万元，其中固定资产原值133773.68万元、净值28430.94万元，流动资产378198.72万元。机械运输设备670台(套)，原值56989.89万元、净值17460.63万元，总功率237760千瓦，技术装备率4.36万元/人，动力装备率59.35千瓦/人，成新率30.64%，完好率95%，利用率70%。年施工能力50亿元以上。

2016年，承揽工程31项，新签合同额47.15亿元。完成企业总产值36.2578亿元，全员劳动生产率94.35万元/人年，职工年人均收入6.09万元。国有资产保值增长率99.45%、净资产收益率6.71%、产值利润率1.49%、资产负债率87.58%。

(何亚娟　王志军　符妮娜)

【第五工程有限公司】　市政公用施工总承包一级资质，公路路基专业承包一级资质，桥梁、隧道工程专业承包二级资质，建筑工程总承包三级资质。公司前身系中铁二十局第二工程有限公司；2007年，集团公司撤销第二工程有限公司编制，将西北工程公司人员、资产与原第二工程有限公司改制重组续存人员、资产合并成立第二工程有限公司；2008年，由第二工程有限公司更名为第五工程有限公司。驻云南省昆明市官渡区国贸路星河明居A幢附属楼。董事长、总经理张云飞，党委书记郑润怀。下辖雅都商务酒店、南宁构件公司、广西旅发铁建商品混凝土有限公司及7个工程队。职工1424人。资产总额340085.44万元，其中固定资产原值72242.96万元、净值36688.69万元，流动资产299310.41万元。机械运输设备309台(套)，原值63714.89万元、净值44820.65万元。总功率58412.5千瓦，技术装备率31.63万元/人，动力装备率41.22千瓦/人，成新率70.35%，完好率93.85%，利用率96.44%。

2016年，承揽工程26项，合同额102.1亿元。完成企业总产值30.0049亿元。全员劳动生产率210.71万元/人年。职工年人均收入71736元。国有资产保值增值率126.8%，资产负债率89.8%，净资产收益率24.05%。　(汪军利　王志军　符妮娜)

【第六工程有限公司】　具有建筑工程施工总承包特级资质，工程设计建筑行业甲级资质，公路工程、市政公用工程施工总承包一级资质，铁路工程施工总承包二级资质，装修装饰、桥梁、隧道、钢结构工程等4项专业承包一级资质。前身系中国人民解放军铁道兵第十师青藏线新建铁路管理科；1984年，集体转业先后改称铁道部第二十工程局新建铁路运输处、建筑公司、建筑工程处；2001年，改称中铁第二十工程局第六工程处；2002年，企业改制改称现名。驻陕西省西安市未央区广安路3619号。董事长周海军，党委书记张斌，总经理李瑛。下辖1个深圳分公司、2个区域工程指挥部、7个城市项目部、2个机械专业工程队、2个独立管理的家属基地、1个企业文化形象中心，53个在建工程项目部。职工2622人。资产总额42.36亿元，其中固定资产原值7.92亿元、净值2.39亿元，流动资产39.91亿元，负债总额37.36亿元，资产负债率88.20%。机械运输设备606台(套)，原值3.07亿元、净值1.19亿元；动力设备总功率71311千瓦，技术装备率4.53万元/人，动力装备率27.20千瓦/人，综合成新率38.72%，完好率92%，利用率86%。企业年施工能力50亿元以上。

2016年，新签合同额60.38亿元，完成企业总产值为50.28亿元，实现利润5303.7万元。人均创利2.62万元，全员劳动生产率46.48万元/人年，职工年人均收入65982元。国有资产保值增值率108.84%，净资产收益率 9.07%，产值利润率 1.11%，投资回报率 9.02%，资产负债率88.21%，应上缴款完成率98.06%。

（白延辉　王志军　符妮娜）

【市政工程有限公司】 具有水利水电、市政公用、房屋建筑工程施工总承包一级资质，地基与基础工程专业承包一级资质，钢结构、建筑装修装饰、建筑幕墙、防水防腐保温专业承包二级资质，石油化工工程总承包三级资质，特种工程专业承包资质。2012 年，由兰州商贸公司和原路桥分公司合并组建成立中铁二十局集团第七工程有限公司；2015 年，更名为中铁二十局集团市政工程有限公司。驻甘肃省兰州市城关区北龙口永新化工园区永新集团 5 楼。董事长、党委书记陈向鸿，总经理秦文。下辖 1 个法人单位、8 个市场部、14 个专业工程队、30 个工程项目经理部。职工 510 人。资产总额 18.72 亿元，其中固定资产原值 1.29 亿元、净值 8383.56 万元，流动资产 17.88 亿元，其他资产 69.52 万元。总功率 18513 千瓦，人均动力装备率36.3 千瓦，成新率70.9%，完好率 96.5%，利用率 87.2%。年施工能力 30 亿元以上。

2016 年，承揽工程 19 项，新签合同额 41.45 亿元。完成产值 21.96 亿元，实现利润 15100 万元，人均创利 30 万元。全员劳动生产率 430 万元/人年，职工年人均收入 115000 元，国有资产保值增值率 258.42%，资产负债率 79.59%，净资产收益率 41.31%。

（丁　鑫　王志军　符妮娜）

【中铁贵州工程有限公司】 具有市政公用工程施工总承包一级资质，水利水电、建筑工程、公路工程施工总承包二级资质，建筑装修装饰、地基基础、环保工程专业承包一级资质，隧道、钢结构、公路路面、桥梁、公路路基、河湖整治工程专业承包二级资质。2015 年成立。驻贵州省贵安新区管委会岐山临时安置房 9 号楼。公司总经理、党委副书记彭丁辉，党委书记高永吉。职工 139 人。资产总额 93035.23 万元，其中固定资产原值 1258.91 万元、净值 699.14 万元，流动资产 91718.04 万元。机械运输设备 3 台（套），原值 293.66 万元、净值 279.95 万元。总功率 2162 千瓦，技术装备率 2.58 万元/人，动力装备率14.7千瓦/人，成新率 45.35%，完好率 98%，利用率 100%。

2016 年，承揽工程 12 项，新签合同额 31.4 亿元。完成企业总产值 12.15 亿元，全员劳动生产率 356.5 万元/人年，职工年人均收入 10.2 万元。国有资产保值增值率 193.34%、净资产收益率 28.02%、产值利润率 2.30%、资产负债率 87.59 %。

（杨向晖　王志军　符妮娜）

【电气化工程有限公司】 具有机电工程施工总承包一级资质，铁路电务、铁路电气化、输变电、电子与智能化、建筑机电安装工程专业承包一级资质，通信工程施工总承包三级资质。前身系中国人民解放军铁道兵第十师司令部通信科；1984 年，改编为铁道部第二十工程局电务处；2002 年，改制为中铁二十局集团电务工程有限公司；2006 年 2，电务工程有限公司和路桥工程公司重组合并，成立中铁二十局集团第五工程有限公司，同时保留电务工程有限公司机构；2007 年，第五工程有限公司和电务工程有限公司重组整合，成立中铁二十局集团电气化工程有限公司。驻陕西省西安市高新区新型工业园企业壹号公园 6 号。公司董事长、总经理、法定代表人王志义，党委书记李鲁杰。职工 637 人。下辖 1 个分公司、1 个基地、1 个基建办、4 个指挥部、12 个专业工程队。资产总额 112739 万元，其中固定资产原值 7639 万元、净值 5103 万元，流动资产 110095 万元。机械运输设备 60 台（套），原值 2737.10 万元、净值 656.80 万元，总装机功率 7460.60 千瓦，设备成新率 24.0%，技术装备 1.03 万元/人，动力装备率 11.71 千瓦/人。年施工能力 10 亿元以上。

2016 年，承揽投资 73562 万元，完成总产值 95198 万元，实现利润 6812 万元。职工年人均收入 74275 元，全员劳动生产率 149.45 万元/人年，国有资产保值增值率 114%，资产负债率 59.47%，产值利润率 7%，净资产收益率 13.33%。（田　华　王志军　符妮娜）

【房地产开发有限公司】 具有房地产开发和物业管理二级资质。2002 年公成立；2006 年，由房地产开发公司、上海兴甬建筑市政工程公司、北京工程公司、西安工程公司合并组建第三工程有限公司；2007 年，房地产开发公司从第三工程有限公司划出，成为中铁二十局集团有限公司全资子公司。驻重庆市南岸区茶园新区同景路 8 号山水之星。公司董事长、党委书记简军，总经理、党委副书记董增强。下辖 2 个全资子公司。职工 139 人。资产总额 26.72 亿元。

2016 年，实现销售收入 11.32 亿元，实现利润 5416 万元，上缴资金 34368 万元。

（姬长征　王志军　符妮娜）

【西安工程机械有限公司】 具有 ISO9001 质量认证证书，起重机械（铺轨机）制造许可证（B 级），起重机械（铺轨机）安装改造维修许可证（B 级），管道专业承包二级资质，压力容器 D1、D2 级制造许可，LH 型 50t 及以下桥式起重机制造许可，桥式起重机 B 级安装改造维修许可（含铺轨机），机械式停车设备 A 级制造许可，机械式停车设备安装、改造、维修许可证，Ⅲa 型、

Ⅲc 型、Ⅲqa 型、Ⅲqc 型轨枕生产许可证，通用门式起重机制造许可证，通用门式起重机安装改造维修许可证，石油化工三级资质、陕西省建筑起重设备产品推荐证书，钢结构工程专业承包三级资质证书。专业从事压实机械的研制、开发、生产，同时从事大型非标钢结构件加工安装施工、桥隧机械及铁路施工机械设备研发制造等。前身系铁道兵第十师修理营；1987 年，改称为铁道部第二十工程局机械厂；1999 年，改称为中铁第二十工程局工程机械厂；2007 年，企业改制改称现名。驻陕西省西安市辛家庙广安路 3619 号。董事长王必强，党委书记何学义，总经理马为川。下辖 25 个所属单位。职工 549 人。资产总额 68981 万元，其中固定资产原值 50904 万元、净值 27605 万元，流动资产 33328 万元。机械运输设备原值 20713 万元、净值 2242 万元，设备总功率约 8245 千瓦，动力装备率15.86 千瓦/人，技术装备率 38522.42 元/人，设备完好率 98%，设备综合利用率 63%。

2016 年，新签合同 3.05 亿元，完成营业收入 27000 万元，其中国内完成营业收入 13199 万元。

（郭佳婧　王志军　符妮娜）

【陕西物资有限公司】　主要从事机械设备及配件、五金产品、电子产品、金属材料（专控除外）、建筑材料、装饰材料、电信器材、测量仪器等的销售及网上销售，以及仓储、装卸、普通货物运输、机械加工及修理、铁路运输业务代理等业务，是一家专业性的国际国内物流企业，通过了 ISO9001－2008 国际质量管理体系认证。前身系铁十师后勤部仓库；1984 年，改称铁二十局材料总厂；1993 年，局物资处与材料总厂合并成立铁道部第二十工程局物资总公司；2002 年，企业改制更名为中铁二十局集团陕西物资有限公司；2011 年，物资公司和海外工程保障中心合并为陕西物资有限公司。驻陕西省西安市华清东路 125 号。董事长、党委书记吴雪松，总经理、党委副书记马永强。下辖 7 个分公司，2 个直属机构。职工 295 人。资产总额 65194.10 万元，其中固定资产原值 2298.96 万元、净值 1251.63 万元。机械运输设备 9 台（套），原值 315.9 万元、净值 55.6 万元，设备资产利润率 349.95%，成新率 17.6%，设备总功率 1093.5 千瓦，技术装备率 0.21 万元/人，动力装备率 3.71 千瓦/人。

2016 年，新签合同额 15 亿元，完成产值 5.88 亿元，营业收入 5.08 亿元，实现利润总额 1105.50 万元，职工年人均收入 40527 元。

（张媛媛　王志军　符妮娜）

【阿达驻车投资管理有限公司】　主营范围：停车场规划设计，城市智能化停车系统的新建、扩建、改造开发，停车管理服务，物业管理，汽车销售，汽车用品的批发零售，广告策划、制作、代理发布。成立于 2014 年，是中铁建系统驻车板块独家专业化公司。驻天津自贸试验区（空港经济区）东三道瑞航广场 21 号楼 5 层。董事长、总经理邓建涛，党委书记庞博。下辖 4 个事业部，1 个项目公司和 7 个市场部。职工 45 人。资产总额 2221.4 万元。其中固定资产原值 154.5 万元、净值 125.4 万元，流动资产 1491.85 万元。

2016 年，承揽任务额 7.99 亿元，完成企业总产值 1859.09 万元，其中施工产值 1108.7947 万元。职工年人均收入 101440 元。净资产收益率 －69.33%，营业利润率 －151.3%，资产负债率 66.84%。

（赖雅蝶　王志军　符妮娜）

【陕西中铁建设工程质量检测有限责任公司】　具有铁路计量认证资质认定证书，测量测绘乙级资质，通过 ISO9000 体系认证，爆破工程一级资质（集团公司）；交通运输部公路工程综合乙级，建设部土建原材见证取样，市政原材见证取样，地基基础专项检测资质，主体结构专项检测资质，陕西省计量认证资质。前身为集团公司计测中心；2008 年，注册为陕西中铁建设工程质量检测有限责任公司。驻陕西省西安市长安区青华山风景区。总经理薛琪。职工 121 人。下辖 4 个事业部。资产总额 3404.53 万元，固定资产原值 1451.38 万元、净值 197.72 万元，流动资产 3168.82 万元。公司拥有地质超前预报设备 TST1 台，地质雷达 2 台，全自动经纬仪 6 台，轨检小车 4 台。

2016 年，新签合同额 4013 万元，实现计价产值 2237 万元。　（杨继昌　王志军　符妮娜）

【中铁建安设计院有限公司】　具有建筑行业（建筑工程）甲级资质，市政行业（桥梁工程）甲级资质，岩土工程勘察甲级资质，咨询丙级资质，铁路行业甲Ⅱ级资质，市政行业甲级资质，公路行业甲级资质。公司主营范围：工程勘察设计及技术咨询、工程管理服务，建筑工程咨询。前身为石家庄铁道学院建筑设计院；2013 年，由集团公司控股与石家庄铁道大学联合重组成立。驻河北省石家庄市北二环东路 17 号。总经理、党支部书记张永鸿。职工 65 人。下辖西安分公司、贵州分公司、河南分公司。

2016 年，新签合同额 4050 万元，收入 2215 万元，利润 221 万元。　（冯　扬　王志军　符妮娜）

【安哥拉国际有限公司】 具有房建工程、纪念碑建设、交通运输及市政工程、水利水电工程、特殊工程设备安装8级资质。2014年成立，驻安哥拉国罗安达省维也纳市卡库西区。董事长陈磊，党委书记马军峰。下辖3个专业公司(工程队)，职工37人。公司资产总额21973万元，其中固定资产原值3852万元、净值781万元，流动资产17261万元。机械运输设备54台(套)，原值2726万元、净值323万元。年施工能力5亿元以上。

2016年，承揽工程11项，合同总额11.0037亿美元。实现利润740万元。

(张依仙　王志军　符妮娜)

【莫桑比克有限公司】 具有房建工程和纪念碑建设1－14级、市政工程1－5级、交通运输1－12级、特殊工程的设备安装1－7级、水利工程1－8级、水下基础设施建设1－6级资质。2013年成立，驻莫桑比克国楠普拉省NACALA市Maiaia区。董事长王作举，党工委书记杨米柱。中方人员145人，莫方员工605人。下辖2个工程队及2个基地。资产总额29766万元，其中固定资产原值21986万元、净值504万元；流动资产29262万元。年施工能力15086万元。机械运输设备440台(套)，原值31736165.29美元、净值1586808.28美元。试验仪器及其他机具93台(套)，原值2425326.11美元，净值121266.31美元。

2016年，完成投资15086万元，完成上缴款57万元，累计完成上缴款3057.5万元，实现综合收益额6335万元。资产负债率78.72%，净资产收益率62.81%。

(张依仙　王志军　符妮娜)

【技工学校】 前身系中国人民解放军铁道兵第十师教导队；1984年，集体转业成为铁道部第二十工程局技工学校；1988年，开始正式招生；2002年，企业改制更名为中铁二十局集团技工学校。驻陕西省渭南市向阳北街245号。校长杨建国，党工委书记赵小健。职工78人。总资产5247万元，固定资产原值5970万元、净值2107万元。

2016年，招生643人(校本部483人)，应届毕业学生453人，就业安置学生452人；80个工种2563人次技能鉴定；完成特种作业考试300人次，海外劳务鉴定155人次；职工培训2397人次；学历教育录取新生183人，其中，大专170人、本科13人；测量业务承揽900余万元，完成产值700余万元。

(鱼　娜　王志军　符妮娜)

【重要记载】

▲1月5日　集团公司党委召开“三严三实”专题民主生活会。

▲2月18日　集团公司与陕西省人民检察院西安铁路运输检察分院签订“检企共建”协议，并成立“检企共建”检察工作站。

▲2月　一公司北京地铁14号线9标获北京市政工程行业协会2015年度市政基础设施结构长城杯金质奖。

▲3月　六公司自主研发的“一种曲形肋梁拼装结构”和“一种日字截面曲形肋梁加工结构”获国家知识产权局实用新型专利。

▲4月29日　集团公司王作举获“全国五一劳动奖章”。

▲5月　集团公司朱启辉、邹符良获“全国青年岗位能手”称号。

▲8月18　一公司自主研发的《大跨度、大重量偏心斜靠式钢箱系杆拱桥浮拖法施工技术》《铁路水泥混凝土加芯桩施工技术研究》科技成果评审会在北京召开。

▲10月8日　集团公司获批公路工程施工总承包特级资质及公路行业甲级设计资质。

▲10月10日　三公司《骨料对水泥混凝土弹性模量影响的研究》获施工企业管理协会科学技术二等奖，公司被施工企业管理协会评为2016年度科技先进单位。

▲12月12日　三公司承建的遂宁观音湖下穿隧道工程获2016—2017年度“国家优质工程奖”。

▲同日　一公司参建的无锡地铁1号线获中国施工企业管理协会2016—2017年度“国家优质工程金质奖”。

▲12月14日　三公司成都地铁市场获得信用评价A级。

▲12月　市政公司职工书屋获“全国职工书屋示范点”称号。

▲12月　市政公司“湿陷性黄土地区CFG桩复合地基施工结构”“一种基于高压旋喷桩的基坑支护结构”“钢带增强聚乙烯螺旋波纹管与检查井间连接结构”“跨既有线钢盖梁吊装施工结构”“PCCP管道合龙焊接用简易焊接箱”等实用新型专利获国家知识产权局授权。

(王志军　符妮娜)

中铁二十一局集团有限公司

【简况】 具有铁路、建筑、市政公用工程施工总承包特级，铁道、建筑、市政行业设计甲级资质；公路、水利水电、矿山工程施工总承包一级资质；桥梁、隧道、公路路基、公路路面、铁路铺轨架梁、建筑机电安装、建筑装修装饰工程专业承包一级资质，钢结构工程专业承包二级资质；地质灾害治理工程甲级资格，对外承包工程经营资格和对外援助成套项目 A 级实施企业资格；地质灾害治理工程设计丙级资格，铁道工程、建筑工程咨询丙级资质。驻甘肃省兰州市安宁区北滨河西路 921 号。2004 年，由兰州铁路建设集团有限公司、乌鲁木齐铁路工程（集团）有限责任公司、中铁二十局集团第三工程有限公司整合重组而成。下辖第一、二、三、四、五、六工程有限公司，电务电化工程有限公司，德盛和置业有限公司，路桥工程有限公司，国际工程有限公司、轨道交通工程有限公司、甘肃铁鹰建筑质量检测有限公司、铁路运营管理有限公司、西部铁建工程材料科技有限公司 14 个全资子公司；勘察设计院、市政工程分公司 2 个分公司。下设新疆、内蒙、甘青、西南、中原、华北、华南、华东、冀鲁、东北、东南、海外事业部 12 个区域工程指挥部。职工 12624 人，其中，干部 6510 人、工人 6114 人 。资产总额 225.80 亿元，其中流动资产 198.12 亿元，固定资产 16.38 亿元。机械运输设备 4137 台（套），原值 167876.19 万元、净值 75129.91 万元。

2016 年，企业总产值 201.81 亿元，累计承揽额 405.06 亿元。获省部级优秀成果 3 项，国家级优秀成果奖 2 项，1 项国家级质量信得过班组；兰州枢纽兰州西客站工程获国家鲁班奖工程。获省部级科技进步奖 5 项；中国施工企业协会科学技术奖 3 项；获专利授权 31 项，受理专利 15 项；参与编制铁总技术规程 1 项，参与编制铁路总公司 2016 年铁路工程建设标准计划项目 1 项；鉴定（评审）技术成果 8 项。 （陈　丽）

【领导人员】

董事会

董事长	孟广顺
董事	王继红
	黄庆华
	凌洪涛（6 月任）
	赵春锋（6 月任）
	朱　建（6 月任）
职工董事	庄继栋（6 月任）

监事会

监事会主席	李金生
监事	董文德
职工监事	周生贵

经理层

总经理	王继红
副总经理	黄庆华
	渠巨华
	赵彦旭
	高玉峰
	庄纪栋
	张天舒
	凌洪涛
	赵春锋
	朱　建
总会计师	朱　建（兼）
总工程师	赵彦旭（兼）

党群系统

党委书记	孟广顺
党委副书记	王继红
党委副书记	李金生
纪委书记	李金生（兼）

（齐宇旗　华国栋　于梅芝）

【工程项目指挥机构】 青藏铁路格拉段扩能改造工程Ⅱ标段工程指挥部　四公司代局管理，驻格尔木市。

莱芜郭大铁路工程指挥部　六公司代局管理，驻莱芜市。

兰州市城关黄河大桥段河道疏浚工程项目部　三公司代局管理，驻兰州市。

成都铁路局客技站整备线增设检查地沟及整备棚工程项目部　一公司代局管理，驻成都市。

青藏铁路格拉扩能改造工程昆仑桥站项目部　四公司代局管理，驻格尔木市。

蒙古扎门乌德物流园项目部　国际工程公司代局管理，驻蒙古扎门乌德市。

柳园南站综合客运枢纽工程项目部　四公司代局管理，驻酒泉市。

成昆铁路峨眉至米易段项目经理部　集团公司直接管理，驻西昌市。

玉磨铁路项目经理部　由集团公司直接管理，驻磨憨市。

兰州轨道 2 号线一期 2－TJ－4 项目部　轨道交

通工程公司代局管理，驻兰州市。

拉日铁路拉萨机辆整备基地工程项目部　电务电化公司代局管理，驻拉萨市。

丝路经济带能源金融贸易区沣泾大道南段（世纪大道—沣东新城界）2标工程项目经理部　路桥公司代局管理，驻西安市。

黄河内蒙古段二期防洪工程鄂尔多斯市段项目施工第10标段项目部　三公司代局管理，驻鄂尔多斯市。

巴基斯坦项目经理部　国际公司代局管理，驻巴基斯坦。

DICTCS项目经理部　国际公司代局管理，驻缅甸仰光市。

新建阁老坝南货场工程（站后专业）项目经理部　五公司代局管理，驻成都市。

S303二墩至雅丹段公路维改2标段工程项目部　四公司代局管理，驻张掖市。

兰州新区下穿中川铁路桥涵道路工程项目部　二公司代局管理，驻兰州市。

银西铁路甘宁段YXQG－2标段项目经理部　电务电化公司代局管理，驻庆阳市。

曹妃甸港铁路项目经理部　六公司代局管理，驻石家庄市。

银西铁路甘宁段YXZQ－5标段项目经理部　集团公司管理，驻庆阳市。

芜广铁路电气化改造站后工程项目部　电务电化公司代局管理，驻芜湖市。

精奎输水管线工程施工Ⅲ标项目经理部　一公司代局管理，驻伊利市。

兰州中央商务区项目部　集团公司管理，驻兰州市。

黄河兰州市城区段防洪工程14标项目部　三公司代局管理，驻兰州市。

S102线龙中公路改造工程项目部　二公司代局管理，驻兰州市。

金昌铁路物流园项目部　四公司代局管理，驻金昌市。

北京地铁17号线工程土建施工8合同段项目经理部　轨道公司代局管理，驻北京市。

海石湾职工培训基地演练线路工程项目部　四公司代局管理，驻兰州市。

广大铁路站后工程项目经理部　电务电化公司代局管理，驻大理市。

新建平罗铁路综合货场工程项目部　二公司代局管理，驻平罗市。

肯尼亚阿西河至马查科斯第二车道（A109）项目部　三公司代局管理，驻肯尼亚。

庆阳市小盘河水库供水工程净水厂项目部　路桥公司代局管理，驻庆阳市。

银吴项目经理部　集团公司管理，驻银川市。

东北特钢大连基地宗地改造B区二期项目部　六公司代局管理，驻大连市。

呼和浩特市轨道交通2号线一期工程2标项目部　轨道公司代局管理，驻呼和浩特市。

西安地铁6号线TJSG－21标项目经理部　轨道公司代局管理，驻西安市。

连湖陶力乌岛老鸦城车站增加渡线及接触网工程项目部　四公司代局管理，驻西宁市。

济南市轨道交通R2线一期土建工程施工3标段项目经理部　轨道公司代局管理，驻济南市。

乌鲁木齐轨道交通2号线一期工程A－02区段项目部　轨道公司代局管理，驻济南市。

（齐宇旗　闫国峰）

【职工队伍】　职工12624人。工人6114人，女工1375人，占工人总数22.49%。各类专业人员6349人，其中，高级912人、中级2275人、初级3162人，占职工总数12624人的50.29%。取得国家职业资格证书的技术工人4206名，占工人总数68.79%。其中，高级技师106名、技师809名、高级工2520名、中级工649名、初级工122名。（齐宇旗　王兰生）

【工程施工】　在建项目134项，其中，铁路项目53项、公路项目14项、房建项目23项、市政工程20项、城市轨道交通工程12项、水利水电工程9项、其他工程3项。新开工项目55项，完工59项，竣工32项。

新建兰州至重庆铁路兰州东至夏官营、广元至重庆段土建工程及兰州东至重庆段铺架工程LYS－7标段　标段长29.989千米。合同投资249326万元，2009年7月20日开工，2016年6月26日竣工。主要工程量：路基土石方405.4万立方米，桥梁20座14718延长米，涵洞96座1779.96横延米，隧道3座6968延长米；轨道正线铺轨77.36千米，站线铺轨0.75千米。截至2016年底，完成产值14727万元，开工累计完成产值243570万元，占合同总额249326万元的97.69%。

新建铁路宝鸡至兰州铁路客运专线引入兰州枢纽标段　标段长28.14千米。合同投资191156万元，2012年12月10日开工，计划2017年10月31日竣工。主要工程量：路基953.83万立方米；特大桥4125.87延长米；大桥7座2007.38延长米；中桥727.94延长米；小桥185.9延长米；涵洞1051.76横延米。截至2016年，累计完成产值 22310 万元，开工累计完成产值 200337 万元，占合同总额 202401 万元的 98.98%。

新建宝鸡至兰州铁路客运专线甘肃段站前 BLTJ－3 标段　标段长 26.777 千米。合同投资 219029 万元，2013 年 2 月 1 日开工，计划 2017 年 12 月 31 日竣工。主要工程量：区间路基土石方 29.53 万立方米，站场路基土石方 137.2 万立方米；特大桥 5 座 15685.54 延长米，大桥 3 座 890 延长米；新建框架涵 157.68 横延米；西坪隧道 3519.624 延长米、兴仁隧道 199.4 延长米。截至 2016 年底，完成产值 15648 万元，开工累计完成产值 227309 万元，占合同总额 296008 万元的 76.79%。

广通至大理铁路扩能改造工程站前工程 6 标段　标段长 27.552 千米。合同投资 134601 万元，2012 年 12 月 1 日开工，计划 2018 年 2 月 28 日竣工。主要工程量：隧道 9.695 千米、桥梁 3.4118 千米、路基 14.592 千米，涵洞 1860.14 横延米。截至 2016 年底，完成产值 12337 万元，开工累计完成产值 125939 万元，占合同总额 134601 万元的 93.56%。

新建丽江至香格里拉铁路工程站前 1 标段　标段长 21.52 千米。合同投资 121239.47 万元，2014 年 12 月 25 日开工，计划 2020 年 5 月 1 日竣工。主要工程量：路基土石方 140.187 万立方米；路基 8.012 千米；隧道 6 座 12116 延长米；桥梁 12 座 1449.92 延长米；涵洞 39 座 812.58 横延米。截至 2016 年底，完成产值 21160 万元，开工累计完成产值 35552 万元，占合同总额 121239 万元的 29.32%。

新建黄骅南至大家洼铁路站前工程施工 3 标段　标段长 20.251 千米。合同投资 43250 万元，2014 年 11 月 18 日开工，计划 2018 年 6 月 30 日竣工。主要工程量：路基土石方 159.5 万立方米；特大桥 3804.11 延长米，大桥 870.49 延长米，中桥 544.66 延长米，涵洞 1585 横延米。截至 2016 年底，完成产值 12276 万元，开工累计完成产值 16823 万元，占合同总额 43250 万元的 38.9%。

新建南昌至赣州铁路客运专线 CGZQ－12 标段　标段长 43.032 千米。合同投资 392742 万元，2015 年 8 月 1 日开工，2019 年 12 月 31 日竣工。主要工程量：路基区间土石方 257.96 万立方米，站场土石方 435.31 万立方米；路基 16.34 千米。截至 2016 年底，完成产值 186760 万元，开工累计完成产值 235847 万元，占合同总额 392742 万元的 60.05%。

新建黔江至张家界至常德铁路站前工程 QZCZQ－9 标段　标段长 45.599 千米。合同投资 179985 万元，2015 年 3 月 15 日开工，计划 2019 年 11 月 25 日竣工。主要工程量：路基土石方 548.31 万立方米；路基 20.16 千米；隧道 7 座 14589.96 延长米；桥梁 46 座 10848.31 延长米，涵洞 76 座 2327.58 横延米。截至 2016 年底，完成产值 68069 万元，开工累计完成产值 122134 万元，占合同总额 179985 万元的 67.86%。

蒙西至华中地区铁路煤运通道 MHTJ－8 标段　标段长 39.243 千米。合同投资 171907.82 万元，2015 年 9 月 15 日开工，计划 2020 年 2 月 29 日竣工。主要工程量：区间路基土石方 350 万立方米、站场路基土石方 72.6 万立方米；路基 15.2 千米；隧道 17704.2 延长米；桥梁 6342.3 延长米，框架中桥 739.07 延长米，涵洞 52 座 1948.75 横延米。截至 2016 年底，完成产值 73495 万元，开工累计完成产值 85351 万元，占合同总额 171908 万元的 49.65%。

新建铁路济南至青岛高速铁路 JQGTSG－8 标段　标段长 23.72 千米。合同投资 206118 万元，2016 年 1 月 1 日开工，计划 2019 年 9 月 30 日竣工。主要工程量：路基土石方 249.316 万立方米，桥梁 16234 延长米，涵洞 542.78 横延米。截至 2016 年底，完成产值 129527 万元，开工累计完成产值 129527 万元，占合同总额 206357 万元的 62.77%。

新建商丘至合肥至杭州铁路 SHZQ－2 标段　标段长 22.111 千米。合同投资 171196 万元，2016 年 1 月 1 日开工，计划 2020 年 10 月 30 日竣工。主要工程量：区间路基土石方 1.6 万立方米、路基 0.134 千米；站场 1 处土石方 36.5 万立方米；特大桥 20303.06 延长米，涵洞 173.18 横延米。截至 2016 年底，完成产值 86096 万元，开工累计完成产值 86096 万元，占合同总额 171196 万元的 50.29%。（陈丽　王鹤）

【经营管理】　经营承揽。承揽额 405.06 亿元。国内 393.56 亿元，国外 11.52 亿元。铁路工程 146.69 亿元，公路 101.07 亿元，房建 54.21 亿元，市政 42.99 亿元，城市轨道交通 31.33 亿元，水利工程 7.76 亿元，矿山工程 4.59 亿元。

企业管理。编制完成企业“十三五”规划。确立大力实施企业“321”总体发展战略，深入推进“4321”配套发展战略。开展“管理创新升级年”活动。重点对 12 家子分公司、15 个项目（指挥）部、11 个区域指挥部上报的 70 项管理创新立项，组织检查考核组对各单位开展主题年活动情况进行考评。深化企业改革创新。为加快调整和优化集团公司产业结构步伐，西部铁建工程材料科技有限公司、铁路运营管理有限公司分别于 2 月、5 月拿到营业执照，“铁建兴材”产品注册商标获股份公司批准。

安全质量管理。乐都碧水园（安置区）A6 标段“16、17 号楼”获国家 AAA 级安全文明标准化工地，11

个工地获省级安全质量标准化示范工地,4 个工地获股份公司安全质量标准化工地;兰州西客站站房工程获国家优质工程鲁班奖,5 项获部级铁路优质工程,7 项获铁建杯优质工程;2 项 QC 获国家级优秀成果奖,3 项 QC 获省部级优秀成果,5 项 QC 获股份公司优秀成果奖。

资本运营。收集、跟踪资本运营项目(含 PPP 项目)信息 130 余条,确定重点跟踪项目 40 余个。PPP 项目承揽 10.8 亿。先后与武昌船舶重工集团、中太建设集团股份有限公司、北京首创股份、云南物流产业集团、甘肃公航旅集团签订合作协议;与张掖市委市政府、嘉峪关市委市政府、天水市委市政府、庆阳市委市政府签署战略合作框架协议。

房地产开发。房地产板块完成投资 8.56 亿元,均为西安区域项目投资,销售金额为 14.61 亿元(含合作对方万科公司 51% 的权益部分),实现营业收入 8.79 亿元,实现净利润 0.7001 亿元,实际新开工面积 19.46 万平方米。房地产板块累计开发面积 117.88 万平方米,完成开发投资额 70.95 亿元,完成销售面积 70.26 万平方米,实现销售收入 57.22 亿元;实现营业收入 41.36 亿元,已实现净利 5.2864 亿元。

经济管理。工程承包板块完成产值 192.9 亿元,实现变更索赔额 34.77 亿元,变更索赔率 18.03%;占年度计划 336218 万元的 103%。其中,铁路工程 245860 万元 、公路工程 33374 万元、工民建工程 23320 万元、地铁及轻轨 8603 万元、市政工程 14668 万元、水利电力 21065 万元。

审计工作。各类审计项目 128 项,出具审计报告 126 份,提出审计建议 745 条,有 738 条被采纳,采纳率 99.06%;审计发现问题金额 27248.84 万元,其中,违纪违规问题金额 13724.73 万元、损失浪费金额 13524.11万元;已纠正违纪违规问题金额 8528.25 万元,促进增收节支金额 4940.67 万元。根据审计结果及审计移交线索,13 个项目 46 人(次)受到党政纪处分,其中,3 人被撤职、41 人(次)受到经济处罚,罚款金额 55.05 万元。 (陈　丽)

【科技教育】 获省部级科技进步奖 2 项,中国施工企业协会科技成果奖 3 项,总公司科学技术奖 3 项,中国建筑业协会 BIM 大赛二等奖 1 项;专利授权 25 项(其中发明专利 15 项),受理专利 22 项;参与编制铁总技术规程 1 项,参与编制铁路总公司 2016 年铁路工程建设标准计划项目 1 项;鉴定(评审)技术成果 10 项。

教育培训。投入教育经费 542 万元。23761 人次参加各级各类培训,其中,参加股份公司及以上和外部机构组织的培训 2526 人次,集团公司和各公司组织的培训 21235 人次;岗位业务类 17804 人次,执业资格类 616 人次,继续教育类 450 人次,学历学位类 102 人次;项目经理参培 249 人次,执业注册人员参培 435 人次,特种作业人员参培 1510 人次,“十一大员”关键岗位人员参培 1189 人次。33 个工种的 4206 名职工具有国家职业资格等级证书。其中,高级技师 106 人、技师 809 人、高级工 2520 人、中级工 649 人、初级工 122 人。取得职业资格证书人数占工人总数的 68.79%,比上年增加 1.5%。 (陈　丽)

【党群工作】 党的工作。基层组织 354 个,其中,党(工)委 38 个、总支部 32 个、支部 284 个。党员 6301 人。宣传思想工作。中央媒体发表稿件 2123 篇(幅),省(部)级报、刊(网)发表稿件 3130 篇(幅),中国铁道建筑报发稿件 107 篇(幅)。编发《新里程》30 期,刊用稿件达到 1220 篇(条、幅)。纪检监察工作。设立纪检监察机构 14 个,配备专职纪检监察干部 56 人。立案 61 件,结案 57 件,处理违纪人员 112 人次,其中,查处副处以上领导人员 19 人、党纪处分 5 人、政纪处分 107 人。开除党籍 2 人,开除公职 2 人,移送司法机关追究刑事责任 4 人,经济处罚112.6万元。

工会工作。各级工会组织认真落实职代会各项职权,及时提出建议和主张,凡涉及单位重大改革、经营决策和职工切身利益等问题都经过职代会讨论。依法建立职工董事、职工监事制度覆盖面保持在 85% 以上。筹集“三不让”专项资金 1234.8 万元,帮助特、重困及一般困难职工家庭 510 人次,支出困难补助资金 104.17 万元;资助困难职工子女 88 人次,支出助学金 23.32 万元;救助患大病及一般患病职工职工 1044 人次,支出医疗救助金 201.38 万元。

共青团工作。下辖 11 个基层团委(团工委)。团总支 4 个,团支部 158 个,专兼职团干部共 303 额。19 个先进青年集体和 14 名先进青年获中央企业团工委、团甘肃省委、团青海省委和股份公司团委“五四红旗团委”“五四红旗团支部”“青年文明号”“优秀共青团干部”“优秀共青团员”“青年岗位能手”称号。

(陈　丽)

【第一工程有限公司】 铁路、建筑、市政公用工程施工总承包一级,公路,通信工程施工总承包二级,铁路电务工程专业承包二级,建筑装修装饰工程专业承包一级、建筑幕墙工程专业承包二级、铁路电气化、钢结构工程专业承包三级资质的建筑施工企业。前身为乌鲁木齐铁路工程(集团)有限责任公司;2004 年,划归中铁二十一局集团有限公司,重组更名为中铁二十一局集团第一工程有限公司。公驻新疆维吾尔自治区乌鲁木齐市经济技术开发区河南西路275号。董事长、党委书记李启成，总经理吕鑫明。下辖采石爆破有限责任公司，诚而信工程检测有限公司2个子公司。克拉玛依维管段，房地产物业管理中心，房建工程队，南疆项目部、北疆项目部5个分支机构。职工1333人。资产总额302354.8万元，其中流动资产235952.3万元，固定资产原值31942.3万元、净值10710.4万元、无形资产55386.5万元。年施工生产能力22亿元。

2016年，新签合同额23.28亿元，完成产值23.58亿元。（蔡小疆）

【第二工程有限公司】 具有房屋建筑、市政公用、机电安装施工总承包一级资质，铁路、公路、水利水电施工总承包二级资质，钢结构、建筑装修装饰、地基与基础、消防设施专业承包一级资质，输变电专业承包二级资质，建筑施工企业试验甲级资质和施工测量丙级资质，锅炉安装工程、压力管道安装工程、起重设备安装维修等综合施工能力。1956年成立。驻甘肃省兰州市和平路63号。董事长、党委书记张发祥，总经理卢长德。下辖兰州金诚混凝土有限公司、兰州铁润物业有限公司、甘肃恒瑞工程检测有限公司3个子公司，水电安装公司、工程机械基础公司2个分公司。职工1829人。资产总额23.89亿元，机械运输设备700台（套），年施工生产能力40亿元以上。

2016年，新签合同额35.86亿元。（马晓琴）

【第三工程有限公司】 公路、市政公用工程施工总承包一级、铁路工程施工总承包二级、房屋建筑工程施工总承包三级、桥梁工程专业承包一级、隧道工程专业承包一级、公路路基专业承包一级、公路路面工程专业承包一级、营业性爆破作业肆级资质企业。前身中国人民解放军铁道兵第十师四十八团；1984年，并入铁道部，更名为铁道部第二十工程局第三工程处；1999年，划归中央企业工委，更名为中铁第二十工程局第三工程处；2002年，改制为中铁二十局集团第三工程有限公司；2004年，整合重组为中铁二十一局集团第三工程有限公司。驻陕西省咸阳市迎宾大道。董事长、党委书记庄乾理，总经理李光军。下辖物业公司、医疗保健中心，机关17个部室，25个所属项目（分部）。职工2485人。资产总额44.36亿元，其中固定资产原值7.36亿元，净值2.96亿元，流动资产41.2亿元，其他资产0.2亿元。机械运输设备904台（套），原值31138.3万元、净值149140.09万元。设备完好率95%，利用率94%，成新率51%。设备总功率115734.39千瓦，技术装备率5.93万元/人，动力装备率45.98千瓦/人。企业年施工能力32.06亿元。（贾晓宇）

【第四工程有限公司】 房屋建筑、市政公用工程施工总承包一级、铁路、公路、机电工程施工总承包二级，钢结构、桥梁、公路路面、公路路基、隧道、起重设备安装工程专业承包二级，古建筑工程专业承包三级，建筑施工企业实验室一级资质企业。前身系兰州铁路第二、第四工程公司；2002年，改制更名为兰州建设集团第二、第四工程有限责任公司；2004年，整合重组为中铁二十一局集团第四工程有限公司。驻陕西省西安市高新区唐延路中段37号洛克大厦。董事长、党委书记朱昌岳，总经理朱建军。职工1517人。资产总额185280万元，其中流动资产179099万元，非流动资产6181万元。机械运输设备266台（套）。原值7953.213658万元、净值2891.954806万元，设备成新率为36.84%，机械设备总功率14903千瓦，动力装备率9.78千瓦/人，技术装备率5.23万元/人，大型设备完好率93.6%，利用率73.9%。（卢一壕）

【第五工程有限公司】 铁路、房屋建筑、市政公用工程施工总承包一级；矿山、水利水电施工总承包三级资质；桥梁工程专业承包一级、隧道工程专业承包一级资质企业。前身系兰州铁路局第三工程段；1992年，更名兰州铁路第三工程公司；2001年，将兰州铁路机械运输工程公司并入，更名为兰州铁路建设集团第三工程公司；2004年，与兰州铁路建设集团工程材料厂整合重组为中铁二十一局集团第五工程有限公司。驻重庆市江北区港城工业园D区港安二路28号。董事长、党委副书记吴兰青，党委书记王怀斌，总经理卫永毅。职工1709人。资产总额30.61亿元，其中流动资产29.20亿元，固定资产净值1.30亿元，无形资产0.07亿元。机械运输设备281台（套），原值6543.28万元、净值2161.61万元，成新率34.91%，总功率15874.26千瓦，动力装备率9.26千瓦/人，技术装备率1.31万元/人。（蔡文文　陈　龙）

【第六工程有限公司】 房屋建筑、市政公用工程施工总承包一级，桥梁工程、隧道工程专业承包一级、钢结构、建筑装饰工程、机电设备安装工程专业承包三级资质企业。2011年，在北京分公司基础上整合成立中铁二十一局集团第六工程有限公司。驻北京经济技术开发区科创十四街99号33幢A座。董事长、党委书记杨君财，总经理柴生虎。职工575人。资产总额17.95亿元，负债总额16.36亿元，企业净资产1.60亿元。机械运输设备279台（套），净值2152.78万元，总功率19670.57千瓦，动力装备率34.03千瓦/人，技术装备率3.72万元/人，设备完好率51.67%，利用率67%。企业年施工能力22.4711亿元。（马梅玉）

【电务电化工程有限公司】 具有通信、电力、机电工程总承包一级,铁路电务、铁路电气化工程专业承包一级,建筑机电安装工程、电子与智能化工程专业承包一级,建筑工程施工、机电工程施工总承包二级,铁路工程施工总承包三级资质,公路交通工程专业、输变电工程专业承包二级资质和承装(修、试)电力施工一级许可证。原兰州铁路局兰铁建设集团有限公司所属的兰铁电务工程公司和兰铁电气化工程公司重组整合为中铁二十一局电务电化工程公司;2008 年,经集团公司批准改制为中铁二十一局集团电务电化工程有限公司。驻甘肃省兰州市城关区红山根西村 148 号。董事长、党委书记程永和,总经理张才。职工 1339 人。资产总额 106091.75 万元,其中流动资产 102883.15 万元,固定资产净值 2020.75 万元,无形资产 1177.47 万元,递延所得税资产 10.38 万元。机械运输设备 259 台(套),总功率 12465 千瓦。技术装备率 1.17 万元/人,动力装备率 9.27 千瓦/人。 (李 栋)

【路桥工程有限公司】 具有市政公用、建筑工程施工总承包一级,桥梁工程专业承包一级,铁路铺轨架梁专业承包二级,公路、机电安装工程施工总承包二级,铁路工程施工总承包三级,钢结构工程专业承包三级资质。前身系中铁二十一局集团晋江制梁场;2009 年,整合重组成立中铁二十一局集团铺架工程公司;2011 年,西安注册更名为中铁二十一局集团路桥工程有限公司。驻陕西省西安市高新区唐延路 37 乙号中国铁建洛克大厦。董事长、党委书记王亮,总经理王朝阳。职工 873 人。资产总额 21.93 亿元,其中流动资产 19.94亿元,非流动资产 1.99 亿元。机械运输设备 832 台(套),设备原值 48797.38 万元、净值 17294.82 万元。设备总功率 48831 千瓦,设备成新率 35.44%,技术装备率 19.81 万元/人,动力装备率 55.93 千瓦/人。 (张欣怡)

【德盛和置业有限公司】 房地产一级开发资质企业。成立于 2008 年。驻陕西省西安市曲江新区曲江池北路曲江梧桐苑 17 号楼。董事长李让平、党委书记张化民、总经理吴玉林。职工 109 人。资产总额 50.13 亿元。 (曾佩云)

【国际工程有限公司】 2012 年成立,注册资本金 6000 万元。驻北京市海淀区万丰路 18 号院 5 号楼。董事长、总经理魏延坤,党委书记夏吉涛。职工 83 人。资产总额 16019 万元,其中固定资产净值 1351 万元,流动资产 14666.7 万元,非流动资产(其他资产)1352 万元。机械运输设备 94 台(套),净值 989 万元,设备总功率 2519.85 千瓦,技术装备率 12.36 万元/人,动力装备率 31.5 千瓦/人。 (申建成)

【轨道交通工程有限公司】 市政公用工程施工总承包一级资质企业。2013 年成立。驻山东省济南市槐荫区顺安路与烟台路交叉口西元大厦东楼 18—21 层。董事长、党委书记尹建勋,总经理田作华。职工 486 人。资产总额 95204.96 万元。机械运输设备 168 台(套),原值 147084642.40 元。 (办公室)

【勘察设计院】 具有铁道行业甲 II 级、建筑行业甲级和市政行业甲级设计资质,测绘乙级资质,咨询丙级资质,地质灾害治理工程勘查和设计丙级资质。驻甘肃省兰州市城关区和平路 63 号。院长、党委书记冯建军。职工 27 人。资产总额 539.93 万元,流动资产 493.23 万元,非流动资产 46.7 万元。

2016 年,新签合同额 1179 万元,完成设计任务 933.1 万元。 (周海燕)

【西部铁建工程材料科技有限公司】 以各种外加剂、复合型掺合料、防水材料、土工材料等建筑材料的研制、开发、生产、销售、仓储和技术服务为主,兼营钢材、水泥、矿物掺和料、墙体材料等建筑材料销售。2016 年成立。驻甘肃省兰州市兰州新区石化园区。董事长、党委书记窦利军。职工 26 人。 (陈海宁)

【铁路运营管理有限公司】 主要提供铁路设施管理与养护,合资铁路、专用线、专用铁路的受托管理,城市轨道交通(地铁)设施的管理与养护,铁路技术及管理咨询服务。2016 年成立。驻新疆维吾尔自治区乌鲁木齐市经济技术开发区太原路 645 号 2 楼。总经理赵清贵。职工 28 人。资产总额 91.52 万元。 (尚迎珍)

【市政工程公司】 2016 年成立,为集团公司下属全资分公司。驻宁夏银川市西夏区兴州北路 303 号。总经理王峻武,党委书记姚克亮。职工 7 人。 (王双娟)

【重要记载】

▲1 月 15 日 根据住房城乡建设部《关于核准 2016 年度第一批建设工程企业资质资格名单的公告》(中华人民共和国住房和城乡建设部公告第 1029 号),集团公司正式获批建筑工程施工总承包特级、建筑行业设计甲级资质。至此,集团公司成功晋升为铁路、建筑工程施工总承包双特级和铁道、建筑行业设计双甲级资质企业。

▲1 月 16 日 新华网工程摄影基地和无人机航

拍基地落户集团公司。

▲3月8日　集团公司与武昌船舶重工集团在武汉市签订战略合作协议。

▲3月　集团公司获2015年度“全国优秀施工企业”称号。

▲5月22日　集团公司科技成果鉴定会议在兰州召开。对路桥公司完成的“新型T梁声屏障后浇翼缘板模板支架体系技术研究”课题进行科技成果鉴定,通过省级科技成果鉴定。

▲6月28日　住建部发布《关于核准2016年第六批建设工程企业资质资格名单的公告》,集团公司获准取得市政公用工程施工总承包特级和市政行业设计甲级资质。

▲7月8日　嘉峪关市和中铁二十一局集团战略合作框架协议签字仪式,在集团公司机关举行。

▲8月8日　集团公司领导班子获评股份公司“2015年度‘四好’领导班子”。

▲10月14日　根据中施企协印发的《关于公布2016年度工程建设企业社会信用评价结果的通知》,集团公司本级、三公司被评定为社会信用等级“AAA”企业。

▲11月16日　集团公司与甘肃省公航旅集团战略合作框架协议签字仪式在兰州市举行。

▲11月28日　运营公司在乌鲁木齐市揭牌成立。

▲12月　根据中国建筑业协会《关于表彰全国建筑业先进企业和先进工作者的决定》,集团公司获全国“建筑业先进企业”称号。

▲12月8日　集团公司与新疆交通建设集团战略合作框架协议签约仪式在乌鲁木齐市举行。

▲12月15日　集团公司与甘肃银行战略合作协议在集团公司签订。

▲12月19日　突尼斯原驻华大使、中突经贸委员会主席巴斯里,丝合组织SICO秘书长洪宏,丝合组织SICO国际合作事务委员会副主任刘建华一行到集团公司考察访问。　（陈　丽）

中铁二十二局集团有限公司

【简况】　铁路工程施工总承包特级、建筑工程施工总承包特级;公路、市政公用、水利水电施工总承包一级,公路路基、桥梁、隧道、钢结构工程专业承包一级,铁道行业甲(II)级设计资质、建筑行业甲级设计资质,矿山工程施工总承包三级,地质灾害治理工程甲级资质企业,同时拥有对外工程和境内国际招标工程的经营资质、对外派遣实施境外工程所需的劳务人员特许经营权。驻北京市石景山区石景山路35号。下辖第一、二、三、四、五工程有限公司、哈尔滨铁路建设集团有限责任公司、电气化工程有限公司、北京中铁天瑞机械设备有限公司、房地产开发有限公司,北京、东北、西部、华东、西南、华南区域经营指挥部和铁路运营指挥部。职工11271人,其中,干部7991人、工人3280人。资产总额232.50亿元,其中,固定资产原值28.60亿元、净值12.78亿元,流动资产206.47亿元,其他资产26.03亿元。机械运输设备9203台(套),设备原值17.71亿元、净值7.63亿元,成新率43.06%,总功率39.1万千瓦,人均动力装备33.77千瓦,技术装备率6.58万元/人。

2016年,新签合同187项,合同额260亿元。其中,工程承包181项,256.3亿元;房地产销售6项,3.7亿元。企业总产值202.5亿元,其中,施工产值195亿元;合同总投资1335余亿元,剩余投资321.9亿元。实现营业收入213.45亿元,利润总额1.50亿元,资产负债率76.15%,国有资产保值增值率91.43%、净资产收益率2.17%,投资回报率14.21%、上缴款完成率94%、产值利润率7.04%。完成主要实物工程量:路基土石方3609万立方米,桥梁46千米,隧道23千米,房屋建筑面积82万平方米,铁路制梁2017孔(T梁、箱梁),公路制梁1614片,铁路架梁1860孔,公路架梁1965片,铺轨528千米(含正线、站线),无砟轨道施工88千米,通信线路15千米。获2项国家级奖项,10项省部级优质工程,9项“铁建杯”优质工程,4项工程被评为股份公司安全质量标准工地;被评为股份公司安全生产达标单位。获6个国家级、18个省部级优秀质量管理小组和5个股份公司级优秀质量管理小组。2016年4月顺利取得水利安全生产标准化一级单位证书。　（罗小慧）

【领导人员】

董事会

董事长	侯希承
董事	王广建
	王参军
	柴　纹

监事会

监事会主席	程文才(2月免)
监事	蔡晓斌

职工监事　　　王　峰

经理层

副总经理　　　王广建（主持经理层工作）
王参军
王在仁
李国华
陈宏伟（8月免）
秦培文
王爱国
柴　纹
柴春明
徐冬青
孙锡寿

总工程师　　　王爱国（兼）

总会计师　　　柴　纹（兼）

党群领导

党委书记　　　侯希承

党委副书记　　王广建（兼）
程文才（兼，2月免）
王怀尧

纪委书记　　　程文才（兼，2月免）
安志军（10月任）

工会主席　　　韩传荣（6月免）

（贾建国）

【工程项目指挥机构】　新建银川至西安铁路甘宁段站前工程YX－SG－ZQ2标段指挥部　驻甘肃省庆阳市宁县，指挥长魏绍刚。

新建湛江东海岛铁路站前工程DHZQ－1标段指挥部　驻广东省湛江市麻章区，指挥长李海峰。

潼南至荣昌高速公路2标工程指挥部　驻西南重庆市荣昌县，指挥长马延辉。

新建珠三角城际轨道交通、新塘经白云机场至广州北站XBZH－1标工程项目部　驻广东省广州市白云区，项目经理汪新立。

新建玉溪至磨憨铁路站前工程YMZQ－18标段项目部　驻云南省西双版纳傣族自治州景洪市，项目经理司瑞明。

新建蒙西至华中地区铁路煤运通道土建工程MHTJ－33标段项目部　驻江西省吉安市吉州区，项目经理陈延军。

哈尔滨站改造工程项目部　驻黑龙江省哈尔滨市道里区，项目经理张文川。

新建北京至沈阳铁路客运专线北京段站前工程JSJJSG－9标段项目部　驻北京市密云县，项目经理杨树民。

新建北京至沈阳铁路客运专线JSLNTJ－13标工程项目部　驻辽宁省沈阳市沈北新区，项目经理曾见。

哈尔滨至牡丹江铁路客运专线SG－8标段工程项目部　驻黑龙江省牡丹江市爱民区，项目经理于加顺。

新建哈尔滨至佳木斯铁路工程的HJZQ－－2标段工程项目部　驻黑龙江省哈尔滨市宾县，项目经理兼党工委书记卢胜坤。

京通铁路朝阳地至通辽段电气化改造工程JTSG－1标工程项目部　驻内蒙古自治区赤峰市松山区，项目经理杨旭书。

大张高速铁路（河北段）DZSG2015－1标工程项目部　驻河北省张家口市怀安县，项目经理邬梦宇。

叶柏寿至赤峰铁路扩能改造工程2标段项目部　驻内蒙古自治区赤峰市元宝山区，项目经理胡明磊。

长春至白城铁路扩能改造工程CBSG－4标工程项目部　驻吉林省松原市前郭尔罗斯蒙古族自治县，项目经理张前军。　（李　坛）

【职工队伍】　2016年，职工11271人，其中，干部7991人、工人3280人；男职工8969人，女职工2302人；大学本科及以上学历4859人，大学专科学历3287人；专业技术人员6799人（高级职称819人，中级职称2004人），技能人才964人（高级技师15人，技师178人）。30岁以下4338人，30～39岁3011人，40～44岁1045人，45～49岁875人，50～54岁1072人，55岁以上930人。　（贾建国）

【工程施工】　在建项目134个，合同投资1335亿元，剩余投资321.9亿元。完成施工产值195亿元。

新建珠三角城际轨道交通、新塘经白云机场至广州北站XBZH－1标段　合同投资127465万元，合同工期2015年12年26日—2019年10月31日。主要工程量：路基土石方46万立方米；路基1.2千米；隧道1座1861延长米；桥梁8座14250.5延长米，涵洞2座65.28横延米；站场2处。无砟道床35.24千米。截至2016年底，开工累计完成投资9784万元。

新建玉溪至磨憨铁路站前工程YMZQ－18标段　合同投资152497.71万元，合同工期2016年4月28日—2020年7月1日。主要工程量：路基土石方153.65万立方米；路基5.267千米；隧道9座27822延长米；桥梁7座5791.26延长米，涵洞23座615.2横延米；站场3处；制梁336孔（T梁），架梁336孔（T梁）。无砟道床10.623千米。截至2016年底，开工累计完成投资19734.5万元。

新建银川至西安铁路甘宁段站前工程YX－SG－

ZQ2 标段　合同投资 198449 万，合同工期 2016 年 9 月 1 日—2020 年 12 月 31 日。主要工程量：区间路基挖土方 195949 立方米，填改良土 61283 立方米，级配碎石 27097.47 立方米；站场路基挖土方 589046.12 立方米，填改良土 496491.12 立方米，级配碎石 7749 立方米；正线桥梁 2952.18 米；正线特大桥 2149.862 延长米；大桥 3 座 693.08 延长米，中桥 1 座 109.24 延长米；正线隧道 14888.1 米，站场 1 座。截至 2016 年底，开工累计完成投资 22001 万元。

新建湛江东海岛铁路站前工程 DHZQ－1 标段　合同投资 128313 万元，合同工期 2014 年 6 月 10 日—2016 年 12 月 28 日。主要工程量：路基土石方 358.17 万立方米；正线路基 5.5 千米、塘口南端疏解线路基 1.644 千米、湛海改建线路基 1.3 千米、联络线路基 1.831千米、桥梁 5 座 8709 延长米，涵洞 54 座 1787 横延米；制梁 921 孔 T 梁，架梁 921 孔、T 梁，箱梁 6 孔等。有砟道床 82.31 千米；正线铺轨 82.31 铺轨千米，站线铺轨 26.4 铺轨千米；道岔 98 组。截至 2016 年底，开工累计完成投资 78632 万元。

新建蒙西至华中地区铁路煤运通道土建工程 MHTJ－33 标段　合同投资 162577 万元，合同工期 2015 年 8 月 1 日—2020 年 3 月 1 日。主要工程量：路基土石方 615 万立方米；站场土石方 244.8 万立方米；隧道 3 座 6245 延长米；桥梁 39 座 15346 延长米，涵洞 204 座 5370 横延米；站场 4 处；轨道工程 5.94 千米。截至 2016 年底，开工累计完成投资 87240 万元。

潼南至荣昌高速公路 2 标段　合同投资 240251 万元，合同工期 2016 年 12 月 28 日—2019 年 12 月 27 日。主要工程量：挖方 923.6 万立方米、填方 1193.4 万立方米，防排水圬工方量 28.7 万立方米，碎石桩 29.5 万米；主线及互通桥梁 44 座、分离式立交桥 7 座、天桥 15 座，桩基 1067、预制 T 量 1142 片、预制箱梁 15 片、圬工方量 16 万立方米；涵洞 10817.9 横延米；隧道 5.5 座 8201 延长米，洞身开挖 77.8 万立方米，混凝土 18.9 万立方米。截至 2016 年底，开工累计完成投资 8754 万元。

哈尔滨站改造工程　合同投资 52497.48 万元，合同工期 2015 年 11 月 20 日—2019 年 11 月 19 日。主要工程量：区间路基工程土石方 86763 立方米，站场路基土石方 1044578 立方米，连续刚构中桥 1 座，明挖框架中桥 4 座，顶进框架中桥 1 座、涵洞 15 座。新建正线 14.983 千米，改建正线 19.11 千米，新建站线 32.922千米，改建站线 7 千米，新建生产及办公房屋面积 6871 平方米。截至 2016 年底，开工累计完成投资 28529 万元。

新建北京至沈阳铁路客运专线北京段站前工程 JSJJSG－9 标段　合同投资 300051.14 万元，合同工期 2015 年 10 月 20 日—2019 年 6 月 30 日。主要工程量：路基土石方 146.2182 万立方米；路基 7 千米；隧道 5 座 12436 延长米；桥梁 13 座 13906.66 延长米，涵洞 26 座 716.86 横延米；制梁 457 孔/片（箱梁、T 梁），架梁 457 孔/片（箱梁、T 梁）等。无砟道床 35.541 千米。截至 2016 年底，开工累计完成投资 82061 万元。

新建北京至沈阳铁路客运专线 JSLNTJ－13 标段　合同投资 211618 万元，合同工期 2014 年 7 月 1 日—2019 年 3 月 4 日。主要工程量：路基土石方96.52 万立方米；路基 2.253 千米；桥梁 3 座 23845.6 延长米，涵洞 3 座 175.26 横延米；站场 1 处；制梁 704 孔/片（箱梁、T 梁），架梁 704 孔/片（箱梁、T 梁）；无砟道床 51.48 千米，正线铺轨 50.12 千米；道岔 12 组等。截至 2016 年底，开工累计完成投资 205344 万元。

哈尔滨至牡丹江铁路客运专线 SG－8 标段　合同投资 287499 万元，合同工期 2015 年 8 月 1 日—2019 年 6 月 15 日。主要工程量：路基土石方 240.2 万立方米；路基 11.032 千米；隧道 1 座 2940 延长米；桥梁 4 座 7159 延长米；框构桥 2 座 1547.57 延长米，涵洞 18 座 855.22 横延长米；站场 1 处。无砟道床69.627 千米。正线铺轨 194.956 千米；道岔 162 组。截至 2016 年底，开工累计完成投资 163978 万元。

新建哈尔滨至佳木斯铁路工程 HJZQ－2 标段　合同投资 181489 万元，合同工期 2014 年 6 月 30 日—2018 年 12 月 31 日。主要工程量：路基土石方 459 万立方米，其中，区间土石方 295 万立方米、站场土石方 164 万立方米，路基 21.649 千米；桥梁 11 座 7502 延长米，路基附属圬工 18.5 万立方米，路基加固 CFG 桩 23.5 万米，螺杆桩 8.1 万米，涵洞 38 座1147.46横延米；站场 1 处；制梁 1520 孔/片（箱梁、T 梁），架梁 1520 孔/片（箱梁、T 梁）等；正线铺轨346.877千米，正线道床 810860 立方米；站线铺轨 36.5 千米；站线铺道床 122180 立方米；道岔 127 组；制梁场、铺轨基地各 1 处。截至 2016 年底，开工累计完成投资 132648 万元。

京通铁路朝阳地至通辽段电气化改造工程 JTSG－1 标段　合同投资 103237 万元，合同工期 2015 年 12 月 15 日—2018 年 12 月 15 日。主要工程量：道口平改立施工 42 处；隧道病害整治 11 座，全长 9490.10 延长米；站场改造 15 座，其中，正线铺轨 3.78 千米、站线铺轨 4.41 千米、铺设道岔 43 组、拆除道岔 18 组；新建房屋面积 22415.52 平方米；站场路基土石方 109894.00 立方米；站台墙 720 米；桥墩加固 20 处；换梁工程 130 孔；敷设通信光电缆 200.949 千米，新建 GSM－R 基站 46 座，组立铁塔 54 座；联锁道岔 307 组；安装转辙机及安装装置 183 台；安装信号机 430 架；敷设半自动、联锁信号电缆共568.942千米;电力配电所改造4座,箱式变电站33座,变压器台68座,灯塔8座,灯柱384座,电力贯通架空线路改电缆86.865千米,电力贯通架空线路改造亘长43.379千米,低压电缆线路80.312千米;新建接触导线398.671千米,新建牵引变电所4处,网上开关站36处。截至2016年底,开工累计完成投资30014.96万元。

大张高速铁路(河北段)DZSG2015-1标段　合同投资114048.93万元,合同工期2016年1月1日—2019年12月31日。主要工程量:路基土石方23.96万立方米;路基1.149千米;隧道1座5715延长米;桥梁5座8184.46延长米;制梁286孔(箱梁),架梁286孔(箱梁)等;无砟道床11.38千米。截至2016年底,开工累计完成投资32000万元。

叶柏寿至赤峰铁路扩能改造工程2标段　合同投资105674.42万元,合同工期2015年12月15日—2018年12月15日。主要工程量:线路长度113.302千米;单线大桥6座1.35562千米;单线中桥3座0.334千米;框架桥及T型钢构桥2476.05顶平米;小桥7689.82顶平米;涵洞445.29横延米;正线铺轨15.15千米,站线铺轨17.11千米;通信长途干线光缆59.5千米,联锁道岔263组,供电线路113.302千米,接触网199.98千米;生产生活房屋面积21022.30平方米;平改立工程50处。土石方73.9145万立方米,桩长20261米,软基处理41271米,预制箱梁175片。截至2016年底,开工累计完成投资29380万元。

长春至白城铁路扩能改造工程CBSG-4标段　合同投资92367万元,合同工期2015年6月15日—2018年6月15日。主要工程量:区间路基土石方1686637立方米,站场土方744752立方米,公路桥4座,铁路桥4座,框构桥6个,涵洞38个,旅客地道1个,站场改造3处。截至2016年底,开工累计完成投资67032万元。　(李　坛)

【经营管理】　工程承揽。新签合同额187亿元,合同金额260亿元。其中,工程承包181项256.3亿元、房地产销售6项3.7亿元。铁路78项82.3亿元,占32.1%;公路12项59.4亿元,占23.2%;水利电力10项13.5亿元,占5.3%;房建工程36项38.0亿元,占14.8%;城市轨道11项41.9亿元,占16.3%;市政19项18.9亿元,占7.4%;其他工程15项2.2亿元,占0.9%。

资本经营管理。成功进入国家重点引领的"城市地下综合管廊"领域。以股份公司名义中标厦门翔安新机场综合管廊PPP项目。以参股代建模式获取天津宝坻和平房宿舍还迁房项目。哈尔滨BT与晋江BT,2个项目完成全部回购款回收工作,累计回收回购款58646万元,2个BT项目获股份公司批复销号,并完成销号工作。跟中国通用投资咨询有限公司及香远(北京)投资有限公司签订战略合作协议。太原地产项目通过公开挂牌方式实现股权转让,规避政府履约风险;文昌书香小镇项目积极拓展营销渠道,脱离股份公司房地产库存黄色预警;荆门公园3326项目开盘销售情况良好。纳入集团公司资本经营管理的既有项目6类13个项目,计划总投资额约106亿元,其中,房地产开发类项目7个,计划总投资77亿元;土地一级开发类项目2个,计划总投资17.61亿元;股权投资项目1个,为茅台集团健康产业股权投资项目投资额0.3亿元;地下综合管廊PPP项目1个,计划投资10.41亿元;仓储物流固定资产项目1个,计划投资0.48亿元;参股代建项目1个,股权出资0.147亿元。截至2016年12月底,开工累计完成投资51亿元,占计划总投资额的48%;2016年项目计划总投资约31亿元,截至2016年底,实际完成投资额5.74亿元,完成本年投资计划的18%。

企业管理。取得建筑工程施工总承包特级资质及建筑行业工程设计甲级资质。编制《集团公司"十三五"发展战略与规划(初稿)》并协助完成《集团公司"十三五"生产经营专项子规划》,经集团公司战略专项会议和总经理办公会审议通过。设立集团公司南昌办事处。将集团公司房地产开发有限公司、文昌书香小镇发展有限公司、太原房地产开发有限公司、北京置业有限公司进行整合,统一管理。集团公司财务部下设的"税务管理中心"正式运营。根据党中央、国务院关于国有企业瘦身健体,提质增效要求,10月,制定未来三年"压减"工作计划,2016年底完成压减工作60%的任务。完成中铁二十二局集团有限公司哈尔滨地区集体企业参加厂办大集体资产报损的清查工作,佳木斯中诚会计师事务所对企业资产评估进行审计。股份公司与华夏认证中心专家对局机关和京沈客专京冀段9标进行年度审核并通过认证。全面完成股份公司推行的软件正版化部署工作,采购软件342套,合同支出348.6435万元,减少企业盗版软件的法律风险。

经济责任管理。制定二次经营2016年工作指标,并责任落实到具体责任单位。对沪昆客专、京沈客专京冀段、大张高铁等重难点项目进行变更索赔的策划和指导;组织召开项目清概工作专题会,会议认真梳理各项目变更批复情况,业主清概工作进度计划及预备费、降造费使用情况,项目变更资料编制情况,清概工作中存在的问题,为项目更好开展项目清概工作,确保企业利益打下坚实基础。召开了质增效工作动员部署专题会，安排部署《集团公司2016年提质增效工作方案》，把提质增效作为中心工作，提高企业发展质量和经济效益，促进企业健康可持续发展；组织召开集团公司劳务管理及亏损项目整治工作专题会，深入贯彻落实股份公司巡视组提出的巡视整改意见，提升亏损项目综合治理能力，为集团公司的提质增效提供保障，稳步壮大企业经济实力；组织所属各单位集中研讨，对《中铁二十二局集团有限公司劳务分包指导价》进行了修定，为所属各单位的合同签订、成本分析提供依据；开展全局范围内主要工程项目2016年度成本综合督导检查，为项目的增盈创效工作指明方向、制定目标；按照新的绩效考核办法对所属各单位2014年度各项经济指标完成情况进行考核兑现；制定下发《内部分包合同范本》，最大程度上保证企业从营业税到增值税的平稳过渡，从根本上规避增值税模式下的经济和法律风险，实现企业效益最大化。

审计工作。深入开展内部控制审计、经济责任审计、工程项目审计及其他专项审计调查，促进企业经济质量运行的有效提升。下设独立审计机构9个，审计人员38人。自风险内控工作纳入审计部门以来，所属各单位进一步加强审计部门力量，并设置专人负责风险内控工作，各单位同时对新进人员进行业务培训。完成审计项目4项，根据国资委《中央企业经济责任审计管理暂行办法》《中国铁建股份有限公司经济责任审计管理暂行规定》及集团公司人力资源部委托，集团公司审计处开展经济责任审计工作1项，为保定房地产原总经理徐才宝离任经济责任审计。依照年初制定的审计计划，对蒙华项目、哈牡项目、哈佳项目进行工程项目过程审计。提交审计报告4份。国审前后历时83天，投入审计人员12人，延伸审计天瑞机械公司、沪昆、赣龙2个铁路项目。成立配合审计领导机构，制定配合国家审计工作方案，过程中对所提供的资料进行收集、整理、审核，严格落实资料审签制度；现场延伸审计时审计处指派专人全程陪同，做好上下沟通协调以及保障工作；定期向股份公司上报审计日报、周报和重要审计事项，重视审计报告意见反馈，反复沟通，确保配合审计工作平稳顺利进行。配合经济管理部完成原所属津秦、邯黄项目移交清理工作；配合国有重点大型企业监事会的检查调研工作；配合集团公司纪委对股份公司巡视发现问题线索进行初步核实及其他临时调查事项；统筹安排所属单位面临的利用外资审计项目、竣工审价项目；协调安永华明会计师事务所的内部控制审计工作。组织所属各公司参加“中国内部审计协会2016年内部审计理论研讨活动”，完成论文的编撰、审核及上报工作；参加股份公司组织的审计负责人座谈会；参加股份公司审计监事局组织的审计指南编写工作。

（钱春元　阮敬科　马　珂　焦　雷　杨晓东　王志刚　殷文俊）

【安全质量】 筹备成立集团公司隧道救援队。结合项目实际情况先后组织3期186人次的安全质量培训、再教育和取证工作，其中，安全质量管理干部培训11人、安全质量取证培训2期175人。委派安全总监11人，A类安全人员（企业负责人）73人，B类安全人员（项目负责人）376人，C类安全人员（专职安全管理人员）581人，注册安全工程师108人，专职质检员634人。

被评为股份公司安全生产达标单位。新建贵阳至广州铁路贵阳北站站房工程获2016—2017年度中国建设工程鲁班奖，新建津秦铁路客运专线塘沽西跨京津塘高速公路特大桥获2016—2017年度国家优质工程银质奖；10项省部级优质工程，9项“铁建杯”优质工程等；获国家级优秀质量管理小组6个，省部级优秀质量管理小组18个，股份公司优秀质量管理小组5个。顺利取得水利安全生产标准化一级单位证书。

（左常敏）

【科技成果】 新立科研课题31项，资助科研经费315万元。获评省部级科学技术奖3项，其中，“四线客专深水大跨连续梁拱组合桥梁施工技术研究”获评铁道学会科学技术二等奖；“复杂与极端环境中隧道工程多类型水害机理与防治技术”获评湖南省科学技术二等奖；“兴源隧道软岩大变形控制技术及施工方法研究”获评黑龙江省科学技术三等奖。获评中国施工企业协会科学技术奖二等奖3项；股份公司科学技术奖4项；省级工法13项，股份公司优秀工法4项；申请受理专利41件，其中发明专利16件；授权专利27件，其中发明专利3件。集团公司评定科学技术特等奖1项、一等奖2项、二等奖6项、三等奖5项。评定企业级三级工法12项。评定优秀论文一等奖19篇、二等奖38篇、三等奖44篇。“裂纹自愈合水泥复合材料研制”课题获北京市科委的科技研发立项，与北京市科委重大专项办公室正式签订课题任务书，获得资助220万元；“季节冻土区高铁膨胀土边坡耦合作用机理及设计方法研究”“加筋碎石桩在铁路工程中的应用研究”列入铁路总公司2016年度科研课题立项，获得资助15万元和7.5万元；“复杂地质条件下预掏槽环封双壁钢围堰深水基础综合施工技术”“复杂工况下城市地铁双护盾TBM施工技术研究”和“基于工业摄影和机器视觉的高速铁路CRTSIII型板几何状态检测技术应用研究”3项列入2016年度股份公司科技开发研究课题C类课题，获得资助75万元。被认定为国家企业技术中心。集团公司本级、一公司、四公司成功被认定国家级高新技术企业。归集研发经费7160万元，“加计扣除”减免企业所得税835万元。（应爱武）

【法律事务】 法律部审核各类合同3617份，审核授权委托书765份，其中，集团公司本级审核77份、各子公司审核688份。本级授权委托书的审核率达到100%，制定《中铁二十二局集团有限公司法律合规工作要点》《“营改增”法律风险防控指导意见》《关于切实做好诉讼降控工作的紧急通知》等文件。召开2016年度法律合规工作会暨法律业务培训班。处理诉讼案件171起，其中，新发案件113起，标的总额28731万元；未结案件73起，标的总额28546万元。（赵　宇）

【党群工作】 党委工作。下辖基层党委39个、党总支7个、党支部331个，党员4383人，发展党员86人。召开“两学一做”学习教育动员部署会，成立学习教育领导小组和5个督导组，制定集团公司党委《开展“两学一做”学习教育工作方案》。各级党组织采取PPT幻灯片、QQ群、微信学习平台等多种模式，活化党课形式，延伸党课教育效果。按照践行于“做”的要求，分类下发学习教育书籍5407册，制作学习教育宣传手册，召开党务骨干培训会，采用“互联网+学习”模式举办知识竞赛，开展“三亮三比三评”活动。两级领导班子和265个党支部，100%开展集中学习和专题学习讨论。制定下发《关于进一步加强和改进党委中心组学习的实施办法》，坚持每月组织1次中心组学习，定期组织党委中心组学习研讨，规范学习记录和档案，学习型领导班子建设的质量和水平不断提高。召开集团公司第三次党代会。到期应换届的二公司、三公司、哈建公司、电气化公司、天瑞机械公司、房地产公司分别召开党员代表大会、党员大会进行换届选举；所属三级党委、党总支、党支部全部完成换届，为党建工作的顺利开展奠定坚实基础。通过彻底摸清底数，支部自查，登记造册，基层党委核查，联系查找等方式开展排查，使5名流动党员回归到组织。缴纳党费情况进行专项检查。发展党员86人，入党积极分子培训385人次，新党员培训204次，党员培训4485人次，基层党组织书记培训443人次。集团公司党委拨付19万元慰问金对91名生活困难党员和28名建国前入党的老党员进行慰问。3个先进基层党组织、4名优秀共产党员、3名优秀党务工作者受到股份公司党委表彰；1个先进基层党组织、3名优秀共产党员、1名优秀党务工作者受到北京市国资委表彰。在各类媒体发稿3000多篇，其中，全国性报刊台256篇、《中国铁道建筑报》467篇。开展以弘扬“工匠精神”为主线的“最美二十二局人”摄影报道活动。推出扎根一线的茅台项目小夫妻、哈建公司“钢结构大兵”等职工或集体故事。

宣传工作。与铁五院、财务公司联合开展为期2年的主文化与亚文化融合研究，多次召开课题推进会、座谈交流会，推出《中国铁建主文化与亚文化的冲突与融合研究》；在股份公司南昌政研工作会上，刘文杰撰写的论文《用好新媒体，推进学习型党组织建设》获优秀论文奖、余智撰写的《试论互联网时代如何加强国企党建》受到好评。连续6年被股份公司和中国铁道建筑报社评为先进单位，3人被评为十佳记者、十优记者；四公司武新才获中国产业报协会新闻一等奖。新媒体应用，初步形成集团本级公众号和各单位5个公众号宣传矩阵，通过微信对重大活动的对外宣传推介，推送消息156条，总订阅用户8512人，参与股份公司近100个专题的内容制作，18个专题策划被共青团中央、国资小新等公众号和微博采纳推送。团中央转发的青藏铁路沙画作品点击量19万次，股份公司微信采纳的母亲节策划点击量近6万次。开展“最美二十二局人”摄影报道活动。一公司朱占魁获“国企楷模·北京榜样”“优秀人物”称号，集团公司王秉良、二公司赵巨宏获“首都学习之星”称号。在所属各单位开展“加强公民道德建设，争创文明单位”活动，参与工会、团委联合到蒙华项目开展的“双十佳”青年事迹演讲团走进蒙华及慰问演出活动，制作MV《我的骄傲》，在党代会上播放，并在集团官微上推送。

纪委工作。签订《党风廉政建设责任书》195份，廉洁从业承诺229人，述职述廉54人，诫勉谈话9人，责任追究18人。对照责任落实清单，两级纪委对17名党政主管进行问责，释放失责必问、问责必严的强烈信号。各单位结合“两学一做”学习教育和开展内部巡视，严查违反中央“八项规定”精神的问题，处分处理30人，退赔金额144万元。立案审查案件25件，结案25件，政纪处分41人，党纪处分20人，组织处理19人；问题线索核查率达到100%，立案率达到51%。实现子公司巡视全覆盖。在内部巡视中，已反馈意见的6家单位发现问题157个，向集团公司提出建议38条，向被巡视单位提出建议87条，移交具体问题线索76件；已完成整改的2家单位立案2件，政纪处分2人，组织处理53人，退赔相关费用2904元，避免经济损失86.21万元，内部巡视的整改工作正在有序推进。两级纪检监察机构受理信访举报27件，重复6件，其中，初核了结12件、转办8件、转立案1件；初核线索109条，立案19件，结案19件，结案率100%。给予党纪政纪处分18人，组织处理83人。其中，党内警告2人、留党察看1人、开除党籍2人；行政警告9人、行政记过1人、行政记大过2人、解除劳动合同2人、党纪政纪双重处分3人;通报批评18人、诫勉谈话32人、警示谈话18人。挽回或避免经济损失230余万元,经济赔偿处罚金额12.8万元。各级纪检监察组机构极稳妥处理2起经济纠纷,配合司法协助地方检察机关妥善处理7起案件,及时化解企业经营风险,保护一批企业经营人员。集团公司9家子公司全部与驻地检察院签订企检共建协议书,12个指挥(项目)部与地方检察院开展企检共建活动。两级纪委积极做好案件查办的"后一半"工作,注重查教结合,坚持"查一通一",通报17起典型案件,不断强化查案治本功能,起到"查处一案,教育一片"作用。66个项目增设基层纪检监察机构,专兼职纪检监察人员134人。

工会工作。筹备召开集团公司三届二次职工代表大会。在江西吉安举行"走进蒙华"慰问演出。在集团公司格库铁路(青海段)工程指挥部召开工会工作研讨会暨项目"三线"建设现场推进会,就工会工作10个方面的重、难点问题进行具体深入地研讨。集团公司第六次被评为全国安康杯竞赛优胜企业,铜玉铁路项目部获全国安康杯竞赛优胜班组,天瑞机械设备有限公司获北京市安康杯竞赛优胜单位。组织开展蒙华铁路、京沈客专京冀段9标和哈牡客专工程项目部举行"百日会战""攻坚杯"劳动竞赛暨青年突击队竞赛活动启动及授旗宣誓仪式,3次大型劳动竞赛受到业主单位和当地政府的大力支持,充分调动职工劳动热情,促进各项竞赛任务超额完成。三公司邹德松获首都劳动奖章,四公司郄红梅、赣龙项目胡文涛、哈佳项目卢胜坤获火车头奖章;集团公司韩传荣被评为全国安康企业家,乔英杰被评为全国安康杯竞赛优秀组织者。看望劳模先进人物63人,一线职工及其家属1200人。对538户困难职工家庭进行帮扶救助,发放困难补助金283万元;为职工进行健康体检,职工体检率96%,金秋助学58人,发放金秋助学金18.5万元。

共青团工作。召开共青团二届四次全委(扩大)会议,所属各单位团委负责人和支部书记30人参加会议。组建"爱心志愿者团队"参加社会公益活动、文明创建活动、敬老助残等活动6次,200余人次参与。集团公司被选为中央企业团工委拍摄青年志愿者主题歌MV场景之一,集团公司的志愿活动多次在MV中得以展现。"关爱福利院、暖手扶朝夕"志愿项目已经申报国家志愿服务项目大赛评比。集团公司团委与房地产公司团委联合在房地产公司荆门公园3326项目开展"燃青春之火、铸先锋团队"青年突击队授旗仪式。集团公司团委与工会将劳动竞赛和青年突击队联合开展活动的经验进行梳理形成题为《横纵联合多元竞赛、扎根一线助力生产》的经验材料获股份公司工会特色工作三等奖。联合人力资源部组织基层青年进行座谈,来自各基层单位及施工生产一线的35名青年员工代表分别发表意见,提出建议。各级团组织、团员青年在多种报刊杂志,媒体平台发表各类稿件575篇。集团公司团委与宣传部联合制作MV《我的骄傲》在集团公司第三次党代会首发,在集团公司官方微信推出后,短时间内点击量破万,留言点赞600余条。

(王 艺 刘文杰 李晓晖 金嗣东 付 蓉)

【第一工程有限公司】 具有市政公用工程施工总承包一级资质及隧道、桥梁、土石方工程专业承包一级资质,房屋建筑工程施工总承包三级,矿山工程施工总承包三级资质。驻北京市石景山区鲁谷路86号,下辖22个工程项目部,1个设备经租项目经理部。执行董事、党委书记刘继鹏,总经理汤贵海。职工1088人。资产总额145222万元,其中,固定资产原值40523万元、净值18836万元;流动资产126188万元。机械运输设备1063台(套),设备原值38252万元、净值23847万元,总功率61200千瓦,动力装备率56.25千瓦/人,技术装备率21.92万元/人,设备完好率84%,利用率76%,机械化施工程度83%。

2016年,完成企业总产值257685万元,承揽工程任务408600万元,实现利润2143万元,完成上缴款1428万元,人均创利1.97万元。全员劳动生产率17.87万元/人年,产值利润率0.83%、应上缴款完成率100%,职工年人均收入10.44万元,国有资产保值增值率20.55%,净资产收益率11.37%,资产负债率90.83%。

(亓 哲)

【第二工程有限公司】 具有铁路铺轨架梁工程专业承包一级资质。2004年,由中铁工程集团公司线路工程处、机械化工程处呼准铁路工程指挥部和原中铁十八局集团四公司铺架分公司整合重组而成。驻北京市石景山区实兴大街30号院6号楼。执行董事、总经理杜以军,党委书记吴延江。下辖机械分公司、整道分公司及14个项目部。职工1098人。资产总额165774.01万元。固定资产原值35202.62万元、净值15676.47万元,流动资产152351.88万元,其他资产13422.13万元。机械运输设备703台(套),原值33334.58万元、净值11560.37万元,总功率54188.50千瓦,动力装备率49.35千瓦/人,技术装备率10.53万元/人,设备完好率84%,利用率97%,机械化施工程度91%。年施工生产能力30亿元。

2016年,新签合同额21.17亿元,完成企业总产值280291.59万元,实现利润2224.85万元、净利润1822.68万元。人均创利1.66万元,全员劳动生产率70.1万元/人年,职工年人均收入8.7万元。国有资产保值增值率116.48%，净资产收益率15.68%，产值利润率0.81%，资产负债率92.55%，应上缴款完成率100%。（李　冰）

【第三工程有限公司】 具有市政公用、房屋建筑施工总承包一级；公路、铁路、水利水电工程施工总承包二级；钢结构、桥梁、隧道、地基与基础、机电设备安装、电子与智能化、消防设施、古建筑、城市及道路照明、环保工程专业承包一级；建筑装修装饰工程专业二级；福建省测绘乙级资质和房地产开发资质。前身为1992年成立的中国铁道建筑总公司厦门办事处；2004年，并入中铁二十二局集团；2005年，由厦门中铁建设公司变更为厦门中铁建设有限公司；2008年，由厦门中铁建设有限公司变更为中铁二十二局集团第三工程有限公司；2015年，注册成立中铁海峡建设集团有限公司。中铁海峡建设集团有限公司与中铁二十二局集团第三工程有限公司实行一套人马，两块牌子，驻福建省厦门市观音山国际商务运营中心11号楼22层，董事长兼党委书记孙桐林，总经理邹德松。职工1109人。下辖房建事业部、路桥事业部，福州公司、江西公司、海西投资公司以及各直属项目部。资产总额354437万元，其中固定资产净值10943万元，流动资产337859万元，其他资产5634万元。机械运输设备827台（套），资产原值13980.39万元、净值6961.67万元；设备总功率39047千瓦；动力装备率35.69千瓦/人；技术装备率6.36万元/人；设备完好率91%，设备利用率95%。

2016年，完成经营承揽46.75亿元。实现利润总额6317万元，年净利润4552万元，资产负债率68.98%，应上缴款完成率100%。（王静敏）

【第四工程有限公司】 具有公路工程、房屋建筑工程、水利水电工程、市政公用工程施工一级总承包资质，隧道、公路路基、铁路铺轨架梁、桥梁工程专业承包一级资质，铁路工程施工总承包、预应力工程专业承包二级资质。驻天津市武清开发区创业总部基地B16。前身是1958年组建的中国人民解放军铁道兵第三十九团；1984年，集体转业并入铁道部，更名为铁道部第十八工程局第四工程处；1999年，与铁道部脱钩，更名为中铁第十八工程局第四工程处；2001年，改制后更名为中铁十八局集团第四工程有限公司；2004年，重组合并为中铁二十二局集团第四工程有限公司。下辖7个工程指挥部、29个直属项目部、高碑店生活服务中心、医院。职工3190人。资产总额33.23亿元，固定资产原值7.06亿元、净值2亿元，流动资产30.12亿元，其他资产1.11亿元。机械运输设备4084台（套），设备原值5.014493亿元、净值1.257963亿元，装备总功率68528.74千瓦，动力装备率20.39千瓦/人，技术装备率3.81万元/人，主要施工机械完好率78%，利用率96%，年施工生产能力35亿元。

2016年，承揽任务总量49.3554亿元，完成企业总产值35.25亿元，完成施工产值35.2529亿元。（李　玲）

【第五工程有限公司】 具有市政工程总承包一级、公路工程总承包二级、房屋建筑工程总承包二级、隧道工程专业承包一级、公路路基工程专业承包三级、地基与基础工程专业承包三级、水利水电总承包三级七项资质。2006年成立，由中铁二十二局集团第四工程有限公司第三分公司和中铁二十二局集团重庆分公司重组而成。驻重庆市北碚区文长路2号。执行董事刘福强，总经理王东君。下辖13个直属项目经理部。职工793人。资产总额127857.29万元，其中固定资产原值19991.22万元、净值8203.29万元；流动资产119308.09万元；其他资产345.91万元。机械运输设备430台（套），原值9305.73万元、净值4380.14万元，总功率34877千瓦，动力装备率43.98千瓦/人，技术装备率5.52万元/人，设备完好率90%、利用率85.5%。年施工生产能力25亿元。

2016年，新增任务额156539万元，完成施工总产值166543万元，实现利润总额1289万元，净利润1079.81万元。职工年人均创利1.63万元，全员劳动生产率210万元/人年，职工年人均收入7.66万元。国有资产保值增值率112.44%，净资产收益率12.39%，产值利润率0.76%，资产负债率93.16%，应上缴款完成率100%。（陈灵玲）

【哈尔滨铁路建设集团有限责任公司】 具有铁路工程施工总承包一级、建筑工程施工总承包一级、市政公用工程施工总承包一级、公路工程施工总承包二级、桥梁工程专业承包一级、钢结构工程专业承包一级、建筑机电安装工程专业承包二级、铁路铺轨架梁工程专业承包二级、预拌混凝土专业承包资质。现任执行董事周振兴、党委书记刘滨、总经理熊钦武。职工3525人。资产总额368354万元，其中固定资产原值36604万元、净值18719万元，流动资产346468万元；机械运输设备1889台（套），原值19553万元、净值7960万元，总功率76848千瓦，动力装备率28.07千瓦/人，技术装备率3.08万元/人，设备成新率40.73%，利用率87%。

2016年，新签合同额15.0009亿元；完成施工产值46.04亿元；实现净利润1688万元，完成年度预算的56.27%。职工年人均收入58696元，国有资产保值

增值率102.86%,净资产收益率2.91%,产值利润率0.18%,资产负债率94.17%。（齐 锐）

【电气化工程有限公司】 具有铁路电务工程专业承包一级,铁路电气化工程专业承包一级,电子与智能化工程专业承包一级,建筑机电安装工程专业承包一级,通信工程施工总承包三级,输变电工程专业承包三级,《承装(修、试)电力设施许可证》二级承装、四级承修、三级承试类资质。同时拥有电气试验国家级检验检测资质,以及第二类增值电信业务许可。取得《安全资格许可证》和"AAA"信用等级证书,获"北京市守信企业"称号。主要承建铁路"四电"和公路机电安装、电信、建筑智能化、送变电、风力发电等专业工程施工。公司前身为中铁工程集团有限公司电务工程处;2004年,与哈尔滨铁路局电务工程段合并整合重组改为中铁二十二局集团北京电气化工程有限公司;2005年,更改为现名。注册资本金5000万元。驻北京市门头沟区永定镇龙兴南二路中国铁建梧桐汇S13号楼14－18层。执行董事兼党委书记杨金有,公司总经理程治平,下辖哈尔滨电务分公司、北京分公司、试验室、通信中心以及36支直属项目部。职工672人。资产总额92842.04万元,其中固定资产净值8794.01万元,流动资产83608.59万元,其他资产439.45万元。机械运输设备232台(套),原值3862.908万元、净值1180.69万元,总功率9930千瓦,动力装备力14.78千瓦/人,技术装备率1.75万元/人,设备完好率88.36%,利用率86.72%,成新率35.36%。

2016年,新签合同额28729万元,完成企业总产值81408.94万元,其中施工产值80479.65万元、实现利润1207.74万元,人均创利2.52万元,全员劳动生产率17.34万元/人年,国有资产保值增值率115.99%、净资产收益率15.65%、产值利润率2.08%、投资回报率2.12%、资产负债率91.51%、应上缴款完成率100%。

（韩 宇）

【北京中铁天瑞机械设备有限公司】 主要经营范围:销售机械设备、家具、家用电器、建筑材料、日用品、焦炭、建筑材料;建设工程项目管理;经济贸易咨询;企业管理咨询;基础软件服务、应用软件服务、软件开发、自行开发后的产品、计算机、软件及辅助设备;技术咨询、技术开发、技术服务、技术转让、技术推广;维修机械设备;租赁建筑工程机械;货物进出口、技术进出口、代理进出口、货物运输代理;仓储服务;批发(非实物方式)预包装食品;出租商业用房。驻北京石景山区银河大街6号院1号楼A2座203室。执行董事、党委书记吴烨,总经理柯治国。职工124人。资产总额236402万元,其中固定资产原值6088万元、净值5285万元。

2016年,公司收入29219万元,实现净利润744万元;企业资产负债率12.25%。新签合同额1300万元,净利润470万元。行业销售各部门完成产值8400万元,实现净利润320万元。（张 艳）

【房地产开发有限公司】 2011年成立,独立法人子公司,房地产开发二级资质企业。专业从事房地产开发及相关业务,注册资本55100万元,主要经营范围:房地产开发、物业管理、专业承包、技术服务、销售机械设备、建筑材料。驻北京市石景山区实兴大街30号院6号楼11层。董事长熊乾,党委书记赵成堂。职工257人。资产总额261111万元,其中固定资产1806万元,流动资产257284万元。

2016年,公司完成投资53855万元,实现营业收入27861万元,实现利润总额1877万元,实现净利润1778万元。人均创利16.04万元,全员劳动生产率43.60万元/人年,职工年人均收入10.74万元。国有资产保值增值率99.35%,净资产收益率2.06%,投资回报率3.30%,资产负债率66.82%,应上缴款完成率109.16%。（梁 琦）

【铁路运营指挥部】 1998年组建,2004年划归集团公司管理。指挥长杨继彤。职工4人。办公地点分别设在北京总公司机关和神朔铁路神木北车站。

2016年,神朔铁路正线完成电力机车牵引货物9736万吨,完成货物周转量995448万吨千米,机车走行5057988万千米。（杨继彤）

【重要记载】

▲1月11日 集团公司召开"三严三实"专题民主生活会。股份公司副总裁刘汝臣等领导莅临会议进行指导,集团公司领导班子全体成员参加会议。

▲2月26日 一公司承建的贵阳北站站房工程项目被贵州省住房和城乡建设厅评为2015年度贵州省"黄果树杯"优质工程。

▲4月25日 集团公司、中铁海峡建设集团获厦门市建筑业企业2015年度信用评价最高级——绿色企业(A级及A级以上)。

▲5月12日 集团公司中标财政部第一批PPP项目——厦门翔安新机场片区地下综合管廊PPP项目。中国铁建总经济师孙公新代表中国铁建与厦门市正式签约。

▲7月29日 股份公司党委常委、副总裁刘汝臣到工作联络点——集团公司进行调研,开展"两学一

做”学习教育专题党课。

▲8月10日　集团公司与广西壮族自治区东兴市人民政府签署战略合作框架协议。

▲11月30日　广东省第二届BIM论坛暨首届BIM应用大赛颁奖典礼在广州市举行，一公司承建的广州市轨道交通21号线水西停车场施工项目获广东省首届BIM大赛一等奖。（罗小慧）

中铁二十三局集团有限公司

【简况】　具有铁路工程施工总承包特级，公路工程施工总承包特级、市政公用、水利水电、房屋建筑、机电安装、矿山工程施工总承包一级，援外工程A级，桥梁、隧道、公路路面、公路路基、钢结构、爆破与拆除、城市轨道交通工程专业承包一级，混凝土预制构件、铁路电务工程承包二级资质，具有建筑行业（建筑工程）甲级，城乡规划编制、工程勘察乙级，劳务类、市政设计丙级资质，同时具有对外经营权。2004年3月由原中铁路桥集团有限公司、齐齐哈尔铁路建设集团有限公司、中铁十四局集团第一工程有限公司、中铁十五局集团第三工程有限公司整合重组而成。驻四川省成都市二环路西二段10—1号。资产总额208.14亿元，其中固定资产原值32.76亿元、净值10.32亿元，流动资产188.44亿元，非流动资产19.70亿元。机械运输设备12138台（套），设备原值171518万元、净值52442万元，总功率292120千瓦，动力装备率25.88千瓦/人，技术装备率4.65万元/人，大型设备完好率88.84%、利用率44.47%。年施工能力200亿元以上。

2016年，新签合同投资268.71亿元（不含二次经营28.13亿元），完成股份公司下达年度目标228亿元的117.86%。完成企业总产值170.03亿元。实现营业收入153.63亿元，为股份公司年度目标168亿元的91.45%，同比增长0.88%。资产负债率94.42%，与年初基本持平。完成主要实物工程量：土石方4904万立方米，隧道45847延长米，桥梁41687延长米，正线铺轨224千米，站线铺轨301千米，铺道岔253组，公路81千米，公路梁预制4802片，公路架梁4680片。

通过国家级企业技术中心认定，并获股份公司补助300万元。集团公司新增发明专利18项、实用新型专利8项；获省部级科技奖2项，省部级工法8项；获省市区等科技资助274.05万元；获国家级优秀QC成果4个、省部级优秀QC成果4个。连续8年获全国“安康杯”优胜单位，集团公司、三公司、轨道公司、六公司获全国“安康杯”竞赛优胜单位；一公司、四公司、电务公司获四川省“安康杯”竞赛优胜单位；1人获“全国安康企业家”；1人获“四川省安康杯竞赛先进个人”。（邓东林）

【领导人员】

董事会

董事长	徐明新（1月免）
	孙圣杰（5月任）
副董事长	陈　涛（1月免）
	孙圣杰（1月任）
董事	肖红武
	田宝华
	孙秀安
	徐明新（1月免）
	陈　涛（1月免）
职工董事	张庆军

监事会

监事会主席	李洪安（4月免）
	李　强（4月任）
监事	夏福兵（11月调出）
职工监事	马　磊

经理层

总经理	肖红武
副总经理	田宝华
	孙秀安
	王　武
	王明波
	喻丕金
	柴振泽（12月任）
	袁全祥（4月免）
	杨　鑫（8月免）
	师文有（8月免）
总工程师	田宝华（兼）
总会计师	柴振泽（兼，12月任）

党群领导

党委书记	陈　涛（1月免）
	孙圣杰（5月任）
党委副书记	孙圣杰（1月任）
	肖红武
	徐明新（1月免）
	李洪安（4月免）
纪委书记	李洪安（4月免）
	李　强（4月任）

工会主席　　　　张庆军(兼)

（古　艳）

【区域经营指挥部】 华南区域指挥部　驻广东省广州市番禺区桥兴大道737号。指挥长师文有(9月免),党工委副书记(主持指挥部全面工作)曹雪良(9月任)。

原华东区域指挥部　驻上海市普陀区中山北路2438号中瑞商务大厦5A座。指挥长金鑫(5月免)。

新华东区域指挥部　指挥长王明波(5月任)。

东南区域指挥部　驻江西省南昌市红谷滩新区江报路69号唐宁街写字楼B座。指挥长袁全祥(5月免)。

西南区域指挥部　驻四川省成都市金牛区茶店子路1号顶峰水岸汇景2栋2单元。指挥长刘衍堂(5月免)、喻丕金(5月任)。

中原区域指挥部　驻河南省郑州市农业南路与福禄东路东瑞园社区10号。指挥长李志鼎(5月免)。

西北区域指挥部　驻陕西省西安市新城区金花北路301号。指挥长杨鑫。

新疆区域指挥部　驻新疆维吾尔自治区乌鲁木齐市新市区长沙路1006号。常务副指挥长范庆乐(5月免)。

北京区域指挥部　驻北京市丰台区大瓦窑北路假日风景小区2号。指挥长王明波(5月免)。

华北区域指挥部　驻北京市石景山区八大处西山枫林四期6号。指挥长刘地阔(5月免)。

东北区域指挥部　驻辽宁省沈阳市浑南新区朗月街6号。指挥长王武(5月免)。

北方区域指挥部　驻北京市大兴工业区金苑路20号。指挥长王武(5月任)。

海南区域指挥部　驻海南省海口市龙华区南海大道28号。指挥长李长捷(5月免)。　（古　艳）

【工程项目指挥机构】 贵广铁路工程指挥部　驻广西桂林市阳朔县田园路1号。常务副指挥长袁勇。

厦深铁路工程指挥部　驻广东省惠东县太阳坳工业园A栋14号。指挥长文中秋(8月免)。

沪昆铁路客运专线指挥部　驻贵州省贵阳市乌当区新添大道南方汇通公司生活园区。指挥长赵永明。

哈齐铁路客运专线指挥部　驻黑龙江省齐齐哈尔市站前大街180号。指挥长周才华。

兰渝铁路工程指挥部　驻重庆市北培新区培南大道88号军都酒店。指挥长王忠勋。

哈佳铁路工程指挥部部　驻黑龙江省佳木斯市向阳区杏林路372号。指挥长任平(3月免)、袁正国(9月任)。

深茂铁路J米ZQ－7标工程指挥部　驻广东省阳江市阳西县永光路中铁二十三局集团深茂铁路指挥部。指挥长孙国臣。

格鲁吉亚现代化铁路项目经理部　项目经理陈文萍。

南广铁路项目经理部　驻广东省德兴县龙母大街县委党校。项目经理潘小文。　（古　艳）

【职工队伍】 职工11465人。其中,干部7128人、工人4337人。硕士研究生及以上学历69人,大学本科及以上人员3868人,大学专科3085人,高中及以下人员4443人;平均年龄37.8岁。工人中,技术工人4047人,获得国家职业资格证书2276人,占技术工人的63.8%;其中高级技师103人,技师260人,高级工925人。　（古　艳）

【铁路工程】 新建深圳至茂名铁路江门至茂名段J米ZQ—7标段　位于广东省茂名市,标段长54.2千米。合同投资177151万元,合同工期2014年12月1日—2017年11月30日。主要工程量:区间路基土石方644.323万立方米,站场土石方217.527万立方米,双线桥梁22座12835.925延长米,框架中小桥6座115.64横延长米;公跨铁桥梁5座720延长米;隧道2座768延长米;盖板箱涵61座2397.14横延长米;框架涵111座3079.22横延长米。2016年,完成投资65499万元,开工累计完成投资167400万元,占总投资的94.49%。

新建哈尔滨至佳木斯铁路平安屯至佳木斯段HJZQ—8标段站前工程　位于黑龙江省佳木斯市,线路长11.84千米。合同投资135409万元,合同工期2014年10月15日—2018年12月30日。主要工程量:土石方358.55万立方米,特大桥1座7111.13延长米,框构桥6座5556.23平方米,涵洞25座1364横延米,正线铺轨357.711千米,站线铺轨89.248千米,道砟107.22万立方米,道岔325组,旅客地道2座,行包通道1座,站台7座。2016年,完成投资27413万元,开工累计完成投资87057万元,占总投资的64.29%。

渝怀铁路涪陵至梅江段(成都局管内)增建二线站前工程7标段　位于酉阳县泔溪镇,正线全长67.918千米。合同投资118368.17万元,合同工期2015年11月—2019年7月。主要工程量:路基土石方158万立方米;路基67.9千米;隧道14座15529延长米;桥梁21座5346.31延长米,涵洞256座(包括倒虹吸16座和渡槽6座)2789.69横延米;站场5处。无砟道床10.423千米,有砟道床57.5千米。电力线路73.33千米;通信线路67千米。2016年,完成投资27114万元,开工累计完成投资27114万元,占总投资的22.9%。

大瑞铁路大保段第2标段　位于云南省永平县,线路全长31.984千米。合同投资90128.87万元,合同工期2008年3月31日—2020年6月30日。主要工程量:区间路基土石方39.2万立方米,站场土石方117.4万立方米;桥梁12座,其中,特大桥1座627.57延长米,大桥8座1929.6延长米,中桥3座230.5延长米,桥梁总长2889.3延长米。隧道6座。2016年,完成投资5479万元,开工累计完成投资75463.67万元,占总投资的83.72%。

成昆铁路米易至攀枝花段扩能改造工程站前工程PZQ-3标段　位于四川省攀枝花市,标段长30.25千米。合同投资159253万元,合同工期2013年12月—2019年6月。主要工程量:路基土石方158.76万立方米,桥梁1346.95延长米,隧道27652延长米。2016年,完成投资40202万元,开工累计完成投资121272万元,占总投资的76.15%。

白阿铁路白城至镇西段扩能改造工程　位于黑龙江省白城市,线路长50.51千米,合同投资107695万元,合同工期2014年8月1日—2016年7月31日。主要工程量:路基土石方289.2万立方米;桥梁2座1971延长米,框构桥15座5867.9顶平方米,涵洞31座706.33横延米;制架梁279孔/片;有砟道床73.324千米;正线铺轨50.512千米,站线铺轨17.27千米;道岔66组等。2016年,完成投资42807万元,开工累计完成投资100950万元,占总投资的93.73%。

滨洲电气化改工程ZQTJ-II标段　位于黑龙江西部,正线长115千米。合同投资86747万元,合同工期2014年4月24日—2017年4月24日。主要工程量:平改立工程48座,通讯线路迁改270.651千米,电力线路迁改73.28千米。土石方23.71万立方米,铁路桥6座73.51延长米,框架小桥2座173顶平方米。涵洞12座266.84横延米。铺轨9.097千米,铺道床27655立方米,铺岔39组。2016年,完成投资33519万元,开工累计完成投资64658万元,占总投资的74.53%。

齐北线齐齐哈尔至富裕段增建第二线工程　位于黑龙江省齐齐哈尔市,线路全长62.904千米。合同投资80975万元,合同工期2014年5月31日—2017年5月31日。主要工程量:区间路基土石方214.78万立方米;站场土石方51.65万立方米;双线桥2座365.16延长米,公路桥7座593延长米,涵洞26座;正线铺轨68.35千米,铺砟28.4万立方米,站线铺轨29.41千米,新铺道岔150组。2016年,完成投资43460万元,开工累计完成投资78187万元,占总投资的96.55%。

哈尔滨至牡丹江铁路电气化改造工程ZQTJ-Ⅰ标段　合同投资69565万元,合同工期2015年10月27日—2017年12月31日。主要工程量:平改立工程48座,通讯线路迁改270.651千米,电力线路迁改73.28千米。土石方23.71万立方米。铁路桥6座73.51延长米,框架小桥2座173顶平方米。涵洞12座266.84横延米。铺轨9.097千米,铺岔39组。2016年,完成投资30583万元,开工累计完成投资30583万元,占总投资的43.96%。(古　艳)

【铁路外工程】　成都经济区环线高速公路简阳至蒲江段JPTJ-13标段　位于四川省成都市,线路长7.511千米。合同投资45390万元,合同工期2014年11月—2016年12月。主要工程量:桥梁6座桥517.46延长米,圆管涵3座119横延米,箱涵2座104横延米;隧道1座,长秋山隧道左线长779米,长秋山隧道右线长800米;路基填方114.4万立方米,路基挖方271.19万立方米。2016年,完成投资15163万元,开工累计完成投资48167万元,占总投资的106.12%。

成都经济区环线高速公路简阳至蒲江段JPL米-2标段　合同投资51400万元,合同工期2016年3月—2016年12月。主要工程量:路面垫层1271378平方米、底基层1206420平方米、基层1151517平方米、桥面防水190496平方米、下面层沥青混凝土969589平方米、中面层沥青混凝土1286577平方米、上面层沥青混凝土1278346平方米、纵向排水沟17410.7米。2016年,完成投资50906万元,开工累计完成投资50906万元,占总投资的99.03%。

云南平远至文山高速公路2标段　位于云南省文山壮族苗族自治州,线路长8.67千米。合同投资72267万元,合同工期2014年11月1日—2016年10月31日。主要工程量:路基土石方231万立方米,桥梁2323.36延长米,隧道1395延长米,涵洞664.25横延米。2016年,完成投资23718万元,开工累计完成投资73961万元,占总投资的102.34%。

重庆市华岩(石板)隧道工程第3标段　位于重庆市九龙坡区,左右线长均为2315米。合同投资47169万元,合同工期2014年6月—2016年12月。主要工程量:暗挖土石方621200立方米,填充C20片石混凝土53621立方米,浇筑C30混凝土123725立方米,喷射C25混凝土35933立方米,制作安装钢筋7500吨,施作中空锚杆108225米,小导管69151米,安装工字钢2882吨,铺设防水卷材132985平方米。2016年,完成投资19760万元,开工累计完成投资43564万元,占总投资的92.35%。

广东省仁化(湘粤界)至博罗高速公路仁化至新丰段TJ10合同段　位于广东省韶关市,全长10.398千米。合同投资68061万元,合同工期2015年10月—2017年5月。主要工程量:路基土石方472.09万立方米,桥梁3座1103延长米,隧道1座。涵洞12座。2016年,完成投资35267万元,开工累计完成投资40473万元,占总投资的59.46%。

福州绕城公路东南段A8合同段　起点位于福建省福州市马尾区琅岐镇,终点位于长乐市潭头镇文溪村,全长4.677千米。合同投资56209万元,合同工期2015年10月—2017年10月。主要工程量:路基挖方131.2.万立方米,填方73.5万立方米;路基1.8千米;桥梁5座5696延长米(折合单幅),涵洞2座161.88横延米;制梁1040孔/片(箱梁、T梁),架梁1040孔/片(箱梁、T梁)等。2016年,完成21414万元,开工累计完成24520万元,占总投资的43.62%。

青岛蓝色硅谷11标段　蓝色硅谷交通配套工程南起青岛崂山区南部沿海区域至即墨市大桥盐场,全线长58.44千米。合同投资63444万元,合同工期2014年4月—2017年2月。2016年,完成20982万元,开工累计完成53280万元,占总投资的84.45%。

成都地铁5号线土建14标段　位于成都市元华路。合同投资57000万元,合同工期2015年12月—2018年3月。主要工程量:2站2区间,全长3376.488米。龙马路站车站主体长215.8米,结构标准段宽度20.6米,为地下2层(局部3层)11.5米岛式车站;回龙站车站主体总长289米,标准段宽20.6米,为地下2层(局部3层)11.5米岛式车站;明挖区间总长124.5米。回龙站—龙马路站盾构区间总长1335.832米。回龙站—龙马路站盾构区间总长1411.356米。2016年,完成21559万元,开工累计完成21559万元,占总投资的37.82%。

深圳地铁6号线6101标四工区工程　全长2579.323米(含车站)。合同投资56000万元,合同工期2015年10月—2018年10月。2016年,完成20398万元,开工累计完成22175万元,占总投资的39.6%。

成都地铁10号线土建2标段　位于四川省成都市,线路长1.34千米。合同投资26100万元,合同工期2014年11月1日—2017年3月13日。主要工程量:华兴车站右线长235.6米,左线长306米,为地下2层双柱三跨14米岛式站台车站,标准段宽度23.1米。簇锦站—华兴站盾构区间右线区间全长1339.353米;盾构区间左线区间长1094.317米。2016年,完成12454万元,开工累计完成23940万元,占总投资的91.72%。

吉林中部城市引松供水工程VI标段　位于长春市双阳区、四平市伊通满族自治县,全长18.73千米。合同投资58884万元,合同工期2015年10月—2019年5月。主要工程量:隧洞工程17666延长米。2016年,完成14339万元,开工累计完成17947万元,占总投资30.47%。

(杨勇涛)

【经营管理】　工程项目管理。集团公司以“提质增效”为切入点,以“创誉、创效”为落脚点,深入推进“法人管项目”,机关管理重心下移,做好项目上场策划督导、过程中监控指导、后期收尾结算管控,落实“方案成本双预控”“三项招标”等制度。集团公司实现新上项目策划督导覆盖率100%;项目收益率5.4%,同比增加1.11%。项目创优成绩显著。兰渝铁路兴隆场编组站工程获国优银质奖、上海轨道交通16号线工程获詹天佑奖。

财务成本管理。一是通过贷款置换、大力推广票据结算业务、争取税收优惠、合理税收筹划,有效降低资金成本和企业税负水平,节约利息400余万元,减少所得税948万元;二是积极应对“营改增”带来的影响,通过合理选择计税方式,实现老项目税负由3%下降至2.91%,无形中为企业节约可观的税收成本;三是为有效降低资产负债率,在争取股份公司青岛蓝色硅谷、山东济鱼高速纳入集团公司核算体系的基础上,与人保资产管理公司成立中铁润业(成都)投资开发合伙企业;四是业务核算实现财务共享中心线上办理,纳入核算单位679个,上线率达到98.5%,有效提升财务基础业务;五是抓好成本管理的“六项集中统一”,修定完善成本管理制度13项,切实发挥专家团队的作用,实现二次经营28.13亿元,占产值15.63%,完成股份公司15%的指标;六是全面落实集采制度和“三项招标制度”,组织公开招标采购物资20.20亿元,节约资金1.17亿元。

安全质量管理。高度重视安全质量问题,保持高压态势,责无旁贷地抓好安全生产管理。一是把安全管理的重心前移到项目、下沉到现场,扎实开展安全生产标准化建设,加大隐患排查治理力度,抓好《班组工前隐患排查办法》落地实施,切实推进安全管理激励约束机制在基层有效执行。二是强化质量管控,杜绝残次,打造精品,以合格的质量保证安全、创造效益、提升信誉、支持经营。三是落实安全质量管理责任,进一步建立和完善横向到边、纵向到底的监管体系,不折不扣地落实“一岗双责,党政同责”要求。集团公司水利市场信用评价获AA等级;公路信用评价AA级省份由3个增至7个;获评“2016年度公路建设行业诚信百佳企业”和全国信用等级A级企业。

科技开发管理。通过国家级企业技术中心认定，并获股份公司补助 300 万元；集团公司、二公司、轨道公司和生态公司通过高新技术企业认定；三公司通过省级企业技术中心评定。集团公司新增发明专利 18 项、实用新型专利 8 项，专利 195 项，其中发明专利 72 项、实用新型专利 123 项；获省部级科技奖 2 项，省部级工法 8 项；获省市区等科技资助 274.05 万元；获国家级优秀 QC 成果 4 个、省部级优秀 QC 成果 4 个。轨道公司成功将高铁无砟轨道技术用于上海地铁 9 号线为国内首创。（古　艳）

【党群工作】 各级党组织进一步强化规矩意识、风险意识，明确底线、真正敬畏红线，坚决守住底线、不碰红线。依法维护企业、员工的权益，确保企业改革发展稳定大局，深刻认识党对国有企业担负着“六种重要力量”使命的历史定位，坚持党建引领发展，把国有企业的政治优势转化为改革发展优势。一要坚持党建引领企业发展。各单位要贯彻落实中共中央、国务院《关于深化国有企业改革的指导意见》，把党建工作总体要求写入《公司章程》，健全和完善党对企业领导的体制机制。各级领导班子要自觉增强政治意识、大局意识、核心意识、看齐意识，把“爱党、忧党、兴党、护党”落实到各项工作中，视纪律规矩为底线，认真贯彻民主集中制和“三重一大”制度，在落实经济责任的同时，落实好政治责任。二要持续加强党风建设和反腐倡廉工作。强化“两个责任”落实，持续深化“整风肃纪，追责立威”工作，进一步突出内部巡视、监督执纪问责和亏损项目追责，进一步建立健全监督制约机制，进一步加大案件查办力度，严肃查处违纪违规行为，重点解决亏损项目、问题项目背后的腐败问题。三要加强和改进宣传思想工作。要紧扣时代主题、企业发展需要，宣塑一批各个专业的标兵，持之以恒地培育核心价值观，建设优秀企业文化。要创新对外宣传工作，注重新闻策划，畅通与主流媒体的沟通渠道，把集团公司的发展成果宣塑为企业的“名片”。进一步加强负面舆情监测和处置，维护企业良好形象。四要努力建设和谐企业。充分调动各级群团组织的积极性，抓好民主管理，加大各项维权和帮扶力度，扎实开展劳动竞赛、“劳模（先进人物）创新室”、导师带徒等活动，争创股份公司“示范劳模创新工作室”。要高度重视职工的权益保护，认真落实职代会和职工的各项职权，切实关心帮助青年员工成长，确保员工工资与企业效益同步增长，使企业改革发展的成果惠及全体职工。（古　艳）

【第一工程有限公司】 具有公路、市政工程施工总承包一级，铁路、水利水电、房屋建筑施工总承包二级，和桥梁、隧道、机场场道、公路路基及路面专业承包一级资质。前身中国人民解放军铁道兵第四师第十六团；1984 年，奉中央军委、国务院命令集体转业并入铁道部，更名为铁道部第十四工程局第一工程处；2001 年，改为中铁十四局集团第一工程有限公司；2004 年，重组为中铁二十三局集团第一工程有限公司。执行董事、党委书记曹德岗，总经理惠希文。驻山东省日照市东港区黄海二路 65 号。下辖 37 个项目经理部，公路养护公司，混凝土设备管理公司、路面设备管理公司、铁鑫商品混凝土公司、物资租赁公司和物业中心等单位。职工 2144 人。资产总额 273224 万元，其中固定资产净值 10140 万元，流动资产 256496 万元，其他资产 16728 万元。机械运输设备 1971 台（套），净值 8241.14 万元；机械设备总功率 61168.93 千瓦，机械设备完好率 82.35%、利用率 81%；动力装备率 28.53 千瓦/人。

2016 年，承揽任务 36.39 亿，完成企业总产值 228919 万元，实现利润 2423.59 万元，净利润 1965 万元，人均创利 1.13 万元，职工年人均收入 44172 元。国有资产保值增值率 103.65%，产值利润率 0.86%，完成应上缴款任务 2216.6 万元。（古　艳）

【第二工程有限公司】 具有铁路、房屋建筑工程施工总承包一级，市政公用工程施工总承包二级，桥梁、钢结构、铁路铺轨架梁工程专业承包一级，公路路基、铁路电务工程专业承包二级资质。公司成立于 1952 年 4 月 10 日，前身齐齐哈尔铁路局工程大队；1986 年，更名为哈尔滨铁路局齐齐哈尔第一工程处；1995 年，更名为哈尔滨铁路局齐齐哈尔铁路工程总公司；2002 年，更名为齐齐哈尔铁路建设集团有限责任公司；2003 年，划归中国铁道建筑总公司；2004 年，企业整合重组更名为中铁二十三局集团第二工程有限公司。驻黑龙江省齐齐哈尔市铁锋区站前大街 270 号。执行董事（主持党委工作）曹鹏程，总经理倪修泉。下辖 3 个分公司、5 个子公司、2 个工程队。职工 2866 人。资产总额 253164 万元，其中固定资产 41662 万元、净值 15416 万元。机械运输设备 1153 台（套），原值 22342 万元、净值 7891 万元，设备总功率 46192 千瓦，动力装备率 16.15 千瓦/人，技术装备率 2.76 万元/人，设备成新率 35.32%，完好率 97%，利用率 63%，机械化施工程度 75%。年施工能力 30 亿元以上。（古　艳）

【第三工程有限公司】 拥有市政公用工程施工总承包一级、水利水电工程施工总承包一级、建筑工程施工总承包一级、桥梁工程专业承包一级、隧道工程专业承包一级、铁路工程施工总承包二级、公路工程总承包二级、公路工程路面专业承包一级、公路工程路基专业承包二级、房地产开发三级资质。公司前身铁道兵第五师第二十三团;1984 年,集体转业并入铁道部,改编为铁道部第十五工程局第三工程处;2001 年,改制为有限公司;2004 年,整合重组为中铁二十三局集团第三工程有限公司。执行董事、党委书记梅人俊。驻四川省成都市温江区天府街中段 336 号。下辖 31 个项目部及设备管理租赁公司、成都分公司、天津分公司、基地管理员会等单位。职工 2183 人。资产总额40.08亿元,其中,固定资产原值 4.66 亿元、净值 1.29 亿元,流动资产 40.15 亿元,其他资产 0.64 亿元;机械运输设备 2386 台(套),总功率 79655.03 千瓦。原值 33574.95万元、净值 7335.45 万元。总功率 79655.03 千瓦,人均动力装备率 38.97 千瓦,设备完好率 81.3%,利用率 63.13%,机械化程度达到 70%。

2016 年,承揽任务总量 50.76 亿元;总产值 31.01 亿元;实现利润 180.10 万元;全员劳动生产率 140.05 万元/人年,职工年人均收入 46628 元;国有资产保值增值率 111.35%;净资产收益率 1.48%;产值利润率 0.05%;资产负债率 96.95%;应上缴款完成率 100%。

（古　艳）

【第四工程有限公司】 具有房屋建筑、水利水电、市政公用施工总承包一级资质,桥梁、隧道、钢结构、建筑装饰装修、地基与基础工程专业承包一级资质,以及公路工程、公路路基二级资质。2014 年,由中铁二十三局原四、八公司整合重组而成。执行董事周宏(2 月免)、马磊(12 月免)、王连华(12 月任),总经理张教才(2 月免)、刘志军(12 月免)、王连华(12 月任)。驻四川省成都市青羊区工业园区 G 区 8 栋 A/B 座。资产总额 34 亿元。职工 1532 人。机械运输设备 424 台(套),总功率 23560 千瓦,企业年施工能力近 30 亿元。

（古　艳）

【轨道交通工程公司】 具有市政公用工程、房屋建筑工程施工总承包一级;建筑装修装饰、钢结构、环保、桥梁工程专业承包一级;混凝土预制构件施工承包二级;公路工程施工总承包二级等施工资质。前身中铁路桥集团上海分公司;2004 年,整合重组为中铁二十三局集团第五工程有限公司;2010 年,更名为中铁二十三局集团轨道交通工程有限公司。驻上海市浦东新区惠南镇城南路 335 号。执行董事,总经理张长春,党委书记高炳荣。职工 610 人。机械运输设备 387 台(套),原值 29783 万元、净值 13490 万元,成新率45.3%,总功率 22665.89 千瓦,动力装备率 37.99 千瓦/人、技术装备率 22.37 万元/人,完好率 91%,利用率 90%,施工机械化程度 94%。

2016 年,承揽任务总量 41.42 亿,完成企业总产值及施工产值 201473 万元,实现利润 12400 万元,人均创利 20.20 万,全员劳动生产率 324955 元/人年,职工年人均收入 13.4 万元,国有资产保值增值率 124.63%,净资产收益率 29.6%,产值利润率 6.15%,投资回报率 14.44%,资产负债率 80.89%,应上缴款完成率 100%。

（古　艳）

【第六工程有限公司】 拥有市政公用工程施工总承包一级,房屋建筑工程施工总承包一级,桥梁工程专业承包一级,隧道工程专业承包一级,建筑装修装饰工程专业承包一级,公路工程施工总承包二级,环境污染治理甲级,公路养护工程施工二类甲级,试验检测资质。2014 年,原中铁二十三局集团六公司、原中铁二十三局集团七公司合并组建而成。执行董事、党委书记王义春,总经理王峰。驻重庆市渝中区嘉滨路 118 号。资产总额 102377 万元,固定资产原值 19581 万元、净值 10436 万元;流动资产 90328 万元;其他资产 12049 万元。职工 900 人。机械运输设备 806 台(套),原值 14402.95 万元、净值 4570.03 万元。设备成新率 31.73%。设备总功率 17249.76 千瓦,技术装备率 5.13万元/人,动力装备率 19.36 千瓦/人,大型设备成新率 31.55%。年施工生产能力 18 亿元。

2016 年,中标合同投资 45.83 亿元,完成企业总产值 117387 万元。

（古　艳）

【电务工程有限公司】 拥有机电安装工程施工总承包一级资质;铁路电务工程、铁路电气化工程专业承包一级资质;房屋建筑工程施工总承包二级资质;消防设施工程、电子与智能化工程专业承包一级资质;输变电工程专业承包叁级资质。拥有压力管道(GC3 级别)、压力容器(1 级)特种设备安装改造维修许可;承装(试修)电力设施许可证(四级承装类)。公司前身齐齐哈尔铁路管理局电务工程队;1983 年,齐齐哈尔铁路局和哈尔滨铁路局 2 局合并,齐齐哈尔铁路局齐齐哈尔电务工程段改称为哈尔滨铁路局齐齐哈尔工程处电务工程段;1995 年,齐齐哈尔铁路电务工程段改称为齐齐哈尔铁路电务工程分公司;2002 年,更名为齐齐哈尔铁路建设集团有限责任公司电务工程分公司;2004 年,公司组建成中铁二十三局集团电务工程有限公司。执行董事、总经理杨佩宏(2 月免),党委书记池洪旗(9 月免),主持经理层工作魏新兴(2 月任)。驻天津市南开区密云一支路燕宇小区 45 号楼。职工 457 人。资产 376111864.58 元;固定资产原值 34164847.15 元、净值 9367743.62 元;流动资产 359397351.67 元;其他资产7346769.29元。机械运输设备242台(套),设备原值17173753.05元、净值1584476.31元,设备总功率5344千瓦,动力装备率10.50千瓦/人,技术装备率0.31万元/人,设备完好率87%,设备利用率87%。

2016年,新签合同额24253.20万元,完成产值40494万元,实现净利润1057万元。职工年人均收入85526元。

(古　艳)

【中铁建生态环境设计研究有限公司】 具有建筑设计、地质灾害勘察、地质灾害处理设计、地质灾害施工甲级资质,城乡规划、风景园林、环境工程和市政公用设计乙级资质以及环境污染处理设施运营资质。2013年1月注册成立,公司执行董事、总经理张明革。驻北京市大兴工业区金苑路20号。职工107人。

2016年,经营承揽总额145713万元,产值收入147458450.38元、净利润261187.32元、净资产收益率0.23%、产值利润率0.29%、资产负债率73.73%。

(古　艳)

【建筑设计研究院有限公司】 拥有建筑行业(建筑工程)甲级;工程勘察专业类岩土工程,劳务类;地质测量;城乡规划服务;市政工程设计服务;园林景观工程设计服务;工程技术咨询服务运营资质。设计院成立于1979年,前身为达州市建筑设计研究院;2000年,由达州市四家国有企业、事业单位整合为达州市建筑设计研究院;2013年,设计院完成改制后由中铁二十三局集团有限公司全资收购;2014年,更名为中铁二十三局集团建筑设计研究院有限公司。院长兼党委书记魏运鸿,总经理、党委副书记王涛。驻四川省达州市通川区张家湾路2号。职工163人。下辖房屋建筑设计所、规划设计所、地质勘察所、装饰装潢设计所、造价咨询所等8个生产部门;成都分公司、达州经济开发区分公司等2个分公司。

2016年,工程出图地勘27份、规划36套、方案160套、施工图412套、装修4套。出图面积895089平方米。实现净利润328万元,营业收入5784万元,签订勘察设计合同174项,合同金额7653万元。

(古　艳)

【重要记载】

▲1月29日　集团公司与贵阳清镇市政府签订战略合作协议。

▲2月18日　股份公司总裁、党委副书记庄尚标到集团公司轨道公司深圳项目调研。庄尚标表示作为中铁建重返深圳市场的示范性工程,要把梁场建成永久性基地。

▲3月4日　集团公司三届二次职代会暨2016年工作会、党委一届十二次全委(扩大)会暨党风建设和反腐倡廉工作会胜利召开。

▲4月5日　承建江西省东昌高速公路赣江特大桥,获江西省AA级施工企业信用评价。

▲4月18日　格鲁吉亚副总理德米德利·库姆斯史维利出席承建T8隧道贯通仪式。

▲5月9日　四川省总工会、四川省国资委对“五一”活动进行表彰,三公司米攀项目经理部、轨道公司成都地铁5号线14标项目部分获“工人先锋号”和“先进集体”称号。

▲6月19日　集团公司获交通部“2016年公路建设诚信百佳企业”,被评为全国信用等级A级企业。

▲7月28日　由三公司承建施工的雅西高速干海子特大桥“钢管混凝土格构墩曲线桁架梁桥综合施工技术研究”获四川省科技进步一等奖。

▲8月4日　集团公司获“四川省企业信息化建设先进单位”。

▲10月29日　集团公司拍摄微影视《追梦磁悬浮》获中国首届金风筝国际微电影大赛优秀作品奖。

▲11月10日　集团公司获“安康杯”及工会特色工作成果。

▲11月19日　集团公司拍摄反映雅西公路干海子大桥建设专题片微影视作品《勇者圆梦》获“微影视大赛宣传类”金奖。

(古　艳)

中铁二十四局集团有限公司

【简况】 拥有铁路工程施工总承包特级(含铁道行业设计甲(II)级资质),增项资质为房屋建筑工程施工总承包一级、市政公用工程施工总承包一级、公路工程施工总承包一级、机电安装工程施工总承包一级、电力工程施工总承包二级、矿山工程施工总承包二级、水利水电工程施工总承包三级、通信工程施工总承包三级、桥梁工程专业承包一级、公路路基工程专业承包一级、隧道工程专业承包一级、铁路铺轨架梁工程专业承包一级资质。拥有对外承包工程经营资格,对外援助成套项目A级资质,测绘乙级资质。2004年3月16日,由原上海铁路局上海铁路建设(集团)有限公司、福建铁路建设(集团)有限公司和原南昌铁路局南昌铁路工程(集团)有限责任公司3家企业经整合重组而成。

下辖安徽工程有限公司、江苏工程有限公司、上海铁建工程有限公司、浙江工程有限公司、福建铁路建设有限公司、南昌铁路工程有限公司、新余工程有限公司，上海电务电化有限公司、贵溪桥梁厂有限公司、鹰潭设备安装工程有限公司、上海房地产开发有限公司、路桥分公司、轨道交通分公司；设立华东指挥部、华北指挥部、西北指挥部、西南指挥部、云桂湘指挥部、新疆指挥部、广东指挥部、苏皖指挥部、京津冀指挥部、东北指挥部、内蒙古指挥部、山东指挥部、甘肃指挥部、山西指挥部、陕西指挥部、闽赣指挥部16个区域指挥部；设立海外、房屋建筑面积与房地产、新能源、轨道交通4个事业部；设立北京和厦门（2016年5月4日更名为中铁二十四局厦门经营部并划归闽赣指挥部统一管理）2个办事处。驻上海市会文路2号。职工10526人。资产总额1675000万元。其中，固定资产原值198599.75万元、净值67583.56万元；流动资产1500089.37万元。机械运输设备4897台（套），总功率15.44万千瓦，动力装备率14.53千瓦/人，技术装备率3.38万元/人。

2016年，新签合同投资2609236.96万元，完成企业总产值2157331万元。其中施工产值2113687万元，实现利润34199.87万元。全员劳动生产率204.93万元/人年，职工年人均收入76021元，在岗职工年人均收入81278元。完成主要实物工程量：路基土石方5631.53万立方米，隧道53288.31延长米，桥梁119903.8延长米，铁路正线铺轨278.5千米，铁路站线铺轨56.7千米，铁路架梁2235孔，公路架梁319片，房屋（境内）建筑竣工面积88.0994万平方米，敷设通信线路566千米，自动闭塞3区间千米，电气集中122联锁道岔，供电线路285.96千米，接触网22.93条千米。工程质量合格率100%。获省部级科学技术奖5项，获中国岩石力学与工程学会科学技术一等奖1项，获中国铁道学会科学技术二等奖1项，获中国公路学会科学技术三等奖1项，获福建省科学技术三等奖1项；获中国施工企业管理协会科学技术奖二等奖及三等奖各1项；获总公司科学技术奖2项；12项成果获得集团公司科学技术奖。8项工法被评为省部级工法。获发明专利13项，实用新型专利28项。

（严人杰）

【领导人员】

董事会

董事长	郭衍敬（7月免）
	王立新（7月任）
副董事长	朱　赤
董事	郭衍敬（7月免）
	王立新（7月任）
	朱　赤
	韩文忠
	郭富君（9月免）
	叶建国

监事会

监事会主席	李　生
监事	李　生
	俞正云
	凌光华（9月退休）

经理层

总经理	郭衍敬（7月免）
	王立新（7月任）
副总经理	韩文忠
	郭富君（9月免）
	周光民
	许伟书
	王建民
	江如辉
	李金亭
	吴为爱
	雷　涛
	林志勇
	王肖文
总工程师	许伟书（兼）
总会计师	雷　涛（兼）

党群领导

党委书记	朱　赤
党委副书记	郭衍敬（7月免）
	王立新（7月任）
纪委书记	李　生
工会主席	叶建国

（严人杰）

【工程项目指挥机构】 白云至龙里北铁路工程指挥部　驻贵州省贵阳市龙洞堡小碧乡政府旁。常务副指挥长钟栋材。

渝黔引入贵阳枢纽指挥部　驻贵州省贵阳市南明区桃园路61号桃园盛世大酒店7楼。指挥长肖方锦。

成都天府新区正公路指挥部　驻四川省成都市双流县华阳街道伏龙路二段滨河花园B2－403室。指挥长王肖文。

贵州房屋建筑与市政工程总承包部　驻贵州省贵阳市花溪区花溪大道西站路口13号汇丰大酒店。总经理张年胜。

上饶车站改扩建工程项目部　驻江西省上饶市信

州区吉阳中路8号上饶丽城一栋2单元1501室。项目经理王谦。

皖赣铁路1标项目部　驻安徽省芜湖市芜湖县芜湖南路东升大酒店8321室。项目经理陆喜钢。

福平铁路2标项目部　驻福建省长乐市古槐镇雁塘工业区2号。项目经理温裕洪。

九景衢铁路浙江段站前Ⅰ标工程项目部　驻浙江省衢州市开化县华埠镇金三角大酒店。项目经理陶建国。

九景衢铁路JQJXZQ－1标项目部　驻江西省湖口县三里大道26号。项目经理江政杰。

杭黄铁路站前Ⅲ标项目部　驻浙江省杭州市萧山区闻堰镇三江路100号。项目经理陈爱民。

蒙西华中32标项目部　驻江西省新余市仰天岗西大道800号。项目经理王平。

连镇8标项目部　驻江苏省镇江市新区美林湾四和苑23幢。项目经理谢钦方。

商合杭铁路17标项目部　驻安徽省广德县清清洁路2号。项目理张百芹。

通辽至新民北客专TLSG－3标项目部　驻内蒙古自治区通辽市科尔沁左翼后旗工业园区。项目经理张春德。

合安铁路HAZQ－7标项目部　驻安徽省合肥市庐阳区大杨产业园兴杨路1号。项目常务副经理许世旺。

福宜高速公路项目部　驻云南省昆明市呈贡区大学城前卫缤纷世界五楼。项日经理何卫东。

（严人杰）

【职工队伍】　职工10526人，干部6011人，其中女干部877人，占干部总数的14.59%；少数民族干部96人，占干部总数的1.6%；专业技术干部5895人，占干部总数的98.07%，专业技术干部中高级职务802人（含正高级职务29人），中级职务1850人，初级职务3243人。本科及以上学历4438人，大专学历1232人，中专学历235人，高中及以下学历106人。35岁及以下干部4057人，36～45岁838人，46岁及以上干部1116人。工程系列4587人，经济系列472人，会计系列585人，政工系列231人，统计系列5人，教育系列11人，档案、新闻、艺术、体育、翻译系列4人。

工人4760人，其中女工人573人，占工人总数的12.04%；初级工143人，中级工1074人，高级工745人，技师152人，高级技师106人。大专以上学历373人，中专学历413人，高中学历1152人，初中及以下学历2822人。35岁以下工人402人，36～40岁293人，41～45岁1242人，46～50岁1406人，51～54岁982人，55岁以上435人。

（严人杰）

【铁路工程】　改建铁路重庆至贵阳扩能改造工程引入贵阳枢纽站前工程1标工程　位于贵州省贵阳市，标段长27.4千米，铺架工程施工总长度60.08千米。合同投资109947万元，合同工期2013年3月—2016年12月。主要工程量：路基土石方109.1万立方米。桥梁21座4958.4延长米，其中特大桥1座，连续梁8联，最大跨度80米；隧道12座12573延长米；T梁467.5孔，道岔梁9片；正线铺轨60.08千米，站场铺轨8.78千米，护轮轨21.6千米；铺道岔49组。2016年，完成施工产值31474万元，开工累计完成89866万元。

新建福州至平潭铁路站前工程FPZQ－2标工程　位于福州长乐市，线路长33.94千米。合同投资253125.5万元，合同工期2013年11月1日—2019年4月30日。主要工程量：站前工程路基土石方182.96万立方米；路基6.4千米；隧道6座16837延长米；桥梁18座10741延长米，涵洞15座365横延长米；站场3处；制梁241孔/片（T梁），架梁241孔/片（T梁）。2016年，完成施工产值43651万元，开工累计完成123968万元。

皖赣铁路芜湖至宣城段扩能改造站前及相关工程WGZQ－1标工程　位于芜湖市，全长29.837千米。合同投资187426万元，合同工期2013年12月—2017年11月。主要工程量：路基土石方74.35万立方米；路基3.361千米；桥梁3座34114延长米，涵洞9座264横延米；站场1处；992孔。2016年，完成施工产值40617万元，开工累计完成114423万元。

新建九景衢铁路浙江段站前JQZJZQ－1标工程　位于衢州市，正线长38.378千米。合同投资195888万元，合同工期2014年1月—2017年6月。主要工程量：桥梁21座6080.48延长米。其中，特大桥4座2831延长米，大桥12座2924延长米，中桥5座325延长米；涵洞36座1441横延米。隧道23座26922延长米。车站2座。2016年，完成施工产值42500万元，开工累计完成193790万元。

新建九景衢铁路江西段站前JQZJZQ－1标工程　位于九江市，正线长45.47千米。合同投资164060万元，合同工期2014年7月—2017年6月。主要工程量：路基土石方277万立方米；桥梁28座9065延长米，其中复杂特大桥1座1607.3延长米，双线特大桥2座2118.4延长米，单线特大桥2座2230.9延长米；制架梁1596孔；涵渠92座1521横延米；隧道1座284延长米；正线铺轨155.85千米，站线铺轨13.7千米。2016年，完成施工产值64679万元，开工累计完成181020万元。

新建杭州至黄山铁路站前及相关工程 HHZQ－3标工程　位于杭州市萧山区，正线长30.647千米。合同投资203849万元，合同工期2014年10月—2017年12月。主要工程量：路基土石方6.14万立方米，路基长0.567千米，隧道5座18109.74延长米，桥梁8座13166.49延长米，涵洞1座20横延米，制梁342孔（箱梁236孔、T梁106孔），架梁319孔（箱梁213孔、T梁106孔），无砟道床50.007千米。2016年，完成施工产值72712万元，开工累计完成149950万元。

蒙华铁路煤运通道32标工程　位于新余、吉安市，正线长54.153千米。合同投资184862万元。合同工期2015年8月1日—2020年3月31日。主要工程量：路基土石方740万立方米；桥梁21座9634延长米；涵洞122座3884横延米。隧道14座15717延长米；铺设无砟道床9791米、铺设有砟道床20.35万立方米；新建车站4座（双林车站、观巢车站、新余西站、新余南站）。2016年，完成施工产值74339万元，开工累计完成83832万元。

新建连云港至镇江铁路站前 LZZQ－8标段　位于江苏省镇江市，正线长度33.989千米，镇江联络线长度11.52千米，京沪改线长度6.738千米。合同投资280110万元，合同工期2015年9月—2018年7月。主要工程量：路基土石方228.17万立方米。桥梁32座37718.17延长米，其中，特大桥14座36835.21延长米，连续梁27联，最大跨度136米；大桥1座176.42延长米，中桥12座625.18延长米，小桥5座81.36延长米；涵洞43座691.15横延米。箱梁1057孔。2016年，完成施工产值70599万元，开工累计完成82800万元。

新建商丘至合肥至杭州站前工程 SHZQ－17标段　位于安徽广德县、浙江安吉县，正线长44.588千米。合同投资246408万元。合同工期2015年11月18日—2020年10月30日。主要工程量：路基18.599千米，土石方448.3万立方米；桥梁38座29161延长米；涵洞69座1553横延米，车站2座。2016年，完成施工产值65827万元，开工累计完成65827万元。

成昆铁路成都至峨眉段扩能改造工程 CEZX－2标段　位于四川省成都、乐山市，线路长45.61千米。合同投资109639.48万元，合同工期2014年3月18日—2016年12月10日。主要工程量：路基土石方395.9503万立方米，路基10.845千米；桥梁19座4505.8延长米，涵洞142座；制梁284孔。正线铺轨（有砟道床）45.611千米；道岔164组；房屋建筑面积14594平方米，车站4座；接触网117.06千米，牵引变电所3处；电力线路9千米，变配电所8处；通信线路59.488千米；连锁道岔117组。2016年，完成施工产值23102万元，开工累计完成117716万元。

符夹铁路符岱段 FJZQ－Ⅱ标段　位于安徽省淮北市，既有线路长52.12千米（含符离集下行疏解线）。合同投资73835万元，合同工期2015年10月—2017年12月。主要工程量：路基土石方205万立方米；桥梁21座6080.48延长米；涵洞79座997横延米。车站6座。2016年，完成施工产值41389万元，开工累计完成52628万元。

新建南昌至赣州铁路客运专线站前工程施工总价承包 CGZQ－1标段　位于南昌、丰城市，正线长11.79千米。合同投资166870万元，合同工期2015年11月16日—2019年12月31日。主要工程量：桥梁12座17.492千米，连续梁18联，涵洞1663.0939座横延米；路基16.932千米；有砟轨道铺设57.719千米、新铺道140组。2016年，完成施工产值1160万元，开工累计完成1160万元。

新建连云港至盐城铁路站前工程 LYZQ－Ⅱ标段　位于江苏省连云港市。合同投资44795万元，合同工期2014年3月—2017年6月。主要工程量：路基土石方66万立方米。桥梁7座4242.7延长米；公铁立交1座459.34顶平方米，旅客及行包地道2座5751.3顶平方米。隧道1座2245延长米；连云港站、连云港东站、云台山站、包庄站、磷矿专用线改建。2016年，完成施工产值13458万元，开工累计完成39623万元。

新建铁路大理（含）至临沧（含）线站前工程 DLZQ－6标段　位于临沧市临翔区，线路长33.999千米。合同投资172316万元，合同工期2015年12月28日—2020年8月28日。主要工程量：路基工点22段长3.615千米，路基土石方920万立方米；桥梁14座2372延长米；涵渠工程11座2228.33横延米；隧道8.5座28012延长米，站场4座，有框架桥1座，地道2座，涵洞11座，路基挖方417万立方米，路基填方463万立方米。2016年，完成施工产值32070万元，开工累计完成32070万元。

新建金华至台州铁路站前工程施工总价承包（JTSG－1）标段　位于浙江省金华市，全长30.35千米，正线设计时速160千米，为客货单线铁路。合同投资66016万元，合同工期2016年7月—2019年12月。主要工程量：隧道3座4987延长米；桥梁5座15568延长米；路基长10.338千米，路基土石方224.86万立方米；站场3座。2016年，完成施工产值12575万元，开工累计完成12575万元。

新建南京尧化门货场工程　位于南京市。合同投资64974万元，合同工期2016年6月—2017年12月。主要工程量：正线1条，到发线6条，总长18.48千米；站场改造；桥梁3座，办公、生活用房51座，建筑面积

72311 平方米。2016 年,完成施工产值 22514 万元,开工累计完成 22514 万元。

新建合肥至安庆铁路站前工程 HAZQ－7 标段 位于合肥市。合同投资 135650 万元,合同工期 2016 年 12 月—2018 年 12 月。主要工程量:路基工点 14 处长 18.272 千米,路基土石方 137.78 万立方米;桥梁 12 座 29176.02 延长米;新建、接长框架涵 84 座2476.6横延米,新建倒吸虹管 1 座 50 横延米。2016 年,完成施工产值 4760 万元。

新建通辽至新民北铁路客运专线站前工程施工总价承包 TLSG－3 标段 位于辽宁省阜新市,正线长 60.833千米(其中辽宁省境内 8.033 千米,内蒙古境内 52.8 千米)。合同投资 183549 万元,合同工期2016 年 6 月 1 日—2020 年 5 月 31 日。主要工程量:桥梁工程 13 座 5.432 千米,连续梁 6 联,箱梁预制架设 218 孔;涵洞 107 座 2607.46 横延米(新建框架涵 104 座 2560.46横延米、顶进涵 3 座 47 横延米);路基 55.236 千米(挖方 149 万立方米,填方 474 万立方米,软基处理桩 101.4 万米)。2016 年,完成施工产值 81150 万元,开工累计完成 81150 万元。 (杨宗海)

【铁路外工程】 重庆轨交环线西湖路站洪湖东路站及区间隧道工程 位于重庆市北部新区,线路长 2664.158 米,2 座地下车站及 3 个地下区间。合同投资 5.7513 亿元,合同工期 2014 年 1 月—2016 年 12 月。主要工程量:地下车站 2 座,西湖路车站长 226.3 米,洪湖东路站及配线 620.809 米;地下(双洞单线)区间 3 个,冉—西区间长 610.041 米,西—洪区间长 683.961 米,洪—民区间长 523.047 米。2016 年,完成施工产值 18762.8 万元,开工累计完成 49562.8 万元。

重庆市轨道交通环线二期工程土建 4 标段 位于重庆九龙坡区,标段长 2372 米,2 站 2 区间。合同投资 45436 万元,合同工期 2014 年 4 月—2017 年 8 月。主要工程量:车站 2 座(谢家湾站、奥体中心站)485 米,桩基 330 根;谢家湾站—奥体中心区间、奥体中心站—陈家坪站区间 1887 米,桩基 1304 根。2016 年,完成施工产值 22249 万元,开工累计完成 44979 万元。

贵阳轨道交通 1 号线 5 标段 位于贵阳市中心城区。2 站 2 区间,线路全长 1.7 千米。合同投资 47777 万元,合同工期 2013 年 11 月—2018 年 6 月。主要工程量:车站 2 座,建筑面积 56014 平方米。北京路站—延安路站区间、延安路站—中山路站区间,北延区间左右线各长 634.9 米,北延区间左右线隧道线路总长 1269.8 米;延中区间为双洞单线隧道,其中左线 563.688米,右线 614.604 米,左右线隧道线路总长 1178.292 米。2016 年,完成施工产值 25480 万元,开工累计完成 42981 万元。

昆明绕城高速公路 A5 工区 位于云南省昆明市宜良县,全线长 18 千米。合同投资 122948 万元,合同工期 2014 年 4 月—2017 年 12 月。主要工程量:路基土石方 462 万立方米;路基 18 千米;桥梁 25 座 15566.21延长米,涵洞和通道 49 座 15366.21 横延米;制梁 1961 孔/片(空心板梁、箱梁、T 梁),架梁 1961 孔/片(空心板梁、箱梁、T 梁)等。2016 年,完成施工产值 47883 万元,开工累计完成 85733 万元。

简蒲高速公路 JPTJ－7 标段 位于仁寿县大化镇,主线长 6.51 千米。采用双向 6 车道高速公路标准建设,设计速度 100 千米/小时。合同投资 49936 万元,合同工期 2014 年 10 月 20 日—2016 年 9 月 30 日。主要工程量:路基土石方 110 万立方米;路基 2.3 千米;隧道 0.5 座 1143.5 延长米;桥梁 2 座2410.36延长米,涵洞 12 座 631.75 横延米;制梁 119/833 片(40 米 T 梁),架梁 119/833 片(40 米 T 梁)。2016 年,完成施工产值 10255 万元,开工累计完成 49936 万元。

厦门至沙县高速公路三明段路基土建 A6 合同段 位于尤溪县西城镇,路线长 8.29347 千米。合同投资 49974 万元,合同工期 2014 年 12 月 16 日—2016 年 12 月 16 日。主要工程量:路基土石方 225.5 万立方米;隧道 3 座 3005 延长米;桥梁 12 座 7187.735 延长米,涵洞 8 座 358.87 横延米;制梁 1090 孔/片(T 梁)等。2016 年,完成施工产值 22113 万元,开工累计完成 44201 万元。

广西资源至兴安高速公路 ZXTJ－07 标段 位于广西壮族自治区,线路长 12.9 千米。合同投资 75299 万元,合同工期 2014 年 5 月—2017 年 11 月。主要工程量:路基土石方 439 万立方米,填方 139 万立方米;路基 12.877 千米;隧道 1 座 845 延长米;大中桥 19 座 4895 延长米,互通式立交 1 处,涵洞 26 座 1354.88 横延米;制架梁 1606 孔/片(箱梁、T 梁)。2016 年,完成施工产值 34335 万元,开工累计完成 67233 万元。

邳州市撤渡建桥工程—滩上京杭运河大桥工程 PZTSDQ－SG 标段 位于邳州市邳城镇,全长 1752.2 米,设计行车速度 80 千米/小时。合同投资 10762 万元,合同工期 2014 年 7 月—2017 年 06 月。主要工程量:桥梁 1 座 1752.2 延长米,预制箱梁 196 榀。2016 年,完成施工产值 2950 万元,开工累计完成 10600 万元。

鹰潭市余信贵大桥工程 位于江西省鹰潭市,全长 1251.39 米。合同投资 37900 万元。合同工期 2015 年 3 月 1 日—2018 年 2 月 28 日。主桥上部结构形式为飞燕式蝴蝶型钢箱拱肋混合梁系杆拱桥。主拱跨径 168 米,矢高 48 米,主副拱肋之间的横向连杆采用圆钢管，间距6米。主墩横桥向整体式墩柱及承台，群桩基础；过渡墩采用整体式盖梁，下设2个分离的墩柱及承台，群桩基础。匝道6条，均设有桥梁工程。匝道桥采用钢筋混凝土现浇连续箱梁，箱梁均采用单箱单室，下部桥墩采用花瓶式实体墩，桩基接承台基础，桩基均采用钻孔灌注桩。2016年，完成施工产值16894万元，开工累计完成29410万元。

三门湾大桥及接线工程第TJ2标段　位于象山县茅洋乡，线路全长7.93千米。合同投资67138万元，合同工期2015年2月10日—2017年11月9日。主要工程量：茅洋互通主线及匝道桥、王岙大桥等13座，分离式隧道2座3315延长米，涵洞5座、通道5座、桩号范围内路基工程2.25千米。2016年，完成施工产值38923万元，开工累计完成56339万元。

104国道绍兴县柯桥段改建工程（镜水路互通立交）　位于浙江省绍兴市。合同投资61188万元，合同工期2016年3月25日—2018年3月25日。主要工程量：主线桥1座，匝道桥8座，慢行通道1条。主线桥为13联现浇连续箱梁，长1293.5延长米，主线道路长1880米。匝道桥8座4689.39延长米，上跨萧甬铁路7次。慢行通道长741.3米，分别下穿104国道地面道路、萧甬铁路之后上跨南侧河道。2016年，完成施工产值23808万元，开工累计完成43190万元。

枣阳至潜江高速公路第3标段　位于湖北省荆门、钟祥市，正线长28.31千米。合同投资54000万元，合同工期2016年8月30日—2018年2月28日。主要工程量：桥梁26座2.719千米（现浇连续梁7座），箱梁预制架设693孔；涵洞110座3652.09横延米（盖板涵及通道87座2959.81横延米、圆管涵及倒虹吸8座692.28横延米）；路基25.591千米，（挖方149.6万立方米，填方348.15万立方米，软基处理桩15.7896万米）。2016年，完成施工产值9960万元，开工累计完成9960万元。　（杨宗海）

【海外工程】　阿尔及利亚塞提夫2000套租售房屋建筑面积项目　位于阿尔及利亚国赛提夫欧勒玛镇。合同投资28458万元。合同工期2014年8月—2016年12月。主要工程量：6层51栋1224套，10层18栋720套，15层8栋480套，居住面积187320平方米，建筑面积267600平方米。2016年，完成产值13720万元，开工累计完成产值28458万元。　（杨宗海）

【经营管理】　工程承揽。新揽项目273项，承揽合同总额267.1亿元。路内66.1亿元，占新签合同总额的24.7%；路外201.0亿元，占新签合同总额的66.3%。其中，铁路66.1亿元，占24.7%；公路79.8亿元，占29.9%；市政46.1亿元，占17.3%；房建工程10.2亿元，占3.8%；城市轨道交通55.4亿元，占20.7%；工业制造5.6亿元，占2.1%；其他工程4亿元，占1.5%，海外工程4.9亿，占新签合同总额的1.8%。

企业管理。完成市政公用工程施工总承包特级资质和建筑工程施工总承包特级资质的申报工作。新余公司新增地基基础工程专业承包三级、钢结构工程专业承包三级、预拌混凝土专业承包3项资质。制定集团公司“十三五”战略规划。积极推动工程公司专业化建设。督导各公司结合本公司专业化建设定位，制定并深化落实公司《专业化建设实施办法》，并对近3年的专业化发展情况、取得的实效和下一步发展举措进行全面总结。制定印发《中铁二十四局集团有限公司开展压缩管理层级减少法人户数工作实施方案》（二十四局企发〔2016〕350号），明确到2019年5月底将通过注销或整合重组的方式完成16家四级公司，其中到2016年年底完成注销3家四级公司。根据股份公司大集体改革工作的要求，集团公司积极指导各工程公司学习大集体改革的相关文件，并加强与当地政府工作沟通，及时了解最新政策动态，审慎选择大集体改革方案。印发《关于开展2016年度企业管理论文征集活动的通知》（二十四局企发〔2016〕151号）和《关于组织开展第三届中国铁建企业管理现代化创新成果申报推荐工作的通知》（二十四局企发〔2016〕205号），组织开展集团公司企业管理论文和现代化创新成果的征集活动。集团公司对2015年获奖企业管理论文进行汇编，出版《工程科技》（企业管理论文专刊）一期。集团公司获评2014—2015年度全国“守合同重信用”企业、“2015年度全国优秀施工企业”、上海市“五星级诚信创建企业”、“2015年度上海市建筑业诚信企业”。

安全质量。坚持安全风险等级管理，逐级签订安全包保责任书，加大安全教育培训力度，深入开展安全大检查活动，高度重视并积极配合各类外部检查，现场安全生产保持平稳有序。狠抓现场安全隐患排查治理，在股份公司安全隐患排查治理平台工程板块19家单位中排名第五。强化工程质量管控，质量创优工作取得佳绩。集团公司获第二届中国质量奖提名奖，安徽公司合肥市滨湖新区方兴大道项目获鲁班奖，路桥公司南通市江海大道项目获国家优质工程奖；获省部级优质工程2项、“中国铁建杯”优质工程4项。

财务管理。实现营业收入215.9亿元，为股份公司下达计划的102.8%；利润总额4.3亿元，净利润3.4亿元，完成股份公司年度考核指标的T2值；资产总额167.5亿元，同比增加9.9亿元；净资产22.9亿元，同比增加1.4亿元；经营性活动现金净流入量8.9亿元，同比增加2.7亿元;资产负债率86.32%,与上年持平;清收清欠目标完成率98.01%,同比增长2.57%。加强财务管控,强化资金集中管理,归集资金余额28.7亿元,为生产经营调剂资金15.3亿元。完成财务共享中心建设和人员配备,目前系统运行顺利。借助国家出台清理规范工程建设领域保证金的利好政策,主动开展收回或以保函置换有关保证金。积极应对“营改增”,有针对性地推进内部管理体制、管控模式、分包机制等方面的改革,争取和落实各项优惠政策。

审计监督。集团两级审计机构实施和完成审计项目87项,其中,工程项目审计56项、专项审计2项、经济责任审计12项、经济效益审计9项、财务收支审计8项。投入审计工日2738天,形成书面审计报告87份。针对被审单位在内控制度的建立和执行、项目管理、财务管理、资金管理、物资设备管理、工资薪酬管理、配合外部审计检查等方面存在的问题,提出审计建议515条,被采纳511条,采纳率99.22%。发现违纪违规及损失浪费、不良资产金额9983.88万元,纠正违纪违规问题金额8898.62万元,移送16起违纪违规线索。

(魏　磊　邓珊珊　张　奇　王吉莉　沈　斌)

【科技教育】 科技开发。立科研课题28项,资助科研经费420万元。有3项成果通过中国铁建股份有限公司评审,均为国际先进水平;12项科技成果通过集团公司组织的评审,其中,国际先进水平3项、国内先进水平3项、总公司领先水平6项;12项科技成果通过集团公司组织的验收;21项施工工法通过局级工法评审。获省部级科学技术奖5项,首次获上海市科学技术一等奖1项,首次获中国岩石力学与工程学会科学技术一等奖1项,首次获中国铁道学会科学技术二等奖1项,获中国公路学会科学技术三等奖1项,获福建省科学技术三等奖1项;获中国施工企业管理协会科学技术奖二等奖及三等奖各1项;2项科技成果获总公司科学技术奖;12项成果获集团公司科学技术奖。8项工法被评为省部级工法。获发明专利13项,实用新型专利28项。

教育培训。参加各类培训8655人次,其中,由集团公司直接组织举办培训班25期,培训人数2128人次;各基层单位自办培训班131期,培训人数6527人次;参加股份公司或社会培训机构培训711人次。管理人员参加各类培训(公司治理、战略规划、经营管理、工程技术、安全生产等)6267人次;施工员、预算员、质量检查员、安全员、材料员等十一大员培训1082人次;特种作业人员培训398人次。

(王剑明　严人杰)

【党群工作】 党的工作。党委23个,党总支部12个,党支部(党工委)332个。党员5300人,其中,在岗职工党员3797名,占职工总数的35.3%。

党委深入学习贯彻十八届五中、六中全会、全国国有企业党的建设工作会议和习近平总书记系列重要讲话精神,紧紧围绕“抓发展、促改革、反腐败、严监督、强党建”的工作思路,稳步推进年初确定的6方面56项重点工作,从党建责任体系完善、责任分解落实、责任检查考核入手,建立健全26项基本制度,不断强化管党治党主体责任,有力促进年度各项任务的完成。注重谋划引领,认真贯彻中央决策部署。以“两学一做”学习教育为契机,以党委中心组学习为抓手,全面落实中央各项重要决策部署,为推进各项工作提供了坚强有力的思想保证和理论支撑。一是完善党委中心组学习制度,认真学习党章党规、十八届六中全会、全国国有企业党的建设工作会议、习近平总书记系列重要讲话精神。坚持集中学习与个人自学、专家辅导、集中讨论相结合,开展党委中心组集中学习9次,邀请专家学者作辅导报告4次,并根据班子成员自学、调研的情况,认真开展中心组成员主题发言讨论交流,班子成员参学率在90%以上。二是认真贯彻国企党建工作会议精神,研究制定20项具体落实措施,明确牵头部门,制定时间表,推进落实党建工作进章程、党群干部配备、容错纠错机制建立、党建考核评议等方面重点工作。三是凝聚集体智慧,共商企业发展大计,召开领导班子务虚会,研究形势,分析问题,理清发展思路,研讨改革措施。班子成员提出意见建议102条,经过梳理明确企业在基层党建、廉政建设、瘦身健体、架构优化、区域经营、绩效考核等11方面重点工作,有力推进企业改革的深入开展和管理效能的全面提升。四是完善集体决策制度,对“三重一大”决策事项进行细化分解,通过表格清单式管理,明确企业4类82项“三重一大”事项的具体内容,制定决策流程图,落实党委研究讨论企业重大决策前置程序。注重激发活力,大力加强干部人才队伍建设。始终坚持党管干部、党管人才,强化对选人用人的领导和把关作用,着力加强干部队伍建设,培养高素质人才队伍。一是深化“四好”班子创建,对照“四好”标准,强化创建活动过程管理,推动各级领导班子建设。落实纪委书记异地任职制度,完成4家公司领导班子调整充实,优化班子结构,打造年龄衔接合理、知识分布均衡、气质性格互补、整体素质优良的坚强领导集体。二是建立完善各类干部分类综合考评机制,强化所属单位领导班子定期考核制度,完成13家公司领导班子和领导人员3年任期测评,对13个直管项目部领导班子进行考核。三是严格干部监督管理,严格执行个人事项报告制度,对拟提拔的20名干部个人有关事项报告进行核查，抽查24人，对未如实申报的13名领导干部进行责任追究，其中，诫勉谈话12人、政纪处分1人。完成集团公司领导档案专项审核组织认定工作和副处及以上干部人事档案的复审和组织认定工作。四是加强人才培养、引进和选树，开展工程技术学科带头人、中青年科技拔尖人才、首席技师选拔和表彰工作，完善8类人才信息库，入库人员2184人。引进各类专业人才39人，签约2016年应届高校毕业生710人，为962名青年员工制定职业导航计划，并进行为期1年的网络专题培训。优秀人才脱颖而出，1人获全国“五一”劳动奖章、1人获全国青年技术能手、1人入选首批“上海工匠”，8人获省部级以上荣誉。注重基础强化，深入推进基层党组织建设。强化党委党建工作的主体责任，坚持“四同步”，实现“四对接”，健全集团公司、工程公司、项目部3个层面的党建责任体系，不断提升基层党建科学化水平。一是扎实推进“两学一做”学习教育，注重总体策划，成立学习教育领导小组和3个督导组，精心制定“一表三图”，确保学习教育有序推进。注重把关督导，坚持领导小组不定期抽查与督导组定期督导相结合，推动基层党组织学习教育深入开展。注重示范带动，以“七一”纪念活动为契机，两级党委班子成员深入基层讲党课160多场次。注重方式创新，通过编发专题测试题、发挥红色资源优势、开通“微听党章”和“微党课”栏目、开展“七一”文艺汇演等活动，促进学习教育入心入脑。二是胜利召开集团公司第二次党代会，统筹推进直属机关党委和7家工程公司党委换届选举。坚持保姆化服务，抓好基层选举专题培训，编发学习参考资料，指定6名组工干部全过程指导、全方位服务。坚持清单化操作，编制工作提示，明确党代会和换届选举工作要点程序，规范了换届工作。三是强化党建工作考核，修定考核办法，制定考核方案，细化考核内容，派出3个考核组，对所属单位党组织、纪检组织进行现场考核，并下沉一级延伸至28个基层单位和项目，发现8方面145项问题。对所属单位党组织书记抓基层党建工作情况进行述职评议考核，接受组织、党员和职工群众的评议。四是加强基层党建基础，深入开展基层党组织排查分析、综合排序，及时开具“药方”，促进党组织不断完善提升。深入开展党员组织关系和党员违规违纪情况排查，对351个党组织、5300多名党员进行全面梳理，摸清底数，查处问题，完善管理。五是推动“打造战斗堡垒、争当建设先锋”示范点创建活动落地见效，选树服务型先进基层党组织12家，1个项目党组织获上海市建设交通系统首批“建设先锋”示范点。团公司党委在国资委党委组织召开的部分在沪央企党建工作调研座谈会上作了交流发言。注重形象塑造，持续抓好宣传文化工作。聚焦“品种、品质和品牌”，加强对外宣传报道，切实提升企业形象。一是围绕重难点工程，在新华网、人民网、今日头条等国内主流媒体大力宣传报道宁启铁路、九景衢铁路、商合杭铁路等重点工程建设，对亚吉铁路开通进行大规模的集中宣传，在国内外打响企业品牌。二是围绕集团公司第二次党代会的召开，在解放日报、解放网等地方媒体重点宣传集团公司5年来的工作成就，下发党代会精神宣传提纲，利用微信、报纸、网站等媒介加大宣传力度，统一大家思想，凝聚发展共识。三是围绕先进典型、重大荣誉，对全国五一劳动奖章获得者柳明佳、全国技术能手获得者郝后安、上海工匠获得者石长江和中国质量奖提名奖等进行大力宣传。在中央级媒体刊稿50余篇，在省部级媒体刊稿400余篇。四是项目文化建设严格落实“三方、三色、三区”的要求，充分体现业主方、企业方、职工方不同层面的文化需求。加强对上海地铁17号线、成都地铁等10余个项目文化建设的指导，有力地推进企业文化在项目落地。注重责任担当，切实加强党风廉政建设。以落实“两个责任”为主线，健全责任体系，强化监督执纪问责，努力营造风清气正的发展环境。一是抓责任落实。坚持做好年初部署、年中促进、年末考核，坚持每季听取查信办案工作汇报，坚持每半年听取纪委全面汇报并加强研究部署，坚持落实基层党纪组织“两个责任”季度报告、第一责任人签字背书制度，坚持“一案双查”“一案两报告”，狠抓第一责任、“一岗双责”，对党风廉政建设责任制落实不力的10名领导干部进行责任追究。二是抓作风建设。严格贯彻中央八项规定精神，重申“十严禁”纪律要求，下发《廉洁自律准则》，精编《纪律处分条例》“100个禁止”，发送节假日廉洁提醒短信。大力推进“四风”整治“回头看”，补充完善相关制度19项，开展检查督导47次，下沉所属192个项目部，发现问题207个并已整改完毕。三是抓巡视监督。认真做好股份公司巡视反馈问题的整改，梳理11方面94项整改内容，及时制定整改方案，明确责任分工和整改时限，已完成86项整改，需进一步整改3项、常态化整改5项。对4家工程公司及其领导班子成员进行巡视，下沉一级延伸至53个基层单位项目，发现各类问题135项，移交问题线索36件，提出巡视建议22条，已完成整改122条。四是抓廉政教育。通过邀请专家学者讲课、观看录像、组织专题研讨会等方式，围绕学习党章党规，专门组织党委中心组集中学习5次。组织开展以“反面典型为鉴、明廉洁从业纪律”为主题的警示教育，两级纪检监察组织下发学习材料8500余册，组织集中学习182场次，邀请专家学者作反腐倡廉和法制专题报告16场次，教育覆盖面达85%。五是抓监督执纪。认真实践“四种形态”，两级纪检监察组织开展提醒谈话57人次，诫勉谈话51人次，干部任前廉政谈话332人次。开展廉洁风险防控排查，推进廉洁风险防控体系建设。注重群团共建，全面推进企业和谐稳定。突出权益维护、平台搭建、品牌建设、区域联动，努力维护和谐稳定的良好氛围。一是积极拓宽民主管理渠道，全面落实项目部职工代表大会、企务公开等民主监督制度。二是深化“东方铁建杯”活动品牌建设，开展施工组织设计、厨艺技术比武，推出“星级职工食堂”评选活动，推进工地大学、职工书屋建设，实现品牌建设的制度化、规范化、常态化。三是强化区域联动互动，与云南省昭通市总工会联合组织“快乐成长，铁建相伴，走进中国铁建夏令营”活动，与上海地区相关单位联合举办乒乓球、足球等一系列体育比赛，承办中国铁建上海地区职工迎新汇演，扩大企业的影响力和凝聚力。四是深化项目建家建线，持续开展“双服务”活动，坚持深入基层一线冬送温暖、夏送清凉，发放“送温暖”资金248万元；积极开展帮扶慰问，累计为128名困难职工子女送上助学金10.03万元。五是各级共青团组织广泛开展导师带徒、青年突击队、青年安全监督岗、青年文明号创建等活动，激励广大团员青年锐意进取、建功立业。利用互联网平台，加强青年沟通交流，针对青年职工流失、住房、婚恋等问题，积极开展调研，着力为青年职工解决实际问题，不断增强工作活力。六是切实维护企业稳定大局，针对外部欠款、历史遗留、工资发放、福利保障、上岗就业等方面问题，加强沟通协调，注重舆情引导，化解问题矛盾，保持企业稳定、和谐发展。

工会工作。工会会员10771人，大中专以上学历占60%以上，中级以上职称也达30%以上。本着项目部组织建设三同时的原则，及时建立健全项目部工会组织，先后建立商合杭铁路项目部等工会组织，对因工作变动的基层公司工会委员会委员缺员进行及时增补和替补，参加并指导上海、江苏公司工代会换届选举工作，确保工会组织健全和工作的有序开展；召开集团公司三届二次职工代表大会，签订2016年《集体合同》，审议通过企业工作报告和各项决议。根据上级工会要求，重新修定《集体合同》，使合同条款更切实际、更具操作性和约束力。全面实施“三不让”帮扶，开展“送温暖”活动，对重困职工进行帮扶，领导干部与困难职工结对子，不定期帮扶。筹集帮扶资金600多万元对7100多人次进行帮扶，为128名困难家庭大学生送上助学金。各项目部建设工地大学、职工书屋，为一线职工学习、培训提供有力的支撑。工地大学举办的短期培训640多场次，近2万名职工（劳务工）得到有针对性的培训；积极组织技术比武。2016年组织举办第七届“东方铁建杯”厨艺技术和施工组织设计2个项目的技术比武；组织开展丰富多彩文体活动。组队参加上海市建设交通工会组织的龙舟赛、羽毛球、参加上海市建交委举办的纪念“五一”国际劳动节大型歌会、上海市静安区组织的重点企业乒乓球、羽毛球精英赛等。江苏公司郭倩青参加上海市总工会举办的职工主持人大赛，获第二名（银话筒奖）。承办“建功魅力上海，爱我中国铁建”为主题的中国铁建工会上海区域职工迎新汇演。广泛深入开展合理化建议和技术创新活动，收到技术创新成果31项。路桥分公司柳明佳获全国“五一”劳动奖章，蒙华铁路质量总监方国开等5人获铁总“火车头”奖章；福建公司高级技师石长江被评为上海市“五一”劳动奖章。

共青团工作。团员2509人，建立团单位190个，其中，基层团委10个、团工委7个、团总支2个、团支部171个。发放助困资金35000元，资助40名困难青年。10个集体和15人受到上级团委的表彰。召开团委一届九次全委（扩大）会议。举办首届“东方铁建”杯上海地区足球友谊赛。对“五四红旗团委”“五四红旗团支部”“优秀团员”“优秀团干”等的优秀集体和个人进行表彰。郝后安、顾东芝获评共青团中央“全国青年岗位能手”称号，郝后安上海市建交委城市之星“十佳杰出青年”称号。组织开展“东方铁建”杯第二届上海地区足球友谊赛。健全“青安岗”管理制度，统一制作岗员蓝色袖章，1个青年组织被授予上海市青年安全生产示范岗，上海安全生产杂志社对集团公司城轨事业部作独家专访，主要的创建做法也在上海安全生产杂志上进行了刊登；开展志愿者行动30余次。

（赖如斌　王　炎　白　雪）

【安徽工程有限公司】 市政公用工程施工总承包一级、建筑工程施工总承包一级、铁路工程施工总承包一级、公路工程施工总承包二级、机电安装工程施工总承包二级；桥梁工程专业承包一级、钢结构工程专业承包一级、隧道工程专业承包一级、城市轨道交通工程专业承包、路面工程专业承包二级、路基工程专业承包二级施工资质；对外承包工程资格证书、C米A计量资质及交通丙级资质、测绘丁级资质企业。驻安徽省合肥市瑶海工业园区新海大道15号。前身上海铁路局工程总公司第一工程公司；2002年，企业改制改称上海铁路建设集团安徽第一工程有限公司；2005年，更名为中铁二十四局集团安徽工程有限公司。执行董事、总经理阚宏明，党委书记房明州。下辖4家子公司、3家分公司。职工1228人。资产总额185863.45万元，固定资产原值29114.44万元、净值19241.59万元；流动资产163098.06万元；货币资金16989.09万元。机械运输设备766台(套),总功率11707千瓦,动力装备率9.53千瓦/人,技术装备率3.65万元/人。

2016年,承揽工程任务287601万元,完成企业总产262085.13万元,其中施工产值262085.13万元,实现利润总额1554.00万元。职工年人均收入72208元。（巩国军）

【江苏工程有限公司】 市政公用工程施工总承包一级,铁路、公路工程施工总承包二级,房屋建筑工程施工总承包三级,桥梁工程专业承包一级,钢结构工程专业承包二级,港口与海岸工程专业承包三级资质企业。前身上海铁路局工程总公司第二工程公司;2003年,企业改制改称上海铁路建设集团江苏工程有限公司;2005年,更名为中铁二十四局集团江苏工程有限公司。驻江苏省南京市栖霞区幕府东路339号。执行董事、党委书记陈江涛,总经理王飞球。下辖铁程租赁中心、物业管理中心、劳力调剂中心3个实体。职工721人。资产总额155689.52万元,其中固定资产原值4821.73万元、净值1644.32万元,流动资产151554.84万元,其他资产4134.68万元。机械运输设备236台(套),原值3140.85万元、净值1059.07万元,总功率4281千瓦,动力装备率5.94千瓦/人,技术装备率1.47万元/人。

2016年,新签合同额138871.83万元,完成企业总产值100928.25万元,其中施工产值100831.48万元,附营产值96.77万元,实现利润1100万元。全员劳动生产率139.85万元/人年,职工年人均收入58264元。国有资产保值增值率101%,净资产收益率6.66%,产值利润率8.31%,资产负债率92.06%,应上缴款(分包差)完成率100%。（李良启）

【上海铁建工程有限公司】 具有市政公用、建筑工程一级,铁路、公路、机电工程二级,水利水电工程三级;桥梁工程一级,铁路铺轨架梁、地基基础工程二级、钢结构工程三级,公路检测综合丙级资质及资质认定计量认证证书。驻上海市静安区共和新路911号。前身上海铁路局工程总公司第三工程公司;2005年,企业改制称中铁二十四局集团上海铁建工程有限公司。执行董事、总经理陈克望,党委书记刘建东。下辖上海铁建物资有限公司,上海铁建工程试验检测公司2个子公司,职工626人。资产总额180192.39万元。其中固定资产原值24228.47万元、净值6377.87万元,流动资产171994.49万元,其他资产(非流动资产)8197.9万元。机械设备总功率19406.95千瓦,动力装备率31千瓦/人,技术装备率8.70万元/人。

2016年,承揽任务267151万元,完成总产值215578万元,实现利润3443.2万元。全员劳动生产率227768元/人年,职工年人均收入86529元。（刘　林　朱建民　吴　江　刘　兴）

【浙江工程有限公司】 市政公用工程总承包一级,同时拥有房屋建筑工程总承包一级、铁路工程总承包二级、公路工程总承包三级,桥梁工程专业承包一级、隧道工程专业承包二级、建筑装修装饰工程专业承包二级、预应力工程专业承包二级、钢结构工程专业承包二级专业承包资质企业。驻浙江省杭州市上城区江城路692号。下辖3个内部核算单位和中铁二十四局集团浙江工程检测有限公司、杭州绿江房地产开发有限公司2个控股子公司。职工768人。资产总额124956.48万元。其中固定资产原值5973.32万元、净值1460.12万元;流动资产122440.7万元。机械运输设备286台(套),总功率9819千瓦,动力装备率12.8千瓦/人,技术装备率1.1万元/人。

2016年,承揽任务213600万元,完成总产值170100万元,其中施工产值170100万元,实现利润2653万元。全员劳动生产率235.56万元/人年,职工年人均收入79713元。国有资产保值增值率117.93%,净资产收益率17.58%,产值利润率1.66%,资产负债率91.10%,投资收益上缴率100%,应上缴款完成率100%。（何陈松　付　正）

【福建铁路建设有限公司】 市政公用工程施工总承包一级、建筑工程施工总承包一级、公路工程施工总承包一级、铁路工程施工总承包一级、桥梁工程专业承包一级、隧道工程专业承包一级、地基基础工程专业承包一级、建筑装修装饰工程专业承包一级、铁路铺轨架梁工程专业承包二级资质企业。驻福建省福州市晋安区沁园路77号。执行董事、党委书记黄玉仁,总经理郑军锋。公司前身福州铁路局基建处;1959年,先后称基建处、工程处、工程团、工程总队,分别隶属福州、南昌、上海铁路局;1985年,成立福州铁路工程总公司;2001年,企业改制组建福建铁路建设(集团)有限公司;2003年,划转中国铁道建筑总公司管辖;2004年,隶属由上海、福建、南昌铁路建设集团公司重组而成的中铁二十四局集团有限公司。下辖3个分公司、3个全资子公司、3个派驻机构。职工1909人。机械运输设备742台(套),原值21378.09万元、净值5887.97万元。总功率19474.2千瓦,动力装备率10.03千瓦/人,技术装备率3.03万元/人,完好率88.13%,利用率40.53%。

2016年,中标金额33.32亿元,实现建安产值35.48亿元,营业收入34.56亿元。

（吴国展　陈阳森　童德源　张久锋　陈时光）

【南昌铁路工程有限公司】 市政公用、铁路、公路工程施工总承包一级，水利水电工程总承包三级；桥梁、隧道工程专业承包一级，铁路铺轨架梁专业承包二级资质企业。驻江西省南昌市二七南路109号。前身南昌铁路局工程总公司；2002年，企业改制更名为南昌铁路工程（集团）有限责任公司；2005年，更名为中铁二十四局集团南昌铁路工程有限公司。执行董事、总经理李开明，党委书记吴明华。下辖江西省铁建工程检测有限公司、南昌铁路工程材料有限责任公司、玉征水泥有限公司3个子公司。职工1827人。资产总额315688.40万元。其中固定资产原值10572.83万元、净值3812.22万元，流动资产309909.13万元；其他资产1967.05万元。机械运输设备663台（套），原值64449329.25元、净值22150270.44元，总功率13333.07千瓦，动力装备率7.32千瓦/人，技术装备率1.22万元/人。

2016年，承揽工程任务367333万元，完成企业总产值350581万元，其中施工产值345776万元。实现利润2276万元。全员劳动生产率192万元/人年，职工年人均收入59437元，国有资产保值增值率112.90%，净资产收益率12.90%，营业利润率0.95%，资产负债率94.38%。

（张琳雯）

【新余工程有限公司】 建筑工程施工总承包一级、市政公用工程施工总承包一级、铁路工程施工总承包二级、公路工程施工总承包二级、水利水电工程施工总承包三级、桥梁工程专业承包一级、隧道工程专业承包一级、建筑装修装饰工程专业承包一级、预拌混凝土专业承包不分等级、地基基础工程专业承包三级、钢结构工程专业承包三级资质企业。驻江西省新余市铁兴路216号。前身南昌铁路局南昌工程处第三工程段；1996年，更名为南昌铁路局工程总公司第三工程公司；2000年，与第六公司合并组建新的第三工程公司；2005年，与第一公司合并重组更名为南昌铁路新余工程有限责任公司；2007年，更名为中铁二十四局集团新余工程有限公司。执行董事、党委书记钟栋才，总经理喻文杰。下辖北京分公司、设备租赁分公司、机械施工分公司、新疆指挥部、房屋建筑面积事业部、物业管理中心、物资供应中心及2个大集体企业。职工1502人。公司资产总额21.95亿元，固定资产原值9357万元、净值4198万元、流动资产21.38亿元。机械运输设备总功率16950千瓦、动力装备率11.67千瓦/人、技术装备率2.42万元/人。

2016年，新签合同额22.2亿元，完成总产值23.06亿元，实现利润1344万元，净利润1002万元。全员劳动生产率155.6万元/人年，职工年人均收入55304元。

（王　菲）

【上海电务电化有限公司】 铁路电务工程专业承包一级、铁路电气化工程专业承包一级、通信工程施工总承包三级、输变电工程专业承包三级、建筑机电安装工程专业承包三级资质、承装（修、试）电力设施许可证承装类、承修类、承试类四级资质企业。2004年，由原上海铁路局工程总公司电务工程公司、福建铁路建设（集团）有限公司电务分公司、南昌铁路工程建设（集团）有限责任公司电务工程公司整合重组，成立中铁二十四局集团电务电化有限公司。驻上海市静安区王家宅路40号。执行董事、总经理黄仲戒，党委书记吴耘。公司下辖上海、杭州、南昌、福州4个分公司。职工786人。资产总额84035.04万元。其中固定资产原值4169.22万元、净值1482.59万元；流动资产80111.06万元。机械运输设备145台（套），总功率6096.5千瓦，动力装备率7.76千瓦/人，技术装备率0.52万元/人。

2016年，新签合同额6.38亿元，完成企业总产值55035万元。实现利润1256.5万元。职工年人均收入70535元。国有资产保值增值率107.99%，净资产收益率7.99%，产值利润率2.27%，资产负债率85.97%。投资收益上缴率100%，应上缴款完成率100%。

（张笑松）

【贵溪桥梁厂有限公司】 市政公用工程总承包一级、桥梁工程专业承包三级、施工劳务资质企业。是生产混凝土桥梁、轨枕、电杆的专业化公司，同时也是承担市政公用工程、铁路工程建筑、桥梁工程建筑、建筑施工服务的企业。驻江西省贵溪市柏里路7号。执行董事、党委书记胡浩，总经理龚志辉。下辖桥梁分公司、轨枕分公司、路桥分公司、设备租赁分公司4个分公司及10个制梁场。职工407人。资产总额81775.32万元，固定资产原值34525.50万元、净值5584.18万元、流动资产73496.13万元；机械运输设备总功率28785.55千瓦，动力装备率70.04千瓦/人，技术装备率11.25万元/人。

2016年，新签合同额4.52亿；全员劳动生产率35.46万元/人年，职工年人均收入67343.75元；国有资产保值增值率109.58%，净资产收益率9.54%，资产负债率85.41%，应上缴款完成率100%。

（洪国莉　徐培琦）

【鹰潭设备安装工程有限公司】 具有机电安装工程施工总承包一级；钢结构、机电设备安装工程专业承包一级，起重设备安装工程专业承包二级资质；压力管道安装改造修理许可证,起重机械制造许可证,起重机械安装改造维修许可证,对外承包工程资格证,三标合一的整合型管理体系认证证书。前身是南昌铁路工程总公司设备安装工程公司;2001 年,企业改制改称南昌铁路设备安装工程有限责任公司;2006 年,更名为中铁二十四局集团鹰潭设备安装工程有限公司。驻江西省鹰潭市月湖区环城东路 105 号。执行董事、党委书记叶光灿,总经理文永兵。下辖 8 个在建项目。职工 280 人。资产总额 42810.2 万元。其中固定资产原值 20587.1 万元、净值 3940.46 万元;流动资产 37675.2 万元。机械运输设备 62 台(套),总功率 10200 千瓦,动力装备率 37.37 千瓦/人,技术装备率 15.57 万元/人。

2016 年,新签合同额 4804 万元,完成企业总产值 32527 万元。其中施工产值 32527 万元,附营产值 3418.8 元,实现利润 172.2 万元。全员劳动生产率 116.17 万元/人年,职工年人均收入 57584 元。国有资产保值增值率 102.09%,净资产收益率 2.06%,产值利润率 0.89%,资产负债率 85.91%,投资收益上缴率 100%,应上缴款完成率 100%。 (李明芬)

【上海房地产开发有限公司】 房地产开发三级,建筑装饰二级,物业管理三级资质企业。公司成立于 1992 年 7 月 1 日。驻上海市民德路 20 号。执行董事、党委书记白圻业(11 月任总经理),总经理吴庆润(11 月免)。下辖上海铁路建设集团建筑装饰有限公司、上海铁程经济发展有限责任公司、上海铁程物业有限公司、九江铁建置业有限公司。职工 55 人。资产总额 36894.95 万元,其中固定资产原值 589.42 万元、净值 310.33 万元,流动资产 36573.09 万元。

2016 年,完成营业收入 2394.68 万元,其中施工收入 1359.21 万元,实现利润总额 23.92 万元。人均创利 3624.06 元,职工年人均收入 110512.23 元。国有资产保值增值率 100.22%,净资产收益率 0.22%,营业利润率 -6.14%,资产负债率 91.72%,投资收益上缴率 100 %,应上交款完成率 100%。

(李　强　倪建平)

【路桥分公司】 主营市政结构工程、公路及桥梁工程、铁路既有线上跨下穿立交桥、站场改造等施工的工程公司。2006 年 1 月,由原集团公司路桥分公司和集团公司道桥分公司合并成立。驻上海市秣陵路 80 号。总经理刘宝剑,党委书记奚跃忠。职工 101 人。资产总额 108067 万元。其中固定资产原值 1290 万元、净值 759 万元;流动资产 107532 万元。

2016 年,承揽工程任务 13.02 亿元,完成施工产值 92495 万元,全员劳动生产率 915.7 万元/人年,职工年人均收入 14.16 万元。 (朱桂芳)

【轨道交通分公司】 2005 年 5 月,以原集团公司上海开发办公室为基础成立。驻上海市静安区天目中路 585 号新梅大厦 17F - 18F。常务副总经理刘长春(主持工作),党委书记朱亮来。职工 241 人。资产总额 89684 万元。其中固定资产原值 5093 万元、净值 3221 万元;流动资产 86699 万元。机械运输设备 94 台(套),总功率 4158 千瓦,动力装备率 22.5 千瓦/人,技术装备率2.78万元/人。

2016 年,新签合同额 26.6 亿元,完成施工产值 7.06亿元。全员劳动生产率 352 万元/人年,职工年人均收入 98103 元。资产负债率 100%,应上缴款完成率 54%。 (宋文涛)

【重要记载】

▲1 月 8 日　召开党员领导干部“三严三实”专题民主生活会。

▲2 月 23 日　中国铁建总裁庄尚标到江苏公司调研,并就工程公司建设、经营开发、项目管理等问题征求意见建议。

▲2 月　鹰潭设备安装公司获“全国模范职工之家”“江西省模范职工之家”“全国安康杯”优胜单位称号。

▲3 月 24 日　在上海绿色建筑协会第四届第四次会员大会上,集团公司被评为上海市绿色建筑协会“2015 年度先进会员单位”。

▲3 月 29 日　在第二届中国质量奖颁奖大会上,集团公司获中国质量奖提名奖。

▲4 月 22 日　在中国施工企业管理协会第 31 次年会上,集团公司、浙江公司获“2015 年度全国优秀施工企业”称号,路桥分公司柳明佳、安徽公司舒玉友、轨道分公司徐标仁、上海公司张升茂、上海电务电化公司周承德获“2015 年度全国工程建设优秀项目经理”称号,集团公司郭富君、路桥分公司刘宝剑、安徽公司范从友获“2015 年度中国工程建设优秀高级职业经理人”称号。

▲4 月　集团公司获上海市“五星级诚信创建企业”称号。

▲4 月　浙江公司自主研发的“一种成锐角交叉下穿高铁低净空架梁施工方法”通过国家知识产权局审查,获国家发明专利授权。

▲4 月　路桥分公司柳明佳被授予“全国五一劳动奖章”。

▲6 月　承建的南水北调来水调入密云水库调蓄

4标段工程，获2014年度北京市市政基础设施结构长城杯工程银质奖。

▲7月　浙江公司杭黄铁路跨浦阳江连续梁工段获评浙江省"工人先锋号"称号。

▲9月2日　中国铁建总裁庄尚标、副总经济师郝趁义一行到集团公司承建的蒙华铁路32标段检查指导工作。

▲12月19日　中国铁建在中土埃塞有限公司亚的斯5号基地举行亚吉铁路"十大建设功臣"授奖仪式，桥梁厂公司亚吉铁路德雷达瓦梁枕厂蒋书龙获该奖项。

（纪　超　魏　磊）

中铁二十五局集团有限公司

【简况】　具有铁路工程施工总承包特级，建筑工程、市政公用工程、公路工程施工总承包一级，水利水电工程、机电安装总承包二级，电力工程、矿山工程总承包三级，桥梁、隧道、公路路基、铁路铺轨架梁工程专业承包一级，铁路综合甲Ⅱ设计资质，对外承包工程资质，援外成套项目施工A级资质，地质灾害治理施工丙级资质。驻广东省广州市越秀区中山一路55号。董事长、党委书记张建国，总经理苏建斌。下辖一、二、三、四、五、六工程有限公司、电务工程有限公司、房地产开发有限公司、南方实业开发有限公司（物业管理有限公司）、广州铁诚工程质量检测有限公司和西北分公司。职工8591人。其中，干部5871人、工人2720人。资产总额162.99亿元，其中流动资产149.74亿元，投资性房地产0.99亿元，固定资产净值6.99亿元，无形资产4.46亿元。资产负债率85.87%。机械运输设备5910台（套），原值9.96亿元、净值4.09亿元，总功率17.1万千瓦，技术装备率5万元/人，动力装备率20.96千瓦/人，成新率41.13%，资产利润率9.56%。大型施工设备51台（套），原值3.45亿元，完好率91.79%，利用率63.07%。年综合施工能力200亿元以上。

2016年，承揽项目167个，承揽总额315亿元，完成营业收入141.34亿元，完成施工产值133.46亿元。实现利润总额10156.14万元，净利润7889.72万元，同比增长31.87%。人均创利0.96万元，职工年人均收入86339元，国有资产保值增值率105.36%，净资产收益率4.41%，产值利润率0.72%。完成建安产值约140.0亿元，完成年度内计划完成产值171亿元的81.9%，其中，铁路工程完成69.6亿元、公路工程完成8.2亿元、市政工程完成22.0亿元、城市轨道工程完成11.0亿元、房屋建筑工程完成17.6亿元、其他工程完成5.1亿元。单位工程合格率100%。获国家发明专利3项、实用新型专利11项；1个项目获国家优质工程奖；2个项目获2015年度中国铁建杯优质工程；3个项目获广西（省）优质工程；1个项目获山东省市政金杯奖；4个工地获评股份公司2016年度安全质量标准工地。（袁　磊　莫　劲　朱必礼　林　林）

【领导人员】

董事会

董事长	张建国
董事	苏建斌（5月任）
	王小青
	王国堂（12月任）
职工董事	李飞前（12月调离）

监事会

监事会主席	张超民
监事	陈乐新
职工监事	凌勋伟

经理层

总经理	苏建斌（5月任）
副总经理	王小青
	况成明
	葛　斌
	孙传福
	李志锋（4月任）
	李少先（7月任）
	王胜祖（12月任）
	王国堂（12月任）
总工程师	王小青（兼）
总会计师	王国堂（兼，12月任）

党群领导

党委书记	张建国
党委副书记	苏建斌（5月任）
	张超民
	明思义
纪委书记	张超民
工会主席	李飞前（12月调离）

（张观成）

【工程项目指挥机构】　中铁二十五局云桂铁路（云南段）YGZQ－2标段指挥部　驻云南省文山州富宁县迎宾路交警大队路口（新华派出所对面），指挥长王小青。

中铁二十五局贵阳火车北站功能区路网工程指挥部　驻贵州省贵阳市云岩区黔灵山路大关隧道出口右侧，指挥长王化有。

中铁二十五局长株潭城际铁路综合Ⅲ标指挥部　驻湖南省湘潭市板塘铺板马路，指挥长袁振洪。

中铁二十五局湘桂铁路永州至柳州段扩能改造工程站前工程 XG－7 标指挥部　驻广西壮族自治区柳州市柳南区鹅山路菜市区 23 号，指挥长曾水长。

中铁二十五局南宁枢纽站前及部分站后 SN－3 标指挥部　驻广西省壮族自治区南宁市青秀区仙葫经济开发区同兴路西二里 57 号，指挥长陈树登。

中铁二十五局成都至兰州铁路 CLZQ－13 标指挥部　驻四川省阿坝藏族羌族自治州松潘县县委党校，指挥长庞尔林。

中铁二十五局九景衢铁路站前 2 标指挥部　驻江西省九江市都昌县蔡岭镇，指挥长张建平。（朱必礼）

【职工队伍】　职工 8591 人，其中，干部 5871 人、工人 2720 人。专业技术干部 5634 人，占干部总数的 96%；其中技术工人 1955 人，占工人总数的 72%。30 岁及以下 2814 人，31～40 岁 2157 人，41～49 岁 2230 人，50 岁以上 1390 人。工程技术人员 4299 人，经济人员 451 人，会计人员 623 人，政工人员 246 人；高级职称 581 人，中级职称 1516 人，初级职称 2691 人。高技技师 28 人，技师 101 人，高级工 1101 人，中级工 119 人，初级工 392 人。研究生以上学历 56 人，本科学历 4215 人，大专、高技学历 1724 人，中专、技校、职高学历 542 人，高中学历 819 人，初中及以下学历 1235 人。接收应届高等学校毕业生 619 人。（赖跃璇）

【工程施工】　新建广州南沙港铁路 NSGZQ－2 标段工程　位于江门市雅瑶、棠下镇。合同投资 170446 万元，合同工期 2016 年 9 月 30 日—2019 年 9 月 30 日。主要工程量：单线桥梁 4 座 2.28 千米；双线桥梁 6 座 10.85 千米；框架式立交中桥 1 座。涵洞单侧接长 4 处，新建涵洞 5 座；站场左、右单线路基 2.2 千米，区间双线路基 0.82 千米；路基土石方 66 万立方米；连续梁 7 处、钢桁梁 1 处、系杆拱 1 处；制梁 5304 片，架设简支 T 梁 2652 单线孔；正线铺轨 157.6 千米，站线铺轨37.1 千米，铺岔 83 组。截至 2016 年底，开工累计完成投资 1600 万元。

改建铁路阳安线增建第二线 YAZQ－6 标段工程　位于西乡、石泉县，全长 29.5 千米。合同投资 93878 万元，合同工期 2015 年 6 月 1 日—2019 年 5 月 31 日。主要工程量：路基土石方 17 万立方米，路基 2.7 千米，隧道 11 座 28111.8 延长米，桥梁 12 座 1882.4 延长米，涵洞 6 座 69.1 横延米；无砟道床 24.9 千米，站线铺轨 3.4 千米，道岔 15 组；车站 1 座 1752 平方米。截至 2016 年底，开工累计完成投资 58909 万元。

新建玉溪至磨憨铁路站前工程 YMZQ－21 标段工程　位于云南省，正线长 26.0 千米。合同投资 105086 万元，合同工期 2016 年 4 月 15—2020 年 6 月 23 日。截至 2016 年底，开工累计完成投资 12311 万元。

九景衢铁路 JQJXZQ－2 标段工程　正线线路长 50.4 千米。合同投资 130009 万元，合同工期 2014 年 4 月 15 日—2016 年 5 月 16 日。主要工程量：双线桥梁 28 座 9.2 千米（6 座特大桥、16 座大桥、6 座中桥），框架式小桥 3 座 59.37 米，盖板涵 5 座 241.86 横延米，框架涵 120 座 2789.4 横延米，倒虹吸 6 座 156 横延米；路基 27.3 千米；隧道 6 座 4078 延长米。另设都昌、油墩街车站 2 座。截至 2016 年底，开工累计完成投资 125825 万元。

新建深圳至茂名铁路江门至茂名段 JMZQ－8 标段工程　正线全长 22.9 千米。合同投资 241978 万元，合同工期 2015 年 4 月 7 日—2018 年 5 月 30 日。主要工程量：桥梁 6.1 千米，涵洞 75 座 1845 横延米，制梁 T 梁 1293 双线孔，新建正线铺轨 274.0 千米，站线铺轨 26.5 千米，铺岔 92 组。截至 2016 年底，开工累计完成投资 122163 万元。

青岛地铁 1 号线Ⅱ标 B1 工区土建工程　标段长 208 米。合同投资 84344 万元，合同工期 2016 年 1 月 1 日—2019 年 8 月 31 日。主要工程量：车站长 208 米，有效站台宽度 118 米，为 12 米岛式站台，车站形式为地下 2 层三跨矩形框架结构，车站标准段结构净宽 20.9 米，主体结构基坑深度约 16.4 米。截至 2016 年底，开工累计完成投资 386 万元。

青岛地铁 1 号线Ⅱ标九工区工程　标段长 1120 米。合同投资 42164 万元，合同工期 2016 年 1 月 1 日—2019 年 8 月 31 日。主要工程量：3 个明挖车站（胜利桥站、流亭机场站、文阳路站）。为地下 3 层单柱双跨箱形混凝土框架结构，南北向布置，顶板覆土约 3 米，长 166.55 米，标准段宽 22.3 米，站台宽 13 米。流亭机场站位于机场停车场东侧空地中，新郑路与民航路交汇路口东南象限，南北向布置，长 201 米，标准段宽 21.9 米，站台宽 13 米。文阳路站现状站点在中城路与文阳路交叉路口北侧，沿中城路南北向布置，长 212 米，覆土约 3.8 米。截至 2016 年底，开工累计完成投资 8929 万元。

山西省中部引黄工程施工 5 标段工程　合同投资 30292 万元，合同工期 32 月。主要工程量：隧洞19.985 千米；隧洞支洞 6 座 4.343 千米。主洞净宽4.2米，净高 5.1 米，支洞净宽 3.65 米，净高 3.2 米，设计均为城门式洞型。截至 2016 年底，开工累计完成投资 23296 万元。（朱必礼）

【境外工程】 援白俄罗斯明斯克区中心医院项目　位于明斯克市明斯克区中心医院内北侧。合同投资 7493 万元，合同工期 18 个月，业主为商务部，采用白俄和中国标准，是中国政府援建白俄罗斯的第 1 个成套项目。项目主要内容为建设 1 座占地面积 5000 平方米的住院部大楼，地上 4 层，地下 1 层。总建筑面积 7196.7 平方米，其中，地上建筑面积 5993.20 平方米、地下建筑面积 1203.50 平方米，配有 170 个病床。项目于 2014 年 7 月 4 日中标，因项目设计图纸转换因素影响迟迟未能开工建设。2016 年 12 月 20 日中国商务部和白俄罗斯经济部决定该项目由中方代建改为白方自建，于 2016 年 12 月 21 日取得项目前期准备施工许可。截至 2016 年底，完成产值 523 万元。

援白俄罗斯学生公寓楼项目　位于明斯克市莫斯科区大学村。合同投资 23898 万元，合同工期 24 个月，业主为商务部，采用白俄罗斯和中国标准。项目建设用地面积约 10000 平方米，楼体工程建筑面积为 23346.51 平方米。该建筑物地上 8 层，局部 9 层（设备机房层），地下 1 层（主要为管道夹层，层高 2.19 米）。项目于 2016 年 7 月 15 日正式开工建设，截至 2016 年底，完成产值 9559 万元。

中白商贸物流园首发区项目（ZBSG－1 标段）位于白俄罗斯首都明斯克近郊的中白工业园内，是中白工业园内建设规模最大、投资规模最大、动工最早的项目，业主为招商局中白商贸物流股份有限公司，采用白俄当地标准。主要工程量：3 座标准仓库、1 座能源中心、1 座消防泵站、2 座门卫室，露天堆场及其他相关附属工作，总占地面积 194745.87 平方米。合同投资 45053 万元，工期 13 个月。于 2015 年 12 月 11 日正式开工，截至 2016 年底，项目主体工程完工。

援白俄罗斯社会保障房项目（一期）维捷布斯克州项目　项目由中国商务部投资建设。合同投资 4509 万元，合同工期 9 个月，采用白俄当地标准。主要工程量：维捷布斯克市 72 号保障房和维捷布斯克州下属行政区奥尔沙市 28 号保障房。维捷布斯克市 72 号保障房项目建设用地面积 5500 平方米，工程建筑面积 7771.16 平方米，地下 1 层，地上 10 层。奥尔沙市 28 号保障房项目建设用地面积 5500 平方米，工程建筑面积 6770.02 平方米，地下 1 层，地上 9 层。项目于 2016 年 9 月 9 日开始基础施工，截至 2016 年底，完成产值 1668 万元。

援白俄罗斯社会保障房项目（一期）格罗德诺州项目　项目由中国商务部投资建设。合同投资 1871 万元，合同工期 9 个月，采用白俄当地标准。位于格罗德诺市。主要工程量：建设用地面积 5500 平方米，建筑面积 7004.79 平方米，地下 1 层，地上 9 层。项目于 2016 年 8 月 15 日开始基础施工，截至 2016 年底，完成产值 712 万元。

孟加拉国家数据中心建筑施工项目　位于孟加拉国首都达卡工业园区。合同投资 10922 万元，合同工期 13 个月，业主为孟加拉计算机委员会，采用孟加拉国当地标准。主要工程量：面积约 28000 平方米，总建筑面积约 16366 平方米，地上 2 层，部分地下 1 层过道，另包括接待室、门卫室、室外工程等。项目于 2016 年 8 月 8 日开工，截至 2016 年底，完成产值 1611 万元。

孟加拉国家数据中心两侧动力楼项目　项目位于孟加拉首都达卡工业园区。合同投资 1500 万元，合同工期 4 个月，业主为孟加拉计算机委员会，采用孟加拉国当地标准。项目主要内容为孟加拉国家数据中心两侧的动力楼。主要工程量：总建筑面积约 1840 平方米，地上 1 层，包括建筑、结构、给排水、部分电气、通信等。项目于 2016 年 12 月 4 日签署施工承包合同，截至 2016 年底，项目暂无产值。

科特迪瓦蓝宝石股份有限公司 2×350tph 骨料生产线建设工程　位于科特迪瓦阿比让市以北约 50 千米处。合同投资 448 万元，合同工期 2 个月，业主为蓝宝石股份有限公司，采用中国标准。项目主要内容为骨料生产线土建工程，包括土石方工程、砌体工程、混凝土工程、钢筋工程、钢结构工程、门窗工程、地面工程、屋面、吊顶工程、屋面保温、装饰工程等。项目于 2016 年 12 月 20 日签署施工合同，截至 2016 年底，项目暂无产值。（朱广兵）

【企业管理】 企业管理。加强企业战略管理。印发“十三五”规划意见征求稿、组织会议等方式，总结“十二五”期间取得的成绩，认真研究国内外经济与建筑市场的发展形势，充分对比分析企业自身拥有的资源与不足，制定出台《中铁二十五局集团有限公司“十三五”发展战略与规划》。加强企业内控风险管理。开展年度风险评估工作，识别重大重要风险，制定重大重要风险管控措施。积极开展自我评价，接受第三方的独立评价，配合完成第三方审计，梳理内控审计和内控评价中发现的缺陷，制定缺陷整改措施，落实整改责任。加大内控体系的宣贯和培训力度，重视内控队伍建设及专业人员的培养。加强企业基础管理。完成 3 个子公司增加注册资本的工作，助力子公司增加市场竞争力，拓展任务承揽范围。完成集团公司法人工商变更工作、省建设厅三库一平台法人及相关事项变更工作。加强资质管理。完成子公司资质换证、建筑工程施工总承包特级资质的申报和水利水电工程资质升级工作。加强特困企业整治和“压减”工作。完成3家法人企业注销。对特困企业制定专项治理方案,调整补充领导班子,清理内外部债权债务关系。加强经营业绩考核。修定《集团公司经营业绩考核办法》,简化有关考核指标,加大奖罚力度,实行风险抵押金制度。加强质量管理体系培训。分别在广州和柳州2地举办管理体系内审员培训班,158人参加培训,保证三标体系有效运转及转版工作顺利进行。

劳资人事管理。加强领导班子建设,严格规范选人用人程序。严格执行领导干部个人有关事项报告制度。组织220多名处级领导干部进行个人有关事项集中填报,对随机抽查的5名领导干部进行诫勉谈话。对54名拟提拔人员或调整到重要岗位的领导干部进行个人有关事项报告的重点抽查核实,强化任前审核,做到干部档案凡提必审、个人有关事项报告凡提必核、纪检监察机关意见凡提必听、线索具体的信访举报凡提必查,坚决防止“带病提拔”。加强领导班子建设。评选并表彰四公司、六公司、实业公司和西北分公司4个“四好”领导班子。加强领导干部的考核,进一步规范选人用人的程序,在纪委的监督下,集团公司党委对所属各子分公司领导班子进行一次全面考核,对于考核不合格的干部给予免职、降职或调离处级领导干部岗位等处理和处分。不断调整优化领导班子结构。调整处级领导干部65人次。强化领导干部的素质培训。选派3批21人参加股份公司处级干部培训班。集团公司党委在广东省委党校举办2期187名处级及以上领导干部参加培训。 （周树沛 贺振宇）

【经营管理】 工程承揽。承揽项目167个,承揽总额315亿元,其中,铁路工程67.05亿元,占承揽总额的22.3%;公路工程30.25亿元,占承揽总额的10.1%,;城市轨道工程44.22亿元,占承揽总额的14.7%;房屋建筑工程78.47亿元,占承揽总额的26.1%;市政工程79.51亿元,占承揽总额的26.4%;物流物贸13.42亿元,占承揽总额的4.3%。

经营开发。首次跃上300亿;工程板块与物资贸易订单,同比实现较大幅度增长;PPP、EPC等一批新经营承揽模式(非常规公投项目)承揽额占经营总承揽的5成左右,经营模式取得长足进步;呈现出铁路、公路、市政、房屋建筑、城市轨道各专业齐头并进的良好局面,专业承包板块得以极大丰富,企业抗风险能力不断加强。铁路一级市场承揽约62亿元,二级市场承揽10亿元。集团公司首次打开郑州、重庆、徐州、深圳、南宁等城市轨道新领域,同时长沙、青岛、西安地铁实现滚动发展。在建的深圳地铁项目,在业主综合评价中取得排名第二。在房屋建筑工程方面,承揽大型、尖端、高科项目不断增多。其中,承揽的淮安德科码半导体有限公司12英吋集成电路芯片工程,机电系统复杂,净化厂房洁净度要求高,房屋及机电安装要求达到微震的标准。

安全质量管理。建立健全安全生产管理体系、质量管理体系、应急管理体系,安全生产管理机构完整,职责明确。工程质量处于有序可控状态,主体工程内实外美,观感质量良好。工程交验合格率100%,发生1起铁路交通一般D2类责任事故(孟平线“6.16”调车脱轨),未发生施工生产一般及以上伤亡事故,未发生铁路交通一般B类及以上事故;未发生道路交通事故、火灾爆炸事故。获股份公司“安全先进单位”称号。1个项目获国家优质工程奖;2个项目获“2015年度中国铁建杯”优质工程;2个项目获广西(省)优质工程;1个项目获山东省市政金杯奖;4个工地获股份公司“2016年度安全质量标准工地”。

财务管理。加强资金集中管理。清理销户56个,变更工程尾款收款账户到两级机关38个,并销收尾项目账户25个;资金中心吸收存款22.15亿元,平均资金集中度达76%,资金上存度为29%,平均调剂使用资金池归集资金5亿多元。强化清收清欠管理。一是制定清收清欠目标(目标涵盖各子分公司和17个重点项目),签订《清收清欠责任状》。二是强化过程监管,落实清收清欠例会制度,每季召开清收清欠分析会议,对清收清欠情况进行督查和通报。应收账款余额41.78亿元,较年初增长12.44亿元;应收客户65.73亿元,较年初上升9.64亿元;已完成清收清欠116.82亿元。完善税务管理。一是整章建制,修编《建筑业“营改增”工作指导意见》《增值税发票管理办法》等十多项增值税管理办法,规范业务处理流程。二是加强“营改增”业务培训,组织2次培训会,参加培训1400余人。三是加强税收筹划管理,利用各项税收优惠政策,抵、减免各类税费2047万元。

审计监事。审计工作,完成审计项目64个,其中,经济责任审计16个、工程项目审计38个、财务收支审计2个、经济效益审计5个;年度绩效审计3个;提出审计报告64份,发现问题金额18356.32万元,其中,违规违纪金额9222.79万元、损失浪费139.76万元、其他8993.77万元;已纠正违规金额9222.79万元;提出审计建议389条,被采纳389条。进行经济责任届满审计15项,提出审计报告15份,审计结果利用情况为提升2人,平调6人,降职1人,撤职1人,调研3人,调出本单位2人。通过审计工作,新建制度4个,修定制度4个,通知2个;促进企业增收节支和挽回经济损失7691.83万元。效能监察工作,集团公司派出效能监察组17个,对32个工程项目开展效能监察,提出监察建议37条,处理违纪违规人员7人,挽回和避免经济损失846万元,实现减亏项目8个,实现减亏扭亏金额9675万元。

(王惠贞　兰文庆　胡振虎　黄智皎　方　飞)

【科技成果】 获国家发明专利3项、实用新型专利11项;获中国公路建设行业协会工法2项、广西壮族自治区工法1项。有3项科技成果获得铁道科技奖,其中二等奖1项,三等奖2项。有1项科技成果获中国施工企业管理协会科技奖二等奖。有2项科技成果获股份公司科技奖三等奖。积极组织开展QC小组活动,获"2016年度全国工程建设质量管理小组活动优秀企业"称号,有5项QC小组成果获评为股份公司优秀QC成果,有34项QC小组成果获评为省部级优秀QC成果,有2项QC成果被评为国家级优秀QC成果。

(朱亮明)

【党的工作】 组织工作。下辖二级党委10个、党工委16个,党支部(党总支)275个,党员5357人。以"两学一做"学习教育为契机,严格和规范党内政治生活。一是集团公司成立3个"两学一做"学习教育督导小组;二是集团公司领导班子围绕"组织学习研讨、领导班子成员到所在支部讲党课、领导班子成员到联系点单位讲党课、参加支部专题组织生活会、参加支部民主评议党员、召开领导班子专题民主生活会"五个基本环节积极参加党内政治生活。三是突出抓好学习辅导。发放《中国共产党章程》等辅导读本1120册,2次邀请广东省省委党校教授对党员进行专题辅导计1800人次。四是组织4次集团公司领导班子集中学习研讨,两级领导班子成员主动深入联系点讲党;以"三项"排查和核查为重点,严格党的纪律和监督。一是在全集团开展党员组织关系排查工作,排查201名失联党员,对42名党员进行党内处分和组织处理。二是在全集团范围内以党支部为单位,全面排查党员的党费缴纳情况,1780名党员补交党费。三是对违纪违法党员和党代表进行排查,取消7名党员的党代表资格;加强党的组织建设、进一步夯实党建基础。一是重视基层党组织建设,做到基层党组织和行政机构同步设立,党务干部和行政领导同步配备,党务干部和行政干部同考核、同待遇,并实现基层党组织全覆盖。二是严格执行基层党组织的换届制度。三是加强基层党组织的队伍建设,培训党组织书记239人,发展党员92人。四是做好建党95周年"七一"表彰推优评优工作与老党员和生活困难党员的慰问工作。

宣传工作。学习教育活动。一是开展"两学一做"学习教育,"学""做"并重,增强党员干部的"四个意识"。二是创建"二十五局学习论坛",打造党委中心组学习品牌。组织集中学习72次、自学89次,内容涵盖"两学一做"专题研讨、企业改革发展、经营管理等重要课题。深入推进企业文化建设。一是开展"完善文化体系,弘扬优秀文化,抵制不良言行"系列活动,通过问卷调查、专题调研、座谈讨论等形式,收集提炼出有关企业愿景、经营理念、管理准则等九个方面共88条文化理念的表述。二是加强对项目文化建设的督导,对广东南沙港铁路、山东潍坊港铁路和青岛地铁等一批新开项目的文化建设进行重点指导。三是收集整理集团近年来的新变化、新业绩、新成果,重新制作集团公司宣传画册和宣传片。四是成立书画、摄影协会,积极开展创作和交流活动,在"四会"期间首次承办"我是二十五局人"职工书画、摄影展。新闻报道和舆情处置工作。对外发稿3853篇(件),其中,在中央级媒体发稿1897篇(件)、省部级媒体发稿760篇(件)、《中国铁道建筑报》发稿162篇。一是不断完善《新闻报道管理办法》,对媒体分类、统计范围、任务指标、考核标准等进一步细化。二是重点突破高端媒体报道。抓住项目施工重大事件,与新闻媒体密切合作,采录的新闻被中央电视台《新闻联播》《中国新闻》和《朝闻天下》等栏目采用。借助股份公司与新华社新媒体中心战略合作的契机,在新华社客户端发稿87篇,助力提升企业形象。三是扎实推进专题宣传。围绕"两学一做"、营改增、提质增效、治僵治亏、瘦身健体等重点工作,在《人民铁道》《中国铁道建筑报》上组织专版宣传运用企业内刊、网站等宣传载体进行专栏宣传。在企业"两微"和LED宣传屏上推出《周观二十五局》《每月播报》等栏目全方位、多角度地宣传推广企业。四是做好舆情处置工作。组建舆情监测和网络评论员队伍,对外及时发声,传递权威信息,抨击负面言论,引导社会舆论。同时,组织各单位排查和梳理舆情隐患,制定舆情处置预案,抓好舆情处置的培训和演练,提升舆情防控能力。

纪检监察工作。完善制度建设,积极运用监督执纪"四种形态",一方面坚持抓早抓小,对苗头性倾向性问题及时谈话提醒、约谈函询、警示诫勉,防止小问题酿成大错误;另一方面持续保持有腐必反、有贪必肃的坚强决心和鲜明态度,主动出击,广开案源,强化问责,严肃执纪,有力维护纪律的严肃性。提醒谈话70人次,约谈函询2人次,诫勉谈话26人次;发现问题线索143条,立案45件,结案38件,涉案人员77人,处分66人,其中党纪处分20人,政纪处分63人,双重处分17人;移送司法机关14人;涉及子分公司、区域指挥部、各级项目部等各类班子成员 33 人，其中处级干部 11 人；经济处罚 37.85 万元，经济退赔137.23万元，挽回追回企业经济损失 349.21 万元。坚持不懈抓廉洁从业教育，结合“两学一做”学习教育，开展“反腐倡廉宣传教育月”活动，组织 50 多名领导干部参观广东省廉洁教育基地；在内部报纸上开办“清风廉语”和“以案示警”栏目，刊登 4 篇评论文章和 3 个典型案例剖析，教育和警示广大党员干部严守党纪企规。加强党风建设和反腐倡廉工作。召开党风建设和反腐倡廉工作会议，签订《党风廉政建设责任书》，督促党委、纪委落实“两个责任”，对照条款考核兑现。召开纪检监察工作会议，开展业务培训。召开反腐倡廉联席会议，督促业务部门和领导干部履行职责、落实“一岗双责”、整合监督资源、发挥监督合力。

（贺振宇　唐人　方飞）

【工会工作】 工会工作。下辖 144 个基层工会组织，工会组建率 100%，工会会员 8624 人，职工入会率 100%，职代会召开率 100%，集体合同签订率 100%。维护职工各项权益，深入推进民主管理。两级工会主席接待来访员工 165 人次，回访 59 次，为员工解决困难 61 件，帮助困难员工 32 人次。下发 9 次工资发放及社保缴交督导通知书，4 次主动约谈 7 个项目的党政主管，及时解决员工工资发放问题。服务职工，打造“职工之家”。一是坚持困难职工帮扶，兑现“三不让”承诺。筹集送温暖、送清凉、金秋助学资金 335 万元，走访慰问困难职工、一线员工 1487 人次。投入 203.7 万元为职工投保“团体意外伤害及重大疾病保险”，27 位身患重大疾病的员工收到理赔款 235.1 万元。二是发挥女职工作用，维护女职工权益。开展“二十五局女职工知识讲堂”活动，举办 4 场专题讲座。开展三八庆祝活动，表彰 65 名先进女职工。签订女职工权益保护专项集体合同，救助困难女工 138 户次，发放困难救助金 20 余万元。开展形式多样的劳动竞赛。参加劳动竞赛 3000 多人次，各层级重点项目劳动竞赛活动 140 多场次，其中 4 个项目被纳入各省市重点工程劳动竞赛序列。推进职工技术创新，表彰先进典型。四公司阳克文劳模（职工）创新工作室被命名为中国铁建首批 20 个劳模（先进职工）创新工作室之一。建立职工技术创新小组 23 个，组织开展各层级、多工种技术比武 15 场次，参加员工 600 多人。开办职工夜校、工地学校 53 个。开展工地业余学习培训活动 45 场次，参加学习培训的职工、农民工达 1200 多人次。开展新《安全生产法》知识讲座 10 场，知识竞赛 3 场，近 1500 多名职工参加《职工安全消防应急知识普及及竞赛》活动和安全消防实地演练。5 人获火车头奖章，2 人获广东省“五一”劳动奖章，1 个项目部获 2016 年火车头奖杯。开展职工文体活动，丰富职工文化生活。集团工会牵头组织举办“放飞希望，追逐梦想”为主题的职工文艺汇演。举行集团公司职工羽毛球、乒乓球比赛。在青岛举办第八届职工篮球比赛。组织参加铁路总工会微影视大赛，开展“我爱铁建”和“培育好家风—中国铁建女职工在行动”等系列活动。

（白艳　李谞异）

【共青团工作】 下辖 10 个子分公司团委、1 个事业部团工委、4 个团总支、110 个团支部。35 岁以下青年 3877 人，其中团员 1744 人。5 个单位获股份公司“青年文明号”、2 个单位获股份公司“五四红旗团委”、2 个支部获股份公司“五四红旗团支部”，1 人获广东省优秀共青团干部、5 人获股份公司“青年岗位能手”称号。围绕中心，强化“三个服务”。一是服务大局，开展“提质增效 · 青年担当”“我与二十五局共奋进”“青年岗位明责创效”、企业形势任务主题宣讲等主题实践活动，召开青年工地夜校、微信群讨论、开授培训班等集中学习研讨 79 次，1547 人次参与，创新成果 58 个，直接经济效益 4859 万元。二是服务青年，开展导师带徒、技能比武、业务技能考核等活动，571 名新员工全部签订导师带徒结对合同。各级团组织协助开展新员工培训、座谈交流、拓展训练、联欢晚会、球类比赛等 34 场次。三是服务社会，开展“学雷锋志愿服务行动月”和“爱心资助，梦圆大学”活动，筹集 27000 元资助 5 名职工子女圆梦大学；将近千件衣物、图书、儿童玩具捐赠给广州市接收社会捐赠工作站，分发给社会上需要帮助的人士。创新载体，强化“三个提升”。一是提升青年突击队先锋作用。各级团组织在重难点工程项目成立青年突击队 31 支，展现青年施工生产主力军风采。二是提升共青团传统品牌层次。组建青年创新工作室 4 个，确定创新课题 24 项，获国家实用新型专利 2 项，解决现场技术难题 23 项，科研创新成果 12 项，创造经济效益近 4000 万元。三是提升榜样引领的辐射效用。召开“十大杰出青年”之“身边的榜样”事迹报告会，发挥身边榜样的示范引领作用。完善机制，强化“三项建设”。一是强化基层组织基础建设。召开一届四次全委（扩大）会，以 PPT 形式展现各单位共青团工作成果。编印《基层共青团工作管理手册》，着力推进基层共青团工作规范化建设。拟定《共青团工作考核实施办法》，持续推进共青团信息月报、计划月报、成果月展示制度，提高基层团组织的生机活力。二是强化团员青年素质建设。建立“青工夜校”“青年书屋”41 个，逐步建立起读书学习阵地网络体系。举办团干部素质提升培训班，54 名专兼职团干部参加培训。三是强化联系青年体系建设。以微信为主、QQ和微博为辅，建立起团组织直接联系青年的框架体系。建立“到青年中去”微信群104个，涵盖各层面、各专业领域青年2661人次。多渠道搭建交流沟通平台，组织举办“缘聚你我”青年联谊活动，建立“情缘二十五局人”QQ群。（白 艳 李谞异）

【西北分公司】 成立于2010年8月21日，驻陕西省西安市碑林区东关正街70号招商局广场12楼。总经理李文涛，党委书记张天科。职工543人。资产总额52473.77万元，其中固定资产原值8750.3万元、净值3964.78万元，流动资产48409万元。机械运输设备240台（套），设备原值4693.6万元、净值3467.8万元，设备完好率95%，利用率95%。

2016年，承揽金额21.01亿元。实现营业收入6.81亿元，其中国内实现营业收入4.43亿元，海外实现营业收入2.38亿元。实现利润1171.42万元，产值利润率1.72%。职工年人均收入69876元。

（张 婷）

【第一工程有限公司】 市政公用工程施工总承包、铁路工程施工总承包、桥梁工程专业承包、隧道工程专业承包一级，建筑工程施工总承包、公路工程施工总承包、地基与基础工程专业承包、公路路基专业承包三级资质企业。主要从事铁路大型综合工程、高层房屋建筑、公路、市政、长大隧道和桥梁工程、大型土石方、铺轨架梁、城市轨道交通工程施工等。公司前身为中铁二十五局集团广州铁路工程有限公司；2012年，更名为第一工程有限公司。驻广东省广州市越秀区解放北路桂花岗东2号。执行董事、党委书记杨云，总经理王海杰。下辖5个专业分公司、5个经营区域、7个分支机构、22个在建项目部。职工1228人。资产总值319919.11万元，其中固定资产原值50046万元、净值11916万元，流动资产300975万元，其他资产7028万元。机械运输设备1287台（套）、设备原值31097.7万元、净值10773.6万元，总功率27250，动力装备率20.9千瓦/人，技术装备率8.26万元/人，设备完好率100%，利用率86%。年施工生产能力28亿元。

2016年，承揽工程任务38.8亿元，完成企业总产值281454万元，实现净利润277万元。（秦秀娥）

【第二工程有限公司】 市政公用工程施工总承包一级，铁路工程施工总承包二级，建筑工程、公路工程施工总承包三级，桥梁工程专业承包一级、隧道工程专业承包二级，公路路基工程、输变电工程专业承包三级资质企业。驻湖南省衡阳市珠晖区乐群里166号。执行董事彭思甜（11月免）、李少先（11月任），党委书记彭思甜（11月免）、郑烨（11月任），总经理隋瑞凌（11月免）、副总经理（主持经理层工作）范文远（11月任）。下辖13个工程项目部、混凝土综合工程队、桥梁综合工程队、物资设备租赁中心、物业管理部、广州分公司和贵州分公司。职工1005人。资产总额209785.16万元。其中固定资产原值12618.39万元、净值3372.34万元；流动资产202492.85万元。机械运输设备810台（套），设备原值7811.55万元、净值2266.09万元，总功率14300千瓦，动力装备率14.23千瓦/人，技术装备率2.25万元/人，设备完好率90%，利用率81%。年施工能力20亿元以上。

2016年，承揽工程任务5728.50万元，完成企业总产值86540.76万元，全员劳动生产率86.11万元/人年，职工年人均收入60353元。（代 辉）

【第三工程有限公司】 铁路、市政工程施工总承包一级，公路、房屋建筑工程施工总承包三级，桥梁、隧道工程施工专业承包一级资质企业。驻湖南省长沙市雨花区雨花路裕华名苑4栋大鸿杰座。执行董事、总经理李红斌，党委书记李章泽。前身是广州铁路工程集团公司第三工程公司；2004年，企业改制改成现名。公司下辖7个分公司和若干项目部。职工1301人。资产总额220886.44万元，固定资产原值19245.86万元、净值7459.74万元，流动资产10632.24万元。机械运输设备990台（套），原值14520万、净值6098万元，总功率21752千瓦，动力装备率16.63千瓦/人，技术装备率4.66万/人。年施工能力30亿元以上。

2016年，新签合同额43.44亿元，完成企业总产值17.49亿元，实现利润1886.91万元，消化潜亏42030.51万元，变更索赔年累完成34800万元。职工年人均收入8.3万元。（杨 杰）

【第四工程有限公司】 铁路、公路、市政公用、建筑工程施工总承包一级；桥梁、隧道工程专业承包一级；营业性爆破作业单位许可证二级资质企业。前身系柳州铁路局基本建设施工总队；2002年，企业改制改称柳州铁路工程（集团）有限责任公司；2003年，划归中国铁道建筑总公司管辖；2004年，更名为中铁二十五局集团柳州铁路工程有限公司；2011年，更为现名。驻广西壮族自治区柳州市和平路138号。执行董事、党委书记、总经理纪青春。职工1153人。资产总额279837万元，其中固定资产原值24741万元、净值5845万元，流动资产266139万元，其他资产7853万元。机械运输设备215台（套），原值7074万元、净值2312万元，总功率22938.5千瓦，动力装备率22.29千瓦/人,技术装备率 2.25 万元/人,设备完好率 32.68%、利用率90.2%,机械化施工程度 73%以上,年施工生产能力 30 亿元以上。

2016 年,新签合同额 58.53 亿元,完成企业总产值 26.3 亿元,实现利润总额 221 万元,职工年人均收入 71552.4 元,国有资产保值增值率 100.10%,净资产收益率 0.06%,产值利润率 0.14%,资产负债率 90.50%,应上缴款完成率 22.06%。 （王若仙）

【第五工程有限公司】 市政公用工程施工总承包一级,桥梁工程专业承包一级,隧道工程专业承包一级资质企业。前身为中铁二十五局集团有限公司北方分公司;2011 年,更名为中铁二十五局集团第五工程有限公司。驻山东省青岛市崂山区科苑纬三路 25 号。执行董事、总经理、党委副书记张旭海,党委书记马国松。下辖 3 个专业分公司及 1 个租赁中心。职工 793 人。资产总额 272824.20 万元,其中固定资产原值 44182.90 万元、净值 23071.10 万元,流动资产 248663.70万元,其他资产 1089.40 万元。机械运输设备 851 台(套),设备原值 18557.59 万元、净值 12195.89 万元,设备总功率 32660 千瓦,动力装备率 41.34 千瓦/人,技术装备率 15.44 万元/人,设备完好率80.22%,设备利用率 95.29%。机械化施工程度 80%以上,年施工生产能力 20 亿元以上。

2016 年,新签合同额 45.69 亿元,完成产值 23.37 亿元,实现利润 1133.90 万元,净利润 846.10 万元。人均创利 1.43 万元,职工年人均收入 68842 元。国有资产保值增值率 104.15%,净资产收益率 4.07%,产值利润率 0.49%,投资回报率 0.31%,资产负债率 92.23%。 （康　晶）

【第六工程有限公司】 房屋建筑工程施工总承包一级、市政公用工程施工总承包一级、铁道工程施工总承包二级,同时还拥有建筑装修装饰、钢结构、消防设施、机电设备安装工程专业承包一级,建筑幕墙工程专业承包二级,地基与基础专业承包二级、公路总承包三级、输变电专业承包三级、环保工程专业承包资质企业。驻广西壮族自治区柳州市红岩路二区 75 号。执行董事、总经理曾小勇,党委书记谌勍。职工 889 人。资产总额 123131.9 万元,流动资产 114681.5 万元,固定资产原值 9191.2 万元、净值 2457.7 万元,其他资产 5992.6 万元。机械运输设备 621 台(套),设备原值 3381.66 万元、净值 1484.14 万元,设备总功率 8565 千瓦,动力装备率9.63千瓦/人,技术装备率 1.67 万元/人,设备完好率 95%,设备利用率 85%,年施工生产能力 20 亿元以上。

2016 年,新签合同额 47.86 亿元,完成企业总产值 18.77 亿元,实现利润 590.9 万元。人均创利 8478.7元,职工年人均收入 84166 元。国有资产保值增值率 103.99%,净资产收益率 4.01%,产值利润率 0.38%,投资回报率 3.98%,资产负债率 87.95%,应上缴款完成率 100%。 （贾　倩）

【电务工程有限公司】 铁路电务工程专业承包一级,铁路电气化工程专业承包一级,电子与智能化工程专业承包二级,输变电工程专业承包二级,通信工程施工总承包三级,建筑机电安装工程专业承包三级,承装(修、试)电力设施业务承装类四级、承修类四级许可资质企业。驻广东省广州市越秀区共和西路 8 号。2004 年,由原中铁二十五局集团广州电务分公司和长沙电务分公司重组而成。执行董事、副总经理(主持经理层工作)苏永雄,党委副书记(主持党委工作)顾佳援。职工 584 人。资产总值 51783 万元,其中固定资产原值 1254 万元、净值 291 万元,流动资产 51084 万元。机械运输设备 117 台(套),设备原值 669.02 万元、净值 97.93 万元,总功率 2747.5 千瓦,动力装备率 6.69 千瓦/人,技术装备率 0.24 万元/人,设备完好率 91%。年施工生产能力 10 亿元。

2016 年,承揽工程任务 8 亿元,完成施工产值 4.92亿元,净利润 441.56 万元,产值利润率为 1.17%,资产负债率 80.38%。人均实现利润 0.76 万元,职工年人均收入 69058 元。 （陶思予）

【房地产开发有限公司】 从事房地产开发业务。驻广东省广州市越秀区中山一路 57 号。董事长孙传福(11 月任),总经理孙继民,党委书记何政。下辖 2 个子公司和 2 个项目部。职工 87 人。资产总额 48037.4 万元,其中固定资产净值 75.3 万元,流动资产47564.1 万元。

2016 年,完成营业收入 6410.5 万元,实现净利润 1043.6 万元。 （谢德胜）

【南方实业开发有限公司】 2007 年成立,在原中铁二十五局南方物业有限公司基础上,通过吸收原长沙南方置业有限公司、柳州南方贸易物业有限公司以及集团公司多元发展中心合并而成。企业经营范围:房地产开发经营、铁路货物运输、批发与零售业、仓储、停车场经营、物业管理、房地产中介、场地租赁、货运代理、货物装卸服务、餐饮、酒店住宿(旅业)及烟草酒类经营。2011 年,成立中铁二十五局集团广州物业管理有限公司,与实业公司以一套人马,两块牌子经营广州地区部分物业租赁和物业管理业务。驻广东省广州市越秀区共和西路8号。执行董事、总经理李新黎，党委书记彭广华。下辖10个事业部、1个项目部和1个职管中心。职工417人。资产总额56008.53万元，其中固定资产原值8383.73万元、流动资产31714.82万元，其他资产24293.72万元；机械运输设备453台（套），设备原值1376.08万元、净值237.07万元，设备总功率2133.00千瓦；动力装备率为8.08千瓦/人；技术装备率为0.90万元/人。

2015年，企业经营收入产值6.59亿元，实现利润1858万元；职工年人均收入7.7万元；应上缴款完成率100%。

（石妙琪）

【广州铁诚工程质量检测有限公司】 国家认证监督管理委员会CMA计量认证，交通运输部公路工程综合乙级试验检测机构资质，广东省住房和城市建设厅建设工程质量检测机构资质企业。2007年，由原集团公司质量检测中心组建而成。驻广东省广州市越秀区共和西路8号。公司执行董事兼总经理李杰。职工65人。资产总额2190万元，固定资产原值894万元、净值218万元，机械运输设备94万元、净值15.7万元。

2016年，完成总产值2001万元，实现净利润584万元，人均创利8.98万元，全员劳动生产率30.78万元/人年，职工年人均收入9.3万元。国有资产保值增值率106%，净资产收益率32.3%，产值利润率38.98%，资产负债率14.93%，应上缴款完成率100%。

（陈燕玲）

【重要记载】

▲1月25日　白俄罗斯建筑中心考察团到集团公司进行海外施工资质考察。

▲1月29日　集团公司与贵阳市政府领导在贵阳市会议中心签订战略合作框架协议。

▲2月1日　集团公司在广州举办“放飞希望、追逐梦想”2016年职工文艺汇演。

▲2月2日　集团公司在广州召开二届二次职代会暨2016年工作会议。

▲3月26日　“淮安市淮阴区半导体产业发展基金”签约仪式在江苏省淮安市举行。

▲4月28日　西北分公司承建的中国援白俄罗斯学生公寓楼项目开工奠基仪式在白俄罗斯明斯克市莫斯科区大学村中部举行。

▲5月27日　股份公司档案馆馆长晋爱萍等代表中国铁建档案工作评价评审小组莅临集团公司进行档案评审。集团公司以总分93.5分获“中央企业档案工作评价A级”证书。

▲12月20日　一公司承建的深圳市机场南路新建工程市政工程获“2016—2017年度国家优质工程奖”。

（林　林）

中铁建设集团有限公司

【简况】 具有房屋建筑工程施工总承包特级企业，拥有市政公用、机电安装工程施工总承包一级，机场场道工程专业承包、地基与基础、建筑机电安装工程专业承包一级，建筑工程设计甲级，建筑智能化、建筑装饰装修工程设计与施工一级，公路交通工程（公路安全设施）、公路交通工程（公路机电工程）专业承包二级，钢结构工程专业承包三级，预拌商品混凝土专业承包（不分等级）等资质；是军工涉密业务安全保密条件备案单位，注册资本金25亿元。驻北京市石景山区石景山路20号中铁建设大厦；前身为中国人民解放军铁道兵独立建筑团；1984年1月集体转业，先后称铁道部工程指挥部建筑工程处、中国铁道建筑总公司北京工程公司、北京中铁建筑工程公司；2001年8月改制为北京中铁建设有限公司；2003年12月更名为现名。下辖8个区域分公司，5个事业部，4个专业公司，4个子公司21个二级单位；以及8个区域经营指挥部（派驻机构）。工程遍及全国百个城市和海外多个国家。资产总额377.7亿元，其中流动资产357.6亿元，机械运输设备895台（套），原值22473万元，净值6122万元，总功率4.9万千瓦，技术装备率0.7万元/人，动力装备率5.6千瓦/人，设备成新率27.2%，主要设备完好率100%，利用率100%。综合机械化施工程度75%，年施工生产能力超过5000万平方米。

2016年，新签合同额612.65亿元，营业收入340.7亿元，利润10.1亿元。国有资本保值增值率114.44%，净资产收益率14.49%，收入利润率2.97%，资产负债率83.67%。

2016年，获各类优质工程159项，其中国家级20项，省部级61项。获股份公司级及以上级别优秀QC成果（小组）148项，其中，国家级28个、省部级101个。73项工程获文明安全施工单位，其中，国家级3项、省部（直辖市、自治区）级57项，地市级36项，股份公司级4项。获铁道科技奖3项，中国施工企业管理协会科学技术奖8项，总公司科学技术奖9项；省部级工法21项；获授权专利57项，其中发明专利14项。集团公司获2016年度全国工程建设质量管理小组活动优秀企业、2016年全国工程建设QC小组活动优秀企业、2016年度全国优秀施工企业、2015年度中国施工企业管理协会科学技术奖科技创新先进企业、中国生产力协会2015中国最佳自主创新企业、中央企业先进基层党组织、北京市住建委“2016年度安全生产管理先进施工单位”等称号，企业资信等级自评定为AAA级。（张 慧 章 梅）

【领导人员】

董事会

董事长	汪文忠
董事	赵 伟
	郭剑平
	陈有忠
	于久龙

监事会

监事会主席	张军柱
监事	贾学斌
	王曰亮

经理层

总经理	赵 伟
副总经理	郭剑平
	吴成木(5月免)
	贾 洪(4月免)
	陈有忠
	于久龙
	吴永红
	沈天丽
	王 闯
	吴 笛
	贾学斌(4月任)
	赵向东(4月任)
	孙洪军(4月任)
	李 擘(4月任)
总工程师	贾 洪(兼,4月免)
总会计师	王 闯(兼,3月任)

党群领导

党委书记	汪文忠
党委副书记	赵 伟
	张军柱(11月免)
	王宏斌(4月任)
纪委书记	张军柱
工会主席	陈有忠

（章 梅）

【职工队伍】 职工8662人。其中，女职工1116人，博士学历7人，研究生学历170人，硕士学历76人，本科学历4435人，大专学历1957人。各类专业技术职务人员4147人。其中，正高级职称24人，高级职称363人，中级职称790人，初级职称2563人，员级职称372人，高级技师35人，技师67人。项目经理302人。接收应届大中专毕业生296人，其中研究生9人。社会招聘专业技术人员155人。（申彦涛）

【工程施工】 广西九洲国际大厦工程　办公用房。钢框架－钢筋砼核心筒混合结构，檐高301.6米，建筑面积21.43万平方米，抗震设防烈度7度，合同投资80000万元。合同工期2012年11月1日—2017年9月30日。2016年，完成施工产值5762万元。

南宁环球金融中心工程　超高层塔楼及裙房组成的大型综合体。塔楼结构形式为钢框架－钢筋砼核心筒混合结构，非塔楼部分为框架结构，最高建筑高度249.6米，建筑面积84万平方米。合同工期2014年3月9日—2019年1月19日。2016年，完成施工产值18695万元。

江西省总商会企业总部综合体工程3标段　位于南昌。核心筒结构。合同投资78000万元，建筑面积22.33万平方米，檐高238米。合同工期2014年10月19日—2018年11月30日。2016年，完成施工产值15950万元。

昆明南站工程　特大型铁路枢纽。钢筋混凝土结构，檐高52.15米，合同投资205233.6万元，建筑面积33.50万平方米。合同工期2013年11月15日—2016年8月16日。2016年，完成施工产值53848万元。

乌鲁木齐宝能城工程　商业办公楼。钢管混凝土外框＋钢支撑筒体结构，合同投资22.11亿元，建筑面积106.47万平方米。合同工期2016年4月26日—2021年2月15日。2016年，完成施工产值21063万元。

宝能深圳前海中心T1、T3塔楼工程　商务办公楼。钢混结构。合同投资25245.32万元，总建筑面积21.93万平方米。建筑高度285米。合同工期2015年11月30日—2018年8月9日。2016年，完成产值8376万元。

益州大道南二段(武汉路—南宁路段)道路工程　成都城市主干路。工程道路长5.733千米。合同投资157192.5万元，合同工期2016年3月21日—2017年12月31日。2016年，完成施工产值24495万元。

成都地铁10号线一期工程机电安装及装修工程　线路全长10.9千米，设地下车站6座。机电安装工程合同投资28500万元，合同工期2016年5月10日—2017年9月30日。2016年，完成产值21785万元；装修工程合同投资7500万元，合同工期2016年8月26日—2017年7月31日。2016年，完成产值4180.04万元。（章 梅）

【海外工程施工】 马来西亚四季酒店工程 集商业、公寓和酒店于一体的高端城市综合体，建筑面积约23万平方米。合同投资9.539亿令吉，合同工期2014年7月—2018年1月。

沙特阿美别墅工程 阿美石油公司多栋单体别墅建筑项目。合同投资107762万元，建筑面积99486平方米。合同工期2015年3月4日—2017年5月4日。2016年，完成产值13943万元。

俄罗斯长城汽车厂生活区工程 包含2栋主宿舍楼及泵房、综合用房等配套设施。合同投资12629万元，建筑面积11575平方米。合同工期2016年7月28日—2017年6月23日。2016年，完成产值1661.63万元。 （党国栋 孟繁勇）

【经营管理】 经营承揽。扎实推进集团经营组织架构建设，持续完善和优化区域经营指挥部机构建设，以强化对标和调研为手段，提升和规范经营工作，持续完善和优化经营体系；建立和加强经营机制建设，着力经营成果考核评价制度建设，重新修定经营绩效考核办法。持续完善经营改革制度建设，制定招标文件评审办法；坚持“三大”（大市场、大客户、大项目）策略，通过“三个细分”（市场细分、客户细分、责任细分）部署，将“三好”（好市场、好客户、好项目）策略落到实处；创新经营模式，加大工程总承包、投融资类工程的经营，承揽一批政府、国企、军队工程、铁路站房工程、EPC工程。获评股份公司2016年度房建专业经营先进单位、2016年度各省市路外工程专业经营先进单位。

投资管理。落实“十三五”战略规划精神，坚持“建筑为本、相关多元”的原则，资本运营管理有序推进。中标资本运营项目4个，总投资57.49亿元。投资房地产项目2个，总投资18.39亿元。

物流贸易。深挖上游资源，与河北钢铁、凌钢、敬业、龙钢等64家大型钢铁生产企业直接合作，合作量超过300万吨，占采购总量的80%；内部市场钢材供应率90%以上，同时打开外部市场，已成为中国建筑、中交集团、中国铁建、中国中铁、中国电建的核心供应商；钢材现货贸易占据北京市场的主导地位，成为西安、天津、广州、合肥、南昌、郑州、杭州、贵阳等地的竞争主力。

工程管理。着力推进施工分包集中管理、绿色施工和标准化施工，强化对二级单位和项目部运行监控和管理提升，树立内部标杆观摩项目；以加强物资消耗量、价管控和风险内控、规范管理为重点，大力推进二级单位物资集中采购，提高现场的精益化、智慧化和绿色化施工；以“每平米降低建造成本200元”为目标，以“六个集中”要求为契机，以降本增效为主线开展工作，各分公司的成本指标均有不同程度的降低；继续推行技术双优化，加强对各单位双优化开展情况的监督落实。修定《绿色施工科技示范工程、绿色施工示范工程管理办法》，加强铝合金模板、钢龙骨的应用督导；全面更新《工程质量标准化手册》，开展工程质量飞行检查及专项督查，对重点工程和重要质量问题实施跟踪调查，打造质量管理高压态势。开展渗漏、投诉、转扣专项治理，全面提升履约能力。实施工程竣工内部预验收，提升工程竣工质量；坚持“安全第一，预防为主、综合治理”的安全生产方针，完善安全管理体系，安全生产形势稳定，无亡人安全生产责任事故发生。被北京市住房和城乡建设委员会评为2016年度安全生产管理先进施工单位，被股份公司评为2016年度安全生产先进单位。

企业管理。适应发展需要，对组织架构不断优化。完善纪检监察部门设置，纪检监察办公室分设为纪委办公室、案件检查室、执法和效能监察室（巡视办）3个部门。设立投资资产部。对二级单位和区域经营指挥部进行优化，优化后下设二级单位由30个变为21个，区域经营指挥部由10个变为8个。优化资源配置，加快产业结构调整，先后取得机场场道工程专业承包一级资质，公路交通工程（公路安全设施）专业承包二级、公路交通工程（公路机电工程）专业承包二级资质，钢结构工程专业承包三级资质。

财务管理。以资金管理为主线；以清收清欠、“营改增”、迎审迎检、加速财务共享中心建设为抓手；优化财务指标、完善财务制度、发挥财务绩效考评导向作用。着力提高财会队伍素质，提升财务能力。下发一系列管理制度，加强和规范差旅费管理、区域经营指挥部经费开支，境外子企业及非法人机构、非经营性机构财务管理，所属单位建造合同收入确认、计量和相关信息披露等工作。针对“营改增”扩围、税务总局检查两大任务，认真研究税务政策，有效降低税务风险和税务成本。

审计管理。开展年度绩效审计、经济责任审计、亏损审计，促进项目管理持续改进；通过亏损项目审计，查明亏损原因，界定亏损责任，促使各级管理人员吸取经验和教训。完成审计项目60项，完成计划的162%。提交审计报告60份，提出审计建议184条。

综合管理。全面推动二级单位法务机构建设、法律纠纷案件降控，强化考核问责。通过诉讼程序确权82558万元，通过诉讼程序收款7422万元。通过军工涉密业务咨询服务单位安全保密条件重新备案，助力集团公司实现军工企业施工项目承揽零的突破。公文处理、用印管理、档案管理、督查督办实行网上办理。坚持“业务需求驱动”的信息化指导思想，改进现有业

务系统28项,开发新信息系统5项;重点推进快速人脸识别系统的研发和物资过磅称重系统的研发和推广。 (章 梅)

【科技教育】 科技创新。做实做强技术中心,提升自主研发能力。已有3家国家高新技术企业。集团公司获"北京市高新技术转化示范企业"。新立股份公司课题C类课题3项,组织重大高危施工方案的审查3项。19项科技成果通过评审,获中国土木工程詹天佑奖1项。

教育培训。深化学习型组织建设,加强复合型人才培养,开展人人上讲台活动。通过升级培训内容、组织新员工项目基层锻炼,不断提升新员工的综合素质和专业能力。加强职业资格、职称考前培训,考试通过率明显提高。注重核心人才培养,采取送出去、请进来的方式,开展PPP项目运作、融资实务、资本运营业务培训。每月选送中高层管理干部参加"世纪管理名家讲堂"系列高级管理培训。组织领导干部参加股份公司的处级干部、局级干部培训班及项目经理培训班,提高综合素质,开拓视野,学习先进管理理念。参加各种外部培训600余人。 (李 蒨 黄梦妮)

【党群工作】 党的工作。开展"两学一做",增强"四个意识"。各级党组织开展各类专题讨论1393场次,党员受教育率100%。各级班子成员讲党课1824场次。集团公司班子成员到联系点讲党课16次,并以普通党员身份到所在支部参加组织生活。自主开展演讲比赛、知识竞答、志愿服务等各类活动27场次,进一步增强党员的身份意识、党性观念。扎实开展党员组织关系、党代会代表和党员违纪违法未给予相应处理情况排查清理,党组织按期换届情况专项检查、党费收缴专项检查等工作,进一步加强对党员和党组织的管理。创新定期沟通机制,促进逐级责任落实。建立分级汇报、述职制度,2016年,二级单位当面汇报2次,书面汇报7次,二级单位党组织书记管党治党的意识和能力明显提升。强化民主集中制建设,建立健全党组织议事决策机制。修订印发《党委会、常委会议事规则和程序》《会议管理办法》,深入落实《"三重一大"集体决策实施细则》,促进重大问题决策的程序化、制度化、科学化。召开党委常委会5次,常委(扩大)会12次。开展"三重一大"决策制度培训教育活动,深入推进民主集中制建设。培训1075人次,中层以上领导干部培训率100%。集团公司获国务院国资委党委"中央企业先进基层党组织"称号。

纪检监察工作。加强党章党规党风党纪及领导人员廉洁从业教育,与所属二级单位党政主管签订"党风廉政建设责任书",开展党纪条规专题教育活动637场次,参加人员14831人次;在网上发布信息530篇,利用新媒体扩大教育的覆盖面。开展"六个集中"管理情况专项监察,成立监察组20个,发现管理问题214个,提出监察建议239条;监察专员按照发现问题月报告和问题跟踪整改专项报告"双报告"制度,突出对发现问题的跟踪整改,踪督促问题整改68个。加大案件查办力度,立案7件,对37人进行行政和经济处罚。对10个亏损项目进行追责,18名项目经理受到行政和经济处罚。

工会工作。会员7581人,22个二级工会组织,255多个三级工会组织。召开三届四次职工代表大会,审议并通过各项工作报告,签订2016年本的《集体合同》以及各专项合同。加强工会资产管理和工会经费全面预算管理,形成上下统一的财务监管机制。开展形式多样的劳动竞赛,集团公司清收清欠劳动竞赛被评为股份公司"2016年度特色劳动竞赛综合优胜单位"。通过合理化建议活动、企务公开栏、职工座谈会、内部网络、监督电话等多种形式,充分征集职工好的管理意见和建议,做好企业民主管理和民主监督。开展足球、篮球、羽毛球、书画比赛等丰富多彩、形式多样的文体减压活动,把全员健身和体育竞赛有机结合。以"建功十三五,巾帼立新功"实践活动为引领,调动女职工为企业发展的积极性和创造性。做好送温暖、"三不让"帮扶、职工互助合作保险、金秋助学、关爱退休职工等工作,累计帮扶救助179万多元。完善制度体系,对部分制度进行修定,并新增《劳模(先进职工)创新工作室管理办法》《工会会员评议职工之家办法》等制度,印发第三版《工会文件汇编》,收录44份集团工会文件,23份常用法律法规和上级文件,对二级单位工会工作人员进行专题培训。

共青团工作。开展"提质增效,青年担当"主题实践活动,以青工讲堂、BIM技术推广、劳动竞赛、知识竞赛等不同形式发起,依托学习平台、实践平台开展活动70余次,2000多人参与。相继在北京分公司、机电总承包事业部、建筑设计院3家设立"青年创新工作站",定期开展创新活动并取得成果。大力开展青年突击队创建活动,借助集团公司微信公众平台发布"正青春"专题,将优秀青年突击队、优秀团组织的故事进行线上展示。组织50余名青年男女参加由集团团委和石景山区团委联合举办的驻区企事业单位青年联谊活动,增进企业间青年人的交流,扩展青年交友圈。 (李冠良 王 征 赵春雨 郭忠峰)

【单位综述】 根据股份公司要求和集团公司"十三五"发展的需要,进行组织架构优化。第一,将原北京分公司、工程资源分公司整合为北京分公司；设备租赁分公司及其子公司整体并入北京分公司。原山西分公司、天津分公司整合为华北分公司。原济南分公司、郑州分公司整合为华中分公司。原西安分公司、新疆分公司整合为西北分公司。原武汉分公司、长沙分公司整合为中南分公司。华东分公司不做调整。原广东分公司、南宁分公司、海南分公司整合为华南分公司。原四川分公司、昆明分公司整合为西南分公司。原铁总指、市政分公司整合为基础设施事业部。超高层事业部保留。海外分公司改组为国际事业部。设备安装分公司改组为机电总承包事业部。装饰分公司改组为装饰装修事业部。第二，独立北京特设经营部。保留华北区域指挥部，撤销东北区域指挥部。保留西北区域指挥部，撤消新疆区域指挥部。保留中南区域指挥部。保留华东区域指挥部。保留华南区域指挥部。设立西南区域指挥部，撤消川渝区域指挥部、云贵区域指挥部。保留华中区域指挥部。优化后下辖8个区域分公司：北京、华北、华中、西北、中南、华东、华南、西南区域分公司；5个事业部：基础设施事业部、超高层事业部、机电总承包事业部、国际事业部、装饰装修事业部；4个专业分公司：模板架构加工租赁中心、混凝土分公司、房产膳食服务管理中心、建筑设计院；4个子公司：中铁建设集团房地产有限公司、北京中铁建工物资有限公司、北京中铁电梯工程有限公司、中铁建钢结构有限公司；8个区域经营指挥部：北京、华北、华东、华南、华中、西北、中南、西南区域指挥部。（张　慧　章　梅）

【北京分公司】 2016年，由原北京分公司、工程资源分公司、设备租赁分公司整合而成。驻北京市丰台去张仪村路16号。职工1719人。资产总额78.44亿元（流动资产77.58亿元，固定资产净值0.69亿元），年施工生产能力52.11亿元。设有同级子公司中铁建设集团北京工程有限公司。

2016年，新签合同额38.23亿元，完成企业产值55.5亿元，实现利润2.18亿元。（宋韵霖　章　梅）

【华中分公司】 2016年，由原济南分公司、郑州分公司整合而成。驻郑州市郑东新区马庄街3号。职工1067人。资产总额36.55亿元，其中，流动资产36.37亿元，固定资产原值1.24亿元、净值1.63万元。年施工能力130.8万平方米。设有同级子公司中铁建设集团济南工程有限公司。

2016年，新签合同额65.51亿元，完成企业产值29.01亿元，实现利润8257万元。（丁茂丹　章　梅）

【西北分公司】 2016年，由原西安分公司、新疆分公司整合而成。驻西安市高新区高新四路17号志诚商务C座5层。职工578人。资产总额25.13亿元，其中，流动资产24.85亿元，固定资产原值1.04亿元、净值0.28亿元。施工能力200万平方米。设有同级子公司中铁建设集团西安工程有限公司。

2016年，新签合同额50.4亿元，完成产值12.04亿元，实现利润5256万元。（徐　旭　章　梅）

【华东分公司】 2009年成立，驻上海市闵行区莲花路1978号。职工560人。资产总额40.2亿元，其中，流动资产34亿元，固定资产净值265万元，年施工生产能力26亿元。设有同级子公司中铁建设集团华东工程有限公司。

2016年，新签合同额21.67亿元，完成企业产值23.5亿元，实现利润9696万元。（窦雪艳　章　梅）

【华南分公司】 2016年，由原广东分公司、南宁分公司、海南分公司整合而成，驻广西南宁市民族大道143号德瑞大厦5楼。职工894人。资产总额41.44亿元，其中，流动资产41.26亿元，固定资产净值0.17亿元。年施工生产能力949.27万平方米。设有同级子公司中铁建设集团南方工程有限公司。

2016年，新签合同额81.12亿元，完成产值37.48亿元。（刘书君　章　梅）

【中南分公司】 2016年，由原武汉分公司、长沙分公司整合而成，驻武汉市青山区友谊大道999号武汉钢铁集团办公大楼B座29层。职工755人。资产总额29.57亿元，其中，流动资产29.53亿元，固定资产净值422.12万元。年施工生产能力25.62亿元。设有同级子公司中铁建设集团湖北建设有限公司。

2016年，新签合同额44.95亿元，完成产值37.48亿元，实现利润202.68万元。（殷　文　章　梅）

【中铁建设集团房地产有限公司】 2010年成立，房地产开发二级资质，注册资本金5亿元，驻北京市石景山区石景山路20号。职工128人。资产总额52.48亿元，其中，流动资产49.56亿元，固定资产净值129.18万元。

2016年，完成销售额17.11亿元，营业收入23.80亿元，实现利润3.53亿元。（彭艳芬　章　梅）

【机电总承包事业部】 2016年，由原设备安装分公司改组为而成。驻北京市石景山区苹果园路28号。职工502人。资产总额16.66亿元，其中，流动资产

16.58亿元,固定资产净值754万元。有同级子公司中铁建设集团设备安装有限公司。

2016年,新签合同额21.17亿元,完成企业产值13.12亿元,实现利润10098万元。

(闫 芬 章 梅)

【北京中铁建工物资有限公司】 1993年12月成立,驻北京市石景山区苹果园路中铁创业大厦17层,注册资本金3亿元。主营钢材现货贸易、钢材工程服务贸易、工程物资系统集成。职工220人。资产总额24.69亿元,其中,流动资产24.68亿元。自有运输挂车3辆,吊车2辆,总价值近253万元。

2016年,营业收入87.18亿元,实现利润1.5亿元。全年经销350万吨。 (高 傲 章 梅)

【基础设施事业部】 2016年,由原铁总指、市政分公司整合而成。驻北京市石景山区苹果园南路28号。职工833人。资产总额34.66亿元,其中,流动资产34.57亿元,固定资产净值904.79万元。有同级子公司中铁建设集团市政工程有限公司。

2016年,新签合同额66.58亿元,完成施工产值27.71亿元,实现利润19697.76万元。 (叶晓华 章 梅)

【装饰装修事业部】 2016年,原装饰分公司改组而成。建筑装饰装修工程设计与施工一级资质,注册资本金10500万元,驻北京市石景山区苹果园路28号。设有同级子公司北京中铁装饰工程有限公司。职工456人。资产总额95258.76万元,其中,流动资产94824.95万元,固定资产净值421万元。

2016年,新签合同额20.25亿元,完成施工产值10.62亿元,实现利润总额6617.38万元。

(陈 盼 章 梅)

【中铁建设集团物业管理有限公司】 2009年1月成立,驻北京市石景山区石景山路20号。注册资本300万元。物业管理服务二级资质,2011年,通过质量、环境、职业安全健康三体系认证。设有同级分公司中铁建设集团有限公司房产膳食管理服务中心。职工216人。资产总额8354万元,其中,流动资产8280万元,固定资产净值76万元。

2016年,完成企业总产值9153万元。

(龚雪红 章 梅)

【重要记载】

▲2月1日 召开三届四次职工代表大会。

▲4月8日 集团公司与广州海伦堡地产集团有限公司签订全国范围内的战略合作协议。

▲4月8日 集团公司应邀出席海伦堡地产集团2016年供应商大会。

▲5月11日 集团公司总经理赵伟在中铁建设大厦会见来访的摩洛哥外贸银行(Banque Marocaine du Commerce Exterieur,BMCE)负责国际业务的执行总经理阿克米一行。

▲5月20日 集团公司董事长汪文忠在中铁建设大厦会见来访的马来西亚天龙集团(Brunsfield International Group)执行总裁颜天龙(Tan Sri Gan)先生一行。

▲5月22日 股份公司总裁庄尚标到集团公司承建的马来西亚四季酒店项目检查指导。

▲5月 承建的新建九江至南昌城际铁路工程南昌站改造工程获2015年中国钢结构金奖(国家优质工程)。

▲6月25日 集团公司应邀出席第十二届新疆喀什·中亚南亚商品交易会开幕式。

▲7月6日 集团公司取得机场场道工程专业承包一级资质。

▲8月9日 集团公司与港中旅(中国)投资有限公司签订工程施工总承包战略合作协议。

▲8月 集团公司在铁路总公司2016年上半年的信用评价中首次进入A类,昆明南站项目在昆明铁路局信用评价中排第一名,

▲10月22日 集团公司取得公路交通工程(公路安全设施)专业承包二级、公路交通工程(公路机电工程)专业承包二级资质。

▲11月 承建的新建贵阳至广州铁路贵阳北站站房工程、宿迁市第一人民医院,参建的燕翔饭店改扩建项目,北京中铁装饰工程有限公司参建的新建贵阳至广州铁路贵阳北站站房工程分别荣获中国建设工程鲁班奖(国家优质工程)。

▲12月20日 集团公司获得上海证券交易所应收账款证券化业务无异议函,获准发行规模10.5亿元。

▲12月 集团公司承建的燕翔饭店机电安装工程荣获中国安装协会(国家级)中国安装工程优质奖。

▲12月 集团公司承建合肥南站通风空调工程荣获中国安装协会(国家级)中国安装工程优质奖。

▲12月 集团公司承建的黄山北站站房及相关工程、北京工业大学教学科研楼,参建的北京财富中心写字楼工程,北京中铁装饰工程有限公司参建的黄山北站站房及相关工程分别获得2016—2017年度国家优质工程奖。 (章 梅)

中国铁建电气化局集团有限公司

【简况】 具有通信工程施工总承包一级,房屋建筑施工总承包一级,机电安装工程总承包一级,电气化、电务、电信、送变电、机电设备安装工程专业承包一级,电力工程施工总承包三级资质,是我国高速铁路"四电集成"总承包企业。驻北京市石景山区石景山路29号。前身中铁建电气化局有限公司,于2005年7月挂牌成立,由中铁十五局集团电务工程有限公司、中铁十七局集团电务工程有限公司、中铁十八局集团电务工程有限公司、中铁二十五局集团电务工程有限公司电气化分公司和柳州铁路工程有限公司电务分公司重组而成;2005年12月,更名为中铁建电气化局集团有限公司;2009年8月,股份公司将中铁十一局集团电务工程有限公司、中铁十二局集团电气化工程有限公司主体划转并入;2011年6月,随系统更名为中国铁建电气化局集团有限公司。主要从事铁路电气化、电务、通信、信号、电力和城市轨道交通、公路交通、机电设备安装、地方电信、送变电工程施工和高速铁路四电集成及高速铁路专用超细晶强化型铜镁合金承导线、城市地铁钢铝复合导电轨、磁悬浮C型钢铝复合导电轨、接触网支柱、H型钢柱、接触线承力索、接触网零部件、钢结构的生产、研发、销售、工程设计及酒店管理、铁路新线"四电"运营维护管理。下辖15个控股子分公司:第一、第二、第三、第四、第五工程有限公司;南方工程有限公司、北方工程有限公司、京燕饭店有限公司、西安电气化制品有限公司、科技发展有限公司、中铁建电气化设计研究院、城市轨道工程公司、轨道交通器材有限公司、康远新材料有限公司、新疆维管分公司。职工10857人。资产总额229.08亿元,其中固定资产净值7.59亿元,流动资产218.27亿元,其他资产10.81亿元。机械运输设备1375台(套),成新率27.46%,完好率95%,利用率87%,总功率99373.9千瓦,技术装备率1.86万元/人,动力装备率10.57千瓦/人。

2016年,承揽工程522项,合同总额261.64亿元。完成企业总产值218.04亿元,施工产值212.13亿元,实现利润13.08亿元。净资产收益率24.87%,产值利润率5.95%,国有资产保值增值率127.93%,资产负债率77.28%,成本费用占营业收入比重的94.05%,投资回报率184.20%,应上缴款完成率100%。人均创利119963.18元,职工年人均收入94761元。完成主要实物工程量:通信线路8551.04千米,自动闭塞1866.29千米,电气集中联锁道岔2339组,电力线路7964.98千米,变配电所138.5座,接触网6057.63千米,牵引变电所116.6座,房屋建筑面积256392.88平方米。

先后参建近90条铁路干线的工程建设施工。包惠电化、武襄电化、襄胡电化、徐连电化、襄渝电化、洛张电化、京九南段电化、新菏兖日、兰新、太中银、包西、成灌、长吉城际和郑西客专、福厦客专、胶济客专、京石武客专、宁杭客专、广西沿海、邯长铁路、重庆枢纽、大西客专、兰新二线新疆段、贵广高铁、中南通道和青荣城际等重大项目均如期建成交付,运营良好。2016年,沪昆、云桂、渝万、汉孝、佛肇等四电系统集成工程顺利开通;兰渝岷广段等普速铁路项目和郑州、苏州、长沙、南宁等城市城轨地铁项目按期实现开通目标;哈佳、九景衢、京原、格库青海段等新开项目开局良好,顶层设计和统筹到位。获国家优质工程奖4项、省部级5项、铁建杯7项,获全国优秀QC成果12项、省部级16项,获全国优秀质量管理小组1个、省部级5个,获股份公司安全质量标准工地4个。100余项工程被评为国家和省部级优质工程,其中获中国建筑工程鲁班奖和国优工程奖11项。获"全国重合同守信用"企业、"全国用户满意施工"企业、"全国十佳道德建设先进单位"、"全国五一劳动奖状"、"全国模范职工之家"及铁道部"火车头奖杯"等荣誉。获评北京市地税局、北京市国税局纳税信用A级企业和工商银行AAA级信用企业。

（邹国华）

【领导人员】

董事会

董事长	郑　斌
副董事长	冯学彬
董事	郑　斌
	冯学彬
	万传军
	张国俊(4月免)
	燕正安

监事会

监事会主席	宋旭东
监事	宋旭东
	何明海

经理层

总经理	万传军
副总经理	张国俊(4月免)
	王志国
	姜晋南

	郭志光
	寇宗乾
	孟宪浩
	宋景奇
	罗世昌
	程庆海
	杨现庆(4 月任)
总工程师	寇宗乾
总会计师	张国俊(兼,4 月免)
	杨现庆(兼,4 月任)

党群领导

党委书记	冯学彬
党委副书记	郑　斌
	万传军
	燕正安
	宋旭东(10 月免)
纪委书记	宋旭东
工会主席	燕正安

(赵润莲)

【工程项目指挥机构】 新建长沙至昆明铁路客运专线贵阳北(不含)至富源北(不含)“四电”系统集成(含防灾)工程指挥部　驻贵州省贵阳市。指挥长刘兴晨,党工委书记杜志祥。

新建铁路大西客运专线原平西至西安北段“四电”系统集成及相关工程(SDJC)标段指挥部　驻山西省太原市。指挥长郭志光,党工委书记王广恩。

新建青岛至荣成城际铁路“四电”系统集成及相关工程(QRSD 标段)指挥部　驻山东省烟台市。指挥长宋景奇,常务副指挥长盛存银。

新建九景衢铁路江西段“四电”系统集成及配套工程 JQJXSD 标工程指挥部　驻江西省景德镇市昌江区。指挥长廖军华,党工委书记李凤和。

长昆客专引入贵阳枢纽贵阳北(不含)至清镇东(含)站后工程指挥部　驻贵州省贵阳市。指挥长赵贵能,党工委书记王小斌。

新建云桂铁路广西段“四电”系统集成工程项目部　驻广西壮族自治区南宁市。项目经理兼党工委书记黄国胜。

新建铁路西安至成都客运专线西安至江油段(陕西境内)“四电”系统集成 XCSDJC－1 标项目部　驻陕西省西安市未央区。指挥长燕正安,常务副指挥长寇震,党工委书记王广恩。

滨洲铁路电气化改造工程项目部　驻内蒙古自治区呼伦贝尔市。项目经理张德君,党工委书记毛哲轩。

新建哈佳铁路“四电”系统集成及相关工程项目部　驻黑龙江省哈尔滨市道外区。项目经理兼党工委书记金智庆。

青荣城际引入青岛枢纽工程项目部　驻山东省城阳市。项目经理肖波,党工委书记陈明星。

新建铁路西安至成都客运专线西安至江油段“四电”系统集成 XCSDJC－1－2 标项目部　驻四川省广元市。项目经理郭志光,党工委书记枉大金,常务副经理王小坤。

新建准格尔至鄂尔多斯铁路站后工程 ZESG－4 标段项目部　驻内蒙古自治区鄂尔多斯市。项目经理缪剑,党工委书记李锋,常务副经理阚飞。

新建武汉至孝感城际铁路“四电”系统集成 HXSD 标段项目部　驻湖北省武汉市。项目经理宋景奇,党工委书记冯永树,常务副经理陈兆庆。

新建兰州至重庆铁路站后“四电”系统集成工程 LYSD－2 标段项目部　驻甘肃省兰州市。项目经理程庆海,常务副经理廖小平,党工委副书记王文波。

新建重庆至万州铁路四电系统集成及相关配套工程 YWSD－1 标项目部　驻重庆市江北区。项目经理李道新,党工委书记兰晓东,常务副经理张俊辉。

新建云桂铁路引入昆明枢纽站后工程项目部　驻云南省昆明市呈贡区。项目经理李春盛,党工委书记李红英。

新建云桂铁路云南段四电系统集成及相关配套工程 SD1 标项目部　驻云南省文山壮族苗族自治州富宁县。项目经理郭晓峰,党工委书记杨军,常务副经理梁强。

新建黄骅南至大家洼铁路三电迁改工程施工 2 标段项目部　驻山东省东营市。项目经理李佳,党工委书记戴得胜。

朔黄铁路牵引供电系统扩容改造工程第 1 标段项目部　驻山西省忻州原平市。项目经理古顺斌,党工委书记赵小乐。

秦沈客运专线防灾安全监控补强工程项目部　驻辽宁省锦州市。项目经理郭刚,党工委书记金正浩。

新建杭州至黄山铁路站前及相关工程 HHZQ－5 标段三电迁改工程项目部　驻浙江省杭州市桐庐县。项目经理单锡海。

新建蒙西至华中地区铁路煤运通道“三电”迁改 MHQG－1 标段项目部　驻陕西省延安市。项目经理李瑞青。

新建巴中至达州铁路站后工程项目部　驻四川省达州市。项目经理兼党工委书记李汉和。

港珠澳大桥工程项目部　驻广东省珠海市。项目经理兼党工委书记蔡俊福,常务副经理李云峰。

青岛蓝色硅谷轨道交通工程机电系统设备 LGJD－1 施工标段项目部　驻山东省青岛市崂山区。项目经理谢晖，党工委书记史维森。

郑州轨道交通1号线二期系统总承包2标项目部　驻河南省郑州市。项目经理侯晓俊，常务副经理周安义。

苏州轨道交通2号线延伸线、4号线及支线工程综合接地网安装工程项目部　驻江苏省苏州市。项目经理刘实，常务副经理李宗新。

苏州轨道交通4号线及支线工程接触网、供电系统安装施工项目(SRT4－11－12标)项目部　驻江苏省苏州市。项目经理陆子清，常务副经理李宗新。

石家庄地铁3号线5标段项目部　驻河北省石家庄市裕华区。项目经理兼党工委书记聂元凯。

南宁市轨道交通1号线一期工程车站机电安装及设备区装修施工1标段项目部　驻广西壮族自治区南宁市西乡塘区。项目经理王振文。

合肥市轨道交通1号线一、二期工程机电系统(风、水、电、设备区装修)总承包项目3标段项目部　驻安徽省合肥市蜀山区。项目经理王振文，党工委书记黎泉，常务副经理杨彦。

武汉市大汉阳地区现代有轨电车试验线工程项目部　驻湖北省武汉市汉阳区。项目经理冯大立，党工委书记张三国，常务副经理郑克伟。

昆明轨道交通3号线110千伏沙沟尾主变电站、110千伏放马桥主变电站施工及设备采购总承包项目部　驻云南省昆明市盘龙区。项目经理郭晓峰，党工委书记杨军。

南京地铁4号线一期工程车站设备安装工程7标段项目部　驻江苏省南京市。项目经理毛伟，党工委书记陈猛，常务副经理王剑。

厦门轨道交通1号线一期工程35千伏变电所安装工程2标段项目部　驻福建省厦门市。项目经理陆子清，党工委书记阮元，常务副经理李善奎。

(李欣欣)

【职工队伍】　职工10857人，其中，在岗职工10283人、非在岗职工574人；干部4233人(不含内退)，其中女干部总数855人，占干部总数的20.2%；少数民族89人，占2.1%；专业技术干部3999人，占干部总数的94.5%。本科以上学历3155人，大专学历757人，中专及以下学历321人，分别占干部总数的74.5%、17.9%、7.6%。30岁以下的1895人，占干部总数的44.8%；31～40岁1362人，占干部总数的32.2%；41～50岁619人，占干部总数的14.6%；51岁以上357人，占8.4%。专业技术人员中，高级职称665人，占专业技术干部的16.6%；中级职称1218人，占专业技术干部30.5%；初级职称1622人，占专业技术干部的40.6%；工程系列3094人，经济系列213人，会计系列470人，政工系列206人，其他系列16人。

工人6246人。其中女职工1364人，少数民族96人。初中以下952人，高中946人，中专、技校、职高2097人，大专1615人，本科及以上636人。30岁以下3131人，31～40岁1263人，41～50岁874人，51～55岁633人，56～60岁345人。获国家职业资格证书3831人，其中，初级工492人、中级工1019人、高级工1776人、技师400人、高级技师144人。

(王小东　魏雪琴)

【工程施工】　截至2016年底，在建项目119个。分布27个省(直辖市、自治区)，投资总额563.28亿元，投资额5亿元以上项目31个，开工累计完成451.53亿元。铁路项目80个，投资额498.73亿元，已开工累计完成422.65亿元，铁路总里程13055.78千米，其中高铁客运专线项目24个(含高铁迁改、防灾补强、监控等非四电集成项目5个)，投资额269.94亿元，铁路里程3687.55千米；其他普速铁路56个，投资额228.79亿元，铁路里程9368.23千米；铁路里程200千米以上的有28个项目。路外工程39个，包括城轨工程27个(投资额46.22亿元，占集团公司在建项目投资总额的8.2%，开工累计完成19.35亿元)、公路工程2个，电信、风电等其他类别工程10个，海外工程3个。完成产值1812046.95万元。完成主要实物工程量：通信线路8551.04千米；自动闭塞1866.29千米，联锁道岔2339组；电力线路7964.98千米，变配电所138.5座；接触网6057.63千米，牵引变电所116.6座；房屋建筑面积256392.88平方米。

新建云桂铁路广西段“四电”系统集成工程　自云南省新昆明南站向东到广西自治区南宁站，正线长710.3千米。合同投资143835万元，合同工期2014年7月1日—2016年12月30日。2016年，完成投资额128475.86万元，占投资总额100%。百色至省界段2016年12月28日正式开通运营，至此云桂铁路全线开通。

新建长沙至昆明铁路客运专线贵阳北(不含)至富源北(不含)“四电”系统集成(含防灾)工程　位于贵州省贵阳市，正线长263.152千米。合同投资206109.1561万元。合同工期2015年3月1日—2016年11月30日。2016年，完成所有投资206109万元。2016年12月正式开通。

新建铁路西安至成都客运专线西安至江油段(陕西境内)“四电”系统集成XCSDJC－1标段　正线长342.937千米。合同投资329579万元，合同工期2014年9月1日—2016年12月31日。2016年，完成投资额312021万元，占投资总额85.7%。

滨州铁路电气化改造工程　既有线长932.981千米。合同投资234153万元，合同工期2014年10月—2017年4月。2016年，完成所有投资234153万元，计划2017年6月送电。

新建哈佳铁路"四电"系统集成及相关工程　位于黑龙江省，线路长343.097千米。合同投资177205.4946万元，合同工期2015年11月11日—2018年6月30日。2016年，完成投资额73016.9万元，占投资总额的41.2%。

新建原平至西安北段大西客运专线SDJC标段　正线长655.41千米。合同投资452773.9140万元，合同工期2013年2月18日—2015年6月30日。2016年，完成投资额452750万元，占投资总额99.99%。湾李线路所至西安北段工程于2016年9月10日开通运营。

新建青岛至荣成城际铁路"四电"系统集成及相关工程　正线路长298.842千米。合同投资204374.167万元，合同工期2013年12月15日—2014年8月15日。荣成至青岛方向于11月16日正式开通。

青荣城际铁路引入青岛枢纽相关工程站后工程　新建线路长17.401千米，线路长度24.962千米，利用既有线长度1.7千米。四电系统集成工程包含通信、信号、信息、电力、电力牵引供电、防灾及"四电"独立房屋建筑等相关工程。合同投资18564.524万元，合同工期2014年3月1日—2015年8月31日。青岛枢纽项目代管的青荣城际铁路(荣成至青岛方向)工程于11月16日顺利开通。

新建铁路西安至成都客运专线西安至江油段"四电"系统集成XCSDJC-1-2标段　正线长165.836千米。合同投资142477.65万元，合同工期2014年9月1日—2016年12月31日。2016年，完成投资额81322万元，占投资总额57.08%。

新建准格尔至鄂尔多斯铁路站后工程ZESG-4标段　新建正线长84.835千米，联络线长度20.35千米。合同投资34653.5689万元，合同工期2015年4月15日—2017年2月28日。2016年，完成投资额22465万元，占投资总额64.83%。

新建九景衢铁路江西段"四电"系统集成及配套工程JQJXSD标段　路长244.938千米。合同投资154295万元，合同工期2016年1月12日—2017年4月30日。2016年，完成投资额86509.89万元，占投资总额56%。

长昆客专引入贵阳枢纽贵阳北(不含)至清镇东(含)站后工程　正线长23.862千米。合同投资19268万元，合同工期2015年1月1日—2015年12月31日。2016年，完成投资额16440万元，占投资总额87.83%。长昆线贵阳北至清镇东段23.862千米于12月28日开通。

新建武汉至孝感城际铁路"四电"系统集成HXSD标段　正线长61.77915千米。合同投资40857万元，合同工期2010年9月11日—2011年12月21日。2016年，完成投资额49931万元，占投资总额100%。12月1日全线开通运营。

新建兰州至重庆铁路站后"四电"系统集成工程LYSD-2标段　正线长463千米。合同投资121534万元，合同工期2014年8月1日—2016年05月31日。2016年，完成投资额104669万元，占投资总额87.03%。

新建重庆至万州铁路四电系统集成及相关配套工程YWSD-1标段　正线长247.256千米。合同投资153885.6328万元，合同工期2015年1月17日—2016年12月31日。2016年，完成全部投资153885.6万元，于11月28日投入运营。

新建云桂铁路引入昆明枢纽站后工程　正线长2.3千米。合同投资79005.1888万元，合同工期2015年9月28日—2017年12月31日。2016年，完成投资额75407万元，占投资总额79.35%。

新建云桂铁路云南段四电系统集成及相关配套工程SD1标段　位于云南、广西省，全长710.269千米。合同投资118088万元。12月28日开通运营。

新建黄骅南至大家洼铁路三电迁改工程施工2标段　正线长174千米。合同投资20773.3164万元，合同工期2014年9月10—2015年9月10日。2016年，完成投资额11232万元，占投资总额54%。

朔黄铁路牵引供电系统扩容改造工程第1标段　正线长255.9千米。合同投资90257.07万元，合同工期2014年5月1日—2015年12月30日。2016年，完成投资额39933.02万元，占投资总额44.24%。

秦沈客运专线防灾安全监控补强工程　正线长391.155千米。合同投资75555.3047万元，合同工期2014年10月15日—2016年4月14日。2016年，完成全部投资75555.3047万元。合同投资3361.2934万元，合同工期2014年12月25日—2015年12月25日。2016年，完成投资额2871.7924万元，占投资总额85.44%。

新建杭州至黄山铁路站前及相关工程HHZQ-5标段三电迁改工程　位于浙江省富阳、桐庐、建德，全长33.401千米。合同投资5308.25万元，合同工期2014年11月8日—2015年6月30日。2016年，完成投资额5008.254336万元，占投资总额94.35%。

新建蒙西至华中地区铁路煤运通道"三电"迁改

MHQG－1 标段　位于山西省、内蒙古自治区、陕西省，全长 632 千米。合同投资额 13641.8908 万元，合同工期 2015 年 7 月 1 日—2018 年 11 月 30 日。2016 年，完成投资额 10152.3629 万元，占投资总额 74.42%。

新建巴中至达州铁路站后工程　位于巴中、达州市，线路长 99.65 千米。合同投资 39405 万元，合同工期 2014 年 6 月 1 日—2015 年 6 月 30 日。2016 年，完成投资额 46335 万元，占投资总额 96.9%。

港珠澳大桥工程　全线长 30 千米。合同投资 120658.8 万元，合同工期 2015 年 4 月 1 日—2017 年 5 月 31 日。2016 年，完成投资额 31814.84 万元，占投资总额的 29%。

青岛蓝色硅谷城际轨道交通工程机电 1 标段　起点至水泊站（线路长 41.135 千米）的车站、区间及海洋大学停车场的通信系统、信号系统、供电系统（不含三轨）、通风空调系统、给排水系统、自动售检票系统、综合监控系统、门禁系统、火灾报警及环境监控系统、车站辅助设备、海洋大学车辆段物资设备采购及建筑安装，设备集成管理，全线联调联试，试运行。合同投资 93649.2708 万元，合同工期 2015 年 10 月 1 日—2017 年 6 月 30 日。2016 年，完成整体工程的 15%。

郑州轨道交通 1 号线二期系统总承包 2 标段　线路长 9.869 千米。合同投资 20065 万，合同工期 2016 年 3 月 2 日—2016 年 12 月 30 日。2016 年，完成全部投资 20065 万元。12 月 28 日开通试运行。

苏州轨道交通 2 号线延伸线、4 号线及支线工程综合接地网安装工程　全长 15.61 千米。苏州市轨道交通 4 号线主线全长 42.022 千米，设车站 31 座；支线全长 10.775 千米。合同投资 2097.1718 万元，合同工期 2013 年 3 月—2016 年 3 月 31 日。2016 年，完成全部投资 2907 万元。4 月竣工验收。

苏州轨道交通 4 号线及支线工程接触网、供电系统安装工程（SRT4－11－12 标）　合同投资 7606 万元，合同工期 2014 年 11 月 15 日—2016 年 10 月 31 日。2016 年，完成全线接触网受电，9 月 9 日完成竣工验收工作。

石家庄城市轨道交通 3 号线一期小灰楼站—西三教站（不含）系统设备及动力照明设备安装工程　线路长 4.248 千米。合同投资 15841 万元，合同工期 2013 年 4 月 1 日—2017 月 9 月 30 日。2016 年，完成投资额 2717.73 万元，占投资总额 88.99%。

南宁轨道交通 1 号线一期工程车站机电安装及设备区装修施工 1 标段　合同投资 7830 万元，合同工期 2015 年 5 月—2016 年 3 月。全线开通试运营。

合肥轨道交通 1 号线一、二期工程机电系统（风、水、电、设备区装修）总承包工程　3 站 3 区间。合同投资 7491.275449 万元，合同工期 2015 年 01 月 01 日—2016 年 12 月 31 日。2016 年，完成全部投资 7491 万元。已正式开通运营。

武汉市大汉阳地区现代有轨电车试验线工程　线路长 16.8 千米，设地面车站 23 座（预留车站 1 座）。合同投资 49503.5889 万元，合同工期 2015 年—2016 年。2016 年，完成施投资额 37058 万元，其占投资总额的 66.18%。

昆明轨道交通 3 号线 110 千伏沙沟尾主变电站、110 千伏放马桥主变电站工程主变电站工程　合同工期 2013 年 6 月 1 日—2014 年 2 年 6 日。合同投资 13480.467086 万元。接触轨项目合同工期 2016 年 3 月 15 日—2016 年 12 月 20 日，合同投资 11583.932159 万元。3 号线（东标段）供电项目合同工期 2015 年 12 月 31 日—2016 年 10 月 22 日，合同投资 25272.6105 万元。6 号线路基段改造提升工程合同工期 2016 年 3 月 5 日—2016 年 10 月 31 日，合同投资 1473.159777 万元。6 号线一期工程（大板桥车辆段）合同工期 2016 年 5 月 3 日—2016 年 12 月 31 日。按照建设单位的要求，2016 年 11 月 15 日达到冷热滑条件，已完成。主变电站项目年累计完成施工任务总额 3910 万元。接触轨项目年累完成施工任务总额 6295 万元。供电（东标段）项目年累完成施工任务总额 8460.7614 万元。

南京地铁 4 号线一期工程车站设备安装工程 7 标排水消防及动力照明安装工程和建筑装修工程　合同投资 9131.5303 万元，合同工期 2014 年 8 月—2016 年 6 月。2016 年，完成投资 7659 万元，完成投资额 83.87%。

厦门市轨道交通 1 号线一期工程 35 千伏变电所安装工程 2 标段　线路长 30.23 千米。合同投资 5603.0914万元，合同工期 2016 年 4 月—2017 年 6 月。2016 年，完成投资 2434.7 万元，占投资总额 43.45%。

（李欣欣）

【经营管理】　新签合同额 316.7 亿元，完成股份公司年度计划 121%。其中铁路市场新签合同额 156.15 亿元，路外市场新签合同额 78.89 亿元，海外市场新签合同额 13.66 亿元，“三个市场”均衡有序发展。各区域经营机构和各二级单位充分发挥主体作用，积极投身市场，强化责任，奋发有为，真抓实干，均以骄人的业绩完美收官。

安全生产。开通铁路工程项目 26 项，开通电气化铁路 3747 正线千米；建成投入各类房屋建筑面积25.6 万平方米；开通城轨地铁工程项目 7 项。沪昆、云桂、渝万、汉孝、佛肇等四电系统集成工程、兰渝岷广段等普速铁路项目和郑州、苏州、长沙、南宁等城市的城轨地铁项目顺利开通。狠抓安全质量基础建设,系统推进安全质量升级管理,确保安全质量有序可控,实现安全生产年。获国家优质工程奖4项、省部级5项、铁建杯7项,获全国优秀QC成果12项、省部级16项,获全国优秀质量管理小组1个、省部级5个,获股份公司安全质量标准工地4个。

企业管理。一是全面夯实管理基础;二是按照股份公司的部署,企业"瘦身健体"超额完成任务;三是确保经济效益提升,快报显示,实现营业收入217.2亿元,完成股份公司年度预算的101.02%,同比增长1.59%,实现净利润11.49亿元;四是全面强化资金管控,资金集中度81%,资金创收3.44亿元,内部调剂资金14.32亿元,期末净货币资金存量128.01亿元,同比增长20.94%,经营活动现金流量净额22.98亿元;五是充分发挥招标代理优势,全面推行物资设备集中采购管理,组织集中采购104.1亿元,降低成本9.9亿元,其中招标代理采购75.9亿元,降低成本6.2亿元;采购内部工业产品5.49亿元;六是充分发挥审计监督和法律合规作用,加强内部审计,完成审计项目113个,提出内部审计意见和建议364条。强化法律合规意识,处理外部诉讼案件15件,诉讼标的金额1622万元。

项目管理。通过实施直管、托管、自管项目管理模式,按照责权利相统一原则,健全简洁高效的项目管理体系,使项目管理日趋完善。通过强化经济运行活动分析、风险防范及盈利能力分析,各级管理机构成本意识和创效意识明显提高,成本管控手段稳步提升。通过积极清收保证金,持续推进变更索赔,加快收入确认,清收清欠工作成效明显。清收各类保证金24.22亿元,完成股份公司预算指标的135.23%;签订项目补充合同156个,合同金额24.7亿元;实现变更索赔31亿元,平均索赔比率15.34%。

技术工作。主持修定铁路行业标准2项,承担中国铁路总公司工程建设标准校译5项,参与编制铁路行业标准2项、住建部行业标准1项、江苏省地方标准1项、江苏省地方建设标准1项;获授权专利46项,其中发明专利8项;获国家科学技术进步奖1项,省部级2项,股份公司7项;获中国施工企业协会科技创新成果奖4项,股份公司9项;获省部级优秀工法5项,股份公司11项;3项科技成果通过股份公司评审。1项科研课题获政府科技立项资金220万元。与西南交通大学、电子科技大学、中北大学、西安理工大学、成都瑞尔维轨道公司等校企签订战略合作协议,开展研发合作。 (邹国华)

【科技教育】 科技工作。科技研发立项251项。其中,新立项目111项、续研项目140项。申报并获批石景山区科技计划项目1项,"隧道用无轨电车特种接触网系统研究与应用"获石景山区科技计划项目资金220万元。完成北京市课题结题1项——"中低速磁悬浮C型钢铝复合导电轨研制"。参与申报国家科学技术进步奖1项——"基于耦合动力学的高速铁路接触网/受电弓系统技术创新及应用",获二等奖。获省部级科学技术奖1项,中国施工企业管理协会科技创新成果奖5项。获省部级工法11项。获授权专利50项,其中发明8项、实用新型38项、软件著作权4项。主持修定国家铁路局铁路行业标准2项:《高速铁路电力工程施工质量验收标准》《高速铁路电力牵引供电工程施工质量验收标准》,完成征求意见稿。参与编制的住房和城乡建设部行业标准《城市轨道交通架空接触网技术规范》,完成报批稿。参与编制国家铁路局行业标准2项——《电气化铁路用铜及铜合金绞线》《电气化铁路用铜及铜合金接触线》,完成送审稿。参与编制江苏省地方建设标准DGJ32/TJ198—2015《城市轨道交通接触网系统工程质量验收规范》,由江苏省工程建设标准站组织出版发行。所属12个单位均被认定为高新技术企业。

教育培训。培训职工12536人次。其中,干部5813人次、工人6723人次。 (陈洁 汪文革)

【党群工作】 党的工作。党员3271人,基层党组织258个。下属二级单位党委15个,直属机关党委1个;三级单位党委12个,党总支1个,党支部168个,项目党工委61个。落实党建主体责任,层层压实党建工作责任。集团党委进一步强化"抓好党建是本职、不抓党建是失职、抓不好党建是不称职"的政治责任意识,党委书记自觉履行第一责任人的职责,班子其他成员带头落实"一岗双责",做好分管内的党建工作。各级领导班子通过"双向进入、交叉任职",做到党政交叉任职达到100%。深入开展"两学一做"学习教育。全面启动"两学一做"学习教育工作。各级党委高度重视,加强组织领导,成立协调领导小组和督导组。结合实际创新学习教育形式,学习教育扎实开展稳步推进,取得一定阶段性成果。围绕建党95周年,各级党组织普遍组织开展新党员宣誓、老党员重温入党誓词、党建征文、主题演讲、知识竞赛等活动,将学习教育入脑入心,达到知行合一。突出问题导向,抓好重点任务整改落实。通过开展党员组织关系集中排查专题、党代表和党员违法违纪应处理未处理情况排查、党费收缴工作专项检查、基层党组织按期换届等工作,无失联党员。召开党代会,各二级单位党委圆满完成换届选举工作。加强领导班子建设。坚持以加强领导班子思想政治建设为首要任务，强化党委中心组学习，各级领导班子成员建立党建工作联系点。组织专题研讨76次，班子成员讲党课191次；基层党支部组织学习研讨176次，基层党支部书记讲党课220次。严格规范选人用人，进一步完善选拔任用干部制度和机制。提拔调整35名处级干部，其中提拔26名，调整9名。对11个领导班子进行调整补充，配齐配强子(分)公司领导班子。集团机关提拔4名正处职干部，配齐机关部门正职领导。党组织建设。制定出台《工程项目党组织工作细则(试行)》和《工程项目党组织参与决策及监督工作的若干规定(试行)》，为进一步加强项目党建工作、推动全面从严治党在基层落地提供重要制度保证。各单位按照要求及时充实党建力量。加强基层党组织书记和政工干部培训，举办政工干部培训班11次，培训354人次，提升基层党组织书记和党务干部的业务水平和工作能力。宣传思想工作。党委中心组学习12次，其中邀请专家讲课6次。同时，对二级单位党委中心组学习情况开展督查，并把检查情况在全局通报。开通集团官方“两微”，打通快速、主动发声的通道，在企业重大主题传播和信息发布上发挥积极作用，提高正面宣传时效。在中央级媒体刊稿350余篇，省部级500余篇，编发局报、网站稿件1100余篇。企业文化建设和精神文明创建。大力推广中国铁建主体文化，规范项目文化建设。在加强精神文明创建活动中，有4个工程公司获驻地省级“文明单位”，1个工程公司申报全国“文明单位”。

工会工作。下辖16个子、分公司工会，176个基层工会，会员10952人，专兼职工会干部235人，职工入会率100%。组织民管。召开中国铁建电气化局集团公司工会第一次代表大会，120名代表参政议政，选举产生新一届工会委员会、常务委员会及经费审查委员会委员，并召开两委第一次全体会议，选举产生工会主席、副主席及经费审查委员会主任，圆满完成各项议程。建家建线。下拨135万元建家建线专项资金，帮助各单位及局指项目部改善生活环境和居住条件，设立项目企务公开栏，开展“双亮”工程。2个单位分获股份公司“模范职工之家”“模范职工小家”称号。创新促增效。制定下发《关于开展“汇聚金点子，创新促增效”活动的通知》，建立评选、奖励和转化管理制度；下发《关于印发<创建“劳模(职工)创新工作室”指导意见>的通知》《工作室管理制度》等。挂牌劳模创新工作室21个，征集合理化建议52条，采纳37项，应用21项，技术革新29项，收集生产经验论文36篇，为企业降低成本创造价值约为3215.09万元。劳动竞赛、评先树模。开展劳动竞赛32次，发放奖金482.61万元，1人获铁总“火车头奖章”，2人获股份公司工会劳动竞赛优秀组织者，2人获股份公司“工人先锋号标兵”、2个单位获股份公司“工人先锋号”。扶贫帮困“送温暖”。筹集送温暖资金387.21万元，慰问特困职工57户，重困职工102户，一般困难职工238户，发放困难救济款112.9万元；慰问劳模先进、一线职工、离退休职工2723人，发放慰问救助款198.72万元；进行大病及其他疾病救助78人，发放救助金56.32万元；筹集“金秋助学”款28.56万元，资助困难职工、困难农民工子女80人；各级工会组织开展“夏送清凉”活动，支出慰问金235.21万元。

共青团工作。下辖基层团委14个、团支部146个，团干部250人，其中专职团干部18人，注册团员2713人，35岁以下青年职工6250人。开展青年突击队劳动竞赛活动，创建青年突击队67支。开展第七届“五小”成果评比活动，申报青工“五小”成果79项，评定优秀“五小”成果39项。开展“导师带徒”活动，签约师徒419对。选树青年典型，模范团队引领新风尚，2支青年突击队获北京市2015年度优秀青年突击队，1支青年突击队获2015—2016年度北京市优秀青年突击队标杆，2个项目部分别获“2015年度北京市安全生产示范岗”和“2015—2016年度北京市优质青年工程”称号，2人获2016年度北京市青年岗位能手，1人获“2015—2016年度北京市优秀青年工程指挥”称号；获股份公司2015—2016年度五四红旗团委1个，五四红旗团支部1个，青年文明号2个；优秀共青团员2人，优秀共青团干部2人，青年岗位能手3人。

(李文亮　丁　艺　丁晓毅)

【第一工程有限公司】　具有铁路电务工程专业承包一级、铁路电气化工程专业承包一级、公路交通工程专业承包、通信工程总承包二级、输变电工程专业承包一级、机电设备安装工程专业承包一级资质。经营钢材、建材、五金产品、电气设备、电线、电缆的销售，机械设备、房产经营租赁服务，电力电气化检验检测技术服务，信息系统集成、信息技术咨询、工程建设咨询服务。驻河南省洛阳市白马寺镇18号。前身为1970年初组建的中国人民解放军铁道兵第二通信信号工程营(代号：总字509部队)；2005年，整体划转入中铁建电气化局集团有限公司，改称中铁建电气化局集团第一工程有限公司；2011年，根据中国铁道建筑总公司上市要求改称中国铁建电气化局集团第一工程有限公司。党委书记、董事长李长波，总经理施亚辉。下辖4个分公司(中心)、4个区域经营指挥部、37个项目经理部、1个项目管理中心、1个实验室及工程加工中心、物业中心和卫生所3个附属单位。职工1545人。资产总额173112万元，其中固定资产原值12497万元、净值4341万元，流动资产168346万元。机械运输设备86台(套)，检试验设备72台，仪器仪表146台，技术装备率1.63万元/人，动力装备率10.09千瓦/人，年施工能力30亿元以上，具有承担时速350千米以上电气化铁路的“四电”集成系统施工和运营维护能力。

2016年，承揽任务130630万元，完成总投资234913万元，施工产值202126万元，净利润5768万元，人均创利45035元，全员劳动生产率485696元/人年，职工年人均收入79996元，国有资产保值增值率101.08%，净资产收益率30.37%，产值利润率2.85%，投资回报率12%，资产负债率88.97%，上缴款完成率100%。

(马舟丽)

【第二工程有限公司】 具有铁路电务工程专业承包一级、铁路电气化工程专业承包一级、电子与智能化工程专业承包一级、建筑装修装饰工程专业承包一级、建筑机电安装工程专业承包一级、通信工程施工总承包二级、电力工程施工总承包二级、机电工程施工总承包二级、消防设施工程专业承包二级、公路交通工程(公路机电工程分项)专业承包二级、输变电工程专业承包二级、施工劳务不分等级，电力设施承装(修、试)施工许可证承装类二级、承修类三级、承试类四级资质。驻山西省太原市尖草坪区昌盛西街18号。董事长兼党委书记钟勇，总经理李利军。下辖13个公司(办事处)和39个工程项目部。职工1422人。资产总额184335万元，其中固定资产原值12787万元、净值4304万元，流动资产179575万元。机械运输设备96台(套)，原值9182.6万元、净值2016.9万元，总功率15700千瓦，动力装备11.09千瓦/人，技术装备1.42万元/人。机械设备完好率80%、机械设备利用60%、现场主要机械设备故障率3%。

2016年，承揽任务33项，合同额15.34亿元，完成计划的170.5%，完成企业总产值16.66亿元，实现利润7508万元，国有资产保值增值率134.65%，净资产收益率35.19%，产值利润率4.5%，人均创利59778.35元，全员劳动生产率221990.18元/人年，总资产报酬率3.98%，资产负债率89.86%，职工年人均收入79019元，应上缴款完成率100.32%。

(程　鹏)

【第三工程有限公司】 具有铁路电务工程专业承包一级、铁路电气化工程专业承包一级、输变电工程专业承包一级、通信工程施工总承包三级、消防设施工程专业承包二级、承装(修、试)电力设施许可证二级资质。驻河北省高碑店市兴华北路57号。前身为组建于1967年的中国人民解放军铁道兵第一通信信号工程营；1984年，集体转业并入铁道部后改称铁道部第十八工程局电务工程处；1999年，脱离铁道部改称中铁第十八工程局电务工程处；2001年，公司改制后称中铁十八局集团电务工程有限公司；2005年，整体划转中铁建电气化局集团有限公司。董事长、党委书记张海军，总经理陈宪祖。下辖5个专业分公司和2个专业工程队、5个区域办事处和在建项目28个(含2016年完工项目)。职工1312人。资产总额214532万元，其中固定资产原值12178万元、净值4587万元，流动资产209532万元，其他资产5000万元。机械运输设备252台(套)，设备原值10560万元、净值3876万元，总功率13531千瓦。动力装备率10.31千瓦/人，技术装备率2.95万元/人，设备完好率36.70%，利用率98%，机械化施工程度75%，年施工生产能力50亿元以上。

2016年，承揽任务18.1亿元，总产值306023万元，施工产值302156万元，实现利润总额13983万元，净利润12439万元。人均创利10.67万元。全员劳动生产率22.17万元/人年，职工年人均收入87454元，国有资产保值增率117.96%，净资产收益率56.75%，产值利润率4.57%，投资回报率207.31%，资产负债率88.94%，应上缴款完成率100%。

(刘爱民)

【第四工程有限公司】 具有铁路电务工程专业承包一级、铁路电气化工程专业承包一级、机电设备安装工程专业承包一级、建筑智能化工程专业承包一级、送变电工程专业承包三级、电力设施进网承装、承修类三级及承试类四级资质。驻湖南省长沙市雨花区中意一路728号。2005年，由原中铁二十五局集团电务工程有限公司电气化分公司整体划入中铁建电气化局集团公司；11月，与第一工程有限公司所属第三分公司、第五分公司、攀枝花分公司整合重组，改称现名。董事长、党委书记马金生，总经理谢文艺。下辖通信、信号、接触网、供电4个事业部和重庆分公司。职工928人。资产总额140563万元，其中固定资产4308万元，流动资产136194万元，其他资产61万元。机械运输设备88台(套)，设备原值5646万元、净值979万元，总功率13260千瓦，动力装备率14.14千瓦/人，技术装备率1.05万元/人，设备完好率95%、利用率90%。年施工能力22亿元以上。

2016年，承揽任务341815万元，完成总产值208557万元，其中施工产值208431万元。实现利润5550万元，人均创利59806元。全员劳动生产率224.74万元/人年，职工年人均收入83000元。国有资产保值增值率119.62%，净资产收益率46.07%，资产

负债率90.66%。应上缴款完成率100%。（肖　波）

【第五工程有限公司】 具有通信工程施工总承包二级、机电工程施工总承包三级、铁路电务工程专业承包一级、铁路电气化工程专业承包二级、电子与智能化工程专业承包二级、公路交通工程公路机电工程专业承包二级、输变电工程专业承包二级、建筑机电安装工程专业承包三级及施工劳务资质。驻四川省成都青羊区工业总部基地。2005年12月15日成立，由原中铁二十五局柳州电务工程公司与中铁十五局电务工程公司六分公司重组而成。现任董事长、党委书记卫明博，总经理吕彦伟。下辖5个专业分公司、2个维管段、试验测试中心和信息化中心。主要从事铁路“四电”（电气化、电力、通信、信号）、城市轨道交通、公路机电、变电站、送变电以及新兴能源和铁路房建等工程项目的施工。职工1113人。资产总额137500.27万元，其中固定资产原值15283.22万元、净值8996.64万元，流动资产127302.56万元，其他资产1201.07万元。机械运输设备102台（套），仪器仪表和实验设备101台。现值1954.2万元（原值6232.81万元），总功率9810千瓦，动力装备率9.8千瓦/人，技术装备率2.1万元/人，设备完好率85%，利用率100%。具有承担时速350千米电气化铁路“四电”建设的能力。年综合施工能力30亿元以上。

2016年，承揽任务178145.05万元，完成总产值209066.28万元，实现利润3423.54万元。人均创利2.88万元，全员劳动生产率29.23万元/人年，职工年人均收入91622.14元，国有资产保值增值率124.94%，净资产收益率27.15%，产值利润率1.55%，投资回报率30.02%，资产负债率91.97%，投资收益上缴率100%，应上缴款完成率40.12%。（刘　颖）

【南方公司】 具有铁路电务工程、电气化工程专业承包一级、通信工程施工总承包二级、建筑工程、电力工程、机电工程施工总承包三级、电子与智能化工程专业承包二级、输变电、建筑机电安装、城市及道路照明工程专业承包三级资质。驻湖北省武汉市东湖开发区佳园路17号。前身为中铁十一局集团电务工程有限公司；2009年，由原中铁十一局集团电务工程有限公司主体并入中国铁建电气化局集团有限公司，改称现名。主要从事铁路通信、信号、电力、电气化工程，城市轨道交通通信、信号、供电、接触网、机电设备安装工程的施工，以及公用通信、专用通信、工业与民用建筑等工程施工，年施工生产能力40亿元。董事长、党委书记万靖，总经理王培雄。下辖通信、信号、信控、电力、电气化、接触网、城轨、供电、房建、通电10个专业分公司，中南、西北、恒通3个自揽自干分公司，襄阳管理部和北京办事处。职工1508人。企业资产总值256529.5万元，固定资产原值13662.9万元、净值4860.7万元，流动资产250049.3万元，其他资产1619.5万元。机械运输设备124台（套），原值9270万元、净值2096万元。总功率17491千瓦，动力装备率11.59千瓦/人，技术装备率1.39万元/人，设备完好率98%，利用率95%。

2016年，承揽任务235636万元，完成总产值214117万元。实现利润总额11425万元。职工年人均收入86192元。国有资产保值增值率102.99%、净资产收益率38.4%，总资产报酬率4.9%，产值利润率5.34%。资产负债率89.62%，应上缴款完成率100%。（黄明祥　刘　喆）

【北方公司】 具有铁路电气化、铁路电务、输变电、建筑机电安装工程专业承包一级、电子与智能化、消防设施工程专业承包二级、承装（修、试）电力设施承装类、承试类二级和承修类三级资质。前身中铁十二局集团电气化工程有限公司；2009年，划归电气化局集团管理。驻山西省太原市万柏林区迎泽西大街369号。董事长、党委书记马功民，总经理徐元成。下设电化、通号、建安、变电安装（计量测试中心）、机电安装和新能源6个专业分公司及电化宾馆，派出28个工程项目部以及广州、西安、成都、昆明4个区域经营办事处。职工1413人。资产总额401567.04万元，其中固定资产原值17779.81万元、净值8615.38万元，流动资产392615.62万元，其他资产8951.43万元。机械运输设备177台（套），原值9892.02万元、净值3819.97万元，总功率14582千瓦，动力装备率10.32千瓦/人，技术装备率5.03万元/人，设备完好率95.6%，利用率71.3%。年施工能力50亿元以上，机械化施工程度80%以上。

2016年，新签合同额15.9亿元，营业收入48.07亿元，实现利润总额1.35亿元。人均创利润9.55万元，全员劳动生产率133.33万元/人年，职工年人均收入8.61万元。公司国有资产保值增值率166.90%，净资产收益率59.22%，产值利润率2.81%，投资回报率225.29%，资产负债率93.59%，应上缴款完成率100%。（李海鹏）

【北京京燕饭店有限公司】 驻北京市石景山区石景山路29号。系三星级涉外酒店，占地面积11706.31平方米，建筑面积36000余平方米，客房210间，会议室8间，设有首层会议餐厅，商务餐厅和顶层阳光餐厅。副总经理孙建洁（主持行政工作），党委书记高砚明。职工 182 人。职工年人均收入 62784 元。资产总额 21325 万元,其中固定资产原值 19780 万元、净值 10628 万元,流动资产 2851 万元,其他资产 7846 万元。

2016 年,营业收入 5733.28 万元,净利润 506.43 万元,上缴集团公司货币资金 1121 万元。全员劳动生产率 18.85 万元/人年,国有资产保值增值率 100.55%、净资产收益率 0.55%、产值利润率 3.68%、投资回报率、资产负债率 46.05% （梅籽偲）

【西安电气化制品有限公司】 2007 年,由中国铁建电气化局集团有限公司和西安灞桥电气化电杆厂在陕西西安合资组建并注册。驻陕西省西安灞桥区纺织城。2010 年,公司由中铁建电气化局集团有限公司、陕西省物资产业集团总公司和西安灞桥电气化电杆厂资产重组,集团公司持股比例为 74.375%。2015 年,公司机关搬迁至西安市未央区文景路。公司董事长、党委书记、总经理黄兵。拥有铁路专用线 2 股道总计 2.1 千米、混凝土产品生产线 7 条、钢结构制品厂房 10000 平方米。年产电气化铁路横腹杆式预应力混凝土支柱 70000 根、接触网环形混凝土电杆 50000 根、接触网环形等径预应力混凝土支柱 50000 根,其他水泥制品 150000 件;年产电气化铁路格构式钢柱 12000 根、H 型钢柱 24000 根、硬横跨 900 组。职工 267 人。资产总额 44826 万元。机械运输设备 734 台(套),原值 3013 万元、净值 2008 万元,总功率 9000 千瓦,动力装备率 35.6 千瓦/人,设备完好率 100%,利用率 90%。

2016 年,新签合同额 3.60 亿元,营业收入 2.76 亿元,利润总额 902 万元,净利润 860 万元。全员劳动生产率 103.46 万元/人年,人均创净利润 3.22 万元。职工年人均收入 6.7 万元。负债总额 39319 万元,所有者权益 44826 万元,净资产收益率 16.95 %,总资产报酬率 2.72%,营业利润率 3.23%,营业收入增长率 6.14%,营业利润增长率 -23.67%,资产增长率 5.48%,应上缴款完成率 100%。 （白　雪）

【科技公司】 具有房屋建筑工程施工总承包三级、钢结构专业承包三级、装饰装修工程专业承包二级、中央投资项目招标代理乙级资质。驻河北省高碑店市西大街建国胡同 9 号。前身为中国铁道建筑总公司高碑店材料总厂;2007 年,整体划转入中铁建电气化局集团有限公司,改制后企业更名为现名。董事长、党委书记孙维星,总经理白利军。下辖生产车间、建安分公司、营口分公司和 7 个区域项目部。职工 217 人。资产总额 28319 万元,其中固定资产净值 1854 万元,流动资产 25095 万元,无形资产净值 654 万元。机械运输设备 180 台(套),原值 1346 万元、净值 603 万元,总功率 4542.71 千瓦,动力装备率 20.93 千瓦/人,技术装备率 2.78 万元/人,设备完好率 95.5%,利用率 92%。

2016 年,公司承揽任务 30651 万元,营业收入 26024 万元,利润 1634 万元,职工年人均收入 5.8 万元。资产保值率 102.8%,净资产收益 23.67%,产值利润率 7.54%,资产负债率 74.26%,应上缴款完成率 100%。 （黄婷婷）

【北京中铁建电气化设计研究院】 具有铁道行业乙级和铁道通信信号、电气化专业甲级设计资质、铁路专业和通信信息专业丙级咨询资质。2006 年注册成立。驻北京市石景山区石景山路 29 号京燕饭店 3 层。院长、党委书记阚绍忠。职工 129 人。资产总额 6251.93 万元,其中固定资产原值 266.06 万元、净值 39.55 万元,流动资产 6210.79 万元,其他资产 1.59 万元。

2016 年,承揽任务 32 项,新签合同额 8943.3 万元。完成企业总产值 4242.4 万元,实现利润 242.26 万元,全员劳动生产率 36.26 万元/人年,国有资产保值增值率 102.69%,净资产收益率 14.87%,产值利润率5.71%,投资回报率 24.23%,资产负债率73.6%,应上缴款完成率 100%。 （崔　喆）

【北京城市轨道工程公司】 主要经营范围:城市轨道交通工程的承揽和施工,涉及机电、供电、接触网、信号等专业领域。2012 年,北京城市轨道工程公司注册成立并由城市轨道交通分公司变更为现名称。驻北京市石景山区石景山路 29 号。总经理王俊杰,党委书记郭帆。职工 74 人。

2016 年,新签合同额 13.4 亿元。完成施工总产值 32112 万元,实现利润 817 万元。 （范秀珠）

【轨道交通器材有限公司】 2008 年成立,驻江苏省常州市武进区高速铁路电气化产业园。主要经营范围:设计、制造及销售电气化铁路接触网零部件、城市轨道交通器材,接触网零部件年生产能力 3000 正线千米,H 型钢柱年生产能力 100000 根。党委书记、总经理冯晓河。职工 315 人。资产总额5.99亿元,其中固定资产原值 1.98 亿元、净值 1.17 亿元,流动资产 4.65 亿元,其他资产 0.17 亿元。产值利润率 5.12%,资产负债率 102.82%。机械运输设备 613 台(套),设备额定总功率 8000 千瓦/小时,净值近 4048.80 万元,设备完好率 99.40%,设备利用率 78%。

2016 年,承揽任务 5.43 亿元,职工年人均收入 6.6万元,人均创利 5.6 万元,全员劳动生产率 27.9 万元/人年。 （汤　洪）

【康远新材料有限公司】 铁路运输设备生产企业,准予生产和销售18种铜及铜合金接触线、14种铜及铜合金绞线,欧洲CE认证企业,公司产品可在欧盟市场销售。驻江苏省江阴—靖江工业园区(靖江市人民南路88号)。董事长、党委书记赵德胜,总经理杨玉军。职工188人。资产总额64076万元,其中固定资产净值6676万元,流动资产56502万元,其他资产898万元。机械运输设备原值6700万元、净值4400元。机械运输设备总功率6800千瓦,动力装备率34.04千瓦/人,技术装备率34.04万元/人,年生产能力2万吨、具备电气化铁路5000正线千米供货能力。

2016年,承揽任务65020万元,完成企业总产值51003万元,实现利润2367万元。全员劳动生产率271万元/人年,职工年人均收入8.9万元,资产负债率76.74%,国有资产保值增值率102.97%,净资产收益率16.11%,产值利润率4.65%,应上缴款完成率100%。 (鲁衍任)

【新疆维管公司】 非独立法人分公司,驻新疆乌鲁木齐市。主要担负精伊霍铁路正线286千米和精阿铁路正线78千米的牵引供电、电力及精伊霍线给水设备的运营维护管理,新增精霍牵引电力设备及北阿铁路设备维护工作。下辖精伊霍铁路维管段和奎北铁路维管段。总经理兼党委书记王春林。职工582人。机械运输设备5台(套),设备原值238万元、净值20.4万元,设备完好率100%,利用率100%。资产总额3579.7万元,其中固定资产原值293.1万元,净值77.8万元,流动资产3501.8万元,其他资产77.8万元。

2016年,承揽任务8998万元,完成总产值7996万元,实现利润266万元,人均创利4612元,全员劳动生产率13.74万元/人年,职工年人均收入73605元,净资产收益率5.5%,产值利润率3.32%,资产负债率29.6%,应上缴款完成率110.6%。 (刘海安)

【重要记载】

▲1月4日 在北京召开"三严三实"专题民主生活会。

▲5月 三公司张弥、北方公司陈军获"北京市青年岗位能手"称号。

▲5月 云桂铁路项目部获"北京市青年安全生产示范岗"称号。

▲10月19—20日 集团公司第一次党代会在北京召开。中国铁建股份有限公司党委组织部杨赳、党委组织部组织处刘留出席会议。

▲10月 承建的新建兰渝铁路引入重庆枢纽工程兴隆场编组站获2016—2017年度国家优质工程奖。

▲10月 承建的武咸城际铁路跨武广客运专线特大桥获2016—2017年度国家优质工程奖。

▲10月 一公司承建的乌鲁木齐动车所检查库及边跨工程获2016—2017年度国家优质工程奖。

▲10月 承建的兰新铁路第二双线(新疆段)四电集成LXSD2标段工程获2015—2016年度国家铁路优质工程一等奖。

▲10月 承建的新建西安至宝鸡铁路客运专线四电系统集成XBZH-1标段工程获2015—2016年度国家铁路优质工程二等奖。

▲11月 五公司承建的新建成灌铁路彭州支线站后四电集成工程获四川省优质工程金奖。

▲11月 三公司承建的北京地铁6号线工程通信系统设备安装工程获北京市安装工程优质奖。

▲11月 三公司承建的北京地铁14号线工程通信视频监控系统设备安装工程获北京市安装工程优质奖。

▲11月 二公司神朔项目QC小组"提高万吨带电自动过分相变电改造施工效率"、呼准鄂项目房建工程QC小组"提高岩棉板外墙外保温系统一次验收合格率"、中南通道房建工程专业QC小组"提高墙面装修一次验收合格率"、集团公司北方工程有限公司锚栓基础安装QC小组"提高风力发电机组锚栓基础安装合格率"获全国工程建设优秀QC成果二等奖。

▲11月 四公司长沙磁浮变电专业QC小组"提高直流设备绝缘安装一次合格率";五公司成都地铁4号线供电导线架设QC小组"提高刚性接触网接触线架设过程导电膏涂抹质量";南方公司武汉地铁项目部QC小组"提高地铁机电施工中钢材利用率"获全国工程建设优秀质量管理小组二等奖;北方公司锚栓安装QC小组"提高2.5兆瓦风电基础锚栓安装质量"获电力建设优秀QC成果二等奖。

▲12月 北方公司风力发电机组安装QC小组"提高风力发电机组吊装效率"获全国工程建设优秀QC成果三等奖。

▲12月 四公司港珠澳大桥照明配电专业QC小组"提高照明预留底座定位测量精准度"获全国优秀质量管理小组。 (邹国华)

中国铁建港航局集团有限公司

【简况】 拥有港口与航道工程施工总承包一级、房屋建筑工程施工总承包一级、公路工程施工总承包一级、市政公用工程施工总承包一级、铁路工程施工总承包二级、机电安装工程施工总承包二级、水利水电工程施工总承包三级、电力工程施工总承包三级、地基与基础工程专业承包一级、钢结构工程专业承包一级、桥梁工程专业承包一级、隧道工程专业承包一级、公路路基工程专业承包一级、特种专业工程(限结构补强)专业承包14项施工资质。2011年7月11日成立,驻广东省珠海市前山翠峰街189号。注册资本金14.5亿元。下辖中铁建港航局集团路桥工程有限公司、中铁建港航局集团勘察设计院有限公司、中铁轨道工程研究设计有限公司、中铁建港航局集团钢结构工程有限公司、中铁建港航局集团岩土工程有限公司、中铁建港航局集团第三工程有限公司、中铁建港航局集团工程检测有限公司、中铁建港航局隆昌基础设施投资有限公司、中铁建港航局集团黄冈基础设施投资有限公司、中铁建港航局集团江门基础设施投资有限公司、中铁建港航局集团达州基础设施投资有限公司、中铁建港航局集团山东海洋建设有限公司、南宁市中铁建邕宁水利枢纽投资建设有限公司、中国铁建港航局集团有限公司第一工程分公司、中国铁建港航局集团有限公司第二工程分公司、中国铁建港航局集团有限公司第三工程分公司、中国铁建港航局集团有限公司第四工程分公司、中国铁建港航局集团有限公司总承包分公司、中国铁建港航局集团有限公司船舶工程分公司7家子公司、6家分公司、5家项目公司及1家控股项目公司。职工2435人,其中,干部2220人、工人215人。资产总额9051335763.33元,流动资产4279168579.28元,固定资产净值374584356.34元。机械运输设备858台(套),原值64450.3万元、净值47747.8万元,总功率37230千瓦,动力装备率19.02千瓦/人,技术装备率32.93万元/人,设备完好率94.47%,设备利用率91.62%;机械化施工率100%。

2016年,连续4年获广东省度守合同重信用企业。获珠海市人民政府办公室、珠海市住房和城乡规划建设局、珠海市人居环境办公室联合授予"珠海市人居环境建设突出贡献单位(优秀建筑施工企业)"、交通运输部"交通运输建筑施工企业安全生产标准化一级企业""2015年度中国施工企业管理协会科学技术奖科技创新先进企业"称号。1个项目获2016—2017年度第一批国家优质工程奖金质奖,1人被评为国家优质工程金质奖突出贡献者;2个项目获中国铁建杯优质工程奖;2个小组获全国铁道行业优秀质量管理小组,5个小组获中国铁建股份有限公司优秀质量管理小组。集团公司许四发获由中国建筑协会举办的"全国建筑业先进工作者"称号,2人获中国施工企业管理协会"2015年度优秀项目经理"称号;1人被授予"珠海人居环境建设突出贡献个人",1人获"十二五"全国建筑业"企业优秀总工程师"称号。1人获"科技创新先进个人"称号。1个项目被授予"中国人居环境范例奖优秀试点项目(优秀范例工程)"。

(陈志逸　胡连城　李育华)

【领导人员】

董事会

董事长	许四发
董事	许四发
	张小平
	金国亮
	王永东
	谭世霖

监事会

监事会主席	任保义(3月免)
	徐度斌(3月任)
监事	任保义(3月免)
	徐度斌(3月任)
	程守昌(6月免)
	吴航宇(12月任)
	梁根林

经理层

总经理	张小平
副总经理	金国亮
	王永东
	刘齐辉
	谭世霖
	蹇　宏
	李法胜
总会计师	金国亮(兼)
总工程师	刘齐辉(兼)

党群领导

党委书记	许四发
党委副书记	张小平
	任保义(3月免)
	李世春(6月任)

纪委书记　　任保义(3月免)
　　徐度斌(3月任)
工会主席　　任保义(3月免)
　　李世春(6月任)

(钟参军)

【职工队伍】　职工2435人,其中,干部2220人、工人215人。专业技术干部1786人,占干部总数的73%;女干部258人,占干部总数的12%;专业技术干部中高级技术职务314人,占职工总数的13%,中级专业技术职务451人,占职工总数的19%;高级技师12名,技师22名。初级专业技术职务1021人,占职工总数的42%。大学本科及以上毕业1941人,占职工总数的80%;专科毕业278人,占职工总数的11%;大专以下216人,占总人数的9%。30岁以下1310人,31~40岁569人,41~50岁461人,51岁以上95人。

(钟参军)

【工程施工】　浙江舟山液化天然气(LNG)接收项目及加注站项目一期码头工程1标段　位于舟山本岛。主要工程量:新建1号码头1座415米,引桥1座;新建2号码头1座461米,引桥1座;原海堤加高加固1240米;新建排水口1处。2016年,累计完成投资39631万元,占合同额51488万元的77%。

龙怀38标段　位于怀集县凤岗、汶郎镇,全长10.83千米。主要工程量:路基挖土方427.91万立方米,挖石方83.9万立方米,路基填筑利用土方404.04万立方米,利用石方91.16万立方米;软土路基处理长度为5650米,高液限土路基处理长度140米,岩溶路基处理长度为300米;桥6座1972延长米,桩基356根,圆柱墩89根,薄壁空心墩50根,梁板504片;秧埇隧道1座,左幅长583米,右幅长481米;涵洞38道,其中盖板涵20道,盖板通道18道。2016年,累计完成投资31525万元,占合同额49631万元的63.5%。

南宁航运过坝项目　位于仙葫开发区牛湾半岛。主要工程量:发电厂、四孔闸坝、九孔闸坝、航运过坝工程及防洪排涝专项工程、水土保护工程和环境保护工程,正常蓄水位67米,总库容7.1亿立方米,电站装机容量57.6米瓦,为灯泡贯流式机组,平均发电量2.206亿千瓦时,通航标准为2000吨级。2016年,累计完成投资68076万元,占合同额82774万元的82.2%。

潮漳3标段　位于潮州市饶平县,全长17.69千米。主要工程量:按双向4车道高速公路技术标准设计,设计速度100千米/小时,路基宽度26米。设有军寮隧1座道334延长米,大桥7座2485.1延长米,小桥1座35.6延长米,人行天桥1座,盖板涵44道,圆管涵14道。路基14.84千米,桥梁2520.7延长米,隧道334.5延长米。混凝土约15.9万立方米,钢筋1.3万吨。2016年,累计完成投资42132万元,占合同额51739万元的81.4%。

日照港岚山港区北作业区6号大宗散货泊位工程　位于山东省日照市,顺接30万吨码头一期工程。距岸约1.5千米,南距连云港市60千米,北距日照市38千米,西南距临沂市100千米,水陆交通极为便利。2016年,累计完成投资6953万元,占合同额10300万元的67.5%。

江门市新会区基础设施投资建设一期工程　位于江门市新会区,全长2.4千米。主要工程量:七堡大桥999.98延长米,结构形式为预应力砼小箱梁、空心板连续刚构,柱式墩,薄壁墩;小桥1座10延长米;涵洞3座7.5横延米;平交口1处;软土路基1.3千米。2016年,累计完成投资46136万元,占合同额67097万元的68.8%。

四川达州市金南大桥工程　道路长2050米。主要工程量:金南大道西外段引道869米,标准路幅宽50米;金南大桥606延长米(含桥台宽度),属特大型桥梁,采用双塔斜拉桥型方案,桥梁标准宽度31.5米;金南大道南外段引桥575延长米(含桥台宽度),为引桥工程,采用预应力砼连续箱梁桥梁形式,桥梁标准宽度28.5米。2016年,累计完成投资47096万元,占合同额52316万元的90%。

三亚新机场临空国际旅游商贸区填海工程IV标段　位于海南岛南端三亚市,属于三亚新机场临空旅游产业园项目二期工程。主要工程量:形成陆域面积379.4万平方米,外护岸6723.1米,内护岸长4257.8米,分隔围堰长1460.9米,陆域填方量5719.1万立方米。用海面积49.52万平方米,形成可利用土地面积37.98万平方米。2016年,陆上分部累计完成3600万元,占合同额20305万元的17.7%。水上分部累计完成投资20244万元,占合同额114538万元的17.7%。

双湖路跨鸡啼门特大桥工程　全长1210米。主要工程量:桥梁工程、管线工程、照明工程、绿化景观工程、交通设施、安监设施等。2016年,累计完成投资1271万元,占合同额59109万元的2.2%。

中白商贸物流园工程　位于白俄罗斯首都明斯克近郊,占地面积91.5平方千米,中白两国共同出资建设,中国占股68%,白俄罗斯占股32%。主要工程量:标准仓库3座、能源中心1座、消防泵站1座、市政道路911米,占地194745.87平方米,其中建筑面积522210.71平方米,1号物流仓库17078.48平方米,2、3号仓库均为16968.36平方米。2016年,累计完成投资18790万元,占合同额18790万元的100%。

(杨振虎)

【境外工程】 招商局中白商贸物流园首发区项目 ZB-SG-1 标段 位于白俄罗斯首都明斯克近郊中白工业园内，业主招商局中白商贸物流股份有限公司。合同投资 3.12 亿元，合同工期 394 天，主要工程量：1、2、3 号标准仓库、能源中心 1 座、消防泵站 1 座、门卫室 1 个、集装箱堆场 1 个、经五路 317 米、室外工程及其他相关附属工程，占地 194745.87 平方米，其中建筑面积 52221.07 平方米。开工累计完成投资 2706 万美元。

尼日利亚海军拉各斯阿帕帕港港军船码头重建工程 位于尼日利亚海军拉各斯阿帕帕港军船基地内，业主尼日利亚海军。合同投资 2281 万美元，合同工期 12 个月。主要工程量：拆除原有旧码头 4 座，新建码头 4 座；修建新码头 3 座。码头结构形式均采用高桩梁板式结构。另需拆除原滑道 2 座、重建滑道 2 座。2016 年，累计完成产值 562.56 万美元。

拉各斯轻轨跨海桥沉桩工程 位于拉各斯 Lagoon 湖上，为中土尼日利亚有限公司拉各斯轻轨项目的分包工程。合同投资 315.58 万美元，2016 年 7 月 21 日完工。主要工程量：拉各斯轻轨跨海桥 104-111 号墩，所有桩基及栈桥墩位位置 143 个点的桩位探查；104、105、106 号墩钢平台及第 34-41 跨钢栈桥钢管桩的施打，钢管桩沉桩 178 根 6254 延长米。

拉各斯轻轨跨海桥打捞与桩基施工工程 位于非洲尼日利亚拉各斯市区 Lagoon 湖，是中土尼日利亚有限公司拉各斯轻轨项目的分包项目，业主拉各斯交通管理局。合同投资 1505.88 万美元，合同工期 7 个月。主要工程量：海上 107-112 号墩的钢平台钢栈桥基础钢管桩施打和主墩桩基钢护筒施打；跨海桥108-114 号墩海底障碍物沉船、系船墩、废弃钢管桩及其它海底障碍物打捞。2016 年，累计完成产值折合 262.31 万美元。

A 米 IGO 孟加拉公司工厂及附属配套建筑（Ⅰ期）建设工程 位于孟加拉首都达卡市贾吉普区，业主香港 A 米 IGO 孟加拉有限公司。合同投资 6300 万美元，合同工期 18 个月。主要工程量：T 恤厂房建设，一期工程建筑面积 71793.87 平方米，厂房用地面积约 21 万平方米。开工累计完成投资 80 万美元。

（邵靓杰）

【经营管理】 战略管理。结合股份公司“十三五”战略规划初稿和“四会”精神，继续对“十三五”企业发展战略与规划进行修改和完善，基本完成规划的编制。全面风险管理和内控工作。开展制度内控梳理，新修定的《工程管理办法》中将风险管理作为独立章节纳入办法。开展缺陷整改大检查活动，整改缺陷 22 项，整改完成率 88%。藉由港航资质申特的契机，四季度启动风险管控模块的研发工作，完成风险事件识别的信息化搭建，包括预警、防控、响应、处置、督查等信息的定义、录入、检索功能。

市场经营管理。新签合同额 132.69 亿元，创效索赔增加额 5.22 亿元，完成年度目标 153 亿元的 90.14%。其中，国内项目合同额 126.75 亿元，海外项目合同额 5.94 亿元；工程承包板块合同额 131.63 亿元，勘察设计板块合同额 1.06 亿元；水利工程项目合同额 58.29 亿元，公路桥梁项目合同额 44.21 亿元，市政项目合同额 9.35 亿元，房建项目合同额 19.78 亿元，勘察设计咨询合同额 1.06 亿元。发布各类经营指引文件 41 份，对规范经营行为，重点项目经营、经营重要事项等及时做出监督指导和落实布署，统一思想，统一行动；高度重视信用评价申报工作，进一步完善信用评价管理办法，对信用评价工作做出更加具体的规定，在制定《关于认真做好集团公司 2015 年度信用评价工作有关事项的通知》（港航局函〔2016〕45 号）的基础上，抢抓落实和跟进，多次牵头组织协调和研究。信用评价获得好的结果。水运方面为广东省、安徽省、重庆市水运 AA 级；浙江省、江苏省 A 级；所属勘察设计院获得安徽省水运 AA 级、广东省、江苏省 A 级。公路方面为全国公路评价 AA 级；广东省 AA 级；江苏省 A 级。完成各地、网站等备案、备案延期更新工作 122 个。完成投标资料库的更新工作。

海外经营管理。累计跟踪经营项目 69 项，参与资审、投（议）标 36 项，中标 5 项，中标金额 60275 万元。成功开辟孟加拉和印尼等亚洲市场，并在西非地区水工领域获得辐射经营成效，实现滚动发展。

工程项目管理。组织并完成《工程项目管理办法》修订工作。积极推进《工程项目管理办法》宣贯培训，提升项目管理水平。按照《工程项目管理办法修定实施方案》的要求，工程管理部牵头成立《工程项目管理办法》宣贯培训小组，积极开展集中宣讲培训活动，逐步把工程项目管理办法的精髓贯彻到日常工作中。加强顾客意见收集，建立良好沟通关系，为项目施工创造有利条件。收到业主表扬文件 5 份，顾客投诉文件 8 份，投诉均已复函并按要求进行整改。认真做好分包商过程评价，严格执行黑名单禁入制度。对所属项目的分包商进行 4 次履约评价，为更新集团公司合格分包商名录提供依据，对于不合格的分包商即刻列入“黑名单”。规范项目策划，为项目起好步开好局创造良好条件。严格按照《集团公司项目策划专家管理办法》做好专家库的管理和维护，选取各类专家 34 人，通过大力推进项目专家治理，发挥专家在项目策划中的咨询作用，切实组织、实施好项目策划工作。新开工项目 37 个，其中应由集团公司组织策划的重点项目

8个,所有项目均按照要求进行前期策划,策划覆盖率100%。主动出击,加强对重难点项目的服务和督导。重点项目12个,进行全覆盖的巡视,深入施工现场帮助解决项目存在的各种困难和突出问题,制定措施,督促整改。

财务资金管理。各级财务部门围绕年度工作目标和财务工作要点,不断强化财务基础管理,提高财务保障支持,加快财务转型发展,应对财税体制改革,实现财物价值创造等方面进行积极探索与实践,为企业经济运行和平稳发展做出突出贡献。实现营业收入540156万元,实现利税总额34786万元;资产总额90.51亿元;资产负债率79.48%。资金集中管理。资金中心集中资金3.3亿元,资金集中度达80.03%,资金上存度达50.07%,内部单位模拟注资使用4.02亿元,内部拆借款9.45亿元。获得家银行及财务公司综合授信额124亿元。加大财务公司借款置换外部借款力度,向财务公司融资21亿元,对外融资6.92亿元。达州金南大桥投资项目采用买断式应收账款保理的融资模式,与建信信托公司办理首期3.6亿元应收账款保理买断业务。该模式的成功运作可实现集团公司应收账款出表,有利于降低有息负债和资产负债率,同时保障投资项目建设资金,缓解融资压力。采用固定资产融资租赁方式与中铁建金融租赁有限公司合作船舶融资租赁业务,实现船舶融资租赁业务融资3亿元,该方案已获得中铁建金融租赁公司审批通过。清收清欠管理。完成股份公司下达目标的101.78%,清收清欠应收款项49.79亿元,提前回收隆昌BT项目投资款3.51亿元,江门BT项目投资款2.86亿元,通过不带追索权应收账款保理回收达州BT项目投资款3.56亿元,收回款项59.72亿元。清收清欠管理效果显著,加速资产周转,为资产负债率控制在80%以下起到重要作用。税务管理。开展"营改增"工作后,集团公司获选为主管税务机关"营改增"申报样板企业;持续加大研发费加计扣除工作,减免企业所得税457.87万元,连续3年每年减税额均超过400万元;收到企业所得税奖励返还926万元和省级财政企业研发补助资金208.15万元,税收筹划效果明显。

经济管理。强化"大成本、全过程、责权利相统一"的意识,广泛调研所属单位经济管理现状,总结经验,查找不足,制定《劳务分包商管理办法(试行)》《工程项目成本分析制度》《工程项目变更索赔工作指导意见》《合同管理与索赔专家管理办法》,深入开展分包管理、成本预控、成本测算分析、二次经营、确权清收、项目经济责任考核等各项工作。新签项目经济责任书56份,46个项目进行年度或完工绩效考核兑现,二次经营额5.2亿元,产值计价率89%,计价支付率78%。召开合同成本法务年度工作会议,强力推进经济管理再上新台阶。

审计管理。深入贯彻中央系列全会和国资委以及股份公司工作会议精神,紧密围绕集团公司年度工作目标和重点工作,全力配合国家审计署财务收支审计、股份公司任中经济责任审计和绩效考核结果复核审计。认真抓好国资委审计问题和历次审计问题整改落实,进一步提升审计管理工作水平。一是突出审计重点,促进企业健康发展。二是完善工作机制和审计制度,提升审计管理水平和审计效能。完成审计任务28项,实际完成审计任务37项,出具正式审计报告34份,下发审计通知书37份,编制审计底稿851份,下发审计查询书396份,下发审计问题整改通知36份,提出审计意见272条,被采纳意见249条,挽回经济损失201.58万元。

(陈志逸　王运芳　邵靓杰　杨振虎　李治鸿　叶中荣　吴航宇)

【科技教育】 科技工作。2项科研课题获广东省交通运输厅立项,获资金36万元;2项科研课题获中国铁建股份有限公司立项,获资金50万元。获中国施工企业管理协会科学技术奖科技创新成果二等奖2项;中国铁道建筑总公司科学技术奖一等奖1项,二等奖2项,三等奖1项。获广东省省级工法和公路工程部级工法各1项,中国铁建股份有限公司优秀工法6项;获广东省优秀工程咨询成果一等奖1项,二等奖1项,三等奖2项;水运工程优秀咨询成果三等奖1项;中国铁道建筑总公司优秀咨询成果二等奖1项,勘察设计三等奖1项。"双阀双布袋袖阀管注浆方法"获第十八届中国专利优秀奖;授权专利9项。参编的国家技术标准《沉管法隧道施工与质量验收规范》GB51201—2016正式出版发行。2项科技成果分别经广东省交通运输厅和中国铁建股份有限公司鉴定评审,均达到国际先进水平。集团公司被中国施工企业管理协会评为科技创新先进企业,1人被评为科技创新先进个人。积极开展各类教育培训工作,组织各类培训74次,参培员工2549人次,参培率105%。(李　毅　钟参军)

【党群工作】 领导班子建设。集团公司党委以加强两级领导班子建设为重点,强化理论学习,进一步提高班子履职履责能力,领导班子和领导干部的理论水平和综合素质得到不断提升。开展"两学一做"学习教育。先后召开专题党委会2次,研究部署集团公司"两学一做"学习教育工作。局、处两级领导班子成员亲自讲党课。并在集团公司开展"手抄党章100天"、党章知识竞赛和党章答题等活动;"三严三实"专题教育活动整改落实工作。针对“三严三实”专题教育查摆出来的问题，每季度在OA内网公示整改工作进展情况，接受全体职工监督。党建工作。加强项目党组织建设。建立项目党组织建设情况季报制度，及时了解掌握全局项目党组织动态，对存在的问题进行通报并要求及时整改。在建项目58个，在建项目党员332人，独立建立项目党组织34个，建立片区党组织4个（管理19个项目），现有项目书记、副书记42名（部分项目同时设书记和副书记），其中，专职28名、兼职14名；加强党务干部培训。先后选派4人参加股份公司工程项目党组织书记培训班，扩大项目书记培训覆盖面。8人参加股份公司组工干部培训班。举办“两学一做”学习教育培训班，52名党群工作骨干参加培训；创先争优工作。受股份公司党委表彰3人，党支部1个，1人获中央企业“优秀共产党员”称号。党的组织工作。党员1055人，认真贯彻党员发展十六字要求，推动党员发展工作规范有序。组织21名入党发展对象参加市委党校的培训学习并全部通过考试；开展党组织关系和失联党员集中排查工作。在全局范围内开展党员信息的核对和党员人数的统计排查工作，经反复核对清查5名失联党员，取得联系3人，1人被除名，1人被取消预备党员资格。

宣传工作。一是强化思想引领，不断提升政治理论学习；二是新闻宣传报道更趋多样化、精细化、立体化；三是企业文化建设有序推进，取得实效。充分发挥党委中心组学习的示范带动作用，组织召开党委中心组（扩大）学习会议5次，完成集中学习近50个学时，班子成员参与交流发言10多人次，参与扩大学习人数325人次，公司机关发放学习各类书籍资料650册（套）。开展调研工作，积极完善政研课题成果。下发《贯彻落实集团公司2016年“四会”精神暨形势任务教育的学习宣传提纲》。开展干部职工思想反映调查，组织座谈会21场次，发放调查问卷200余份。多层级开展新闻宣传报道。在中央媒体发稿24篇，中国铁道建筑报刊稿35篇，各地市级报纸和电视媒体发稿9篇。大力推进新媒体影响力。官方微信发稿297篇；官方微博发稿89篇。内部刊物发挥积极作用。编发《铁建港航》杂志4期，收录稿件约350余篇。参加珠海市国际海洋高新技术展参展，发放各类宣传资料500余份，接待参观考察人员上百人次。连续3年获全国“企业文化建设先进单位”称号；“铁建拖01”船队被评为“2016年度企业文化建设先进班组”称号；2人获“2015年度企业文化建设先进个人”称号；《国有建筑企业并购重组中的文化整合问题探索》被评为“2016年度企业文化建设优秀成果”。

党风廉政建设和反腐败工作。深化廉洁宣传教育，“四个意识”进一步增强。集团公司各级党委、纪委以党委中心组学习为抓手，教育引导各级领导干部牢固树立“四个意识”。在“两学一做”学习教育中，两级领导班子成员坚持参加双重组织生活，树立“学”和“做”的榜样。各级党委、纪委狠抓经常性廉政教育，直属机关党委先后5次组织机关党员和员工进行集中学习，观看教育片。把握运用“四种形态”，抓早抓小进一步体现。集团公司两级纪委正确把握运用“四种形态”，严格按照24字方针，对确有违规违纪行为情节轻微尚未达到处分条件的当事人进行提醒谈话或诫勉谈话，累计诫勉谈话33人次，提醒谈话26人次，批评教育23人次。对6家所属单位中层以上干部、关键岗位人员190人进行廉洁从业集体谈话，其中所属单位领导班子成员61人。严肃监督执纪问责，高压态势进一步强化。在监督“三项招标”方面，两级纪委累计参加各类招标监督151次，金额23.88亿元。在监督选人用人方面，两级纪委累计参与监督73人次，累计开展干部任前廉洁从业谈话58人次。在执纪、追责和治腐方面，集团公司纪委重点对2起法律纠纷案件相关责任人、5个亏损项目相关责任人分别进行追责，严肃查处2名副处职领导干部违规违纪案件。两级纪委处置各类问题线索77件，立案10件；给予党纪处分7人次，政纪处分70人次，其中党政纪双重处分6人次；挽回或避免直接经济损失69.1万元，经济退赔204.37万元。协调推进巡视整改，责任担当进一步传递。两级纪委严肃执纪问责，先后给予党纪处分7人、政纪处分63人、诫勉谈话24人、提醒谈话8人，对2个部门和1个项目部分别进行通报批评，对相关单位经济处罚101万元，对相关责任人经济处罚30.95万元。集团公司制定完善制度办法16项，两级纪检监察部门制定完善制度办法59项。派出3个巡视组，发现各类问题384个，其中，移交问题线索16条、向被巡视单位提出巡视整改意见和建议17条、向集团公司党委和集团公司提出管理建议7条。抓住重点盯紧节点，作风建设进一步加强。在“五大节日”前，集团公司纪委及时下发落实八项规定精神、反“四风”方面的通知，发布廉洁提示信息和邮件930条。组织4个专项监督检查组，对部分单位机关食堂、公车管理、公款吃喝送礼等问题进行了专项监督检查。为巩固作风建设成果，编印《落实中央八项规定精神应知必会手册》，并召开学习贯彻股份公司88号文件精神及相关规章制度宣贯视频会。深入推进“三转”工作，自身建设进一步提高。集团公司纪委对现有纪检监察程序性制度绘制流程图，制定、修定制度5项。通过自主培训、参与巡视等方式，加强纪检监察干部素质能力建设。累计派出20人参加股份公司和国资委组织的纪检干部培训班，先后购买发放纪检监察业务书籍近300册。建立下属单位纪委书记后备人选库，对下属单位纪委书记述职述廉年度考评。

工会工作。民主管理工作。召开第一届四次职工代表大会，对集团公司领导班子成员进行民主测评；通过行政工作报告等6项决议；审议通过《工资专项协议》《女职工权益保护专项集体合同》。7家子公司先后召开职代会，履行民主监督职责。评先树模工作。1个集体被授予“全国工人先锋号”称号；1个项目部获中国铁建“工人先锋号”称号；1人获中国铁建“工人先锋号标兵”称号。1人获全国铁路总工会颁发的“火车头奖章”，并评为广东省“敬业奉献好人”。2人分别被广东海事局和广东省海员工会联合授予“优秀海员”和“优秀海嫂”称号。1人获中国铁建股份公司工会“最亲娘家人”称号。建家建线工作。集团公司工会成功举办以“弘扬中华文化，展示港航风采”为主题的唐诗大赛，8支代表队24位选手参加。集团公司获2016年度全国“安康杯”竞赛安全文化宣传活动先进单位。1人获全国职工安全卫生消防应急知识普及竞赛活动个人“三等奖”。参加“珠海市建筑业首届羽毛球赛”获团体第5名。劳动竞赛活动。开展“追求极致、典范引领、创新提质、稳增效益 ”劳动竞赛活动，并在职代会上对劳动竞赛中涌现出的先进集体和个人进行表彰。上报股份公司合理化建议及技术创新8项，创造经济价值约1600万元。扶危助困送温暖工作。开展“两节”期间送温暖活动，通过工会专项拨款、党委及行政联合筹集、三不让筹措资金86.535万元，两级班子领导走访慰问7个下属公司机关、11个一线项目部职工2129人、慰问193户困难职工家庭。续购团体重大疾病保险，作为其他保险的补充，参保3074人，其中，职工家属425人、劳务派遣295人，缴纳保费33.814万元。工会自身建设。项目部工会98个，组建率达100%。申报股份公司“特色工会工作”成果1项。印发《基层工会日常工作管理台账》，为项目工会工作的全面、规范开展提供制度依据。“三不让”承诺落实情况。路桥公司执行“三不让承诺”制度，筹集551241.26元，上年结余1222231.26元；全年支出147535元，慰问困难职工36户，金秋助学19人；累计结余1625937.52元。

共青团工作。下发《共青团工作细则》《团干部直接联系青年制度》。活力建设。以“青年突击队”的创建为抓手，以“改革创新，青年先行”为主题，动员组织好围绕企业中心工作所开展的学习竞赛活动，对于促进企业青工的健康成长和企业自身的发展起到积极推动作用。参加人数249人。以“提质增效，青年担当”为主题的实践活动中，在基层项目成立青年突击队，创新团队5个，创新成果4项，从节约材料成本、工期成本及安全防控成本等方面节支增效。活动29次，436人参与。进一步深化“导师带徒”活动，开展导师带徒活动调研工作，采取网络问卷调查和座谈调研相结合的方式，对活动开展情况进行摸底，掌握基层活动开展情况，为今后有效规范和改进活动，找准方向。2人获评中国铁建“青年岗位能手”；1个团委获评2015—2016年度中国铁建五四红旗团委；1个团支部获评2015—2016年度中国铁建五四红旗团支部；1人获评2015—2016年度中国铁建优秀共青团员；1人获评2015—2016年度中国铁建优秀团干部。

（杨雨萌　周宏威　陈达洪　蔡轶萍　武　斌）

【第一工程分公司】 驻广州市番禺区南村兴南大道118号。总经理谢国强，党委书记、副总经理符冠鹏。职工526人。

2016年，承揽任务21.4亿元；完成总产值155900万元；累计完成经营承揽额度12.004亿元（不含海外项目）。实现利润总额964.42万元；净资产收益率 -6.14%；产值利润率0.62%；资产负债率97.9%；国有资产保值增值率96.14%；职工年人均收入11.86万元。（黄贵浩）

【第二工程分公司】 驻浙江省宁波市鄞州区泰康中路459号。2012年8月注册并营运。总经理、党委副书记熊卫根，党委书记、副总经理陈立。职工187人。资产总额45598万元，负债总额40081万元，所有者权益总额5517万元，资产负债率87.91%。

2016年，中标额12.7673亿元。实现主营业务收入66370万元，营业利润742万元。（刘欣欣）

【第三工程分公司】 驻山东省青岛市，党委书记、总经理李世春（12月免）、于强（12月任）。

2016年，承揽任务6.5亿元，完成施工产值8.46亿元，实现利润1206.56万元，人均创利4.52万元，全员劳动生产率316.85万元/人年，职工年人均收入12.78万元，国有资产保值增值率116.89%，净资产收益率14.45%，产值利润率1.49%。（董　倩）

【第四工程分公司】 驻重庆市江北区港安二路28号冠陆两江汇谷D栋10—11楼。前身原中国铁建港航局集团有限公司西南办事处；2012年10月，合并原中国铁建港航局集团有限公司华中办事处，成立中国铁建港航局集团有限公司第四工程分公司。职工214人。

2016年，完成经营承揽额6.09亿元，完成施工产值6.39亿元，实现营业收入6.05亿元，实现利润总额873万元；人均创利2.26万元，全员劳动生产率165.54万元/人年，职工年人均收入8.06万元；国有资产保值增值率31.98%，净资产收益率6.48%，产值利润率1.45%，资产负债率91.19%。（张　君）

【路桥工程有限公司】 驻广东省广州市番禺区兴南大道118号。执行董事、总经理冯忠，党委书记、副总经理佟永录。职工530人。资产总额200482万元，固定资产3194万元，货币资金存量4677万元。

2016年，完成施工产值12.99亿元。（潘丽媛）

【总承包分公司船舶工程分公司】 2012年9月4日成立，公司注册地广东省珠海市横琴新区。总经理仲维华，党委书记程旭东。职工281人。船舶14艘，原值51800.75万元、净值49423.17万元。

2016年，新签合同额17亿元，完成企业总产值6.25亿元，全员劳动生产率229.58万元/人年。职工年人均收入108834元。（段海波）

【中铁建港航局集团勘察设计院有限公司】 具有水运行业工程设计甲级、工程咨询甲级、工程勘察专业类（岩土工程（勘察）、工程测量）甲级、工程勘察专业类岩土工程（设计、物探测试检测监测）乙级、建筑行业（建筑工程）乙级、测绘乙级、地质灾害危险性评估丙级、地质灾害治理工程勘查丙级、地质灾害治理工程设计丙级、地质灾害治理工程施工丙级等资质证书。驻广东省广州市越秀区沿江中路195号。前身为广东省航道勘测科研所，创建于1984年，属广东省航道局建制管理；1999年，政企脱钩；2001年，改制成立广东省航道勘测设计研究院有限公司；2010年，经广东省铁路建设投资集团有限公司增资扩股，重组成立广东省综合交通勘察设计院有限公司；2012年，成为中国铁建港航局集团有限公司控股子公司，更名为中铁建港航局集团勘察设计院有限公司；2014年，成为中国铁建港航局集团的全资子公司。执行董事、党委书记、院长董琴亮。总资产6762万元。其中，固定资产原值1278万元、净值433万元；流动资产6329万元。

2016年，新签合同额12762万元，完成产值（主营业务收入）8536万元，实现利润总额440万元。人均创利2.89万元，全员劳动生产率22万元/人年，职工年人均收入12.84万元。国有资产保值增值率112%，净资产收益率11%，产值利润率5%，投资回报率11%，资产负债率43%，应上缴款完成率100%。

（谢沐珍）

【重要记载】

▲2月25—27日　集团公司党委一届二十九次全委（扩大）会暨党的建设和反腐倡廉工作会议、一届四次职工代表大会暨2016年工作会议在珠海召开。

▲3月18日　惠州中铁建港航局基础设施投资有限公司成立暨第一次股东会在惠州市博罗县顺利召开，双方股东代表，博罗县政府办、县财政局、县交通运输局相关人员参加会议。

▲5月24日　集团公司获广东省交通运输厅水运工程施工单位信用评价最高等级AA级，勘察设计院获2015年度广东省水运工程设计单位信用评价A级。

▲8月8月　集团公司获评国家工商行政管理总局“2014—2015年度守合同重信用企业”。

▲10月18日　由北京轨道建筑学会主办、集团公司承办的“超大型沉箱施工技术交流会”在山东日照举行。

▲10月25日　集团公司参编的国家技术标准《沉管法隧道施工与质量验收规范》发布，于2017年7月1日起实施。

▲10月　中国铁建港航局官方网站获“2016年度工程建设行业一级优秀网站”，金国亮获“网站建设先进个人”称号。

▲11月17日　股份公司工会主席史道泉在股份公司工会生产综合部部长李睿、生产综合处处长李智伟陪同下到三公司承建的日照岚桥30万吨矿石码头项目部调研工会工作，并慰问项目员工。

▲12月13日　承建的中国海油珠海LNG项目一期工程，获国家优质工程金质奖，张小平被评为国家优质工程金质奖突出贡献者。

▲12月20日　集团公司获珠海市住房和城乡规划建设局企业信用评价最高等级A级。（李育华）

中国铁建房地产集团有限公司

【简况】 专业从事房地产投资与开发业务，具有房地产开发企业一级资质、物业管理一级资质，主要经营房地产开发建设、商品房销售、物业管理，兼营房地产项目策划、信息咨询、技术开发以及相关建筑材料、机械电器设备等业务。驻北京市海淀区复兴路40号中国铁建大厦B座。2007年4月20日，由中国铁建股份公司、中铁十二局集团有限公司、中铁建设集团有限公司和中铁第四勘察设计院集团有限公司共同出资组建中铁房地产开发有限公司;11月28日,变更为中铁房地产集团有限公司;12月26日,获得房地产开发一级资质;2008年7月,股份公司出资受让中铁十二局集团有限公司、中铁建设集团有限公司、中铁第四勘察设计院集团有限公司所持60%的股权,将中铁房地产集团有限公司变为股份公司的全资子公司;2008年8月18日、2011年8月18日股份公司2次以自有资金向集团公司增资,将注册资本金由5亿元增至70亿元。2012年1月6日,正式更名为中国铁建房地产集团有限公司。下辖中铁房地产集团北方有限公司、中铁房地产集团华东有限公司、中铁房地产集团华南有限公司、中铁房地产集团西南有限公司4个区域公司;中铁房地产集团商业地产开发管理有限公司、中铁房地产集团海外地产发展有限公司、中铁房地产集团(北京)物业管理有限公司、中铁房地产集团设计咨询有限公司、中铁房地产集团创新产业投资有限公司、中铁房地产集团北京投资管理有限公司6个专业公司;中铁建南沙投资发展有限公司、中铁房地产集团(贵州)有限公司2个大型项目公司,及49个全资或控股三级子公司,分布在北京、上海、广州、天津、成都、杭州、合肥、南宁、武汉、长沙、贵阳、南京、长春、大连、宁波、徐州、佛山、太原、西安、重庆、嘉兴、苏州和贵安新区23个城市及国家级新区。职工4551人。资产总额1045.94亿元,其中负债总额847.12亿元,净资产198.82亿元。

2016年,新增项目23个,计容建筑规模473万平方米,新签合同额422.3亿元,完成营业收入289.09亿元,实现利润39.41亿元,净利润29.33亿元,全员劳动生产率182.77万元/人年,净资产收益率15.82%,总资产报酬率4.34%,国有资产保值增值率117.42%。销售面积287.86万平方米,土地权益地价311亿元,在2016年度全国房企销售排行榜排名第33位,占股份公司房地产板块总销售金额的78%,带动中国铁建房地产板块销售金额排名全国房企第24位,销售面积排名第23位。 (王重珍　张　苹)

【领导人员】

董事会

董事长	吴仕岩
副董事长	易善健
外部董事	张　杰
	陈方正
	严晓建
	楼　翔
董事	赵红鹰(3月免)
	倪　真(3月任)
职工董事	易善健

监事会

监事会主席	陈建军(12月免)
	石献友(12月任)
监事	洪　梅
职工监事	王　彪(4月免)

经理层

总经理	赵红鹰(3月免)
	倪　真(3月任)
副总经理	梅洪亮
	陈国芳
	吴宏晋
	李兴龙
	杨德昭
	叶政诰(4月任)
	马建军(4月任)
总会计师	杨德昭(兼)

党群领导

党委书记	吴仕岩
党委副书记	赵红鹰(3月免)
	倪　真(3月任)
	陈建军
纪委书记	陈建军(12月免)
	石献友(12月任)
工会主席	陈建军

(郑　恒)

【职工队伍】 职工4551人(含物业公司2351人),比2015年增长26.95%。其中女职工1673人,占员工总数的36.76%;大专以上学历3110人,占员工总数的68.33%;员工平均年龄32.8岁。 (郑　恒)

【董事会工作】 董事会组成。现任董事会为第三届董事会,由7名董事组成。2016年度董事会离任1人,新任1人。召开董事会会议36次,其中,正式会议2次、临时会议34次。审议214个议案,形成决议214项,其中,210项决议为审议通过、4项决议为审议未通过。在形成的董事会决议中,土地经营方面的144项,审议报告7项,人选聘任8项,机构设置21项,股权变更8项,融资担保15项,制度流程方面8项,绩效考核及奖金发放方案2项;开发方案和指标调整方面1项。召开专门委员会会议15次,形成17项决议提请董事会审议。其中,战略与投资委员会召开会议3次、提名委员会召开会议5次、薪酬与考核委员会召开会议4次、审计与风险管理委员会召开会议3次。(孙丽萍)

【经营管理】 企业管理。完成组织体系改革。集团公司全面落实以“4+6+X”为核心的组织体系改革，建立“集团总部、区域(专业、大型项目)公司、项目”三级法人治理架构：将以住宅为主的房地产开发业务整合为北方、华东、华南、西南四大区域公司；围绕专业能力提升和业务模式创新设立商业、海外、物业、设计咨询、创新投资、投资管理六大专业公司；适应股份公司产业系统需要设立南沙、贵州2个大型项目公司；总部机关大力精简，从20个部门精简为12个，从170人精简到113人。建立健全规章制度。对原有249个制度文件进行全面梳理，修订制度90个，废止58个，沿用101个，新制定27个。

成本管理。着力落实提质增效。根据国资委、股份公司提质增效相关要求，制定一系列提质增效工作制度，提出具体要求；组成3个督导工作组，现场督导，重点关注困难项目，针对问题，提出整改要求，确保提质增效工作落到实处。重点监控三项费用。将“三项费用、结算偏差率”等成本指标作为日常成本管控的重点，按月分析、公布，并进行指标评比，加强月度动态监控，促使各子公司找差距，挖潜降耗。三项费用占比由2015年底的16.23%降至2016年底的14.82%。

产品营销。强化库存预警，加大力度推进商业、车位去化及在京项目公寓的销售，销售金额388.06亿元，同比增长38.30%；销售面积287.86万平方米，土地权益地价再创新高，达到311亿元，同比增长92.38%。

财务管理。资金管理。狠抓销售回款，优化融资结构，创新融资模式，资金集中管理。预算管理。预算管理与战略管理紧密结合，将营业收入、净利润、销售额等关键指标细化至具体年份，明确进度计划，通过预算管理引导资源合理配置，促进战略目标实现。税务管理。重点应对税制改革：参加“营改增”座谈、研讨、交流，签约北京尤尼泰税务师事务所，编写营改增手册，下发规范发票管理系列通知，建立税负测算模型，确定“营改增”应对八项原则，确保政策平稳过渡。

审计工作。完成审计项目5个，提交审计报告5份，提出审计建议29条，被采纳29条。其中，竣工项目审计4个、提交审计报告4份、提出审计建议25条、被采纳25条。后续审计1个，提交报告1份，提出审计建议5条，被采纳5条；完成配合审计项目3个，配合国家审计署对中国铁道建筑总公司2015年财务收支情况的审计，配合国资委对中国铁道建筑总公司进行经济责任审计以及对集团公司的延伸审计。完成集团所属30家单位法定代表人离任经济责任审计的审前各项准备工作。

法律事务。重点进行法律纠纷案件管理，切实做好法律纠纷案件前期防范、中期控制、后期救济工作。新发生法律纠纷案件102件，标的总额1973.53万元。其中，起诉(申请)案件72件，涉及金额1309.08万元；应诉(被申请)案件30件，涉及金额664.46万元；已结案件47件，涉及金额729.86万元。未发生标的额在1000万元以上的重大法律纠纷案件。

(高睿娜 王奕 张丹 刘才义 郝宪军 黄炳蔚)

【土地储备】 杭州下沙大学城杭储〔2015〕49号地 2016年1月25日，中铁房地产集团浙江京城投资有限公司联合保利集团以总价6.19亿元(溢价率0.16%)竞得该宗地国有建设用地使用权，股权比例50%∶50%。位于杭州经济技术开发区，用地性质为居住用地，规划面积5.25万平方米，计容建筑面积13.64万平方米。

宁波江北区湾头2地块 2016年4月15日，中铁房地产集团浙江京城投资有限公司以总价22.22亿元(溢价率30%)竞得该地块国有建设用地使用权。位于宁波江北区湾头板块，用地性质为住宅及配套用地，建设用地面积8.14万平方米，计容建筑面积20.34万平方米。

西安大明宫项目地块 2016年5月4日，中铁房地产集团西南有限公司联合陕西逸博置业以底价9.4亿元竞得该地块国有建设用地使用权，股权比例70%∶30%。位于西安市北二环太华立交桥东南角，用地性质为住宅兼容商业，建设用地面积11.22万平方米，计容建筑面积39.19万平方米，其中住宅计容建筑面积25.66万平方米、商业办公公寓计容建筑面积13.09万平方米。

南宁青秀区凤岭北商住用地 2016年5月18日，中铁房地产集团华南有限公司以总价6.66亿元(溢价率130%)竞得该宗地国有建设用地使用权。位于南宁市青秀区，用地性质为商务金融、批发零售、城镇住宅用地，建设用地面积2.66万平方米，计容建筑面积9.3万平方米，其中商务10%~15%，零售商业5%~10%。

太原市万柏林区理工大学旧校区储备地块 2016年5月18日，融创以总价18.706亿元竞得该地块国有建设用地使用权，与中铁房地产集团北方有限公司合作开发，股权比例50%∶50%。位于太原万柏林区长风西板块，项目用地性质为居住、商服，建设用地面积9.84万平方米，计容建筑面积33.08万平方米。

大连市甘井子区础明食材厂地块 2016年5月31日，万科以总价11.54亿元并竞配公租房6120平方米竞得该地块国有建设用地使用权，与中铁房地产集团北方有限公司合作开发，股权比例50%：50%。位于大连甘井子区生态科技创新城内，项目用地性质为居住、商服，建设用地面积14.63万平方米，计容建筑面积24.87万平方米。

南宁江南大道南侧商住用地　2016年6月8日，中铁房地产集团华南有限公司以总价5.18亿元（溢价115%）竞得该宗地国有建设用地使用权。位于南宁市江南区，用地性质为批发零售、城镇住宅用地，建设用地面积3万平方米，计容建筑面积12.01万平方米，其中零售商业5%～10%。

广州南沙自贸区蕉门河东侧商服用地　2016年7月4日，中铁建南沙投资发展有限公司以底价1.98亿元竞得该宗地国有建设用地使用权。位于广州南沙自贸区蕉门河东西两侧，用地性质为商业设施用地、商务设施用地，建设用地面积0.99万平方米，计容建筑面积4.46万平方米，其中商业建筑面积不大于1.34万平方米。

广州南沙自贸区蕉门河西侧商服用地　2016年7月4日，中铁建南沙投资发展有限公司以底价2.59亿元竞得该宗地国有建设用地使用权。位于广州南沙自贸区蕉门河东西两侧，用地性质为商业服务业设施用地、公园绿地，建设用地面积2万平方米，计容建筑面积4.73万平方米。

长春市经开区洋浦大街居住用地　2016年7月15日，中国铁建房地产集团有限公司以总价8.11亿元（溢价率104%）竞得该宗地国有建设用地使用权。位于长春市经济技术开发区，用地性质为居住商服用地，建设用地面积6.6万平方米，计容建筑面积17.83万平方米。

贵州省贵安新区综合体二项目A地块　2016年7月20日，中铁建房地产集团（贵安）有限公司以起始价1.68亿元竞得该地块国有建设用地使用权。位于贵州省贵安新区核心区，用地性质为住宅兼容商业用地（商业<50%），建设用地面积9.89万平方米，计容建筑面积24.73万平方米。

贵州省贵安新区综合体二项目B地块　2016年7月20日，中铁建房地产集团（贵安）有限公司以起始价1.56亿元竞得该地块国有建设用地使用权。位于贵州省贵安新区核心区，用地性质为居住用地，建设用地面积11.48万平方米，计容建筑面积22.96万平方米。

重庆市江北区寸滩宗地2地块　2016年8月30日，中铁房地产集团西南有限公司以40.8亿元竞得该地块国有建设用地使用权。位于重庆市江北区寸滩片区，用地性质为居住、商业商务用地，建设用地面积17.51万平方米，计容建筑面积68.97万平方米，其中住宅用地面积14.01万平方米，计容建筑面积55.18万平方米；商业用地面积3.50万平方米，计容建筑面积13.79万平方米。

嘉兴市2016南－9号地块　2016年9月18日，中铁房地产集团华东有限公司以总价11.25亿元（溢价率133%）竞得该地块国有建设用地使用权。位于嘉兴市南湖区新兴街道，用地性质为二类居住用地，建设用地面积5.6万平方米，计容建筑面积11.2万平方米。

南宁西乡塘安吉北地块　2016年9月23日，中铁房地产集团华南有限公司以总价8.53亿元（溢价134%）竞得该地块国有建设用地使用权。位于南宁市西乡塘区安吉北片区，用地性质城镇住宅用地，建设用地面积5.63万平方米，计容建筑面积16.89万平方米。

重庆巴南区先锋村38亩地块　2016年11月15日，中铁房地产集团西南有限公司以起始地价7563万元竞得该地块国有建设用地使用权。位于重庆市巴南区花溪街道先锋村、李家沱街道西流沱地区，用地性质为居住、商业用地，建设用地面积2.52万平方米，计容建面3.78万平方米，其中住宅用地面积2.01万平方米，计容建筑面积3.02万平方米；商业用地面积0.51万平方米，计容建筑面积0.76万平方米。

大连甘井子区由家村商住B地块　2016年11月18日，中铁房地产集团北方有限公司以底价3.06亿元竞得该地块国有建设用地使用权。位于大连市甘井子区，用地性质为居住商服用地，建设用地面积6.22万平方米，总建筑面积17.48万平方米，其中住宅11.36万平方米，配套及商业1.05万平方米，地下车库约5.02万平方米。

天津西青区南站杨伍庄南侧居住用地　2016年10月14日，万科以总价74.5亿元竞得该宗地国有建设用地使用权。中铁房地产集团北方有限公司参股33%，平安参股33%，万科参股34%合作开发。位于天津西青区南站商务区，用地性质为居住、科教，建设用地面积16.77万平方米，计容建筑面积32.92万平方米。

北京大兴黄村兴华大街居住教育用地　2016年12月1日，中铁房地产集团北方有限公司以总价36.75亿元（溢价率48.2%）竞得该宗地使用权。位于北京大兴新城东片区0202街区，兴华大街和清源路西南角。用地性质为居住教育用地，建设用地面积5.2万平方米，计容建筑面积13.53万平方米，其中居住13.12万平方米，幼儿园0.41万平方米。

苏州工业园区万寿街4号地（苏园〔2016〕第04号）　2016年12月20日，中铁房地产集团华东有限公司以总价 76.67 亿元（溢价率 53%）竞得该宗地国有建设用地使用权。位于苏州工业园区科教创新区，用地性质为居住用地，用地面积 17.26 万平方米，计容建筑面积 27.62 万平方米。

成都市双流区华府大道地块 1　2016 年 12 月 29 日，中铁房地产集团西南有限公司与深圳安创联合体以总价 14.03 亿元（溢价率 174%）竞得该地块国有建设用地使用权，股权比例 50%∶50%。位于天府新区双流片区华府板块，紧邻天府新城。用地性质为住宅兼容商业（兼容比例≤10%），建设用地面积 5.25 万平方米，计容建筑面积 15.76 万平方米。

成都市双流区华府大道地块　2016 年 12 月 29 日，中铁房地产集团西南有限公司与深圳安创联合体以总价 18.14 亿元（溢价率 175%）竞得该地块国有建设用地使用权，股权比例 50%∶50%。位于天府新区双流片区华府板块，紧邻天府新城。用地性质为住宅兼容商业（兼容比例≤10%），建设用地面积 6.75 万平方米，计容建筑面积 20.26 万平方米。

成都市双流区华府大道地块　2016 年 12 月 29 日，中铁房地产集团西南有限公司与深圳安创联合体以总价 21.05 亿元（溢价率 175%）竞得该地块国有建设用地使用权，股权比例 50%∶50%。位于天府新区双流片区华府板块，紧邻天府新城。用地性质为住宅兼容商业（兼容比例≤10%），建设用地面积 7.84 万平方米，计容建筑面积 23.52 万平方米。

（李　娜　郝　轩　吴京彪　刘学军　郭珍洁　劳开拓　李柏涛　王　静）

【工程施工】　北京中国铁建·原香漫谷（清盘）　由中铁嘉业（北京）投资有限公司开发，位于北京房山城关镇。宗地面积 24.47 万平方米，总建筑面积 43 万平方米，可售面积 34 万平方米。产品形式为住宅、公建。项目分四期开发；一期、二期、三期于 2015 年 12 月之前完成竣工备案、入伙交付；四期工程于 2016 年 12 月完成竣工备案、入伙交付。

北京中国铁建·国际城（花语城、乐想汇、铁建广场）　由北京第六大洲房地产开发有限公司开发，位于北京市朝阳区来广营乡。宗地面积 19.6 万平方米，总建筑面积 81.4 万平方米，可售面积 61 万平方米，产品形式以高层普通住宅、花园洋房为主，配套 33 万平方米商业办公。项目于 2009 年 11 月开工，分四期开发；一期、二期、三期竣工交付；四期 1—10 地块（一期）一、二组团 2014 年 12 月已竣工交付，1—10 地块（二期）年度指标 2016 年 12 月 30 日竣工备案，调整为 2017 年 8 月 30 日完成竣工备案工作。

北京兴盛嘉苑（大兴项目）　由北京金郡兴盛置业有限公司开发，位于北京市大兴区旧宫镇。宗地面积 11.1 万平方米，总建筑面积 33.8430 万平方米，项目总体分为 40、43、41、42 四个地块，40 地块为回迁安置房，建筑面积 201859 平方米，43 地块为保障房和商品房，建筑面积约 132610 平方米，41 地块为配套幼儿园，建筑面积 3961 平方米，42 地块为代征绿地。2014 年 6 月 4 日开工，同期建设，于 2016 年 12 月完成竣工备案（商品房除外）；2016 年 12 月完成入伙交付（商品房除外）。

北京通瑞嘉苑（通州项目）　由北京通瑞兴盛置业有限公司开发，位于北京市通州区潞苑东路，宗地面积 17.95 万平方米，总建筑面积 51 万平方米，产品形式以高层普通住宅为主。项目 2014 年 12 月 15 日开工，总体全部开发，全盘于 2016 年 12 月完成竣工备案、入伙交付。

北京中国铁建·山语城（清盘）　由中铁房地产集团北京丰昊置业有限公司，位于北京丰台区。宗地面积 35 万平方米，总建筑面积 32.6 万平方米，可售面积 26.9 万平方米，普通住宅 25 万平方米、定向安置房 5.8 万平方米、商业 1.26 万平方米、幼儿园 0.26 万平方米。项目分 2 期开发；一期工程 2012 年完成竣工备案，2013 年完成上房；二期工程 2013 年 7 月开工，2016 年完成上房。

北京中国铁建·青秀尚城　由中铁房地产集团北京金达世纪房地产开发有限公司开发，位于北京昌平区南邵镇。宗地面积 9.53 万平方米，总建筑面积 23.15万平方米，可售面积 17.5 万平米，项目建设内容包括商品住宅、回迁房、公租房及公建。项目分为 4 个标段；1、2、3 标段 2015 年竣工交付，4 标段 2016 年 12 月完成竣工备案、入伙交付。

北京中国铁建·环保嘉苑　由中铁房地产集团北京海丰置业有限公司开发，宗地总用地面积 8.12 万平方米，总建筑面积 14.21 万平方米，一期以自住型商品房为主，2014 年 12 月份取得施工许可证，2015 年 12 月 25 日交付完成，二期以公建为主，处于方案报批阶段。

北京中国铁建·顺新嘉苑/顺鑫汇　由中铁房地产集团北京浩达置业有限公司开发，位于北京顺义林河开发区。宗地面积 4.85 万平方米，项目总建筑面积 13.22 万平方米，其中地上总建筑面积 9.7 万平方米，地下总建筑面积 3.52 万平方米，产品形式为限价房 11600 平方米、自住商品房 27197 平方米、办公楼 50993 平方米，商业 5973 平方米、邮电局 3000 平方米，项目整体性一次开发，完成竣工备案。

北京中国铁建·原香嘉苑　由中铁嘉业（北京）投资有限公司开发，位于北京房山城关镇。宗地面积

7.8万平方米，总建筑面积23万平方米，可售面积20万平方米。产品形式为自住型商品房、商业办公。S6－S7号楼Loft公寓（已竣工备案）计划2017年10月31日上房。S1－S5号楼Loft公寓计划2017年7月30日竣工、2017年12月28日上房。

长沙中国铁建·山语城　由中铁房地产集团长沙置业有限公司开发，位于湖南省长沙市开福区秀峰路69号。宗地面积36.67万平方米，总建筑面积88.3万平方米，可售面积72.5万平方米。产品形式为住宅、公建。项目分3期开发：一期2011年11月完成竣工备案；二期2012年12月完成竣工备案；三期一组团2013年10月取得施工许可手续，交验入伙；三期三组团计划2017年2月20日取得施工许可证；三期三组团计划2017年6月25日取得预售证；三期二组团计划2017年11月1日取得竣工备案表；三期二组团计划2017年12月30日交验入伙。

长沙中国铁建·国际城　由湖南中盛嘉业房地产开发有限公司开发，位于湖南省长沙经济技术开发区。项目分二期开发，集国际商业街区、休闲街区、医疗保健、学校、住宅于一体，总建筑面积约67万平方米，可售面积59万平方米。一期工程一、二组团分别于2011年9月底和2012年4月底完成交房；二期工程二组团二标段计划2017年3月15日取得竣工备案表，二期二组团一标段计划2017年9月7日取得竣工备案表；二期工程二组团二标段计划2017年4月30日、二期二组团一标段计划2017年11月30日完成交验入伙。

长沙中国铁建·梅溪青秀　由中铁房地产集团长沙置业有限公司开发，位于湖南省长沙市大河西先导区。宗地面积15.82万平方米，总建筑面积72万平方米，可售面积58.3万平方米。产品形式为住宅、公建。项目分3期开发：一期2013年完成交验入伙；三期一组团计划2017年7月30日取得施工许可证、2017年11月30日取得预售证；二期二组团4号栋计划2017年3月25日取得预售证；二期一组团计划2017年12月25日取得竣工备案表、2017年12月31日交验入伙。

贵阳中国铁建·国际城　由中铁地产（贵州）开发有限公司开发，位于贵州省贵阳市南明区太慈桥小车河畔。宗地面积93.33万平方米，总建筑面积225万平方米，可售面积169万平方米。产品形式为住宅，以高层住宅为主，周边有商业配套、中学、小学及幼儿园。项目分6期开发，于2007年开工。国际城一期、二期、三期、四期D小学、H4组团、H3组团均竣工交付；D1、D2组团2016年12月30日完成竣工备案；I、J组团计划2017年10月取施工许可证；A组团计划2017年11月取得施工许可证；G组团计划2017年12月30日竣工备案及交付入伙。

长春中国铁建·国际花园　由长春中铁房地产开发有限公司开发，位于吉林省长春市汽车产业开发区。宗地面积27.47万平方米，总建筑面积54.1万平方米，可售面积46万平方米。产品形式以多层电梯住宅、高层普通住宅为主，周边有商业配套、幼儿园。项目2008年9月开工，分4期开发。一期16.8万平方米2010年交付，二期15.3万平方米小高层2012年底交付，三期12.19万平方米2015年底交付，四期2016年完成竣工备案、入伙交付。

成都中国铁建·西派国际　由中铁房地产四川有限公司开发，位于四川省成都市高新区。宗地面积10.13万平方米，总建筑面积：30.7万平方米，可售面积24万平方米，产品形式为32万平方米的高端精装修住宅、1.2万平方米的商业。项目2011年3月开工，分3期开发；一期、二期交验入伙。三期2016年完成竣工交付。

成都中国铁建·北湖国际城　由中铁房地产集团四川有限公司开发，位于四川省成都市成华区。宗地面积10万平方米，总建筑面积48.8万平方米，产品形态为43.3万平方米普通住宅，5.5万平方米的商业。项目2013年10月开工，分3期开发，一期18.3万平方米，二期25万平方米，三期5.5万平方米，计划2018年6月全部竣工交付。一期交验入伙，二期计划2017年1月25日取得施工许可证。

成都中国铁建·西派澜岸　由成都中铁建投资有限公司开发，位于四川省成都市高新区大源片区。宗地面积9.47万平方米，总建筑面积39万平方米，可售面积27万平方米，产品形式为7.5万平方米的跃层式花园洋房、18.2万平方米的高端精装修住宅、1.5万平方米的商业。项目2014年4月开工，分3期开发。一期2016年11月完成竣工入伙。

成都铁建广场　由成都中铁龙泰房地产开发有限公司开发，位于四川省成都市成华区。宗地面积3.2万平方米，总建筑面积23万平方米，可售面积约17万平方米。产品形态为写字楼、酒店、公寓、中小企业办公、集中商业（6.1万平方米）。项目2015年4月开工，整体一次性开发。计划2017年9月30日竣工交付。

南宁中国铁建·江湾山语城　由中铁房地产集团广西江湾置业有限公司开发，位于广西壮族自治区南宁市邕宁区。宗地面积14.13万平方米，总建筑面积51.2万平方米，可售面积35.3万平方米，产品形式以高层、洋房普通住宅为主，配套商业，有农贸市场、幼儿园。项目分3期开发，一期工程2015年8月交付；二期2016年取得竣工备案。

合肥中国铁建·国际城　由中铁房地产集团合肥置业有限公司开发,位于安徽省合肥市庐阳区。宗地面积55.87万平方米,总建筑面积164万平方米,可售面积138万平方米,产品形式以高层普通住宅为主,有少量别墅,配套商业,有星级酒店、中学、小学、幼儿园。项目2009年5月开工,分3期开发,一期旭园2010年10月交付、广园2011年12月交付、瑞园2011年5月交付,二期德园2012年11月交付、和畅园2013年10月交付、桂园2013年11月交付;三期品园2016年完成竣工交付。

合肥中国铁建·青秀城　由中铁房地产集团合肥蜀山置业有限公司开发,位于安徽省合肥市蜀山区。宗地面积16.53万平方米,总建筑面积59.25万平方米,可售面积46.73万平方米,产品形式以高层普通住宅为主,商业为辅,还有有少量办公,配套商业和幼儿园。项目2013年8月29日通过拍卖获得,分4期开发,一期(C地块)、二期(A地块南侧)、三期(A地块北侧)、四期(B地块);一期2016年12月完成竣工备案、交验入伙;二期计划2017年底竣工交付。

杭州中国铁建·国际城　由中铁房地产集团浙江京城投资有限公司开发,位于浙江省杭州市拱墅区石祥路。项目分3期开发,一期住宅项目,二期、三期商业项目,总建筑面积36.5万平方米。一期住宅项目2013年12月底交付;二期2014年底竣工交付。三期计划2017年6月30日取得施工许可证。

杭州中国铁建·国际花园(清盘)　由中铁房地产集团杭州京发置业有限公司开发,位于浙江省杭州市江干区。项目由8栋16层住宅组成,总建筑面积约7万平方米,竣工交付。

杭州中国铁建·江南国际城　由中铁房地产集团杭州京兆置业有限公司开发,位于浙江省杭州萧山新城板块西单元,比邻滨江区。项目分3期开发,由15栋25层、28、33层住宅组成,幼儿园1栋,总建筑面积33万平方米,计划2017年12月底完成竣工交付。

广州中国铁建·增城国际花园　由中铁房地产集团广州有限公司全资子公司广州增城中铁房地产置业有限公司开发,位于广东省广州市增城区。宗地面积6.93万平方米,总建筑面积23.3万平方米,可售面积15.8万平方米。产品形式以高层精装修住宅为主。项目2014年9月开工,计划2017年12月30日完成竣工备案。

广州中国铁建·佛山国际公馆　由中铁房地产集团广州有限公司全资子公司佛山中铁房地产置业有限公司开发,位于广东省佛山市南海区广东国际金融高新区,属广佛同城的核心区域。宗地面积5.93万平方米,总建筑面积23.3万平方米,可售面积20.8万平方米。项目分2期开发,一期2014年5月开工,2016年底完成竣工交付;二期2015年10月开工,计划2017年底完成竣工备案。

天津中国铁建·国际城　由中铁房地产集团(天津)置业有限公司开发,位于天津市河北区金钟河大街北侧中环线与外环线之间。宗地25.2万平方米,总建筑面积115万平方米,地上总建筑面积86.78万平方米,其中商业31.76万平方米,住宅55.02万平方米,可售面积84.1万平方米。产品形式为高层住宅、多层洋房、公寓、写字楼、商业、城市综合体。项目分3期开发,一期工程1C地块2011年7月开工,2013年10月交付使用;二期工程2015年底完成竣工交付。三期工程1A、1B组团计划2017年12月取得竣工备案、交验入伙;四期工程3C、5B组团计划2017年10月取得施工许可证。

宁波中国铁建·山语城　由中铁房地产集团浙江京城投资有限公司开发,位于浙江省宁波市象山县大目湾新城,项目宗地面积13.27万平方米,总建筑面积22.16万平方米,可售面积15.16万平方米。开发定位以住宅为主,8万平方米商业。项目分2期开发,一期2014年底竣工交付。二期计划2017年6月30日取得施工许可证。

武汉中国铁建·国际城　由中铁房地产集团武汉有限公司开发,宗地面积16.16万平方米,总建筑面积47.23万平方米,可售面积39万平方米,产品形式为38.14万平方米的住宅、0.7万平方米的商业。项目分3期开发,2016年12月完成竣工备案、入伙交付。

武汉中国铁建·国际花园　由中铁房地产集团武汉有限公司开发,宗地面积3.29万平方米,总建筑面积15.65万平方米,可售面积12.49万平米(含0.63万平方米公租房),产品形式为12.492万平方米的住宅、0.3万平方米的商业。项目2016年12月底完成竣工备案,毛坯交房部分2016年12月完成入伙交付,精装交房部分计划于2017年下半年交付。

上海中国铁建·青秀城(2号地块)　由中铁房地产集团上海置业有限公司开发,位于上海市宝山区顾村镇。2013年3月29日取得,宗地面积7.33万平方米,总建筑面积14.6万平方米,可售面积11万平方米。产品形式以花园洋房、高层普通住宅为主,加配套商业。项目分2个标段开发,2016年12月完成竣工备案、入伙交付。

南京中国铁建·青秀城　由中铁房地产集团江苏置业有限公司开发,位于江苏省南京市栖霞区。宗地面积11万平方米,总建筑面积43万平方米,可售面积32万平方米。产品形式以小高层、普通高层住宅为主,周边有商业配套。项目2014年9月开工,分3期开发。一期20万平方米2016年9月交付,二期16万平方米计划2017年12月份交付。

大连中国铁建·青秀蓝湾　由中铁建(大连)置业有限公司开发,位于辽宁省大连市梭鱼湾商务区。宗地面积12万平方米,总建筑面积32万平方米,可售面积26万平方米。产品形式以多层、小高层、普通高层住宅为主,周边有商业配套。项目2013年12月开工,分2期开发。一期23万平方米2015年底交付;二期工程B1区2016年12月完成竣工备案、入伙交付。

贵阳·兰草坝项目(暂定名)　由中铁地产(贵州)开发有限公司开发,位于贵州省贵阳市南明区甲秀南路兰草坝。宗地面积约126.8万平方米,建设用地面积81.93万平方米。2013年4月,兰草坝被列入2013年贵阳市棚户区改造项目。项目处于前期阶段。

成都·武侯簇桥项目(6号地块)　由成都中铁业兴房地产开发有限公司开发,位于四川省成都市武侯区簇桥铁佛村。宗地面积10.33万平方米,建设用地面积41.26万平方米。规划分2期开发,项目一、二期在建。

成都·武侯簇桥项目(7号地块)　由成都欣然置业有限公司开发,位于四川省成都市武侯区簇桥铁佛村。宗地面积11万平方米,建设用地面积44.79万平方米。项目规划分2期开发,一期在建,二期处在前期阶段。

成都·成华区北湖B地块　由中铁房地产集团西南有限公司开发,位于四川省成都市成华区北湖。宗地面积9.1万平方米,建设用地面积47.45万平方米。规划分2期开发,产品形态为高层住宅与商业。一期开盘销售,计划于2018年10月上房交付。

南沙·总部基地(中国铁建环球中心)　由广州南沙中铁实业发展有限公司开发,位于广东省广州市南沙区自贸区。宗地面积7.93万平方米,总建筑面积30.04万平方米,可售面积28.37万平方米(其中3.56万平方米需自持5年后方可销售),产品形式包括公寓(平层及Loft)、写字楼、商业、商务酒店。项目分3批开发,一批(地块2及地块3)、二批(地块4)、三批(地块1);一批计划2017年12月31日竣工备案、2018年3月31日交验入伙;二批计划2017年11月取得施工许可证。

长春中国铁建·花语城　由长春中铁房地产开发有限公司开发,位于长春市高新经济技术开发区。规划用地面积4.43万平方米,总建筑面积9.59万平方米,产品形式以高层住宅为主、商业为辅。项目计划2017年4月20日取得施工许可证。　(张　斌)

【党群工作】　党的工作。党委13个,党支部46个,党员405人,发展新党员16人。党员干部队伍建设。高度重视学习教育,着力提升党员干部政治素养。一是扎实推进"两学一做"学习教育,二是深入贯彻落实十八届六中全会会议精神,三是从严从实,抓好集团公司党委中心组学习。在学习教育、贯彻落实过程中,始终坚持:学习对象"不掉队",全员参与、全员覆盖;学习内容"不留白",统筹兼顾、全面系统;学习环节"不跳跃",集中辅导、个人自学、专题研讨,有序推进;学习效果"不含糊",做到入脑入心,学思践悟,学做结合。基层组织建设。结合公司组织体系改革,有4家区域公司、4家专业公司和2个大型项目公司成立党委、纪委,设置党群工作部,基层党组织体系与公司行政组织同步建设完备。宣传和企业文化建设。在股份公司微信头条刊稿3篇,股份公司网站刊稿7篇,《政工情况》刊稿13篇,《中国铁道建筑报》刊稿70篇,被新华社客户端转载15篇,在《北京晨报》及其微信公众号刊发企业领导专访1篇。集团公司官方微信累计阅读总数超157万,累计点赞数超3万,粉丝4万,头条阅读量超1万,单篇平均阅读量0.8万。开展"道德讲堂""舍小家顾大家、敬业奉献"先进典型选树活动,充分利用内外网、官方微信进行大规模宣传,弘扬敬业奉献精神,凝聚公司职工干事创业正能量。纪检监察工作。纪委结合时政,通过专家培训、专题辅导、支部讨论、党课学习等多种途径和方式,提醒广大党员明底线、知敬畏、守规矩。在公司微信公众平台、办公系统首页、办公楼多媒体平台动态展播,定时推送相关规定及案例,引导广大党员干部以案为镜。组织党风廉政建设学习77次;开展党风廉政建设宣讲59场,2563人次受到教育。

工会工作。工会组织。应建二级工会组织14个,其中11家工会履行完民主选举程序,投资管理公司等3家单位因人员不足等原因尚未完成工会组织组建。召开二届三次职代会,审议通过年度行政工作报告、财务工作报告和业务招待费使用情况报告;征集提案72条、代表团意见39项;民主评议领导班子,增强员工的民主参与意识。组织开展"销售劳动竞赛"和"促进度、保上房"工程管理2项劳动竞赛活动,获奖单位8家、先进个人70人次。开展"送温暖""我爱地产""走进铁建地产夏令营""健步走"等活动;利用春节、"三八""五一""十一"等节日,组织开展排球、趣味运动、时装表演等健康向上的文化娱乐活动。同时,"培育好家风——中国铁建女职工在行动"系列活动的开展,在全体女工中营造出注重家庭、注重家教、注重家风的良好氛围。　(方　研　陆媛媛)

【中铁房地产集团北方有限公司】　房地产开发二级

资质企业。2016 年 4 月 27 日，由中铁房地产集团北京正达置业有限公司正式更名成立。注册资本 20 亿元。驻北京市房山区良乡长虹西路翠柳东街 1 号 – 3406。执行董事、党委副书记梅洪亮，总经理代春利，党委书记钟金东。下辖 1 个城市事业部，1 个直属项目部、11 家下属项目公司、4 个京外筹备组。职工 336 人。资产总额 146.9 亿元，其中流动资产 145 亿元，固定资产原值 2011.36 万元、净值 408.84 万元，投资性房地产 5711.25 万元。

2016 年，在售项目 10 个，完成企业总产值 54.68 亿元，实现净利润 6.38 亿元，全员劳动生产率 402.66 万元/人年；国有资产保值增值率 150.32%，净资产收益率 30.63%，产值利润率 10.86%，资产负债率 81.69%。（温 婕 姜树人 孙 浩）

【中铁房地产集团华东有限公司】 房地产开发暂定资质企业。2016 年 1 月 18 日，中铁房地产集团长三角区域公司筹备组成立；2016 年 4 月 14 日，中铁房地产集团上海置业有限公司正式更名为中铁房地产集团华东有限公司，系中国铁建房地产集团全资子公司。驻地上海市静安区裕通路 100 号宝矿洲际商务中心 51 楼。执行董事、法人代表马建军，党委书记倪杰，总经理姚健。下辖 3 个事业部，2 个项目公司，3 个工作组 3 个直属项目部。职工 399 人。资产总额 309.64 亿元，其中流动资产 303.2 亿元，固定资产原值 4780.39 万元、净值 1004.87 万元。

2016 年，公司 26 个开发项目，销售面积 80.34 万平方米，销售金额 134.33 亿元，销售回款 156.39 亿元；营业收入 87.63 亿元、净利润 6.94 亿，人均创利 268.59 万元，职工年人均收入 21.87 万元，国有资产保值增值率 160%，净资产收益率 36%，产值利润率 48%，资产负债率 91%，应上缴款完成率 100%。

（付晓明 王昕宇 郭玉龙）

【中铁房地产集团华南有限公司】 房地产开发暂定资质企业。2016 年 8 月 1 日，由中铁房地产集团广州有限公司更名成立。注册资本金 20 亿元，驻广州市天河区珠江西路 15 号珠江城大厦 31 楼。管辖范围包括广东、广西、湖南、海南、福建 5 省。下辖长沙事业部、南宁事业部、广佛项目管理中心及广州中土实业发展有限公司。职工 321 人。资产总额 115 亿元，其中流动资产 111 亿元，固定资产原值 2713 万元、净值 638 万元。

2016 年，销售金额 47.86 亿元，营业收入 29.34 亿元，净利润 3.56 亿元，土地投资 45.95 亿元。国有资产保值增值率 222.27%，净资产收益率 16.81%，资产负债率 74.56%。（陈柳媛）

【中铁房地产集团西南有限公司】 房地产开发二级资质企业。2016 年 4 月 5 日，由中铁房地产集团四川有限公司正式更名成立。注册资本金 20 亿元。驻地四川省成都市成华区成华大道二段 298 号 1 幢 2 层 201 号。公司执行董事、法人代表李兴龙，总经理姚健，党支部书记赵力。下辖 12 家子公司。职工 431 人。资产总额 214.19 亿元，其中流动资产 213.52 亿元，固定资产原值 1121.05 万元、净值 248.06 万元，其他资产 0.64 亿元。

2016 年，公司 11 个开发项目，销售金额 72.99 亿元，企业总产值 46.96 亿元，净利润 3.06 亿元，产值利润率 6.52%，人均创利 90.32 万元，国有资产保值率 143.78%，净资产收益率 42.07%，资产负债率 96.51%，应上缴款完成率 100%。（罗梦唯 王媛媛）

【中铁房地产集团商业地产开发管理有限公司】 房地产开发二级资质企业。2016 年 3 月 30 日，由中铁房地产集团（天津）置业有限公司更名，集团公司增资成立。公司注册资本金 10 亿元。注册地天津市河北区中山路与华兴大街交口东南侧鼎盛大厦 1 – 1510，驻天津市河北区迎春道 389 号诗景颂苑公建楼内。公司执行董事、法人代表兼党委书记任望东，总经理许嘉。职工 63 人。

2016 年，公司完成销售金额 19.39 亿元，销售面积 8.83 万平方米，销售回款 17.29 亿元；实现营业收入 14.03 亿元，净利润 1.50 亿元。

（陈 睿 郝导荣）

【中铁建（北京）物业管理有限公司】 物业管理一级资质企业。是中国铁建房地产集团有限公司全资子公司，为集团公司所属各分子公司开发楼盘业主提供物业服务。2012 年 8 月 23 日，正式完成由中铁建（北京）商务管理有限公司至中国铁建房地产集团有限公司的股权划转工作，并增加注册资本金至 2000 万元，2016 年，公司注册资本金增加至 1 亿元。驻北京市门头沟区永定镇龙兴南二路 5 号院 2 号楼。执行董事、党委书记林风臣，总经理赵如。下辖分公司 29 家。职工 2350 人。

2016 年，在管项目部 40 个，实现营业收入 3.18 亿元，净利润 0.04 亿元，业主满意度 87.5%，物业费收缴率 93%，清欠率 71.76%。（黄 懿）

【中铁房地产集团设计咨询有限公司】 2016 年 6 月 3 日成立，是中国铁建房地产集团有限公司全资子公司。注册资本金5000万元。驻北京市海淀区复兴路40号铁建大厦B座14层。是集团公司的产品研发中心、技术创新中心、营销策划中心以及人才培养基地,提供工程勘察设计咨询、房地产咨询、架设工程项目管理、规划管理、晒图服务、房地产经济业务等专业服务。执行董事陈国芳,党支部书记赵洪军,总经理胡陆平。职工72人,资产总额5109万元,其中流动资产5086.95万元,固定资产原值23.66万元、净值22.32万元。

2016年,新签合同额1839万元,实现营业收入495万元,净利润4万元,净资产收益率0.25%,资产负债率2.02%。

(王雪婷)

【中铁房地产集团北京投资管理有限公司】 2016年8月29日成立,系中国铁建房地产集团有限公司的全资子公司。注册资本金5亿元。驻北京市海淀区复兴路40号中国铁建大厦B座。经营范围包括项目投资、股权投资、投资管理、投资咨询。公司执行董事、法人代表杨德昭,党支部书记、总经理钟昌华。职工4人。资产总额50002.38万元,营业利润2.29万元。净利润1.65万元。

(张　帆)

【中铁房地产集团海外地产发展有限公司】 房地产开发二级资质企业。2016年4月27日,由原北京第六大洲房地产开发有限公司正式更名成立,是中国铁建房地产集团有限公司旗下的全资子公司。注册资本金10亿元。公司执行董事、法人代表吴宏晋,党委书记戴定财,总经理费洪伟。下辖中铁房地产集团北京金郡兴盛置业有限公司和北京通瑞兴盛置业有限公司2个全资子公司,职工158人。资产总额74.75亿元,其中固定资产原值705万元、净值204万元,流动资产69.18亿元。

2016年,销售金额19.74亿元,销售回款36.49亿元,营业收入44.21亿元,净利润7.59亿元。

(李　硕)

【中铁房地产集团创新产业投资有限公司】 房地产开发三级资质企业。2016年5月,由原中铁房地产集团北京顺捷金海置业有限公司正式更名成立。注册资本金10亿元。主要经营:投资管理、销售商品房、经济信息咨询、技术开发、项目策划、出租商业用房、房地产开发、物业管理。驻北京市门头沟区永定镇龙兴南二路5号院2号楼。执行董事、党委书记铁铮,总经理柳金平。下属全资子公司中铁房地产集团海丰置业有限公司于2010年2月3日注册成立。职工102人。资产总额19.03亿元,其中流动资产16.95亿元,非流动资产2.08亿元。

2016年,销售金额9.00亿元,营业收入7.20亿元,净利润1.03亿元。

(吴　浩)

【中铁建南沙投资发展有限公司】 2015年10月30日成立,注册资本金10亿元。经营范围:城市综合开发运营,城市基础设施投资建设,工程管理服务及相关的金融投资等。驻广州市南沙区海滨路171号金融大厦16楼。公司执行董事、法人代表兼党委书记彭长城,总经理李宏杰。下辖广州南沙中铁实业发展有限公司(全资子公司)、广州坤方置业有限公司(参股子公司)。职工80人。资产总额11.07亿元,其中流动资产10.88亿元,固定资产原值48.60万元、净值36.63万元,其他资产1861.47万元。

(黄佳伦　张敬轩)

【中铁房地产集团(贵州)有限公司】 房地产开发暂定资质企业。2010年4月19日成立。驻贵州省贵阳市南明区太慈桥车水路11号。党委书记、执行董事侯思军,总经理李波。职工137人。资产总额56.39亿元,其中流动资产49.08亿元,固定资产净值116万元,其他资产273万元。

2016年,企业总产值30348.64万元、净利润3419.29万元,人均创利26.72万元,全员劳动生产率101.57万元/人年、职工年人均收入24.89万元。国有资产保值增值率80.13%、净资产收益率12.70%、产值利润率12.54%、投资回报率11.27%、资产负债率95.75%。

(张春薇)

【重要记载】

▲1月8日　集团公司工会获全国总工会授予的“模范职工之家”称号。

▲1月20日　成立成都中铁业兴房地产开发有限公司、成都欣然置业有限公司。

▲2月22日　成立上海中铁京贤房地产有限公司。

▲3月4日　成立西安中铁京泰房地产开发有限公司、西安铁兴房地产开发有限公司。

▲3月31日　中国铁建房地产集团有限公司二届四次职工代表大会暨2016年工作会议、党的建设和反腐倡廉工作会议在北京召开。

▲4月27日　成立中铁建房地产集团(贵安)有限公司。

▲5月26日　集团公司与平安不动产在上海正式签署战略合作备忘录,集团公司董事、总经理、党委副书记倪真和平安不动产董事、总经理兼首席执行官朱政坚代表双方签署协议。

▲6月3日　包海利获中华全国铁路总工会火车头奖章。

▲同日　成立中铁房地产集团设计咨询有限公司

▲6月22日　成立中铁建广州花都投资发展有限公司。

▲7月25日　集团公司与中华卫视签署战略合作框架协议。

▲8月1日　成立中铁房地产集团华南有限公司。

▲8月11日　成立长春玖华房地产开发有限公司。

▲8月22日　集团公司与亿达发展签署战略合作框架协议。

▲8月29日　成立中铁房地产集团北京投资管理有限公司。

▲9月4日　集团公司与天津市北辰区签署战略合作框架协议。

▲9月20日　成立中铁房地产集团重庆有限公司。

▲10月19日　集团公司与红星美凯龙家居集团签署战略合作框架协议。

▲11月19日　中国铁建与舟山市政府签署战略合作框架协议。

▲11月28日　成立广西领筑置业有限公司。

▲12月19日　集团公司与济南市历城区人民政府、济南轨道交通集团资源开发有限公司签署《济南市历城区华山北片区项目土地熟化和开发框架协议》《济南市华山北片区安置房工程建设战略合作意向书》。

（王重珍）

中铁第一勘察设计院集团有限公司

【简况】　中铁第一勘察设计院集团有限公司（以下简称“铁一院”）是国家大型综合性勘察设计单位，持有国家颁发的工程勘察、设计、咨询、建设监理、造价咨询，地质灾害评估、灾害防治、勘查、设计、施工，环境影响评价和测绘等22项甲级资质证书；拥有国家批准的对外经济技术经营合作权。主要经营铁路、轨道交通、公路、市政、建筑等行业中的工程勘察、工程设计、工程监理、工程项目管理与评估咨询、工程总承包、岩土工程治理、环境影响评价和对外经济技术合作等项目。驻陕西省西安市西影路2号。1995年，在全国大型综合性甲级勘察设计单位中第一个通过ISO9001质量体系认证；2008年，在全行业首批取得建设部颁发的工程设计综合甲级资质；2010年，经商务部会同住房和城乡建设部审批，取得新的对外承包工程资格证书；2009年，建立并通过中国船级社质量认证公司“三标一体”（质量、环境、职业健康安全）综合管理注册认证和英国皇家UKAS质量体系认证。铁一院前身为铁道部设计局西北设计分局，成立于1953年1月1日；1956年，扩建改称铁道部设计总局第一设计院；1958年，更名为铁道部第一设计院；2001年，由事业单位改为科技型企业，并改称铁道第一勘察设计院；2003年，由铁道部划归中国铁道建筑总公司管理；2007年，企业改制，名称变更为中铁第一勘察设计院集团有限公司；2008年，组建成立中铁第一勘察设计院集团。下辖9个行政管理职能部门、14个专业设计处（院、部）、1个科研生产单位、12个子公司、13个参（控）股公司、11个驻外经营分支机构。职工4020人，其中，主业2402人、各公司1618人；干部3334人、技能人员686人。资产总额107.11亿元，其中，流动资产92.45亿元、固定资产4.07亿元、其他资产10.59亿元。机械运输设备7317台（套）。

2016年，新签合同额87.06亿元，营业收入67.87亿元，利润总额8.15亿元。国有资产保值增值率125.06%，净资产收益率28.06%，产值利润率12.01%，投资回报率28.06%，资产负债率71.45%，应上缴款完成率100%。完成主要实物工程量：勘察设计1752线路折算千米，电化630折算千米；完成地质钻探48.5万实钻米。申请专利101项，其中发明专利36项；授权专利96项，其中发明专利44项。知识产权420项，其中发明专利83项，实用新型专利337项，软件著作权65项。获国际国内、省部、中国铁建等优秀勘察设计、优秀工程咨询奖83项，其中，由中铁一院总体设计的青藏铁路西宁至格尔木增建二线新关角隧道获国际咨询工程师联合会（FIDIC）2016年全球优秀工程奖和国际隧道协会（ITA）年度重大工程奖。获2015年度全国优秀工程勘察设计行业奖5项，其中，一等奖2项、二等奖2项、三等奖1项。中国铁建优秀勘察设计一等奖9项、二等奖18项、三等奖25项；甘肃省优秀工程勘察设计奖1项；陕西省优秀工程咨询成果一等奖2项、二等奖2项、三等奖4项；甘肃省优秀工程咨询成果4项；中国铁建优秀咨询成果一等奖3项、二等奖8项。兰新高铁精密工程控制测量、郑西客运专线工程地质勘察及现场试验研究获全国优秀工程勘察设计一等奖。获全国优秀QC小组1个；国家工程建设勘察设计优秀QC小组11个；省、自治区优秀QC小组35个；铁道行业优秀QC小组1个；中国铁建优秀QC小组5个。国家科技部委托陕西省科技厅对依托铁一院建设的“轨道交通工程信息化国家重点实验室”建设与运行实施方案(2016年—2020年)进行论证并通过论证。实验室承担省部级以上科研项目7项，合同经费258万元。承担中铁一院轨道交通工程信息化外属科研项目26项。获国家、省部、中国铁建等各类先进集体和个人40项，其中国家级1项、省部级25项。获中国铁建“海外经营承揽十强”称号。获“全国交通运输文化建设优秀单位”，获中国勘察设计协会“工程勘察设计行业‘十二五’期间实施信息化建设先进单位”、中国勘察设计协会2016年度国家工程建设(勘察设计)QC小组活动优秀企业、中国铁建“模范劳动关系和谐企业”和“2016年度财务工作先进单位”称号。获西安市雁塔区“经济发展特殊贡献企业”。 (海　强)

【领导人员】

董事会

董事长	王争鸣
董事	刘为民
	董　勇
	周仲华(3月免)
	李金城(4月任)
	朱力争(4月任)

监事会

监事会主席	丁　力(3月免)
	黄锦波(3月任)
监事	赵君瑞
职工监事	王鲁林

行政领导

院长	刘为民
副院长	周仲华(3月免)
	朱力争
	李金城
	董　勇
	彭文盛
	张学伏
	余　洁
	黄　超
	刘宇栋(3月任)
总工程师	张学伏(兼)
总会计师	周仲华(兼，3月免)
	刘宇栋(兼，3月任)

党群领导

党委书记	王争鸣
党委副书记	刘为民
	丁　力(3月免)
纪委书记	丁　力(3月免)
	黄锦波(3月任)
工会主席	丁　力(3月免)

(海　强)

【职工队伍】 职工4020人，其中，主业2402人、各公司1618人；干部3334人、技能人员686人；教授级高工302人，高级职称1401人，中级职称1097人，初级职称及以下534人；高级技师5人，技师234人，高级工264人，中级工112人，初级工46人，普工25人；硕士以上研究生809人(含硕士学位126人)，大学本科2077人，大学专科501人，中专及以下633人；30岁及以下515人，31～40岁1204人，41～50岁1348人，51岁及以上953人。

中国工程院院士1人、全国工程勘察设计大师4人、享受国务院政府特殊津贴人员17人(其中在职5人)、FIDIC全球百年杰出咨询工程师1人、全国首届杰出工程师奖2人(含鼓励奖1人)、“百千万人才工程”国家级人选2人、国家有突出贡献中青年专家2人；原铁道部有突出贡献专家、中青年专家、拔尖人才、专业技术带头人9人；陕西省“三秦学者”2人、陕西省突出贡献专家2人、陕西省工程勘察设计大师2人，陕西省优秀勘察设计师9人，陕西省“新世纪三五人才”第二层次人选2人；茅以升铁道工程师奖4人、詹天佑铁道科学技术奖4人、詹天佑中铁建专项奖12人；陕西省测绘地理信息科技领军人才1人、陕西省测绘地理信息局青年学术和技术带头人1人、中国铁道学会铁道环保奖2人、院专业技术带头人64人、优秀青年工程师75人。862人次取得国家注册(执业)资格，其中，一级注册建筑师14人、二级注册建筑师16人、一级注册结构工程师38人、二级注册结构工程师6人、注册岩土工程师44人、注册电气工程师40人、注册公用设备工程师29人、注册造价工程师72人、注册监理工程师214人、注册咨询工程师162人、一级建造师73人、二级建造师36人、注册城市规划师10人、环境影响评价工程师15人、注册安全工程师24人、环保工程师2人、水保工程师3人、测绘工程师16人、招标师14人、道路工程师7人、其他类别注册人员27人。255人次取得行业资格。 (海　强)

【生产经营管理】 新签合同额87.1亿元，营业收入67.9亿元，利润总额8.2亿元，净利润7.4亿元。

财务管理。实现营业收入678719万元，其中主营业务收入669609万元，其他业务收入9110万元；机关管理部门、党群及其他部门（不含各地离退休管理部门）包干经费预算1190万元，实际执行数887万元，占核定指标的74.5%。院属项目部预算5580万元，实际支出3592万元，占预算额度的64.4%。大力压缩非生产性支出、业务招待费、会议费等。

审计工作。以财务审计和配合审计署延伸审计为工作重点，认真履行审计监督、评价、控制和服务职能，在探索和改进内部审计工作，将推动提升单位内部控制和风险管理水平作为审计工作目标，进一步识别、梳理企业经济运行全过程的风险点，推进重点项目跟踪审计工作，发挥内审工作对企业管理层面的积极影响，推动和促进全院监督机制的健全与落实，完成各类审计项目38项。其中，配合审计署延伸审计1项、财务收支审计2项、领导干部离任经济责任审计1项、基建维修项目审计26项、物资设备采购招标监督8项。

企业管理。组织起草《中铁第一勘察设计院集团有限公司企业发展战略和规划管理办法》，明确院战略管理的工作机构、流程及相关职责。风险防控机制健全完善，制定实施《内控缺陷整改工作实施方案》，有效促进各项业务合规有序运行。出台《中铁第一勘察设计院集团有限公司轨道交通工程信息化国家重点实验室管理办法》，系统规范重点实验室的运作管理，保证重点实验室的规范、高效运行。法人企业压减有序开展，制定《中铁第一勘察设计院集团有限公司法人企业压减工作实施方案》，提出3年内按计划“压减”法人企业3家的目标。资质管理取得新突破，进入国家发改委城市轨道交通项目咨询评估短名单，并在商务部对外援助项目实施企业资格招标中，中标5项，完成“全国企业信用信息公示系统”年报，不断提高年报公示的社会认知度。加强知识产权法务管理，针对日益增长的海外业务，加强涉外法律事务管理和业务管理，促进海外规章制度落实，在海外项目中坚持“国内国外双审、国内审定”的机制。参加2016年全国工程项目管理完成合同额和工程总承包完成合同额排名，其中工程项目管理完成合同额排名第4位；工程总承包完成合同额排名第98位。（马继良）

【技术管理与科技创新】 围绕“十三五”规划和2016年度行政重点工作要求，从修定和完善相关技术管理制度入手，加强铁路建设项目勘察设计过程的技术服务、技术协调、技术支持工作，坚持以问题为导向，强化技术管理工作。修订发布《城市轨道交通工程勘察设计文件审查签署及图幅图式规定》《勘察设计咨询文件专用章使用管理规定》《建设项目勘察设计、咨询类技术文件编制及排版管理规定》《铁路建设项目变更设计管理办法》；完成《建设项目配合施工技术交底管理规定》《公路及市政道路工程勘察设计文件审查签署及图幅图标的规定》的修编工作。结合生产安排，先后多次组织由主管院、处总（副）工程师带队（参加）的技术工作组赴勘察现场办公、开展调研、完成技术方案审查、中间检查和指导外业勘察等工作。组织院技术支持组，对新疆院、兰州院承担的相关勘察设计项目进行技术支持和技术服务。针对湿陷性黄土地区铁路建设项目部分场站、段、所排水设计暴露和出现的问题，印发《中铁第一勘察设计院集团有限公司关于进一步加强湿陷性黄土地区铁路场站、段、所排水工程勘察设计工作的指导意见》。印发《关于2016年度开展建设项目勘察设计技术总结工作的通知》，安排12个开通运营建设项目的技术总结工作。科技创新方面，召开5年一次的中铁一院科技大会；国家重点实验室建设全面启动，通过科技部评审并编制完成建设与运行实施方案；国家重点实验室、陕西省重点实验室平稳运行。组织申报陕西省、中国铁路总公司及中国铁建等计划科研课题29项；承担国家知识产权局课题1项；省部级、中国铁建及其它横向课题11项。组织院属科研立项72项，其中综合性开发重点项目5项。组织参加中国铁路总公司和中国铁建科研项目结题和评审43项，参加各类报奖40余项。获省部级及中国铁建科技奖特等奖2项、一等奖10项、二等奖9项、三等奖11项。组织年度院科技奖评奖工作，评选出一等奖10项、二等奖9项、三等奖9项。组织申请专利101项，其中发明专利36项；授权专利96项，其中发明专利44项。（马继良）

【人才培养】 推荐申报各类专家222人次，其中，全国工程勘察设计大师1人、陕西省工程勘察设计大师2人、国务院政府特殊津贴2人、中国科协求是杰出青年成果转化奖1人、何梁何利基金科学与技术奖1人、詹天佑科学技术奖和铁道建筑专项奖10人、第二届全国杰出工程师奖1人、陕西省测绘地理信息科技领军人才1人、“十二五”全国建筑业企业优秀总工程师1人、中价协认定资深会员申报推荐1人、认定资深会员（第三批）1人、中央企业青年拔尖人才支持计划1人、中青年科技创新领军人才1人、茅以升铁道工程师奖候选人2人、铁道环保奖1人、商务部对外援助项目评审专家68人、中国铁路总公司技术标准专家8人、江苏省铁路建设评标专家16人、商务部援外跨海大桥项目评标专家8人、亚投行咨询专家27人、陕西省政府采购评审专家1人、重庆市轨道交通建设专家咨询委员会专家21人、住建部轨道交通标准化技术委员会委员1人、中国进出口银行专家库专家申报工作28人、中价协2015年度先进个人会员推荐1人、铁价协工程造价咨询企业信用评价委员会专家库成员1人、陕西省人社厅博士后科研项目评审专家推荐5人、江苏铁路相关专业评标专家库名单10人。66人成为国际咨询工程师联合会(FIDIC)国际认证工程师,铁一院为获全球认证咨询工程师最多的企业。执业资格取证64人次,其中,一级结构工程师2人、岩土工程师5人、电气工程师3人、公共设备工程师2人、监理工程师12人、咨询工程师22人、一级建造师7人、安全工程师2人、测绘工程师6人、其他类别3人。经中国铁建评审通过教授级高级工程师32人,高级会计师1人、高级经济师1人;经甘肃省档案局评审通过副研究馆员1人;经陕西省工业和信息化厅评审通过高级工艺美术师1人;完成各类培训8856人次。

(海　强)

【党群工作】 下属党委6个、党工委2个。党总支17个、党支部177个(其中在职党支部134个,离退休党支部43个);党员3780人(其中在岗党员2207人,离退休党员1573人)。下属纪委(党工委)8个,纪检监察专兼职人员15人。下属工会40个,其中法人独立单位6个,会员3981人。下属团(工)委5个,团总支6个、团支部48个,共青团员363人、专兼职团干部147人。

组织贯彻从严治党要求,强化政治引领作用,扎实开展"两学一做"学习教育,深入落实"两个责任",企业党建工作和转型发展同步推进,经济实力和核心竞争力持续提升,超额完成股份公司下达的经济指标,顺利实现"十三五"良好开局,为打造国际知名工程咨询企业打下了坚实的基础。

在青藏铁路通车十周年之际,在传承"青藏铁路尖兵精神"的基础上,提出发扬融合光荣传统与时代风采的"时代尖兵精神"和"海外尖兵精神"。组织党委中心组学习研讨10次,成为强化政治引领作用的有效载体。提出"固本浚源、聚力共赢、领先国内、创誉海外"的战略方针,明确"把集团打造成客户认可、效益优良的国际知名工程咨询企业"这一奋斗目标。治企理念促进发展质量进一步提升。在一系列指导全院科学发展的治企理念引领下,院围绕转型发展和能力提升主线,持续优化产业结构,国铁干线投标取得突出成绩,城市轨道交通在高位下继续攀升,旅游轨道交通成为转型发展的特色突破口,工程总承包和资本运营业务成为做大院经济总量的有效途径,海外市场突出面向前期和高端拓展的发展模式,成功走在国内工程咨询企业前列,房地产业务为院利润总额提供有力支撑。以新关角隧道2次问鼎世界工程咨询领域最高奖项、成功实现全国工程勘察设计大师"五连冠"等为代表,在科技和人才的核心竞争力方面实现有效提升。注重党内教育的常态化,"两学一做"学习教育取得实效。成立协调领导小组,设督导组6个,深入全院37家单位开展督导50多次。各党支部结合实际制定学习教育推进计划,院处两级领导班子和党支部围绕专题开展研讨总计超过400次,各党支部按期召开组织生活会和民主评议党员,并同步完成党费收缴检查和党员组织关系排查等专项工作。自选动作有创新。编制"党支部工作计划督导卡"和"个人学习计划督导卡",配发党徽或党员标识亮明身份,利用QQ群、微信群、微信公众号等新媒介,推送学习资料,交流学习体会,实现学习教育全面覆盖。开展党章党规知识问答、参观革命纪念馆、重温入党誓词、征集学习教育书法作品、看望老红军战士、观看微电影等特色活动,丰富学习教育的开展形式。领导干部做表率。各级领导班子和党支部书记利用院党委中心组集中学习、基层党支部党员大会、工地现场调研座谈、预防职务犯罪警示教育等场合搭建党课讲台,讲党课420次。将"两学一做"与践行国企党建要求相结合,与提质增效相结合,与激发实干强企相结合,在巩固党的群众路线教育实践活动、"三严三实"专题教育成果的基础上,重点将党内教育从"关键少数"向广大党员拓展,从集中性教育向经常性教育延伸,党内教育常态化对生产经营和企业发展的促进作用更加突出。注重党建工作的落地运行,基层党建的生机活力得到激发。提高基层党组织书记履职能力。编制《基层党组织书记应知应会手册》,有效提升基层党建的标准化和规范化水平。举办党支部书记培训班和党务骨干培训班,参培600余人次,提升党员干部政治理论水平和党务工作能力。修定《党支部工作细则》《党员日常教育培训制度》等制度办法。建立党组织任期动态数据库,强化对基层党组织换届的指导和督促,77个党组织完成换届,成立党组织6个,撤销党组织14个。严把发展党员质量关,向生产一线和业务骨干倾斜,发展预备党员13人,转正党员23人。坚持"走出去"与"走下去"相结合,党委成员深入基层开展调研,党委各部室加强与基层党组织的联系沟通,联动效果突出显现。注重落实管党治党职责,积极践行"两个责任",强化执纪监督问责机制。从制度源头强化责任落实。修定完善重要岗位员工和派驻现场人员的廉洁从业规定,编发《党风廉政建设工作手册》,根据勘察设计行业实际,调整监督思路,关口前移,对可能发生的廉洁风险点开展岗位"权力清单"的梳理工作,为有效进行监督提供依据和支撑。细化责任目标考核体系。持续推进党(工)委、党总支、党支部三级责任体系建设,强化“党政同责、一岗双责、失职追责”意识,与37个基层党组织和下属150余个基层党支部签订《党风廉政建设责任书》,制定“党风廉政建设责任考核自查表”,分层次、分类别细化党风廉政建设责任制考核指标,增强责任考核的科学性和针对性。开展巡视及监督检查。积极配合股份公司党委、国家审计署来院开展巡视、审计工作,及时关注问题反馈及整改。加强院内巡视,对13家单位开展巡视检查,以问题为导向,以意见反馈和整改为契机,进一步强化全院各级党组织、纪检监察组织和领导干部的政治意识和责任意识。注重落实党管干部原则,领导干部队伍素质结构持续优化。领导班子建设务实团结。深化“四好”领导班子创建活动,院班子再获股份公司年度“四好”领导班子,评选院级“四好”领导班子7个,有效激励各级领导班子争先创优的奋进动力。干部管理制度持续完善。编制《各生产单位选拔培养副总工程师、所(室)负责人后备干部暂行规定》《院副职领导绩效考核办法》等制度,持续加强人力资源管理体系建设。干部梯队建设效果显著。调整副处级以上领导干部47人,选派9人参加国资委及股份公司局级、处级领导干部培训班,完成院班子成员、副巡视员和226名副处以上人员“个人有关事项报告表”的填报。注重舆论引导和责任践行,企业文化的凝聚力和负责担当的央企形象得到展现。注重舆论宣传引导。编辑出版报纸49期,刊登各类消息、言论、通讯、图片1200余篇(幅),紧抓重点实验室建设方案通过评审、国内首条下穿黄河地铁隧道顺利“穿黄”、关角隧道再获FIDIC大奖、巴基斯坦铁路勘察工作顺利完成等新闻亮点,进一步凝聚并提升员工对企业的认同感和自豪感。新兴媒介贴近人心。铸梦一院的官方微信公众号上线运营,成功塑造出有速度、有深度、有温度、有覆盖、多角度的企业形象。积极践行社会责任。紧密结合对口扶贫村发展需要,通过工程设计、设备捐赠、引进种植项目等方式,在陕西、甘肃、新疆等地开展精准扶贫工作,在考核中取得优秀成绩。注重和谐一院建设,群团、保密工作成效突出。获国家、省部、股份公司等各类先进集体和个人40项,其中国家级1项、省部级25项,涌现出一批以何金学、任晓春劳模创新工作室、巴基斯坦ML-1铁路勘察指挥部等为代表的模范群体。坚持做好文化线建设,通过建设职工电子书屋、集中购买发放图书等方式,形成书香一院的学习新风,适时开展各类减压赛事和文体娱乐活动,丰富职工的业余文化生活。团青工作有声有色。深化导师带徒活动,举办青年科技沙龙和方案汇报大赛,开展志愿者助学活动,评选院“青年五四奖章”10人,1项课题获全国铁路青年科技创新奖,1个集体获陕西省青年文明号,广大青年干事创业的青春正能量得到激发。保密工作有序可控。开展“保密宣传月”活动,组织保密知识讲座,进行保密工作抽查,开展废旧涉密资料集中销毁,有效控制了失泄密风险。

(马建飞)

【新疆铁道勘察设计院有限公司】 驻新疆维吾尔自治区乌鲁木齐市北京南路703号。董事长、党委书记李斌,院长庄新玉。职工557人。拥有全站仪、水准仪、GPS卫星定位仪、绘图仪、计算机、载重汽车、测距仪、测高仪、GPS、静力触探车、地震仪、电磁勘探仪、综合数控测井仪等仪器设备726台(套)。

2016年,完成指令性任务9项,外委任务137项,路局基大改项目127项,收入4.87亿元;新签合同142项4.84亿元,勘察设计收入2.066亿元。 (马建飞)

【青海铁道工程勘察有限公司】 驻青海省西宁市共和南路23号。执行董事、党工委书记刘德林,总经理李关民。职工69人。拥有全站仪、水准仪、绘图仪、计算机、钻机、手持GPS、GPS等仪器设备63台(套)。

2016年,新签合同额3320万元,营业收入6177万元,成本支出5736万元,实现利润441万元。

(马建飞)

【甘肃铁道综合工程勘察院有限公司】 驻甘肃省兰州市和政路131号。董事长、院长贺光华,党委书记、纪委书记、副院长席新林。职工163人。拥有锚固钻机、多功能桩机、旋喷桩机、挖掘机、强夯机、搅拌桩机、其他岩土设备、V8电磁测深数据采集系统、地震仪、地质超前预报系统、隧道地质超前预报系统、其他物探设备、全球定位仪(GPS)、全站仪、其他勘测设备、地质钻机、其他勘探设备、各类计算机、汽车、其他设备等仪器设备584台(套)。

2016年,签订外委合同103项,新签合同额13174万元,营业收入18170万元,外委进款额13085万元。

(马建飞)

【陕西铁道工程勘察有限公司】 驻陕西省宝鸡市中山西路88号。董事长、党委书记侯全德,总经理冯海明。职工332人。拥有泥浆泵、钻机、其他施工机械、汽车、发电机组、柴油机、拌和机、粉喷桩机、其他生产设备、静力触探仪、地下管线探测仪、地震仪、GPS定位仪、全站仪、其它测量及实验设备、台式电脑、笔记本、打印机、复印机、其他固定资产等仪器设备489台

(套)。

2016 年,营业收入 2.1 亿元。 (马建飞)

【重要记载】

▲1 月 25 日 院长刘为民、陕勘院黄凯、新疆院江华、线运处李明炜、院西宁站改工程指挥部杨俊辉、西安监理公司陈良峰 6 人被中华全国铁路总工会授予火车头奖章。

▲1 月 26 日 获中国铁建第二届"模范劳动关系和谐企业"称号。

▲5 月 11 日 秘鲁 CESEL 公司总经理阿亚鲍玛先生和韩国 DOWHA 公司副总裁孙熙重先生等一行到铁一院交流访问。

▲5 月 21 日 2 人获由英国皇家特许建造学会(CIOB)颁发的英国皇家特许建造师正式会员证书。

▲6 月 8 日 铁一院与中车四方车辆有限公司签署战略合作协。

▲6 月 28 日 铁一院主持完成的《戈壁、大风区高速铁路防风关键技术研究》科研成果通过中国铁路总公司技术评审。

▲7 月 12 日 获评全国"质量管理小组活动优秀企业"。

▲8 月 25 日 中国铁建纪委书记李春德一行到铁一院对党建及党风廉政建设工作进行调研。

▲9 月 22 日 铁一院"BIM 设计在铁路西安机辆段工程中的应用"项目在综合铁路类竞赛领域中获优秀 BIM 应用二等奖。

▲9 月 26 日 由铁一院设计的青藏铁路西宁至格尔木增建二线关角隧道获 2016 年 FIDIC"全球优秀工程奖"。

▲10 月 10 日 铁一院何学金、任晓春劳模创新工作室受到全国铁路总工会全路首批"火车头劳模创新工作室"命名表彰。

▲11 月 11 日 铁一院总体设计的青藏铁路西宁至格尔木增建二线新关角隧道获国际隧道协会(ITA)2016 年"年度重大工程奖"。

▲11 月 17 日 铁一院承担的《铁路工程建设行业海外专利布局研究》项目通过国家知识产权局 2016 年度软课题结题评审会专家组验收。

▲11 月 28 日 66 人获全球首批菲迪克认证咨询工程师资格。

▲12 月 8—9 日 铁一院获中国勘察设计协会信息化推进工作委员会评选的 2016 年度全国"十二五信息化建设先进单位"称号。

▲12 月 9 日 铁一院与比亚迪股份有限公司在深圳签署战略合作协议。 (海 强)

中铁第四勘察设计院集团有限公司

【概况】 中铁第四勘察设计院集团有限公司(以下简称"铁四院")是从事交通基础设施建设勘察设计的高科技大型综合性企业。成立于 1953 年 2 月 4 日;1956 年,扩编为铁道部第四设计院;2003 年,由铁道部划转中国铁道建筑总公司(以下简称中国铁建);2007 年,改制为中铁第四勘察设计院集团有限公司。为国家企业技术中心。是国家委托铁路、城市轨道交通投资咨询评估单位、国际工程咨询工程师联合会(FIDIC)和国际电工委员会(IEC 标准)团体成员,中国城市轨道交通协会常务理事单位,中国工程咨询协会副会长单位。拥有国家住建部颁发的工程设计综合甲级资质证书和工程勘察综合一级资质证书,国家测绘局颁发的甲级测绘资格证书,国家国土资源部颁发的地质灾害防治工程勘查、设计、监理 3 项甲级资质以及地质灾害危险性评估甲级资质,国家环保总局颁发的环境影响评价甲级资质证书,国家发改委颁发的工程咨询甲级资质,以及工程承包、工程监理、工程造价等 20 余项甲级及专项资质;主持过数十项国家、行业规范、标准编写;具有独立对外经营权;设有博士后工作站。具有配套完善的 ISO9001、ISO14001 环境和 GB/T28001 管理体系,持有相应认证证书。拥有线路、站场、桥梁、隧道、地质路基、电力电气化、通信信号、房屋建筑等 40 多个专业。能承揽多个行业的工程勘察、工程设计、工程咨询、工程监理、工程总承包业务。资产总额164.48 亿元,其中,固定资产净值 13.82 亿元,流动资产 137.07亿元,其它资产 13.58 亿元。全站仪、光电测距仪、GPS 定位系统、RC30 航空摄影仪、物理勘探、原位测试等先进设备 1064 台(套);拥有计算机 10408 台,局域网上网结点 6620 个,大中型计算机工作站 212 个。机械运输设备 585 台(套),净值 4158 万元、总功率 63440 千瓦、动力装备率 15.47 千瓦/人、技术装备率 15,632 元/人、设备完好率 99%、利用率 99%。

2016 年,新签合同额 160.09 亿元,实现营业收入 87.79 亿元,利润总额 12.19 亿元,净利润 10.23 亿元,人均创利 26.42 万元。其中,国内勘察设计板块新签合同额 56.61 亿元。国有资产保值增值率 130.74%、净资产收益率 26.92%、产值利润率 13.89%、投资回报率 681.85%、资产负债率 74.01%、应上缴款完成率 100%。获"中国 AAA 级信用企业""全国文明诚信示范单位”称号，1人获“全国优秀诚信企业家”称号。

（邵　澎）

【领导人员】

董事会

董事长	蒋再秋
董事	雷佳民
	王玉泽
职工董事	田要成

监事会

监事会主席	刘家美
监事	胡丙齐
职工监事	方　明

行政领导

院长	蒋再秋
副院长	周仲华
	田要成
	王玉泽
	荆　山
	谢海林
	莫小玲
	蒋兴锟
总工程师	朱　丹

党群领导

党委书记	雷佳民
党委副书记	蒋再秋
纪委书记	刘家美
工会主席	刘家美

（钟南亚）

【人力资源结构】　职工4684人。专业技术干部4260人，其中，全国工程勘察设计大师2人、中国工程监理大师1人、教授级高级工程师397人、高级职称1863人、中级职称1280人、初级职称674人。新世纪百千万人才工程国家级人选2人，享受国务院政府特殊津贴专家9人，铁道部专业技术带头人1人、青年科技拔尖人才11人，詹天佑奖科学技术奖8人，詹天佑铁道科技发展基金奖15人，茅以升铁道工程师奖6人，湖北省青年科技奖2人，湖北省突出贡献专家6人，享受湖北省政府专项津贴专家9人，湖北省新世纪高层次人才工程第二层次人选5人，武汉青年科技奖1人，武汉市十百千人才工程第二层次人选2人，铁四院专业技术带头人104人、青年科技拔尖人才130人。取得国家各类注册资格1018人次。技能人才317人，其中高级技师137人、技师138人。（钟南亚）

【勘察设计】　以精细管理和优质服务为主线，高效组织生产。召开生产动员大会，有针对性地强化措施，精细管理、周到服务、攻坚会战，完成勘察设计产值同比增长23%；完成铁路勘察设计2890折算千米，为年度计划的113%，同比增长17%。高效组织铁路、城际铁路勘察设计生产，完成任务量占全路的22%，确保赣深、徐连、张吉怀等项目按期开工，实现郑徐高铁、汉孝城际、昆明南站等项目顺利开通；通过以“金华新速度”为代表的高效工作、优质服务，有力保证多项城际、市域铁路开工目标实现。精细管理轨道交通项目，同期在20余个城市开展55项轨道交通总体总包、200余项工点设计任务，武汉机场线、苏州2号线延伸线相继开通。有序推进公路市政勘察设计，完成福建莆炎高速公路、安徽引江济淮试验工程等重点项目设计任务，重庆几江长江大桥等项目顺利建成通车。重视前期规划研究，开展长三角城市群城际铁路网规划修编，以及深圳、武汉等铁路枢纽总图规划研究，承揽郑州、合肥、柳州等城市轨道交通建设规划，积极打好“规划牌”；抓住铁路物流发展契机，完成冷链物流和钢铁、煤炭等大宗物流规划研究，扩大影响力。通过优化生产管理，不断提升全过程服务质量，全面推行驻外管理系统，持续推进变更设计规范化、程序化管理；加强技术服务工作，服务质量受到上级认可，连续9次获铁路建设项目施工图考核A类。（邵　澎）

【开拓发展】　以区域经营和固本拓新为抓手，纵深开拓市场。铁四院深化区域经营，在抓好投标工作、巩固优势市场的同时，以抓前期、拓领域增强经营深广度，以高端、协同经营加大开拓力度，以做好技术服务凸显竞争优势，增强经营成效。在深耕传统片区和业务市场的同时，因地制宜、分类施策，大力开拓新区域和新领域市场。以协同运营和多元发展为手段，优化产业结构。持续优化机构设置和资源要素配置，着力健全相关业务管理体系，不断推进机构、资源、管理与业务发展协调匹配，逐步为多元业务发展夯实基础。成立知识产权部，修改完善知识产权管理相关制度，初步建立权责明晰、协调运行的知识产权工作机制；重组资本运营部与投资公司，缩短链条、提高效率、理顺关系，优化资本运营与房地产业务管理机制。广州、南宁院和西南、海峡、华东有轨电车等子公司积极融入集团公司发展大局，深耕属地市场、专业市场，坚持补位、协同经营，发展规模和质量效益迈上新台阶。深化各业务间协同经营，发挥优势业务引领作用，积极推动各业务自主发展和联动发展。岩土工程领域，借力工程总承包项目做大规模，在高铁综合维护领域取得多项关键技术突破。资本运营业务，成功摘得光谷基地建设用地。

监理咨询业务，轨道交通和市政工程监理项目占比不断提高，业务领域不断开拓；承揽国家发改委、铁路总公司和地方政府委托的26项铁路、轨道交通投资评估项目，铁路建设项目施工图审核连续3年获全路考核第一名。海外工程业务，推进经营关口前移，稳步建立自主经营平台；累计开展海外项目勘察设计80多项，亚吉铁路顺利开通运营，协同创造"一带一路"建设的新样本。房地产业务，杨春湖畔项目一期住宅基本售罄，获得股份公司十大"明星楼盘"提名奖。高端制造业务，专利转化实施收入2500万元，创效水平大幅提高；移动式隧道施工救生舱完成首单交付，填补国内隧道安全施工领域的市场空白。（邵　澎）

【科技创新】 以科技创新和人才队伍建设为载体，提升核心竞争力。精心组织召开科技创新暨质量管理大会，制定"十三五"科技发展规划，改进管理体制机制，纵深推进科技创新工作。承担国家级课题5项、省部级课题4项。获得国家级科技进步奖1项，省部级奖项12项，股份公司级奖项31项；获得行业级勘察设计"四优"奖12项，省级奖项70项，股份公司级奖项67项；获得FIDIC工程奖3项，其他国际奖项2项。其中，"高铁接触网工程技术创新及应用"获国家科技进步二等奖、"宁波铁路枢纽甬江特大桥工程"获FIDIC全球优秀工程奖。郑徐高铁实现世界首次时速420千米交会和重联运行，综合科技实力进一步提升。无砟轨道工程实验室通过湖北省重点实验室认定，科技创新平台建设再添硕果。成立城市轨道交通BIM工作室，大力推进BIM试点项目及应用，武襄十铁路获中勘协创新杯BIM技术大奖。累计获授权专利321项（其中发明专利62项），实现专利许可实施协议40份。持续推动人才队伍建设，以大力推进实施"361"人才工程为抓手，不断优化人力资源结构。高端人才培养取得重大突破，肖明清当选第八批全国工程勘察设计大师；新增享受国务院政府特殊津贴、湖北省政府专项津贴专家，武汉市"十百千人才工程"人选、詹天佑奖等各类省部级奖项14人次。完成中层管理人员3年期考核工作，根据考核情况落实各项奖惩措施，不断激发中层管理人员的责任意识、竞争意识和创新精神，促进了管理水平提升。持续优化人才制度顶层设计，深入研究集团公司副总工程师和专业工程师岗位序列、工程操作序列管理优化调整方案，进一步畅通人才成长通道。（邵　澎）

【重点工程项目】 郑州至徐州高速铁路工程　2016年9月10日正式开通运营，途经河南、安徽、江苏3省，全长361.937千米，设车站9座，其中郑州东站和徐州东站为既有车站，商丘站为原站扩建高速场、新建商丘高铁站，其余6站为新建车站。

武孝城际铁路工程　2016年12月1日正式通车。正线长61.779千米，合同投资105.5亿元。始自汉口火车站，终到孝感东站，设车站10座，设计时速200千米。

昆明南站工程　2016年12月28日正式通车运营。设到发站台16座，30条站线，站房工程总建筑面积312836平方米，其中站房建筑面积120000平方米，是国家"一带一路"规划中辐射东南亚的重要基础设施，集捷运铁路（高铁、快铁、城际铁路）、地铁、公交、出租等交通方式为一体的特大型综合交通枢纽站。

武汉地铁机场线工程　2016年12月28日正式开通。全长19.8千米，设站7座。

重庆几江长江大桥工程　2016年7月8日建成通车。全长1738米，为主跨600米的悬索桥，主梁结构采用钢箱梁。大桥设计为双向6车道，设计时速50千米。（邵　澎）

【企业管理】 以强化管控和全面建设为依托，巩固良好局面。深入加强管控、持之以恒夯实基础，认真配合股份公司巡视、国家审计和税务稽查，完成对28家二级单位的巡视工作，扎实开展自查整改，进一步规范企业管理。编制完成集团公司"十三五"发展规划，为今后发展树立导向引领。落实股份公司部署，按时完成年度"压减"工作任务。组建安全质量管理部，健全安全质量管理机制与制度，全面加强各业务安全生产管理。实行发展规划部与法律事务部合署办公，推动法治工作从专项业务工作，向全局性、战略性工作升级；"六五"普法工作荣获湖北省国资委表彰。稳步推进"营改增"工作，加大清收清欠工作力度，扎实开展清理规范工程建设领域保证金工作，加速资金回笼。综合保卫、离退休管理取得良好成效，信息、图文、保障、接待等服务水平不断提高。用好薪酬和福利政策，建立职工大病救助机制，健全医疗保障体系，减轻职工医疗负担；实施企业年金新制度，启动市场化运营管理，推动资金保值增值，增进职工福祉；建成启用总部设计大楼和苏州创意产业园，改善办公环境，彰显企业形象。（邵　澎）

【党群工作】 一是以"两学一做"学习教育为载体，通过三个"坚持"，全面提升党员干部"四个意识"。坚持加强党员理论学习，发放相关学习资料2500余套，开展专题学习交流研讨131场次；坚持以中心组学习、"三会一课"、"支部主题党日"3种方式为依托，组织中心组学习17次，开展"支部主题党日"活动248次，讲党课229次,发表体会文章237篇;坚持以“四强化、四提升”“我是党员我带头、我是团员我当先、我是员工我尽责”“在岗位尽职责、创佳绩作贡献”3项活动为载体,将学习成果转化为全体职工爱岗敬业、履职尽责的工作热情。二是以加强基层党建为重点,突出4个“强化”,不断夯实党建基层基础。强化责任落实,有效落实班子成员“一岗双责”、各级书记“第一责任”和党群部门“监管职责”,在湖北省国资委纪念建党95周年表彰暨“两学一做”学习教育推进会上作经验交流;强化组织规范,召开第二次党代会,28个二级党委、109个任期届满的党支部如期换届选举成立21个党工委,明确106个驻外机构党组织管理关系,实现从国内到海外270个工程项目党组织全覆盖;强化制度完善,修订《民主评议党员工作实施办法》,编制“党支部、党工委工作手册”;强化方式创新,坚持每月党群部门例会部署党建工作,建立“四院党建”微信群,上传学习资料、工作部署359项。党委被评为湖北省先进基层党组织。三是认真落实股份公司“纪律建设年”要求,着力发挥好三个“作用”。思想认识引领作用,将党风廉政建设责任书层层细化分解,签订责任书、承诺书266份,开展党风廉政建设宣传教育月活动;党委巡视利剑作用,实现所属28个党委巡视全覆盖,发现问题298个,建立清单限时整改;执纪问责震慑作用,处理来信来访14件,函询11人次,初核问题线索2件,立案3件,结案3件,给予党纪政纪处分18人,诫勉谈话11人,同时给予全院通报。四是进一步增强领导班子整体合力,为企业发展提供坚强组织保证。召开董事会、常委会、院长办公会33次,各项决策事宜顺利推进,成效明显;调整优化二级班子30个,加大中层管理人员交流力度,促进领导干部队伍年轻化,增强管理团队的生机和活力;开展中层管理人员3年期考核,落实奖惩。领导班子连续4年获股份公司“四好班子”。五是进一步加强宣传思想文化工作,为企业建设发展提供良好舆论氛围。外强宣传树形象,利用郑徐高铁、重庆几江大桥、长沙磁浮等重大项目开通,以及京沪高铁荣获国家科技进步特等奖等重要事件,在中央电视台、《人民日报》等主流媒介刊播800余篇(次),其中头版(头条)30余条;在股份公司党委《政工情况》刊稿量连续3年位居全系统首位。内树典型鼓干劲,《先锋报》、内网刊稿2400余篇,“喝彩四院”微信、青年微视频推送消息280余条,阅读量49万次、点赞超8000次。发布企业文化手册,加强文明创建,8家单位获省委级文明单位称号。六是发挥群团组织作用,助推企业持续发展。各单位围绕重点项目开展劳动竞赛100项次,20个单位、项目和个人获上级表彰;劳模创新工作室24家,3家被评为湖北省和股份公司劳模(职工)创新工作室,连续6年获评全国“安康杯”竞赛先进单位。共青团组织广泛开展导师带徒、青年大讲堂、学技练功、BIM技术应用等活动,各级团组织和团员青年获上级表彰25项。按照湖北省安排部署,承担“精准扶贫”“三万”等活动,投入各类帮扶资金400余万元。维护职工合法权益,认真落实职代会、企务公开、休养休假、职工体检等制度。认真落实离退休、信访政策,坚持老领导情况通报制度。

(邵　澎)

【广州设计院有限公司】 是中铁第四勘察设计院集团有限公司全资子公司。具有铁道行业甲(II)级设计资质、建筑工程甲级设计资质、工程勘察专业类岩土工程甲级勘察资质;铁路、建筑、市政公用工程(市政交通)、岩土工程甲级咨询资质;市政行业(桥梁工程、道路工程)专业乙级设计资质;工程测量乙级资质;下属广东至艺工程建设监理有限公司具有房屋建筑工程监理甲级资质、铁路工程监理甲级资质及市政公用工程监理乙级资质;通过质量、环境和职业健康安全管理体系的认证。职工570人。资产总额6933万元,其中流动资产6727万元,固定资产940万元、净值174万元。

2016年,签订合同额13803万元,开展勘测设计项目共计428项,完成产值11199万元。勘测设计文件合格率100%,优良率100%,优秀率35.8%;工程监理项目合格率100%。完成营业收入11299万元,利润906万元,净利润664万元,上缴税费1402万元,净资产收益率26.35%,利润增长率6%,资产负债率63.59%。

(郑四安)

【南宁勘察设计院有限公司】 拥有铁路综合、建筑、岩土、工程测量、市政(道路、桥梁)、工程咨询、房屋建筑工程监理等甲级资质证书以及一类施工图设计文件审查许可证,铁路工程监理乙级资质。经国家商务部批准,公司拥有境外工程勘察设计、咨询经营资格证书。是中铁第四勘察设计院集团有限公司下属的全资子公司,驻广西壮族自治区南宁市西乡塘区高新区科兴路3号,为独立法人单位。执行董事、总经理张北瑞,党委书记、工会主席梁国堂。职工223人。资产总值28611万元,其中,固定资产原值5261万元、净值3369万元、流动资产23645万元、其他资产1597万元;各类汽车34台、钻机10台、GPS测绘仪器3台、全站仪4台、大型绘图仪3台等。

2016年,完成总产值36904万元,企业盈利1142万元,人均创利9.26万元、国有资产保值增值率183.66%、净资产收益率14.48%、产值利润率5.54%、资产负债率61.32%、投资收益上缴率100%、应上缴款

完成率100%。（黎建国）

【重要记载】

▲1月8日　中共中央、国务院在北京人民大会堂举行2015年度国家科学技术奖励大会，铁四院勘察设计的京沪高铁工程获国家科技进步特等奖。

▲3月20日　2015年度全国优秀工程勘察设计行业奖评选揭晓，铁四院向莆铁路越岭隧道群工程地质勘察获优秀工程勘察一等奖。

▲4月15日　铁四院获“中国AAA级信用企业”“全国文明诚信示范单位”，董事长、院长蒋再秋获“全国优秀诚信企业家”称号。

▲4月28日　许克亮获“全国五一劳动奖章”。

▲7月20日　国务院国资委在北京举办国有企业创新文化研讨会。铁四院《创新驱动发展文化铸就实力》，获优秀论文二等奖。

▲8月29日　铁四院连续6年获全国“安康杯”竞赛优胜单位。

▲9月26日　铁四院设计申报的宁波铁路枢纽甬江特大桥获FIDIC 2016年度工程项目奖。

▲10月21日　国家测绘地理信息局与铁四院签署《地理信息共享合作框架协议》。

▲12月9日　中国铁路总公司公布2016年上半年铁路建设项目勘察设计单位施工图评价结果。铁四院获A级第一名。

▲12月28日　铁四院设计的昆明南站正式启用。

▲12月30日　肖明清成为第八批全国工程勘察设计大师。（邵　澎）

中铁第五勘察设计院集团有限公司

【简况】　中铁第五勘察设计院集团有限公司（以下简称铁五院），是集工程设计、勘察、咨询、监理、检测及科技研发、设备制造、工程总承包于一体的综合大型勘察设计企业。是全国勘察设计百强企业、国家认定企业技术中心，全国文明单位和北京市首批高新技术企业。拥有工程设计综合甲级、工程勘察综合甲级、工程咨询甲级、工程监理甲级、地质灾害危险性评估甲级等各类甲级资质20余项，持有商务部对外承包工程经营资格证和北京市科技研究开发机构等证书，通过质量、环境、职业健康与安全管理三体系认证。具有国家综合交通和城镇化建设提供全产业链服务及投融资的能力，业务领域涵盖铁路、公路、城市轨道交通、市政、建筑、航务工程等行业。驻北京市大兴区康庄路9号。前身系中国人民解放军铁道兵科学研究处（院），始建于1958年10月；1984年，集体转业并入铁道部，为铁道部工程指挥部科学技术研究所；1990年，更名为铁道建筑研究设计院；2004年，原哈尔滨铁路局齐齐哈尔、哈尔滨勘测设计院划到本院；2005年，更名为铁道第五勘察设计院；2008年，改制为中铁第五勘察设计院集团有限公司。下辖线路运输设计院、地质路基勘察设计院、桥梁设计院、四电设计院、城市轨道交通设计院、建筑设计院、市政工程设计院、工程经济设计院、环境工程设计院、水利水运工程设计院、技术研究院、工程咨询公司12个专业咨询设计院以及东北勘察设计院、郑州勘察设计院、天津勘察设计院和乌鲁木齐勘察设计院；信息中心、图文中心、基建办公室3个直属单位；北京铁研建设监理有限责任公司、北京铁城建设监理有限责任公司、北京铁五院工程试验检测有限公司、北京中铁建北方路桥工程有限公司、北京铁五院工程机械有限公司、北京铁五院物业有限公司、北京大地盛景园林绿化有限公司、北京铁资造价咨询有限公司、哈尔滨铁五院工程设计咨询有限公司9家全资或控股子公司及《铁道建筑技术》杂志社。南京、上海、杭州、绍兴、南昌、厦门、广州、海南、成都、沈阳、太原、呼和浩特、兰州、西安、济南、青岛、贵阳、越南设18个驻外经营机构。职工2020人，其中，全国工程勘察设计大师1人、全国工程监理大师1人、享受国务院政府特殊津贴的高级技术专家21人。资产总额28.97亿元，固定资产原值2.86亿元、净值1.01亿元，流动资产23.42亿元，其他资产4.54亿元。（李晓雪）

【领导人员】

董事会

董事长	汤友富（7月任）
董事	仇　湘（7月任）
	庞建文
	杜寅堂

监事会

监事会主席	朱　霖

行政领导

副院长	仇　湘（主持经理层工作，7月任）
	庞建文
	杜寅堂
	杨岳勤

戴建国
沙文杰
李克贤(3月任)
总工程师　杨岳勤(兼)
总会计师　戴建国(兼)

党群领导

党委书记　汤友富(7月任)
党委副书记　仇　湘(7月任)
纪委书记　朱　霖(兼)
工会主席　朱　霖

(曹玉彬)

【职工队伍】 职工1998人,其中,在岗1960人、内退38人;拥有教授级高工91人,高级职称624人,中级职称612人,初级职称388人;博士研究生14人,硕士研究生556人,大学本科1250人,专科及以下178人。

全国勘察设计大师1人,全国工程监理大师1人,享受国务院特殊津贴的高级技术专家21人;詹天佑奖获得者10人,茅以升科学技术奖6人,中国铁道学会铁道环保奖1人。一级注册建筑师12人,一级注册结构工程师11人,注册岩土工程师16人,注册电气工程师8人,注册设备工程师13人,注册造价工程师60人,注册城市规划师4人,注册环境评价工程师16人,一级建造师122人,注册监理工程师390人,注册咨询工程师69人,其他各类注册人员199人。(曹玉彬)

【铁路勘察设计】 铁路项目开展或完工82项,其中,规划研究21项、预可研18项、可研11项、初步设计6项、施工图及配合施工13项、施工图审核项目13项。勘测项目里程1580千米。定测及补定测项目里程821千米,完成补定测里程约60千米。累计完成航空影像7287平方千米;航测内业制图1:2000地形图2332平方千米;铁路初测测量1580千米;铁路定测(含补定测)测量861千米;精密控制测量1065千米。完成钻探及挖探82.8万米;静探2.2米。设计规划研究21个项目,里程超2500千米。预可研16个项目,里程约3100千米。可研11个项目,里程约1900千米。初步设计6个重点项目,里程约1078千米。站前施工图里程约450千米;站后施工图里程约961千米。配合施工9个项目,里程约1880千米。配合业主完成额哈铁路的清概工作。开展13个项目施工图审核工作,项目里程累计2703千米。(赵　磊)

【城市轨道交通勘察设计】 集团管城市轨道交通项目55个,分布于22个城市。其中,总体总包项目成都地铁10号线、开展前期研究的项目呼和浩特地铁3号线可研等10个;开展勘察设计项目北京地铁8号线、西安地铁5号线、郑州地铁2号线等38个;开展咨询工作乌鲁木齐地铁2号线咨询、呼和浩特地铁1号线咨询等6个项目。(赵　磊)

【海外项目】 完成斯里兰卡南部铁路站后施工图及站前变更设计、尼泊尔阿尼哥公路保通项目施工图、蒙古国乌兰巴托市两座市政桥改造项目施工图。完成援越南老街—河内—海防铁路规划可研、阿根廷圣马丁货运铁路项目方案研究、巴基斯坦卡拉奇环城轻轨项目预可研、哥斯达黎加有轨电车项目可研。(赵　磊)

【市政及建筑项目】 完成市政项目贵州铜仁新城综合开发施工图设计,珠海西部中心城区首期开发区域(B片区)基础设施工程施工图设计,滨北线松花江公铁两用桥改建工程(市政部分)初步设计及施工图,德简高速公路施工图,铜仁市江口至大龙高速公路可研,山西省中阳过境公路初步设计等阶段工作。

(赵　磊)

【经营管理】 企业管理。修订《集团公司"十三五"规划(审议稿)》,并按照股份公司要求上报。积极推动企业战略结盟,与港航局、火箭军签订战略合作框架协议。完成部分机构调整。成立人防工程设计研究院,由建筑院代管。注销置业公司,投资与置业管理处更名为资本运营处。为加强龙头专业建设,线路处与站场处分设。进一步理顺检测与科研业务,检测公司和技术研究处分设。重新统一规范41个内设、外驻单位的名称;监事会办公室与纪委办公室合署办公。为进一步完善区域经营和区域实体性生产单位建设,成立常州分院、绍兴分院、合肥分院,广西分院按实体分院管理。为拓展集团公司公路市场,并购邯郸市华威公司100%股份。完成勘察设计规划、测绘、土地规划资质年检工作;完成资质证书法定代表人变更事宜;完成测绘资质摄影测量与遥感:摄影测量与遥感外业、摄影测量与遥感内业;地理信息系统工程:地理信息数据采集、地理信息数据处理;工程测量:矿山测量、工程测量监理;不动产测绘:地籍测绘乙级增项事宜;完成建设项目环境影响评价(交通运输)乙级升甲级,设计综合甲级资质延续申报工作。

市场经营。新签合同额33.5607亿元,较上年增加24.2%,完成股份公司下达年度新签合同额指标(27亿元)的124.3%。其中,工程承包板块61216万元,占18.2%;勘察设计咨询板块266878万元,占79.5%;工业制造板块7513万元,占2.2%。

审计工作。全面贯彻落实国资委、股份公司关于进一步加强内部审计工作的有关文件精神，紧密围绕集团公司经营发展主线，切实加强内部审计工作。开展审计项目12个，审计发现问题金额80万元，提出审计建议82条，并针对审计存在问题，督促相关部门修定完善制度4项。对部分二级单位进行财务收支审计。重点审查被审计单位财务收支活动的真实性、合规性，经济指标完成及经济效益情况等。在合法性合规性审计的基础上，更注重经济效益分析，揭示创效方面存在的问题和风险。对于审计发现的合同管理、委外业务管理等方面存在的问题，向被审计单位提出整改意见；针对共性问题向相关业务职能部门提出合理的管理建议，职能部门均予以采纳并及时修定完善相关制度办法，有效发挥内部审计的监督咨询职能。

（于宝宏　王　智　荀亮亮　刘小锐　毕　博）

【生产技术管理】　科技创新。承担各级科研计划项目132项，上级科技项目40项，其中，国家级项目3项、其中新立2项；省部级项目5项，其中新立3项；股份公司项目30项，其中新立6项；大兴区项目2项，其中新立1项。本级院立科研项目92项，新立24项。以上除新立之外其余的为延续项目。获中国铁道学会科学技术奖二等奖1项、三等奖1项；获大兴区科学技术奖二等奖1项；获2015年度股份公司科学技术奖一等奖2项、二等奖4项；获中施企协科学技术奖二等奖2项；“独塔斜拉桥转体设计与施工成套技术研究”等5项成果获2016年度集团公司科学技术奖。

技术质量管理。组织审核并印发总体设计原则及统一规定8项；印发技术方案评审11项；审核勘测任务书7项；组织编写技术5项；审核配合施工细则4项；完成对外技术发函审核50余项；参与招投标及自揽项目委外合同评审96项。获国家铁路局铁路优秀工程勘察设计奖10项；获黑龙江省优秀工程设计一等奖1项；获北京市优秀工程咨询成果奖4项；获詹天佑奖1项；获股份公司优秀工程勘察设计奖16项、优秀工程咨询成果奖6项。获国家工程建设（勘察设计）优秀QC小组4个，全国工程建设优秀QC小组1个，铁道行业优秀QC小组1个，股份公司优秀QC小组5个。

（樊　莉　杨　帆　刘　柯　王少华）

【综合管理】　政务管理。强化管理职能，高效开展工作，确保综合协调、以文辅政、文件管理、督查督办、印信管理、车辆管理、档案管理、公务接待、固定资产采购、信访、日常服务等各项工作高效有序运行；优化和加强文件管理，提升公文函件质量，进一步研究改进文件批阅流程，明确外来文件集中管理，各部门、各单位收到的外来文件收文均交由办公室进行集中统一登记分批，解决多口径收文的情况带来的文件多次呈报和漏报、时效性差及信息不畅通等现象；加大发文的审核力度，进行初审和复审，有效提高发文质量，确保各类发文零失误，行政发文133份；提高公文质量，实现公文格式标准化，内容规范化，制作各类常用公文函件的标准格式模版和典型式样，下发《关于进一步强化集团公司公文函件规范化管理的通知》（铁五院办〔2016〕139号）；规范车辆管理，拟定集团公司《公务用车制度改革总体方案》。

财务管理。推行财务集中管理，实行会计人员委派制，各子、分公司的会计机构负责人由财务处统一委派，垂直管理；财务处资金中心对院所属各级单位的银行账户实行直接管控，统一调度资金，实行资金集中管理；建立集中核算平台，院各级会计主体全部纳入财务综合管理信息系统，统一会计政策和业务处理标准，实行集中核算。强化制度建设，下发《中铁第五勘察设计院集团有限公司2016年提质增效工作方案》《中铁第五勘察设计院集团有限公司低值易耗品管理办法》《中铁第五勘察设计院集团有限公司责任成本管理考评暂行办法》等管理办法，修订实施《中铁第五勘察设计院集团有限公司差旅费管理办法》《中铁第五勘察设计院集团有限公司固定资产管理办法》《中铁第五勘察设计院集团有限公司银行账户管理办法》《中铁第五勘察设计院集团有限公司财务报销管理办法》《中铁第五勘察设计院集团有限公司预算管理办法》。

（陶书煜　曹玉彬　王　斌　殷少群）

【党群工作】　党委工作。以“两学一做”学习教育为抓手，以落实“两个责任”为主线，狠抓“强党建”工作落实，围绕企业发展中心工作，团结带领广大干部员工，创先争优、拼搏奉献，为全面完成年度各项任务目标提供坚强的思想保证、政治保证和组织保证。在全院范围内开展“两学一做”学习教育。制定贴合实际的学习教育工作推进计划，做到党员受教育“全覆盖”、党课教育“全覆盖”、自选动作“全覆盖”。并依规完成党费补缴工作，同时还进一步规范各级党组织的党费使用管理工作。组织建设扎实有序推进。完成所属基层党组织的换届选举工作，召开第二次党代表大会，选举产生两委委员，提出“统一思想，真抓实干，为尽快建成国内一流勘察设计企业而努力奋斗”的新一届党委工作目标；设立14个二级党委，加强基层党委的主体责任意识，促进基层组织成为推动企业发展的坚强堡垒；规范和严格执行党员发展程序，发展党员22人，预备党员转正23人；进行党务工作培训，提升党组织书记和党务工作者的业务能力。

宣传和企业文化建设。结合开展“两学一做”学习教育,制定出台《中铁第五勘察设计院集团有限公司党委中心组学习制度》。召开集中学习 14 次,学时 42 小时。领导班子成员先后就党委安排的 6 项学习专题提交学习报告或心得 70 篇。推进企业精神文明创建工作,开展“责任与执行”主题系列道德讲堂活动,通过制作“我执行、我成长”文化短片和执纪问责宣传片、现场脱口秀、讲公开课等多种“讲堂”形式,传达恪尽职守,精准执行的核心要义。召开新闻宣传研讨会,制定年度重点外宣计划。在国资委网站、股份公司网站、《中国铁道建筑报》和有关地方媒体等刊发文章 40 余篇。企业微信公众号及时推送与企业发展关联度高、与员工工作生活感同身受的原创作品,推送微信 146 期,点击量超 70000 次,点赞量超 3000 次。开展新员工入职企业文化主题教育讲座、为新员工发放企业文化书籍、“诚信 创新永恒、精品人品同在”企业价值观签名活动。启动企业文化展厅建设的筹备工作;积极参与企业文化评优活动,被中国交通企业管理协会,交通优秀企业管理成果评审委员会评为“2016 年度全国交通运输文化建设优秀单位”,并在铁道企业与铁路总公司宣传部、铁路总工会、铁道团委组织开展的中国铁道企业文化建设优秀成果评选中获“2016 年度铁道企业文化建设优秀成果奖”。

纪检工作。深入贯彻落实党的十八届六中全会、中央纪委六次全会以及全国国有企业党的建设工作会议精神,扎实开展“两学一做”学习教育,牢固树立“四个意识”,把纪律规矩挺在前面,坚持不懈贯彻中央八项规定精神,坚决整治“四风”,加强廉洁从业教育,开展内部巡视,党风廉政建设和反腐败工作取得新成效。为推进“三转”,聚焦纪检工作主责主业,对纪委机构设置进行调整。新设立巡视办公室(监察处),负责具体巡视工作,履行监察职能。纪委设纪委办公室和巡视办公室(监察处),专职纪检监察人员 6 人。

工会工作。积极选树劳动竞赛先进典型和模范人物,获火车头奖杯,杭绍台铁路勘察项目部获股份公司“工人先锋号”称号,高煌获“工人先锋号奖章”;4 人获火车头奖章。持续推进“两个普遍”,不断提升“建家建线”和“三不让”帮扶工作水平。组织开展“中铁五院·一起走”徒步越野比赛。经费使用更趋合理,较好发挥工会财务的职能作用,在股份公司工会财务竞赛评比获一等奖,工会财务获 2016 年度“铁路总工会财务工作先进单位”称号。

共青团工作。下设团总支 5 个,团支部 12 个,团员 251 人。专兼职团干部 43 人。对委员进行增补、调整,并重新分工,同时结合各基层党委换届,对团组织的任期情况进行摸底,并督促指导部分二级单位的团组织换届工作;开展“团干论坛”,加强团干之间沟通、交流、相互学习;开展首届“十大杰出青年”评选活动,遴选出首届“十大杰出青年”。制定“文教扶贫”方案,组织青年员工成立爱心支教团队,为贫困小学 30 多名孩子讲公开课,组织活动并捐赠图书、文体用品。

(李卫花 刘 皓 李晓雪 孙咏梅 段恒阳)

【线路运输设计院】 院长兼党总支书记王宇重。职工 169 人。下设经济运量(经调)、运输组织(行车)、线路、站场、轨道、机务、车辆、机械、规划等专业,业务范围:铁路、公路、城市道路、城市(际)轨道交通、市政建设等领域的规划、勘测、设计、咨询、配合施工、科研及标准化业务建设。

2016 年,完成产值 10519.3488 万元。 (李 静)

【地质路基设计院】 院长富志根,党总支书记宋宇明。职工 119 人。下设地质所、岩土所、路基所、物探所、岩土试验室。主要承担铁路、公路及城市道路、城市轨道交通以及工民建等工程的工程地质、水文地质、岩土工程、路基专业勘察(测)设计和物探、评估、岩土实验工作。

2016 年,完成生产产值 16497 万元。 (魏润平)

【桥梁设计院】 院长兼党总支书记王合希。职工 104 人。以桥梁设计为主,主要承担铁路、公路、市政和高架轻轨桥梁等各种类型桥梁的设计、咨询、科研业务。

2016 年,新签合同额 4069 万元,EPC 项目合同额 14290 万元,折合合同额 6927 万元,进款额 3802 万元。

(王 涛)

【四电设计院】 院长兼党总支书记王宇重。职工 127 人。涉及铁路及城市轨道交通供变电、接触网、通信、信息、信号、电力等专业领域,覆盖牵引供电、牵引变电、电化防干扰、接触网、供电段、通信、信息、通信防干扰、灾害监测、信号、电力等专业。主要从事上述专业的设计、咨询、监理、总承包等业务。

2016 年,完成自揽项目合同额 3361 万元。

(夏晓青)

【城市轨道交通设计院】 院长兼党总支书记杨国柱。主要负责城市轨道交通工程的设计及铁路、公路隧道,各类山岭隧道,城市下穿通道,地铁周边建筑等设计、咨询类业务。职工 394 人。

2016 年,完成产值 1.1 亿元。 (梁 飞)

【建筑设计院】 院长兼党总支书记涂强。职工 140

人。下设建筑所、结构所、设备所、电气所、方案部、生产经营综合部。主要负责普铁、客专等铁路沿线房屋、大中型站房、工业与民用建筑的设计。（师哲青）

【市政工程设计院】 院长兼党总支书记姜保利。职工122人。主要从事公路,城市道路、桥梁、给排水等公用工程和建筑等的工程咨询、规划、勘察设计、工程监理和施工总承包业务。是北京市政府基础设施投资咨询机构、重大项目稽察机构、节能评估文件编制机构。下设道路所、桥梁所、给排水所、建规所、工经所、总工室、综管部。

2016年,项目116项,新签合同91项,合同额7579万元。（李玉蓉）

【工程经济设计院】 院长兼党支部书记王少坤。职工40人。主要负责建设项目的勘察以及各设计阶段的施工组织设计和估、概、预算编制,工程造价有关的咨询服务及有关招投标咨询服务工作。

2016年,完成自揽合同额1471.5万元,完成产值3804.3万。（肖佳林）

【环境工程设计院】 院长兼党支部书记李嘉。职工64人。集工程咨询、勘察设计、工程总承包为一体,具有环境影响评价、水土保持方案编制、竣工环境保护验收调查、水影响评价、环境监控等多项专业资质以及工程绿化设计施工总承包资质,同时是北京市第一批节能评估资格单位、政府投资项目评估中介机构、重大项目稽察专业机构。业务涵盖铁路环境保护、给排水、景观园林、生态修复勘察设计,环境影响评价、水土保持方案编制、环境保护竣工验收调查、节能评估、环境监测与监控、清洁生产咨询以及绿化工程总承包。

2016年,新签合同额2973万元。（王　宇）

【水利水运工程设计院】 院长蔡泓。职工20人。集港航工程勘察、设计、咨询和专项工程设计施工总承包于一体,专业设置涵盖港口总平面布置、装卸工艺、港工结构、水文、给排水及水利灌溉等方面,可承担港口、航道、锚地、通航建筑物、水工建筑结构、河道整治、水利灌溉等工程项目的规划、咨询、可行性研究、勘察设计、施工图审查等多项业务。

2016年,新签自揽设计和咨询审查项目24项。（刘　陆）

【技术研究院】 院长王慨慷。技术研究院下设交通战备研究所、工程结构研究所、工程检测研究所、BIM技术及应用软件开发研究所和综合办公室。职工20人。

2016年,技术研究院完成科研项目41项,业务建设13项,铁路标准2个。（杨永强）

【工程咨询公司】 经理冯延明。职工69人。主要从事施工图审核、专用线设计、工程总承包等业务。全面负责铁五院咨询业务的生产组织和管理。

2016年,新签合同额7135万元。（刘嘉玲）

【东北勘察设计院】 院长、党委书记宋宏祥。驻黑龙江省哈尔滨市南岗区西大直街119号。职工240人。是集工程设计、工程勘察、工程咨询、工程监理、工程检测、科技研发、工程总承包于一体的综合性设计院,下设线站所、桥隧所、建轨所、通号所、路基所、工经所、测量所、勘察所、监理分公司、总承包公司。

2016年,实现营业收入12168万元,实现利润3881万元。（张　璇）

【郑州勘察设计院】 院长、党支部书记贾筱煜。驻河南省郑州市高新技术产业开发区总部企业基地100幢(翠竹街1号)。职工108人。下设桥梁设计所、工程经济所、线路站场所、轨道交通所、四电设计所、环境设备所以及道路交通所7个专业所。

2016年,新签合同额4412.3万元。（王　帅）

【天津分院】 副院长(主持工作)兼党支部书记孙鹏,职工42人。原隶属市政工程设计院,于2015年3月经集团批准后正式成立。下设道路所、给排水所、规划所、总工办、经营部和办公室6个部门,设有道路、给排水、交通规划、结构、照明、概预算6个专业。承担各种市政道路、给排水管网、综合交通规划、海绵城市、综合管廊、结构以及景观工程的勘察、设计、咨询和科研等业务。

2016年,完成合同额2217.64万元。（王　芳）

【乌鲁木齐分院】 院长鲜兵强。乌鲁木齐分院原名西北分院,成立于2007年3月23日;2011年,注册成立乌鲁木齐咨询服务分公司;2015年,更名为乌鲁木齐分院。下设行车、地质、线路、路基、轨道、站场、桥涵、房屋建筑、电力、通信、信息、信号、电气化、接触网、给排水、暖通、工程经济等专业。职工42人。

2016年,新签合同额31062万元。（鲜兵强）

【北京铁研建设监理有限责任公司】 经理刘江华,党委书记仇金庭。职工1900人。下设哈尔滨、广西、南京、内蒙分公司。1994年,经国家建设部核定为甲级监理单位。具有建设部铁路工程、公路工程、市政公用工程、房屋建筑工程等甲级监理资质，通过质量、环境、职业健康安全三体系认证。主要从事铁路、公路、工业与民用建筑、地铁与轻轨、市政公用工程、电力等专业的技术咨询及建设监理。

2016 年，中标 53 项，承揽监理项目合同额 4.156 亿元，营业收入 2.93 亿元。（魏　昕）

【北京铁城建设监理有限责任公司】 董事长李克贤，党委书记田思群。职工 78 人。2015 年，整体划转铁五院。下辖 3 个区域经营事业部、4 个全资子公司、1 个中外合资控股公司、23 个分公司和 200 余个项目监理站。

2016 年，承揽铁路、公路、城市轨道交通、房屋建筑及其他工程 111 项。新签合同额 5.53 亿元，同比增长 5.58%。营业收入 5.34 亿元，同比增长 21%。实现净利润 3191 万元，同比增长 35%。固定资产原值 5279 万元，国有资产保值增值率 122%。（龚成术）

【北京铁五院工程试验检测有限公司】 经理王慨慷。职工 32 人。主要为土木工程提供从现场检测到安全评估、环境影响分析、监测与评价，再到加固设计与探测技术应用研究服务。业务涵盖工程试验、工程质量检测（监测）与评估、安全监测与评估、病害检测与加固（加强）设计、监控量测、超前地质预报、工程物探、探测技术应用研究和施工技术咨询。

2016 年，完成生产产值 6500 万元，实现营业收入 4500 万。（吴文辉）

【北京中铁建北方路桥工程有限公司】 总经理周光忠，党支部书记李华。职工 93 人。是国内唯一一家专门从事铁路节段拼装梁技术研究、拼装装备及附属产品开发、专项施工为一体的具有独特专利技术的科技型专业化公司。具有桥梁工程、爆破与拆除工程专业承包一级、地基与基础工程专业承包二级资质。生产性固定资产 1 亿元，拥有国内领先的自行研制开发的单线专用移动支架式造桥机 4 套，客运专线双线节段拼装造桥机 4 套，移动式大型龙门吊起重机 8 台，各类大中型桥梁施工和爆破施工机械设备 400 余台（套）。

2016 年，承揽工程 7 项，签订合同额 1.0114 亿元。合同履约率 100%，工程质量优良率 100%。

（沈子法）

【北京铁五院工程机械有限公司】 经理兼党支部书记孙世豪。拥有国家认定企业技术中心机械分中心，是集工业机械产品研发设计、加工制造、销售售后、维护改造和工程施工技术咨询服务于一体的高新技术企业，具备向客户提供综合性、一站式服务能力。职工 136 人。固定资产投资累计 1999.67 万元。土地 4 万平方米、机械运输设备 40 台（套）、各种精密仪器 13 台、加工设备 117 台套、汽车 5 辆、微机 75 台。主打产品无砟轨道施工成套设备经过优化升级分别在宝兰、西成、呼张、渝黔、杭黄、青岛地铁 R3 线等多条国内线路上广泛应用，继续保持行业领先的地位。

2016 年，新签合同 88 个，合同总额 7513.38 万元，完成产值 6421.70 万元，实现利润 1406.54 万元。

（郑雪冰）

【北京铁五院置业有限公司】 经理史昌盛。职工 15 人。承担铁五院基本建设、房地产开发和投资管理业务。完成铁五院研发实验及附属用房项目工程的 A 栋外墙装修，室内精装修完成 85%、电气工程完成 75%、设备工程完成 90%；B 栋外墙装修完成、室内初装修完成 80%、电气工程 60%、设备工程完成 70%；C 栋外墙装修完成、室内初装修完成 85%、电气工程完成 60%、设备工程完成 75%；A、B、C 栋电梯工程安装完成。完成工程投资 4.14 亿元，完成工程总投资的 86.6%。取得《建设工程竣工测量成果报告书》和《房屋面积测绘技术报告书》。（顾裕伟）

【工程管理处】 处长吕清泉。职工 20 人。主要负责铁五院工程总承包及资本运营业务的经营开发和生产管理。

2016 年，跟踪运作工程总承包项目 26 项，参加投标项目 16 项，签订合同 10 项，合同额 132514 万元。

（孙　伟）

【海外事业部】 部长冯志刚。职工 5 人。主要负责铁五院海外业务经营承揽和外事管理工作。

2016 年，新签合同 10 项，合同额 3507 万元。中标援苏里南社区中心项目管理任务、援库克群岛学校项目管理任务、援佛得角大学新校区项目顾问咨询任务、援乌干达坎帕拉市立体停车场项目顾问咨询任务 4 个援外项目。（彭　程）

【试验检测中心】 主任杨永强。下设建材室、岩土室、化学室、桥梁结构室、地基基础室、人防工程室、隧道及地下工程室、工程物探室、超前预报室、环境室、管理室及 30 多个监理现场试验室。

2016 年，完成汉十铁路等 19 个试验室的现场检查验收工作，对 20 个现场试验室开展授权变更工作。

（谭倩倩）

【信息中心】 主任欧勇明,职工8人。

2016年,编写《中铁第五勘察设计院集团有限公司信息系统上线管理办法(试行)》《中铁第五勘察设计院集团有限公司信息系统应急处理预案(试行)》,修订《中铁第五勘察设计院集团有限公司信息系统应急预案管理规定(试行)》3个信息化制度;采购新防火墙,逐步开通VPN网络,加强网络边界防护;加密安全巡查工作,实现桌面端和移动端沟通一体化。

(欧勇明)

【图文中心】 主任熊希武。职工38人。

2016年,完成产值950万元。固定资产480万元,机械运输设备47台(套)。 (严义京)

【测绘中心】 主任周云。职工21人。主要承担铁路、公路、城市轨道交通、市政工程、机场码头等领域的航测、勘测;高速铁路精密测量、监测及技术咨询;轨道交通第三方测量、监测及技术咨询等工作。

2016年,完成盐通线、金建线、杭绍台、百威线、文富线、南防线等铁路的航测、勘测及精测生产项目约50余项,创造产值3000余万元。完成测绘资质摄影测量与遥感、地理信息系统工程、工程测量、不动产测绘的增项工作。规章制度建设方面,制定《测绘与地理信息处勘测项目成本控制管理办法(控制测量、航测制图部分)》《测绘与地理信息研究处中层干部绩效考核办法(试行)》及《测绘与地理信息研究处岗位职责》等管理办法并颁布实施。 (刘萍萍)

【《铁道建筑技术》杂志社】 主编余春红。下设主编室、编辑部、市场部、广告部、发行部、新媒体部。职工7人。

2016年,出版《铁道建筑技术》13期(含1期增刊),刊发论文总计510篇,发行刊物近8.1万册。收入268万元。 (马妍钧)

【重要记载】

▲1月31日 铁五院第四届第一次职工代表大会暨2016年工作会议在京召开。

▲5月24日 经国家测绘地理信息局审核通过,铁五院获国家甲级测绘资质。

▲5月 铁五院被认定为北京市专利示范单位。

▲10月30日 由铁五院勘察设计的滨北线松花江公铁两用桥正式通车。

▲10月 铁五院获"2016年度全国交通运输文化建设优秀单位"及"2016年度铁道企业文化建设优秀成果奖"。 (李晓雪)

中铁上海设计院集团有限公司

【简况】 是国有大型综合甲级设计企业,是上海市高新技术企业、科技创新型企业、科技小巨人企业和上海市文明单位、诚信创建单位、平安示范单位。下辖南昌、杭州、合肥、南京、天津、徐州、长沙、工勘、城建院及监理等二级单位。主要从事城市轨道交通、铁路、市政、房建、公路等领域的工程勘察设计以及工程总承包、工程监理、技术咨询等业务。持有工程设计综合资质甲级、工程勘察综合类甲级、工程测绘甲级、工程咨询甲级、工程项目管理甲级、工程监理甲级6项综合甲级资质及其他类多项甲级资质,涵盖工程勘察、设计、咨询、监理、总承包、项目管理等工程建设全过程。设有经济调查、行车、线路、路基、站场、桥梁、隧道、建筑、通信、信号、电气化、环境评价、工程经济等30个专业,职工1500人。先后获专利107项;软件著作权10项;获国家科技进步奖1项,省部级科技奖16项;省部级及以上优秀工程勘察奖5项,优秀工程设计奖10项,优秀工程标准设计奖4项,优质工程奖1项,优秀工程咨询成果奖49项。主持或参与编制国家及行业等标准、规范22项;获国家及省部级"重合同守信用单位""上海市文明单位""上海市高新技术企业""上海市创新型企业""上海市科技小巨人企业""上海市专利工作试点企业"等。

2016年,资产总额103043.1万元。其中,流动资产70327.6万元,非流动资产32715.5万元。新签合同额140032万元,营业收入100886.7万元,实现净利润9594.8万元。国有资产保值增值率116.75%,净资产收益率15.63%,资产负债率36.75%,总资产周转率1.08次。 (邹飞虎)

【领导人员】

董事会

董事长	李永利
董事	薛新功
	喻伟巍(4月任)
	刘建红(4月任)
职工董事	王　勋(6月任)

行政领导

院长	薛新功
副院长	喻伟巍

刘建红
马汉栋
张国峰
钟国钢
总工程师　薛新功(兼)
党群领导
党委书记　李永利
党委副书记　薛新功
王　勋(6月任)
纪委书记　李芳桃(10月任)
工会主席　王　勋(兼,8月任)
(邹飞虎)

【职工队伍】 职工1500人。专业技术人员1399人,占职工总数的93.3%。高级职称472人、中级职称497人,中高级职称人数占专业技术人员总数的69.3%。上海市科学技术委员会副主任及委员9人,教授级高级工程师50人,享受国务院政府特殊津贴人员3人,上海市领军人才1人,詹天佑奖获奖者4人,茅以升工程师奖1人。(陈英才)

【境外工程】 孟加拉铁路阿考拉至锡莱特米轨转换为混合轨改造项目预可行性研究　位于孟加拉国东北部,全长176.6千米,设车站22座。既有铁路为单线窄轨铁路,本次改造按米轨和宽轨混合三轨设计。

既有马里至塞内加尔铁路改造项目可行性研究　起自塞内加尔首都达喀尔的Dakar站,经马里首都巴马科至既有线终点Koulikoro站,全长1286千米,其中,塞内加尔境内线路长644.6千米、马里境内线路长641.4千米。

塞内加尔达喀尔至坦巴昆达标准轨铁路预可行性研究　全长440千米。主要工程量:米轨铁路1条,新建双线电气化标准轨铁路36千米;新建单线标准轨铁路395千米;新建标准轨铁路3.3千米;标准轨铁路专用线6千米。

柬埔寨73号公路项目预可行性研究　为柬埔寨国家公路网的重要组成部分,连接桔井省省会桔井及特本克蒙省省会三州府市,是柬埔寨南部省份通过北部的一条快捷通道。项目起于斯登National Hwy 7与370C交叉处,于桔井市东侧接7号公路,全长88.82千米。

赞比亚西北铁路预可行性研究　位于赞比亚境内西北部,位于铜带省和西北省境内,是安赞铁路赞比亚境内路段。全长550千米。

喀麦隆埃代阿至克里比铁路可行性研究　位于喀麦隆西部滨海省和南部省境内,起于滨海省埃代阿市(Edéa),先后经埃洛巴廷迪(Elogbatindi)、菲芬达(Fifinda),进入洛拉贝(Lolabe)新设克里比港站。全长131.37千米。(马如箭)

【勘察设计】 宁启铁路林场至南通段复线电气化工程　全长268.3千米,改造工程主要是增建二线,并对现有铁路进行电气化和提速改造。该工程建成兼顾城际功能的客货混运、通行双层集装箱列车的大能力快速通道,南京至南通运行时间从3小时50分钟缩短至1小时50分钟。

宁启铁路南通至启东段工程　新建线路从既有南通东站引出,向东经海门、临江至启东设站后,转向北至吕四港设吕四站,全长93.6千米。全钱设南通东站、海门站、临江站、启东站、吕四站。另南通至南通东段16.4千米线路同步电化改造。

连淮扬镇铁路工程　线路自在建连云港至盐城铁路连云港董集站引出,经淮安、扬州,跨越长江后至沪宁城际铁路镇江丹徒站,全长305.2千米。设车站11座。线路跨越长江采用五峰山桥位方案,大桥采用双线铁路+八车道公路合建方案,主跨采用1036米的钢桁梁悬索桥方案。

改建铁路合肥至芜湖铁路电气化改造工程　既有淮南线合肥东站至芜湖东站133.8千米、既有宁芜线芜湖东站至芜湖站12.4千米现状电气化改造。

淮北至萧县北客车联络线工程　自符夹铁路坡里至岱河间接轨引出,经萧县西至郑徐客专萧县北,新建客车联络线24.84千米,桥隧比69.8%,速度250千米/小时。

符夹铁路扩能工程　符夹线南起符离集,向西北经淮北市、萧县至徐州夹河寨,全长87.28千米。全线按一次双线电化扩能考虑,对既有线进行部分改造,并行既有线增建二线,设计为国铁Ⅰ级,速度120千米/小时。

青阜线电化改造工程　全长132.3千米,在百善站、青町站、涡阳站、西潘楼站设置综合网工区,阜阳站设置网工区,在青町、江集新建牵引变电所,在海孜、涡阳、永兴集新建分区所。

阜淮铁路淮南铁路至合肥段水蚌铁路电气化扩能改造工程　阜淮铁路是安徽省淮北平原南部的煤运干线。途经风台、颍上,至阜阳,全长130千米。阜淮线阜阳枢纽袁寨站(不含)至淮南站(含),淮南线淮南站(不含)至合肥东站,水蚌线水家湖站(含)至蚌埠站(含),全长282千米的电气化扩能改造工程。

华东二通道芜湖至宣城段工程　北起芜湖市,南至宣城市,途经芜湖市的弋江区、南陵县、芜湖县,宣城市宣州区。该段铁路起自芜湖站,终至宣城站,线路长

73.321 千米，合同投资 89.9 亿元。

阜阳北站扩能工程　阜阳北站衔接京九、青阜、漯阜、阜淮、阜六 5 条铁路，为单向纵列式三级四场站型。新建上行系统（设到达场、调车场、出发兼直通场、漯阜兼地区车场），改造既有上行到发场（II 场）为交换场，最终形成双向三级八场站型。

池州至黄山铁路工程　位于安徽省南部，经由九华山、太平湖、黄山等风景名胜区。是一条以承担跨线中长途客流为主、旅游观光客流为辅、兼顾城际客流的客运专线。全长 126.1 千米，设车站 5 座，桥隧比 83.1%，其中隧道比 66.7%，最长隧道为宏村隧道长 9.95 千米。

淮北至阜阳、蚌埠快速铁路工程　起自淮北，经宿州至阜阳至蚌埠，并预留至亳州，全长 300 千米，设计时速 250 千米，合同投资 400 亿元。

连镇铁路南延段工程　北起镇江市，经常州市金坛区、溧阳市，南京市高淳区，南至安徽省宣城市，正线长 180 千米。江苏省境内正线全长 132 千米，设计时速 250 千米，合同投资 200 亿元。

盐泰锡常宜铁路工程　北起苏北盐城市，在兴化进入苏中泰州市，向东南经泰兴后于靖江跨越长江天堑，进入苏南无锡境内，经江阴、惠山，过常州东南部后止于无锡下辖的宜兴市，全长 311 千米。泰兴至宜兴段正线全长 148.3 千米，设计时速 250 千米，合同投资 302 亿元。

（汪文锋）

【经营管理】　践行“十三五”规划的各项要求，坚持“一业为主，两个市场，六大板块，全面发展”的发展思路，以“创新发展、稳定增长、转型升级”为主线，在保持铁路和轨道交通两大主要业务板块持续增长的同时，大力拓展总承包、市政房建、监理咨询以及新兴市场等业务板块，海外市场也取得新的突破。新签合同额超过“十三五”规划开局年的发展目标 13.5 亿元。先后参与上海、南京、无锡、南昌、郑州、济南、厦门、温州、长沙、福州、合肥、成都、绍兴、湖州、金华等地轨道交通项目 35 批次 140 余个标段的投标，中标 18 个项目，中标金额超过 6 亿元。新进济南、福州、长沙、贵阳、绍兴、金华 6 个城市轨道交通市场，累计进入 31 个城市，打造 10 多个亿元级轨交市场。铁路市场实现新突破。皖北城际铁路、连镇南延、盐泰锡常宜、池黄等国铁项目相继中标，中标里程近 900 千米，总投资约 1100 亿元。承揽的浙江省都市圈市域（郊）铁路二期规划、上海市新一轮建设规划（嘉闵线）等铁路前期规划项目。海外经营工作呈现出积极发展变化和良性发展态势，海外经营区域市场布局更加合理，从最初局限于非洲安哥拉市场，到全球大范围触及，再到“以西南部非洲和东南亚为主体”，推进“一个基地，两个经营网点”的海外市场布局，结合自身优势，通盘谋划，有的放矢，深耕重点区域市场，不放弃潜在市场机遇。中标安哥拉威拉省供电项目、卡宾达供电项目、卡宾达供水项目，以及马来西亚南部铁路项目中港管段技术服务，海外经营业绩取得实质性的突破。先后承揽国电分宜电厂铁路专用线的设计施工总承包、金华站货场搬迁工程浙江铁发还建工程代建、芜湖宝特物流有限公司铁路专用线工程总承包淮水北调淮北市级配水工程供水管道穿越铁路运营线路护涵工程、漳州常山乌山旅游专线下穿杭深线立交等总承包项目，同比增长 34.9%。充分意识到综合管廊、地下空间、空铁、海绵城市、智慧城市等新兴市场的发展前景，利用现有的技术优势和经营平台，积极尝试进入这些市场新领域，承揽或完成承德市地下综合管廊规划方案、宜兴市宜南景区空铁规划研究、南宁海绵车辆段项目、上海浦东机场三期扩建工程项目旅客捷运系统工程等新兴市场项目。结合区域经营工作开展情况及面临的形势，修订《区域经营管理办法》，撤销西安办事处，将长沙办事处升级为长沙院，筹划组建济南办事处，成立市政工程设计院；为规范集团公司总承包项目管理，修订《工程总承包经营承揽奖励办法》和《工程总承包项目管理办法》；召开工程总承包专题会议，组织多次和路局相关部门的研讨培训活动，推进房建、物流项目的设计工作。

（汪文锋）

【科技成果】　紧紧围绕勘察设计主业，全面落实科技兴企的核心战略，推动铁路和轨道交通设计业务做强做优。依托铁路和轨道交通等领域中的重点项目，积极开展科技创新。获中国铁道学会铁道科技二等奖 1 项；国家优质工程奖 1 项；中国建筑业协会第二届中国建设工程 BIM 大赛一等奖 1 项；国家授权发明专利 5 项；发布“十三五”科技发展规划和各专业“十三五”科技发展规划；召开本部（院）处总工程师工作交流研讨会，明确处总角色和定位、处总的主要工作内容和职责。主持研发的“宁启铁路既有线提速 200 千米/小时桥梁加固关键技术研究”等 9 项课题通过上海市、股份公司结题验收，以及科研成果评审。其中，7 项课题取得的多项创新成果，达到国内领先水平。与天津轨道交通集团有限公司、西南交通大学等联合研发的“高性能复合纤维混凝土在地铁工程中的应用研究”列入天津市科学技术委员会科研计划项目。参与编制的国家标准《城市轨道交通公共安全防范系统工程技术规范》和《城市轨道交通无线局域网宽带工程技术规范》发布实施。

（孙蔚芝）

【党群工作】 党的工作。相继开展3个阶段的思想引导和形势任务教育工作。通过“三会”,全面回顾“十二五”以来各项事业取得的重大成就和基本经验,深入分析“十三五”发展形势的变化,引导广大党员干部、职工准确把握企业自身的优势和不足,增强发展自信,坚定不移打好“十三五”开局攻坚战;通过“七一”大会,总结阶段工作。通过集团第一次党代会,对全体党员进行1次生动、深刻的党内民主锻炼,产生新一届党委和纪委领导集体。坚持抓关键、夯基础,“两学一做”深入推进。严格落实中央及上级党委统一部署,将“两学一做”作为党建工作的龙头任务,推进党内教育从“关键少数”向广大党员拓展、从集中性教育向经常性教育延伸。规定动作做到位。坚持抓学习、提素质,以十八届六中全会、全国国有企业党建工作会议和习近平总书记系列重要讲话精神为重点内容,在强化个人自学和邀请专家辅导的基础上,深化集中学习,让支委“唱主角”、党员“齐上阵”、书记“担主责”、联系领导“当参谋”,开展学习研讨100余次;坚持抓党课、出实效,党员领导干部以上率下、示范引领,既紧跟中央精神,又紧贴企业实际,开展专题党课近60次;坚持抓舆论、造声势,在集团OA网开设“两学一做”专栏,宣传各单位“学”“做”进展及先进典型,发布专题报道50余篇。在建党95周年、红军长征胜利80周年之际,开展重走红军路、“两学一做”知识竞赛、红色联欢、重温入党誓词、主题摄影征文等内容丰富的群众性主题实践活动,引导全体党员和员工做合格党员、做合格员工,走好企业发展的新“长征路”。坚持抓班子、育人才,队伍建设不断加强。始终坚持党管干部、党管人才原则,进一步加强领导班子、中层干部、专业技术人员3支队伍建设。将班子建设作为事关成败的关键。补齐补强班子成员,科学合理调整分工,进一步明确“一岗双责”;加强思想政治建设,强化中心组学习,班子成员的大局意识和理论水平进一步提高,引领发展的能力进一步增强;加强决策能力建设,召开党委常委会10次、党政联席会议10次,科学民主决策入脑入心;加强管理能力建设,企业经济效益明显提高;加强作风建设,大力倡导团结协作之风,批评和自我批评之风,密切联系群众之风,廉洁勤政之风,求真务实之风。认真落实股份公司加强干部管理的要求,对干部选拔的程序及操作细节进行梳理和完善,加强干部档案审核,严格落实个人事项申报核查,健全干部管理制度体系。着力充实管理团队,在广泛推荐、认真考核的基础上,选拔任用处级以上干部12人。招聘、接收大学本科及以上学历人员145人。抓好过程关,深入开展新“1258”科技人才工程,已拥有专业技术带头人50人、青年拔尖人才93人,组织开展各类技术培训、现场观摩、专业年会近30场次。坚持以基层基础建设为重点,注重补齐短板,不断健全党建长效机制,建立党群工作例会制度,修定“三重一大”决策机制,在长期驻外项目成立临时党支部,扎实推进换届工作,集团党委及所属4个党总支、19个党支部完成新老班子交替。开展组织关系集中排查、党费清查补缴和集中管理工作,理顺党员组织关系,严肃组织生活纪律。严格落实“控制总量、优化结构、提高质量、发挥作用”总要求,发展党员13人。组织对各单位党建及党风廉政建设工作情况进行深入调研,摸清各单位党建“家底”,为配齐配强党建工作力量奠定坚实基础。强化党委主体责任、纪委监督责任,层层签字背书,层层传导压力,深化党委统一领导、党政齐抓共管、部门各负其责、纪检监察组织监督、群众积极参与的领导体制和工作机制。开展廉政教育,加大对领导干部履职待遇、“三重一大”决策、廉政承诺实施情况的监督检查力度,结合“四风”问题整治“回头看”等工作对超标准乘坐交通工具、超标准办公用房等存量问题进行整改,同时坚决杜绝增量,坚持抓早抓小,作风建设成果得到巩固。继续保持惩治腐败高压态势,切实把控廉政风险点,积极推进企检共建,重视办信查案,按股份公司要求对2003年以来的线索进行一次大起底,对腐败行为和不正之风保持利剑高悬。积极做好股份公司巡视配合工作,严格遵守各项纪律,自觉主动接受监督,并以此为契机,自查自省、自励自强,凝心聚力谋划好企业新一轮发展。持续抓好精神文明建设,积极巩固连续四届上海市文明单位成果,成为静安区志愿者协会会员单位,并被授予上海市四星级诚信创建单位。大力加强区域共建,积极履行与所在地北站街道的合作协议,进一步完善思想政治工作联做、公益事业联办、生活环境联建、文体活动联谊的工作机制。不断加强新闻宣传工作,宣传报道量质齐升,省部级以上主流媒体刊登数量达到5篇;“城建院项目部风采展示系列报道”引发普遍关注,汇聚改革发展正能量。强力推进企业文化落地生根,通过制作企业宣传画册、印发员工手册、加强项目部标准化建设等举措,实现企业文化与企业管理的有机融合。积极履行央企社会责任,落实精准扶贫工作要求,着力推动“茅以升公益桥—铁道工程师金寨圆梦桥”项目,企业品牌形象进一步提升。

工会工作。以职代会为主要载体,深化院务公开和民主管理,以友爱基金为主要渠道,认真做好扶贫帮困及救助工作。落实“三不让”资金120余万元,落实兑现“三不让”承诺。重点打造“两会一节”活动,举办“重走红军路 红色金寨行”等主题教育活动,同时,成功举办乒乓球、桥牌比赛,开展徒步活动,加强各单位的交流,丰富员工的业余生活。积极参加股份公司工会上海区域联动活动，加强与上海地区各单位的横向沟通与协作交流。

共青团工作。各级团组织积极弘扬主旋律，青年思想教育取得新成效；强化团的建设，团组织的活力和凝聚力进一步增强；深化“青”字号品牌活动，团员青年的生力军作用更加突出；持续推进“导师带徒”活动，青年职工成长成才的常态化机制得到巩固和深化。

（余　毅　邹飞虎）

【南昌铁路勘测设计院有限责任公司】　由南昌铁路勘测设计院改制而成，是具有独立法人资格的综合勘测设计单位。持有国家发改委颁发的工程咨询甲级资质证书，省建设厅颁发的建筑工程乙级、市政（桥梁、道路）工程乙级设计资质证书和城市规划丙级资质证书，省测绘局颁发的测绘乙级资质证书，国家工信部颁发的计算机信息系统集成肆级资质证书。可承担铁路、轨道交通、市政（道路、桥梁）和建筑工程及其配套的给水排水、电力、通信、信号工程的勘测设计和相应的项目总承包、技术咨询、软件开发等业务。驻江西省南昌市工人新村二路27号。院长彭跃辉，党委书记胡庆安。职工311人。资产总额14320万元，其中，固定资产原值2549万元、净值979万元、无形资产（土地使用权）1483万元、流动资产11754万元、其他资产104万元。

2016年，营业收入14096万元，新签合同额38431万元，利润总额1393万元，净利润1097万元，国有资产保值增值率107.79%，净资产收益率7.57%（不含少数股东权益）。

（王安昌）

【杭州铁路设计院有限责任公司】　原为杭州铁路设计院；2007年7月实施改制，更名为杭州铁路设计院有限责任公司。持有铁道行业工程设计乙级、建筑工程设计乙级、工程咨询乙级、工程总承包乙级和工程招标代理暂定级等资质证书，2006年12月通过ISO体系认证。主要从事铁路线路、站场、桥梁、房建工程设计和建筑设计、工程咨询、工程总承包等业务。驻浙江省杭州市延安路468号浙江经贸广场综合楼B座6楼。院长、党总支书记林平。职工112人。资产总额5573万元，其中固定资产原值1559万元、净值1215万元，流动资产4261万元。

2016年，完成总产值9185万元，新签合同额1.32亿元，利润896万元，国有资产保值增值率118.91%，净资产收益率18.01%。

（孙世畅）

【中铁上海设计院集团合肥有限公司】　主要从事铁路、桥梁、工业与民用建筑、通信信号、给排水、电力、市政道路、轨道交通等工程勘察设计以及工程总承包、技术咨询等业务。下辖铁道设计所、道桥所、建筑设计所、市政所、经营计划部、综合管理部、财务部、工程总承包部和勘察队，通过质量、环境、职业健康安全管理体系认证。驻安徽省合肥市瑶海工业园区新海大道15号（中国铁建安徽大厦）。院长孟磊。职工81人。资产总额3040万元，其中固定资产2608万元，流动资产1187万元。

2016年，新签合同额8907.75万元（其中总承包5157.39万元），营业收入2607万元，净利润50万元，净资产收益率2.11%，国有资产保值增值率102.03%，总资产周转率0.8次。

（张荔敏）

【上海先行建设监理有限公司】　持有铁道工程综合监理甲级、市政公用工程监理甲级、房屋建筑监理甲级、公路工程乙级资质，已通过质量、环境、职业健康安全管理体系认证。成立于1993年8月，是中铁上海设计院集团有限公司的全资子公司。经营范围：铁路、公路、市政公用工程，工业与民用建筑工程，暖通、给排水工程，通信、信号及电力工程，室内外装饰工程，园林绿化工程，设备安装工程，环保及消防工程监理；工程检测；工程技术咨询服务。驻上海市天目中路291号。总经理康新平，职工460人。

（贾凤丽）

【中铁上海设计院集团有限公司天津分院】　驻天津市南开区卫津路18号中恺国际广场新都大厦A座15层。院长顾培龙。下辖综合部、经营生产部、线路设计所、建筑设计所、结构设计所、机电设计所。职工101人。资产总额2837万元，其中固定资产原值1778万元、净值1299万元，流动资产1522万元。

2016年，完成总收入3548万元，新签合同额4332万元，利润总额395万元，净利润334万元，净资产收益率14.18%。

（姜熙伟）

【中铁上海设计院集团有限公司南京设计院】　主要从事铁路、建筑、市政领域的工程勘察设计、总承包、技术咨询等业务，设有道路、桥梁、建筑、结构、给排水、电力、暖通、线路、通信、信号、工经等专业。2009年，由原上海铁路局南京铁路勘测设计所划入挂牌成立。驻南京市鼓楼区中山北路223号建达大厦。院长潘必胜。职工74人。下辖2个职能部门、3个生产所。资产总额2548万元，净资产1372万元，净资产收益率59.7%。

2016年，新签合同额11664万元，营业收入6445万元，净利润718万元。

（严　云）

【中铁上海设计院集团有限公司徐州设计院】 主要从事铁路、城市轨道交通、市政、工业与民用建筑等工程勘察设计以及工程总承包业务，设有线路、路基、站场、桥梁、建筑、结构、通信、信号、给排水、暖通、电力、电气化等专业 。2013 年，在原上海铁路局徐州铁路设计研究院的基础上组建成立。驻江苏省徐州市新城区镜泊西路吉田商务广场 C 栋 4 层。院长韩其胜。下辖 2 个职能部门、3 个生产部门。职工 49 人。

2016 年，新签合同额 5803 万元（含济南地铁），其中勘测设计费合同 5803 万元（含济南地铁）；实现营业收入 3377 万元（含 EPC 项目 1003 万元），其中勘测设计费收入 2101 万元；完成利润 269 万元。

（朱　萍）

【中铁上海设计院集团有限公司长沙设计院】 主要从事铁路、轨道交通、市政、房建、公路等领域的工程勘察设计、总承包、技术咨询等业务，设有道路、桥梁、隧道、建筑、结构、给排水、电力等专业。成立于 2016 年，业务范围以湖南省为主阵地，联系广铁集团，辐射周边省份。驻湖南省长沙市雨花区香樟路 819 号万坤图财富广场 1 栋 10 楼。副院长、党总支副书记（主持工作）杨敏捷，下辖 1 个职能部门、2 个生产所、1 个驻外办事处。职工 33 名。资产总额 106 万元，净资产 88 万元。

2016 年，新签合同额 8109 万元，营业收入 19 万元，净利润 -136 万元。

（向　鑫）

【中铁上海设计院集团有限公司工程勘察设计院】 具有工程勘察综合类甲级、测绘甲级资质。从事城市轨道交通、铁路、高速铁路、市政、公路、桥梁、工业与民用建筑等工程勘察，工程测绘、工程监测、工程物探、精密控制测量等业务。成立于 2006 年，隶属中铁上海设计院集团有限公司，属非法人独立核算单位，驻上海市天目中路 291 号。院长陈震华，党总支书记郑晓慧。职工 115 人。

（李　帅）

【中铁上海设计院集团有限公司城建设计院】 专业涵盖建筑、结构、电力、给排水、暖通空调、机务、车辆、机械 8 个专业。成立于 2008 年，为中铁上海设计院集团有限公司的二级单位，属非法人独立核算单位。驻上海市天目中路 267 号蓝宝石大厦 13－15 楼。院长朱德荣。下辖经营计划部、建筑一所、建筑二所、结构所一所、结构二所、水电所、暖通所、机辆所。职工 173 人。

2016 年，完成合同额 10151 万，完成内部收入 10588 万元，净利润 1095.2 万元。

（施宇平）

【重要记载】

▲1 月 29 日　在上海召开一届十一次党委全委（扩大）会议、三届二次职代会和 2016 年工作会议。

▲4 月 18 日　自主申报的“合蚌高铁关键技术”获上海市科技进步二等奖。

▲8 月 26 日　承办的铁路总公司第二批铁路项目勘察设计后评估会议在上海成功召开。

▲10 月 20 日　设计的“茅以升公益桥—铁道工程师金寨圆梦桥”启动会在安徽金寨举行。

▲11 月 6 日　中国铁建总裁庄尚标一行到中铁上海设计院安哥拉有限公司调研。

▲11 月 16 日　在中国建筑业协会第二届中国建设工程 BIM 大赛上，集团公司报送的“连镇铁路轨道专业 BIM 技术综合应用研究”获一等奖。

▲12 月 21 日　集团公司纪委与江西省人民检察院南昌铁路运输分院在南铁分院召开建立工作联系配合机制会议，启动企检共建工作。

（吝永亮）

中铁物资集团有限公司

【简况】 铁路用钢轨招标代理服务商，国家发改委批准的成品油专项供应单位。主营物流贸易、加工制造、国际业务、集采代理和电子商务五大板块。前身系中国人民解放军铁道兵后勤部物资处；1984 年 1 月，集体转业并入铁道部，改编为铁道部工程指挥部物资处；1990 年 3 月，组建中国铁道建筑总公司物资局；1999 年，改称中铁建物贸公司；2000 年 12 月，更名为中铁建物资集团有限公司；2003 年企业改制，改称现名。驻北京市海淀区西四环中路 19 号。企业注册资本金增至 30 亿元。下辖 15 个全资子公司、5 个控股子公司和 4 个钢厂办事处，在 4 家公司参股，并在重庆、大同、无锡等地设有分公司和办事机构。资产总额 177.6亿元，固定资产原值 8.2 亿元、净值 5.5 亿元，流动资产164.4亿元。

与鞍钢、包钢、攀钢、武钢、河北钢铁、首钢、中石油、中石化、中建材、中远洋、中外运、山桥、宝桥、南岭民爆等大型企业建立长期稳定的战略合作伙伴关系，实现销售企业与民爆骨干企业组建专营公司的合作；成功进军时速 350 千米百米钢轨市场的企业。先后承担成昆、大秦、京九、南昆、内昆、青藏铁路，京沪高速铁路，郑西、武广铁路客运专线等国家重点工程的物资供应任务，直接或间接参与建设的新建铁路总里程累计 50000 余千米，占全国铁路的 50%。参与京沪、京珠、沪宁等高速公路，北京、上海、广州、深圳、南京等城市地铁，首都机场扩建项目、南京环城铁路、南水北调工程以及诸多港口、码头、水利水电、民用建筑等工程的物资供应；提供北京2008年奥运会、上海2010年世博会、广州2010年亚洲运动会的配套工程物资保障；与欧洲、中东、南亚、东南亚、东亚等地建立良好的业务关系。先后获全国诚信文明示范单位、中央企业先进集体、"工人先锋号"、火车头奖杯、北京市和谐劳动关系单位、全国守合同重信用企业、中国诚信经营示范企业、全国用户满意企业、国家AAAA级综合服务型物流企业、北京市国地税A级纳税企业、银行资信等级AAA级信用企业、全国首批物流AAA级信用企业等称号；成为中国物流与采购联合会、中国铁道物资流通协会、中国建筑材料流通协会和中国建筑业协会材料分会的副会长级单位。保持中国物流与采购联合会评选的"5A级物流企业""企业信用评价3A级信用企业"，北京市建筑业联合会评选的"北京建设行业3A诚信企业"，中国质量协会评选的"全国实施用户满意工程先进单位""用户满意企业"等；成为中国物流与采购联合会2011—2016年优秀会员、中国机电商会副会长单位、中国城市轨道交通协会理事会员单位；中国物流企业50强排名第七位。

2016年，完成产值205.25亿元，实现净利润5007万元。人均创利18.58万元，全员劳动生产率27.75万元/人年，职工年人均收入10.95万元。国有资产保值增值8181万元，净资产收益率11.31%，产值利润率1.04%，资产负债率95.59%，应上缴款完成率95.59%。

（王　蕾）

【领导人员】

董事会

董事长	金跃良（3月免）
	赵红鹰（3月任）
副董事长	王　涛（3月免）
	李锦云
董事	王　辉（4月任）
	唐建勇（6月任）
职工董事	董佃俭

监事会

监事会主席	吴婧萍
监事	汪起帆
	李景光
职工监事	刘　芳

经理层

总经理	王　涛（3月免）
	王　辉（7月任）
副总经理	熊卫东
	李志群（3月免）
	王跃飞
	唐建勇
	吴福存（3月任）
	王　青
	吴利红（3月免）
	周庆国（6月免）
	吴福存（3月任）
	魏广铭（11月任）
总会计师	王　青（兼）
总经济师	吴利红（兼，3月免）
	吴福存（兼，3月任）

党群领导

党委书记	金跃良（3月免）
	赵红鹰（3月任）
党委副书记	王　涛（3月免）
	王　辉（4月任）
	董佃俭
纪委书记	吴婧萍
工会主席	董佃俭

（王　蕾）

【职工队伍】　职工1930人。干部1660人，其中技术干部1122人，约占干部总数的68%；工人281人，技术工人约占59.5%。35岁以下780人，36～40岁122人，41～45岁81人，46～50岁52人，51～54岁52人，55～59岁34人；高级职称106人，中级职称228人，初级职称788人。

（汪　军　高　艳）

【企业经营】　为提高经营质量，进行业务结构调整，放弃效益低、回款差的项目，重点关注优质项目，围绕融资项目、PPP项目开展物资集中采购工作，继续巩固铁路市场优势地位，提升海外业务市场份额。一是铁路线上料业务，执行钢轨77万吨，其中基建钢轨执行50万吨，新增基建代理项目16个，新增项目钢轨需求7440铺轨千米。二是加工业务，深化与福斯罗等公司的合作，与行业知名科研单位共同研制开发贝氏体钢轨、贝氏体镶嵌式道岔、减震道岔等产品。三是工程物流、集中采购业务，积极介入城际高速公路、城市轨道交通、市政基建工程、城市管廊建设、海绵体城市、房地产、棚户区改造等领域，大力推进股份公司投资、总承包、房地产项目集采供应工作。新成立的能源与物流事业部新签合同额11亿元，实现产值4亿元，实现净利润500万元。四是国际业务，对接印尼、肯尼亚、马来西亚等国家的铁路物资需求，加快钢轨及线上料出口，发挥港澳公司海外经营平台作用，在外资贷款类项目、出口钢板等新领域取得较大突破。五是电子商务业务，各单位在中国大宗物资网上实现钢材交易量超过430万吨，同比增长66.92%，水泥交易量超过190万吨，同比增长43.33%，工程物流整体上线率80.19%，节约采购资金5700余万元。六是代理服务业务，推进铁总管理甲供物资计划统计、招标采购、组织供应、驻厂监造等一体化服务，承接新建郑州至万州铁路、三江至南川铁路等项目的代理服务工作。

（王　蕾）

【企业管理】 战略转变。按照股份公司部署，将资本运营板块整体划出集团业务，包括应业主要求成立的投融资公司。将集团公司的南昌中铁建项目建设管理有限公司、海南中铁建国际旅游岛投资管理有限公司、成都中铁建项目建设管理有限公司、四川中铁建地铁投资管理有限公司、云南投资项目工作组以及中铁物资集团资产管理有限公司的股权、人员、资产、债权债务按账面净值整体划入中铁建西南投资集团有限公司。按照股份公司"从单一的物资供应商向集成供应商的转变""从物贸型企业向物流型企业转变"的要求，提出"聚焦主业、提振信心，内强管理、外塑形象"的发展思路，完成"树立目标、明确发展思路—制定政策、订立规矩—稳步推进资源整合和清理—全力冲刺年度工作目标"四个阶段及"强力抓清欠、强力抓集采、强力抓经营"的年度工作任务。初步完成"十三五"战略规划编制，将"贸易＋投资"的业务模式转变为"物流贸易＋其他"，专注于物资物流贸易和集中采购业务，确定"三个发展"战略决策，即"在防范和化解风险中实现安全发展，在转型和服务升级中实现良性发展，在创新和协同中实现共享发展"，树立成为"具有国际知名度、国内领先的现代供应链集成商"的企业愿景。为实现集团公司新的发展战略，股份公司为集团公司增加注册资本金10亿元，为集团公司及所属子公司提供授信担保120亿元，在协调解决系统内单位应收账款等方面给予支持。调整布局。为避免部分子公司经营布局重叠、区域子公司经营同质化竞争激烈的情况，集团公司制定并实施大区经营战略，对子公司开始大面积调整。将华东公司与江苏公司、西北公司与兰州公司、中南公司与华中公司、华南公司与海南公司、工业公司与物贸公司、港澳公司与香港公司分别进行合并；为统筹区域协调与集采、清欠工作，加强区域内的高层对接，集团公司将指挥前移、重心下移，配合分支机构整合，将原有的11个区域经营指挥部缩减为7个，由集团公司班子领导直接担任指挥长，同时另设海外区域、铁路线上料及新型业务等专业指挥部，强化区域经营力量。另外，将北京五棵松饭店有限公司以股权收购的方式调整为集团公司直管的全资子公司。"瘦身健体"。根据上级要求，集团公司开始"压减"工作，对"压减"法人机构工作的领导机构、时间进度、压减类型及方式、要求等进行全面部署，并按照计划表按期推进。将芜湖科吉富轨道销售有限公司划出华东公司，转为集团公司直接管理的全资子公司，南京中油铁建成品油销售有限公司的20%股权继续由集团公司持有，不再转让给江苏公司。截至2016年底，完成对上海佳拓贸易有限公司、中铁物资集团新津物流有限公司的注销工作。机关调整。撤销资产投资部，成立资产管理部；撤销纪委纪检监察室，成立执法和效能监察室（巡视办公室）和案件检查室；成立代理服务事业部、客户服务中心，合并铁路事业一、二部为铁路事业部，合并能源与原材料事业部和物流事业部为能源与物流事业部，将国际贸易部、电子商务交易部分别改为国际部、电子商务管理部。财务管理。开展账户清理，撤销账户126个，因业务需要新开账户54个；资金平均集中度达98.02%，平均上存度80.72%；通过多种方式，节约财务费用4000余万元；强化税收筹划，节税9200余万元；强调"三金""三费"管理，以"三金"占比看企业订单水平和盈利能力，以"三费"看企业管控能力。审计监督。积极配合股份公司、国资委、国家审计署有关审计工作，主动开展大宗物资贸易等重大事项专项调研督导、自查整改"回头看"等工作，对6家单位进行离任审计，建立并实施审计例会制度。信息化建设。建设完成信息系统异地备份项目，持续推进软件正版化工作，制定出台《软件资产管理办法》，升级完成NC系统CA证书，确保企业信息数据安全。人力管理。接收高校毕业生50人，在股份公司系统内公开招聘录用22人，选聘社会专业人才26名；开展6期"能力建设大讲堂"系列教育培训，组织新入职员工开展企业文化和业务培训，培训13000余人次。风险防控。一是修订下发30余项规章制度，规范业务流程，明确分工，加强客商管理和选商工作，建立健全客商分级制度，将以往以合同内容为主进行评审的方式改变为合同评审与客商相结合的综合管理模式；制定标准化、规范化的经营合同范本，建立经营合同后评估制度，优化、调整合同评审流程。二是总结分析集团公司2015年风险内控工作，整改缺陷，修订《风险内控管理手册》，开展2016年重大、重要风险评估。制定《中铁物资集团法律事务管理办法》等9项法治规章制度，为法治工作提供制度保障；加强法治队伍建设，设法律工作人员53人，持有法律职业资格证书和企业法律顾问资格17人，机构人员配备平均达3人以上；健全总法律顾问制度，加深法律意见在经营环节中的参与程度,审核新签经济合同2485件、出具授权委托书587件,集团公司规章制度、经济合同、重要决策和授权委托书的法律审核率全面实现100%;经由法律手段,避免经济损失9000余万元,以诉讼及非诉讼方式挽回金额9.03亿元,坐实抵押资产20.3亿元。清收降债。针对大宗物资贸易风险业务设立5个清查小组,收回大宗物资贸易风险业务欠款2.57亿元,正常业务欠款65.14亿元;拟订《风险代理管理办法》及相关代理协议和招标文件,对推进困难的清欠项目组织开展社会第三方清欠。（王　蕾）

【党群工作】 党的工作。各级党组织认真学习贯彻党的十八大、十八届历次会议、国有企业党的建设工作会议、中央经济工作会议及中央系列重要指示精神;持续推进"两学一做"学习教育,召开动员部署大会,向所属单位派出4个督导组。集团公司及所属单位班子、各党支部共开展学习研讨会130余场次,开展讲党课118场次,收到党员干部撰写心得体会700余篇,各公司在集团公司内网登载学习交流文章112篇。完善落实董事会、党委会、总经理办公会议事规则,党委通过"源头参与"在重大决策中积极发挥作用,坚持"三重一大"制度,加强宣传报道工作,提出"新闻不过夜""新闻再加工",先后在《人民日报》客户端、《新华社》客户端、《人民铁道报》《现代物流报》、股份公司网站、《中国铁道建筑报》及集团公司网站、OA信息平台刊发稿件约500篇。党组织建设。召开第二次党代会,选举产生集团公司第二届党委和纪委。成立五棵松饭店党工委和10个指挥部党工委,撤销北京、物贸、海南、兰州、江苏、华中公司的党委、党工委。召开纪念建党95周年暨表彰大会,对8个先进基层党组织、13名"六好"共产党员、4名优秀党务工作者通报表彰。做好党员组织关系梳理排查和党费补缴工作,补缴党费3804465元。开展慰问困难党员活动,对40名生活困难党员发放慰问金52000元。任免干部231人次,其中提职提待遇4人,降职降待遇4人。将企业党建工作总体要求写进企业章程,将党组织的机构设置、职责分工、工作任务纳入企业的管理体系,明确党组织在企业决策、执行、监督等环节的权责和工作方式。企业文化建设。开展形势任务教育,让全体干部职工深入理解中国铁建对集团公司的期望和要求,以及集团公司重组整合的目的和意义,使"企业认同、身份认同、价值观认同"深入人心,确保重组整合顺利进行。印发《中铁物资集团有限公司企业文化建设管理办法》,对此工作提供制度依据。对照中国铁建《企业视觉识别系统规范手册》(2014年版)要求,更新桌签、名片、信封等。在系统内开展"弘扬文化精髓,抵制不良言行"主题活动。大力倡导志愿服务和精神文明创建活动,号召所属各单位主动同地方志愿组织开展共建帮扶活动,向社会各界展示企业良好形象。东北公司获"辽宁省文明单位"称号,兰州公司获"兰州市文明单位"称号。党风廉政建设。重点关注领导人员个人事项报告、"三公经费"管理、工作纪律监督,对发现问题的15人进行组织处理,其中,14名漏报人员已向组织提交书面检查、1名瞒报人员被"取消提拔"。与子公司签订党风廉政责任书60份,两级党委、纪委就落实党风廉政建设责任制情况约谈下属单位负责人156人次、开展领导人员任前廉政谈话133人次、诫勉谈话38人次。贯彻落实"八项规定",出台相关制度,严控招待性支出,没有超标支出和违规支出现象。开展公务用车专项治理,严格监督车辆处置、配备标准数量等执行情况。开展"四风"问题整治"回头看"。经此,集团办公用房面积缩减900余平方米,公款旅游退赔近1.15万元,清退超标准住宿费8452元,清退超标准乘坐交通工具费64.7万元,清退违规发放的奖金、福利费77.6万元。组织学习传达和贯彻执行股份公司纪委下发的《纪律审查工作办法》等规章制度。在集团内部网站开辟"纪检监察工作"专栏,多层面开展党风廉政宣传和法制互动。集团公司纪委围绕信访举报线索处置、案件查办、大宗物资风险业务清查和追责工作,强化责任追究,加大纪律审查力度。立案40件,对大宗物资贸易业务相关70余名责任人员,按照"一个结合,三个区别开来",区分四种形态,开展初步追责工作,给予党政纪轻处分63人次,党政纪重处分9人次,移交司法机关3人。撤并7个纪(工)委,新增云南公司、五棵松饭店、招标公司3个子公司和10个指挥部的纪(工)委。推动纪律检查体制机制创新,落实股份公司《关于加强二级单位纪检监察组织建设》《二级单位纪委书记履职专项考核办法》和《二级单位纪委书记述责办法》要求;利用大宗物资风险贸易清查和追责工作之机,锻炼两级纪检监察干部和业务人员30余人次;借助指导所属单位纪委办案锻炼两级纪检监察干部10余人次;通过以干代训,使纪检监察干部综合素质、业务水平和纪律审查能力得到提高。严格落实"四个不准"的纪律要求,对纪检监察干部严教严管,确保纪检监察干部牢固树立带头遵纪守法意识和自觉接受监督意识,强化他们的担当精神,切实把监督执纪问责融入企业中心工作。加强与各级铁检机关的沟通联系,推进与其在查办案件、预防职务犯罪等方面的协调配合。

工会工作。召开职代会,收集到提案67条。13家单位召开职代会(职工大会),并依法对领导干部进行民主测评。继续推行劳动竞赛,拨款20万对表现突出的中南、西南、港澳、云南公司进行表彰奖励。因机构调整,新成立北京五棵松饭店工会,完成西北、华北和西南公司工会的换届选举,对中南、华东、华南、工业公司的工会主席和委员进行增替补,撤销北京、物贸、江苏、兰州、海南、华中工会。元旦、春节期间,慰问125户特、重困难户,提供慰问金284000元;开展“金秋助学”活动,资助困难职工子女6人,资助金额11600元;持续加强互助合作基金会会员的管理工作,为8名出险职工办理补偿,补助金额3.9万元。开展“我爱铁建、我爱物资集团”系列活动,收到多幅作品,其中8篇文稿、20幅摄影作品、7幅书画优秀作品被选送至股份公司。“三八”节期间,开展《妇女权益保障法》《女职工劳动保护特别规定》《反家庭暴力法》等政策的宣传活动;评选出23名巾帼标兵、6名先进女职工工作者、11个巾帼标兵岗。各级女工委开展向困难女职工征集“微心愿”并将之实现。举办培育“好家风”女职工读书征文等系列活动,推选征文作品5篇、书画作品5幅、幸福家庭3户上报到股份公司工会。云南公司贵阳分公司马庆明被中华全国铁路总工会授予火车头奖章。

共青团工作。召开三届三次全委(扩大)会议。开展“提质增效·青年担当”主题实践活动;协助人力资源部组织新入职员工进行入职培训,参观铁道兵纪念馆;开展“清明祭英烈、共铸中华魂”清明祭扫活动;持续开展导师带徒活动;各级团组织及团员青年获股份公司、海淀团区委等上级和地方荣誉6人次。

(王　蕾)

【中铁物资集团东北有限公司】 主营铁路建设所需的钢轨、道岔及配件、金属材料、油料、煤炭、矿粉、火工品等,大型基建项目所需钢材、水泥等相关物资及工程物流、仓储物流服务等综合物流配送业务。前身为中国人民解放军铁道兵后勤部东北办事处;1984年,铁道兵集体改工并入铁道部,改编为铁道部工程指挥部东北办事处;1989年,更名为中国铁道建筑总公司东北办事处;2003年,改制改称现名。驻辽宁省沈阳市大东区东北大马路337号。下辖哈尔滨、长春、包头、大连、南通、唐山、兰州分公司和办事处。董事长、党委书记季利平,总经理王成伟。职工374人。资产总额31.46亿元,其中固定资产原值9252.02万元、净值5532.67万元,流动资产30.23亿元。

2016年,承揽任务总量49.82亿元,完成企业总产值数量33.14亿元,利润数量0.33亿元;人均创利9.84万元,全员劳动生产率30.57万元/人年,职工年人均收入8.03万元;国有资产保值增值率78.19%,净资产收益率-5.97%,产值利润率0.99%,投资回报率-9.87%,资产负债率109.53%,应上缴款完成率100%。

(刘　晨)

【中铁物资集团华东有限公司】 主营铁路线上料、现货贸易、工程物流、能源矿产及国际贸易业务。前身为中国人民解放军铁道兵后勤部华东办事处;1984年,集体转业并入铁道部,改编为铁道部工程指挥部华东办事处;1989年,更名为中国铁道建筑总公司华东办事处;2003年,企业改制改称现名。驻上海市杨浦区逸仙路25号19层。下辖杭州分公司、上海分公司、南昌分公司、铁城汽车出租有限责任公司、上海佳拓贸易有限公司及上海铁城实业有限公司。董事长李志群(4月免)、陆孜浩(9月任),党委书记陆孜浩,总经理张泓。职工120人。资产总额11.3亿元,其中固定资产原值1.05亿元、净值8565万元,流动资产10.33亿元,其他资产1724万元。

2016年,承揽任务总量31.46亿元,完成企业总产值22.14亿元,实现净利润1.38亿元;人均创利115万元,全员劳动生产率47.81万元/人年,职工年人均收入14.4万元;国有资产保值增值率173.71%,净资产收益率54.72%,产值利润率6.25%,资产负债率79.17%。

(李　欣)

【中铁物资集团中南有限公司】 主营业务为金属成材料、建筑材料贸易,机械设备租赁,房屋租赁,金属矿、非金属矿的销售,水泥、钢材、铁路设备器材销售、仓储服务及货物、技术、代理进出口业务。成立于2005年;2007年,成为集团公司独资子公司。驻湖北省武汉市武昌区丁字桥路25号。法定代表人韩元军,总经理李学锋,职工97人。资产总额121305.08万元,其中固定资产原值2951.97万元、净值2173.32万元,流动资产118158.64万元,其他资产973.12万元。

2016年,新签合同额37.44亿元,完成产值16.25亿元,实现利润总额6755.37万元,净利润5031.73万;人均创利69.64万元,全员劳动生产率1675.26万元/人年;国有资产保值增值率155.49%;净资产收益率38.50%;产值利润率4.14%;资产负债率85.93%;应上缴款完成率143.76%。收回应收账款2.46亿元。

(肖胜男)

【中铁物资集团西北有限公司】 主营大型基建项目所需钢材、铁路建设所需钢轨、配件和水泥等物资供应、钢材现货贸易、部管物资代理、房屋租赁等业务。前身系中国人民解放军铁道兵西北办事处;1984年,集团转业并入铁道部,改编为铁道部工程指挥部西北办事处;2003年,企业改制改称现名。驻陕西省西安市友谊东路150号。法定代表人郭鹏心(8月免)、郑长伟(8月任),董事长董佃俭(8月免)、李景光(9月任),党委书记董佃俭(8月免)、郭鹏心(9月任),总经理郭鹏心(9月免)、郑长伟(9月任),下辖银川分公司、陕西瑞中贸易有限公司。职工201人。资产总额89958.37万元。其中固定资产净值1194.28万元,流动资产59682.45万元,其他资产29081.63万元。

2016年,完成企业总产值4.94亿元,实现利润-6718.46万元;人均创利-33.45万元,职工年人均收入7.6万元;国有资产保值增值率119.18%,净资产收益率18.72%,产值利润率8.39%,资产负债率140.85%。 (袁 浪)

【中铁物资集团西南有限公司】 主营批发、零售钢材、水泥等建材;普通货物代办仓储运输;煤炭批发经营;自有房屋租赁;货物进出口贸易。前身为铁道兵西南办事处;1984年,集体转业并入铁道部,改称为铁道部工程指挥部西南办事处;1989年,更名为中国铁道建筑总公司西南办事处;2001年,企业改制改称成都中铁建西南物资有限公司;2004年,划归中铁物资集团有限公司,改称现名。驻四川省成都市一环路北三段1号SOHO-C座。下辖成都分公司、重庆分公司、拉萨分公司、成都地铁BT项目部、深圳项目部、天津项目部、重庆轨道项目部、蒙西铁路项目组。党委书记、董事长刘家云,总经理林斌。职工187人。资产总额15.89亿元,固定资产原值2.34亿元(含投资性房地产1.64亿元),固定资产净值1.99亿元(包含投资性房地产1.51亿元),流动资产13.62亿元,其他资产0.29亿元。

2016年,承揽任务总量37.37亿元,完成总产值23.83亿元,计提资产减值损失-1125万元,实现净利润5243万元;人均创利29.62万元,全员劳动生产率63.85万元/人年,职工年人均收入14.20万元;国有资产保值增值率130%,净资产收益率68.57%,产值利润率2.2%,投资回报率52%,资产负债率92.91%,应上缴款完成率100%。 (李 政)

【中铁物资集团华北有限公司】 主营钢轨、道岔、扣配件、轨枕等铁路专用器材,钢材、水泥、油品沥青、民爆物品等物资,现货自营,仓储物流,锚杆、防水材料、钢制品加工、机电设备、混凝土等高附加值产品等业务。2002年,完成公司制改革,由原石家庄中铁建材料总厂改制为中铁物资集团石家庄有限公司;2007年,更为现名,从原来的二元股本结构(国家股本占53%,职工股本占47%)变更为由上级主管中铁物资集团有限公司法人独资的全资子公司。驻河北省石家庄市长安区工人街22号。董事长踪敬民,党委书记谷建民,总经理踪敬民。职工251人。固定资产原值5687.04万元、净值3468.75万元,流动资产87377.69万元,非流动资产17533.68万元。

2016年,完成产值21.76亿元,实现利润总额2918.57万元;人均创利11.63万元,全员劳动生产率866.93万元/人年,职工年人均收入6.9万元;国有资产保值增值率107.39%,净资产收益率16.37%,产值利润率1.82%,资产负债率91.07%,应上缴款完成率100%。 (向 勇)

【中铁物资集团华南有限公司】 主营工程物流和现货自营。2004年1月注册成立,注册资本金1亿元。驻广东省广州市越秀区东风东路745号东山紫园商务大厦17层。董事长王辉(8月免)、王勇(9月任),法定代表人王辉(8月免)、王勇(8月任),党委书记黄广双,常务副总经理(主持工作)高南林(9月任)。职工165人。

2016年,承揽任务总量41.94亿元,完成产值17.36亿元,净利润3927.21万元;人均创利31.67万元,职工年人均收入19.88万元;国有资产净资产收益率华南公司41.7%、海南公司-41.48%,产值利润率华南公司2.78%、海南公司2.66%,资产负债率华南公司90.11%、海南公司110.56%。 (何素贞)

【中铁物资集团港澳有限公司】 主营城市轨道交通物资供应及铁路物资的国际贸易,机电设备的供应、安装及调试。2010年7月成立。注册资本金1亿元。驻广东省珠海市九州大道西3026号11栋。法定代表人王辉(8月免)、杨奎(8月任),董事长王辉(9月免)、杨奎(9月任),党委书记温锦鹏,总经理杨奎。下辖珠海华铁商贸实业有限公司。职工132人。资产总额85190万元,其中固定资产2436万元,流动资产83405万元。

2016年,承揽任务32.74亿元,完成企业总产值15.53亿元,实现利润7148万元,净利润5282万元;人均创利40.02万元,全员劳动生产率1176.4万元/人年,职工年人均收入25.38万元;国有资产保值增值率144.04%,净资产收益率36.09%,产值利润率3.40%,资产负债率79.72%,应上缴款完成率100%。

(朱明明)

【北京中铁工业有限公司】 主营铁路物资、工程物流、大宗商品贸易、矿产资源、驻厂监造、混凝土及制品加工制造和物业管理。前身为中国铁道建筑总公司工厂局;2001年,工厂局机关撤销;2001年,工厂局机关

（含局机关服务中心）与其下属北京海石丰工业科技开发公司重组，称北京海石丰工业科技开发公司，划归北京铁建工贸集团公司管理；2006年，划归中铁物资集团有限公司管理；2010年，北京海石丰工业科技开发公司注销，改称现名；2014年，与中铁物资集团北京有限公司（下辖北京五棵松饭店有限公司）、芜湖中铁科吉富轨道销售有限公司、中铁物资集团混凝土管理有限公司合并重组；2014年，芜湖中铁科吉富轨道销售有限公司划出；2016，与北京中铁物资贸易有限公司合并重组，沿用现名。驻北京市石景山区玉泉路65号。法定代表人周庆国（8月免）、杨晓明（8月任），董事长周庆国（8月免）、杨晓明（9月任），总经理杨晓明（9月免）、陈伟（9月任），党委书记叶海峰（9月免）、杨晓明（9月任）。职工350人。资产总额23.39亿元，其中固定资产原值0.90亿元、净值0.55亿元，流动资产22.65亿元，其他资产0.18亿元。

2016年，新签合同额52.12亿元，企业总产值23.85亿元，净利润0.45亿元；人均创利16.7万元，全员劳动生产率914万元/人年，职工年人均收入8.85万元；国有资产保值增值率89%，净资产收益率-11.53%，产值利润率2.4%，投资回报率20.77%，资产负债率115.78%，应上缴款完成率100%。 （周 怡）

【北京中铁国际招标有限公司】 中央投资项目招标代理甲级资质证书和工程招标代理机构乙级资质。2012年4月成立，前身为物资集团部管物资事业部。驻北京市西四环中路19号。执行董事、党工委书记刘建军，总经理马达。职工43人。资产总额1.1亿元。

2016年，承揽任务总量5029万元，企业总产值1735.09万元，净利润147.23万元；人均创利3.42万元，全员劳动生产率40.35万元/人年，职工年人均收入12万元；产值利润率8.5%，应上缴款完成率100%。 （孙 悦）

【北京五棵松饭店有限公司】 主营餐饮、租赁、客房、会议，是国家旅游局涉外三星级酒店。前身铁道兵司令部第一招待所，1977年1月成立；1996年，更名为北京中铁五棵松饭店；2002年，更名为北京五棵松饭店；2007年，更为现名；2013年，变更为中铁物资集团北京有限公司子公司；2016年，调整为集团公司的全资子公司。驻北京市海淀区西四环中路19号。法人代表张建宾（9月任），党工委副书记（主持工作）张建宾（9月任）。职工176人。资产总额2493万元，其中固定资产净值112万元，流动资产2213万元，其他资产280万元。

2016年，企业总产值3283万元，净利润6.7万元。净资产收益率0.6%，产值利润率0.43%，资产负债率57.41%，应上缴款完成率100%。 （胡宇宁）

【中铁物资集团云南有限公司】 主营货物及技术进出口（国家限制项目除外）、非金属矿产品、金属矿石（粉）、金属材料、建筑材料、电子商务，以工程物流项目为主，涉及各类大宗物资贸易。公司成立于2013年7月，注册资本金10000万元。驻云南省昆明市官渡区广福路樱花语幸福广场A1-E栋8楼。法定代表人田大鹏（4月免）、胡永强（4月任），执行董事田大鹏（4月免）、胡永强（9月任），总经理胡永强，党工委书记田大鹏（4月免），党工委副书记（主持工作）丁志宏（8月任）。下辖昆明分公司、贵阳分公司、滇西分公司。职工48人，资产总额10.16亿元。

2016年度，新签合同额18.75亿元，企业总产值15.43亿元，净利润5115万元；人均创利108.51万元，全员劳动生产率162.42万元/人年，职工年人均收入22.12万元；国有资产保值增值率159.97%。净资产收益率42.52%，产值利润率4.38%，资产负债率84.72%，应上缴款完成率100%。 （段匕鹂）

【中铁西城钢铁有限公司】 主营西城钢铁生产原材料采购和成品销售业务。2012年12月，中铁物资集团有限公司与江苏西城三联控股集团有限公司分别出资3000万元和2000万元共同组建成立。驻江苏省无锡市江阴市滨江西路8号16层。董事长、法人代表李庆生，总经理张全兴。职工5人。

2016年，实现利润-989.97万元；人均创利-76.08万元，职工年人均收入13.61万元；国有资产保值增值率-111.94%，净资产收益率11.27%，资产负债率115.88%。 （陆卫红）

【中铁物资集团铁建民爆器材专营有限公司】 主营炸药、雷管、导爆索等民用爆炸物品和钢材，具有北京市民爆物品销售许可证。于2006年成立，由中铁物资集团有限公司与湖南南岭民爆器材股份有限公司共同出资组建，原名中铁物资集团铁建民爆器材专营有限公司；2015年，改称现名。驻北京市海淀区西四环中路19号。党工委书记、董事长范玉峰，总经理姜延华。职工34人。资产总额12671万元，其中，固定资产原值239.81万元、净值59万元；流动资产12612万元。

2016年，企业总产值10.42亿元，利润总额1349万元；人均创利39.68万元，职工年人均收入29.73万元；国有资产保值增值率91.64%，净资产收益率8.15%，产值净利润率0.96%，资产负债率7.37%，应

上缴款完成率100%。（林　郁）

【北京中铁福斯罗技术有限公司】　主营研究开发扣件系统技术、技术转让和技术咨询;批发城铁打磨设备及其配件、并提供上述产品的相关服务。由中铁物资集团有限公司与德国福斯罗公司出资组建,于2009年成立。驻北京市海淀区西四环中路19号218。法定代表人熊卫东,总经理刘建国。职工6人。资产总额2088万元,其中固定资产净额7万元,流动资产2052万元,无形资产净额29万元。

2016年,产值1530万元,利润总额827万元;人均创利137.83万元;国有资产保值增值率111.52%,净资产收益率37.82%,产值利润率54.06%,投资回报率165.4%,资产负债率17.25%。（白　岩）

【中铁物资集团钢之家电子商务有限公司】　主营电子商务、软件开发等业务。2012年,由中铁物资集团有限公司与上海钢之家信息科技有限公司共同出资500万元组建成立。2014年,股东双方按原股比增资至1000万元。驻上海市浦东新区东方路818号众城大厦10楼D座。董事长、法人代表张泓,总经理吴文章。职工65人。资产总额3665.73万元,固定资产净值17.16万元,流动资产3623.5万元。

2016年,产值7.94亿元,利润总额68.1万元,净利润41.23万元;人均创利0.63万元,职工年人均收入11.5万元;国有资产保值增值率99.64%,净资产收益率3.81%,产值利润率1.65%,投资回报率4.12%,资产负债率71.00%。（张　琳）

【重要记载】

▲3月31日　集团公司与西南投资集团(后为昆仑投资集团)举行包括划转公司的股权、资产、人员的交接签约仪式。

▲6月8日　集团公司与山东高速物资集团总公司签署合作框架协议。

▲6月16日　股份公司董事会通过向集团公司增资的议案,决定以现金形式增加注册资本金10亿元。增加后的集团公司注册资本金30亿元。

▲9月　五棵松饭店划转为直管全资子公司。

▲11月30日—12月1日　第三届全国电子商务创新推进大会召开,3000多位政府专员、专家学者、企业代表、媒体工作人员等参加。集团公司承办大企业集团电子商务创新发展专题论坛,并向与会人士宣传集团公司电子商务发展战略,推介集团公司电商平台。中国大宗物资网获电子商务与供应链融合创新奖。

（王　蕾）

中国铁建重工集团有限公司

【简况】　成立于2007年,集高端地下装备和轨道设备研究、设计、制造、服务于一体的专业化大型企业。在湖南、四川、甘肃、新疆、陕西、内蒙古、辽宁和广东等地建立制造基地,是国家认定的重点高新技术企业和国家级两化深度融合示范企业,注册资本金38.5亿元。具有世界领先水平和自主知识产权的核心技术,打造掘进机、特种装备、轨道设备三大战略性新兴产业板块,成为全球领先的隧道施工智能装备整体解决方案提供商。先后被评为“国家重大技术装备首台(套)示范单位”“中国最佳自主创新企业”“国家863计划成果产业化基地”“中国机械工业百强企业”“中国工程机械制造商10强企业”“中国轨道交通创新力TOP50企业”和“制造业向服务型制造业成功转型的典型企业”,获评中国工程机械“信用评价AAA级信用企业”,获“全国企业文化建设先进单位”“全国企业文化建设百佳单位”“中央企业思想政治工作先进单位”等称号。连续3届获中国专利奖。

设董事会、党委会、监事会和领导层,下辖21个直属管理平台(部门),掘进机事业部、特种装备事业部、轨道设备事业部、海外事业总部4个事业部,中央研究总院,掘进机制造总厂、特种装备制造总厂、道岔分公司3个产品制造单元,兰州公司、新疆公司2个区域子公司和中铁隆昌铁路器材有限公司、株洲中铁电气物资有限公司2个专业子公司和中铁建特种装备工程有限公司。驻湖南省长沙市经济技术开发区东七路88号。职工2990人。企业资产总额113亿元,流动资产81.46亿元,固定资产净值13.94亿元。机械运输设备2916台(套),总功率64690千瓦,技术装备率16.1万元/人,动力装备率17.43千瓦/人。2016年,新签合同额72.25亿元,完成产值57.39亿元。

（田如本　王艳艳　马晓磊　李　红）

【领导人员】

董事会

董事长	刘飞香
董事	程永亮
	王全生
	李　健
职工董事	贺勇军

监事会

监事会主席	龚道君
监事	谭光勇
	张主民

经理层

总经理	程永亮
副总经理	王全生
	贺勇军
	刘海华
	李　健
	赵　晖
总会计师	李　健(兼)
总机械师	郑大桥
	何其平
总规划师	申智方
总信息师	刘　丹

党群领导

党委书记	刘飞香
党委副书记	程永亮
	龚道君
纪委书记	龚道君
工会主席	龚道君

（陈海燕）

【职工队伍】 职工2990人。研发技术人员618人,占21%;营销与服务人员373人,占12%;管理人员571人,占19%;技能人员1374人,占46%,其他辅助人员占2%。博士10人,占0.3%;硕士239人,占8%,本科1022人,占34%,大专706人,占23.6%,大专以下1013人,占34.1%。高级与正高级职称111人,中级职称261人,初级职称450人;高级技师6人,技师52人,高级工359人,中级工300人,初级工687人。

（王艳艳）

【经营管理】 新签合同额72.25亿元,营业收入53.72亿元,净利润9.63亿元,工业产值57.39亿元。其中掘进机产品新签合同额36.40亿元,产值25.45亿元,产量57台(套),营业收入22.25亿元;特种装备产品新签合同额7.72亿元,产值6.9亿元,产量395台(套),营业收入5.42亿元;轨道设备产品新签合同额20.02亿元,产值16.77亿元,产量2579组,营业收入16.72亿元;弹条扣件与闸瓦产品新签合同额6.70亿元,产值4.89亿元,产量6002.67万件,营业收入5.66亿元;电气制品产品新签合同额1.41亿元,产值1.30亿元,产量17451根9777吨,营业收入1.17亿元;管片产品营业收入2.5亿元,产值2.08亿元,产量15097环。

风险内控。按照"内控制度化、制度流程化、流程信息化"的管理要求,经过多轮修定、交叉审核和复审终审,新增及修定各类业务及管理流程近3000条。制定集团2016年度重大、重要风险管控实施方案,通过积极参与各类项目的法律风险评估,加大规章制度、合同协议和重要决策法律审核力度,确保公司法律风险总体受控。累计审核各类合同14574份,参与招标以及与供应商的竞争性谈判累计300余场。积极维护公司权益,处理与闫锴、十七局云桂项目部搅拌站买卖合同欠付货款纠纷、与湖北鄂重重型机械有限公司的卷板机买卖合同预付款纠纷、离职员工的劳动仲裁等案件,收回债权101.4万元,通过积极应诉挽回经济损失295.6万元。

市场经营。充分发挥产业区域联动优势,强化经营管理,增强激励机制,提高运行质量,推动集团经营指标跃上新的增长平台,各大产业板块快速发展。掘进机产业板块抓住轨道交通、水利、铁路、管廊建设等工程日益增长的机遇,首次实现系统外订单超过系统内部订单,经营业绩再现突破。特种装备产业板块创新开展专线经营,在云南地区以玉磨铁路、成昆铁路为主,以大临铁路为辅,建立一套以施工点带动铁路专线经营、以铁路专线带动西南区域经营的经营体系。在守住系统内客户阵地的基础上,持续开拓以中交系统、中铁系统和云南公投为主的系统外大客户。轨道设备产业板块铁路基建市场保持占有率的稳定,加强路局、地铁、地方铁路的市场开发力度,市场取得较大的突破。海外板块完成与伊朗、台湾业主签约,相继实现中国双护盾TBM首次出口海外、中国大陆盾构机首次出口台湾的突破;完成首条全线使用中国标准的肯尼亚蒙内铁路项目道岔供应;实现混凝土湿喷台车成功销往海外,产品打入格鲁吉亚和肯尼亚市场。服务业务板块打造售前、售中、售后的全生命周期服务,建立快速、准确、高效的保姆式服务。客户投诉解决率100%,新增服务站11个,并配套建设对应配件库以及服务车辆,实现集团所有产品系列的服务全覆盖。

财务管理。强抓资金控制,保证企业平稳发展,按各支出事项制定资金支付流程600余条,事项、单位都有独立财务流程;创新财务管理,促进业、财相融合,为快速资金回笼,紧扣客户融资需求,创新融资租赁业务,实现低成本、拓市场、快回款的融资租赁销售模式;落实科学管控,完善财务制度建设,修改合并财务制度32个,新编5个,并编定新财务审批流程600余条;加强财务监督,夯实和规范会计基础工作,财务组织对历史会计资料进行深入细致的回顾检查;深化成本管理,推进责任成本和提质增效工作开展;充分利用国家各项税收优惠政策,充分享受高新技术企业和西部大开发等所得税优惠,减免企业所得税1.3亿元。针对关键进口零部件与国家五部委沟通,享受重大技术装备企业进口免税政策免税额4032万美元;加快信息建设,增强财务管理手段,长沙园区、道岔分公司、兰州公司、隆昌公司等已实现SAP上线运行,使财务管理跃上一个新台阶;强化队伍建设,切识提高财务人员管理水平,组织培训10余场次,在网络学院加设营改增必修课程,利用各种媒介和方式,提高财务人员的理论和实操水平。

人力资源管理。实施多通道员工职业发展规划,建立员工职位管理体系,将职位划分为职衔系列、预备系列和技能系列三大类别,每个职位系列又划分为若干个层级。实行职务与职衔分离。推行月度积分激励制度,实行团队激励。通过积分激励导向,形成单位业绩越好团队激励越多,个人业绩越好月度奖励越多的良性发展态势。优化招聘审批流程,开展人才测评、背景调查与猎头招聘,加大对各类人才的招聘引进力度,招聘1538人,其中,研发人员41人、营销人员61人、管理人员57人、服务人员144人(含服务技工)、生产技能人员481人、2017届本科及以上毕业生413人、大专生341人。在招募的178名职衔制人员中,引进高层次人才6人,职衔层级达到C层级人员23人,高层次人才、C层级人才占比16.3%。加强员工培训工作,完成人均48个课时。其中,实体培训、组织内训266场次,培训20074课时,涵盖8497人次,人均参培11.8个小时;网络学习,总学时65303.95小时,人均学时36.29小时,人均学习课程21.5门,获学分59402分,人均学分33.02分。按时足额缴纳五险一金,未出现欠缴、少缴等情况。

信息化建设。编制《数字化规划》,提出发展思路和实施原则、战略目标与任务布局。编制《2016年度信息化实施方案》,为公司信息化建设提供方向。全面开展信息化预算工作与制度修定工作,形成18个具体管理规定。借助OA办公自动化、ERP/PLM业务流程化、微信平台等信息化手段,将流程、制度与ERP同步推进;将集团的管理融入流程,形成流程3000余条,建立持续有力的流程创新机制,打造一条“制度规范化、作业流程化、流程合理化、标准表单化、工作标准化”颠覆创新管控思路与商业运作模式。重新完善财务、人力、计划、供应、生产制造等业务环节,为各业务运营提供信息化技术支撑手段。重新对研发数据和业务流程进行梳理,开展典型部件的三维样机验证工作。完成OA架构、流程与企业微信对接,实现全员移动办公企业内部微信交流平台,打造协同办公会议管理系统,实现会议室线上预订与会议通知、会议日程等功能。引用了招聘云系统,从广泛的人才寻源到职位发布、简历筛选、面试通知、面试结果、录用、入职一系列提供信息化技术支撑。开启数字化应用空间建设,在新疆公司建设业界领先的数字化展厅和指挥监控中心。建立相对完善的技术体系,加强将软件正版化管理工作常态化管理工作,通过访问控制、信息系统完整性保护、系统与通信保护、物理与环境保护等安全控制措施,支撑和实现集团信息安全策略。

审计工作。加强企业精细化管理,突出重点,切实履行职责,扎实开展审计工作。起草修订《内部审计管理制度》,不断强化内部监督和风险控制。完善审计业务流程,提高审计的日常监督功能,充分发挥审计的监督和服务作用。创新审计工作方式,实行“大审计、大监督”,由审计部统一制定审计计划并组织实施,由集团审计部统一组织审计监督,整合内部监督资源。积极配合国家审计署开展审计,在审计人员现场审计期间做好总体审计协调、审计工作计划和安排、审计情况汇总、汇报、处理及沟通关系。积极开展绩效审计和管理审计,强化对下属子(分)公司、制造单元责任成本监督。加强资金安全与风险防范预警机制,强化财务收支审计。建立审计结果落实反馈制度,加强对审计意见落实情况跟踪。开展内部审计4次,提出审计建议18条,并得到整改落实。

安全质量。强化责任体系与监管体系建设,开展月度6S考核检查的同时开展一系列的安全大检查及专项整治行动,下发10份书面安全隐患整改通知书。按月编发《集团公司安全环保工作通报》,制定并发布实施《集团公司环境和职业健康安全管理手册》和16个程序文件,加强对各单位安全事故报告、调查处理的监督管理,制定工伤报告处理机制。未发生重大安全生产事故、未发生环境污染事故,以85.6分的总评分继续保持安全生产标准化二级企业称号。质量水平持续提升。营造大质量观念,培育“工匠精神”,推进公司卓越质量管理体系创建,有效促进产品质量水平提升。获第五届湖南省“省长质量奖”。通过质量管理体系换证审核;成功通过湖南省“AAA”质量信用等级企业评定;2个QC小组获“全国铁道行业优秀质量管理小组”称号。

(李　红　王凤婷　姬海东　唐　鉴　王艳艳　何湘仁　胡蓓蓓　颜　晨　王　嵘)

【科技创新】 科技成果业绩显著。研发103项地下施工装备和轨道系统产品,6个科研项目获得国家级、省部级和股份公司立项与资助,5个国家863计划和科技支撑计划、2个省级重大科技项目在研;完成“护盾式岩石隧道掘进机(TBM)关键技术研究及应用”

"永磁同步电机驱动技术在全断面掘进机中的应用及研究""拱架式预切槽机"3项科技成果评价，其中2项达到国际领先水平，1项达到国际先进水平。科研成果获中国机械工业科技奖三等奖和中施企协科技奖二等奖各1项、天津市技术发明奖一等奖1项、湖南省科学技术进步奖二等奖1项、湖南省科学技术进步奖三等奖2项。斜井TBM获中国工程机械年度产品TOP50(2016)技术创新金奖。19篇论文在中文期刊发表，获股份公司优秀论文8篇，其中一等奖2篇，二等奖6篇。知识产权工作成效明显：申请专利168件，较2015年增长34.4%，其中发明专利88件；获中国专利优秀奖1项，获湖南省专利二等奖1项，股份公司专利奖2项。累计专利持有量526件，授权专利324件，授权发明专利67件。科技创新平台和队伍建设再现新突破："铁建重工工业设计中心"正式获批组建和认定为省级工业设计中心，是中国铁建成立的首家工业设计中心，至此，集团已构建国家级企业技术中心、工程技术研究中心、工程实验室、博士后科研工作、院士专家工作站和工业设计中心"六位一体"的科技创新平台。积极筹备"国家硬岩隧道掘进装备工程技术研究中心"，获省部会商重点推荐；组建的国家级博士后科研工作站2016年度已完成挂牌，并招收1名博士进站开题。硬岩隧道掘进机创新团队获评湖南省重点科技创新团队，1人入选国家万人计划，1人获中施企协创新先进个人，1人进入国家博士后工作站。

（胡小勇）

【党的工作】 下辖二级党委8个、党总支3个、党支部37个，党员1145人。高度重视学习贯彻党的十八届六中全会和全国国有企业党的建设工作会议精神，坚持党委中心组学习制度，举办党委中心组学习11次；完善"三重一大"决策制度，提高领导班子的科学决策水平，召开党委(扩大)会14次，党委常委会1次；以民主生活会为载体，开展批评与自我批评，强化领导班子的战斗力和凝聚力；深入开展争创"四好班子"活动，大力加强领导班子思想政治建设，不断增强班子活力。获股份公司"四好班子"称号。结合企业构架调整实际，组织开展中层职务全员竞聘上岗工作，110人通过竞聘走上中层职务岗位。通过完善竞争机制，打破干部的"铁饭碗""终身制"，建立开放动态、优进庸退的管理新模式。加大干部管理和考察力度，对新提任的集团中层二级及以上职务干部实行半年试用期，严把干部档案管理的关键环节，进一步提高干部档案管理的规范化水平。完善干部考评制度，对《中层职务(B职衔)人员管理办法》进行修定，并对中层干部开展年度综合考核。注重后备干部队伍梯次管理，制定《中层二级职位(B2职衔)后备干部管理办法》，增强领导干部后备队伍的力量。进一步完善对领导干部的监督手段，开展个人有关事项报告抽查核实工作，对备案人员持有因私出国证件进行专项清查治理，对个人事项报告被上级核查有偏差的10名干部分别给予诫勉谈话、批评教育的处理。注重干部素质的培养，选送11名中层干部分别参加国资委和股份公司党校的学习培训。党委与所属各单位党委签订《党委工作目标管理责任书》，印发《2016年集团公司党委工作要点》。深入开展"两学一做"学习教育活动。党委组织制定实施方案和推进计划，成立督导组，编印《"两学一做"工作简报》，全体党员印发《"两学一做"学习教育手册》，组织开展"两学一做"党务骨干培训班、讲党课、专题研讨、知识竞赛、主题征文等系列活动。承办股份公司第一督导组联系点11家单位"两学一做"学习教育交流研讨会。对照标准，"规定动作"落实到位，"自选动作"各具特色。

组织工作。组织召开第一次党代会，选举产生第一届党委、纪委领导班子；指导督促届满未换届的8个所属单位党委、7个党支部全部完成换届选举活动。开展党员组织关系集中排查，规范党员组织关系转接工作。做好党费收缴、使用和管理工作，组织各基层党组织对基层党费收缴管理工作进行全面清查，年内全部完成应补缴党费的缴纳工作。结合组织架构调整，对基层党组织进行相应调整，及时充实基层党务工作人员。加强党员教育管理，举办1期党员组织关系集中排查专题培训班和1期"两学一做"学习教育党务骨干培训班。着力抓好《党支部工作指南》《党支部工作台账》《党小组工作记录本》等指导用书和资料在基层的运用，进一步规范基层党建工作。加强党员发展管理工作，从严把握发展党员标准，向所属各单位党委下达2016年发展党员计划，组织开展1期发展对象和入党积极分子培训，发展新党员20人，预备党员转正29人。深入开展"五好党支部""六好共产党员""创岗建区"等创先争优活动，基层党组织的创造力、凝聚力和战斗力不断增强。掘进机制造总厂举办党的知识竞赛和"讲述我身边党员故事"的活动，隆昌公司与各基层党支部签订《党支部建设目标责任书》，新疆公司号召党员干部带领职工立足岗位，奉献边疆，民族团结一家亲，职工队伍有凝聚力。8个基层党支部被评为"五好"党支部标兵、23名党员被评为"六好"共产党标兵。

品牌建设。加大对外宣传报道力度，构建立体品牌宣传格局。先后参加第十一届德国柏林国际轨道交通技术展览会、第四届新疆欧亚博览会、国家十二五科技成就展、工程机械宝马展等，展出各类系列产品和模型50余套，通过展会、视频播放对企业产品产业进行全面宣传报道，吸引参观人员预计10万人次。同时充分利用国内首台凿岩台车在集团下线、集团新疆公司研制新疆首批高端装备制造顺利下线、"国产首台高铁大直径盾构机""国产首台铁路双线大直径盾构机"下线的契机加大品牌宣传力度，通过人民日报、中央电视台《新闻联播》、新华社等国内近20家主流媒体集中报道，在国家、省、市媒体刊稿上百篇。

（刘　婷　陈海燕）

【纪检监察】　扎实落实纪委监督责任、强化监督执纪问责、加大问题线索处置力度和责任追究力度、集中力量开展专项效能监察，取得较好的效果。与所属各单位签订《党风廉政建设责任书》。集中组织集团各级领导，负责招标、采购、营销、人力资源、财务等关键岗位的人员进行廉洁从业专题教育，两级单位1780人参加廉洁教育活动。制定下发《2016年监督检查和巡视工作方案》，集团公司党委巡视组分别于5月和8月对集团公司所属隆昌公司和电气物资公司开展党委巡视。积极配合股份公司巡视组的各项工作，及时向巡视组提供所需资料，对巡视组提出的问题做到即知即改，在巡视组进行巡视意见反馈后，集团公司纪委迅速拟定整改落实方案。积极开展"四风"问题整治情况"回头看"工作，对集团公司原有的制度进行全面的梳理。纪委改进监督方式，重要节假日前组成监督检查小组，重点对所属各单位落实中央八项规定精神、反对"四风"情况进行突击检查。集团所有物资设备采购，基建工程、信息化项目建设，均一律采取招标方式确定，纪检监察部门全程参与监督。认真做好信访办理和纪律审查工作。集团公司纪委参与集团公司重要人事初始酝酿10次，对24名拟提拔的人选进行监督，进行民主测评、个别谈话、任前公示。（邓　贤）

【工会工作】　围绕公司改革发展大局，全力打造"五型"工会，全面履行"维护、参与、建设、教育"四项职能，积极开创互联网+时代工会工作新局面。两级工会组织按规定召开职工代表大会；各级工会认真落实集团公司《企务公开实施办法》，不断深化企务公开，推进民主管理；积极推进集体协商制度，把职工关心的热点、焦点问题作为协商的重点；各级工会广泛开展劳动竞赛，服务"中心工作"，激发广大职工在岗位上建功立业的热情；各级工会组织与行政职能部门联手，通过构建安全生产监督检查网络，参与"职业健康安全管理体系"的宣贯和运行；组织全体员工进行健康体检，并坚持开展一年一度的妇科体检工作；开展"面对面、心贴心、实打实服务职工在基层"活动，构建精准帮扶、完善长效化帮扶救助机制；坚持"四同步"标准，对新组建单位同步建立工会组织，同步配备专兼职工会干部，同步建立规章制度，同步开展工会工作；加大对工会专兼职干部培训的力度；不断加强管控体系建设，实施制度流程再造；集团女工委坚持分享一本好书、上一堂教育意义的课、开展一次有意义的活动的"三个一原则"，开展丰富的文娱活动：组织参加铁路总工会女职工书香征文、"旗袍·女人·书"生活品味展示、"培育好家风——中国铁建女职工在行动"等系列活动，开展"做智慧女性·享幸福人生"铁建重工女职工系列活动启动仪式，编撰女职工书籍《蘭韵》。开展"金猴送福聚力重工"拔河比赛、"我爱铁建——创新与奋进的重工"系列活动、首届职工气排球比赛、首届职工广播操比赛等。

（姚　璐）

【共青团工作】　抓好服务企业中心工作与服务青年成长成才两大主题，结合企业实际和青年特点，积极团结带领广大团员青年在企业中发挥主力军和突击队作用。以思想引导为切入点，提高战斗力。加强团员青年的思想教育工作，用科学理论武装团员青年。通过组织团委"中心组学习"、座谈会、微信群交流等方式，加强引导团员青年的理论知识学习，了解青年的思想动态，做好思想引导；积极开展"推优"活动。团委将先进人物事迹集中起来，纳入团员青年思想教育学习内容，激励团员青年学习典型，坚持正确的奋斗方向。以活动开展为载体，提高凝聚力：大力开展青年突击队活动；通过工团共建的形式，组建各类兴趣小组，鼓励青年员工开展各类活动；探索搭建共青团区域协作平台，加强各单位之间共青团工作的横向交流。开展特色亮点工作：积极开展创新创效活动，鼓励团员青年围绕改进工艺、提高产品技术含量；加强思想引领，打造和谐型、学习型企业，集团长沙园区团委开展"多读书、读好书，打造书香重工"活动，通过将县图书馆引进来，现场为一百多名青年职工办理图书证。新疆公司努力践行"民族团结一家亲"精神，开展结对认亲活动。道岔分公司开展"工匠精神与我的成长·班长故事会"，大力弘扬青年员工岗位建功精神。（李　俊）

【中央研究总院】　科技创新管理机构，负责前沿技术、基础科学研究以及液压、电气、工艺新技术、新产品的研究，集团公司科技平台建设、科技成果管理、科研立项实施、知识产权及标准化管理工作。下辖科研管理院、前沿与基础研究设计院、液压研究设计院、电气研究设计院、工艺研究设计院。院长郑大桥，副院长罗建利。驻湖南省长沙市经济技术开发区东七路88号。职工173人。

2016年，新立科研项目36项；获国家、省、市各类科技专项经费约1200万元。获科技进步奖8项，其中省部级科技奖2项，股份公司科技进步奖3项，连续3年摘获国家专利优秀奖，3项科研成果通过省级科技成果评价，2项成果达到国际领先水平，1项成果达到国际先进水平；申请专利168件；申请国家专利资助132.74万元。新增参编《盾构掘进机用橡胶密封件》1项国标，《盾构机用变频调速三相异步电动机 技术条件》等3项行标。（胡小勇）

【轨道设备事业部】 主营单开道岔、对称道岔、三开道岔、渡线及组合道岔、固定型辙叉、可动心轨辙叉、钢轨伸缩调节器等道岔及其配件。产品应用于高速铁路、重载铁路、铁路站场、城市轨道交通等各类轨道交通项目。下辖经营部、技术服务公司、研究设计院。前身是中国铁建重工集团有限公司道岔分公司。总经理贺勇军。驻湖南省株洲市石峰区建设北路523号。职工79人。

2016年，完成各种单开道岔、伸缩调节器、单渡线、交叉渡线、组合道岔等79个新产品的研发。新签合同额20.02亿元，实现营业收入16.72亿元。（殷　娅）

【掘进机事业部】 负责盾构机、TBM、顶管机系列掘进机产品研发设计、营销与技术服务等工作。2015年6月成立。驻湖南省长沙市经济技术开发区东七路88号。下辖经营部、研究设计院、技术服务公司、综合部。总经理何其平。职工277人。

2016年，新签合同额36.40亿元，营业收入22.25亿元。（周展鹏）

【特种装备事业部】 负责含喷射台车、凿岩台车、仰拱栈桥、多功能作业车、隧道除尘装备等隧道机械化施工系列产品，掘锚机、矿用喷浆机器人等煤矿机械化施工系列产品，露天钻机、矿山凿岩台车等矿山机械化施工系列产品，连续墙设备、预切槽设备等特殊地质施工系列产品，搅拌站、破碎制砂成套装备等绿色环保施工系列产品的开发、经营和服务工作。2016年2月成立。驻湖南省长沙市经济技术开发区东七路88号。下辖研究设计院、经营部、技术服务公司和综合部。总经理刘在政，职工319人。

2016年，新签合同额7.72亿元，营业收入5.42亿元。（郝蔚祺）

【海外事业部】 主要负责掘进机、特种装备、铁路系列产品的海外营销，以及集团公司海外布局、国际业务和外事管理等。驻湖南省长沙市经济技术开发区东七路88号。总经理朱汉军。职工26人。

2016年，新签合同1.96亿元，营业收入0.2亿元。（吴　屏）

【中铁建特种装备工程有限公司】 经营范围：建筑工程用机械、矿山机械的制造；城市轨道桥梁工程服务、交通设施工程服务；铁路、道路、隧道和桥梁工程建筑；市政公用工程施工；城市地铁隧道工程服务；装卸搬运；工程机械管理服务；工程机械维修服务；工程机械检测技术服务；机械设备租赁；建材、装饰材料零售。2012年11月成立。驻湖南省长沙市经济技术开发区东七路88号。

2016年，营业收入1741万元。（陈　瑞）

【中铁隆昌铁路器材有限公司】 从事高速、普速、地铁扣件系统产品、合成闸瓦产品的生产经营。是国内最大的弹条扣件系统集成供应商之一。1967年建厂；1971年，竣工投产归口铁道部物资局管理；2004年，工厂随原上级主管单位中国铁路物资总公司与铁道部脱钩，由国务院国资委管理；2008年，工厂从中国铁路物资总公司整体划转到中国铁道建筑总公司；2009年，整体改制为中铁隆昌铁路器材有限公司，隶属中国铁建重工集团（原轨道系统集团有限公司）。驻四川省隆昌县金鹅镇外站路75号。公司执行董事、总经理张栋，党委书记周光成。职工569人。机械运输设备288台（套）。设备原值7836.38万元、净值2604.06万元，总功率17819.033千瓦，动力装备率32.64千瓦/人。

2016年，新签合同额6.70亿元，产值4.89亿元，产量6002.67万件，营业收入5.66亿元。应上缴款项完成率100%。（徐林玲）

【株洲中铁电气物资有限公司】 组建于1958年8月，公司的前身是中国人民解放军铁道兵后勤部第一基地；1984年，铁道兵部队集体转业并入铁道部，更名中国铁道建筑总公司株洲战备材料总厂；2000年，划归中铁十七局集团公司管辖；2007年，由中铁十七局划归中国铁建重工集团（原轨道系统集团有限公司）管理，更名株洲中铁轨道物资有限公司；2008年，与中铁轨道系统集团电气化制品有限公司合并为株洲中铁电气物资有限公司。固定资产3339万元，占地面积26万平方米，年物资吞吐能力7万吨。电气化制品、钢结构产品和物流仓储三大专业板块构成，11个职能部门，3个生产经营单位。公司执行董事、党委书记李滨。职工202人。

2016 年,新签合同额 1.41 亿元,产值 1.30 亿元,营业收入 1.17 亿元。（顾 箐）

【新疆公司】 2015 年 7 月成立,注资资金 3 亿元。2016 年 7 月,正式建成投产,由建设为主转为生产经营为主。执行董事、党委书记、总经理刘海华。职工 171 人。机械运输设备 297 台(套),设备原值 4585.40 万元、净值 4320.36 万元,总功率 6060.5 千瓦,动力装备率 27.93 千瓦/人,技术装备率 19.91 万元/人,设备完好率 100%,设备利用率 100%。

2016 年,营业收入 4.12 亿元,产值 4.57 亿元。（孙春艳）

【兰州公司】 主营盾构、隧道施工装备、工程机械、管片、轨道系列产品的研发、设计、制造、销售、租赁、安装、维修、搬运、运输、装卸、技术咨询、试验检验;物资贸易;房屋、场地租赁等,主要产品盾构、隧道施工装备、工程机械、管片、轨道系列产品等。驻甘肃省兰州新区。执行董事、党委书记叶海波。职工 26 人。资产总额 48544.30 万元,机械运输设备 155 台(套),设备原值 5167.72 万元、净值2949.73万元,总功率 1165 千瓦,技术装备率 618.32 万元/人,动力装备率 46.6 千瓦/人。

2016 年,营业收入 2.5 亿元,产值 2.08 亿元。（谢卫国）

【道岔分公司】 2006 年成立,是中国铁路总公司认证的铁路道岔产品专业制造企业,驻湖南省株洲市石峰区建设北路 523 号。下辖炼钢、机加、数控、质检、流水线、维修、组装等 30 个生产及辅助班组。总经理贾延春。固定资产原值 45021.92 万元、净值 22069.36 万元;机械运输设备 230 台(套),设备原值 31527.3 万元、净值 9557.1 万元,装机总功率 15600 千瓦,技术装备率 12.33 万元/人,动力装备率 20.13 千瓦/人,设备完好率 98%。

2016 年,产值 16.77 亿元,产量 2579 组。（田 翠 杨玉群 曾意军 曹 勇）

【掘进机制造总厂】 主要负责掘进机系列产品的组装、掘进机结构件的制造、加工生产,协助开展服务工作;管理长沙本部、新疆的掘进机生产基地和掘进机合作生产基地。2015 年 6 月成立。驻湖南省长沙市经济技术开发区东七路 88 号。总经理孙章龙,党委书记屈知识。职工 1300 人。固定资产原值 3.5 亿元(含房屋及办公设备)、净值 2.6 亿元;机械运输设备 528 台(套),原值 1.6 亿元、净值 0.925 亿元,总功率 7856 千瓦,设备完好率 99.6%,设备利用率 85%。

2016 年,产值 25.45 亿元,产量 57 台(套)。（孙 强 徐支力 杨振林）

【特种装备制造总厂】 前身是 2014 年 6 月成立的特装装备制造有限公司;2015 年,集团公司机构调整,成立特种装备制造总厂。主要生产湿喷机、凿岩台车、搅拌站、护盾式掘锚机、链刀式连续墙、拱架式预切槽、轮胎式移动破碎站、轮胎式移动筛分站、环保型精品机制砂成套设备、喷射台车、隧道除尘装置。总经理宋立新。职工 300 人。机械运输设备 47 台(套),设备原值 1058.76 万元、净值 753.26 万元,总功率 1337.65 千瓦,技术装备率 2.34 万元/人,动力装备率 4.15 千瓦/人,设备完好率 100%,利用率 90%。

2016 年,累计完成产值 6.9 亿元,产量 395 台(套),其中完成喷射台车 136 台,搅拌站 235 台,凿岩台车 18 台;试制产品完成多功能作业车、轮胎式移动破碎站、轮胎式移动筛分站、环保型机制砂的装配调试及性能测试工作。（李伟英）

【重要记载】

▲1 月 10 日 依托国家“863 计划“自主研制的我国首台硬岩掘进机(TBM)贯通吉林省最大规模的引水工程——“引松入长”首段引水隧洞,该设备最高月掘进 1209.8 米。

▲1 月 研制的“金城 5 号”泥水平衡盾构机在兰州地铁工程中成功穿越黄河。

▲1 月 商务部和国资委相关部门联合授权和监督下,中国工程机械工业协会信用等级评价工作领导小组公布集团公司入选 2015 年 AAA 级信用等级评价最高级别企业。

▲1 月 湖南省加速推进新型工业化工作领导小组办公室、省经济和信息化委员会联合发布 2015 年湖南省制造业技术创新十大标志性成果,集团公司“国产首台铁路大直径盾构机”成果入选。

▲3 月 22 日 2016 年党委(扩大)会、一届二次职代会、2016 年工作会暨反腐倡廉工作会在集团公司报告厅召开,161 名职工代表参加会议。

▲3 月 2016 工程机械产品发展(北京)论坛暨中国工程机械年度产品 TOP50 颁奖典礼在北京举行。自主研制的 ZTT7565 双模式斜井 TBM 和 HPS3016 混凝土喷射台车入围中国工程机械年度产品 TOP50(2016),其中 ZTT7565 双模式斜井 TBM 获中国工程机械年度产品 TOP50(2016)技术创新金奖。

▲6 月 与天津大学合作完成的“盾构刀具载荷计算与磨损状态实时监测技术及应用”获天津市科学

技术发明奖一等奖。

▲6月 由中国机械工业联合会、中国汽车工业协会主办的"2015年中国机械工业百强企业、汽车工业三十强企业信息发布会"在东莞召开。集团公司入选中国机械工业百强榜单。

▲9月29日 与大连华锐重工签订战略合作协议。 （陈海燕）

中国铁建国际集团有限公司

【简况】 2012年4月11日组建，定位海外大型、特大型基础工程建设承包商，交通建设及城市综合建设运营商，能源、资源、投融资高端运作的发展商，技术开发、装备出口、物流贸易的服务商。驻北京市海淀区复兴路40号。下辖中国铁建阿尔及利亚有限公司、中国铁建股份有限公司沙特分公司、中国铁建股份有限公司安哥拉分公司、中国铁建（加勒比）有限公司、中国铁道建设（香港）有限公司、中铁建（北京）国际贸易有限公司、中国铁建马来西亚有限公司、中国铁建（东南亚）有限公司、中国铁建国际集团有限公司玻利维亚分公司、中国铁建俄罗斯有限公司、中国铁建国际集团委内瑞拉有限公司、中国铁建中美洲有限公司、中国铁建（国际）尼日利亚有限公司、中国铁建美国有限责任公司、中国铁建（墨西哥）有限公司、中国铁建巴西有限公司、中国铁建西非有限公司及中国铁建国际集团孟加拉代表处、中国铁建国际集团有限公司巴基斯坦代表处、中国铁建国际集团有限公司印度尼西亚代表处、中国铁建国际集团有限公司柬埔寨代表处、中国铁建国际集团有限公司东非代表处、中国铁建国际集团有限公司刚果（布）代表处、中国铁建国际集团有限公司摩洛哥代表处、中国铁建股份有限公司伊朗代表处、中国铁建股份有限公司莫桑比克代表处26个境内外法人公司和办事机构。职工530人，其中专业技术人员515人。资产总额956861.95万元。其中，固定资产原值16603.86万元、净值10399.51万元；流动资产935219.07万元。机械运输设备336台（套），设备原值10704.6万元、净值6645.9万元。

2016年，新签项目35个，新签合同额359.54亿元。完成营业收入70.78亿元，实现利润1.24亿元。职工年人均收入21.98万元。国有资产保值增值率103.58%，净资产收益率3.76%，产值利润率1.85%，资产负债率65.61%。先后获中华全国铁路总工会2016年度火车头奖杯，被评为2016年度中国铁建安全生产达标单位。东南亚公司曼谷阳光花园公寓项目被评为"2016年中国铁建股份有限公司安全质量标准工地（车间）"。阿尔及利亚公司贝佳亚连接线项目部获中国铁建"工人先锋号"称号。加勒比公司被授予"2015—2016年度中国铁建青年文明号"称号。

（综合管理部）

【领导人员】

董事会

董事长	卓　磊
副董事长	赵佃龙（8月免）
董事	赵佃龙（8月免）
	孙　勇（8月任）
	郝桂林

监事会

监事会主席	魏万征
监事	田晓宇
职工监事	孙利民

经理层

总经理	孙　勇（8月任）
副总经理	郝桂林
	应尔强
	魏万征
	薛立智（3月任）
	黄健民
	于洪忠
	李重阳
	胡　凡
	边元双（3月免）
	赵光明
	杨晋军
总会计师	薛立智（兼，3月任）
	边元双（兼，3月免）

党群领导

党委书记	赵佃龙（8月免）
	卓　磊（8月任）
党委副书记	孙　勇（8月任）
	冯来刚
纪委书记	赵佃龙（4月免）
	冯来刚（兼，4月任）
工会主席	冯来刚（兼）

（王壹平　王玉强　尹曼曼　乔方源）

【职工队伍】 职工530人。硕士研究生及以上学历

246 人,本科学历 268 人,大专及以下学历 16 人。专业技术人员 515 人,其中,正高级专业技术人员 9 人、高级专业技术人员 157 人、中级专业技术人员 133 人、初级专业技术人员 216 人。25 岁及以下 49 人,26 ~ 30 岁 164 人,31 ~ 35 岁 121 人,36 ~ 40 岁 62 人,41 ~ 45 岁 71 人,46 ~ 50 岁 37 人,51 ~ 54 岁 23 人,55 ~ 59 岁 3 人。

(王玉强　乔方源)

【境外工程】　阿尔及利亚贝佳亚连接线工程　位于阿尔及利亚贝佳亚省和布维拉省。主线长 100 千米,辅路及互通立交坡道 30 千米。2013 年 12 月 11 日签订合同,合同工期 36 个月,合同投资 131034.4 万美元。业主阿尔及利亚国家高速公路局。2016 年,累计完成产值 31195.81 万美元,开工累计完成产值 76325.9万美元。

阿尔及利亚特莱姆森连接线工程　Ghazaouet 港口至东西高速公路项目,位于特莱姆森省,全长 42 千米。包括隧道、桥梁和路基排水防护等工程。2015 年 1 月 3 日签订合同,合同工期 25 个月,合同投资 18558.59 万美元。业主阿尔及利亚国家高速公路局,APD(详细初步设计)设计单位韩国 KYONGDONG Engineering Co Ltd 公司(简称“KDEC”);施工设计由中交第一公路勘察设计研究院有限公司负责。2016 年,累计完成产值 7307.58 万美元,开工累计完成产值 11220.42 万美元。

阿尔及利亚赫利赞 4000 座大学城工程　赫利赞省公共设施和住房局计划建设的大学城项目,规模 4000 个教学位,包括教学楼、学生宿舍、行政楼、学校附属道路、管网等工程。2013 年 12 月 14 日签订合同,合同工期 24 个月,合同投资 2700.33 万美元,业主赫利赞省公共设施和住房局。2016 年,累计完成产值 981.85 万美元,开工累计完成产值 2630.24 万美元。

阿尔及利亚贝佳亚 2000 套保障房工程　设计与施工社会保障房,楼型分为 R + 5、R + 7、R + 8 和 R + 9,F3 户型,每户居住面积为 67 平方米,总建筑面积 13.4 万平方米。中国铁建阿尔及利亚有限公司承建的主要为 R + 5 楼型(占 80% 以上)。23 栋楼 73 个单元,包含室外道路与管网。2013 年 12 月 20 日签订合同,2014 年 9 月 10 日开工,合同工期 24 个月,合同投资 5967 万美元。业主贝佳亚房地产管理局。2016 年,累计完成产值 784.22 万美元,开工累计完成产值 1840.06 万美元。

阿尔及利亚布里达 5000 套租售房工程　包括 5000 套社会性租售房项目的设计和施工,每套住房套内净面积 77.5 平方米,总建筑面积约 55 万平方米,为 6 层住宅楼,设置少量 10 层和 15 层住宅楼。施工部分包括住房的下部基础,上部结构及室内外装修、管道工程。2014 年 6 月 25 日签订合同,合同投资20046.61 万美元。业主国家住房发展与改善局,设计单位阿尔及利亚当地 DUNE 设计院。2016 年,累计完成产值 5329.76 万美元,开工累计完成产值 8779.66 万美元。

阿尔及利亚布里达 2000 套租售房工程　包括 2000 套社会性租售房项目的设计和施工,每套住房套内净面积 77.5 平方米,总建筑面积约 22 万平方米,主要建筑形态为 6 层住宅楼,设置少量 10 层住宅楼。设计由承包商负责,施工部分包括住房的下部基础,上部结构及室内外装修、管道工程。社区内配套用房、室外道路管网及综合整治工程将作为本合同的补充合同另行签署。2014 年 6 月 25 日签订合同,合同工期 32 个月,合同投资 7800.8 万美元。业主国家住房发展与改善局,设计单位阿尔及利亚当地 ATRIUM 设计院。2016 年,累计完成产值 68.3 万美元。

阿尔及利亚赛迪夫 2000 套租售房工程　包括 2000 套社会性租售房项目的设计和施工,每套住房套内净面积 77.5 平方米,总建筑面积约 22 万平方米,主要建筑为 6 层住宅楼,设置少量 10 层和 15 层住宅楼。2014 年 6 月 25 日签订合同,合同工期 32 个月,合同投资 8435.08 万美元。业主国家住房发展与改善局,设计单位阿尔及利亚当地 FAURTEC 设计院。2016 年,累计完成产值 3173.46 万美元,开工累计完成产值 5128.18 万美元。

阿尔及利亚赫利赞 2000 套租售房工程　包括 2000 套社会性租售房项目的设计和施工,每套住房套内净面积 77.5 平方米,总建筑面积约 22 万平方米,主要建筑为 6 层住宅楼。2014 年 6 月 25 日签订合同,合同工期 32 个月,合同投资 7960.8 万美元。业主国家住房发展与改善局,设计单位阿尔及利亚当地 NASRI 设计院。2016 年,累计完成产值 2492.56 万美元,开工累计完成产值 4289.37 万美元。

阿尔及利亚 200 床公寓楼结构装修工程　位于阿尔及尔省 BENI MESSOUS,占地面积约 1000 平方米,项目主体建筑占地 910 平方米,总建筑面积 6376 平方米,地下 2 层、地上 5 层或 7 层建筑。主体采用钢筋混凝土的框架结构,内部为“回”字型建筑,中空部分屋面材料采用轻钢结构及钢化玻璃。包括 200 床位宿舍、公共卫生间、洗浴间、咖啡厅、网络厅、电视厅、娱乐室等。2016 年 6 月 28 日签订合同,合同工期 16 个月,合同投资 371.05 万美元。业主阿尔及利亚民主人民共和国总统府管理局,设计单位 AISSANI 建筑事务所。

几内亚博凯内港韦立联盟码头工程　分 5 个合同,其中韦立物流生活区工程 2016 年 9 月 11 日签订合同,合同工期 5 个月,合同投资 105 万美元;1 号港区排水沟工程,2016 年 12 月 28 日签订合同,合同工期 2 个月,合同投资 8.69 万美元;旗台、景观墙绿化工程,2016 年 11 月 28 日签订合同,合同工期 1.5 个月,合同投资 3.89 万美元;2 号港区围墙建设工程,2016 年 12 月 3 日签订合同,合同工期 3.3 个月,合同投资 30.09 万美元;1 号港区接待中心,2016 年 12 月 28 日签订合同,合同工期 4 个月,合同投资 61.48 万美元。业主韦立联盟港口有限公司,设计山东港通工程管理咨询有限公司。

几内亚 KANKAN 至马里边境 180 千米公路工程 邀标项目。几内亚共和国请求中华人民共和国提供资金用于融资优先项目。该项目 2 个标段:KANKAN - MANADIANA 段 100 千米,路面宽度 7 米,路肩 1.5 米,路面油面 7 厘米,土石方工程约 208 万立方米;MANADIANA - NIANTANINA 段 80 千米,路面宽度 7 米,路肩 1.5 米,路面油面 7 厘米,土石方工程约 210 万立方米。2016 年 10 月 3 日签订合同,合同工期 36 个月,合同投资 23846 万美元。业主几内亚公共工程部,设计中铁上海设计院集团有限公司。

摩洛哥马拉喀什 108.4 兆瓦光伏发电工程 包含 108.4 兆瓦光伏发电站设计、采购及安装工程。项目分 3 期,一期 45.3 兆瓦,二期 30.2 兆瓦,三期 32.9 兆瓦,占地约 2350000 平方米,其中二期和三期增加蓄电工程及相关配套工业园区。2016 年 12 月 30 日签订合同,合同工期 6 个月,合同投资 16248 万美元。业主卢森堡 NOVARE 能源公司,设计单位东方日升能源公司。

沙特达兰住宅社区扩建 240 套住宅别墅(4 号包)工程 位于沙特达兰市。总建筑面积 99486 平方米。新建 240 套类型和大小不一的别墅,以及场区中低压配电系统、通信系统、消防及报警系统、给水及灌溉系统、雨水系统、污水系统、室外绿化、场区道路及照明、停车场等配套设施。2015 年 3 月 4 日签订合同,合同工期 26 个月,合同投资 17608 万美元,业主沙特阿美石油公司。2016 年,累计完成产值 7756.33 万美元,开工累计完成产值 8997.81 万美元。

沙特达曼里维埃拉别墅工程 框架结构。占地面积约 6.2 万平方米。2013 年 12 月 15 日签订合同,合同工期 36 个月,合同投资 5705 万美元,业主沙特市场及投资集团公司。2016 年,累计完成产值 814.75 万美元,开工累计完成产值 3893.50 万美元。

沙特达曼至利雅得 2 号线铁路整修工程 分为 78.4 千米项目和 91 千米项目,其中 78.4 千米项目由 15 个小的分段组成,最长分段 21.23 千米,最短分段 0.085 千米,2014 年 8 月 26 日签订合同,合同工期 20 个月,合同投资 3277 万美元;91 千米项目分 20 个翻新段,最长 13 千米,最短 500 米,2015 年 3 月 25 日签订合同,合同工期 23 个月,合同投资 4272 万美元。业主单位沙特铁路机构。2016 年,累计完成产值 1172.1 万美元,开工累计完成产值 2686.78 万美元。

沙特内政部第五期军营工程 包括 243 个地块,遍布沙特东部、中部以及西部地区。总建筑面积约 155 万平方米,82 种设计模块,1707 个单体建筑,含结构、装饰装修、家具、家电、机电系统安装、室外配套、绿化等工程。设计施工总承包模式。合同工期 1440 天,不同建筑群工期 720 ~ 1080 天不等。业主按地块分批次移交工地。缺陷责任期 1 年。2014 年 11 月 19 日签订合同,合同工期 47 个月,合同投资 259981.2 万美元。业主沙特阿拉伯内政部。2016 年,累计完成产值 939.13 万美元,开工累计完成产值 7741.69 万美元。

卡塔尔卢赛尔体育场工程 主体工程卢赛尔(LUSAIL)体育场是 2022 年世界杯主要赛用体育场馆之一,承担决赛以及开、闭幕式等多场重要赛事和活动。作为 2022 年世界杯主体育场,计划建设 92000 个座位,有空调环境的外部座位;专属的普通 VIP 客人,和超级 VIP 贵宾休息区;所有所需的 MEP 系统和服务(含通信、安保、消防、声控、引导、运输、景观等);结构、顶棚、比赛场地、球队房间、进场区、退场区、卫生间、观众席、记者区、记分板以及其他所有附属设施等。2016 年 11 月 10 日签订合同,合同工期 39 个月,合同投资 44248.7 万美元。业主卡塔尔交付与遗产最高委员会,初步设计(概念设计)单位 Arub 和 Foster & Partners。

马来西亚槟城天空别墅工程(Marinox 公寓) 位于马来西亚槟城 TanjungTokong 海岸。项目为 2 座高层公寓,分别为 29 层和 33 层,301 套三居室精装修住宅,公寓设有健身房,游泳池和儿童活动场地。设有 5 层的单体停车场以及部分地下停车位。2013 年 12 月 3 日签订合同,合同工期 25 个月,合同投资 3700 万美元。2016 年 11 月 30 日完工。

马来西亚巴生商业中心工程(1 GATEWY) 位于马来西亚巴生市通往巴生港的主要大道。地下 2 层停车场 2000 多个停车位。首层为 127 套复式商铺。首层以上为 139 间(3 层、4 层或 6 层楼)商业店面,以及 2 幢 32 层的酒店和办公大楼。总建筑面积 30 多万平方米。2014 年 4 月 10 日签订合同,合同工期 35 个月,合同投资 13950 万美元。2016 年,累计完成产值 6.2 万美元,开工累计完成产值 1203.91 万美元。

马来西亚满家乐公寓工程(Pavilion Hilltop 公寓) 位于马来西亚吉隆坡 MontKiara。占地面积约 2.4 万平方米,建筑面积约 20 万平方米。由 2 栋 31 层公寓和 1 栋 30 层公寓构成,包括 5 层附属设施,4 层地下停车场。执行欧洲技术标准。2014年5月19日签订合同,合同工期31个月,合同投资12404万美元。2016年,累计完成产值2957.41万美元,开工累计完成产值5443.97万美元。

马来西亚四季酒店工程　集商业、公寓和酒店于一体的综合楼。位于吉隆坡双塔。总建筑面积约23万平方米,建筑高度342.5米。地下4层,地上76层。其中首层至7层为裙楼(底商及附属设施),8层至21层为酒店(190个客房),22层至76层为住宅公寓(242个单元)。2014年7月8日签订合同,合同工期35个月,合同投资29570万美元。业主为维纳斯资产私人有限公司。2016年,累计完成产值10295.98万美元,开工累计完成产值14322.19万美元。

马来西亚柯玛莎168公寓工程　由24套独立式住宅、4套独栋别墅豪宅、1座20层公寓构成。包括类型A的1-3层独立式住宅4套;类型B的3层独立式住宅及地下室12套;类型D的3层独立式住宅及地下室8套;独栋别墅豪宅3层及地下室4套;20层公寓内包含72间政策房、6间阁楼、2间保安室。2015年11月20日签订合同,合同工期18个月,合同投资2814万美元。业主V发展有限公司,设计单位WHOMEZ DESIGN。

马来西亚槟城梦想工程　2栋39层的高档舒适海景套房,由1层酒店大堂(GF)、5层的停车楼(L1-5)及1层公寓设施(L6)(主要包括游泳池、健身房、保龄球馆以及迷你高尔夫球场)组成的裙楼,上设2栋32层的塔楼组成。572户,每户建筑面积约110-150平方米,拥有3个卧室,2个卫生间,以及2个停车位。2015年12月11日签订合同,合同工期34个月,合同投资6474万美元。业主Ewein Zenith私人有限公司。

马来西亚金新铁路工程　位于马来西亚金马士与新山之间。双线电气化升级改造米轨铁路。线下工程主要以路基和高架桥为主。正线全长191.14千米。沿线设置11个车站和1个车辆段。线下工程主要以路基和高架桥为主,轨道采用54E1无缝线路,机车采用电力牵引。2016年10月27日授标,合同工期48个月,合同投资80900万美元。业主马来西亚交通部,设计单位Sepakat Setia Perunding(Sdn) Bhd。

泰国阳光花园住宅工程　中国天辰工程集团有限公司在曼谷素坤逸路开发的公寓项目。L型平面布局30层。总面积43473平方米,占地面积6000平方米。2014年1月6日签订合同,合同工期24个月,合同投资2760万美元。业主中国天辰工程有限公司。2016年11月30日完工。

泰国G-LAND Tower写字楼工程　位于泰国曼谷市。建筑面积约15万平方米。包括结构工程,幕墙工程,建筑装修工程、机电工程等。2014年3月4日签订合同,合同工期25个月,合同投资3686万美元。业主G Land房地产开发有限公司。2016年,累计完成产值1049.57万美元,开工累计完成产值2223.57万美元。

泰国生态农业工厂工程　项目每栋厂房室内封闭,将采用最新的发电和空调技术、中国制造的LED光源。负责主体结构部分施工,所有建筑单位均为整体预制钢结构拼装结构,单栋面积约9000平方米300个单体建筑,分布在泰国各府。包括结构工程(底板以上部分)、钢结构工程、内外墙工程、室内简装工程及屋面工程,不包含地质勘探、基础、地梁及机电工程等。2016年12月6日签订合同,合同投资54400万美元,合同工期24个月。业主泰国双赢房屋发展有限公司。

泰国115节车厢采购工程　业主泰国铁路总公司。由国际集团、十八局以及当地公司组成的联合体中标。供应商需按照提供的图纸和规范,给采购方提供全新的高于制造规范要求的商务火车车厢,数量为115节。2013年11月26日签订合同,合同投资15196万美元。

特多斯卡博罗总医院急诊和门诊改造工程　位于特立尼达和多巴哥共和国斯卡伯勒总医院内。对既有急诊和门诊等候区进行封闭。结构形式为轻钢结构和玻璃幕墙,预埋钢结构构件,主体结构采用轻型钢焊接,墙体采用玻璃幕墙和铝板封闭,屋面同样采用玻璃幕墙。政府出资,业主多巴哥卫生局。2016年2月1日签订合同,合同工期7个月,合同投资34.4万美元。2016年9月12日完工。

特多阿丽玛医院工程　位于中美洲特立尼达和多巴哥共和国,业主方特多卫生部负责协调特多财政部贷款。前期设计、建设、运营管理、以及后期设备维护保养由特多城镇发展有限公司管理。占地面积14051平方米,建筑面积约26000平方米。EPC项目。含拆除旧建筑,清理工程垃圾,建设150个床位新医院大楼(2-6层,含景观),提供医疗设备、系统,以及系统的测试、试运行及维护、人员培训等。2015年1月1日签订合同,合同工期36个月,合同投资23100万美元。业主为特多卫生部。2016年,累计完成产值2341.49万美元,开工累计完成产值4356.65万美元。

特多纳撒路商场工程　位于中美洲特立尼达和多巴哥共和国。主体结构采用型钢螺栓连接,波纹钢板楼板支撑,钢筋砼浇筑楼板,墙体为轻体加气砼砌块砌筑,墙面装修水泥砂浆抹面、表层涂料,砼平屋面和斜屋面综合屋面支撑体系。占地面积13208平方米,包括停车场、道路、排水、绿化等室外工程,建筑面积

4224 平方米。2016 年 1 月 14 日签订合同，合同工期 12 个月，合同投资 703 万美元。业主 Endeavour 控股有限公司。2016 年，累计完成产值 162 万美元，开工累计完成产值 162 万美元。

特多大桑格雷市综合楼及配套设施工程　La Aurora 综合商业区项目是大桑格雷市政府推进的集商业，娱乐、住宿等城市综合体项目。特多大桑格雷市综合楼及配套设施项目是该项目一期工程。整体项目占地 128968 平方米，主楼建筑面积 27328 平方米。钢筋混凝土结构，主楼外立面设计为欧式西班牙风格。包括设计、采购、施工等全部施工承包工作内容，土地平整，土方开挖，场内外道路铺设，给排水系统工程，供配电系统工程，以及绿化工程等附属设施的开发。2016 年 7 月 22 日签订合同，合同工期 29 个月，合同投资 6900 万美元。业主 DBM 控股有限公司。

玻利维亚鲁雷纳瓦克—里韦拉尔塔公路工程　位于玻利维亚北部的贝尼省。全线长 508.07 千米。设计速度 100 千米/小时。双车道，每道宽 3.65 米，路肩宽 1.5 米。2014 年 8 月 28 日签订合同，合同工期 57 个月，合同投资 57941 万美元。业主玻利维亚公路管理局。2016 年，累计完成产值 10302 万美元，开工累计完成产值 10302 万美元。

安哥拉卡宾达机场工程　在原机场上进行扩建和改建，包括航站楼，航管综合楼、货运站、动力中心、停机坪、跑道排水系统、陆侧停车场等室外工程、外部围挡、及配套设备。2016 年 6 月 10 日签订合同，合同工期 14 个月，合同投资 18500 万美元。业主安哥拉交通部。

安哥拉卡宾达新建供水工程　水源来自地表水或地下水，经处理后进入供水管网。包括混凝土蓄水池 5 座（含土建、设备安装）、FFD 引水管道 28 千米、一级 PEAD 配水管网 21 千米、二级 PEAD 配水管（环）网 9 段 463 千米、用户水管连接及 28 千米的通信管道及 4 芯光缆安装。2016 年 6 月 30 日签订合同，合同工期 23 个月，合同投资 8884 万美元。业主安哥拉能源水利部。

安哥拉 120 国道修复工程　EPC 总承包。位于南宽扎省。Quinone 河至 São Mamede 的桥梁及附属工程，全长 52 千米。包括清表、土石方、路基、路面、桥涵、防护工程、沿线设施、雨水和通信管道等。2016 年 6 月 20 日签订合同，合同工期 14 个月，合同投资 4420 万美元。业主安哥拉国家公路局。

喀麦隆 50 兆瓦太阳能光伏电站工程　总容量 50 兆瓦的太阳能光伏安装建设。位于喀麦隆 Njikwa 省内的 7 个村落，分步施工。2016 年 12 月 23 日签订合同，合同工期 24 个月，合同投资 20000 万美元。业主加拿大能动系统有限公司。

俄罗斯莫斯科地铁工程　分为设计合同和施工合同。位于莫斯科西南部。包含 3 站 4 区间，区间线路总长 4.6 千米。承担车站、区间、附属结构的土建施工，以及铺轨工程。设计合同 2016 年 9 月 21 日签订，合同工期 8 个月，合同投资 473 万美元。业主莫斯科工业设计院开放式股份公司，设计北京城建设计发展集团股份有限公司；施工合同于 2016 年 12 月 30 日签订，合同工期 24 个月，合同投资 38030 万美元，业主为莫斯科工程设计院股份公司。

尼日利亚克里斯河州智慧城工程　位于卡拉巴尔市。包括警用调度、智能监控、智慧交通、智慧教育、智慧医疗、智慧园区、一键报警、数据中心模块以及相应的技术服务。2016 年 12 月 5 日签订合同，合同工期 24 个月，合同投资 15300 万美元。业主克里斯河州智慧城项目有限公司，设计单位为华为技术有限公司。

孟加拉阿米果孟加拉有限公司厂房工程　包括厂房楼、住宅楼、办公楼、餐厅、日常护理房、锅炉房、发电房、厂区内的道路建设；土建部分和给排水及消防工程等。一期合同于 2016 年 11 月 24 日签订，合同工期 18 个月，合同投资 3890 万美元。业主为阿米果孟加拉有限公司，设计单位为 ARCHITEKTON（PVT.）LTD。

缅甸 KER 二次结构砌砖工程　位于缅甸仰光 KABAR AYE Pagoda 路 65/B 号。占地面积 2031 平方米，总建筑面积 49333 平方米。地下 3 层，地上 28 层。负责楼体内部的二次结构砌筑工程。2016 年 12 月 26 日签订合同，合同工期 6 个月，合同投资 187.16 万美元。业主为 SLS 设计装饰公司，设计单位为 Hideki Miyazaki Japan &Meinhardt Team。

马里卡伊—奥鲁—毛里塔尼亚边境（165 千米）公路的修建和沥青铺设工程　包括营地建设，施工设计，路基准备工程（清除淤沙、灌木清除、砍伐树木和平整土地），土方工程（挖方和填方），路面层材料的供应和施工，排水工程和跨越工程建设（浸水路面、半浸水路面、排水沟），土质边沟和混凝土边沟施工，浆石护坡、桩堰和防冲乱石护坡的施工，信号牌的供应和放置，以及水平信号和垂直信号的施工等。2016 年 12 月 30 日签订合同，合同工期 36 个月，合同投资 16019 万美元。业主为马里设备交通和联通部，设计单位为中铁上海设计院集团有限公司。　（赵家庶　王晶晶）

【港澳工程】　广深港高铁深圳皇岗至香港米埔段隧道工程（826 项目）　以深圳河为界，深圳境内广深港段皇岗至深圳河段长 1.856 千米，业主为广深港铁路公司，标段号 ZH－4 标，由十五局承包；香港段深圳河至米埔段香港境内长 1.49 千米，业主为香港铁路有限公司，由中国铁道建设（香港）有限公司以股份公司名义与新昌营造厂有限公司、十五局组成联营公司承包，合同投资17亿港元（约合21678万美元），我方份额8671.2万美元。隧道从深圳地铁皇岗车站开始掘进，合同工期2010年3月—2015年5月，香港段主要工程量：双向9.6米直径盾构隧道1490米。2016年，累计完成产值757.88万美元，开工累计完成产值5273.46万美元。

香港路政署无障碍通道设施合约工程　位于湾仔区及北区3个地点。为4条行人天桥（既有）及1条行人隧道（既有）加建8座升降机。合同投资685.59万美元，合同工期2014年6月27日—2018年4月27日。2016年，累计完成产值177.44万美元，开工累计完成产值402.41万美元。

香港土木工程拓展署行人天桥工程　包括建造1条行人天桥，其中包含顶棚和1部载客升降机以及相关的行人道、自行车道、排水管、供水管，并进行环境美化及机电工程。2014年6月20日签订合同，合同工期34个月，合同投资387.42万美元。2016年12月31日，累计完成产值125.77万美元，开工累计完成产值298.02万美元。

香港屏蔽门工程　包括沙中线3个车站，6侧站台安装屏蔽门；东铁线13个车站35侧站台安装安全门。2016年10月25日签订合同，合同工期60个月，合同投资1145万美元，业主为深圳市方大自动化系统有限公司。（赵家庶　王晶晶）

【工程经营】　新签项目35个，新签合同额359.54亿元。市场调研与开发。市场区域进一步扩大。立足既有市场滚动经营，并积极进行辐射开发，通过设立机构、派驻人员、跟踪项目等方式，持续加大市场布局力度。先后完成在巴拿马、刚果（布）、莫桑比克、俄罗斯、尼日利亚、摩洛哥、卡塔尔7个国别市场的设点布局，并积极筹建阿根廷、斯里兰卡、印度、哈萨克斯坦、格鲁吉亚、老挝、缅甸、越南8个境外机构，进一步提高国际集团海外市场覆盖率。在俄罗斯、尼日利亚、卡塔尔、几内亚、喀麦隆、摩洛哥等新入市场已有项目中标，在阿根廷、刚果（布）、印度、格鲁吉亚等市场的重点跟踪项目也在积极推进中，市场布局效果逐渐凸显。市场领域进一步拓展。在不断巩固铁路、公路、房建、轨道交通、市政等传统业务优势的同时，成功拓展多个新业务，有效提升综合发展能力。在传统业务领域，国际集团在铁路及轨道交通方面中标新疆新拜铁路和香港沙中线屏蔽门项目；公路方面中标安哥拉120国道项目，签署阿尔及利亚贝佳亚连接线补充合同、几内亚至马里180千米公路项目合同；房屋建筑中标特多大桑格雷市综合楼、纳撒路商场，马来西亚槟城梦想之城、柯玛莎公寓，阿尔及利亚公寓楼及租售房、几内亚韦立物流生活区等多个项目；市政工程中标安哥拉卡宾达城市供水和几内亚供水项目。在新业务领域，中林镇江生态产业城项目，合同额51.3亿元，是国际集团在国内市场中标的最大项目，也是第一次涉足生态产业领域；卢赛尔体育场项目标志着国际集团首次进入体育场馆及设施建设领域；泰国农业工厂项目，是国际集团承揽的第一个农业类项目；安哥拉卡宾达机场项目，是中国铁建以EPC总承包方式签署的最大海外机场项目，标志着中国铁建进一步迈向技术复杂、工种多、综合跨度大的国际机场建设领域；几内亚水电站、喀麦隆和摩洛哥光伏电站项目，是国际集团首次进入新能源领域；尼日利亚CR州智慧城项目，是中国铁建首次试水海外智慧城建设领域，实现尼日利亚公司当年组建、当年签约的目标；孟加拉阿米果工厂项目，是国际集团第一次涉足工业园区建设领域，也是中国铁建在孟加拉市场独立承揽的第一个项目。

项目招投标。中标多个标志性项目，意义重大且“含金量”高，特别是在项目影响力和对今后发展的预期贡献等方面，重要性远高于往年，在获得“实惠”的同时，树立维护中国铁建的品牌形象。中标中资企业在马来西亚承揽的第一个大型铁路项目——马来西亚南部铁路项目，合同额约144亿元，国际集团作为联合体牵头方，份额约54.77亿元，该项目是中国基建行业的3家排头兵——中国铁建、中国中铁、中国交建，历史上首次以联合体的方式中标境外重大项目，对于构建中国企业在海外市场“抱团取暖”的“走出去”新格局，具有重要战略意义。中标2022年卡塔尔世界杯主场馆—卢赛尔体育场项目，合同额41.31亿元，是中资企业首次以主承包商身份承建世界杯主场馆，作为目前世界上最大的膜结构施工项目，建成后将成为卡塔尔地标性建筑。在海湾国家财政紧缩的大环境下，该项目作为为数不多的现汇项目，对国际集团支柱市场辐射发展具有重要的指导意义。中标泰国农业工厂项目，合同额37.32亿元，是目前东南亚地区最大的现代化生态农业工程项目，得到泰国政府的大力支持，该项目的实施将显著提高泰国农业生产科技含量和现代化水平，同时将带动中国产品输出，为推动国际产能合作起到积极的示范作用。中标莫斯科第三换乘线西南段地铁项目，合同额26.35亿元，是中国铁建在俄罗斯市场中标的最大项目，标志着中国铁建成功打破欧美企业对俄罗斯地铁市场的垄断，与系统内装备制造企业携手“出海”，为中国铁建全产业链走出去、继续开拓“一带一路”沿线市场奠定基础。

经营管理。提出要“加大国内工作力度、加强国内外联动、拓展多元融资渠道”的工作要求。通过深入对接国家部委、金融机构，抓住项目运作关键环节，逐步突破发展瓶颈，切实缓解高端经营压力。主动对接，形成生产力。通过定期汇报、不定期走访、专项报备等方式，进一步加强与国家发展和改革委员会、外交部、商务部、交通运输部、国家铁路局、中国铁路总公司、国务院国有资产监督管理委员会等部委的沟通，从国家战略布局和总体规划层面，及时获取项目推进计划，同时加强与国内外各专业领域合作伙伴的联系，强强联合、优势互补、重点突破，不断提升专业能力，努力寻求共赢机会，促成马来西亚南部铁路、尼日利亚CR州智慧城等项目的顺利签约，并积极推动中泰铁路、隆新高铁、马来西亚东部沿海铁路、尼日利亚拉各斯州智慧城、斯里兰卡南部铁路等项目的进展，取得良好经营效果。盘活存量，拓展增量。通过健全制度、完善机制、广泛合作等方式，进一步加强与口行、开行、中信保等中资金融机构，以及汇丰银行、马来西亚银行、星展银行等外资金融机构的合作关系，及时了解资金走向，主动适应融资要求，以树立诚信、提升能力为抓手，不断夯实资金运作基础。完成安哥拉120国道项目的批贷工作，顺利推动卡宾达机场和供水项目进入申贷程序，同时积极开展阿根廷圣马丁货运铁路、巴基斯坦卡拉奇环线轻轨等重点跟踪项目的融资前期工作。

（周　秦　王　沐）

【企业管理】 组织机构管理。推动优化总部部门设置和职能。以业务下沉、职能整合、突出重点为总体方向，成立专项融资部、设计咨询事业部、市场开发中心和工程管理中心。为提升管理效率，撤销南亚、欧亚、非洲、美洲等所有区域事业部。

项目风险管理子项目收尾。完成国际工程项目风险信息库及相关《使用指南》的定稿及验收，并举办“项目风险管理咨询项成果汇报暨培训会”。内部控制与风险管理。一是持续优化内控制度体系。新编制度11个，修订制度8个，公司内控制度158个。二是有序推进风险管理工作机制。推动风险信息收集、企业风险评估及重大、重要风险管控等工作稳步实施。三是推动完成内控评价工作。经中国铁建股份公司有限公司复核认定，2016年度内部控制评价得分95.63分。

（田春丽　易晓飞）

【党群工作】 党的工作。下辖10个二级党组织，其中，党委5个、党总支5个；党员369人，占职工总数比例为70%，35岁以下党员占党员总数比例为56.8%，研究生以上学历党员占党员总数比例为43.3%。坚持党建引领，强化融入中心的政治保障。召开第一次党代会，制定“十三五”战略目标，明晰未来发展愿景。同时，明确提出“党建动力机制”的核心，找到统一思想、统一行动的着力点；组织集体学习8次，其中有关企业改革发展和党风廉政建设内容占70%，确保海外业务发展的正确方向；逐步强化并拓展党委会议事范围，召开党委会10次，充分彰显党委在企业改革发展中的政治核心作用。坚持因地制宜，丰富党建体系的科学内涵。创建党组织“四种模式”。即：在规模大、运营周期长、业务发展稳定的海外单位设立企业党委；在业务体量适中、员工人数较少的海外单位设立企业党总支；在海外重点工程项目设置直属党支部；在同一区域的分散经营机构，或覆盖多个参建单位的海外项目，成立联合党支部。在此基础上，形成《关于加强国际集团党群工作机构建设的决议》和《党群机构设置建议方案》，根据自身实际，成立党群工作部，配备专职党委（副）书记及专（兼）职党群专员，着力解决覆盖不全、力量不够问题；扎实推进“两学一做”学习教育，量身定制《工作推进表》《督导工作提示》、“两学一做”专用笔记本，通过邀请使领馆领导讲党课，组织党员与中资企业开展研讨交流，不断拓展“两学一做”教育外延；正式启动国际集团党建量化考核工作。从《党建工作量化考核表》和党组织书记述职报告两方面提出措施要求，形成落实党建工作责任的有效抓手。

宣传和企业文化工作。推进与国内主流媒体的交流互动，在与《人民日报》（海外版）、新华网、中央电视台等媒体保持良好关系的基础上，积极拓宽渠道，对接“一带一路”沿线项目相关宣传活动。北京电视台大型跨年新闻报道栏目“天涯共此时”分别赴沙特、马来西亚、泰国进行专题拍摄报道并陆续播出，引起良好反响。在各类媒体累积发表稿件800余篇。充分发挥政研会“思想库”和“智囊团”功能，以做好员工思想政治工作为重点，开展一系列主题鲜明、内容丰富、形式多样的政研课题研究活动，3篇政研课题分别获评中国铁建年度政研优秀论文一、二、三等奖。新媒体建设方面，国际集团官方微信平台整合自身资源，把握时代脉搏，逐步形成图文为主、贴合海外生产经营实际、幽默新奇表达于一体的国际化风格，《是谁，开启了一座非洲城市的生命之源》等文章陆续引发关注，粉丝量1500余人，平台关注度增幅207.37%，对企业品牌推介起到显著作用。首期道德讲堂暨家文化品牌建设论坛正式开讲，促进精神文明建设与“家文化”品牌有效连接；创新录制《食在海外》文化宣传片，获第三届全国职工微影视大赛纪实类银奖；推进跨文化管理研究成果，初步完成《央企海外公司跨文化管理研究》课题，该课题在国内央企中尚属首例，为探索国内外文化交融提供有力的理论依据。

工会工作。围绕生产经营中心，引导职工建功立业。开展劳动竞赛助力施工生产。各级工会以“提质增效”为主要载体，结合贝佳亚连接线、阿丽玛医院、特莱姆森、赫利赞大学城等重点工程项目，开展各类主题劳动竞赛。其中，贝佳亚连接线项目沥青路面“五十天大干”劳动竞赛，实现单日摊铺量8105吨。获2016年中国铁建劳动竞赛“先进单位”“工人先锋号”。《把握设计龙头，提升国际工程设计管理》《着力打造国际化集采集供平台》等16篇创新成果参评中国铁建优秀论文。维护职工权益，完善权益维护机制。完善职代会5个专门委员会，收到和处理提案57条，评选优秀提案和优秀处理落实提案各5条。通过《国际集团企业年金方案实施细则》，积极推动落实《员工绩效考核办法(试行)》和《所属单位负责人绩效考核办法(试行)》，实现员工工资发放与年度绩效薪酬和企业负责人年薪挂钩机制，保障职工合法权益。强化文化引领。组织开展“员工健步走”“员工趣味运动会”“羽毛球”“篮球”“足球”等比赛。积极参与“我爱铁建”主题活动，组建“新员工朗诵团”，参加北京市海淀区精神文明建设委员会举办的“中华优秀传统文化”古诗词朗诵大赛。举办第一届“道德讲堂”。有效搭建文化平台。阿尔及利亚公司持续开展“中阿友谊林”植树活动；沙特公司与中国驻吉达总领馆、经商室举办“海外中秋”主题活动；马来西亚公司举办端午节“送祝福”活动；加勒比公司参加特多“中国大使杯”龙舟赛。服务职工群众，健全服务保障体系。推动海外建家建线，向东南亚、安哥拉、玻利维亚、俄罗斯等单位拨付经费12余万元用于购买健身器材。落实海外员工弹性体检制度，安排海内外员工329人体检。为684名员工投保办理境外意外伤害险。落实《亲情服务体系》，海外各级工会普遍建立员工亲情档案和应急联系台账。建立特困职工档案，慰问职工200多人(次)。服务女职工成长发展。组织开展“建幸福家庭·促企业和谐”女职工读书征文、家书征文活动。海内外联动开展“快乐采摘”“集体观影”“美食品尝”等主题活动。建立“女职工爱心屋”，并配备沙发、冰箱、消毒柜等设施，被评为全国铁路总工会“铁路爱心屋”称号。夯实工会自身建设，创新工作方法机制。阿尔及利亚公司和沙特公司严格按照程序成立工会。“家文化”特色不断丰富。举办第二届“走进中国铁建员工子女夏令营”，组织全国各地的24名国际集团家属子女代表齐聚北京，开展为期一周的夏令营活动。推出“海外七彩生日会”，获股份公司2016年工会特色工作二等奖。开通“职工电子书屋”，内容涵盖行业报纸500余种，海外经营管理、综合类期刊300余种，图书10余万册。财务经审工作不断规范。获中国铁建2015年度工会财务工作竞赛一等奖，获中华全国铁路总工会“火车头”奖杯、中国铁建“金牌模范职工之家”称号20多项。

共青团工作。举办“正青春·聚你我”青年会友活动，通过歌舞联欢、主题展览以及文化沙龙等活动，进一步搭建青年沟通交流平台；通过“1+1”体系建设，即《党群工作指导手册》团委篇和团建工作量化考核，形成指导、监督、奖惩于一体的团建体系建设；以“提质增效·青年担当”主题活动为契机，海外各单位通过成立青年突击队、主动参与优化设计等，不断助推海外施工生产。（孙利民　李　红　谭　漪　张　晶）

【纪检监察】 聚焦中心任务，认真落实“两个责任”，持续深化“三转”，强化监督执纪，积极推进各项工作的开展。积极探索海外监管新机制；部分二级单位结合海外实际，设置纪委书记岗位，配齐配强专兼职工作人员；积极参加股份公司纪委组织的业务培训。

反腐倡廉宣传教育。强化党委中心组深入学习党风建设和反腐倡廉工作内容；开展廉洁文化交流，邀请中国驻外使领馆大使、总领事、参赞开展党风廉政、外事纪律、安全保密等教育活动；学习贯彻《关于新形势下党内政治生活的若干准则》和《中国共产党党内监督条例》，组织开展知识测试及答卷活动；强化节日节点廉洁教育，国庆节期间，明察暗访所属单位11个；利用“三个平台”推送党风廉政建设和反腐败重大信息、工作动态，解读最新政策规定、重大举措，剖析党员干部违纪违法典型案件，更新信息76篇，利用网络平台实现对海外干部职工纪律规矩等廉洁知识的“零距离”宣教。贯彻从严治党。召开工作推进会，精心组织“四风”问题整治情况“回头看”活动，动员部署国际集团党委巡视工作；规范纪委会议制度，召开纪委会议15次，积极传达上级精神、审议违纪案件并提出处理意见、审议工作报告、部署工作任务。结合迎巡视和迎审计自查整改工作，对各部门、各单位发现的各类问题整改情况进行全面排查梳理，对于超出标准的费用支出，当事人全额退还差价、补交差额。党风廉政建设责任制落实。逐级签订《党风廉政建设责任书》，把党风廉政建设与企业经营管理同部署；采取现场重点检查与集中考核相结合方式，创新党风廉政建设责任制落实情况的考核方式，评选总部党委和沙特公司党委为党风廉政建设优秀单位，兑现奖励6.4万元；加强对选人用人的监督，落实纪委书记参与重要人事安排初始酝酿要求，出具廉洁自律评价意见书23份；紧盯“三重一大”执行情况，重点监督各单位落实《“三重一大”事项决策流程和细目》91个事项要求。执纪审查。针对因私护照使用不规范问题，对2名相关人员给予记过、警告处分；针对不服从组织安排、违反企业规章制度问题，对3名海外人员分别给予开除、降级处分，对1名违反劳动纪律人员进行立案调查；针对国际贸易业务在合同执行过程中管理疏漏、业务把控不严问题，提出限期整改要求，对当事人给予停职和通报批评。巡视工作。积极主动配合股份公司第六巡视组工作；加大巡视前的培训力度，对参加巡视的工作人员进行专项培训等；完成对国际贸易公司的巡视工作；对沙特、马来西亚、东南亚公司8个重点在建项目进行效能监察。

（董立巍　王黎旭　罗华铃）

【中国铁建阿尔及利亚有限公司】 于2016年4月18日完成工商注册。前身是中国铁建股份有限公司阿尔及利亚代表处。驻阿尔及尔市。设12个职能部门、3个事业部、1个代表处，下辖贝佳亚连接线项目经理部、特莱姆森连接线项目经理部，道路改造项目经理部，房建项目经理部，7个施工单位项目经理部，3个设计单位项目经理部。职工131人。中方员工67人，阿籍员工64人。资产总额552325.46万元，其中固定资产原值1347.07万元、净值308.76万元，流动资产550761.47万元。机械运输设备33台（套），其中，31台管理用车辆、2台施工设备。原值1183.7万元、净值230.4万元，总功率3894.4千瓦，动力装备率58.12千瓦/人、技术装备率17.66万元/人，设备完好率100%，利用率90.9%。

2016年，实现营业收入230627.27万元，实现利润12549.24万元。全员劳动生产率95.79万元/人年。

（赵美凯）

【中国铁建股份有限公司沙特分公司】 主要负责沙特阿拉伯及其他中东国家市场。2013年7月完成工商注册。驻沙特阿拉伯王国吉达市。中方正式员工95人，社聘人员98人，劳务人员284人；外籍管理人员102人，劳务人员669人。资产总额8.68亿元。机械运输设备531台（套），机械化施工程度80%，年施工生产能力10亿美元。

2016年，累计完成产值1.25亿美元。新签卡塔尔卢赛尔体育场项目，合同额7.67亿美元。

（徐　丽　朱定定）

【中国铁建股份有限公司安哥拉分公司】 拥有公共工程承包商资质－8级和民用工程承包商资质－8级资质，经营范围：房建工程、道路与市政工程、水利工程、安装工程等。2013年4月成立，注册资本金1600万宽扎（约合100万美元）。驻安哥拉罗安达省，项目驻罗安达内图基地。下辖3个直管项目部。职工27人，其中，正式员工23人、社聘员工4人。资产总额28779.9万元，固定资产原值158.4万元，累计折旧141.9万元，固定资产净值16.5万元，流动资产总额28763.4万元。

2016年，经营承揽合同额3.18亿美元。总产值30135.5万元，利润2004.3万元，人均创利74.2万元，职工年人均收入14.8万元，产值利润率6.65%，资产负债率100%，应上缴款完成率100%。

（张大学　刘　涛）

【中国铁建（加勒比）有限公司】 2007年10月注册成立。注册资本金116.8万元。驻特立尼达和多巴哥共和国首都西班牙港。职工40人，其中，中方员工32人、外籍员工8人。资产总额34520万元，固定资产净值366万元，流动资产33645万元。

2016年，企业总产值34673万元，新签合同额46160万元。

（刘小豹）

【中国铁道建设（香港）有限公司】 经营范围：承包或分项承包铁路、公路、桥梁、隧道、水利、港口、城市轨道交通、房建等工程项目的设计、技术咨询、施工或安装；国内资源的调配及资源管理，包括与项目有关的设备、技术及物资采购和进出口贸易；重点从事香港本土及菲律宾、欧洲、澳洲等国家和地区的铁路、城市轨道交通、公路、房建和其他土建工程的投标及中标工程的实施与管理；其他项目的研究开发与运营。前身为中国铁道建筑总公司；1999年，在香港设立的中国铁道建筑（香港）有限公司。驻香港九龙观塘海滨道133号万兆丰中心10楼A室。董事长于洪忠，总经理王洪荣。职工25人，其中，内地员工16人、香港籍员工9人。资产总额18087万元，净资产6338万元。

2016年，新签合同额120060万元，营业收入8759万元，实现利润1141万元。

（魏博怡）

【中国铁建美国有限责任公司】 经营范围：高铁在内的基础设施、房建项目设计与施工管理、房地产开发、普通贸易、设备租赁等。2010年6月，在美国加利福尼亚州旧金山市注册成立；2012年，正式并入中国铁建国际集团有限公司；2015年，在德克萨斯州登记。公司总经理应尔强。

（田　丰）

【中铁建（北京）国际贸易有限公司】 主营设备物资采购供应、铁建商城运营管理、设备代理销售等三大板块。驻北京市海淀区复兴路40号中国铁建大厦B座2层。法人代表徐政志。资产总额7.98亿元，其中，固定资产原值3249万元,流动资产7.79亿元。

2016年,营业收入6.79亿元,净利润556万元。全员劳动生产率27.4万元/人年;职工年人均收入19.3万元;国有资产增值率104.49%,净资产收益率4.26%,产值利润率8.85%,投资回报率5.56%,资产负债率83.26%,应上缴款完成率100%。（何 艳）

【中国铁建马来西亚有限公司】 驻马来西亚首都吉隆坡。2012年10月成立。注册资本金100万马币。总经理赵光明。职工97人,其中,正式员工37人、当地社聘员工60人。

2016年,施工产值4.7049亿马币(约合人民币9.0217亿元),利润206万元。（王特特）

【中国铁建(东南亚)有限公司】 2013年12月,在泰国曼谷注册成立。负责代表国际集团在泰国市场进行开发与生产经营活动。业务领域涉及轨道交通、房屋建筑、设备贸易、咨询设计等方面。职工15人。

（李院生）

【中国铁建国际集团有限公司玻利维亚分公司】 驻玻利维亚国家首都拉巴斯市。2015年9月注册成立。下辖鲁雷至里韦公路项目部。总经理刘孟富。职工60人。资产总额142664.61万元,其中,固定资产净值3144.08万元,流动资产139520.53万元。

2016年,企业总产值63699.86万元。（刘胜魁）

【中国铁建俄罗斯有限公司】 2016年9月注册成立,驻俄罗斯莫斯科市。下设综合管理、党群工作部、市场经营部、人力资源部、财务部4个职能部门以及莫斯科地铁第三换乘线西南段项目经理部。（李海存）

【中国铁建(国际)尼日利亚有限公司】 2016年9月设立。驻地尼日利亚首都阿布贾。职工7人,其中,内派员工3人、当地雇佣员工4人。窦义锁主持工作。

（陈联杰）

【中国铁建(墨西哥)有限公司】 2014年8月成立,驻墨西哥首都墨西哥城。法定代表人应尔强。员工2人。（易文波）

【中国铁建西非有限公司】 2013年7月成立。驻科特迪瓦共和国经济首都阿比让。员工7人。其中,内派中方员工3人、当地员工2人。李晓磊主持工作。资产总额113.5万元。其中,固定资产10.5万元,流动资产103.5万元。（张 峰）

【中国铁建国际集团孟加拉代表处】 主要负责孟加拉市场及周边国家市场开发和工程项目的实施和运营。2015年3月成立。驻孟加拉国达卡市鼓山2区65号路17号楼5B2室。职工5人。（谢 豫）

【中国铁建国际集团有限公司巴基斯坦代表处】 2016年1月在伊斯兰堡注册设立。驻巴基斯坦伊斯兰堡F8/3区2街3号。总代表杨晋军。职工9人。下辖伊斯兰堡办事处、卡拉奇办事处和拉合尔办事处。

（窦益青）

【重要记载】

▲1月21日　与阿克苏富恒实业有限责任公司在京签署新(和)—拜(城)铁路项目和运营协议。

▲2月15日　在阿尔及利亚首都阿尔及尔参展2016年阿尔及利亚第三届国际轨道交通物流基础设施展。

▲2月29日　与俄罗斯国家莫斯科市政府签署莫斯科西南地铁项目设计、施工合作谅解备忘录。

▲5月7日　玻利维亚国家总统埃沃·莫拉莱斯出席国际集团承建的鲁雷纳瓦克—里韦拉尔公路项目开工仪式。

▲5月17日　与中国产业海外发展协会在集团总部签署战略合作框架协议,共同参与国家国际产能合作推进工作和“一带一路”建设。

▲5月22日　中国铁建总裁庄尚标视察国际集团马来西亚四季酒店项目。

▲5月26—31日　中国铁建工会主席史道泉赴阿尔及利亚开展工会工作调研,出席阿尔及利亚公司工会第一次代表大会及贝佳亚连接线项目“百日大干”劳动竞赛动员大会,授旗“青年突击队”。

▲8月12日　沙特分公司、阿尔及利亚代表处、玻利维亚分公司和马来西亚公司获股份公司授予的“海外经营承揽10强单位”称号,阿尔及利亚代表处另获“海外经济效益10强单位”称号。

▲10月20日　获中华全国铁路总工会授予的“火车头奖杯”称号。

▲11月19日　拍摄的《食在海外》纪实片获第三届全国职工微影视大赛纪实类银奖。（综合管理部）

中铁城建集团有限公司

【简况】 房屋建筑工程施工总承包特级、市政工程和铁路工程施工总承包一级、地基基础、钢结构、机电设备安装工程、建筑装修装饰专业承包一级企业。2013年11月,由原中铁十二局集团建筑安装工程有限公司主体、原中铁十六局集团北京工程有限公司、原中铁二十二局集团第六工程有限公司、原中铁二十四局集团南昌建设有限公司、原中铁二十五局集团建筑安装工程有限公司整体重组成立。驻湖南省长沙市岳麓区杜鹃路772号。董事长、党委书记罗海滨,总经理贾洪。下辖第一工程有限公司、第二工程有限公司、第三工程有限公司、北京工程有限公司、南昌建设有限公司、房地产开发有限公司、物资有限公司、物业管理有限公司8家子公司,华南、华东、西南、华中、西北、北京、华北、东北区域指挥部和海外经营部9个区域经营机构,四川、云南、贵州、重庆、广州、海南、山西、陕西、北京、黑龙江、辽宁、深圳、武汉、无锡、甘肃、江西、天津17家经营性分公司。职工5816人。资产总额1413601.09万元,固定资产净值23187.31万元,流动资产1367573.37万元,货币资金327404.30万元。机械运输设备1419台(套),原值14163.6万元、净值3187.93万元,总功率44126.79千瓦,动力装备率8.14千瓦/人,技术装备率0.59万元/人。综合机械化施工程度90%以上,年施工生产能力200亿元以上。

2016年,完成主要实物工程量:土石方311.18万立方米,桥梁693.17延长米,正线铺轨0.8千米,轻轨区间0.75千米,房屋建筑面积394万平方米。承揽任务总额202.65亿元,完成年度计划190亿元的106.66%;完成施工产值112.58亿元,完成年度计划110亿元的102.35%。承建的山西省电力勘测设计院综合业务楼工程、希望·加州华府一期B区工程等2项工程获国家优质工程奖;先后获中国钢结构金奖2项;省部级优质工程12项;“铁建杯”优质工程6项。中铁第五勘察设计院集团有限公司研发实验中心及附属用房项目、金港镇香山花苑1号、4号地块安置房工程获国家“AAA级安全文明标准化工地”;省部级安全文明工地15项;股份公司安全质量标准工地4项。

(李　卓)

【领导人员】

董事会

董事长	罗海滨
董事	罗海滨
	倪　真(3月免)
	贾　洪(4月任)
	邱　卫

监事会

监事会主席	周晓兵(4月免)
	王　彪(4月任)

经理层

总经理	倪　真(3月免)
	贾　洪(4月任)
副总经理	周晓兵(4月任)
	张宇川
	申景涛
	王忠良
	张晓峰
总会计师	余　跃(3月任)

党群领导

党委书记	罗海滨
党委副书记	倪　真(3月免)
	周晓兵(4月免)
	贾　洪(4月任)
	邱　卫
纪委书记	王　彪(4月任)
	周晓兵(4月免)
工会主席	邱　卫(兼)

(赵　平)

【职工队伍】 职工5816人,其中,正式员工5095人、集体所有制员工721人。男员工4187人,占正式员工的82.18%;女员工908人,占正式员工的17.82%。干部3755人,占正式员工的73.7%;工人1340人,占正式员工的26.3%。研究生学历68人、本科学历2904人、专科学历631人、中专104人、高中及以下48人。各类专业技术干部3199人,其中,教授级高工6人、高级职称406人、中级职称844人、初级职称1943人。35岁以下2989人,占正式员工的58.67%;36~44岁员工736人,占正式员工的14.44%;45~49岁员工537人,占正式员工的10.54%;50~54岁员工454人,占正式员工的8.91%;55岁以上员工379人,占正式员工的7.44%。

(赵　平)

【工程施工】 铁五院研发实验及附属用房项目　由中铁第五勘察设计院集团有限公司投资建设,合同投资32836万元。工程为群体建筑,总建筑面积96341.16平方米。主要工程量:3个标准塔楼布局,1—3层设置裙房相互连通,地下3层。合同工期2013年7月25日—2015年9月30日。2016年,完成产值12264万元,累计完成产值21535万元。

北京市通州新城0204地块配建定向安置房项目　由北京通瑞万华置业有限公司投资建设,合同投资49748万元。主要工程量:东区1号车库、1—7号楼以及S1配套、幼儿园7个主要单体及2个配套单体的施工,工程总建筑面积247540.5平方米。合同工期2014年12月11日—2016年6月30日。2016年,完成产值28832万元,累计完成产值49748万元。

北京市朝阳区清河营村住宅及配套商业金融(1号地)项目1-10地块二期施工总承包工程　由北京第六大洲房地产开发有限公司投资建设,合同投资52279万元。主要工程量:A区-购物中心、B区-百货、C区-A栋办公楼及各区地下车库,总建筑面积191119平方米 。合同工期2015年3月15日—2018年4月27日。2016年,完成产值13543万元,累计完成产值29040万元。

中国铁建·青秀蓝湾B1地块项目4标段建安施工总承包工程　由中铁建(大连)置业有限公司投资建设,合同投资9952万元。主要工程量:8、9、10、11、12号住宅;13号地下车库。建筑面积42626平方米,其中地上建筑面积30847平方米,地下建筑面积11779平方米。合同工期2014年2月15日—2015年12月31日。2016年,完成产值1545万元,累计完成产值9552万元。

中国铁建·洋湖垸一期项目　由中铁城建集团房地产开发有限公司投资开发,合同投资19803万元。位于长沙市岳麓区。总用地面积28473.87平方米,建筑面积114381.6平方米。主要工程量:29层住宅3栋、17层商务酒店1栋、托幼社康中心和多层商业建筑等配套建筑。合同工期2015年9月24日—2017年12月30日。2016年,完成产值11769万元,累计完成产值12951万元。

长沙中国铁建山语城三期二组团施工总承包项目　由中铁房地产集团长沙置业有限公司投资开发,合同投资22354万元。总建筑面积131147.09平方米,其中,地上面积102294.35平方米、地下面积28852.74平方米。合同工期2015年12月30日—2018年3月30日。2016年,完成产值12244万元,累计完成产值12244万元。

铁四院总部设计大楼项目　由中铁第四勘察设计院集团有限公司投资建设,合同投资39254万元。工程为单体工程,总建筑面积97051平方米,总用地面积31314平方米,其中,地下17107平方米、地上79944平方米。地下2层,地上19层。合同工期2014年1月30日—2016年1月30日。2016年,完成产值11499万元,累计完成产值39254万元。

中国铁建·武汉国际花园项目　由中铁房地产集团武汉有限公司投资建设,合同投资31698万元。工程为群体工程,总建筑面积157151.11平方米,总用地面积139626.82平方米,其中,地上建筑面积131847.41平方米、地下建筑面积25047.54平方米。合同工期2014年9月30日—2016年7月30日。2016年,完成产值5189万元,累计完成产值25557万元。

珠海铁建大厦项目基坑支护及土石方项目　由珠海铁建大厦置业有限公司投资建设,合同投资11007万元。工程基坑面积11128平方米。合同工期2014年12月20日—2016年4月30日。2016年,完成产值4621万元,累计完成产值9483万元。

合肥中国铁建青秀城A地块(润园)一期建筑安装工程施工总承包项目　由中铁房地产集团合肥蜀山置业有限公司投资建设,合同投资32651万元。总建筑面积149298.53平方米,地上建筑面积108235.72平方米,地下建筑面积33468.45平方米。合同工期2015年3月1日—2016年11月19日。2016年,完成产值1206万元,累计完成产值24820万元。

萧政储出〔2014〕7号地块一期1标项目　由中铁房地产集团杭州京顺置业有限公司投资建设,合同投资31983万元。工程建筑面积130038平方米,其中,地下建筑面积30703平方米、地上建筑面积99335平方米。合同工期2015年2月5日—2017年6月30日。2016年,完成产值9397万元,累计完成产值23132万元。

萧政储出〔2014〕7号地块一期2标项目　由中铁房地产集团杭州京顺置业有限公司投资建设,合同投资30702万元。总建筑面积123174平方米。合同工期2015年6月20日—2017年10月31日。2016年,完成产值11923万元,累计完成产值17318万元。

萧政储出〔2014〕7号地块二期1标项目　由中铁房地产集团杭州京顺置业有限公司投资建设,合同投资24888万元。总建筑面积112387.436平方米。合同工期2015年11月23日—2018年6月30日。2016年,完成产值11110万元,累计完成产值11110万元。

张家港镇香山花苑4号地块一期安置小区项目　由张家港市金海港投资开发有限公司投资建设,合同投资70818万元。总建筑面积301056.39平方米,其中,地下建筑面积65092.24平方米、地上建筑面积235964.15平方米。合同工期2015年2月15日—2017年7月17日。2016年,完成产值26874万元,累计完成产值57091万元。

中国铁建·国际城D1\D2组团项目　由中铁地产贵州中泓房地产开发有限公司投资建设,合同投资26065万元。总建筑面积151630.5平方米,其中,地上建筑面积106930.5平方米、地下建筑面积44700平方米。合同工期2015年3月15日—2016年10月19日。2016年,完成产值18813万元,累计完成产值25417万元。

云桂铁路引入昆明枢纽站后工程新建昆明铁路局

调度所项目　由昆明铁路局投资建设，合同投资20412万元。总建筑面积19998.96平方米。合同工期2015年8月1日—2016年6月30日。2016年，完成产值10473万元，累计完成产值16324万元。

成华区圣灯街道理工大学片区地块二项目　由成都中铁龙泰房地产开发有限公司投资建设，合同投资65505万元。总建筑面积237183.42平方米，地下建筑面积72229.46平方米，地上建筑总面积164953.96平方米。合同工期2015年7月30日—2016年12月19日。2016年，完成产值19511万元，累计完成产值24710万元。

成都地铁5号线土建2A标项目　由成都地铁有限责任公司投资建设，合同投资48000万元。总用地面积284727.12平方米，总建筑面积102562.82平方米。2016年，完成产值6100万元，累计完成产值6100万元。

湘西州文化体育会展中心PPP项目　由湘西民族职业技术学院投资建设，总建筑面积49919平方米。合同工期2015年8月3日—2017年8月4日。2016年，完成产值9720万元，累计产值14715万元。

合肥中国铁建·国际城品园二期2标段项目　由中铁房地产集团合肥置业有限公司投资建设，合同投资32063万元，总建筑面积158040平方米。合同工期2014年11月23日—2017年10月15日。2016年，完成产值5463万元，累计完成产值26472万元。

新建怀邵衡铁路站前HSHZQ－1标一分部项目　由怀邵衡铁路有限责任公司投资建设，合同投资41160万元。全长3.802千米，上下行联络线全长2.338千米。合同工期2014年10月1日—2018年12月31日。2016年，完成产值13069万元，累计完成产值36468万元。

广西医科大学蟠龙住宅小区（7号地）—南项目　由南宁市天鑫泽房地产开发有限公司投资建设，合同投资30221.129万元。总建筑面积144630平方米，其中，地下26478平方米、地上114208平方米。合同工期2015年6月15日—2017年10月11日。2016年，完成产值11244万元，累计完成产值12289万元。

中国铁建·青秀城项目顾村镇宝安公路北侧2号地块2标段项目　由中铁房地产集团上海置业有限公司投资建设，合同投资12435万元。总建筑面积60846.89平方米。合同工期2014年7月1日—2016年9月14日。2016年，完成产值4667万元，累计完成产值12435万元。

中铁建国际花园南区项目　由广州增城中铁房地产置业有限公司投资建设。建筑面积106081.28平方米，地下面积32411.28平方米，地上面积73670平方米。合同工期620天。2016年，完成产值9220万元，累计完成产值21092万元。

张家港香山花苑项目　由张家港市金海港投资开发有限公司投资建设。总建筑面积305863平方米，其中，地下59457平方米、地上246406平方米。合同工期2015年2月15日—2017年7月17日。2016年，完成施工产值11834万元，累计完成产值27855万元。

新建武广铁路客运专线乐昌东站旅客站房及客运设施项目　由广州铁路（集团）公司广州工程建设指挥部投资建设，合同投资8768万元。总建筑面积13244.12平方米，地上建筑面积12454.2平方米。合同工期2015年12月20日—2016年12月19日。2016年，完成产值8768万元，累计完成产值8768万元。

国美酒店项目建筑安装项目　由三亚国美旅业有限公司投资建设，合同投资19485万元。总建筑面积136453平方米。合同工期2015年12月20日—2017年12月20日。2016年，完成产值4026万元，累计完成产值4026万元。

新建大冶北至阳新铁路客运专线站房及相关项目　由武广铁路客运专线有限责任公司投资建设，合同投资8799万元。合同工期2016年4月1日—2016年12月30日。2016年，完成产值7668万元，累计完成产值7668万元。

深圳国际会展中心配套市政项目（20号线机场北至会议中心段工程）机场北车辆段项目　由深圳市地铁集团有限公司投资建设，合同投资60190万元。总建筑面积100000平方米。合同工期2016年9月30日—2018年12月30日。2016年，完成产值1205万元，累计完成产值1205万元。

通瑞嘉苑项目3标段项目　由北京通瑞兴盛置业有限公司投资建设，建筑面积约80400平方米，合同投资18472万元。合同工期2015年8月20日—2016年6月30日。2016年，完成产值11025万元，累计完成产值18610万元。

成都地铁5号线土建2B标项目　由成都地铁有限公司投资建设，合同投资6594万元。总建筑面积33296.02平方米。合同工期2015年9月—2017月12月。2016年，完成产值465万元，累计完成产值625万元。

1号住宅楼（武警北京市工程）项目　由中国人民武装警察部队北京市消防总队投资建设，合同投资11533万元。地上18层、地下3层，总建筑面积30432.21平方米。合同工期2015年10月25日—2017月3月17日。2016年，完成产值5117万元，累计完成产值5117万元。

哈尔滨至满洲里铁路电气化改造工程 ZHFJ 标段项目　由哈尔滨铁路局(滨州铁路电气化改造工程建设指挥部)投资建设,合同投资 35300 万元。合同工期 2014 年 10 月 25 日—2017 月 4 月 15 日。2016 年,完成产值 19661 万元,累计完成产值 33924 万元。

四平至齐市铁路电气化改造项目　由哈尔滨铁路局平齐铁路电气化改造工程建设指挥部投资建设,合同投资 37000 万元。合同工期 2015 年 12 月—2017 月 11 月。2016 年,完成产值 27712 万元,累计完成产值 27712 万元。

金港镇香山花苑 4 号地块安置房项目　由张家港市金海港投资开发有限公司投资建设,合同投资 52555 万元。总建筑面积 257000 平方米。工程合同工期 2015 年 2 月 15 日—2017 年 7 月 17 日。2016 年,完成产值 31752 万元,累计完成产值 50832 万元。

成都地铁 5 号线土建 2C 标项目　由成都地铁有限公司投资建设,合同投资 17000 万元。合同工期 2015 年 9 月—2017 年 12 月。2016 年,完成产值 11518 万元,累计完成产值 11518 万元。

哈尔滨车辆段迁建项目　由哈尔滨铁路局哈尔滨车辆段迁建工程指挥部投资建设,合同投资 31423 万元。合同工期 2013 年 10 月—2015 年 3 月。2016 年,完成产值 5699 万元,累计完成产值 31423 万元。

青岛蓝色硅谷城际轨道交通工程 6 标段项目　合同工期 2012 年 6 月 1 日—2017 年 1 月 31 日。2016 年,完成产值 8982 万元,累计完成产值 29959 万元。

铁建重工新疆高端装备制造基地项目　由中国铁建重工集团有限公司投资建设,合同投资 15777 万元。总建筑面积 81900 平方米。合同工期 2015 年 7 月 1 日—2016 年 7 月 31 日。2016 年,完成产值 5627 万元,累计完成产值 15777 万元。

北京新机场安置房项目　由北京新航城控股有限公司投资建设,合同投资 44906 万元。总建筑面积 142741.92 平方米。合同工期 2016 年 1 月—2018 年 4 月。2016 年,完成产值 17223 万元,累计完成产值 17223 万元。

北京市通州区永顺镇 0204 - A 地块 R2 二类居住用地和 0204 - B 地块 R53 托幼用地项目　由中铁房地产集团北京通瑞兴盛置业有限公司投资建设,合同投资 47754 万元。总建筑面积 195000 平方米。合同工期 2015 年 5 月 10 日—2016 年 12 月 31 日。2016 年,完成产值 19115 万元,累计完成产值 45053 万元。

北京市顺义新城第 7 街区 0701 - 013 地块 F2 公建混合住宅用地(配建限价商品房)项目 2 标段项目　由中铁房地产集团北京浩达置业有限公司投资建设,合同投资 29979 万元。建筑面积 90033 平方米。合同工期 2014 年 9 月 15 日—2016 年 10 月 31 日。2016 年,完成产值 6708 万元,累计完成产值 27282 万元。

西城区旧城保护定向安置房项目　由北京广安融达置业有限公司投资建设,合同投资 58900 万元。总建筑面积 249380 平方米。合同工期 2014 年 8 月 1 日—2017 年 8 月 31 日。2016 年,完成产值 20329 万元,累计完成产值 58748 万元。

唐山勒泰中心项目　由唐山勒泰购物广场有限公司投资建设,总建筑面积 249844.85 平方米。合同工期 2014 年 5 月 15 日—2016 年 10 月 25 日。2016 年,完成产值 350 万元,累计完成产值 48292 万元。

中国铁建国际城诗景广场项目　由中铁房地产集团(天津)置业有限公司投资建设,合同投资 69605 万元。总建筑面积 209798.8 平方米。合同工期 2015 年 8 月 5 日—2017 年 3 月 30 日。2016 年,完成产值 23093 万元,累计完成产值 38094 万元。

张家港香山花苑 1 号地块项目　由张家港市金海港投资开发有限公司投资建设,合同投资 44289 万元。总建筑面积 180400 平方米。合同工期 2015 年 2 月 15 日—2017 年 8 月 17 日。2016 年,完成产值 16360 万元,累计完成产值 33660 万元。

南京市栖霞区万寿村季家街 1 地块一期 2 标段项目　由中铁房地产集团江苏置业有限公司开发建设,合同投资 13715 万元。总建筑面积 49655.88 平方米。合同工期 2014 年 6 月 25 日—2015 年 12 月 15 日。2016 年,完成产值 8846 万元,累计完成产值 26152 万元。

银川绿地中心项目　由绿地控股集团银川置业有限公司开发建设,合同投资 31387 万元。其中,地上面积 246972 平方米、地下面积 78128 平方米,建筑高 301 米,基坑深 15.7 米。合同工期 2015 年 8 月 30 日—2019 年 8 月 30 日。2016 年,完成产值 15950 万元,累计完成产值 15950 万元。

昆明高新区 2013 年城市棚户区改造(化城社区)项目二期 2 标段项目　由昆明国家高新技术产业开发区国有资产经营有限公司开发建设,合同投资 33000 万元。总建筑面积 157000 平方米。合同工期 2014 年 7 月 12 日—2017 年 6 月 30 日。2016 年,完成产值 1834 万元,累计完成产值 33513 万元。

步步高·泸州新天地项目　由泸州步步高驿通置业有限公司开发建设,合同投资 21447.84 万元。总建筑面积 189326.72 平方米。合同工期 2015 年 12 月 16 日—2017 年 1 月 6 日。2016 年,完成产值 21175 万元,累计完成产值 21175 万元。

萧政储出(2015)9 号地块项目　由杭州京平置业

有限公司开发建设,合同投资 27005 万元。总建筑面积 159182.37 平方米。合同工期 2016 年 3 月 1 日—2018 年 6 月 30 日。2016 年,完成产值 17498 万元,累计完成产值 17498 万元。

新建云桂铁路云南段 YGYNZF-1 标项目　合同投资 37144 万元。合同工期 2015 年 9 月 1 日—2016 年 8 月 31 日。2016 年,完成产值 31826 万元,累计完成产值 37144 万元。

金港镇香山花苑 4 号地块一期安置小区二工区项目　合同投资 47962 万元。总建筑面积 204774.68 平方米。合同工期 2015 年 2 月 15 日—2017 年 7 月 17 日。2016 年,完成产值 15283 万元,累计完成产值 41168 万元。

包头万郡大都城二期项目　总建筑面积 154384 平方米。合同工期 2013 年 9 月 1 日—2015 年 8 月 30 日。2016 年,完成产值 7520 万元,累计完成产值 37902 万元。

中国铁建·梅溪青秀二期 1 标段项目　总建筑面积 48348.08 平方米,合同投资 9649.1 万元。合同工期 2015 年 12 月 25 日—2017 年 11 月 30 日。2016 年,完成产值 6750 万元,累计完成产值 6750 万元。

怀邵衡铁路 I 标项目经理部一分部安江车站项目　合同投资 15883 万元。合同工期 2015 年 12 月 31 日—2016 年 12 月 1 日。2016 年,完成产值 7489 万元,累计完成产值 14290 万元。　（向明前）

【经营管理】　工程任务承揽。积极推动与重点客户战略合作,先后与政府机构、国企签订框架战略合作协议。组织召开 4 次集团经营工作专题会议,研究部署全集团经生产营工作。逐步完善配套经营相关制度和办法,规范经营投标行为,科学防范经营风险,经营水平和能力得到提高。加强经营管理人才队伍建设,组织经营人员参加培训学习,提高经营人员的知识水平、业务能力和实战能力。继续夯实经营基础工作。

项目管理。严格落实工程管理的“红绿线”管理,以工期管理为中心,加强工程进度管理,有效监控公布的 43 个重点工程项目的运行情况,针对一些通车、交房等需要按时竣工的项目,积极采取项目策划、指导、现场督导、蹲点等方式,确保重点工程项目按期履约;开展 2 次工程管理过程绩效考核工作,通过考核来核查工程公司机关、项目部的工程管理体系建设和管理成效,核实管理痕迹;通过加强重点项目过程管控,确保在建工程的施工平稳有序进行。

安全质量。进一步完善管理制度建设,印发《中铁城建集团有限公司外部信用评价奖惩实施办法》《中铁城建集团有限公司安全隐患排查治理平台应用管理与考核奖惩暂行办法》,规范相关业务管理,加强对有关项目的监督管理。强化目标管理与考核,印发《2016 年安全质量工作要点》《关于下达集团公司第二批“三优”工程目标的通知》《关于下达集团公司第三批“三优”工程目标的通知》《关于下达集团公司 2016 年 QC 小组活动目标及课题计划的通知》等文件,明确年度安全质量总体目标、工程创优目标和 QC 小组活动创优目标,对目标进行细化分解,提出具体措施与要求,并对创优推进情况进行动态跟踪与通报。与子公司签订年度《安全包保责任书》,逐级落实责任制,全面完善责任体系建设。督导活动开展,组织开展节后复工前安全生产大检查、集中学习全国安全生产电视电话会议精神及有关文件、汛期安全排查、“安全生产月”、国庆节期间安全排查、“质量月”等安全、质量活动。加强过程监督检查;开展各类安全检查 34 次,下发安全问题整改通知书 34 份,查处安全问题 415 项;开展质量监督检查 23 次,下发质量问题整改通知书 23 份,查处质量问题 262 项;通过检查指导,查防并举,消除隐患,闭环管理,减少现场安全隐患和质量缺陷,促进管理水平的提升。强化信用评价管理工作,通过强化各级工作职责落实、加强对参加信用评价项目检查督导等,有效推进有关项目管理,在中国铁路总公司 2016 年上半年施工企业信用评价中进入 A 级第四名。连续 3 次被评为股份公司年度“安全生产先进单位”。

财务管理。制定《工程项目绩效考核办法》和《子公司负责人绩效考核办法》,明确考核体系、范围、对象、指标和流程,完善项目薪酬制度体系,有效激励项目创效争优,企业管理水平明显提高;重新修定清收清欠工作实施办法及奖罚措施,加大考核力度,签订“责任书”“督导责任书”明确督导领导与清欠指标;加大对资金集中和上存度指标的考核力度,按季对资金集中考核并通报,统一对下支付标准,严格信贷规模控制;集团母公司及 5 家子公司均取得高新技术企业资格,制定实施方案,应对税制改革平稳过渡。

投融资管理。先后与天津市宝坻区人民政府、博罗县人民政府、浦发银行惠州分行、光大兴隆信托等各行业签订战略框架协议 7 项。

审计工作。围绕“改革创新年”主题开展工作,现场督导自查整改落实,全力配合国家审计,开展亏损项目审计,进行经济责任审计等,配合党委开展巡视工作。

法律事务。进行合同综合管理,推进法律合规工作与经营管理等工作的深度融合,参与重大项目的论证与谈判,延伸合同管理链条,参与合同示范文本修定,完善合同编号、台账等工作,加强合同管理可追溯性。落实4项法律审核,制度审核率、授权委托书均为100%;框架协议及合作意向书、机关管理类、施工总承包合同、专业分包合同进行审核,送审审核率100%。制定诉讼降控方案与目标,多项举措降控诉讼纠纷案件,加大重大纠纷案件处理力度,助力清欠工作。注重总体规划引领,召开法律合规工作会议。

企业管理。“十三五”发展战略与规划基本编制完成,积极推进各专项规划和子规划编制工作。制定《集团公司“改革创新年”活动实施方案》,明确改革创新总体思路、主要举措、组织领导、实施步骤与工作要求。通过“六深化、六推进”,建立过程督导通报制度,全力开展改革、创新与发展工作。加强大集体改革推进工作督导,所属单位完成企业认定和职工身份认定工作。取得对外承包资质,成功申报长沙市“AAA”信用企业。新增2家全资法人企业、1家分公司,参股1家项目公司,成立43个项目经理部,成立或调整“七五”普法工作领导小组等12个专项机构。注销1家分公司,对机关机构定员和区域指挥部数量和内设机构与领导职数进行调整。风险内控工作有序开展,完成股份公司下达的各项任务及企业年度风险内控工作计划。本级新出台制度35项、修订制度8项,现行管理制度270项。

信息化建设。信息化投入424.5万元,其中,集团公司本级197.3万元、区域指挥部6.7万元、子公司227.1万元。软件资产采购和管理工作全面推进,“十三五”信息化规划初步拟定,办公自动化、档案管理、视频会议系统应用效果显著,各项信息化系统升级、运维、筹备工作稳步推进,为企业生产经营管理工作提供有力支持。

(方瑞健　李　勇　张　剑　强刘帅　张　凯　刘志强　王　超　王　亮)

【科技工作】 科技研发计划项目62项,投入科研经费5.696亿元。在股份公司科研立项4项,在河北省科技立项1项,获科研资助100万元。取得股份公司科技进步奖2项,社会力量办奖科学技术奖1项,土木工程奖1项,省级新技术应用示范工程1项,省部级工法13项,省级及以上BIM技术奖10项,发明专利5项,实用新型专利33项。2家子公司通过省级企业技术中心认定。(胡明文)

【党群工作】 党的工作。下设6个党委,10个直管党工委、166个党支部、37个党工委(其中35个项目党工委),党员2428人。以“改革创新年”为主题,深入贯彻落实党的十八大、十八届历次全会精神和上级党委的部署要求,围绕企业发展中心任务,全面发挥党委的政治核心和领导核心作用,团结带领集团全体员工凝心聚力,为实现“十三五”良好开局和“三年起步”发展战略提供坚强的思想基础、政治保证、舆论氛围和文化支撑。党的领导全面加强,在总结“基础建设年”“管理提升年”成果经验的基础上,明确2016年为“改革创新年”,团结带领广大干部员工围绕“六深化、六推进”,全力开展改革、创新与发展工作。认真落实党委会议事规则和程序、“三重一大”决策制度实施办法,明确党委会是董事会、总经理办公会的前置程序,对事关企业经营管理的重大事项进行把关。召开党委会、常委扩大会19次,研究企业决策重大事项174件。修定集团和各子分公司企业章程,将党建工作总体要求纳入企业治理体系,实现加强党的领导和完善公司治理的统一。党建基础不断夯实,集团公司胜利召开第一次党代会,选举产生集团公司首届党委班子,成为企业持续健康发展的坚强领导核心;所属6个党委和117个党支部召开党代会或党员大会,完成换届选举工作。对直属机关、5个子公司、9个区域经营机构和3个直管项目指挥部的党(工)委、纪委、工会、共青团组织进行补充完善,新补充专兼职党务干部55人。下发29项党群工作制度,进一步强化指导、细化责任、狠抓考核。举办年度宣传骨干培训班、支部书记培训班,对48名政工干部和80多名基层党组织书记进行培训。严格党员发展工作,保质保量完成股份公司党委下拨的发展计划,发展党员50人。班子建设持续强化,调整补充基层班子16人,优化基层班子结构。以创建“四好”领导班子为抓手,将班子建设的内容融入绩效考核体系,解决难以量化考核的难题。坚持中心组学习制度,集团党委中心组集中学习11次,参学率90%以上。加强纪律作风建设,严格按照公务接待、差旅费管理、公务用车等管理办法,整改问题8项,列出整改计划11项,对应清单实行逐项“销号”。“两学一做”扎实开展,根据上级党委的安排部署,制定“两学一做”学习教育实施方案和详细的工作推进计划,标准、规范完成各项“规定动作”。同时,利用“互联网+”创新党课方式,张家港项目、成都铁建广场项目通过网络直播平台讲党课,高立庄项目通过微信直播讲党课,每次直播平均在线人数达2000人次。通过创办学习简报、在官方微信和网站开辟专栏、开展主题征文等形式,深化学习效果。理论学习成果显著,将中心组学习与“两学一做”学习教育相结合,以专题研讨的方式深化学习效果。两级中心组学习均达到8次以上,班子成员集体学习出勤率达到90%。落实意识形态工作,明确党委书记是意识形态工作的第一负责人,带头抓意识形态工作。在制度上,两级党委把意识形态工作纳入领导班子和领导干部目标管理,纳入党委全委会议程，纳入党委班子成员民主生活会和述职报告，接受监督评议，严格考核问责；在组织上，两级党委成立意识形态工作领导小组，由党委书记任组长，党委分管领导任副组长，其他班子成员为成员，基本建立层层负责、压力传递的意识形态工作体系。新闻报道广泛开展，集团网站更新稿件681篇；《中国铁道建筑报》刊稿320篇，在中国铁建网站刊稿352篇；在中央主流媒体和网站刊稿548篇；在重点生产经营区域媒体刊稿196篇。官方微信发布信息260条，累计阅读量超过了40万，关注用户达16300人；青年微信发布信息598条，累计阅读量超过60万，关注用户达14万余人。官方微信基本保持在中央企业二级单位每月排名进前100名。舆情管理平稳受控，建立集团公司—工程公司(指挥部)—项目部三级联动的“城建能量群”；加强与湖南省新闻主管部门和权威媒体的互动，营造良好的舆论生态环境；积极引导各单位加强与当地媒体的沟通联系，为加强舆情管理打好基础；定期对项目部的安全、质量、文明施工和劳务合同等舆情易发区域进行排查，将舆情控制在源头。文明创建不断加强。抓好“中国好人”李艳光、“最美妻子”谢文娣、“创效功臣”张晓峰等典型宣传，以模范事迹引领广大员工。集团两级积极融入当地文明创建活动，集团公司通过湖南省直工委文明单位考核，获评湖南省直工委2016届省直机关文明单位。文化融合持续推进，启动“文化手册”制作工作，将中铁城建文化要素付诸于文字载体。规范视觉形象，制定完善《企业文化建设标准化模块规范手册(2016版)》《企业视觉识别系统规范手册》等规范性文件，打造张家港香山花苑项目、成都地铁5号线项目等一批企业文化建设示范点。将3月18日定为中铁城建成立纪念日，举行升旗仪式、文化艺术节等活动。集团承担2项股份公司政研课题牵头工作，在认真开展自身政研课题研究的同时，及时督促并组织课题组30家成员单位按时完成课题研究，在政研成果初评会上取得第一名。

纪委工作。坚持从严执纪，收到案件线索17件次，谈话函询1件，了结1件，其中初步核实15件，立案12件，案件线索处置率100%。给予诫勉谈话4人，党纪处分4人，政纪处分9人，组织处理4人。发挥巡视作用，对股份公司党委巡视反馈意见，明确问题清单、任务清单、责任清单，制定整改方案，闻过即改、立行立改。加强对被巡视单位的巡视督促整改，对个别单位存在落实“两个责任”不到位、机关监管缺失、违法提点大包、计价管理混乱、违规选人用人、劳务队伍失控等问题，进行严厉追责。3家被巡视工程公司制定整改措施187项，完成整改措施139项，完善规章制度16项。集中开展“亏损项目暨项目管理不良行为”效能监察工作，对集团公司55个项目在工程违法分包、合同签订、工程计价与结算及财务管理等方面进行监督检查，发现项目管理不良行为问题247项，提出监察建议78条，完成问题整改132项，挽回经济损失296.33万元。两级纪检监察机构通过创新廉洁文化形式、手段、载体、方法等，进一步加强企业廉洁文化建设，形成全方位、多层次的宣传教育格局，企业廉洁文化内涵得到显著提升。

工会工作。推进生产经营中心工作，两级工会赴20余个项目召开现场劳动竞赛誓师动员大会，激发广大职工建功立业豪情。举办首届测量、试验技术比武，3个项目部在列股份公司“重点工程劳动竞赛先进单位”，1个项目获股份公司“工人先锋号”称号；1人获评“山西省五一劳动奖章”，3人获“全国铁路总工会火车头奖章”，2人被评为股份公司“工人先锋号标兵”及“年度劳动竞赛优秀组织者”。组织开展“安全在我心中”知识竞赛，营造“关爱生命，关注安全”的良好氛围。规范实施企业民主管理，各级按规定规范召开职代会、职工大会。职代会提案质量不断提升，提案回复及时。坚持职工代表民主评议领导干部，集团公司领导班子满意率达94%以上。职工代表通过职代会、企务公开栏等获取企业工程、经济、人事、物资等信息，各单位利用宣传橱窗、OA网、微信平台、职工大会等形式进行公开、公示，不断拓展企业民主管理覆盖面，企务公开工作向生产一线延伸开展。精准帮扶各类困难职工，通过调查摸底，实施困难职工动态管理，对246名特困、重困职工有针对性地重点帮扶和精准帮扶。坚持开展三不让、冬送温暖、夏送清凉、金秋助学和重点项目慰问活动，投入资金180余万元。以项目困难职工和大集体职工为重点，慰问困难职工家庭384户；帮助42名困难职工子女圆梦大学；深入重点项目，慰问项目职工和农民工逾万人。合力营造和谐职工之家，为新开工重点项目拨款21万元用于改善职工工作生活条件。深入开展职工之家创建活动，三公司北辰项目工会获评“中国铁建金牌模范职工小家”，南昌公司黄国江获“中国铁建最亲娘家人”称号。用主题实践活动和文化教育活动，有效促进文化融合。举办“先锋杯”职工体育赛事。开展“我爱铁建”系列活动。征集文学、书画、摄影、视频作品270余件，9人作品在山西、湖南省书法、摄影比赛及全国征文比赛中获奖。开展青年联谊区域联动，三公司承办中国铁建天津区域“缘定铁建、相伴一生”青年职工集体婚礼。持续加强工会组织建设，全面落实集团公司《关于加强基层工会组织建设的意见》，重点解决基层工会“有人干事、有钱办事、有章理事”的问题。规范工会内业资料，下发《基层工会工作台账》《项目部工会工作台账》,对基层工会工作进行标准化考核。创新培训方式,举办工会干部培训班,在微信平台设立15期"工会知识讲堂",全面提高各级工会干部的理论和业务水平。及时修定女职工专项集体合同休假条款;搭建平台,开展法律宣传,让《反家庭暴力法》进机关、进项目、进家庭。组织"赠送一册好书籍、书写一封慰问信、召开一场优秀女职工座谈、进行一次爱国主义教育,送上一份关爱体检和心理讲座,推选一个幸福家庭"六个一特色活动,受到女职工欢迎。"培育好家风——中铁城建女职工在行动"系列活动广泛吸引女职工参与,北京公司贾鸣慧的家书获国家优秀奖。开展工会财务自查整改和迎审工作,实现工费经费历年零拖欠。建立"中铁城建职工之家"微信服务平台,打造互联网+工会的新模式,将工作动态、职工风采、工会资讯有机融合,为职工了解工会工作开辟新窗口。在各级报、刊、台刊登工会信息35篇(幅),在集团公司网站和"中铁城建集团职工之家"刊登465篇(幅)。

共青团工作。团员3576人,下设6个团委,115个团支部。加强团干队伍建设,采用素质拓展+专家授课+才艺展示+思想交锋+定期跟踪回访的模式,举办第二届团干培训班。积极落实团干津贴补助。强化青年教育培养,扎实开展"导师带徒",集团"导师带徒"签约率100%。充分发挥青年作用,围绕企业中心工作,大力开展青年突击队、青年"五小"征集、创建"青年安全示范岗"和"青年安全监督岗"、"提质增效·青年担当"、"安全在我心"征文大赛等活动,激发青年工作的主动性、创造性,引导青年在企业改革发展中展现作为、发挥作用。在"提质增效·青年担当"主题活动中,成立创新团队95个,形成创新成果159项,直接经济效益432万元。提升服务青年力度,为解决青年交友困难的问题,在微信平台上线"缘来是你·爱在中铁城建"单身交友栏目,开展2次线下联谊。持续开展爱心细流。组织回访前四期爱心结对学生及家长,为爱心捐助人和受捐人邮寄爱心明信片,搭建爱心沟通的桥梁。组织长沙地区40余名青年志愿者参加爱心公益跑活动,为贫困山区共募集爱心资金1.2万元。

(石犇 秦班超 何龙 杨曦 易世明)

【第一工程有限公司】 建筑工程施工总承包一级,机电工程、市政公用工程施工总承包二级,钢结构工程、地基基础工程、建筑机电安装工程专业承包一级、建筑装饰装修工程设计与施工一级,建筑幕墙工程设计与施工二级企业。驻山西省太原市。执行董事、党委书记郑军,总经理贺旭。下辖常设项目部、专属项目部、专业分公司、后勤服务单位48个。职工1198人。资产总额44.82亿元,其中固定资产净值5504.75万元,流动资产44.16亿元。机械运输设备442台(套),原值3068.53万元、净值826.29万元,总功率10896.5千瓦,设备完好率86.88%,设备利用率85.5%,技术装备率0.72万元/人,动力装备率9.52千瓦/人。年施工生产能力50亿元以上。

2016年,公司经营承揽118.16亿元,完成施工产值43.24亿元,房屋建筑面积179万平方米;土石方150万立方米,房屋竣工面积172万平方米,实现利润1.62亿元。国有资产保值增值率115.69%;净资产收益率31.67%;产值利润率3.84%;资产负债率89.09%;应上缴款完成率100%。 (马会会)

【第二工程有限公司】 房屋建筑工程施工总承包一级,市政工程施工总承包二级,铁路工程施工总承包三级,消防设施、环保、钢结构、机电设备安装工程专业承包一级企业。2013年,由中铁二十五局建筑安装工程有限公司整体划转更名成立,驻广东省广州市。主要从事房屋建筑、高速客运专线站房、制梁、市政、消防、机电安装、钢结构、环保、装饰及桥梁等专业施工,执行董事、党委书记王金海,总经理黄伟强。职工872人。设经营性分公司3个,其中长沙分公司兼具职工管理中心职能,设置广州水电固定项目部1个,其它为根据工程任务设置的动态项目部16个。年施工生产能力30亿元以上。资产总额14.72亿元,其中固定资产净值0.04亿元,流动资产14.61亿元,无形资产(土地使用权)0.04亿元,递延所得税资产0.04亿元。机械运输设备428台(套),设备原值1608万元、净值352.66万元,总功率8217千瓦,动力装备率10.27千瓦/人,技术装备率0.53万元/人。设备完好率91.6%,设备利用率67.98%。机械化施工程度72.89%。

2016年,承揽任务36.57亿元,产值收入16.67亿元。实现利润总额3986.21万元,净利润3516.08万元,资产负债率89.53%,2016年,经济增加值2188.60万元,人均创利2.18万元,全员劳动生产率25.21万元/人年,国有资产保值增值率104.84%,2016年,投资回报率0.93%,净资产收益率4.74%,产值利润率2.10%,应上缴款交完成率100%。 (张小芳)

【第三工程有限公司】 建筑、市政公用工程施工总承包一级,建筑装修装饰、消防设施、机电设备安装工程专业承包一级企业。2013年,由中铁二十二局第六工程有限公司整体划转更名成立,驻天津市滨海新区。公司董事长、党委书记杨刚,总经理栗尚明。下辖20个直管项目部、3个统管项目部、成都地铁指挥部、平齐铁路指挥部、设备中心、搅拌站。职工1916人。资产总额22.42亿元,固定资产原值7468万元、净值

2226万元,流动资产21.89亿元。机械运输设备223台(套),设备原值2808.3万元、净值395.3万元,总功率6353.4千瓦,动力装备率5.32千瓦/人,技术装备率0.33万元/人,设备完好率93%,利用率72%,年施工能力在20亿元以上。

2016年,承揽工程任务19.16亿元,完成企业总产值20.7亿元,其中施工产值20.7亿元,实现利润4762万元,净利润4380万元,人均创利24853元,净资产收益率20%,产值利润率2%,资产负债率90.3%,应上缴款完成率100.11%。完成房屋折合面积178万平方米。 (李怀志)

【北京工程有限公司】 房屋建筑、机电安装工程施工总承包一级,钢结构、建筑装修装饰工程专业承包一级,机场场道、桥梁工程专业承包二级资质企业。2013年,由中铁十六局集团北京工程有限公司整体划转更名成立,驻北京市朝阳区。公司执行董事、总经理李瑞法,党委书记高明德。下辖项目经理部26个。职工879人。资产总额27.88亿元,其中固定资产原值1.25亿元、净值0.85亿元。机械运输设备139台(套),原值2706.72万元、净值653.54万元,总功率9370.74千瓦,动力装备率10.66千瓦/人,技术装备率0.74万元/人,设备完好率89.92%,利用率92.17%,机械化施工程度16.54%,年施工生产能力23亿元以上。

2016年,承揽任务总额24.39亿元,实现营业收入21.39亿元,,实现净利润0.57亿元,国有资产保值增值率104.66%,净资产收益率21.29%,资产负债率89.92%,应上缴款完成率60%。 (贾鸣慧)

【南昌建设有限公司】 房屋建筑、市政公用工程施工总承包一级,铁路、公路工程施工总承包二级,机电设备安装、钢结构、建筑装修装饰、隧道、桥梁工程专业承包一级资质企业。2013年,由中铁二十四局集团南昌建设有限公司整体划转更名成立,驻江西省南昌市。执行董事邓胜兵,党委书记、总经理李世平。下辖南昌铁诚建设工程劳务有限公司、南铁智新建筑消防装饰工程有限公司2个子公司。职工733人。资产总额13.65亿元,其中固定资产原值3589.92万元、净值588.25万元,流动资产135431.06万元;机械运输设备148台(套),总功率5600.8千瓦,动力装备率7.64千瓦/人,技术装备率0.73万元/人。

2016年,完成施工总产值11.76亿元。工程质量合格率100%。国有资产保值增值率72.70%,资产负债率90.13%。 (费义巍)

【房地产开发有限公司】 2014年9月注册成立,营业范围:房地产开发、销售。驻湖南省长沙市。执行董事、党支部书记、总经理苏建宇。职工25人。

2016年,开工房屋建筑面积11.5万平方米,完成房地产项目投资3.8亿元,实现回款0.5亿元。 (颜　灿)

【物资有限公司】 2016年5月注册成立,驻广东省广州市。公司执行董事、党支部书记任海棠。职工20人。

2016年,新签销售合同额20409万元,实现营业收入2418万元。 (黄炳文)

【物业管理有限公司】 2016年7月注册成立,驻湖南省长沙市。总经理苏建宇。 (曾向东)

【重要记载】

▲1月　获"高新技术企业"称号。

▲1月11日　与中航工业长沙五七一二飞机工业有限责任公司签订战略合作协议。

▲1月30—31日　党委扩大会、一届二次职工代表大会暨2016年工作会、党风建设和反腐倡廉工作会在长沙召开。

▲3月　集团公司及一公司获评"2015年度全国优秀施工企业"。

▲4月　承建的呼和浩特国家公路运输枢纽汽车客运东枢纽站——综合站务楼钢结构工程获第十二届2015—2016年度中国钢结构金奖。

▲7月　获2015年度湖南省"守合同重信用"单位。

▲8月　股份公司发布2015年度"中国铁建工程公司经济效益20强"名单,一公司排名第七位。

▲9月12日　股份公司纪委书记李春德一行对集团公司党风建设和反腐倡廉工作进行检查指导。

▲10月11日　与广东省惠州市博罗县政府在签署投资合作协议。

▲10月18日　物资有限公司在广州市南沙区挂牌成立。

▲11月2日　与光大兴陇信托有限责任公司在北京签订战略合作框架协议。

▲11月　获"2016年度湖南省建设行业科技创新型企业"称号。

▲12月13日　与远大住宅工业集团股份有限公司签订战略合作框架协议。

▲12月　被湖南省直属机关工委授予"2016届省直文明单位"称号。 (李　卓)

中国铁建投资集团有限公司

【简况】 2011年5月18日，在北京挂牌成立。是中国铁建股份有限公司的全资子公司。初始注册资本金30亿元，2012年12月注册资本金增加到100亿元。2014年2月，注册地由北京市迁至珠海市横琴新区。2015年6月，公司更名为中国铁建投资集团有限公司。北京总部驻北京市海淀区复兴路40号铁建大厦科研楼9、10层；珠海总部驻广东省珠海市香洲区吉大海滨南路财富大厦17、18层。职工336人。下设16个部门，下辖4个区域公司、20个项目公司、9个工程指挥部。固定资产原值1.5亿元、净值1.1亿元，流动资产58.3亿元，职工年人均收入16.82万元。

2016年，新签合同额4494979万元，其中，基础设施项目4301296万元、股权项目193683万元。资产总额600.81亿元。营业收入144.26亿元，利润17.59亿元，净资产收益率12.48%，资产负债率76.53%。制定"5+2"业务组合战略，五大业务核心"基础设施、房地产、城市综合开发、矿产资源、股权(金融)"，两大战略业务"海外及新兴产业"。 （王璐 张森）

【领导人员】

董事会

董事长	李宁
副董事长	安康(8月任)
董事	王巍

监事会

监事	王泽泉

经理层

总经理	王巍
副总经理	谭振武
	刘虎军
	刘青林
	李卫华
	范永芳
	周京波
	戴保民(3月任)
	唐刚(3月任)
总会计师	周京波(兼)

党群领导

党委书记	李宁
党委副书记	王巍
	亓超
纪委书记	王泽泉
工会主席	亓超

（林毅）

【所属公司及项目指挥机构】 中铁建西南(重庆)投资建设管理有限公司 驻重庆市江北区复盛镇正街(政府大楼)5层。执行董事、总经理王成。

中铁建南方投资有限公司 驻广东省珠海市香洲区海滨南路88号财富商务大厦16楼。执行董事、党委书记、总经理李寿福。

中铁建华东投资有限公司 驻江苏省南京市鼓楼区广州路5号君临国际2栋21号。执行董事、总经理黄锋昌。

中铁建山东投资建设管理有限公司 驻山东青岛市崂山区苗岭路29号山东高速公路大厦7楼。执行董事、总经理刘生秀。

中铁建山东京沪高速公路济乐有限公司 驻山东省济南市高新技术开发区天辰大街1188号。董事长、党委书记汤宝东。

中铁建湛江开发有限公司 驻广东省湛江市人民大道中46号中国建设银行10楼。董事长、总经理郝文洲。

中铁建桂林投资有限公司 驻广西壮族自治区桂林市万福路88号广州军区桂林疗养院宝贤楼。董事长、总经理李恩辉，党委书记达文斌。

中铁建贵州安紫高速公路有限公司 驻贵州省安顺市西秀区新大十字建行13楼。执行董事、党委书记、总经理马涛。

中铁建四川简蒲高速公路有限公司 驻四川省眉山市东坡区二环东路273号。董事长、总经理范军，党委书记郑刚。

中铁建珠海西部开发投资有限公司 驻广东省珠海市金湾区红旗镇双湖北路华信荣楼东区。董事长、党工委书记、总经理阮兴。

北京兴延高速公路有限公司 驻北京市昌平区超前路37号。董事长谭振武，党委书记耿杰。

中铁建四川德都高速公路有限公司 驻四川省德阳市鞍山路39号高新大厦15楼。董事长、党委书记罗玉刚，总经理童鹏。

中铁建兰州地铁投资有限公司 驻甘肃省兰州市七里河区恒大名都商业二期3幢。执行董事、总经理高志明。

中铁建甘肃投资建设有限公司 驻甘肃省兰州市七里河区恒大名都商业二期3幢。董事长、总经理高志明，党委书记隆星。

青岛蓝色硅谷轨道交通有限公司　驻山东省青岛市崂山区苗岭路29号山东高速公路大厦7楼。执行董事、总经理刘生秀，党工委书记赵广正。

中铁建山东济徐高速公路济鱼有限公司　驻山东省济宁市任城区红星中路37号明冉大厦。执行董事、党委书记、总经理戚喜章。

中铁建（山东）德商高速公路有限公司　驻山东省聊城市东昌东路新东方国际A栋8层810号。执行董事、党委书记、总经理牛之印。

中铁建珠海投资开发有限公司　驻广东省珠海市金湾区红旗镇双湖北路华信荣楼东区。执行董事、党工委书记、总经理常铁良。

中铁建重庆轨道环线建设有限公司　驻重庆市渝北区财富中心财富1号B幢6楼。执行董事、总经理李新民，党工委书记钱耀峰。

珠海铁建大厦置业有限公司　驻广东省珠海市横琴新区宝中路6号105室－277号。董事长魏佳中，总经理刘龙。

中铁建青岛投资有限公司　驻山东省青岛市市北区瑞昌路168号汇通大厦707号。执行董事、总经理穆青峰。

中铁建桂林旅游开发有限公司　驻广西壮族自治区桂林市资源县城北新区资源农村商业银行股份有限公司11楼。副总经理杜东升。

中国铁建新疆房地产开发有限公司　驻新疆维吾尔自治区乌鲁木齐市新市区上海路浦东街3号众创空间四楼。执行董事、总经理高志明。

中铁建湛江东海岛工程建设指挥部　驻广东省湛江市人民大道中46号中国建设银行10楼。指挥长郝文洲。

中国铁建长春地铁2号线工程指挥部　驻吉林省长春市南关区亚泰大街5211号五环国际大厦2608室。指挥长冯涛。

中国铁建股份有限公司乌鲁木齐轨道交通2号线一期工程指挥部　驻新疆维吾尔自治区乌鲁木齐市新市区上海路122号。指挥长隆星。

中国铁建股份有限公司青岛地铁4号线工程总承包部　驻山东省青岛市崂山区海尔路17号多悦酒店216室。总承包部指挥长、总承包管理部总经理梁月胜。

中国铁建投资有限公司联合体云南麻昭高速公路B标段项目部　驻云南省昭通市昭阳区环城东路122号。副经理王建华。　（张森　林毅　王璐）

【职工队伍】　职工336人。其中，专业技术人员占干部的96.15%；博士6人，硕士58人，本科83人，大专9人；31～40岁37人，41～50岁85人，50岁以上34人；正高级职称21人，高级职称100人，中级职称29人。　（林　毅）

【资本运营项目】　新签合同额4494979万元。基础设施投资项目4301296万元，其中，乌鲁木齐市地铁2号线一期PPP项目1620000万元、青岛地铁4号线PPP项目1181852万元、北京新机场轨道线社会化引资项目1499444万元；股权投资项目193683万元，其中，新疆银行股份有限公司股份认购项目50000万元、广西资源县八角寨5A景区旅游开发项目70000万元、信达财产保险股份有限公司股权项目18660万元、泰升集团控股有限公司股权项目20023万元、黄河财产保险股份有限公司股权项目35000万元。累计投资项目42个（股份公司划转项目11个），项目总投资额25115689万元，其中基础设施投资板块18697506万元，占比74.45%；土地一、二级开发投资板块4414817万元，占比17.58%；城市运营投资板块70000万元，占比0.29%；海外投资板块1498550万元，占比5.97%；股权投资板块434816万元，占比1.73%。

（谢志军）

【经营管理】　市场经营。先后对吉林、山东、安徽、浙江、湖南、四川、重庆、广东、广西、贵州、陕西、甘肃、新疆13个省、自治区、直辖市的基础设施建设市场进行信息分析研究和现场考察调研。中标安乡至慈利高速公路项目，主线全长121.31千米，连接线长23.39千米，合同投资102.51亿元，计划2017年7月开工建设，合同工期3年，2020年7月建成通车，运营期限29年9个月。

房地产市场6个在建项目，其中北京东铁营棚户区改造和环境整治项目，累计完成投资415043万元，占总投资额的20.71%。珠海西部中心城区首期开发区域（A片区）基础设施工程项目，开工累计完成总投资62509万元，占总投资额的8.17%；珠海西部中心城区首期开发区域（B片区）基础设施工程项目，开工累计完成投资122596万元，占总投资额的11.05%；珠海铁建大厦项目，开工累计投资7397.27万元，占总投资额的24.5%；兰州市崔家大滩土地一级开发项目，开工累计投资208209万元，占总投资额的23%；青岛市市北区滨海新区总部大道土地开发项目，开工累计完成投资7180万元，占总投资额的2.18%。

完成5个股权类投资项目，其中新疆银行股份有限公司2016年1月5日在乌鲁木齐签订发起人协议及补充协议，集团公司出资5亿元，持股比例10%。

黄河财险项目，2015 年 12 月 25 日签署《黄河财产股份认购协议》，认购黄河财产保险股份有限公司 3.5 亿元股份，占股 14%，成为甘肃省公路航空旅游集团第二大股东。铜陵有色定向增发项目，2015 年 10 月完成对铜陵有色定向增发项目的审批，认购铜陵有色定向增发项目 50000 万元，认购股数 180505415 股，认购价格 2.77 元/股，锁定期 36 个月。信达财险项目 2016 年 4 月，以 1.866 亿元拍得信达财险 12500 万股股权。2016 年 9 月经中国保监会核准，获信达财产保险股东资格。香港泰升集团 5700 万股股票增发项目，2016 年 9 月，以投资集团香港子公司中铁香港发展有限公司作为投资主体，与香港泰升集团签署定向增发投资协议，以 4.08 港元/股的价格，认购 5700 万股，占比 5.03%，总投资约 2.3 亿港元。投资集团与中土集团、国际集团签订海外投资合作框架协议，联手开拓海外投资市场。厄瓜多尔米拉多铜矿项目于 2015 年 12 月 21 日正式开工。截至 2016 年底，完成投资额 4.69 亿美元。

企业管理。组织编写《中国铁建投资集团有限公司“十三五”发展战略与规划》。“十三五”战略规划积极落实股份公司“调结构、促转型、创效益”的使命和要求，制定“5＋2”的业务组合策略：五大业务核心为“基础设施、房地产、城市综合开发、矿产资源、股权（金融）”，两大战略业务为“海外及新兴产业”。计划在 2016—2020 年期间，实现新签合同额 3000 亿元，完成投资额 2280 亿元，积累可经营性资产 1100 亿元，累计实现利润 118 亿元。

财务管理。资产总额 600.81 亿元，营业收入 144.26亿元，净利润 17.59 亿元，净资产收益率 12.48%，资产负债率 76.53%。根据中央“八项规定”和履职待遇要求，修订《差旅费管理办法》，制定《完工项目并帐管理办法》，出台增值税缴纳配套制度，企业内控制度不断完善。先后开展“关于投资补助性质政府出资的核算模式”“高速公路 BOT/PPP 项目行业折现率”“高速公路 BOT/PPP 项目车流量法核算流程”“BT 项目会计核算”“棚户区改造项目会计核算”等课题研究，优化企业财务状况，规避审计风险，保障集团公司依法合规运行，财务风险管理水平逐步提升。深度介入项目全周期管理，以资产管理为重要抓手，以资产质量监控为有效手段，牵头组织并定期开展资产评价工作。重点开展长期股权投资、金融资产、无形资产的价值评估与减值测试，首次引入“资产减值预测试”机制，对重大投资、大额应收款项进行重点监控和实时监控，防范资产减值和效益流失风险。稳步推进税制改革，努力防范涉税风险，积极调研，精心筹划，税务创效效果明显，年度企业所得税返还 5354 万元，个人所得税返还 250 万元。完善预算组织体系，加强预算监督考核，引导企业资源合理分配，经营获利能力稳步增强。大力开展清收清欠，贵阳北二环项目收回逾期回购款 6.4 亿元，兰州崔家大滩项目收回首期土地出让金 4.61 亿元，云南麻昭项目提前收回 BT 资本金 8.2 亿元，重庆轨道交通项目提前收回回购款 15.5 亿元，及时锁定资金风险。认真推行保险资源集中管理，累计节约保费 2698 万元，集团公司被评为股份公司保险资源集中管理先进单位。

资金管理。资金集中度 89%、上存度 70 %，超额完成股份公司考核指标；财务公司账户覆盖率 100%，累计实现资金管理超额收益 10643 万元，连续 3 年获中诚信国际信用评级“AAA”主体信用等级。加大直接融资比例，通过财务公司内部融资 24.4 亿元，加权融资成本为同期贷款利率下浮 13.8%，节约融资成本。积极拓展境外融资渠道，争取到 20 亿元境外人民币融资额度，首笔 10 亿元境外直贷顺利实施。高度重视专项建设基金申报，累计使用专项基金 16.4 亿元。全力推广云信业务，开立云信 105 笔 11.68 亿元，在 185 家供应商之间流转，节约融资成本约 1218.3 万元。

监察审计。对湛江公司、北京置业公司等 10 家单位主管领导进行离任经济责任审计，对南京青奥项目进行竣工决算审计。通过审计发现问题 23 项，提出审计建议 19 条，并建立审计发现问题整改台账，确保整改措施落实。

法律事务。建立法律合规管理系统，推行法律审核、合同管理、合规管理的系统运行操作，实现法律合规工作信息化管理，确保法制工作得到有序、有度、有效、有章管理。继续坚持为投资经营全过程提供法律服务，指定人员参加项目调研及前期谈判工作，对项目实施过程中存在的法律风险进行识别、评估，并有针对性地提出防范措施，全面预防、控制项目法律风险，确保项目稳步推进。严格执行“四项审核”制度，经济合同、重大决策、规章制度、授权委托书的法律审核率 100%。出具法律意见 323 份，其中，合同评审意见 167 份、规章制度法律意见书 27 份、重大决策法律意见书 38 份、审核授权委托书 91 份。

安全质量管理。认真贯彻落实国家、股份公司安全生产法律法规，确立以风险预控管理为核心，以持续改进管理效率为运行模式，以信用评价为抓手，实行全面、全员、全过程闭环式的安全管理，管理制度进一步规范，管理体系进一步健全，管理合力进一步凝聚，管控水平进一步提升。组织开展“全国安全生产月”活动、施工企业、监理单位履约检查、项目交工验收质量专项整治等 11 项安全质量专项活动，集团公司投资建设的四川简阳至蒲江高速公路项目被四川省交通运输厅评为“施工标准化优秀项目”，广西资源至兴安高速公路项目被广西壮族自治区交通运输厅评为平安工地建设“示范项目”，济徐高速公路济宁至鱼台段建设项目被股份公司评为“安全质量标准化工地”。

（刘　艳　尹华承　程莹斌　牛　芳　张　森　田真真　谢郑欣　王　婵　廖书文）

【党群工作】　领导班子建设。坚持学理论、出思路、谋发展理念，加大党委中心组学习力度和频次，组织党委中心组集中学习6次，发放学习资料15篇，邀请专家讲座1次，组织观看视频资料2次。确保企业投资经营发展的正确方向。逐步强化并拓展党委会议事范围，召开党委会和常委（扩大）会12次，研究决策事项47项，其中研究党建工作事项29项、三重一大事项35项，充分发挥党委在企业改革发展中的政治核心作用，班子成员做到目标同向、步伐同调，确保企业上下思想统一、指挥有力。

党组织建设。召开第一次党代会，选举产生第一届党委、纪委，明确新一届党委的发展思路、目标和任务。所属12家二级单位党委、5家直属党支部按期完成换届选举工作。根据情况变化及时新建立4家单位党组织、撤销2家单位党组织、调整5家单位党组织，确保基层党组织作用的有效发挥。加强党员日常管理。

“两学一做”学习教育。对本级和所属单位的“两学一做”学习教育进行统一规划，组织开展集中学习教育10次、专题研讨4次、专家授课1次、观看视频2次，领导班子成员结合各自分管工作，分别在13个基层单位为党员上党课作辅导。举办由所属单位党委书记、综合部长及各支部书记参加的党务骨干培训班，帮助各级党务骨干理清“两学一做”教育的目标要求。在学习教育过程中，统一开展“1234”活动，即集团公司领导班子成员、各单位党政主管和各支部书记要至少讲1次党课；机关党委和各单位党（工）委至少各组织2次主题教育活动；每名党员至少读3本思想政治方面的书籍；集团公司和各单位党（工）委中心组至少组织4次集中学习。推进过程中，注重加强“两学一做”学习教育与生产经营深度融合，通过多方协调、对接，推动促成京沪高速公路河北段“断头路”问题的解决，使济乐高速公路项目日均通行费收入提高40%以上；成功收回兰州崔家大滩欠付征地拆迁款2.0235亿元。

宣传文化工作。加大对外宣传力度，在人民网、新华网等省部级以上媒体刊稿65篇（幅），在项目公司驻地省、市媒体、行业报刊、系统内报网等媒体刊稿300余篇。加大典型选树力度，推选唐刚、郭伟参加“北京榜样”评选。开展中国铁建“创效模范”评选活动，推选李卫华、戴保民、范军、李育红等7人为“创效模范”候选人。制定《舆情处置办法》和《突发事件新闻处置应急预案》，组织集团公司有关人员开展应急预案演练，确保舆情应对工作有效运行。以企业文化与企业管理融合为研究方向开展政研课题研究，课题成果已上报股份公司党委。

工会工作。召开集团公司第一次职工代表大会，组建集团公司工会及20家基层工会组织。制定《工会经费管理办法》《会员会费收费标准》等有关制度。开展文体活动，举办集团公司成立五周年系列活动“铁建投资杯”职工运动会、“三八”妇女节登山活动、“庆七一”职工拓展活动等。

共青团工作。组织团员青年参加“两学一做”学习教育活动，增强“四个意识”。组织举办“营改增”业务培训会、海外PPP项目专题培训讲座、房地产业务知识讲座、互联网在线教育培训活动、云链金融业务推广学习讲座等，促进团员青年业务素质提升。安紫高速公路项目获中国铁建“青年文明号”称号、济鱼高速公路公司团支部获中国铁建“五四红旗团支部”称号，5人获中国铁建“青年岗位能手”“优秀共青团员”“优秀共青团干部”称号。（张秋华　张晓霆）

【纪检监察】　纪检队伍建设。成立所属15个单位纪委，任命纪委书记15人，对3个直管单位任命纪检委员，各单位选举产生纪委委员45人。参加国资委纪检干部培训2人次，参加股份公司纪检干部培训6人次，参加“以干代训”培训9人次，集团公司上下以会议、培训班等形式培训90人次。纪检制度建设。制定《集团公司纪委会议议事规则》《关于加强所属单位纪检监察工作的意见》《所属单位纪委书记报告工作及述职办法》等制度办法，加强对所属单位纪检监察工作的监管和指导。廉洁教育工作。充分利用电子屏、宣传栏开展格言警句、廉政故事宣传教育；通过QQ群、微信群、短信宣传反腐形势，解读党规党纪，及时转发典型案件通报、编发违反中央八项规定精神典型案例；广泛开展形式多样的廉政教育和法制宣传教育，营造崇廉拒腐、尚俭戒奢的廉洁从业氛围。监督执纪工作。对拟调入、提拔的中层领导干部进行全过程监督考察，对所提拔或转任主要岗位的人员进行任前廉政谈话，对所属单位领导班子成员履职进行有效监督。对中层以上干部“十八大”以来报销的费用进行逐笔清理，超标准报销或发放的费用已全部清退。紧盯节假日“四风”问题易发多发的时间节点，采取多种方式正风肃纪，对9名中层领导干部进行提醒谈话，对2名中层领导干部进行诫勉谈话。纪律审查工作。受理信访举报2件,初核3件,办结3件,对存在违纪违规问题的2名中层领导干部及时进行处理,处置率100%。

(蔡　华　郑俊霞)

【中铁建山东京沪高速公路济乐有限公司】　由中国铁建投资集团有限公司和齐鲁交通发展集团有限公司按65:35股比出资组建的项目公司,于2009年11月在山东省工商行政管理局注册成立,负责京沪高速公路济南至乐陵段的投资、设计、建设、运营和维修养护。驻山东省济南市高新技术开发区天辰大街1188号,董事长、党委书记汤宝东。职工342人。资产总额736486万元,其中固定资产原值1951.31万元、净值1040.24万元,流动资产13109.64万元。机械运输设备56台(套),原值1680.06万元、净值835.65万元。

2016年,新签合同额595万元。运营收入16025万元,完成年度预算收入11560万元的138.63%,其中高速公路车辆通行费收入14861万元。全年收支差额10329万元,冲减投资成本,实现利润-28690.58万元。

(张庆波)

【中铁建(山东)德商高速公路有限公司】　2013年6月成立。驻山东省聊城市东昌府区古楼街道。法定代表人牛之印。职工167人。资产总额344100万元,其中流动资产35800万元,固定资产原值176.8万元、净值94.9万元。

2016年,完成投资40063万元;开工累计完成投资334321万元,占合同投资的99%、总投资的96%。

(陈沛羽)

【中铁建山东济徐高速公路济鱼有限公司】　2013年6月注册成立,注册资本金1亿元。驻山东省济宁市任城区红星中路37号明冉大厦。法定代理人戚喜章,职工30人。资产总额492300万元,其中固定资产原值279.93万元、净值174.27万元,流动资产871.04万元。

2016年,完成投资168546万元,占年度计划的94%,其中建安投资142489万元,占年度计划的100.9%。

(刘　瑜)

【中铁建桂林投资有限公司】　2013年3月成立,驻广西壮族自治区桂林市万福路88号广州军区桂林疗养院宝贤楼。公司董事长、党委书记、总经理戴保民。职工25人。资产总额601600万元,其中固定资产原值126万元。

2016年,完成投资238020万元,占年度计划的94.58%开工累计完成投资775990万元。利息预算16966万元,实际发生14153万元,节约2213万元;实现分包差33530万元,开工累计实现总承包利润91688万元。

(郭天红)

【中铁建桂林旅游开发有限公司】　2016年3月成立,注册资本金5000万元。驻广西壮族自治区桂林市资源县城北新区农村商业银行股份有限公司11楼。副总经理(主持工作)杜东升。职工16人。资产总额1189万元,其中固定资产原值161万元、净值78万元、流动资产456万元。

2016年,投资开发的广西桂林八角寨旅游开发项目完成投资658万元。

(陈世勇)

【中铁建四川简蒲高速公路有限公司】　2013年11月成立,驻四川省眉山市东坡区二环东路273号。董事长、总经理范军,党委书记郑刚。职工131人。资产总额1138195.24万元。其中固定资产原值230万元、净值65万元,流动资产4042万元。

2016年,完成投资451384万元,开工累计完成投资1213928万元,占合同投资的77.82%。(徐军华)

【中铁建贵州安紫高速公路有限公司】　2014年5月成立,注册资本金6.3亿元,中国铁建投资集团有限公司持股99.8%、中铁第一勘察设计院集团公司持股0.1%、中铁十八局集团有限公司持股0.1%。驻贵州省安顺市西秀区龙青路安顺市文化中心3楼。执行董事、党委书记、总经理马涛。职工21人。资产总额298642万元,其中固定资产原值191万元、净值101万元,流动资产3149万元。

2016年,完成投资196000万元,占项目总投资的40%,开工累计完成投资298900万元,占项目总投资的57%。

(陈　庆)

【北京兴延高速公路有限公司】　2015年11月在北京市延庆区注册成立。由北京市政府与中国铁建股份有限公司、中铁十二局集团有限公司、中铁十四局集团有限公司联合体以PPP模式共同出资建设。北京市首都公路发展集团有限公司作为北京市政府出资人代表与中国铁建联合体共同组建北京兴延高速公路有限公司,负责项目的投资、建设、运营。中国铁建股份有限公司授权中国铁建投资集团有限公司代行社会投资人权利。注册资本金668200万元,注册资本金占投资总额1309600万元的51%,其中中国铁建联合体出资340800万元,占项目公司51%的股权;北京市首都公路发展集团有限公司出资327400万元,占项目公司

49%的股权。驻北京市昌平区超前路37号院21号。法人代表谭振武。职工34人,其中,中国铁建投资集团有限公司30人、北京市首都公路发展集团有限公司4人。资产总额498131万元,其中固定资产62万元,流动资产72033万元。

2016年,完成投资258120万元,开工累计完成投资516968万元,占合同投资总额1309598万元的39.5%。

(杨　永)

【中铁建四川德简高速公路有限公司】 2015年11月在四川省德阳市工商行政管理局注册成立,注册资本金1亿元。公司与中铁建四川德都高速公路有限公司为"一套人马、两块牌子",公司董事长、党委书记罗玉刚,总经理童鹏。职工44人。资产总额129742.35万元,其中固定资产原值87.77万元、净值75.21万元,流动资产5700.37万元。

2016年,完成投资248661万元,其中建安投资20157万元,开工累计完成预算总投资的19.5%。

(安伟铭)

【中铁建四川德都高速公路有限公司】 2015年11月在四川省德阳市工商行政管理局注册成立,注册资本金1亿元。职工44人。资产总额10063.99万元,其中固定资产原值79.96万元、净值69.17万元,流动资产9408.46万元。

2016年,完成投资7876万元,占总投资的0.5%。

(安伟铭)

【中铁建甘肃地铁投资有限公司】 2012年11月成立,驻甘肃省兰州市七里河区秀川街道恒大名都雅苑二期3栋205室。法人代表,执行董事、总经理高志明。职工33人。资产总额118300万元。其中固定资产原值780.48万元、净值699.64万元,流动资产34300万元。

2016年,完成投资42006万元,实现利润3899万元,完成上缴款4719万元。开工累计完成投资208209万元,占合同总投资的23%。

(段兴娜)

【中铁建青岛投资有限公司】 2014年6月在青岛市市北区注册成立,注册资本金1亿元。为中国铁建投资集团有限公司全额出资单位,驻山东省青岛市市北区傍海中路13号。公司执行董事、总经理穆青峰。职工13人。资产总额10769.47万元,其中固定资产原值58万元、净值26万元,流动资产10743万元。

2016年,累计完成投资7180万元,占投资总额33亿元的2.18%。

(孙　爽)

【中铁建重庆轨道环线建设有限公司】 2014年3月注册成立,是中国铁建投资集团有限公司的全资子公司,代表中国铁建负责重庆轨道环线二期工程(上浩—重庆西)项目的投融资、建设管理和资本回购工作。驻重庆市渝北区洪湖东路财富大道7号财富园1号B幢6楼。公司执行董事、总经理李新民,党工委书记钱耀峰。职工44人。资产总额314142万元,其中固定资产原值233万元、净值85万元,流动资产201478万元。

(赵冠乔)

【青岛蓝色硅谷城际轨道交通有限公司】 2013年5月注册成立,是中国铁建投资集团有限公司的全资子公司,代表中国铁建负责青岛—海阳(蓝色硅谷段)城际轨道交通工程的投融资建设管理和资本回购工作,采用"投融资+设计施工总承包"的BT模式。驻山东省青岛市崂山区苗岭路29号山东高速大厦7楼。公司执行董事兼总经理刘生秀,公司党工委书记赵广正。职工40人。资产总额622696.66万元,其中流动资产40945.72万元,固定资产原值144万元、净值95.98万元。

2016年,累计完成投资904726万元,占合同投资的65%。其中建安投资完成243826万元,营业收入196664万元。

(荆　凯)

【中国铁建乌鲁木齐轨道交通2号线工程指挥部】 2016年7月成立。负责乌鲁木齐轨道交通2号线一期PPP项目土建部分的施工建设和协调管理。指挥部管理模式为施工总承包。驻新疆维吾尔自治区乌鲁木齐市经济技术开发区上海路122号。指挥长隆星。职工8人。

(卢　甜)

【中国铁建长春地铁2号线工程指挥部】 2013年4月成立,驻吉林省长春市南关区惠工路759号蓝港中心1203—1205室。指挥长冯涛。职工12人。资产总额130385万元,其中固定资产原值57万元、净值23万元,流动资产130362万元。

2016年,实现营业收入189926万元,完成年度计划的100.61%;实现利润26028万元,完成年度计划的101.79%;完成上缴款19461万元,占年度计划的100%。开工累计完成投资342047万元,占合同投资总额的43%。

(侯占军)

【中国铁建投资集团有限公司联合体云南麻昭高速公路B标段项目办公室】 2013年2月成立,2015年7月,更名为中国铁建投资集团有限公司联合体云南麻昭高速公路B标段项目办公室。经理黄小通,副经理王建华。职工 11 人。固定资产原值 109.54 万元、净值 36.89 万元,流动资产 642.72 万元。

2016 年,累积完成投资 100000 万元,占合同投资额的 100%;累计完成建安产值 219434 万元,占合同建安产值 228737 万元的 96%;累积完成工程收益 32400 万元,投资收益 4468 万元,实现利润 23500 万元;累计完成上缴款 15950 万元。 (徐咏平)

【中铁建湛江开发有限公司】 2011 年 10 月,湛江经济技术开发区管理委员会(甲方)与中国铁建股份有限公司(乙方)按 1:9 的比例注资成立,在广东省湛江经济技术开发区完成工商注册,注册资本金 10 亿元(2015 年 11 月 12 日公司注册资本由 10 亿元变更为 5 亿元)。驻广东省湛江市人民大道中 46 号建设银行 10 楼。建设模式为土地一级开发。董事长、总经理郝文洲。职工 10 人。资产总额 201300 万元,其中固定资产原值 170.26 万元、净值 16.78 万元,流动资产 201300 万元。

2016 年,累计完成投资 218568 万元,占项目建设成本及投资回报 230797.23 万元的 94.7%;累计实现营业收入 21804 万元,实现投资收益 20000 万元;完成回购 4000 万元,累计实现回购款 42000 万元。

(周　鹏)

【中铁建置业有限公司】 2013 年 11 月在北京市丰台区注册成立,初始注册资金 1 亿元,2015 年,增至 2.35 亿元。驻北京市丰台区东罗园 9 号楼 3 层。党委书记、董事长金龙,总经理孙强。职工 38 人。

2016 年,累计完成投资 415043 万元。 (蒋建美)

【中铁建珠海西部投资开发有限公司】 由中国铁建投资集团公司和中铁第四勘察设计院集团有限公司出资组建,2014 年 10 月注册成立,注册资本金 1 亿元。驻广东省珠海市金湾区红旗镇双湖北路华信荣大厦东区。职工 26 人。资产总额 100839 万元,其中固定资产 67 万元,流动资产 19173 万元。

2016 年,完成投资 11342 万元,开工累计完成投资 62509.44 万元,占项目总投资的 8.17%。

(李　欣)

【中铁建珠海投资开发有限公司】 2013 年 5 月在广东省珠海市注册成立,驻广东省珠海市金湾区红旗镇双湖北路华信荣楼东区。法定代表人常铁良。职工 30 人。资产总额 99038.33 万元,其中固定资产原值 193.6 万元、净值 67.97 万元,流动资产 9460.34 万元。

2016 年,开工累计完成投资 122596 万元。

(周雪漫)

【珠海铁建大厦置业有限公司】 2014 年 1 月成立,驻广东省珠海市香洲区吉大情侣中路 51 号日东广场 1 单元 4 楼。执行董事魏佳中、总经理刘龙。职工 57 人,资产总额 83359.04 万元,其中固定资产原值 195.64万元、净值 104.58 万元,流动资产 83251.7 万元。

2016 年,开工累计投资 73972.73 万元,占总投资额的 24.5%。 (贺正天)

【中铁建华东投资有限公司】 2013 年 6 月,中铁建华东投资有限公司在南京正式注册成立,注册资本金 5000 万元,驻江苏省南京市鼓楼区广州路 5 号君临国际 2 栋 21 楼。执行董事、总经理黄锋昌。职工 12 人。

(李丽品)

【中国铁建投资集团有限公司北京指挥部】 2015 年 3 月成立,负责京津冀区域经营工作。驻北京市丰台区中堂・紫熙台小区。职工 10 人。指挥长、党委书记冯鹏。 (刘　洋)

【重要记载】

▲1 月 5 日　召开"三严三实"专题民主生活会,股份公司纪委书记李春德到会指导,并作重要讲话。

▲9 月 19 日　与山东省烟台市签署战略合作协议。

▲9 月 22 日　应邀出席 2016 年中国国际矿业大会全球矿业大数据论坛暨项目交流会。

▲10 月 17 日　与中国土木工程集团有限公司签署战略合作协议。

▲10 月 28 日　与融创中国签署战略合作协议,股份公司总裁庄尚标出席仪式。

▲11 月 10 日　与北京联合大学签署战略合作协议。

▲11 月 11 日　与中国宏泰产业市镇发展有限公司签署战略合作协议。

▲12 月 30 日　与中国铁建国际集团有限公司签署战略合作协议。

▲同日　参股的新疆银行股份有限公司正式开业。

▲12 月 31 日　与重庆渝蓉高速公路有限公司合资建设的重庆渝蓉高速公路省际收费站建成通车。

(王　璐)

中国铁建财务有限公司

【简况】 中国铁建财务有限公司(以下简称财务公司)是经中国银监会批准,具有独立法人资格的非银行金融机构,于2012年4月18日开业运营。公司注册资本金60亿元,其中,中国铁建股份有限公司出资56.4亿元,占比94%;中国铁道建筑总公司出资3.6亿元,占比6%。注册地址北京市海淀区复兴路40号院1号楼中国铁建大厦10层东侧。资产总额842亿元。在促进中国铁建资金集中管理、加强资金监管、防范资金风险,提高资金效益、降低财务成本、优化财务结构,有效配置资源、助力结构调整等方面发挥重要作用。坚持“加强资金集中管理,提高资金使用效率,为中国铁建总公司、股份公司及成员单位提供专业的资金管理、投融资等金融服务”的经营宗旨和“依法合规、审慎稳健、依托集团、服务企业、开拓进取、创誉争效”的经营方针。 (郭融晖)

【领导人员】

股东代表 王秀明
庹守义
曹锡锐

董事会

董事长 王秀明

董事 庹守义
曹锡锐
冀 涛
王旭永

监事会

监事长 黄少军

监事 乔国英
彭长林

经理层

总经理 冀 涛

副总经理 果秀娟

总会计师 果秀娟(兼)

党群领导

党委书记 冀 涛

党委副书记 彭长林

党委委员 果秀娟

(郭融晖)

【职工队伍】 职工68人。其中,女员工31名,占员工总数的46%;均为大学及以上学历。其中,研究生(含硕士学位)20人,占员工总数的29%;具有高级职称的14人,占员工总数的20%;40岁以下58人,占员工总数的85%。 (郭融晖)

【经营管理】 坚持稳健发展总基调,一方面扎实开展资金集中、资金结算、信贷、保函、票据、同业拆借等基础业务;另一方面资质申请工作取得重大突破,获批有价证券投资、承销成员单位债券、对金融机构股权投资、成员单位产品买方信贷和办理成员单位委托贷款等5项新业务。

公司吸收存款日均余额512亿元,同比增长30.8%,完成年度计划的102.5%;发放贷款余额403亿元,同比增长48.4%,完成年度计划的118.5%;实现营业收入19.35亿元,同比增长7.1%,完成年度预算的103.5%;实现净利润6.43亿元,同比增长10.5%,完成年度预算的103.7%;资产总额842亿元,同比增长15.9%,完成年度预算的127.6%。 (张国智)

【资金集中】 开立账户1857个,同比增长93.04%;结算量316万笔6.5万亿元,同比分别增长114%和22.29%。吸收存款的结构发生积极变化。集中资金余额763亿元,较上年增加31%;日均集中资金余额512亿元,较上年增加29%。一是扩大宣传推介力度,灵活使用新媒体,举办业务推介会,多部门联动配合协作,主动上门拜访,宣传公司业务,拓展合作领域,强化财企合作;二是针对集团产业结构调整,与新成立的投资建设公司、金租公司建立全面战略合作关系,大力开展深度业务合作;三是持续加强重点单位资金集中的工作力度,重点跟踪资金存量较大的单位,主动贴近成员单位现场开展服务;四是稳步扩大资本项目资金集中规模,在项目集中地新建资金池,区域资金池数量增到17个;五是密切转移柜台结算业务,将部分单位的传统柜台业务平移至财务公司;六是继续深化专项资金集中工作,工会、社保、企业年金、战备等专项资金集中规模增大,日均存款规模近40亿元。 (王为林)

【信贷业务】 为42家成员单位提供授信总额1197.2亿元,比上年增加413.2亿元;累计信贷投放437.67亿元,同比增加150.8亿元;信贷余额402.79亿元,比上年增加131.39亿元。累计开立非融资性保函139份,金额48.48亿元,同比增加29.48亿元;保函余额60.41亿元,比上年增加40.45亿元。累计发放委托贷款74笔,金额108.46亿元,委托贷款余额121.39亿元。积极配合降债增效工作,累计为成员单位置换外部银行贷款62.9亿元。为妥善解决农民工工资问

题,配合成员单位专项需求,最大力度给予资金支持,避免农民工集体讨薪事件的发生。 (王 丽)

【资金和投资业务】 密切关注金融市场动态,坚持审慎平衡的流动性管理策略,通过加强头寸预算管理、合理错配存放期限、发挥同业拆借功能等手段,在优先支持信贷投放和保证头寸安全的前提下,与合作银行进行博弈,最大限度提高资金创效能力,取得可观收入。为实现对成员单位重大项目资金的集中,在15家商业银行52个分支行开立91个同业合作账户。续做同业拆入业务392笔,金额3300亿元,保证资金流动性的同时获取利差收入502万元。合理配置定期存款,同业存放利息收入6.87亿元,占年度总收入的35.5%。顺利通过人民银行备案,成功加入银行间市场交易商协会,成为全国银行间交易商协会会员。 (张国智)

【票据业务】 公司票据业务实现长足发展。一是业务规模增长迅猛,累计办理票据承兑4306笔,流量83.55亿元,余额66.86亿元,比年初增加62.42亿元;办理票据贴现148笔,贴现净额17.83亿元,贴现余额11.03亿元,比年初增加9.75亿元。二是电票业务全面突破,得到广大成员单位广泛认可,逐步取代传统纸票。累计开具电票4223笔,是纸票的51倍,金额78.86亿元,占票据承兑总额的94.39%;办理电票贴现103笔,贴现净额13.49亿元。三是票据流通保障充分。继续扩大保贴银行合作范围,制定保贴服务方案,简化业务流程,统一基础资料,确保供应链企业办理保贴业务享受及时、便捷、价低、高效的金融服务。协助近80家产业链上游企业办理银行保贴超过170笔,金额近27亿元。 (王 丽)

【风险管理和内部控制】 牢固树立风险意识,不断构筑稳健审慎的风险管控体系,各项监管指标及监控指标均符合监管部门规定。出台《风险评估管理办法》,对风险评估的工作机制、评估程序、评估准备、评估报告等进行规范,明确各部门风险管理的职责,建立风险预警、监测、收集、上报机制。公司内控管理制度和报告机制完备。组织开展制度及流程梳理工作,累计下发规章制度43个,并建立完善清晰的制度台账;公司根据银监局提出监管意见及集团内控评价中提出的缺陷,进行全面整改落实,强化公司内控管理;公司法务工作有序开展,法律合规审查率达到100%;内部审计人员认真履行内部监督、风险评价管理职能,为规范运作发挥积极作用;每季度就公司治理、法律合规、监管指标情况向经理层和监管部门报告;就内部控制管理情况、全面风险管理情况向专业委员会及董事会报告。公司内部控制有效,风险可控。 (靳 霞)

【信息化建设】 积极开展硬件升级工作,提升核心系统处理能力,满足迅猛增长的结算、电票等业务需求。通过优化业务渠道和资源配置,将网银和柜面业务进行独立部署,优化主结算行支付渠道,提高资金结算效率,创造单日结算峰值2.8万笔、金额881亿元的历史新高。防范信息科技风险,健全突发事件应急处置机制,编制核心业务系统应急操作手册,更新核心系统业务应急预案;完善银企容灾备份,通过对主结算行前置系统的设备更换和“多机热备”进行安全加固,保证核心系统安全、稳定、高效运行。聘请IT专业审计咨询机构和信息安全评估机构对信息化管理和运行现状进行全面梳理,根据信息化建设与安全管理建议进行整改,核心业务系统通过公安部三级等保认证。 (王道平)

【党群工作】 聚焦年度重点,融入发展大局,取得良好成效。一是发挥党委的领导核心和政治核心作用,企业党建工作取得实效。加强党组织机构建设,完成党委组建选举、党支部换届及党小组建设等工作;加强制度建设,以“两学一做”学习教育为主线,实现“三会一课”制度常态化制度化;结合实际、创新形式开展新媒体教育、创建“共产党员先锋岗”竞赛、开展走基层及参观红色教育基地活动。二是以纪委成立为契机,健全完善党风廉政工作机构,开通举报电话及邮箱,制定《纪律审查工作办法》,加强反腐倡廉宣传教育,配合中国铁建党委巡视、“四风”回头看等专项工作。三是以创建和谐企业为抓手,打造模范职工之家。首次开展集体合同平等协商;更新完善员工爱心档案卡,开展精准帮扶;完善“职工之家”建设,为职工营造和谐、温馨的环境;关心关爱员工,开展新人留念和宝贝关爱活动;开展“巾帼标兵”评选、“我为公司提质增效建言献策”有奖征文等;举办“经典诵读”“健财杯”趣味赛等,全力打造特色工会品牌。四是以构建铁建金融文化体系为目标,深入推进企业文化建设。加强学习研究,与时俱进,探索企业文化建设途径,不断丰富、发展、更新和完善文化体系建设。修定企业文化纲要,优化完善企业文化架构;开展企业文化命名工作,制定“四提倡、四反对”员工行为规范,制作企业文化墙,扎实推进“企业文化建设讲堂”,开展“主文化与亚文化”课题研讨,企业文化渐入人心。五是构建综合宣传平台,塑造企业良好的品牌形象。创建企业微信,形成“两微一站”宣传平台;制定《新闻宣传工作管理办法》《“两微一站”管理办法》;成立新闻宣传工作领导小组,建立通讯员队伍及QQ工作群,开展新闻宣传技能培训,推行信息分级审批,健全激励机制,规范新闻宣传工作，宣传稿件数量和质量均得到大幅提升。

（郭冬梅）

【重要记载】

▲2月2日　召开第二届董事会第二次会议。审议通过公司《2015年度财务决算和预算执行情况报告》《2015年度利润分配方案》《2016年度全面预算报告》《经营班子业务授权》《有价证券投资、承销成员单位债券业务实施方案》等议案。

▲3月14日　开通中国铁建财务公司微信账号，宣传片《你的梦想，有我支撑》受到网友点赞。

▲3月25日　即期结售汇业务资格获国家外汇管理局北京外汇管理部批准。

▲5月3日　国家税务总局公布2015年度纳税信用A级纳税人名单，中国铁建财务有限公司获A级纳税信用企业。

▲7月21日　经中国银行间市场交易商协会常务理事会批准，正式成为中国银行间市场交易商协会会员。

▲10月9日　吸收存款达到602.74亿元，首次突破600亿元大关，年度日均存款额497.52亿元。

▲12月28日　经国家外汇管理局批复，取得开展中国铁道建筑总公司外汇资金集中运营管理主办企业的备案资格。

（郭融晖）

诚合保险经纪有限公司

【简况】　成立于2009年11月，公司注册资本金1.1亿元，总部设在北京市。从事风险咨询、保险建议、保险安排到索赔及公估等后续服务，构成诚合保险经纪完整的业务链条。遍布全国主要区域的十余家子分公司，形成强大的客户服务体系。涉及铁路、公路、房建、通信信号、城市轨道交通、物流物贸、农业、环保及社会各行各业。下辖3个子公司、14个分公司。

2016年，新签合同额15119万元，完成年度计划的125%，实现利润总额4323万元，实现净利润3244万元，全年经纪保费流入流出规模6.42亿元。

（樊美麟）

【领导人员】

股东代表	庄尚标
董事会	
董事长	卢永堂
董事	卢永堂
	王　涛
	高继红
	刘　兵
职工董事	张德清
监事会	
监事会主席	钱生校
监事	宋荣信
职工监事	解　丽
经理层	
总经理	卢永堂
副总经理	张德清
	郎玉华
	钱生校
	文全朝
	蔡梅群
党群领导	
党委书记	王　涛
党委副书记	卢永堂

（樊美麟）

【职工队伍】　职工124人。其中，男职工76人、女职工48人；博士研究生1人、硕士研究生（含硕士学位）19人、本科学历80人、专科及以下24人；30岁以下23人、30～39岁62人、40～49岁29人、50岁以上为11人；高级职称25人、中级职称32人、初级职称41人。

（童财英）

【经营管理】　认真落实股份公司和公司的各项部署，扎实践行“三业”理念，全力以赴为加快发展埋头苦干，“保二”目标如期实现，提质增效迈出步伐，实现“十三五”首年开门红。企业管理实现新提升。一是加强战略管理。完成董事会换届，制定出台“十三五”发展规划，不断加强重大战略问题的相关研究，广泛开展战略合作，积极储备基础资源。二是加强财务管理。不断强化资金、应收款和成本管理，实行资金集中上存，加大清收清欠力度，严控成本费用支出，利用预算指标体系，防范财务风险发生。三是加强审计巡视问题整改。配合审计署、国资委、股份公司开展经济责任审计和其他专项审计，配合股份公司党委开展巡视工作。四是加强内控管理。认真开展内控评价工作，编制完成2015年度内控评价报告，全面梳理已有79项内控制度，废改立26项。五是加强人事管理。制定实施员工招录、高校毕业生接收、领导人员管理等多个制度。六是加强分公司管理。以开展“两个加强、两个遏制”回头看自查活动为契机，制定标准化建设模板，开展全覆盖专项检查，有力推进分公司的合规管理。

经营业绩持续飘红。新签合同额15119万元,完成股份公司年度计划的125%,同比增长40.92%;营业收入1.35亿元,完成股份公司年度计划的121%,同比增长30%;净利润3244万元,完成股份公司年度计划的124%;同比增长30%,净利率24%。市场业绩开创新高度。一是经营业绩再创历史新高。铁路市场新签12093万元,同比增长58%;公路市场新签3200万元,同比增长112%;轨道交通市场新签2465万元,同比增长262%;海外市场新签1119万元,同比增长70%;机动车及团意险新签974万元,同比增长47%;其他市场新签1943万元,同比增长86%。二是经营体系不断优化完善。新设山东、河南、广西、福建营业部,分支机构建设进入市场细分阶段;以市场为导向,加强经营信息资源整合,"两个策划"和"三量提升"富有成效。三是经营主体创效本领增强。10个单位超额完成年度新签指标;6个单位新签收入超过1500万元;子分公司新签合同额近1.5亿元,较去年同期增110%,占比升至66%。重庆、甘肃、湖北、云南、陕西、广东、河北、上海分公司和经营部、海外部新签位居前列。提质增效呈现新亮点。坚持创新发展,致力提质增效,在产业结构调整、创新业务攻关和对外战略协同等方面取得重要进展。一是市场结构不断优化。总体呈现"内降外升"格局,二是产业结构持续调整。以直保经纪为纽带,带动再保经纪、风险咨询、公估理算业务,实现资源共享、板块联动、协同经营。三是业务创新频现亮点。经营部承做宁夏吴中城际铁路,开创全险种、全业务链条和全额一次性交纳保费的"三全"模式;四是战略合作深入推进。与国内外知名险企、企业集团、投融资平台深化合作关系,签订战略协议5个,在风险管理、险种开发、产融结合和服务于"走出去"战略等领域开展合作探索。客服工作有新突破。坚持以客户为中心,努力以服务促经营,客服工作稳中求进,为市场承揽提供坚强后援。一是索赔成效突出。全年协助客户获得索赔到账收入2.9亿元,同比增长9%。二是工作效率改善。开展清理积案专项活动,一次性清理历年积压案件1567起,涉案金额1.6亿元,积案下降至48%。三是预控能力提升。发挥穿针引线作用,妥善解决一批多年积累的矛盾,消除客户与保险公司的陈年积怨,有效预防新矛盾的发生。四是属地服务扎实。分公司服务能力逐步提升,落地服务扎实有效,去年分公司独立结案612起,协助客户获得索赔款5259万元。五是专业价值提升。风险管理职能强化,承接股份公司专项课题,高质量编制涉外工程风险管理研究报告。

【党群工作】 党的建设取得新成效。一是注重加强党的组织建设。狠抓公司党委职能建设,有效落实中心组学习制度,大力开展党支部正规化建设。二是认真开展"两学一做"学习教育。加强党员干部队伍思想作风建设,坚持统筹谋划,学用结合,确保"两学一做"真学真做,学有成效、做有方向。三是不断推进企业文化建设。宣传报道力度持续增强,在股份公司报纸、网站刊载20余篇。新媒体运维情况良好,为企业文化建设和形象宣传推广提供新的舞台。四是坚持以党建带动群团组织建设。创新活动载体,深入开展劳动竞赛、群众性文体活动,切实加强民主管理,维护职工合法权益,促进中心工作开展。（樊美麟）

【重要记载】

▲3月19日　召开2016年度党员领导干部专题民主生活会。

▲4月　课题"中国铁建海外风险管控和转移研究报告"获中国铁建2015—2016年度优秀政研成果一等奖。

▲8月12日　组织"党在我心中,喜迎十九大"演讲比赛。

▲8月29日　印发《诚合保险经纪有限公司党委议事规则》。

▲10月　召开党委书记宣讲党的十九大会议。

（解　丽）

中铁建商务管理有限公司

【简况】 前身系铁道兵司令部管理处。2008年1月,改制成立中铁建(北京)商务管理有限公司;2015年7月,改为现名。主营物业管理、医疗卫生、餐饮住宿、物资贸易、机票商旅、车辆保障服务等。下辖北京铁建物业管理有限公司、中国铁道建筑总公司北京铁建医院、北京铁建宾馆、北京中铁建商贸中心、中铁国际航空服务有限公司、中国铁建股份有限公司机关汽车队、中铁建商务管理有限公司大厦服务中心、中铁建管理有限公司朝阳分公司8家所属单位。

2016年,完成营业收入30676万元,实现净利润296万元。资产总额22874万元,资产负债率78.89%,所有者权益4828万元。（韩　晶）

【领导人员】

董事会

董事长　　吕　岗

董事 贾晖东
孙 胜
王凤丽
石兴国

监事会

监事会主席 唐国荣
职工监事 潘吉江

经理层

总经理 吕 岗
副总经理 孙 胜
王凤丽
石兴国
倪训付
总会计师 王凤丽(兼)

党群领导

党委书记 贾晖东
党委副书记 唐国荣
纪委书记 唐国荣(兼)
工会主席 孙 胜

(孙 乾)

【职工队伍】 职工 1373 人。在岗干部 144 人,其中,高级职称 20 人、中级职称 26 人、初级职称 44 人,技术干部占在岗干部总数的 62.5%;在岗工人 780 人,其中,高级技师 10 人、技师 8 人、高级技术工人 12 人、中级技术工人 1 人,技术工人占在岗工人总数的 4%。

(孙 乾)

【经营管理】 统筹推进优服务、强经营、保安全、促和谐工作,企业经营和管理各项工作取得新成绩。稳步推进企业改革进程。加强机构编制管理。对商务公司两级的机构、岗位和领导人员职数进行核定,使编制更加合理;新设党委办公室,组建经营计划部;将来广营项目从物业公司划出单列,成立朝阳分公司;为加强中国通号总部物业项目的统筹协调,成立通号项目服务中心;根据股份公司瘦身健体、压减法人户数要求,综合考虑各法人单位作用发挥、经济效益情况,注销铁建大食堂、铁建三招法人资格。改革薪酬分配制度,实现商务公司考核和股份公司满意度测评的有机结合,健全覆盖商务公司领导、公司机关全体、所属各单位企业负责人的绩效考核体系。做好重点服务工作保障。物业服务方面,推行微信工作群制度,邀请股份公司机关、居委会、辖区民警、业主参与,随时随地掌握工作进度,提升工作效率的同时,方便各方了解和监督工作。搭建短信群发资讯平台,实施精准服务。加强公用设施管理,对大院锅炉、电梯、管道等进行大修换新,对院区马路进行无障碍改造。医疗服务方面,打造优质社区医疗服务、铁军体检品牌、健康管理服务三大体系。加强中医针灸、口腔科等特色科室建设,开展慢病管理、义诊、健康讲座、微信群宣传等便民举措。承揽健康体检业务,完成 59 家单位、7680 人次的体检。餐饮服务方面,通过到中央党校食堂等先进单位学习借鉴,在家常菜、养生菜、地方菜、时令新菜方面加强创新,不断改进饭菜质量,保障机关食堂饭菜的美味与安全。全年服务工作餐 28 万人次,服务会议 90 次。车辆服务方面,从车辆卫生、安全正点抓起,从司机仪容仪表、礼貌用语、服务态度管起,全年出车 2.5 万台次、安全行驶 80 万千米。商旅服务方面,机票集中采购覆盖中国铁建二级公司机关 32 家、三级公司和项目部 281 家,年销售额 2 亿元,其中国际机票收入占比 54.6%。玉泉东市场被评为海淀区“诚信示范市场”。

(韩 晶)

【社会事务】 社会事务工作涉及总公司机关的交通安全、消防安全、卫生绿化、集体户口管理等方面,是商务公司优质服务的展示窗口,坚持内抓管理、外塑形象、沟通政府、服务社会,保持总部机关良好的社会形象和美誉度。连续获评“北京市爱国卫生红旗单位”“首都绿化美化花园式单位”“北京市交通安全先进单位”。

(姬保兵)

【党群工作】 设有 4 个基层党委,19 个党支部,党员 328 人。两级党委认真贯彻党的十八届六中全会和习近平总书记系列讲话精神,统一思想。落实党委主体责任,党委中心组学习 12 次。“两学一做”学习教育有序推进,制定《商务公司及所属单位党委关于开展“学党章党规、学系列讲话、做合格党员”学习教育工作方案》,按照“围绕专题学习讨论、创新方式讲党课、召开党支部专题组织生活会、开展民主评议党员、立足岗位作贡献、机关领导干部做表率”六个“规定动作”,做到学习教育内容、时间、人员“三落实”。两级党委、党支部开展专项学习研讨 69 次,两级领导班子成员和党支部书记讲党课 27 次。召开专题民主生活会,领导干部带头进行党性分析和自我解剖,明确整改方向和具体措施。组织党员开展“守纪律、讲规矩、强党性”的主题活动。召开党员大会,选举产生新一届党委和纪律检查委员会,检查整改各级党组织换届选举情况。召开七一表彰大会,评选出“五好党支部”6 个,“六好共产党员”16 人 ,优秀党务工作者 3 人。发展党员 6 人,培训入党积极分子 12 人。对党员组织关系进行梳理排查。认真开展党费收缴工作专项排查。贯彻落实中央扶贫工作精神,1 人赴河北张家口万全区挂职任驻村第一书记,扶贫捐赠 100 万元。帮助对口 2 个村销售杂粮、蔬菜、肉类等，解决村民就业 11 人，帮助 387 户村民脱贫。及时召开党风建设和反腐倡廉会议，逐级签订《党风建设和反腐倡廉责任书》。出台《企业领导人员管理暂行办法》等 7 项制度。召开商务公司一届五次职工大会，落实职工参与企业管理的权利。开展五一趣味运动会、健步走等文体活动，参加股份公司工会“我爱铁建”系列活动，6 人在书画征文活动中获奖。组织迎三八读书、培育好家风系列活动。团组织开展学雷锋、走进敬老院、走进深山“清山行动”等公益活动，大厦服务中心团支部被中央企业团工委评为“五四红旗团支部”。 （王永红）

【北京铁建物业管理有限公司】 主要负责中国铁建总部机关住宅和办公区域的物业管理。驻北京市复兴路 40 号。在管中国铁建总部院区、中国通号轨道交通研发中心、昌平青秀尚城、海淀环保嘉苑等项目。执行董事、总经理杨跃连（10 月免）、赵军（10 月任），党委书记王成宝。职工 402 人。资产总额 3280 万元。

2016 年，完成营业收入 7206 万元，实现净利润 57 万元。服务满意度达到 92% 以上。 （刘 芳）

【中国铁道建筑总公司北京铁建医院】 前身是中国人民解放军铁道兵司令部门诊部，为事业法人单位，系一级综合性医院、社区卫生服务站、北京市基本医疗保险定点医疗机构。驻北京市海淀区复兴路 40 号。主要承担总部机关院区及周边社区居民的日常门诊、体检、社区卫生服务。院长、党委书记张丽霞。职工 113 人。

2016 年，完成营业收入 11088 万元，实现净利润 166 万元。门诊量 15.9 万人次。 （吴延涛）

【北京铁建宾馆】 前身是铁道部工程指挥部机关招待所。驻北京市海淀区复兴路 40 号。下辖北京中铁建第三招待所、中国铁建股份公司机关餐厅等。总经理刘燕华，党委书记杨明云。职工 198 人。资产总额 1100 万元。

2016 年，完成营业收入 2528 万元，实现净利润 25 万元。 （谭志强）

【北京中铁建商贸中心】 主要负责酒类销售、建筑管材租赁以及物资贸易业务。驻北京市海淀区复兴路 40 号。总经理、党委书记黄水祥。职工 146 人。资产总额 1422 万元。

2016 年，商贸中心完成营业收入 727 万元，实现净利润 36 万元。 （宋兰平）

【中铁国际航空服务有限公司】 2010 年 7 月成立。注册资本金 5000 万元，具有国际机票（一类）、国内机票（二类）代理资质。主要负责中国铁建系统内部机票集中采购服务，同时对外承揽有政府机关、企事业单位的机票代理业务。驻北京市海淀区复兴路 40 号。总经理孙友霞。职工 36 人。

2016 年，完成营业收入 669 万元，实现净利润 8 万元。机票采购规模 2 亿元。 （孙友霞）

【中国铁建股份有限公司机关汽车队】 主要负责总部机关车辆保障服务。驻北京市海淀区复兴路 40 号。队长王继平。职工 55 人。拥有车辆 60 台，资产总额 232 万元。

2016 年，完成营业收入 829 万元，实现净利润 5 万元。 （王玲靖）

【中铁建商务管理有限公司大厦服务中心】 2015 年 1 月，从北京铁建物业管理有限公司分立，主要负责铁建大厦 A、B 座的物业服务、特约服务。驻北京市海淀区复兴路 40 号。总经理聂桂荣。职工 124 人。

2016 年，完成营业收入 2866 万元，实现净利润 12 万元。 （李志兰）

【中铁建商务管理有限公司朝阳分公司】 2016 年 1 月，从北京铁建物业管理有限公司分立。主要负责北京市朝阳区中国铁建国际城及其周边花语城、乐想汇、铁建广场 4 个项目的物业服务。驻北京市朝阳区北苑东路 19 号。下辖中国铁建国际城物业服务中心、花语城物业服务中心、乐想汇物业服务中心、中国铁建广场物业服务中心。总经理陈洪周。职工 152 人。资产总额 1140 万元。

2016 年，完成营业收入 4356 万元，实现净利润 15 万元。 （马静琳）

中国铁建股份有限公司北京培训中心（党校）

【简况】 驻北京市大兴区龙河路 16 号。前身是 1983 年 12 月组建的中国人民解放军铁道兵指挥部干部学校；1984 年 1 月，铁道兵并入铁道部，更名为铁道部工程指挥部干部学校；1990 年 10 月，改称中国铁道建筑总公司干部学校；1991 年 1 月，定名为中国铁道建筑总公司党校、干部学校;2002年3月,总公司批准成立中国铁道建筑总公司北京培训中心,实行一套班子,兼有党校、干校、北京培训中心3种职能;2005年5月,总公司决定将干部学校更名为管理学院;2008年1月,更名为中国铁建股份有限公司北京培训中心;2009年1月,总公司党委决定将中国铁道建筑总公司党校更名为中国铁建股份有限公司党校,实行培训中心(党校)党委领导下的主任(校长)负责制。下辖办公室(党委办公室)、教育培训处、教研开发处、财务处、后勤服务处、资产管理处6个部门。校园占地面积1.8万平方米,建筑面积1.54万平方米。

2002年,被列入中央党校原中央企业工委分校(现中央党校国资委分校)教学管理体系,同年被列为中央国家机关会计人员继续教育培训单位。2006年,被定为中央党校在职研究生教学点;2007年,被定为中国人民大学会计专业硕士学位教学点;2010年,被北京交通大学土木建筑工程学院设为工程项目管理硕士研究生教学点。2011年4,国家事业单位登记管理局批准中国铁建股份有限公司北京培训中心(党校)培训业务范围:政治思想教育、领导素质教育、建筑工程项目管理、工商管理和财务管理专业培训机构,可同时接待280名学员。

兵改工以来,中国铁建股份有限公司北京培训中心(党校)2次获中央党校国资委分校教学管理先进集体,4次获中央国家机关会计人员继续教育培训先进单位。

(姜忠杰　李　冲)

【领导人员】

常务副主任(常务副校长)	沈玉泉
副主任(副校长)	单永新(1月免)
	江耀明(1月任)
党委书记	沈玉泉

(姜忠杰　李　冲)

【职工队伍】 职工35人。其中,男职工25人、女职工10人;本科及以上学历31人、专科学历4人;高级职称17人、中级职称5人、初级职称10人。

(姜忠杰　孟慧婷)

【教学培训】 培训中心深化教学改革,培训质量取得明显成效。一是坚持内外结合,拓宽维度。以提高参训人员能力素质为目的,在教学内容和班次设计方面,加大与股份公司主办部门的沟通。在师资选配上,根据不同班次的需要,有针对性的聘请知名学者教授400人次为学员授课,确保培训的整体质量。二是坚持创新方式,提升效果。以解决实际问题为目的,在运用好传统讲授式教学的基础上,作为央企党校,充分利用网络平台,采用混合式学习模式,结合线上线下开展培训工作。三是坚持活动多样,突出主体。教学活动安排丰富,每一期都组织研讨会和座谈会。会上围绕新形势下企业发展面临的突出问题,首次引入结构化研讨方式,向股份公司人力资源部提交“关于企业当前面临突出问题及对策的思考”和“处理僵尸企业,动了谁的奶酪”2项成果,得到较高的评价,为教学改革注入新活力。四是坚持严格管理,热情服务。加强对学员的沟通联系和服务管理,接受学员监督,向学员公开校领导的联系电话和邮箱,建立顺畅的沟通渠道。班主任认真抓好各个班次的学员组织管理工作,课余时间开展丰富多样的活动,充实学员的生活,营造严肃认真、充满活力的学习氛围。

(谢　谅)

【学历教育】 中央党校在职研究生教育面向股份公司系统内外招收处级以上干部和具有中级以上职称的专业技术人员,负责日常的教学、教务和学籍管理工作。在职研究生教育招生名额、学制、课程设置均由中央党校研究生院确定,授课教师由中央党校选派。截至2016年底,已毕业的学员534人;注册在职研究生学员178人,其中,2014级66人、2015级50人、2016级62人。

工程项目管理硕士研究生教育的培养对象是国民教育系列大学本科毕业、从事工程项目管理或相关领域的实际工作2年以上的工程项目管理人员,招生名额、学制、课程设置均由北京交通大学确定,授课教师由北京交通大学选派。2010年开始招生,截至2016年底,已获硕士学位的学员100人,注册在册学员106人,其中, 2013级39人、2014级48人、2015级19人。

(阮　舫　王爱芬)

【行政工作】 加强综合协调,从严管理,抓好落实,促进全校工作的有序有效开展。加强消防安保工作,规范出租房屋管理,平安校园建设稳步推进。按照“以人为本”的校园建设理念,在原有的基础上不断加大基础设施建设力度,有效改善办学条件。先后完成活动中心改造、第二餐厅改建和食堂辅助用房工程招标和施工,完成食堂西侧停车场铺砖,新建学员之家,对职工住宅楼公共设施进行局部维修,修建改造房屋近800多平方米,维修维护校园硬件设施1300余次,园区植树、种花种草500余平方米,使党校的办学条件得到较大程度的改善,为入住学员提供良好的学习、生活环境。学校网络、在线培训平台、门户网站、微信公众号、微信交流群等平稳运行,信息化建设得到有效加强。制定和修订《员工薪酬管理办法》《外聘师资课酬管理暂行规定》《企业年金方案实施细则》等43项管理制度,夯实办学治校的制度基础。配合股份公司人力资源部,积极协调大兴社保局和北京市军转办,经多方努力,党校13名退休军转干部生活补助已纳入北京市自收自支事业单位调整范围。加强财务管理,强化预算审批,完善会计核算体系,建立健全内控机制,保证各项经济业务的顺利开展。 (姜忠杰 李 冲)

【党群工作】 党的工作。下设党支部3个,党员43人。以党的十八届六中全会精神为指导,扎实开展“两学一做”学习教育。及时对股份公司党委“两学一做”学习教育党课报告会精神进行学习传达,并制定《党校“两学一做”学习教育实施方案》、制定推进计划,以“十个一”为抓手,坚持问题导向,把学习教育和解决问题结合起来,做到边学边改、立行立改、及时整改。在建党95周年之际,校党委组织召开退休老党员座谈会;经过民主推荐和评议,评选表彰4名优秀党员;在校网站开辟“两学一做”专栏,扎实推动“两学一做”学习教育有序开展。

纪委工作。纪检监察以落实“两个责任”为主线,一手抓惩防体系建设,一手抓党委主体责任和纪委监督责任的落实,通过签订党风廉政责任书,认真落实“一岗双责”,较好地完成党风廉政建设各项任务。

工会工作。下辖工会小组3个,工会工作兼职人员4人,工会会员35人,职工入会率100%。组织开展迎新春职工联谊活动、校园义务劳动、健步走、退休职工座谈会活动,组织全体职工和离退休人员进行体检,每月定期为职工集体过生日,开展职工摄影比赛等一系列活动,丰富职工文化生活,营造积极向上的校园文化,增强党校凝聚力和向心力。 (姜忠杰 谢 谅)

【重要记载】

▲1月19日 召开2016年第一次职工大会暨工作会议,党委书记、常务副校长沈玉泉代表党校作题为《积极革新、主动作为,努力开创新形势下党校工作新局面》的工作报告。

▲4月9日 中国建筑第二工程局有限公司2016年基础设施业务高端管理人才培训班在党校开班。

▲4月18日 股份公司党委常委、纪委书记李春德出席中国铁建2016年第一期纪检监察干部业务培训班开班典礼并讲话。

▲5月30日 股份公司党委常委、总会计师、总法律顾问王秀明出席中国铁建2016年第一期责任成本管理高级培训班开班典礼并讲话。

▲6月8日 党校党委书记、常务副校长沈玉泉以《知行合一,做新时期合格党员》为题,为所在党支部上专题党课。股份公司副总经济师、直属机关党委书记、党委办公室主任、“两学一做”学习教育第二督导组组长赵登善到会指导。

▲6月20日 国务院发展研究中心副主任王一鸣为中国铁建第七期经营管理人员实战培训班授课。

▲7月1日 党校(培训中心)官方网站(http://pxzx.crcc.cn)正式上线运行。

▲11月21日 股份公司党委常委、副总裁刘汝臣出席中国铁建2016年第一期项目经理培训班开班典礼并为学员授课。 (姜忠杰 李 冲)

中铁建昆仑投资集团有限公司

【简况】 中铁建昆仑投资集团有限公司(以下简称昆仑集团)是中国铁建为抢抓国家投融资机制改革和新一轮基础设施建设发展机遇、提升全系统投资收益而成立的专业化投资集团,主要经营大型基础设施项目的投资、建设和运营管理,涉及轨道交通、高速公路、市政工程、城市综合开发、房地产等多个业务领域和BT、BOT、PPP等多种投资模式,是贯彻落实中国铁建“投融资经营+工程经营”双轮驱动战略、打造全产业链一体化经营优势的有机载体。于2016年3月成立,2016年5月,在成都市高新区完成工商注册,注册资本金30亿元。主要负责四川、云南、贵州、海南、西藏“四省一区”的投融资项目的投资、建设和运营管理。下辖四川中铁建地铁投资管理公司、中铁建云南投资公司、中铁建昆仑资产管理公司、中铁建海南国际旅游岛投资管理公司等6个子(项目)公司,以及贵州筹备组。投资项目17个,投资总额近1500亿元。

2016年,新中标项目8个,新签合同额731亿元,完成中国铁建下达任务指标的146%。实现主营业收入62.87亿元;实现净利润5.05亿元,完成中国铁建下达净利润指标T3值的148%。资产总额90.33亿元(不包含中国铁建直属项目部——神仙树节点项目),净资产收益率31.49%,产值利润率10.41%,投资回报率17.82%,资产负债率61.29%。上交中国铁建利润分红款12366万元,应上缴款完成率100%。企业人均创利380.8万元,全员劳动生产率436.6万元/人年,职工年人均收入约30万元。 (欧阳泱)

【领导人员】

董事会

董事长	金跃良
董事	徐明新
	吴利红
	周庆国
	黎锡龙

监事会

监事会主席	王　健
股东监事	陈殿军
职工监事	朱继前

经理层

总经理	徐明新
副总经理	汤世明
	吴利红
	周庆国
	黎锡龙
工程师	周庆国(兼)
总会计师	黎锡龙(兼)

党群领导

党委书记	金跃良
党委副书记	徐明新
	王　健
纪委书记	王　健(兼)
工会主席	王　健(兼)

(欧阳泱)

【职工队伍】 职工257人,其中,集团公司班子领导7人、从中铁物资集团有限公司划转81人、调入管理和专业技术人才109人、公开招聘录用58人、另接收高校应届毕业生3人;硕士以上学历56人、本科学历172人、本科及以上学历占比88.7%;高级职称100人、中级职称85人、初级职称48人。 (欧阳泱)

【企业经营】 坚持"高端运作、运作高端"的经营理念,先后筹划、推动并促成中国铁建与四川省、云南省、贵州省以及成都市、昆明市、绵阳市、黔东南州等地的《战略合作协议》签订。积极统筹资源、超前跟踪、精准谋划,取得较好的经营成果。在四川,联合中标总投资额355亿元的成都新机场高速公路及外绕线项目,是中国铁建系统内联合投资建设的第一条机场高速公路;中标成都IT大道有轨电车项目,是中国铁建系统内投资建设的第一条有轨电车项目;中标成都元华路神仙树立交桥项目。项目引进银行作为联合体,是创新项目融资方式的一次有益尝试;中标成都地铁6号线和10号线二期,在全国大力推行PPP模式的环境下,成都地铁项目依旧以类BT模式中标,进一步强化核心区域的滚动发展。在云南,中标昆明巫家坝土地一级开发整理项目,为探索开展"一二级联动"经营模式搭建起平台;中标昆明福宜高速公路和三清高速公路PPP项目,可行性缺口补助纳入昆明市中长期财政预算,在全面降低投资风险的同时迈出开展PPP业务的第一步;中标昆明至楚雄高速公路项目试验段,以试验段为切入点紧密跟踪昆楚项目全线。在贵州,中标贵安新区轨道交通S1线试验段项目,实现在贵州市场"零"的突破,与黔东南州签订《战略合作协议》。

截至2016年底,在手管理项目总投资额近1500亿元,并初步形成跨区域经营,BT、BOT、PPP和土地一级开发等经营模式有机结合,"长、中、短"项目合理搭配的稳健型投资结构。坚决贯彻落实中国铁建"全产业链"一体化经营部署,以维护中国铁建整体利益最大化为目标,通过投资有效撬动中国铁建勘察设计、建筑施工、装备制造、物资供应、金融保险等多个板块的协同经营,不但为各个板块提供业务、获得收益,而且补充部分单位的相关业绩,帮助打开西南区域市场,实现多赢的目标。 (欧阳泱)

【项目建设】 在建项目17个,除元华路神仙树项目为"财务投资+施工总承包"模式、贵州新区核心区段地下空间及联络通道配套工程为施工总承包项目外,其余均为投融资建设项目。

成都地铁10号线一期投融资建设项目(BT) 线路全长10.9千米,全地下线,设车站6座(其中换乘站3座),盾构区间6个,设控制中心及主变电所各1处,线上检修库1座。合同投资300000万元,其中建安费270000万元,2014年10月开工,合同工期34个月,计划于17年底前通车。2016年,项目开工累计实现营业收入221970万元,完成合同投资的83.67%。

成都地铁5号线投融资建设项目(BT) 线路全长49.062千米,设车站41座(地下A站36座,高架站5座),设车辆段1座、停车场2座、主变电所4座,控制中心1处,成都地铁培训基地1处。合同投资1719900万元,其中建安费1600292万元,2015年9月开工,合同工期54个月。2016年,项目开工累计实现营业收入296702万元,完成合同投资的19.05%。

有轨电车蓉2号线项目及市政改造建设项目(BT) 线路全长39.04千米,设站47座,停车场2个,定修段1个。合同投资370116万元,其中建安费326676万元。2016年7月开工,合同工期24个月。

成都地铁6号线投融资建设项目(BT) 线路全长47.7千米,设车站37座,其中换乘站14座,全部采用地下敷设方式,车辆段1座、停车场1座、主变电站

3座。合同投资1763031万元,其中建安费1672211万元。2016年10月开工,合同工期51个月。

成都市正公路项目(BT) 合同投资472700万元,原中铁物资集团与中铁二十四局集团联合投资项目,根据中国铁建批复完成股权变更。2012年7月开工,2015年12月完工。

成都市元华路神仙树节点工程项目(财务投资+施工总承包项目) 底层道路长7.5千米,桥梁主线长6.025千米。合同投资126241万元, 2016年5月开工,合同工期12个月。2016年,项目开工累计实现营业收入93855万元,完成合同投资的84%。

成都经济区环线蒲江—都江堰段及新机场高速项目(BOT) 合同投资3576094万元,其中建安费2021757万元,中国铁建与中国中铁各50%的股份,合同工期36个月,运营期29.5年,中国铁建承建成都经济区外环线蒲江—都江堰段主线全长101.3千米,双向6车道高速公路,设计时速120千米。

巫家坝土地一级开发整理项目(BT) 合同投资1500000万元。截至2016年底项目尚未开工。

昆明福德立交至宜良高速项目 合同投资1725735万元,线路全长50.9千米,其中中国铁建占比90%,云南交投10%。该项目为EPC+PPP模式,合同工期36个月,运营期30年。截至2016年底,暂未开工。

曲靖三宝至昆明清水高速项目 合同投资1094842万元,线路全长51.5千米,其中中国铁建占比90%,云南交投10%。为EPC+PPP模式,合同工期36个月,运营期30年。截至2016年底,暂未开工。

贵州新区核心区段地下空间及联络通道配套工程项目 线路全长4.421千米,为施工总承包项目,合同投资85511万元,合同工期22个月。截至2016年底,暂未开工。

南昌市政项目5个项目(BT) 合同投资272800万元,其中2个项目已完工。2016年,其余项目累计实现营业收入103111万元,完成37.80%。

海南国际旅游岛先行试验区项目(BT) 原合同投资200亿元(后因业主原因调减),2016年,开工累计实现营业收入72206万元。 (欧阳泱)

【企业管理】 坚持一手抓经营,一手抓管理,不断夯实企业发展基础。一是坚持战略规划引领、完善企业“十三五”规划。将“打造系统内有影响力、行业内有知名度的投资建设集团”作为企业“十三五”期间战略发展目标。围绕战略目标的实现,昆仑集团将各项经济指标细化为3年滚动发展目标和年度生产经营指标,明确各区域、各单位任务目标,形成可考核、可追溯、可追责的有效机制,并持续强化对战略规划实施情况的监督和评价,进一步统一思想、明确方向。二是平衡发展速度与质量,全过程防控投资风险。高度重视投融资风险防控问题,实施项目全过程风险管控,严把“五道关”,在跟踪阶段,扎实做好项目可行性研究。深入调研、全面分析、准确评估业主的支付能力、信用等级以及项目的经济效益、自身履约能力等,优中选优,全面规避业主信用风险。在投资决策阶段,严格投资决策程序。项目上报集团党委会、总经理办公会、董事会前必须经过经营部门、投资部门、财务部门、法律部门等部门层层评审;严格执行“三重一大”决策原则,同时严格遵守中国铁建相关规定和流程上报中国铁建总裁办公会、董事会审批。在商务谈判和合同签订阶段,全面争取有利于我方的条件。在项目回购环节,及时启动回购程序。项目回购率90%以上,在建的成都地铁项目和海南国际旅游岛项目均实现提前回购,还形成超过10亿元的资金沉淀。在完工审计阶段,高度树立合规意识,严格按照国家规定的程序进行招投标,规范项目运作,严格财务管理;同时聘请富有PPP项目审计经验的中介机构进行审前指导,做好充分准备。定期开展督导检查、专项梳理和督查督办等活动,及时处置各类风险隐患,确保投入资金安全。三是加强项目建设管理,提升企业品牌形象。针对在手项目管理战线长、建设任务重、参建单位多、协调难度大等特点,不断加强项目建设管理。所有项目均在中标第一时间实现进场施工或前期准备。针对成都地铁项目建设节奏骤然加快的形势变化,借助中国铁建西南指挥部平台召开投资项目建设管理与成都地铁项目建设推进会,号召全系统各兄弟单位高度重视、完善机制,全面克服前期资源投入不足、盾构施工滞后等问题,项目进度已基本能满足成都市“加速成网”战略和“650+”目标的要求。元华路神仙树节点项目开工8个月基本达到通车条件,创造成都市市政建设领域的“新速度”。生产安全形势基本稳定,责任明确、全员重视的安全生产责任体系有效形成,并通过检查、约谈、致函等形式确保经费投入到位、人员配置到位、管理防控到位“三个到位”。施工单位信用考核评价制度初步建立。在文明施工、工地文化建设方面也取得较好成绩,多个标段被评为“成都地铁文明施工先进工地”。四是完善管理体制机制,提升基础管理水平。一方面,加快建章立制。聚焦管理需要,认真梳理出管理制度清单并逐步完善各项制度,将决策管理、财务管理、经营管理、项目管理等各项工作纳入规范化轨道,树立起“以制度管人、按制度办事”的氛围。另一方面,加强财务管理。高起点、高标准、高质量开展财务工作,全面理顺财务核算、资金管控、预算及审计等工作体系，落实资金集中管控要求，多渠道创新融资手段，在切实保障生产经营的同时有效维护资金链的健康平稳运行。通过科学调配资金节约财务成本3000万元，通过有效开展税务筹划预计合理节税、创效上亿元。大力加强人才队伍管理。引进人员167人，组织培训200余人次；同时积极推进和实施领导人员外调考察、任前谈话和任职试用期等制度，切实规范领导干部任职程序，健全干部管理机制。（欧阳泱）

【党群工作】 围绕企业发展中心工作，深入开展“两学一做”学习教育，认真履行管党治党责任，全面加强党的思想建设、组织建设、作风建设、反腐倡廉建设，充分发挥党委的政治核心作用，为企业持续健康和谐发展营造良好的氛围、注入强劲的活力。在夯实党建工作基础方面，一是编织党建工作制度体系。先后研究印发《党委议事规则》《“三重一大”决策制度实施细则》《党风廉政建设责任制实施细则》《党建工作量化考核办法》等，明确党委、纪委工作机制，确保企业党建和反腐倡廉工作有章可循、有规可依。二是夯实党建工作组织体系。根据工作需要和党员人数，在所属各单位成立党（工）委，按照党员人数和工作需要划分党支部，基本构建党的基层组织网络，编制印发《基层党组织工作手册》《党支部工作细则》等标准化手册，规范日常基础工作流程。设党委3个、党工委5个、党支部16个，工作规范性、有效性不断提高，确保党建工作各项任务的有效落地。三是强化群团工作的融合作用。坚持党建带工建，以融入企业中心工作为主线，开展“幸福昆仑”主题调研慰问活动。工会围绕提升员工“幸福指数”这一主题，深入所属各单位及工程项目进行调研；围绕中国铁建工会“八大品牌”创建工作，在昆仑集团工会一届三次委员（扩大）会议上明确全集团工会品牌亮点创建方向。坚持党建带团结，成立昆仑集团团委，与工团联合开展“三八”妇女节、“传承五四薪火，凝聚昆仑精神”等主题活动，进一步增强全体干部职工的交流和沟通，激发青年员工的工作活力。在深入开展“两学一做”学习教育方面，一是行动迅速，进入状态快。早在党委筹备阶段，就根据中国铁建党委统一部署及时编制《“两学一做”学习教育计划推进表》，编制“两学一做”学习教育热点词汇解析手册，挂出“时间表”、明确“路线图”，确保学习教育有领导、有组织、有计划推进。二是全员参与，覆盖范围广。召开全集团“两学一做”学习教育专题党课，昆仑集团领导班子全体成员集体讲党课，并将党课内容印发至所有子（项目）公司，推动各级党组织及时学习讨论。同时将“两学一做”党课扩展至“书香铁建”夜校课堂，凝聚系统内参建单位的学习动能。三是以上率下，示范作用强。组织党委中心组学习9次，领导班子成员坚持高标准、严要求，对每个学习讨论环节亲自过问、亲自安排、亲自参加，为各级党组织和广大党员干部作出表率。在具体实施过程中，还利用内部微信平台，开通网络微课堂，推送相关党规政纪、国家政策法规、企业规章等内容，实现理论学习“线上线下”同步推进，提高学习效率。在切实落实“两个责任”方面，坚持“把规矩立起来，把纪律挺起来”，一是认真落实党风廉政建设责任制。结合业务特点，在做好《党风廉政建设责任书》签订，创新“自选动作”，党委、纪委安排所属各单位与投资建设项目的施工单位、物资设备供应单位分别签订《工程建设廉政责任书》90份，层层压实责任，实现监督工作“无死角、无盲区、全覆盖”。二是筑牢拒腐防变思想“堤坝”。坚持正面倡导和反面警示相结合，240人次接受不同形式的廉政教育，180人次接受任职前廉洁谈话。不断丰富宣传载体，充分利用“昆仑微课堂”、《铁建人在成都》《铁建蒲都风采》等宣传阵地，加大宣传教育力度，增强党员干部的廉洁从业意识。各级党组织结合自身特点开展形式多样的主题教育活动，为自觉廉洁从业，抵制不良风气侵蚀构筑思想防线。三是全面构建从严监督体系。专题召开昆仑集团纪委会议并进行集体学习，重点对纪委监察、职务犯罪预防等制度等进行学习。集团党委书记、纪委书记亲自对新提任的副处级以上领导干部和机关工作人员进行任职前廉洁谈话。所属各单位分别成立督查办公室，畅通信访举报渠道，要求和提醒干部职工遵守各项廉政规定，廉洁过节。通过现有受理举报渠道和专项检查。通过以上举措，初步构建起“横向到边、纵向到底、上下贯通、层层负责”的监督和防控体系。围绕企业发展核心问题开展党建工作。一是通过党建工作统一思想。通过将“两学一做”专题党课与干部综合素质培训结合，实现促进党性提高的同时着力解决企业发展实际问题，明确企业下一步发展目标。二是通过党建工作激发动力。通过在成都5号线开展劳动竞赛，有效动员起全体参建单位的建设积极性，推动项目加快推进，切实满足成都市委、市政府“加速成网”的建设要求。三是通过党建工作防范风险。纪委按照“三转”要求，对项目决策、投标、监管以及企业选人用人等各个关节实施相应的监督，通过对关键岗位、关键人员、关键程序的有效监督，保障企业健康发展。

（欧阳泱）

【四川中铁建地铁投资管理有限公司】 2014年3月在四川省成都市高新区注册成立，初始注册资本金20000万元，后增至105000万元。2016年3月由中铁物资集团有限公司下属单位变更为中铁建昆仑投资集团有限公司下属全资子公司。经营范围:项目建设投资管理(城市建设投资管理、城市公共交通建设投资管理、城市基础建设投资管理、城市及市域轨道交通建设投资管理等),工程勘察设计、商务服务。董事长施振东,党委书记周灿华,总经理粟尚明。职工94人。在建项目4个。

2016年,完成投资45.9亿元,占年度计划45.5亿元的105%;营业收入39.82亿元,营业成本35.49亿元,利润总额4.37亿元,净利润3.71亿元,收入利润率12.22%。（欧阳泱）

【成都中铁建项目管理有限公司】 2012年8月在四川省成都市天府新区注册成立,注册资本金38300万元。2016年7月完成股权变更及企业改制,成为中铁建昆仑投资集团有限公司旗下的全资子公司。经营范围:项目管理、房屋建筑施工、市政工程施工、企业管理咨询、商务服务、项目投资、投资咨询、资产管理和社会经济咨询,具备投融资、设计、施工、物资供应和金融保险等全产业链一体化服务能力。董事长、党工委书记杨继全。职工36人。承揽项目4个。

2016年,完成投资44.4亿元,确认营业收入9.3亿元,实现净利润6733万元。（欧阳泱）

【中铁建云南投资有限公司】 2016年7月在云南省昆明市官渡区注册成立。主营项目投资及对所投资项目进行管理、房地产开发、工程项目管理、资产管理、物业管理。董事长汤世明,党委书记田大鹏,总经理黄小通。职工31人。资产总额7794518.12万元。

（欧阳泱）

【中铁建(海南国际旅游岛先行试验区)投资管理有限公司】 2014年2月成立,驻海南省黎族自治县黎安镇演村中国铁建海南国际旅游岛建设管理指挥部办公大楼105室。主营市政公用工程、建筑工程、公路工程、水利水电工程的施工总承包、工程总承包和项目管理、房地产开发、物业管理、城市建设、基础设施建设投资、项目投资、投资管理咨询、企业管理咨询、资产管理、商务服务。董事长、党委书记吴雷雷(7月任),党委副书记、副总经理王国峰(3月任)。职工27人。资产总额7.32亿元,其中,固定资产净值78万元,流动资产净值6.74亿元,其它资产净值8422万元。

2016年,新签合同额28.18亿元,完成产值4.04亿元,实现净利润6199万元。人均创利486.22万元,全员劳动生产率581.11万元/人年。国有资产保值增值率130.40%,净资产收益率30.16%,产值利润率15.37%。应上缴款完成率100%。（欧阳泱）

【中铁建昆仑资产管理有限公司】 2012年8月注册,注册资本金1亿元,是一家专业化的大型建筑材料贸易企业。主营资产管理、项目投资、投资管理、企业管理咨询、物资设备销售等。董事长周庆国。职工40人。资产总额404702573.35元。

2016年,新签销售合同85份,新签合同额28.9亿元,完成产值5.5亿元,实现净利润1700万元。（欧阳泱）

【南昌中铁建建设管理有限公司】 2016年5月,整体划转至中铁建昆仑投资集团公司有限公司,负责昆仑集团在江西省投融资项目的投资、建设和运营管理。在建项目5个,投资总额20.82亿元。董事长、党委书记张宝安。职工8人。资产总额66109万元,其中流动资产25707万元,非流动资产40402万元,负债总额57220万元;净资产8889万元。

2016年,完成产值23522万元;实现利润3151万元;人均创利350万元;净资产收益率22.22%;产值利润率13.40%。（欧阳泱）

【中铁建贵州投资有限公司筹备组】 2016年7月成立。组长周庆国,常务副组长姜子志。（欧阳泱）

【重要记载】

▲3月11日　成立中铁建西南投资集团有限公司,西南公司筹备组正式成立,四川中铁建地铁投资管理有限公司等5个子公司以及云南投资工作组同期划转到集团公司。

▲5月20日　经国家工商总局核准更名,中铁建昆仑投资有限公司(原中铁建西南投资集团有限公司)正式注册成立,注册资本金30亿元。

▲7月22日　成立中铁建云南投资有限公司,注册资本金20亿元。

▲9月21日　在国家工商总局正式更名为中铁建昆仑投资集团有限公司。

▲10月28日　昆仑集团揭牌仪式在成都高新区总部机关举行。

▲同日　第一届代表大会在成都召开,会议选举产生昆仑集团第一届工会委员会和经费审查委员会。

（欧阳泱）

中铁建金融租赁有限公司

【简况】 2016年5月3日获中国银行业监督管理委

员会批准筹建,7 月 19 日在天津挂牌成立。是经中国银行业监督管理委员会批准设立的全国性金融租赁企业,是中国铁建股份有限公司的控股子公司,首期注册资本金 24 亿元,注册地天津自贸试验区(东疆保税港区)。经营范围:融资租赁业务、转让和受让融资租赁资产、固定收益类证券投资业务、接受承租人的租赁保证金、吸收非银行股东 3 个月(含)以上定期存款、同业拆借、向金融机构借款、境外借款、租赁物变卖及处理和经济咨询业务。定位于工程装备、基础设施、经营租赁和同业合作四大领域,依托中国铁建和各方股东的品牌、客户、网络和技术优势,不断扩大市场竞争优势,培育可持续发展能力,建立完善的金融租赁产品和服务体系,充分发挥"协同产业发展、深化产融结合、服务主业融资、减负提质增效"功能,为中国铁建系统内单位提供差异化、特色化、专业化一揽子金融服务开创一套全新解决方案。 (南 洋 刘 旭)

【领导人员】

董事会

董事长	王秀明
副董事长	张国俊
董事	詹伦波
	李 彤
	瞿重光
	姚 浩
	吴 烨

监事会

监事	张介鹏
	李 健
	杨红梅
	纽元新
职工监事	杨柏松

经理层

执行总经理	詹伦波
副总经理	尹金丹
总会计师	李 彤

党群领导

党委书记	张国俊
党委委员	张介鹏
	詹伦波
	李 彤
	尹金丹

(李海全)

【职工队伍】 职工 58 人。本科学历 56 人,占总人数 96.55%;研究生(含硕士学位)23 名人,占总人数 39.66%。35 岁以下员工 36 人,占总人数62.07%。高级专业技术职务 14 人,中级专业技术职务 9 人,初级专业技术职务 11 人。 (李海全)

【资金业务】 积极推进融资类业务,向国有商业银行、全国性股份制商业银行以及主流城商行、农商行积极申报授信,获 15 家银行 171 亿元的授信批复,与财务公司、商业银行合作票据支付及贴现业务,大幅降低融资成本。充分资金优势,与同业租赁公司开展各类资产交易业务,以及应收账款保理、供应链应付款融资、资金池归集等业务,实现资金营运创效。

(罗 平)

【经营概况】 紧紧围绕全面深入贯彻落实公司发展战略,秉承"行稳致远、基业常青、诚实守信、合作共赢"理念,认真贯彻中国银行业监督管理委员会、中国人民银行的监管要求,积极服务"一带一路"、京津冀协同发展等国家战略,依托中国铁建和各方股东优势,协同产业发展、促进产融结合、着力金融方案、助力客户创效,努力探索专业化、差异化、特色化发展路径;开业运营以来,公司以创造价值为目标,以风险管控为前提,坚持市场导向,突出营销龙头,健全工作机制,深化业务创新,实现营销工作的安全平稳发展。

截至 2016 年底,资产总额 93.62 亿元;负债总额 69.21 亿元;所有者权益总额 24.41 亿元;实现营业收入 1.64 亿元;净利润 0.41 亿元,完成公司 2016 年预算指标 0.23 亿元的 176.87%。 (李 鑫)

【信息化建设】 完成《信息系统安全管理办法》《网络与信息系统应急预案》《网站管理制度》《信息化项目建设管理办法》《信息化运行与维护管理办法》等制度的修订,搭建信息化管理制度基础体系。智能办公系统、集中核算系统、核心业务系统于 8 月 19 日集中上线试运行,3 个系统实现单点登录、代办集成和互联互通。核心业务系统完成需求整理,梳理业务流程,定型相关表单,对接监管报表的取数规则与表间勾稽关系。根据实际业务需要,科技开发部陆续建设天津银监局、人民银行天津分行、股份公司视频会议等网络专线,并顺利交付业务部门使用,完成公司网站的设计制作并搭建完毕,网站域名注册及 ICP 备案,正式上线运行。 (申 晖)

【风险管理和内部控制】 组织召开项目评审会 23 次,60 个过会项目。项目评审中,对每一个租赁项目从"承租人履约能力、租赁物、保障措施及交易结构"4 个维度全面量化项目风险,有效防范和控制流动风险,确保资金的安全性、流动性和效益性。内控制度建设上，金租公司始终坚持“严格管控，服务经营，以人为本，因需而设”的方针，夯实风险导向的基础管理，构建创新驱动的服务体系，建立健全由党委会、董事会、监事会和经理层组成的法人治理结构，做到责权分明、各司其责、相互制衡。制定并印发近百项规章制度，内容涉及行政管理、财务管理、人事管理、经营业务等公司运营的各个方面，理清管控范围和业务边界，提升管理效率，打牢运行基础，形成按制度经营、按制度办事的长效机制。 （周 蓉）

【党群工作】 结合“起步阶段打基础，提高阶段上台阶，发展阶段求跨越”的战略规划，集思广益，创新方式，开拓了党建工作的整体思路。加强党建引领，打牢政治思想基础。出台《党委议事规则》《三重一大决策制度实施细则》决策制度，确立党委组织机构、职责定位及政治引领作用，保障与监督党和国家的路线、方针、政策在公司的贯彻执行。抓干部队伍，增强党员干部史命感。坚持党管干部原则，将党员队伍建设与业务队伍打造相结合，着力把优秀职员培养成党员；把优秀党员培养成业务骨干；把优秀党员业务骨干培养成公司管理人才，发挥党的人才优势。强化宣贯引导，提高全员统一思想的自觉性。积极对党的建设、项目开发等情况进行宣传报道；创办《简报》，发挥上通下联、推动作用；在铁道建筑报、铁建信息、政工信息等内外媒体刊稿15篇。通过广泛积极宣传，为引导干部职工明确企业发展方向，落实使命、责任。召开党委扩大会，组织学习《十八届六中全会公报》、习近平总书记在全国国有企业党的建设工作会议上的重要讲话、股份公司2016年落实“两个责任”会议精神；在中层以上领导干部范围内，对公司党建和企业发展思路进行交流发言。

共青团工作。中国铁建股份有限公司团委批准成立共青团中铁建金融租赁有限公司委员会。组织公司28名团员青年学习全国国有企业党的建设工作会议精神。 （苗 森 张宇程）

【重要记载】

▲5月3日 获中国银行业监督管理委员会批准筹建。

▲7月19日 中国铁建总裁庄尚标，天津市副市长、天津自贸试验区管委会主任阎庆民共同为中铁建金融租赁有限公司在天津成立揭牌。

▲10月21日 召开第一次党员大会，对公司党委自组建以来的工作进行了简要回顾，对下一步工作进行了安排和部署。 （南 洋 刘 旭）

中铁磁浮交通投资建设有限公司

【简况】 中铁磁浮交通投资建设有限公司（以下简称中铁磁浮），注册资本金20亿元，中国铁建股份有限公司持有70%股权，中铁建资产管理有限公司持有30%股权 。经营范围：磁浮交通、单轨交通及其他新型交通项目的投融资、研发、规划、设计、建设、运营组织管理、咨询、培训及技术服务等。驻湖北省武汉市武昌区中北路86号。下辖长沙磁浮工程设计施工总承包项目部。承担世界最长、中国首条中低速磁浮商业运营线——长沙磁浮快线设计、施工、综合联调、运营维护的一站式总承包服务商，具备中低速磁浮交通设计、建设、运营维护的全产业链优势，拥有“投融资＋设计施工总承包＋采购＋研发＋制造＋安装＋联调联试＋运营维护”的产业优势。定位于城市新型轨道交通产业资本运作、核心技术研发合作、专业集成、吸引集聚高端专业人才平台。具备卓越的投资经营能力、关键技术研发能力、规划设计组织能力、资源整合集成利用能力、运营组织管理能力等全产业链能力。 （洪 伟 杨军军）

【领导人员】

董事会

董事长	雷佳民（9月任）
董事	谢海林（9月任）
	付 裕（9月任）

监事会

监事会主席	谢维鎏（9月任）
监事	周 飞

经理层

总经理	谢海林（9月任）
副总经理	付 裕（9月任）
总会计师	付 裕（兼，9月任）

（洪 伟 杨军军）

【工程项目指挥机构】 中国铁建长沙磁浮工程设计施工总承包项目部 驻湖南省长沙市雨花区齐缘酒店8楼。经理谢海林。2016年，完成产值28.5亿元。 （李志林）

【职工队伍】 职工3人。具有高级专业技术职务3人。 （刘 铭）

【企业管理】 中国铁建股份有限公司、中国铁建股份有限公司党委批准，成立组建中铁建磁浮交通投资建设有限公司筹备组，组长为中铁第四勘察设计院集团有限公司党委书记雷佳民，常务副组长为中铁第四勘察设计院集团有限公司副院长、中国铁建长沙磁浮工程设计施工总承包项目部经理谢海林。筹备组下设策划组、经营计划组、人力资源组、财务组、综合组5个专业小组。

财务管理。资产总额129857.01万元，其中固定资产原值14.33万元、净值14.33万元，流动资产129842.68万元；负债总额29857.01万元；所有者权益总额100000万元。流动比率4.35、速动比率4.35，实现营业收入9655.49万元。资产负债率22.99%，缴纳各项税款41万元。

（洪　伟　杨军军　孟海波）

【项目经营】 与湖北武汉，广东清远，河北张家口、邯郸，湖南张家界，新疆乌鲁木齐等地广泛交流并部分达成合作意向。与广东清远签订《清远市旅游快线轨道交通项目合作框架协议》。（杜子荣）

【党群工作】 对外宣传。紧抓“磁浮高峰论坛”和“中铁磁浮”成立等重大新闻，以“中国磁浮将产业化运营”“中国将迎来磁浮时代”“中铁磁浮落户武汉”等为主题，借力主流媒体、进行精准策划宣传，与新华网、中国新闻网、人民日报等全国性媒体和湖北日报、长江日报、荆楚网等地方主流媒体，联合开展全方位、立体式宣传。（洪　伟　杨军军）

【重要记载】

▲9月14日　成立中铁建磁浮交通投资建设有限公司。

▲10月9日　中铁磁浮交通投资建设有限公司在湖北省武汉市工商行政管理局顺利注册。

▲10月28日　在“磁浮发展高峰论坛”上，中铁磁浮交通投资建设有限公司揭牌成立。中国铁建副总裁夏国斌主持揭牌仪式。

▲12月6日　与广东省清远市签署旅游快线轨道交通项目合作框架协议。（洪　伟　杨军军）

中铁建重庆投资有限公司

【简况】 成立于2016年11月，注册地重庆市南岸区，注册资本金30亿元。由重庆铁发遂渝高速公路有限公司、中国铁建重庆指挥部整合组建而成，为中国铁建股份有限公司全资子公司。主要承担中国铁建在渝发展战略与市场运作功能，并围绕经营承揽发挥区域内高端经营平台、统筹协调平台和服务监管平台。立足交通、深耕重庆、多元发展。经营领域：高速公路、市政交通、城市综合开发、股权投资、水环保、智能驻车、房地产、物业管理、油品销售、路域广告等领域。

2016年，新签合同额265.28亿元，其中，高速公路投资项目261.87亿元、工程承包项目3.41亿元；完成高速公路建设项目投资24.76亿元、工程承包类产值2.7亿元；实现营业收入16.65亿元(其中通行费收入8.65亿元)，净利润5.25亿元，资产负债率59.71%。

（吴　锋）

【领导人员】

董事会

董事长	孙公新(股份公司总经济师兼任)
副董事长	陈　涛
董事	王中岐
	秦学合

监事会

监事会主席	张　泽
监事	夏福兵
	王春云

经理层

总经理	王中岐(12月任)
副总经理	秦学合
	彭兴国
总会计师	秦学合(兼)

党群领导

党委书记	陈　涛
党委副书记	王中岐
纪委书记	张　泽
工会主席	张　泽(兼)

（朱伦刚）

【公司架构】 下辖9个子公司,参股重庆通力高速公路养护公司、重庆通渝科技公司(分别投资175万元、150万元,均占股5%)。

重庆铁发遂渝高速公路公司 2004年9月成立,原属中国铁建与重庆高速集团以遂渝高速公路为依托,在重庆共同投资组建的合资公司,注册资本金19亿元。中国铁建与高速集团分别占股80%和20%。为三级子公司,主要负责渝遂路运营管理及沿线延伸产业开发,并暂时作为重庆投资公司融资平台。

重庆铁发建新高速公路公司 2016年4月在重庆渝北区成立,注册资本金8.09亿元。主要负责石黔、潼荣、渝黔扩能项目建设管理及后期运营等。

重庆铁发秀松高速公路公司 2014年2月在重庆秀山县成立,注册资本金2.8亿元。2016年12月通车运营,运营管理暂委托铁发遂渝公司代管。

重庆润君房地产开发公司 原铁发遂渝公司全资房地产项目公司。2006年7月在重庆北碚区注册成立,注册资本金800万元。2009年7月,遂渝公司以股权收购(100%)方式获得项目开发权。

重庆铁建置业公司 原铁发遂渝公司全资房地产项目公司,2012年10月注册于重庆北碚区。注册资本金2000万元。与润君公司合署办公。

重庆铁发北山地产公司 铁发遂渝控股房地产公司。其中遂渝公司占股90%。2013年,注册于重庆涪陵,注册资本金2000万元。

重庆铁发房地产开发有限公司 遂渝公司全资房地产项目公司,2013年10月,在重庆璧山区注册成立。注册资本金2000万元。与润君房地产公司实行“一套班子,两块牌子。”

重庆铁发物业公司 成立于2013年,负责4个房地产项目的物业管理工作和渝遂高速公路沿线附属人员的管理,系国家二级资质物业管理企业。

中油铁发渝遂实业公司 2008年7月注册成立,注册资本金2400万元。2015年,与中石油天然气公司合并报表(股比各占50%)。2016年,在璧山区、秀山县新建3个加油网点,实现在渝内部施工单位供油直销。

(李 亮)

【职工队伍】 职工958人。其中,投资公司机关33人、所属单位925人;管理人员234人、非管理人员724人;研究生10人、本科159人、大专65人;正高级职称1人、副高级职称30人、中级职称37人、初级职称21人;经济系列9人、工程系列25人、会计系列15人、政工系列10人。

(李 亮)

【主要项目】 运营项目。渝遂高速公路项目 2004年,中国铁建股份公司、重庆高速集团在渝合作投资的第一个BOT项目(股权占比为80%:20%),总里程111千米,合同投资44亿元(后政府回购18千米,回购款18亿元),属成渝主要通道项目。建设及运营期30年。2016年,通行费收入8.65亿元,在路面大修情况下同比增长2.64%。

建设项目。秀松高速公路项目 铁发遂渝公司独立投资的首个BOT+施工总承包+政府补贴项目。总里程30千米,合同投资21亿元。属渝贵重要通道项目。运营期30年,2016年12月23日通车。

石黔高速公路项目 中国铁建股份公司、重庆高速集团共同投资(占比80%:20%)的BOT+政府补贴项目。总里程86千米,合同投资124亿元。建设期4年,运营期29年8个月,属渝东南、渝东北重要联络线。2016年10月开工,完成投资68968万元。

潼荣高速公路项目 中国铁建股份公司、重庆高速集团共同投资(占比80%:20%)的BOT+EPC项目,总里程139千米,合同投资114亿元。建设期3年,运营期29年8个月,属川渝省际通道项目。2016年10月开工,完成投资62200万元。

渝黔扩能高速公路项目 中国铁建股份公司、重庆高速集团共同投资(占比80%:20%)的BOT+EPC项目。总里程95.76千米,合同投资165亿元。建设期4年,运营期29年8个月,属渝贵之间高速扩能项目。

合安高速公路项目 中国铁建股份公司、重庆高速集团共同投资(占比80%:20%)的BOT+EPC项目,总里程95.88千米,合同投资92.8亿元。建设期3年,运营期29年8个月,属渝蓉省际通道项目。2016年10月21日完成投资人协议签署。

合璧津高速公路 中国铁建股份公司、重庆高速集团共同投资(占比80%:20%)的BOT+EPC项目,总里程96.45千米,合同投资118.26亿元。建设期4年,运营期29年8个月,属渝贵省际通道项目。2016年10月21日完成投资人协议签署。

黔江绕城高速公路项目 中国铁建股份公司全额投资的BOT+EPC+政府补贴项目。总里程20.56千米,合同投资28.28亿元。建设期4年,运营期29年

10个月,属城市过境项目。2016年12月完成投资人协议签署。

永泸高速公路项目　中国铁建股份公司全额投资的BOT+EPC项目,总里程21.5千米,合同投资21.38亿元。建设期3年,运营期28年6个月,为渝泸通道项目。

工程承包项目。璧山环湖路一期工程　铁发遂渝公司牵头,与十一局五公司以联合体方式中标。全长4.65千米。合同投资12000万元,合同工期10个月。2015年5月开工,2016年2月完工。

黔江区渝湘高速南互通改造工程　为黔江城市东南环线配套工程,铁发遂渝公司与二十局三公司组成联合体,并由铁发遂渝公司作为牵头方承建。全长1千米。合同投资8398万元,合同工期7个月。2016年,完成进度75%。

黔江区北互通交通及景观风貌整治工程　为黔江城市东南环线配套工程,铁发遂渝公司与十六局组成联合体,并由铁发遂渝公司作为牵头方承建,全长1千米。合同投资9008万元,合同工期7个月。2016年,完成进度75%。

正舟路拓宽工程(桐坪路至巨木岭段)　为黔江城市东南环线配套工程,遂渝公司与二十局四公司组成联合体,并由遂渝公司作为牵头方承建。线路全长6.8千米。合同投资18402万元,合同工期6个月。2016年,完成进度80%。

多种经营。房地产开发。持有地块4块,总面积792666.67平方米,总规划建筑面积134万平方米。已开发25.66万平方米,累计投入金额29.2亿元。2016年,北碚"山语城"项目完成签约13420万元,同比增长24.5%,回款14552万元,完成投资12500万元;"公园1159"项目完成签约2286.80万元,回款4557.36万元,完成投资2494万元;涪陵"山语城"项目完成签约1516.7万元,回款1661.42万元,完成投资8314万元;璧山项目暂未开发。油品开发。与中国石油天然气集团有限公司合作,通过增资扩股,由铁发遂渝公司合并报表(双方各控股50%,遂渝公司出资1224万元)。2015年,通过注册地迁移方式在璧山城区新建7座城区加油站,从线上走向线下。2016年,实现销售收入39956万元,利润1554万元,销售成品油6.89万吨,同比增长7.9%,非油收入730万元,同比增长101万元。秀山南左右侧服务区加油站于2016年8月投入建设施工,预计2017年投入运营。服务区、广告、土地、蔬菜基地等业务。2016年,收入1651万元,同比增长21%。物业管理,北碚"山语城"联排别墅物业费收入150.81万元;"公园1159"小区物业费收入39.75万元。

(于丽丽　刘汉银　刘汉银　周　红　杜　娟　李小翠)

【企业管理】　市场拓展。把强化投资体系、决策程序及机制建立放在首位,所有项目严格履行立项、评估、决策基本流程,并报股份公司审批;把项目融资作为项目审批"前置条件",通过引入产业基金控股项目公司,在股份公司系统内率先实现投资项目"融资出表";与南岸、永川、黔江、渝北、北碚等区签署战略框架协议,开展注册地经营,受邀为区县设计PPP项目,参与基础设施开发等建设;与中铁建生态环境设计研究有限公司、渝勘院下属重庆交通检测公司、重庆金路公司等就股权合作达成初步意向;中标8个项目,总额60亿元。业主直接发包超20亿元;带动系统内综合工程局及设计、监理、保险代理、财务结算、物资集采、试验检测等项目承揽。

项目建设。以石黔、潼荣路为试点,推行"小业主、大总包"模式;以渝黔扩能、合安、合璧津项目为,积极推进"委托管理";通过项目经理选用、资金集中审批、物资集采、现场"三集中",独立中心试验室招标、专项优化、建养一体、专家巡检、过程审计、重大事项通报、区域信用评价等十余项管理创新,在投资控制、过程监管、信誉维护等方面发挥积极作用;积极推进工程创优工作,潼荣高速公路被列为交通运输部2017年绿色示范公路项目,项目安全质量总体可控;积极推广四新技术,在建项目申报科技创新立项31项,2个项目在重庆市交委立项。在重难点项目推广应用信息化智能监控系统23套,参加科技信息交流活动10次,同时组织调研和研究BIM技术、装配式混凝土技术。

运营管理。优化管理模式,整合秀松、渝遂两条高速公路监控中心资源,推进科技创新,在高速集团运营公司中首家启用车道微信收费,安装"联勤预警系统",减少收费站拥堵;主动采取营销措施,缩短新路车流量提升培育时间,秀松高速日收入从初期9万元上升到高峰期27万元;服务区、土地、广告等"多管"齐下,丰富业态、扩展功能。率先在大路服务区设立自驾游服务中心,成功与建设银行合作,增加ATM自动取款机,引进收费站警示驻屏广告,大路、潼南被评为五星级服务区、G93 市五星级收费站成功保星。

综合管理。积极推动并实现重庆投资公司成立、挂牌；成功剥离铁发遂渝、房地产、油品、物业、秀松等三级公司产权，改制铁发建新公司，股权转移至重庆投资公司。；健全法人治理结构及党、政、工、团组织，理顺两级公司及重庆指挥部之间的管理关系，制定出台基础管理制度 90 余项。风险内控。2016 年，内控评价结果由 B 级单位提升到 A 级。加强三级单位内控体系建设，提高风险内控管理水平。组织内部控制自我评价，并接受股份公司组织的内控审计。内部控制工作的有效开展，保障公司各项工作的高效、规范、有序推进，为公司的稳健发展奠定基础。审计监督。完成扈振衣经济离任审计，完成审计整改 42 项；组织开展迎审自查工作，提交自查报告 6 份，提出审计建议 65 条，查处问题金额 1400.95 万元；配合国家审计署重庆特派办对公司的延伸审计；配合股份公司审计局长沙分局，完成冯中海经济离任审计。法律事务。2016 年，处理法律纠纷案件 9 件；审核合同 230 余份；组织开展“合同管理”“招投标法”的法律讲座；有效的防法律风险。财务管理。2016 年制定并修改 19 项财务管理制度、办法；建立以税务政策研究、税务核算、日常税务管理和税务检查为重点的税务筹划管理系统，完成股份公司布置的税务自查及地方税务稽查工作；配合完成国家审计。信息化建设。2016 年，完成股份公司第一阶段软件集中采购，并完成软件资产管理工作首轮自查；组织开展工控网设备排查和网络安全自查采集上报工作，确保设备及系统安全；做好信息化运维及安全管理。

（曹福刚　杨茂松　徐婷婷　李　亮　夏福兵　周晓红　韩　笑）

【党群工作】 党的工作。下辖党支部 5 个，党员 74 人。积极开展“两学一做”学习教育。采取规定动作和自选动作相结合，组织辅导讲座、“手抄党章”“两学一做”知识答卷、“两学一做”征文等活动。组织党委中心组开展学习 12 次，各党支部学习研讨 16 次，领导班子成员讲党课 8 次，党支部书记讲党课 16 次。通过参加中国铁建和重庆市交通党委书记培训班、党务工作者培训班，集中培训党务骨干近 20 人次。2016 年获评“重庆市交通系统基层先进党组织”“重庆高速路网百佳”标兵等 6 个先进集体和个人代表。先后在《重庆高速》《中国交通报》《中国铁道建筑报》等媒体刊登稿件 49 篇，重庆卫视播报新闻 11 次。积极组织策划秀松路通车等重要活动、重大主题和重点工程的对外宣传，提升企业在中国高速公路行业的知名度和影响力。获交通运输部“2014—2015 年度交通运输行业精神文明先进集体”称号。

纪委工作。签订《党风廉政》责任书，落实党风廉洁建设责任制，将党风廉洁建设责任制与生产经营目标责任制同制定、同部署、同实施和同管理，增强单位负责人“一岗双责”的责任感，《党风廉政》责任书把企业反腐倡廉任务、目标、责任进行逐层分解，紧抓落实。坚持预防为主的方针，把学习材料发送至微信群和 QQ 群，开展警示教育，筑牢领导干部拒腐防变的思想防线。严格贯彻执行《准则》《条例》，加强廉政风险防控。

工会工作。坚持党建带群团建设，加强工会、共青团的组织领导，按照各自的目标独立自主开展工作。实施“送温暖”工程，走访慰问困难职工 20 人次，志愿者服务 100 人次，为 2 名困难职工子女及秀山县 10 名留守儿童助学。围绕运营管理、工程建设，继续深入广泛地开展“文明示范窗口”“青年文明号”等文明活动创建，提升高速公路窗口和公共服务水平。获中国铁建和交通团委表彰的“青年岗位能手”和“优秀团干”28 人，获“青年文明号”“青年安全生产示范岗”先进集体 6 个，公司团委获市交委交通系统目标考核特等奖。

（李小香）

【重要记载】

▲1 月 11 日　渝遂高速公路服务区被授予 2016—2017 年度全国百佳示范服务区奖牌。

▲3 月 18 日　铁发建新公司（筹）2016 年度股东会暨第一届董事会第一次会议在重庆召开。

▲4 月 7 日　中国公路学会主办，中国铁建协办的“首届公路交通基础设施建设投融资创新论坛”在重庆华商国际会议中心举行。来自全国 20 多个省市 400 多位代表考察大路服务区、G93 沙坪坝收费站。

▲4 月 20 日　铁发建新公司在重庆市工商行政管理局渝北区分局注册成立。

▲7 月 9 日　铁发建新公司于北碚公司办公楼举行揭牌仪式。

▲8 月 17 日　渝遂高速 G93 沙坪坝收费站“铁发·红旗班”正式成立。

▲9 月 29 日　铁发遂渝公司摄制微电影《秀山梦·铁发情》，获重庆市交通行业“大美交通”微电影比赛一等奖。

▲10月20日　中国铁建与重庆市南岸区人民政府、重庆经开区管委会在重庆市南岸区签署战略合作协议。

▲11月16日　中铁建重庆投资公司在南岸区注册成立。（李小香）

中铁建南方建设投资有限公司

【简况】　中铁建南方建设投资有限公司（以下简称“铁建南方公司”）于2016年5月6日在深圳注册成立，是中国铁建股份有限公司的全资子公司，注册资本金10亿元。业务涵盖铁路、公路、市政、城市轨道交通、机场、码头、港口、房屋建筑、环保、设备安装工程施工总承包及对外投资，与广东指挥部“一门两牌”，代表股份公司承揽、管理广东地区施工总承包、投资类工程项目。2016年，职工139人。在建项目7个，总投资额271亿元。完成产值31.5亿元。

2016年，铁建南方公司在深圳地铁、珠三角城际信誉评价获综合排名第一，蒋汉祥获“杰出管理者”称号；2个地铁项目获评“双优工地”，8个项目获评“安全质量AA工地”；珠三角城际2个项目获评“标准化工地”。（周　圆）

【领导人员】

董事会

董事长	蒋汉祥
董事	张　成
	朱宝林

监事会

监事	朱　玉

经理层

总经理	蒋汉祥
副总经理	张　成
	李飞前
	朱宝林
总会计师	朱宝林（兼）

党群领导

党委书记	蒋汉祥
党委委员	张　成
	李飞前
	朱宝林

（周　圆）

【职工队伍】　职工29人。其中，高级职称22人、中级职称4人、初级职称3人；工程系列24人、经济系列2人、会计系列2人、政工系列1人；博士1人、硕士4人、本科21人、大专3人。（谌子煜）

【工程项目指挥机构】　深圳城市轨道交通6号线6101标项目经理部　驻广东省深圳市龙华区腾龙路与大洋西街交叉口。常务副经理徐加兵。

深圳城市轨道交通8号线8133标项目经理部　驻广东省深圳市盐田区中青一路。项目经理褚晓宏。

深圳城市轨道交通10号线1012标项目经理部　驻广东省深圳市龙岗区布吉街道甘李六路12号中海信科技园14A栋12层。常务副经理朱伟。

深圳国际会展中心配套市政项目经理部　驻广东省深圳市宝安区福永街道新和社区西海堤路26号。项目经理刘广钧。

佛山城市轨道交通3号线3206标项目经理部　驻广东省佛山市南海区科韵中路20号。项目经理何志勇。

新建珠三角城际轨道交通新塘经白云机场至广州北站项目XBZH－1标项目经理部　驻广东省佛山市南海区科韵中路20号。常务副经理谢晋水。

深圳前海市政工程Ⅵ标集群管理部　驻广东省深圳市前海自贸区前湾二路与临海大道交叉口。项目经理齐勇。（王晶晶）

【项目工程】　深圳地铁6号线工程　合同投资28亿元，合同工期2015年9月—2019年11月。全长24千米。主要工程量：10站9区间，线路穿越羊台山、大雁山为山岭隧道，其他均为高架工程。高架桥占总线路的79%，暗挖隧道占总线路的21%。十一局、大桥局、二十三局、城建集团参加建设。项目负责人徐加兵。

深圳地铁8号线望基湖停车场及出入线综合工程　合同投资11亿元，合同工期2015年12月—2019年6月。主要工程量：停车场、出入线、试车线隧道、综合楼等结构物。十四局、中土集团参加建设。项目负责人褚晓宏。

深圳地铁10号线工程　合同投资40亿元，合同工期2015年12月—2020年6月。全长15千米，主要工程量：12站11区间，地下敷设。十一局、十二局、大桥局、十五级、十六局、十八局、十九局、二十二局参加建设。项目负责人朱伟。

深圳会展配套工程　合同投资60亿元，合同工期2016年9月—2018年12月。线路全长9千米，主要工程量：5站4区间1车辆段，地下敷设。十一局、十二局、大桥局、十四局、十五局、十六局、十九局、二十二局、二十五局、城建集团、电气化集团参加建设。项目负责人刘广均。

深圳市前海市政工程　合同投资23亿元，合同工期2016年11月—2020年12月。采用打包式集群管理模式，包括市政道路、桥梁、地下联络道、地下空间、空中步道、人行天桥、跨街公园、供冷管网、水务、软基处理、公共绿地、公共配套设施、管线迁改、绿化迁移、交通疏解、临时工程等多类型土建工程。项目负责人齐勇。

珠三角城际新白广工程　合同投资83亿元，合同工期2015年12月—2019年10月。全长58千米，主要工程量：车站10座、隧道3座、桥梁28座，土石方116万立方米，预制梁863孔、现浇梁224孔，轨枕24万块，无砟轨道铺设117千米。十一局、十二局、十八局、十九局、二十二局参加建设。项目负责人谢晋水。

佛山市地铁3号线工程　合同投资24.8亿元，合同工期2016年11月—2021年12月。全长12.1千米，主要工程量：6站6区间及狮山车辆段。采用特许经营投资方式建设，特许权期限30年，其中，建设期5年、运营期25年。十一局、十四局、十九局参加建设。项目负责人何志勇。　（王晶晶　周　圆）

【党群工作】　2016年8月，成立铁建南方公司党委，2016年12月，加入深圳地铁“共建联控”党建廉建专项工作平台。　（邢常青）

【重要记载】

▲5月4日　铁建南方公司在深圳完成工商注册手续。

▲6月1日　深圳地铁首个安全教育培训体验馆在铁建南方公司落成。

▲6月18日　中国铁建总会计师王秀明到铁建南方公司检查指导并与员工进行座谈交流。

▲8月2日　铁建南方公司揭牌仪式在深圳特区隆重举行。

▲11月9日　深圳地铁建设总部召开2016年4季度工程建设推进会，铁建南方公司位列五大央企综合第一名。

▲12月8日　召开第一次党员大会。　（周　圆）

中铁建华北投资发展有限公司

【简况】　中铁建华北投资发展有限公司（以下简称华北投资公司）于2013年1月25日在石家庄注册成立。为适应进一步拓展京津冀市场需求，股份公司将华北投资公司管理关系变更为股份公司直接管理，逐步与股份公司京津冀指挥部合属，共同代表股份公司负责石家庄及京津冀地区建筑市场开发、经营承揽、项目投资及建设管理。驻河北省石家庄市，注册资本金2亿元。　（曲晓波）

【领导人员】

董事会

董事长	娄德兰
董事	杜水波

经理层

总经理	杜水波
副总经理	鞠小华

党群领导

党委书记	娄德兰
党委副书记	杜水波

（杜晓燕）

【职工队伍】　职工29人。其中，研究生及以上学历4人、本科学历16人、大专（高职）学历5人、中专及以下学历4人；30岁以下6人、30～50岁18人、50岁以上7人；高级职务16人、中级职务6人、初级职务7人。　（杜晓燕）

【工程施工】　在建项目4个，其中，城市轨道交通项目2个(石家庄地铁3号线一期工程首开段、3号线一期工程两边段),城市地下综合管廊项目1个,房建项目1个。

石家庄地铁3号线一期工程首开段工程　合同投资33.62亿元,合同工期54个月,计划2017年6月26日开通试运营。设6站7区间,正定新区市政预留工程2站1区间。项目全长6.38千米,采用投融资+建设模式。主要工程量:围护桩70129立方米,土方1452170立方米,结构砼228837立方米。2016年,累计完成101931万元,完成年计划95632万元的106%,开工累计完成298696万元,占合同额300000万元的99%。

石家庄地铁3号线一期两边段工程　合同投资44.53亿元,合同工期52个月,北段计划2020年6月30日开通试运营,东段计划2021年6月26日开通试运营。项目全长12.91千米,设11站11区间,正定新区市政预留工程2站2区间,采用投融资+建设模式。主要工程量:围护桩109060立方米、土方1512811立方米、结构砼364831立方米。2016年,累计完成40181万元,完成年计划61623万元的65%,开工累计完成40181万元,占合同额445000万元的9%。

石家庄市汇明路地下综合管廊PPP工程　位于石家庄市西南,设计总长7.18千米。设计管廊为4舱和5舱,廊体净宽度分为15.9米、18.3米、19.5米;设计入廊管线包含给水管、再生水、污水管、电力管(220千伏高压4回,110千伏高压2~7回,10千伏中压20~24回)、通信管(48孔)、热力管、燃气管等市政管线。

南车小镇(1—6号楼)工程　位于青岛市城阳区棘洪滩镇,总建筑面积73579.24平方米。主要工程量:1—6号楼主体、装饰装修及安装工程。2016年,累计完成4257万元,开工累计完成18077万元,占合同额17141万元的105.5%。　(杜晓燕)

【经营管理】　经营承揽。承揽工程2项,石家庄市汇明路地下综合管廊PPP项目12.9954亿元,中国中车集团青岛四方职工生活园区项目21.53亿元,新签合同总额34.5254亿元。

财务管理。实现营业收入127931万元,同比增长71.31%;实现净利润6206万元;资产总额118515万元,增长70.05%;资产负债率77.89%。强抓资金管理,把强化项目投融资管理和化解项目的资金回购风险作为关键,充分利用现代金融结算工具,发挥企业信用效益化,提高资金使用效率,通过签订预付款和提前支付等补充协议,实现投融资项目的正常运行和提前回购,累计回购资金96589万元,最大限度的保证投资收益和施工收益。明确责任,加强管控,积极落实清收清欠工作。加强与各大银行合作,做大公司银行授信规模,取得兴业银行和农业银行8亿元授信额度,财务公司、中国银行、建设银行、交通银行的授信工作正在积极推进。

安全质量。健全完善安全质量管理各项规章制度。结合在建项目工程建设实际情况,制定印发《关于做好2016年防汛安全工作的通知》《关于做好施工现场消防安全管理工作的通知》等安全质量管理性文件16份。规范安全文明施工管理,推进标准化工地建设,召开施工现场观摩交流会,互学互比互促,进一步提高质量意识和精品意识。规范渣土运输,落实扬尘防治措施,确保各项防治措施落实到位。组织保险业务、机电系统施工管理、施工安全风险管控、盾构施工安全、汛期安全和消防安全培训400余人参加。加强对隧道暗挖、起重吊装、高支模等关键部位的重大隐患排查工作,落实好各项安全保障措施;安全质量隐患排查治理做到整改措施、责任、资金、时限和预案"五到位"。指导各单位做好应急预案的编制、修定与评审工作,积极开展防汛抢险、消防安全、基坑坍塌、轨行区安全等应急预案演练,做好应急培训教育,增强参建人员的安全防范意识、应急抢险和自救能力。开展以"强化安全发展观念,提升全民安全素质"为主题的安全生产月活动、以"提升供给质量,建设质量强国"为主题的质量月活动以及"百日攻坚"活动,提高全员安全生产知识水平,培养良好的安全行为习惯,树立质量观念。先后被评为"河北省建筑施工安全管理先进单位""石家庄安全生产先进单位",被中国工程建设标准化协会评为"贯彻实施建筑施工安全标准示范单位",首开段各车站均被轨道公司评为"安全文明示范工地",小灰楼站和塔冢站的标准化管理被业主作为全市地铁施工标准化样板工地,组织所有参建单位观摩学习并推广。

经济管理。公司制定《项目公司验工计价管理办法及流程》《项目公司二次经营管理办法及流程》和《项目公司设计管理及流程》规范化管理制度及工作流程,并在项目的具体实施中严格各项制度和流程的落实。在效益管理方面,主要抓好合同条款的谈判、初步设计方案的"优化"、设计概算的批复、施工图设计的优化、施工图设计变更等环节。

企业管理。管理关系变更为股份公司直接管理,公司定位为"管理型投资公司",市场定位为京津冀地区城市基础建设(轨道交通、综合管廊、市政工程、海绵城市等)、房地产、交通工程(公路、铁路)、能源环保等项目的投资、建设、运营维护等。采用公司本部+项目公司(指挥部)两级管控模式。

(张红霞　马永博　巩亚峰　张景权)

【科技成果】 建立钢筋加工厂和管片预制厂,车间内配备全自动化生产线。引入BI米技术,加强关键技术攻关,建立模型中各类图元,完善数据库,进行深化设计并指导施工,在管线综合排布、碰撞检查、设备房间布置、可视化交底、装修效果可视化方面大量运用并取得良好效果。参与的由住建部主持的课题"BI米技术在城市轨道交通工程设计施工应用研究"顺利结题,将应用于项目建设的全周期管理。(马永博)

【党群工作】 成立华北投资公司党委。开展学习以习近平总书记为核心的党中央采取一系列重大举措及在十八届六中全会及建党95周年上的重要讲话,强力推进全面从严治党。印发"两学一做"学习教育方案,强调学习教育是加强党的思想政治建设的一项重大部署,是协调推进"四个全面"战略布局的有力抓手,要求各级党组织精心组织、扎实推进,务必取得实效。学习教育开展以来,华北投资公司党委书记以讲党课、参加支部组织生活等方式带头参加学习教育,坚持全面从严治党要求,进一步规范党委(党组)讨论决定干部任免事项议事规则和决策程序。石家庄轨道交通工程指挥部获"河北省工人先锋号"称号,《石家庄日报》"地铁之声"栏目整版以《筑梦——石家庄地铁3号线一期工程建设侧记》为题对公司发展事迹进行专题报道。(南立军)

【重要记载】

▲4月25日　河北省召开庆祝"五一"国际劳动节大会,石家庄轨道交通工程指挥部被河北省总工会授予"河北省工人先锋号"称号。

▲5月6日　《石家庄日报》4版整版"地铁之声"栏目以《筑梦——石家庄地铁3号线一期工程建设侧记》为题对公司发展事迹进行专题报道。

▲6月25日　开展庆祝建党95周年系列活动。

▲10月11日　中国铁建副总裁刘汝臣一行莅临公司检查指导工作。(杜晓燕)

2016 年 7 月 3 日，中铁十七局集团二公司引汉济渭工程秦岭隧洞（越岭段）0－1 号洞主洞下游与 1 号洞主洞上游实现精准贯通。图为员工庆祝引汉济渭工程秦岭段钻爆法开挖全面完工。（郭可盈 摄）

区域经营机构

特载
大事记
概况
董事会工作
工程施工
海外经营 境外工程
经营管理
综合管理
科技管理
党的工作
工会 共青团
所属单位
区域经营机构
人物
统计资料
文献辑要
附录

中国铁建重庆指挥部

【简况】 2012年6月成立。原川渝指挥部。根据中国铁建发展〔2016〕161号《股份公司、股份公司党委关于重组设立中铁建重庆投资有限公司的通知》,整合铁发遂渝公司和股份公司重庆指挥部,中铁建重庆投资有限公司与重庆指挥部实行“一个机构、一套人马、两块牌子”。驻重庆市渝北区财富中心A19幢。按照股份公司“统筹、监管、协调、服务和高端经营”的职能定位,代表股份公司负责重庆区域的市场开发、高端对接,负责对本区域各局统筹协调、资源共享和对下服务,及区域内在建重点项目监管及经营行为监督。以施工总承包项目、大标段项目为主,投融资项目协同经营为辅。

2016年,主揽及协揽新签合同额240.5亿元,其中建安费156.5亿元。 (袁 勇)

【领导人员】

指挥长	许顺生(1月退休)
常务副指挥长	张铁军(8月退休)
副指挥长	袁 勇

(王良全)

【经营管理】 2016年,新签合同额240.5亿元,其中建安费156.5亿元,同时为各局协揽路外施工总承包项目30.11亿元。

投资类项目继续保持强劲势头。指挥部坚持以高速公路投资项目为主,与重庆投资公司联动经营,借助重庆市大力发展高速公路的契机和重投公司现有高速公路投资项目的影响及资源,积极开展工作,确保合潼安、合璧津、永泸及黔江绕城高速公路项目中标。积极跟进市政PPP项目,协同港航局中标重庆长寿长江二桥项目,合同投资15.28亿元,该桥为主跨739米的悬索桥,技术含量高,是中国铁建继鱼洞长江大桥(BT项目)之后,在渝整体承建的又一重点跨江大桥。公招类项目降幅小、预期效益好。在重庆轨道交通施工总承包项目保持较大份额。政府投资推出的5个轨道土建标,指挥部牵头中标4个。重庆城开高速公路项目控制性隧道2个标段。高端对接成效突出。协助推进高层互动。加强与重庆市战略合作,推进重庆投资公司注册落户及其他一些具体项目落地等事宜。认真做好属地经营。按照“统筹谋划区域经营、引领高端市场开发”的思路和目标,不断加强自身建设,充分发挥市场引领作用。统筹协调效果明显。在项目招投标过程中,指挥部积极发挥区域统筹协调作用,保证系统内各局的投标资格。内外环境融洽和谐。

(袁 勇 王良全 李健康)

【风险管理和内部控制】 突出重点,深入现场检查指导。针对轨道交通南环线盾构施工和暗挖车站、歇马隧道大断面且地下水丰富等重难点问题,指挥部进行现场检查指导,把一些问题消除在萌芽,维护企业社会信誉。高度重视内部关系协调,进一步强化系统内各单位的凝聚力。服务工作务实细致。重点建设项目信息披露后,指挥部坚持及时召开专题会,认真筛选项目,确定跟踪重点和单位,并组织各局一同实地考察调研高速公路、轨道交通、市政桥隧、城市驻车场及城市管廊等重点基础设施项目,为参加公投竞标或为投资主体单位当好“参谋”。(袁 勇 王良全 李健康)

【重要记载】

▲3月31日 重庆指挥部与铁发遂渝公司、铁一院联合成立合璧津、合潼安、黔江绕城、永泸高速公路推进落地工作组。

▲12月6日 协同港航局承揽的重庆市重点项目——长寿长江二桥工程举行开工动员会。

(王良全)

中国铁建海南指挥部

【简况】 成立于2014年4月。主要负责中国铁建在海南地区建筑市场开发、经营承揽和协调管理工作。与中铁建海南旅游岛建设指挥部合署办公,为“一个机构、两块牌子”。下设综合管理部、财务部、市场开发部、工程管理部。 (欧阳泱)

【领导人员】

指挥长	金跃良
副指挥长	汤世明

（欧阳泱）

【工程项目】 文琼高速项目 海南指挥部与铁四院联合成立代建指挥部。截至2016年底，累计完成产值15.53亿元，其中施工产值1.93亿元，完成87%的征拆工作。

陵水县相关合作项目 2015年10月，陵水县与国际旅游岛先行试验区机构整合，实现县区融合发展。先行试验区项目已实现回购。截至2016年底，完成投资5.67亿元（估算，未经财评），财务收款36950万元，其中投融资利息2887万元。

海南黎安海风小镇AC区房建装修工程、南湾路、滨湖路等区内项目 海风小镇A区501套，C区750套，均为地上3层，框架结构，回购方即开发公司对原合同单位进行清算审计，将装修工程交由海南指挥部施工，纳入投融资建设合同，剩余投资额约3.5亿元。截至2016年底，A区已移交并进场实施，C区的前期合同谈判已进入尾声；南湾路长约3.77千米，城市次干道、双向4车道，投资约4亿元，截至2016年底，完成施工图设计，并进场实施转盘处CFG桩基；滨湖路长2.32千米，城市主干道、双向4车道，投资约4亿元，截至2016年底，完成初步设计报审，进行施工图设计。

海口地铁1号线项目 线路全长24.67千米，高架线为主，设站33座，平均站距771米。合同投资30.68亿元，拟采用PPP模式。

三亚有轨电车PPP项目（T1、T2、T3、T4） 线路4条60千米，项目土建部分投资约60亿元，拟采用PPP模式。

澄迈旅游观光火车项目 线路总长约30千米，合同投资17亿元，拟采用PPP模式。

澄迈二环路PPP项目 线路全长13.856千米，设计时速60千米，合同投资15亿元，其中建安费10亿元。

陵水县景观廊道项目 合同投资约10亿元，拟采用投融资+EPC模式；海南省滨海环岛旅游公路一级开发公路项目，合同投资约80亿元。

陵水县12宗地块项目 位于海南国际旅游岛先行试验区内，占地1255200平方米，合同投资约60亿元。

中央民族大学海南校区项目 项目占地面积约666666.67平方米，总建筑面积约60万平方米，合同投资约30亿元，拟采用EPC模式。

陵水县珍珠花园三期项目 总用地面积10843.88平方米，合同投资约2亿元，拟采用BT模式。

富力海洋公园旁大型停车场项目 合同投资3亿元，地上、地下3层。

陵水县引乘济小工程 合同投资约8亿元，拟采用EPC模式。

三亚市西水中调工程（一期）PPP项目 项目估算总投资29.4亿元，拟采用"PPP+EPC"模式。

（欧阳泱）

【经营承揽】 积极落实股份公司与海南省政府签订的《战略合作协议》，不断调整完善股份公司在琼单位协同经营机制，同时深入研究海南省"十三五"规划，重点分析交通建设、园区规划及国际旅游岛建设领域，重点关注岛内"田字形"高速公路建设、环岛旅游公路建设、三亚新机场建设、"海澄文"一体化综合经济圈和"大三亚"旅游经济圈基础设施建设，并协助各在琼单位中标海口棚户区改造、横线高速（万宁—儋州—洋浦）、三亚新机场项目、博鳌机场项目及陵水有关扶贫项目。截至2016年底，海南指挥部重点跟踪的项目总投资额约350亿元。 （欧阳泱）

中国铁建西南指挥部

【简况】 2015年12月，根据《关于中国铁建股份有限公司云贵指挥部更名并调整经营区域的通知》（中国铁建发展〔2015〕163号）文件精神，在原云贵指挥部的基础上成立。主要负责云南、贵州、四川省以及西藏自治区等区域的市场开发、经营承揽和协调管理；根据中国铁建《关于成立中铁建西南投资集团有限公司的通知》（中国铁建发展〔2016〕53号），西南指挥部与中铁建西南投资集团有限公司（后核名为"中铁建昆仑投资集团有限公司"）合署，实行"一个机构、两块牌子"。

职工 8 人。下设综合管理部、经营管理部、财务部。

（欧阳泱）

【领导人员】

指挥长	金跃良
副指挥长	徐明新
	汤世明

（欧阳泱）

【经营管理】 以经营为核心、在责任区域内履行“统筹、协调、监管、服务”职能。加强组织协调，提升整体实力。立足区域充分整合各集团公司区域指的有效资源，形成西南指挥部总牵头、昆仑集团具体组织、各集团公司西南区域指挥部参与的市场经营布局，不断强化区域开发能力；完善工作机制，夯实经营基础。先后召开西南指挥部区域经营及管理工作座谈会、建设管理与成都地铁建设推进会，不定期召开区域经营工作例会，强化区域内经营机构的沟通协调，合力解决突出问题。完善报表制度、信息跟踪制度等基础制度，梳理区域内重点项目情况并有针对性地成立项目跟踪小组，明确责任与分工。坚持“高端运作、运作高端”理念，不断优化区域政企关系；持续巩固中国铁建与地方政府的合作成果，积极与政府及相关部门、业主单位等方面沟通，维护并拓宽双方高层互动渠道，不断推动政企合作向更高层次、更大范围和更深领域深入。先后促进和推动中国铁建与成都市、昆明市、云南省、贵州省和四川省战略合作协议的签订。明确合作方向、合作重点和合作机制，打牢深耕市场、滚动发展的根基；与业主加强沟通，创新经营模式。降低投资风险、提高投资收益，实现共赢；强强联合，变“竞争”为“合作”。面对复杂的市场形势，西南指挥部牵头与中国中铁对接，推动中国铁建与中国中铁组成联合体，分工协作，优势互补，为避免恶性竞争并最终胜出奠定坚实的基础。

（欧阳泱）

【工程项目】 中标项目 8 个，合同投资 844 亿元。

成都三绕高速西段及新机场高速公路项目　合同投资 177.795 亿元，其中建安费 101.085 亿元。

成都元华路神仙树节点工程　合同投资 12.62 亿元，其中建安费 12.62 亿元。

成都 IT 大道有轨电车及市政改造工程　合同投资 37.01 亿元，其中建安费 32.66 亿元。

巫家坝土地一级开发整理项目　合同投资 150 亿元，其中建安费 105 亿元（与业主根据最新资料梳理后，由原来的 72.3 亿元调整为 105 亿元）。

成都地铁 6 号线一、二期工程　合同投资 176.3 亿元，其中建安费 167.22 亿元。

云南曲靖三宝至昆明清水高速公路 PPP 项目　合同投资 109 亿元，其中建安费 90 亿元。

昆明福德立交至宜良高速公路 PPP 项目　合同投资 173 亿元，其中建安费 100 亿元。

贵阳贵安新区地下空间核心段项目　合同投资 8.6 亿元，其中建安费 8.6 亿元。

（欧阳泱）

中国铁建上海代表处

【简况】 作为股份公司的派出机构，为股份公司华东区域指挥部，统筹上海、浙江区域的市场经营工作。下辖市场建管处、市场开发处，形成上海代表处为龙头的上海、浙江区域经营结构体系和经营统筹平台，形成各集团公司区域指挥部为主体，相互协同、抱团发展的股份公司区域经营的整体格局。发挥代表处的平台优势，组织各进沪企业创优创誉，被评为“2016 年上海市工程建设质量管理优秀集体”。促成股份公司与浙江省政府、宁波市政府、舟山市政府、浙江省交通投资集团、上海复星集团等政府及知名企业签订战略合作协议。

2016 年，组织承揽 40.1 亿元；利用上海税收优惠政策为企业增效 881 万元。

（高东城）

【领导人员】

主任	尹　华
党工委书记	王　鉴

（高东城）

【经营管理】 上海、浙江区域完成承揽 107 项（不含铁路项目）188.4 亿元，同比增长 4.1%。其中，上海市 64.5 亿元、浙江省 123.9 亿元。积极与政府、知名企业对接联系，签订战略合作协议 5 个，为市场开拓奠定基础。为适应上海市《上海市房屋建筑和市政工程施工招标评标办法》的要求，维护中国铁建在沪市场经营秩序和整体利益，代表处制定《中国铁建在沪房屋建筑和市政工程资格预审投标单位推荐暂行办法》《中国铁建在沪轨道交通工程投标报名暂行办法》。提高企业区域整体竞争能力，促进经营工作迈上新台阶，尽快建立“深耕市场、经营城市、合作共赢、分工协作”的经营工作新格局，结合区域市场特点和企业需要，围绕“一方统筹、多点支撑、区域共享”的工作思路，制定《华东区域经营信息体系建设实施方案》，系统各单位在浙江省11个地级市中由“地市经营网点+省级经营部+华东区域指挥部+上海代表处”组成的经营信息管理网络已经形成，16项基础信息大数据库初具规模。在项目筛选、平台对接、策划公关和协同经营上，可为各单位提供系统、准确的信息服务，提高区域经营工作的有效性。在上海组织区域系统内各主要单位，以房地产业务协同经营工作为切入点，对投资拉动基础设施协同、勘察设计推动系统全产业链发展、股份公司上下游产业协同发展及公共关系资源共享等方面做研讨。强调各单位区域指挥部要高度重视协同经营、板块联动工作，在工程项目的运作过程中，要从规划、设计、投融资、施工、运营等全产业链着手，整合各类资源，改善企业的经营结构，创新经营模式，建立协同经营机制，发挥股份公司集成优势，打破竞争壁垒，争取赢得更大的市场份额。组织铁四院、铁五院、投资集团、中铁地产等单位，分别对浙江省发改委、省交投，杭州、宁波、温州、舟山、台州、金华、湖州等地方政府，以及各地市主要建设平台单位进行的集中访问和项目对接会17次，区域协同经营的常态化工作机制基本形成。在区域市场经营开发上，为避免系统内单位扎堆经营，减少内部资源的浪费和消耗，根据各单位的经营力量布局和优势市场，在浙江省11个地级市，分别明确牵头单位和主要配合单位。在重大项目的经营承揽工作中，根据各单位人脉资源、跟踪深度、企业实力等实际情况，本着有利于项目承揽的原则，通过细致商讨后，明确分工，统筹协调。针对华东市场，定期或不定期组织各集团公司区域负责人交流市场情况，研判市场变化，掌握市场情势，研究经营策略。初步形成以设计院、投资集团、中铁地产为龙头，信息的广泛收集和有效利用为抓手，中国铁建产业链资源得到充分整合的基本格局。多次针对不同的项目组织标前研讨会，提高中标几率，分析研究投标策略；标后召开分析会，总结经验，分析投标过程中存在的问题。坚持联合共赢的理念，发挥平台优势，在浙江、上海积极与外部单位寻求广泛的合作，尊重市场规则，基本杜绝拼报价的内耗式经营，形成“积极有序参与、避免恶性竞争、共同面向市场”的局面。组织协调优化项目20项，中标40.1亿元，为企业创效约3亿元。组织进沪企业进行查账征收工作，对接上海市财税局等单位，为进沪企业增加效益奠定基础。2016年，通过查账征收，为企业创效881万元。（高东城）

【安全质量】 按照上海市安全质量监督总站的委托，对股份公司进沪企业当年竣工项目进行安全质量标准化考核，考核结果纳入进沪企业诚信体系。分别对十一局、十二局、十四局、十五局、十八局5家进沪企业的6个项目进行“安全质量标准化考核”，达标率100%。上海市在原来《上海市在沪建筑业企业诚信手册使用办法》的基础上，强化资质管理，制定并印发新的《上海市建设工程企业资质动态监督管理办法》。根据新政策，制定《中国铁建股份有限公司进沪企业资质动态核查及日常监督管理办法》，加强对进沪企业的监管，确保进沪企业安全、质量、文明施工及市场行为受控。十一局、大桥局、十五局、十六局、十九局、二十三局、电气化局、中铁建设等进沪企业获国家、省部级以上奖项6项、上海市级奖项92项。其中，“全国用户满意工程”2项、“全国AAA级安全文明标准化工地”1项、“全国工程建设优秀质量管理小组”5项、“上海市十佳用户满意工程”3项、“上海市工程建设QC小组优秀成果”25项、“上海市AA级安全文明标准化工地”4项、“上海市建设施工安全生产先进企业”3项。

（高东城）

【工程管理】 加强对沪在建项目的监管，督促各参建单位做好在建工程，以“干好”促承揽。依据股份公司《企业视觉识别系统规范手册》，结合上海地区业主及主管部门的要求，制定《中国铁建上海地区工程项目形象规范展示指南》，实现在上海在建项目企业形象展示的统一。组织系统内站后十一局、十四局和电气化局等施工单位，划分接触网、供电、通信、信号、轨道、机电安装6个专业，分别制定以上海代表处为统筹协调、专业集团公司为主体、应急抢修队伍做支撑的应急处置预案，预案已上报申通建管中心，下发各参建单位随时做应急响应。根据上海轨道交通17号线项目公司工期节点目标要求，代表处组织所属大桥局、二十三局、二十四局轨道交通17号线参建单位，共建相互补位“责任区”，共塑中国铁建“大品牌”，相互协作配合，构筑整体优势，化解工期矛盾，不仅如期实现节点目标，争得工期主动，而且形成互相配合、互相支持、中国铁建系统联动“大合唱”的阵容，受到建设单位的充分肯定。每月传达“三个会议”精神，分析和解决在建项目问题，在沪在建项目安全、质量、文明施工等完整的推进机制。（高东城）

【党群工作】 从建立党组织、完善制度入手，结合代表处工作特点，严肃党内政治生活工作，认真落实股份公司要求，通过多种方式的学习、研讨、活动，提高党员意识，增强学习效果，认清工作目标，强化规矩意识和责任担当，构建风清气正的良好经营氛围。以“党的任务共同担”为主题，凝聚社会力量为地铁施工保驾护航，推动前期拆迁等工作的快速完成，为施工创造有利条件。（高东城）

2016 年 2 月 29 日，中国铁建与长影集团联合摄制的电影《老阿姨》签约仪式在中国铁建大厦举行。

（刘晓雨　摄）

人　物

新闻人物

【杨艳丽·全国三八红旗手、第七届全国优秀科技工作者】 杨艳丽，中铁第四勘察设计院集团有限公司线站处轨道所副所长、教授级高级工程师。1971年1月出生，河南省巩义市人。中共党员。1994年毕业于兰州铁道学院，工学学士；2008年毕业于中南大学，工程硕士学位。历任铁四院二处线路专业见习生、助理工程师、工程师；线站处线路、轨道专业工程师；轨道所副所长、高级工程师、教授级高级工程师。先后主持宜万、泰国机场连接线、武广、郑西、京沪、杭长等铁路项目轨道设计。在主持武广客运专线无砟轨道设计时，针对桥上铺设板式无砟道岔，提出轨道板单元、底座板纵连的技术方案，首次实现桥上铺设板式无砟道岔的工程先例、在跨度140米的钢桁桥上铺设无砟轨道、在高速铁路桥上铺设无砟无缝道岔、将叠合梁计算理论应用到无砟轨道结构设计。率领团队成功解决米轨标准线路平面向标准轨线路平面的转化、曲线道岔、曲线出岔、无砟轨道穿越横梁等一系列技术问题，攻克米轨标准4米线间距12号交叉渡线道岔改为标准轨后的世界性技术难题。主持编写《铁路无缝线路设计规范》，主持完成《客运专线过渡段轨道结构设计技术研究》等十几项科研项目，获国家级科学技术奖2项，省部级科学技术奖12项，省部级优秀标准设计、优秀工程设计4项，国家发明专利1项、实用新型技术专利9项。先后获湖北省五一巾帼奖、湖北省五一劳动奖章、首届全国勘察设计最美女设计师、全国五一巾帼标兵等。 （邵　澎）

【关改玉·全国三八红旗手】 关改玉，中铁十七局集团铺架分公司钢轨探伤工。1988年1月出生，山西省万荣县人。中共预备党员。毕业于山西金融职业学院信息管理专业，大专学历。2009年7月参加工作，始终工作在高速铁路建设钢轨探伤领域。先后参建海南东环、京沪高铁、汉宜铁路、宁杭高铁、唐曹铁路等9项工程，累计工作线步行约1900千米，平均每个工作日步行16千米，检测焊头8000多个，准确率95%以上。牵头组建的课题组引领“铺架工匠孵化室”开展技术创新，对钢轨焊缝探伤的控制方法在施工中得到应用推广。先后获山西省五一巾帼标兵、十大杰出女职工、五一劳动奖章，全国五一巾帼标兵、全国三八红旗手、全国三八红旗手标兵、全国五一劳动奖。其先进事迹在中央电视台《焦点访谈》《朝闻天下》《新闻联播》以及新华社、《人民日报》等10余家国家级媒体和40余家省部级媒体广泛报道，得到中共中央政治局委员、国务院副总理刘延东，中共中央政治局委员、国家副主席李源潮，全国人大副委员长、全国妇联主席沈跃跃，山西省妇联主席张葆等领导接见和勉励。 （岳永秀）

【李传营·全国优秀党务工作者】 李传营，中铁十四局集团北京地铁8号线三期项目部党支部书记。1971年12月出生，山东省费县人。中共党员。1995年6月毕业于中国矿业大学矿山通风与安全专业，本科学历，高级工程师。1995年7月参加工作，先后参建南京鼓楼地下立交工程、京珠高速公路靠椅山隧道工程、济南绕城高速黑龙峪隧道工程、浙江云和丽龙一级公路5标段工程、湖南汝城万年桥水电站引水隧洞工程、北京地铁10号线工程、南京长江隧道工程、北京地铁9号线工程、北京地铁8号线工程等，具有丰富的隧道工程和地下工程施工经验。参与编写《北京市轨道交通工程建设施工人员安全生产培训教材》和《市政工程施工现场安全管理》。2012年，北京地铁9号线项目党支部获全国创先争优先进基层党组织，2016年被国务院国资委党委评为中央企业优秀党务工作者标兵，2016年被中共中央评为全国优秀党务工作者。 （何　康）

【曹保刚·最美央企人】 曹保刚，中国土木工程集团有限公司副董事长、总经理、党委副书记。1972年8月出生，河北省故城县人。中共党员。1994年7月毕业于长沙铁道学院土木工程专业，硕士学位，高级工程师。1994年7月进入中国土木工程集团有限公司,1995 年起在中土集团赞比亚、坦桑尼亚、尼日利亚项目工作近 20 年。作为中国铁路“走出去”的践行者,2006 年中标尼日利亚铁路现代化改造项目,合同投资 83 亿美元;2014 年签约尼日利亚沿海铁路项目,合同投资近 120 亿美元。2014 年底铺通尼日利亚阿卡铁路,获中国政府和社会的关注和赞誉。先后获 2001 年大型企业工委青年岗位能手、2002 年国资委十大杰出青年提名、2009 年火车头奖章,2012 年,被尼日利亚两个地区授予酋长称号。（任　嘉）

科技人物

【李国良·全国工程勘察设计大师】 李国良,中铁第一勘察设计院集团有限公司副总工程师。1966 年 4 月出生,甘肃省平凉市人。1988 年 7 月毕业于兰州交通大学,本科学历,教授级高级工程师。从事隧道及地下工程专业勘察设计和科技攻关工作近 30 年,先后参建乌鞘岭隧道、关角隧道、西秦岭隧道等特长隧道,担任郑西高铁、兰新高铁、兰渝铁路、拉日铁路等十余条国家重点隧道工程的勘察设计和科研技术负责人。在参与长距离穿越湿陷性黄土的郑西高速铁路的建设中,针对隧道开挖断面大(170 平方米)、变形控制难度大、施工风险大、沉降标准高及隧道地基沉降控制难度大等技术难点,对黄土隧道空间变形机理、设计方法和施工技术等一系列关键技术开展设计方案比选及科研,形成大断面黄土隧道建设成套技术,解决超大断面黄土隧道修建的技术难题,该项目获国家科技进步二等奖;在参与乌鞘岭铁路特长隧道建设中,提出通过宽大活动断裂带和岭脊高应力挤压性围岩地段隧道结构形式和设计参数,计算出控制软弱围岩大变形的施工参数和技术参数,控制岭脊地段的软弱围岩大变形,解决隧道穿越宽大活动断裂带的技术难题,该项目获中国铁道学会科技进步特等奖;在参与宝兰高铁建设的设计和科研攻关中,探明黄土隧道工程基底压应力分布规律,建立针对隧道工程的隧道湿陷性评价方法,该方法纳入《铁路黄土隧道技术规范》。先后发表学术论文近 20 篇(EI 索引 6 篇),主持编写行业建设标准 1 项,发明专利 5 项。获国家科技进步二等奖 2 项,省部级优秀工程设计一等奖、科技进步一等奖 10 多项。2011 年,被评为陕西省优秀勘察设计师、陕西省科技厅隧道及地下工程创新团队学术带头人;2014 年,入选国家百千万人才工程,被评为有突出贡献的中青年专家;2016 年,被评为全国工程勘察设计大师和陕西省工程勘察设计大师。（王　磊）

【肖明清·全国工程勘察设计大师】 肖明清,中铁第四勘察设计院集团有限公司副总工程师。1970 年 12 月出生,湖南省新邵县人。中共党员。博士学位。教授级高级工程师,国家一级注册结构工程师,国家有突出贡献中青年专家,入选国家百千万人才工程,享受国务院政府特殊津贴,中国土木工程詹天佑科学技术奖(成就奖)、詹天佑科学技术奖(青年奖)获得者。主要负责水底隧道、复杂地质山岭隧道等工程领域设计建设工作。曾主持建设武汉长江隧道、广深港铁路客运专线狮子洋水底隧道、武广铁路客运专线浏阳河隧道、南京长江隧道等工程。主持完成《高水压浅覆土复杂地形地质超大直径长江盾构隧道成套工程技术》,获 2014 年国家科技进步二等奖(排名第一)、《大型及复杂水下隧道结构分析理论与设计关键技术》获 2011 年国家科技进步二等奖(排名第二)。获省部级优秀设计一等奖 11 项,中国土木工程詹天佑奖 3 项。获国家发明专利 14 项(第一发明人 11 项)及中国专利优秀奖 1 项;出版《水下隧道设计技术》《武广高铁隧道工程》等专著 7 部,发表 EI 检索论文 14 篇,主编和参编行业规范 2 本,主持编制铁路行业标准设计 10 项。2016 年,被评为全国工程勘察设计大师。（夏　季）

【程永亮·国家万人计划领军人才】 程永亮,中国铁建重工集团有限公司总经理、党委副书记、董事。1978 年 10 月出生,河南省太康县人。中共党员。毕业于西南交通大学工程机械专业,高级工程师。2000 年参加工作以来，历任中铁隧道集团助工、盾构研究所所长；重工集团副总经理兼研究设计总院常务副院长；重工集团副总经理、总工程师。主持承担国家863计划1项、湖南省科技重大专项2项、湖南省战略新兴产业科技计划1项，研制出具有完全自主知识产权的国产首台复合式土压平衡盾构机、国内首台大直径硬岩隧道掘进机、全球首台煤矿斜井TBM、国产首台超大泥水平衡盾构机等装备，打造国内最大的盾构机/TBM产业基地。申请专利302项，其中发明专利150件。入选国务院政府特殊津贴专家、国家科技部智能制造领域专家、中青年科技创新领军人才；获湖南省科技进步一等奖1项，湖南省专利一等奖1项，湖南省科技进步二等奖2项。 （涂红薇）

【蒋超·国际隧道及地下工程协会2016年度青年隧道工程师提名奖】 蒋超，中铁第四勘察设计院集团有限公司城地院地下工程所副所长。1980年3月出生，湖北省洪湖市人。中共党员。2005年获岩土工程专业硕士学位，高级工程师。长期致力于隧道与地下工程的设计、咨询及科研工作，参建广州地铁、广深港高铁、珠三角城际、广汕铁路、扬州瘦西湖隧道、武汉二七路越江隧道等项目的隧道设计与咨询工作，在城市隧道及复合地层水下隧道领域经验丰富。负责设计完成的珠三角城际穗莞深、佛肇城际隧道工程，针对地下水、复合地层等条件下敏感环境城市隧道的成套设计施工技术，得到建设单位认可，并已推广应用于类似项目的设计中；负责设计完成的佛莞城际铁路狮子洋隧道工程，具有大直径（13.1米）、高水压（最大水压7.8巴）、地质条件复杂（全断面土岩复合地层、水下穿越破碎带及断层）、独头掘进距离长（长4.9千米）、行车速度高（时速200千米）等特点。先后发表论文5篇，专利授权9项。获各级优秀设计一等奖4项，优秀咨询成果一等奖1项，获国际隧道及地下空间协会第二届青年隧道工程师提名，被授予火车头奖章。 （邵 澎）

【翟玉新·中国施工企业管理协会科学技术奖科技创新先进个人】 翟玉新，中铁建设集团有限公司基础设施事业部技术部副部长。1980年6月出生，河北省盐山县人。2015年获北京工业大学硕士学位，高级工程师。北京市岩土工程协会副会长、北京市危险性较大的分部分项工程专家、北京市轨道交通工程专家、北京市评标专家。负责主持投标方案、施工方案编制近300项。作为天津中铁国际城项目技术负责人，克服施工现场无水、无电、无测量基准点等不利条件，带领项目人员进行施工队招标、测量点引入、确定混凝土搅拌站、安排钢筋进场、打供水井，10天内完成试桩施工，检测全部合格。在深基础施工技术、深基坑变形监测等方面多项成果鉴定达到国内领先、国际先进水平，先后获铁道学会科技进步二等奖1项；中国铁道建筑总公司科技进步一等奖2项，二等奖1项，三等奖3项；中国施工企业协会科技进步二等奖4项；授权发明专利6个，实用新型专利10个；中国铁建股份有限公司优秀工法2项；发表学术论文4篇；被评为集团公司、股份公司、中国施工企业管理协会科技创新先进个人。 （稽红辉）

模范人物

【陈志明·全国五一劳动奖】 陈志明，中铁十一局集团有限公司副总经理。1970年11月出生，福建省莆田市人，中共党员，本科学历。1991年7月参加工作，坚持“主管带动班子，班子带动机关，机关带动基层，机关基层联动”的工作思路，使企业改革发展和谐稳定，生产经营运行高效，党建工作卓有成效，企业核心竞争力不断提升。在担任十一局三公司总经理期间，构建以铁路铺架、城市轨道、线下施工为主体，专业工序任务为补充的“3+N”业务格局，形成集普速铁路、高速铁路、城市轨道3个类别的铺架技术，在全国铺架领域居于领先水平。企业资源整合能力大幅提升，大施组方案广泛运用，设备配套成效显著，拥有9铺11架的系列化设备，可同时承担4~5条线的运架梁施工任务和5~6条线的轨道铺架任务。先后获中国工程建设优秀高级职业经理人，湖北省青年岗位能手，中央企业十大杰出青年岗位能手，中华铁路总工会火车头奖章，湖北省五一劳动奖。（史　娟）

【李幼松·全国五一劳动奖】 李幼松，中铁十八局集团二公司宁夏大坝电厂项目部输煤队农民工。1971年10月出生，宁夏回族自治区青铜峡市大坝镇人。中共党员。初中文化。自2008年参加工作以来，潜心钻研《燃煤运行规程》等实践操作运行程序，每天巡检次数远超规定次数，能够熟练通过眼看、耳听、手摸、鼻嗅等方法，准确地判断设备运行情况，被誉为大坝电厂巡检达人。凭借多年工作经验，针对输煤系统影响设备运行、设备安全等问题，提出7条技术改进措施，为企业节约工程成本百万元。他将自己多年积累的经验传授给队友，提高班组成员的故障诊断和巡检技术水平，所负责的区域被誉为电厂质量免检区，所带领的班组多次被大唐国际大坝发电有限责任公司授予优秀班组称号。2015年，作为农民工代表获天津市五一劳动奖章；2016年，被中华全国总工会授予全国五一劳动奖章。（李秀云）

【王作举·全国五一劳动奖】 王作举，中铁二十局集团有限公司副总工程师、工程管理部部长（时任集团公司副总经理）。1963年11月出生，安徽省砀山县人。中共党员。1986年7月毕业于西北农业大学水利系，本科学历，教授级高级工程师。参加工作近30年，主要从事铁路、公路、市政和建筑工程施工专业技术及工程项目管理工作。先后参与国内外13个大型工程项目的建设，均获国家级质量奖，为企业累计创利54700万元，成为集团公司项目管理的典范。2014年1月，在莫桑比克纳卡拉铁路项目开工9个月、合同工期过去42%、完成产值仅2%的情况下，临危受命任专家组组长。面对多家跨国公司参与，管理环境、商业规则和文化背景异常复杂的艰难环境，带领全体技术人员学语言、学合同、学标准、学商业规则，努力适应业主复杂的管理体系和当地复杂的法律法规，掌握以文字为准，讲证据处事的商业交往原则，向业主和咨询公司发出信函近2000封，做出1000多页的项目延误分析报告，聘请当地律师，规避多起法律风险；聘请当地财务专家，学习财税政策；守法、合理纳税，避免大量不必要的税费缴纳；掌握国际采购的清关程序和标准，免税比例22%。该项目部依据合同，按照国际规则提出变更索赔项目110项，变更索赔收入2344万美元。对预计亏损1510万美元的SB料和石方爆破提出单价变更要求，规避项目亏损风险。规避业主和咨询公司3000多万美元的反索赔，维护了企业利益。先后7次被企业和建设单位评为优秀项目经理、优秀共产党员、陕西省重点工程建设先进个人、全国优秀项目经理、中国铁道建筑总公司劳动模范、西安市劳动模范。（符妮娜）

【柳明佳·全国五一劳动奖】

柳明佳，中铁二十四局集团路桥分公司副总经理。1978年11月出生，湖北省崇阳县人。中共党员。2002年7月毕业于中南大学土木工程系桥梁工程专业，2016年9月取得同济大学桥梁工程硕士学位，高级工程师。参加工作15年来始终坚守在施工一线，参与多项重点项目建设，主要负责城市高架及大型互通立交工程、深水桥梁基础工程、大型软土深基坑工程、既有铁路上跨工程、顶入式框架工程、挂篮悬臂浇筑连续梁工程、系杆拱桥工程、高速铁路桥梁工程、钢结构桥梁工程的研究工作，先后参与多项课题的研究，获股份公司科技进步二等奖1次，获施工企业协会科技二等奖1次。组织编写工法1项，组织申请国家专利1项。先后获中华铁路总工会火车头奖章、全国优秀项目经理、全国五一劳动奖章。（朱桂芳）

【孟祥连·全国五一劳动奖】 孟祥连,中铁第一勘察设计院集团有限公司副总工程师,西南交通大学兼职教授、硕士生导师。1966年10月出生,山东省曹县人。中共党员。教授级高级工程师。参加工作30年来始终坚守在勘察设计一线,参与陕西省重大基础设施建设,主持西成高铁、大西高铁、银西高铁、西康铁路秦岭特长隧道、西安地铁、秦岭终南山公路隧道、引汉济渭秦岭特长输水隧洞等几十项重点工程勘察设计工作,以精湛的专业水平为工程选线提供强有力的技术支撑,形成具有自主知识产权的黄土地区高速铁路修建成套技术体系,研究成果总体达到国际领先水平;针对西北湿陷性黄土地区、戈壁大风地区、东北严寒松软土地区高速铁路勘察工作的重点和难点,研究出特殊气候、复杂地质条件下项目勘察的一整套理念和方法;主持20余项省部级各类科研项目和科技攻关工作,组织开展铁路工程地质勘察规范、手册等多部标准的修编工作。主持和负责的科研项目获全国优秀工程勘察金奖2项,国家科技进步一等奖1项,国际咨询工程师联合会(FIDIC)大奖4项,省部级优秀工程勘察、设计、咨询一等奖7项,省部级科学技术二等奖2项。在核心期刊发表论文4篇,拥有国家专利3项。先后获国务院政府特殊津贴、陕西省有突出贡献专家、黄汲清青年地质科学技术奖、中华铁路总工会火车头奖章。

(胡永刚)

【许克亮·全国五一劳动奖】 许克亮,中铁第四勘察设计院集团有限公司副总工程师。1961年8月出生,湖南省常德市人。中共党员。教授级高级工程师。长期致力于铁路勘察设计及技术研究工作,先后参加或主持广深准高速铁路、京九铁路、赣龙铁路、石武客运专线等国家重点工程的勘察设计工作。担任中国长大干线高速铁路——武广高速铁路的总设计师,攻克高速铁路路基、桥梁、隧道、车站、车辆、动力、列车控制系统、基础设施保养维修、车辆保养维修、信息系统等难题。主持完成10多项国家重大科技课题,组织铁路规范和标准的研究以及科研攻关、软件研发工作。获全国第九届优秀工程设计金奖1项、全国优秀工程设计软件项目金奖2项、铜奖1项;先后获湖北省五一劳动奖章、国资委中央企业先进职工、湖北省优秀科技工作者、湖北省有突出贡献中青年专家、全国优秀科技工作者、全国"讲理想、比贡献"活动科技标兵、詹天佑铁道科学技术奖成就奖;全国五一劳动奖章获得者,享受国务院特殊津贴专家。

(邵　澎)

先进集体

【中铁十二局集团建安公司安哥拉项目部·全国工人先锋号】 十二局安哥拉项目部成立于2009年12月,主要承担安哥拉总统别墅小区工程建设工程,合同投资近6亿元。滚动承揽到安哥拉RED赞谷8000套房屋建筑工程和3703套市政施工任务(合同投资1.9亿美元)、安哥拉RED索阅项目3000套住房和大、小市政工程施工任务(合同投资2亿美元)。在施工过程中落实标准化管理理念,现场工序安排合理,检查监控到位,标牌醒目,安全防护严密,文明施工措施健全,被项目指挥部评为施工质量、现场管理标杆单位,受到安哥拉总统的肯定和赞誉。在创造良好效益的同时,也为企业积累下海外施工组织、队伍管理、物资保障、现场管理和党的建设等方面的经验,实现"建优质工程,铸中安友谊"。先后被中国铁建评为优秀基层党组织先进单位和优秀项目经理部,被中华全国铁路总工会授予火车头奖杯。

(唐晓明)

【中铁二十一局集团干武二线工程指挥部·全国工人先锋号】 干塘至武威南段增建二线工程为国家Ⅰ级电气化铁路,正线全长172.6千米,新建联络线9.94千米,合同投资12.35亿元。干武二线全线为既有线施工,涉及站场改造、双线开通等。开工之初,指挥部着重进行方案优化工作,组织技术人员深入一线实地调查,采用内部调查摸底、外部与铁路局处室、站段进行探讨、征求意见,分阶段优化,使每一个方案的制定都具有可操作性;在施工成本、安全生产等方面,坚持开通二线后封闭既有线,对既有线调坡、抬道、曲线改造等项目进行施工，大量的点内施工集中压缩在封闭期间内，解决了“天窗”点内压力过大的矛盾，减少大量人力、机械、设备的集中调遣，相比业主要求封锁点内对既有线改造施工降低成本支出，且安全方面大有保障。2015 年 1 月，被兰州铁路局评为标杆施工项目部；2016 年 3 月，被兰州铁路局评为十大标杆单位和先进施工项目部。（吴广红）

【中国铁建港航局集团船舶工程分公司“铁建砼 01”船·全国工人先锋号】 “铁建砼 01”是港航局打造的首批核心装备之一，也是中国铁建系统内第一艘投入施工的工程船舶。该船为大型混凝土搅拌船，按双线生产能力 200 立方米/小时设计建造，装满 1 次连续浇筑能力为 1400 立方米，主要用于各类水上工程大方量混凝土的供应和浇筑。船体总长 75.6 米，型宽 24.6 米，型深 5.45 米，设计吃水 3.2 米。配置 2 台 90 立方米/小时混凝土输送泵和 42 米混凝土布料杆，适用于海上大方量混凝土的供应与浇筑。“铁建砼 01”在排水量、舱容量、生产效率、布料半径、绿色环保等各项指标均处于国内领先水平。“铁建砼 01”船于 2014 年 4 月出厂，投入到福平项目负责海上混凝土浇筑施工，在常年 6 - 9 级风浪的恶劣海况下，完成平潭海峡公铁两用特大桥项目 234 根护筒桩、13 个钢吊箱封底、11 个承台和 9 个墩身的浇筑任务，拿下浇筑项目首根海上钻孔灌注桩、首个海上承台和首个海上墩身等多项第一，创下连续作业 57 小时、连续浇筑混凝土 3714 立方米的成绩，单月最高浇筑量 1.65 万立方米，累计完成混凝土浇筑 16 余万立方米。2016 年获评全国工人先锋号。（蔡轶萍　李育华）

【中国铁建重工集团有限公司掘进机事业部·全国工人先锋号】 重工集团掘进机事业部成立于 2015 年，是集掘进机系列经营研发服务于一体的团队。立足于自主研发，依托国家重大工程需求，力求突破制约我国高端装备发展的重大技术难题，打破长期由外资企业垄断的掘进机市场。研制出拥有自主知识产权国产首台复合式土压平衡盾构机、全球首台煤矿斜井 TBM、国产首台泥水平衡盾构机、国产首台敞开式全断面硬岩掘进机（TBM）、国产首台铁路大直径盾构机。并承担和参与包括“863”“973”“湖南省重大专项”等多项国家、省部级科研项目。申请专利百余项，发表论文数十篇。先后获湖南省科技进步一等奖，中国铁道建筑总公司科技进步特等奖，湖南省机械工业科技进步一等奖。（陈海燕）

逝世人物

【龙桂林】 原铁道兵司令部参谋长，因病医治无效，于 2016 年 3 月 28 日 10 时 35 分在解放军总医院逝世，享年 97 岁。

曾用名龙辅，汉族，1918 年 11 月出生，山西省沁县人。1936 年 8 月参加革命工作，1938 年 3 月入伍，同年 7 月加入中国共产党。历任中央军委一局三处见习参谋、参谋、作战室参谋兼秘书、代科长；北京军事调处执行部情报处参谋；整军处统计科副科长、代理科长、副处长、代理处长；北平特别小组中共首席代表；东北铁路总局监察室监察；燃料处副处长、代理处长；材料部副部长、代理部长；车务部副部长、代理部长兼东北军区运输处处长；铁道兵团第三师师长；后勤副司令员；铁道兵学校校长；铁道兵学院副院长；中国人民志愿工程队第一支队工程指挥部主任；铁道兵西南指挥部副司令员；铁道兵司令部参谋长。1987 年 1 月离职休养，曾任第五届全国人民代表大会代表。

1955 年被授予大校军衔，曾获三级独立自由勋章、二级解放勋章、朝鲜民主主义人民共和国二级独立自由勋章、二级国旗勋章、一级独立功勋荣誉章、越南社会主义共和国抗美救国奖章。

（中央军委政治工作部玉泉路老干部服务管理局）

【陈孔安】 原铁道部第十七工程局局长，因病医治无效，于 2016 年 12 月 4 日 7 时 20 分在山西太原逝世，享年 80 岁。

1936 年 1 月出生，福建省福州市人，1956 年 9 月从上海同济大学毕业，1956 年 10 月参军，1978 年 6 月加入中国共产党，历任铁道兵第七师技术员、正排职技术员、副连职技术员、工程师；铁道兵第七师三十三团司令部副总工程师；铁道兵第七师三十三团副团长；铁道兵第七师副师长；铁道部原十七工程局副局长；铁道部第十七工程公司副经理、经理、局长。1996 年退休。

1964年被铁道兵第七师三十三团司令部作战股记三等功,1983年被铁道兵第七师三十三团评为建设社会主义精神文明积极分子,1988年被评为山西省优秀企业家,1989年被评为全国优秀建筑企业家。

（周福荣　岳永秀）

【喻朝书】 中铁十八局集团有限公司原局长助理。因病医治无效,于2016年11月15日在河北涿州逝世,享年80岁。

贵州省开阳县人。1955年6月在原籍参加工作,1957年10月参军到昆明军区十四军四十二师,1960年8月调入铁八师三十九团,历任副班长、班长、干部、营参谋、作战股副股长、股长,1974年任三十九团副参谋长、参谋长,1979年任三十六团副团长,1982年任三十六团团长,1987年调任十八局办公室主任,1988年任局长助理。

曾参建1991年大秦一期建设,身先士卒,不计个人安危,高效优质完成施工任务,先后获评十八局先进个人、天津市城建系统先进个人、天津市九五立功先进个人。

（李秀云）

中铁二十一局集团路桥公司商合杭高速铁路亳州制梁场按照流水作业的生产模式，进行统一管理、集中加工、仓储配送，形成工厂化加工和专业化配送的模式。图为占地约5400平方米的梁场钢筋加工棚，采用封闭式管理、超市货架式摆放。（刘佳佳 摄）

统计资料

中国铁建系统企业总产值完成情况排名

（2016 年度）

排　名	单 位 名 称	企业总产值(万元)
1	中铁十一局集团有限公司	5708098
2	中铁十二局集团有限公司	5509517
3	中铁十八局集团有限公司	4190980
4	中铁十七局集团有限公司	4186735
5	中铁十六局集团有限公司	3946610
6	中铁十四局集团有限公司	3752717
7	中铁十九局集团有限公司	3600384
8	中铁建设集团有限公司	3509361
9	中铁二十局集团有限公司	3196311
10	中国铁建大桥工程局集团有限公司	3101335
11	中国铁建房地产集团有限公司	2903975
12	中铁十五局集团有限公司	2316656
13	中国铁建电气化局集团有限公司	2171389
14	中铁二十四局集团有限公司	2157331
15	中铁物资集团有限公司	2052572
16	中铁二十二局集团有限公司	2027138
17	中铁二十一局集团有限公司	2018081
18	中铁二十三局集团有限公司	1802294
19	中国土木工程集团有限公司	1466306
20	中国铁建投资集团有限公司	1400594
21	中铁二十五局集团有限公司	1400246
22	中铁城建集团有限公司	1125755
23	中铁第四勘察设计院集团有限公司	850050
24	中国铁建国际集团有限公司	668098
25	中国铁建港航局集团有限公司	587031
26	中铁第一勘察设计院集团有限公司	579717
27	中国铁建重工集团有限公司	573919
28	中国铁建高新装备股份有限公司	415004
29	中铁第五勘察设计院集团有限公司	236676
30	中国铁建财务有限公司	193452
31	中铁上海设计院集团有限公司	120271
32	中铁建商务管理有限公司	30673
33	中铁建金融租赁有限公司	14384
34	诚合保险经纪有限公司	13545
35	中国铁建股份有限公司北京培训中心	3374

（制表：马佶卿）

中国铁建系统承揽任务合同额完成情况排名

（2016 年度）

排名	单位名称	承揽任务合同额(万元)
1	中铁十二局集团有限公司	8632490
2	中铁十一局集团有限公司	8523470
3	中铁十六局集团有限公司	8435073
4	中铁十八局集团有限公司	6521699
5	中铁十四局集团有限公司	6381739
6	中铁建设集团有限公司	6126533
7	中铁二十局集团有限公司	6090847
8	中铁建昆仑投资集团有限公司	6034333
9	中铁十九局集团有限公司	6028749
10	中铁十七局集团有限公司	5900063
11	中国铁建大桥工程局集团有限公司	5210225
12	中国土木工程集团有限公司	4900870
13	中国铁建投资集团有限公司	4494979
14	中国铁建房地产集团有限公司	4223005
15	中铁二十一局集团有限公司	4050614
16	中国铁建国际集团有限公司	3595408
17	中铁物资集团有限公司	3502712
18	中铁二十五局集团有限公司	3151405
19	中铁十五局集团有限公司	2950040
20	中国铁建电气化局集团有限公司	2616388
21	中铁二十四局集团有限公司	2609237
22	中铁二十二局集团有限公司	2600196
23	中铁二十三局集团有限公司	2299177
24	中铁城建集团有限公司	2028048
25	中铁第四勘察设计院集团有限公司	1901379
26	中铁建重庆投资集团有限公司	1564739
27	中国铁建港航局集团有限公司	1326878
28	中铁建南方建设投资有限公司	1281182
29	中铁建金融租赁有限公司	1078000
30	中铁第一勘察设计院集团有限公司	870609
31	中国铁建重工集团有限公司	722479
32	中国铁建高新装备股份有限公司	450066
33	中铁第五勘察设计院集团有限公司	335608
34	中铁建华北投资发展有限公司	268172
35	中铁上海设计院集团有限公司	140032
36	诚合保险经纪有限公司	15119

（制表：马信卿）

中国铁建系统新签合同额完成情况统计

（2016 年度）

单位：万元

指标 单位	年度计划	完成	其中						其中：海外	完成年度计划%	2015 年同期完成	同比增长（%）
			工程承包	勘察设计咨询	工业制造	物资贸易	房地产开发	其他				
合计	92108646	113218159	97232637	1251191	1996231	6494749	4948031	1295321	10999223	122.9	96990988	16.7
中国土木工程集团有限公司	4500000	4900870	4803509	18970		58034	1131	19226	4557788	108.9	5043515	-2.8
中铁十一局集团有限公司	5532250	8523470	7994821	130	66103	421655	40762		189341	154.1	6682860	27.5
中铁十二局集团有限公司	5758000	8632490	8359692	548		240581	31669		320475	149.9	7170618	20.4
中国铁建大桥工程局集团有限公司	4664500	5210225	5109277	4491	51103		45354		465652	111.7	4085374	27.5
中铁十四局集团有限公司	5458000	6381739	6109739		173856		98144		140051	116.9	5780370	10.4
中铁十五局集团有限公司	4619866	2950040	2651372	1205	18089	251602	27772		145000	63.9	3021338	-2.4
中铁十六局集团有限公司	5232250	8435073	7733078		31562	569276	98892	2265	193042	161.2	6065904	39.1
中铁十七局集团有限公司	5458000	5900063	5571041	2859		326163			637487	108.1	6028314	-2.1
中铁十八局集团有限公司	5453485	6521699	6306013	7323	18685	92460	97218		147701	119.6	4798395	35.9
中铁十九局集团有限公司	4729000	6028749	6012299				16450		111561	127.5	5350929	12.7
中铁二十局集团有限公司	4851550	6090847	5785011	2415	22121	168100	113200		751323	125.5	4303348	41.5
中铁二十一局集团有限公司	3032250	4050614	3886137	1080	8914		146108	8375	115210	133.6	3367520	20.3
中铁二十二局集团有限公司	2600000	2600196	2562796				37400			100.0	2467281	5.4
中铁二十三局集团有限公司	2282250	2299177	2080295	6824	212058					100.7	2070781	11.0
中铁二十四局集团有限公司	3032250	2609237	2553436		55801				46866	86.0	3254202	-19.8
中铁二十五局集团有限公司	2282250	3151405	3009096			134155	8154		37971	138.1	2226605	41.5
中铁建设集团有限公司	5532250	6126533	5291886	1281		660639	172727		126094	110.7	5806521	5.5
中国铁建电气化局集团有限公司	2612900	2616388	2449036	8943	157881			528		100.1	2200790	18.9
中国铁建港航局集团有限公司	1530000	1326878	1313713	13165					59407	86.7	1268177	4.6
中国铁建房地产集团有限公司	3200000	4223005					4161949	61056		132.0	2831689	49.1
中铁第一勘察设计院集团有限公司	604515	870609	460951	409658					6314	144.0	606874	43.5
中铁第四勘察设计院集团有限公司	904515	1901379	1428838	358547			108200	5794	5794	210.2	911715	108.5
中铁第五勘察设计院集团有限公司	270000	335608	61216	266878	7513				6705	124.3	270171	24.2
中铁上海设计院集团有限公司	121000	140032	27715	112317					1112	115.7	120815	15.9
中铁物资集团有限公司	3264500	3502712				3502712			139213	107.3	6673346	-47.5

续表

指标 单位	年度计划	完成	其中						其中：海外	完成年度计划%	2015年同期完成	同比增长（%）
			工程承包	勘察设计咨询	工业制造	物资贸易	房地产开发	其他				
中国铁建重工集团有限公司	709933	722479			722479				19600	101.8	526721	37.2
中国铁建国际集团有限公司	3500167	3595408	3417922	3156		69372		104958	2775516	102.7	3887464	-7.5
中铁城建集团有限公司	1900000	2028048	1996648	31400						106.7	1528177	32.7
诚合保险经纪有限公司	12000	15119						15119		126.0	11071	36.6
中铁建金融租赁有限公司		1078000						1078000				
中国铁建高新装备股份有限公司	460965	450066			450066					97.6	350002	28.6
中国铁建投资集团有限公司（不计入总额）	3650000	4494979						4494979		123.2	4537852	-0.9
中铁建南方建设投资有限公司（不计入总额）		1281182						1281182				
中铁建昆仑投资集团有限公司（不计入总额）	5000000	6034333						6034333		120.7		
中铁建华北投资发展有限公司（不计入总额）	30000	268172						268172		893.9		
中铁建重庆投资集团有限公司（不计入总额）	2636000	1564739						1564739		59.4		

注：中国铁建投资集团有限公司等5家投资类公司2016年新签合同额未计入总额。

（制表：马佶卿）

中国铁建系统工程承包业务新签合同额按类别分完成情况统计

（2016 年度）

单位：万元

单位＼指标	工程承包	其中							
		铁　路	公　路	房　建	城轨、地铁	市　政	水利、电力	机场、码头	其他工程
合　计	105925123	26510456	26185157	15258651	17130111	13947854	1864352	1039429	3989113
中国土木工程集团有限公司	4803509	3152207	412129	596486	419300	173709	18166	30431	1081
中铁十一局集团有限公司	7994821	2688132	2446086	211311	1555861	922392	87894	39946	43198
中铁十二局集团有限公司	8359692	2748999	2216426	562392	2034712	560778	119832	116553	
中国铁建大桥工程局集团有限公司	5109277	433433	2226621	606338	1012406	508626	297728	12059	12066
中铁十四局集团有限公司	6109739	1451650	1754613	524107	1346438	768676	176472	47390	40393
中铁十五局集团有限公司	2651372	874824	1058105	183685	406249	55843	45376		27291
中铁十六局集团有限公司	7733078	2133401	1302848	651568	2297975	1319008	20236	8042	
中铁十七局集团有限公司	5571041	1479148	1348636	594128	358025	1143324	179094		468686
中铁十八局集团有限公司	6306013	1471526	1123410	952565	925331	1645770	187411		
中铁十九局集团有限公司	6012299	2500164	1703887	219591	900625	153020	74652	44552	415808
中铁二十局集团有限公司	5785011	563824	1434752	1530846	588556	1165800	211964	34362	254907
中铁二十一局集团有限公司	3886137	1413198	1010716	581460	319211	438694	76957		45901
中铁二十二局集团有限公司	2562796	823273	594226	395816	418627	189828	135122		5904
中铁二十三局集团有限公司	2080295	305112	1079027	161694	214500	303282	16681		
中铁二十四局集团有限公司	2553436	614054	797506	102028	548100	452088	17937		21723
中铁二十五局集团有限公司	3009096	670494	302519	784702	442220	795099	6400		7662
中铁建设集团有限公司	5291886	125622		4293245	216562	656456			
中国铁建电气化局集团有限公司	2449036	1506617	51621		798395				92403
中国铁建港航局集团有限公司	1313713		501091	197767		34428		580426	
中铁第一勘察设计院集团有限公司	460951	93601	311208	14762		41380			
中铁第四勘察设计院集团有限公司	1428838	34458	295000			9604	1579		1088197
中铁第五勘察设计院集团有限公司	61216	46967				14250			
中铁上海设计院集团有限公司	27715	26987				728			
中国铁建国际集团有限公司	3417922	826343	396802	949267	263548	47760	299473	121730	513000
中铁城建集团有限公司	1996648	245488		1196156	283994	271009			

（制表：马佶卿）

中国铁建系统企业总产值完成情况统计

（2016 年度）

单位：万元

指标 单位	年度计划	完成	其中：施工产值	勘察设计咨询	工业制造	物资贸易	房地产开发	金融保险收入	运营维管收入	其他营业收入	其中：海外	完成年度计划（%）	2015 年同期完成	同比增长（%）
合计	64987000	67830580	54965211	1728710	1496911	3205746	3853199	248578	67959	2264265	3309810	104.4	63507857	6.8
中国土木工程集团有限公司	1803200	1466306	1366900	5590		75346	1955			16515	1172405	81.3	1727702	−15.1
中铁十一局集团有限公司	5000000	5708098	5597181		13243	20953	75257		1205	259	67863	114.2	5088682	12.2
中铁十二局集团有限公司	5000000	5509517	5235984	544	2362	173428	47895	27197		22107	130135	110.2	5057022	8.9
中国铁建大桥工程局集团有限公司	3100000	3101335	2968521	3414	39016	22140	57364			10880	67238	100.0	2855918	8.6
中铁十四局集团有限公司	4000000	3752717	3499165		163540		90012				139308	93.8	3842053	−2.3
中铁十五局集团有限公司	2260000	2316656	2117163	1060	9864	134349	30031		6431	17758	14665	102.5	2241155	3.4
中铁十六局集团有限公司	3700000	3946610	3625396		23049	230556	30320		34000	3289	468	106.7	3867841	2.0
中铁十七局集团有限公司	3800000	4186735	3971358			188285				27092	244533	110.2	3834024	9.2
中铁十八局集团有限公司	3500000	4190980	4006058	5694	7615	17750	152851			1012	272496	119.7	3500112	19.7
中铁十九局集团有限公司	3500000	3600384	3566045			15112	9414			9813	60308	102.9	3401587	5.8
中铁二十局集团有限公司	3000000	3196311	3024872	2267	44509	55944	44500		12673	11546	272768	106.5	2805118	13.9
中铁二十一局集团有限公司	1900000	2018081	1906558	788	6884		87976		6740	9135	25004	106.2	2050230	−1.6
中铁二十二局集团有限公司	1900000	2027138	1949714			17860	26354			33210		106.7	1826978	11.0
中铁二十三局集团有限公司	1800000	1802294	1770075	5000	27091					128	44304	100.1	1700302	6.0
中铁二十四局集团有限公司	2150000	2157331	2113687		32781	2498				8365	30787	100.3	2025262	6.5
中铁二十五局集团有限公司	1600000	1400246	1334635			53525	1312			10774	32271	87.5	1500500	−6.7
中铁建设集团有限公司	3600000	3509361	2598119	304	9723	650000	237294			13921	91139	97.5	3502902	0.2
中国铁建电气化局集团有限公司	1900000	2171389	2026479	3595	121439	7569			6910	5397	8416	114.3	2150068	1.0
中国铁建港航局集团有限公司	700000	587031	577866	8550						615	28738	83.9	628762	−6.6
中国铁建房地产集团有限公司	2500000	2903975					2872726			31249		116.2	2167286	34.0
中铁第一勘察设计院集团有限公司	432000	579717		516779			62938				9193	134.2	572058	1.3
中铁第四勘察设计院集团有限公司	480000	850050		825050			25000				7208	177.1	550356	54.5
中铁第五勘察设计院集团有限公司	185000	236676		229804	6872						1863	127.9	200873	17.8
中铁上海设计院集团有限公司	113000	120271		120271							791	106.4	107781	11.6
中铁物资集团有限公司	2977000	2052572				1456049				596523		68.9	2672071	−23.2
中国铁建重工集团有限公司	500000	573919			573919							114.8	501836	14.4
中国铁建国际集团有限公司	600000	668098	586547			81551					586547	111.3	616366	8.4
中铁城建集团有限公司	1100000	1125755	1122888			2831				36	1362	102.3	1083151	3.9
中国铁建投资集团有限公司	750000	1400594								1400594		186.7	848420	65.1
中国铁建财务有限公司	180000	193452						193452				107.5	180595	7.1
诚合保险经纪有限公司	11000	13545						13545				123.1	10327	31.2
中铁建商务管理有限公司	25000	30673								30673		122.7	27126	13.1
中铁建金融租赁有限公司		14384						14384						
中国铁建股份有限公司北京培训中心	2800	3374								3374		120.5	3017	11.8
中国铁建高新装备股份有限公司	418000	415004			415004							99.3	360376	15.2

（制表：马佶卿）

中国铁建系统施工单位建筑业总产值按构成分完成情况统计

（2016 年度）

单位：万元

指标 单位	建筑业总产值	其中		按构成分			
		装饰装修产值	在外省完成的产值	建筑工程产值	安装工程产值	设备工器具产值	其他产值
合计	53842323	222560	45795773	52237609	688334	396728	519652
中国土木工程集团有限公司	1366900	20927	194345	1331885	7280		27735
中铁十一局集团有限公司	5597181		4580258	5543757		164	53260
中铁十二局集团有限公司	5235984	50339	4425795	5193626	42358		
中国铁建大桥工程局集团有限公司	2968521	471	2773870	2887521	80159		841
中铁十四局集团有限公司	3499165	626	3002133	3371120	102862		25183
中铁十五局集团有限公司	2117163	11808	1939013	2052356	12026	1609	51172
中铁十六局集团有限公司	3625396	21111	3495167	3588781	12698		23917
中铁十七局集团有限公司	3971358		3697892	3807506	63985	8845	91022
中铁十八局集团有限公司	4006058		3382477	3948416	30299		27343
中铁十九局集团有限公司	3566045		3483541	3566045			
中铁二十局集团有限公司	3024872	8210	2586252	2933328	48115	3	43426
中铁二十一局集团有限公司	1906558	9965	1502609	1822828	19003	17418	47309
中铁二十二局集团有限公司	1949714	620	1829070	1946181	702	2276	555
中铁二十三局集团有限公司	1770075	4398	1518142	1767865	1075		1135
中铁二十四局集团有限公司	2113687	876	2039565	2075978	32513	4030	1166
中铁二十五局集团有限公司	1334635	470	1083588	1321205		13430	
中铁建设集团有限公司	2598119	92739	1848760	2583974	14145		
中国铁建电气化局集团有限公司	2026479		2005255	1333894	219963	348953	123669
中国铁建港航局集团有限公司	577866		408041	577866			
中国铁建国际集团有限公司	586547			583477	1151		1919
中铁城建集团有限公司	1122888	39420	983023	1089302	33586		

（制表：马佶卿）

中国铁建系统施工单位建筑业总产值按类别分完成情况统计

（2016 年度）

单位：万元

单位 \ 指标	建筑业总产值	其中：铁路	公路	房建	市政	轻轨地铁	铁路四电	水利	电力	机场	矿山	港口与航道	其他
合计	54965211	21996378	10040736	7830464	4083222	6482503	1939427	885667	264477	300279	316444	290388	535226
中国土木工程集团有限公司	1366900	363265	216090	343334	50339	169998	602	8805		129556		46280	38631
中铁十一局集团有限公司	5597181	2601850	910792	467593	171072	1213909	143330	59775	5697				23163
中铁十二局集团有限公司	5235984	2585948	1073629	427787	273317	509399	170077	76457	4352	77202			37816
中国铁建大桥工程局集团有限公司	2968521	1041278	655701	117921	373098	675214	12865	57154	21080			6600	7610
中铁十四局集团有限公司	3499165	1197351	1064639	199172	245844	550571	53851	12688	46347	73628	11285	747	43042
中铁十五局集团有限公司	2117163	1066958	583225	76742	101912	236880	10660	37263					3523
中铁十六局集团有限公司	3625396	1454066	677694	361549	366214	664752	48796	30452					21873
中铁十七局集团有限公司	3971358	1838441	959130	244160	374436	323850	17696	55909	95882		8204		53650
中铁十八局集团有限公司	4006058	1300027	686390	590599	700690	452274	16030	172414	28488		1414		57732
中铁十九局集团有限公司	3566045	1915337	599667	151078	79564	442387	14417	31420	20377	11585	243772		56441
中铁二十局集团有限公司	3024872	1032509	713534	600213	272133	191516	63612	86387	38	987		8221	55722
中铁二十一局集团有限公司	1906558	1169372	200002	132095	147912	88183	75935	50290	1527	53	36912		4277
中铁二十二局集团有限公司	1949714	1143745	121907	170630	98542	279551	89410	24196					21733
中铁二十三局集团有限公司	1770075	662696	592182	90075	118453	199570	40494	60057			1785		4763
中铁二十四局集团有限公司	2113687	1012692	355529	158017	321886	178969	36336	1017	1520	3766	13072	1948	28935
中铁二十五局集团有限公司	1334635	690501	82022	175764	220376	109462	5067	42837	745				7861
中铁建设集团有限公司	2598119	143189		2362326	89102					3502			
中国铁建电气化局集团有限公司	2026479	590344	33983	517		165944	1140249		38424				57018
中国铁建港航局集团有限公司	577866	11824	207099	32146	20388			78546				226592	1271
中国铁建国际集团有限公司	586547	10675	305751	267903	2218								
中铁城建集团有限公司	1122888	164310	1770	860843	55726	30074							10165

（制表：马佶卿）

中国铁建系统施工单位建筑业总产值按地域分完成情况统计(一)

(2016 年度)

单位:万元

单位＼地域	合计	北京市	天津市	河北省	山西省	内蒙古自治区	辽宁省	吉林省	黑龙江省	上海市	江苏省	浙江省
合计	53842323	1550212	809279	1296157	1608670	1683298	1382371	1001681	1451342	459868	2358932	1375988
中国土木工程集团有限公司	1366900	150	11251	12648	22563	6250		17061	13805		4425	10240
中铁十一局集团有限公司	5597181	61797	4973	147109	49666	152441	76603	5475	196509	48026	321127	100515
中铁十二局集团有限公司	5235984	98298	36506	78098	680054	43307	72447	60412	136515	7279	295070	90496
中国铁建大桥工程局集团有限公司	2968521	30324	194651	52936	94589	82634	177464	185417	162466	53144	23098	39450
中铁十四局集团有限公司	3499165	90205	99851	75855	23225	128234	105420	50545		256	262229	67354
中铁十五局集团有限公司	2117163	13375	368	29804	34697	20878	11490	52123	2541	42217	232959	42277
中铁十六局集团有限公司	3625396	130229	63745	162388	12104	43821	77708	22915	5932	15340	244986	236565
中铁十七局集团有限公司	3971358	300	2380	258559	273466	44312	85877	20850		27879	87982	140973
中铁十八局集团有限公司	4006058	117229	353705	112547	72047	55248	59979	57740	24573	33071	27846	45495
中铁十九局集团有限公司	3566045	82504	13572	119442	65834	470191	368910	110292	194645	14148	260850	51060
中铁二十局集团有限公司	3024872	7959		12441	7493	61956	19517	77790	56947		45034	
中铁二十一局集团有限公司	1906558	15305	960	20268	4721	97503	39332		81	4308	241	16924
中铁二十二局集团有限公司	1949714	120644	2528	36776	30849	129004	89705	107627	293287	13236	20701	43271
中铁二十三局集团有限公司	1770075		338		3121	25232	29619	95469	283577	58558	20747	1025
中铁二十四局集团有限公司	2113687	9025		11661	16322	77609	7269		7174	74122	267465	358633
中铁二十五局集团有限公司	1334635	2285		11175	62091	3336	9326	88948	9697		24870	2858
中铁建设集团有限公司	2598119	749359	24117	130791	60727	14053	19749	26112		67113	149450	50207
中国铁建电气化局集团有限公司	2026479	21224	334	23659	95101	227289	128875	22101	63593	1171	27982	13461
中国铁建港航局集团有限公司	577866						3081	804			41870	65184
中国铁建国际集团有限公司	586547											
中铁城建集团有限公司	1122888	170716	37289	5658	43046	17029	17303	4983	72499	4661	112057	55769

(制表:马佶卿)

中国铁建系统施工单位建筑业总产值按地域分完成情况统计(二)

(2016 年度)

单位:万元

地域 单位	安徽省	福建省	江西省	山东省	河南省	湖北省	湖南省	广东省	广西壮族自治区	海南省	重庆市
合计	1709374	2037548	2015894	2122161	1333121	2263830	1366297	3895693	1637106	332441	1534672
中国土木工程集团有限公司		2552		185				66498			
中铁十一局集团有限公司	190846	152027	138159	300461	148519	949110	167253	584072	86425	1031	235294
中铁十二局集团有限公司	113640	283555	4037	270691	66009	120858	114768	642084	182231	45700	213087
中国铁建大桥工程局集团有限公司	134269	99265	142685	34356	120792	168299	98385	103890	90891	10792	38161
中铁十四局集团有限公司	35274	98120	39355	497032	33004	334815	152878	477524	148563	6162	24086
中铁十五局集团有限公司	185790	32740	99038	20053	163485	151699	51301	121242	25580	11000	21055
中铁十六局集团有限公司	172164	173767	231384	73537	80212	1125	147779	226615	117010	53259	160548
中铁十七局集团有限公司	71686	291463	206903	106057	142127	92270	23867	165187	67666	19601	176384
中铁十八局集团有限公司	158323	168151	35784	126290	187406	134885	77799	148287	79455	1985	189605
中铁十九局集团有限公司	80768	63956	70617	43414	51593	41969	25598	195811	182695	32452	19920
中铁二十局集团有限公司	26921	28562	134008	102877	105544	39781	134706	151046	53526	3257	119027
中铁二十一局集团有限公司	128118	7898	194818	163989	37045	34317	70930	3040	2200	15275	1394
中铁二十二局集团有限公司		299538	86948	20494	1323	12100	10600	150683	34725	5313	42881
中铁二十三局集团有限公司	12105	64765	75244	134331	4016		24189	284901	26532		85911
中铁二十四局集团有限公司	232277	204742	284659	20370	282	9660	7032	5409	38260		44725
中铁二十五局集团有限公司	-754	1651	48469	60649	22114	17655	202812	251047	165415	8250	16067
中铁建设集团有限公司	141276	23001	150400	36472	122037	33788	36216	67081	203045	94519	6732
中国铁建电气化局集团有限公司	22309	7578	73271	48350	46303	116646	10116	81451	46827		131466
中国铁建港航局集团有限公司	4362	34217	115	62553	1310	4853	10068	169825	86060	23845	8329
中国铁建国际集团有限公司											
中铁城建集团有限公司	25270		8746	32593	5070	24156	139865	43495	13869	9310	

(制表:马佶卿)

中国铁建系统施工单位建筑业总产值按地域分完成情况统计(三)

(2016 年度)

单位:万元

单位＼地域	四川省	贵州省	云南省	西藏自治区	陕西省	甘肃省	青海省	宁夏回族自治区	新疆维吾尔自治区	香港特别行政区	澳门特别行政区	海外
合计	2451973	3225359	2395898	727870	2160646	1660152	776265	922408	1009616			3286201
中国土木工程集团有限公司						26867						1172405
中铁十一局集团有限公司	176019	483656	365539	34502	168356	64027	79372	21057	19352			67863
中铁十二局集团有限公司	297004	176498	332728	142572	234981	81959	147900	11566	25499			130135
中国铁建大桥工程局集团有限公司	166576	132189	69763		42724	103472	27549	179815	41237			67238
中铁十四局集团有限公司	196780	46264	112076		75612	39844	41907	56310	41077			139308
中铁十五局集团有限公司	99136	170070	23967	91788	24998	42789	105718		178320			14665
中铁十六局集团有限公司	249622	119764	216753		14365	68644	42063	386374	74210			468
中铁十七局集团有限公司	207126	377846	174806	174743	295035	126289	49770	4650	10771			244533
中铁十八局集团有限公司	82336	486057	263155	65588	284878	43660	77915	71756	93387			269876
中铁十九局集团有限公司	206107	146060	107777	108454	62912	176756	18039	68073	51318			60308
中铁二十局集团有限公司	139147	341125	121289	78119	438620	268281	14740	37470	124955			272734
中铁二十一局集团有限公司	53442	37070	60088	31925	135494	403949	105293	41741	153885			25004
中铁二十二局集团有限公司	93360	193523	49401		1272	23245	36680					
中铁二十三局集团有限公司	251933	22265	48634	179	698	50179	4314	26634	91255			44304
中铁二十四局集团有限公司	64738	184666	122726		24761	1342	1520	266	6185			30787
中铁二十五局集团有限公司	55395	90302	78863		40983	25193	1772	1625	270			32271
中铁建设集团有限公司	13430	78097	88779		57203	16857		15071	31298			91139
中国铁建电气化局集团有限公司	69632	139907	156554		257754	96799	21713		66597			8416
中国铁建港航局集团有限公司	30190		3000									28200
中国铁建国际集团有限公司												586547
中铁城建集团有限公司	63179	100336	58906		7559	2305	8798	31432	5627			1362

(制表:马佶卿)

中国铁建系统施工单位主要实物工程量完成情况统计(一)

(2016 年度)

指标 单位	土石方(万立方米)	隧道(折合米)	桥梁 总计(折合米)	桥梁 特大桥(折合米)	桥梁 大中桥(折合米)	铁路正线铺轨 总计(千米)	铁路正线铺轨 其中:高速(千米)	铁路站线铺轨(千米)	铺道岔(组)	铁路架梁(孔)	铁路制梁(片)
合　计	126211	1277451	1699609	1150000	448142	4396	405	1011	2728	34030	48947
中国土木工程集团有限公司	1007	1291	1295	14	1250	35		33	3	13	129
中铁十一局集团有限公司	10520	137424	220400	191699	30925	1194		133	577	9199	7953
中铁十二局集团有限公司	11133	234203	175791	107548	66222	280		75	19	5067	4917
中国铁建大桥工程局集团有限公司	4294	36415	81137	47824	32019	31		12		792	3748
中铁十四局集团有限公司	14865	76528	132971	59116	17070	851	115	69	81	4701	4528
中铁十五局集团有限公司	5613	71522	157981	103324	45403	30		27	158	560	2078
中铁十六局集团有限公司	6992	82519	173746	119222	38101	190		33	78	1962	4454
中铁十七局集团有限公司	10104	122814	156926	127820	29129	50	15	14	109	1745	2694
中铁十八局集团有限公司	10149	137781	92710	57562	33332	254	138	20	536	1148	1308
中铁十九局集团有限公司	17681	117908	139723	97872	36064	106	60	46	149	2992	4433
中铁二十局集团有限公司	7164	58362	40778	22998	14215	136		36	177	448	1221
中铁二十一局集团有限公司	7864	36388	78943	58234	19472	91		52	119	447	869
中铁二十二局集团有限公司	2927	25709	44634	34448	12359	392	2	63	147	1963	3833
中铁二十三局集团有限公司	4905	45848	41688	22254	20038	225		302	253	188	262
中铁二十四局集团有限公司	5632	53288	119904	76422	37425	279		57	210	2235	3703
中铁二十五局集团有限公司	2958	38569	31810	22622	8647	247	75	40	112	570	2817
中铁建设集团有限公司											
中国铁建电气化局集团有限公司											
中国铁建港航局集团有限公司	2052	655	7917	564	5833						
中国铁建国际集团有限公司	39	228	558		518	8					
中铁城建集团有限公司	311		697	457	121	1					

(制表:马佶卿)

中国铁建系统施工单位主要实物工程量完成情况统计(二)

(2016 年度)

指标 单位	铁路无渣轨道(千米)	铁路机械化整道(千米)	地铁(折合米)	轻轨(折合米)	公路 总计(折合千米)	公路 高速公路(千米)	公路路面(平方米)	公路架梁(片)	通信线路 总计(千米)	通信线路 其中:光缆(千米)
合计	1271	326	306665	43734	2270	1168	55184797	65529	14480	9788
中国土木工程集团有限公司		35	511	608	134		389269	42		
中铁十一局集团有限公司		121	51351	16694	165	126	11988747	10164	870	671
中铁十二局集团有限公司			19634		127	122	1792500	2209	781	57
中国铁建大桥工程局集团有限公司	11		28312	910	117	98	4102640	630	48	26
中铁十四局集团有限公司	425		30528		178	32	2792175	9941	76	100
中铁十五局集团有限公司	0		10422	53	200	110	9605098	5152	153	104
中铁十六局集团有限公司	52		24459	5596	94	35	1218801	6753	159	28
中铁十七局集团有限公司	95		44465		313	266	4464649	6282		9
中铁十八局集团有限公司	81		19810	713	330	35	1390958	3843	143	80
中铁十九局集团有限公司	399	41	39781	886	243	141	4052241	2035	393	257
中铁二十局集团有限公司	143		8107	286	24	2	1369211	2455	271	263
中铁二十一局集团有限公司	5		6621		124	23	653599	2352	815	657
中铁二十二局集团有限公司	29	63	6648	1163					468	271
中铁二十三局集团有限公司			2512		81	89	11224783	4680	458	93
中铁二十四局集团有限公司	13	65	10824	11348	64	39	140126	6070	567	225
中铁二十五局集团有限公司	18		2681	4722	16	16		2654	187	166
中铁建设集团有限公司										
中国铁建电气化局集团有限公司					19	19			9091	6781
中国铁建港航局集团有限公司					40	14		267		
中国铁建国际集团有限公司										
中铁城建集团有限公司				754						

(制表:马佶卿)

中国铁建系统施工单位主要实物工程量完成情况统计(三)

(2016 年度)

指标 单位	通信设备（站）	自动闭塞（区间千米）	电器集中（联锁道岔）	供电线路（千米）	接触网（条千米）	牵引变电所（处）	变配电所（处）	房屋建筑施工面积 总计（平方米）	房屋建筑施工面积 本年新开工面积（平方米）
合计	1199	3091	1320	10837	13283	362	269	163963889	35228327
中国土木工程集团有限公司	3		40	34	54	7	1	1540379	965748
中铁十一局集团有限公司	10	337	244	1514	550	8	56	10851401	2178099
中铁十二局集团有限公司				1150	888			13010168	2989537
中国铁建大桥工程局集团有限公司				52				3911579	409774
中铁十四局集团有限公司		16		241	235	2	1	2859968	561851
中铁十五局集团有限公司				65	160			3162473	661050
中铁十六局集团有限公司	8	4	220	15	5	1		5987187	1648523
中铁十七局集团有限公司			3	3	20			5781097	1117653
中铁十八局集团有限公司	9	7	173	94	53		14	10224606	2794999
中铁十九局集团有限公司				104	42			4305214	602754
中铁二十局集团有限公司	6		158	324	79	2	15	3152739	987663
中铁二十一局集团有限公司	19	45	139	247	108	2	3	2728712	989883
中铁二十二局集团有限公司				326	139	1	1	3181145	175325
中铁二十三局集团有限公司	1	203	77	308	138		10	2378612	455348
中铁二十四局集团有限公司	1	3	122	286	23		12	2903719	547595
中铁二十五局集团有限公司	23	274	144	117	98			3473534	511679
中铁建设集团有限公司								65366656	12343488
中国铁建电气化局集团有限公司	1119	2204		5957	10690	339	155	334088	172271
中国铁建港航局集团有限公司								45400	45400
中国铁建国际集团有限公司								1787065	581255
中铁城建集团有限公司								16978146	4488431

（制表：马佶卿）

中国铁建系统施工单位主要实物工程量完成情况统计(四)

(2016 年度)

指标 单位	房屋建筑施工面积		码头(折合米)	护岸(折合米)	防波堤(折合米)	挖泥(万立方米)	水下炸礁(万立方米)	围堰(万立方米)	吹填(万立方米)	软基处理(万平方米)
	实行投标承包(平方米)	住宅(平方米)								
合计	147282237	73943934	639	13221	1074	447		43	374	151
中国土木工程集团有限公司	934047	574794		480				2	7	35
中铁十一局集团有限公司	10297906	8139973								
中铁十二局集团有限公司	12916057									
中国铁建大桥工程局集团有限公司	3862959	1871565	106							
中铁十四局集团有限公司	742180									
中铁十五局集团有限公司	2309175	1506698								
中铁十六局集团有限公司	931523					1				
中铁十七局集团有限公司	5896860					12				41
中铁十八局集团有限公司	10224606									37
中铁十九局集团有限公司	4044749	1476960								
中铁二十局集团有限公司	3007241									
中铁二十一局集团有限公司	2698217									
中铁二十二局集团有限公司	2993837									
中铁二十三局集团有限公司	165946									
中铁二十四局集团有限公司	78134					8				37
中铁二十五局集团有限公司	3473534	1649929								
中铁建设集团有限公司	65366656	47114461								
中国铁建电气化局集团有限公司	301990									
中国铁建港航局集团有限公司			533	12741	1074	426		41	367	1
中国铁建国际集团有限公司	58473									
中铁城建集团有限公司	16978146	11609554								

(制表:马佶卿)

中国铁建系统施工单位房屋建筑完成情况统计(一)

(2016 年度)

指 标 名 称	合 计			1. 住宅房屋			2. 商业及服务用房屋		
计量单位	施工面积（平方米）	竣工面积（平方米）	竣工价值（万元）	施工面积（平方米）	竣工面积（平方米）	竣工价值（万元）	施工面积（平方米）	竣工面积（平方米）	竣工价值（万元）
合 计	163963889	21569348	5035351	108103444	14711909	2559757	14394377	1594799	451237
中国土木工程集团有限公司	1540379	227282	227219	698150	192012	77299	41994		
中铁十一局集团有限公司	10851401	77525	6687	8149973			511693		
中铁十二局集团有限公司	13010168	157190	359	8239886	141992		396974		
中国铁建大桥工程局集团有限公司	3911579	245591	84348	1871565	181056	41802	106435		
中铁十四局集团有限公司	2859968	808118	97646	2120607	539996	53795	104937	22070	4416
中铁十五局集团有限公司	3162473	321990	182760	1506698	80	124290	398528		
中铁十六局集团有限公司	5987187	184989	123100	3195211	2000	5472	1587826	166293	102433
中铁十七局集团有限公司	5781097	279320	19579	3577122	225761		616641		
中铁十八局集团有限公司	10224606	1046675	264661	7315940	674073	139261	554834	100377	40859
中铁十九局集团有限公司	4305214	290434	38192	1476960	144758		319625	49976	
中铁二十局集团有限公司	3152739	817049	258397	2250632	239505	51835	288232	15783	6708
中铁二十一局集团有限公司	2728712	600872	103987	1878606	512239	71075	147302	3146	2865
中铁二十二局集团有限公司	3181145		69895	1010314		15420	79678		2798
中铁二十三局集团有限公司	2378612	69541	103067	1450142	69541	45034	470743		4970
中铁二十四局集团有限公司	2903719	880994	156203	1721724	605757	114750	74215	55745	7303
中铁二十五局集团有限公司	3473534	1301369	268578	1649929	312952	62234	273728		
中铁建设集团有限公司	65366656	11007872	2218077	47114461	8350830	1143062	6323055	909923	248455
中国铁建电气化局集团有限公司	334088	22529							
中国铁建港航局集团有限公司	45400	45400							
中国铁建国际集团有限公司	1787065			1265969			332217		
中铁城建集团有限公司	16978146	3184608	812596	11609554	2519357	614428	1765720	271486	30430

（制表：马佶卿）

中国铁建系统施工单位房屋建筑完成情况统计(二)

(2016 年度)

指　标　名　称	(1)商厦房屋(批发和零售用房)			(2)宾馆用房屋(住宿用房)			(3)餐饮用房屋(餐饮用房)		
计量单位	施工面积(平方米)	竣工面积(平方米)	竣工价值(万元)	施工面积(平方米)	竣工面积(平方米)	竣工价值(万元)	施工面积(平方米)	竣工面积(平方米)	竣工价值(万元)
合　计	4623890	502362	160556	2698797	235557	27485	299809	4871	1700
中国土木工程集团有限公司	8549			33445					
中铁十一局集团有限公司	76500			50886					
中铁十二局集团有限公司	16745						105086		
中国铁建大桥工程局集团有限公司	45000			27435					
中铁十四局集团有限公司									
中铁十五局集团有限公司	398528								
中铁十六局集团有限公司	727222		101123	391943	166293				
中铁十七局集团有限公司	490691			97205					
中铁十八局集团有限公司	72976			49583	40445	21441	5630		
中铁十九局集团有限公司	137242								
中铁二十局集团有限公司	139021								
中铁二十一局集团有限公司				82416					
中铁二十二局集团有限公司	4117						55751		
中铁二十三局集团有限公司	260000			186000					
中铁二十四局集团有限公司									
中铁二十五局集团有限公司									
中铁建设集团有限公司	1434919	232362	29454	1641821	28819	6044	88834	4871	1700
中国铁建电气化局集团有限公司									
中国铁建港航局集团有限公司									
中国铁建国际集团有限公司	325300								
中铁城建集团有限公司	487080	270000	29979	138063			44508		

(制表:马佶卿)

中国铁建系统施工单位房屋建筑完成情况统计(三)

(2016 年度)

指标名称	(4)商务会展用房屋			(5)其他商业及服务用房屋(居民服务业用房)			3. 办公用房屋		
计量单位	施工面积(平方米)	竣工面积(平方米)	竣工价值(万元)	施工面积(平方米)	竣工面积(平方米)	竣工价值(万元)	施工面积(平方米)	竣工面积(平方米)	竣工价值(万元)
合计	731676	417248	155897	6040205	434761	105599	11785890	952007	345582
中国土木工程集团有限公司							105227		
中铁十一局集团有限公司				384307			292876		
中铁十二局集团有限公司	27584			247559			881161	12669	
中国铁建大桥工程局集团有限公司				34000			31180		
中铁十四局集团有限公司	82867			22070	22070	4416	173397	126736	25910
中铁十五局集团有限公司							321680	1680	4774
中铁十六局集团有限公司	27760			440901		1310	51835		
中铁十七局集团有限公司	1620			27125			175406		
中铁十八局集团有限公司				426645	59932	19418	205737		
中铁十九局集团有限公司				182383	49976		574718		
中铁二十局集团有限公司				149211	15783	6708	150681	55127	11679
中铁二十一局集团有限公司				64886	3146	2865	131298	33891	4487
中铁二十二局集团有限公司				19810		2798	325282		26216
中铁二十三局集团有限公司				24743		4970	16868		
中铁二十四局集团有限公司				74215	55745	7303	11241	3590	1030
中铁二十五局集团有限公司				273728			16366		
中铁建设集团有限公司	582280	417248	155897	2575201	226623	55360	7060339	588057	221643
中国铁建电气化局集团有限公司							1397		
中国铁建港航局集团有限公司							7054	7054	
中国铁建国际集团有限公司				6917			150000		
中铁城建集团有限公司	9565			1086504	1486	451	1102147	123203	49843

(制表:马信卿)

中国铁建系统施工单位房屋建筑完成情况统计(四)

(2016 年度)

指　标　名　称	4. 科研、教育、医疗用房屋			(1)科学研究用房屋			(2)教育用房屋		
计量单位	施工面积(平方米)	竣工面积(平方米)	竣工价值(万元)	施工面积(平方米)	竣工面积(平方米)	竣工价值(万元)	施工面积(平方米)	竣工面积(平方米)	竣工价值(万元)
合　计	7112746	1659796	352818	1330200	303107	56248	3695438	1145131	248574
中国土木工程集团有限公司	77948			15230			58015		
中铁十一局集团有限公司	80373						80373		
中铁十二局集团有限公司	729804			20370			707903		
中国铁建大桥工程局集团有限公司	65534			65534					
中铁十四局集团有限公司	159371	87737	10500				45909		
中铁十五局集团有限公司	584697	282653	12434				584697	282653	12434
中铁十六局集团有限公司	219165						219165		
中铁十七局集团有限公司	643341			34005			314917		
中铁十八局集团有限公司	618611	27347	12589	11317	11317	4417	563888	16030	8172
中铁十九局集团有限公司	297126								
中铁二十局集团有限公司	181758	409212	124648				178070	409212	124648
中铁二十一局集团有限公司	41054			41054					
中铁二十二局集团有限公司	189635		10261	19397			170238		10261
中铁二十三局集团有限公司	77081			70575			4142		
中铁二十四局集团有限公司	603944	186636	24391				245034	186636	24391
中铁二十五局集团有限公司	98422	60532	10693				90820	60532	10693
中铁建设集团有限公司	1920052	541995	127981	888342	291790	51831	219106	149677	47639
中国铁建电气化局集团有限公司									
中国铁建港航局集团有限公司									
中国铁建国际集团有限公司	38400						38400		
中铁城建集团有限公司	486430	63684	19321	164376			174761	40391	10336

(制表:马信卿)

中国铁建系统施工单位房屋建筑完成情况统计(五)

(2016 年度)

指　标　名　称	(3)医疗用房屋(卫生医疗用房)			5. 文化、体育、娱乐用房屋			6. 厂房及建筑物		
计量单位	施工面积(平方米)	竣工面积(平方米)	竣工价值(万元)	施工面积(平方米)	竣工面积(平方米)	竣工价值(万元)	施工面积(平方米)	竣工面积(平方米)	竣工价值(万元)
合　计	2087108	211558	48016	1075510	153102	25561	6571688	518514	298471
中国土木工程集团有限公司	4703						326413	35270	149920
中铁十一局集团有限公司				31984	22096	2602	237108		1607
中铁十二局集团有限公司	1531			79800			130658		
中国铁建大桥工程局集团有限公司							1046321		
中铁十四局集团有限公司	113462	87737	10500				95714	28947	2730
中铁十五局集团有限公司				19841	18038	5538	129054		25231
中铁十六局集团有限公司				229475			149096		15077
中铁十七局集团有限公司	294419			52529			35308	15681	15605
中铁十八局集团有限公司	43406			47000			407523	12804	1648
中铁十九局集团有限公司	297126						660971	77145	29821
中铁二十局集团有限公司	3688						2578		
中铁二十一局集团有限公司				54424			89133	2012	11736
中铁二十二局集团有限公司							1104617		
中铁二十三局集团有限公司	2364						229441		3561
中铁二十四局集团有限公司	358910		20	16577	16577	4949			
中铁二十五局集团有限公司	7602			2487	1722	881	290583	187462	23588
中铁建设集团有限公司	812604	100528	28511	301352	1000	3035	905476	120847	17947
中国铁建电气化局集团有限公司									
中国铁建港航局集团有限公司							38346	38346	
中国铁建国际集团有限公司									
中铁城建集团有限公司	147293	23293	8985	240041	93669	8556	693348		

(制表:马信卿)

中国铁建系统施工单位房屋建筑完成情况统计(六)

(2016年度)

指标名称	7. 仓库			8. 其他未列明的房屋建筑物			9. 铁路工程		
计量单位	施工面积(平方米)	竣工面积(平方米)	竣工价值(万元)	施工面积(平方米)	竣工面积(平方米)	竣工价值(万元)	施工面积(平方米)	竣工面积(平方米)	竣工价值(万元)
合计	649699	240485	87865	1786598	35530	71467	6349906	1079067	673649
中国土木工程集团有限公司				3381			56752		
中铁十一局集团有限公司				48529			335529	-3654	
中铁十二局集团有限公司	135035			80695			1499723	2529	359
中国铁建大桥工程局集团有限公司				341787	6517	3046	202741		
中铁十四局集团有限公司				97532			102554	2632	295
中铁十五局集团有限公司				41484	19539	10493	123732		
中铁十六局集团有限公司	67162			33295			56388	13896	118
中铁十七局集团有限公司	59858			9360		3502	432992	14393	
中铁十八局集团有限公司	99305	222600	65585	55077	9474	4719	187861		
中铁十九局集团有限公司				425818			107663	1093	4127
中铁二十局集团有限公司	5196	5196	3505	38736			181385	74609	49882
中铁二十一局集团有限公司				2051			154016	40506	11296
中铁二十二局集团有限公司	137156		14995			205	39205		
中铁二十三局集团有限公司						49502	98109		
中铁二十四局集团有限公司	12689	12689	3780	114405			215590		
中铁二十五局集团有限公司				10855			514563	376275	91615
中铁建设集团有限公司				334490			1369305	467094	442954
中国铁建电气化局集团有限公司							137937	3896	
中国铁建港航局集团有限公司									
中国铁建国际集团有限公司				479					
中铁城建集团有限公司	133298			148625			533862	85799	73003

(制表:马佶卿)

中国铁建系统施工单位房屋建筑完成情况统计（七）

（2016年度）

指　标　名　称	10. 铁路四电			11. 公路工程			12. 城市轨道		
计量单位	施工面积（平方米）	竣工面积（平方米）	竣工价值（万元）	施工面积（平方米）	竣工面积（平方米）	竣工价值（万元）	施工面积（平方米）	竣工面积（平方米）	竣工价值（万元）
合　计	278991	18633		207258	36439	10612	2076999	121795	43156
中国土木工程集团有限公司							52241		
中铁十一局集团有限公司							994964	59083	2478
中铁十二局集团有限公司	68762			4392			413914		
中国铁建大桥工程局集团有限公司				12087			130500	58018	39500
中铁十四局集团有限公司				3856			2000		
中铁十五局集团有限公司				2906					
中铁十六局集团有限公司	5335						66391		
中铁十七局集团有限公司				21734	18822	472	5040		
中铁十八局集团有限公司				24330			200501		
中铁十九局集团有限公司							4694	4694	1178
中铁二十局集团有限公司				9000	17617	10140			
中铁二十一局集团有限公司	16924			859			15936		
中铁二十二局集团有限公司				93606					
中铁二十三局集团有限公司				33364					
中铁二十四局集团有限公司							26534		
中铁二十五局集团有限公司				1124			144145		
中铁建设集团有限公司									
中国铁建电气化局集团有限公司	187970	18633							
中国铁建港航局集团有限公司									
中国铁建国际集团有限公司									
中铁城建集团有限公司							20139		

（制表：马佶卿）

中国铁建系统施工单位房屋建筑完成情况统计(八)

(2016 年度)

指 标 名 称	13. 市政工程			14. 电力工程			15. 水利工程		
计量单位	施工面积(平方米)	竣工面积(平方米)	竣工价值(万元)	施工面积(平方米)	竣工面积(平方米)	竣工价值(万元)	施工面积(平方米)	竣工面积(平方米)	竣工价值(万元)
合 计	2529153	403037	99110	260846	11445	3066	34327	4663	
中国土木工程集团有限公司									
中铁十一局集团有限公司	61720								
中铁十二局集团有限公司	257800						1109		
中国铁建大桥工程局集团有限公司	85760			17669					
中铁十四局集团有限公司									
中铁十五局集团有限公司	33853								
中铁十六局集团有限公司	322635	2800							
中铁十七局集团有限公司	135000			1000			14587	4663	
中铁十八局集团有限公司	273818			187108					
中铁十九局集团有限公司	226231	1323		48285	11445	3066	15624		
中铁二十局集团有限公司	41540								
中铁二十一局集团有限公司	197109	9078	2528						
中铁二十二局集团有限公司	186643						200		
中铁二十三局集团有限公司	56						2807		
中铁二十四局集团有限公司	10474								
中铁二十五局集团有限公司	471332	362426	79567						
中铁建设集团有限公司									
中国铁建电气化局集团有限公司				6784					
中国铁建港航局集团有限公司									
中国铁建国际集团有限公司									
中铁城建集团有限公司	225182	27410	17015						

(制表:马佶卿)

中国铁建系统施工单位房屋建筑完成情况统计(九)

(2016 年度)

指　标　名　称	16. 机场工程			17. 矿山工程			18. 港口与航道工程			19. 其他工程		
计量单位	施工面积（平方米）	竣工面积（平方米）	竣工价值（万元）	施工面积（平方米）	竣工面积（平方米）	竣工价值（万元）	施工面积（平方米）	竣工面积（平方米）	竣工价值（万元）	施工面积（平方米）	竣工面积（平方米）	竣工价值（万元）
合　计	259115	28126	13000	16640						467903		
中国土木工程集团有限公司	178273											
中铁十一局集团有限公司										106653		
中铁十二局集团有限公司	26630									63825		
中国铁建大桥工程局集团有限公司												
中铁十四局集团有限公司												
中铁十五局集团有限公司												
中铁十六局集团有限公司	3373											
中铁十七局集团有限公司										1179		
中铁十八局集团有限公司										46961		
中铁十九局集团有限公司				16640						130860		
中铁二十局集团有限公司										3000		
中铁二十一局集团有限公司												
中铁二十二局集团有限公司										12013		
中铁二十三局集团有限公司												
中铁二十四局集团有限公司	12713									83612		
中铁二十五局集团有限公司												
中铁建设集团有限公司	38126	28126	13000									
中国铁建电气化局集团有限公司												
中国铁建港航局集团有限公司												
中国铁建国际集团有限公司												
中铁城建集团有限公司										19800		

（制表：马佶卿）

中国铁建系统施工单位从业人员及工资总额情况统计(一)

(2016 年度)

指标名称	计量单位	合　计	中土公司	十一局	十二局	大桥局	十四局	十五局	十六局	十七局	十八局	十九局
一、从业人员												
(一)从业人员期末人数	人	305465	7343	18281	20001	16172	22611	15993	27509	20231	29504	15461
其中:女性	人	53413	524	3034	3588	2367	4017	3590	4510	2835	4718	3312
其中:非全日制	人	173										
按人员类型分												
在岗职工	人	241489	6237	18281	14138	11546	13706	14194	19336	20231	14375	14758
劳务派遣人员	人	4759				288						703
其他从业人员	人	59217	1106		5863	4338	8905	1799	8173		15129	
按职业类型分												
中层及以上管理人员	人	14356	296	368	491	2804	2237	384	388	1385	560	374
专业技术人员	人	141124	3678	12109	6595	8165	8609	8197	13913	8820	9287	8758
办事人员和有关人员	人	40667	171		2618	1745	4157	2240	8010	362	5681	458
商业、服务业人员	人	2624			83		355		28	813	296	
生产、运输设备操作人员及有关人员	人	107521	3198	5804	10214	3458	7253	5172	5170	8851	13680	5871
(二)从业人员平均人数	人	304929	7051	18341	19909	16398	22606	17974	27251	20192	29515	15619
按人员类型分												
在岗职工	人	241441	6081	18341	14243	11473	13935	16367	19276	20192	14319	14921
劳务派遣人员	人	4852				650						698
其他从业人员	人	58636	970		5666	4275	8671	1607	7975		15196	

续表

指标名称	计量单位	合　计	中土公司	十一局	十二局	大桥局	十四局	十五局	十六局	十七局	十八局	十九局
按职业类型分												
中层及以上管理人员	人	14289	287	356	482	2804	2236	390	382	1385	558	368
专业技术人员	人	140612	3432	12042	6676	8165	8610	9216	13895	8820	9293	8951
办事人员和有关人员	人	41209	165		2589	1745	4155	2540	8001	375	5698	450
商业、服务业人员	人	2665			113		354		28	854	297	
生产、运输设备操作人员及有关人员	人	105982	3167	5943	10049	3684	7251	5828	4945	8758	13669	5850
二、从业人员工资总额	千元	23856341	1629604	1794751	1736397	1124516	1515295	1049815	2184952	298729	1987604	1248623
按人员类型分												
在岗职工	千元	20605405	1501329	1794751	1356124	892544	1093024	982800	1833980	298729	1292768	1211240
基本工资	千元	11875911	1000886	1073692	770443	535526	674856	827236	821440	139861	801516	908429
绩效工资	千元	6012814	500443	431131	257086	357017	364673	55140	651063	103644	180988	181685
工资性津贴和补贴	千元	1744784		167643	236918		42294	85805	207056	25487	168060	97271
其他工资	千元	731645		122285	91677		11201	14619	154421	29737	142204	23853
劳务派遣人员	千元	254369				27934						37383
其他从业人员	千元	2996567	128275		380273	204038	422271	67015	350972		694836	
按职业类型分												
中层及以上管理人员	千元	2248366	189167	105941	125723	355192	261390	33890	49958	30946	138908	82868
专业技术人员	千元	12139991	790771	1194358	731345	493424	629611	652575	1198908	134534	742913	739064
办事人员和有关人员	千元	2687399	31838		225598	91700	219135	121959	630750	2819	414097	30415
商业、服务业人员	千元	107632			10762		18615		1608	7189	15901	
生产、运输设备操作人员及有关人员	千元	6377362	617828	494452	642968	184200	386544	241391	303728	123241	675785	396275

（制表：马佶卿）

中国铁建系统施工单位从业人员及工资总额情况统计(二)

(2016 年度)

指标名称	二十局	二十一局	二十二局	二十三局	二十四局	二十五局	中铁建设	电气化局	港航局	城建公司	国际公司
一、从业人员											
(一)从业人员期末人数	21645	14168	10963	11566	12488	9571	10444	11161	3394	5669	1290
其中:女性	4995	2458	2018	2531	1641	1632	1765	2311	534	908	125
其中:非全日制			74						99		
按人员类型分											
在岗职工	16610	11667	10392	9295	10526	8144	9801	10295	2343	4640	974
劳务派遣人员	37	872	113	92	819		643	659	494	24	15
其他从业人员	4998	1629	458	2179	1143	1427		207	557	1005	301
按职业类型分											
中层及以上管理人员	238	349	1230	227	1367	211	268	306		735	138
专业技术人员	9923	5809	5934	4394	4917	5643	8539	4413		2908	513
办事人员和有关人员	2150		807	5890	812	1510	1637	1160		680	579
商业、服务业人员	214	161	329		79			221		20	25
生产、运输设备操作人员及有关人员	9125	7849	2663	5271	5313	2207		5061		1326	35
(二)从业人员平均人数	19613	14175	10807	11796	12117	9533	10038	10867	3281	5842	2004
按人员类型分											
在岗职工	15222	11552	10165	9468	10483	8124	9466	10064	2271	4800	678
劳务派遣人员	37	798	109	81	726		572	646	487	25	23
其他从业人员	4354	1825	533	2247	908	1409		157	523	1017	1303

续表

指标名称	二十局	二十一局	二十二局	二十三局	二十四局	二十五局	中铁建设	电气化局	港航局	城建公司	国际公司
按职业类型分											
中层及以上管理人员	215	335	1208	227	1377	210	260	301		743	165
专业技术人员	8946	5881	5870	4394	4751	5640	7749	4163		3009	1109
办事人员和有关人员	1928		797	5890	796	1520	2029	1150		707	674
商业、服务业人员	205	160	336		80			193		20	25
生产、运输设备操作人员及有关人员	8319	7799	2596	4394	5113	2163		5060		1363	31
二、从业人员工资总额	1154169	1035256	870835	897315	905162	781467	1491376	1006478	295631	476570	371796
按人员类型分											
在岗职工	956458	926635	835349	797741	812784	701421	1464418	959205	240251	417549	236305
基本工资	692360	459966	397536	647748	416275	394761	559922	384143		227498	141816
绩效工资	204829	437402	235829	84171	271240	230505	809318	479657		113190	63802
工资性津贴和补贴	48795	7807	162630	53092	96166	72304	95178	80290		67301	30687
其他工资	10474	21460	39354	12730	29103	3851		15115		9561	
劳务派遣人员	305	35920	5480	3112	44883		26958	39383	30555	1336	1120
其他从业人员	197406	72701	30006	96462	47495	80046		7890	24825	57685	134371
按职业类型分											
中层及以上管理人员	56779	39207	149343	20701	193065	46831	115859	78907		102316	71375
专业技术人员	520898	545396	495952	364562	375893	515819	1129767	405009		255141	224051
办事人员和有关人员	98596		59559	184372	50085	99937	245750	71560		40301	68928
商业、服务业人员	9787	7831	15189		3072			12279		1459	3940
生产、运输设备操作人员及有关人员	468149	442822	150792	327680	283047	118880		438723		77354	3502

（制表：马佶卿）

中国铁建勘察设计咨询单位主要经济技术指标完成情况统计

（2016 年度）

类别 / 数量 / 单位	企业总产值（万元）									从业人员年末人数（人）			
	合计	其中：境外	勘察设计产值			技术咨询与技术转让产值	勘察设计延伸经营产值	工程承包产值	其他产值	合计	其中		
			合计	其中：建设项目产值	其中：三大部类产值						在岗职工	聘用人员	临时人员
合计	1723776	19054	986723	899910		26187	126994	551992	31872	21711	14996	6715	
中铁第一勘察设计院集团有限公司	516779	9191	231719	231729		3069	29523	252458		5392	4013	1379	
中铁第四勘察设计院集团有限公司	850050	7208	543639	543639		14007	32440	234965	25000	6554	4684	1870	
中铁第五勘察设计院集团有限公司	236676	1863	124542	124542		6703	57497	41062	6872	8212	4802	3410	
中铁上海设计院集团有限公司	120271	792	86823			2408	7534	23507		1553	1497	56	

续表

类别 / 数量 / 单位	专业技术人员年末人数（人）					生产人员年末人数（人）					注册执业年末人次数（人）						
	合计	其中				合计	其中				合计	其中					
		高级职务人员	中级职务人员	初级职务人员	其他人员		勘察生产人员	设计生产人员	工程监理人员	其他人员		一级注册建筑师	二级注册建筑师	一级注册结构工程师	二级注册结构工程师	其他注册工程师	其他注册人员
合计	16382	7145	5391	3496	350	19297	2273	9285	6208	1531	3428	71	34	161	15	3109	38
中铁第一勘察设计院集团有限公司	3334	1703	1097	465	69	3703	799	2722	128	54	1117	14	16	38	6	1016	27
中铁第四勘察设计院集团有限公司	4449	2090	1277	1082		6149	846	4107	901	295	1085	32	7	81	3	957	5
中铁第五勘察设计院集团有限公司	7200	2880	2520	1584	216	8212	569	1329	5132	1182	908	12	1	11	2	880	2
中铁上海设计院集团有限公司	1399	472	497	365	65	1233	59	1127	47		318	13	10	31	4	256	4

续表

类别 / 数量 / 单位	从业人员平均人数		完成主要实物量情况										
	合计	其中：勘察设计平均人数	工程地质（实钻米）	水文地质（实钻米）	工程物探（标准点）	预可行性研究铁路正线（千米）	初测铁路正线（千米）	可行性研究铁路正线（千米）	定测铁路正线（千米）	初步设计铁路正线（千米）	补充定测铁路正线（千米）	施工图铁路正线（千米）	线路（折算千米）
合计	21555	12107	4415425	1404	2640323	14134	9227	9208	5564	5354	2193	3866	6022
中铁第一勘察设计院集团有限公司	5339	4372	483257	1404	1362505	7137	3340	3525	1103	646	75	1047	1751
中铁第四勘察设计院集团有限公司	6490	4739	2815233		1010253	3704	3460	2936	3640	3627	2042	1823	2890
中铁第五勘察设计院集团有限公司	8204	1793	976000		244897	3100	1580	1900	821	1078	60	961	1131
中铁上海设计院集团有限公司	1522	1203	140935		22668	193	847	847		3	16	35	250

（制表：马佶卿）

中国铁建系统人员情况统计

（2016 年度）

类别 / 数量 / 单位	从业人员年末人数	在岗职工	长期职工	临时职工	息工放假人员	其他从业人员	聘用的离退休人员	零散外部劳务及其他	在岗职工和非在岗职工合计年末人数	非在岗职工年末人数	内部退养	长期病休假及其他	其他非在岗人员	建制单位外部劳务人员年末人数	离休退休退职人员年末人数	离休	退休	退职
合计	380603	315061	304836	11156	6841	64724	1341	51198	362069	46081	32816	2260	11298	832662	109487	894	106961	1625
中国土木工程集团有限公司	5693	4609	4506	103		1084	67	1016	4614	6	4	2		319	625	29	596	
中铁十一局集团有限公司	16409	16342	16342			67		67	17993	1651	1580		71	105944	4379	6	4372	1
中铁十二局集团有限公司	20478	15432	15432		98	5046		5046	19358	3926	3649	292	277	110056	4639	1	4638	
中国铁建大桥工程局集团有限公司	17008	13903	12485	1418	155	3104		3104	18178	4274	3784	30	461	44548	5402	17	5298	88
中铁十四局集团有限公司	20893	14775	14234	541	377	6118		6173	18095	3318	1765	34	1520	23442	6604	13	6214	377
中铁十五局集团有限公司	22474	19940	19940		1214	2533		2533	25802	5862	2758	361	2744	21445	5226	6	5207	13
中铁十六局集团有限公司	29761	21378	21378		379	8383	229	8154	23701	2322	1372	74	876	35516	4903	8	4818	78
中铁十七局集团有限公司	24246	24246	20867	3379					27713	3467	3467			68524	2376		2346	30
中铁十八局集团有限公司	32833	17941	17941		148	14892		14892	21514	3572	2912	4	656	60472	4696	2	4622	71
中铁十九局集团有限公司	19795	19795	18368	1427	872				24031	4237	2545	181	1511	77018	3695	10	3632	53
中铁二十局集团有限公司	24800	19868	19868		26	4932		4932	22696	2826	1723	648	455	64262	3252	5	3101	146
中铁二十一局集团有限公司	17515	13706	13706		836	3809		3809	15700	1993	1897	60	36	30545	7469	60	7409	
中铁二十二局集团有限公司	11940	11748	11704	44		192		192	13210	1460	108	94	1260	19051	3284	59	3211	13
中铁二十三局集团有限公司	13276	12929	12929		622	347	23	324	15383	2454	1243	344	866	27932	6647	72	6002	571
中铁二十四局集团有限公司	13814	12672	12672		1464	1142	246	896	13271	600	416	74	109	34970	16944	133	16763	48
中铁二十五局集团有限公司	11819	9864	9850	14	162	1955	50	1904	10792	929	869	13	47	3096	9064	66	8902	96
中铁建设集团有限公司	10194	10194	10194						10194					77356	1073	2	1069	
中国铁建电气化局集团有限公司	12893	12444	12162	282	203	449		449	13361	917	917			9784	1506	2	1502	
中国铁建港航局集团有限公司	3822	2515	2515			1307	25	1282	2550	35	35				1376	10	1366	
中国铁建房地产集团有限公司	4450	4248	4248			202	14	187	4248						1		1	
中铁第一勘察设计院集团有限公司	5189	2816	2816			2372	89	2282	3641	824	820	5			4534	108	4421	5
中铁第四勘察设计院集团有限公司	6866	5573	5573			1294	419	875	5728	155	155				4525	103	4412	10
中铁第五勘察设计院集团有限公司	4903	4703	2028	2675		200		200	4780	78	53		24	130	502	30	472	
中铁上海设计院集团有限公司	1490	1424	1424			66	49	17	1439	13	13				578	11	568	
中铁物资集团有限公司	3239	2672	2672			566	52	514	2941	270	228		42	12	806	5	794	6
中国铁建重工集团有限公司	2957	2918	2918			38	11	28	2935	17	17			862	712	4	708	
中国铁建国际集团有限公司	1159	861	440	421		298		298	862									
中铁城建集团有限公司	5784	4156	5087		283	812		812	5780	706	319	43	343	17292	2851	108	2731	12
中国铁建投资集团有限公司	679	644	538	106		36		36	644									
中国铁建财务有限公司	50	48	48			2	2		48									
诚合保险经纪有限公司	122	115	115			7		7	115									
中铁建商务管理有限公司	1098	1055	353	702		43		43	1103	48	48				342		342	
中国铁建股份有限公司北京培训中心	44	44	42	2					49	4	2	1			35		35	
中国铁建高新装备股份有限公司	3176	2267	2267		2	910		910	2317	50	50				736	4	725	7
北京铁城监理建设有限责任公司	4207	3383	3341	42		824	65	760	3383									
中铁建中非建设有限公司	5150	3456	3456			1694		1694	3456					86	4		4	
中国铁建股份有限公司机关	377	377	377						444	67	67				701	20	680	

（制表：张　寒）

中国铁建系统在岗职工和非在岗职工人数专项指标统计

（2016 年度）

类别 数量 单位	在岗职工和非在岗职工年末人数中专业技术人员	从事专业技术工作	从事专业技术管理工作	专业技术人员中		专业技术人员技术职务				从事专业技术管理工作之外的其它管理人员	年末人数按文化程度分组							
				工程技术人员	女性	初级职务	中级职务	高级职务	无技术职务		合计	初中以下	高中	技校	中专	大专	大学本科	研究生
合计	197985	148270	49713	138032	31361	97160	54815	25010	25195	9592	321072	35533	32165	14365	17464	74488	139976	7081
中国土木工程集团有限公司	1330	610	720	1165	188	376	476	426	62	64	4053	145	303	38	54	1212	2096	205
中铁十一局集团有限公司	13938	11956	1982	9872	1891	6088	3144	1238	4162		19052	2364	1847	818	978	2574	10321	150
中铁十二局集团有限公司	11452	7602	3850	6990	1687	5424	3446	1451	1357		17485	2257	2064	512	826	2118	9485	223
中国铁建大桥工程局集团有限公司	8670	5442	3228	6151	1151	3948	2569	1362	949	404	16037	1646	2345	1162	771	2895	7090	128
中铁十四局集团有限公司	12052	8664	3388	8897	1627	5830	3401	1534	1544	1090	18388	1983	1652	451	917	4187	9020	178
中铁十五局集团有限公司	11677	9096	2581	8116	2420	6635	2922	1186	1121	262	23062	3163	2423	1956	1247	6732	7402	139
中铁十六局集团有限公司	16457	13826	2630	10538	2594	7618	3418	1637	4541	1162	22377	3187	3004	1136	1144	4749	8881	276
中铁十七局集团有限公司	12260	8652	3608	6582	1699	6703	3200	1181	1411	272	23100	2117	2706	893	2065	5583	9575	161
中铁十八局集团有限公司	12796	8233	4562	8875	2114	7591	2873	1421	1093	896	19049	2238	1948	779	670	5375	7840	199
中铁十九局集团有限公司	10399	7295	3104	6980	1571	5599	2477	1098	1470	670	19107	2426	1932	907	1103	5719	6956	64
中铁二十局集团有限公司	11567	7876	3691	8221	2057	5843	3368	1022	1601	670	20727	2333	1896	2020	1021	5508	7786	163
中铁二十一局集团有限公司	7441	7163	278	5614	1624	4400	1980	887	209		13461	1818	1806	473	670	3640	4956	98
中铁二十二局集团有限公司	7504	6355	1148	5400	1244	4248	1945	731	696	695	11667	1145	1098	328	432	3442	5060	162
中铁二十三局集团有限公司	8362	5940	2422	5382	1753	4646	2244	816	787	478	13556	1606	1172	885	844	4181	4778	90
中铁二十四局集团有限公司	6199	4310	1889	4783	569	3335	2141	661	74	221	11165	2533	1425	133	629	2335	4043	67
中铁二十五局集团有限公司	6384	4086	2298	4552	823	3764	1813	557	300	125	9713	1178	884	119	429	2217	4836	50
中铁建设集团有限公司	6157	5419	738	4294	631	4328	1279	49	601		9485	554	471	189	158	2133	5780	200
中国铁建电气化局集团有限公司	5308	3052	2256	3889	751	2837	1252	563	787	224	11340	868	1009	335	1865	2796	4312	155
中国铁建港航局集团有限公司	1483	1262	221	1142	313	595	505	257	151	388	2473	43	56	59	59	406	1712	138
中国铁建房地产集团有限公司	1716	1027	689	894	299	256	523	157	936	684	3259	197	181	75	146	919	1523	218
中铁第一勘察设计院集团有限公司	3199	2965	234	2922	601	188	1476	1514	25	2	3594	174	264	1	85	294	2200	576
中铁第四勘察设计院集团有限公司	5242	4394	847	4402	995	851	2160	2226	6	89	5883	97	117	75	125	528	3221	1720
中铁第五勘察设计院集团有限公司	4272	3978	294	3940	551	1428	2032	800	14	220	4149	1	72	581	566	557	1878	494
中铁上海设计院集团有限公司	1372	1140	232	1237	358	304	494	446	154		1482	31	33	3	24	149	1003	239
中铁物资集团有限公司	1238	643	595	378	239	719	295	168	67	461	2985	116	233	14	52	601	1721	248
中国铁建重工集团有限公司	1049	551	498	470	236	602	269	108	84	28	2445	205	269	111	110	614	1022	114
中国铁建国际集团有限公司	379	310	70	238	62	32	56	86	246	152	621	20	21	2	6	72	314	186
中铁城建集团有限公司	3756	2893	863	2996	678	2167	1118	329	170	97	5425	617	607	67	194	1265	2622	53
中国铁建投资集团有限公司	502	385	116			91	192	217	2	6	636	9			50	76	403	98
中国铁建财务有限公司	55	37	18		28	10	17	13	18		52					3	36	13
诚合保险经纪有限公司	47		50	22	4	13	22	16	-5	40	92		1			10	74	7
中铁建商务管理有限公司	108	74	34	20	59	47	41	24			648	158	155	23	25	167	109	11
中国铁建股份有限公司北京培训中心	32	12	20	4	7	2	16	13	1	13	51	1			1	11	34	4
中国铁建高新装备股份有限公司	797	608	188	586	163	276	347	156	22	70	1682	236	76	210	115	343	596	106
北京铁城监理建设有限责任公司	2262	2137	125	2263	329	334	1157	384	464		2197	38	92	10	74	1000	937	46
中铁建中非建设有限公司	145	91	54	65	5	28	46	24	56	109	227		2		2	55	122	46
中国铁建股份有限公司机关	378	186	192	152	40	4	101	252	19		347	29	1		7	22	232	56

（制表：张　寒）

中国铁建系统劳动报酬、生活费情况统计

（2016 年度）

单位 \ 数量 \ 类别	从业人员劳动报酬总额（千元）	在岗职工工资总额（千元）	其他从业人员劳动报酬总额（千元）	在岗职工工资和非在岗职工生活费总额（千元）	非在岗职工生活费总额（千元）	建制单位外部劳务人员劳动报酬总额（千元）	从业人员人均劳动报酬（元）	在岗职工人均工资（元）	息工放假人员人均生活费（元）	其他从业人员人均劳动报酬（元）	在岗职工和非在岗职工人均工资（生活费）（元）	非在岗职工人均生活费（元）	内部退养人员平均生活费（元）
合　　计	24961453	22481507	2479947	28025486	1047679	35710711	88979	104335	6785	55433	130096	23774	25455
中国土木工程集团有限公司	636912	579731	57181	696125	448	493603	90763	119345		109068	174343	30556	37147
中铁十一局集团有限公司	1124005	1122361	1644	1398619	51786	3399558	63473	63032	13753	29071	57214	14438	14237
中铁十二局集团有限公司	1464365	1257305	207060	1640684	131918	5383938	64434	81547	6182	64304	79638	35280	34854
中国铁建大桥工程局集团有限公司	935876	935080	797	1214992	92896	1546579	61160	63059	11585	112337	59831	23198	24980
中铁十四局集团有限公司	1541322	1118864	422458	1412434	69797	922184	49891	59230	14590	44220	58721	18092	17730
中铁十五局集团有限公司	1321069	1242719	78350	1578209	86946	1004920	57740	58418	11389	50375	55210	15828	26161
中铁十六局集团有限公司	2098795	1711882	386914	2112721	58463	1990128	64264	76310	33768	49193	79961	22541	26924
中铁十七局集团有限公司	1455805	1455805		1801615	54649	2587981	60713	58669			60260	15407	17160
中铁十八局集团有限公司	1233371	1107995	125376	1396230	66636	2139726	62796	66466	13864	44222	62076	20347	21101
中铁十九局集团有限公司	1293010	1293010		1652057	100445	3276088	74384	76076	7356		69378	24604	31057
中铁二十局集团有限公司	1337599	1100742	236857	1370377	49487	1908902	62360	62359	9731	64978	60221	18948	26501
中铁二十一局集团有限公司	1006916	933493	73423	1182388	62196	1190646	70110	70978	13486	52628	71119	28518	29309
中铁二十二局集团有限公司	753143	738358	14785	900319	14290	451096	72760	75438		75742	74221	13276	21511
中铁二十三局集团有限公司	456970	441356	15613	575032	45404	1021493	38472	36362	4982	62454	37170	16979	23236
中铁二十四局集团有限公司	836807	787350	49457	959570	14750	1389958	66221	62276	14382	62186	66194	19417	21553
中铁二十五局集团有限公司	829481	722491	106990	897006	30017	87162	75670	79984	15780	64962	79288	26926	27866
中铁建设集团有限公司	796625	796625		971008	15058	6057629	86414	101788			102608	24746	
中国铁建电气化局集团有限公司	860419	815867	44552	1001018	21978	275951	70500	74862	14146	58739	78410	22582	25159
中国铁建港航局集团有限公司	101834	95461	6373	115363	810		103075	104846		41780	115465	27892	27074
中国铁建房地产集团有限公司	441462	439072	2390	526886			100309	107064		26261	163766		
中铁第一勘察设计院集团有限公司	696023	390613	305410	502300	33564		102349	123455		124662	129482	38050	38418
中铁第四勘察设计院集团有限公司	1106000	915895	190105	1114253	15179		97349	125465		49418	188972	68326	72308
中铁第五勘察设计院集团有限公司	481974	477564	4410	577428	4351	4356	89388	122306		52228	127318	47904	56827
中铁上海设计院集团有限公司	229362	223402	5960	268597	515		92345	129926		97104	169552	36542	38268
中铁物资集团有限公司	387091	364381	22710	444870	7613	623	99089	122880	57073	58044	137894	27026	29070
中国铁建重工集团有限公司	181662	179497	2165	215987	590	37441	71213	74662		61762	78989	11878	22346
中国铁建国际集团有限公司	96708	96708		116050			95684	134392			211861		
中铁城建集团有限公司	340037	333547	6490	407555	7298	532068	62191	69239	8965	53738	58867	10294	14593
中国铁建投资集团有限公司	98846	98846		118615			91025	127169			195307		
中国铁建财务有限公司	9226	8796	430	10555			133942	167144		220897	265092		
诚合保险经纪有限公司	23914	23791	122	28549			188202	220637		60864	329923		
中铁建商务管理有限公司	74369	71428	2941	90643	4930		92224	100316		95939	109668	78466	79870
中国铁建股份有限公司北京培训中心	13589	13589		16487	180		178666	185548			296191	55507	77045
中国铁建高新装备股份有限公司	319615	256666	62950	309889	1890		98831	109705		71892	151866	30980	1301
北京铁城监理建设有限责任公司	186426	154910	31516	185892			67404	91022		71267	99202		
中铁建中非建设有限公司	60594	46076	14518	55291		8681	60354	151934		20677	310062		
中国铁建股份有限公司机关	130231	130231		159872	3595		276472	306497			348224	55072	58234

（制表：张　寒）

中国铁建系统劳动工资主要指标情况统计

（2016 年度）

项目 数量 指标名称	计算单位	2015 年	2016 年	比 2015 年 ±	比 2015 年 ±%
从业人员（在岗职工＋其他从业人员）年末人数	人	321963	380603	58640	18.21
其中：在岗职工	人	261740	315061	53321	20.37
长期职工	人	245371	304836	59465	24.23
临时职工	人	12213	11156	－1057	－8.65
其他从业人员	人	68571	64724	－3847	－5.61
聘用的离退休人员	人	535	1341	806	150.65
在岗职工和非在岗职工合计年末人数 其他	人	293664	362069	68405	23.29
其中：非在岗职工	人	32151	46081	13930	43.33
内退	人	17968	32816	14848	82.64
长期病、休假及其他	人	1790	2260	470	26.26
女性	人	70890	70890		
建制单位外部劳务人员年末人数	人	683998	832662	148664	21.73
离休退休退职人员年末人数	人	90501	109487	18986	20.98
从业人员劳动报酬总额	千元	21778036	24961453	3183417	14.62
其中：在岗职工工资	千元	19692112	22481507	2789395	14.17
其他从业人员劳动报酬	千元	2088337	2479947	391610	18.75
在岗职工工资和非在岗职工生活费总额	千元	20573136	28025486	7452350	36.22
其中：非在岗职工生活费	千元	883080	1047679	164599	18.64
建制单位外部劳务人员劳动报酬总额	千元	30135408	35710711	5575303	18.50
从业人员人均劳动报酬	元	74963	88979	14016	18.70
其中：在岗职工人均工资	元	79689	104335	24646	30.93
其他从业人员人均劳动报酬	元	48990	55433	6443	13.15
非在岗职工人均生活费	元	17279	23774	6495	37.59
其中：内部退养职工	元	22068	22068		

（制表：张　寒）

中国铁建系统工人情况统计

（2016 年度）

项目		人数	项目		人数
2015 年末工人总数		117583	内部退养		21435
2016 年末工人总数		136759	外出劳务		650
合同期限	有固定期限	54346	行政奖励总人数		838
	无固定期限	82641	其中	局级劳模和先进	148
2016 年度新增工人		2306		省部级以上劳模	12
其中	新招收（招聘）工人	547		五一奖章获得者	1
	接收复员退伍军人	358		省部级以上三八红旗手	
	接收中专技校以上毕业生	602		火车头奖章	7
	总公司系统外调入	154	行政处分总人数		29
	其他	648	其中	记大过	15
2016 年度减少工人		10866		撤职	3
其中	调出总公司系统	45		留用察看	3
	办理退休	5457		开除	
	因工死亡	6	除名		129
	非因工死亡	221	劳动教养		
	终止劳动合同	295	刑事处分		
	用人单位解除劳动合同	79	外部劳务	城乡建筑企业人数	397488
	劳动者解除劳动合同	1505		零散使用人数	46529
	其他	2554			

（制表：张　寒）

中国铁建系统工人构成情况统计

（2016 年度）

项目		人数	其中技术工人	项目		人数	其中技术工人
2015 年末工人总数		117583	89585	年龄	41～50 岁	31478	29926
2016 年末工人总数		136759	91372		51～55 岁	40170	32305
其中	女工人	35832	21876		56～60 岁	13428	11915
	中共党员	33529	25810	参加工作时间	1983 年以前	59768	50176
	共青团员	25559	19954		1984—2000 年	58327	51288
	少数民族	3577	2759		2001 年以后	42418	37428
文化程度	初中及以下	26542	23428	获得国家职业资格证书人数	初级工		9764
	高中	32418	28947		中级工		26696
	中专技校职高	36572	29865		高级工		49692
	大专高技	26333	20240		技师		14700
	本科及以上	5840	4607		高级技师		4002
年龄	30 岁以下	38970	31156		合计		935029
	31～40 岁	37292	31655				

（制表：张　寒）

中国铁建系统铁道行业工种情况统计

（2016 年度）

工种名称	人数	工种名称	人数
铁路线路工	7981	电控组调工	1
铁路桥梁工	2383	通信工	1909
铁路桥梁装吊工	1093	电源工	79
桥隧工	1366	信号工	2537
铁路隧道工	1943	舟桥起重工	20
电力线路工	1426	舟桥组装工	2
接触网工	2051	轮渡组装工	1
道岔钳工	5	栈桥组装工	2
铺轨机司机	182	机动舟驾驶员	28
轨道车司机	746	蒸汽机车钳工	14
大型线路机械司机	1156	蒸汽机车锅炉工	
钢轨焊接工	107	蒸汽机车司机	43
钢轨探伤工	23	蒸汽机车副司机	16
浸注处理工	4	蒸汽机车司炉	3
木材防腐整备工	2	内燃机车司机	1775
装载机司机	2179	信号员(长)	14
装卸工	110	扳道员(长)	59
通信组调工	1	调车长	203
通信钳工	1	运转车长	71
信号组调工	2	其他	972
信号钳工	4	合计	30514

（制表:张　寒）

中国铁建系统社会通用及其他工种情况统计

（2016 年度）

工种名称	人数	工种名称	人数
车工	499	筑路工	619
铣工	125	砌筑工	1216
磨工	30	混凝土工	5462
镗工	72	测量工	8381
组合机床操作工	19	钢筋工	2764
铸造工	60	架子工	1136
锻造工	178	防水工	113
焊工	5334	装饰装修工	29
金属热处理工	143	电工	3470
冷作钣金工	163	电气设备安装工	79
涂装工	176	管工	762
装配钳工	676	汽车驾驶员	13208
工具钳工	216	起重装卸机械操作工	1948
机修钳工	1945	天车司机	455
汽车修理工	1952	计算机操作员	1411
锅炉设备安装工	19	计算机维修工	14
锅炉操作工	337	话务员	65
维修电工	1178	中式烹调师	1144
手工木工	932	中式面点师	106
精细木工	6	钻探工	1632
土石方机械操作工	4200	合计	62274

（制表:张　寒）

中国铁建系统干部基本情况统计

（2016 年度）

单位	总数（人）：干部总数	其中：女	其中：少数民族	各类干部（人）：局级	副局级	相当局级职务	处级	调研员	副处级	相当处级职务	科级	副科级	相当科级职务	科员、办事员	专职从事专业技术工作	学历（人）：高等院校：研究生毕业	高等院校：大学本科毕业	高等院校：专科毕业	中专毕业	高中	初中以下	政治情况（人）：共产党员	共青团员	民主党派	无党派	年龄（人）：25岁以下	26岁至30岁	31岁至35岁	36岁至40岁	41岁至45岁	46岁至50岁	51岁至54岁	55岁至59岁：小计	55岁至59岁：女	60岁以上
合计	169774	36302	5842	84	351	17	2535	463	4532	483	12863	12417	2473	27023	106533	7719	112608	39194	5666	3239	1348	67515	38966	60	33846	29108	50268	34316	18367	15608	8569	7370	6153	32	15
中国铁建股份有限公司机关	295	71	11	52	46	11	68		17						101	61	226	7	1			270				3	5	35	35	57	60	58	40		2
直属指挥部	40	4		12	7		4								17	7	30	3				38					2	4	7	7	5	11	4		
中国土木工程集团有限公司	1329	200	56	4	11		92		81	131	91	89		61	769	299	933	63	12	20	2	791	219	11	308	149	358	324	122	132	87	80	75		2
中铁十一局集团有限公司	12169	1880	394	2	11		71	4	228	8	980	1399	3	2078	7385	234	9560	1609	254	384	128	4659	2930		4580	3069	3795	2102	1049	854	394	418	488		
中铁十二局集团有限公司	9947	1819	293	2	13	4	159	14	199	97	767	961	85	1184	6462	171	8347	930	296	164	39	3660	2389			2380	3104	1803	883	470	411	419	477		
中国铁建大桥工程局集团有限公司	8177	1197	412	2	13	1	82	2	195	15	504	570	152	1732	4909	101	5976	1752	259	65	24	2979	2348	2	2848	1915	2134	1313	1013	837	449	330	186		
中铁十四局集团有限公司	9587	2278	100	2	12		119		157		629	729	159	948	6832	196	6221	2531	471	168		4042	3756	2	2848	1117	2763	1814	1498	1301	481	325	288		
中铁十五局集团有限公司	9095	2657	172	2	15		116	47	192	12	842	601	9	1064	6195	124	4717	3420	384	232	218	3641	930	1	4523	765	2845	2233	1104	877	389	499	383		
中铁十六局集团有限公司	13291	3394	499	3	13		128	87	222	20	900	587	98	782	10451	356	8186	4069	347	245	88	4693	4566		782	2900	3832	2912	1287	817	421	552	570		
中铁十七局集团有限公司	10083	2255	155	2	7	1	145	106	298	3	854	903	304	931	6529	203	7635	1565	329	309	42	3683	2472	1		1591	3211	2266	916	749	431	325	594		
中铁十八局集团有限公司	10751	2470	406	4	13		145		367		1079	1112	28	1941	6062	181	6545	3063	549	215	198	4262	1650		4839	1362	2852	2305	1559	1337	554	386	396		
中铁十九局集团有限公司	8719	2133	750	4	15		95		232	6	703	968	197	1019	5480	68	5341	3003	214	69	24	2808	2253	4		1307	2935	1933	658	971	388	273	253		1
中铁二十局集团有限公司	9723	2301	137	2	14		109	59	198	16	830	497	321	1832	5845	181	5842	2931	533	93	143	4039	2160	1		865	2926	2167	1523	964	531	426	321		
中铁二十一局集团有限公司	6390	1305	198	2	12		125	20	187	17	512	643	6	624	4242	92	4148	1836	210	86	18	2785	1583		2022	762	1856	1510	589	662	425	353	233	2	
中铁二十二局集团有限公司	7987	1666	319	2	14		81	32	175		385	685	386	1210	5017	156	4548	2628	292	231	132	2722	1062	2	785	1510	2690	1422	614	652	367	351	376		5
中铁二十三局集团有限公司	6251	1524	147	2	11		70	1	142	1	487	644	7	826	4060	67	3470	2169	405	93	47	2592	1494		2165	887	1891	1352	677	785	365	249	45		
中铁二十四局集团有限公司	5989	876	112	3	14		82	4	132	19	490	473	82	487	4203	99	4335	1223	232	75	25	2645	1835	4	1505	1542	1596	917	329	508	404	469	224	2	
中铁二十五局集团有限公司	5723	1149	438	2	9		63	21	138	3	517	209	135	660	3966	57	4158	1266	189	47	6	2294	1936		1493	1127	1772	1206	480	513	269	257	99		
中铁建设集团有限公司	5827	756	209	2	13	1	41		198	29			348	1331	3864	262	4125	1055	61	184	140	2591	610		2626	1222	1915	1241	508	323	154	151	313		
中国铁建电气化局集团有限公司	4233	855	89	3	11		61	23	125	20	451	376	12	402	2749	151	3004	757	171	126	24	1652	1043	1	783	703	1192	896	466	408	211	187	170		
中国铁建港航局集团有限公司	2202	394	69	2	8	2	48	4	74		190	223	21	720	910	140	1763	246	31	10	12	883	727	1		540	551	323	278	252	179	70	9		
中国铁建房地产集团有限公司	2663	943	174	2	10		69	3	93	4				2081	401	308	1548	597	77	133		812				741	761	248	469	253	116	50	25		
中铁第一勘察设计院集团有限公司	2663	943	174	2	10		69	3	93	4				2081	401	308	1548	597	77	133		812				741	761	248	469	253	116	50	25		
中铁第四勘察设计院集团有限公司	4280	795	116	2	11		102		125		677			501	2862	1752	2148	307	63	8	2	2422	466	16		140	920	960	553	459	585	486	177		
中铁第五勘察设计院集团有限公司	1960	523	71	1	9		67	5	93		155			272	1358	675	1186	99				1221	155	3	581	99	470	542	200	192	175	143	139	26	
中铁上海设计院集团有限公司	1439	378	22	2	8		30	7	51		50	19		106	1166	435	914	82	4	3	1	684	136	2		89	400	398	165	142	108	94	43		
中铁物资集团有限公司	1660			2	9	1	52	14	110	18	193	153	8	1100		177	1087	310	32	38	16	738	318			142	515	414	183	134	97	102	70	1	3
中国铁建重工集团有限公司	1477	276	59	4	5	5	43		91	5	98	105	6	253	862	243	924	208	45	51	6	642	29	2		164	604	336	136	108	62	57	10		
中国铁建国际集团有限公司	530	109	26	3	10	1	44		44	16	72	22	31	276	11	246	268	16				310	42	2		49	164	121	62	71	37	23	3		
中铁城建集团有限公司	3604	662	142	2	8		29	1	69	18	262	338		132	2745	67	2856	569	79	26	7	1256	1588		760	1107	1083	620	235	244	144	101	68		2
中国铁建投资集团有限公司	336	69	11	2	9	1	56		88		40	7		133		111	209	16				238	2			25	60	47	57	65	44	31	7		
中国铁建财务有限公司	68	31	1	1	2		8		2						55	16	52					36	14	2	16	6	24	18	7	7	3	3			
诚合保险经纪有限公司	128	50	3	2	5		8		5	12	3				93	13	94	16	1	4		61	22			5	23	36	18	23	11	6	4	1	2
中铁建商务管理有限公司	144	51	2	2	5		12	5	11		35	9			65	11	57	44	7	20	5	54	37		53		13	10	11	22	26	23	39		
中铁建昆仑投资集团有限公司	257	25	8	2	5		28	1	50	3	21	33		114		53	178	23	1	2		195	15		47	7	49	73	50	51	12	8	7		
中铁建金融租赁有限公司	55	22	1	2	3		8		6		5	7	6	18		15	40					37	7			3	16	14	5	7	5	3	2		
中国铁建股份有限公司北京培训中心	34	10	5	2	1		5		5	2	3		2	14		2	25	7				27	3			2	2	2	1	5	6	3	13		
中国铁建高新装备股份有限公司	695	176	70	2	9		61		35	4					584	140	457	84	12	1	1	390	133	3	169	61	159	159	63	96	87	56	14		
重庆铁发遂渝高速公路有限公司	308	130	2	2	3		12		21		38	55	67	110		9	163	103	29	4		159	36		113	14	26	31	130	64	25	11	7		
北京通达京承高速公路有限公司	29	1		2	2		5		5					15		3	17	7	1	1		19			10	1	2	5	8	3	1	2	7		

（制表：王　谐）

中国铁建系统技术干部情况统计

（2016 年度）

项目 / 数量 / 单位	总数（人）					工程技术人员（人）					卫生技术人员（人）				教师（人）				经济人员（人）				统计人员（人）				政工人员（人）				会计人员（人）				文案人员（人）	翻译人员（人）	新闻人员（人）	文艺人员（人）	农艺研究体育律师（人）
	技术干部总数	其中：副处以上领导	其中：高级	其中：中级	其中：初级	小计	教授级高级工程师	高级工程师	工程师	助工、技术员及未聘职务	小计	正副主任医师	主治医师	医、护师及未聘职务	小计	教授、高级讲师	讲师	助教、助讲、教员及未聘职务	小计	高级经济师	经济师	助经、经济员及未聘职务	小计	高级统计师	统计师	助统、统计员及未聘职务	小计	高级政工师	政工师	助理政工师、政工员	小计	高级会计师	会计师	助会、会计员及未聘职务					
合计	161565	8205	22886	43485	75708	122576	1926	17753	37158	65739	1665	200	533	932	272	67	103	102	12090	1439	2004	8647	168	11	48	109	8139	1663	2655	3821	16150	1707	2585	11858	112	330	15	3	45
中国铁建股份有限公司机关	290	192	243	39	8	116	42	64	9	1	1	1							43	36	7						68	53	15		52	38	7	7	1	1	7		1
直属指挥部	40	24	31	8	1	14	5	8	1										3	2	1						1			1	22	16	6						
中国土木工程集团有限公司	1249	298	462	394	393	838	25	325	266	222	1			1	2	1		1	90	19	30	41					26	5	14	7	133	37	35	61	2	147	1		9
中铁十一局集团有限公司	12169	309	1232	3154	5578	9579	77	839	2667	5996	164	23	52	89	24	3	13	8	640	78	69	493	4		1	3	635	116	218	301	1118	94	133	891	4				1
中铁十二局集团有限公司	9947	488	1327	2367	4511	7241	72	920	2269	3980	225	40	101	84	19	2	8	9	742	88	127	527	6		1	5	474	89	155	230	1208	117	141	950	1	31			
中国铁建大桥工程局集团有限公司	8165	310	1348	2146	3587	5935	89	939	1755	3152	59	3	23	33	34	3	11	20	771	96	76	599	2			2	429	94	134	201	911	103	141	667	12	1			11
中铁十四局集团有限公司	9541	290	1526	2975	4236	7417	82	1098	2482	3755	57	4	26	27	22	5	3	14	484	115	110	259	6		2	4	616	107	197	312	930	113	152	665	7	2			
中铁十五局集团有限公司	8735	357	1059	2614	4524	6621	63	674	2049	3835	84	5	22	57	6	3	3		528	103	152	273	2		2		566	123	217	226	925	86	168	671	2	1			
中铁十六局集团有限公司	12875	455	1426	3349	6492	10073	78	964	2802	6229	108	6	29	73	6		2	4	736	86	97	553	26			26	726	145	256	325	1196	144	163	889	2		1	1	
中铁十七局集团有限公司	9338	484	998	2575	5057	6206	39	610	2021	3536	345	66	87	192	12		2	10	970	78	107	785	19		7	12	771	115	234	422	1012	80	116	816	3				
中铁十八局集团有限公司	10072	514	1374	2505	5485	7913	84	961	2185	4683	90	8	20	62	33	18	10	5	526	62	62	402	7		1	6	415	111	99	205	1053	119	124	810	12	19	1		3
中铁十九局集团有限公司	8719	336	1052	2228	4573	6668	48	649	1867	4104	213	25	87	101	5	4		1	639	152	66	421	4		2	2	284	78	79	127	882	95	126	661	2	22			
中铁二十局集团有限公司	9140	505	974	2835	4371	6254	62	688	2030	3474	56	2	9	45	47	15	18	14	1000	45	295	660	10		6	4	692	96	161	435	1034	64	310	660	5	31	3		8
中铁二十一局集团有限公司	6265	349	914	2266	3085	4840	55	704	1944	2137	43	1	17	25	3		2	1	293	20	58	215	4		1	3	304	89	94	121	770	43	147	580	6			2	
中铁二十二局集团有限公司	7224	293	812	1987	3968	5687	48	609	1719	3311	119	3	18	98	6		3	3	388	34	44	310	11		1	10	388	68	127	193	617	48	73	496	5	3			
中铁二十三局集团有限公司	5890	227	704	1746	3073	4531	22	517	1451	2541	19	1	6	12	2	1		1	341	62	68	211	2			2	353	46	117	190	622	53	102	467	7	11			2
中铁二十四局集团有限公司	5889	231	802	1850	3237	4598	29	601	1570	2398	3	1	1	1	11	2	2	7	462	60	67	335	5	1		4	228	48	118	62	581	60	92	429		1			
中铁二十五局集团有限公司	5634	227	581	1516	2691	4294	21	427	1271	2575	8	2	4	2	2	1	1		453	45	97	311	2			2	249	49	59	141	623	37	82	504	3				
中铁建设集团有限公司	4560	207	402	764	2831	3206	26	277	603	2300	2	2			1		1		788	49	68	671	8	1	3	4	119	24	31	64	432	25	56	351		3			1
中国铁建电气化局集团有限公司	3999	222	665	1218	1622	3094	42	468	1025	1559	11	1	5	5	2		1	1	213	42	22	149	2	1	1		206	58	100	48	470	53	64	353	1				
中国铁建港航局集团有限公司	1812	138	309	462	1043	1433	16	231	341	845					1	1			148	28	48	72	1			1	89	13	37	39	139	20	34	85		1			
中国铁建房地产集团有限公司	1246	143	129	390	414	837		99	260	478									183	8	66	109	14	1	3	10	26	3	7	16	180	18	54	108	1	2			3
中铁第一勘察设计院集团有限公司	3334	219	1703	1097	465	3106	302	1349	1002	453	11	1	2	8	10	1	8	1	34	7	14	13	4	2	1	1	34	17	17		125	21	48	56	7	3			
中铁第四勘察设计院集团有限公司	4260	299	287	11	1	3955	398	1766	1171	620	1		1		13		12	1	55	13	14	28	22	5	11	6	70	21	25	24	131	54	40	37	8	4	1		
中铁第五勘察设计院集团有限公司	1727	165	801	580	330	1612	101	672	553	286									29	3	8	18					16	5	7	4	67	19	10	38	1	2			
中铁上海设计院集团有限公司	1439	98	473	498	371	1394	50	416	475	453	1	1							6	1	2	3	2		2		3	2	1		32	3	17	12	1				
中铁物资集团有限公司	1122	134	106	228	788	230		43	84	103	2			2					618	23	83	512	1		1		77	18	29	30	194	22	31	141					
中国铁建重工集团有限公司	990	50	33	184	345	578	2	38	132	406									342	14	38	290					21	4	8	9	30	5	11	14	18	1			
中国铁建国际集团有限公司	515	117	166	133	216	299	9	114	99	77	1	1			3	1	1	1	87	13	13	61					17	9	4	4	65	14	7	44		40			3
中铁城建集团有限公司	3603	109	403	803	1911	2944	6	330	698	1910	3	1	1	1	1		1		187	19	22	146					124	23	47	54	342	24	32	286	1				1
中国铁建投资集团有限公司	338	162	161	75	59	226	23	96	42	65					1	1			43	11	13	19	1			1	14	4	7	3	52	27	12	13		1			
中国铁建财务有限公司	68	13	16	19	19	4			2	2									26	1	8	17					6	2	4		32	13	5	14					
诚合保险经纪有限公司	96	24	27	32	39	40		11	15	14	1		1						24	6	4	14					11	2	6	3	19	8	5	6		1			
中铁建商务管理有限公司	144	26	19	30	30	16	1	2	4	9	26	2	14	10					53	4	3	46					26	8	7	11	21	2	2	17					2
中铁建昆仑投资集团有限公司	232	35	100	83	49	157		81	59	17									31	7	8	16					14	4	8	2	30	8	8	14					
中铁建金融租赁有限公司	55	19	14	9	11	6		2	2	2									27	2	3	22					1	1			21	9	4	8					
中国铁建股份有限公司北京培训中心	32	13	12	1		9		2	1	6					6	5	1										12	7	3	2	4	2	1	1			1		
中国铁建高新装备股份有限公司	695	111	148	277	262	528	7	124	206	191	11		7	4					79	7	29	43	3		2	1	14	3	9	2	58	6	24	28		2			
重庆铁发遂渝高速公路有限公司	102		40	32	30	69		33	23	13									7		4	3					13	2	4	7	13	5	1	7					
北京通达京承高速公路有限公司	14	12	7	5	2	8	2	2	3	1									1		1						1	1			4	2	1	1					

（制表：王　谐）

中国铁建系统政工干部情况统计

（2016 年度）

单位	总数（人） 合计	其中 选聘	其中 女	其中 少数民族	其中 共产党员	其中 民主党派	其中 已取得专业职务	其中 局级	其中 处级	部门情况（人） 党委政治部门	部门情况（人） 纪委	部门情况（人） 工会	部门情况（人） 共青团	部门情况（人） 其他	学历（人） 本科及以上	学历（人） 专科毕业	学历（人） 专科肄业	学历（人） 中专毕业	学历（人） 中专肄业	学历（人） 高中	学历（人） 初中	年龄（人） 35岁以下	年龄（人） 36岁至40岁	年龄（人） 41岁至45岁	年龄（人） 46岁至50岁	年龄（人） 51岁至54岁	年龄（人） 55岁至59岁	年龄（人） 60岁以上
合计	8139	854	2268	303	6048	1	6040	64	917	1927	659	784	412	4357	5239	2035	10	270		485	101	3156	973	1101	820	912	1173	5
中国铁建股份有限公司机关	61		16	3	60			27	21	19	13	14	2	13	61							4	8	11	12	16	10	
直属指挥部	6		1		6		6	3		1	5				3	3						1	1			3	1	
中国土木工程集团有限公司	16		5	1	14		14	1	4	8	5	3			15	1						6	1	1	2	3	3	
中铁十一局集团有限公司	635		124	30	529		433	1	46	231	34	43	12	315	377	133	1	18		88	18	217	61	93	57	70	136	1
中铁十二局集团有限公司	467	102	83	13	358		458	3	40	233	59	40	38	97	251	127		44		22	23	162	66	34	39	59	107	
中国铁建大桥工程局集团有限公司	429	67	117	18	253	1	377	2	27	78	39	36	11	265	297	108		8		16		186	84	53	44	40	22	
中铁十四局集团有限公司	486	114	94	11	405		472	3	61	119	39	35	19	274	351	106		12		17		123	101	106	67	57	32	
中铁十五局集团有限公司	397	6	91	12	361		325	3	48	65	32	59	10	231	237	117		9		30	4	91	53	68	40	64	81	
中铁十六局集团有限公司	726	48	316	31	460		562	2	48	94	56	65	28	483	455	196		13		52	10	373	46	37	37	71	162	
中铁十七局集团有限公司	771		258	7	392		426	2	62	135	26	39	89	482	542	148		20		55	6	447	56	46	27	45	150	
中铁十八局集团有限公司	513	85	120	16	445		287	4	86	173	40	62	30	208	303	138	5	22		40	5	119	94	110	82	47	61	
中铁十九局集团有限公司	284		89	29	213		237	3	43	75	29	37	22	121	183	78		6		15	2	94	28	41	27	41	52	1
中铁二十局集团有限公司	678	22	212	10	397		385		35	71	36	100	32	439	377	178		53		62	8	309	112	98	58	55	46	
中铁二十一局集团有限公司	273	15	54	5	250		203	1	47	46	27	32	10	158	158	94	2	11		8		76	16	44	56	38	43	
中铁二十二局集团有限公司	368	103	124	40	270		324	5	35	63	24	32	19	230	217	120		13		12	7	150	39	57	39	47	35	2
中铁二十三局集团有限公司	357	8	115	7	283		268	1	34	97	37	29	23	171	236	102		7		12		168	33	69	38	38	11	
中铁二十四局集团有限公司	372	14	66	5	246		363	3	51	44	12	32	8	276	263	92		9		6	2	186	13	38	41	55	39	
中铁二十五局集团有限公司	255	29	62	21	246		202	1	35	58	27	22	12	136	185	57		5		8		72	38	48	37	42	18	
中铁建设集团有限公司	154	3	31	7	132		120	1	23	25	18	4	2	105	73	47		6		19	9	38	5	17	14	20	60	
中国铁建电气化局集团有限公司	262	25	76	10	207		131	3	35	40	31	44	13	134	186	60		6		7	3	92	53	50	28	16	23	
中国铁建港航局集团有限公司	94	52	44	4	71		94	2	18	51	20	14	9		80	14						45	18	13	10	6	2	
中国铁建房地产集团有限公司	82	53	28	7	63		26	2	18	70	7	4	1		71	10				1		47	13	11	4	5	2	
中铁第一勘察设计院集团有限公司	34	16	8	2	34		34	2	14	10	4	4	2	14	26	8						4	2	8	9	8	3	
中铁第四勘察设计院集团有限公司	70		14		68		70	2	9	11	8	3	1	47	39	28		2		1		2		5	14	24	25	
中铁第五勘察设计院集团有限公司	16	16	4		13				2	14	1	1			13	3						3	2	4		7		
中铁上海设计院集团有限公司	3		1		3			2	1	2	1				3											2	1	
中铁物资集团有限公司	77		31	2	62			1	30	16	14	10	3	34	68	9						30	10	5	11	6	14	1
中国铁建重工集团有限公司	44	27	16	1	37		14	1	13	25	5	8	2	4	32	10		1		1		17	2	6	5	13	1	
中国铁建国际集团有限公司	18	17	6	1	17		8	3	7	7	6	3	2		18							7	1	4	3	1	2	
中铁城建集团有限公司	157		45	8	129		140	2	15	19	19	20	7	92	102	36	2	4		9	4	63	14	23	15	18	24	
中国铁建投资集团有限公司	14		3		12		7	1	9	4	1	1	1	7	14							5	4	1	2	2		
中国铁建财务有限公司	6	6	5		6		6		2	2	1	1	1	1	6							4			1	1		
诚合保险经纪有限公司	9		5		8		9	2	2	7			1	1	8	1						2	4	1	1	1		
中铁建商务管理有限公司	26	26	8		26			3	7	23	1			2	10	11		1		4			1	3	6	3	13	
中铁建昆仑投资集团有限公司	14		2	1	12		14			5		1		8	14							10	1	2		1		
中铁建金融租赁有限公司	4		1		4		4	2	2	2	1		1		2							1		1		1	1	
中国铁建股份有限公司北京培训中心	12		6	3	8		12		4					12	12							4		2	2	1	3	
中国铁建高新装备股份有限公司	14		2	1	12		14	1	4	5			3	6	11	3						2		2	4	4	2	
重庆铁发遂渝高速公路有限公司	6		3		6		5	1	2	1			1	4	6							2	2	1		1		
北京通达京承高速公路有限公司	6	6	3		2		1	1	1	5					4	1		1				3		1			2	

（制表：王　谐）

中国铁建系统机械动力设备资产综合情况统计

（2016 年度）

项目 / 数量 / 单位	职工人数（人）	企业年度利润总额（元）	期末实有			新购		报废		大修		设备资产利润率（%）	资产增长率（%）	成新率（%）	设备总功率（千瓦）	技术装备率（万元/人）	动力装备率（千瓦/人）
			总台数	原值（元）	净值（元）	台数	原值（元）	台数	原值（元）	台数	费用（元）						
2015 年度汇总	266083	12436812254.36	104917	52665597006.26	20244549802.04	6395	3740280482.08	4015	737002049.55	1446	228367937.62	24.00	6.80	38.44	9495703.19	7.61	35.69
2016 年度汇总	263265	14142575950.16	116117	63477581289.41	23659577183.15	10872	4647703026.82	5686	1151610721.93	1380	394466925.91	24.35	17.03	37.27	10287984.90	8.99	39.08
中国土木工程集团有限公司	2427	1240000000.00	10601	4034821885.96	754462763.58	229	109730455.94	260	47862266.41	113	734821.43	60.84	2.72	18.70	1236390.50	31.09	509.43
中铁十一局集团有限公司	18702	1658520000.00	5647	10169916623.86	1592761506.24	868	230621454.90	386	120213302.36	272	70860598.19	40.90	5.85	15.66	719634.30	8.52	38.48
中铁十二局集团有限公司	18363	1115165932.00	7973	4770295461.02	1992794527.26	875	646439017.59	392	138763845.48	217	33346949.68	25.00	14.87	41.78	922374.48	10.85	50.23
中国铁建大桥工程局集团有限公司	15147	290367425.00	5279	3336935190.80	1225479409.19	502	376372848.59	43	14320494.07	80	50354943.88	9.00	20.89	36.72	525876.55	8.09	34.72
中铁十四局集团有限公司	13885	148310000.00	5147	5587721977.06	3336174720.23	591	239420889.71	289	85037063.48	71	14266126.09	2.94	24.50	59.71	553557.45	24.03	39.87
中铁十五局集团有限公司	18533	89080000.00	5782	4055067616.39	1528865924.91	548	179715331.47	228	18758276.70	103	47984087.00	2.23	3.47	37.70	779507.85	8.25	42.06
中铁十六局集团有限公司	20167	520250000.00	3882	4524365031.63	1884235237.28	337	319312088.61	107	51217930.60	68	35228232.00	11.50	16.70	41.65	720822.89	9.34	35.74
中铁十七局集团有限公司	19543	493360000.00	6566	3430526211.70	1285004136.79	735	235360185.86	423	97362722.00	91	9348028.00	14.60	3.15	37.46	702715.67	6.58	35.96
中铁十八局集团有限公司	16533	830850000.00	7501	5458783179.55	2779486294.34	888	297368518.15	491	131488241.87	24	8584863.08	15.67	5.78	50.92	825376.42	16.81	49.92
中铁十九局集团有限公司	17755	872000000.00	7354	5296340644.98	1847517110.01	839	311154840.71	238	90416766.70	92	21004813.97	17.92	19.41	34.88	1011435.20	10.41	56.97
中铁二十局集团有限公司	17728	1253586100.00	3768	2906325854.20	1465547373.28	743	805065884.01	138	63672170.99	86	37456732.67	50.04	38.17	50.43	674932.69	8.27	38.07
中铁二十一局集团有限公司	12764	410000000.00	4223	1692475359.71	764589905.61	672	387333190.57	273	25472149.00	27	2534420.40	19.28	16.31	45.18	305218.72	5.99	23.91
中铁二十二局集团有限公司	11581	129300000.00	9203	1770979217.18	762545183.38	1034	200400813.78	573	74419512.22	31	21840627.00	7.83	15.82	43.06	391065.59	6.58	33.77
中铁二十三局集团有限公司	11287	263490000.00	12138	1715181391.10	524429811.96	505	52450430.09	759	69817519.00	4	1513250.02	15.36	0.02	30.58	292120.51	4.65	25.88
中铁二十四局集团有限公司	10625	338450000.00	4897	1295530457.02	358686136.89	392	66937407.97	372	29435597.49	4	16461850.00	26.54	3.28	27.69	154368.67	3.38	14.53
中铁二十五局集团有限公司	8194	92990000.00	7614	995650533.13	409497283.82	440	55962009.30	462	35902133.49	48	7816680.00	9.53	3.74	41.13	171711.54	5.00	20.96
中铁建设集团有限公司	8687	660000000.00	895	224738438.00	61228398.00			6	1160000.00			650.39		27.24	48834.00	0.07	5.62
中国铁建电气化局集团有限公司	9404	1646930000.00	1275	637584776.93	175059054.65	27	15710255.00	99	45721764.17	38	14295328.50	2.60	0.05	27.46	99373.90	1.86	10.57
中国铁建港航局集团有限公司	2272	182000000.00	1701	333478216.31	215509381.18	120	26042344.55	115	6042497.75	2	181799.00	58.60	13.72	64.62	32223.17	9.49	14.18
中国铁建重工集团有限公司	3711	1320420000.00	2916	992180899.93	597364097.14	298	51700208.91	25	2451762.94	2	563775.00	133.08	5.50	60.21	64689.65	16.10	17.43
中国铁建国际集团有限公司	536	108170000.00	336	107046358.80	66459642.42	151	35735685.18	3	247105.21			84.00	24.00	62.00	11628.36	12.40	21.69
中铁城建集团有限公司	5421	479336493.16	1419	141635964.15	31879284.99	78	4869165.93	4	1827600.00	7	89000.00	192.87	2.30	22.51	44126.79	0.59	8.14
中国铁建高新装备股份有限公司	2606	535522792.70	2657	552440432.26	204056854.89	183	17486391.87	94	2684410.31			96.94	3.17	36.94	46119.12	8.03	9.55

（制表：张宏成）

中国铁建系统大型施工设备综合情况统计

（2016 年度）

项目/数量/单位	期末实有					新购				报废			大修		闲置			成新率（%）	闲置率（%）	完好率（%）	利用率（%）
	总台数	其中进口台数	原值（元）	其中进口原值（元）	净值（元）	总台数	其中进口台数	原值（元）	其中进口原值（元）	台数	原值（元）	净值（元）	台数	费用（元）	台数	原值（元）	净值（元）				
2015 年度汇总	2908	563	28651983626.48	8276149718.30	11935452625.27	129	20	1624436936.62	202586558.35	30	140938910.01	8786871.52	158	131328694.18	763	7767234590.42	61509313469.05	41.66	26.44	91.66	74.27
2016 年度汇总	4587	1071	31036408695.20	8441094379.08	13664335487.96	325	173	3052697291.49	141377757.93	100	285727366.02	44309992.85	306	280517086.25	917	7916231599.36	2850508564.96	44.03	25.51	91.21	73.88
中国土木工程集团有限公司	1692	510	1381118254.25	322417665.27	382083611.76	183	151	90209823.42	61857521.67	46	6325605.00		89	350000.00	222	399056593.73	76228925.86	27.66	28.89	35.40	71.10
中铁十一局集团有限公司	202	40	2200310774.83	1000310052.87	883188198.04	6	10	25022433.75		25	59041183.00	5160575.00	44	55024789.00	52	517265528.21	284741417.22	40.14	23.51	97.00	73.00
中铁十二局集团有限公司	215	40	2211293582.12	460780427.60	1088685296.44	15	3	345135042.28	31794871.34	2	13414449.29	1447868.05	15	15292846.61	55	363388306.24	81005456.33	49.23	16.43	95.10	70.60
中国铁建大桥工程局集团有限公司	148	43	2081164391.83	675867898.36	777792417.27	15	2	278214729.38	7860000.00	1	2080000.00	285132.97	14	45073993.50	51	631894479.17	295475638.87	37.37	30.36	92.00	78.00
中铁十四局集团有限公司	195	31	4345848626.02	881664812.48	2766029182.21	19	2	1224364475.80	9575111.10	3	40094760.00	2004738.00	14	4350990.15	35	1111738159.13	398946791.26	63.65	25.58	95.00	74.00
中铁十五局集团有限公司	181	47	2565299612.79	1585381139.00	925721671.44	1		6450000.00					18	42578670.00	68	942565817.41	275120488.82	36.09	36.74	90.00	70.00
中铁十六局集团有限公司	259	20	2592057378.28	314412523.28	424540217.39	16		31125000.00		1	7400000.00	101627.00	6	16535264.00	24	361974188.01	66008365.77	16.38	9.30	95.00	90.70
中铁十七局集团有限公司	195	29	1794852502.35	374043331.12	712546267.02	5	1	20833845.97	6974358.97						50	496494685.69	139306245.65	39.70	26.00	95.00	82.00
中铁十八局集团有限公司	216	65	3457107049.08	1224377988.78	1802431916.38	10		121739590.00		2	10880000.00	544000.00	2	5643114.04	51	1107456321.96	583001483.04	52.14	32.03	96.64	84.56
中铁十九局集团有限公司	374	130	3065956722.32	765028945.33	1357027139.45	13	2	125951021.58	11800000.00	2	24430000.00	2144871.02	30	14572849.97	60	494421542.52	128795988.03	44.26	16.13	91.59	75.37
中铁二十局集团有限公司	130	9	1350348519.63	66790149.06	816882558.85	12		505980000.00		2	5160000.00	135450.00	8	31645679.00	29	214698154.56	51639094.60	60.49	23.62	95.14	75.45
中铁二十一局集团有限公司	72	2	740609221.21	26022109.62	458018480.53	4		111324000.00		5	45302306.23	24469619.67	2	397503.43	18	170287322.22	68796087.87	61.84	22.99	93.00	78.00
中铁二十二局集团有限公司	81	19	621142847.91	135728512.69	292679328.03	10		111895641.04		2	24500000.00	4890720.49	27	19870775.00	21	163059926.61	53958592.65	47.12	26.25	93.00	92.00
中铁二十三局集团有限公司	77	18	630100019.72	230781569.20	229940968.55	2		13535555.56		2	18800000.00	1721437.48			35	318779378.55	96429541.35	36.49	50.59	88.84	44.47
中铁二十四局集团有限公司	96	13	657617309.32	98572068.78	140072216.90	2	2	11515894.85	11515894.85				2	16336850.00	41	323975689.37	96488587.46	21.30	49.26	94.00	43.23
中铁二十五局集团有限公司	51	8	344632597.00	71380851.00	166948939.72								2	1379310.00	19	142003386.00	101403043.20	48.44	38.77	91.79	63.07
中铁建设集团有限公司	8	1	44265089.00	8500000.00	14126009.00													31.91		100.00	100.00
中国铁建电气化局集团有限公司	299	19	373929671.10	68048613.00	116782602.82	6		12651690.86		7	28299062.50	1403953.17	32	11380915.55	61	91068452.35	24985584.76	31.23	0.24	0.95	0.87
中国铁建港航局集团有限公司	12		153349722.66		117175557.03	1		2780000.00					1	83536.00	3	12633018.75	4434660.50	76.41	3.42	98.75	82.75
中国铁建重工集团有限公司	68	23	371074545.56	118094479.24	159910366.77	3		7988547.00							11	26735324.44	11871285.86	43.09		100.00	100.00
中国铁建国际集团有限公司	9	2	35630892.22	6982242.40	28084424.07	2		5980000.00							5	10816958.44	8342217.56	80.00	30.00	100.00	100.00
中铁城建集团有限公司	7	2	18699366.00	5909000.00	3668118.30										6	15918366.00	3529068.30	19.62	85.13	76.94	7.33
中国铁建高新装备股份有限公司	52	19	316744287.34	105203236.84	128157824.40	1		2008547.00										40.46		98.15	90.55

（制表：张宏成）

中国铁建系统设备专业人员综合情况统计

（2016 年度）

项目／数量／单位	设备管理人员（人）总人数	其中 高级工程师	工程师	助理工程师	技术员	其他管理人员	设备操作技工（人）总人数	其中 高级技师	技师	高级工	中级工	初级工	主要工种人数（人）机械司机	汽车驾驶员	修理工	全年专业培训 期数	人数
2015 年度汇总	12425	900	2024	3444	2024	4033	25843	850	3074	7384	8185	6350	10602	10043	3028	807	10915
2016 年度汇总	13184	737	2201	3694	1956	4584	24087	626	3256	6919	7483	5821	11359	10514	3086	921	17209
中国土木工程集团有限公司	161	10	32	21	16	70	349	4	203	16	89	53	203	241	115	43	314
中铁十一局集团有限公司	1688	69	241	581	160	637	2355	53	132	989	497	684	928	715	364	270	4867
中铁十二局集团有限公司	721	53	105	165	70	328	1937	53	321	727	457	379	918	961	84	103	1057
中国铁建大桥工程局集团有限公司	704	48	112	187	147	210	828	22	122	306	235	143	354	406	143	9	106
中铁十四局集团有限公司	688	38	125	224	75	226	471	27	93	129	124	98	585	517	110	19	363
中铁十五局集团有限公司	611	29	115	132	119	216	1984	40	239	383	833	489	970	676	179	26	333
中铁十六局集团有限公司	1121	53	253	279	245	291	1720	42	234	436	597	411	915	766	245	14	470
中铁十七局集团有限公司	975	32	208	238	145	352	2815	58	378	979	784	616	1476	1299	409	30	274
中铁十八局集团有限公司	905	79	135	203	100	388	1418	65	165	413	303	472	546	608	247	52	481
中铁十九局集团有限公司	901	40	140	269	132	320	2142	71	487	552	454	578	884	703	192	92	862
中铁二十局集团有限公司	826	25	100	212	139	350	887	19	186	193	334	155	510	407	65	35	885
中铁二十一局集团有限公司	1102	114	152	334	213	289	2353	48	249	658	1113	285	472	748	200	36	778
中铁二十二局集团有限公司	781	56	179	283	101	162	803	23	105	239	251	185	487	392	142	18	618
中铁二十三局集团有限公司	327	18	69	115	69	56	755	36	160	206	170	183	555	478	120	8	231
中铁二十四局集团有限公司	349	18	69	90	47	125	802	29	44	211	347	171	233	345	200	49	338
中铁二十五局集团有限公司	467	18	48	171	55	175	423	10	18	166	153	76	156	377	125	37	1912
中铁建设集团有限公司	84		13	19	16	36	370	2	14	37	203	114	220	301	28	1	60
中国铁建电气化局集团有限公司	143	6	15	24	30	68	504	5	49	111	181	158	350	357	6	18	540
中国铁建港航局集团有限公司	163	11	19	54	16	63	170				7	163	79	24	13	3	15
中国铁建重工集团有限公司	200	8	24	21	35	112	862	15	47	128	329	345	475	23	84	41	2429
中国铁建国际集团有限公司	31	1	12	9	2	7	23				2	21	19	80	9		
中铁城建集团有限公司	236	11	35	63	24	103	116	4	10	40	20	42	24	90	6	17	276
中国铁建高新装备股份有限公司	94	4	17	18	9	46	1393	48	90	535	439	281	106	41	41	13	157

（制表：张宏成）

中国铁建系统原材料、能源收支存统计

（2016 年度）

物资名称	计量单位	年初库存量		收入量累计		消费量累计		年末库存量	
		数量	金额	数量	金额	数量	金额	数量	金额
总值	万元		696253		21611978		21615452		692779
（一）能源类	万元		34356		1407930		1422162		20124
其中：煤炭	吨	20731		186590		192692		14629	
电力	万千瓦时	446		380942		379860		1528	
原油	吨								
汽油	吨	701		93946		93992		655	
煤油	吨			193		193			
柴油	吨	27356		1259320		1256747		29930	
燃料油	吨	747		39259		39459		547	
天然气	立方米	43114		6188098		6113704		117508	
其他能源	吨标煤	497		9762		10197		63	
（二）原材料类	万元		661897		20204048		20193290		672655
1. 黑色金属类	万元		255244		5625079		5653659		226665
其中：钢材	吨	813665		20638601		20488191		964075	
2. 有色金属类	万元		3636		10045		13032		649
3. 化工类	万元		26812		466203		474735		18279
其中：炸药	吨	5930		165943		165661		6212	
雷管	万发	449		21976		21970		454	
导火索	万米	213		13586		13594		205	
4. 建材类	万元		115205		5675368		5672650		117922
其中：水泥	吨	1655358		67553154		67396140		1812372	
5. 木材类	万元		7400		156069		156855		6615
其中：原木	立方米	8706		140386		139375		9716	
锯材	立方米	16506		428649		424567		20588	
胶合板	立方米	12817		3118411		3013397		107834	
6. 金属制品类	万元		29156		339675		330161		38671
7. 一次转值机电类	万元		27655		1065555		1074482		18727
8. 其它类	万元		196789		6866054		6817715		245128

（制表：刘宝庆）

中国铁建房地产开发经营情况统计

（2016 年度）

开发单位名称	项目名称	建设地点	股权比例（%）	规划总建筑面积（万平方米）	其中 地上建筑面积（万平方米）	项目计划总投资（万元）	2015 年底开工累计完成投资（万元）	2016 年实际完成投资（万元）	其中土地价款支付资金（万元）	2016 年实际销售金额（万元）	2016 年实现营业收入（万元）	2016 年实际销售面积（万平方米）
总　计				4959.00	3855	42649888	21261079	6183361	3251572	4948031	3947460	438.00
中国铁建房地产集团有限公司				3361.00	2572	33320959	16340210	5371640	2926542	3880566	3000000	288.00
北京天太金海置业有限公司	中国铁建·北京西派国际	北京市西城区	70	13.86	10	215883	215883					
中国铁建房地产集团长沙置业有限公司	中国铁建·长沙山语城	长沙市开福区	100	91.10	74	351497	280368	10023		31876	15097	6.08
徐州中国铁建房地产开发有限公司	中国铁建·徐州龙域中央	徐州市新城区	100	65.10	55	244850	243953	120		1		0.01
贵州中泓房地产开发有限公司	中国铁建·贵阳国际城	贵阳市南明区	100	233.20	173	1175200	795778	79760		94963	75228	11.84
长春中国铁建房地产开发有限公司	中国铁建·长春国际花园	长春市长沈路	100	53.68	46	224841	199391	21549		28294	41707	6.97
中铁嘉业（北京）投资有限公司	中国铁建·北京原香小镇	北京市房山区	100	21.52	17	200649	200631	18			43	
中铁地产（成都）开发有限公司	中国铁建·成都国际城	成都市龙泉驿	100	128.03	102	541856	529527	564		7872	5376	1.96
中国铁建房地产集团（广西）有限公司	中国铁建·南宁凤岭山语城	南宁市青秀区	100	41.89	32	252838	247445	1495		3093	3195	0.62
湖南中盛嘉业房地产开发有限公司	中国铁建·长沙国际城	长沙市星沙镇	51	74.43	68	235626	173511	30940		20996	31034	4.42
中国铁建房地产集团合肥置业有限公司	中国铁建·合肥国际城	合肥市庐阳区	100	164.80	138	787804	703361	55728		82539	144840	9.04
中国铁建房地产集团海外地产发展有限公司	中国铁建·北京国际城	北京市朝阳区	100	84.42	61	1074950	770793	143786		58967	58984	2.32
中国铁建房地产集团北京丰基置业有限公司	中国铁建·北京青秀城	北京市丰台区	100	30.94	25	381536	377111	381		30	179	
中国铁建房地产集团浙江京城投资有限公司	中国铁建·杭州国际城	杭州市拱墅区	100	36.40	27	625780	570180	7241		29170	32345	0.31
中国铁建房地产集团北方有限公司	中国铁建·北京长阳国际城	北京市房山区	100	29.64	24	288224	267095	－1154				
中国铁建房地产集团西南有限公司	中国铁建·成都西派国际	成都市高新区	100	32.85	24	420081	371528	25501		67731	152756	4.22
中国铁建房地产集团西南有限公司	中国铁建·成都青秀城	成都市成华区	100	26.55	19	155388	150261	306		947	2044	0.25
中国铁建房地产集团广州有限公司	中国铁建·广州荔湾国际城	广州市荔湾区	100	25.16	18	325189	302451	22364		4702	14474	0.21
中国铁建房地产集团天津置业有限公司	中国铁建·天津国际城	天津市河北区	100	113.18	87	1348830	827505	91290		193913	143656	10.66
中铁嘉业（北京）投资有限公司	中国铁建·北京原香漫谷	北京市房山区	100	40.87	34	380955	335375	32953		146964	153433	9.02
中国铁建房地产集团北京丰昊置业有限公司	中国铁建·北京山语城	北京市丰台区	100	32.61	27	420942	358859	9800		73498	70661	3.29
中国铁建房地产集团（贵州）有限公司	贵阳兰草坝项目（暂定）	贵阳市南明区	100	58.93	51	287254	108670	1438				
中国铁建房地产集团宁波京城投资有限公司	中国铁建·宁波山语城	宁波市象山县	100	24.47	15	129072	72527	7796		1316	12096	0.17
中国铁建房地产集团武汉有限公司	中国铁建·武汉国际城	武汉市汉阳区	100	47.48	39	300543	200953	15411		39894	45128	3.84
中国铁建房地产集团创新产业投资有限公司	中国铁建·北京梧桐苑	北京市门头沟区	100	43.84	38	452308	427971	9812		82960	54753	3.46

续表

开发单位名称	项目名称	建设地点	股权比例（%）	规划总建筑面积（万平方米）	其中：地上建筑面积（万平方米）	项目计划总投资（万元）	2015年底开工累计完成投资（万元）	2016年实际完成投资（万元）	其中土地价款支付资金（万元）	2016年实际销售金额（万元）	2016年实现营业收入（万元）	2016年实际销售面积（万平方米）
中国铁建房地产集团北方有限公司	中国铁建·北京国际花园	北京市房山区	100	19.05	16	239488	186758	8928		20459	21762	0.82
中国铁建房地产集团长沙置业有限公司	中国铁建·长沙梅溪青秀	长沙市岳麓区	100	68.92	59	408094	212774	28935		82295	17841	11.85
中国铁建房地产集团华东有限公司	中国铁建·上海青秀城	上海市宝山区	100	30.02	23	479429	349011	94085		223289	232526	6.86
中国铁建房地产集团杭州京发置业有限公司	中国铁建·杭州国际花园	杭州市江干区	100	7.04	5	90770	83315	1416		6800	6800	0.47
北京金达世纪房地产开发有限公司	中国铁建·北京青秀尚城	北京市昌平区	100	21.91	17	224780	171938	18123		61276	16870	2.36
徐州中国铁建房地产开发有限公司	中国铁建·徐州原香漫谷	徐州市新城区	100	20.60	15	109150	99282	4822		31834	34011	4.56
中国铁建房地产集团杭州京顺置业有限公司	中国铁建·杭州青秀城	杭州市萧山区	100	16.43	12	186287	169542	9951		24856	24486	1.66
中铁建(大连)置业有限公司	中国铁建·大连青秀蓝湾	大连市甘井子区	100	34.60	26	353069	274428	37857		47267	82547	4.38
中国铁建房地产集团西南有限公司	中国铁建·成都北湖国际城	成都市成华区	100	48.76	36	475270	322524	18456		31688	56731	3.59
中国铁建房地产集团合肥蜀山置业有限公司	中国铁建·合肥青秀城	合肥市蜀山区	100	58.37	48	407770	176316	50997		92338	83526	9.03
成都中铁建锦城投资有限公司	中国铁建·成都锦江国际花园	成都市锦江区	100	20.63	15	191055	171270	5025		22263	106244	0.97
中国铁建房地产集团广西江湾置业有限公司	中国铁建·南宁江湾山语城	南宁市邕宁区	100	46.40	37	261818	140114	62715		74875	89373	9.81
成都中铁建投资有限公司	中国铁建·成都西派澜岸	成都市高新区	100	37.23	27	519494	325207	31774		57130	80779	3.71
中国铁建房地产集团北京海丰置业有限公司	中国铁建·北京环保嘉苑	北京市海淀区	100	12.69	10	313778	238030	7997		6990	16250	0.78
中国铁建房地产集团武汉有限公司	中国铁建·武汉国际花园	武汉市汉阳区	100	16.05	13	125302	95057	20396		83334	44273	8.89
中国铁建房地产集团江苏置业有限公司	中国铁建·南京青秀城	南京市栖霞区	100	43.53	33	654124	473352	86896		196393	267732	8.83
佛山中国铁建房地产置业有限公司	中国铁建·佛山国际公馆	佛山市南海区	100	28.43	21	415439	257568	75200		179721	154732	9.56
中铁嘉业(北京)投资有限公司	中国铁建·北京原香嘉苑	北京市房山区	100	22.79	20	214379	164155	31650		50700	137572	3.65
中国铁建房地产集团北京浩达置业有限公司	中国铁建·北京顺新嘉苑	北京市顺义新城	100	13.22	10	208416	167508	16751		107858	55421	3.96
中国铁建房地产集团杭州京兆置业有限公司	中国铁建·杭州江南国际城	杭州市萧山区	100	38.74	26	441030	296079	69973		206152		11.16
中国铁建房地产集团北京金郡兴盛置业有限公司	中国铁建·北京兴盛嘉苑	北京市大兴区	100	31.37	24	516460	338196	82350		118211	123301	2.25
广州增城中国铁建房地产置业有限公司	中国铁建·广州增城国际花园	广州市增城区	100	22.25	16	204442	133961	41708		81047		6.82
成都中铁龙泰房地产开发有限公司	中国铁建·成都中国铁建广场	成都市成华区	100	21.34	16	171730	73745	44841		27113		3.47
北京通瑞兴盛置业有限公司	中国铁建·北京通瑞嘉苑	北京市通州区	100	55.74	38	422852	254407	107614		20209	390836	1.69
中国铁建房地产集团合肥蜀西置业有限公司	中国铁建·合肥国际公馆	合肥市高新区	100	14.86	12	115388	49827	22796		80800		6.23
中国铁建房地产集团南京江宁置业有限公司	中国铁建·南京原香颂	南京市江宁区	100	13.38	11	82724	27086	22947		63800		6.33
太原金郡同达房地产开发有限公司	中国铁建·万科·太原紫郡	太原市晋祠路	70	25.39	20	236008	98597	15986		119006		9.25

续表

开发单位名称	项目名称	建设地点	股权比例（%）	规划总建筑面积（万平方米）	其中 地上建筑面积（万平方米）	项目计划总投资（万元）	2015年底开工累计完成投资（万元）	2016年实际完成投资（万元）	其中土地价款支付资金（万元）	2016年实际销售金额（万元）	2016年实现营业收入（万元）	2016年实际销售面积（万平方米）
成都申珑房地产开发有限公司	成都皇冠湖壹号	成都市龙泉驿区	40	35.29	27	182868	53934	50151	10780	100000		15.30
杭州京平置业有限公司	中国铁建·杭州德信君宸	杭州市萧山区	35	16.24	11	171188	44803	72892	42859	170000		9.12
北京鎏庄房地产开发有限公司	中国铁建·北京金茂府	北京市丰台区	51	23.52	17	1046077	525450	64450				
杭州京滨置业有限公司	中国铁建·杭州滨江·江南之星	杭州市萧山区	34	36.14	25	409641	97124	126448	95521			
杭州京瑞置业有限公司	中国铁建·杭州西湖国际城	杭州市西湖区	100	25.49	18	293782	75080	94358	75000			
杭州京科置业有限公司	中国铁建·杭州万科江湾城	杭州市萧山区	51	27.94	20	182350	18945	39754	18945			
中国铁建房地产集团西南有限公司	中国铁建·成都北湖国际城Ⅱ	成都市成华区	100	48.65	34	313912	55994	59554	51303	108450		12.95
成都中铁业兴房地产开发有限公司	中国铁建·成都西派城	成都市武侯区	100	41.26	28	429138	86363	125442	86362	102926		6.92
成都欣然置业有限公司	中国铁建·成都西派城	成都市武侯区	100	44.79	30	467907	94496	116090	94495			
长春中国铁建房地产开发有限公司	中国铁建·长春花语城	长春市高新南区	100	8.82	8	74267	6000	35995	26515			
上海中铁京贤房地产有限公司	上海市奉贤区南桥镇D－01－13区域地块项目（暂定）	上海市奉贤区	100	29.86	20	689598	76000	344238	304000			
广东保瑞房地产开发有限公司	广州荔湾区百花香料厂地块（暂定）	广州市荔湾区	19	17.62	14	369589	201103	10276				
杭州建申房地产开发有限公司	中国铁建·杭州保利像素	杭州市下沙区	50	19.49	14	149812		92381	61948	16000		1.17
南京新城广闳房地产有限公司	中国铁建·南京新城保利天地	南京市江宁区	38	22.80	18	188212		88644	67400	118000		7.34
广州宏嘉/广州璟晔/广州宏轩房地产开发有限公司	广州市白云区水泥厂三宗居住用地024、029、033项目	广州市白云区	17	28.49	20	567828	209753	77181	7753			
北京捷海房地产开发有限公司	中国铁建·北京翡翠长安	北京市门头沟区	50	35.42	25	898090	220000	310466	213137	97215		2.21
中国铁建房地产集团宁波京平置业有限公司	宁波市江北区湾头JB05－02－21号地块项目（暂定）	宁波市江北区	51	28.12	20	408988		237531	221251			
西安铁兴/西安中铁京泰房地产开发有限公司	中国铁建·西安西派国际	西安市	100	52.84	39	455346		146989	51143	43116		4.17
中国铁建房地产集团（广西）有限公司	中国铁建·南宁云景山语城	南宁市青秀区	100	12.76	9	157601		77001	66556			
中国铁建房地产集团（广西）有限公司	中国铁建·南宁西派澜岸	南宁市江南区	100	16.47	12	157502		55796	51779			
长春玖华房地产开发有限公司	长春经开区洋浦大街地块	长春市经开区	100	22.97	18	183177		45896	40557			
中铁建房地产集团（贵安）有限公司	中国铁建·贵安山语城	贵安市新区	100	62.06	48	270177		43123	32392	37429		7.07
上海泓钧房地产开发有限公司	中国铁建·上海保利熙悦	上海市宝山区	51	26.04	18	694159	410000	63560				
中国铁建房地产集团重庆有限公司	重庆市江北区寸滩宗地二地块项目（暂定）	重庆市江北区	100	92.96	69	940321		250953	216240			
嘉兴市2016南－009地块项目公司（暂定）	嘉兴市2016南－009地块项目	嘉兴市	100	15.30	11	272002		65904	65904			

续表

开发单位名称	项目名称	建设地点	股权比例（%）	规划总建筑面积（万平方米）	其中 地上建筑面积（万平方米）	项目计划总投资（万元）	2015年底开工累计完成投资（万元）	2016年实际完成投资（万元）	其中土地价款支付资金（万元）	2016年实际销售金额（万元）	2016年实现营业收入（万元）	2016年实际销售面积（万平方米）
太原融创慧丰房地产开发有限公司	太原理工大学长风校区SP－1612地块项目（暂定）	太原市万柏林区	50	43.68	33	528178		217653	187060			
南宁西乡塘区安吉北住宅用地项目公司（暂定）	南宁西乡塘区安吉北住宅用地项目（暂定）	南宁市西乡塘区	100	25.88	19	213440		47929	42655			
中铁建（大连）置业有限公司	大连市甘井子区由家村B地块	大连市甘井子区	100	17.48	12	121426		30616	30600			
中国铁建房地产集团重庆有限公司	重庆市巴南区先锋村38亩地块项目（暂定）	重庆市巴南区	100	5.07	4	30069		7600	7563			
北京欣达置业有限公司（暂定）	大兴黄村兴华大街地块（暂定）	北京市大兴区	100	21.12	13	648817		75000	75000			
苏州市苏园土挂（2016）04地块项目公司（暂定）	苏州市苏园土挂（2016）04地块	苏州园区	100	33.63	23	1308617		460000	460000			
成都市双流区华府大道449亩住宅用地1、2、4项目公司（暂定）	成都市双流区华府大道449亩住宅用地1、2、4项目（暂定）	成都市双流区	50	82.98	60	1187510			117000			
广州南沙中铁实业发展有限公司	广州市南沙区政府西侧地块项目（暂定）	广州市南沙区	100	21.32	16	246392	66385	44435				
广州坤方置业有限公司	广州市南沙自贸区蕉门河东西两侧商服用地项目（暂定）	广州市南沙区	49	12.22	9	172336		53594	47145			
中国铁建房地产集团北方有限公司	北方公司差额	北京市房山区	100									
中国铁建房地产集团西南有限公司	西南公司差额	成都市成华区	100									
中国铁建房地产集团华东有限公司	华东公司差额	上海市宝山区	100									
中国铁建房地产集团海外地产发展有限公司	海外公司差额	北京市朝阳区	100									
中国铁建房地产集团（贵州）有限公司	贵州公司差额	贵阳市南明区	100									
中铁建南沙投资发展有限公司	南沙公司差额	广州市南沙区	100									
广州中土实业发展有限公司	中国铁建·广州实业	广州市荔湾区	100	1.76	2			8811			179	
中铁建（北京）物业管理有限公司	中国铁建·物业公司	北京市海淀区	100								31570	
中国铁建房地产集团设计咨询有限公司	设计咨询公司	北京市海淀区	100									
中国铁建房地产集团北京投资管理有限公司	投资管理公司	北京市海淀区	100									
中国铁建房地产集团有限公司总部	集团总部差额	北京市石景山	100				17606	143618	57679		－132391	
中国土木工程集团有限公司				9.60	10	67443	23959	10528	8000	1131	1955	1.37
中国土木工程集团有限公司	尼日利亚拉各斯7公顷房地产项目	尼日利亚拉各斯市	100	3.17	3	22852	13710	1068			929	
中国土木工程集团有限公司	塞拉利昂弗里敦1.9公顷房地产开发项目	塞拉利昂弗里敦市	100	1.35	1	7755	2945	1444				

续表

开发单位名称	项目名称	建设地点	股权比例（%）	规划总建筑面积（万平方米）	其中	项目计划总投资（万元）	2015年底开工累计完成投资（万元）	2016年实际完成投资（万元）	其中土地价款支付资金（万元）	2016年实际销售金额（万元）	2016年实现营业收入（万元）	2016年实际销售面积（万平方米）
					地上建筑面积（万平方米）							
中国土木工程集团有限公司	坦桑尼亚奥斯特贝住宅项目	坦桑尼亚达累斯萨拉姆市	100	1.08	1	7320	7304	16		1131	1026	1.37
中国土木工程集团有限公司	坦桑尼亚达市 Mikocheni5 英亩地块住宅项目	坦桑尼亚达累斯萨拉姆市	100	4.00	4	29516		8000	8000			
中铁十一局集团有限公司				71.83	57	486064	283894	69040	155041	48524	75258	7.22
重庆璧和房地碱开发有限公司	中国铁建·重庆璧河国际	重庆市璧山县	100	4.22	4	16860	16191	65	5000			
中铁十一局集团武汉房地产开发有限公司	中国铁建·武汉梧桐苑	武汉市东湖新区	100	37.51	31	234829	128851	30472	55041	9644	75258	1.45
中铁十一局集团重庆房地产开发有限公司	中国铁建·重庆玖城壹号	重庆市陈家坪	100	26.89	20	214689	138852	38503	95000	38880		5.77
中铁十一局集团重庆房地产开发有限公司	玖城壹号旁项目土地	重庆市陈家坪	100	3.21	2	19686						
中铁十二局集团有限公司				2.79	3	8550	8500		3465	199	199	0.04
北海晋海房地产开发有限公司	中国铁建·晋海御园二期	北海市	100	2.79	3	8550	8500		3465	199	199	0.04
中国铁建大桥工程局集团有限公司				43.60	38	234506	230204	2153		45354	57601	12.30
中国铁建大桥工程局集团房地产开发有限公司	中铁·滨海欣城	天津市滨海新区	100	15.21	13	76400	72536			27555	27355	4.83
长春春江房地产开发有限公司	中铁·香堤美郡	长春市汽车经济技术开发区	100	9.39	8	45106	48740			12426	12218	1.89
黑龙江华府房地产开发有限公司	哈尔滨先锋路改造开发项目	哈尔滨市先锋路	100	19.00	17	113000	108928	2153		5372	18028	5.58
中铁十四局集团有限公司				123.86	98	698271	538496	64008		98144	89531	9.74
中铁十四局集团房地产开发有限公司莱西分公司	中国铁建岸芷汀兰（西区）	山东省莱西市	100	18.62	19	27829	26396	3063		1728	4984	0.46
南京昌和房地产开发有限公司	江佑铂庭	南京市浦口区	100	26.91	21	159500	158401	387		1588	3360	0.24
青岛中铁凯华房地产开发有限公司	中国铁建岸芷汀兰（东区）	山东省莱西市	100	8.37	8	28125	26121	643		3706	4201	0.91
济南中铁凯华房地产开发有限公司	中国铁建·明山秀水	济南市章丘市	100	17.63	13	75360	48843	7201		7385	19356	1.54
济南庆龙置业有限公司	中国铁建·国际城	济南市历下区	100	38.84	27	322736	244016	35442		23400	6327	2.17
中铁十四局集团泰安房地产开发有限公司	中国铁建·泮河嘉苑	泰安市岱岳区	100	4.38	4	18790	15731	1781			1979	
中铁十四局集团泰安房地产开发有限公司	中国铁建·山语观邸	泰安市泰山区	100	9.11	6	65931	18988	15491		60337	49324	4.42
中铁十五局集团有限公司				128.84	108	452637	256730	16144	1286	27772	30031	6.54
中铁十五局集团河南置业有限公司	中国铁建·临沂东来尚城	临沂市河东区	100	25.74	20	106221	95117	3649		11451	8250	2.16
中铁十五局集团河南置业有限公司	中国铁建·周口东来尚城	周口市川汇区	100	32.35	28	117474	76075	3144		9124	11381	2.27
中铁十五局集团河南置业有限公司	中国铁建·都匀东来尚城	都匀市开发区	100	70.75	60	228942	85538	9351	1286	7197	10400	2.11

续表

开发单位名称	项目名称	建设地点	股权比例（%）	规划总建筑面积（万平方米）	其中：地上建筑面积（万平方米）	项目计划总投资（万元）	2015年底开工累计完成投资（万元）	2016年实际完成投资（万元）	其中土地价款支付资金（万元）	2016年实际销售金额（万元）	2016年实现营业收入（万元）	2016年实际销售面积（万平方米）
中铁十六局集团有限公司				117.73	104	532023	291901	46187		98892	30320	17.50
海南京博房地产有限公司	中国铁建·琼海京博雅居	海南省琼海市	100	9.58	10	26000	31970	364		2426	2375	0.33
海南椰竺置业有限公司	中国铁建·定安怡陶园	海南省定安县	100	3.45	3	7900	12000	164		3618	2373	0.95
福建省顺昌远宏房地产开发有限公司	中国铁建·顺昌天天花园四期	福建省顺昌县	100	18.27	15	60777	62569	716		5980	5866	1.08
置业公司梧州公司	中国铁建·梧州玫瑰湾	广西梧州市	100	7.55	6	33147	22848	4399		5136	1928	1.54
通辽首通房地产开发有限公司	中国铁建·通辽国际城	内蒙古自治区通辽市	90	20.05	18	87380	38288	7347		9947	3278	3.47
置业公司梧州公司	中国铁建·梧州江语城	广西梧州市	100	20.68	18	80109	13727					
置业公司江西京诚房地产有限公司	中国铁建·南昌青秀城	江西省南昌市	41	38.15	34	236710	110499	33197		71785	14500	10.13
中铁十七局集团有限公司				22.60	16	120034	42015	23847	13513			
房地产开发有限公司	芦潮港社区商贸中心项目	上海市浦东新区	100	9.20	7	63363	11033	12809	313			
西安润居房地产开发有限公司	中国铁建青秀城项目	西安市	100	13.40	9	56671	30982	11038	13200			
中铁十八局集团有限公司				53.15	41	394239	282296	88141	23664	104694	151910	9.18
湖北博瀚置业有限公司	中国铁建·武汉 1818 中心	武汉市武昌区	100	33.80	26	282810	210460	61917		50631	61573	2.36
武汉房地产开发有限公司公司	中国铁建·中北春天	武汉市武昌区	100	10.26	9	51259	37681	9708	19100	25613	44089	4.19
中铁十八局集团天津置业有限公司	中国铁建·御水园	天津市塘沽区	100	6.42	5	47360	34155	11952		28450	46248	2.63
中铁十八局集团房地产开发有限公司	长轻地块	湖南省长沙市	100	2.67	2	12811		4564	4564			
中铁十九局集团有限公司				70.68	54	257813	144594	12640		16450	9414	2.29
中铁十九局集团（沈阳）房地产开发有限公司	梧桐苑一期	沈阳市	100	29.63	21	109093	90943	10454		16450	9414	2.29
中铁十九局集团（沈阳）房地产开发有限公司	梧桐苑二期	沈阳市	100	34.00	27	117745	36968	1613				
中铁十九局集团房地产开发有限公司	中铁十九局文化宫老城区改造项目	辽阳市	100	7.05	6	30975	16683	574				
中铁二十局集团有限公司				135.71	106	742600	332228	60361		113200	44500	16.28
中铁二十局集团房地产公司	同景国际城 C 组团	重庆市	100	9.80	8	33000	33000			32	42	0.01
中铁二十局集团房地产公司	同景国际城 DEF 组团	南岸区	100	25.10	21	142800	93580	9637		42707	44169	6.45
中铁二十局集团房地产公司	同景国际城 R 组团	茶园新区	100	5.30	4	33600	5358	8255		15603		1.81
中铁二十局集团房地产公司	山水逸城	重庆市	100	62.18	47	408700	121183	33597		46171		5.97
重庆中景置业有限公司	同景国际城 Q 组团	重庆市	100	12.23	10	59500	54484			217	289	0.07

续表

开发单位名称	项目名称	建设地点	股权比例（%）	规划总建筑面积（万平方米）	其中：地上建筑面积（万平方米）	项目计划总投资（万元）	2015年底开工累计完成投资（万元）	2016年实际完成投资（万元）	其中土地价款支付资金（万元）	2016年实际销售金额（万元）	2016年实现营业收入（万元）	2016年实际销售面积（万平方米）
安徽中景置业有限公司	燕山城	安徽省蚌埠市	100	21.10	16	65000	24623	8872		8470		1.97
中铁二十一局集团有限公司				213.22	165	1346707	623894	85644	12	146107	87976	17.74
德盛和置业有限公司（本级）	中国铁建·西安梧桐苑	西安市曲江	100	33.15	25	187232	156435	19983		2133	1988	0.27
德盛和置业有限公司（本级）	中国铁建·西安国际城一期	西安市曲江	100	46.43	36	255930	162211	32270		67923	75027	9.54
德盛和置业有限公司（本级）	中国铁建·西安国际城二期	西安市曲江	100	39.33	31	273612	71851	15228	12			
德盛和置业有限公司（本级）	中国铁建·西安国际城三期	西安市曲江	100	80.15	62	557589	161053	18164		71126		7.41
甘肃项目公司	中国铁建·兰州梧桐苑项目	兰州市安宁区	100	12.29	10	63215	63215			3868	10600	0.40
甘肃项目公司	中铁二十一局集团兰州经适房项目商铺车库	兰州市七里河区	100	1.87	1	9129	9129			1057	361	0.12
中铁二十二局集团有限公司				128.94	106	775736	424744	40364	4349	37531	26354	6.11
中铁房地产开发（保定）有限公司	中国铁建·保定京南一品	保定市北市区	100	50.65	41	251077	209974	5509		7900	16226	1.06
中铁二十二局集团第三工程有限公司	中国铁建·厦门海新大厦	厦门市集美区	100	5.40	4	36162	17108	3560		434		0.04
中铁二十二局集团第三工程有限公司	中国铁建·厦门海曦	厦门市思明区	100	5.79	5	66441	66441			466	746	0.04
文昌书香小镇发展有限公司	中国铁建·文昌书香小镇	海南省文昌市	75	25.02	21	227875	87141	11049		14182	8864	1.53
中铁二十二局重庆房地产有限公司	中国铁建·重庆中铁5号	重庆市北碚区	100	5.39	4	30954	30829	356		505	518	0.11
中铁二十二局集团房地产开发（荆门）有限公司	中国铁建·荆门公园3326	湖北省荆门市	65	30.10	26	115994	8985	6627	487	14044		3.33
中铁二十二局集团兰州房地产开发有限公司	中国铁建·兰州云公馆	兰州市城关区	90	6.59	5	47233	4266	13263	3862			
中铁二十四局集团有限公司				22.53	20	63000	20410	5200	17410			
九江铁建置业公司	中国铁建山语城	江西省九江县	100	22.53	20	63000	20410	5200	17410			
中铁二十五局集团有限公司				22.76	18	81533	45546	6050	148	10000	1300	2.54
柳州龙泰房地产开发有限公司	中国铁建·（柳州）金色蓝庭	柳州市柳南区	100	6.58	5	29504	28203	50		1300	1300	0.24
中铁二十五局集团房地产开发衡阳有限公司	中国铁建·（衡阳）金色蓝庭	衡阳市珠晖区	100	16.18	13	52029	17343	6000	148	8700		2.30
中铁建设集团有限公司				203.56	166	1241179	705936	148945	1830	171134	237803	20.65
中铁建设集团北京佳景晟房地产有限公司	中国铁建·北京耀中心	北京市石景山区	100	12.23	8	183191	122453	44263	169	43319	111535	1.98
西安侨隆置业有限公司	中国铁建·西安瑞园	西安市雁塔区	100	12.90	11	78065	73424	3153	64	3615	8254	0.35
大连创富房地产开发有限公司	中国铁建·大连国滨苑	大连市中山区	100	22.80	17	306726	177514	42828		44000	30000	2.81
中铁建设集团金日房地产有限公司公司	中国铁建·莱州国际城	山东省莱州市	70	55.09	41	282105	142117	24383	1597	25200	44000	4.01
中铁建设集团（信阳）房地产开发有限公司	中国铁建·信阳领秀城	河南省信阳市	100	100.54	88	391092	190428	34318		55000	44014	11.50

续表

开发单位名称	项目名称	建设地点	股权比例（%）	规划总建筑面积（万平方米）	其中 地上建筑面积（万平方米）	项目计划总投资（万元）	2015 年底开工累计完成投资（万元）	2016 年实际完成投资（万元）	其中土地价款支付资金（万元）	2016 年实际销售金额（万元）	2016 年实现营业收入（万元）	2016 年实际销售面积（万平方米）
中铁第一勘察设计院集团有限公司				33.38	26	207102	108974	22227	44581	14762	62938	1.75
陕西逸博置业有限公司	中国铁建. 逸园（A 区）	西安市雁塔区	100	14.50	11	81600	68283	7509	17579	10555	59152	1.55
陕西逸博置业有限公司	中国铁建. 逸园（B 区）	西安市雁塔区	100	5.01	4	26805	5052	6848	2627			
新疆逸博房地产开发有限公司	乌鲁木齐天汇花园小区	乌鲁木齐市新市区	100	3.18	2	18402	13179	4839	4389	4207	3786	0.20
兰州新区逸博房地产开发有限公司	鑫铁大夏	兰州新区行政园区	100	4.69	4	24815	1147	37	1062			
甘肃逸丰房地产开发有限公司	兰州 Soho	兰州市城关区	51	6.00	5	55480	21313	2994	18924			
中铁第四勘察设计院集团有限公司				78.04	63	430207	240881	63028	200	108215	25000	15.14
株洲分公司	荷塘星城	湖南省株洲市	100	37.70	30	144698	109974	21880	200	29700	25000	6.30
武汉铁科高创置业有限公司	杨春湖畔	武汉市洪山区	100	40.34	33	285509	130907	41148		78515		8.84
中铁城建集团有限公司				20.88	16	100000	27966	15316		8520		1.60
中铁城建集团房地产开发有限公司	中国铁建·洋湖苑	长沙市岳麓区	100	20.88	16	100000	27966	15316		8520		1.60
中国铁建投资集团有限公司				16.79	13	585130	64220	9959	51531			
珠海铁建大厦置业有限公司	中国铁建·珠海铁建大厦项目	广东省珠海市	100	16.79	13	585130	64220	9959	51531			
中铁建重庆投资有限公司				77.63	56	504155	223481	21938		16836	15370	2.09
重庆润君房地产开发有限公司	中国铁建·北碚山语城	重庆市北碚区	100	17.09	15	179886	126374	12388		13000	13600	1.50
重庆铁建置业有限公司	中国铁建·北碚公园 1159	重庆市北碚区	100	5.20	4	28705	23922	3130		2320	1770	0.40
重庆铁发北山地产有限公司	中国铁建·涪陵山语城	重庆市涪陵区	90	55.34	37	295564	73185	6420		1516		0.19

（制表：楼　翱）

2016 年 10 月 21 日，中国铁建与重庆市政府签订合川至安岳、合川至璧山至江津 2 条高速公路项目投资建设协议。重庆市市长黄奇帆、中国铁建总裁庄尚标等出席签约仪式。（李小香 摄）

文献辑要

中国铁建股份有限公司境外财务管理办法

中国铁建财〔2016〕20号

第一章 总 则

第一条 为规范中国铁建股份有限公司（以下简称"股份公司"）境外子企业及非法人机构、非经营性机构财务管理，维护公司合法权益，保障境外资产安全完整和保值增值，根据《中华人民共和国会计法》、《企业会计准则》、《企业国有资产监督管理暂行条例》、《中央企业境外国有资产监督管理暂行办法》、《会计档案管理办法》、国家有关外汇管理法规以及《中国铁建股份有限公司财务管理及内控制度》等规定，结合股份公司实际，制定本办法。

第二条 本办法适用于股份公司及所属全资及控股企业（以下统称"境内出资单位"）在境外投资设立的全资及控股企业，以及非法人机构（分公司、办事处、代表处、指挥部、项目部等）和非经营性机构等（以下统称"境外单位"）。

第三条 境外财务管理的总体要求：

（一）严格执行国家和驻在国（或地区）的有关法律法规；

（二）严格执行股份公司制定的统一的会计政策，规范会计核算、信息披露和经济活动分析，如实反映财务状况和经营成果；

（三）维护公司的合法权益，确保资产安全完整和资本保值增值；

（四）建立健全财务管理和内控制度，提高风险管控能力。

第二章 会计机构及会计人员

第四条 各集团公司应加强对境外财务管理的研究和指导，在财务部门设置专门岗位负责本集团公司境外财务管理工作。境外营业收入占全部营业收入的比重较大的集团公司，应在财务部门中设置境外财务管理的专管机构。

第五条 集团公司境外财务专管机构或专管岗位的工作职责：

（一）负责本集团境外财务管理相关制度的制定；

（二）监督各境外单位对国家有关政策、股份公司和集团公司相关制度规定的执行情况；

（三）指导和监督境外单位内外账设置及核算管理工作；

（四）协助境外单位和相关业务部门完成境外资金管理、资产管理、产权管理、税务筹划等工作；

（五）负责建立本集团公司境外项目预警制度和预警体系，完成预警信息收集、整理、反馈和上报工作，并监督监控相关措施的落实情况；

（六）负责本集团公司境外单位财务信息收集、汇总、分析和上报工作；

（七）其他与境外财务管理相关的事项。

第六条 境外单位应当根据会计业务的需要设置会计机构，专职会计人员原则上不得少于2人；不具备单独设置会计机构条件的，应当在有关机构中配备专职会计人员。

第七条 境外单位财务部门的工作职责：

（一）负责本单位财务管理相关制度的制定和落实，建立和完善本单位财务管理和内控制度，严格财务管理，加强财务监督；

（二）按照国家和驻在国（地区）的法律法规以及股份公司、集团公司的相关规定设置会计账簿并进行核算；

（三）按照相关规定做好会计基础工作，负责会计原始凭证、账册、报表等会计资料的整理、归档工作；

（四）根据相关要求及本单位情况，做好资金管理工作，确保资金安全；

（五）协助责任部门的资产管理工作，督促并参与对资产的定期清查和盘点，确保各项资产安全完整；

（六）对本单位经营、资金、收支情况进行分析，及时发现问题，提出建议，向单位负责人和境内出资单位报告；

（七）根据本单位资金需求，结合驻在国（地区）外汇政策，分析汇率变化和利率水平，提出筹资方案；

（八）参与本单位重大事项决策，参与对外经济合同的签订工作；

（九）充分了解驻在国税收法律法规，完成驻在国（地区）的税务申报和缴纳工作；

（十）统筹考虑国家及驻在国（地区）的税收法律法规，提出税务筹划方案；

（十一）组织协调各部门做好本单位全面预算编制和调整工作，定期对预算执行情况进行分析；

（十二）按要求上报各类财务报表及分析报告；

（十三）其他财务相关事宜。

第八条 境外单位应当根据法律和国家有关规定设置总会计师。股份公司所属二、三级境外子企业以及合同额超过5亿美元以上的境外项目必须设置总会计师。各集团公司应对境外单位总会计师实行委派制,总会计师的任职条件、工作职责及选拔任命应严格按照《中国铁建股份有限公司财务管理及内控制度》的要求执行。各集团公司应每年组织对境外单位总会计师进行考核,根据考核结果确定其薪酬。

第九条 境外单位会计机构应当配备会计机构负责人,会计机构负责人应当具备以下条件:

(一)具有较高的政治素养和政策水平,遵纪守法、坚持原则、公平正直、廉洁奉公、诚实守信、爱岗敬业,综合素质高,工作业绩突出;

(二)熟悉国家财经法规和财务制度,具有丰富的财务管理和风险防范知识,学习、组织、管理、协调、沟通能力强;

(三)具备会计师或以上任职资格;

(四)三年以上境外工作或从事境外财务管理工作经验。

第十条 境外单位应当根据会计业务需要配备具有相应资格的会计人员。未取得相应资格的人员,不得从事会计工作。会计人员的选用应遵循不相容岗位分离的原则,境外单位法定代表人和负责人的配偶或其他直系亲属不得担任同一单位的会计人员。单位原则上应配备专职出纳人员,业务量小或配备专职出纳人员有困难的单位,必须指定专人兼管。出纳人员必须由中方正式职工担任,严禁临时外聘出纳人员。

第十一条 会计人员在工作中必须遵守会计职业道德:爱岗敬业、诚实守信、廉洁自律、客观公正、坚持准则、提高技能、参与管理和强化服务。

第十二条 境内出资单位和境外单位要注重境外会计人员的专业能力培养,有计划、有针对性的组织学习和培训,提高会计人员的专业素质和工作能力。

第三章 账簿设置

第十三条 境外单位应按以下原则设置账簿:

(一)驻在国(地区)会计准则与国际会计准则趋同的,经境内出资单位和国内审计机构同意,境外单位可按照驻在国(地区)会计准则设立账簿,按照《企业会计准则第19号——外币折算》的要求编制国内报表,对准则差异进行调整,并编写调整说明一并报送境内出资单位;

(二)驻在国(地区)会计准则与国际会计准则有较大差异的,境外单位应按照驻在国(地区)会计准则设立账簿(以下简称“当地准则账簿”),同时按照中国会计准则和相关法规以及股份公司的具体要求设置账簿(以下简称“中国准则账簿”),两个账簿平行登记核算,分别编制会计报表。

第十四条 中国准则账簿及相关资料要严格保密,并采取切实措施保障其安全,不得与当地准则账簿共用一台计算机,有条件的单位要单独设办公室,所有有关中国准则账簿的文件及会计资料、会计档案要单独存放,境外单位撤销时,所有中国准则账簿和报表等资料应及时交境内出资单位妥善保管。

第十五条 原则上原始单据、会计资料等原件保存到当地准则账簿中,中国准则账簿中须保留原始单据的扫描件或复印件,电子档案须及时转存到移动存储介质进行异地备份。

第十六条 采用当地准则账簿和中国准则账簿平行核算的单位,应编制两套账簿间的对照索引目录,以便于查询原始凭证。境外单位要准确分析当地准则账簿与中国准则账簿的差异,并定期核对,保证财务核算准确完整。

第十七条 境外单位应大力推进中国准则账簿网络记账,具备条件的境外单位,应积极进行财务共享中心的试点及推广。

第十八条 根据境外单位的实际情况,当地准则账簿应聘请当地有资格的会计师或由熟悉驻在国(地区)财税法规的中方财务人员负责编制,但原始凭证必须由中方财务人员审核。根据当地准则账簿编制的报表须经境外单位负责人、主管财务工作负责人及会计机构负责人审批后对外提供。

第十九条 境外单位聘请中介机构,指导和协助境外单位进行外账核算、税务申报、年度审计及其他咨询等业务,应选用信誉可靠、协调能力强的中介机构,并报境内出资单位审批。聘请当地中介机构应要求对方出具相关资质证明,并签订合同,明确职责范围。

第二十条 境外单位应加强账销案存资产管理,相关业务严格按照《中国铁道建筑总公司账销案存资产管理工作制度》及《关于进一步加强账销案存资产管理的通知》(中铁建财〔2009〕62号)要求办理。

第四章 外币折算

第二十一条 境外单位应以驻在国(地区)的法定货币或日常交易采用的主要货币作为记账本位币。本位币以外的货币均作为外币核算,全部外币设置为辅助货币,折算成本位币记账,以本位币试算平衡。

第二十二条 会计期末应将本位币报表折算为人民币报表,上报境内投资单位。境外单位与境内单位发生往来,以人民币作为往来对账的货币单位。境外单位之间的经营性往来,经双方协商一致,可以使用人民币、美元、欧元或驻在国法定货币等对账,对账单上应标明对账币种及折算汇率。

第二十三条 各币种之间的折算汇率按照下述方

法确定:通用货币采用会计期末中国人民银行公布的外汇牌价表中的中间价作为当期的报告汇率;非通用货币采用会计期末国家外汇管理局公布的该种货币兑换美元的折算率经由美元兑人民币的中间价套算;国家外汇管理局未公布折算率的,采用所在国央行公布的当地币兑换美元的折算率经由美元兑人民币的中间价套算,同时引用为下一个会计期间的记账汇率

第二十四条 境外单位实际发生的货币兑换业务,应当以即期汇率核算,差额部分记入当期损益。

第二十五条 会计期末须调整货币性科目的记账汇率,货币性科目包括:外币现金、银行存款、其他货币资金、以外币计价的债权、债务等,由此产生的差额确认为当期损益。

第二十六条 非货币性项目在交易发生日按照当期的记账汇率或即期汇率折算成本位币记账,汇率变动不影响原记账本位币金额。非货币性项目包括存货、长期投资、固定资产、无形资产等,对外投资合同另有约定的除外。

第二十七条 收入、费用类科目涉及外币交易时,一律以记账汇率折算成本位币记账。

第二十八条 境外工程项目在编制国内会计报表时,应按报表日汇率重新计算预计总收入、预计总成本、开工累计确认成本、完工百分比和开工累计应确认的收入,减去上期上报国内报表中开工累计确认收入成本后,作为当期应确认的收入成本。

第五章 资金管理

第二十九条 境外单位应当加强资金管理,明确资金使用管理权限,大额资金拨付应当制定相应的审批程序和权限。严格执行单位负责人与财务负责人联签制度,在同单位任职的直系亲属必须回避,不得参与联签。参与联签的人员工作变动,应及时办理变更手续。

第三十条 境外单位要分析和研究当地的各种货币汇率变化信息,预测有关货币汇率变化的趋势,及时对企业外汇资金及债权、债务采取有效措施,降低外汇风险。

第三十一条 境内出资单位在办理外汇收支业务时,应严格按照有关规定办理审批及备案,并在具有相关业务资质的银行办理售汇、结汇及付汇手续。

第三十二条 未经境内出资单位批准,境外单位之间不得横向调动资金。经批准的资金拆借业务须通过境内出资单位转账办理。

第三十三条 境外单位不得为系统之外的企业或个人进行任何形式的融资、拆借资金或提供担保。

第三十四条 严禁私设"账外账"。

第三十五条 现金管理。

(一)境外单位在生产经营活动中发生的一切现金收支业务,都应严格执行《现金管理暂行条例》和实施细则以及股份公司的各项规定。

(二)生产经营过程中超过现金结算起点的收付款项,原则上必须采用银行转账结算,不准以现金收付。

(三)境外单位要制定并严格执行库存现金限额管理制度。库存现金限额一般情况下不得超过单位预计三天的现金使用额,由于安全因素或交通不方便等原因,可适当放宽限额,但不得超过企业预计一周的现金使用额。

(四)境外单位提取现金要写明真实用途,经财务主管审核签章后办理提款,不得超限额提取备用金。

(五)要加强现金收支的管理,用于付款的原始凭证必须是合法凭证,付款内容准确,不得涂改。由于特殊情况无法取得原始凭证,可自制付款凭证,但必须有经办人、证明人和境外单位负责人签字方能付款。

(六)出纳人员必须根据发生的经济事项和会计凭证,逐笔顺序登记现金日记账,做到库存现金日清日结。定期进行现金盘点,由境外单位会计机构负责人监盘并签字确认,发现问题及时处理。

(七)境外单位须按不同的币种,分设现金日记账或复币式账簿。

(八)要加强现金保管地点的安全保卫工作,配备必要的报警设备和安全防护设施,建立严格的值班和保管制度,并定期检查执行情况。

(九)严禁将库存现金存入个人账户,套取账外利息。

第三十六条 银行账户管理。

(一)境外单位应尽量选择中资银行的驻在国(地区)分支机构开立账户,无中资银行分支机构的,应优先选择全球性大型商业银行开立账户,不得在存在兑付风险的银行开立账户,驻在国(地区)政府或业主对银行账户有相关规定的除外,但资金须及时划转到中资银行或国际性商业银行的分支机构。

(二)境外单位开设、撤销、变更银行账户,必须按照股份公司银行账户管理有关办法规定的权限履行审批手续。根据实际情况,需要到国内外汇管理部门备案或审批的,由境内出资单位到当地外汇管理部门办理相关手续。境外单位应于开户 15 天内报境内出资单位备案。

(三)境外单位原则上不得在除驻在国(地区)以外的第三国(地区)开立银行账户,如确需要开立账户,须经境内出资单位审批后办理。

(四)境外单位银行账户的户名必须是在当地注

册或经当地政府机构批准的企业名称，不得以个人名义在银行开立账户，如确须以个人名义开立账户，必须报境内出资单位批准，并办理具有当地法律效力的产权委托代理声明或产权转移证书，声明该项资产属于境外单位。产权委托代理声明或产权转移证书等文件的正本，必须由境内出资单位保管，不得交由私人或外方人员代管。

（五）境外单位的银行账户不得转借个人或者其他机构使用，不得办理与本单位经营业务无关的资金收支。对采用内部总分包形式实施的项目，确需以总包单位名义开立专项账户由分包单位使用的，总包单位须报境内出资单位审核批准，并对专项账户使用情况进行监督。

第三十七条 银行存款管理。

（一）境外单位除按《现金管理暂行条例》规定的现金使用范围使用现金外，其他资金收付业务，必须通过银行办理结算。

（二）银行存款发生支出业务时，对各项原始凭证，如发票、合同、协议和其他结算凭证等，必须经境外单位负责人或授权签字人、主管财务工作负责人和会计机构负责人审核同意后，方可进行支付。

（三）采用支票付款时，出票日期、收款人、大小写金额、用途等内容必须填写清楚完整。

（四）支票及其他银行票据应由出纳人员保管，财务印鉴应与支票等票据分开保管，严禁存放已盖章或签字生效的空白银行票据或支付指令。

（五）境外单位在境外第三国或其他地区采购商品，应采用银行结算方式，如电汇、见票付款或信用证等，严禁用现金支付。采用信用证和保函方式结算，应具备付款条件，并按照规定的权限办理审批手续。

（六）境外单位开通网上银行业务，应报境内出资单位批准。网银支付业务至少须由两人及两人以上办理，严禁由一人完成网上银行交易的全过程。网银操作人员应加强对本人网银用户、密码及密钥管理，密码应定期更换。网银操作人员变动时应办理交接手续并及时更改密码。

（七）出纳人员应根据发生的银行结算业务，及时逐项登记银行存款日记账，会计人员应定期与银行对账单进行核对，编制银行存款余额调节表，并经会计机构负责人审核签字确认。

第三十八条 其他货币资金管理。

（一）外埠存款。境外单位在境外第三国或地区进行临时采购材料、设备等，可将款项汇往采购地银行开立采购专户，采购后外埠剩余的货款余额应及时汇回，并销户。

（二）保证金存款。包括信用证、保函等业务保证金。境外单位需要委托银行开立保证金存款专户的，须事前报境内出资单位批准。

（三）银行本票、汇票存款。境外单位需取得银行开具的本票或汇票时，必须经境外单位负责人批准。

（四）境外单位禁止以单位名义为个人开设信用卡。

第三十九条 保函管理。

（一）境外单位开立保函（包括投标保函、预付款保函、履约保函、融资担保保函、反担保保函等）应按照审批权限审批后办理。

（二）境外单位要认真组织研究保函条款，如发现有不合理或存在较大风险的，应及时与业主或出资方协商解决。

（三）一般情况下，保函应采取银行授信方式开具，未经境内出批准，不得以全额保证金开立保函。

（四）境外单位要加强各项保函的管理，建立保函管理台账，跟踪保函的到期时间。保函到期或保函的责任履行完毕后，境外单位要及时要及时收回保函原件并办理保函注销手续。如因特殊原因到期无法收回保函原件的，境外单位应要求保函受益人出具符合银行要求的书面证明，及时办理核销手续。

第四十条 资金集中管理。

（一）股份公司境外资金实行股份公司、集团公司两级集中管理体系。股份公司财务部是股份公司境外资金集中管理工作的主管部门，是境外资金管理战略制定者、业务决策者和执行监督者。各集团公司是本单位所属境外机构资金管理工作的责任主体，对本单位境外资金的管理工作和执行结果负责。

（二）股份公司建立境外资金集中管理的平台，由股份公司财务部具体负责股份公司境外资金归集、融资、金融投资等工作。各集团公司可根据本单位实际情况建立境外资金集中管理平台，并与股份公司境外资金池对接，纳入股份公司境外资金集中管理体系。

第六章 应收款项管理

第四十一条 境外单位负责人是本单位应收款项管理的第一责任人，按照“谁经办、谁负责、谁催收”的原则，具体业务经办人员是应收款项管理的直接责任人。

第四十二条 境外单位要建立应收票据登记制度，收到应收票据后，应及时办理入账手续，在应收票据登记簿逐笔登记应收票据的种类、编号、出票日期、票面金额、货币种类、付款人、承兑人、背书人、到期日、利率等，如将票据办理贴现，还应登记贴现日期、贴现率和贴现净额。如应收票据未获承兑或遭到拒付，应及时行使追索的权利，防止造成不必要的损失。

第四十三条 应收账款管理。

（一）应收账款管理应强化事前控制、源头管理，在招投标环节应重点审查业主的资信能力、资金来源、项目审批手续和履约能力等，在施工合同的签订环节应加强债权保障条款的商谈与审查。

（二）境外单位应充分利用政策性保险公司的相关政策或商业保险公司的避险功能，保证应收账款及时转化为货币资金，将应收账款无法收回的损失降至最低。

（三）境外单位要建立完善的应收账款管理台账，及时反映应收账款的发生、增减变化、余额及账龄等信息，定期以对账单形式向对方进行核对、催收，明确每笔应收账款的主要清欠责任人。

（四）对逾期应收账款应重点监控，并及时向境内出资单位汇报，必要时可利用所在国（地区）法律工具进行催收。

第四十四条 严格控制境外工程项目垫资，视预付款情况合理安排施工，同时应加强与业主沟通，及时上报验工计价，并跟踪业主批复进度，确保应收账款及时确权。

第四十五条 项目业主实际支付的资金不足，需额外筹集资金用于满足施工需要的，视为项目垫资。当项目发生垫资时，项目负责人应组织相关业务部门召开专题会议，分析垫资原因及发展趋势，研究解决方案，形成书面报告及时向境内出资单位财务部门汇报，经批准后方可实施。

第四十六条 境内出资单位对境外项目的垫资应进行集体研究，慎重决策，对于累计垫资金额超过5000万元以上的，应将相关情况及应对措施报股份公司备案。

第四十七条 境外单位发生坏账损失，应按照以下权限审批：

（一）单项损失在10万美元以内的，由境外单位通过董事会（或管理层会议）决议自行核销，报境内出资单位备案。

（二）单项损失在10万美元以上的，由集团公司批准后核销。

第七章 固定资产管理

第四十八条 固定资产核算。

（一）境外单位固定资产，是指为生产商品、提供劳务、出租或经营管理而持有的，使用期限超过一年，且资产价值在1000美元（或其他等值货币）以上的房屋建筑物、机器、机械、运输工具以及其他与生产经营有关的设备、器具等。自行建造或购置的临时设施参照固定资产进行管理。

（二）境外单位的固定资产，无论资产的来源和使用地点，一律以记账本位币计价核算。从第三国进口的固定资产，按进口时的记账汇率将外币折算为记账本位币入账，连同支付的进口关税、港杂费、清关运输费等，作为固定资产价值入账。

（三）境外单位固定资产的折旧范围如下：除已提足折旧仍继续使用的固定资产不再提取折旧之外，其余固定资产都应计提折旧。未使用、不需用的固定资产照提折旧。

（四）境外固定资产的折旧年限：

房屋建筑物　　10—35年

船舶等大型设备　15—20年

施工机械、生产设备　　5—10年

运输设备　3—5年

测量及试验设备　3—5年

其他固定资产　　3—5年

（五）境外固定资产的折旧方法。

1. 依据谨慎性原则，除房屋建筑物和船舶等大型设备采用直线法折旧外，境外其他固定资产采用加速折旧的方法——年数总和法。

2. 境外固定资产不计算预计净残值，以原值作为计提折旧总额。

（六）未提完折旧的境外施工机械和生产设备，在无后续项目时，应在项目完工的最后一年一次提足折旧。如果能作价出售、转让或调拨，应以实现的售价或转让、调拨价冲减成本。

第四十九条 固定资产实物管理。

（一）境外单位应建立健全固定资产集中采购制度，并实行统一领导、分类、分级归口管理：生产经营用固定资产由设备部门管理，其他固定资产由行政部门负责管理。

（二）建立固定资产卡片及台账，详细登记单项固定资产的编码、名称、品牌、规格型号、购买时间、单价、使用或保管的部门、人员等信息，并记录该固定资产的转移、调拨等情况。

（三）固定资产的增加、转移、减少须填制点收单、调拨单、核销单等，并经实物管理部门审核签字。

（四）各单位应当建立固定资产清查制度。固定资产清查至少每年进行一次，确保账账、账实相符。清查中发现盘盈、盘亏要认真追查原因并提出处理意见，报上级主管单位批准后处理。固定资产盘亏的，应追究相关人员责任。

第五十条 固定资产增加。

（一）境外单位购建固定资产，应本着经营需要和合理配置的原则，编制固定资产投资预算。购建的固定资产由需用部门提出申请，属于生产经营用的固定资产，应提出可行性研究，准确预测投资效益和投资额，属于非生产经营用的固定资产应提出增加固定资产的理由和需要金额。固定资产购建计划应报境内出资单位批准。

（二）境外单位融资租赁固定资产必须报境内出资单位批准。融资租赁固定资产要考虑租赁合同的币别、租赁期限、各期应付租金、利息以及手续费等，避免由于汇率变动而造成的损失。在使用过程中要建立租赁固定资产台账，记录租赁金额、币别、各期实际支付的租金、付息、手续费等。融资租赁固定资产应按规定提取折旧，租赁期满，支付转让费后，将租入固定资产的原值和累计折旧转入企业固定资产账户，作为企业固定资产管理。

第五十一条 固定资产减少。

（一）固定资产报废要经过技术鉴定，报废前由境外单位负责人、专业人员、财务人员组成鉴定小组，对拟报废固定资产进行技术鉴定，出具鉴定报告。

（二）认定可以报废的固定资产，凡折旧提足、使用年限已满的正常报废，由境外单位自行决定，并报境内出资单位备案。

（三）凡属提前报废的固定资产，单台净值在5万美元以下的，由境外单位自行决定，并报境内出资单位备案；单台净值在5万美元到50万美元之间的，由内出资单位批准；单台净值在50万美元以上的，须报集团公司审批。

（四）出售固定资产的价格应根据市场行情，由鉴定小组提出意见，报境内出资单位批准。

（五）固定资产丢失、损坏必须追查原因，情节严重的应追究相关人员责任。

第五十二条 固定资产大修理。

境外固定资产大修理必须经过技术部门进行技术鉴定，提出大修理方案和预算，按照以下程序审批：

（一）大修理费用总额未超过应修固定资产原值30%的，或金额在5万美元以下的，由境外单位自行决定，报境内出资单位备案。

（二）大修理费用总额超过应修固定资产原值30%以上，且金额在5万美元以上的，须报境内出资单位批准。

第八章 投资与产权管理

第五十三条 股份公司对境外投资实行集中管理，统一规划，层层报批的原则，审批权限按照《中国铁建股份有限公司财务管理及内控制度》的相关规定执行。

第五十四条 投资活动必须遵循国家和驻在国（地区）法律、法规的规定，必须符合公司中长期发展规划和经营业务发展的要求，必须坚持效益优先的原则，不得设立承担无限责任的经营实体。

第五十五条 投资前必须充分了解驻在国（地区）的相关法律法规，进行可行性研究和尽职调查，评估企业财务承受能力和经营管理能力，形成分析报告，并按照审批权限逐级审批。

第五十六条 向境外投资形成的产权应当由出资单位持有。根据驻在国（地区）相关法律规定须以个人名义持有的，应当由股份公司审核，总公司审批，并依法办理委托出资、代持等资产保全的法律手续。重大事项应由总公司报国资委审批。

第五十七条 因生产经营需要，经批准设立离岸公司的境外单位，应建立健全离岸公司管理制度。新设离岸公司的，应当由股份公司审核，总公司批准，并以书面形式报告国资委。已无存续必要的离岸公司，应依法予以注销。

第五十八条 境外单位不得从事期货、期权、远期、掉期、外汇、金融衍生品等高风险业务；不得用单位的资产以个人名义投资；未经股份公司授权或批准，非法人机构不得进行投资。

第五十九条 各单位应当建立投资的日常管理和后续跟踪评价制度。对被投资企业长期亏损或无分红，与集团主业无协同的长期股权投资，出资单位应提出清理处置的措施方案和落实计划，按照审批权限审批后实施。

第六十条 境外产权管理按照《中国铁道建筑总公司境外产权管理暂行办法》的规定执行。

第九章 融资管理

第六十一条 境外单位融资纳入股份公司信贷规模管理体系管理。集团公司制定融资预算时，应充分考虑境外单位资金需求。集团公司在信贷融资预算范围内审批所属境外单位融资方案，超预算的须报股份公司审批。

第六十二条 集团公司要结合相关货币汇率和利率水平的变化趋势，权衡外部筹资和内部资金使用的成本和风险，本着控制风险和企业效益最大化的原则，科学合理选择筹资币种、结构及方式等。

第六十三条 原则上股份公司三级及以下单位禁止独立办理对外融资业务。考虑到境外单位融资的特殊性，集团公司可在融资预算额度内自主决定由境外单位直接融资或由集团公司本部融资后对境外单位进行调剂。

第六十四条 由境外单位进行融资时，要分析驻在国（地区）的政治、经济、法律、市场等因素的影响，充分评估不同融资币种、期限的成本和潜在风险。

第六十五条 境外单位融资方案经审批后，应按照批复进行融资。办理提款手续时应与融资金融机构签订书面融资合同，提款及还款等事项均应向审批单位报备。

第六十六条 境外非法人机构未经批准不得对外融资。

第十章 税务管理

第六十七条 境外单位应遵守驻在国（地区）的法律和法规，按规定依法缴纳各项税款。

第六十八条 境外单位财务部门要研究和熟悉驻在国（地区）的税收种类、税率、征税方式和税务征收办法，合法避税，必要时可聘请当地中介机构进行税收筹划，保证企业合法权益。

第六十九条 各集团公司应根据自身业务的国别与地区分布，结合各自的业务类型与内容，对开展境外经营的国家和地区的税法以及相关法律法规进行积极的研究与应用，合理确定交易价格和交易方式，最大限度降低境内外各项税负。

（一）设立境外机构时，应根据企业战略，结合当地税法和相关法律，选择有利于降低税负的适当注册形式、注册地点。要注意长远规划，并充分利用当地税收优惠，以达到既满足未来业务发展需要，又将企业长期税负降到最低的目的。在新开发境外市场的前期考察阶段，应派遣财务与法律人员对当地税法和其他相关法律进行调研，以设计注册方案和后续的税务安排。

（二）进行境外直接投资活动时，应积极研究所在国对外商投资的有关规定，研究资本利得分红的有关规定，在确定投资模式和分红模式时予以充分考虑，并着重研究相关税收优惠，以达到税负最低和税后现金收益最大化的目的。

（三）在境外承揽和实施承包工程业务时，应在投标前进行税务调研，中标后立即进行税务筹划，根据项目涉及的各项税种进行整体安排，对项目实施过程中的各项涉税行为和合同进行干预和控制，在项目结束后积极进行清税工作，及时获取完税证明。

（四）为境外承包工程进口设备时，要注意所在国对永久进口设备和临时进口设备折旧方式的区别规定，合理安排进口模式，避免因此导致纳税调整增加税负。

（五）在进行境外兼并重组时，制定重组方案应充分考虑税务因素，降低兼并重组的税务成本。

（六）充分利用国际间避免双重征税的协定。要掌握有关征税范围、免税和抵税的办法，合法抵免税收。对于减免税项目，要重点关注国家间避免双重征税协议中的饶让条款。

第七十条 境外单位缴纳驻在国（地区）的所得税款，应及时取得相关纳税凭证，在境内母公司年度所得税汇算清缴时，积极争取最大限度地抵扣境外已缴纳的所得税。

第七十一条 境外单位因违反税收法规而造成的经济损失，由境外单位专题上报境内出资单位研究处理。

第十一章 风险预警

第七十二条 各集团公司应建立境外项目财务预警制度和预警体系。各境外单位应每月对本单位经营活动、财务状况、资金状况、盈亏情况等进行分析，重点关注盈亏风险、资金风险、汇率风险、税务风险等，及时发现问题并研究对策，并按规定权限报批后及时采取措施。

第七十三条 各集团公司应及时对境外单位上报的财务风险预警信息进行收集、整理和分析，要组织专题会议分析风险的影响程度，评估境外单位上报的应对措施，进行集体研究，慎重决策。对于已提出风险预警的项目，各集团公司应及时跟进，监控各项风险的发展趋势，监督相关措施的落实情况，分析评价取得的效果，必要时应派专人到项目现场检查和督导。

第七十四条 对境外工程项目进行财务预警时，应重点关注以下指标：

（一）累计盈亏：指项目自开工至报表日，剔除上交的上级管理费后累计确认的净利润。如果指标为负，则表示项目处于亏损状态，应提出预警；

（二）收入变现率：指收到业主拨付的款项（含计价款、预付款以及代付材料款、代扣代缴税金等代付款项）与项目累计确认的收入的比例，反映了项目确认收入的变现程度。如果指标过低（低于85%），则表示收款进度滞后，可能造成资金缺口影响项目正常施工进度，应提出预警；

（三）累计垫资：指截至报表日，项目向上级单位借款以及由上级单位垫付的款项余额，即项目与上级单位的往来、内部借款剔除上转的利润和上级管理费后的余额。

（四）工期计划完成率：指项目按完工百分比法确定的工程进度与项目时间进度的比率。如果指标过低（低于80%），表示项目进度偏慢，工期可能会存在拖延的情况，应提出预警；

第七十五条 境外单位财务风险达到以下标准的，应及时上报集团公司，按照本办法第七十三条规定办理：

（一）累计亏损500万元至1亿元；

（二）累计垫资500万元至1亿元；

（三）汇兑损失500万元至5000万元；

（四）由于各种原因造成企业承担额外税负100万元至1000万元；

（五）工期拖延3个月以上；

（六）由于其他原因给企业带来损失500万元至1亿元。

第七十六条 境外单位财务风险达到以下标准的，应及时将项目的基本情况、集团公司决策情况以及应对措施的执行情况及取得的效果报股份公司备案：

（一）累计亏损超过1亿以上；

（二）累计垫资超过1亿元以上；

（三）汇兑损失超过1亿元以上；

（四）由于各种原因造成企业承担额外税负1000万元以上；

（五）由于其他原因给企业带来损失超过1亿元。

第十二章 合同管理

第七十七条 境外单位在签订合同前，要组织各部门进行合同评审，对影响重大、涉及较高技术和法律风险的合同，应按照审批权限报境内出资单位审批。

第七十八条 境外单位签订合同前，应做好市场调研，充分了解驻在国（地区）的经济、法律环境，财务部门应深入研究驻在国（地区）外汇、进出口税费、会计准则、税收等方面的法律法规，分析可能存在的汇率风险、通货膨胀风险、税务风险、外汇管制风险等，并做好应对预案。

第七十九条 境外单位财务部门参与合同评审时，应重点关注以下内容：

（一）合同的定价方法；

（二）合同价款支付进度及币种；

（三）预付款支付条件、比例及扣回标准和时间；

（四）质保金的扣款比例、解除时间及条件；

（五）开具各类保函额度及收回条件；

（六）相关税费的计缴方式及比例；

（七）索赔条款等。

第八十条 境外单位要加强合同管理，建立健全分级授权管理制度，实行统一归口管理，明确各部门职责分工。境外单位财务部门必须保存企业所有经济合同副本，准确把握合同内容，严格执行合同，规避经营和法律风险。

第八十一条 境外单位财务部门应根据合同条款办理结算业务。未按合同条款履行的，或应签订合同而未签的，财务部门有权拒绝办理。

第十三章 会计档案管理

第八十二条 境外单位应当加强会计档案管理工作，建立和完善会计档案的收集、整理、保管和利用等管理制度，采取可靠的安全防护技术和措施，保证会计档案的真实、完整、可用、安全。

第八十三条 下列会计资料应当进行归档：

（一）会计凭证：包括原始凭证、记账凭证；

（二）会计账簿：包括总账、明细账、日记账、固定资产卡片及其他辅助性账簿；

（三）财务会计报告：包括月度、季度、半年度、年度财务会计报告；

（四）其他会计资料：包括银行存款余额调节表、银行对账单、纳税申报表、会计档案移交清册、会计档案保管清册及其他具有保存价值的会计资料。

第八十四条 境外单位应当严格按照相关制度利用会计档案，在进行会计档案查阅、复制时履行登记手续。会计档案一般不得对外借出，确因工作需要且根据国家或驻在国（地区）有关规定必须借出的，应当严格按照规定办理相关手续。

第八十五条 会计档案保管年限根据《会计档案管理办法》及驻在国（地区）有关规定执行。保管期满但存在未结清的债权债务、未完成竣工审计和结算及涉及其他未了事项的，相关会计凭证不得销毁，会计档案保管到未了事项完结为止。

第八十六条 对已到保管期限的会计档案，不论属于当地准则账簿还是中国准则账簿，都应当由境内出资单位档案管理机构牵头，组织会计、审计、纪检监察等机构或人员共同进行鉴定并形成会计档案鉴定意见书。经鉴定可以销毁的会计档案，应按规定编制会计档案销毁清册，并履行规定的审批程序后组织销毁，未经鉴定批准严禁自行销毁。

第十四章 相关责任

第八十七条 境内出资单位和境外单位的法定代表人（或中方负责人）是境外单位资产、财务管理的第一责任人，由于工作失职、滥用职权、违反国家及驻在国（地区）法律，造成严重后果，导致公司资产流失的，按《中国铁建股份有限公司职工违纪违规处分暂行规定》《中国铁建股份有限公司财务监察管理暂行办法》等进行处罚，追究责任人员行政、经济责任。

第八十八条 境内出资单位因下列行为导致企业资产流失和造成恶劣影响的，按有关规定追究相关责任人责任：

（一）不如实合并上报境外单位会计报表，向股份公司提供虚假会计信息；

（二）未经批准擅自向境外投资和转移资产；

（三）对所属境外单位管控不严，造成企业资产流失；

（四）对所属境外单位资产总体情况不掌握，对资产流失情况不报告、不处理；

（五）未按规定增减境外单位资本金，转让企业资产、产权；

（六）产权变动等行为不按规定进行审计和评估；

（七）未经可行性论证，盲目决策，致使公司资产遭受损失；

（八）对重大事项未按规定上报、审批或备案；

（九）对重大财务风险未按规定向上级报备，后续督办不力；

（十）泄漏境外单位中国准则账簿信息等企业机密；

（十一）其他导致企业资产流失的行为。

第八十九条 境外单位因下列行为导致企业资产流失和造成恶劣影响的，按有关规定追究相关责任人责任：

（一）不如实填报境外单位会计报表、资金预算等，向境内出资单位和股份公司提供虚假会计信息；

（二）未按规定增减境外单位资本金，转让企业资产、产权；

（三）未按规定上报应批准、备案的重大事项；

（四）违规向境外投资或从事高风险业务；

（五）未经批准或未办理有关法律手续，将公司资产以个人名义注册；

（六）未经批准对外提供担保；

（七）未按规定权限处置企业资产；

（八）逃避监督、检查，私立账户，转移资产；

（九）违规出借银行账户；

（十）发生境外人员携款潜逃事件，造成企业重大损失；

（十一）违反所在国（地区）法律、法规，造成企业重大损失；

（十二）对重大事项、重大财务风险未按规定上报；

（十三）泄漏境外单位中国准则账簿信息等企业机密；

（十四）其他导致企业资产流失的行为。

第九十条 境外会计人员有下列行为之一的，按有关规定追究其责任：

（一）伪造、变造会计凭证、账簿，编制虚假财务会计报告；

（二）不履行或不正确履行岗位职责的；

（三）利用岗位职权谋取私利的；

（四）不按规定时限办理、完成工作，或延误时限造成不良影响和损失的；

（五）违反保密原则，泄漏公司财务信息，造成不良后果和财产损失的；

（六）其它失职应受到责任追究的。

第十五章 附 则

第九十一条 本办法由股份公司财务部负责解释。

第九十二条 本办法未尽事宜按照国家有关法律法规和股份公司的相关规定执行。

第九十三条 本办法自发布之日起施行，原《中国铁建股份有限公司境外单位财务管理暂行办法》（中国铁建财〔2009〕12号）同时废止。

中国铁建股份有限公司信贷规模管理办法

中国铁建财〔2016〕29号

第一章 总 则

第一条 为加强中国铁建股份有限公司信贷业务管理，规范业务流程，加强风险管控，根据财政部《企业内部控制应用指引第6号—资金活动》、《企业内部控制应用指引第15号—全面预算》、国资委关于加强中央企业债务风险管控和全面预算管理等相关规定，结合股份公司有关规定和实际制定本办法。

第二条 本办法所涉及主要名词解释：

（一）"信贷规模"：指企业在金融机构（含财务公司、金融租赁公司等，下同）及内部资金中心办理各类信贷业务的总体规模。信贷规模分为融资信贷规模和非融资信贷规模。

（二）"融资信贷规模"：指企业在金融机构和内部资金中心办理各类融资信贷业务的总体规模。具体业务包括有息负债类业务、票证类业务和其他融资信贷业务。融资信贷规模只包括纳入股份公司合并范围内的融资信贷业务，不包括表外融资业务。

融资信贷规模按融资用途分为"经营性融资信贷规模"和"投资性融资信贷规模"。

1."经营性融资信贷规模"：指企业用于日常生产经营活动开展融资业务的规模。包括用于补充流动资金、项目垫资、支付各类保证金、购置设备、自用基建项目及其他用于生产经营活动所使用融资信贷规模。

2."投资性融资信贷规模":指企业用于投资BT、BOT、PPP等资本运营项目、房地产项目以及其他投资类项目所使用融资信贷规模。

3."有息负债业务":企业在金融机构和内部资金中心以及在金融市场办理银行借款、委托贷款、信托借款、回购型保理、国内信用证融资、融资租赁、发行各类债券(含永续债)以及其他形式的有息负债融资。

4."票证业务":企业开具的银行承兑汇票、商业承兑汇票及其他形式票证类融资业务。

5."其他信贷融资业务":企业办理的各类新型融资业务,如结构性融资、资产证券化等。

6."内部融资业务":企业通过股份公司资金中心、集团公司资金中心、财务公司、金融租赁公司办理的各类融资业务。

7."外部融资业务":企业在外部金融机构办理的各类融资业务。

(三)"非融资信贷规模":企业在金融机构办理保函、信贷证明等非融资信贷业务的总体规模。

第三条 信贷规模管理方式

信贷规模纳入全面预算实行预算管理。股份公司将董事会审议通过的年度信贷规模预算进行分解,核定各单位信贷规模额度。其中融资信贷规模为控制性指标,实行限额控制管理;非融资信贷规模为计划性预算指标,各单位根据实际业务需要办理。

第四条 信贷规模管理原则

服从战略。信贷规模管理服从于公司总体发展战略要求,用于支持和保障公司发展战略目标的实现。

分级管理。股份公司和所属集团公司作为信贷规模管理主体,负责对下核定信贷规模并进行过程管理。

控制风险。信贷规模要根据外部金融市场变化,结合公司盈利能力、偿债能力和信用评级情况制定并实施管理。

第五条 本办法适用于股份公司总部及所属单位。

第二章 融资信贷规模预算编制与审批

第六条 编制依据

(一)公司发展战略与发展规划;

(二)公司年度业务规划,包括任务承揽计划、生产经营计划、投资计划和其他业务计划;

(三)公司年度改革重组、收购兼并、资本经营等重大业务事项计划;

(四)公司上年度融资信贷规模预算执行情况;

(五)公司信贷风险水平、信用评级情况;

(六)计划经营、设备物资、基建、投资、地产等相关部门业务预算情况;

(七)其他相关资料。

第七条 编制方法

(一)经营性融资信贷计划编制

各级单位根据预算年度生产经营计划与财务状况,制定企业年度生产经营资金收支计划和融资计划,由集团公司汇总后编制集团年度经营性融资信贷计划。

(二)投资性融资信贷计划编制

集团公司根据公司既有项目年度投资计划与财务状况,制定既有项目年度资金收支计划和融资计划;同时结合预算年度新增项目投资计划、资金收支计划和融资计划,汇总编制集团年度投资性融资信贷计划。

(三)集团合并融资信贷计划编制

集团公司汇总经营性与投资性融资信贷计划,结合集团内部资金调剂规模与资金流动性风险、外部信贷规模与信贷风险等因素,按照股份公司预算年度信贷规模管控要求,编制集团合并融资信贷规模计划。

第八条 审批程序

股份公司对各单位融资信贷规模预算按照"两上两下"方式审核批复。

(一)第一次上报审核

各单位按要求将集团合并融资信贷规模计划随同全面预算报表一同上报,股份公司组织对集团融资信贷规模计划进行审核,根据各单位预算年度各项业务预算、财务状况、信贷风险水平等情况,综合全系统年度业务规划、财务状况、债务风险管控要求等因素,对各单位融资规模进行审核,并将初步核定金额及意见反馈给各单位。

(二)第二次上报批复

各单位按照股份公司反馈意见,结合本单位实际,对融资规模及相关业务预算进行调整后,再次上报股份公司。股份公司审核汇总全系统融资规模,编写融资信贷规模预算编制说明,纳入全面预算报告提交审议。全面预算经董事会审议通过后,财务部对融资信贷规模预算进行分解并批复各单位执行。

第九条 核定原则

股份公司在核定各单位融资规模预算时,按以下原则管理:

(一)优化融资结构原则:股份公司参考货币市场和资本市场发展,要求各单位优化融资结构,以降低融资成本、控制资产负债率和信贷风险为标准来优化融资结构。

(二)经营性融资规模与营业收入关联原则:股份公司参考各业务板块行业平均值确定融资规模与营业

收入关联比例，结合各单位预算年度营业收入规模核定经营性融资规模预算。

（三）投资性融资规模以既有项目融资预算为主核定原则：股份公司以各单位既有项目融资预算为基础，结合以前年度项目投融资实际完成情况核定投资性融资规模预算。

（四）融资总规模与信贷风险关联原则：股份公司根据各单位信贷风险评价结果，分类核定各单位融资总规模，其中对信贷风险较低单位可根据需要核定增加；对信贷风险中等单位以现有融资规模为基础上下浮动核定；对信贷风险较高单位结合实际核减。

第三章　融资信贷规模预算执行与报告

第十条　融资规模预算执行过程管理

股份公司按以下要求对各单位融资规模预算执行进行日常管理：

（一）超限额融资审批：各单位融资业务应在股份公司批复的预算额度以内办理，超出预算额度的融资业务需上报股份公司审批。

（二）利率管理：各单位应努力降低融资成本，除房地产项目融资外，各单位融资业务成本高于人民银行同期借款基准利率10%及以上的应上报股份公司审批。

（三）债券发行管理：各单位发行债券应按照股份公司《债券发行管理办法》履行相关审批程序。对于股份公司明确集中发行的债券品种，未经批准各单位不得单独发行。

（四）融资权限管理：各单位对外融资应由集团公司统一对外办理，除投资和房地产项目公司外，禁止三级及以下单位独立办理对外融资业务。确需子公司单独融资的，应通过内部金融机构和资金中心办理。

（五）内部融资管理：各单位融资业务应优先通过内部金融机构和资金中心办理，具备条件的单位应申请内部融资置换外部融资。

（六）汇率风险管理：外部融资币种原则上为人民币，确需外币融资的，外币融资的币种应与外币收入币种相同，且融资比例应不超过外币收入占比。

第十一条　融资规模预算执行分析及报告

各单位需定期向股份公司上报信贷规模预算执行情况分析报告。报告具体内容包括：

（一）外部经济环境变化对融资预算的影响；

（二）企业内部生产经营策略、管理措施变化对融资预算的影响；

（三）生产经营各项业务预算执行情况对融资预算的影响；

（四）资本运营项目、地产项目及其他投资项目预算执行情况对融资预算的影响；

（五）其他因素对融资预算的影响；

（六）年度融资预算完成情况预测。

第四章　融资信贷规模预算调整

第十二条　调整条件

（一）预算年度内由于生产经营情况发生重大变化导致已批复的经营性融资信贷预算额度不足，确需调整融资信贷规模预算的。

（二）预算年度内经批准新增资本及地产类投资项目导致已批复资本性融资信贷预算额度不足，确需调整融资信贷规模预算的。

第十三条　调整流程

（一）提出申请。各单位向股份公司提交调整申请报告。报告应说明调整项目、调整原因、调整幅度、调整建议及调整后对全面预算和信贷风险的影响。其中投资性融资规模调整需按投资项目说明调整原因、年度内投融资情况调整情况等。

（二）审核与批复。财务部对调整申请进行审核，对符合预算调整要求的提交公司领导审批，按审批结果下达调整批复。

第五章　非融资信贷规模预算管理

第十四条　每年年初，各集团公司根据本企业生产经营情况，结合上年度实际业务规模，制定并上报本企业非融资性信贷规模预算，经股份公司审核批复后执行。

第十五条　非融资信贷规模为计划性预算指标，各集团公司在预算额度内根据实际需要自行办理相关业务。对于预算额度不足的，由集团公司根据业务需要调整，并报股份公司备案。

第十六条　各单位在财务公司和股份公司资金中心办理的保函等业务也应纳入非融资信贷规模额度管理。

第六章　附　则

第十七条　本办法由股份公司财务部负责解释。

第十八条　本办法自印发之日起执行，以前相关办法同时废止。

中国铁建股份有限公司
子公司负责人绩效考核管理办法

中国铁建财〔2016〕111 号

第一章　总　则

第一条　为贯彻国资委关于中央企业负责人经营业绩考核要求，落实企业资产保值增值责任，推进股份公司战略落地，建立健全有效的激励和约束机制，激发子公司负责人的积极性和创造性，引导子公司提质增效升级，实现股份公司做强做优做大，根据《中央企业负责人经营业绩考核办法》、《股份公司"十三五"战略规划》等有关规定制定本办法。

第二条　本办法适用于股份公司所有全资和控股子公司主要负责人（本办法中简称"子公司负责人"），包括董事长、党委书记和总经理。子公司其他负责人的绩效考核办法由子公司自行制定，报股份公司备案。

第三条　子公司负责人绩效考核遵循以下原则：

（一）坚持科学发展。遵循企业发展规律，贯彻均衡、健康、可持续发展的理念。

（二）坚持战略引领。发挥考核落实战略的指挥棒功能，推动股份公司总体发展战略和产业发展战略落地。

（三）坚持差异化考核。根据企业不同业务、不同功能定位、不同规模、不同发展阶段等特点，实施与之相适应的分类考核，提高考核的针对性和有效性。

（四）坚持激励与约束紧密结合。建立子公司负责人经营业绩与其薪酬、选聘相挂钩的奖优罚劣的激励约束机制。

（五）坚持短期目标与长远发展相统一。将年度绩效考核与任期绩效考核相结合，构建立足当前、着眼长远的绩效考核体系。

第二章　考核导向

第四条　突出价值创造。引导子公司以实现利润和价值创造为重点，体现业绩优先导向。

第五条　突出发展质量。引导子公司夯实资产、做实企业，增强可持续发展能力。

第六条　突出创新驱动发展。引导子公司提高技术创新能力，增强包括基础能力和关键核心能力在内的自主创新能力建设，推进科技创新成果转化；推进商业模式创新支撑体系的构建，打造长效创新机制，提升核心竞争力。

第七条　突出国际化经营。引导海外平台公司发挥海外市场开拓"主力军"作用，鼓励勘察设计、房地产、资本运营、物流贸易、工业制造等业务依托海外平台公司走向海外市场，增强股份公司在海外市场的整体竞争力。

第八条　突出产业协同发展。鼓励系统内部各业务板块间建立战略合作伙伴关系，联合协同经营；加大产融结合，推进资金集中、物资采购集中、设备采购集中、保险业务集中、内部产品使用等方面的资源集中，提高资源配置效率。

第九条　突出转型升级。引导子公司进行结构调整，助力产业结构转型升级，延伸中国铁建全产业链，促进战略型新兴产业的培育和发展，打造新的经济增长点。

第十条　突出健全问责机制。引导子公司科学决策，依法合规经营，防范经营风险。

第三章　分类考核

第十一条　根据股份公司战略定位和发展目标，结合子公司经营模式、业务特点、发展阶段、管理短板和产业战略，突出不同考核重点，确定差异化考核标准，实施分类考核。

第十二条　根据子公司主营业务性质不同，划分为 8 类业务：工程承包业务类、勘察设计咨询业务类、工业制造业务类、房地产业务类、物流贸易业务类、海外业务类、资本运营业务类、金融业务类。

工程承包业务类按照专业化发展方向，划分为综合工程局和专业化工程局。

第十三条　年度考核指标分为基本运营类指标、战略引领类指标和管理控制类指标。

基本运营类指标分为公共指标和个性指标。

第十四条　任期考核指标分为基本运营类指标、中长期战略引领类指标和约束性指标。

第十五条　在确保基本运营类指标完成考核的基础上，要加大战略引领类指标考核力度，尤其是符合公司战略发展的新兴产业要给予考核鼓励。

第十六条　承担股份公司内部资源集中、服务等战略协同功能的子公司，在保证合理效益的基础上，加强协同效果的考核。

第十七条　承担处理历史遗留问题的子公司，根据遗留问题的情况，给予特殊政策实施考核。

第四章　目标管理

第十八条　基本运营类公共指标的目标要以战略目标为引领，贯彻国资委考核要求，逐级传导考核压力，分解考核目标。

第十九条　基本运营类个性指标和战略引领指标原则上要实现逐年优化，最终实现战略目标。

第二十条　考核指标设置三个目标值。

必保值（T_1）：在现有资源条件下，通过正常努力即可实现的目标值；

努力值（T_2）：在现有资源和正常情况下，通过较大努力才能实现的目标值；

挑战值（T_3）：在有利的政策及经济环境因素推动下，通过极大努力才能实现的目标值。

第五章　考核实施

第二十一条　为加强对子公司负责人绩效考核的组织领导，股份公司成立子公司负责人业绩考核领导小组，由股份公司领导和相关业务部门组成，具体工作由财务部负责组织实施。

相关业务部门包括：办公室、发展规划部、人力资源部、科技设计部、经营计划部、资本运营部、房地产开发部、设备物资部、工程管理部、安全质量监督部、财务部、审计监事局、国际部、经济管理部、法律合规部、党委相关部门、纪委相关部门等。

第二十二条　业绩考核领导小组主要职责：

（一）审核子公司负责人绩效考核规章制度，提交总裁办公会审议；

（二）审核子公司负责人年度和任期绩效考核实施方案，提交总裁办公会审议；

（三）审核子公司负责人年度和任期绩效考核结果方案，提交总裁办公会审议；

（四）审核子公司负责人年度和任期绩效合约书方案；

（五）监督、检查、分析各单位考核目标完成情况；

（六）督促、指导各单位落实股份公司考核制度规定；

（七）协调子公司负责人绩效考核执行工作中的有关问题，重大问题及时报总裁办公会决定。

第二十三条　各部门主要职责：

（一）财务部：组织拟定、修订考核办法；组织拟定年度和任期绩效考核实施方案；拟定财务战略类指标考核方案，指导、监督财务考核指标完成情况并组织实施考核；组织签署年度和任期绩效考核责任书；组织核定年度和任期绩效考核结果并拟定考核结果方案；公司领导和考核领导小组交办的其他工作；

（二）办公室：参与考核制度的制定、修订；负责上访等应急事件考核；

（三）发展规划部：参与考核制度的制定、修订；核定各业务部门战略考核指标与公司战略的对接；拟定内部管控类指标考核方案，指导、监督考核指标完成情况并组织实施考核；

（四）人力资源部：参与考核制度的制定、修订；拟定考核结果运用方案，包括薪酬兑现方案及行政处罚方案；监督考核兑现情况；指导、监督子公司副职考核实施情况；

（五）科技设计部：参与考核制度的制定、修订；拟定科技创新发展及勘察设计业务战略类指标考核方案，指导、监督考核指标完成情况并组织实施考核；

（六）经营计划部：参与考核制度的制定、修订；拟定一次经营指标考核方案，指导、监督考核指标完成情况并组织实施考核；

（七）工程管理部：参与考核制度的制定、修订；拟定节能减排和环境保护管理控制内指标考核方案，指导、监督考核指标完成情况并组织实施考核；

（八）安全质量监督部：参与考核制度的制定、修订；拟定安全质量管理控制类指标考核方案，指导、监督考核指标完成情况并组织实施考核；

（九）房地产开发部：参与考核制度的制定、修订；拟定房地产开发业务战略类指标考核方案，指导、监督考核指标完成情况并组织实施考核；

（十）设备物资部：参与考核制度的制定、修订；拟定工业和物流贸易业务战略类指标考核方案，指导、监督考核指标完成情况并组织实施考核；

（十一）资本运营部：参与考核制度的制定、修订；拟定资本运营业务战略类指标考核方案，指导、监督考核指标完成情况并组织实施考核；

（十二）经济管理部：参与考核制度的制定、修订；拟定二次经营指标考核方案及亏损企业和亏损项目治理完成情况考核方案。指导、监督考核指标完成情况并组织实施考核；

（十三）审计监事局：参与考核制度的制定、修订；拟定年度绩效考核结果复核方案，组织实施年度绩效复核，形成年度绩效考核复核报告；

（十四）法律合规部：参与考核制度的制定、修订；拟定依法合规经营管理控制类指标考核方案，指导、监督考核指标完成情况并组织实施考核；

（十五）国际部：参与考核制度的制定、修订；拟定海外业务战略类指标考核方案，指导、监督考核指标完成情况并组织实施考核；

（十六）党委相关部门：参与考核制度的制定、修订；负责党建等工作考核；

（十七）纪委相关部门：参与考核制度的制定、修订；负责违法违纪等考核。

第二十四条 年度绩效考核以公历年为考核期，任期绩效考核以三年为考核期。

第二十五条 年度考核实施方案确定流程

（一）签订绩效合约书。每年初，财务部拟定子公司负责人年度绩效合约书方案（主要是签约指标及目标）并制定绩效合约书，股份公司年度工作会上，总裁代表股份公司与子公司负责人签订《子公司负责人年度绩效合约》。

（二）拟定绩效考核实施方案草案并征求意见。4月，财务部根据年度经营目标及企业发展重点拟定年度考核总体框架、规则及基本运营类指标考核方案，各相关业务部门拟定战略引领类指标和管理控制类指标考核方案。财务部根据各类指标考核方案拟定子公司年度绩效考核实施方案，同时下发征求各单位意见。

（三）确定考核实施方案。5月，根据各单位反馈意见，完善实施方案。召开业绩考核领导小组会议，讨论并确定实施方案。

（四）审议考核实施方案。5月，财务部将业绩考核领导小组确定后的实施方案提交总裁办公会审议，通过后下发各单位实施。

第二十六条 任期考核实施方案确定流程

（一）拟定任期考核实施方案草案并征求意见。每一任期开始第一年4月，股份公司财务部拟定任期考核总体结构和框架，相关部门依据发展战略和下一任期经营目标，拟定所负责的考核指标方案，财务部汇总修订后拟定任期考核实施方案草案，并下发各单位征求意见。

（二）确定任期考核实施方案。每一任期开始第一年5月，各部门根据所属单位反馈意见，完善考核实施方案并提交财务部。财务部汇总修订后组织召开业绩考核领导小组会议讨论并确定实施方案。

（三）审议任期考核实施方案。每一任期开始第一年6月，财务部将业绩考核领导小组确定后的实施方案提交总裁办公会审议，通过后下发各单位实施。

（四）签订任期绩效合约。每一任期开始第一年6月，股份公司总裁代表股份公司与子公司负责人签订《子公司负责人任期绩效合约》。

第二十七条 上年度绩效考核结果确定流程

（一）上报考核自评报告。每年财务决算后，子公司依据财务决算数据，按照绩效考核要求，对上年度绩效考核指标完成情况进行测算及总结分析，并于3月末前上报绩效考核自评报告。

（二）提交考核结果。3月末前，股份公司相关业务考核部门将负责的上年度战略引领类和管理控制类指标考核结果提交财务部。

（三）提交绩效考核复核结果。3月末前，审计监事局将上一年度审计的单位绩效考核复核报告提交财务部。

（四）拟定考核结果。4月，财务部根据各单位财务决算数据计算基本运营类指标考核结果以及各业务部门提供的战略引领类和管理控制类指标考核结果，结合各子公司上报的自评报告拟定各单位上年度绩效考核结果，同时根据审计监事局提供的以往年度绩效复核报告对上年度绩效考核结果进行调整。

（五）确定考核结果。5月，召开业绩考核领导小组会议，讨论并确定上年度绩效考核结果。

（六）审议考核结果。5月，财务部将业绩考核领导小组确定后的上年度绩效考核结果提交总裁办公会审议，通过后向各单位公布，同时提交给人力资源部。

（七）考核兑现。6月，人力资源部依据考核结果拟定各单位年度绩效薪酬兑现方案。

第二十八条 任期绩效考核结果确定流程

（一）前期准备。任期结束后3月末前，子公司依据任期财务决算数据及任期内每年基本运营类指标基础考核得分，按照绩效考核要求，对任期绩效考核指标完成情况进行测算及总结分析，并上报股份公司。

（二）拟定任期考核结果。任期结束后4月，财务部根据各单位财务决算数据计算任期基本运营类指标考核得分，同时根据各业务部门提供的其他相关指标任期考核得分，拟定各单位任期考核结果。

（三）确定任期考核结果。任期结束后5月，召开业绩考核领导小组会议，讨论并确定任期考核结果。

（四）审议任期考核结果。任期结束后5月，财务部将业绩考核领导小组确定后的任期考核结果提交总裁办公会审议，通过后向各单位公布，同时提交给人力资源部。

（五）考核兑现。任期结束后6月，人力资源部依据任期绩效考核结果拟定各子公司延期绩效薪金兑现方案及任期激励薪酬。

第二十九条 股份公司要加强对各单位年度和任期考核完成情况的监督，对主要经济指标完成严重滞后的，要及时进行预警、约谈。

第六章 奖 惩

第三十条 股份公司依据年度和任期绩效考核结果对子公司负责人实施奖惩。绩效考核结果是子公司负责人薪酬分配的主要依据和职务任免的重要依据。

第三十一条 企业负责人的薪酬由基本年薪、绩效年薪、任期激励薪酬三部分组成。

第三十二条 绩效年薪由人力资源部根据年度考

核得分和相关规定确定兑现结果。

第三十三条 年度考核得分或主要经济指标出现重大下降的,要对负责人进行诫勉谈话。连续两年出现重大下降的,经股份公司相关会议批准,由人力资源部对该单位领导班子进行评估,需调整领导班子的,按相关程序进行调整。

第三十四条 任期绩效考核结果划分为 A、B 、C 、D 四个级别,根据任期考核办法及方案综合评定。

第三十五条 任期发生安全事故,视事故大小实施任期考核级别受限和降级处理。

任期内发生年度净利润为负(扣除处理历史遗留问题等特殊因素)的单位,原则上任期考核不得高于 C 级。

第三十六条 任期激励薪酬由人力资源部依据任期考核结果确定。

第三十七条 子公司负责人年度绩效薪金的70%在年度考核周期结束后当期兑现,其余 30% 作为延期绩效薪金,根据任期考核结果进行返还。

第三十八条 任期激励薪酬根据任期考核结果和年度延期绩效薪金确定,激励薪酬总额控制在年度延期绩效薪金总和的 50% 以内。

第三十九条 延期绩效薪金返还和任期激励薪酬标准如下:

(一)当考核结果为 D 级时,延期绩效薪金返还为 0;没有任期激励薪酬。

(二)当考核结果为 C 级时,延期绩效薪金全部返还,任期激励薪酬按照延期绩效薪金 0 -0. 2 倍之间按照内插法确定。

(三)当考核结果为 B 级时,延期绩效薪金全部返还,任期激励薪酬按照延期绩效薪金 0. 2 -0. 5 倍之间按照内插法确定。

(四)当考核结果为 A 级时,延期绩效薪金全部返还,任期激励薪酬按照延期绩效薪金 0. 5 倍确定。

第四十条 子公司负责人任期绩效考核结果,是子公司负责人晋升、续聘、降职、撤职等的重要依据。

第四十一条 任期绩效考核结果为 D 级的单位,在绩效考核结果公布后两个月内,由股份公司人力资源部对其领导班子实施再评价。股份公司将根据人力资源部的再评价报告,按照其应承担的责任,对相关负责人进行诫勉谈话,帮助企业分析问题、改进工作,或按相关程序调整有关责任人的岗位。

第四十二条 企业发生下列情况之一的,股份公司根据具体情节给予降级或者扣分处理,并相应扣发企业负责人的绩效年薪或任期激励薪酬;情节严重的,给予纪律处分或者对企业负责人进行调整;涉嫌犯罪的,依法移送司法机关处理:

(一)违反《中华人民共和国会计法》、《企业会计准则》等有关法律法规规章,虚报、瞒报财务状况的;

(二)企业负责人违反国家法律法规和规定,导致重大决策失误、重大安全与质量责任事故、重大环境污染责任事故、重大违纪和法律纠纷案件,给企业造成重大不良影响或者国有资产损失的。

第四十三条 对任期业绩优秀、战略目标实施成效显著及管理进步方面取得突出成绩的子企业,授予任期特别贡献奖。包括:领军企业奖、战略实施优秀企业奖、管理进步企业奖。

第四十四条 经股份公司评定,获得任期特别贡献奖的单位,主要负责人将给予一定特别奖励薪酬。

(一)被授予“领军企业奖”的,奖励延期绩效薪酬的 100% 。

(二)被授予“战略实施优秀企业奖”的,奖励延期绩效薪酬的 50% 。

(三)被授予“管理进步企业奖”的,奖励延期绩效薪酬的 30% 。

第七章 年度绩效考核结果复核与调整

第四十五条 为了保证对子公司绩效考核的真实性与准确性,防止出现绩效考核结果失真的问题,股份公司对子公司年度绩效考核的结果实行复核制度,并根据复核后的实际情况,对年度绩效考核结果进行相应的调整,同时,把年度绩效考核结果的复核情况作为进行任期绩效考核的前提条件。股份公司将不再对任期考核结果进行复核。

第四十六条 股份公司审计监事局负责对子公司年度绩效考核结果进行复核,原则上三年任期内至少进行一次。复核的指标期间包括自任期开始至考核当期的各个年度的考核指标。

第四十七条 对子公司年度绩效考核结果进行复核时,主要复核以下内容:

(一)子公司年度绩效考核中,对企业盈利能力、资产质量、债务风险和经营状况四个方面的定量指标(包括公共指标和个性指标)有较大影响的情形,上述内容应进行重点复核;

(二)子公司年度绩效考核中,对战略引领指标、管理控制类指标有较大影响的情形,上述内容可给予一般性关注。

第四十八条 复核的方式将采取任期内经济责任审计、单位负责人离任审计和绩效考核指标专项审计的方式,复核的方法将采取抽查性复核与专项复核的方法。

(一)每年年初,由财务部会同审计监事局制定年度绩效考核结果复核工作计划,对复核检查单位的范围、工作要求和时间节点进行安排部署;

（二）审计监事局应将对子公司年度绩效考核结果的复核与年度审计计划结合，在完成年度审计计划任务时，一并提交绩效考核结果复核报告；

（三）审计监事局可以组织专项审计复核，或聘请中介机构进行专项复核，或由相关部门共同组成工作组进行专项复核。

第四十九条 为确保复核工作的有效开展，各相关部门应给予积极配合并及时提供审计复核所需的资料。审计监事局在完成年度绩效考核结果复核工作后，应当形成复核报告，及时提交财务部，财务部将依据复核报告区分以下情况重新计算年度绩效考核得分，提出调整方案。

（一）下列经济事项应当扣减年度绩效考核指标得分：

1. 发现多计收入导致虚增利润、金额较大的；

2. 发现少计成本导致虚增利润、金额较大的；

3. 发现存在应摊未摊、应提未提导致虚增利润、金额较大的；

4. 发现第四十六条所包括的复核内容中，实际完成的考核指标值与绩效考核计算指标值相比存在严重失真问题的；

5. 在国家监管机构进行财务、审计等监督检查、社会中介审计、股份公司巡视、纪委效能监察、财务监察以及其他有关部门专项检查、企业重组并购等行为中，发现子公司存在绩效考核指标严重失真的；

6. 发现子公司存在重大决策失误、重大质量责任事故、重大违纪和法律纠纷等事件，给企业造成重大不良影响或严重经济损失的；

7. 其他虚增经营业绩、对绩效考核结果有较大影响的事项。

（二）经过复核发现的绩效考核加分因素不予考虑。

第五十条 经审计监事局复核，凡是需要对年度绩效考核结果进行调整的单位，股份公司将调减该单位考核期间的年度绩效薪酬，调减的年度绩效薪酬在延期兑现薪酬中扣除，不足部分，由被考核对象在规定期限内交回该单位。同时，取消评选任期特别贡献奖的资格并酌情对子公司任期绩效考核结果进行降级处理，对企业负责人按降级后的任期绩效考核结果做相应的调整和处理。

第八章 附 则

第五十一条 企业在考核期内发生改制重组等情况，股份公司将根据具体情况调整相应考核目标。

第五十二条 对新组建处于培育期及经营处于特殊情况的单位，在正常考核的基础上，股份公司可结合实际情况对该单位进行综合评议，并按照股份公司薪酬管理办法对其负责人薪酬进行适当调整。

第五十三条 中铁建商务管理有限公司实行预算考核。

第五十四条 本办法由股份公司财务部负责解释。

第五十五条 本办法经股份公司2016年第9次总裁办公会审议批准，自2016年1月1日起实施，原办法同时废止。

中国铁建股份有限公司工业产业管理规定

中国铁建设物〔2016〕22号

第一章 总 则

第一条 为加强中国铁建股份有限公司（以下简称股份公司）工业产业管理，完善管理体制、明确机构职责、规范工作流程、提高服务质量，依据国家相关法律、法规、产业政策和股份公司相关管理制度，制定本规定。

第二条 本规定所指工业产业是指股份公司内部从事工业生产和经营活动，有定型产品并拥有知识产权，实行独立核算、自负盈亏、享受经济权利、承担经济义务的法人企业。

第三条 本规定适用于股份公司所属中国铁建高新装备股份有限公司（以下简称铁建装备）、中国铁建重工集团有限公司（以下简称铁建重工）及其他集团公司所属工业企业（以下简称局属工业）的管理。

第二章 机构与职责

第四条 股份公司工业产业管理按照“统一领导、分级管理”的原则，建立股份公司、集团公司、局属工业企业三级管理体系。股份公司、集团公司对工业产业的管理实行机关有关部门按业务管理与工业管理部门归口协调的模式。

第五条 股份公司和集团公司设立或明确工业产业管理部门，配备高素质专（兼）职管理人员，并明确一名领导分管工业产业工作。

第六条 股份公司设备物资部是股份公司工业产业的归口管理部门,负责股份公司工业产业综合管理工作。

第七条 股份公司设备物资部工业产业管理的主要职责:

1. 贯彻国家产业政策,根据国家相关法律、法规和股份公司相关管理制度,制定和修订股份公司工业产业管理规定及相关制度和办法。

2. 参与编制、修订和组织实施股份公司工业产业发展战略与规划。

3. 推动工业产业优化升级和技术进步,对工业产业资源优化配置、产业结构调整等重大事项提出意见和建议。

4. 负责工业企业新产业、新产品项目的评审与审核。负责组织股份公司内部设备产品的认定和价格评定。

5. 配合股份公司机关业务主管部门对工业企业技改扩建等重大投资项目的评审与审核;配合股份公司机关业务主管部门对工业企业生产经营、科研开发、市场开拓、安全质量、成本管控及其他重大事项和问题的协调与解决。

6. 参与股份公司对工业企业的考核;参与编制工业企业年度生产经营计划。

7. 组织工业企业对外交流、专项培训和参加大型专业展览。

8. 其他日常工作。

第八条 集团公司工业产业管理部门的主要职责:

1. 贯彻国家产业政策,执行股份公司工业产业管理规定和组织实施股份公司工业产业发展指导意见,制定和修订本集团公司工业产业管理办法或实施细则。

2. 参与编制、修订和组织实施本集团公司工业产业发展战略与规划。

3. 组织调查研究,对工业产业资源优化配置、产业结构调整等重大事项提出意见和建议,对工业企业生产经营中存在的问题进行分析并向上级报告。

4. 负责本集团公司工业产业相关工作的督办;负责本集团公司工业企业新产业、新产品投资项目的评审与审核。

5. 参与集团公司对工业企业的考核;参与编制本集团公司工业企业年度生产经营计划。

6. 配合集团公司机关业务主管部门对工业企业技改扩建等重大投资项目的评审与审核;配合本集团公司机关业务主管部门对工业企业生产经营、科研开发、市场开拓、安全质量、成本管控及其他重大事项和问题的协调与解决。

7. 掌握工业企业生产经营、重要事项动态等情况,编制、报送本集团公司工业企业生产经营月报。

8. 协助组织股份公司内部设备产品的认定和价格评定。

9. 组织工业企业对外交流、专项培训和参加大型专业展览。

10. 其他日常工作。

第三章 管理内容与工作流程

第九条 工业产业管理的内容主要包括发展战略与规划、生产经营、安全质量、计划统计、科技创新、产品研发、市场营销、对外投资、技改扩建、品牌建设、成本管控、考核与评比等。

第十条 需上级审批或审核的事项,有关工业企业在向上级机关职能部门报送相关材料时,应同时抄报上级工业产业管理部门。各级机关职能部门在进行审批或审核时,应征求工业产业管理部门的意见。

第十一条 工业企业的各类投资、技改扩建等事项,应先进行项目可行性研究,在论证可行后,按照《中国铁建股份有限公司对外投资管理制度》,逐级审批。

第十二条 工业企业开展的产业结构调整、新产品研发、对外技术或资本性合作等事项,须报上级工业管理部门备案。

第十三条 股份公司内部设备产品的采购管理,按照《中国铁建股份有限公司内部设备产品采购管理办法》(中国铁建设物〔2013〕88 号)规定进行。每年 7 月底前由各工业企业提出申请,经集团公司审核后报股份公司,股份公司依据上述管理办法组织内部设备产品的认定和价格评定。

第十四条 工业企业的生产经营情况和有关重要事项实行月报制度。集团公司工业管理部门负责填报“工业企业生产经营月报表”“内部设备产品销售情况统计月报表”每月 10 日前以电子版形式报股份公司设备物资部(电子信箱:gongye@ crcc. cn)。

第四章 附 则

第十五条 本规定所述“法律、法规、产业政策”是指中华人民共和国境内现行有效的法律、行政法规、部门规章和其他规范性文件。

第十六条 本规定自发布之日实施。

第十七条 本规定解释权属于股份公司设备物资部。

中国铁建股份有限公司本级区域经营机构管理办法

中国铁建发展〔2016〕30号

第一条 为贯彻落实股份公司区域经营战略,拓展区域市场高度、广度、深度,构筑区域市场优势,进一步明确本级区域经营机构职责定位,理顺管理关系,规范区域经营机构人员、业务等基础管理工作,建立和完善激励约束机制,构建"定位准确、管理规范、服务到位"的区域经营管理体系,打造区域经济新的增长点,特制定本办法。

第二条 本办法适用于股份公司在国内设立的区域指挥部、代表处、分公司等。

第三条 区域经营机构定位

区域经营机构是适应现阶段市场需要、由股份公司设立、以经营为核心、授权在相关区域履行"统筹、协调、监管、服务"职能的相对固定派出机构,是总部区域经营战略布局和高端经营的延伸。主要围绕经营承揽行驶和发挥高端经营平台、统筹协调平台、服务平台的功能和作用,强化与本区域地市级以上政府、业主等高层的沟通联系,承揽各集团公司承揽不到的高端项目、大项目、城市综合体项目、产业链协同项目(含重大投融资项目),为集团公司经营承揽提供服务,监控本区域内重大、重要项目进展等。

本级区域经营机构与各集团公司之间的经营关系必须是非竞争关系、互补关系,资源集合形成经营优势关系。

第四条 本级区域经营机构日常业务归口经营计划部管理,并由分管经营计划部的股份公司领导分管。

第五条 区域划分与编制定员

根据区域经营机构能力划分不同的区域范围,区域经营机构编制定员按照"科学设计、精干设置、高效运作、因事设人"的原则确定。各区域经营机构区域划分和编制定员按照股份公司下达的编制文件执行。

第六条 工作职责

1. 负责与辖区内地市级以上政府及业主等高层建立长期密切良好的沟通联系和关系维护;

2. 负责辖区内各集团公司无法承揽,必须以股份公司名义承揽的工程总承包、施工总承包、BT、BOT、PPP等项目的经营承揽及建设管理;

3. 负责各集团公司在辖区内的经营承揽协调和服务工作,对辖区内所属单位的经营行为进行监督和管理;

4. 负责辖区内产品、产业合作、进入新领域市场、企业并购重组等信息跟踪研究并及时向股份公司提供;

5. 负责辖区内在建项目的信用评价工作,协助处理业主和地方政府投诉;

6. 完成股份公司领导、股份公司机关交办的其他工作。

第七条 人力资源管理

1. 区域经营机构指挥长(主任、总经理)、副指挥长(副主任、副总经理)(以下简称指挥长、副指挥长)按照"德才兼备、以德为先;注重实绩、群众公认;精兵强将、择优录用"的原则从系统内部选聘,并特别注重市场开拓能力、公关能力和亲和力,不搞安置型。

2. 按照区域经营机构编制文件规定的指挥长、副指挥长,由股份公司委派聘任,按总部机关人员管理;指挥长一般按总部机关部门正职人员管理,副指挥长按总部机关部门副职人员管理。指挥长、副指挥长的日常管理由经营计划部负责。

3. 按照区域经营机构编制文件明确的其他工作人员,一般由指挥长按岗位职责和人员条件在股份公司系统内择优选择,提出建议人选,报股份公司审核后聘任,按助勤人员管理,劳动关系、工资关系、福利和社保关系仍保留在原单位。

4. 指挥长、副指挥长薪酬由股份公司发放,助勤人员由区域经营机构按职级标准发放补贴。区域经营机构指挥长、副指挥长的薪酬包括:岗位工资、绩效薪酬和津补贴,指挥长、副指挥长的岗位工资、绩效薪酬和津补贴的标准与总部机关同级人员一致。

5. 凡是在多个单位任职的区域经营机构工作人员,只能选择在一个单位领取薪酬。区域经营机构及其负责人不得自定薪酬(包括工资、奖金、津补贴及其他一切奖励),未经股份公司批准,区域经营机构工作人员不得兼职领取薪酬、不得领取薪酬外的其他津补贴等货币收入。

区域经营机构人员管理实施细则及绩效考核办法另行下达。

第八条 经营特殊奖励

1. 对在市场经营中做出特殊贡献的区域经营机构,经股份公司批准后给予特殊奖励。特殊奖励由区域经营机构提出申请,经营计划部审核,并由人力资源部按照股份公司规定程序经总裁办公会批准后实施。

(1)特殊奖励标准

区域经营机构组织承揽的、以股份公司名义中标的工程总承包、施工总承包项目按照中标金额的0.5‰至1‰计提奖金,投融资项目按照建安投资总额的0.25‰至0.5‰计提奖金,一标一奖。奖金由股份公司支付。

(2)承揽到具有战略开拓性作用的项目、有利于企业全产业链参与和发展的项目以及在提高总体市场份额和提升项目整体收益方面做出了其他突出贡献的,视具体情况给予奖励。

(3)为确保承揽项目质量,避免单纯追求承揽合同金额,对于中标价低于标前评审目标值的,特殊奖励不予兑现。

(4)特殊奖励由区域经营机构提出分配方案并经股份公司批准后发放,其中,分配给指挥长、主要承揽人的金额占总奖励金额的30% -60%。

2. 对连续三年没有完成经营承揽计划的区域经营机构,自第四年起,区域经营机构人员薪酬降低10%;一年后仍未实现经营承揽的,区域经营机构人员薪酬再降低10%。

区域经营机构特殊奖励办法另行下达。

第九条 经费管理

1. 凡是以股份公司(含股份公司设立的区域性总部公司)名义中标的项目(含投融资项目),按照股份公司《关于印发〈以中国铁建股份有限公司名义承揽国内项目任务分配管理办法〉的通知》(中国铁建经计〔2016〕11号)的有关规定统一收取建安投资额1%的管理费用。按照当年实际完成的产值,由股份公司项目建设指挥部计提,并分别于7月和次年1月上交股份公司财务部。

2. 项目经营过程中的销售费用,本着“谁受益、谁承担”的原则,由配合跟踪单位或中标后参建单位按照任务份额比例分别承担。

3. 股份公司设立或委派的项目建设指挥部(含股份公司设立的区域性总部公司设立的工程管理机构)的现场管理费用,由股份公司财务部按照《中国铁建股份有限公司直管项目管理费核定及控制办法》(中国铁建财〔2014〕145号)进行核定,并按照任务分配比例向参建单位另行收取。

4. 除上述规定外,区域经营机构为股份公司所属单位在本区域内经营承揽、项目实施等提供业务服务、协调沟通业主关系等一律不得收取任何费用。

第十条 财务管理

1. 区域经营机构不单独设立会计机构,不配专职会计人员,财务管理和会计核算由股份公司财务部代理。

2. 区域经营机构发生的日常经费实行预算管理,由股份公司承担。每年初,区域经营机构依据股份公司核定的编制定员、工资薪酬及社保标准等编制年度经费预算,报股份公司批准后执行。审批程序执行股份公司《区域指挥部财务管理办法》(中国铁建财〔2013〕127号)相关规定。

第十一条 党群管理

1. 区域经营机构建立党工委,指挥长任党工委书记。区域经营机构党组织建设工作由股份公司直属机关党委负责。

2. 区域指挥部建立工会委员会,党工委书记任工会委员会主任。区域经营机构工会组织建设工作由股份公司机关工会负责。

第十二条 合规管理

区域经营机构以股份公司或区域经营机构名义签订的合同以及重要决策、规章制度和授权委托书,应提交股份公司机关业务部门,由该部门牵头按照股份公司合同管理、规章制度、重要决策和授权委托书管理办法的有关规定,会同法律合规部等部门进行审核。未经股份公司批准,区域经营机构不得签订任何合同。

第十三条 本办法自2016年1月1日起执行,以往规定与本办法不一致的以本办法为准。

第十四条 本办法由股份公司发展规划部负责解释。

中国铁建股份有限公司科技创新考核管理办法

中国铁建科设〔2016〕34号

第一章 总 则

第一条 考核目的

为进一步提升科技创新能力,加强技术推广应用,提高各子公司领导层、管理层和员工对科技工作的重视、参与和支持力度,规范各子公司的科技管理,做实科技基础,完善子公司负责人激励约束机制,科学、客观、全面评价各子公司的科技创新工作,促进高端科技快速发展，提高中国铁建全系统的科技创新水平，满足企业发展需要。

第二条 考核原则

1. 全员参加，分类考核，重点突出；

2. 公开、公正、操作性强；

3. 奖罚结合，激励与约束并重。

第三条 考核对象

子公司主要负责人，包括董事长、党委书记和总经理（院长）。

第四条 考核评价期

评价期为公历年，即公历1月1日至12月31日。

第五条 考核结果的应用

1. 对子公司总体科技工作进行评价的主要依据。

2. 对子公司主要负责人，科技负责人工作业绩评价的重要依据。

第二章 考核类型划分及分值

第六条 考核类型划分

科技创新指标考核范围包括股份公司所有单位，根据子公司的不同情况分为以下四类：

1. 工程承包业务类

中铁十一至十二局集团有限公司、中国铁建大桥工程局集团有限公司、中铁十四局至二十五局集团有限公司、中铁建设集团有限公司、中国铁建电气化局集团有限公司、中国铁建港航局集团有限公司、中铁城建集团有限公司。

2. 勘察设计咨询业务类

中铁第一、四勘察设计院集团有限公司为勘察设计咨询业务Ⅰ类、中铁第五勘察设计院集团有限公司，中铁上海设计院集团有限公司为勘察设计咨询业务Ⅱ类。

3. 工业制造业务类

中国铁建高新装备股份有限公司和中国铁建重工集团有限公司。

4. 其他业务类

中国土木工程集团有限公司、中国铁建房地产集团有限公司、中铁物资集团有限公司、中国铁建国际集团有限公司、中国铁建投资有限公司等单位。

第七条 考核指标体系分值

1. 工程承包业务类【+20，-15】分

考核指标包括：科技创新加分指标和科技创新减分指标。

科技创新加分指标由创新平台、科技奖励、科研课题、工法、专利、技术标准、詹天佑奖及附加分等8项指标组成。

科技创新减分指标由管理体系、制度建设、创新平台、科技奖励、科研课题、工法或勘察设计咨询奖、专利、技术交流、技术重难点及示范工程、科技资金兑现及附加分等11项指标组成。

2. 勘察设计咨询业务类

2.1 勘察设计咨询业务Ⅰ类【+30，-25】分

考核指标包括：科技创新加分指标和科技创新减分指标。

科技创新加分指标由创新平台、科技奖励、科研课题、勘察设计咨询奖、专利、技术标准、詹天佑奖及附加分等8项指标组成。

科技创新减分指标由创新平台、科技投入、省部级科技奖励、股份公司级科技奖励、勘察设计咨询奖、申报国家科技奖励、省部级科研课题、股份公司级科研课题、申报国家科研课题、专利、科技资金兑现及附加分等12项指标组成。

2.2 勘察设计咨询业务Ⅱ类【+20，-15】分

考核指标包括：科技创新加分指标和科技创新减分指标。

科技创新加分指标由创新平台、科技奖励、科研课题、勘察设计咨询奖、专利、技术标准、詹天佑奖及附加分等8项指标组成。

科技创新减分指标由创新平台、科技投入、科技奖励、科研课题、勘察设计咨询奖、专利、科技资金兑现及附加分等8项指标组成。

3. 工业制造装备业务类【+25，-20】分

考核指标包括：科技创新加分指标和科技创新减分指标。

科技创新加分指标由创新平台、科技奖励、科研课题、专利、技术标准及附加分等6项指标组成。

科技创新减分指标由管理体系、制度建设、创新平台、科技投入、省部级科技奖励、股份公司级科技奖励、省部级科研课题、股份公司级科研课题、申报国家科研课题、专利、科技资金兑现及附加分等12项指标组成。

4. 其他业务类【+5，0】分

考核指标为科技创新加分指标。

科技创新加分指标由科技管理人员、科技管理制度、创新平台、科技奖励、科研课题、勘察设计咨询奖、工法、专利、标准、詹天佑奖等指标组成。

第八条 考核指标计分规则

1. 工程承包业务类，得分为各子项分值之和，最高得分20分，最低得分0分。

2. 工程承包业务类，得分为各子项分值之和，最高得分0分，最低得分-15分。

3. 勘察设计咨询业务Ⅰ类，得分为各子项分值之和，最高得分30分，最低得分0分。

4. 勘察设计咨询业务Ⅰ类，得分为各子项分值之

和，最高得分0分，最低得分-25分。

5. 勘察设计咨询业务Ⅱ类，得分为各子项分值之和，最高得分20分，最低得分0分。

6. 勘察设计咨询业务Ⅱ类，得分为各子项分值之和，最高得分0分，最低得分-15分。

7. 工业制造业务类，得分为各子项分值之和，最高得分25分，最低得分0分。

8. 工业制造业务类，得分为各子项分值之和，最高得分0分，最低得分-20分。

9. 其他业务类，得分为各子项分值之和，最高分5分，最低得分0分。

第九条 考核指标计分方法

科技创新考核实行打分制计分，并将考核指标得分按《中国铁建股份有限公司子公司负责人绩效考核管理暂行办法》相关规定，纳入子公司负责人年度绩效考核。计分方法如下：

1. 将考核指标中加分指标得分按打分规则直接计算考核指标得分；

2. 将考核指标中减分指标得分按打分规则计算出考核指标得分，并按照以下方法进行折算：减分指标分值大于或等于总分值的90%时，不扣分；减分指标分值为零分时扣减最大分值；减分指标分值小于总分值的90%，按内插法计算减分指标应扣分值。公式如下：

$y = 10^x/9 - c$

y—减分指标应扣分值；

x—减分指标各子项分值之和；

C—最大扣分值。

第三章 评价实施流程

第十条 上报自评报告及总结分析

各单位于每年1月31日前向股份公司科技设计部报送上一年度的自评报告、总结分析及相关证明材料。

第十一条 确定考核结果

科技设计部对各子公司上报的自评报告进行审核，并按本办法规定进行考核评价，确定最终考核结果。

第四章 附 则

第十二条 本办法由股份公司科技设计部负责解释。

第十三条 本办法自颁布之日起执行。《中国铁建股份有限公司子公司负责人科技创新考核实施细则》（中国铁建科设〔2012〕28号），同时废止。

中国铁建股份有限公司创建优质工程管理规定

中国铁建安质〔2016〕123号

第一章 总 则

第一条 为贯彻国家质量发展纲要，落实股份公司"建造精品"的质量方针，规范和推进创建优质工程活动（以下简称创优）的深入开展，引导有计划地安排工程创优工作，促进过程精细化质量管理理念落实，推动质量管理水平全面提升，深化中国铁建品牌建设，特制定本规定。

第二条 国家优质工程奖、中国建设工程鲁班奖、中国铁建杯优质工程的创建，均按此规定执行。其他行业、地方优质工程的创建可参考本规定开展。

第三条 优质工程创建除应遵守本规定外，还应符合国家、行业及地方有关法律、规章和强制性标准的要求。

第二章 创优组织和职责

第四条 集团公司、工程公司、项目公司、项目部（指挥部）均应成立由分管质量管理工作的领导负责的创优组织机构，负责工程创优的规划、组织实施和监督指导。

第五条 集团公司、工程公司质量管理部门负责制定年度创优计划，确定创优的工程项目，并对创优活动的开展进行日常指导和监督检查。

第六条 项目公司、项目部（指挥部）按照工程创优计划要求负责项目创优的具体策划和实施。

第三章 创优工作要求

第七条 符合各级优质工程评选规模要求的工程项目，原则上均应开展创优活动。要结合各级优质工程评选办法规定，制定与工程实际情况相符合的创优目标。两家以上单位承建的工程项目，应在协商后共同创优。

第八条 创优的工程项目要出台创优策划，包含总体策划和实施细则（专业策划）。总体策划重点是明确创优目标，确定创优工作总体计划，提出对实施细则（专业策划）的要求。实施细则（专业策划）主要是创优目标、质量安全、节能环保、文明施工等各项措施按专业、施工阶段的细化分解和过程控制办法，“四新技术”应用和确定质量攻关活动。

创优策划经项目创优组织机构负责人审批后实施。

第九条 项目创优组织机构要对创优工作进行过程检查监督，根据项目实施进度进行阶段总结，对创优细则进行调整和改进。项目完工要进行创优最终验收，形成创优验收总结。

第四章 创优管理要求

第十条 创建中国铁建杯优质工程的项目，由集团公司对项目和创优策划备案审核，负责创优过程检查监督。项目申报中国铁建杯优质工程时提交创优策划和创优验收总结。

第十一条 创建国家优质工程奖、中国建设工程鲁班奖（国家优质工程）的项目，由股份公司对项目和创优策划备案审核。技术含量高、行业影响力强的项目，股份公司对创优策划落实情况进行过程监督抽查。

第十二条 需要股份公司推荐，进行国家优质工程奖、中国建设工程鲁班奖申报的项目，在通过股份公司备案审核的项目中产生。股份公司根据工程规模、技术含量及行业影响力、质量精细度、科技进步奖、国家专利、省部级（含）以上工法、QC成果以及被认定为新技术应用示范工程、绿色施工示范工程等条件，确定推荐的工程项目。

第十三条 创建国家优质工程奖、中国建设工程鲁班奖的工程，各集团公司于4月份向股份公司提报上一年度开工项目创优备案表、创优备案项目汇总表和项目创优策划。11月提报下一年度计划申报国家优质工程奖、中国建设工程鲁班奖工程项目汇总表。

第十四条 2016年1月1日之后开工建设的创优项目，按照本规定要求进行备案。

第五章 附 则

第十五条 各集团公司可根据本规定出台实施细则。

第十六条 本规定由股份公司安全质量监督部负责解释。

第十七条 本规定自发布之日起执行。

中国铁建股份有限公司海外业务统计管理办法

中国铁建海外〔2016〕202号

第一章 总 则

第一条 为进一步规范中国铁建股份有限公司（以下称股份公司）系统各单位海外业务统计工作。根据国务院《对外承包工程管理条例》、商务部《对外承包工程业务统计制度》和中国对外承包工程商会有关规定，结合公司实际，制定本办法。

第二条 本办法所称海外业务指股份公司及所属各单位在国（境）外从事的对外承包工程业务、房地产开发业务、资本运营业务，使用地在国（境）外的物流贸易业务、工业制造业务，目的地在国（境）外的金融业务等活动。

第三条 股份公司系统海外业务新签合同额、完成营业额、涉足国家（地区）及期末在外人数由海外部负责统计。

第四条 本办法适用范围包括股份公司所属各单位。

第二章 业务统计组织机构及人员

第五条 海外业务统计实行统一领导，分级管理。

（一）股份公司负责全系统海外业务统计工作，管理所属各单位海外业务统计工作，审核、汇总、上报股份公司系统海外业务统计资料。

（二）所属各二级单位负责本单位海外业务统计工作，管理本单位的统计工作，审核、汇总并向股份公司上报本单位海外业务统计资料。

第六条 所属各单位应指定专职部门，并安排专职人员负责海外业务统计工作。应保持海外业务统计队伍相对稳定，不得以任何借口无故削弱统计力量。如负责海外业务统计工作的专职部门与专职人员发生变动，必须向股份公司海外部报告，并及时配备合格的人员接替，办理好业务交接手续，保证业务正常运转。

第三章 统计内容、报告期及上报、审核渠道

第七条 海外业务统计共分六个版块：对外承包工程业务、房地产业务、物流贸易业务、工业制造业务、

资本运营业务、金融业务。

(一)对外承包工程业务统计指标主要包括:项目名称、项目所在国(地区)、项目内容简介、项目分类、承包方式、项目性质、技术标准、资金来源、签约合同额、我方份额、签约日期、项目工期、完成营业额、境外机构与期末在外人数。

(二)房地产业务统计指标主要包括:项目名称、项目所在国(地区)、项目内容简介、占地面积、建筑面积、总投资额、项目开竣工日期、签约合同额、我方份额、完成营业额、境外机构与期末在外人数。

(三)物流贸易业务统计指标主要包括:项目/合同名称、使用地所在国(地区)、合同内容、合同性质、签约对象、供货周期、签约合同额、我方份额、签约日期、完成营业额、境外机构与期末在外人数。

(四)工业制造业务统计指标主要包括:项目/合同名称、使用地所在国(地区)、合同内容、合同性质、签约对象、执行周期、签约合同额、我方份额、签约日期、完成营业额、境外机构与期末在外人数。

(五)资本运营业务统计指标主要包括:项目名称、项目所在国(地区)、项目内容简介、总投资额、项目开竣工日期、完成投资额、境外机构与期末在外人数。

(六)金融业务统计指标主要包括:项目/合同名称、目的地所在国(地区)、合同内容、签约对象、合同性质、保险费、签约合同额、签约日期、完成营业额、境外机构与期末在外人数。

第八条 通用条款

(一)本办法中如无特别规定,所涉及金额均以美元作为计算单位。如合同以非美元计价的,若合同规定了对美元折算率,则按合同规定的折算率折合美元计算统计;若合同未规定对美元折算率,则按报告期当年1月1日所在国(地区)官方规定的合同计价货币对美元折算率的中间价折合美元计算统计。

(二)本办法中如无特别规定,新签合同均应附上签章版合同协议或其他有效证明文件的关键信息页(包括但不限于合同名称、金额、签章页等)扫描件。

第九条 境外机构

所属各单位需对报告期内新设立或撤销的境外机构情况进行上报。境外机构包括:子公司、分公司、代表处(办事处)、项目公司(项目部)。

第十条 期末在外人数

所属各单位需对报告期末因公在外人员数量进行上报。期末在外人员分为四类:正式职工派出、中方社会聘用人员(中国籍)、项目所在国籍雇员、第三国籍雇员。其中每个类别均按照技术及管理人员、劳务人员两小类分别统计。

第十一条 对外承包工程业务其他统计指标上报要求

(一)项目名称

1. 项目名称应与所签订的正式合同文本所规定的名称一致,并将项目中文和外文名称同时上报。

2. 项目名称发生变更的,应在变更发生后的本年度下一报告期及时更改,并加以说明。

(二)项目所在国(地区)

股份公司所有对外承包工程项目均以实施地点作为国别(地区)统计依据。

(三)项目内容简介

所属各单位应根据合同内容填写不少于50字的项目内容简介。具体应包括但不限于:项目所处地区、项目业主情况以及项目主要工作内容等。

(四)项目分类

1. 根据商务部《对外承包工程业务统计制度》以及美国工程新闻纪录(ENR)关于国际工程项目分类标准,本办法将对外承包工程项目分为十一大类与相应的二级小类。十一个大类为:房屋建筑项目、工业建设项目、制造加工设施建设项目、水利建设项目、废水(物)处理项目、交通运输建设项目、危险品处理项目、电力工程建设项目、石油化工项目、通讯工程项目、其他;各二级小类见附件。

2. 如同一项目涉及两个或以上的项目大类,合同额可以根据合同文本拆分的,分别进行分类项目统计;合同额无法根据合同文本拆分的,按项目主要类别(即合同文本中合同额比重最大的类别)进行工程项目分类统计。

3. 与采矿业相关的地质勘察(含数据采集等)纳入"其他"工程项目类别进行统计。

4. 矿山工程建筑(含坑道、隧道、井道的挖掘、搭建等)项目纳入"其他"工程项目类别进行统计。

(五)承包方式

承包方式分为十类:工程总承包—EPC、工程总承包—设计施工总承包、工程总承包—施工总承包、施工分包、BOT及其衍生方式、PPP模式、采购合同、租赁合同、技术服务(设计、规划、勘测等)、其他。

(六)项目性质

项目性质分为四类:总包、联合体(联营体)、系统外分包、系统内分包。

(七)技术标准

技术标准分为五类:中国标准、美国标准、英国标准、欧洲标准、其他标准。

(八)资金来源

资金来源分为七类:业主自有资金、当地政府拨款、国际金融机构贷款、国内出口信贷、企业投资、我国对外经济援助项目和其他。此项可多选,多选情况下务必注明每项资金来源所占比例。

(九)签约合同额

1. 签约合同额按企业与国(境)外业主签订的合同文本中所规定的金额统计。

2. 项目合同以非美元计价的,若合同未规定对美元折算率,按所签合同生效当日所在国家(地区)官方规定的合同计价货币对美元折算率的中间价折合美元计算统计。

3. 签约合同额发生变更的,应在变更发生后的本年度下一报告期调整合同金额,并加以说明。

(十)我方份额

1. 所属各单位与其他企业联合中标或以股份制方式合作的项目,我方份额为其实际实施的部分。

2. 所属各单位分包其他企业项目的,我方份额为其实际签约的合同额。

(十一)签约日期

签约日期为合同文本的正式签订日期。

(十二)项目工期

项目工期为合同文本规定的起止工期。

(十三)完成营业额

所属各单位需将报告期内正在实施的合法有效的对外承包工程项目完成营业额情况进行上报。

第十二条 房地产业务其他统计指标上报要求

(一)项目名称

项目名称为该项目在所在国(地区)第一次使用的推广名称,并将项目中文和外文名称同时上报。

(二)项目所在国(地区)

房地产业务以项目所在地作为国别(地区)统计依据。

(三)项目内容简介

填写不少于 50 字的项目主要情况,包括但不限于:项目所处地区、规模情况等。

(四)占地面积

填写该项目的占地面积。

(五)建筑面积

填写该项目的建筑面积。

(六)总投资额

1. 填写该项目决策版可研报告中规定的总投资额。

2. 总投资额发生变更的,应在变更发生后的本年度下一报告期调整金额,并加以说明。

(七)项目开竣工日期

填写该项目决策版可研报告中规定的以及实际的开工与竣工日期。

(八)签约合同额

1. 报告期内该项目的销售额、租金等为签约合同额。

2. 签约合同额发生变更的,应在变更发生后的本年度下一报告期调整金额,并加以说明。

(九)我方份额

所属各单位与其他单位联合开发的项目,其签约合同额按其实际所占比例统计。

(十)完成营业额

所属各单位需上报报告期内国(境)外房地产业务的营业收入情况。

第十三条 物流贸易业务其他统计指标上报要求

(一)项目/合同名称

项目/合同名称应与所签订的正式销售合同文本或有效证明文件中所规定的名称一致,并将项目/合同中文和外文名称同时上报。

(二)使用地所在国(地区)

物流贸易业务以正式销售合同文本或有效证明文件中规定的使用地作为国别(地区)统计依据。

(三)合同内容

根据合同填写主要的产品内容、数量等。

(四)合同性质

合同性质分为四类:自揽、联合体(联营体)、系统外分包、系统内分包。

(五)签约对象

所属各单位所签订的正式销售合同文本或有效证明文件的相对方。

(六)供货周期

供货周期为合同中规定的以及实际的供货时间或期间。

(七)签约合同额

1. 签约合同额按企业与业主直接签订的正式销售合同文本或有效证明文件中所规定的金额统计。

2. 签约合同额发生变更的,应在变更发生后的本年度下一报告期调整合同金额,并加以说明。

(八)我方份额

所属各单位与其他单位联合签订的合同,我方份额为其实际实施的部分。

(九)签约日期

以正式销售合同文本或有效证明文件所规定的日期为准。

(十)完成营业额

所属各单位需上报报告期内使用地在国(境)外的物流贸易业务的营业收入情况。

第十四条 工业制造业务其他统计指标上报要求

(一)项目/合同名称

项目/合同名称应与所签订的正式合同文本或有

效证明文件中所规定的名称一致，并将项目/合同中文和外文名称同时上报。

（二）使用地所在国（地区）

工业制造业务以正式合同文本或有效证明文件中规定的使用地作为国别（地区）统计依据。

（三）合同内容

根据所签订的合同填写主要的产品内容、数量等。

（四）合同性质

合同性质分为四类：自揽、联合体（联营体）、系统外分包、系统内分包。

（五）签约对象

所属各单位所签订的正式合同文本中或有效证明文件的相对方。

（六）执行周期

执行周期为合同中规定的执行时间或期间。

（七）签约合同额

1. 签约合同额按企业与业主直接签订的正式销售合同文本中所规定的金额统计。

2. 签约合同额发生变更的，应在变更发生后的本年度下一报告期调整合同金额，并加以说明。

（八）我方份额

所属各单位与其他单位联合签订的合同，我方份额为其实际实施的部分。

（九）签约日期

以正式合同文本或有效证明文件所规定的日期为准。

（十）完成营业额

所属各单位需上报报告期内使用地在国（境）外的工业制造业务的工业产值情况。

第十五条 资本运营业务其他统计指标上报要求

（一）项目名称

1. 项目名称以该项目决策版可研报告中的名称为准，并将项目中文和外文名称同时上报。

2. 项目名称发生变更的，应在变更发生后的本年度下一报告期及时更改，并加以说明。

（二）项目所在国（地区）

资本运营业务以项目所在地作为国别（地区）统计依据。

（三）项目内容简介

填写项目主要情况，包括但不限于项目所处地区、规模、收益情况等。

（四）总投资额

1. 填写该项目决策版可研报告中的总投资额。

2. 总投资额发生变更的，应在变更发生后的本年度下一报告期调整金额，并加以说明。

（五）项目开竣工日期

填写该项目决策版可研报告以及实际的开工与竣工日期。

（六）完成投资额

所属各单位需上报报告期内在国（境）外资本运营业务完成的投资额情况。

第十六条 金融业务其他统计指标上报要求

（一）项目/合同名称

项目/合同名称应与所属各单位所签订的正式合同文本或有效证明文件中所规定的名称一致，并将项目/合同中文和外文名称同时上报。

（二）目的地所在国（地区）

金融业务以保险合同中规定的目的地作为国别（地区）统计依据。

（三）合同内容

填写保险合同的主要内容，包括但不限于被保险工程名称、被保险人情况等。

（四）签约对象

保险合同中保险公司的合同相对方。

（五）合同性质

合同性质分为三类：自揽、系统外分包、系统内分包。

（六）保险费

填写保险合同中规定的保险费。

（七）签约合同额

1. 签约合同额为所属各单位所签订的正式合同文本或有效证明文件中所规定代理手续费总额。

2. 签约合同额发生变更的，应在变更发生后的本年度下一报告期调整合同金额，并加以说明。

（八）签约日期

以所属各单位签订的正式合同文本或有效证明文件所规定的日期为准。

（九）完成营业额

所属各单位需上报报告期内目的地在国（境）外的金融业务的营业收入情况。

第十七条 当期一个完整的报告期是指上月26日0时至本月25日24时。所属各单位需在每月26日12:00前完成当期新签合同数据上报工作，在每月28日24:00前完成当期其他统计数据上报工作。

第十八条 海外业务统计报表报送渠道。股份公司海外业务统计相关数据经由中国铁建海外业务信息服务系统报送（网址：http://wj.crcc.cn）。所属各单位在开展海外业务统计相关工作中应加强信息化建设，充分运用网络传输手段，不断提升统计报送工作质量和效率。

第十九条 所属各单位上报数据实行分级审核制度，海外业务统计专职人员作为填报人将所填报数据提交海外业务统计专职部门领导审核，部门领导审核通过后报所属各单位分管领导审核，分管领导审核通过后上报股份公司，所有数据审核工作均通过中国铁建海外业务信息服务系统进行操作。

第四章　对外承包工程业务类别、新签合同额与完成营业额

第二十条　以下项目纳入对外承包工程业务统计类别

（一）承包国（境）外工程项目。指企业按照国际上通行的做法，在国外及港澳台地区承揽和实施的各类工程项目。

（二）承包我国对外经济援助项目。指企业以投标、议标等方式承揽和实施的我国对外经济援助项目。

（三）承包我国驻外机构工程项目。指企业以投标、议标等方式承揽和实施的我国驻外使（领）馆等工程项目。

（四）企业自带设备，以收取设备使用费、技术服务费等形式承揽和实施的国外及港澳台地区工程项目。

（五）企业在国外及港澳台地区承担地形地貌测绘，地质资源普查与勘探，建设区域规划，工程设计、生产工艺、技术资料和工程技术咨询，工程项目的可行性考察、研究和评估，工程监理，技术指导等经济活动。

第二十一条　对外承包工程项目新签合同额为所属各单位在报告期内签订的合法有效的对外承包工程项目合同文本规定的金额。

（一）未签订正式合同的对外承包工程项目一律不得计入新签，严禁将签订框架合同、战略合作协议的项目纳入统计范畴。

（二）所属各单位填报新签对外承包工程合同应当附上以下材料：

1. 签章版合同协议或其他证明合同已正式签订的文件关键信息页（包含第十一条所规定的信息以及签章页）扫描件。

2. 根据《对外承包工程项目投标（议标）管理办法》（商务部 银监会 保监会令 2011 年第 3 号）规定，符合条件的项目应当附上对外承包工程项目投标（议标）核准。

原则上，未提供上述相关文件的项目不得计入新签。

（三）报告期签订补充合同的，补充合同部分视同新签合同。

第二十二条　对外承包工程完成营业额指所属各单位在报告期内完成的以货币形式表现的工作量。

（一）对外承包工程项目完成营业额按承包方编制的经现场监理工程师或项目总监审核签字的工程进度证明等计算统计。

（二）所属各单位必须根据提交给业主据以结算项目款项或反映报告期项目工作量的有效凭证或单据填报完成营业额。

（三）所属各单位与其他企业联合中标或以股份制形式合作的项目，完成营业额按其实际完成的工作量统计。

（四）所属各单位以内部分包方式实施作为总包的系统内其他单位签订的对外承包工程项目，其在报告期内的完成营业额由作为总包的系统内其他单位负责统计上报后，按所属各单位实际完成的工作量计入其完成营业额。

（五）具有对外经营资格的系统内单位与不具有对外经营资格的国内企业之间以总包、分包方式实施的对外承包工程项目，其完成营业额由具有对外经营资格的系统内单位统计。

第五章　其他事项

第二十三条　所属各单位必须遵照《中华人民共和国统计法》和股份公司有关规定，对所提供统计资料的完整性、真实性、及时性、准确性负责，不得拒报、谎报、虚报、迟报统计资料。

第二十四条　所属各单位必须遵照《中华人民共和国统计法》规定，保守国家秘密、商业秘密以及可能影响企业经营活动的重要信息。

第二十五条　所属各单位在报送统计资料的同时，还必须依照《对外承包工程管理条例》有关规定，向国务院商务主管部门、地方政府商务主管部门和有关统计部门报送业务统计资料。

第二十六条　所属各单位向股份公司相关业务部门报送海外业务统计资料时，应与上报中国铁建海外业务信息服务系统数据保持一致。

第二十七条　本办法由海外部负责解释。

第二十八条　本办法从发布之日起执行，原《中国铁建股份有限公司对外承包工程业务统计管理办法》（中国铁建国际〔2015〕143 号）同时废止。

2016年中国铁道建筑总公司文件目录

文件号	文件标题
中铁建人〔2016〕1号	关于修订《中国铁道建筑总公司暨中国铁建股份有限公司负责人履职待遇、业务支出管理办法》的通知
中铁建发展〔2016〕2号	中国铁道建筑总公司关于设立中国铁建股份有限公司伊朗代表处的请示
中铁建人〔2016〕3号	中国铁道建筑总公司关于调整2015年度工资总额预算的报告
中铁建外事〔2016〕4号	中国铁道建筑总公司关于邀请尼日利亚财政部部长、交通部部长访华的请示
中铁建科设〔2016〕5号	中国铁道建筑总公司关于推荐2016年度国家科学技术奖候选项目的函
中铁建财〔2016〕6号	中国铁道建筑总公司关于设立金融租赁公司工作会商的请示
中铁建国际〔2016〕7号	中国铁道建筑总公司关于中国中铁股份有限公司扰乱尼日利亚建筑市场秩序影响沿海铁路项目顺利启动情况的报告
中铁建发展〔2016〕8号	中国铁道建筑总公司关于收购德国一家设计公司的报告
中铁建国际〔2016〕9号	中国铁道建筑总公司关于尼日利亚沿海铁路项目最新进展情况的报告(国资委)
中铁建国际〔2016〕10号	中国铁道建筑总公司关于尼日利亚沿海铁路项目最新进展情况的报告(商务部)
中铁建国际〔2016〕11号	中国铁道建筑总公司关于尼日利亚沿海铁路项目最新进展情况的报告(国家发改委)
中铁建发展〔2016〕12号	关于收购德国一家轨道车辆设计公司项目申请备案的请示
中铁建财〔2016〕13号	中国铁道建筑总公司关于上报2016年度预算报告的请示
中铁建财〔2016〕14号	中国铁道建筑总公司关于报送《2016年度债务风险管控方案》的报告
中铁建财〔2016〕15号	中国铁道建筑总公司关于2014年国有资本经营决算情况的报告
中铁建财〔2016〕16号	中国铁道建筑总公司关于2015年度《企业年度工作报告》的报告
中铁建财〔2016〕17号	中国铁道建筑总公司关于报送2016年提质增效工作方案的报告
中铁建国际〔2016〕18号	中国铁道建筑总公司关于尼日利亚沿海铁路项目2月份推进情况的报告(国家发改委)
中铁建国际〔2016〕19号	中国铁道建筑总公司关于尼日利亚沿海铁路项目2月份推进情况的报告(国资委)
中铁建国际〔2016〕20号	中国铁道建筑总公司关于尼日利亚沿海铁路项目3月份推进情况的报告(商务部)
中铁建法〔2016〕21号	中国铁道建筑总公司关于报送2015年法律合规工作总结的报告
中铁建国际〔2016〕22号	中国铁道建筑总公司关于申请新建中吉乌铁路2016年国际产能合作补贴资金的请示
中铁建法〔2016〕23号	中国铁道建筑总公司关于2015年度重大法律纠纷案件情况的报告
中铁建财〔2016〕24号	中国铁道建筑总公司关于2015年度国有资产评估项目统计分析的报告
中铁建经计〔2016〕25号	中国铁道建筑总公司关于中铁十八局集团北京中铁大都公司办理土地规划调整手续延期的请示
中铁建财〔2016〕26号	关于印发《中国铁道建筑总公司固定资产管理及会计核算办法》的通知
中铁建国际〔2016〕27号	中国铁道建筑总公司关于上报坦赞铁路激活和可持续发展工作方案的报告
中铁建安质〔2016〕28号	中国铁道建筑总公司关于2015年安全质量工作情况的报告(国资委)
中铁建安质〔2016〕29号	中国铁道建筑总公司关于2015年安全质量工作情况的报告(住建部)
中铁建安质〔2016〕30号	中国铁道建筑总公司关于2015年安全生产工作情况的报告(安监总局)

续表

文件号	文件标题
中铁建财〔2016〕31号	中国铁道建筑总公司关于2015年和“十二五”产权管理工作情况的报告
中铁建科设〔2016〕32号	关于颁发2015年度中国铁道建筑总公司科学技术奖的通知
中铁建国际〔2016〕33号	中国铁道建筑总公司关于尼日利亚沿海铁路项目折中方案的请示
中铁建经计〔2016〕34号	中国铁道建筑总公司关于办理五棵松饭店家属楼棚改项目规划手续的请示
中铁建国际〔2016〕35号	中国铁道建筑总公司关于尼日利亚沿海铁路项目最新沟通情况的紧急报告
中铁建财〔2016〕36号	中国铁道建筑总公司关于上报2015年度财务决算报告的请示
中铁建经计〔2016〕37号	中国铁道建筑总公司关于总部机关大院调整控规的请示
中铁建发展〔2016〕38号	中国铁道建筑总公司关于设立中国铁建中美洲有限公司的请示
中铁建国际〔2016〕39号	中国铁道建筑总公司关于请求协助解决沙特麦加轻轨铁路项目遗留问题的请示
中铁建经计〔2016〕40号	中国铁道建筑总公司关于中铁十六局集团青年路10号院科研综合楼项目用地性质变更的请示
中铁建国际〔2016〕41号	中国铁道建筑总公司关于吉布提新机场项目情况的报告
中铁建科设〔2016〕42号	中国铁道建筑总公司关于申报2016年工程咨询单位资格的请示
中铁建财〔2016〕43号	中国铁道建筑总公司关于申请外债额度的请示
中铁建发展〔2016〕44号	中国铁道建筑总公司关于报送《2016年度全面风险管理报告》的报告
中铁建董〔2016〕45号	中国铁道建筑总公司关于中国铁建董事会2015年度工作情况的报告
中铁建人〔2016〕46号	中国铁道建筑总公司关于中国铁建股份有限公司企业年金方案备案的报告
中铁建发展〔2016〕47号	中国铁道建筑总公司关于报送《2015年度内部控制评价报告》的报告
中铁建国际〔2016〕48号	中国铁道建筑总公司关于尼方单方面提出终止尼日利亚沿海铁路项目合同的紧急请示(商务部)
中铁建国际〔2016〕49号	中国铁道建筑总公司关于尼方单方面提出终止尼日利亚沿海铁路项目合同的紧急请示(外交部)
中铁建国际〔2016〕50号	中国铁道建筑总公司关于尼方单方面提出终止尼日利亚沿海铁路项目合同的紧急请示(国家发改委)
中铁建国际〔2016〕51号	中国铁道建筑总公司关于尼方单方面提出终止尼日利亚沿海铁路项目合同的紧急请示(国资委)
中铁建国际〔2016〕52号	中国铁道建筑总公司关于安哥拉400千伏电站项目部3号营地遭遇持枪抢劫事件的报告
中铁建人〔2016〕53号	中国铁道建筑总公司关于上报2015年度工资总额预算执行情况的报告
中铁建国际〔2016〕54号	中国铁道建筑总公司关于贯彻落实规范中央企业境外经营行为专题会议精神情况的报告
中铁建人〔2016〕55号	中国铁道建筑总公司关于2016年度工资总额预算方案的报告
中铁建国际〔2016〕56号	中国铁道建筑总公司关于尼方就沿海铁路项目提出“8亿美元折扣”问题的紧急报告(国资委)
中铁建国际〔2016〕57号	中国铁道建筑总公司关于尼方就沿海铁路项目提出“8亿美元折扣”问题的紧急报告(国家发改委)
中铁建国际〔2016〕58号	中国铁道建筑总公司关于尼方就沿海铁路项目提出“8亿美元折扣”问题的紧急报告(外交部)
中铁建国际〔2016〕59号	中国铁道建筑总公司关于尼方就沿海铁路项目提出“8亿美元折扣”问题的紧急报告(商务部)
中铁建财〔2016〕60号	中国铁道建筑总公司关于2015年中央企业棚户区改造配套设施建设国有资本经营预算执行情况的报告
中铁建国际〔2016〕61号	中国铁道建筑总公司关于科威特项目部分中国籍劳务人员到我国驻科大使馆聚集上访有关情况的报告

续表

文件号	文件标题
中铁建国际〔2016〕62 号	中国铁道建筑总公司关于科威特项目中国劳务罢工上访事件的报告
中铁建战备〔2016〕63 号	中国铁道建筑总公司关于确认中铁十八局集团有限公司高碑店战备器材储备库国际交通设施性质的请示
中铁建财〔2016〕64 号	中国铁道建筑总公司关于 2016 年困难中央企业棚户区改造配套设施建设国有资本经营预算申报的报告
中铁建经计〔2016〕65 号	中国铁道建筑总公司关于上报中央企业棚改项目情况的报告
中铁建资本〔2016〕66 号	中国铁道建筑总公司关于投资参股中国海外基础设施开发投资有限公司的请示
中铁建财〔2016〕67 号	中国铁道建筑总公司关于报送“两金”压控工作方案的报告
中铁建国际〔2016〕68 号	中国铁道建筑总公司关于科威特项目中国劳务再次罢工上访事件处理情况的报告
中铁建财〔2016〕69 号	中国铁道建筑总公司关于报送《2016 年度债务风险管控方案》的报告
中铁建办〔2016〕70 号	中国铁道建筑总公司关于公务用车制度改革方案的请示
中铁建财〔2016〕71 号	中国铁道建筑总公司关于 2016 年困难中央企业棚户区改造配套设施建设国有资本经营预算申报补充情况的报告
中铁建经计〔2016〕72 号	中国铁道建筑总公司关于中铁十六局集团第一工程有限公司白各庄职工住宅楼项目立项续期的请示
中铁建外事〔2016〕73 号	中国铁道建筑总公司关于邀请纳米比亚工程交通部部长访华的请示
中铁建经管〔2016〕74 号	中国铁道建筑总公司关于报送特困企业专项治理工作方案的报告
中铁建经管〔2016〕75 号	中国铁道建筑总公司关于报送处置“僵尸企业”工作方案的报告
中铁建人〔2016〕76 号	中国铁道建筑总公司关于中国铁建股份有限公司所属单位企业年金方案实施细则备案的报告
中铁建安质〔2016〕77 号	中国铁道建筑总公司关于开展汛期安全生产督导检查情况的报告
中铁建发展〔2016〕78 号	中国铁道建筑总公司关于上报《开展压缩管理层级减少法人户数工作方案》的报告
中铁建财〔2016〕79 号	中国铁道建筑总公司关于 2015 年度国有资本收益情况的报告
中铁建国际〔2016〕80 号	中国铁道建筑总公司关于境外机构和人员行为自查情况的报告（国资委）
中铁建国际〔2016〕81 号	中国铁道建筑总公司关于境外机构和人员行为自查情况的报告（商务部）
中铁建财〔2016〕82 号	中国铁道建筑总公司关于申请认定会计人员继续教育学时的请示
中铁建房管〔2016〕83 号	中国铁道建筑总公司关于《中国铁道建筑总公司机关按经济适用住房价格出售旧有住房实施办法》的请示
中铁建财〔2016〕84 号	中国铁道建筑总公司关于 2017 年国有资本经营预算预申报的报告
中铁建财〔2016〕85 号	中国铁道建筑总公司关于 2016 年“三供一业”分离移交国有资本经营预算申报的报告
中铁建海外〔2016〕86 号	关于修订《中国铁道建筑总公司外事工作管理办法》的通知
中铁建海外〔2016〕87 号	关于修订《中国铁道建筑总公司外事工作管理办法实施细则》的通知
中铁建外事〔2016〕88 号	中国铁道建筑总公司关于拟邀请阿尔及利亚公共工程交通部长、财政部长访华的请示
中铁建科设〔2016〕89 号	关于公布 2016 年度勘察设计“四优”、优秀工程咨询成果项目的通知
中铁建财〔2016〕90 号	中国铁道建筑总公司关于国资委 2015 年度监督检查问题整改落实情况的报告
中铁建海外〔2016〕91 号	中国铁道建筑总公司关于申请将爱沙尼亚北海岸物流园区项目列入中东欧“16+1”峰会领导人见签项目清单的请示
中铁建发展〔2016〕92 号	中国铁道建筑总公司关于境外股权收购情况的报告

续表

文 件 号	文 件 标 题
中铁建法〔2016〕93 号	中国铁道建筑总公司关于报送 2016 年法治工作总结及相关表格的报告
中铁建财〔2016〕94 号	关于印发《中国铁道建筑总公司资产评估项目公示管理办法》的通知
中铁建财〔2016〕95 号	中国铁道建筑总公司关于中国铁建股份有限公司 H 股可转债有关事项的请示
中铁建办〔2016〕96 号	中国铁道建筑总公司关于通过开创“亚吉模式”积极投入“一带一路”建设情况的报告(国资委)
中铁建办〔2016〕97 号	中国铁道建筑总公司关于通过开创“亚吉模式”积极投入“一带一路”建设情况的报告(商务部)
中铁建办〔2016〕98 号	中国铁道建筑总公司关于通过开创“亚吉模式”积极投入“一带一路”建设情况的报告(外交部)
中铁建办〔2016〕99 号	中国铁道建筑总公司关于通过开创“亚吉模式”积极投入“一带一路”建设情况的报告(发改委)
中铁建办〔2016〕100 号	中国铁道建筑总公司关于通过开创“亚吉模式”积极投入“一带一路”建设情况的报告(铁路总公司)
中铁建发展〔2016〕101 号	中国铁道建筑总公司关于变更中国土木工程集团有限公司驻伊朗办事处负责人的请示
中铁建外事〔2016〕102 号	中国铁道建筑总公司关于邀请马里财政部部长访华的请示
中铁建人〔2016〕103 号	中国铁道建筑总公司关于中国铁建股份有限公司所属单位企业年金方案实施细则备案的报告
中铁建外事〔2016〕104 号	中国铁道建筑总公司关于撤销邀请马里财政部部长访华审批事项的请示
中铁建发展〔2016〕105 号	中国铁道建筑总公司关于补报漏登法人企业的请示
中铁建董〔2016〕106 号	中国铁道建筑总公司关于修订《公司章程》部分条款的请示
中铁建审监〔2016〕107 号	中国铁道建筑总公司关于国资委对公司主要负责人经济责任审计发现问题整改情况的报告
中铁建人〔2016〕108 号	中国铁道建筑总公司关于报送《中国铁建股份有限公司深化劳动用工和收入分配制度改革工作方案》的报告
中铁建财〔2016〕109 号	中国铁道建筑总公司关于 2016 年度决算备案的报告
中铁建发展〔2016〕110 号	中国铁道建筑总公司关于大集体改革进展情况的报告
中铁建财〔2016〕111 号	中国铁道建筑总公司关于 2016 年度产权管理工作总结的报告

2016 年中国铁道建筑总公司党委文件目录

文 件 号	文 件 标 题
中铁建党办〔2016〕10 号	关于表彰 2015 年党委信息工作先进单位和先进个人的通知
中铁建党办〔2016〕13 号	关于印发股份公司党委全会工作报告重点工作责任分工的通知
中铁建党办〔2016〕14 号	关于印发《中国铁建股份有限公司精准扶贫工作考核办法》的通知
中铁建党办〔2016〕88 号	股份公司党委 股份公司印发《关于进一步改进工作作风密切联系群众的具体措施》的通知
中铁建党办〔2016〕89 号	关于印发倪小庭、孟凤朝在国资委党委第六巡视组对中国铁建巡视“回头看”工作动员会上讲话的通知
中铁建党干〔2016〕15 号	中国铁建股份有限公司扶贫干部选拔管理办法
中铁建党干〔2016〕1 号	转发中央组织部及国资委做好干部人事档案管理工作两个文件的通知
中铁建党干〔2016〕28 号	关于做好 2016 年政工专业职务评审工作的通知

续表

文 件 号	文 件 标 题
中铁建党干〔2016〕31号	股份公司党委、股份公司关于修订《中国铁建股份有限公司子公司负责人履职待遇、业务支出管理办法》的通知
中铁建党干〔2016〕73号	关于印发《中国铁建股份有限公司领导人员管理办法》等制度的通知
中铁建党干函〔2016〕36号	关于转发《关于在干部人事档案审核工作中做好干部出生日期更正有关工作的通知》的通知
中铁建党纪〔2016〕11号	印发股份公司党委巡视组《关于巡视中铁二十一局集团有限公司情况的反馈意见》的通知
中铁建党纪〔2016〕12号	印发股份公司党委巡视组《关于巡视中铁二十四局集团有限公司情况的反馈意见》的通知
中铁建党纪〔2016〕2号	印发股份公司党委巡视组《关于巡视中铁十六局集团有限公司情况的反馈意见》的通知
中铁建党纪〔2016〕35号	印发股份公司党委巡视组《关于巡视中铁十一局集团有限公司情况的反馈意见》的通知
中铁建党纪〔2016〕36号	印发股份公司党委巡视组《关于巡视中铁十二局集团有限公司情况的反馈意见》的通知
中铁建党纪〔2016〕37号	印发股份公司党委巡视组《关于巡视中铁十四局集团有限公司情况的反馈意见》的通知
中铁建党纪〔2016〕38号	印发股份公司党委巡视组《关于巡视中铁十五局集团有限公司情况的反馈意见》的通知
中铁建党纪〔2016〕39号	印发股份公司党委巡视组《关于巡视中国铁建港航局集团有限公司情况的反馈意见》的通知
中铁建党纪〔2016〕3号	印发股份公司党委巡视组《关于巡视中铁二十二局集团有限公司情况的反馈意见》的通知
中铁建党纪〔2016〕40号	印发股份公司党委巡视组《关于巡视中国土木工程集团有限公司情况的反馈意见》的通知
中铁建党纪〔2016〕42号	关于调整中国铁建股份有限公司党委巡视工作领导小组组成人员的通知
中铁建党纪〔2016〕4号	印发股份公司党委巡视组《关于巡视中铁十九局集团有限公司情况的反馈意见》的通知
中铁建党纪〔2016〕5号	关于进一步加强巡视工作的通知
中铁建党纪〔2016〕60号	关于股份公司党委班子成员履行"一岗双责"的意见
中铁建党纪〔2016〕9号	印发股份公司党委巡视组《关于巡视中铁二十三局集团有限公司情况的反馈意见》的通知
中铁建党宣〔2016〕104号	股份公司党委 股份公司关于表彰亚吉铁路十大建设功臣和十佳外籍雇员的决定
中铁建党宣〔2016〕54号	关于评选亚吉铁路"十大建设功臣"和"十佳外籍雇员"的通知
中铁建党宣〔2016〕79号	关于学习贯彻全国国有企业党的建设工作会议精神的通知
中铁建党宣〔2016〕7号	股份公司党委 股份公司关于表彰2015年度企业文化建设先进单位、优秀项目部和先进个人的决定
中铁建党宣〔2016〕80号	关于认真学习宣传贯彻党的十八届六中全会精神的通知
中铁建党宣〔2016〕8号	关于表彰2015年度对外报道先进单位和个人的决定
中铁建党组〔2016〕112号	转发中共中央组织部关于认真学习贯彻党的十八届六中全会精神深入推进"两学一做"学习教育的通知
中铁建党组〔2016〕113号	关于开展2016年度党委书记抓基层党建述职评议考核工作的通知
中铁建党组〔2016〕114号	转发《中共中央组织部办公厅关于开展国有企业党的建设工作专项督查的通知》的通知
中铁建党组〔2016〕115号	关于印发《中铁建党建工作量化考核暂行办法》的通知
中铁建党组〔2016〕116号	关于召开2016年度党员领导干部民主生活会的通知
中铁建党组〔2016〕117号	关于同意召开中国铁建二届二次职工代表大会的批复

续表

文件号	文件标题
中铁建党组〔2016〕16号	中国铁建股份有限公司党委印发《关于在全体党员中开展“学党章党规、学系列讲话，做合格党员”学习教育实施方案》的通知
中铁建党组〔2016〕17号	关于转发《中共中央组织部关于学习贯彻习近平总书记重要批示精神加强党委（党组）领导班子建设的通知》的通知
中铁建党组〔2016〕18号	中国铁建股份有限公司党委关于成立“两学一做”学习教育协调领导小组及工作机构的通知
中铁建党组〔2016〕19号	中国铁建股份公司党委关于向所属单位派出“两学一做”学习教育督导组的通知
中铁建党组〔2016〕20号	关于印发齐晓飞同志《在中铁建党委两学一做学习教育动员部署会上的讲话》的通知
中铁建党组〔2016〕21号	关于成立中国共产党中国铁建股份有限公司上海代表处工作委员会的通知
中铁建党组〔2016〕22号	关于成立中国共产党中国铁建股份有限公司广西指挥部工作委员会的通知
中铁建党组〔2016〕23号	关于成立中国共产党中国铁建股份有限公司汉十铁路HSSG－4标项目经理部工作委员会的通知
中铁建党组〔2016〕24号	关于成立中国共产党中国铁建股份有限公司京津冀指挥部工作委员会的通知
中铁建党组〔2016〕25号	关于成立中国共产党中国铁建股份有限公司西北指挥部工作委员会的通知
中铁建党组〔2016〕26号	关于成立中国共产党中铁建昆仑投资有限公司委员会的通知
中铁建党组〔2016〕27号	关于成立中国共产党中铁建华北投资发展有限公司委员会的通知
中铁建党组〔2016〕29号	关于转发中共中央组织部 中共中央宣传部认真组织学习《总体国家安全观干部读本》通知的通知
中铁建党组〔2016〕30号	关于转发中央组织部《2016—2020年全国组织系统信息化工作规划》的通知
中铁建党组〔2016〕32号	股份公司党委关于表彰先进基层党委、“五好”党支部标兵、“六好”共产党员标兵和优秀党务工作者的决定
中铁建党组〔2016〕33号	关于转发《关于对党代会代表和党员违纪违法未给予相应处理情况进行排查清理的通知》的通知
中铁建党组〔2016〕34号	关于在“两学一做”学习教育中对全系统基层党组织按期换届情况进行专项检查的通知
中铁建党组〔2016〕41号	关于中铁建金融租赁有限公司成立党委的通知
中铁建党组〔2016〕43号	关于在“两学一做”学习教育中开展党费收缴工作专项检查的通知
中铁建党组〔2016〕44号	关于印发《中国铁建领导班子“三严三实”专题民主生活会整改方案》的通知
中铁建党组〔2016〕45号	股份公司党委 股份公司关于表彰2015年度“四好”领导班子的决定
中铁建党组〔2016〕46号	关于中国铁建股份有限公司西北指挥部党工委组成人员的通知
中铁建党组〔2016〕47号	关于中国铁建股份有限公司京津冀指挥部党工委组成人员的通知
中铁建党组〔2016〕48号	关于中铁建昆仑投资有限公司党委组成人员的通知
中铁建党组〔2016〕49号	关于成立中国共产党中铁建南方建设投资有限公司委员会的通知
中铁建党组〔2016〕50号	关于认真组织学习宣传《中国共产党的九十年》有关事项的通知
中铁建党组〔2016〕51号	关于成立中国共产党中国铁建财务有限公司纪律检查委员会的通知
中铁建党组〔2016〕52号	关于进一步加强和规范党费收缴使用和管理的通知
中铁建党组〔2016〕53号	关于成立中国共产党中铁建昆仑投资有限公司纪律检查委员会的通知
中铁建党组〔2016〕55号	关于中铁建华北投资发展有限公司党委组成人员的通知
中铁建党组〔2016〕6号	中国铁建股份有限公司党委关于开展党员组织关系集中排查的通知

续表

文　件　号	文　件　标　题
中铁建党组〔2016〕81 号	转发国资委党委《关于追授张进同志“中央企业优秀共产党员”称号的决定》的通知
中铁建党组〔2016〕86 号	关于调整统战(侨联)及军转维稳等工作主管部门的通知

2016 年中国铁建股份有限公司文件目录

文　件　号	文　件　标　题
中国铁建发展〔2016〕2 号	关于成立中铁建南方建设投资有限公司的通知
中国铁建发展〔2016〕3 号	关于广州区域指挥部更名为广东指挥部的通知
中国铁建发展〔2016〕4 号	关于设立中国铁建股份有限公司蒙西至华中地区铁路煤运通道建设指挥部的通知
中国铁建法〔2016〕5 号	关于表彰获得国资委 2011—2015 年中央企业法制宣传教育先进单位和先进个人的通报
中国铁建发展〔2016〕6 号	关于增设巡视组长及调整机关部分职能部门编制定员的通知
中国铁建法〔2016〕7 号	关于公布 2015 年版中国铁建合作方警示名录的通知
中国铁建人〔2016〕8 号	关于修订《中国铁建股份有限公司负责人履职待遇、业务支出管理办法》的通知
中国铁建财〔2016〕9 号	股份公司 股份公司党委关于修订《中国铁建股份有限公司差旅费管理办法》的通知
中国铁建经管〔2016〕10 号	关于表彰 2015 年度二次经营工作先进单位和先进个人的通报
中国铁建经计〔2016〕11 号	关于印发《以中国铁建股份有限公司名义承揽国内项目任务分配管理办法》的通知
中国铁建经计〔2016〕12 号	关于修订《中国铁建股份有限公司经营工作考核管理办法》的通知
中国铁建发展〔2016〕13 号	关于调整中国铁建股份有限公司内部控制与风险管理领导小组人员的通知
中国铁建发展〔2016〕14 号	关于给予中铁十一局集团有限公司等 4 家取得特级资质单位奖励的通报
中国铁建安质〔2016〕15 号	关于表彰 2015 年度安全质量标准工地(车间)的通报
中国铁建发展〔2016〕16 号	关于设立中国铁建股份有限公司珠三角城际新白广 XBZH－1 标项目经理部的通知
中国铁建发展〔2016〕17 号	关于设立中国铁建股份有限公司深圳地铁 8 号线 8133 标项目经理部的通知
中国铁建经计〔2016〕18 号	关于下达 2016 年生产经营计划的通知
中国铁建发展〔2016〕19 号	关于调整中国铁建股份有限公司安全生产委员会组成人员的通知
中国铁建财〔2016〕20 号	关于印发《中国铁建股份有限公司境外财务管理办法》的通知
中国铁建办〔2016〕21 号	关于表彰 2015 年政务信息工作先进单位和先进个人的通报
中国铁建设物〔2016〕22 号	关于印发《中国铁建股份有限公司工业产业管理规定》的通知
中国铁建经计〔2016〕23 号	关于下达 2016 年股份公司企业投资计划的通知
中国铁建发展〔2016〕24 号	关于印发《中国铁建股份有限公司 2016 年度重大、重要风险管控方案》的通知
中国铁建办〔2016〕25 号	关于表彰 2015 年度股份公司网站信息发布先进单位和优秀信息员的通报
中国铁建董〔2016〕26 号	关于修订《中国铁建股份有限公司董事会审计与风险管理委员会工作细则》的通知

续表

文　件　号	文　件　标　题
中国铁建发展〔2016〕27 号	关于中铁建港航局集团第三工程有限公司与中铁二十三局集团第八工程有限公司进行资质重组平移的通知
中国铁建财〔2016〕28 号	关于印发《中国铁建股份有限公司信贷风险评价办法》的通知
中国铁建财〔2016〕29 号	关于印发《中国铁建股份有限公司信贷规模管理办法》的通知
中国铁建发展〔2016〕30 号	关于印发《中国铁建股份有限公司本级区域经营机构管理办法》的通知
中国铁建经管〔2016〕31 号	关于 2015 年度亏损项目追责情况的通报
中国铁建经管〔2016〕32 号	关于对 17 个亏损项目责任人追责处理情况的通报
中国铁建科设〔2016〕33 号	关于表彰 2015 年度优秀专利奖的通报
中国铁建科设〔2016〕34 号	关于印发《中国铁建股份有限公司科技创新考核管理办法》的通知
中国铁建发展〔2016〕35 号	关于成立中国铁建股份有限公司提质增效工作领导小组和办公室的通知
中国铁建发展〔2016〕36 号	关于中铁海峡建设集团有限公司管理关系及运行相关问题的意见
中国铁建设物〔2016〕37 号	关于印发《中国铁建股份有限公司工程项目物资管理指导意见》的通知
中国铁建安质〔2016〕38 号	关于公布 2015 年度中国铁建杯优质工程的通知
中国铁建安质〔2016〕39 号	关于印发《中国铁建股份有限公司蒙华铁路实行班组长质量责任制指导意见》的通知
中国铁建科设〔2016〕40 号	关于表彰铁一院轨道交通工程信息化国家重点实验室的通报
中国铁建科设〔2016〕41 号	关于表彰通过 2014—2015 年国家级技术中心认定的通报
中国铁建经管〔2016〕42 号	关于印发《中国铁建股份有限公司 2016 年提质增效工作方案》的通知
中国铁建办〔2016〕43 号	关于印发《中国铁建股份有限公司文件材料归档范围和档案保管期限规定》的通知
中国铁建财〔2016〕44 号	关于印发《中国铁建股份有限公司固定资产管理及会计核算办法》的通知
中国铁建安质〔2016〕45 号	关于表彰 2015 年度安全生产达标单位的通报
中国铁建安质〔2016〕46 号	关于兑现 2015 年安全包保责任书的通报
中国铁建财〔2016〕47 号	关于印发《中国铁建股份有限公司建筑业“营改增”工作指导意见》的通知
中国铁建科设〔2016〕48 号	关于公布 2016 年度股份公司技术重难工程项目的通知
中国铁建经计〔2016〕49 号	关于印发《中国铁建股份有限公司本级区域经营机构经营考核暂行办法》的通知
中国铁建安质〔2016〕50 号	关于对 2015 下半年度安全隐患排查治理综合考核情况的通报
中国铁建经计〔2016〕51 号	关于表彰 2015 年度国内工程板块集团公司区域经营 20 强和其他板块十佳经营机构的通知
中国铁建工管〔2016〕52 号	关于表彰中国铁建股份有限公司 2015 年度优秀项目经理的通报
中国铁建发展〔2016〕53 号	关于成立中铁建西南投资集团有限公司的通知
中国铁建发展〔2016〕54 号	关于变更中铁建华北投资发展有限公司管理关系的通知
中国铁建经计〔2016〕55 号	关于表彰 2015 年度经营工作先进单位、先进个人的通报
中国铁建发展〔2016〕56 号	关于成立重庆铁发建新高速公路有限公司的通知
中国铁建人〔2016〕57 号	关于印发《股份公司 2016 年员工培训计划》的通知

续表

文　件　号	文　　件　　标　　题
中国铁建董〔2016〕58 号	关于落实股份公司职代会暨工作会议孟董事长讲话重点工作责任分工的通知
中国铁建科设〔2016〕59 号	关于 2015 年度合理化建议和技术改进项目评审结果的通报
中国铁建财〔2016〕60 号	关于印发《2016 年度财务工作指导意见》的通知
中国铁建审监〔2016〕61 号	关于表彰 2015 年度审计先进单位和先进工作者的通报
中国铁建办〔2016〕62 号	股份公司 股份公司党委关于印发 2016 年会议计划的通知
中国铁建资本〔2016〕63 号	关于表彰 2015 年度资本运营工作先进单位和先进个人的通报
中国铁建科设〔2016〕64 号	关于表彰 2014—2015 年度获国家科学技术奖励单位的通报
中国铁建信息〔2016〕65 号	关于印发《中国铁建股份有限公司软件资产管理暂行办法》的通知
中国铁建法〔2016〕66 号	关于印发《"营改增"涉税法律及合规风险提示》的通知
中国铁建财〔2016〕67 号	关于规范股份公司总部机关经费报销审批程序的通知
中国铁建信息〔2016〕68 号	关于印发《中国铁建股份有限公司总部机关软件资产管理实施细则》的通知
中国铁建经管〔2016〕69 号	关于印发《中国铁建股份有限公司协助组建精准扶贫公司指导意见（试行）》的通知
中国铁建财〔2016〕70 号	关于印发《中国铁建股份有限公司销项侧管理办法（试行）》的通知
中国铁建财〔2016〕71 号	关于印发《中国铁建股份有限公司进项侧管理办法（试行）》的通知
中国铁建财〔2016〕72 号	关于 2015 年度产权管理工作情况的通报
中国铁建财〔2016〕73 号	关于印发《中国铁建股份有限公司增值税会计处理规范（试行）》的通知
中国铁建财〔2016〕74 号	关于印发《中国铁建股份有限公司发票管理办法（试行）》的通知
中国铁建财〔2016〕75 号	关于印发《中国铁建股份有限公司"营改增"采购工作要求（试行）》的通知
中国铁建财〔2016〕76 号	关于印发《中国铁建股份有限公司建筑工程老项目工作要点（试行）》的通知
中国铁建经计〔2016〕77 号	关于印发《铁路工程路桥隧定额测定工作计划》的通知
中国铁建安质〔2016〕78 号	关于表彰 2016 年度中国铁建股份有限公司优秀质量管理小组的通报
中国铁建办〔2016〕79 号	关于印发《股份公司总部机关接待用餐管理办法》的通知
中国铁建财〔2016〕80 号	关于印发《建筑业"营改增"相关政策解读》的通知
中国铁建财〔2016〕81 号	关于印发《中国铁建股份有限公司差旅费管理办法有关问题解答》的通知
中国铁建董〔2016〕82 号	关于印发《中国铁建董事会 2016 年工作要点》的通知
中国铁建财〔2016〕83 号	关于印发《中国铁建建筑工程新项目工作要点（试行）》的通知
中国铁建安质〔2016〕84 号	关于印发《中国铁建股份有限公司班组工前隐患排查指导意见（试行）》的通知
中国铁建发展〔2016〕85 号	关于表彰 2015 年发展规划工作先进个人的通报
中国铁建办〔2016〕86 号	关于 1—4 月政务信息工作情况的通报
中国铁建办〔2016〕87 号	关于印发《〈中国铁建年鉴〉2016 年卷框架设计及编写分工》的通知
中国铁建科设〔2016〕88 号	关于公布股份公司科技研发项目 2016 年第一批结题课题的通知
中国铁建发展〔2016〕89 号	关于 2015 年度内部控制评价情况的通报

续表

文 件 号	文 件 标 题
中国铁建经管〔2016〕90 号	关于印发《中国铁建股份有限公司"营改增"分包管理工作指引(试行)》的通知
中国铁建发展〔2016〕91 号	关于增设副总法律顾问及明确团委设置的通知
中国铁建发展〔2016〕92 号	股份公司 股份公司党委关于调整中国铁建全面深化改革领导小组成员的通知
中国铁建经管〔2016〕93 号	关于印发《中国铁建股份有限公司 2016 年提质增效工作督导方案》的通知
中国铁建发展〔2016〕94 号	股份公司 股份公司党委关于组建中铁建金融租赁有限公司有关问题的通知
中国铁建安质〔2016〕95 号	关于印发《中国铁建股份有限公司安全质量标准工地(车间)评价办法》的通知
中国铁建经管〔2016〕96 号	关于印发《2016 年劳务分包专项治理工作方案》的通知
中国铁建发展〔2016〕97 号	关于设立铁建广德成长投资管理有限公司的通知
中国铁建发展〔2016〕98 号	关于设立中铁市政(厦门)投资管理有限公司的通知
中国铁建人〔2016〕99 号	关于聘任职业技能鉴定考评人员的通知
中国铁建工管〔2016〕100 号	关于表彰 2015 年劳动竞赛获奖单位和先进个人的通报
中国铁建发展〔2016〕101 号	关于成立中国铁建股份有限公司成都元华路神仙树节点工程项目经理部的通知
中国铁建发展〔2016〕102 号	关于财务部增设外派机构财务管理处的通知
中国铁建发展〔2016〕103 号	关于调整诚合保险经纪有限公司领导职数的通知
中国铁建发展〔2016〕104 号	关于组织审定第三届中国铁建企业管理现代化创新成果的通知
中国铁建经管〔2016〕105 号	关于发布《中国铁建 2016 年合格与不合格专业分包商和劳务分包商名录》的通知
中国铁建发展〔2016〕106 号	关于成立中国铁建股份有限公司吴忠至中卫城际铁路工程建设指挥部的通知
中国铁建人〔2016〕107 号	关于公布《中国铁建股份有限公司职业技能鉴定职业(工种)名称及鉴定等级(2016 版)》的通知
中国铁建法〔2016〕108 号	关于印发《中国铁建股份有限公司规章制度清单(2016 年版)》《中国铁建股份有限公司废止规章制度清单(2016 年版)》的通知
中国铁建人〔2016〕109 号	关于印发《中国铁建股份有限公司企业年金方案》的通知
中国铁建人〔2016〕110 号	关于印发《中国铁建股份有限公司企业年金方案实施细则》的通知
中国铁建财〔2016〕111 号	关于印发《中国铁建股份有限公司子公司负责人绩效考核管理办法》的通知
中国铁建董〔2016〕112 号	关于修订《中国铁建股份有限公司章程》的通知
中国铁建工管〔2016〕113 号	关于印发《中国铁建股份有限公司国内本级总承包项目施工管理暂行办法》的通知
中国铁建工管〔2016〕114 号	关于印发《中国铁建股份有限公司加强实施性施工组织设计管理的指导意见》的通知
中国铁建国际〔2016〕115 号	中国铁建股份有限公司关于参与中老铁路建设的请示
中国铁建财〔2016〕116 号	关于印发《中国铁建股份有限公司子公司负责人 2016—2018 年任期考核实施方案》的通知
中国铁建财〔2016〕117 号	关于印发《中国铁建股份有限公司子公司负责人 2016 年度绩效考核实施方案》的通知
中国铁建财〔2016〕118 号	关于表彰 2015 年度及 2013—2015 年任期绩效考核优秀单位的通报
中国铁建法〔2016〕119 号	关于印发《中国铁建股份有限公司适用法律、法规及其他要求清单(2016 年版)》的通知
中国铁建人〔2016〕120 号	关于做好 2016 年专业技术职务评审工作的通知

续表

文 件 号	文 件 标 题
中国铁建发展〔2016〕121 号	关于成立中国铁建股份有限公司乌鲁木齐轨道交通 2 号线一期工程指挥部的通知
中国铁建安质〔2016〕122 号	关于印发《中国铁建股份有限公司质量管理小组活动管理及成果发表评选办法》的通知
中国铁建安质〔2016〕123 号	关于印发《中国铁建股份有限公司创建优质工程管理规定》的通知
中国铁建法〔2016〕125 号	关于印发《对〈中国铁建股份有限公司合同管理办法〉有关“营改增”问题的补充规定》的通知
中国铁建信息〔2016〕126 号	关于印发《中国铁建股份有限公司软件集中采购目录(第一版)》的通知
中国铁建发展〔2016〕127 号	关于成立中国铁建股份有限公司网络安全和信息化领导小组的通知
中国铁建科设〔2016〕128 号	关于公布 2016 年度中国铁建建筑业创新技术应用示范工程的通知
中国铁建办〔2016〕129 号	关于印发《中国铁建股份有限公司实物档案管理办法》的通知
中国铁建办〔2016〕130 号	关于调整《中国铁建股份有限公司系统档案全宗编号及档案单位名称代号》的通知
中国铁建人〔2016〕131 号	关于加快推进企业年金实施工作的通知
中国铁建安质〔2016〕132 号	关于印发《中国铁建施工营地季节性安全管理六条规定》的通知
中国铁建人〔2016〕133 号	关于进一步加强总部机关员工工作纪律的通知
中国铁建安质〔2016〕134 号	关于强化防灾减灾工作责任追究的通知
中国铁建财〔2016〕135 号	关于印发《中国铁建股份有限公司产业基金业务管理暂行办法》的通知
中国铁建房产〔2016〕136 号	关于表彰 2015 年度中国铁建房地产板块“明星楼盘”和“优秀操盘手”的通报
中国铁建发展〔2016〕137 号	关于发布 2015 年度“中国铁建工程公司营业收入 20 强”和“中国铁建工程公司经济效益 20 强”的通知
中国铁建国际〔2016〕138 号	关于表彰 2014—2015 年“海外经营承揽 10 强单位”“海外经济效益 10 强单位”和海外经营先进个人的通报
中国铁建财〔2016〕139 号	关于进一步加强风险贸易业务管理的通知
中国铁建发展〔2016〕140 号	关于成立中国铁建股份有限公司处置“僵尸企业”和治理特困企业领导小组和办公室的通知
中国铁建经计〔2016〕141 号	关于修订《中国铁建股份有限公司经营工作考核管理办法》的通知
中国铁建科设〔2016〕142 号	关于印发《创建劳模(先进职工)创新工作室指导意见》的通知
中国铁建经管〔2016〕143 号	关于印发《规范内部单位境外工程项目经济关系的指导意见》的通知
中国铁建财〔2016〕144 号	关于转发《企业国有资产交易监督管理办法》的通知
中国铁建发展〔2016〕145 号	关于成立中国铁建股份有限公司呼和浩特市轨道交通 2 号线一期工程建设指挥部的通知
中国铁建经管〔2016〕146 号	关于印发《中国铁建股份有限公司亏损治理工作考评暂行办法》的通知
中国铁建安质〔2016〕147 号	关于表彰 2016 年中国铁建全国“安全生产月”活动先进个人暨年度安全生产先进工作者的通报
中国铁建办〔2016〕148 号	关于印发《中国铁建政务信息工作管理办法(2016 年修订版)》的通知
中国铁建经计〔2016〕149 号	关于公布 2015—2016 年计划统计获奖论文名单的通报
中国铁建人〔2016〕150 号	关于规范子公司负责人领取特级资质专项奖励的通知
中国铁建发展〔2016〕151 号	关于成立中国铁建股份有限公司知识产权中介服务机构选聘领导小组的通知
中国铁建发展〔2016〕152 号	关于调整配合国务院派驻中国铁道建筑总公司监事会工作部门的通知

续表

文 件 号	文 件 标 题
中国铁建发展〔2016〕153 号	关于国际部更名为海外部及调整部门领导职数的通知
中国铁建财〔2016〕154 号	关于修订《中国铁建股份有限公司对外捐赠管理办法》的通知
中国铁建董〔2016〕155 号	关于修订《中国铁建股份有限公司董事、监事和高级管理人员持股变动管理制度》的通知
中国铁建发展〔2016〕156 号	关于设立中国铁建股份有限公司刚果(布)代表处和莫桑比克代表处的通知
中国铁建审监〔2016〕157 号	关于印发《中国铁建股份有限公司进一步加强内部审计工作指导意见》的通知
中国铁建董〔2016〕158 号	关于修订《中国铁建股份有限公司对外投资管理制度》的通知
中国铁建董〔2016〕159 号	关于修订《中国铁建股份有限公司总裁工作细则》的通知
中国铁建信息〔2016〕160 号	关于进一步提升软件正版与国产化率的通知
中国铁建发展〔2016〕161 号	股份公司 股份公司党委关于重组设立中铁建重庆投资发展有限公司的通知
中国铁建人〔2016〕162 号	关于公布 2016 年高级技师任职资格人员名单的通知
中国铁建发展〔2016〕163 号	股份公司 股份公司党委关于成立中铁建磁浮交通投资建设有限公司的通知
中国铁建安质〔2016〕164 号	关于印发《中国铁建股份有限公司生产安全事故抢险救援奖励补偿暂行办法》等两项制度的通知
中国铁建发展〔2016〕166 号	关于设立中国铁建股份有限公司厦门市轨道交通 3 号线工程土建 3 标项目部的通知
中国铁建资本〔2016〕167 号	关于印发《中国铁建股份有限公司政府和社会资本合作项目投资管理指引》的通知
中国铁建发展〔2016〕168 号	关于信息中心更名及调整编制定员的通知
中国铁建人〔2016〕169 号	关于进一步加大所属子公司副职领导创效创誉奖罚力度的通知
中国铁建财〔2016〕170 号	关于印发《中国铁建股份有限公司直管项目绩效考核办法》的通知
中国铁建经管〔2016〕171 号	关于对施工项目挂靠违法行为认定查处的通知
中国铁建房产〔2016〕172 号	关于进一步加强房地产项目商业办公及车库产品去化的通知
中国铁建发展〔2016〕173 号	关于成立中国铁建股份有限公司蒲都高速公路建设指挥部的通知
中国铁建办〔2016〕174 号	关于调整两个部门发文字号的通知
中国铁建海外〔2016〕175 号	关于对中土集团违反投标协调决定进行处理的通报
中国铁建海外〔2016〕176 号	关于印发《中国铁建股份有限公司海外业务考核暂行办法》的通知
中国铁建发展〔2016〕177 号	关于科技设计部增设专利管理处的通知
中国铁建发展〔2016〕178 号	关于成立中国铁建股份有限公司“七五”普法工作领导小组和办公室的通知
中国铁建发展〔2016〕179 号	关于印发《中国铁建股份有限公司开展压缩管理层级减少法人户数工作实施方案》的通知
中国铁建法〔2016〕180 号	关于印发《中国铁建关于开展法治宣传教育的第七个五年规划(2016 – 2020 年)》的通知
中国铁建发展〔2016〕181 号	关于印发《中国铁建股份有限公司子公司注册资本管理办法》的通知
中国铁建工管〔2016〕182 号	关于表彰股份公司项目管理先进单位及优秀项目经理部的通报
中国铁建审监〔2016〕183 号	关于印发《中国铁建股份有限公司审计信息系统应用实施方案》的通知
中国铁建发展〔2016〕184 号	关于印发《中国铁建股份有限公司 2016 年度内部控制评价及考核工作实施方案》的通知

续表

文 件 号	文 件 标 题
中国铁建财〔2016〕185 号	关于印发《中国铁建股份有限公司子公司负责人 2016 年度绩效考核实施方案补充规定》的通知
中国铁建董〔2016〕186 号	关于印发《中国铁建股份有限公司信息披露暂缓与豁免业务管理制度》的通知
中国铁建财〔2016〕187 号	关于表彰 2016 年财务工作先进单位和先进个人等的通报
中国铁建发展〔2016〕188 号	关于明确各单位“压减”法人企业户数考核指标的通知
中国铁建发展〔2016〕189 号	关于“压减”工作进展情况的通报
中国铁建财〔2016〕190 号	关于 2016 年度优秀财会论文评选结果的通报
中国铁建办〔2016〕191 号	股份公司 股份公司党委关于印发《中国铁道建筑总公司暨中国铁建股份有限公司公务用车制度改革总体方案》和修订《中国铁建股份有限公司公务用车配额管理办法》的通知
中国铁建办〔2016〕192 号	股份公司 股份公司党委关于印发《中国铁建股份有限公司总部机关公务用车改革实施方案》的通知
中国铁建财〔2016〕193 号	关于表彰 2015—2016 年保险资源集中管理先进单位的通报
中国铁建财〔2016〕194 号	关于进一步落实保险资源集中管理的通知
中国铁建财〔2016〕195 号	关于做好税务自查工作的通知
中国铁建经管〔2016〕196 号	中国铁建股份有限公司关于解决赣龙铁路工程费用问题的请示
中国铁建办〔2016〕197 号	关于印发《中国铁建股份有限公司会计档案管理办法》的通知
中国铁建经管〔2016〕198 号	关于印发《中国铁建股份有限公司工程项目责任预算编制指导意见》的通知
中国铁建发展〔2016〕199 号	关于“压减”工作进展情况的第二次通报
中国铁建发展〔2016〕200 号	关于调整海外部内设机构编制定员及明确岗位职责的通知
中国铁建海外〔2016〕201 号	关于加强海外业务管理的决定
中国铁建海外〔2016〕202 号	关于印发《中国铁建股份有限公司海外业务统计管理办法》的通知
中国铁建发展〔2016〕203 号	关于将深圳地铁三个项目划转到中铁建南方建设投资有限公司管理的通知
中国铁建发展〔2016〕204 号	关于将中国铁建山东济鱼高速公路工程建设指挥部划转至中铁二十三局集团有限公司管理的通知
中国铁建发展〔2016〕205 号	关于将中铁建青岛蓝色硅谷城际轨道交通工程建设指挥部划转至中铁二十三局集团有限公司管理的通知
中国铁建科设〔2016〕206 号	关于公布 2015 年度技术标准编制奖励项目的通知
中国铁建科设〔2016〕207 号	关于印发《中国铁建股份有限公司“十三五”专利战略》的通知
中国铁建发展〔2016〕208 号	股份公司 股份公司党委关于成立中铁建华南建设有限公司的通知
中国铁建发展〔2016〕209 号	关于将重庆铁发遂渝高速公路有限公司重组到中铁建重庆投资有限公司的通知
中国铁建财〔2016〕210 号	关于印发《中国铁建股份有限公司增值税简易计税方法会计处理规范(工程建筑)》等两项制度的通知

2016年中国铁建股份有限公司党委文件目录

文件号	文件标题
中国铁建党干〔2016〕1号	转发中央组织部及国资委做好干部人事档案管理工作两个文件的通知
中国铁建党纪〔2016〕2号	印发中国铁建股份有限公司党委巡视组《关于巡视中铁十六局集团有限公司情况的反馈意见》的通知
中国铁建党纪〔2016〕3号	印发中国铁建股份有限公司党委巡视组《关于巡视中铁二十二局集团有限公司情况的反馈意见》的通知
中国铁建党纪〔2016〕4号	印发中国铁建股份有限公司党委巡视组《关于巡视中铁十九局集团有限公司情况的反馈意见》的通知
中国铁建党纪〔2016〕5号	关于进一步加强巡视工作的通知
中国铁建党组〔2016〕6号	中国铁建股份有限公司党委关于开展党员组织关系集中排查的通知
中国铁建党宣〔2016〕7号	中国铁建股份有限公司党委 中国铁建股份有限公司关于表彰2015年度企业文化建设先进单位、优秀项目部和先进个人的决定
中国铁建党宣〔2016〕8号	关于表彰2015年度对外报道先进单位和个人的决定
中国铁建党纪〔2016〕9号	印发中国铁建股份有限公司党委巡视组《关于巡视中铁二十三局集团有限公司情况的反馈意见》的通知
中国铁建党办〔2016〕10号	关于表彰2015年党委信息工作先进单位和先进个人的通知
中国铁建党纪〔2016〕11号	印发中国铁建股份有限公司党委巡视组《关于巡视中铁二十一局集团有限公司情况的反馈意见》的通知
中国铁建党纪〔2016〕12号	印发中国铁建股份有限公司党委巡视组《关于巡视中铁二十四局集团有限公司情况的反馈意见》的通知
中国铁建党办〔2016〕13号	关于印发中国铁建股份有限公司党委全会工作报告重点工作责任分工的通知
中国铁建党办〔2016〕14号	关于印发《中国铁建股份有限公司精准扶贫工作考核办法》的通知
中国铁建党干〔2016〕15号	中国铁建股份有限公司扶贫干部选拔管理办法
中国铁建党组〔2016〕16号	中国铁建股份有限公司党委印发《关于在全体党员中开展"学党章党规、学系列讲话,做合格党员"学习教育实施方案》的通知
中国铁建党组〔2016〕17号	关于转发《中共中央组织部关于学习贯彻习近平总书记重要批示精神加强党委(党组)领导班子建设的通知》的通知
中国铁建党组〔2016〕18号	中国铁建股份有限公司党委关于成立"两学一做"学习教育协调领导小组及工作机构的通知
中国铁建党组〔2016〕19号	中国铁建中国铁建股份有限公司党委关于向所属单位派出"两学一做"学习教育督导组的通知
中国铁建党组〔2016〕20号	关于印发齐晓飞同志《在中国铁建党委"两学一做"学习教育动员部署会上的讲话》的通知
中国铁建党组〔2016〕21号	关于成立中国共产党中国铁建股份有限公司上海代表处工作委员会的通知
中国铁建党组〔2016〕22号	关于成立中国共产党中国铁建股份有限公司广西指挥部工作委员会的通知
中国铁建党组〔2016〕23号	关于成立中国共产党中国铁建股份有限公司汉十铁路HSSG-4标项目经理部工作委员会的通知
中国铁建党组〔2016〕24号	关于成立中国共产党中国铁建股份有限公司京津冀指挥部工作委员会的通知
中国铁建党组〔2016〕25号	关于成立中国共产党中国铁建股份有限公司西北指挥部工作委员会的通知
中国铁建党组〔2016〕26号	关于成立中国共产党中铁建昆仑投资有限公司委员会的通知
中国铁建党组〔2016〕27号	关于成立中国共产党中铁建华北投资发展有限公司委员会的通知
中国铁建党干〔2016〕28号	关于做好2016年政工专业职务评审工作的通知
中国铁建党组〔2016〕29号	关于转发中共中央组织部 中共中央宣传部认真组织学习《总体国家安全观干部读本》通知的通知
中国铁建党组〔2016〕30号	关于转发中央组织部《2016—2020年全国组织系统信息化工作规划》的通知

续表

文件号	文件标题
中国铁建党干〔2016〕31号	中国铁建股份有限公司党委、中国铁建股份有限公司关于修订《中国铁建股份有限公司子公司负责人履职待遇、业务支出管理办法》的通知
中国铁建党组〔2016〕32号	中国铁建股份有限公司党委关于表彰先进基层党委、“五好”党支部标兵、“六好”共产党员标兵和优秀党务工作者的决定
中国铁建党组〔2016〕33号	关于转发《关于对党代会代表和党员违纪违法未给予相应处理情况进行排查清理的通知》的通知
中国铁建党组〔2016〕34号	关于在“两学一做”学习教育中对全系统基层党组织按期换届情况进行专项检查的通知
中国铁建党纪〔2016〕35号	印发中国铁建股份有限公司党委巡视组《关于巡视中铁十一局集团有限公司情况的反馈意见》的通知
中国铁建党纪〔2016〕36号	印发中国铁建股份有限公司党委巡视组《关于巡视中铁十二局集团有限公司情况的反馈意见》的通知
中国铁建党纪〔2016〕37号	印发中国铁建股份有限公司党委巡视组《关于巡视中铁十四局集团有限公司情况的反馈意见》的通知
中国铁建党纪〔2016〕38号	印发中国铁建股份有限公司党委巡视组《关于巡视中铁十五局集团有限公司情况的反馈意见》的通知
中国铁建党纪〔2016〕39号	印发中国铁建股份有限公司党委巡视组《关于巡视中国铁建港航局集团有限公司情况的反馈意见》的通知
中国铁建党纪〔2016〕40号	印发中国铁建股份有限公司党委巡视组《关于巡视中国土木工程集团有限公司情况的反馈意见》的通知
中国铁建党组〔2016〕41号	关于中铁建金融租赁有限公司成立党委的通知
中国铁建党纪〔2016〕42号	关于调整中国铁建股份有限公司党委巡视工作领导小组组成人员的通知
中国铁建党组〔2016〕43号	关于在“两学一做”学习教育中开展党费收缴工作专项检查的通知
中国铁建党组〔2016〕44号	关于印发《中国铁建领导班子“三严三实”专题民主生活会整改方案》的通知
中国铁建党组〔2016〕45号	中国铁建股份有限公司党委 中国铁建股份有限公司关于表彰2015年度“四好”领导班子的决定
中国铁建党组〔2016〕46号	关于中国铁建股份有限公司西北指挥部党工委组成人员的通知
中国铁建党组〔2016〕47号	关于中国铁建股份有限公司京津冀指挥部党工委组成人员的通知
中国铁建党组〔2016〕48号	关于中铁建昆仑投资有限公司党委组成人员的通知
中国铁建党组〔2016〕49号	关于成立中国共产党中铁建南方建设投资有限公司委员会的通知
中国铁建党组〔2016〕50号	关于认真组织学习宣传《中国共产党的九十年》有关事项的通知
中国铁建党组〔2016〕51号	关于成立中国共产党中国铁建财务有限公司纪律检查委员会的通知
中国铁建党组〔2016〕52号	关于进一步加强和规范党费收缴使用和管理的通知
中国铁建党组〔2016〕53号	关于成立中国共产党中铁建昆仑投资有限公司纪律检查委员会的通知
中国铁建党宣〔2016〕54号	关于评选亚吉铁路“十大建设功臣”和“十佳外籍雇员”的通知
中国铁建党组〔2016〕55号	关于中铁建华北投资发展有限公司党委组成人员的通知
中国铁建党组〔2016〕56号	关于同意召开中国共产党中铁商务管理有限公司党员大会和党委纪委组成人员候选人预备人选批复
中国铁建党组〔2016〕57号	关于同意召开中国共产党中铁财务有限公司党员大会和党委纪委组成人员候选人预备人选批复
中国铁建党组〔2016〕58号	关于同意召开中国共产党诚合保险经纪有限公司党员大会和党委纪委组成人员候选人预备人选批复
中国铁建党组〔2016〕59号	关于同意召开中国共产党中铁第五勘察设计院集团有限公司第二次代表大会和党委纪委组成人员候选人预备人选批复
中国铁建党纪〔2016〕60号	关于中国铁建股份有限公司党委班子成员履行“一岗双责”的意见

续表

文 件 号	文 件 标 题
中国铁建党组〔2016〕61 号	关于同意召开中国共产党中国铁建投资集团有限公司第一次代表大会和党委纪委组成人员候选人预备人选批复
中国铁建党组〔2016〕62 号	关于同意召开中国共产党中国铁建电气化集团有限公司第一次代表大会和党委纪委组成人员候选人预备人选批复
中国铁建党组〔2016〕63 号	关于同意召开中国共产党中国铁建大桥工程局集团有限公司第一次代表大会和党委纪委组成人员候选人预备人选批复
中国铁建党组〔2016〕64 号	关于同意召开中国共产党中铁第四勘察设计院集团有限公司第二次代表大会和党委纪委组成人员候选人预备人选批复
中国铁建党组〔2016〕65 号	关于同意召开中国共产党中铁十四局集团有限公司第三次代表大会和党委纪委组成人员候选人预备人选批复
中国铁建党组〔2016〕66 号	关于同意召开中国共产党中铁十六局集团有限公司第三次代表大会和党委纪委组成人员候选人预备人选批复
中国铁建党组〔2016〕67 号	关于同意召开中国共产党中铁十九局集团有限公司第三次代表大会和党委纪委组成人员候选人预备人选批复
中国铁建党组〔2016〕68 号	关于同意召开中国共产党中铁二十局集团有限公司第三次代表大会和党委纪委组成人员候选人预备人选批复
中国铁建党组〔2016〕69 号	关于同意召开中国共产党中铁二十三局集团有限公司第二次代表大会和党委纪委组成人员候选人预备人选批复
中国铁建党组〔2016〕70 号	关于同意召开中国共产党中铁二十四局集团有限公司第二次代表大会和党委纪委组成人员候选人预备人选批复
中国铁建党组〔2016〕71 号	关于同意召开中国共产党中国铁建重工集团有限公司第一次代表大会和党委纪委组成人员候选人预备人选批复
中国铁建党组〔2016〕72 号	关于同意召开中国共产党中铁城建集团有限公司第一次代表大会和党委纪委组成人员候选人预备人选批复
中国铁建党干〔2016〕73 号	关于印发《中国铁建股份有限公司领导人员管理办法》等制度的通知
中国铁建党组〔2016〕74 号	关于同意召开中国共产党中铁建设集团有限公司第三次代表大会和党委纪委组成人员候选人预备人选批复
中国铁建党组〔2016〕75 号	关于同意召开中铁物资集团有限公司第二次代表大会和党委纪委组成人员候选人预备人选批复
中国铁建党组〔2016〕76 号	关于同意召开中国共产党中铁上海设计院集团有限公司第一次代表大会和党委纪委组成人员候选人预备人选批复
中国铁建党组〔2016〕77 号	关于同意召开中国共产党中铁十一局集团有限公司第三次代表大会和党委纪委组成人员候选人预备人选批复
中国铁建党组〔2016〕78 号	关于同意召开中国共产党中铁二十二局集团有限公司第三次代表大会和党委纪委组成人员候选人预备人选批复
中国铁建党宣〔2016〕79 号	关于学习贯彻全国国有企业党的建设工作会议精神的通知
中国铁建党宣〔2016〕80 号	关于认真学习宣传贯彻党的十八届六中全会精神的通知
中国铁建党组〔2016〕81 号	转发国资委党委《关于追授张进同志“中央企业优秀共产党员”称号的决定》的通知
中国铁建党组〔2016〕82 号	关于同意召开中国共产党中铁十二局集团有限公司第四次代表大会和党委纪委组成人员候选人预备人选批复
中国铁建党组〔2016〕83 号	关于同意召开中国共产党中铁十七局集团有限公司第三次代表大会和党委纪委组成人员候选人预备人选批复
中国铁建党办〔2016〕84 号	关于印发《中国铁建股份有限公司党委贯彻落实全国国有企业党的建设工作会议精神的具体措施》的通知
中国铁建党办〔2016〕85 号	中国铁建股份有限公司党委 中国铁建股份有限公司印发《关于进一步改进工作作风密切联系群众的具体措施》的通知
中国铁建党组〔2016〕86 号	关于调整统战(侨联)及军转维稳等工作主管部门的通知
中国铁建党组〔2016〕87 号	关于同意召开中国共产党中铁十五局集团有限公司第三次代表大会和党委纪委组成人员候选人预备人选批复
中国铁建党办〔2016〕88 号	中国铁建股份有限公司党委 中国铁建股份有限公司印发《关于进一步改进工作作风密切联系群众的具体措施》的通知
中国铁建党办〔2016〕89 号	关于印发倪小庭、孟凤朝在国资委党委第六巡视组对中国铁建巡视“回头看”工作动员会上讲话的通知
中国铁建党组〔2016〕90 号	关于中共中国铁建大桥工程局集团有限公司第一次代表大会和党委纪委一次全会选举结果的批复

续表

文件号	文件标题
中国铁建党组〔2016〕91号	关于中共中铁十四局集团有限公司第三次代表大会和党委纪委一次全会选举结果的批复
中国铁建党组〔2016〕92号	关于中共中铁十九局集团有限公司第三次代表大会和党委纪委一次全会选举结果的批复
中国铁建党组〔2016〕93号	关于中共中铁二十局集团有限公司第三次代表大会和党委纪委一次全会选举结果的批复
中国铁建党组〔2016〕94号	关于中共中铁二十三局集团有限公司第二次代表大会和党委纪委一次全会选举结果的批复
中国铁建党组〔2016〕95号	关于中共中铁二十四局集团有限公司第三次代表大会和党委纪委一次全会选举结果的批复
中国铁建党组〔2016〕96号	关于中共中铁电气化局集团有限公司第一次代表大会和党委纪委一次全会选举结果的批复
中国铁建党组〔2016〕97号	关于中共中铁上海设计院集团有限公司第一次代表大会和党委纪委一次全会选举结果的批复
中国铁建党组〔2016〕98号	关于中铁物资集团有限公司第二次代表大会和党委纪委一次全会选举结果的批复
中国铁建党组〔2016〕99号	关于中共中国铁建重工集团有限公司第一次代表大会和党委纪委一次全会选举结果的批复
中国铁建党组〔2016〕100号	关于中共中国铁建国际集团有限公司第一次代表大会和党委纪委一次全会选举结果的批复
中国铁建党组〔2016〕101号	关于中共中铁城建集团有限公司第一次代表大会和党委纪委一次全会选举结果的批复
中国铁建党组〔2016〕102号	关于中国铁建投资集团有限公司第一次代表大会和党委纪委一次全会选举结果的批复
中国铁建党组〔2016〕103号	关于中共中铁第五勘察设计院集团有限公司第二次代表大会和党委纪委一次全会选举结果的批复
中国铁建党宣〔2016〕104号	中国铁建股份有限公司党委 中国铁建股份有限公司关于表彰亚吉铁路十大建设功臣和十佳外籍雇员的决定
中国铁建党组〔2016〕105号	关于中共中铁十一局集团有限公司第三次代表大会和党委纪委一次全会选举结果的批复
中国铁建党组〔2016〕106号	关于中共中铁十二局集团有限公司第四次代表大会和党委纪委一次全会选举结果的批复
中国铁建党组〔2016〕107号	关于中共诚合保险经纪有限公司党员大会和党委一次全会选举结果的批复
中国铁建党组〔2016〕108号	关于中共中国铁建财务有限公司党员大会和党委一次全会选举结果的批复
中国铁建党组〔2016〕109号	关于中共中铁十五局集团有限公司第三次代表大会和党委纪委一次全会选举结果的批复
中国铁建党组〔2016〕110号	关于中共中铁建设集团有限公司第三次代表大会和党委纪委一次全会选举结果的批复
中国铁建党组〔2016〕111号	关于中共中铁第四勘察设计院集团有限公司第二次代表大会和党委纪委一次全会选举结果的批复
中国铁建党组〔2016〕112号	转发中共中央组织部关于认真学习贯彻党的十八届六中全会精神深入推进“两学一做”学习教育的通知
中国铁建党组〔2016〕113号	关于开展2016年度党委书记抓基层党建述职评议考核工作的通知
中国铁建党组〔2016〕114号	转发《中共中央组织部办公厅关于开展国有企业党的建设工作专项督查的通知》的通知
中国铁建党组〔2016〕115号	关于印发《中国铁建党建工作量化考核暂行办法》的通知
中国铁建党组〔2016〕116号	关于召开2016年度党员领导干部民主生活会的通知
中国铁建党组〔2016〕117号	关于同意召开中国铁建二届二次职工代表大会的批复
中国铁建党干〔2016〕118号	关于开展所属二级单位领导班子和领导人员2016年度综合考核评价及2014—2016年度干部选拔任用“一报告两评议”工作的通知
中国铁建党宣〔2016〕119号	关于印发《中国铁建股份有限公司党委落实意识形态工作责任制实施办法》的通知

2016 年 10 月 18 日，中铁十八局集团有限公司机关举行天津区域联动“缘定铁建 · 相伴一生”集体婚礼和圆梦“微心愿”活动。

（伍　振　摄）

附　录

美国《财富》2017 年度
“世界企业 500 强”前 30 名企业名单

2017 年排　名	2016 年排　名	公　司　名　称	营业收入（百万美元）	利　润（百万美元）	国　家
1	1	沃尔玛	485873.0	13643.0	美国
2	2	国家电网公司	315198.6	9571.3	中国
3	4	中国石油化工集团公司	267518.0	1257.9	中国
4	3	中国石油天然气集团公司	262572.6	1867.5	中国
5	8	丰田汽车公司	254694.0	16899.3	日本
6	7	大众公司	240263.8	5937.3	德国
7	5	荷兰皇家壳牌石油公司	240033.0	4575.0	荷兰
8	11	伯克希尔－哈撒韦公司	223604.0	24074.0	美国
9	9	苹果公司	215639.0	45687.0	美国
10	6	埃克森美孚	205004.0	7840.0	美国
11	12	麦克森公司	198533.0	5070.0	美国
12	10	英国石油公司	186606.0	115.0	英国
13	17	联合健康集团	184840.0	7017.0	美国
14	18	CVS Health 公司	177526.0	5317.0	美国
15	13	三星电子	173957.3	19316.5	韩国
16	14	嘉能可	173883.0	1379.0	瑞士
17	16	戴姆勒股份公司	169483.0	9428.4	德国
18	20	通用汽车公司	166380.0	9427.0	美国
19	23	美国电话电报公司	163786.0	12976.0	美国
20	19	EXOR 集团	154893.6	651.3	荷兰
21	21	福特汽车公司	151800.0	4596.0	美国
22	15	中国工商银行	147675.1	41883.9	中国
23	28	美源伯根公司	146849.7	1427.9	美国
24	27	中国建筑股份有限公司	144505.2	2492.9	中国
25	33	安盛	143722.3	6446.0	法国
26	44	亚马逊	135987.0	2371.0	美国
27	25	鸿海精密工业股份有限公司	135128.8	4608.8	中国
28	22	中国建设银行	135093.3	34840.9	中国
29	36	本田汽车	129198.4	5690.3	日本
30	24	道达尔公司	127925.0	6196.0	法国

美国《财富》2017年度“世界企业500强”中国企业名单

序号	2017年排名	2016年排名	公司名称	营业收入（百万美元）	总部所在城市
1	2	2	国家电网公司	315198.6	北京
2	3	4	中国石油化工集团公司	267518.0	北京
3	4	3	中国石油天然气集团公司	262572.6	北京
4	22	15	中国工商银行	147675.1	北京
5	24	27	中国建筑股份有限公司	144505.2	北京
6	27	25	鸿海精密工业股份有限公司	135128.8	台北
7	28	22	中国建设银行	135093.3	北京
8	38	29	中国农业银行	117274.9	北京
9	39	41	中国平安保险	116581.1	深圳
10	41	46	上海汽车集团股份有限公司	113860.8	上海
11	42	35	中国银行	113708.2	北京
12	47	45	中国移动通信集团公司	107116.5	北京
13	51	54	中国人寿保险	104818.2	北京
14	55	57	中国铁路工程总公司	96978.5	北京
15	58	62	中国铁道建筑总公司	94876.5	北京
16	68	81	东风汽车公司	86193.5	武汉
17	83	129	华为投资控股有限公司	78510.8	深圳
18	86	91	中国华润总公司	75776.3	香港
19	89	99	太平洋建设集团	74629.0	南京
20	100	95	中国南方电网有限责任公司	71241.5	广州
21	101	102	中国南方工业集团公司	71150.5	北京
22	103	110	中国交通建设集团有限公司	70750.8	北京
23	114	119	中国人民保险集团股份有限公司	66731.9	北京
24	115	109	中国海洋石油总公司	65891.7	北京
25	119	105	中国邮政集团公司	65605.0	北京
26	120	323	中国五矿集团公司	65546.9	北京
27	125	130	中国第一汽车集团公司	64783.9	长春
28	129	122	天津物产集团有限公司	63324.2	天津
29	133	132	中国电信集团公司	62387.0	北京
30	135	134	中国兵器工业集团公司	61325.5	北京
31	136	121	中粮集团有限公司	61265.3	北京
32	137	160	北京汽车集团	61129.5	北京
33	139	* *	安邦保险集团	60799.8	北京
34	143	139	中国中化集团公司	59532.6	北京
35	159	163	山东魏桥创业集团有限公司	56174.0	滨州
36	162	143	中国航空工业集团公司	55306.2	北京
37	170	353	海航集团	53035.3	海口
38	171	153	交通银行	52989.6	上海
39	172	156	中国中信集团有限公司	52852.0	北京
40	183	190	正威国际集团	49676.7	深圳
41	190	200	中国电力建设集团有限公司	48868.8	北京

续表

序号	2017年排名	2016年排名	公司名称	营业收入（百万美元）	总部所在城市
42	199	205	中国医药集团	47809.7	北京
43	204	275	中国宝武钢铁集团	46606.2	上海
44	205	116	来宝集团	46528.3	香港
45	211	234	中国化工集团公司	45177.2	北京
46	216	189	招商银行	44551.8	深圳
47	221	201	河钢集团	43768.9	石家庄
48	222	229	中国华信能源有限公司	43743.3	上海
49	226	202	联想集团	43034.7	香港
50	230	195	兴业银行	42621.6	福州
51	233	281	中国船舶重工集团公司	42149.2	北京
52	238	303	广州汽车工业集团	41560.4	广州
53	241	207	中国联合网络通信股份有限公司	41273.9	北京
54	245	227	上海浦东发展银行股份有限公司	40688.7	上海
55	248	262	中国铝业公司	40278.0	北京
56	251	221	中国民生银行	40234.3	北京
57	252	251	中国太平洋保险	40192.7	上海
58	259	327	中国建材集团	39322.6	北京
59	261	366	京东	39155.3	北京
60	268	* *	恒力集团	37879.7	苏州市
61	274	217	中国华能集团公司	37542.6	北京
62	276	270	神华集团	37321.5	北京
63	277	311	绿地控股集团有限公司	37240.3	上海
64	279	273	怡和集团	37051.0	香港
65	296	259	和硕	35891.2	台北
66	307	356	万科企业股份有限公司	34458.0	深圳
67	312	309	中国能源建设集团有限公司	33929.8	北京
68	318	266	中国中车股份有限公司	33738.7	北京
69	319	473	长江和记实业有限公司	33475.0	香港
70	320	267	冀中能源集团	33365.5	邢台
71	322	318	新兴际华集团	33173.8	北京
72	326	325	陕西延长石油	32652.3	西安
73	329	313	中国光大集团	32460.5	北京
74	334	293	中国机械工业集团有限公司	32237.0	北京
75	336	344	中国航天科技集团公司	32093.8	北京
76	337	347	陕西煤业化工集团	31926.0	西安
77	338	496	中国恒大集团	31828.0	广州
78	339	328	江西铜业集团公司	31679.8	贵溪
79	341	401	中国保利集团	31508.3	北京
80	343	410	浙江吉利控股集团	31429.8	杭州
81	348	359	物产中大集团	31185.0	杭州
82	355	381	中国航天科工集团公司	30581.9	北京
83	362	329	中国电子信息产业集团有限公司	30009.7	北京
84	364	349	中国船舶工业集团公司	29876.8	北京
85	365	314	江苏沙钢集团	29862.2	张家港
86	366	465	中国远洋海运集团有限公司	29743.1	上海

续表

序号	2017年排名	2016年排名	公司名称	营业收入（百万美元）	总部所在城市
87	368	342	国家电力投资集团公司	29493.4	北京
88	369	403	台积电	29387.9	新竹
89	372	426	山东能源集团有限公司	29298.6	济南
90	380	385	大连万达集团	28482.8	北京
91	382	331	中国华电集团公司	28204.3	北京
92	383	456	友邦保险	28196.0	香港
93	390	326	广达电脑	27715.1	桃园
94	397	345	中国国电集团公司	27315.1	北京
95	400	408	中国电子科技集团	27291.7	北京
96	411	468	国泰人寿保险股份有限公司	26291.7	台北
97	430	322	大同煤矿集团有限责任公司	25630.0	大同
98	433	337	山西焦煤集团有限责任公司	25122.5	太原
99	439	484	中国航空油料集团公司	24588.1	北京
100	445	374	山西阳泉煤业(集团)有限责任公司	24284.1	阳泉
101	448	370	潞安集团	24087.3	长治
102	450	481	美的集团股份有限公司	24060.4	佛山
103	454	406	中国大唐集团公司	23871.0	北京
104	458	400	仁宝电脑	23772.5	台北
105	459	* *	阳光金控投资集团有限公司	23657.0	福州
106	462	* *	阿里巴巴集团	23517.3	杭州
107	467	* *	碧桂园控股有限公司	23043.7	佛山
108	476	384	山西晋城无烟煤矿业集团有限责任公司	22874.6	晋城
109	478	* *	腾讯控股有限公司	22870.7	深圳
110	485	* *	苏宁云商集团	22366.1	南京
111	488	* *	厦门建发集团有限公司	22145.0	厦门
112	490	383	中国通用技术(集团)控股有限责任公司	22113.1	北京
113	494	* *	厦门国贸控股集团有限公司	21929.6	厦门
114	495	* *	新疆广汇实业投资	21919.3	乌鲁木齐
115	497	427	新华人寿保险股份有限公司	21795.7	北京

注:表中2016年排名名次标* *的为2017年首次入选或2016年未入选企业。

2017年全球最大250家工程承包商中国企业排名

序号	企业名称	2017年排名	2016年排名	营业收入（百万美元）
1	中国建筑工程总公司	1	1	124656.7
2	中国中铁股份有限公司	2	2	114226.0
3	中国铁建股份有限公司	3	3	94748.0
4	中国交通建设集团有限公司	4	4	70780.0
5	中国电力建设集团有限公司	5	6	43324.7
6	中国冶金科工集团公司	8	8	29402.0
7	上海建工集团股份有限公司	9	10	27853.4
8	中国能源建设股份有限公司	11	* *	24973.1
9	陕西建工集团总公司	26	* *	11457.2
10	浙江省建设投资集团有限公司	28	30	10808.3
11	北京城建集团有限责任公司	29	37	9653.0
12	江苏南通三建集团有限公司	35	47	8370.0
13	中国化学工程集团公司	38	32	7759.8
14	安徽建工集团有限公司	40	40	7680.0
15	青建集团股份有限公司	41	41	7636.2
16	北京住总集团有限公司	42	* *	7243.7
17	北京建工集团有限责任公司	43	48	7178.9
18	江苏中南建设集团股份有限公司	47	39	6630.4
19	中石化炼化工程(集团)股份有限公司	53	46	5928.0
20	中国机械工业集团有限公司	56	53	5760.2
21	上海城建(集团)公司	59	62	5420.1
22	中国东方电气集团有限公司	61	55	5291.8
23	中国核工业建设股份有限公司	67	* *	4923.8
24	江苏南通六建建设集团有限公司	70	65	4576.4
25	特变电工股份有限公司	71	* *	4565.5
26	新疆兵团建设工程(集团)有限责任公司	74	74	4268.5
27	中国石油工程建设公司	101	128	2931.4
28	中国通用技术(集团)控股有限责任公司	107	79	2799.1
29	南通建工集团股份有限公司	116	123	2414.3
30	中国石油天然气管道局	119	76	2344.0

续表

序号	企　业　名　称	2017 年排　名	2016 年排　名	营业收入（百万美元）
31	中铝国际工程股份有限公司	121	＊　＊	2233.3
32	浙江省交通工程建设集团有限公司	123	136	2145.5
33	中信建设有限责任公司	127	124	2062.1
34	中国江苏国际技术经济合作集团有限公司	131	125	1875.6
35	中国武夷实业股份有限公司	132	140	1862.0
36	烟建集团有限公司	135	146	1717.0
37	中国寰球工程公司	143	121	1596.6
38	哈尔滨电气国际工程有限责任公司	149	198	1502.4
39	山东淄建集团	162	160	1333.0
40	中石化胜利石油工程有限公司	174	132	1221.1
41	上海电气集团股份有限公司	185	＊　＊	1129.6
42	沈阳远大铝业工程有限公司	193	165	1102.7
43	中国电力技术装备有限公司	202	193	1028.8
44	中钢设备有限公司	206	190	1006.0
45	中石化中原石油工程有限公司	210	159	982.2
46	中国江西国际经济技术合作公司	211	206	935.7
47	中国水利电力对外公司	212	150	935.3
48	江西中煤建设集团有限公司	240	＊　＊	797.4
49	中国中原对外工程有限公司	241	＊　＊	797.3

注：表中＊　＊表示未进入 2016 年度 250 强排行榜。

2017年国际承包商250家中国企业入选名单

序号	国际业务排名		企业名称	国际营业收入（百万美元）
	2017年	2016年		
1	3	3	中国交通建设集团有限公司	21201.0
2	10	11	中国电力建设集团有限公司	11595.9
3	11	14	中国建筑股份有限公司	10358.8
4	21	20	中国中铁股份有限公司	5565.6
5	23	55	中国铁建股份有限公司	4945.0
6	27	* *	中国能源建设股份有限公司	4297.0
7	31	23	中国机械工业集团有限公司	3992.2
8	48	49	中国冶金科工集团有限公司	2519.0
9	50	67	中国化学工程股份有限公司	2472.3
10	53	75	中石化炼化工程(集团)股份有限公司	2180.5
11	56	58	中信建设有限责任公司	2005.2
12	64	77	青建集团股份公司	1640.4
13	67	88	哈尔滨电气国际工程有限责任公司	1502.4
14	73	84	中国石油工程建设公司	1262.7
15	83	74	中国水利电力对外公司	935.3
16	84	* *	特变电工股份有限公司	912.7
17	88	68	中国石油天然气管道局	881.0
18	90	103	中国江西国际经济技术合作公司	830.3
19	93	128	中国电力技术装备有限公司	810.1
20	94	117	浙江省建设投资集团股份有限公司	799.6
21	95	111	江西中煤建设集团有限公司	797.4
22	96	109	中国中原对外工程有限公司	797.3
23	102	97	中地海外集团有限公司	742.8
24	103	112	北方国际合作股份有限公司	741.0
25	104	92	通用技术集团控股有限责任公司	727.1
26	106	129	中国有色金属建设股份有限公司	694.6
27	108	116	新疆生产建设兵团建设工程(集团)有限责任公司	664.8
28	115	95	中国江苏国际经济技术合作集团有限公司	621.5
29	116	145	安徽省外经建设(集团)有限公司	601.4
30	117	105	上海建工集团有限公司	600.5
31	124	125	中石化中原石油工程公司	535.9
32	126	124	中国地质工程集团公司	517.3
33	127	131	中鼎国际工程有限责任公司	514.6
34	129	160	中钢设备有限公司	492.3
35	131	168	中国武夷实业股份有限公司	470.0

续表

序号	国际业务排名		企业名称	国际营业收入（百万美元）
	2017年	2016年		
36	132	107	中国东方电气集团有限公司	464.7
37	133	119	中国寰球工程公司	461.9
38	139	167	中国山东对外经济技术合作集团有限公司	437.1
39	141	249	上海电气集团股份有限公司	432.2
40	142	115	北京建工集团有限责任公司	429.9
41	143	150	江苏南通三建集团股份有限公司	428.8
42	146	183	烟建集团有限公司	419.7
43	147	127	安徽建工集团有限公司	416.4
44	149	153	沈阳远大铝业工程有限公司	412.8
45	150	130	中国河南国际合作集团有限公司	404.8
46	153	144	上海城建(集团)公司	388.4
47	159	186	云南省建设投资控股集团有限公司	355.7
48	160	176	中石化胜利石油工程有限公司	344.3
49	163	179	中国成套设备进出口(集团)总公司	335.2
50	171	* *	中国核工业建设股份有限公司	316.0
51	177	* *	山东德建集团有限公司	270.3
52	179	185	南通建工集团股份有限公司	264.2
53	180	171	北京城建集团有限责任公司	263.6
54	181	194	中国大连国际经济技术合作集团有限公司	259.5
55	185	204	江苏南通六建建设集团有限公司	241.5
56	193	196	中国甘肃国际经济技术合作总公司	216.3
57	202	211	烟台国际经济技术合作集团有限公司	183.7
58	203	213	重庆对外建设(集团)有限公司	182.7
59	210	218	浙江交工集团股份有限公司	161.6
60	220	* *	平高集团国际工程有限公司	132.1
61	228	* *	江苏中南建筑产业集团有限责任公司	113.8
62	229	189	山东淄建集团有限公司	110.3
63	230	* *	中国建材国际工程集团有限公司	106.3
64	240	* *	北京住总集团有限责任公司	79.4
65	245	* *	中铝国际工程股份有限公司	67.1

注:表中2016年排名名次标* *的为2017年首次入选或2016年未入选企业。

2017 年中国企业 500 强名单

名次	企业名称	营业收入（万元）
1	国家电网公司	209397168
2	中国石油化工集团公司	196921982
3	中国石油天然气集团公司	187190290
4	中国工商银行股份有限公司	101526600
5	中国建筑股份有限公司	95976549
6	中国建设银行股份有限公司	84805200
7	中国农业银行股份有限公司	77909800
8	中国平安保险（集团）股份有限公司	77448800
9	上海汽车集团股份有限公司	75641617
10	中国银行股份有限公司	75540200
11	中国移动通信集团公司	71161106
12	中国人寿保险（集团）公司	69634318
13	中国铁路工程总公司	64426089
14	中国铁道建筑总公司	63029681
15	国家开发银行股份有限公司	58875467
16	东风汽车公司	57261266
17	华为投资控股有限公司	52157400
18	华润（集团）有限公司	50340782
19	太平洋建设集团有限公司	49578589
20	中国南方电网有限责任公司	47328148
21	中国兵器装备集团公司	47267719
22	中国交通建设集团有限公司	47002154
23	中国人民保险集团股份有限公司	44332300
24	中国海洋石油总公司	43774087
25	中国邮政集团公司	43583636
26	中国五矿集团公司	43545005
27	中国第一汽车集团公司	43038158
28	天津物产集团有限公司	42068435
29	中国电信集团公司	41445834
30	安邦保险股份有限公司	41397026
31	苏宁控股集团有限公司	41295073
32	中国兵器工业集团公司	40740610
33	中粮集团有限公司	40700647
34	北京汽车集团有限公司	40610384
35	中国中化集团公司	39549504
36	山东魏桥创业集团有限公司	37318332
37	中国航空工业集团公司	37119722
38	海航集团有限公司	35233153
39	交通银行股份有限公司	35119183
40	中国中信集团有限公司	35111397
41	正威国际集团有限公司	33001920
42	中国电力建设集团有限公司	32465182
43	中国医药集团总公司	31728070
44	中国宝武钢铁集团有限公司	30962102
45	联想控股股份有限公司	30695285
46	中国化工集团公司	30012718
47	招商银行股份有限公司	29756000
48	中国华信能源有限公司	29094988
49	河钢集团有限公司	29077196
50	兴业银行股份有限公司	28515000
51	中国船舶重工集团公司	28001147
52	广州汽车工业集团有限公司	27609981
53	中国联合网络通信集团有限公司	27573518
54	上海浦东发展银行股份有限公司	27003000
55	中国民生银行股份有限公司	26845000
56	中国铝业公司	26758014
57	中国太平洋保险（集团）股份有限公司	26701400
58	中国建材集团有限公司	26123339
59	北京京东世纪贸易有限公司	26012165
60	恒力集团有限公司	25164763
61	神华集团有限责任公司	24793964
62	绿地控股集团股份有限公司	24716022
63	中国华能集团公司	24607111
64	陕西延长石油（集团）有限责任公司	23529219
65	大商集团有限公司	23525202
66	中国中车股份有限公司	22972215
67	万科企业股份有限公司	22891600

名次	企业名称	营业收入（万元）
68	中国能源建设集团有限公司	22540735
69	冀中能源集团有限责任公司	22165815
70	新兴际华集团有限公司	22038469
71	中国光大集团股份有限公司	21564600
72	中国机械工业集团有限公司	21416120
73	中国航天科技集团公司	21321012
74	陕西煤业化工集团有限责任公司	21209513
75	恒大集团有限公司	21144400
76	江西铜业集团公司	21045947
77	中国保利集团公司	20932035
78	浙江吉利控股集团有限公司	20879870
79	物产中大集团股份有限公司	20689887
80	中国航天科工集团公司	20316614
81	海尔集团公司	20160868
82	中国电子信息产业集团有限公司	19936460
83	中国船舶工业集团公司	19848192
84	江苏沙钢集团有限公司	19838486
85	中国远洋海运集团有限公司	19759362
86	国家电力投资集团公司	19593468
87	山东能源集团有限公司	19464075
88	金川集团股份有限公司	19313227
89	大连万达集团股份有限公司	18922100
90	中国华电集团公司	18737087
91	国美电器有限公司	18243000
92	中国电子科技集团公司	18130792
93	中国国电集团公司	17852815
94	华晨汽车集团控股有限公司	17273211
95	大同煤矿集团有限责任公司	17014230
96	山西焦煤集团有限责任公司	16689711
97	中国航空油料集团公司	16334734
98	开滦（集团）有限责任公司	16277729
99	阳泉煤业（集团）有限责任公司	16132758
100	山西潞安矿业（集团）有限责任公司	16002002
101	美的集团股份有限公司	15984170
102	中国大唐集团公司	15836122
103	阿里巴巴集团控股有限公司	15827300

名次	企业名称	营业收入（万元）
104	阳光金融控股投资集团有限公司	15716144
105	雪松控股集团有限公司	15701937
106	光明食品（集团）有限公司	15585452
107	碧桂园控股有限公司	15308698
108	山西晋城无烟煤矿业集团有限责任公司	15196381
109	腾讯控股有限公司	15193800
110	海亮集团有限公司	15027109
111	铜陵有色金属集团控股有限公司	14955342
112	厦门建发集团有限公司	14711701
113	中国通用技术（集团）控股有限责任公司	14690487
114	新华人寿保险股份有限公司	14617300
115	厦门国贸控股有限公司	14568578
116	新疆广汇实业投资（集团）有限责任公司	14561731
117	万洲国际有限公司	14305682
118	中国有色矿业集团有限公司	14095403
119	兖矿集团有限公司	13978878
120	鞍钢集团公司	13925490
121	首钢总公司	13487099
122	上海建工集团股份有限公司	13365654
123	富德生命人寿保险股份有限公司	13040924
124	三胞集团有限公司	13008768
125	上海东浩兰生国际服务贸易（集团）有限公司	12966972
126	中国太平保险集团有限责任公司	12747978
127	泰康保险集团股份有限公司	12510381
128	陕西有色金属控股集团有限责任公司	12412110
129	河南能源化工集团有限公司	12405083
130	厦门象屿集团有限公司	12393844
131	中国平煤神马能源化工集团有限责任公司	12285986
132	天津百利机械装备集团有限公司	12236453
133	黑龙江北大荒农垦集团总公司	12144748
134	上海医药集团股份有限公司	12076466
135	广西投资集团有限公司	11698600
136	中国航空集团公司	11588474

名次	企业名称	营业收入（万元）
137	中国南方航空集团公司	11545291
138	天津渤海轻工投资集团有限公司	11238989
139	天津渤海化工集团有限责任公司	11203107
140	万向集团公司	11071835
141	珠海格力电器股份有限公司	11011310
142	江苏悦达集团有限公司	10998658
143	中国黄金集团公司	10788422
144	协鑫集团有限公司	10740792
145	TCL 集团股份有限公司	10647350
146	四川长虹电子控股集团有限公司	10475541
147	华夏银行股份有限公司	10474600
148	比亚迪股份有限公司	10347000
149	青山控股集团有限公司	10286156
150	山东钢铁集团有限公司	10253696
151	中国东方航空集团公司	10184793
152	山东省商业集团有限公司	10161700
153	中天钢铁集团有限公司	10133575
154	中兴通讯股份有限公司	10123318
155	潍柴控股集团有限公司	10068582
156	海信集团有限公司	10033120
157	天津中环电子信息集团有限公司	10008770
158	安徽海螺集团有限责任公司	9865157
159	长城汽车股份有限公司	9861570
160	上海电气(集团)总公司	9780429
161	东岭集团股份有限公司	9640568
162	超威电源有限公司	9565364
163	清华控股有限公司	9563322
164	中国华融资产管理股份有限公司	9520772
165	南山集团有限公司	9361599
166	海澜集团有限公司	9330467
167	天能电池集团有限公司	9296773
168	中国信达资产管理股份有限公司	9165723
169	山东东明石化集团有限公司	8868932
170	盛虹控股集团有限公司	8804037
171	广州医药集团有限公司	8782570
172	浙江省交通投资集团有限公司	8753526
173	武汉商联(集团)股份有限公司	8729074

名次	企业名称	营业收入（万元）
174	国家开发投资公司	8704528
175	北京银行	8692206
176	浙江荣盛控股集团有限公司	8687536
177	上海均和集团有限公司	8616677
178	山西煤炭进出口集团有限公司	8524164
179	百联集团有限公司	8521505
180	浙江省兴合集团有限责任公司	8508877
181	湖南华菱钢铁集团有限责任公司	8367017
182	阳光保险集团股份有限公司	8262632
183	云南省建设投资控股集团有限公司	8209341
184	北大方正集团有限公司	8200480
185	酒泉钢铁(集团)有限责任公司	8131043
186	大冶有色金属集团控股有限公司	8080187
187	广厦控股集团有限公司	8053913
188	本钢集团有限公司	8005209
189	腾邦集团有限公司	7969121
190	西安迈科金属国际集团有限公司	7917063
191	广西建工集团有限责任公司	7906651
192	紫金矿业集团股份有限公司	7885114
193	湖北宜化集团有限责任公司	7809035
194	南通三建控股有限公司	7792830
195	中国中煤能源集团有限公司	7773753
196	徐州工程机械集团有限公司	7711016
197	陕西建工集团有限公司	7610219
198	北京控股集团有限公司	7588018
199	远大物产集团有限公司	7574966
200	浙江恒逸集团有限公司	7520307
201	复星国际有限公司	7396656
202	山东晨鸣纸业集团股份有限公司	7388933
203	山东黄金集团有限公司	7318995
204	北京金隅集团有限责任公司	7294299
205	河北津西钢铁集团股份有限公司	7282800
206	湖南省建筑工程集团总公司	7248377
207	杭州汽轮动力集团有限公司	7190052
208	新华联集团有限公司	7189858
209	中升集团控股有限公司	7159922
210	浪潮集团有限公司	7102513

名次	企业名称	营业收入（万元）
211	晋能集团有限公司	7101355
212	太原钢铁（集团）有限公司	7060767
213	百度网络技术有限公司	7054936
214	四川省宜宾五粮液集团有限公司	7030824
215	杭州钢铁集团公司	7019038
216	河北新华联合冶金控股集团有限公司	7007209
217	中国重型汽车集团有限公司	7002988
218	中国林业集团公司	6984539
219	云南省投资控股集团有限公司	6983106
220	京东方科技集团股份有限公司	6889566
221	新希望集团有限公司	6855885
222	中天控股集团有限公司	6754313
223	华泰集团有限公司	6670596
224	浙江省能源集团有限公司	6621714
225	庞大汽贸集团股份有限公司	6600940
226	中国广核集团有限公司	6579221
227	江铃汽车集团公司	6533798
228	山东大海集团有限公司	6526700
229	银亿集团有限公司	6525061
230	中融新大集团有限公司	6511716
231	中国国际技术智力合作公司	6464173
232	无锡产业发展集团有限公司	6435255
233	万达控股集团有限公司	6423524
234	三一集团有限公司	6375794
235	科创控股集团有限公司	6367282
236	中南控股集团有限公司	6325180
237	深圳市大生农业集团有限公司	6252486
238	正邦集团有限公司	6201286
239	云天化集团有限责任公司	6198203
240	九州通医药集团股份有限公司	6155684
241	北京建龙重工集团有限公司	6133018
242	奥克斯集团有限公司	6123523
243	利华益集团股份有限公司	6111605
244	上海华谊（集团）公司	6106332
245	唐山瑞丰钢铁（集团）有限公司	6105549
246	内蒙古伊利实业集团股份有限公司	6060922
247	天津一商集团有限公司	6059571
248	中国旅游集团公司	6036399
249	北京城建集团有限责任公司	6020951
250	云南省能源投资集团有限公司	6010634
251	宁夏天元锰业有限公司	6001122
252	内蒙古电力（集团）有限责任公司	5984402
253	淮南矿业（集团）有限责任公司	5976487
254	杭州锦江集团有限公司	5938616
255	广东温氏食品集团股份有限公司	5935524
256	世茂房地产控股有限公司	5928600
257	山东高速集团有限公司	5893622
258	河北敬业集团	5866736
259	北京能源集团有限责任公司	5865078
260	亨通集团有限公司	5863268
261	深圳市怡亚通供应链股份有限公司	5829050
262	江阴澄星实业集团有限公司	5814481
263	天津荣程祥泰投资控股集团有限公司	5800017
264	浙江省建设投资集团股份有限公司	5765646
265	深圳顺丰泰森控股（集团）有限公司	5748270
266	甘肃省公路航空旅游投资集团有限公司	5716848
267	广东省广新控股集团有限公司	5709640
268	上海城建（集团）公司	5659489
269	雅戈尔集团股份有限公司	5633399
270	通威集团有限公司	5617826
271	白银有色集团股份有限公司	5594960
272	金地（集团）股份有限公司	5550850
273	龙湖地产有限公司	5479950
274	马钢（集团）控股有限公司	5441197
275	华侨城集团公司	5425604
276	上海纺织（集团）有限公司	5418217
277	华夏幸福基业股份有限公司	5382059
278	广州富力地产股份有限公司	5373034
279	唯品会（中国）有限公司	5371226
280	安徽江淮汽车集团控股有限公司	5316976
281	山东京博控股股份有限公司	5310336

名次	企业名称	营业收入（万元）
282	中国化学工程股份有限公司	5307460
283	盾安控股集团有限公司	5256893
284	红豆集团有限公司	5252176
285	深圳市飞马国际供应链股份有限公司	5216286
286	河北省物流产业集团有限公司	5200034
287	济宁如意投资有限公司	5192988
288	淮北矿业（集团）有限责任公司	5144403
289	中国国际海运集装箱（集团）股份有限公司	5111165
290	正泰集团股份有限公司	5104068
291	天津泰达投资控股有限公司	5103810
292	徐州矿务集团有限公司	5094059
293	冀南钢铁集团有限公司	5086746
294	卓尔控股有限公司	5086427
295	山东海科化工集团有限公司	5083216
296	江苏南通二建集团有限公司	5073125
297	青建集团股份公司	5072174
298	北京外企服务集团有限责任公司	5063212
299	稻花香集团	5056186
300	甘肃省建设投资（控股）集团总公司	5039887
301	四川华西集团有限公司	5033311
302	中联重科股份有限公司	5026920
303	南京钢铁集团有限公司	5019681
304	新疆特变电工集团有限公司	5011487
305	山东招金集团有限公司	4964211
306	永辉超市股份有限公司	4923165
307	江苏三房巷集团有限公司	4887241
308	昆明钢铁控股有限公司	4841481
309	深圳市爱施德股份有限公司	4833328
310	上海永达控股（集团）有限公司	4824173
311	北京住总集团有限责任公司	4821560
312	重庆商社（集团）有限公司	4778171
313	广西柳州钢铁集团有限公司	4777764
314	亚邦投资控股集团有限公司	4736603
315	南通四建集团有限公司	4722598
316	云南锡业集团（控股）有限责任公司	4716186

名次	企业名称	营业收入（万元）
317	江苏省苏中建设集团股份有限公司	4698991
318	宝塔石化集团有限公司	4697635
319	广东省广晟资产经营有限公司	4672889
320	广州轻工工贸集团有限公司	4668362
321	雅居乐地产控股有限公司	4667887
322	德力西集团有限公司	4661352
323	重庆市金科投资控股（集团）有限责任公司	4658845
324	江苏华西集团有限公司	4621086
325	山东科达集团有限公司	4602958
326	江苏国泰国际集团有限公司	4601358
327	杭州娃哈哈集团有限公司	4559165
328	宁波金田投资控股有限公司	4503056
329	重庆龙湖企业拓展有限公司	4477704
330	广东省广物控股集团有限公司	4461237
331	渤海银行股份有限公司	4450188
332	玖隆钢铁物流有限公司	4429147
333	山东太阳控股集团有限公司	4417759
334	中国贵州茅台酒厂（集团）有限责任公司	4389956
335	前海人寿保险股份有限公司	4367512
336	北京首都旅游集团有限责任公司	4366100
337	重庆建工投资控股有限责任公司	4359414
338	中国恒天集团有限公司	4345555
339	广东省交通集团有限公司	4327330
340	四川省川威集团有限公司	4242071
341	上海仪电（集团）有限公司	4220131
342	百丽国际控股有限公司	4170650
343	合肥百货大楼集团股份有限公司	4170000
344	中国核工业建设股份有限公司	4150850
345	广州市建筑集团有限公司	4134258
346	上海钢联电子商务股份有限公司	4127899
347	双胞胎（集团）股份有限公司	4127454
348	内蒙古伊泰集团有限公司	4115263
349	北京建工集团有限责任公司	4079153
350	神州数码集团股份有限公司	4053112
351	四川宏达（集团）有限公司	4022311

名次	企业名称	营业收入（万元）	名次	企业名称	营业收入（万元）
352	四川科伦实业集团有限公司	4017468	389	山东胜通集团股份有限公司	3673659
353	重庆化医控股（集团）公司	4013423	390	江西省建工集团有限责任公司	3657856
354	广东省粤电集团有限公司	4003371	391	江苏阳光集团有限公司	3650624
355	浙江中成控股集团有限公司	3989194	392	广西北部湾国际港务集团有限公司	3646273
356	武汉金融控股（集团）有限公司	3984792	393	吉林亚泰（集团）股份有限公司	3620366
357	日照钢铁控股集团有限公司	3933027	394	弘阳集团有限公司	3594460
358	深圳光汇石油集团股份有限公司	3923023	395	山东玉皇化工有限公司	3572264
359	天津纺织集团（控股）有限公司	3921058	396	三河汇福粮油集团有限公司	3568714
360	嘉晨集团有限公司	3918000	397	山东时风（集团）有限责任公司	3557631
361	盛京银行股份有限公司	3915974	398	西部矿业集团有限公司	3555080
362	浙江桐昆控股集团有限公司	3913421	399	浙江省国际贸易集团有限公司	3549060
363	隆鑫控股有限公司	3912830	400	武安市明芳钢铁有限公司	3536800
364	长春欧亚集团股份有限公司	3908359	401	河北普阳钢铁有限公司	3535037
365	华勤橡胶工业集团有限公司	3892165	402	深圳创维－RGB 电子有限公司	3531884
366	河北建设集团股份有限公司	3883456	403	北京江南投资集团有限公司	3530568
367	四川蓝润实业集团有限公司	3868581	404	重庆农村商业银行股份有限公司	3524429
368	中华联合保险控股股份有限公司	3854574	405	山西建筑工程（集团）总公司	3509212
369	安徽建工集团有限公司	3831366	406	天瑞集团股份有限公司	3500265
370	江苏南通六建建设集团有限公司	3821692	407	老凤祥股份有限公司	3496378
371	包头钢铁（集团）有限责任公司	3810735	408	天津市医药集团有限公司	3486658
372	杉杉控股有限公司	3806650	409	云南冶金集团股份有限公司	3485323
373	北京首都创业集团有限公司	3803068	410	四川省交通投资集团有限责任公司	3465383
374	福佳集团有限公司	3800989	411	中天科技集团有限公司	3450692
375	人民电器集团有限公司	3796752	412	申能（集团）有限公司	3440452
376	重庆力帆控股有限公司	3788098	413	旭阳控股有限公司	3426205
377	太极集团有限公司	3787662	414	广州越秀集团有限公司	3412214
378	重庆市能源投资集团有限公司	3777731	415	新奥能源控股有限公司	3410300
379	郑州宇通集团有限公司	3768502	416	西王集团有限公司	3402859
380	浙江前程投资股份有限公司	3740500	417	四川省能源投资集团有限责任公司	3389513
381	安阳钢铁集团有限责任公司	3729747	418	威高集团有限公司	3361631
382	山东金诚石化集团有限公司	3713878	419	四川德胜集团钒钛有限公司	3356070
383	东营鲁方金属材料有限公司	3711216	420	天狮集团有限公司	3354195
384	中国东方电气集团有限公司	3703684	421	天音通信有限公司	3349888
385	福建省能源集团有限责任公司	3698045	422	安徽新华发行（集团）控股有限公司	3337697
386	山东金岭集团有限公司	3689740	423	石家庄北国人百集团有限责任公司	3329494
387	陕西汽车控股集团有限公司	3681227	424	河北新金钢铁有限公司	3322398
388	蓝思科技股份有限公司	3678231	425	哈尔滨电气集团公司	3319688

名次	企业名称	营业收入（万元）
426	传化集团有限公司	3304487
427	晶龙实业集团有限公司	3302668
428	山东渤海实业股份有限公司	3298192
429	奇瑞汽车股份有限公司	3296370
430	湖南博长控股集团有限公司	3293320
431	常州天合光能有限公司	3291603
432	杭州华东医药集团有限公司	3276899
433	远东控股集团有限公司	3272223
434	江苏新长江实业集团有限公司	3272177
435	富海集团有限公司	3254717
436	唐山港陆钢铁有限公司	3251190
437	维维集团股份有限公司	3250593
438	浙江昆仑控股集团有限公司	3237182
439	东营方圆有色金属有限公司	3222246
440	研祥高科技控股集团有限公司	3220692
441	广东省建筑工程集团有限公司	3220070
442	北京首都开发控股(集团)有限公司	3216580
443	浙江宝业建设集团有限公司	3216547
444	河南豫联能源集团有限责任公司	3214676
445	步步高投资集团股份有限公司	3214532
446	珠海华发集团有限公司	3213733
447	山河建设集团有限公司	3210730
448	江苏汇鸿国际集团股份有限公司	3198322
449	天元建设集团有限公司	3175732
450	安徽国贸集团控股有限公司	3168778
451	大汉控股集团有限公司	3152077
452	精功集团有限公司	3151099
453	沂州集团有限公司	3150593
454	恒丰银行股份有限公司	3138489
455	广西玉柴机器集团有限公司	3137203
456	上海国际港务(集团)股份有限公司	3135918
457	上海找钢网信息科技股份有限公司	3135403
458	天津能源投资集团有限公司	3129782
459	法尔胜泓昇集团有限公司	3127327
460	宁波富邦控股集团有限公司	3126715
461	江苏华宏实业集团有限公司	3126550
462	武安市文安钢铁有限公司	3125288

名次	企业名称	营业收入（万元）
463	新余钢铁集团有限公司	3118939
464	华芳集团有限公司	3118321
465	中基宁波集团股份有限公司	3113666
466	金浦投资控股集团有限公司	3108086
467	北京市政路桥集团有限公司	3107149
468	天津友发钢管集团股份有限公司	3101112
469	武安市裕华钢铁有限公司	3096007
470	金澳科技（湖北）化工有限公司	3094425
471	河南森源集团有限公司	3078635
472	通鼎集团有限公司	3063395
473	洪业化工集团股份有限公司	3061252
474	波司登股份有限公司	3057110
475	中科电力装备集团有限公司	3056449
476	重庆机电控股（集团）公司	3052260
477	双良集团有限公司	3034234
478	华仪集团有限公司	3028480
479	北京二商集团有限责任公司	3024847
480	卧龙控股集团有限公司	3024640
481	宜昌兴发集团有限责任公司	3023534
482	河北建工集团有限责任公司	3015566
483	山东创新金属科技有限公司	3008543
484	四川公路桥梁建设集团有限公司	2988629
485	福建省三钢(集团)有限责任公司	2984761
486	中运富通控股集团有限公司	2965577
487	广州万宝集团有限公司	2964384
488	安徽省皖北煤电集团有限责任公司	2961865
489	世纪金源投资集团有限公司	2961734
490	河南豫光金铅集团有限责任公司	2953921
491	万通海欣控股股份有限公司	2936853
492	金东纸业（江苏）股份有限公司	2902996
493	重庆轻纺控股（集团）公司	2886586
494	珠海振戎公司	2886116
495	澳洋集团有限公司	2881541
496	龙信建设集团有限公司	2865984
497	安徽省交通控股集团有限公司	2860083
498	广西盛隆冶金有限公司	2859460
499	上海农村商业银行股份有限公司	2843186
500	通州建总集团有限公司	2831050

中国铁建所属单位名录

单位名称	地址	电话	邮政编码
中国土木工程集团有限公司	北京市海淀区北蜂窝4号	010-63263392	100038
北京中土大厦	北京市海淀区北蜂窝6号	010-51818888	100038
中土集团北方建设有限公司	北京市海淀区北蜂窝甲8号中雅大厦C座2层	010-83063615	100038
中土国际贸易有限公司	北京市海淀区北蜂窝甲8号中雅大厦C座16层	010-51916390	100038
中土集团南方建设有限公司	广东省珠海市香洲区香工路18号金地门道B2区43栋	0756-2669700	519030
中土集团福州勘察设计研究院有限公司	福建省福州市晋安区火车站沁园支路41号	0591-87051157	350013
中土东非有限公司	坦桑尼亚达累斯萨拉姆市邮政信箱4083	00255-758467370	
中土埃塞俄比亚工程有限公司	Woreda 03, Nifas Silk-Lafto, Addis Ababa, Ethiopia	00251-116181806	
中土尼日利亚有限公司	Airport Road, Behind Dantata Quarry, 2nd Junction, off Galadima Village, Abuja, Nigeria	00213-83488488	
中国土木工程集团塞拉利昂有限公司	B2-3&4 West African Sunshine No. 7, Lumley Beach Highway, Aberdeen, Freetown		
中国土木工程(赞比亚)有限公司	驻地地址:Roma 609/02, Villas Costa Plenty, Lusaka, Zambia 办公室地址:213—214, Foxdale Court Phase 2609 Zambezi Road, Lusaka, Zambia	00260-211-293461	
中国土木工程博茨瓦纳有限公司	注册地址:Plot 612, Mopipi Road, Tlokweng, Gaborone, Botswana 邮寄地址:Private Bag T08, Tlokweng, Gaborone	00267-3925332	
中土纳米比亚有限公司	注册地址:Bridgeview Offices And Apartments, 3906, Dr Kwame Nkrumah, Klein Windhoek 邮政地址:P. O. Box 3415 Windhoek	00264-61254911	
中国土木工程集团有限公司南苏丹办事处	Room 301 Royal Hotel, Juba, Central Equatoria, South Sudan	00211-921359506	
中国土木工程集团(尼日尔)有限公司	NO. 170, Rue Yn, Plateru, Niger	00227-92888880	
中国土木阿尔及利亚有限公司	Lot No. 70, Ouahrani, Oued Romane, El Achour, Alger, Algeria	00213-23-300211	16000
中国土木工程集团有限公司沙特分公司	No. 8 Humaidanshuw Street SulaimaniaDist, Riyadh, Saudi	00966-1-4608288	
中国土木工程集团有限公司阿联酋分公司	阿拉伯联合酋长国阿布扎比市电子街Green Emirates Tower A楼2103—2104号房	00971-02-6459417	
中国土木工程集团(香港)有限公司	香港九龙尖沙咀漆咸道南39号铁路大厦23楼	00852-22718999	
中国土木工程集团(澳门)有限公司	中国澳门宋玉生广场263号中土大厦22楼C-H座	00853-28781160	
中铁(澳门)有限公司	中国澳门友谊大马路南方大厦1楼ABCDJLMNO座	00853-28706416	
中土集团公司日本代表处	Nagamine Bildg, 7f 2-12-13, Shikawa Chuo-Ku, Tokyo 104-0033, Japan	0081-3-35535065	
中国铁建土耳其安卡拉分公司	629. Sokak, Villa 3. Funda Beyazevler Sitesi, Oran 06500 Ankara, Turkey	0090-312-4911130/29	
中国土木工程集团印度尼西亚代表处	18F, Cyber 2 Tower, JL. Rasuna Said, Block X-5, Jakarta, 12950, Indonesia	+62-57998988	
中土集团巴基斯坦分公司	28, Park Road, F-8/2, Islamabad, Pakistan		
中国土木工程集团(波兰)有限公司	波兰华沙德拉夫斯卡大街17号	0048-22-8223062	
中土集团公司欧洲代表处	德国法兰克福海波林大街62号	0049-69-520148	
中土集团公司罗马尼亚代表处	罗马尼亚伊尔福夫县沃伦达瑞市场古尼古拉英雄大街83号	0040-311010076	

续表

单 位 名 称	地 址	电 话	邮政编码
中土巴西国际商业有限公司	Rua. Prof. Artur Ramos,241/cj. 91,Jardim Paulistano,Sao Paulo,Brasil	0055 - 11 - 38127068	
中国土木工程集团(俄罗斯)有限责任公司	俄罗斯莫斯科维尔纳茨大街93 - 1 - 282室	007 - 9153114921	52514
中土塔吉克斯坦分公司	塔吉克斯坦杜尚别鲁达基大街127号鲁达基大厦910室	00992 - 888088717	
中铁十一局集团有限公司	湖北省武汉市武昌区中山路277号	027 - 88710611	430061
第一工程有限公司	湖北省襄阳市襄州区航空路73号	0710 - 3712139	441104
第二工程有限公司	湖北省十堰市茅箭区白浪中路99号	0719 - 8362010	442000
第三工程有限公司	湖北省十堰市茅箭区武当路15号	0719 - 8763066	442012
第四工程有限公司	湖北省武汉市东湖开发区佳园路21号	027 - 87586437	430074
第五工程有限公司	重庆市沙坪坝区新桥新村71号	023 - 61536200	400037
第六工程有限公司	湖北省襄阳市高新区七里河路2号	0710 - 3718866	441003
汉江重工有限公司	湖北省襄阳市樊城区中航大道22号	0710 - 3124849	441046
电务工程有限公司	湖北省武汉市东湖开发区佳园路19号	027 - 87570803	430074
建筑安装工程有限公司	湖北省武汉市武昌区丁字桥路47号	027 - 87255685	430064
桥梁有限公司	江西省鹰潭市月湖区南站路24号	0701 - 6463892	335003
物资贸易有限公司	江西省鹰潭市月湖区南站路24号	0701 - 6463892	335003
城市轨道工程有限公司	湖北省武汉市东湖开发区佳园路23号	027 - 87201548	430074
房地产开发有限公司	湖北省武汉市东湖开发区民族大道324号		430000
勘察设计院	湖北省武汉市东湖开发区民族大道324号	027 - 87029566	430074
襄阳管理部	湖北省襄阳市高新区七里河路2号	0710 - 3718400	441003
新加坡分公司	3 Gambas Crescent 08#08,08#07NordcomOne,Singapore 757088	0065 - 69339150	757088
中铁十二局集团有限公司	山西省太原市西矿街130号	0351 - 2653130	030024
第一工程有限公司	陕西省西安市灞桥区柳雪路368号	029 - 89512850	710038
第二工程有限公司	山西省太原市小店区人民南路19号	0351 - 2655010	030032
第三工程有限公司	山西省太原市万柏林区西线街39号	0351 - 2656010	030024
第四工程有限公司	陕西省西安市未央区徐家湾红旗东路3号	029 - 68571904	710021
建筑安装工程有限公司	山西省太原市西矿街130 - 1号	0351 - 2654076	030024
电气化工程有限公司	天津市空港经济区环河北路与中心大道交口空港商务园西区12号楼	022 - 58096806	300308
第七工程有限公司	湖南省长沙市天心区友谊路202号	0731 - 85585548	410004
振海工程有限公司	海南省海口市面前坡东村1号	0898 - 36630208	570206
市政工程有限公司	广东省珠海市情侣南路158号海愉半岛花园2栋4单元1105室	0756 - 3233506	519015
铁路养护工程有限公司	西藏自治区拉萨市柳梧高新区火车站青藏公司工务楼	0891 - 6752100	850000
国际工程有限公司	北京市大兴区亦庄经济技术开发区科创十三街锋创科技园18号20栋	010 - 56386137	100176
物资有限公司	山西省太原市万柏林区西线街27号	0351 - 2656551	030024
房地产开发有限公司	山西省太原市西矿街130号	0351 - 2653770	030024

续表

单　位　名　称	地　　址	电　　话	邮政编码
投资管理有限公司	山西省太原市西矿街130号	0351-2654079	030024
铁道大厦	山西省太原市迎泽西大街143号	0351-2653765	030024
中心医院	山西省太原市西矿街182号	0351-2654145	030053
湘潭铁路工程学校	湖南省湘潭市广技路58号	0732-58281074	411100
兴城疗养院	辽宁省兴城市兴海北路二段103号	0429-3919478	125100
中国铁建大桥工程局集团有限公司	天津市自贸试验区(空港经济区)中环西路32号	022-88958900	300300
第一工程有限公司	辽宁省大连市沙河口区沙跃街9号	0411-62838201	116033
第二工程有限公司	广东省深圳市盐田区东海大道盐田港9号小区中铁大厦	0755-25288114	518083
第三工程有限公司	辽宁省沈阳市沈河区方家栏路60号	024-24202435	110043
第四工程有限公司	黑龙江省哈尔滨市道外区先锋路459号	0451-55188210	150008
第五工程有限公司	四川省成都市新都区学院路东路289号	028-83961732	610500
第六工程有限公司	吉林省长春市二道区岭东路2138号	0431-86161068	130033
电气化工程有限公司	天津市自贸试验区(空港经济区)中环西路32号	022-58802071	300300
中铁株洲桥梁有限公司	湖南省株洲市建设北路487号	0731-28372018	412005
西北工程有限公司	宁夏回族自治区银川市中山北街571号	0951-3810585	750000
建筑工程有限公司	天津市自贸试验区(空港经济区)中环西路32号	022-58802061	300300
南方工程有限公司	广东省广州市南沙区丰泽东路106号	020-36970304	510800
房地产开发有限公司	天津市自贸试验区(空港经济区)中环西路32号	022-58802010	300300
海外公司	天津市自贸试验区(空港经济区)中环西路32号	022-88958831	300300
中铁津桥工程检测有限公司	吉林省长春市二道区岭东路2072号	0431-86161002	130033
中铁现代勘察设计院有限公司	天津市自贸试验区(空港经济区)中环西路32号	022-58802099	300300
物资贸易有限公司	广东省深圳市盐田区深盐路1012号	0755-22721509	518083
靖江桥梁科技产业园有限公司	江苏省靖江市斜桥镇康桥路2号	0523-81160656	214500
中铁十三局技师学院	吉林省长春市兴隆山镇	0431-86165313	130102
物业管理分公司	吉林省长春市二道区岭东路2138号	0431-86161114	130033
中铁十四局集团有限公司	山东省济南市历下区奥体西路2666号铁建大厦A座	0531-88385351	250000
第一工程发展有限公司	山东省日照市海曲东路66号	0633-2285916	276826
第二工程有限公司	山东省泰安市东岳大道西首	0538-8871912	271000
第三工程有限公司	山东省兖州市北环城路16号	0537-3493220	271200
第四工程有限公司	山东省济南市英雄山路267号	0531-82781926	250002
第五工程有限公司	山东省兖州市北站	0537-3638018	272017
电气化工程有限公司	山东省济南市和平路16号	0531-88385336	250014
北京中铁房山桥梁有限公司	北京市房山区大件路1号	010-89349121	102400
隧道工程有限公司	山东省济南市十六里河镇兴隆山庄	0531-88387001	250002
房地产开发有限公司	山东省济南市历下区经十路13777号中润世纪广场A3座	0531-88385800	250014

续表

单　位　名　称	地　址	电　话	邮政编码
建筑工程有限公司	山东省济南市历下区解放路30号东源大厦14层	0531－88385538	250014
山东铁正工程试验检测中心有限公司	山东省济南市和平路16号	0531－88386413	250014
海外工程分公司	山东省济南市和平路16号	0531－88385641	250014
北非建设分公司	山东省济南市和平路1号办公楼东楼1楼招待所	0531－82516190	250014
市政工程分公司	山东省青岛市崂山区香港东路254号	0532－80622658	266061
驻京办事处	北京市海淀区阜城路115号	010－88120700	100142
资金管理中心	山东省济南市和平路16号	0531－88385500	250014
交通战备办公室	山东省济南市和平路1号	0531－88386637	250014
职工教育培训中心	山东省济南市十六里河镇兴隆山庄	0531－88387263	250002
物业管理中心	山东省济南市和平路1号	0531－88385175	250014
机关门诊部	山东省济南市和平路16号	0531－88385142	250014
中铁十五局集团有限公司	上海市静安区共和新路666号	021－66119030	200070
第一工程有限公司	陕西省西安市凤城二路13号凯发大厦901室	029－62689130	710018
第二工程有限公司	上海市青浦区朱家角镇沪青平公路6670号	021－39251366	201713
第三工程有限公司	四川省成都市郫县犀浦镇珠江东街16号	028－87847202	611731
第四工程有限公司	河南省郑州市二七区新圃东街117号	0371－67055019	450052
第五工程有限公司	天津市红桥区芥园道6号红桥国投大厦11楼	022－59003062	471002
第六工程有限公司	江苏省南京市浦口区泰山街道三河280号	025－58170263	210031
城市建设工程有限公司	河南省洛阳市洛常路6号院	0379－62631065	471002
城市轨道交通工程有限公司	河南省洛阳市四通路2号院	0379－62637156	471013
电气化工程有限公司	上海市松江区九亭镇博安路46号	021－57637777	201615
物资工程有限公司	河南省洛阳市西工工业园区红山乡	0379－62638438	471041
四川建筑勘察设计有限公司	四川省宜宾市翠屏区岳武里14号	0831－8221117	644000
东来地产投资开发有限公司	河南省郑州市二七区航海路197号索克大厦917房	0371－87553035	450000
济阳迎宾黄河大桥有限公司	山东省济阳市济阳县黄河大桥1号	0531－84225799	251400
澳门公司	澳门特别行政区冼星海大马路81－121号金龙中心	00853－28783085	
湖州投资开发公司	浙江省湖州市吴兴区太湖旅游度假区通湖路524号	0572－2176917	313000
福州投资开发公司	福建省福州市台江区海润滨江花园B区23号楼2201室	0591－87488173	350000
河南四通检测工程公司	河南省洛阳市四通路2号院	0379－62637837	471013
河南四通劳务公司	河南省洛阳市四通路2号院	0379－62631938	471013
职工培训中心	河南省洛阳市邙山路1号院	0379－62637521	471013
中铁十六局集团有限公司	北京市朝阳区红松园北里2号	010－51883114	100018
第一工程有限公司	北京市顺义区府前东街15号	010－89959686	101300
第二工程有限公司	天津市河东区万新村三区	022－24017036	300162
第三工程有限公司	浙江省湖州市湖东路288号	0572－2096966	313000

续表

单　位　名　称	地　址	电　话	邮政编码
第四工程有限公司	北京市怀柔区迎宾中路2号	010－51045421	101400
第五工程有限公司	河北省唐山市丰润区光华道2号	0315－3082231	064000
北京轨道交通工程建设有限公司	北京市通州区新华西街26号	010－69551058	101100
地铁工程有限公司	北京市朝阳区惠河南街1008－A四惠大厦	010－87661921	100124
铁运工程有限公司	河北省高碑店市兴华北路117号	0312－5591013	074000
路桥工程有限公司	北京市密云县新北路29号	010－69063643	101500
电气化工程有限公司	北京市朝阳区金盏乡皮村北街16号	010－51884400	100018
物资贸易有限公司	北京市朝阳区红松园北里2号	010－51883971	100018
置业投资有限公司	北京市朝阳区皮村北巷甲2号	010－51883599	100018
城市建设发展有限公司	北京市朝阳区红松园北里2号	010－51884850	100018
建工机械有限公司	北京市密云县新北路29号	010－61095308	101500
中国友发有限公司	北京市朝阳区金盏乡皮村北街2号院	010－51883155	100018
中铁十七局集团有限公司	山西省太原市平阳路84号	0351－7258460	030012
第一工程有限公司	山西省太原市小店区人民北路18号	0351－7259105	030032
第二工程有限公司	陕西省西安市咸宁中路55号	029－62827210	710043
第三工程有限公司	河北省石家庄市中山西路	0311－83986582	050081
第四工程有限公司	重庆市北部高新区洪湖西路18号上丁企业公园24—25栋	023－67030953	401121
第五工程有限公司	山西省太原市小店区人民北路20号	0351－7771032	030032
第六工程有限公司	福建省福州市连江中路181号中铁大厦	0591－83632714	350014
建筑工程有限公司	山西省太原市平阳路南路34号中铁十七局集团建筑科技大厦	0351－7259578	030032
电气化工程有限公司	山西省太原市平阳路南路34号中铁十七局集团建筑科技大厦	0351－7259761	030032
上海轨道交通工程有限公司	上海市浦东新区张杨路1518弄10F	021－68554723	200135
铺架分公司	山西省太原市平阳路南路34号中铁十七局集团建筑科技大厦	0351－7259983	030032
物资有限公司	山西省太原市平阳路南路34号中铁十七局集团建筑科技大厦	0351－3252633	030032
山西铧兴工程检测有限公司	山西省太原市平阳路西一巷17号	0351－7258527	030012
房地产开发有限公司	山西省太原市平阳路南路34号中铁十七局集团建筑科技大厦	0351－7257842	030032
勘察设计院	山西省太原市平阳路南路34号中铁十七局集团建筑科技大厦	0351－7257427	030032
物业管理中心	山西省太原市平阳路84号	0351－7258316	030006
中心医院	山西省太原市小店区人民北路19号	0351－7259800	030032
中铁十八局集团有限公司	天津市河西区大沽南路1519号	022－60282114	300222
国际工程有限公司	天津市河西区大沽南路中铁十八局办公大楼	022－60282748	300222
第一工程有限公司	河北省涿州市冠云西路128号	0312－3686966	072750
第二工程有限公司	河北省唐山市丰润区光华道28号	0315－3238621	064000

续表

单　位　名　称	地　址	电　话	邮政编码
第三工程有限公司	河北省涿州市冠云路	0312－3686114	072750
第四工程有限公司	天津市津南区双港高科技产业园丽港园 33 号	022－60978285	300350
第五工程有限公司	天津市滨海高新区塘沽海洋科技园新北路 3199 号	022－25216507	300450
建筑安装工程有限公司	天津市东丽区空港经济区中环西路 285 号	022－58098568	300300
隧道工程有限公司	重庆市北碚区蔡家岗镇凤栖路 6 号	023－60310378	400700
轨道交通工程公司	湖北省武汉市武昌区中北路中国铁建 1818 中心写字楼 28 楼	027－87816628	430000
房地产开发有限公司	天津市滨海新区(塘沽)海缘中路国际企业大道 E2－9	022－65159659	300450
物资贸易有限公司	天津市东丽区空港经济区中环西路 285 号 8 楼	022－59060572	300308
勘察设计院	天津市空港经济区中环西路 285 号	022－58617789	300308
投资公司	天津市河西区大沽南路中铁十八局集团机关大楼	022－60283256	300222
物业管理公司	天津市河西区大沽南路中铁十八局东院	022－60283545	300222
中铁十九局集团有限公司	北京市经济技术开发区荣华南路 19 号	010－59819114	100176
第一工程有限公司	辽宁省辽阳市白塔区卫国路 138 号	0419－2324114	111000
第二工程有限公司	辽宁省辽阳市白塔区和平路 17 号	0419－2327210	111000
第三工程有限公司	辽宁省沈阳市沈北新区沈北路 36 号	024－67856839	100136
第五工程有限公司	辽宁省大连市金州区拥政街 586 号	0411－82163715	116000
第六工程有限公司	江苏省无锡市新吴区香山路 7 号	0510－83109698	214045
第七工程有限公司	广东省珠海市拱北港昌路 111 号中铁大厦	0756－8180416	519020
电务工程有限公司	北京市大兴区西红门新建服装开发区金服大街 13 号	010－57550018	100076
轨道交通有限公司	北京市顺义区林河经济开发区林河大街 16 号	010－57477798	101300
房地产开发有限公司	辽宁省辽阳市白塔区和平路 17 号	0419－2327005	111000
矿业投资有限公司	北京市丰台区莲怡园东路风荷曲苑 3 号楼	010－52730878	100161
国际建设分公司	北京市亦庄经济技术开发区路东区经海 3 路 109 号	010－67817857	100176
辽阳基地	辽宁省辽阳市白塔区和平路 17 号	0419－2327940	111000
计量测试中心	辽宁省辽阳市白塔区和平路 17 号	0419－2327082	111000
物资总公司	辽宁省辽阳市白塔区和平路 17 号	0419－2327498	111000
职工中心医院	辽宁省辽阳市白塔区卫国路 75 号	0419－2327160	111000
中铁二十局集团有限公司	陕西省西安市太华北路 89 号	029－82153600	710016
第一工程有限公司	江苏省苏州市新区大同路 10 号	0512－66160128	215151
第二工程有限公司	北京市海淀区西四环北路 158 号慧科大厦东区 12 层	010－88591336	100142
第三工程有限公司	重庆市南岸区黄桷垭镇崇文路 28 号附 7 号	023－62626940	400000
第四工程有限公司	山东省青岛市崂山区东海东路 89 号	0532－88017020	266061
第五工程有限公司	云南省昆明市官渡区国贸路星河明居 A 幢附属楼	0871－67176639	650200
第六工程有限公司	陕西省西安市未央区广安路 3619 号	029－62600206	710032
市政工程有限公司	甘肃省兰州市城关区北龙口永新化工园区永新集团 5 楼	0931－7893300	730046

续表

单位名称	地址	电话	邮政编码
电气化工程有限公司	陕西省西安市高新区新型工业园企业壹号公园6号	029－62680920	710119
房地产开发有限公司	重庆市南岸区茶园新区同景路8号山水之星	023－62962309	400060
西安工程机械有限公司	陕西省西安市辛家庙广安路3619号	029－62600366	710032
陕西物资有限公司(海外工程保障中心)	陕西省西安市华清东路125号 上海市宝山区友谊路318号5号楼	029－82320372 021－56782099	710032 201900
中铁贵州工程有限公司(中铁建环保生态产业开发有限公司)	贵州省贵阳市贵安新区黔中大道与贵华路交汇处	0851－88915055	550025
阿达驻车投资建设管理有限公司	天津市自贸试验区(空港经济区)东三道瑞航广场21号楼5层	022－84958586	300308
陕西中铁建设工程质量检测有限责任公司(计测中心战备武装部)	陕西省西安市长安区青华山风景区	029－85611953	710110
物业管理有限公司	陕西省西安市未央区太华北路89号	029－82152509	710016
南宁混凝土构件有限公司	广西壮族自治区南宁市江南区明阳工业区明阳大道A－3－1	0771－4280997	530226
安哥拉国际有限公司	安哥拉罗安达省维也纳市卡库西区		
莫桑比克有限公司	莫桑比克国楠普拉省NACALA市Maiaia区		
蒙古国有限公司	蒙古国乌兰巴托市青格勒泰区第4分区昂个日音街19/2号	00976－95243728	
塞拉利昂有限公司	塞拉利昂弗里敦		
西安市政勘察设计院(分公司)	陕西省西安市未央区太华北路89号	029－82152969	710016
巴基斯坦分公司(分公司)	巴基斯坦伊斯兰堡		
贵州绿港混凝土有限公司(合资)	贵州省贵阳市南明区龙洞堡机场路1号		550005
中铁建安工程设计院有限公司(合资)	河北省石家庄长安区北环东路15号	0311－87939537	050041
技工学校	陕西省渭南市向阳北街245号	0913－2167628	714000
咸阳基地管理处	陕西省咸阳市渭城区新兴北路北端东侧	029－33785467	712000
中铁二十一局集团有限公司	甘肃省兰州市安宁区北滨河西路921号	0931－4539986	730070
第一工程有限公司	新疆维吾尔自治区乌鲁木齐市经济开发区河南西路275号	0991－7924237	830011
第二工程有限公司	甘肃省兰州市城关区和平路63号	0931－8783160	730000
第三工程有限公司	陕西省咸阳市迎宾大道	029－33761739	712000
第四工程有限公司	陕西省西安市高新区唐延路中段37号洛克大厦7—9楼	029－68593506	710065
第五工程有限公司	重庆市江北区海尔路港城工业区D区港安二路28号	023－88730777 转8014	400025
第六工程有限公司	北京市经济技术开发区科创十四街99号33幢A座	010－56532206	101111
电务电化工程有限公司	甘肃省兰州市城关区红山根西村148号	0931－4924656	730000
路桥工程有限公司	陕西省西安市高新区唐延路37乙号洛克大厦	029－68593621 转515/609	710065
德盛和置业有限公司	陕西省西安市雁南五路曲江文化商务会所6层	029－85567281	710061
国际工程有限公司	北京市海淀区万丰路18号院5号楼3层	010－59811999	100010
勘察设计院	甘肃省兰州市城关区和平路63号	0931－4930615	730000
轨道交通工程有限公司	山东省济南市槐荫区烟台路与顺安路交叉口西元大厦东楼18—21楼	0531－55620918	250000

续表

单　位　名　称	地　址	电　话	邮政编码
西部铁建工程材料科技有限公司	甘肃省兰州市永登县秦川镇经十三路纬五十四路交叉口以南900米	0931－7847611	730311
铁路运营管理有限公司	新疆维吾尔自治区乌鲁木齐市经济开发区太原路645号2楼	0991－7959189	830011
市政工程分公司	宁夏回族自治区银川市西夏区兴州北路303号	0951－8552310	750000
中铁二十二局集团有限公司	北京市石景山区石景山路35号	010－51886220	100043
第一工程有限公司	北京市石景山区鲁谷路86号	010－51888357	100040
第二工程有限公司	北京市石景山区实兴大街西山汇30号院6号楼12层,15层	010－57551530	100041
第三工程有限公司	福建省厦门市观音山国际商务营运中心11号楼22层	0592－5550126	361008
第四工程有限公司	天津市武清开发区创业总部基地B16	022－59903508	301700
第五工程有限公司	重庆市北碚区城南新区文长路2号	023－61389907	400700
哈尔滨铁路建设集团有限责任公司	黑龙江省哈尔滨市南岗区西大直街113号	0451－8642365	150006
电气化工程有限公司	北京市门头沟区永定镇龙兴南二路中国铁建梧桐汇S13号楼14—18层	010－63379259	102300
北京中铁天瑞机械设备有限公司	北京市石景山区银河大街6号院1号楼2层南塔203	010－68636570	100043
房地产开发有限公司	北京市石景山区实兴大街30号院6号楼11层	010－57551383	100041
中铁京诚工程检测有限公司	北京市房山区长阳镇夏场村天瑞嘉园29号楼	010－60355283	102444
中铁二十三局集团有限公司	四川省成都市二环路西二段10－1号	028－68311110	610072
第一工程有限公司	山东省日照市黄海二路65号	0633－31638029	276826
第二工程有限公司	黑龙江省齐齐哈尔市铁锋区站前大街256号	0452－2924257	161000
第三工程有限公司	四川省成都市温江区天府街中段336号	028－67230000	611130
第四工程有限公司	四川省成都市青羊工业总部基地G区8栋A/B座	028－68618103	610091
轨道交通工程有限公司	上海市浦东新区惠南镇城南路335号	021－68037915	201300
第六工程有限公司	重庆市北部新区金开大道68号协信星光天地2幢22—27楼	023－63035822	401121
电务工程有限公司	天津市南开区密云一支路燕宇小区45号	022－27531522	300100
建筑设计研究院	四川省达州市通川区张家湾路2号	0818－2373110	635000
中铁二十四局集团有限公司	上海市会文路2号	021－51221317	200071
安徽工程有限公司	安徽省合肥市瑶海工业园区新海大道15号	0551－2124910	230011
江苏工程有限公司	江苏省南京市栖霞区幕府东路339号	025－68029912	210038
上海铁建工程有限公司	上海市静安区共和新路911号	021－51231157	200070
浙江工程有限公司	浙江省杭州市上城区江城路692号	0571－87806165	310009
福建铁路建设有限公司	福建省福州市晋安区沁园路77号	0591－87577551	350013
南昌铁路工程有限公司	江西省南昌市西湖区二七南路109号	0791－87022857	330002
新余工程有限公司	江西省新余市铁兴路216号	0790－6968255	338025
上海电务电化有限公司	上海市静安区王家宅路40号	021－51226558	200071
贵溪桥梁厂有限公司	江西省贵溪市柏里大道	0701－3773371	335400

续表

单　位　名　称	地　址	电　话	邮政编码
鹰潭设备安装工程有限公司	江西省鹰潭市月湖区环城东路 105 号	0701－6447216	335000
上海房地产开发有限公司	上海市静安区民德路 20 号	021－51223735	200071
路桥分公司	上海市静安区秣陵路 80 号华象大楼 15F	021－51236006	200070
轨道交通分公司	上海市静安区天目中路 585 号新梅大厦 18 楼	021－51223097	200071
中铁二十五局集团有限公司	广东省广州市越秀区中山一路 55 号	020－61325117	510600
第一工程有限公司	广东省广州市越秀区解放北路桂花岗东 2 号	020－61357357	510405
第二工程有限公司	湖南省衡阳市珠晖区乐群里 166 号	0734－2523457	421002
第三工程有限公司	湖南省长沙市雨花区黄土岭路裕华名苑大鸿杰座 1202 室	0731－85099577	410016
第四工程有限公司	广西壮族自治区柳州市和平路 138 号	0772－3924417	545007
第五工程有限公司	山东省青岛市崂山区科苑纬三路 25 号	0532－58702750	266000
第六工程有限公司	广西壮族自治区柳州市红岩路二区 75 号	0772－3926219	545007
电务工程有限公司	广东省广州市越秀区共和西路 8 号	020－61327479	510600
房地产开发有限公司	广东省广州市越秀区中山一路 57 号	020－61330650	510600
南方实业开发有限公司	广东省广州市越秀区共和西路 8 号	020－61323957	510600
广州铁诚工程质量检测有限公司	广东省广州市越秀区共和西路 8 号	020－61330251	510600
西北分公司	陕西省西安市碑林区东关正街 70 号招商局广场 12 楼	029－83263611	710048
中铁建设集团有限公司	北京市石景山区石景山路 20 号	010－51812904	100131
铁路工程总指挥部	北京市石景山区石景山路 20 号	010－51885657	100131
海外工程分公司	北京市石景山区石景山路 20 号	010－51885043	100131
工程资源分公司	北京市丰台区南苑西营房甲 5 号院	010－52252285	100076
建筑设计院	北京市石景山区石景山路 20 号	010－51885084	100131
设备安装分公司	北京市丰台区张仪村路 16 号	010－51885165	100040
装饰分公司	北京市丰台区张仪村路 16 号	010－51885423	100040
市政工程分公司	北京市丰台区张仪村路 16 号	010－51885153	100040
北京中铁建工物资有限公司	北京市丰台区张仪村路 16 号	010－51885211	100040
商品混凝土分公司	北京市丰台区张仪村路 16 号	010－51885172	100040
模板架构件加工租赁中心	北京市丰台区张仪村路 16 号	010－51885508	100040
设备租赁分公司	北京市丰台区张仪村路 16 号	010－5188523	100040
北京中铁电梯工程有限公司	北京市丰台区张仪村路 16 号	010－51885201	100040
中铁建钢结构有限公司	河北省涿州市华阳中路 143 号	0312－3972508	072750
房产膳食服务管理中心	北京市石景山区石景山路 20 号	010－51885414	100131
中国铁建电气化局集团有限公司	北京市石景山区石景山路 29 号	010－88779813	100043
第一工程有限公司	河南省洛阳市白马寺镇 18 号	0379－62630033	471013
第二工程有限公司	山西省太原市尖草坪区昌盛西街 18 号	0351－3258099	030023
第三工程有限公司	河北省高碑店市兴华北路 57 号	0312－7932801	074000

续表

单位名称	地址	电话	邮政编码
第四工程有限公司	湖南省长沙市雨花区中意一路728号	0731-85627012	410116
第五工程有限公司	四川省成都市青阳区成飞大道青阳工业总部基地N区12栋	028-81726003	610091
南方工程有限公司	湖北省武汉市东湖开发区佳园路17号	027-51129200	430074
北方工程有限公司	山西省太原市迎泽西大街369号	0351-6354026	030053
北京京燕饭店有限公司	北京市石景山区石景山路29号	010-68876666	100043
西安电气化制品有限公司	陕西省渭南市华县莲花寺	0913-4810300	714101
科技有限公司	河北省高碑店市西大街建国胡同9号	0312-7938502	074013
北京中铁建电气化设计研究院	北京市石景山区石景山路29号京燕饭店3层	010-88779906	100043
北京城市轨道工程公司	北京市石景山区石景山路29号	010-88779952	100043
轨道交通器材有限公司	江苏省常州市武进区雪堰镇潘家工业集中区	0519-86547055	213179
康远新材料有限公司	江苏省江阴—靖江工业园区	0523-84609066	214521
新疆维管段公司	新疆维吾尔自治区乌鲁木齐市天津北路234号嘉华园小区北区5号楼2单元202室	0992-7326109	830010
中国铁建港航局集团有限公司	广东省珠海市前山翠峰街189号	0756-6250000	519000
第一工程分公司	广东省广州市番禺区南村兴南大道118号1号楼	020-84568231	510000
第二工程分公司	浙江省宁波市鄞州区泰康中路459号	0574-89069058	315192
第三工程分公司	山东省青岛市李沧区广水路771号	0532-55719696	266041
第四工程分公司	重庆市江北区港安二路28号冠陆两江汇谷D栋10—11楼	023-67071033	400025
总承包分公司(船舶工程分公司)	广东省珠海市香洲区兴华路111号中侨兴商业大厦2号楼6楼	0756-2620939	519000
路桥工程有限公司	广东省广州市番禺区南村兴南大道118号2号楼	020-84568242	510000
勘察设计院有限公司	广东省广州市番禺区兴南大道118号2号楼	020-83187977	510000
中国铁建房地产集团有限公司	北京市海淀区复兴路40号中国铁建大厦B座	010-52689999	100039
中铁房地产集团北方有限公司	北京市丰台区小屯路美域家园南区1号楼	010-68635667-800	100166
中铁房地产集团华东有限公司	上海市静安区裕通路100号宝矿洲际商务中心51楼	021-60768900	200070
中铁房地产集团华南有限公司	广东省广州市天河区珠江西路15号珠江城大厦31楼	020-81237200	510000
中铁房地产集团西南有限公司	四川省成都市高新区锦城大道1288号中铁办公楼	028-61682255	610041
中铁房地产集团商业地产开发管理有限公司	天津市河北区金钟河大街中国铁建·国际城诗景颂苑项目公建楼	022-26779666	300150
中铁房地产集团海外地产发展有限公司	北京市朝阳区来广营乡清河营东路2号乐想汇3号楼	010-84912850	100012
中铁房地产集团(北京)物业管理有限公司	北京市门头沟区永定镇龙兴南二路5号院2号楼5层,6层	010-56965918	102308
中铁房地产集团设计咨询有限公司	北京市石景山区金融街(长安)中心		100043
中铁房地产集团创新产业投资有限公司	北京市门头沟区永定镇东辛秤村	010-56965913	102308
中铁房地产集团北京投资管理有限公司	北京市海淀区复兴路40号中国铁建大厦B座	010-52689999	100039
中铁建南沙投资发展有限公司	广东省广州市南沙区海滨路171号金融大厦16楼	020-39030030	511458
中铁房地产集团(贵州)有限公司	贵州省贵阳市南明区太慈桥车水路11号	0851-85505188	550003

续表

单位名称	地址	电话	邮政编码
中铁第一勘察设计院集团有限公司	陕西省西安市西影路 2 号	029－82365023	710043
线路运输设计处	陕西省西安市西影路 2 号	029－82365210	710043
地质路基设计处	陕西省西安市西影路 2 号	029－82365308	710043
桥梁隧道设计处	陕西省西安市西影路 2 号	029－82365382	710043
工程经济设计处	陕西省西安市西影路 2 号	029－82365260	710043
电气化设计处	陕西省西安市西影路 2 号	029－82365712	710043
通信信号设计处	陕西省西安市西影路 2 号	029－82365686	710043
环境与设备设计处	陕西省西安市西影路 2 号	029－82365880	710043
交通与市政工程设计研究院	陕西省西安市西影路 2 号	029－82365395	710043
城市轨道与建筑设计研究院	陕西省西安市西影路 2 号	029－82365520	710043
测绘地理信息工程技术研究院	陕西省西安市西影路 2 号	029－82365978	710043
工程咨询院	陕西省西安市西影路 2 号	029－82349701	710043
信息网络处	陕西省西安市西影路 2 号	029－82349001	710043
轨道交通工程信息化国家重点实验室	陕西省西安市西影路 2 号	029－82349800	710043
海外事业部	陕西省西安市西影路 2 号	029－82365176	710043
资本运营事业部	陕西省西安市西影路 2 号	029－82365698	710043
工程总承包事业部	陕西省西安市西影路 2 号	029－82365698	710043
兰州铁道设计院有限公司	甘肃省兰州市和政路 131 号	0931－4934519	730000
陕西逸博置业有限公司	陕西省西安市西影路 2 号	029－82349629	710043
新疆铁道勘察设计院有限公司	新疆维吾尔自治区乌鲁木齐市北京南路 703 号	0991－3838877	830011
青海铁道工程勘察有限公司	青海省西宁市共和南路 23 号	0971－6103780	810007
甘肃铁道综合工程勘察院有限公司	甘肃省兰州市和政路 131 号	0931－4934733	730000
陕西铁道工程勘察有限公司	陕西省宝鸡市金台区中山西路 88 号	0917－2822156	721001
甘肃综合铁道工程承包有限公司	甘肃省兰州市和政路 127 号	0931－4934597	730000
中铁一院南方工程咨询监理有限责任公司	广东省珠海市香洲区香工路 18 号金地门道 B2 区 34 栋	0756－8919895	519000
西安铁一院工程咨询监理有限责任公司	陕西省西安市高新区丈八一路 1 号汇鑫 ABC 大厦 D 座	029－81770772	710065
陕西格瑞环境治理有限责任公司	陕西省西安市西影路 2 号	029－82349064	730043
甘肃环通工程试验检测有限公司	甘肃省兰州市和政路 131 号	0931－4933093	730000
山东建筑设计院有限公司	山东省威海市环翠区光明路 96 号	0631－5169697	264200
甘肃宏图文印有限公司	甘肃省兰州市和政路 131 号	0931－4934592	730000
西安百和物业管理有限公司	陕西省西安市西影路 2 号	029－82349833	710043
兰州鑫铁物业管理有限公司	甘肃省兰州市和政路 131 号	0931－4934021	730000
中铁第四勘察设计院集团有限公司	湖北省武汉市武昌区和平大道 745 号	027－86812844	430063
线路站场设计研究处	湖北省武汉市武昌区和平大道 745 号	027－86816193	430063

续表

单　位　名　称	地　址	电　话	邮政编码
桥梁设计研究处	湖北省武汉市武昌区和平大道 745 号	027－86811470	430063
地质路基设计研究处	湖北省武汉市武昌区和平大道 745 号	027－51155953	430063
通信信号设计研究处	湖北省武汉市武昌区和平大道 745 号	027－86814195	430063
设备设计研究处	湖北省武汉市武昌区和平大道 745 号	027－51155236	430063
电气化设计研究处	湖北省武汉市武昌区和平大道 745 号	027－86814200	430063
城市轨道与地下工程设计研究院	湖北省武汉市武昌区和平大道 745 号	027－51155305	430063
建筑与城市规划设计研究院	湖北省武汉市武昌区和平大道 745 号	027－51156234	430063
工程经济设计处	湖北省武汉市武昌区和平大道 745 号	027－51155288	430063
道路交通设计研究院	湖北省武汉市武昌区和平大道 745 号	027－51184246	430063
环境工程设计研究处	湖北省武汉市武昌区和平大道 745 号	027－51156792	430063
工程勘察研究院	湖北省武汉市洪山区铁机村	027－51156248	430063
国际事业部	湖北省武汉市武昌区和平大道 745 号	027－5115594	430063
信息中心	湖北省武汉市武昌区和平大道 745 号	027－86811459	430063
图文印制中心	湖北省武汉市武昌区和平大道 745 号	027－86814198	430063
保障服务中心	湖北省武汉市武昌区和平大道 745 号	027－51155657	430063
接待中心	湖北省武汉市武昌区和平大道 745 号	027－51155080	430063
杭州分院	浙江省杭州市备塘中路 17 号瑞金银座酒店 9 楼	0571－56297205	310017
厦门分院	福建省厦门市思明区湖滨东路 6 号华龙大厦 29 楼	0592－5800708	361010
深圳分院	广东省深圳市南山区学府路荟芳园 D 栋 5 楼	0755－26530649	518052
海南分公司	海南省海口市和平南路 78 号宁屯大厦 11 层	0898－65337543	570203
北京分院	北京市海淀区北小马厂华天大厦 11 楼	010－63323794 转 1616	100039
乌鲁木齐分公司	新疆维吾尔自治区乌鲁木齐市阿勒泰路 306 号香格里拉美泉小区 12 座 B 室	0991－3818118	830011
济南分公司	山东省济南市历下区和平路 1 号	0531－88386829	250014
郑州分院	河南省郑州市金水区郑汴路 138 号英协广场 A 座 27 楼	0371－65923637	450004
徐州分公司	江苏省徐州市解放南路 265 号	0516－83950879	221000
南京分院	江苏省南京市鼓楼区中央路 399 号天正国际广场 15 楼	025－84585248	210037
南通分公司	江苏省南通市崇川区桃园路 10 号中央公园广场 27 楼 2701 室	0513－81027677	226000
合肥分公司	安徽省合肥市新站开发区正阳路 18 号	0551－62123667	230011
常州分公司	江苏省常州市通江南路 257 号	15997478869	213000
上海分公司	上海市广灵四路 24 号甲开隆大厦 7 层	021－65608347	200083
南昌分公司	江西省南昌市红谷滩绿茵路 799 号联发广场 1509 室	0791－88890913	330000
长沙分公司	湖南省长沙市袁家岭五一大道 253 号湘域中央 2 号楼 32 层	0731－88152886	410011
温州分公司	浙江省温州市龙湾区温州大道 78 号	0577－56679699	325011
福州分院	福建省福州市北环东路 96 号沁园新村 3－101	0591－87595548	350013

续表

单　位　名　称	地　址	电　话	邮政编码
广州分院	广东省广州市三元里大道463号矿泉游泳场		510400
佛山分公司	广东省佛山市南海区桂城南海大道北5号兴业大厦A座3楼	0757-63380501	528200
珠海分公司	广东省珠海市香洲区联安路99号	0756-3926838	519020
武汉分院	湖北省武汉市武昌区和平大道745号	027-51184190	430063
成都分院	四川省成都市高新区天府大道500号东方希望天祥广场3栋33楼	0288-5331262	610041
尼日利亚分公司	C. C. E. C. C NIG LTD. NO. 46, NNAMDI AZIKIWE DRIVE NIGERIA RAILWAY COMPOUND EBUTE—METTA, LAGOS NIGERIA	2349085353800	999062
中铁四院集团广州设计院有限公司	广东省广州市越秀区共和西路6号	020-61329017	510600
中铁四院集团南宁勘察设计院有限公司	广西壮族自治区南宁市高新区高新五路3号	0771-2721367	530003
铁四院(湖北)工程监理咨询有限公司	湖北省武汉市武昌区和平大道745号	027-86811518	430063
武汉铁四院工程咨询有限公司	湖北省武汉市武昌区和平大道745号	027-51156952	430063
武汉铁四院工程造价咨询有限公司	湖北省武汉市武昌区和平大道745号	027-51155305	430063
武汉铁道工程承包有限责任公司	湖北省武汉市武昌区和平大道745号	027-86715014	430063
中铁四院集团岩土工程有限责任公司	湖北省武汉市武昌区和平大道745号	027-51155953	430063
中铁四院集团投资有限公司	湖北省武汉市武昌区和平大道745号	027-51185719	430063
中铁四院集团昆明工程建设投资有限公司	云南省昆明市呈贡新城白龙潭善书院25栋	0871-63962233	650500
中铁四院集团房地产开发有限公司	湖北省武汉市武昌区和平大道745号	027-51155729	430063
武汉铁辰工程检测有限公司	湖北省武汉市武昌区和平大道745号	027-51155407	430063
中铁四院集团华东有轨电车交通设计研究有限公司	江苏省苏州市高新区马涧路2000号电车基地11楼	0512-68310027	215009
海峡(福建)交通工程设计有限公司	福建省福州市台江区交通路43号	0591-83371570	350004
中铁四院集团西南勘察设计有限公司	云南省昆明市官渡区官渡镇广福路5349号银海樱花语幸福广场F幢	0871-63512359	650214
中铁四院集团楚桂审图咨询有限公司	广西壮族自治区南宁市高新区高新五路3号	0771-2721367	530003
中铁第五勘察设计院集团有限公司	北京市大兴区康庄路9号	010-51011506	102600
线路运输设计院	北京市大兴区康庄路9号	010-51011110	102600
地质路基勘察设计院	北京市大兴区康庄路9号	010-51011606	102600
桥梁设计院	北京市大兴区康庄路9号	010-51011569	102600
四电设计院	北京市大兴区康庄路9号	010-51011265	102600
城市轨道交通设计院	北京市大兴区康庄路9号	010-51011227	102600
建筑设计院	北京市大兴区康庄路9号	010-51011589	102600
市政工程设计院	北京市大兴区康庄路9号	010-51011584	102600
工程经济设计院	北京市大兴区康庄路9号	010-51011269	102600
环境工程设计院	北京市大兴区康庄路9号	010-51011180	102600

续表

单　位　名　称	地　址	电　话	邮政编码
水利水运工程设计院	北京市大兴区康庄路9号	010－51011159	102600
技术研究院	北京市大兴区康庄路9号	010－51011517	102600
工程咨询公司	北京市大兴区康庄路9号	010－51011660	102600
东北勘察设计院	黑龙江省哈尔滨市南岗区西大直街119号	0451－86424957	150006
郑州勘察设计院	河南省郑州市高新区翠竹街1号总部企业基地100号楼	0371－86628312	450000
天津勘察设计院	天津市南开区黄河道大通大厦A803	022－87900005	300000
乌鲁木齐勘察设计院	新疆维吾尔自治区乌鲁木齐市新市区北京南路946号金坤大厦9楼	0991－6111201	830011
北京铁研建设监理有限责任公司	北京市大兴区康庄路9号	010－53203301	102600
北京铁五院工程试验检测有限公司	北京市大兴区康庄路9号	010－53271770	102600
北京中铁建北方路桥工程有限公司	北京市大兴区康庄路9号	010－53271798	102600
北京铁五院工程机械有限公司	北京市大兴区魏善庄镇黄徐路49号	010－89230536转609	102611
北京铁五院置业有限公司	北京市大兴区康庄路9号	010－51011179	102600
工程管理处	北京市大兴区康庄路9号	010－51123805	102600
试验中心	北京市大兴区康庄路9号	010－51011268	102600
信息中心	北京市大兴区康庄路9号	010－51011565	102600
图文中心	北京市大兴区康庄路9号	010－51011512	102600
测绘中心	北京市大兴区康庄路9号	010－51125079	102600
《铁道建筑技术》杂志社	北京市大兴区康庄路9号	010－53271773	102600
上海办事处	上海市长宁区定西路1310弄6号507—508室	021　52394268	200050
呼和浩特办事处	内蒙古自治区呼和浩特市新城区南马路57号	0471－6939772	010050
成都办事处	四川省成都市高新区吉泰三路8号新希望国际C座1201号	028－87710489	610041
西安办事处	陕西省西安市新城区咸宁中路125号中科院3楼	029－83222458	710043
沈阳办事处	辽宁省沈阳市和平区南四马路28－4号2单元12楼3号	024－23835546	110005
济南办事处	山东省济南市市中区经八路66号三箭瑞福苑二区2号楼2单元702室	0531－81761657	250031
南昌办事处	江西省南昌市西湖区丁公路恒贸国际华城10栋B单元804室	0791－82020730	300033
广州办事处	广东省广州市越秀区福今东路12号东山雅筑B1702房	020－38732110	510080
兰州办事处	甘肃省兰州市东岗西路638号兰州财富中心26楼东区	0931－8838852	730000
太原办事处	山西省太原市迎泽区迎泽南街鼎元时代中心A座2204	13601069103	030001
贵阳办事处	贵州省贵阳市金阳新区黔灵山路1号贵阳日报印务中心1号楼3层	15811075535	550001
南宁办事处	广西壮族自治区南宁市青秀区东葛路3－1号5层	0771－2810219	530022
南京办事处	江苏省南京市鼓楼区新模范马路17号宏景攻于3A栋10号301室	025－58783249	210003
厦门分院	福建省厦门市思明区塔埔东路观音山商务运营中心166号11栋21楼	0592－5960869	361008
河北分院	河北省邯郸市丛台区和平路478号(西门)	0310－5766829	056002

续表

单位名称	地址	电话	邮政编码
中铁上海设计院集团有限公司	上海市天目中路291号	021－63818358	200070
南昌铁路勘测设计院有限责任公司	江西省南昌市工人新村二路27号	0791－87021157	330002
杭州铁路设计院有限责任公司	浙江省杭州市延安路468号浙江经贸广场综合楼B座6楼	0571－56735698	310006
中铁上海设计院集团合肥有限公司	安徽省合肥市瑶海工业园区新海大道15号(中国铁建安徽大厦)	0551－62123591	230011
上海先行建设监理有限公司	上海市天目中路291号	021－63817060	200070
中铁上海设计院集团有限公司天津分院	天津市南开区卫津路18号中恺国际广场新都大厦A座15层	022－27776838	300073
中铁上海设计院集团有限公司南京设计院	江苏省南京市鼓楼区中山北路223号建达大厦7楼	025－83302580	210009
中铁上海设计院集团有限公司徐州设计院	江苏省徐州市新城区镜泊西路吉田商务广场C栋4层	0516－80805777	221007
中铁上海设计院集团有限公司长沙设计院	湖南省长沙市雨花区香樟路819号万坤图财富广场1栋10楼	0731－85350987	410014
中铁物资集团有限公司	北京市海淀区西四环中路19号	010－51881098	100143
东北有限公司	辽宁省沈阳市东北大马路337号	024－88204333	110044
华东有限公司	上海市杨浦区逸仙路25号同济晶度大厦18—19楼	021－62172358	200437
中南有限公司	湖北省武汉市武昌区丁字桥路25号	027－87129851	430070
西北有限公司	陕西省西安市碑林区友谊东路150号	029－82258480	710054
西南有限公司	四川省成都市一环路北三段1号SOHO－C座	028－87666612	610081
华北有限公司	河北省石家庄市长安区工人街22号	0311－85364898	050000
华南有限公司	广东省广州市越秀区东风东路745号东山紫园商务大厦17层	020－28079988	510080
港澳有限公司	广东省珠海市香洲区九洲大道西3026号11栋	0756－3800255	519000
北京中铁工业有限公司	北京市石景山区玉泉路65号院	010－51888618	100040
新疆有限公司	新疆维吾尔自治区乌鲁木齐市经济技术开发区中亚南路81号	0991－3776903	830026
北京中铁国际招标公司	北京市海淀区西四环中路19号	010－51881651	100143
北京五棵松饭店有限公司	北京市海淀区西四环中路19号	010－51881187/88/89	100143
湖南有限公司	湖南省长沙县星沙镇经济技术开发区开元大道17号湘商世纪鑫城3901室	0731－88289215	410100
云南有限公司	云南省昆明市官渡区广福路樱花语幸福广场A1－E栋8楼	0871－63575127	650200
中铁煤焦销售有限公司	北京市石景山区玉泉路65号院	010－51886233	100040
中铁西城钢铁公司	江苏省江阴市滨江西路8号江锋广场16层	0510－86006611	214400
中铁民爆物资有限公司	北京市海淀区西四环中路19号	010－51886649	100143
北京中铁福斯罗技术有限公司	北京市海淀区西四环中路19号218房间	010－51881080	100143
钢之家电子商务公司	上海市浦东新区东方路818号众城大厦10楼D座	021－50582191	200122
中国铁建高新装备股份有限公司	云南省昆明市官渡区金马镇杨方旺384号	0871－63831988	650215
昆明奥通达铁路机械有限公司	云南省昆明市官渡区金马镇杨方旺384号	0871－65388007	650215
昆明广维通机械设备有限公司	云南省昆明市官渡区金马镇杨方旺384号	0871－63831305	650215

续表

单 位 名 称	地 址	电 话	邮政编码
北京昆维通铁路机械化养护工程有限公司	北京市房山区大件路1－7号	010－59735819	102400
北京瑞维通工程机械有限公司	北京市房山区大件路77号	010－59735836	102400
昆明中铁恒源商务服务有限公司	云南省昆明市官渡区金马镇杨方旺384号	0871－3831230	650215
中国铁建重工集团有限公司	湖南省长沙市经济技术开发区东七路88号	0731－84071801	410100
中央研究总院	湖南省长沙市经济技术开发区东七路88号	0731－84071770	410100
轨道设备事业部	湖南省株洲市建设北路	0731－28300288	412005
掘进机事业部	湖南省长沙市经济技术开发区东七路88号	0731－84071779	410100
特种装备事业部	湖南省长沙市经济技术开发区东七路88号	0731－84071343	410100
海外事业部	湖南省长沙市经济技术开发区东七路88号	0731－84071701	410100
中铁建特种装备工程有限公司	湖南省长沙市经济技术开发区东七路88号	0731－84071826	410100
中铁隆昌铁路器材有限公司	四川省隆昌县金鹅镇外站路75号	0832－5166500	642150
株洲中铁电气物资有限公司	湖南省株洲市田心北站路81号	0731－22681288	412001
新疆公司	新疆维吾尔自治区乌鲁木齐市经济技术开发区融合南路399号	18599136294	830000
中国铁建重工集团兰州隧道装备有限公司	甘肃省兰州市永登县中川镇纬三路	0931－8258008	730314
道岔分公司	湖南省株洲市建设北路	0731－28300006	412005
掘进机制造总厂	湖南省长沙市经济技术开发区东七路88号	0731－84071860	410100
特种装备制造总厂	湖南省长沙市经济技术开发区东七路88号	0731－84071439	410100
中国铁建国际集团有限公司	北京市复兴路40号中国铁建大厦B座7层	010－52689100	100039
中国铁建阿尔及利亚有限公司	143. route de AMARA，CHERAGA，ALGER，ALGERIE	00213－774976187	100062
中国铁建股份有限公司沙特分公司	Arabian Business Center Third Floor，Office No. 304 King Abdul－lah Road North east of Tariq Bin Ziad Square，Jeddah，Kingdom of Saudi Arabia	00966－25619700	
中国铁建股份有限公司安哥拉公司	Talhão N. 1，Projecto Luanda Sul，Sector Talatona，Município de Belas，Luanda，Angola	00244－947030605	
中国铁建（加勒比）有限公司	No. 78 Ellerslie Park，Maraval，Port－of－Spain，Trinidad and Tobago	001868－62202074	
中国铁道建设（香港）有限公司	香港九龙观塘海滨道133号万兆丰中心10楼A室	00852－27749886	
中国铁建美国有限公司	22 Battery St.，Suite 333，San Francisco，CA，U. S. A.	001－4157952118	94111
中铁建（北京）国际贸易有限公司	北京市海淀区复兴路40号中国铁建大厦B座	010－68657866	100039
中国铁建西非有限公司	COCODY－II PLATEAUX，ABIDJAN，CÔTE D'IVOIRE AN－GRE 8è TRANCHE	00225－46076285	
中国铁建马来西亚有限公司	No. 46，Jalan Damai，Off Jalan Tun Razak，55000 Kuala Lum－pur，Malaysia	00603－21628228	55000
中铁城建集团有限公司	湖南省长沙市岳麓区杜鹃路772号	0731－88605600	410205
第一工程有限公司	山西省太原市迎泽西大街169号	0351－2654912	030024
第二工程有限公司	广东省广州市越秀区共和西路8号	020－87657007	510600
第三工程有限公司	天津市滨海新区海洋高新区桂海路21号	022－60615955	300450
北京工程有限公司	北京市朝阳区常营五里桥一街1号院	010－85717577	100024

续表

单　位　名　称	地　址	电　话	邮政编码
南昌建设有限公司	江西省南昌市二七南路116号	0791－87021287	330002
房地产开发有限公司	湖南省长沙市岳麓区学士路江山帝景凯盛庭7号栋	0731－88605169	410000
物资有限公司	广东省广州市南沙区黄阁镇蕉门路8号	13631437678	511400
物业管理有限公司	湖南省长沙市岳麓区杜鹃772号	0731－88605600	410205
中国铁建投资集团有限公司	北京市海淀区复兴路40号铁建大厦B座	010－52689500	100855
中铁建西南(重庆)投资建设管理有限公司	重庆市渝北区财富中心国际公寓A1栋2单元2－1	023－63410818	401121
中铁建南方投资有限公司	广东省珠海市香洲区海滨南路88号财富商务大厦16楼	0756－8725136	519015
中铁建华东投资有限公司	江苏省南京市鼓楼区广州路5号君临国际2栋21	025－52815390	210024
中铁建山东投资建设管理有限公司	山东省青岛市崂山区苗岭路29号山东高速大厦7楼	0532－88700589	266061
中铁建山东京沪高速公路济乐有限公司	山东省济南市高新技术开发区天辰大街1188号	0531－89703607	250101
中铁建湛江开发有限公司	广东省湛江市人民大道中46号中国建设银行10层	0759－2532665	524000
中铁建桂林投资有限公司	广西壮族自治区桂林市万福路88号广州军区桂林疗养院宝贤楼	0773－2086679	541002
中铁建贵州安紫高速公路有限公司	贵州省安顺市西秀区新大十字建行13楼	0851－32229668	561000
中铁建四川简蒲高速公路有限公司	四川省眉山市东坡区二环东路273号	028－36028199	620010
中铁建珠海西部开发投资有限公司	广东省珠海市金湾区红旗镇双湖北路华信荣楼东区	0756－7686806	519090
北京兴延高速公路有限公司	北京市昌平区超前路37号	010－69706306	102299
中铁建兰州地铁投资有限公司	甘肃省兰州市七里河区恒大名都商业二期3幢	0931－2395975	730000
中铁建甘肃投资建设有限公司	甘肃省兰州市七里河区恒大名都商业二期3幢	0931－2395975	730000
青岛蓝色硅谷轨道交通有限公司	山东省青岛市崂山区苗岭路29号山东高速大厦7楼	0532－88700589	266000
中铁建山东济徐高速公路济鱼有限公司	山东省济宁市任城区红星中路37号明冉大厦	0537－5168383	272000
中铁建(山东)德商高速公路有限公司	山东省聊城市东昌府区南湖滨路海关院内南楼德商公司	0635－5056579	252000
中铁建四川德简高速公路有限公司	四川省德阳市旌阳区鞍山路39号凯德高新大厦15楼	0838－2909798	618000
中铁建四川德都高速公路有限公司	四川省德阳市旌阳区鞍山路39号凯德高新大厦15楼	0838－2909798	618000
中铁建珠海投资开发有限公司	广东省珠海市金湾区红旗镇双湖北路华信荣楼东区	0756－7686806	519090
中铁建置业有限公司	北京市丰台区南三环中路南侧东罗园9号楼	010－53310140	100075
中铁建重庆轨道环线建设有限公司	重庆市渝北区财富中心财富园财富1号B幢6楼	023－63410818	443702
珠海铁建大厦置业有限公司	广东省珠海市香洲区情侣中路51号日东广场1单元4层	0756－2680800	519000
中铁建青岛投资有限公司	山东省青岛市市北区瑞昌路168号汇通大厦707	0532－66981126	266000
中铁建桂林旅游开发有限公司	广西壮族自治区桂林市资源县城北新区资源农村商业银行股份有限公司11楼	0773－7915165	541400
中国铁建新疆房地产开发有限公司	新疆维吾尔自治区乌鲁木齐市新市区上海路浦东街3号众创空间4楼	0991－5261666	830026
中国铁建财务有限公司	北京市复兴路40号中国铁建大厦10层东	010－52689029	100855
诚合保险经纪有限责任公司	北京市复兴路40号中国铁建大厦8层东	010－52689665	100855
湖北分公司	湖北省武汉市武昌区中山路347号中国铁建大厦26层		430060

续表

单位名称	地址	电话	邮政编码
云南分公司	云南省昆明市官渡区民航路398号顺新时代大厦1栋505室	0871－68258522	650041
重庆分公司	重庆市渝北区洪湖东路55号20幢(原A24)02－3－1号	023－63064571	401121
甘肃分公司	甘肃省兰州市城关区皋兰路5号建行铁路支行办公室楼905室	0931－8410895	730030
陕西分公司	陕西省西安市新城区清东路125号中铁二十局陕西物资有限公司办公室5层	0298－2152695	710032
上海分公司	上海市普陀区中山北路2438号中瑞大厦8F		200061
河北分公司	河北省石家庄市和平西路469号中铁建华北投资发展有限公司东办公楼2楼	0311－87086959	050003
广东分公司	广东省广州市中山一路57号1001	020－37609184	510088
辽宁分公司	辽宁省沈阳市大东区东北大马路337号(中铁物资集团东北公司)405室		110044
中铁建商务管理有限公司	北京市海淀区复兴路40号	010－51888421	100039
北京铁建物业管理有限公司	北京市海淀区复兴路40号	010－51887649	100039
北京铁建宾馆	北京市海淀区复兴路40号	010－51889602	100039
中国铁道建筑总公司北京铁建医院	北京市海淀区复兴路40号	010－51888417	100039
北京中铁建商贸中心	北京市海淀区复兴路40号	010－51887115	100039
中铁国际航空服务有限公司	北京市海淀区复兴路40号	010－52689222	100855
中国铁建股份有限公司机关汽车队	北京市海淀区复兴路40号	010－51886222	100039
中铁建商务管理有限公司朝阳分公司	北京市朝阳区北苑东路19号	010－64128188	100012
中铁建南方建设投资有限公司	广东省深圳市福田区福田街道滨河大道南京基滨河时代广场北区(二期)49层	0755－29010776	518000
中铁建昆仑投资集团有限公司	四川省成都市高新区益州大道中段1999号4栋21—22层	028－83106813	610094
中铁建昆仑地铁投资建设管理有限公司	四川省成都市金牛区人民北路一环路北三段1号万达广场SOHO C座13F	028－83106801	610032
中铁建昆仑路桥建设有限公司	四川省成都市金牛区万达广场SOHO C座9F	028－83410656	610036
中铁建云南投资有限公司	云南省昆明市官渡区关上街道民航路663号融城金阶H座	0871－63186607	650299
中铁建云南交通建设管理有限公司	云南省昆明市官渡区关上街道民航路663号融城金阶A座16楼	0871－65236059	650299
中铁建海南投资有限公司	海南省陵水黎族自治县黎安镇演村	0898－83339591	572400
中铁建贵州建设有限公司	贵州省贵阳市观山湖区金阳北路306号烈变国际广场7楼	0851－88349729	550081
中铁建昆仑资产管理有限公司	北京市石景山区玉泉路59号院燕保大厦7层	010－88632649	100040
西藏筹备组	西藏自治区拉萨市堆龙德庆区金马国际8栋二单元204号		851400
中铁建华北投资发展有限公司	河北省石家庄市裕华区槐北路27号	0311－87051505	050000
中铁建金融租赁有限公司	北京市石景山区石景山路45号星座大厦		100043
中铁磁浮交通投资建设有限公司	湖北省武汉市武昌区中北路86号		430071
中铁建重庆投资集团有限公司	重庆市北碚区冯时行路286号中国铁建公园11594号楼	023－68289507	400711
中铁建资产管理有限公司	北京市石景山区石景山路45号星座大厦3层	010－68448202	100043
中国铁建股份有限公司北京培训中心(党校)	北京市大兴区龙河路16号	010－69296634	102600
中国铁道建筑报社	北京市复兴路40号	010－51887497	100855
北京通达京承高速公路有限公司	北京市怀柔区庙城怡安园	010－51043072	101401

索　引

使用说明

一、本索引采用内容分析索引法编制，除大事记外，年鉴中有实质检索意义的内容均予以标引，以便检索使用。

二、本索引基本上按汉语拼音音序排列，具体排列方法如下：以数字开头的，排在最前面；以英文字母开头的，列于其次；汉字标目则按首字的音序、音调依次排列，首字相同时则以第二个字排序，依此类推。

三、索引标目后的数字，表示检索内容所在的正文页码；数字后面的英文字母a、b，表示正文栏别，合在一起即指该页码及所在的版面区域。年鉴中用表格、图片反映的内容，则在索引标目后面用括号注明（表）（图）字，以区别于文字标目。

四、为反映索引款目间的隶属关系，对于二级标目，采取在上一级标目下缩二格的形式编排，之下再按汉语拼音音序、音调排列。

0～9

A ~ Z

A

D

E

F

G

H

J

K

L

M

N

P

Q

R

T

W

X

Y

Z

（王彦祥、朴莹、闫森、宫英英 编制）